한 번에 합격, 자격증은 이기적

이렇게 기막힌 적중률

KB207576

자격증 독학, 어렵지 않다!
수험생 합격 전담마크

이기적 스터디 카페

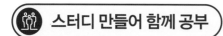 스터디 만들어 함께 공부

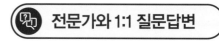 전문가와 1:1 질문답변

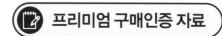 프리미엄 구매인증 자료

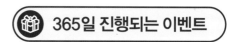 365일 진행되는 이벤트

이기적 스터디 카페 🔍

인증만 하면, **고퀄리티 강의가 무료!**

100% 무료 강의

STEP
1
이기적
홈페이지
접속하기

STEP
2
무료동영상
게시판에서
과목 선택하기

STEP
3
ISBN 코드
입력 & 단어
인증하기

STEP
4
이기적이 준비한
명품 강의로
본격 학습하기

영진닷컴 이기적 🔍

1년 365일
이기적이 쏜다!

365일 진행되는 이벤트에 참여하고 다양한 혜택을 누리세요.

이기적 크루를 찾습니다!

WANTED

저자 · 강사 · 감수자 · 베타테스터 상시 모집

저자 · 강사

- **분야** 수험서 전 분야
  수험서 집필 혹은 동영상 강의 촬영
- **요건** 관련 강사, 유튜버, 블로거 우대
- **혜택** 이기적 수험서 저자 · 강사 자격
  집필 경력 증명서 발급

감수자

- **분야** 수험서 전 분야
- **요건** 관련 전문 지식 보유자
- **혜택** 소정의 감수료
  도서 내 감수자 이름 기재
  저자 모집 시 우대(우수 감수자)

베타테스터

- **분야** 수험서 전 분야
- **요건** 관련 수험생, 전공자, 교사/강사
- **혜택** 활동 인증서 & 참여 도서 1권
  영진닷컴 쇼핑몰 30,000원 적립
  스타벅스 기프티콘(우수 활동자)
  백화점 상품권 100,000원(우수 테스터)

◀ 모집 공고 자세히 보기

이메일 문의하기 ✉ book2@youngjin.com

기억나는 문제 제보하고 N페이 포인트 받자!
기출 복원 EVENT

성명	이기적	수험번호	ㄹ ㅇ ㄹ ㄴ ㅣ ㅣ ㅣ ㅌ

Q. 응시한 시험 문제를 기억나는 대로 적어주세요!

① 365일 진행되는 이벤트 ② 참여자 100% 당첨 ③ 우수 참여자는 N페이 포인트까지

영진닷컴 쇼핑몰

30,000원

N Pay

네이버페이
포인트 쿠폰 **20,000원**

적중률 100% 도서를 만들어주신 여러분을 위한 감사의 선물을 준비했어요.

신청자격 이기적 수험서로 공부하고 시험에 응시한 모든 독자님

참여방법 이기적 스터디 카페의 이벤트 페이지를 통해 문제를 제보해 주세요.
※ 응시일로부터 7일 이내의 시험 복원만 인정됩니다.

유의사항 중복, 누락, 허위 문제를 제보한 경우 이벤트 대상에서 제외됩니다.

참여혜택 영진닷컴 쇼핑몰 30,000원 적립
정성껏 제보해 주신 분께 N페이 포인트 5,000~20,000원 차등 지급

이벤트 페이지 확인하기 ▶

이기적이
다 드립니다

여러분은 합격만 하세요! **이기적 합격 성공세트 BIG 3**

영상으로 쉽게 이해하는, 무료 동영상 강의

공부하기 어려운 정보처리 이론부터 기출문제 풀이까지!
이기적이 떠먹여주는 시험 대비 강의를 시청하세요.

무엇이든 물어보세요, 1:1 질문답변

정보처리기사 시험에 대한 궁금증, 전문 선생님이 해결해드려요.
스터디 카페 질문/답변 게시판에 어떤 질문이든 올려주세요.

더 많은 문제를 원한다면, 추가 모의고사

문제를 더 풀고 연습하고 싶으시다고요?
걱정 마세요. 5회분 모의고사까지 아낌없이 드립니다.

※ 〈2025 이기적 정보처리기사 실기 기본서〉를 구매하고 인증한 회원에게만 드리는 자료입니다.

이기적 스터디 카페 바로가기 ▶

누구나 작성만 하면 100% 포인트 지급
합격 후기 EVENT

이기적과 함께 합격했다면,
합격썰 풀고 네이버페이 포인트 받아가자!

합격 후기
작성 시
100%
지급

네이버페이
포인트 쿠폰

25,000원

카페 합격 후기 이벤트

이기적 스터디 카페에
합격 후기 작성하고 5,000원 받기!

5,000원
네이버 포인트 지급

▲ 자세히 보기

블로그 합격 후기 이벤트

개인 블로그에
합격 후기 작성하고 20,000원 받기!

20,000원
네이버 포인트 지급

▲ 자세히 보기

- 자세한 참여 방법은 QR코드 또는 이기적 스터디 카페 '합격 후기 이벤트' 게시판을 확인해 주세요.
- 이벤트에 참여한 후기는 추후 마케팅 용도로 활용될 수 있습니다.
- 이벤트 혜택은 추후 변동될 수 있습니다.

이기적 스터디 카페 🔍

이렇게 기막힌 적중률

정보처리기사
실기 기본서

1권 · 이론서

"이" 한 권으로 합격의 **"기적"**을 경험하세요!

YoungJin.com **Y.**
영진닷컴

차례

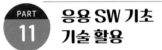

구매 인증 PDF

추가 모의고사 5회
이기적 스터디 카페에서 제공

※ **참여 방법** : '이기적 스터디 카페' 검색 → 이기적 스터디 카페(cafe.naver.com/yjbooks) 접속 → '구매 인증 PDF 증정' 게시판 → 구매 인증 → 메일로 자료 받기

정보처리기사 실기시험은 국가직무능력표준(NCS)을 기반으로 하여 크게 12개의 활용 NCS 능력단위가 필답형 문제로 출제되고 있습니다.

12개의 활용 NCS 능력단위가 동일한 문항 수와 배점으로 출제되고 있지는 않습니다. 기출문제를 분석한 결과 출제문항 수는 20문항으로 각 문항의 난이도와 상관없이 각 5점의 배점으로 출제가 되고 있습니다. 해를 거듭할수록 출제유형이나 배점도 꾸준히 조정이 있을 수 있으나 최신 기출문제들을 종합적으로 분석해본 결과 개편 초기에는 주요 능력단위*에서 약 50점±10점이 매회 출제될 것으로 예상됩니다.

활용 NCS 능력단위별 수행준거

구분	활용 NCS 능력단위	수행준거
1	요구사항 확인*	업무 분석가가 수집·분석·정의한 요구사항과 이에 따른 분석모델에 대해서 확인과 현행 시스템에 대해 분석할 수 있다.
2	데이터 입출력 구현	응용소프트웨어가 다루어야 하는 데이터 및 이들 간의 연관성, 제약조건을 식별하여 논리적으로 조직화 하고, 소프트웨어 아키텍처에 기술된 데이터저장소에 조직화된 단위의 데이터가 저장될 최적화된 물리적 공간을 구성하고 데이터 조작언어를 이용하여 구현할 수 있다.
3	통합 구현	모듈간의 분산이 이루어진 경우를 포함하여 단위 모듈간의 데이터 관계를 분석하여 이를 기반으로 한 메커니즘을 통해 모듈간의 효율적인 연계를 구현하고 검증할 수 있다.
4	서버 프로그램 구현*	애플리케이션 설계를 기반으로 개발에 필요한 환경을 구성하고, 프로그래밍 언어와 도구를 활용하여 공통모듈, 업무프로그램과 배치 프로그램을 구현할 수 있다.
5	인터페이스 구현	모듈간의 분산이 이루어진 경우를 포함하여 단위 모듈간의 데이터 관계를 분석하고 이를 기반으로 한 메커니즘을 통해 모듈간의 효율적인 연계를 구현하고 검증할 수 있다.
6	화면 설계	요구사항분석 단계에서 파악된 화면에 대한 요구사항을 소프트웨어 아키텍처 단계에서 정의된 구현 지침 및 UI/UX 엔지니어가 제시한 UI표준과 지침에 따라 화면을 설계할 수 있다.
7	애플리케이션 테스트 관리*	요구사항대로 응용소프트웨어가 구현되었는지를 검증하기 위해서 테스트케이스를 작성하고 개발자 통합 테스트를 수행하여 애플리케이션의 성능을 개선할 수 있다.
8	SQL 응용*	관계형 데이터베이스에서 SQL을 사용하여 응용시스템의 요구기능에 적합한 데이터를 정의하고, 조작하며, 제어할 수 있다.
9	소프트웨어 개발 보안 구축	정의된 보안요구사항에 따라 SW의 보안 요구사항을 명세하고 이에 따라 SW에 대한 보안을 설계, 구현, 테스트할 수 있다.
10	프로그래밍 언어 활용*	응용소프트웨어 개발에 사용되는 프로그래밍 언어의 기초문법을 적용하고 언어의 특징과 라이브러리를 활용하여 기본 응용소프트웨어를 구현할 수 있다.
11	응용 SW 기초 기술 활용*	응용소프트웨어개발을 위하여 운영체제, 데이터베이스, 네트워크의 기초 기술을 적용하고 응용개발에 필요한 환경을 구축할 수 있다.
12	제품 소프트웨어 패키징	개발이 완료된 제품소프트웨어를 고객에게 전달하기 위한 형태로 패키징하고, 설치와 사용에 필요한 제반 절차 및 환경 등 전체 내용을 포함하는 매뉴얼을 작성하며, 제품소프트웨어에 대한 패치 개발과 업그레이드를 위해 버전관리를 수행할 수 있다.

활용 NCS 능력단위별 최신 기출분석

① 2022년 능력단위별 문제수

구분	활용 NCS 능력단위	1회	2회	3회
1	요구사항 확인*		1문제	2문제
2	데이터 입출력 구현		1문제	1문제
3	통합 구현			
4	서버 프로그램 구현*		1문제	
5	인터페이스 구현			
6	화면 설계	1문제		
7	애플리케이션 테스트 관리*	4문제	2문제	1문제
8	SQL 응용*	1문제	2문제	2문제
9	소프트웨어 개발 보안 구축	1문제	2문제	2문제
10	프로그래밍 언어 활용*	7문제	6문제	6문제
11	응용 SW 기초 기술 활용*	3문제	4문제	3문제
12	제품 소프트웨어 패키징			1문제
13	기타 IT 관련 지식	3문제	1문제	2문제
충 문제수		**20문제**	**20문제**	**20문제**

② 2023년 능력단위별 문제수

구분	활용 NCS 능력단위	1회	2회	3회
1	요구사항 확인*	1문제	1문제	1문제
2	데이터 입출력 구현		1문제	
3	통합 구현			
4	서버 프로그램 구현*			
5	인터페이스 구현	1문제		
6	화면 설계			
7	애플리케이션 테스트 관리*	1문제	2문제	1문제
8	SQL 응용*	2문제	2문제	1문제
9	소프트웨어 개발 보안 구축	2문제	2문제	2문제
10	프로그래밍 언어 활용*	8문제	9문제	8문제
11	응용 SW 기초 기술 활용*	4문제	2문제	6문제
12	제품 소프트웨어 패키징			
13	기타 IT 관련 지식	1문제	1문제	1문제
충 문제수		**20문제**	**20문제**	**20문제**

③ 2024년 능력단위별 문제수

구분	활용 NCS 능력단위	1회	2회	3회	2022~2024년 영역별 누적
1	요구사항 확인*	1문제	1문제	2문제	10문제
2	데이터 입출력 구현	1문제	1문제		5문제
3	통합 구현				–
4	서버 프로그램 구현*	1문제	2문제		4문제
5	인터페이스 구현				1문제
6	화면 설계				1문제
7	애플리케이션 테스트 관리*	1문제		1문제	13문제
8	SQL 응용*	2문제	1문제	1문제	14문제
9	소프트웨어 개발 보안 구축	2문제	1문제	1문제	15문제
10	프로그래밍 언어 활용*	8문제	9문제	9문제	70문제
11	응용 SW 기초 기술 활용*	4문제	5문제	5문제	36문제
12	제품소프트웨어 패키징				1문제
13	기타 IT 관련 지식			1문제	10문제
총 문제수		**20문제**	**20문제**	**20문제**	**180문제**

필답형 문제 유형별 최신 기출분석

필답형 유형	2021년			2022년		
	1회	2회	3회	1회	2회	3회
단답형	18문항	15문항	13문항	13문항	15문항	14문항
나열형	–	–	–	1문항	–	–
선택형	2문항	4문항	6문항	5문항	5문항	6문항
약술형	–	1문항	1문항	1문항	–	–
계산식	–	–	–	–	–	–
총문항	20문항	20문항	20문항	20문항	20문항	20문항
합격률	39%	27%	24%	26%	16%	20%

필답형 유형	2023년			2024년		
	1회	2회	3회	1회	2회	3회
단답형	13문항	13문항	17문항	12문항	18문항	15문항
나열형	1문항	1문항	–	2문항	–	–
선택형	4문항	5문항	3문항	6문항	2문항	5문항
약술형	2문항	1문항	–	–	–	–
계산식	–	–	–	–	–	–
총문항	20문항	20문항	20문항	20문항	20문항	20문항
합격률	27%	18%	18%	37%	28%	21%

학습전략

정보처리기사 실기시험을 준비하시는 수험생들의 체감 난이도는 개인차가 큽니다. 따라서 일률적인 방법으로 학습하기 전에 개별적으로 수험기간을 알차게 계획해야 시행착오를 줄일 수 있습니다.

실기시험 학습 전, 교재 3권의 기출문제 부분을 먼저 확인하세요! 문제의 유형과 기출문제 사전 확인을 통해 중점적으로 학습해야 할 모듈에 대해 합격 전략을 세워야 합니다.

정보처리기사 실기시험의 시험범위 12개 능력단위는 이미 필기시험 21개 능력단위를 통해 여러분이 학습한 경험이 있습니다. 단, 실기시험의 경우에는 필답형 시험 방식의 문제들을 득점하기 위해 좀 더 꼼꼼히 용어 정리하고 암기한 후, 필답형 시험의 답안작성 연습을 꼭! 꼭! 손으로 직접 작성해 보면서 연습하세요!

① 전체 문항 20문제, 각 문제 5점 배점

– 개편 초기에는 크게 문항수 변경이나 문항의 난이도에 따른 배점 조절이 없을 것으로 예상됩니다. 세부 문항 문제의 경우, 부분 점수가 부여되니 시험장에 답안작성을 성의있게 최선을 다해 작성해 주세요!

– 문제의 난이도에 따라 배점이 주어지는 상황이 아닙니다. 합격률이 낮게 나오는 원인으로 분석됩니다.

② 20문항 중 약 5문항은 약술형 또는 계산식 또는 SQL명령문 작성 문제

– 정보처리기사 실기시험은 '필답형' 시험입니다. 논술형이나 작업형이 아니므로 최대한 키워드를 포함하여 간략히 서술 문장을 작성하면 약술형 문항의 채점은 모범답안의 범주가 넓으므로 매우 유연하게 이루어집니다. 다만, 정확하지 않거나 틀린 내용의 키워드가 포함되어 있으면 부분 점수가 부여되지 않습니다.

– SQL명령문을 작성하는 문제의 경우 약 2문제가 매회 출제되고 있습니다. SQL명령문을 직접 작성하는 연습을 통해 스펠링이 틀리지 않도록 주의하세요. SQL명령문 작성 문제의 경우 부분점수 부여하지 않습니다.

③ 주요 모듈 완전학습 후, 모듈별 핵심용어 암기

– 주요 모듈 : 1. 요구사항 확인/4. 서버프로그램 구현/7. 애플리케이션 테스트 관리/8. SQL 응용/10. 프로그래밍 언어 활용/11. 응용 SW 기초 기술 활용

– 여섯 개의 모듈의 경우 50점±10점 배점이 명확한 모듈입니다. 해당 모듈의 개념은 꼼꼼히! 학습하고, 모두 득점한다는 가정하에 나머지 모듈의 핵심 용어를 정리하시면서 외워야 합니다.

④ 프로그래밍 언어 활용 모듈 학습은 실기 학습기간 동안 꾸준히 꼼꼼히 학습

– 실기시험 출제 프로그래밍 언어 : C언어, C++, Java, Python

– 코드가 포함되는 문제는 두 가지 유형으로 실행 결과를 작성하는 문제와 코드의 결과가 수행되도록 빈칸을 채우는 문제가 출제가 됩니다. 실행 결과를 작성하는 문제는 부분점수가 없습니다. 코드 문제의 경우 대소문자를 명확히 구분하여 해당 언어의 문법에 맞게 작성하여야 하며 세부문항의 수에 따라 부분점수가 부여됩니다.

– 프로그래밍 언어 활용 모듈의 출제 문항수는 회를 거듭할수록 늘어나 최근 8문항(40점)이 출제되고 있습니다. 최신 기출문제 분석을 통해 예상되는 출제 경향은 Java 2문제, Python 1문제와 대부분 C언어 4~6문제가 매회 출제되고 있습니다. 따라서 효율적인 프로그래밍 언어 활용 모듈의 학습은 가장 먼저 기본 문법과 디버깅은 C언어로 명확히 학습하시고, 객체지향 관련 학습은 Java를 통해 개념 이해와 코드 분석을 하세요. 이후 Python은 교재의 해당 섹션 학습 후 확인 문제와 기출 복원 문제를 통해 마무리하세요.

⑤ 실전 감각을 익히며 최종 마무리는 최신 기출문제와 실전 모의고사로!

– 실기시험은 시험 전 마지막 일주일이 무엇보다 중요합니다. 필답형 시험에 대비하여 약술형을 위한 개념 정의 문상 작성 연습과 SQL명령문을 직접 손으로 반복 연습하여 마무리한다면 시험장에서 답안을 잘 작성할 수 있을 것이며, 고득점으로 합격할 것이라 믿습니다.

시험의 모든 것

STEP 01 응시 자격 조건

- 필기 시험 합격 후 응시 가능
- 필기 시험 합격일부터 2년간 필기 시험 면제

STEP 02 원서 접수하기

- 1년에 3회 시행
- q-net.or.kr에서 접수

STEP 03 실기 시험 응시

- 신분증과 수험표, 검은펜 지참
- 필답형 2시간 30분 시행

STEP 04 합격자 발표

- 100점 만점 중 60점 이상 득점
- q-net.or.kr에서 확인

01 자격명(영문명)

정보처리기사(Engineer Information Processing)

02 시행기관

한국산업인력공단(q-net.or.kr)

03 시험 수수료

실기 : 22,600원

04 검정 방법

- 시험 과목 : 정보처리 실무
- 시험 방법 및 시간 : 필답형(2시간30분)
- 합격 기준 : 100점을 만점으로 하여 60점 이상

05 실기시험 출제 경향

정보시스템 등의 개발 요구 사항을 이해하여 각 업무에 맞는 소프트웨어의 기능에 관한 설계, 구현 및 테스트를 수행에 필요한

- 현행 시스템 분석 및 요구사항 확인(소프트웨어 공학 기술의 요구사항 분석 기법 활용)
- 데이터 입출력 구현(논리, 물리데이터베이스 설계, 조작 프로시저 등)
- 통합 구현(소프트웨어와 연계 대상 모듈간의 특성 및 연계 모듈 구현 등)
- 서버 프로그램 구현(소프트웨어 개발 환경 구축, 형상 관리, 공통 모듈, 테스트 수행 등)
- 인터페이스 구현(소프트웨어 공학 지식, 소프트웨어 인터페이스 설계, 기능 구현, 구현검증 등)
- 화면설계(UI 요구사항 및 설계, 표준 프로토 타입 제작 등)
- 애플리케이션 테스트(테스트 케이스 설계, 통합 테스트, 성능 개선 등)
- SQL 응용(SQL 작성 등)
- 소프트웨어 개발 보안 구축(SW 개발 보안 설계, SW 개발 보안 구현 등)
- 프로그래밍 언어 활용(기본 문법 등)
- 응용 SW 기초 기술 활용(운영체제, 데이터베이스 활용, 네트워크 활용, 개발환경 구축 등)
- 제품 소프트웨어 패키징(제품 소프트웨어 패키징, 제품소프트웨어 매뉴얼 작성, 버전 관리 등)

06 시험과목 및 활용 국가직무능력표준(NCS)

- 국가기술자격의 현장성과 활용성 제고를 위해 국가직무능력표준(NCS)을 기반으로 자격의 내용(시험과목, 출제기준 등)을 직무 중심으로 개편하여 시행
- 실기시험

과목명	활용 NCS 능력단위	NCS 세분류
정보처리 실무	요구사항 확인	응용 SW 엔지니어링
	데이터 입출력 구현	
	통합 구현	
	제품 소프트웨어 패키징	
	서버 프로그램 구현	
	인터페이스 구현	
	프로그래밍 언어 활용	
	응용 SW 기초 기술 활용	
	화면 설계	
	애플리케이션 테스트 관리	
	SQL 응용	DB 엔지니어링
	소프트웨어 개발 보안 구축	보안 엔지니어링

출제기준 상세 보기

07 진로 및 전망

- 기업체 전산실, 소프트웨어 개발 업체, SI(System Integrated) 업체(정보통신, 시스템 구축회사 등), 정부기관, 언론기관, 교육 및 연구기관, 금융기관, 보험업, 병원 등 컴퓨터 시스템을 개발 및 운용하거나, 데이터 통신을 이용하여 정보처리를 시행하는 업체에서 활동하고 있다. 품질검사 전문기관 기술인력과 감리원 자격을 취득하여 감리 전문회사의 감리원으로 진출할 수 있다.
- 정보화 사회로 이행함에 따라 지식과 정보의 양이 증대되어 작업량과 업무량이 급속하게 증가했다. 또한 각종 업무의 전산화 요구가 더욱 증대되어 사회 전문 분야로 컴퓨터 사용이 보편화되면서 컴퓨터 산업은 급속도로 확대되었다. 컴퓨터 산업의 확대는 곧 이 분야의 전문인력에 대한 수요 증가로 이어졌다.

Q & A

Q 기사 응시 자격은 어떻게 되나요?

A 학력으로 응시할 경우와 경력으로 응시할 경우가 구분됩니다.
4년제 이상 정규 대학교 졸업자 및 졸업 예정자, 3년제 전문 대학교 졸업자(경력 1년), 2년제 전문 대학교 졸업자(경력 2년), 산업기사 등급의 자격증 취득자(경력 1년), 기능사 등급의 자격증 취득자(경력 3년), 고등학교 이하 학력(실무경력 4년 이상), 학점은행제 106학점 이상 취득한 자의 경우에 응시할 수 있습니다. 정확한 내용은 큐넷(Q-net) 국가기술 자격제도 응시자격 안내를 참고하세요.

Q 정보처리기사 자격증을 응시할 경우 전공 제한이 있나요?

A 한국산업인력공단의 정보처리기사 자격증은 모든 학과가 관련 학과로 인정됩니다. 따라서 실제 전공 제한은 없습니다.

Q 당회 필기시험에 합격 후 실기시험을 접수하지 않으면 필기 합격이 취소되나요?

A 당회 실기시험에 접수하지 않아도 필기시험 합격일로부터 2년간 필기시험이 면제됩니다. 단, 응시자격서류를 제출하여야 합격이 됩니다. 응시자격서류를 제출하지 않으면 필기시험 불합격자로 처리됩니다.
- 당회 실기시험에 응시할 경우 : 실기시험 접수 기간 내(필기시험 합격예정자 발표일로부터 4일간)에 응시자격서류를 제출 후 실기시험 접수
- 당회 실기시험에 응시하지 않을 경우 : 필기시험 합격예정자 발표일로부터 8일 이내(토, 일, 공휴일 제외)에 응시자격서류를 제출하여야 필기시험 합격자로 인정

Q 실기시험 당일 수험자 지참 준비물은 무엇인가요?

A 필답형 시험이므로 신분증, 필기도구(검은펜)를 지참하여 지정된 시험 장소로 가면 됩니다. 준비물을 잘 지참하여 꼭! 시험 시작 30분 전 입실하셔야 시험 응시가 가능합니다.

Q 실기시험의 검정 방법과 합격 기준은 어떻게 되나요?

A 정보처리기사 실기검정 방법은 필답형으로 2시간 30분 동안 시험이 진행되며, 답안은 각 문제의 마지막에 있는 답란에 작성하며 시험 문제지를 제출하고 퇴실합니다. 합격 기준은 100점을 만점으로 하여 60점 이상입니다.

Q 시험을 볼 때 인정되는 신분증의 범위는 어디까지인가요?

A 시행처에서 인정되는 신분증의 범위는 다음과 같습니다(변경될 가능성이 있으므로 반드시 시행처에서 다시 한 번 확인해 주세요). 주민등록증(주민등록증발급신청확인서 포함), 운전면허증(경찰청 발행), 건설기계조종사면허증, 여권, 공무원증, 장애인등록증, 복지카드, 국가유공자증, 국가기술자격증(국가기술자격법에 의거 한국산업인력공단 등 8개 기관에서 발행된 것)

요구사항 확인

파트 소개

업무 분석가가 수집·분석·정의한 요구사항과 이에 따른 분석 모델에 관해서
확인과 현행 시스템에 대해 분석할 수 있다.

CHAPTER 01

현행 시스템 분석하기

학습 방향

1. 개발하고자 하는 응용 소프트웨어에 대한 이해를 높이기 위해, 현행 시스템의 적용
   현황을 파악함으로써 개발 범위와 향후 개발될 시스템으로의 이행 방향성을 분석할
   수 있다.

출제빈도

SECTION 01	상	30%
SECTION 02	중	20%
SECTION 03	중	25%
SECTION 04	중	25%

소프트웨어 공학

빈출 태그 HIPO・재공학

01 HIPO(Hierarchy plus Input Process Output)

- 기본 모델로 입력, 처리, 출력으로 구성되는 시스템 분석 및 설계와 시스템 문서화 용 기법이다.
- 일반적으로 가시적 도표(Visual Table of Contents), 총체적 다이어그램(Overview Diagram), 세부적 다이어그램(Detail Diagram)으로 구성된다.
- 구조도(가시적 도표, Visual Table of Contents), 개요, 도표(Index Diagram), 상세 도표(Detail Diagram)로 구성된다.
- 가시적 도표는 전체적인 기능과 흐름을 보여주는 구조이다.
- 기능과 자료의 의존 관계를 동시에 표현할 수 있다.
- 보기 쉽고 이해하기 쉬우며 유지보수가 용이하다.
- 하향식 소프트웨어 개발을 위한 문서화 도구이다.

02 V-모델

★ 폭포수 모델
소프트웨어 개발 기법으로, 개발 과정이 단계화 되어 있어 관리가 쉬우나 요구분석에 상당한 시간이 소요되며, 일단 분석이 끝나면 수정이 어렵다는 단점을 지닌다.

- 폭포수 모델★에 시스템 검증과 테스트 작업을 강조한 모델이다.
- 세부적인 프로세스로 구성되어 있어서 신뢰도 높은 시스템 개발에 효과적이다.
- 개발 단계의 작업을 확인하기 위해 테스트 작업을 수행한다.
- 생명 주기 초반부터 테스트 작업을 지원한다.
- 코드뿐만 아니라 요구사항과 설계 결과도 테스트할 수 있어야 한다.
- 폭포수 모델보다 반복과 재처리 과정이 명확하다.
- 테스트 작업을 단계별로 구분하므로 책임이 명확해진다.

03 재공학

① 소프트웨어 재사용(Software Reusability)의 개념

- 이미 개발되어 그 기능 및 성능, 품질을 인정받았던 소프트웨어의 전체 또는 일부분을 다시 사용하여 새롭게 개발하는 기법이다.
- 1990년대의 클래스, 객체 등의 소프트웨어 요소가 소프트웨어 재사용성을 크게 향상시킨다.

② 재사용의 장점
- 개발 시간 및 비용 감소
- 품질 향상
- 생산성 향상
- 신뢰성 향상
- 구축 방법에 대한 지식의 공유
- 프로젝트 실패 위험 감소

③ 소프트웨어 재공학(Software Reengineering)의 개념
- 소프트웨어 위기를 개발의 생산성이 아닌 유지보수의 생산성으로 해결하려는 방법을 의미한다.
- 기존 시스템을 이용하여 보다 나은 시스템을 구축하고 새로운 기능을 추가하여 소프트웨어 성능을 향상시키는 기법이다.
- 데이터와 기능들의 개조 및 개선을 통해 유지보수의 용이성을 향상시키고자 한다.
- 현재의 시스템을 변경하거나 재구조화(Restructuring) 하는 것이다.
- 재구조화는 재공학의 한 유형으로 사용자의 요구사항이나 기술적 설계의 변경 없이 프로그램을 개선하는 것이다.
- 사용자의 요구사항을 변경시키지 않고, 기술적 설계를 변경하여 프로그램을 개선하는 것도 재공학에 해당된다.
- 재공학의 과정
  - 분석(Analysis)
  - 구성(Restructuring)
  - 역공학(Reverse Engineering)
  - 이식(Migration)

④ 재공학의 목표
- 소프트웨어의 유지보수성 향상이 최우선 목표이다.
- 복잡한 시스템을 다루는 방법을 구현하기 위해서이다.
- 다른 뷰의 생성을 위해서이다.
- 잃어버린 정보의 복구 및 제거를 하기 위해서이다.
- 재사용이 용이하도록 하기 위해서이다.
- 소프트웨어의 수명을 연장하기 위해서이다.

04 역공학

- 소프트웨어를 분석하여 소프트웨어 개발 과정과 데이터 처리 과정을 설명하는 분석 및 설계 정보를 재발견하거나 다시 만들어내는 작업이다.
- 현재 프로그램으로부터 데이터, 아키텍처, 절차에 관한 분석 및 설계 정보를 추출하는 작업이다.
- 역공학의 가장 간단하고 오래된 형태는 재문서화라고 할 수 있다.
- 기존 소프트웨어의 구성요소와 그 관계를 파악하여 설계도를 추출한다.

01 다음이 설명하는 소프트웨어 개발 모델은 무엇인지 쓰시오.

> • 가시적 도표, 총체적 도표, 세부적 도표가 있다.
> • 기능과 자료의 의존 관계를 동시에 표현할 수 있다.
> • 보기 쉽고 이해하기 쉽다.
> • 문서화의 도구 및 설계 도구 방법을 제공하는 기법이다.
> • 구조도, 개요 도표 집합, 상세 도표 집합으로 구성된다.

• 답 :

02 기존 소프트웨어를 분석하여 설계를 추정하는 것으로써, 소프트웨어 개발 과정과 데이터 처리 과정을 설명하는 분석 및 설계 정보를 재발견하거나 다시 만들어내는 작업을 무엇이라고 하는지 쓰시오.
• 답 :

03 다음이 설명하는 것은 무엇인지 쓰시오.

> • 소프트웨어 위기를 개발의 생산성이 아닌 유지보수의 생산성으로 해결하려는 방법론이다.
> • 현재의 시스템을 변경하거나 재구조화(Restructuring)하는 것이다.
> • 재구조화는 사용자의 요구사항이나 기술적 설계의 변경 없이 프로그램을 개선하는 것이다.
> • 사용자의 요구사항을 변경시키지 않고, 기술적 설계를 변경하여 프로그램을 개선하는 것도 포함된다.

• 답 :

04 소프트웨어 재공학의 과정을 순서대로 쓰시오.
• 답 :   →   →   →

ANSWER **01** HIPO(Hierarchy Input Process Output)
02 역공학(Reverse Engineering)
03 소프트웨어 재공학(Reengineering)
04 분석 → 구성 → 역공학 → 이식

소프트웨어 개발 방법론

빈출 태그 애자일 • XP • SCRUM

01 생명주기

① 소프트웨어 생명주기(Software Life Cycle)

• 소프트웨어 제품의 개념 형성에서 시작하여 운용/유지보수에 이르기까지 변화의 모든 과정이다.

▶ **일반적인 소프트웨어 생명주기**

타당성 검토 → 개발 계획 → 요구사항 분석 → 설계 → 구현 → 테스트

→ 운용 → 유지보수

② 소프트웨어 생명주기의 역할

• 프로젝트의 비용 산정과 개발 계획을 수립할 수 있는 기본 골격이 된다.

• 용어의 표준화를 가능하게 한다.

• 문서화가 충실한 프로젝트 관리를 가능하게 한다.

▶ **소프트웨어 생명주기의 단계(공정)**

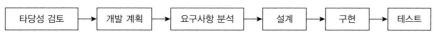

타당성 검토 → 개발 계획 → 요구사항 분석 → 설계 → 구현 → 테스트

02 생명주기 모형의 종류

① 폭포수 모형(Waterfall Model)

• Boehm이 제시한 고전적 생명주기 모형으로, 소프트웨어 개발 과정의 각 단계가 순차적으로 진행되는 모형이다.

• 선형 순차적 모델이라고도 한다.

• 폭포수 모형의 개발 단계

– 타당성 검사 : 시스템을 개발하는 것이 타당한지를 검사하는 단계이다.

– 계획 : 추진 방안을 제시하고 개발 비용, 소요 기간, 인력 등 개발 계획을 수립하는 단계이다.

– 요구분석 : 시스템의 기능, 성능, 환경 등의 요구사항을 면밀히 분석하는 단계이다.

– 기본 설계 : 하드웨어, 소프트웨어, 제어 구조, 자료 구조 등의 설계를 작성하는 단계이다.

- 상세 설계 : 각 단위 프로그램의 제어, 자료 구조와 인터페이스를 상세히 작성하는 단계이다.
- 구현 : 설계된 문서를 통해 실제 컴퓨터가 작동할 수 있는 코드로 변환하는 단계이다.
- 시험(검사) : 구현한 프로그램을 테스트하여 요구조건에 맞는지 확인하는 단계이다.
- 운용 : 실제 시스템에 적용하여 실행되는지 확인하는 단계이다.
- 유지보수 : 개발 후 발생하는 문제점이나 수정 사항을 적용하는 단계로 가장 많은 비용이 소요된다.
- 폭포수 모형의 장점
  - 적용 경험과 성공 사례가 많다.
  - 단계별 정의가 분명하고, 전체 구조의 이해가 용이하다.
  - 단계별 산출물이 명확하다.
- 폭포수 모형의 단점
  - 개발 과정 중에 발생하는 새로운 요구나 경험을 설계에 반영하기 어렵다.
  - 두 개 이상의 과정이 병행 수행되거나 이전 단계로 넘어가는 경우가 없다.
  - 이전 단계의 오류 수정이 어렵다.

② 프로토타입 모형(Prototype Model)
- 실제 개발될 시스템의 견본(Prototype)을 미리 만들어 최종 결과물을 예측하는 모형이다.
- 개발이 완료되고 나서 사용을 하면 문제점을 알 수 있는 폭포수 모형의 단점을 보완하기 위한 모형이다.
- 프로토타입 모형의 개발 단계 : 요구 수집 → 빠른 설계 → 프로토타입 구축 → 고객 평가 → 프로토타입 조정 → 구현
- 프로토타입 모형의 장점
  - 프로토타입은 발주자나 개발자 모두에게 공동의 참조 모델을 제공한다.
  - 프로토타입은 구현 단계의 골격이 될 수 있다.
  - 최종 결과물이 만들어지기 전에 의뢰자가 결과물의 일부 또는 모형을 볼 수 있다.
  - 요구사항이 충실히 반영된다.
- 프로토타입 모형의 단점
  - 프로토타입과 실제 소프트웨어와의 차이로 인해 사용자의 혼란이 야기될 수 있다.
  - 프로토타입 폐기로 인해 비경제적일 수 있다.

③ 나선형 모형(Spiral Model)
- Boehm이 제시하였으며, 반복적인 작업을 수행하는 점증적 생명주기 모형이다.
- 점증적 모형, 집중적 모형이라고도 한다.
- 소프트웨어 개발 중 발생할 수 있는 위험을 관리하고 최소화하는 것이 목적이다.
- 나선을 따라서 돌아가면서 각 개발 순서를 반복하여 수행하는 점진적 방식으로 누락된 요구사항을 추가할 수 있다.
- 유지보수 과정이 필요 없다.

▶ 나선형 모형의 개발 단계

1. 목표 설정
(Determine Objective)

2. 위험 분석
(Risk Analysis)

4. 고객 평가/다음 단계 수립
(Evaluation/
Plan the next Iteration)

3. 개발과 검증
(Development and Test)

- 계획 수립(Planning) : 기능, 제약 등의 세부적 계획 단계이다.
- 위험 분석(Risk Analysis) : 위험 요소 분석 및 해결 방안 설정 단계이다.
- 공학적 개발(Engineering) : 기능 개발 및 검증 단계이다.
- 고객 평가(Customer Evaluation) : 결과물 평가 및 추후 단계 진행 여부를 결정하는 단계이다.
- 나선형 모형의 장점
  - 위험 분석 단계에서 기술과 관리의 위험 요소들을 하나씩 제거해 나감으로써 완성도 높은 소프트웨어 개발이 가능하다.
  - 비용이나 시간이 많이 소요되는 대규모 프로젝트나 큰 시스템 구축 시 유리하다.
- 나선형 모형의 단점
  - 위험 분석 단계에서 발견하지 못한 위험 요소로 인해 문제가 발생한다.
  - 적용 경험이나 성공 사례가 많지 않다.

03 애자일(Agile) 방법론 2020년 2회

① 애자일 방법의 개념
- '날렵한, 재빠른'이라는 사전적 의미와 같이 소프트웨어 개발 중 설계 변경에 신속히 대응하여 요구사항을 수용할 수 있다.
- 절차와 도구보다 개인과 소통을 중요시하고 고객과의 피드백을 중요하게 생각한다.
- 소프트웨어가 잘 실행되는 것에 가치를 둔다.
- 소프트웨어 배포 시차를 최소화할 수 있다.
- 특정 방법론이 아닌 소프트웨어를 빠르고 낭비 없이 제작하기 위해 고객과의 협업에 초점을 둔다.
- 특징 : 짧은 릴리즈와 반복, 점증적 설계, 사용자 참여, 문서 최소화, 비공식적인 커뮤니케이션, 변화
- 종류 : 익스트림프로그래밍(eXtremeProgramming), 스크럼(SCRUM), 린(Lean), DSDM, FDD, Crystal

② Agile 선언문

- 프로세스나 도구보다 개인과의 소통이 더 중요하다.
- 완벽한 문서보다 실행되는 소프트웨어가 더 중요하다.
- 계약 협상보다 고객과의 협업이 더 중요하다.
- 계획을 따르는 것보다 변경에 대한 응답이 더 중요하다.

04 XP(eXtremeProgramming)

① XP(eXtremeProgramming)의 정의

- 1999년 Kent Beck이 제안하였으며, 개발 단계 중 요구사항의 변동이 심한 경우 적합한 방법론이다.
- 요구에 맞는 양질의 소프트웨어를 신속하게 제공하는 것을 목표로 한다.
- 요구사항을 모두 정의해 놓고 작업을 진행하는 것이 아니라, 요구사항이 변경되는 것을 적용하는 방식으로 예측성보다는 적응성에 더 높은 가치를 부여한 방법이다.
- 고객의 참여와 개발 과정의 반복을 극대화하여 생산성을 향상하는 방법이다.

② XP의 5가지 핵심가치

- 소통(Communication) : 개발자, 관리자, 고객 간의 원활한 소통을 지향한다.
- 단순성(Simplicity) : 부가적 기능 또는 미사용 구조와 알고리즘은 배제한다.
- 피드백(Feedback) : 소프트웨어 개발에서 변화는 불가피하다. 이러한 변화는 지속적인 테스트와 통합, 반복적 결함 수정 등을 빠르게 피드백한다.
- 용기(Courage) : 고객 요구사항 변화에 능동적으로 대응한다.
- 존중(Respect) : 개발 팀원 간의 상호 존중을 기본으로 한다.

▶ **XP 프로세스**

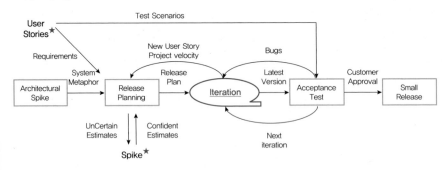

★ User Stories
사용자의 요구사항을 간단한 시나리오로 표현(UML에서의 Use Case와 목적이 같음)

★ Spike
어려운 요구사항, 잠재적 솔루션을 고려하기 위해 작성하는 간단한 프로그램

User Story	• 일종의 요구사항이다. • UML의 유스 케이스와 같은 목적으로 생성되나 형식이 없고 고객에 의해 작성된다는 것이 다르다.
Release Planning	• 몇 개의 스토리가 적용되어 부분적으로 기능이 완료된 제품을 제공하는 것이다. • 부분/전체 개발 완료 시점에 대한 일정을 수립한다.
Iteration	• 하나의 릴리즈를 세분화한 단위이며 1~3주 단위로 진행된다. • 반복(Iteration) 진행 중 새로운 스토리가 추가될 경우 진행 중 반복이나 다음 반복에 추가될 수 있다.

Acceptance Test		• 릴리즈 단위의 개발이 구현되었을 때 진행하는 테스트이다. • 사용자 스토리에 작성된 요구사항을 확인하여 고객이 직접 테스트한다. • 오류가 발견되면 다음 반복에 추가한다. • 테스트 후 고객의 요구사항이 변경되거나 추가되면 중요도에 따라 우선순위가 변경될 수 있다. • 완료 후 다음 반복을 진행한다.
Small Release		• 릴리즈 단위를 기능별로 세분화하면 고객의 반응을 기능별로 확인할 수 있다. • 최종 완제품일 때 고객에 의한 최종 테스트 진행 후 고객에 제공한다.

05 XP의 12가지 실천사항(Practice)

구분	실천사항	내용
Fine scale feedback	Pair Programming	하나의 컴퓨터에 2명의 프로그래머가 모든 코드에 대해서 코딩과 리뷰 역할을 바꿔가며 공동 작업을 진행한다.
	Planning Game	게임처럼 선수와 규칙, 목표를 두고 기획에 임한다.
	Test Driven Development	실제 코드를 작성하기 전에 단위 테스트부터 작성 및 수행하며, 이를 기반으로 코드를 작성한다.
	Whole Team	개발 효율을 위해 고객을 프로젝트 팀원으로 상주시킨다.
Continuous process	Continuous Integration	상시 빌드 및 배포를 할 수 있는 상태로 유지한다.
	Design Improvement	기능 변경 없이 중복성/복잡성 제거, 커뮤니케이션 향상, 단순화, 유연성 등을 위한 재구성을 수행한다.
	Small Releases	짧은 주기로 잦은 릴리즈를 함으로써 고객이 변경사항을 볼 수 있게 한다.
Shared understanding	Coding Standards	소스코드 작성 포맷과 규칙들을 표준화된 관례에 따라 작성한다.
	Collective Code Ownership	시스템에 있는 소스코드는 팀의 모든 프로그래머가 언제라도 수정할 수 있다.
	Simple Design	가능한 가장 간결한 디자인 상태를 유지한다.
	System Metaphor	최종적으로 개발되어야 할 시스템의 구조를 기술한다.
Programmer welfare	Sustainable Pace	일주일에 40시간 이상 작업 금지, 2주 연속 오버타임을 금지한다.

➕ 더 알기 TIP

짝 프로그래밍(Pair Programming)
• 두 사람이 짝이 되어 한 사람은 코딩을, 다른 사람은 검사를 수행하는 방식이다.
• 코드에 대한 책임을 공유하고, 비형식적인 검토를 수행할 수 있다.
• 코드 개선을 위한 리팩토링을 장려하며, 생산성이 떨어지지 않는다.

06 SCRUM

① SCRUM의 개념

- 반복적이고 점진적인 소규모 팀 중심의 소프트웨어 개발 방법론이다.
- 팀원 간 활발한 소통과 협동심이 필요하다.
- 요구사항 변경에 신속하게 대처할 수 있다.
- 신속하게 반복적으로 실제 작동하는 소프트웨어를 제공한다.
- 개발자들의 팀 구성과 각 구성원의 역할, 일정 결과물 및 그 외 규칙을 정한다.
- 팀원 스스로 팀을 구성해야 한다(Self Organizing).
- 개발 작업에 관한 모든 것을 팀원 스스로 해결해야 한다(Cross Functional).

② SCRUM의 특징

- 기능 개선점에 우선순위를 부여하고, 개발 주기 동안 실제 동작 가능한 결과를 제공한다.
- 개발 주기마다 적용된 기능이나 개선점의 리스트를 제공한다.
- 커뮤니케이션을 위하여 팀은 개방된 공간에서 개발하고, 매일 15분 정도 회의를 한다.

③ SCRUM의 기본 원리

- 기능 협업을 기준으로 배치된 팀은 스프린트 단위로 소프트웨어를 개발한다.
- 스프린트는 고정된 30일의 반복이며, 스프린트 시 행하는 작업은 고정된다.
- 요구사항, 아키텍처, 설계가 프로젝트 전반에 걸쳐 잘 드러나야 한다.
- 정해진 시간을 철저히 지켜야 한다.
- 완료된 모든 작업은 제품 백로그에 기록된다.
- 가장 기본적인 정보 교환 수단은 일일 스탠드업 미팅 또는 일일 스크럼이다.

④ SCRUM 팀의 역할

제품 책임자 (Product Owner)	• 개발 목표에 이해도가 높은 개발의뢰자, 사용자가 담당한다. • 제품 요구사항을 파악하여 기능 목록(Product Backlog)을 작성한다. • 제품 테스트 수행 및 요구사항 우선순위를 갱신한다. • 업무 관점에서 우선순위와 중요도를 표시하고 신규 항목을 추가한다. • 스프린트 계획 수립까지만 임무를 수행한다. • 스프린트가 시작되면 팀 운영에 관여하지 않는다.
스크럼 마스터 (SCRUM Master)	• 업무를 배분만 하고 일은 강요하지 않는다. • 팀을 스스로 조직하고 관리하도록 지원한다. • 개발 과정에서 스크럼의 원칙과 가치를 지키도록 지원한다. • 개발 과정의 장애 요소를 찾아 제거한다.
스크럼 팀 (SCRUM Team)	• 제품 책임자, 스크럼 마스터를 제외한 팀원을 지칭한다. • 팀원은 5~9명 내외로 구성한다. • 개발자, 디자이너, 제품 검사자 등 모든 팀원이 여기에 해당한다. • 요구사항을 사용자 스토리로 도출하고 구현한다. • 기능을 작업 단위로 나눈다. • 일정, 속도를 추정한 뒤 제품 책임자에게 전달한다. • 스프린트 결과물을 제품 책임자에게 시연한다. • 매일 스크럼 회의에 참여하여 진행 상황을 점검한다.

07 SCRUM의 작업 흐름도

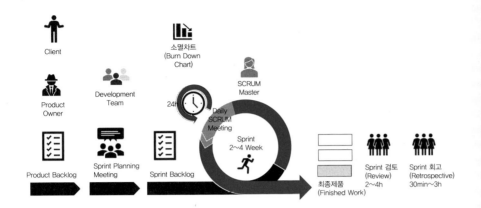

① Product Backlog

- 제품 개발에 필요한 모든 요구사항(User Story)을 우선순위에 따라 나열한 목록이다.
- 개발 과정에서 새롭게 도출되는 요구사항으로 인해 지속해서 업데이트된다.
- 제품 백로그에 작성된 사용자 스토리를 기반으로 전체 일정 계획인 릴리즈 계획을 수립한다.

② Sprint

- 사전적으로 '전력 질주'라는 의미이다.
- 작은 단위의 개발 업무를 단기간에 전력 질주하여 개발한다.
- 반복 주기(2~4주)마다 이해관계자에게 일의 진척도를 보고한다.

③ Sprint Planning Meeting

- Product Backlog(제품 기능 목록)에서 진행할 항목을 선택한다.
- 선택한 Sprint에 대한 단기 일정을 수립하고, 요구사항을 개발자들이 나눠 작업할 수 있도록 Task 단위로 나눈다.
- 개발자별로 Sprint Backlog를 작성하고 결과물에 대한 반복 완료 시 모습을 결정한다.
- 수행에 필요한 각종 요구사항을 SCRUM Master에게 보고하여 이해관계자로부터 지원을 받는다.

④ Daily SCRUM Meeting

- 매일 약속된 시간에 짧은 시간 동안(약 15분) 서서 진행 상황만 점검한다.
- 스프린트 작업 목록을 잘 개발하고 있는지 확인한다.
- 한 사람씩 어제 한 일과 오늘 할 일을 이야기한다.
- 완료된 세부 작업 항목을 완료 상태로 옮겨 스프린트 현황판에 갱신한다.
- 스크럼 마스터는 방해요소를 찾아 해결하고 잔여 작업시간을 소멸 차트(Burn down Chart)에 기록한다.

⑤ Finished Work

모든 스프린트 주기가 완료되면 제품 기능 목록(Product Backlog)의 개발 목표물이 완성된다.

⑥ Sprint Review

- 스프린트 검토 회의(Sprint Review)에 개발자와 사용자가 같이 참석한다.
- 하나의 스프린트 반복 주기(2~4주)가 끝나면 실행 가능한 제품이 생성되며 이에 대해 검토한다. 검토는 가능한 4시간 안에 마무리한다.
- 개선해야 할 사항에 대하여 제품 책임자(Product Owner)는 피드백을 정리하여 제품 기능 목록(Product Backlog)을 작성하여 다음 스프린트에 적용한다.

⑦ 스프린트 회고(Sprint Retrospective)

- 그동안 스프린트에서 수행한 활동과 결과물을 살펴본다.
- 개선점이 없는지 살펴보고 문제점을 기록하는 정도로 진행한다.
- 정해진 규칙이나 표준을 잘 수행했는지 확인한다.
- 팀의 단점을 찾기보다는 강점을 찾아 팀의 능력을 극대화한다.
- 개발 추정속도와 실제 작업속도를 비교하고 차이가 있다면 이유를 분석한다.

이론을 확인하는 핵심문제

01 다음이 설명하는 소프트웨어 개발 방법론은 무엇인지 쓰시오.

- '날렵한, 재빠른'이라는 사전적 의미와 같이 소프트웨어 개발 중 설계 변경에 신속히 대응하여 요구사항을 수용할 수 있다.
- 절차와 도구보다 개인과 소통을 중요시하고 고객과의 피드백을 중요하게 생각한다.
- 소프트웨어가 잘 실행되는 데 가치를 둔다.

• 답 :

ANSWER 01 애자일(Agile) 방법론

02 다음이 설명하는 소프트웨어 개발 방법론은 무엇인지 쓰시오.

> • 1999년 Kent Beck이 제안하였으며, 개발 단계 중 요구사항이 시시각각 변동이 심한 경우 적합한 방법론이다.
> • 요구에 맞는 양질의 소프트웨어를 신속하게 제공하는 것을 목표로 한다.
> • 요구사항을 모두 정의해 놓고 작업을 진행하는 것이 아니라, 요구사항이 변경되는 것을 적용하는 방식으로 예측성보다는 적응성에 더 높은 가치를 부여한 방법이다.
> • 고객의 참여와 개발 과정의 반복을 극대화하여 생산성을 향상하는 방법이다.

• 답 :

03 XP의 5가지 핵심 가치를 쓰시오.

• 답 :

04 XP 프로세스 단계 중 몇 개의 스토리가 적용되어 부분적으로 기능이 완료된 제품을 제공하고, 부분/전체 개발 완료 시점에 대한 일정을 수립하는 단계는 무엇인지 쓰시오.

• 답 :

05 SCRUM 팀의 역할에서 다음의 역할을 담당하는 담당자를 쓰시오.

> • 업무를 배분만 하고 일은 강요하지 않는다.
> • 팀을 스스로 조직하고 관리하도록 지원한다.
> • 개발 과정에서 스크럼의 원칙과 가치를 지키도록 지원한다.
> • 개발 과정 장애 요소를 찾아 제거한다.

• 답 :

06 SCRUM 개발 방법론 Daily SCRUM Meeting 단계에서 스크럼 마스터가 방해요소를 찾아 해결하고 잔여 작업시간을 기록하는 문서를 무엇이라고 하는지 쓰시오.

• 답 :

ANSWER **02** XP(eXtremeProgramming)
03 소통, 단순성, 피드백, 용기, 존중
04 Release Planning
05 스크럼 마스터
06 소멸 차트(Burn down Chart)

01 현행 시스템 분석

① 현행 시스템 분석의 정의와 목적

- 현행 시스템이 어떤 하위 시스템으로 구성되어 있는지 파악하는 절차를 의미한다.
- 현행 시스템의 제공 기능과 타 시스템과의 정보를 교환하여 분석하고 파악한다.
- 현행 시스템의 기술 요소와 소프트웨어, 하드웨어를 파악한다.
- 개발 시스템의 개발 범위를 확인하고 이행 방향성을 설정하는 것이 목적이다.

② 현행 시스템 파악 절차

- 1단계 : 시스템 구성 파악 → 시스템 기능 파악 → 시스템 인터페이스 현황 파악
- 2단계 : 아키텍처 파악 → 소프트웨어 구성 파악
- 3단계 : 시스템 하드웨어 현황 파악 → 네트워크 구성 파악

③ 시스템 아키텍처

- 시스템 내의 상위 시스템과 하위 시스템들이 어떠한 관계로 상호작용하는지 각각의 동작 원리와 구성을 표현한 것이다.
- 단위 업무 시스템별로 아키텍처가 다른 경우 핵심 기간 업무 처리 시스템을 기준으로 한다.
- 시스템의 전체 구조, 행위, 그리고 행위 원리를 나타내며 시스템이 어떻게 작동하는지 설명하는 틀이다.
- 시스템의 목적 달성을 위해 시스템에 구성된 각 컴포넌트를 식별하고 각 컴포넌트의 상호작용을 통하여 어떻게 정보가 교환되는지 설명한다.

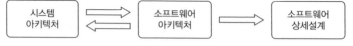

02 시스템 및 인터페이스 현황 파악

① 시스템 구성 파악

- 조직 내의 주요 업무를 기간 업무와 지원 업무로 구분하여 기술한다.
- 모든 단위 업무를 파악할 수 있도록 하며, 시스템 내의 명칭과 기능 등 주요 기능을 명시한다.

▶ 시스템 구성 현황 작성 예시

구분	시스템명	시스템 내용	비고
기간 업무	단위 A 업무	기간 단위 업무 A 처리를 위한 A1, A2 등의 기능을 제공	
	단위 B 업무	기간 단위 업무 B 처리를 위한 B1, B2 등의 기능을 제공	
지원 업무	지원 C 업무	지원 업무 C 처리를 위한 C1, C2 등의 기능을 제공	

② 시스템 기능 파악

- 단위 업무 시스템이 현재 제공하고 있는 기능을 주요 기능과 하부 기능으로 구분하여 계층형으로 표시한다.

▶ 스템 기능 구성도 예시

시스템명	기능 L1	기능 L2	기능 L3	비고
A 단위 업무 시스템	기능 1	하부 기능 11	세부 기능 111	
			세부 기능 112	
		하부 기능 12	세부 기능 121	
			세부 기능 122	
	기능 2	하부 기능 21	세부 기능 211	
			세부 기능 212	

③ 인터페이스 현황 파악

- 현행 시스템의 단위 업무 시스템이 타 단위 업무 시스템과 서로 주고받는 데이터의 연계 유형, 데이터 형식과 종류, 프로토콜 및 주기 등을 명시한다.
- 데이터 형식 예 : XML, 고정 Format, 가변 Format
- 통신 규약 예 : TCP/IP, X.25
- 연계 유형 예 : EAI★, FEP★

▶ 인터페이스 현황 작성 예시

송신 시스템	수신 시스템	연동 데이터	연동 형식	통신 규약	연계 유형	주기
A 단위 업무 시스템	외부 기관 시스템 C	연체 정보	XML	TCP/IP	EAI	1시간
A 단위 업무 시스템	대외 기관 시스템 D	신용 정보	XML	X.25	FEP	수시

★ EAI(Enterprise Application Integration, 기업 애플리케이션 통합)
비즈니스 프로세스를 중심으로 기업 내 각종 애플리케이션 간에 상호 연동하도록 통합하는 솔루션

★ FEP(Front-End Processor, 전위처리기)
입력 데이터를 프로세서가 처리하기 전에 미리 처리하여 프로세서가 처리하는 시간을 줄여주는 프로그램이나 하드웨어

03 소프트웨어, 하드웨어, 네트워크 구성 파악

① 소프트웨어 구성 파악

- 시스템 내의 단위 업무 시스템의 업무 처리용 소프트웨어의 품명, 용도, 라이선스 적용 방식, 라이선스 수를 명시한다.
- 시스템 구축 시 많은 예산 비중을 차지하므로 라이선스 적용 방식과 보유한 라이선스 수량 파악이 중요하다.
- 라이선스는 '사이트, 서버, 프로세서, 코어, 사용자 수' 단위로 적용된다.

▶ **소프트웨어 현황 작성 예시**

구분	시스템명	SW 제품명	용도	라이선스 방식	라이선스 수량
기간 업무	단위 업무	아파치 톰캣	WAS	오픈 소스	2
		MySQL	DB	GPL, 상용	3

② 하드웨어 구성 파악

- 각 단위 업무 시스템의 서버 위치 및 주요 사양, 수량, 이중화 여부를 파악한다.
- 서버 사양 : CPU 처리 속도, 메모리 크기, 하드디스크의 용량
- 서버 이중화 : 장애 시 서비스의 계속 유지를 위하여 운영한다.
- 기간 업무의 장애 대응 정책에 따라 필요 여부가 변경될 수 있다.
- 현행 시스템에 이중화가 적용되어 있다면 대부분 목표 시스템도 이중화가 요구되므로 그에 따른 기술 난이도, 비용 증가 가능성 등을 파악해야 한다.

▶ **하드웨어 현황 작성 예시**

구분	시스템명	서버 용도	제품명	주요 사양	수량	이중화
기간 업무	단위 업무 시스템	AP 서버	HP606	CPU, RAM, HDD	2	
		DB 서버	HP505	CPU, RAM, HDD	3	

③ 네트워크 구성 파악

- 현행 업무 처리 시스템의 네트워크 구성 형태를 그림으로 표현한다.
- 장애 발생 시 추적 및 대응 등의 다양한 용도로 활용된다.
- 서버의 위치, 서버 간 연결 방식 등을 파악한다.
- 물리적인 위치 관계, 조직 내 보안 취약성 분석 및 대응 방안을 파악한다.

01 현행 시스템 분석의 정의와 목적을 간략히 쓰시오.

• 정의 :

• 목적 :

02 다음이 설명하는 것은 무엇인지 쓰시오.

> • 시스템 내의 상위 시스템과 하위 시스템들이 어떠한 관계로 상호작용하는지 각각의 동작 원리와 구성을 표현한 것이다.
> • 단위 업무별로 이것이 다른 경우 핵심 기간 업무 처리 시스템을 기준으로 한다.
> • 시스템의 전체 구조, 행위, 그리고 행위 원리를 나타내며 시스템이 어떻게 작동하는지 설명하는 틀이다.

• 답 :

03 다음은 현행 시스템 파악 절차이다. 빈칸에 알맞은 절차를 쓰시오.

> • 1단계 : 시스템 구성 파악 → 시스템 기능 파악 → 시스템 인터페이스 현황 파악
> • 2단계 : (   ) → 소프트웨어 구성 파악
> • 3단계 : 시스템 하드웨어 현황 파악 → 네트워크 구성 파악

• 답 :

ANSWER　**01** • 정의 : 현행 시스템이 어떤 하위 시스템으로 구성되어 있는지 파악하는 절차를 의미한다. 현행 시스템의 제공 기능과 타 시스템과의 정보를 교환하여 분석하고 파악하는 시스템이다.
• 목적 : 현행 시스템의 기술 요소와 소프트웨어, 하드웨어를 파악한다. 개발 시스템의 개발 범위를 확인하고 이행 방향성을 설정한다.
02 시스템 아키텍처
03 아키텍처 파악

현행 시스템 파악 SECTION 03　1-37

개발 기술 환경 분석

출제빈도 상 ⑨ 하
반복학습 ① ② ③

빈출 태그 플랫폼 • OS • DBMS • Middle Ware

① 플랫폼(Platform)

① 플랫폼

- 다양한 애플리케이션이 작동하는 데 기본이 되는 운영체제 소프트웨어를 의미한다.
- '응용 소프트웨어 + 하드웨어 + 시스템 소프트웨어'로 구성된다.
- 종류 : Java 플랫폼, .NET 플랫폼, iOS, Android, Windows
- 기능 : 개발/운영/유지보수 비용의 감소, 생산성 향상, 동일 플랫폼 간의 네트워크 효과

② 플랫폼 성능 특성 분석

- 현 시스템의 사용자가 요구사항을 통하여 시스템의 성능상의 문제를 요구할 경우 플랫폼 성능 분석을 통하여 사용자가 느끼는 속도를 파악하고 개선 방향을 제시할 수 있다.
- 플랫폼 성능 특성 분석 항목 : 응답시간(Response Time), 가용성(Availability), 사용률(Utilization)

③ 플랫폼 성능 특성 분석 방법

- 기능 테스트(Performance Test) : 현재 시스템의 플랫폼을 평가할 수 있는 기능 테스트를 수행한다.
- 사용자 인터뷰 : 사용자를 대상으로 현행 플랫폼 기능의 불편함을 인터뷰한다.
- 문서 점검 : 플랫폼과 유사한 플랫폼의 기능 자료를 분석한다.

② 현행 시스템의 OS 분석

★ TCO
- Total Cost Of Ownership(총 소유 비용)
- 일정 기간 자산 획득에 필요한 직/간접적인 총비용으로 HW/SW 구매 비용, 운영 교육, 기술 지원, 유지보수, 손실, 에너지 사용 비용 등
- 기업에서 사용하는 정보화 비용 (컴퓨터의 구입 비용, 업그레이드와 같은 유지 보수 비용, 소프트웨어 구입 비용, 소프트웨어 교육의 비용 등)에 투자 효과를 고려한 총 소유 비용

① OS(Operating System, 운영체제)의 개념

- HW, SW 자원관리 및 공통 서비스 제공, 사용자와의 인터페이스를 제공한다.
- 종류 : Windows, Android, iOS, UNIX, LINUX, Mac OS 등

② 현행 시스템의 OS 분석 항목 및 고려사항

- 현행 환경 분석 과정에서 라이선스의 종류, 사용자 수, 기술의 지속 가능성 등을 고려해야 한다.
- 분석 항목 : 현재 정보 시스템의 OS 종류와 버전, 패치 일자, 백업 주기 분석
- 고려사항 : 가용성, 성능, 기술지원, 주변기기, 구축 비용(TCO★)
- 메모리 누수 : 실행 SW가 정상 종료되지 않고 남아 있는 증상

03 현행 시스템 DBMS 분석

① DBMS(DataBase Management System)

- DB의 종속성과 중복성의 문제를 해결하기 위해서 제안된 시스템이다.
- 응용 프로그램과 데이터의 매개체로 모든 응용 프로그램들이 데이터베이스를 공유할 수 있도록 관리한다.
- 데이터베이스의 구성, 접근 방법, 관리 유지에 대한 모든 권한을 가진다.
- 종류 : Oracle, IBM DB2, Microsoft SQL Sever, MySQL, SQ Lite, MongoDB, Redis

② 현행 시스템 DBMS 분석

- DBMS 종류, 버전, 구성 방식, 저장 용량, 백업 주기, 업체의 유지 보수 여부를 분석한다.
- 테이블 수량, 데이터 증가 추이, 백업 방식 등을 분석한다.
- 논리/물리 테이블의 구조를 파악하여 각 테이블의 정규화 정도, 조인 난이도, 각종 프로시저, 트리거 등을 분석한다.

▶ DBMS 분석 시 고려사항

성능	• 대규모 데이터 처리 성능(분할 테이블의 지원 여부) • 대량 거래 처리 성능 및 다양한 튜닝 옵션 지원 • 비용 기반 최적화 지원 및 설정의 최소화
가용성	• 장시간 DBMS 운영 시 장애 발생 가능성 • DBMS 패치 설치를 위한 재기동 시간 • DBMS 이중화 및 복제 지원, 백업 및 복구 편의성
기술 지원	• 제조업체의 안정적인 기술 지원 • 같은 DBMS 사용자들 간의 정보 공유 • 오픈 소스 여부
상호 호환성	• 설치 가능한 운영체제 종류 • 다양한 운영체제에서 지원되는 JDBC, ODBC
구축 비용	• 라이선스 정책 및 비용 • 유지와 관리 비용 • 총 소유 비용(TCO)

➕ 더 알기 TIP

비즈니스 융합(Business Convergence)

정보산업, 시장 간의 경계를 허물어 ICT★ 등을 통해 새로운 전달 방식을 도입하여 비즈니스 모델의 적용 범위를 확대하는 것을 의미한다.

★ ICT
• Information and Communications Technologies
• 정보기술 + 통신기술

04 네트워크 구성도

- 업무 처리 시스템들이 어떠한 네트워크 구성하고 있는지 그림으로 표현한 것이다.
- 서버의 위치, 서버 간의 네트워크 연결 방식을 네트워크 구성도 작성을 통해 파악할 수 있다.
- 백본망, 라우터, 스위치, 게이트웨이, 방화벽 등 개발 대상 조직 내 서버들의 물리/구조적인 위치 관계 파악, 조직 내 보안 취약성 분석 및 대응, 네트워크 장애 발생 시 장애의 추적 및 대응 등의 다양한 용도로 활용될 수 있다.

05 미들웨어 현행 시스템 분석

① 미들웨어(Middleware)

- 운영체제와 소프트웨어 애플리케이션 사이에 위치한다.
- 애플리케이션에 운영체제가 제공하는 서비스를 추가 및 확장하여 제공하는 컴퓨터 소프트웨어이다.
- 대표적으로 웹 애플리케이션 서버(WAS, Web Application Server)가 있다.
- 동적인 웹 사이트, 웹 애플리케이션, 웹 서비스의 개발을 지원하기 위하여 설계된 소프트웨어이다.
- 데이터 접근, 세션 관리, 트랜잭션 관리 등을 위한 라이브러리를 제공한다.
- 서버 계층에서 애플리케이션이 동작할 수 있는 환경을 제공한다.
- 현행 시스템과 다른 이(異)기종 시스템과의 애플리케이션 연동을 지원하는 서버이다.
- 안정적인 트랜잭션 처리와 관리를 지원한다.

② 미들웨어 현행 시스템 분석 시 고려사항

성능	• 대규모 거래의 요청이 있을 때 처리 가능 여부 • 환경과 상황에 따라 다양한 설정 옵션을 제공하는지 여부 • 가비지 컬렉션의 다양한 옵션
가용성	• 안정적인 트랜잭션 처리와 이중화 지원 가능 여부 • 시스템 운영 시 장애 발생 가능성과 안정적인 트랜잭션 처리 여부 • WAS의 버그나 취약점 해결을 위한 패치 설치 시 재기동 시간 등
기술 지원	• 제공사의 안정적인 기술 지원이 가능한지 아닌지 여부 • 같은 시스템을 사용하는 사용자 간의 정보 공유 가능성 유무 • 오픈 소스 여부
구축 비용	구축 시 라이선스 정책이나 비용 등으로 인한 유지 관리 비용에 따른 총 소유 비용의 범위가 구축 비용의 허용 범위 내인지 여부

06 오픈 소스 라이선스

① 오픈 소스 라이선스의 개념
- 소스코드가 공개되어 누구나 특별한 제한 없이 소스를 사용할 수 있도록 한다.
- 대표적으로 Linux가 있다.

② 오픈 소스 사용 시 고려사항
- 오픈 소스의 경우 해당 소스의 기술이 지속 가능한지 우선으로 고려하고 라이선스의 종류, 사용자 수 등을 고려해야 한다.
- 오픈 소스 레벨에 따라서 허용하는 범위를 파악하여 라이선스를 위반하지 않도록 주의한다.

③ GNU(GNU's Not Unix)
- 유닉스(Unix)의 상업적 확산에 반발하여 리처드 스톨먼과 그의 팀이 무료로 개발·배포하고 있는 유닉스 호환 운영체제이다.
- 컴퓨터 프로그램은 물론 모든 관련 정보를 돈으로 구매하는 것을 반대하는 것이 기본 이념이다.

④ GNU 라이선스 종류
- GNU GPLv1(General Public License) : 1989.1 발표. 소스코드를 공개하지 않으면서 바이너리만 배포하는 것을 금지하며, 사용할 수 있는 쉬운 소스코드를 같이 배포해야 한다.
- GNU GPLv2 : 1991.6 발표. '컴퓨터 프로그램을 어떤 목적으로든지 사용할 수 있다. 컴퓨터 프로그램의 복사를 언제나 프로그램의 코드와 함께 판매 또는 무료로 배포할 수 있다. 변경된 컴퓨터 프로그램 역시 프로그램의 코드와 함께 자유로이 배포할 수 있다'라는 조항을 명시하고 있다. (예 Firefox, Linux Kernel Maria DB, Word press)
- GNU GPLv3 : 2007.6 발표. 소프트웨어 특허에 대처하는 것을 정의한다. 다른 라이선스와의 호환성, 배포 후 특허권을 빌미로 기술료를 요구하는 행위를 원천 봉쇄하였다. 특허권자가 저작권자와 다를 경우는 특허 소유자가 기술료를 받지 않는 조건으로만 GPL 배포가 가능하다.
- GNU AGPLv3.0(GNU AfferoGPL) : 네트워크 서버용 Application Service Provider의 용도로 제정되었다. (예 MongoDB)
- GNU LGPL(Library General Public License) : GPL보다는 훨씬 완화된 (lesser) 조건의 공개 소프트웨어 라이선스이다. LGPL 코드를 정적 또는 동적 라이브러리로 사용한 프로그램을 개발하여 판매/배포할 때 프로그램의 소스코드를 공개하지 않아도 된다. (예 Mozilla Firefox(2.1), OpenOffice)
- BSD(Berkeley Software Distribution) : 아무나 개작할 수 있고, 수정한 것을 제한 없이 배포할 수 있다. 단, 수정본의 재배포는 의무적인 사항이 아니다. 공개하지 않아도 되는 상용 소프트웨어에서도 사용할 수 있다.
- Apache 2.0 : Apache 재단 소유 SW 적용을 위해 제공하는 라이선스이다. 소스코드 수정 배포 시 Apache 2.0을 포함해야 한다. (예 Android, HADOOP★)

★ HADOOP
다수의 저렴한 컴퓨터를 하나처럼 묶어 대량 데이터(Big Data)를 처리하는 기술이다.

01 다음이 설명하는 것이 무엇인지 쓰시오.

> • 다양한 애플리케이션이 작동하는 기본이 되는 운영체제 소프트웨어를 의미한다.
> • '응용 소프트웨어 + 하드웨어 + 시스템 소프트웨어'로 구성된다.

• 답 :

02 플랫폼 성능 특성 분석 항목 3가지를 쓰시오.

• 답 :

03 DBMS 분석 시 고려사항 중 다음 설명에 해당하는 고려사항을 쓰시오.

> • 장시간 DBMS 운영 시 장애 발생 가능성
> • DBMS 패치 설치를 위한 재기동 시간
> • DBMS 이중화 및 복제 지원, 백업 및 복구 편의성

• 답 :

04 다음이 설명하는 것의 명칭을 쓰시오.

> • 운영체제와 소프트웨어 애플리케이션 사이에 위치한다.
> • 애플리케이션에 운영체제가 제공하는 서비스를 추가 및 확장하여 제공하는 컴퓨터 소프트웨어이다.
> • 대표적으로 웹 애플리케이션 서버(WAS, Web Application Server)가 있다.

• 답 :

ANSWER 01 플랫폼(Platform)
02 응답시간(Response Time), 가용성(Availability), 사용률(Utilization)
03 가용성
04 미들웨어(Middleware)

01 소스코드가 공개되어 누구나 특별한 제한 없이 소스를 사용할 수 있도록 하는 라이선스는 무엇인지 쓰시오.

• 답 :

02 다음 설명에 해당하는 명칭을 쓰시오.

> • 유닉스(Unix)의 상업적 확산에 반발하여 리처드 스톨먼과 그의 팀이 무료로 개발 · 배포하고 있는 유닉스 호환 운영체제이다.
> • 컴퓨터 프로그램은 물론 모든 관련 정보를 돈으로 주고 구매하는 것을 반대하는 것이 기본 이념이다.

• 답 :

03 GNU 라이선스 레벨 종류 중 다음이 설명하는 것은 무엇인지 쓰시오.

> 아무나 개작할 수 있고, 수정한 것을 제한 없이 배포할 수 있다. 단, 수정본의 재배포는 의무적인 사항이 아니다. 공개하지 않아도 되는 상용 소프트웨어에서도 사용할 수 있다.

• 답 :

04 다수의 저렴한 컴퓨터를 하나처럼 묶어 대량 데이터(Big Data)를 처리하는 기법이 무엇인지 쓰시오.

• 답 :

05 기업에서 사용하는 정보화 비용(컴퓨터의 구입 비용, 업그레이드와 같은 유지 보수 비용, 소프트웨어 구입 비용, 소프트웨어 교육의 비용 등)에 투자 효과를 고려한 총 소유 비용을 의미하는 것의 영문 약자를 쓰시오.

• 답 :

06 다음에 설명하는 것의 명칭을 쓰시오.

> • 데이터베이스의 종속성과 중복성의 문제를 해결하기 위해서 제안된 시스템이다.
> • 응용 프로그램과 데이터의 중재자로서 모든 응용 프로그램들이 데이터베이스를 공유할 수 있도록 관리한다.
> • 데이터베이스의 구성, 접근 방법, 관리 유지에 대한 모든 권한을 가진다.

• 답 :

07 SCRUM 개발 방법론에서 다음이 설명하는 것은 무엇인지 쓰시오.

- 사전적으로 '전력 질주'라는 의미이다.
- 작은 단위의 개발 업무를 단기간에 전력 질주하여 개발한다.
- 반복 주기(2~4주)마다 이해관계자에게 일의 진척도를 보고한다.

•답 :

08 XP 개발 방법론의 12가지 핵심 실천 사항 중 다음 설명에 해당하는 것은 무엇인지 쓰시오.

하나의 컴퓨터에 2명의 프로그래머가 모든 코드를 코딩과 리뷰 역할을 바꿔가며 공동 작업을 진행한다.

•답 :

09 XP 5가지 핵심 가치 중 고객 요구사항 변화에 능동적으로 대응하는 것은 무엇인지 쓰시오.

•답 :

10 다음이 설명하는 소프트웨어 개발 방법론은 무엇인지 쓰시오.

- 소프트웨어를 분석하여 소프트웨어 개발 과정과 데이터 처리 과정을 설명하는 분석 및 설계 정보를 재발견하거나 다시 만들어내는 작업이다.
- 현재 프로그램으로부터 데이터, 아키텍처, 절차에 관한 분석 및 설계 정보를 추출하는 작업이다.
- 소프트웨어를 분석하여 소프트웨어 개발 과정과 데이터 처리 과정을 설명하는 분석 및 설계 정보를 재발견하거나 다시 만들어내는 작업이다.

•답 :

11 다음이 설명하는 GNU 라이선스 레벨을 쓰시오.

2007.6 발표. 소프트웨어 특허에 대처하는 것을 정의한다. 다른 라이선스와의 호환성, 배포 후 특허권을 빌미로 기술료를 요구하는 행위를 원천 봉쇄하였다. 특허권자가 저작권자와 다를 경우는 특허 소유자가 기술료를 받지 않는 조건으로만 GPL 배포가 가능하다.

•답 :

12 미들웨어 현행 시스템 분석 시 고려사항 중 같은 시스템을 사용하는 사용자 간의 정보 공유 가능성 유무나 오픈 소스인지 아닌지의 여부 등을 고려해야 하는 것은 무엇인지 쓰시오.

•답 :

CHAPTER **02**

요구사항 확인하기

요구사항 개발

 학습 방향

1. 소프트웨어 공학 기술의 요구사항 분석 기법을 활용하여 업무 분석가가 정의한 응용 소프트웨어의 요구사항을 확인할 수 있다.
2. 업무 분석가가 분석한 요구사항에 대해 정의된 검증 기준과 절차에 따라서 요구사항을 확인할 수 있다.

출제빈도

| SECTION 01 | 상 | | 60% |
| SECTION 02 | 중 | | 40% |

01 요구사항

① 요구사항의 정의(IEEE-Std-610)

- 문제의 해결 또는 목적 달성을 위하여 고객에 의해 요구되는 기능을 의미한다.
- 계약, 표준, 명세 등을 만족하기 위하여 시스템이 처리하거나 충족해야 하는 서비스 또는 제약사항이다.
- 고객이 요구한 사항과 요구하지 않았더라도 당연히 제공되어야 한다고 가정되는 사항들을 의미한다.

② 요구공학(Requirements Engineering)의 개념

- 소프트웨어 개발 시 사용자 요구를 정확히 반영된 시스템 개발을 위하여 사용자의 요구를 추출, 분석, 명세, 검증, 관리하는 구조화된 활동 집합이다.
- 요구사항을 정의하고, 문서로 만들고, 관리하는 프로세스를 의미한다.
- 효과적인 의사소통을 통하여 공통 이해를 설정한다.
- 불필요한 비용 절감, 요구사항 변경 추적이 가능해진다.

③ 요구공학의 목적

- 소프트웨어 개발 시 이해관계자 사이의 원활한 의사소통 수단을 제공한다.
- 요구사항 누락을 방지하고, 상호 이해 오류 등의 제거로 경제성을 제공한다.
- 요구사항 변경 이력을 관리한다.
- 요구사항을 관리하여 개발 비용 및 시간을 절약할 수 있다.

④ 요구공학(개발) 프로세스

- 요구사항을 명확히 분석하여 검증하는 진행 순서를 의미한다.
- 개발 대상에 대한 요구사항을 체계적으로 도출한다.
- 도출된 요구사항을 분석하여 분석 결과를 명세서에 정리한다.
- 정리된 명세서를 마지막으로 확인, 검증하는 일련의 단계를 의미한다.
- 경제성, 기술성, 적법성, 대안성 등 타당성 조사(feasibility study)가 선행되어야 한다.

⑤ SWEBOK★에 따른 요구사항 개발 프로세스

- 도출(Elicitation) → 분석(Analysis) → 명세(Specification) → 확인(Validation)

★ SWEBOK
- Software Engineering Body of Knowledge, 소프트웨어 공학 지식 체계
- 국제 표준화 기구의 정보기술 분야인 ISO/IEC에서 의견을 모아 집필 발간하는 표준화 체계 문서이다.

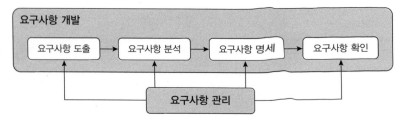

02 요구사항 도출(Requirement Elicitation, 요구사항 추출)

① 요구사항 도출의 정의

- 소프트웨어가 해결해야 할 문제를 이해하는 첫 번째 단계이며, 소프트웨어 개발 생명주기(SDLC) 동안 반복된다.
- 현재의 상태를 파악하고 문제를 정의한 후 문제 해결과 목표를 명확히 도출하는 단계이다.
- 요구사항의 위치와 수집 방법과 관련되어 있다.
- 이해관계자(Stakeholder)가 식별되고 개발팀과 고객 사이의 관계가 만들어지는 단계이므로 다양한 이해관계자와 효율적인 의사소통이 중요하다.
- 요구사항 도출 기법 : 롤 플레잉(역할극), 고객의 발표, 문서 조사, 설문, 업무 절차 및 양식 조사, 브레인스토밍★, 워크숍, 인터뷰, 프로토타이핑, Use Case, 벤치마킹, BPR(업무재설계), RFP(제안요청서)

② 요구사항 도출 기법

- 문서 분석
  - 현재 시스템을 이해하기 위하여 보고서, 메모, 정책 매뉴얼, 교육 매뉴얼, 조직도, 양식 등의 문서를 분석하는 방법이다.
  - 사용한 적이 없는 문서는 제외하고 변경, 개선할 필요성을 찾아내야 한다.
- 관찰
  - 직접 작업 과정을 지켜보면서 현재 시스템에 관한 정보를 도출한다.
  - 잠재적인 사용자들이 수행하는 복잡한 일을 관찰하여 사용자가 하는 일을 자세히 설명해 달라고 요구한다.
  - 비디오 촬영 등을 사용한다(예 도매상에서 점원이 사려는 고객과 물건을 매매하는 과정).
  - 인터뷰 정보를 보완할 목적으로 사용한다.
  - 시간이 많이 소요된다는 단점이 있다.
- 설문
  - 광범위한 사용자로부터 의견이 필요할 때 지면, 이메일, 웹을 통하여 진행한다.

> **설문 시 주의사항**
> - 위협을 하는 것이 아니라 흥미를 유발하는 질문으로 시작한다.
> - 각 질문을 논리적인 단위로 분류하여 묶는다.
> - 중요한 질문을 설문의 끝에 두지 않는다.
> - 한 페이지에 너무 많은 내용을 담지 않는다.
> - 약어 또는 한쪽으로 치우치거나 제안하는 듯한 질문이나 단어를 피한다.
> - 혼란을 줄이기 위해 질문에 번호를 부여한다.
> - 응답자에게 익명을 보장한다.

★ 브레인스토밍
- 요구사항 분석 시 3인 이상이 모여 자유롭게 아이디어를 내놓는 아이디어 회의이다.
- 훈련된 요원 주재하에 정형화된 회의가 아닌 자유로운 대화를 통하여 아이디어를 내며, 여러 명으로부터 정보를 얻기 위한 회의이다.
- 토론보다는 아이디어를 쏟아놓는 회의이며, 익명성을 보장하고 골고루 발언권이 주어져야 한다.

- 인터뷰
  - 사용자와의 심층 대화로부터 요구를 끌어내는 방법이다.
  - 질문의 준비가 중요하기 때문에 미리 잘 계획하여야 많은 정보를 얻을 수 있다.
  - 가능하면 많은 당사자와 인터뷰를 진행하고 관련자 이외의 다른 사람도 인터뷰하는 것이 좋다(경쟁 제품의 사용자, 마케팅 담당자 등).
  - 절차 : 대상자 선정 → 일정 계획 → 인터뷰 질문 작성 → 인터뷰 → 분석 및 정리
  - 질문 작성 시 다른 곳에서 찾을 수 있는 질문은 피해야 하며 대상자가 알 수 있다고 예상되는 질문으로 구성한다.

▶ **질문 유형**

폐쇄형	• 하루에 받는 전화 주문은 몇 개인가? • 고객이 어떻게 주문하는가? • 월별 매출 보고에 빠진 정보는 무엇인가?
자유 대답형	• 현재 주문을 처리하고 있는 방식에 대하여 어떻게 생각합니까? • 매일 겪는 문제점은 무엇입니까? • 주문 처리하는 방법에서 개선하고 싶은 것이 있다면 무엇입니까?
유도형	• 왜 그런지 예를 들어 줄 수 있나요? • 더 자세히 말씀해 주시겠어요?

★ JAD
Joint Application Development,
결합 응용 설계

- JAD★ 회의
  - 집중 브레인스토밍 회의를 의미한다.
  - 프로젝트팀, 사용자, 관리자의 협의 회의 등이 있다.

> 브레인스토밍 과정
> 1. 관련자 모두가 참여하는 회의 소집
> 2. 경험 많은 사람을 회의 주재자로 선정
> 3. 테이블에 참석자를 배석시키고 종이 준비
> 4. 토론을 유도할 질문을 정함
> 5. 질문에 대하여 답을 종이에 적되 한 장에 하나의 아이디어만 적은 후 참석자가 돌려 봄
> 6. 5번 단계를 5~15분간 반복
> 7. 간단한 설명
> 8. 모든 아이디어를 칠판에 적은 후 우선순위를 정하기 위하여 투표

- 프로토타이핑(Prototyping)
  - 도출된 요구사항을 토대로 프로토타입(시제품)을 제작하여 대상 시스템과 비교하면서 개발 중에 도출되는 추가 요구사항을 지속해서 재작성하는 과정이다.
  - 새로운 요구사항을 도출하기 위한 수단이다.
  - 요구사항에 대하여 소프트웨어 엔지니어 관점에서 해석한 것을 확인하기 위한 수단으로 많이 사용된다.
  - 실제 구현 전에 잘못된 요구사항을 만족시키기 위하여 자원을 낭비하는 것을 방지할 수 있다.

▶ **프로토타이핑의 장단점**

장점	• 분석가의 가정을 파악하고 잘못되었을 때 유용한 피드백을 제공한다. • 문서나 그래픽 모델보다 프로토타입으로 이해하기 쉬워 사용자와 개발자 사이의 의사소통에 도움이 된다. • 요구사항의 가변성이 프로토타이핑 이후에 급격히 감소한다. • 빠르게 제작할 수 있으며, 반복 제작을 통하여 발전된 결과를 가져올 수 있다.
단점	• 사용자의 관심이 핵심 기능에서 멀어질 수 있으며 프로토타입의 디자인이나 품질 문제로 집중될 수 있다. • 프로토타입 수행 비용이 발생한다. • 전체 범위 중 일부 대상 범위만 프로토타입을 제작하면 사용성이 과대 평가될 수 있다.

- 시나리오
  - 시스템과 사용자 간에 상호작용을 시나리오로 작성하여 시스템 요구사항을 추출하는 기법이다.

> **시나리오에 포함해야 할 필수 정보**
> - 시나리오로 들어가기 이전의 시스템 상태에 관한 기술
> - 정상적인 사건의 흐름
> - 정상적인 사건의 흐름에 대한 예외 흐름
> - 동시에 수행되어야 할 다른 행위의 정보
> - 시나리오의 완료 후에 시스템 상태의 기술

03 요구사항 분석(Requirement Analysis)

① 요구사항 분석
- 시스템 요구사항을 정제하여 소프트웨어 요구사항을 도출한다.
- 요구사항 기술 시 요구사항 확인, 요구사항 구현의 검증, 비용 추정 등의 작업이 가능하도록 충분하고 정확하게 기술한다.
- 요구사항 간 상충하는 것을 해결하고, 소프트웨어의 범위를 파악한다.
- 소프트웨어가 환경과 어떻게 상호작용하는지 이해하고, 명확하지 못하거나 모호한 부분을 걸러내기 위한 과정이다.
- 도출된 사항을 분석한 후 소프트웨어 개발 범위를 파악하여 개발 비용, 일정에 대한 제약을 설정하고 타당성 조사를 수행한다.
- 요구사항 정의를 문서화한다.
- 요구분석을 위해서 사용자 의견 청취, 사용자 인터뷰, 현재 사용 중인 각종 문서 분석과 중재, 관찰 및 모델 작성 기술, 설문 조사를 통한 의견 수렴 등의 방법을 사용한다.

② 요구사항 분석 기법의 종류
- 요구사항 분류
  - 기술 내용에 따른 분류 : 기능적 요구사항, 비기능적 요구사항 2021년 1회

기능적 요구사항 (Functional Requirements)	• 제품 구현을 위해 소프트웨어가 가져야 할 기능적 속성 • 예 – 파일 저장 기능, 편집 기능, 보기 기능 등 – 차 운행, 탑승객, 예약을 입력하는 방법 결정 – 기차표와 예약 정보에 어떤 정보가 포함되어야 할지 결정 – 관리자와 승객이 DB에 접근할 때 어떤 정보를 얻을 수 있는지 결정
비기능적 요구사항 (Non–Functional Requirements)	• 제품 품질 기준 등의 만족을 위해 소프트웨어가 가져야 할 특성 • 고객의 새로운 요구사항을 추가하기 위하여 시스템을 확장할 수 있도록 설계 • 예 성능, 사용의 용이성, 신뢰도, 보안성, 안전성 등

  - 기술 관점 및 대상에 따른 분류 : 시스템 요구사항, 사용자 요구사항
    1. 요구사항이 제품에 관한 것인지 프로세스에 관한 것인지 우선순위가 더 높은 것인지 아닌지를 판단하여 분류한다.
    2. 요구사항의 범위(요구사항이 소프트웨어에 미치는 영향의 범위)와 요구사항이 소프트웨어 생명주기 동안에 변경이 발생하는지를 분석하여 분류한다.
    3. 요구사항이 하나 이상의 고수준 요구사항으로부터 유도된 것인지 또는 이해관계자나 다른 원천(Source)으로부터 직접 발생한 것인지 분류한다.
- 요구사항 분류 기준
  - 기능적 요구사항과 비기능적 요구사항을 구분한다.
  - 요구사항이 하나 이상의 고수준 요구사항으로부터 유도된 것인지 확인한다.
  - 이해관계자나 다른 원천(Source)으로부터 직접 발생한 것인지 확인한다.
  - 요구사항이 제품에 관한 것인지 프로세스에 관한 것인지 확인한다.
  - 우선순위가 더 높은 것을 확인한다.
  - 요구사항의 범위(요구사항이 소프트웨어에 미치는 영향의 범위)를 확인한다.
  - 요구사항이 소프트웨어 생명주기 동안에 변경될 수 있는지를 확인한다.

③ 개념 모델의 역할
- 현실 세계 객체에 대한 모델링은 요구사항 분석에 있어 중요한 부분이다. 이렇게 분석된 모델은 문제가 발생하면 이해를 증진하고 해결책을 제시할 수 있다.
- 개념 모델은 현실 세계의 대상 도메인의 엔티티(entity)들과 그들의 관계 및 종속성을 반영하고 있다.
- 개념 모델의 종류
  - 유스 케이스 다이어그램(Use Case Diagram)
  - 데이터 흐름 모델(Data Flow Model)
  - 상태 모델(State Model)
  - 목표 기반 모델(Goal-Based Model)
  - 사용자 상호작용(User Interactions)
  - 객체 모델(Object Model), 데이터 모델(Data Model)
- UML(Unified modeling Language)을 가장 많이 사용한다.

⊕ 더 알기 TIP

UML 다이어그램
- 시나리오를 표현할 때 사례 다이어그램을 주로 사용한다.
- 구조 다이어그램(Structure Diagram) : 시스템의 정적 구조(Static Structure)와 다양한 추상화 및 구현 수준에서 시스템의 구성요소, 구성요소 간의 관계를 보여 준다.
- 행위 다이어그램(Behavior Diagram) : 시스템 내의 객체들의 동적인 행위(Dynamic Behavior)를 보여 주며, 시간의 변화에 따른 시스템의 연속된 변경을 설명해 준다.

④ 요구사항 할당(Requirement Allocation)
- 요구사항을 만족시키기 위한 구성요소를 식별하는 활동을 의미한다.
- 식별된 타 구성요소와 상호작용 여부를 분석하여 추가 요구사항을 발견할 수 있다.

⑤ 요구사항 협상(Requirement Negotiation)
- 요구사항이 서로 충돌할 경우 이를 해결하는 과정이며 적절한 기준점을 찾아 합의하도록 한다.
- 우선순위를 부여하여 해결한다.

⑥ 정형 분석(Formal Analysis)
구문과 의미같은 정형화된 언어를 이용해 요구사항을 수학적 기호로 표현하고 분석하는 과정이다.

⑦ 요구사항 분석 수행 단계
- 문제 인식 : 인터뷰, 설문 조사 등 도구를 활용하여 요구사항을 파악하는 과정이다.
- 전개 : 파악한 문제를 자세히 조사하는 작업이다.
- 평가와 종합 : 요구들을 다이어그램이나 자동화 도구를 이용하여 종합하는 과정이다.
- 검토 : 요구분석 작업의 내용을 검토, 재정리하는 과정이다.
- 문서화 : 요구사항 분석 내용을 문서로 만드는 과정이다.

04 요구사항 명세(Requirement Specification)

- 시스템 정의서(System Definition Document), 시스템 요구사항 명세서(System Requirement Specification), 소프트웨어 요구사항 명세서(Software Requirement Specification)를 작성한다.
- 체계적으로 검토, 평가, 승인될 수 있도록 문서로 만드는 것을 의미한다.

① 요구사항 명세서 작성 방법

- 시스템이 수행할 모든 기능과 시스템에 영향을 미치는 제약 조건을 명확하게 기술한다.
- 명세 내용은 고객과 개발자 사이에서 모두가 이해하기 쉽고 간결하게 작성하고 기술된 모든 요구사항은 검증할 수 있으므로 원하는 시스템의 품질, 상대적 중요도, 품질의 측정, 검증 방법 및 기준 등을 명시하도록 한다.
- 요구사항 명세서는 시스템의 외부 행위를 기술하는 것으로 특정한 구조나 알고리즘을 사용하여 설계하지 않도록 하고 참여자들이 시스템의 기능을 이해하거나, 변경에 대한 영향 분석 등을 위하여 계층적으로 구성한다.
- 요구사항을 쉽게 참조할 수 있도록 고유의 식별자를 가지고 번호화하고, 모든 요구사항이 동등한 것이 아니므로 요구사항을 우선순위화한다.

② 요구사항 명세서 작성 시 주의사항

- 설계 과정의 오류 사항을 추적할 수 있어야 한다.
- 기능적 요구사항은 빠지는 부분이 없이 명확하게 기술한다.
- 비기능적 요구사항은 필요한 것만 명확하게 기술한다.
- 개발자가 효과적으로 설계할 수 있고 사용자가 쉽게 이해할 수 있도록 한다.

05 요구사항 확인(Requirement Validation, 요구사항 검증)

- 요구사항 분석 단계를 거쳐 문서로 만들어진 내용을 검토(Review)하고 검증(Verification)하는 단계이다.
- 요구분석가가 요구사항을 이해했는지 확인(Validation)이 필요하다.
- 회사의 표준에 적합하고, 이해할 수 있고, 일관성이 있고, 완전한지 검증한다.
- 일반적으로 요구사항 관리 도구를 이용하여 이해관계자들이 문서를 검토해야 하고, 요구사항 정의 문서들에 대해 형상관리를 한다.
- 자원이 요구사항에 할당되기 전에 문제를 파악하기 위하여 검증을 수행한다.
- 이해관계자들이 문서를 검토해야 하고, 요구사항 관리 도구를 이용하여 요구사항 정의 문서들에 대해 형상관리★를 한다.

① 요구사항 검증의 의미와 검증 내용

- 사용자 요구가 요구사항 명세서에 올바르게 기술되었는가에 대해 검토하는 활동을 의미한다.
- 검증 내용
    - 요구사항이 사용자나 고객의 목적을 완전하게 기술하는가?
    - 요구사항 명세가 문서 표준을 따르고, 설계 단계의 기초로 적합한가?
    - 요구사항 명세의 내부적 일치성과 완전성이 있는가?
    - 기술된 요구사항이 참여자의 기대에 일치하는가?

② 요구사항 타당성 검증 사항

- 무결성(correctness) 및 완전성(completeness) : 사용자의 요구를 에러 없이 완전하게 반영하고 있는가?
- 일관성(consistency) : 요구사항이 서로 간에 모순되지 않는가?
- 명확성(unambiguous) : 요구분석의 내용이 모호함 없이 모든 참여자에 의해 명확하게 이해될 수 있는가?
- 기능성(functional) : 요구사항 명세서가 '어떻게'보다 '무엇을'에 관점을 두고 기술되었는가?
- 검증 가능성(verifiable) : 요구사항 명세서에 기술된 내용이 사용자의 요구를 만족하는가? 개발된 시스템이 요구사항 분석 내용과 일치하는지를 검증할 수 있는가?
- 추적 가능성(traceable) : 시스템 요구사항과 시스템 설계문서를 추적할 수 있는가?

★ **형상관리(Configuration Management)**
애플리케이션 개발 단계에서 도출되는 프로그램, 문서, 데이터 등의 모든 자료를 형상 단위라고 하며, 이러한 자료의 변경을 관리함으로써 애플리케이션 버전 관리 등을 하는 활동이다.

01 소프트웨어 개발 과정 중 요구사항 확인 단계의 요구사항의 타당성 검증 사항에서 다음에 해당하는 요구조건을 쓰시오.

> 사용자의 요구를 에러 없이 완전하게 반영하고 있는가?

• 답 :

02 애플리케이션 개발 단계에서 도출되는 프로그램, 문서, 데이터 등의 모든 자료를 형상 단위라고 하며, 이러한 자료의 변경을 관리함으로써 애플리케이션 버전 관리 등을 하는 활동을 무엇이라고 하는지 쓰시오.

• 답 :

03 애플리케이션 개발 단계에서 요구사항을 분석한 뒤 요구사항을 명세하는 명세 3종류를 쓰시오.

• 답 :

04 요구사항의 타당성 검증 사항 중 추적 가능성에 대하여 서술하시오.

• 답 :

05 요구사항 개발 프로세스 중 가장 먼저 진행해야 할 단계를 쓰시오.

• 답 :

요구사항 관리

빈출 태그 SDLC · CMMi 5단계 · 요구사항 관리 프로세스 · 요구사항 분류

01 요구사항 관리의 개념

- 요구사항 도출, 분석, 명세, 확인 단계에서의 모든 요구사항 개발 프로세스의 주요 이슈 관리를 진행한다.
- 요구사항 협상, 요구사항 기준선, 요구사항 변경관리, 요구사항 확인의 세부사항으로 구분한다.

02 SDLC★ 요구사항 관리 절차

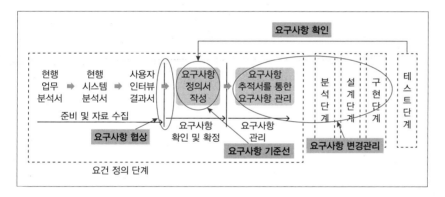

★ SDLC
- Software Development Life Cycle, 소프트웨어 생명주기
- 소프트웨어의 생성부터 소멸까지의 정의 단계, 개발 단계, 유지 보수 단계로 구분한 것이다.

03 CMMi(Capability Maturity Model Integration)

- 미국 카네기 멜런 대학의 소프트웨어 공학 전문 연구소의 지침이다.
- 단체나 조직에서 소프트웨어를 개발하고 운영하는 성숙도 능력이 어느 정도인지를 규정하는 지침이다.

① CMMi 5단계
- 초기(Initial) 단계
- 관리(Managed) 단계★
- 정의(Defined) 단계
- 정량적 관리(Quantitatively Managed) 단계
- 최적화(Optimizing) 단계

★ 관리(Managed) 단계
요구사항 협상 → 요구사항 기준선 → 요구사항 변경관리 → 요구사항 확인

04 요구사항 관리 프로세스

요구사항 협상	• 요청자의 모든 요구사항을 목록화하고 실제 구현 가능한 사항을 협상에 따라 검토하는 과정이다. • 가용한 자원과 수용 가능한 위험 수준에서 구현할 수 있는 기능을 협상하도록 한다.
요구사항 베이스라인 (기준선)	• 최종 도출된 요구사항 명세서는 기준선이 되며 추후 과정인 분석 설계 구현의 지침이 된다. • 공식적으로 합의되고 검토된 요구사항 명세서를 결정한다.
요구사항 변경관리	• 기준선은 변경이 통제되며 절차에 의하여 변경되어야 한다. • 요구사항 기준선을 기반으로 모든 변경을 공식적으로 통제한다.
요구사항 확인★ 및 검증	• 요구사항이 최종 시스템에 반영되었는지 확인하는 절차이다. • 구축된 시스템이 이해관계자가 기대한 요구사항에 부합되는지 확인한다.

★ 요구사항 확인
앞에서 학습한 광의의 요구사항 확인이 아닌 요구사항 관리하의 협의적인 개념이다.

① 요구사항 협상(Requirement Negotiation)
• 이해관계자들 간의 상충하는 내용을 요구하거나, 요구사항/자원, 기능/비기능 요구사항들이 서로 상충하는 경우 협상을 통하여 합의한다.
• 한 쪽을 지지하기보다는 적절한 절충(Trade off) 지점에서 합의가 중요하다.
• 각각의 우선순위를 부여하고 중요 요구사항을 필터링한 후 문제를 해결한다.
• 협상을 위한 요구사항 수집 절차
  - 이해관계자 식별 → 업무 요구사항 추출 계획 작성 → 사용자 요구사항 추출 계획 작성 → 요구사항 추출 관계 계획 작성
  - 수집된 모든 요구사항에 대하여 리스트 작업을 수행한다.
  - 모든 요구사항에 대하여 다양한 관점에서 분석한다.
  - 요구사항에 대한 분류 : 수용, 일부 수용, 대체, 수용 불가 등으로 구분한다.
• 정형 분석(Formal Analysis)
  - 구문(Syntax)과 형식적으로 정의된 의미(Semantics)를 지닌 언어로 요구사항을 표현한다.
  - 정확하고 명확하게 표현하여 오해를 최소화할 수 있다.
  - 요구사항 분석의 마지막 단계에서 이루어진다.

② 요구사항 베이스라인(Base Line, 기준선)
• 이해 당사자 간에 명시적으로 합의한 내용이며 프로젝트 목표 달성 여부를 확인하는 기준이다.
• 요구사항을 조기에 명확히 확정하고, 추후 발생 가능한 변경사항을 체계적으로 관리하기 위한 기준이다.
• 요구사항 정의서의 내용으로 추후 모든 프로젝트 단계의 기준이 된다.
• 요구사항 정의서
  - 사용자와 요구자의 요구사항을 정리하여 순서대로 ID를 부여하여 리스트로 작성한 문서이며 요구사항 명세서라고도 한다.
  - 요구사항 정의 단계의 필수 문서이다.
  - 요건 정의, 분석, 설계, 구현, 테스트, 이관 등 모든 과정을 진행하면서 진행되어 왔던 내용을 참고하는 기본 자료가 된다.

– 소프트웨어(정보시스템)의 요구자 또는 사용자의 요구사항을 정리 및 기록한 문서이다.

▶ **요구사항 정의서 예시**

시스템명		서브 시스템명					
단계명	요구사항 정의	작성 일자		버전			
요구사항 ID	요구사항명	의뢰 부서명	처리 담당 팀명	검토 결과	검토 의견	비고	
T_SO10	영업 기획영역	영업부	고객분석	수용			
T_ST11	접수관리	마케팅부	마케팅	수용			

③ 요구사항 변경관리

• 요구사항 변경관리는 요구사항을 인수책임자와 합의하고 관리하여 프로젝트의 계획 및 실행을 요구사항에 적합하도록 진행한다.

• 계획 범위에 속하거나 속하지 않는 모든 변경의 영향력을 분석하는 변경통제를 효율적으로 운영할 수 있다.

• 고객 요구사항을 기록하고 변경 발생 시 적절하게 통제하여 프로젝트에서 미치는 부정적인 영향력을 최소화할 수 있도록 한다.

• 요구사항 변경관리 시 확인사항

– 형상관리(변경통제 및 추적관리)와 연계하여 관리되도록 하며 프로젝트 계획, 작업 산출물 및 모든 활동을 위한 기준으로 사용한다.

– 고객의 요구사항은 문서로 만들어 요구사항의 일관성을 유지할 수 있도록 하는 것이 목적이며 요구사항 변경으로 인한 영향력 평가, 분석 및 문서로 만들어 종결까지 추적한다.

– 작업 산출물의 통제가 필요한 경우, 소프트웨어 형상관리 항목으로 관리한다.

– 요구사항을 도출하거나 변경할 경우, 조직의 방침을 충분히 검토할 책임자의 주도로 진행한다.

– 요구사항에 대한 변경을 검토 및 구현하고 변경통제를 진행하며 요구사항 변경으로 인한 프로젝트 계획, 산출물 및 활동들의 변경사항을 식별한다.

• 요구 변경사항 관리 절차

– 요구변경 사항 접수 → 요구 변경사항 분석 → 요구 변경사항 영향력 분석 → 요구 변경사항 수용 여부 결정 → 변경사항의 변경통제 순으로 진행한다.

– 변경통제는 변경통제위원회(CCB, Change Control Board)[★] 등 의사결정 회의기구를 통하여 최초 요구사항의 확정 및 확정된 요구사항의 변경을 수행하도록 한다.

– 요구 변경사항 식별 후 분석을 하고 최종적으로 변경에 대한 통제까지 포함한다.

④ **요구사항 확인(Validation)**

• 개발 대상의 자원을 요구사항 명세에 할당하기 전 요구사항 명세서가 완전하게 구성되었는지 검토하는 활동이다.

• 요구분석가가 요구사항을 정확히 이해한 뒤 요구사항 명세서를 작성하였는지 확인(Validation)하는 것이 중요하다.

★ **CCB의 특징**
• CCB의 구성, 권한, 역할은 변경관리계획서에 기술한다.
• CCB의 결정사항들은 문서화하여, 정보 제공 및 후속 조치를 위해 이해관계자들에게 전달해야 한다.
• CCB는 형상관리 활동을 검토할 수도 있다.

🅑 기적의 TIP

앞에서 학습한 요구사항 확인과 별개로 요구사항 변경 관리하에서 SDLC상의 최종 테스트와 인수 테스트 과정 중 요구사항을 확인하는 단계입니다.

🅑 기적의 TIP

요구사항 명세서는 인수 테스트 계획의 기준이 되고, 인수 테스트는 요구사항 확인의 주요 절차라는 것을 기억하세요.

• 내용의 일관성, 기준 적합성, 누락 기능의 여부, 이해도 등을 검증(Verification)★ 하는 것이 중요하다.
• 요구사항 확인 중 도출된 문서들의 형상관리를 수행한다.

⑤ 요구사항 검증(Verification)

요구사항을 기준으로 정보시스템을 최종 구현한 후 테스트/인수 시점에 요구사항이 제대로 반영되었는지 확인하는 단계이다.

05 인수 테스트

• 사용자 측 관점에서 소프트웨어가 요구사항을 충족시키는지 평가하는 절차이다.
• 소프트웨어가 고객의 합리적인 기대에 따라 제 기능을 발휘하는지를 테스트한다.
• 인수 시 각 요구사항의 확인 절차를 계획해야 한다.
• 종류 : 계약 인수 테스트, 규정 인수 테스트, 알파 테스트, 베타 테스트, 사용자 인수 테스트, 운영 인수 테스트

▶ **알파/베타 테스트**

알파 테스트	• 개발사 내에서 진행하는 테스트이다. • 개발자 관점에서 수행된다. • 개발자는 사용상의 문제를 기록하여 반영되도록 하는 테스트이다.
베타 테스트	• 선정된 다수의 사용자가 자신들의 사용 환경에서 일정 기간 사용하면서 테스트한다. • 문제점이나 개선 사항 등을 기록하고 개발 조직에 통보하여 반영되도록 하는 테스트이다.

06 모델 품질 검증(Model Certification)

분석 단계에서 개발된 모델의 품질을 검증한다.

① 정적 분석(Static Analysis)
• 객체 모델에서 객체들 사이에 존재하는 Communication Path(의사소통 경로)를 검증하기 위해 사용한다.
• 명세의 일관성과 정확성을 확인, 분석하는 도구이다.

② 동적 분석(Dynamic Analysis)

직접 실행을 통하여 모델을 검증하는 방식이다.

③ 요구사항 검토
• 여러 검토자가 에러, 잘못된 가정, 불명확성, 표준과의 차이를 검토한다.
• 고객 중심 프로젝트에서는 검토자 그룹에 고객 대표자가 1명 이상 포함되어야 한다.
• 시스템 정의서, 시스템 설명서, 소프트웨어 요구사항 명세서를 완성한 시점에서 검토한다.

07 테스트 레벨

- 애플리케이션 개발 단계에 따라 단위 테스트, 통합 테스트, 시스템 테스트, 인수 테스트, 설치 테스트로 분류한다.
- 애플리케이션을 전체적으로 테스트하려는 테스트 활동의 묶음이다.
- 각각의 테스트 레벨은 서로 독립적이며, 각각 다른 테스트 계획과 전략을 필요로 한다.

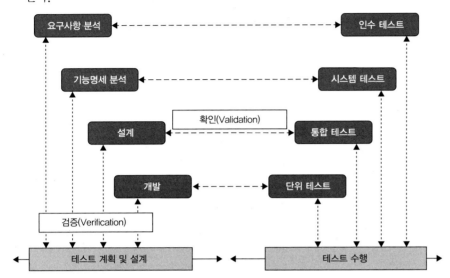

01 소프트웨어의 생성부터 소멸까지의 정의 단계, 개발 단계, 유지보수 단계로 구분한 요구사항 관리 절차는 무엇인지 쓰시오.

• 답 :

02 CMMi 5단계를 순서대로 나열하시오.

• 답 :

03 다음은 무엇에 관한 내용인지 쓰시오.

- 구문(Syntax)과 형식적으로 정의된 의미(Semantics)를 지닌 언어로 요구사항을 표현한다.
- 정확하고 명확하게 표현하여 오해를 최소화할 수 있다.
- 요구사항 분석의 마지막 단계에서 이루어진다.

• 답 :

04 다음 내용에 해당하는 애플리케이션 개발 단계를 쓰시오.

- 사용자 측 관점에서 소프트웨어가 요구사항을 충족시키는지 평가하는 절차이다.
- 소프트웨어가 고객의 합리적인 기대에 따라 제 기능을 발휘하는지 여부를 테스트한다.
- 인수 시 각 요구사항의 확인 절차를 계획해야 한다.

• 답 :

ANSWER **01** SDLC(Software Development Life Cycle, 소프트웨어 생명주기)
02 초기 → 관리 → 정의 → 정량적 관리 → 최적화
03 정형 분석(Formal Analysis)
04 인수 테스트

01 애플리케이션 개발 단계 중 요구사항의 변경이 발생했을 때 변경 사항 통제를 통하여 요구사항 변경을 확정하는 기구는 무엇인지 쓰시오.

• 답 :

02 다음이 설명하는 것은 무엇인지 쓰시오.

> • 이해 당사자 간에 명시적으로 합의한 내용이며 프로젝트 목표 달성 여부를 확인하는 기준이다.
> • 요구사항을 조기에 명확히 확정하고, 추후 발생 가능한 변경사항을 체계적으로 관리하기 위한 기준이다.
> • 요구사항 정의서의 내용으로 추후 모든 프로젝트 단계의 기준이 된다.

• 답 :

03 요구사항 관리 프로세스 단계에서 다음이 설명하는 단계를 쓰시오.

> • 요청자의 모든 요구사항을 목록화하고 실제 구현 가능한 사항을 협의를 통하여 따라 검토하는 과정이다.
> • 가용한 자원과 수용 가능한 위험 수준에서 구현할 수 있는 기능을 협의하도록 한다.

• 답 :

04 미국 카네기 멜런 대학의 소프트웨어 공학 전문 연구소의 지침으로 단체나 조직에서 소프트웨어를 개발하고 운영하는 성숙도 능력이 어느 정도인지를 규정하는 지침의 명칭을 쓰시오.

• 답 :

05 SDLC 요구사항 관리 절차 중 요구사항 기준선이 정립되는 단계를 쓰시오.

• 답 :

06 개념 모델인 UML 다이어그램에서 시스템의 정적 구조(Static Structure)와 다양한 추상화 및 구현 수준에서 시스템의 구성요소, 구성요소 간의 관계를 보여 주는 다이어그램은 무엇인지 쓰시오.

- 답 :

07 다음이 설명하는 요구사항 분석 기법을 쓰시오.

- 도출된 요구사항을 토대로 시제품을 제작하여 대상 시스템과 비교하면서 개발 중에 도출되는 추가 요구사항을 지속해서 재작성하는 과정이다.
- 새로운 요구사항을 도출하기 위한 수단이다.
- 요구사항에 대하여 소프트웨어 엔지니어 관점에서 해석한 것을 확인하기 위한 수단으로 많이 사용된다.

- 답 :

08 요구사항 분석 시 사용하는 인터뷰의 질문 유형 3가지를 쓰시오.

- 답 :

09 요구사항 분석 시 3인 이상이 모여 자유롭게 아이디어를 내놓는 아이디어 회의를 무엇이라고 하는지 쓰시오.

- 답 :

10 다음은 SWEBOK에 따른 요구사항 개발 프로세스이다. 빈칸에 알맞은 단계를 쓰시오.

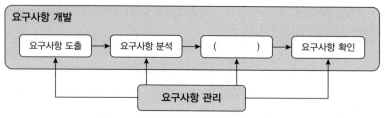

- 답 :

CHAPTER **03**

분석 모델 확인하기

학습 방향

1. 소프트웨어 공학기술의 요구사항 도출 기법을 활용하여 업무 분석가가 제시한 분석 모델에 대해서 확인할 수 있다.
2. 업무 분석가가 제시한 분석 모델에 대해서 응용 소프트웨어를 개발하기 위해 필요한 추가적인 의견을 제시할 수 있다.

출제빈도

SECTION 01	하	10%
SECTION 02	중	30%
SECTION 03	하	15%
SECTION 04	하	15%
SECTION 05	중	30%

분석(참고) 모델

빈출 태그 구조적 분석 모델 • 자료 흐름도 • 자료 사전 • 상태 전이도

01 분석(참고) 모델의 개념

- 요구사항을 분석하기 위한 잘 정의된 수행 방법, 절차를 의미한다.
- 종류 : 구조적 분석 모델, 객체지향 분석 모델, 정보공학 분석 모델, 정형화 분석 모델

▶ 분석(참고) 모델 비교

구분	관점	내용	도구
구조적 분석	자료 + 함수	자료보다는 함수에 중점을 두며 프로세스를 먼저 정하고 프로세스에 대한 입출력을 나중에 정한다.	순서도, DFD
객체지향 분석	객체 + 객체	객체 자체와 객체 사이의 관계 파악이 중요하며 객체가 가지는 자료와 오퍼레이션의 정의한다.	UML 다이어그램
정보공학 분석	자료 + 프로세스	자료 및 자료들 사이의 관계를 우선 파악하고 자료에 대한 오퍼레이션 패턴으로 프로세스를 그룹화한다.	정보공학 관점의 UML 다이어그램
정형화 분석	시스템의 상태와 상태 변화	상태에 대한 논리적 표현이 중요하다.	Petri-Net★, 상태 전이도

★ Petri-Net
프로세스 마이닝의 가장 기본이 되는 프로세스 모델로, 가장 간단한 형태로 프로세스를 나타낼 수 있다.

02 구조적 분석 모델

- 사용자의 요구분석 사항을 파악하기 위하여 자료의 흐름과 가공 절차를 그림 중심으로 표현하는 방법이다.
- 하향식(Top-Down Partitioning) 원리를 적용하였다.
- 사용자의 업무 요구사항을 쉽게 문서화하고 사용자와 분석자 간의 의사소통을 위한 공용어이며 실체의 모형(추상적 표현)을 추출한다.
- 절차 : 배경도 작성 → 상위 자료 흐름도 작성 → 하위 자료 흐름도 작성 → 자료 사전 작성 → 소단위 명세서 작성

① 자료 흐름도(DFD, Data Flow Diagram)

- 시스템 내의 모든 자료 흐름을 4가지의 기본 기호(처리, 자료 흐름, 자료 저장소, 단말)로 기술하는 방법이다.
- 그림 중심의 표현이고 하향식 분할 원리를 적용한다.
- 다차원적이며 자료 흐름을 중심으로 한 분석용 도구이다.
- 시스템이나 프로그램 간의 총체적인 데이터 흐름을 표시할 수 있으며, 기본적인 데이터 요소와 그들 사이의 데이터 흐름 형태로 기술된다.

② 자료 흐름도의 작성 원칙
- 출력 자료 흐름은 입력 자료 흐름을 이용해 생성해야 한다.
- 입력, 출력 자료 자체에 대해서만 인지하고 자료의 위치나 방향은 알 필요가 없다.
- 자료 흐름 변환의 형태에는 본질의 변환, 합성의 변환, 관점의 변환, 구성의 변환 등이 있다.

③ 자료 흐름도의 구성요소

처리 공정(Process)	자료를 변환시키는 과정을 나타낸다.	프로세스 이름
자료 흐름(Data Flow)	자료의 흐름을 나타낸다.	자료 이름 →
자료 저장소(Data Store)	파일, 데이터베이스를 나타낸다.	자료 저장소 이름
단말(Terminator)	자료의 출처와 도착지를 나타낸다.	단말 이름

④ 자료 사전(DD, Data Dictionary)
- 자료 흐름도에 있는 자료를 상세하게 기록한 것이다.

▶ 자료 사전의 표기법

=	자료의 정의(Is composed of)	[	]	자료의 선택(Or)
+	자료의 연결(And)	{ }	자료의 반복(Iteration of)
( )	자료의 생략(Optional)	**	자료의 설명(Comment)

⑤ 소단위 명세서(Mini-Specification)
- 자료 흐름도의 처리 공정의 절차를 기술한 것이다.
- 프로세스 명세서라고도 한다.

⑥ 개체 관계도(ERD, Entity-Relationship Diagram)
- 데이터 구조들과 그들 간의 관계를 표현하는 방법이다.
- 구성 : 개체(Entity), 속성(Attribute), 관계(Relationship)

⑦ 상태 전이도
- 시스템 이벤트 발생 시 시스템의 상태 변화를 모델링하는 것을 말한다.
- 시스템 상태는 직사각형으로 표현한다.
- 시스템 상태는 시스템이 활동 중인 것을 의미한다.

03 객체지향 분석 모델

- 객체는 일의 단위를 의미하며, 객체지향 분석 모델은 객체와 객체의 관계를 파악하는 방법으로 분석한다.
- 객체 자체와 객체 사이의 관계 파악이 중요하며 객체가 가지는 자료와 오퍼레이션의 정의가 중점 사항이다.
- 객체지향 분석을 기록하는 방법으로는 UML(Unified Modeling Language)을 가장 많이 사용한다.

01 프로세스 마이닝의 가장 기본이 되는 프로세스 모델로, 가장 간단한 형태로 프로세스를 나타낼 수 있는 도구는 무엇인지 쓰시오.

• 답 :

02 다음이 설명하는 분석 모델은 무엇인지 쓰시오.

> • 사용자의 요구분석 사항을 파악하기 위하여 자료의 흐름과 가공 절차를 그림 중심으로 표현하는 방법이다.
> • 하향식(Top-Down Partitioning) 원리를 적용하였다.
> • 사용자의 업무 요구사항을 쉽게 문서화하여 사용자와 분석자 간의 의사소통을 위한 공용어이며 실체의 모형 (추상적 표현)을 추출한다.

• 답 :

03 자료 사전 표기법 중 자료의 선택(택일)을 표현하는 기호를 쓰시오.

• 답 :

객체지향 분석 모델

빈출 태그 구성요소 • 특징 • SOLID

01 객체지향(Object Oriented) 분석

- 현실 세계의 대상체인 개체(Entity)를 속성(Attribute)과 메소드(Method)로 결합하여 객체(Object)로 표현(모델링)한다.
- 소프트웨어 개발 대상을 기능이 아닌 개체를 대상으로 하며 개체 간의 상호 관계를 모델링하는 방식이다.
- 구조적 소프트웨어 위기를 해결하기 위한 생산성, 재사용성, 확장성, 사용 편의성, 유지보수성 요구로 인하여 등장하였다.
- 현실 세계를 객체라는 모형으로 형상화하므로 사용자와 개발자의 상호 이해도가 높다.

02 객체지향 프로그래밍(Object Oriented Programming)

- 컴퓨터 소프트웨어를 구조적인 코드 단위로 보는 것이 아니라 Object 단위로 구분하고 Object 간의 모음으로 설계하는 것이다.
- 소프트웨어 내의 Object는 서로 Message를 주고받는다.
- 처리 요구를 받은 객체가 자기 자신 안에 있는 내용을 가지고 처리하는 방식이다.
- 프로그램이 단순화되고 생산성, 신뢰성이 높아져 대규모 개발에 많이 사용된다.

03 객체지향 구성요소

Class	• 유사한 객체를 정의한 집합으로 속성+행위를 정의한 것으로 일반적인 Type을 의미한다. • 기본적인 사용자 정의 데이터형이며, 데이터를 추상화하는 단위이다. • 구조적 기법에서의 단위 테스트(Unit Test)와 같은 개념이다. • 상위 클래스(부모 클래스, Super Class), 하위 클래스(자식 클래스, Sub Class)로 나뉜다.	
Object★	• 데이터와 함수를 묶어 캡슐화하는 대상이 된다. • Class에 속한 Instance를 Object라고 한다. • 하나의 소프트웨어 모듈로서 목적, 대상을 표현한다. • 같은 클래스에 속한 각각의 객체를 Instance라고 한다.	
	Attribute	Object가 가지고 있는 데이터 값
	Method	Object의 행위인 함수
Message	Object 간에 서로 주고받는 통신을 의미한다.	

★ Object
사용자가 편집하길 원하는 모든 데이터를 가지고 있어야 한다.

04 객체지향의 5가지 특징

★ 정보은닉
JAVA에서 정보은닉을 표기할 때 private는 외부에서 클래스 내부 정보에 접근하지 못하도록 하는 '접근금지' 의미를 갖는다.

캡슐화 (Encapsulation)	• 서로 관련성이 높은 데이터(속성)와 그와 관련된 기능(메소드, 함수)을 묶는 기법이다. • 결합도가 낮아져 소프트웨어 개발에 있어 재사용성이 높아진다. • 정보은닉을 통하여 타 객체와 메시지 교환 시 인터페이스가 단순해진다. • 변경 발생 시 오류의 파급 효과가 적다.
정보은닉 ★ (Information Hiding)	• 객체 내부의 속성과 메소드를 숨기고 공개된 인터페이스를 통해서만 메시지를 주고받을 수 있도록 하는 것을 의미한다. • 예기치 못한 Side Effect를 줄이기 위해서 사용한다.
추상화 (Abstraction)	• 시스템 내의 공통 성질을 추출한 뒤 추상 클래스를 설정하는 기법이다. • 현실 세계를 컴퓨터 시스템에 자연스럽게 표현할 수 있다. • 종류 : 기능 추상화, 제어 추상화, 자료 추상화
상속성 (Inheritance)	• 상위 클래스의 모든 속성, 연산을 하위 클래스가 재정의 없이 물려받아 사용하는 것이다. • 상위 클래스는 추상적 성질을, 자식 클래스는 구체적 성질을 가진다. • 하위 클래스는 상속받은 속성과 연산에 새로운 속성과 연산을 추가하여 사용할 수 있다. • 다중 상속 : 다수 상위 클래스에서 속성과 연산을 물려받는 것이다.
다형성 ★ (Polymorphism)	• 객체가 다양한 모양을 가지는 성질을 뜻한다. • 오퍼레이션이나 속성의 이름이 하나 이상의 클래스에서 정의되고 각 클래스에서 다른 형태로 구현될 수 있는 개념이다. • 속성이나 변수가 서로 다른 클래스에 속하는 객체를 지칭할 수 있는 성질이다. • 오버로딩(같은 이름순서 재사용)과 오버라이딩(재정의)이 있다.

★ 다형성
현재 코드를 변경하지 않고 새로운 클래스를 쉽게 추가할 수 있다.

05 객체지향 기법에서의 관계성

- is member of : 연관성(Association), 참조 및 이용 관계
- is part of : 집단화(Aggregation), 객체 간의 구조적인 집약 관계
- is a : 일반화(Generalization), 특수화(Specialization), 클래스 간의 개념적인 포함 관계

06 객체지향 설계 원칙(SOLID)

단일 책임의 원칙(SRP : Single Responsibility Principle)	모든 클래스는 단일 목적으로 생성되고, 하나의 책임만 가져야 한다.
개방-폐쇄의 원칙(OCP : Open Closed Principle)	소프트웨어 구성요소는 확장에 대해서는 개방되어야 하나 수정에 대해서는 폐쇄적이어야 한다.
리스코프 치환 원칙(LSP : Liskov Substitution Principle)	부모 클래스가 들어갈 자리에 자식 클래스를 대체하여도 계획대로 작동해야 한다.
인터페이스 분리 원칙 2022년 2회 (ISP : Interface Segregation Principle)	• 클라이언트는 자신이 사용하지 않는 메소드와 의존 관계를 맺으면 안 된다. • 클라이언트가 사용하지 않는 인터페이스 때문에 영향을 받아서는 안 된다.
의존 역전 원칙(DIP : Dependency Inversion Principle)	의존 관계를 맺으면 변하기 쉽고 변화 빈도가 높은 것보다 변하기 어렵고 변화 빈도가 낮은 것에 의존한다.

01 다음 내용이 설명하는 객체지향 설계 원칙은 무엇인지 쓰시오.

> • 클라이언트는 자신이 사용하지 않는 메소드와 의존 관계를 맺으면 안 된다.
> • 클라이언트가 사용하지 않는 인터페이스 때문에 영향을 받아서는 안 된다.

• 답 :

02 객체지향 설계 원칙 중, 서브 타입(상속받은 하위 클래스)은 어디에서나 자신의 기반 타입(상위 클래스)으로 교체할 수 있어야 함을 의미하는 원칙은 무엇인지 쓰시오.

• 답 :

03 객체지향 기법에서 클래스들 사이의 '부분전체(part-whole)' 관계 또는 '부분(is-part-of)'의 관계로 설명되는 연관성을 나타내는 용어는 무엇인지 쓰시오.

• 답 :

ANSWER **01** 인터페이스 분리 원칙(ISP : Interface Segregation Principle)
02 리스코프 치환 원칙
03 집단화(Aggregation)

분석 모델 검증

빈출 태그 분석 모델 검증 절차 • 클래스 다중성 • 스테레오 타입

① 분석 모델 검증 절차

순서 : 사례 모델 검증 → 개념 수준 분석 클래스 검증 → 분석 클래스 검증

사례 모델 검증	개념 수준 분석 클래스 검증	분석 클래스 검증
액터	클래스 도출	스테레오 타입
사례	클래스명과 속성	경계 및 제어 클래스 도출
사례 명세서	클래스 간 관계	관계 및 상세화 정도

① 사례 모델 검증

액터	• 기능 구현에 관계되는 액터가 모두 도출되었는지와 액터 목록에서 액터명이 역할 중심으로 명명되었는지 검증한다. • 요구사항 정의서, 요구사항 기술서에 외부/내부 액터가 모두 도출되었는지를 확인하고 액터 목록과 액터 명세서에 기록된 액터가 타당한지 검증한다.
사례	• 요구기능 구현에 필요한 유스 케이스가 모두 도출되었는지 확인하고 도출된 유스 케이스를 논리적으로 연결하여 빠진 기능을 파악한다. • 도출된 유스 케이스의 논리적인 합이 과업 범위와 일치하는지 비교하고 도출된 유스 케이스가 사례 목록과 사례 명세서에 반영되었는지 확인한다. • 도출된 유스 케이스들이 논리적(액터 기준, 연관 관계 기준, 동시성 기준)으로 그룹화되었는지 확인하고, 사례 기능 범위가 다른 사례 기능 범위와 중복되는지 확인한다.
사례 명세서	• 사례 명세서 형식에 중요 항목(사전 및 사후 조건, 주요 흐름, 서브 흐름, 예외 흐름)이 빠지지 않는지 확인하고 유스 케이스의 주요 이벤트 흐름이 모두 도출되고 논리적으로 타당한지 확인한다. • 유스 케이스를 구현하는 데 필요한 입출력 항목이 모두 도출되었는지 확인한다.

② 개념 수준 분석 클래스 검증

• 시스템의 주요 도메인 개념을 분석 클래스로 도출하여 사례 분석에 활용하므로, 개념 수준의 주요 분석 클래스를 적절히 도출하였는지, 관련 정보가 명확한지 점검한다.
• 주요 점검 항목
  – 개별 사례 단위로 작성하지 않고 시스템 전체를 대상으로 작성했는가?
  – 중요도가 높은 요구사항 또는 유스 케이스에 필요한 엔티티 클래스가 도출되었는가?
  – 도출된 클래스 이름과 설명이 이해관계자 간에 이견이 발생하지 않도록 명확한가?
  – 클래스 속성 도출 여부와 도출된 속성의 이름과 설명이 명확한가?
  – 클래스 간 순환적 관계가 불필요하게 정의되어 있는가?
  – 다중성(Multiplicity)이 정의되었는가?

▶ 클래스 간 다중성(Multiplicity) 표기법

1	엄밀하게 1
*	0 또는 그 이상
0..*	0 또는 그 이상
1..*	1 또는 그 이상
0..1	0 ~ 1
2..5	2 ~ 5
1,2,6	1 또는 2 또는 6
1,3..5	1 또는 3 또는 4 또는 5

③ 분석 클래스 검증

- 유스 케이스마다 분석 클래스가 적절히 도출되었고 제어 클래스의 도출 등이 충분하고 상세하게 도출되어 클래스의 역할, 클래스 간의 관계, 메시지 흐름 등을 확인할 수 있는지 검토한다.
- 사례 실체화(Realization)에 필요한 분석 클래스 도출 확인
  - 하나의 유스 케이스를 실현하기 위하여 3개 이상의 클래스가 역할(Role) 기준으로 도출되어야 하며 사례별로 실현에 필요한 클래스가 추적 가능해야 클래스 누락 여부를 확인할 수 있다.
  - 유스 케이스별로 도출된 분석 클래스들이 역할(Role) 기준으로 경계(Boundary), 제어(Control), 엔티티(Entity) 클래스가 도출되어 스테레오 타입으로 표시되었는지 확인한다.
  - 사례 이벤트 흐름에 따라 다르지만, 일반적으로 사례당 1개의 제어 클래스가 존재하고 연결된 액터마다 1개의 경계 클래스가 존재하는지 확인한다.

▶ 분석 클래스의 스테레오 타입

클래스 유형	스테레오 타입	아이콘	내용
경계	《boundary》 경계클래스	《boundary》	액터와의 상호작용을 제공하는 클래스이다.
제어	《control》 제어클래스	《control》	유스 케이스의 비즈니스/제어 로직을 제공한다.
엔티티	《entity》 엔티티클래스	《entity》	영속적인 데이터를 도출하여 엔티티 클래스로 표현하며, 엔티티 클래스는 영속적인 정보의 관리 기능을 제공한다.

02 분석 모델의 시스템화 타당성 분석

① 요구사항의 기술적 타당성 검토

- 업무 분석가가 수집하고 분석한 요구사항이 개발하고자 하는 응용 소프트웨어에 미칠 영향에 대해서 검토하고 확인해야 한다.
- 요구사항의 기술적 타당성 검토는 성능 및 용량 산정의 적정성, 시스템 간 상호 운용성, 정보통신 시장 성숙도 및 추세 부합성, 기술적 위험 분석의 4단계를 거친다.

② 요구사항의 기술적 타당성 검토 항목

성능 및 용량 산정의 적정성	• 요구사항을 만족시키기 위한 분석 모델에 따라 시스템을 구현할 때 요구되는 시스템의 자원 식별 • 분석 클래스에서 불필요하고 지나치게 많은 속성들을 포함하게 되면 객체 생성 시 시스템의 메모리 자원을 많이 요구 • 많은 자원 요구로 인한 JVM에서 과도한 가비지 컬렉션(Garbage Collection)이 발생하여 전체 시스템의 성능 저하가 빈번히 발생
시스템 간 상호 운용성	• 분석 모델을 이용하여 더욱 구체적으로 시스템 간 상호 정보 및 서비스를 교환 가능한지 검토 • 분석 모델에서 정의한 구체적인 정보의 존재 여부, 생성 가능성, 교환 방식 지원 등에 관해서 확인
시장 성숙도 및 추세 부합성	• 분석 모델이 과거의 문제를 해결하고 많이 사용되는 추세에 부합하는지 확인 • 시스템에서 중요하고 빈번하게 사용되는 클래스를 Spring의 프로토타입 빈(Prototype Bean)으로 사용할 것을 가정하고 분석 모델이 작성되지 않았는지 검토
기술적 위험 분석	• 분석 모델이 시스템의 기술 구조, 프레임워크, 사용되는 하드웨어 및 소프트웨어와 부합되는지 확인 • 분석 모델이 검증되지 않은 기술의 사용을 가정으로 하고 있어 추가적인 비용 발생 가능성이 있는지 확인 • 분석 모델을 구현하기 위하여 특정 업체 기술, 특허, 라이선스에 의존해야 하는지 확인

③ 요구사항의 기술적 타당성 분석 프로세스

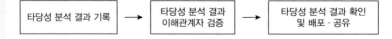

타당성 분석 결과 기록 → 타당성 분석 결과 이해관계자 검증 → 타당성 분석 결과 확인 및 배포·공유

03 소프트웨어 개발 자동화 도구 CASE(Computer Aided Software Engineering)

- 요구사항을 자동으로 분석하고 요구사항 분석 명세서를 기술하도록 개발된 도구이다.
- 소프트웨어 개발과정 일부 또는 전체를 자동화하기 위한 도구이다.
- 계획 수립에서부터 요구분석, 설계, 개발, 유지보수에 이르는 소프트웨어 생명주기의 모든 과정을 자동화하도록 지원한다.
- 소프트웨어 개발과정에서 사용되는 요구분석, 설계, 구현, 검사 및 디버깅 과정을 컴퓨터와 전용의 소프트웨어 도구를 사용하여 자동화하는 작업이다.
- 소프트웨어 생명 주기의 전체 단계를 연결시켜 주고 자동화시켜 주는 통합된 도구를 제공하는 기술이다.

- 소프트웨어 시스템의 문서화 및 명세화를 위한 그래픽 기능을 제공한다.
- 자료흐름도 등의 다이어그램을 쉽게 작성하게 해주는 소프트웨어도 CASE 도구이다.
- 표준화된 개발 환경 구축 및 문서 자동화 기능을 제공한다.
- 작업 과정 및 데이터 공유를 통해 작업자 간의 커뮤니케이션을 증대한다.

① CASE 사용의 장점
- 소프트웨어 개발 기간 단축 및 개발 비용 절약
- 자동화된 검사를 통해 소프트웨어 품질 향상
- 프로그램의 유지보수 간편화
- 소프트웨어 생산성 향상
- 소프트웨어 모듈의 재사용성 향상

② CASE가 제공하는 기능
- 개발을 신속하게 할 수 있다.
- 오류 수정이 쉬워 S/W 품질이 향상된다.
- S/W개발 단계의 표준화를 기할 수 있다.
- 모델들 사이의 모순검사를 할 수 있다.
- 자료흐름도 작성을 할 수 있다.

★ CASE의 분류
- **상위(Upper) CASE** : 요구분석 및 설계 단계 지원
- **하위(Lower) CASE** : 코드 작성, 테스트, 문서화 과정 지원
- **통합(Integrate) CASE** : 소프트웨어 개발 주기 전체 과정 지원

③ 자동화 도구의 필요성
- 대규모 개발 프로젝트에서는 다양한 이해관계자들이 요구사항 명세서를 검토해야 하고, 요구사항 명세서에 대해 형상관리★를 수행해야 하므로 요구사항 관리 도구를 이용한다.
- 자동화 도구를 사용하면 요구변경 사항을 추적하고 분석, 관리할 수 있으며 표준 준수 여부를 확인할 수 있다.
- 분산된 환경에서 다양한 이해관계자가 공동 작업이 가능하다.
- 테스트 연계 및 결함 관리 등의 기능을 제공하여 시스템 구축 업무를 효과적으로 수행할 수 있다.

★ 형상관리
소프트웨어의 생산물(프로그램, 문서, 데이터 등)을 확인하고 소프트웨어 통제, 변경 상태를 기록하고 보관하는 일련의 작업

④ 자동화 도구의 효과
- 표준화된 환경 구축 및 문서 과정의 자동화, 표현성 확보
- 소프트웨어 재사용성 확보 및 안정된 소프트웨어 품질 확보
- 개발 전 과정의 신속성 및 통합성 제공
- 변경 추적의 용이성과 명세에 대한 유지보수 비용 축소

⑤ 자동화 도구 도입 시 준비사항
- 개발 방법론의 신택, 교육, 사전 협의 및 관리체계 구축 및 기반 조성
- 경영진, 관리자, 개발자 전원의 올바른 사용에 대한 이해와 준비
- 자동화 도구 선정 시 평가항목 : 비용, 업체 지명도, 시장점유율, 호환성, 통합성, 사용 용이성, 숙달 기간, 유지 보수성

01 다음 분석 모델 검증 절차에서 빈칸에 알맞은 절차를 쓰시오.

사례 모델 검증	개념 수준 분석 클래스 검증	( )
액터	클래스 도출	스테레오 타입
사례	클래스 명과 속성	경계 및 제어 클래스 도출
사례 명세서	클래스 간 관계	관계 및 상세화 정도

• 답 :

02 다음 분석 클래스의 스테레오 타입에서 빈칸에 알맞은 클래스 유형을 쓰시오.

클래스 유형	스테레오 타입	아이콘	내용
( )	《boundary》 ( )	《boundary》 ⊢○	액터와의 상호작용을 제공하는 클래스이다.
제어	《control》 제어 클래스	《control》 ↻	유스 케이스의 비즈니스/제어 로직을 제공한다.
엔티티	《entity》 엔티티 클래스	《entity》 ○	영속적인 데이터를 도출하여 엔티티 클래스로 표현하며, 엔티티 클래스는 영속적인 정보의 관리 기능을 제공한다.

• 답 :

03 다음이 설명하는 도구를 쓰시오.

- 요구사항을 자동으로 분석하고 요구사항 분석 명세서를 기술하도록 개발된 도구이다.
- 소프트웨어 개발과정 일부 또는 전체를 자동화하기 위한 도구이다.
- 계획 수립에서부터 요구분석, 설계, 개발, 유지보수에 이르는 소프트웨어 생명주기의 모든 과정을 자동화하도록 지원한다.

• 답 :

ANSWER **01** 분석 클래스 검증
02 경계 클래스
03 CASE(Computer Aided Software Engineering)

개념 모델링

빈출 태그 개념 모델링의 종류 • UML

01 개념 모델링(Conceptual Modeling)

- 요구사항을 이해하기 쉽도록 실세계의 상황을 단순화하여 개념적으로 표현한 것을 모델이라고 하고, 이렇게 표현된 모델을 생성해 나가는 과정을 개념 모델링이라고 한다.
- 모델은 문제가 발생하는 상황에 대한 이해를 증진하고 해결책을 설명하므로 소프트웨어 요구사항 분석의 핵심이라 할 수 있다.
- 개발 대상 도메인의 엔티티(entity)들과 그들의 관계 및 종속성을 반영한다.
- 요구사항별로 관점이 다르므로 개념 모델도 다양하게 표현되어야 한다.
- 종류에는 Use Case Diagram, Data Flow Model, State Model, Goal-Based Model, User Interactions, Object Model, Data Model 등이 있다.
- 대부분 UML(Unified modeling Language)을 사용한다.

> **🅱 기적의 TIP**
>
> 본 Section은 출제 범위에 포함되지는 않으나 실기시험에 출제될 수 있는 내용입니다. 필기에서 학습했더라도 다시 한 번 확인해 주세요.

02 UML(Unified Modeling Language) 2022년 3회

① UML의 개념

- 객체지향 소프트웨어 개발 과정에서 시스템 분석, 설계, 구현 등의 산출물을 명세화, 시각화, 문서화 할 때 사용하는 모델링 기술과 방법론을 통합하여 만든 범용 모델링 언어이다.
- Rumbaugh(OMT)와 Booch(Booch)가 두 방법을 통합하기 위하여 IBM Rational Software에 같이 일하면서 만들어졌다. 1995.10 발표 이후 Jacobson이 합류하였다.
- OMG(Object Management Group)에서 표준화 공고 후 IBM, HP, Microsoft, Oracle 등이 참여하여 1997.1 버전 1.0을 Release하였다.

> **➕ 더 알기 TIP**
>
> **럼바우(Rumbaugh) 객체지향 분석 기법** 2021년 2회
> - 소프트웨어 구성요소를 그래픽으로 모형화하였다.
> - 객체 모델링 기법(OMT, Object Modeling Technique)이라고도 한다.
> - 객체 모델링 : 객체를 다이어그램으로 표시
> - 동적 모델링 : 상태를 시간 흐름에 따라 다이어그램으로 표시
> - 기능 모델링 : 자료흐름도를 이용하여 여러 프로세스 간의 자료 흐름을 표시

② UML의 특성

• 비주얼화 : 소프트웨어의 구성요소 간의 관계 및 상호작용을 시각화한 것이다.
• 문서화 : 소프트웨어 생명 주기의 중요한 작업을 추적하고 문서화할 수 있으며, 개발 프로세스 및 언어와 무관하게 개발자 간의 의사소통 도구를 제공한다.
• 명세화 : 분석, 설계, 구현의 완벽한 모델을 제공한다. 분석 단계-기능 모델, 설계 단계-동작 수준 모델, 구현 단계-상호작용 모델 수준으로 명세화할 수 있으며, 단순 표기법이 아닌 구현에 필요한 개발적 요소 및 기능에 대한 명세를 제공한다.
• 구축 : 객체지향 언어와 호환되는 프로그래밍 언어는 아니지만, 모델이 객체지향 언어로 매핑될 수 있다.

③ UML 소프트웨어에 대한 관점

• 기능적 관점 : 사용자 측면에서 본 소프트웨어의 기능을 나타낸다. 사용 사례 모델링이라고도 하며, 요구분석 단계에서 사용한다.
• 정적 관점 : 소프트웨어 내부의 구성요소 사이의 구조적 관계를 나타낸다.
  예 클래스 사이의 관계, 클래스 구성과 패키지 사이의 관계
• 동적 관점 : 소프트웨어의 내부 활동을 나타낸다.

④ UML의 구성

사물	• 객체지향 모델을 구성하는 기본 요소 • 객체 간의 관계 형성 대상
관계	• 객체 간의 연관성을 표현하는 것 • 종류 : 연관, 집합, 포함, 일반화, 의존, 실체화
다이어그램	• 객체의 관계를 도식화한 것 • 다양한 관점에서 의사소통할 수 있도록 View를 제공 • 정적 모델-구조 다이어그램 • 동적 모델-행위 다이어그램

➕ 더 알기 TIP

스테레오 타입

• UML에서 제공하는 기본 요소 외에 추가적인 확장 요소를 표현할 때 사용한다.
• UML 확장 모델에서 스테레오 타입 객체를 표현할 때 사용하는 기호는 쌍 꺾쇠와 비슷하게 생긴 길러멧(guillemet, ⟪ ⟫)이며, 길러멧 안에 확장 요소를 적는다.

⑤ UML 접근제어자

public	+	어떤 클래스의 객체에서 든 접근 가능
private	−	해당 클래스로 생성된 객체만 접근 가능
protected	#	해당 클래스와 동일 패키지에 있거나 상속 관계에 있는 하위 클래스의 객체들만 접근 가능
package	~	동일 패키지에 있는 클래스의 객체들만 접근 가능

⑥ 연관 관계 다중성 표현

1	1 개체 연결
* 또는 0..*	0이거나 그 이상 객체 연결
1..*	1이거나 1 이상 객체 연결
0..1	0이거나 1 객체 연결
1,3,6	1이거나 3이거나 6 객체 연결
n	n개 객체 연결

03 UML 다이어그램의 분류

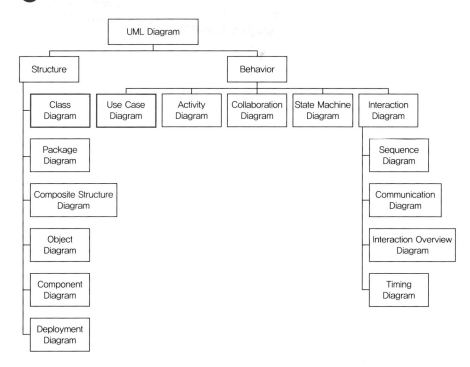

1) 구조적 다이어그램(Structure Diagram) 2020년 4회

정적이고, 구조적인 표현을 위한 다이어그램이다.

▶ 종류

클래스 다이어그램 (Class Diagram) 2021년 3회	시스템을 구성하는 클래스들 사이의 관계를 표현한다.
패키지 다이어그램 (Package Diagram) 2023년 3회	클래스나 유스 케이스 등을 포함한 여러 모델 요소들을 그룹화하여 패키지를 구성하고 패키지들 사이의 관계를 표현한다.
복합체 구조 다이어그램 (Composite Structure Diagram)	복합 구조의 클래스와 컴포넌트 내부 구조를 표현한다.
객체 다이어그램 (Object Diagram)	객체 정보를 보여준다.
컴포넌트 다이어그램 (Component Diagram)	컴포넌트 구조 사이의 관계를 표현한다.
배치 다이어그램 (Deployment Diagram)	소프트웨어, 하드웨어, 네트워크를 포함한 실행 시스템의 물리 구조를 표현한다.

2) 행위 다이어그램(Behavior Diagram) 2024년 3회

동적이고, 순차적인 표현을 위한 다이어그램이다.

▶ 종류

유스 케이스 다이어그램 (Use Case Diagram)		사용자 관점에서 시스템 행위를 표현한다.
활동 다이어그램 (Activity Diagram)		업무 처리 과정이나 연산이 수행되는 과정을 표현한다.
콜라보레이션 다이어그램 (Collaboration Diagram)		순차 다이어그램(Sequence Diagram)과 같으며 모델링 공간에 제약이 없어 구조적인 면을 중시한다.
상태 머신 다이어그램 (State Machine Diagram)		객체의 생명주기를 표현한다.
상호작용 다이어그램 (Interaction Diagram)	순차 다이어그램 (Sequence Diagram)	• 시간 흐름에 따른 객체 사이의 상호작용을 표현한다. • 요소 : 생명선(LifeLine), 통로(Gate), 상호작용(Interaction Fragment), 발생(Occurrence), 실행(Execution), 상태불변(State Invariant), 상호작용(Interaction Use), 메시지(Messages), 활성(Activations), 객체(Entity), Actor
	통신 다이어그램 (Communication Diagram)	객체 사이의 관계를 중심으로 상호작용을 표현한다.
	상호작용 개요 다이어그램 (Interaction Overview Diagram)	여러 상호작용 다이어그램 사이의 제어 흐름을 표현한다.
	타이밍 다이어그램 (Timing Diagram)	객체 상태 변화와 시간 제약을 명시적으로 표현한다.

3) Class Diagram

- 시스템을 구성하는 객체 간의 관계를 추상화한 모델을 논리적 구조로 표현한다.
- 객체지향 개발에서 공통으로 사용된다.
- 분석, 설계, 구현 단계 전반에 지속해서 사용된다.

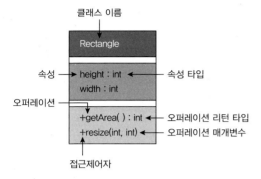

▶ **클래스 다이어그램의 관계 표현** 2024년 3회

연관 관계	⟶	• 클래스 연결 상태 표시(개념상 서로 연결) • 한 클래스가 다른 클래스에서 제공하는 기능을 사용할 때
의존 관계	⤏	연관 관계와 동일하지만 메소드를 사용할 때와 같이 매우 짧은 시간만 유지
일반화 관계	⟶	객체지향에서 상속 관계(IS-A)를 표현하며, 한 클래스가 다른 클래스를 포함하는 상위 개념일 때 사용
집합/포함 관계	◇	• 클래스 사이 전체나 부분이 같은 관계 • 전체/부분 객체 라이프타임 독립적(전체 객체 삭제 → 부분 객체 남음)
	◆	전체/부분 객체 라이프 타임 의존적(전체 객체 삭제 → 부분 객체 삭제)
실체화 관계	⤏▷	책임 집합 인터페이스와 실제로 실현한 클래스들 사이의 관계

① UML 연관 관계(Association Relation)

- 한 사물의 객체가 다른 사물의 객체와 연결된 것을 표현한다.
- 두 클래스가 서로 연관이 있다면 A, B 객체를 서로 참조할 수 있음을 표현한다.
- 이름 : 관계의 의미를 표현하기 위해 이름을 가질 수 있다.
- 역할 : 수행하는 역할을 명시적으로 이름을 가질 수 있다.

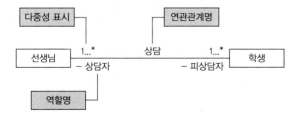

② UML 의존 관계(Dependency Relation)

• 연관 관계와 같지만 메소드를 사용할 때와 같이 매우 짧은 시간만 유지된다.
• 영향을 주는 객체(User)에서 영향을 받는 객체 방향으로 점선 화살표로 연결한다.

③ UML 일반화 관계(Generalization Relation)

• 객체지향에서 상속 관계(Is A Kind Of)를 표현한다.
• 한 클래스가 다른 클래스를 포함하는 상위 개념일 때 사용한다.

④ UML 집합 관계(Aggregation Relation)

• A 객체가 B 객체에 포함된 관계이다.
• '부분'을 나타내는 객체를 다른 객체와 공유할 수 있다.
• '전체' 클래스 방향에 빈 마름모로 표시하고, Or 관계에 놓이면 선 사이를 점선으로 잇고 {or}를 표시한다.

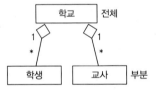

⑤ UML 포함 관계(Composition Relation)

• 부분 객체가 전체 객체에 속하는 강한 집합 연관의 관계를 표현하는 클래스이다.
• '부분' 객체를 다른 객체와 공유 불가하고, '전체' 객체 방향에 채워진 마름모로 표시한다.

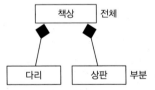

⑥ UML 실체화 관계(Realization Relation)

• 인터페이스와 실제 구현된 일반 클래스 간의 관계로 존재하는 행동에 대해 구현한다.
• 인터페이스의 명세나 정의만 존재하는 메소드를 실제 기능으로 구현한 것이다.

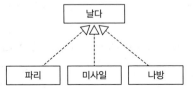

4) Use Case Diagram

① Use Case Diagram의 개념

- 사용자의 요구를 기능적 측면에서 기술할 때 사용하고, Actor와 Use Case로 구성된다.
- 객체지향 초반기 분석 작업에 작성되어야 한다.
- 얻어지는 결과는 개발 대상 시스템이 제공해야 하는 서비스 목록이 된다.

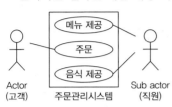

- 타원 : 기능 표시
- 사람 : 사용자
- 실선 : 사용자−기능 간 관계
- 사각형 : 프로그램 범위

② Use Case Diagram 요소

시스템 경계 (System Boundary)	• 시스템이 제공해야 하는 사례(Use Case)들의 범위가 된다. • 큰 규모의 객체로 구현되는 존재이다.
액터 (Actor)	• 서비스를 이용하는 외부 객체이다. • 시스템이 특정한 사례(Use Case)를 실행하도록 요구할 수 있는 존재이다.
유스 케이스 (Use Case)	• 시스템이 제공해야 하는 개별적인 서비스 기능이다. • 서비스는 특정 클래스의 멤버함수로 모델링된다.
접속 관계 (Communication Association)	• 액터/유스 케이스 또는 유스 케이스/유스 케이스 사이에 연결되는 관계이다. • 액터나 유스 케이스가 다른 유스 케이스의 서비스를 이용하는 상황을 표현한다.
사용 관계 (Uses Association)	여러 개의 유스 케이스에서 공통으로 수행해야 하는 기능을 모델링하기 위해 사용한다.
확장 관계 (Extends Association)	어떠한 유스 케이스에 추가로 새로운 유스 케이스의 기능을 정의할 때 이용된다.

③ Use Case Diagram 작성 단계

액터 식별	• 모든 사용자의 역할을 식별한다. • 상호작용하는 타 시스템을 식별한다. • 정보를 주고받는 하드웨어 및 지능형 장치를 식별한다.
USE CASE 식별	• 액터가 요구하는 서비스를 식별한다. • 액터가 요구하는 정보를 식별한다. • 액터가 시스템과 상호작용하는 행위를 식별한다.
관계 정의	• 액터와 액터의 관계분석을 정의한다. • 액터와 유스 케이스 관계분석을 정의한다. • 유스 케이스와 유스 케이스 간의 관계분석을 정의한다.
USE CASE 구조화	• 두 개의 상위 유스 케이스에 존재하는 공통 서비스를 추출한다. • 추출된 서비스의 유스 케이스를 정의한다. • 조건에 따른 서비스 수행의 부분을 분석하여 구조화한다. • 추출된 서비스를 유스 케이스로 정의하고 추출된 서비스를 사용하는 유스 케이스와 관계를 정의한다.

01 요구사항을 이해하기 쉽도록 실세계의 상황을 단순화하여 개념적으로 표현한 것을 모델이라고 하고, 이렇게 표현된 모델을 생성해 나가는 과정을 의미하는 것은 무엇인지 쓰시오.

• 답 :

02 Use Case Diagram 작성 단계 중에서 다음 설명에 해당하는 단계는 무엇인지 쓰시오.

> • 모든 사용자 역할을 식별한다.
> • 상호작용하는 타 시스템 식별한다.
> • 정보를 주고받는 하드웨어 및 지능형 장치를 식별한다.

• 답 :

03 Use Case Diagram 요소 중 다음 설명에 해당하는 요소는 무엇인지 쓰시오.

> • 시스템이 제공해야 하는 사례(Use Case)들의 범위가 된다.
> • 큰 규모의 객체로 구현되는 존재이다.

• 답 :

04 UML 관계 중 부분 객체가 전체 객체에 속하는 강한 집합 연관의 관계를 표현하는 클래스이며, '부분' 객체를 다른 객체와 공유 불가하고, '전체' 객체 방향에 채워진 마름모로 표시한 관계는 무엇인지 쓰시오.

• 답 :

ANSWER 01 개념 모델링
02 액터 식별
03 시스템 경계
04 UML 포함 관계(Composition Relation)

디자인 패턴

출제빈도 상 ㉖ 하
반복학습 ① ② ③

빈출 태그 GoF • 디자인 패턴 구조 및 상세 분류

01 디자인 패턴

- 소프트웨어 개발 중 나타나는 과제를 해결하기 위한 방법 중 한 가지이다.
- 자주 사용하는 설계 형태를 정형화하여 유형별로 설계 템플릿을 만들어 둔 것을 의미한다.
- 다양한 응용 소프트웨어 시스템들을 개발할 때 서로 간에 공통되는 설계 문제가 존재하는데, 각 해결책 사이에도 공통점이 있으며 이러한 유사점을 '패턴'이라고 한다.
- 객체지향 프로그래밍 설계 시 유사한 상황에서 구조적인 문제를 해결할 수 있도록 방안을 제공한다.
- 개발자 간 원활한 의사소통, 소프트웨어 구조 파악 용이, 설계 변경에 대한 유연한 대처, 개발의 효율성, 유지 보수성, 운용성 등 소프트웨어 품질 향상에 도움을 준다.
- GoF(Gang of Four) 분류가 가장 많이 사용된다.

> **기적의 TIP**
>
> 디자인 패턴은 실기시험 범위는 아니지만 2020년 2회 실기에 출제된 적이 있습니다. 디자인 패턴의 종류를 암기해 두세요.

02 디자인 패턴의 구성요소

필수 요소	• 패턴의 이름 : 패턴을 부를 때 사용하는 이름과 패턴의 유형 • 문제 및 배경 : 패턴이 사용되는 분야 또는 배경, 해결하는 문제를 의미 • 해법 : 패턴을 이루는 요소들, 관계, 협동(Collaboration) 과정 • 결과 : 패턴을 사용하면 얻게 되는 이점이나 영향
추가 요소	• 알려진 사례 : 간단한 적용 사례 • 샘플 코드 : 패턴이 적용된 원시코드 • 원리/정당성/근거 • 예제

03 GoF(Gang of Four) 디자인 패턴

- 에릭 감마(Eric Gamma), 리처드 헬름(Richard Helm), 랄프 존슨(Ralph Johnson), 존 브리시데스(John Vlissides)가 제안하였다.
- 객체지향 설계 단계 중 재사용에 관한 유용한 설계를 디자인 패턴화하였다.
- 생성 패턴, 구조 패턴, 행위 패턴으로 분류한다.

생성(Creational)	구조(Structure)	행위(Behavioral)
Abstract Factory(추상 팩토리) Builder Factory Method Prototype Singleton	Adapter Bridge Composite Decorator Façade Flyweight Proxy	Chain of responsibility Command Interpreter Iterator Mediator Memento Observer State Strategy Template Method Visitor

① 생성 패턴

- 객체를 생성하는 것과 관련된 패턴이다.
- 객체의 생성과 변경이 전체 시스템에 미치는 영향을 최소화하도록 하여 유연성을 높일 수 있고 코드를 유지하기가 쉬운 편이다.
- 객체의 생성과 참조 과정을 추상화함으로써 시스템을 개발할 때 부담을 덜어준다.

Abstraction factory	· 구체적인 클래스에 의존하지 않고 서로 연관되거나 의존적인 객체들의 조합을 만드는 인터페이스를 제공하는 패턴이다. · 관련된 서브 클래스를 그룹지어 한 번에 교체할 수 있다.
Builder	작게 분리된 인스턴스를 조립하듯 조합하여 객체를 생성한다.
Factory method 2021년 3회	· 객체를 생성하기 위한 인터페이스를 정의하여 어떤 클래스가 인스턴스화될 것인지는 서브 클래스가 결정하도록 한다. · Virtual-Constructor 패턴이라고도 한다.
Prototype	· 원본 객체를 복제하여 객체를 생성하는 패턴이다. · 일반적인 방법으로 객체를 생성하고 비용이 많이 소요되는 경우에 주로 사용한다.
Singleton 2023년 2회	· 전역 변수를 사용하지 않고 객체를 하나만 생성하도록 한다. · 생성된 객체를 어디에서든지 참조할 수 있도록 하는 패턴이다.

② 구조 패턴

- 클래스나 객체를 조합해 더 큰 구조를 만드는 패턴이다.
- 복잡한 형태의 구조를 갖는 시스템을 개발하기 쉽게 만들어주는 패턴이다.
- 새로운 기능을 가진 복합 객체를 효과적으로 작성할 수 있다.
- 🕮 서로 다른 인터페이스를 지닌 2개의 객체를 묶어 단일 인터페이스를 제공하거나 객체들을 서로 묶어 새로운 기능을 제공하는 패턴이다. 프로그램 내의 자료 구조나 인터페이스 구조 등 구조를 설계하는 데 많이 활용된다.

Adapter	호환성이 없는 인터페이스 때문에 함께 사용할 수 없는 클래스를 개조하여 함께 작동할 수 있도록 해주는 패턴이다.
Bridge 2022년 3회	기능 클래스 계층과 구현의 클래스 계층을 연결하고, 구현부에서 추상 계층을 분리하여 각자 독립적으로 변형할 수 있도록 해주는 패턴이다.
Composite	여러 개의 객체로 구성된 복합 객체와 단일 객체를 클라이언트에서 구별 없이 다루게 해주는 패턴이다.
Decorator	객체의 결합을 통해 기능을 동적으로 유연하게 확장할 수 있게 해주는 패턴이다.

Facade (퍼사드)	• '건물의 정면'이라는 의미이다. • Facade 인터페이스를 제공하여 facade 객체를 통해서만 모든 관계가 이루어질 수 있도록 인터페이스를 단순화한다. • 클래스 간의 의존관계가 줄고, 복잡성이 낮아진다.
Flyweight	• '권투 선수 중 플라이급(48~51kg 선수)'이라는 의미이다. • 인스턴스를 매번 생성하지 않고 가능하다면 공유해 사용함으로써 메모리를 절약하는 패턴이다. • 여러 개의 비슷한 객체 생성/조작 시 메모리를 효과적으로 사용할 수 있다.
Proxy 2023년 1회	• 접근 조절, 비용 절감, 복잡도 감소를 위해 접근이 어려운 객체와 연결하려는 다른 객체와 인터페이스 임무를 수행하는 패턴이다. • 메모리가 대용량 객체로 접근할 수 있도록 하거나, 네트워크 연결에 사용한다.

③ 행위 패턴 2021년 2회, 2020년 4회

• 반복적으로 사용되는 객체들의 상호작용을 패턴화한 것으로, 클래스나 객체들이 상호작용하는 방법과 책임을 분산하는 방법을 정의한다.
• 메시지 교환과 관련된 것으로, 객체 간의 행위나 알고리즘 등과 관련된 패턴을 말한다.

Chain of Responsibility (책임 연쇄)	• 요청을 처리할 기회를 하나 이상의 객체에 부여함으로써 요청하는 객체와 처리하는 객체 사이의 결합도를 없애려는 것이다. • 요청을 해결할 객체를 만날 때까지 객체 고리(Chain)를 따라서 요청을 전달한다.
Command	요청을 객체로 캡슐화함으로써 서로 다른 요청으로 클라이언트를 파라미터화하고, 요청을 저장하거나 기록을 남겨서 오퍼레이션의 취소도 가능하게 한다.
Interpreter 2024년 2회	• 언어에 따라서 문법에 대한 표현을 정의한다. • 언어의 문장을 해석하기 위해 정의한 표현에 기반하여 분석기를 정의한다.
Iterator (반복자)	내부 표현 방법을 노출하지 않고 복합 객체의 원소를 순차적으로 접근할 수 있는 방법을 제공한다.
Mediator (중재자)	• 객체 간의 상호작용을 객체로 캡슐화한다. • Mediator 패턴은 객체 간의 참조 관계를 객체에서 분리함으로써 상호작용만을 독립적으로 다양하게 확대할 수 있다.
Memento	캡슐화를 위배하지 않고 객체 내부 상태를 객체화하여, 나중에 객체가 이 상태로 복구 가능하게 한다.
Observer 2022년 3회, 2020년 2회	객체 사이에 일대다의 종속성을 정의하고 한 객체의 상태가 변하면 종속된 다른 객체에 통보가 가고 자동으로 수정이 일어나게 한다.
State	객체의 내부 상태에 따라 행위를 변경할 수 있게 한다. 이렇게 하면 객체는 마치 클래스를 바꾸는 것처럼 보인다.
Strategy	• 알고리즘군이 존재할 경우 각각의 알고리즘을 별도의 클래스로 캡슐화하고 이들을 상호 교환 가능한 것으로 정의한다. • 클라이언트에 영향을 주지 않고 독립적으로 알고리즘을 다양하게 변경할 수 있게 한다.
Template method	• 오퍼레이션에는 알고리즘의 처리 과정만을 정의하고 각 단계에서 수행할 구체적 처리는 서브 클래스에 정의한다. • 알고리즘의 처리 과정은 변경하지 않고 알고리즘이 각 단계의 처리를 서브 클래스에서 재정의할 수 있게 한다.
Visitor 2023년 2회	• 객체 구조의 요소들에 수행할 오퍼레이션을 표현한 패턴이다. • 오퍼레이션이 처리할 요소의 클래스를 변경하지 않고도 새로운 오퍼레이션을 정의할 수 있게 한다.

04 아키텍처 패턴과 디자인 패턴

- 아키텍처 패턴이 상위 설계에 이용된다.
- 아키텍처 패턴 : 시스템 전체 구조를 설계하기 위한 참조 모델
- 디자인 패턴 : 서브 시스템 내 컴포넌트와 그들 간의 관계를 구성하기 위한 참조 모델

05 디자인 패턴의 구조

Context (주제, 목표)	• 문제 발생 상황을 작성한다(패턴이 적용될 수 있는 상황). • 때에 따라서는 패턴이 유용하지 못한 상황을 나타내기도 한다.
Problem (문제)	• 패턴이 적용되어 해결될 필요가 있다는 여러 디자인 이슈들을 작성한다. • 여러 제약 사항과 영향력도 문제 해결을 위해 고려해야 한다.
Solution (해결)	• 문제를 해결하도록 설계를 구성하는 요소들과 그 요소들 사이의 관계, 책임, 협력 관계를 작성한다. • 해결은 반드시 구체적인 구현 방법이나 언어에 의존적이지 않으며 다양한 상황에 적용할 수 있는 일종의 템플릿이다.

01 디자인 패턴 구조 중 다음이 설명하는 것은 무엇인지 쓰시오.

- 패턴이 적용되어 해결될 필요가 있다는 여러 디자인 이슈들을 작성한다.
- 여러 제약 사항과 영향력도 문제 해결을 위해 고려해야 한다.

• 답 :

02 반복적으로 사용되는 객체들의 상호작용을 패턴화한 것으로, 클래스나 객체들이 상호작용하는 방법과 책임을 분산하는 방법을 정의하는 디자인 패턴은 무엇인지 쓰시오.

• 답 :

03 다음 디자인 패턴 중 구조 패턴이 아닌 것을 모두 골라 쓰시오.

Adapter, Bridge, Composite, Template Method, Visitor, Decorator

• 답 :

04 생성 패턴 중 다음이 설명하는 패턴은 무엇인지 쓰시오.

- 전역 변수를 사용하지 않고 객체를 하나만 생성하도록 한다.
- 생성된 객체를 어디에서든지 참조할 수 있도록 하는 패턴이다.

• 답 :

ANSWER **01** 문제
02 행위 패턴
03 Template Method, Visitor
04 Singleton

01 다음이 설명하는 구조적 분석 도구는 무엇인지 쓰시오.

- 자료 흐름도의 처리 공정의 절차를 기술한 것이다.
- 프로세스 명세서라고도 한다.

• 답 :

02 다음 자료사전 표에서 ①에 알맞은 기호를 쓰시오.

=	자료의 정의(Is composed of)	[	]	자료의 선택(Or)
+	자료의 연결(And)	(①)	자료의 반복(Iteration of)
( )	자료의 생략(Optional)	* *	자료의 설명(Comment)

• 답 :

03 다음 자료 흐름도의 구성요소에서 빈칸에 알맞은 답을 쓰시오.

( )	자료를 변환시키는 과정을 나타낸다.	프로세스 이름
자료 흐름(Data Flow)	자료의 흐름을 나타낸다.	자료 이름 →
자료 저장소(Data Store)	파일, 데이터베이스를 나타낸다.	자료 저장소 이름
단말(Terminator)	자료의 출처와 도착지를 나타낸다.	단말 이름

• 답 :

04 분석 모델 검증 단계에서 사례 모델 검증 내용 중 사례 명세서 형식의 중요 항목을 모두 쓰시오.

> 사전 및 사후 조건, 주요 흐름, 서브 흐름, 예외 흐름, 유스케이스, 액터 식별, 실체화, 엔티티

• 답 :

05 소프트웨어 개발 자동화 도구인 CASE의 3단계 분류를 쓰시오.

• 답 :

06 소프트웨어 개발 자동화 도구 선정 시 평가 항목 3가지를 쓰시오.

• 답 :

07 럼바우(Rumbaugh) 객체지향 분석 기법 3가지를 쓰시오.

• 답 :

08 UML에서 소프트웨어의 구성요소 간의 관계 및 상호작용을 시각화한 특성은 무엇인지 쓰시오.

• 답 :

09 다음 UML의 구성표에서 빈칸에 알맞은 것은 무엇인지 쓰시오.

구성	내용
사물	• 객체지향 모델을 구성하는 기본 요소 • 객체 간의 관계 형성 대상
관계	• 객체 간의 연관성을 표현하는 것 • 종류 : 연관, 집합, 포함, 일반화, 의존, 실체화
( )	• 객체의 관계를 도식화한 것 • 다양한 관점에서 의사소통할 수 있도록 View 제공 • 정적 모델 : 구조 다이어그램 • 동적 모델 : 행위 다이어그램

• 답 :

10 다음 UML의 스테레오 타입에 관한 설명에서 빈칸에 알맞은 명칭과 기호를 쓰시오.

> • UML에서 제공하는 기본 요소 외에 추가적인 확장 요소를 표현할 때 사용한다.
> • UML 확장 모델에서 스테레오 타입 객체를 표현할 때 사용하는 기호는 쌍꺾쇠와 비슷하게 생긴 (   )이
>   며, (   ) 안에 확장 요소를 적는다.

• 답 :

11 다음 UML 접근제어자 표에서 빈칸에 알맞은 접근제어자를 쓰시오.

접근제어자	표기	설명
public	+	어떤 클래스의 객체에서든 접근 가능
( )	−	해당 클래스로 생성된 객체만 접근 가능
protected	#	해당 클래스와 동일 패키지에 있거나 상속 관계에 있는 하위 클래스의 객체들만 접근 가능
package	~	동일 패키지에 있는 클래스의 객체들만 접근 가능

• 답 :

12 연관 관계의 다중성 표현에서 "1이거나 1 이상 객체 연결"은 어떻게 표기하는지 쓰시오.

• 답 :

13 UML의 행위 다이어그램 중에서 객체의 생명 주기를 표현하는 다이어그램은 무엇인지 쓰시오.

• 답 :

14 다음 UML은 어떤 관계를 표현하고 있는지 쓰시오.

- 한 사물의 객체가 다른 사물의 객체와 연결된 것을 표현한다.
- 두 클래스가 서로 연관이 있다면 A, B 객체를 서로 참조할 수 있음을 표현한다.
- 이름 : 관계의 의미를 표현하기 위해 이름을 가질 수 있다.
- 역할 : 수행하는 역할을 명시적으로 이름을 가질 수 있다.

다중성 표시		연관관계명	

선생님	1...*	상담	1...*	학생
	– 상담자		– 피상담자	

역할명

• 답 :

15 Use Case Diagram 작성 단계 중 가장 마지막 단계를 쓰시오.

• 답 :

데이터 입출력 구현

파트 소개

응용 소프트웨어가 다루어야 하는 데이터 및 이들 간의 연관성, 제약 조건을 식별하여 논리적으로 조직화하고, SW 아키텍처에 기술된 데이터 저장소에 조직화된 단위의 데이터가 저장될 최적화된 물리적 공간을 구성하고 데이터 조작언어를 이용하여 데이터 입출력을 구현할 수 있다.

CHAPTER 01

논리 데이터 저장소 확인하기

학습 방향

1. 업무 분석가, 데이터베이스 엔지니어가 작성한 논리 데이터 저장소 설계 내역에서 정의된 데이터의 유형을 확인하고 식별할 수 있다.
2. 논리 데이터 저장소 설계 내역에서 데이터의 논리적 단위와 데이터 간의 관계를 확인할 수 있다.
3. 논리 데이터 저장소 설계 내역에서 데이터 또는 데이터 간의 제약 조건과 이들 간의 관계를 식별할 수 있다.

출제빈도

SECTION 01	중	30%
SECTION 02	상	40%
SECTION 03	중	30%

데이터 모델링

빈출 태그 데이터 모델링의 분류·데이터베이스 설계 순서·개체−관계 모델

01 일반적인 시스템 개발 절차

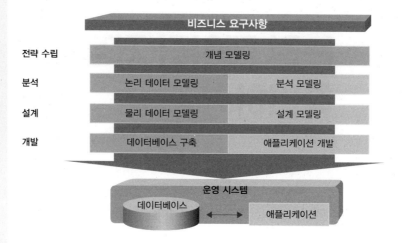

02 데이터의 세계

- 현실 세계를 데이터베이스로 표현하는 데이터베이스 설계 과정에서 컴퓨터에 저장할 데이터의 구조를 논리적으로 표현하기 위해 사용하는 지능적 도구이다.
- 데이터는 기본적으로 세 가지의 다른 세계로 생각해 볼 수 있다. 인간의 오감을 통해 감지할 수 있는 개체(Entity)로 되어 있는 현실 세계, 현실 세계에 존재하는 실체의 의미로부터 얻은 개념으로 표현한 개념 세계, 개념 세계를 컴퓨터가 처리할 수 있는 데이터로 표현한 물리적 세계가 그것이다.

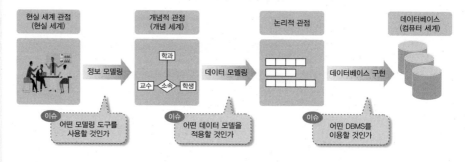

데이터 모델★

- 현실 세계의 정보를 컴퓨터 세계의 환경에 맞게 표현하기 위해 단순화 · 추상화하여 체계적으로 표현한 개념적인 도구이다.
- 현실 세계를 데이터베이스에 표현하는 중간 과정, 즉 데이터베이스 설계 과정에서 데이터의 구조를 표현하기 위해 사용되는 도구이다.

★ 데이터 모델에서 표현해야 할 요소
- 논리적으로 표현된 데이터 구조
- 구성요소의 연산
- 구성요소의 제약 조건

03 데이터 모델링의 개요

- 현실 세계의 정보 구조를 실체(Entity)와 관계(Relation)를 중심으로 명확하고 체계적으로 표현하여 문서로 만드는 기법을 말한다.
- 데이터 모델링의 목적
  - 개발 대상과 연관 조직의 정보 요구에 대해 정확한 이해를 할 수 있다.
  - 사용자, 설계자, 개발자 간에 효율적인 의사소통 수단을 제공한다.
  - 데이터 체계 구축을 통한 고품질 S/W와 유지보수 비용의 감소 효과를 기대할 수 있다.
  - 신규 또는 개선 시스템의 개발 기초를 제공한다.
- 데이터 모델링의 특성
  - 데이터 중심 분석을 통한 업무 흐름 파악이 쉽다.
  - 데이터 무결성을 보장할 수 있다.
  - 데이터의 공유를 통한 중복을 제거하고 일관성 있는 정보를 받을 수 있다.

04 데이터 모델의 분류

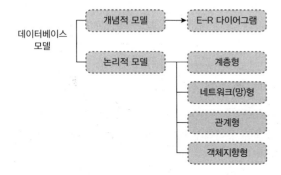

05 데이터베이스 설계 순서 2023년 2회, 2020년 2회

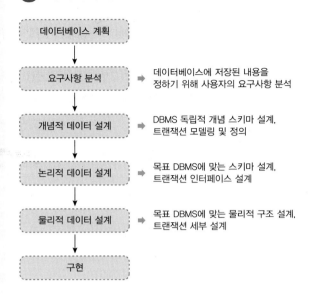

06 데이터 모델링 절차 2021년 1회

데이터 모델링은 개념 모델링, 논리 모델링, 물리 모델링을 통해 데이터베이스를 구축하는 일련의 절차를 거쳐 진행된다.

① 요구사항 분석
데이터베이스를 사용할 사람들이 필요로 하는 요구를 분석하고 명세서를 작성하는 단계이다.

② 개념 데이터 모델링(Conceptual Data Model)
• 현실 세계에 있는 그대로 사람이 이해할 수 있는 형태의 정보 구조(Information Structure)로 만들어 가는 과정을 의미하기 때문에 정보 모델이라고도 한다.
• 속성들로 기술된 개체 타입과 이 개체 타입 간의 관계를 이용하여 현실 세계를 표현하는 방법이다.
• 대표적 개념적 데이터 모델로는 개체−관계(E−R) 모델이 있다.

③ 논리 데이터 모델링(Logical Data Model)★
• 개념적 데이터 모델링 과정에서 추출된 엔티티(Entity)와 속성(Attribute)들의 관계(Relation)를 구조적으로 정의하는 단계로서, 개념적 구조를 컴퓨터가 이해하고 처리할 수 있도록 변환하는 과정을 말한다.
• 데이터베이스 개발 과정의 첫 단계로 전략 수립 및 분석 단계에서 실시하며, 이해 당사자들과 의사소통의 보조자료로서 산출된 E−R 모델을 대상으로 하여 구축 대상 DBMS에 맞게 스키마를 설계한다.

★ 논리 데이터 모델링의 종류
• 계층형 데이터베이스 모델
• 네트워크(망)형 데이터베이스 모델
• 관계형 데이터베이스 모델
• 객체지향형 모델

- 데이터 구조에 대한 논리적 정의 단계로서 정확한 업무 분석을 통한 자료의 흐름을 분석하여 현재 사용 중인 양식, 문서, 장표를 중심으로 자료 항목을 추출하고 필드로 기술된 데이터 타입과 이 데이터 타입 간의 관계를 이용하여 현실 세계를 표현한다.
- 데이터를 정규화(Normalization)하여 모델링하고 규칙과 관계를 완전하고 정확하게 표현한다.
- 성능 혹은 기타 제약 사항과는 독립적인 모델로서, 논리적 모델은 H/W나 S/W에 독립적이다.

④ 물리 데이터 모델링

- 논리적 데이터 설계에서 구조화된 데이터베이스를 실제 저장장치에 어떻게 저장할지를 설계하는 단계이다.
- 주어진 응용 프로그램에 대한 성능 향상을 위해 데이터베이스 파일에 특정한 저장 구조로 접근 경로를 결정한다. 레코드 양식의 순서, 저장 공간, 액세스 경로 인덱싱, 클러스터링, 해싱 등의 설계가 포함된다.
- 설계 단계에서 시스템의 설계적 및 정보 요건을 정확하고 완전하게 표현한 모델로서, 데이터베이스 생성을 위한 물리 구조로 변환한다.
- 시스템 설계 요건 반영을 위한 설계용 엔티티 타입, 설계용 속성 같은 객체를 추가한다.
- 적용 DBMS 특성과 엔티티 타입의 분리 또는 통합을 검토한다.
- 반정규화(Renormalization)와 관계의 해제를 통하여 설계와 성능을 고려한 조정을 수행한다.
- 인덱스 추가 및 조정, 테이블 스페이스 조정, 인덱스 스페이스 조정을 통하여 적용 DBMS에 적합한 성능조정을 수행한다.

⑤ 구현

데이터베이스를 실제로 구축하는 과정으로 목표 DBMS의 데이터 정의어(DDL)로 스키마를 생성한다.

07 개체-관계 모델의 정의

- 대표적인 개념적 모델링 기법으로 현실 세계의 데이터베이스 모델을 시각적으로 표현한다.
- 데이터베이스 설계 과정 중 개념적 설계 과정에 사용되는 하나의 모델로 개체 타입과 이들 간 관계 타입을 이용해 현실 세계를 개념적으로 표현한다.
- 특정 DBMS에 종속되지 않으며 일대일(1:1), 일대다(1:N), 다대다(N:M) 관계를 모두 나타낼 수 있다.

▶ 사용자의 요구로부터 개체-관계 모델의 설계

08 개체 - 관계 다이어그램(E - R 다이어그램, ERD) _{2022년 3회}

- 개체 - 관계 다이어그램은 여러 가지 기호를 이용해 그래프 형태로 표현한 것이다.
- 기호의 종류와 의미

기호	의미
▭	개체 타입
⬭	속성 타입
◇	관계 타입
⊖	기본키 속성
▭◇▭	1:1, 1:N, N:M 등의 관계 표현
◎	다중값 속성
⬭	유도 속성

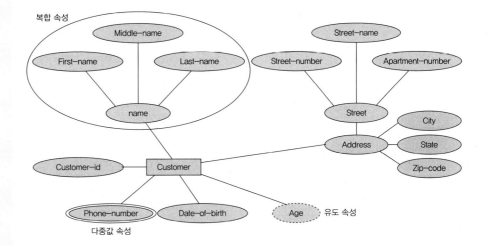

01 데이터베이스 설계 과정 중 현실 세계의 정보 구조를 실체(Entity)와 관계(Relation)를 중심으로 명확하고 체계적으로 표현하여 문서로 만드는 기법을 무엇이라고 하는지 쓰시오.

- 답 :

02 다음이 설명하는 모델을 쓰시오.

- 대표적인 개념적 모델링 기법으로 현실 세계의 데이터베이스 모델을 시각적으로 표현한다.
- 데이터베이스 설계 과정 중 개념적 설계 과정에 사용되는 하나의 모델로 개체 타입과 이들 간 관계 타입을 이용해 현실 세계를 개념적으로 표현한다.
- 특정 DBMS에 종속되지 않으며 일대일(1:1), 일대다(1:N), 다대다(N:M) 관계를 모두 나타낼 수 있다.

- 답 :

03 다음은 데이터베이스 설계 순서이다. 빈칸에 알맞은 단계를 쓰시오.

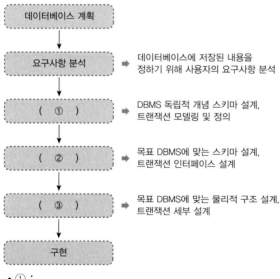

데이터베이스에 저장된 내용을 정하기 위해 사용자의 요구사항 분석

DBMS 독립적 개념 스키마 설계, 트랜잭션 모델링 및 정의

목표 DBMS에 맞는 스키마 설계, 트랜잭션 인터페이스 설계

목표 DBMS에 맞는 물리적 구조 설계, 트랜잭션 세부 설계

- ① :
- ② :
- ③ :

SECTION

02

논리 데이터 저장소 확인

출제빈도 상 중 하
반복학습 1 2 3

빈출 태그 개체의 종류 • 속성 • 관계의 종류 • 관계 표현 • 관계형 데이터베이스 모델 • 슈퍼 타입/서브 타입 • 상관 모델링 •
CRUD MATRIX • 키의 개념과 종류 • 유일성과 최소성 • 개체 무결성 • 참조 무결성

기적의 TIP

이번 Section의 내용은 NCS 모듈에는 상세히 기술되어 있지 않지만 관계형 데이터베이스를 이해하기 위한 선수학습 부분입니다.

01 논리 데이터 모델

- 개념 데이터 모델을 상세화하여 논리적인 데이터 집합, 관리 항목, 관계를 정의한 모델을 말한다.
- 논리 데이터 모델은 전체 데이터 구조에서 가장 핵심을 이루는 모델로서, 전체 업무 범위와 업무 구성요소를 확인할 수 있다.
- 개체, 속성, 관계로 구성된다.

① 개체(Entity)

- 자료수집의 대상이 되는 정보 세계에 존재하는 사물이다. 유형, 무형의 정보로 서로 연관된 몇 개의 속성으로 구성된다.
- 개념적 개체와 물리적 개체로 구분할 수 있다.
  - 개념적 개체 : 학과, 과목 등과 같은 눈에 보이지 않는 개체
  - 물리적 개체 : 책, 연필 등과 같이 눈에 보이는 개체, 즉 현실 세계에 존재하는 사물
- 아래 그림에서 학생 개체는 학번, 이름, 학과라는 3개의 속성으로 구성되어 있다. 이때 학번, 이름, 학과는 학생이라는 개체가 가지고 있는 특성을 나타낸다.

★ 속성
파일 구조에서는 속성을 항목 또는 필드(Field)라고 하기도 한다.

- 속성★은 이름을 가진 데이터의 가장 작은 논리적 단위가 된다.
- 속성은 자체만으로 중요한 의미를 표현하지 못하기 때문에 단독으로 존재하지 못한다.
- 학번, 이름, 학과는 개별적으로 우리에게 정보를 제공하지 못하지만, 이것들이 모여 학생이라는 개체를 구성해서 표현할 때는 큰 의미를 제공한다.
- 속성의 값인 개체 인스턴스는 시간에 따라 변할 수도 있다.

② 개체의 특징

- 각 개체는 속성(Attribute)으로 알려진 특성들로 정의된다.
- E-R 다이어그램에서 속성은 원으로 표시된다.
- 개체-관계 다이어그램(ERD, Entity-Relationship Diagram)에서 개체 집합은 직사각형으로 표시한다.
- 구체적 또는 추상적인 사물로서, 서로 구분되는 특성에 따라 속성 집합으로 표현한다.

③ 개체(엔티티)의 종류★

독립 엔티티	사람, 물건, 장소, 개념처럼 원래부터 현실 세계에 존재하는 엔티티를 의미한다. 예 사원, 고객, 영업부, 창고 업무
중심 엔티티	업무가 실행되면서 발생하는 엔티티를 의미한다. 예 주문, 납품
종속 엔티티	주로 1차 정규화(1st Normalization)로 인하여 관련 중심 엔티티로부터 분리된 엔티티를 의미한다.
교차 엔티티	• 교차 관계라고도 하며 두 개 이상의 엔티티 간에 발생하는 트랜잭션에 의해 발생하는 엔티티이다. • 트랜잭션 빈도에 따라 데이터가 발생하고, 대부분 논리적 모델링에서 두 개 이상의 엔티티 관계가 N:M(다대다)일 때 발생하며 이러한 관계를 해소하려는 목적으로 인위적으로 만들어진 엔티티이다.

★ 개체(엔티티)의 종류
- **독립 엔티티** : Kernel Entity, Master Entity
- **중심 엔티티** : Transaction Entity
- **종속 엔티티** : Dependent Entity
- **교차 엔티티** : Associative Entity, Relative Entity

④ 속성(Attribute, Field)

- 데이터베이스를 구성하는 가장 작은 논리적 단위로서, 파일 구조상의 데이터 필드(항목)에 해당된다.
- 다음은 학생번호, 이름, 전공, 대학으로 구성된 학생 개체이다.

⑤ 속성의 종류

단일 값 속성(Single-valued Attribute)	개체의 속성 중 주민등록번호 또는 학번과 같이 반드시 하나의 값만 존재한다.
다중 값 속성(Multi-valued Attribute)	전화번호와 같이 집, 핸드폰, 회사 전화번호 등 여러 개의 값을 가질 수 있다.
단순 속성(Single Attribute)	더 이상 작은 구성요소로 분해할 수 없는 속성이다.
복합 속성(Composite Attribute)	이름과 같이 독립적인 의미를 좀 더 기본적인 성, 이름 등의 속성들로 분해할 수 있는 속성이다.

02 관계(Relationship)

- 속성 관계(Attribute Relationship) : 개체를 구성하고 있는 속성과 속성 사이의 관계
- 개체 관계(Entity Relationship) : 개체와 개체 사이의 관계

① 관계의 종류

일대일(1:1)	일대다(1:N)	다대다(N:M)
개체 집합 X의 각 원소가 개체 집합 Y의 원소 한 개와 대응한다.	개체 집합 X의 각 원소는 개체 집합 Y의 원소 여러 개와 대응하고, 개체 집합 Y의 각 원소는 개체 집합 X의 원소 한 개와 대응한다.	개체 집합 X의 각 원소는 개체 집합 Y의 원소 여러 개와 대응하고, 개체 집합 Y의 각 원소도 개체 집합 X의 원소 여러 개와 대응한다.

② 논리, 물리 개체 관계도에서의 관계 표현

- 기수성(Cardinality)
  - 1:1, 1:M, N:M 관계
  - 해당 엔티티 한건에 대한 상대 엔티티의 기수성을 상대 엔티티 쪽에 표기
  - 표기 방법(James Martine 표기법)

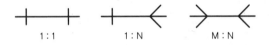

- 선택성(Optionality)
  - 집합 의미(포함, 불포함)
  - 1:0(Optional), 1:1(Mandatory)
  - 해당 엔티티 한 건에 대한 상대 엔티티의 선택성을 상대 엔티티 쪽에 표기
  - 표기 방법(James Martine 표기법)

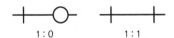

관계 표기법

- 엔티티의 한 건에 대한 상대 엔티티의 기수성(Cardinality)을 상대 엔티티 쪽에 표기

1   M

- 엔티티의 한 건에 대한 상대 엔티티의 선택성(Optionality)을 상대 엔티티 쪽에 표기

필수

선택

03 관계형 데이터베이스의 특징

- 대표적인 논리 데이터 모델링 방식이다.
- 관계형 데이터베이스를 구성하는 개체(Entity), 관계(Relationship)를 릴레이션 이라는 테이블로 표현한다.
- 관계형 데이터베이스에서 테이블이 곧 릴레이션이 된다.
- 릴레이션은 개체 릴레이션, 관계 릴레이션으로 구분할 수 있다.
- 다른 데이터베이스로의 변환이 쉬우며, 간결하고 보기 편리하다.
- 관계형 데이터베이스는 릴레이션 스키마와 릴레이션 인스턴스로 구성된다.

04 관계형 데이터베이스의 구성

① 릴레이션 스키마
- 릴레이션의 이름과 릴레이션의 속성(attribute)들의 집합이다.
- 릴레이션을 위한 틀(Framework)이다.
- 릴레이션 이름(attribute 1, attribute 2…. attribute N)으로 되어 있다.
- 하나 이상의 릴레이션 스키마들로 이루어진다.

> 부서(부서번호, 부서이름, 위치)
> 사원(직원번호, 직원이름, 직위, 부서번호)

② 릴레이션 인스턴스

관계형 데이터베이스에서 릴레이션은 릴레이션 인스턴스들의 모임으로 구성된다.

〈부서〉

부서번호	부서이름	위치
A-1	기획부	101호
A-2	영업부	201호
B-1	총무부	301호

〈사원〉

직원번호	직원이름	직위	부서번호
99-01	펭수	사원	A-1
99-02	밍꼬	과장	A-1
20-14	도티	부장	B-1

05 릴레이션(Relation)

- 릴레이션은 데이터를 테이블의 형태로 표현한 것으로, 릴레이션 스키마(릴레이션 타입)와 릴레이션 인스턴스(릴레이션 어커런스)로 구성된다.

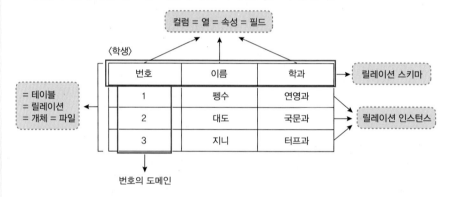

- 한 릴레이션에 포함된 튜플들은 모두 다르다. 즉 〈학생〉 릴레이션의 구성요소를 구성하는 '펭수' 레코드는 펭수에 대한 사항을 나타내는 것으로 〈학생〉 릴레이션 내에서는 유일하다.
- 한 릴레이션에 포함된 튜플 사이에는 순서가 없다. 즉 〈학생〉 릴레이션의 구성요소에서 '펭수' 레코드와 '대도' 레코드의 위치가 바뀌어도 상관이 없다.
- 각 속성은 유일한 값(원자값)을 갖고 있어야 하고, 속성들의 순서는 중요하지 않으며, 데이터는 삽입된 순서대로 정렬된다.

① 속성(Attribute) 2024년 2회

- 데이터베이스를 구성하는 가장 작은 논리적 단위로, 개체의 특성과 상태 등을 기술하며, 파일 구조의 데이터 필드(항목)로 표현된다.
- 앞의 그림에서 〈학생〉 릴레이션의 구성요소에서 열로 나열된 '번호', '이름', '학과' 등의 필드(개체)를 속성이라 한다.
- 속성의 수를 디그리(Degree) 또는 차수라고 한다.
- 〈학생〉 릴레이션에서 디그리는 3(번호, 이름, 학과)이다.

② 도메인(Domain)
- 하나의 속성이 취할 수 있는 같은 타입의 원자(Atomic)값들의 집합이다.
- 〈학생〉 릴레이션의 구성요소에서 '번호'의 도메인은 1~3이다.

③ 튜플(Tuple) 2024년 2회
- 릴레이션을 구성하는 각각의 행을 의미한다.
- 튜플의 수를 카디널리티(Cardinality) 또는 기수라고 한다.
- 〈학생〉 릴레이션에서 카디널리티는 3이 된다.

06 E-R 모델에서 관계형 모델로 전환(Mapping Rule)

- 데이터베이스 설계에서 개념적 모델인 E-R 모델을 논리적 모델인 관계형 모델로 전환하는 것을 알아보자.
- 아래의 예금 관계를 관계형 모델로 전환하는 방법을 맵핑룰★이라고 한다.

★ 맵핑룰(Mapping Rule)
데이터베이스 설계에서 개념적 모델인 E-R 모델을 논리적 모델인 관계형 모델로 전환하는 방법

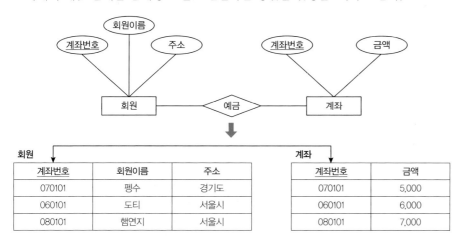

07 논리 데이터 모델에서 관계의 종류

① 정상 관계
- 엔티티 타입과 엔티티 타입이 독립적으로 분리되어 있으면서 상호 간에 한 가지 관계만 성립하는 형태이다.

- 위의 그림은 부서와 사원의 관계를 나타내는데, 부서는 사원을 포함하고 사원은 부서에 소속된다는 것을 표현한다. 이때 부서는 여러 명의 사원을 포함할 수 있다.

② 자기 참조 관계(Self Relationship, Recursive Relationship)

- 하나의 엔티티 타입 내에서 엔티티와 엔티티가 관계를 맺고 있는 형태이다.
- 부서, 부품, 메뉴 등과 같이 계층 구조 형태를 표현할 때 유용하다.

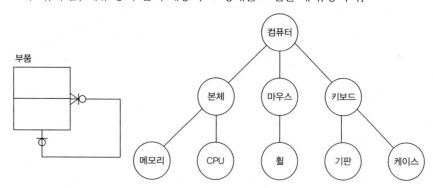

- 위의 그림은 부품은 다른 부품으로 조립된다는 규칙을 관계로 표현한 것이다. 예를 들어 컴퓨터는 본체, 마우스. 키보드로 조립되며, 본체는 다시 메모리, CPU 등으로 조립된다.
- 같은 엔티티 타입의 엔티티 간에 계층적으로 데이터가 구성될 때 자기 참조 관계로 표현한다.

③ 슈퍼 타입 서브 타입 관계(Super-Type Sub-Type Relationship)

- 공통 속성을 가지는 슈퍼 타입과 공통 부분을 제외하고, 두 개 이상의 엔티티 타입 간의 속성에 차이가 있을 때 별도의 서브 타입으로 존재할 수 있다. 이때 슈퍼 타입과 서브 타입의 관계 형식은 1:1이다.
- 서브 타입을 구분하는 형식에 따라, 슈퍼 타입의 특정 엔티티가 반드시 하나의 서브 타입에만 속해야 하는 배타적 관계(Exclusive Relationship)와 슈퍼 타입의 특정 엔티티가 두 개 이상의 서브 타입에 포함될 수 있는 포함 관계로 구분될 수 있다.

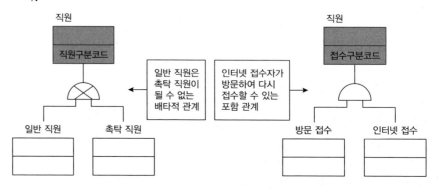

- 그림에서 왼쪽 모델은 배타적 관계의 표현으로. 직원은 반드시 일반 직원이나 촉탁 직원 중 하나에만 속할 수 있다. 오른쪽 모델의 경우는 포함 관계를 표현한 것으로 접수할 때 인터넷 접수를 한 사람이 다시 방문하여 방문 접수할 수 있는 경우를 표현한 관계이다.

④ 주 식별자/비 식별자 관계

• 주 식별자 관계 : 부모 엔티티 타입의 주 식별자가 자식 엔티티 타입의 주 식별자로 상속

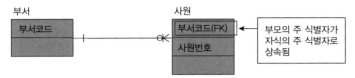

• 비 식별자 관계 : 부모 엔티티 타입의 주 식별자가 자식 엔티티 타입의 일반 속성으로 상속

08 상관 모델링

① 상관 모형화 사용의 장점

• 데이터 모델과 프로세스 모델에 대한 품질을 향상시킬 수 있다.
• 업무 규칙에 좀 더 정확하고 상세하게 접근할 수 있다.
• 데이터 모델과 프로세스 모델에 동시에 접근하므로 데이터 모델링에서 분석된 엔티티 타입을 이용하지 않는 프로세스를 다시 도출하거나 프로세스를 이용하여 적절한 엔티티 타입이 도출되었는지, 관계나 속성은 모두 적절한지 검증할 수 있다.
• 분석 도구 : CRUD 매트릭스

② CRUD 매트릭스

• 2차원 테이블에 가로와 세로에 각각의 집합 단위를 표현하여 비교하여 데이터의 상태를 비교 분석하는 기법이다.
• 엔티티 타입과 프로세스에 대한 비교뿐만 아니라 2차원 테이블로 비교할 수 있는 경우에 모두 적용되는 방법이다.
• 단위 프로세스가 엔티티 타입에 영향을 주는 방법으로 신규, 조회, 수정, 삭제의 네 가지에 반드시 포함되어 있다.
• CRUD는 CREATE의 "C", READ의 "R", UPDATE의 "U", DELETE의 "D"를 의미한다.
• 시스템의 분석부터 테스트까지 영향을 미치기 때문에 분석 단계 말이나 설계 단계 말에 CRUD 매트릭스를 이용한 상관 모델링 작업을 반드시 수행하도록 한다.

▶ CRUD 매트릭스 상관 모델링

엔티티 타입 단위 프로세스	고객	주문	주문목록	제품
신규 고객을 등록한다.	C			
주문을 신청한다.	R	C	C	R
주문량을 변경한다.		R	U	
주문을 취소한다.		D	D	
제품을 등록한다.				C
고객정보를 조회한다.	R			

단위 프로세스가 엔티티 타입에 어떠한 일을 하는지 기술한다.

➕ 더 알기 TIP

CRUD 점검사항

• 모든 엔티티 타입에 CRUD가 한 번 이상 표기되었는가?
• 모든 엔티티 타입에 "C"가 한 번 이상 존재하는가?
• 모든 엔티티 타입에 "R"이 한 번 이상 존재하는가?
• 모든 단위 프로세스는 하나 이상의 엔티티 타입에 표기되었는가?
• 두 개 이상의 단위 프로세스가 하나의 엔티티 타입을 생성하는가?

01 관계형 데이터베이스 설계 과정에서 무결성 제약 조건 중 두 릴레이션의 연관된 튜플들 사이의 일관성을 유지하는 데 사용한다. 주어진 속성들의 집합에 대한 릴레이션의 한 값이 반드시 다른 릴레이션에 대한 속성값으로 나타나도록 보장하는 무결성을 무엇이라고 하는지 쓰시오.

• 답 :

02 상관 모델링의 분석 도구로서 2차원 테이블의 가로/세로에 각각의 집합 단위를 표현하여 비교하며 데이터의 상태를 분석하는 기법은 무엇인지 쓰시오.

• 답 :

03 데이터베이스 설계에서 개념적 모델인 E–R 모델을 논리적 모델인 관계형 모델로 전환하는 방법을 무엇이라고 하는지 쓰시오.

• 답 :

04 두 개 이상의 엔티티 간에 발생하는 트랜잭션에 의해 발생하는 엔티티로, 트랜잭션 빈도에 따라 데이터가 발생하며 대부분 논리적 모델링에서 두 개 이상의 엔티티 관계가 N:M(다대다)일 때 발생하며 이러한 관계를 해소하려는 목적으로 인위적으로 만들어진 엔티티를 무엇이라고 하는지 쓰시오.

• 답 :

ANSWER **01** 참조 무결성
02 CRUD 매트릭스
03 매핑룰(Mapping Rule)
04 교차 엔티티

01 정규화와 이상 현상

① 정규화(Normalize)

• 현실 세계의 개체를 컴퓨터 세계에 가장 정확하게 표현할 수 있는 데이터의 논리적 구조를 결정하는 과정이다.
• 데이터 종속성, 효율적인 데이터 처리, 데이터의 일관성 유지 등의 요구를 충족시키기 위함이다.

② 이상(Anomaly) 현상

• 릴레이션 설계가 잘못되면 데이터가 불필요하게 중복된다. 데이터 중복은 데이터 관리상의 여러 가지 치명적인 문제를 일으키고 릴레이션을 조작할 때 곤란한 현상을 발생시키는 현상을 의미한다.
• 이러한 종속성과 이상 현상을 제거하기 위하여 '정규화'를 통해 효율적인 릴레이션을 구현해야 한다.

02 이상의 종류

• 삽입 이상, 삭제 이상, 수정(갱신) 이상이 있다.
• 아래의 〈수강〉 릴레이션의 기본키는 (학번, 과목번호)의 복합 속성으로 구성되어 있다.

〈수강〉

학번	과목번호	성적	학년
100	C413	A	4
100	E412	A	4
200	C123	B	3
300	C312	A	2
300	C324	C	1
300	C413	A	2
400	C312	A	3
400	C324	A	4
400	C413	B	2
400	E412	C	1
500	C312	B	2

① 삽입 이상(Insertion Anomaly)

- 파일에 레코드를 추가할 시 불필요한 항목 값이 함께 입력되거나, 함께 삽입될 값이 없을 때 발생한다.
- 예를 들어 〈수강〉 릴레이션에 학번이 600이고, 학년이 2인 학생 값을 새롭게 삽입하려 할 때, 이 학생이 어떤 과목을 등록해서 과목번호를 확보하지 않는 한, 이 삽입은 성공할 수 없다.
- (학번, 과목번호)는 이 릴레이션의 기본키인데 기본키를 구성하는 (과목번호) 값이 없으면 기본키 값이 널(null) 값인 튜플을 삽입하는 것과 마찬가지가 되기 때문에 개체 무결성에 어긋난다. 이 값을 삽입해야 한다면 가상의 임시 과목번호를 함께 삽입해야 한다.
- 예와 같이 어떤 데이터를 삽입하려고 할 때 불필요하고 원하지 않는 데이터도 함께 삽입해야만 되고 그렇지 않으면 삽입되지 않는 현상을 삽입 이상이라고 한다.

② 삭제 이상(Deletion Anomaly)

- 튜플 삭제 시 의도와는 상관없이 관련 없는 데이터가 같이 연쇄 삭제(Triggered Deletion)되어 정보의 손실이 발생하는 현상을 의미한다.
- 예를 들어 〈수강〉 릴레이션에서 학번이 200인 학생이 과목 'C123'의 등록을 취소한다고 하자. 자연히 학번이 200인 튜플에서 과목번호 C123을 삭제해야 하는데 과목번호는 기본키에 포함되어 있으므로 과목번호만 삭제하지 못하고 튜플 전체를 삭제해야 한다. 그렇게 되면 결과적으로 이 튜플이 삭제될 경우 해당 학생이 3학년이고 성적이 B라는 정보까지 덩달아서 함께 삭제되는데, 이 튜플이 해당 학생의 학년 정보를 가지고 있는 유일한 튜플이기 때문에 이상이 발생하게 된다.
- 이처럼 한 튜플을 삭제함으로 인해서 유지해야 하는 정보까지 삭제되는 연쇄 삭제 현상이 일어나게 되어 정보 손실이 발생하는 현상을 삭제 이상이라고 한다.

③ 수정(갱신) 이상(Update Anomaly)

- 하나의 파일이 불필요한 중복을 포함하면서 수정되어 몇 개의 다른 논리적 항목들까지 수정되어야 할 때 발생한다.
- 예를 들어 〈수강〉 릴레이션에 학번이 400인 학생의 학년을 4에서 3으로 변경시킨다고 하자. 이 변경을 위해서는 이 릴레이션에 학번 400이 나타나 있는 튜플 4개 모두에 대해 학년의 값을 갱신시켜야 한다. 그렇게 하지 않고 일부 튜플만 변경시키게 되면 학번 400인 학생의 학년이 3과 4, 즉 두 가지 값을 갖게 되어 일관성이 없게 된다.
- 이처럼 중복된 튜플 중에 일부 튜플의 속성값만을 갱신시킴으로써 정보의 모순성(Inconsistency)이 생기는 현상을 수정 이상이라고 한다.

03 이상의 원인과 해결, 정규화

- 속성 간에 존재하는 여러 종속 관계를 하나의 릴레이션에 표현하기 때문에 이상이 발생한다.
- 이상이 발생하면 속성 간 종속 관계를 분석하여 여러 개의 릴레이션으로 분해(Decomposition)하여 이를 해결하는데, 이 과정을 정규화(Normalization)라고 한다.

04 함수적 종속

★ 함수적 종속
학번이 101인 학생의 이름은 밍꼬이다. 이렇게 학번에 의해서 이름이 결정되는 현상을 함수적 종속이라고 한다.

- 개체를 구성하는 속성들이 어떤 기준값 속성에 의해 종속되는 현상을 의미한다.
- 개체를 구성하는 속성 간의 상호 관계로부터 도출되는 제약 조건이다.
- 개체 간의 의미를 표현하며, 품질이 좋은 데이터베이스 설계의 정형적 기준이다.
- 예를 들어 (이름)이 (학번)에 종속되어 있다는 것★은 (학번)이 결정되면 (이름) 값이 결정되기 때문에 (이름)은 하나의 (학번)에만 속한다는 뜻이다. 이때 기준값인 학번을 결정자(Determinant)라고 하고, 종속되는 이름을 종속자(Dependent)라고 한다.

학번	이름	성적	학년
101	밍꼬	A	4
102	발랄	A	4
203	헤이	B	3
304	지니	A	2
401	도티	C	1

05 함수적 종속성(FD, Functional Dependency)

- 데이터 항목 중 속성 Y가 속성 X에 함수적으로 종속된다는 의미는, 속성 X를 이용하여 속성 Y를 식별할 수 있다는 의미다.
- 속성 X는 각각의 데이터값들에 대하여 속성 Y의 값이 오직 하나만 연관되어 있을 때 '속성 Y는 속성 X에 함수적 종속'이라 하며 X→Y라고 표현한다. 이때 속성 X를 함수의 결정자라고 하고, 속성 Y를 함수의 종속자라고 한다.
- 다음은 "학번" 속성에 "이름", "나이"," 성별"이 종속되는 "학번→(이름, 나이, 성별)"을 도식화한 예제이다.

학번	이름	나이	성별
101	밍꼬	1	여
102	발랄	2	남
203	헤이	3	여
304	지니	4	남
401	도티	5	남

▶ **함수적 종속 다이어그램 표기법**

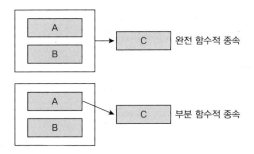

① 완전 함수 종속(Full Functional Dependency) _{2022년 2회}
- 릴레이션 R의 속성 C가 복합 속성★ {A, B}에 함수적으로 종속되면서 {A, B}의 어떤 진부분집합에도 함수적으로 종속되지 않으면, 완전하게 함수적으로 종속되었다고 한다.

★ 복합 속성
2개 이상의 속성으로 구성된 키

〈고객주문〉

고객번호	제품번호	제품명	주문량
A012	S-321	SD메모리	2
A012	M-789	메모리	1
A023	K-002	키보드	1
A123	K-012	헤드셋	2
A134	M-123	마우스	4
A134	S-321	SD메모리	2
A321	K-012	헤드셋	1
A567	M-123	마우스	2
A789	M-123	마우스	3
A789	S-567	스캐너	1

- 〈고객주문〉 테이블의 기본키는 '고객번호'와 '제품번호'가 조합된 (고객번호, 제품번호)이다.
- 〈고객주문〉 테이블에서 '주문량' 속성은 기본키인 '고객번호'와 '제품번호'를 모두 알아야 구분할 수 있다.
- 이런 경우 '주문량' 속성은 기본키에 완전 함수 종속되었다고 한다.

(고객번호, 제품번호) → 주문량

② 부분 함수 종속(Partial Functional Dependency) _{2022년 2회}
- (제품명)은 기본키인 (고객번호, 제품번호)를 모두 알아도 값을 구분할 수 있지만, 기본키의 일부인 (제품번호)만 알아도 (제품명)을 알 수 있다.
- 이의 경우 '제품명'은 기본키에 부분 함수 종속되었다고 표현한다.

제품번호 → 제품명

③ 이행적 함수 종속(Trasitive Functional Dependency) 2022년 2회

- 릴레이션에서 A, B, C 세 가지 속성 간의 종속이 A→B, B→C일 때, A→C가 성립되는 경우 이행적 함수 종속이라고 한다.
- 즉, A를 알면 B를 알 수 있고, B를 알면 C를 알 수 있을 때, A를 알면 C를 알 수 있는 경우를 말한다.

〈제품〉

제품번호	제품명	단가
S-321	SD메모리	25,000
M-789	메모리	28,000
K-002	키보드	5,000
K-012	헤드셋	10,000
M-123	마우스	6,000
S-567	스캐너	100,000

- 〈제품〉 테이블에서는 '제품번호'를 알면 '제품명'을 알 수 있다. 또 '제품명'을 알면 '단가'를 알 수 있다. 결국 '제품번호'를 알면 '단가'를 알 수 있다. 이 같은 경우를 이행적 함수 종속이라고 한다.

> 제품번호 → 제품명
> 제품명 → 단가
> 제품번호 → 단가

06 정규화(Normalization)

① 정규화의 개념

- 서로 독립적인 관계(Relationship)는 별개의 릴레이션으로 표현해야 한다. 이렇게 표현된 릴레이션이 어떤 특정의 제약 조건(Constraints)을 만족할 때 그 제약 조건을 요건으로 하는 정규형에 속한다고 말한다.
- 정규화란 함수적 종속성 등의 종속성 이론을 이용해 잘못 설계된 관계형 스키마를 더 작은 속 성의 세트로 쪼개어 바람직한 스키마로 만들어가는 과정이다. 정규형에는 제1정규형, 제2정규형, 제3정규형, BCNF형, 제4정규형, 제5정규형 등이 있다.

② 정규화의 목적

- 어떠한 릴레이션도 데이터베이스 내에서 표현할 수 있게 만든다.
- 정보의 중복을 배제하여 삽입, 갱신, 삭제 이상의 발생을 방지한다.
- 데이터를 삽입할 때 릴레이션을 재구성할 필요성을 줄인다.

07 정규화 과정의 정규화 형태

기적의 TIP

비정규 릴레이션에서 5NF까지 각 단계별 핵심 작업을 정리하세요.

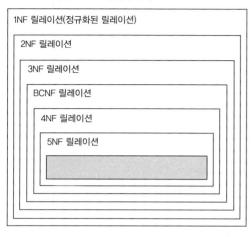

전체 릴레이션(정규화 또는 비정규화된)

1NF 릴레이션(정규화된 릴레이션)

2NF 릴레이션

3NF 릴레이션

BCNF 릴레이션

4NF 릴레이션

5NF 릴레이션

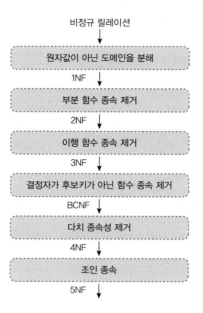

비정규 릴레이션

↓

원자값이 아닌 도메인을 분해

1NF ↓

부분 함수 종속 제거

2NF ↓

이행 함수 종속 제거

3NF ↓

결정자가 후보키가 아닌 함수 종속 제거

BCNF ↓

다치 종속성 제거

4NF ↓

조인 종속

5NF ↓

01 릴레이션 설계 오류로 인하여 데이터가 중복될 경우 여러 가지 치명적인 문제를 유발할 수 있다. 이렇게 릴레이션을 조작할 때 곤란한 현상을 발생시키는 현상을 무엇이라고 하는지 쓰시오.

• 답 :

02 3가지 이상 현상을 쓰시오.

• 답 :

03 데이터베이스에서 개체를 구성하는 속성들의 관계를 의미하는 함수적 종속에 대하여 약술하시오.

• 답 :

04 임의의 릴레이션 R에서 속성 또는 속성들의 집합 X에 대해 Y가 함수적으로 종속되면서, X의 부분 집합에 대하여서는 함수적으로 종속하지 않은 경우, Y는 X에 대하여 (   )성을 갖는다고 한다. 빈칸에 알맞은 답을 쓰시오.

• 답 :

05 한 릴레이션의 속성 X, Y, Z가 주어졌을 때 함수적 종속성 X → Y와 Y → Z가 성립되면 논리적 결과로 X → Z가 성립한다. 이 때의 종속성을 무엇이라고 하는지 쓰시오.

• 답 :

06 함수적 종속성 등의 종속성 이론을 이용하여 잘못 설계된 관계형 스키마를 더 작은 속성의 세트로 분할하여 바람직한 스키마로 만들어 가는 과정을 무엇이라고 하는지 쓰시오.

• 답 :

01 다음 데이터 모델과 관련된 설명 중 빈칸 (　　)에 가장 부합하는 용어를 쓰시오.

> (　　　)(은)는 개념적 설계 단계에서 사용되는 설계 기법으로, 데이터베이스를 구성하는 개체(Entity) 타입과 관계(Relationship) 타입 간의 구조 또는 개체를 구성하는 속성(Attribute) 등을 약속된 기호를 이용하여 표현함으로써 데이터베이스의 전반적인 구조를 이해하기 쉽도록 표현한 모델을 말하며, P. Chen 박사에 의해 최초로 제안되었다.

• 답 :

02 업무 프로세스와 데이터 간의 상관관계 분석을 위한 것으로 업무 프로세스와 엔티티 타입을 행과 열로 구분하여 행과 열이 만나는 교차점에 이용에 대한 상태를 표시한다. 일반적으로 생성, 조회, 변경, 삭제로 나누어 표현하는 검증 도구를 무엇이라 하는지 쓰시오.

• 답 :

03 다음이 설명하는 것은 무엇인지 쓰시오.

> 현실 세계의 정보를 컴퓨터 세계의 환경에 맞게 표현하기 위해 단순화 · 추상화하여 체계적으로 표현한 개념적인 도구로서 현실 세계를 데이터베이스에 표현하는 중간 과정, 즉 데이터베이스 설계 과정에서 데이터의 구조를 표현하기 위해 사용되는 도구이다.

• 답 :

04 개념 데이터 모델링을 표현하는 대표적인 모델링 도구는 무엇인지 쓰시오.

• 답 :

05 개체–관계 다이어그램에서 개체 타입을 표현하는 기호는 무엇인지 쓰시오.

• 답 :

06 이름 속성에서 성, 이름 등 '한 속성에서 유도된 다수의 속성'을 무엇이라고 하는지 쓰시오.

- 답 :

07 다음이 설명하는 것은 무엇인지 쓰시오.

> - 두 개 이상의 엔터티 간에 발생하는 트랜잭션에 의해 발생하는 엔터티이다.
> - 트랜잭션 빈도에 따라 데이터가 발생하고, 대부분 논리적 모델링에서 두 개 이상의 엔터티 관계가 N:M(다대 다)일 때 발생하며 이 관계를 해소하려는 목적으로 인위적으로 만들어진 엔터티이다.

- 답 :

08 릴레이션에서 카디널리티의 의미를 약술하시오.

- 답 :

CHAPTER

물리 데이터 설계와
데이터 프로시저 작성하기

01 논리 데이터 모델 품질 검증 개념

• 데이터 모델이 업무 환경에서 요구하는 사항을 시스템적으로 얼마나 잘 구현할 수 있는지는 객관적으로 평가하기 어렵다.

▶ 좋은 데이터 모델 요건

완전성	업무에서 필요로 하는 모든 데이터가 데이터 모델에 정의되어 있어야 함
중복 배제	하나의 데이터베이스 내에 같은 사실은 반드시 한 번만 기록하여야 함
비즈니스 룰	업무 규칙을 데이터 모델에 표현하고 이를 모든 사용자가 공유할 수 있게 제공해야 함
데이터 재사용	데이터의 재사용성을 향상시키기 위해서는 데이터의 통합성과 독립성에 대해서 충분히 고려해야 함
안정성 및 확장성	정보 시스템을 구축하는 과정에서 데이터 구조의 안정성, 확장성, 유연성을 고려해야 함
간결성	아무리 효율적으로 데이터를 잘 관리할 수 있더라도 사용, 관리 측면에서 복잡하다면 잘 만들어진 데이터 모델이라고 할 수 없음
의사소통	많은 업무 규칙은 데이터 모델에 개체, 서브 타입, 속성, 관계 등의 형태로 최대한 자세하게 표현되어야 함
통합성	같은 데이터는 조직 전체에서 한 번만 정의하고 이를 여러 다른 영역에서 참조, 활용하여야 함

02 데이터 모델 품질 검증 기준

• 논리적 데이터베이스 구축 후에 데이터 품질의 좋고 나쁨을 검증하기 위한 기준이다.
• 정확성 : 데이터 모델이 표기법에 따라 정확하게 표현되고, 업무 영역 또는 요구사항을 정확하게 반영해야 함
• 완전성 : 데이터 모델의 구성요소를 정의하는 데 있어서 누락을 최소화하고, 요구사항 및 업무 영역 반영에 있어서 누락이 없어야 함
• 준거성 : 제반 준수 요건들을 누락 없이 정확하게 준수해야 함
• 최신성 : 현행 시스템의 최신 상태를 반영하고 있고, 이슈 사항들을 바로 반영해야 함
• 일관성 : 여러 영역에서 공통으로 사용되는 데이터 요소가 전사 수준에서 한 번만 정의되고 이를 여러 다른 영역에서 참조, 활용하면서 모델 표현상의 일관성을 유지해야 함
• 활용성 : 작성된 모델과 그 설명 내용이 이해관계자에게 의미를 충분하게 전달할 수 있으면서 업무 변화 시에 설계 변경이 최소화되도록 유연하게 설계해야 함

⑱ 물리 데이터 모델링 변환 절차

```
              분석          설계
    논리 데이터 모델링   ⇨   물리 데이터 모델링
        ER Model          Physical Model

              Entity   →   Table
           Attribute   →   Column
         Primary UID   →   Primary Key
Secondary(Alternate) UID  →   Unique Key
        Relationship   →   Foreign Key
 Business Constraints   →   Check Constraints
```

⑭ 반정규화 　2024년 2회, 2021년 1회, 2020년 1회

① 반정규화의 정의

- 정규화된 엔티티, 속성, 관계에 대해 시스템의 성능 향상과 개발(Development)과 운영(Maintenance)의 단순화를 위해 중복, 통합, 분리 등을 수행하는 데이터 모델링의 기법을 의미한다.
- 정규화를 통하여 정합성과 데이터 무결성이 보장되지만, 테이블의 개수가 증가함에 따라 테이블 간의 조인이 증가하여 조회 성능이 떨어질 수 있다.
- 즉, 반정규화란 DB의 성능 향상을 목적으로 정규화를 통해 분할된 테이블을 다시 합치는 과정을 의미한다.
- 반정규화는 중복성의 원리를 활용하여 데이터 조회 시 성능을 향상시키는 역할을 할 수 있다.

▶ **중복성의 원리**

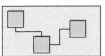

정규화된 데이터 모델

조회 성능 향상

| 테이블의 중복성 |
| 칼럼의 중복성 |
| 관계의 중복성 |

> **기적의 TIP**
>
> 반정규화의 협의적 정의와 광의적 정의를 알아두세요.
> - **협의** : 데이터를 중복하여 성능을 향상시키기를 위한 기법
> - **광의** : 성능을 향상시키기를 위해 정규화된 데이터 모델에서 중복, 통합, 분리 등을 수행하는 모든 과정

> **기적의 TIP**
>
> 정규화는 논리 데이터 설계 과정에서 데이터를 정제하는 핵심적인 단계입니다.

② 반정규화 예(IE 표기법)

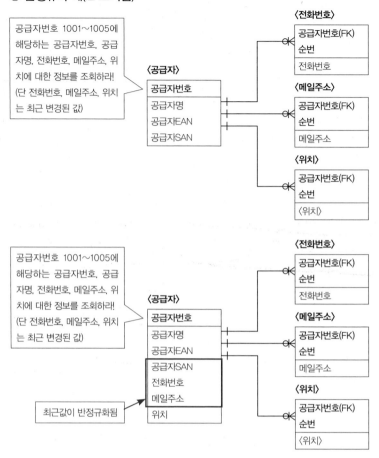

③ 반정규화된 데이터 구조의 장단점

장점	테이블의 단순화를 통하여 성능 향상과 관리 효율성이 높아진다.
단점	• 정합성, 데이터 무결성을 해칠 수 있다. • 이를 보완하기 위해 추가 비용이 발생한다.

05 반정규화의 적용 방법

① 반정규화의 대상을 조사한다.

- 범위 처리 빈도수 조사 : 자주 사용되는 테이블에 접근(Access)하는 프로세스의 수가 많고 항상 일정한 범위만을 조회하는 경우에 사용한다.
- 대량의 범위 처리 조사 : 대량의 데이터가 존재하고 넓은 범위의 데이터를 자주 처리하는데, 처리 범위를 줄이지 않으면 성능을 보장할 수 없는 경우에 사용한다.
- 통계성 프로세스 조사 : 통계성 프로세스에 의해 통계 정보가 있어야 하는 경우에 사용한다.
- 테이블 조인 개수 조사 : 테이블에 지나치게 많은 조인(JOIN)이 걸려 데이터 조회에 기술적 어려움이 존재하는 경우에 사용한다.

② 반정규화의 대상에 대해 다른 방법으로 처리할 수 있는지 검토한다.

- 뷰 테이블 적용 : 지나치게 많은 조인(JOIN)이 걸려 데이터 조회에 기술적 어려움이 존재하는 경우 뷰(VIEW)를 사용하여 해결할 수 있다.
- 클러스터링 적용 : 대량의 데이터 처리나 부분 처리 때문에 성능이 저하되는 경우 클러스터링을 적용하거나 인덱스를 조정함으로써 성능 저하 현상을 해결할 수 있다.
- 인덱스 적용 : 대량의 데이터는 Primary Key의 성격에 따라 인덱스를 적용하여 성능 저하 현상을 해결할 수 있다.
- 응용 애플리케이션 수정 : 응용 애플리케이션에서 로직을 구사하는 방법을 변경함으로써 성능을 향상시킬 수 있다.

③ 반정규화를 적용한다.

반정규화 이외의 다른 성능 향상 방안에 대한 고려가 충분히 이루어진 후 반정규화를 고려하게 되었다면 테이블 반정규화, 컬럼 반정규화, 관계 반정규화 기법을 적용한다.

06 반정규화의 기법

① 테이블 반정규화

- 테이블 병합
  - 1:1 관계 테이블 병합 : 1:1 관계를 통합하여 성능을 향상시킨다.
  - 1:M 관계 테이블 병합 : 1:M 관계를 통합하여 성능을 향상시킨다.
  - 슈퍼/서브타입 테이블 병합 : 슈퍼/서브를 통합하여 성능을 향상시킨다.
- 테이블 분할
  - 수직 분할 : 트랜잭션의 처리 유형을 파악하고 컬럼 단위의 테이블을 저장 장치의 I/O 분산 처리를 위하여 테이블을 1:1로 분리하여 성능을 향상시킨다.
  - 수평 분할 : 로우(Row) 단위로 집중 발생되는 트랜잭션을 분석하여 저장 장치의 I/O 및 데이터 접근의 효율성과 성능 향상을 위해 로우 단위로 테이블을 분할한다.
- 테이블 추가
  - 중복 테이블 추가 : 업무가 다르거나 서버가 분리된 경우 같은 테이블을 중복으로 추가하여 원격조인을 제거하는 방법을 통해 성능을 향상시킨다.
  - 통계 테이블 추가 : 합계, 평균 등 통계 계산을 미리 수행하여 계산해 두어 조회 시 성능을 향상한다.
  - 이력 테이블 추가 : 이력 테이블에 레코드를 중복 저장하여 성능을 향상시킨다.
  - 부분 테이블 추가 : 이용이 집중되는 컬럼을 별도 테이블로 분리하여 입출력 부담을 줄여 성능을 향상시킨다.

② 컬럼 반정규화

중복 컬럼 추가	조인 시 성능 저하를 예방하기 위해 중복된 컬럼을 추가하여 조인횟수를 감소시킨다.
파생 컬럼 추가	트랜잭션이 처리되는 시점에 계산 때문에 발생하는 성능 저하를 예방하기 위해 미리 계산된 값을 저장하는 파생 컬럼을 추가한다.
이력 테이블 컬럼 추가	대량의 이력 데이터를 처리할 때 임의의 날짜 조회나 최근 값 조회 시 발생하는 성능 저하를 예방하기 위해 최근값 여부, 시작일, 종료일 등의 기능성 컬럼을 추가한다.
PK에 의한 컬럼 추가	복합 의미가 있는 PK를 단일 속성으로 구성했을 때 발생하며, PK 안에 데이터가 존재지만 성능 향상을 위해 일반 컬럼으로 추가한다.
응용 시스템 오작동을 위한 컬럼 추가	업무적으로는 의미가 없으나, 데이터를 처리할 때 오류로 인해 원래의 값으로 복구하길 원하는 경우 이전 데이터를 임시로 중복으로 보관하는 컬럼을 추가한다.

③ 관계 반정규화

중복 관계 추가	데이터 처리 시 여러 경로를 거쳐 조인할 수 있지만, 이때 발생할 수 있는 성능 저하를 방지하기 위해 추가적인 관계 설정을 통하여 성능을 향상할 수 있다.

07 뷰(View)의 개념

- 사용자의 데이터 입력 양식, 보고서, 질의문을 제공하는 데이터베이스 응용을 통해 객체 속성의 값에 접근한다.
- 실제 테이블에서 유도되는 가상의 테이블이다. 즉 실제 저장된 내용을 사용자에게 보여주기 위한 가상의 테이블이다.
- 뷰는 객체의 이름과 그 뷰에서 사용되는 모든 속성의 리스트로 구성된다.

08 시스템 카탈로그의 개념

- 시스템 자신이 필요로 하는 스키마 및 여러 객체에 관한 정보를 포함하고 있는 시스템 데이터베이스이다.
- 데이터 사전(Data Dictionary)이라고도 한다.
- 기본 테이블, 뷰, 인덱스, 데이터베이스, 응용 계획, 패키지, 접근 권한 등의 정보를 저장한다.

① 시스템 카탈로그의 특징

- 카탈로그 자체도 일반 사용자 테이블, 즉 시스템 테이블로 구성한다.
- 시스템 카탈로그에 저장되는 내용을 메타 데이터(Metadata)라고도 한다.
- 일반 사용자도 SQL문을 이용해 시스템 테이블의 내용을 검색할 수 있으나, 이 카탈로그의 정보를 SQL의 UPDATE, DELETE, INSERT문으로 직접 갱신하는 것은 불가능하다.
- 사용자가 SQL문을 실행하면 시스템은 자동으로 관련 카탈로그 테이블을 갱신한다.

② 시스템 카탈로그에 저장되는 내용

- 릴레이션 이름과 각 릴레이션 속성의 이름, 릴레이션의 튜플 개수
- 속성의 도메인과 길이
- 데이터베이스에 정의된 뷰의 이름과 이 뷰에 대한 정의
- 무결성 제약 조건과 릴레이션에 정의된 인덱스 이름
- 권한이 부여된 사용자의 이름
- 사용자인증을 위한 비밀번호 또는 부가 정보
- 각 릴레이션에 저장된 메소드(클러스터링 또는 넌 클러스터링)
- 인덱스 정보(이름, 인덱스 릴레이션 이름, 인덱스가 정의된 속성, 인덱스의 형태 등)

01 정규화된 엔티티, 속성, 관계에 대해 시스템의 성능 향상과 개발(Development)과 운영(Maintenance)의 단순화를 위해 중복, 통합, 분리 등을 수행하는 데이터 모델링의 기법을 쓰시오.

· 답 :

02 반정규화 기법 중 테이블 분할 기법에서 트랜잭션의 처리 유형을 파악하고 컬럼 단위의 테이블을 저장 장치의 I/O 분산 처리를 위하여 테이블을 1:1로 분리하여 성능을 향상시키는 분할 기법을 무엇이라고 하는지 쓰시오.

· 답 :

03 컬럼 반정규화 기법 중 다음이 설명하는 단계는 무엇인지 쓰시오.

트랜잭션이 처리되는 시점에 계산 때문에 발생하는 성능 저하를 예방하기 위해, 미리 계산된 값을 저장하는 파생 컬럼을 추가한다.

· 답 :

04 다음이 설명하는 것은 무엇인지 쓰시오.

· 사용자의 데이터 입력 양식, 보고서, 질의문을 제공하는 데이터베이스 응용을 통해 객체 속성의 값에 접근한다.
· 실제 테이블에서 유도되는 가상의 테이블이다. 즉 실제 저장된 내용을 사용자에게 보여주기 위한 가상의 테이블이다.

· 답 :

데이터 조작 프로시저 개발

빈출 태그 데이터 저장소 연결 순서 • 데이터 프로시저의 구분 • PL/SQL • Stored Procedure • Trigger

01 데이터 저장소

① 데이터 저장소의 정의

- 데이터 저장소를 생성한다.
- 데이터 저장소를 삭제한다.
- 생성된 데이터 저장소를 변경한다.
- 도구 : Data Control Language, Procedure, Function, Package, Trigger

② 데이터 저장소 연결 순서

- Java 환경에서 JDBC를 통해 데이터 저장소를 연결하는 순서는 다음과 같다.

| 드라이버 로딩 | ⇨ | 연결 | ⇨ | 쿼리 전달 | ⇨ | 결과 수신 |

드라이버 로딩	데이터베이스와 연결하기 위해서 DBMS에서 제공하는 Jar 파일 드라이버를 메모리에 적재한다.
연결	• 적재된 드라이버를 이용해서 데이터베이스에 연결한다. • String url = "jdbc:oracle:thin:@localhost:1521:ORCL"; • conn = DriverManager.getConnection(url, "scott", "tiger");
쿼리 전달	• Statement, Prepared Statement 객체를 생성하여 쿼리를 데이터베이스에 전달한다. • pstmt = conn.preparedStatement(sql);
결과 수신	• 앞서 전달한 쿼리를 수행한 결과를 수신한다. • ResultSet rs = pstmt.executeQuery();

- 데이터 저장소 연결 도구 : ODBC★/JDBC★, DB Connection, Driver, Result Set

★ ODBC(Open DataBase Con-nectivity)
다양한 데이터베이스를 직접 연결된 것처럼 접근하기 위한 API로, Database API Library에 연결해서 사용하며 C로 구현된다.

★ JDBC(Java DataBase Con-nectivity)
Java를 분산 컴퓨팅 환경에 적합한 데이터베이스 개발 언어로 바꿔주는 API이다.

➕ 더 알기 TIP

JDBC의 구성요소

Driver	• Driver Manager를 통하여 Driver를 관리하고 적절한 시기에 사용할 수 있도록 Mapping 시켜 주는 객체이다. • 종류 : JDBC/ODBC Bridge, Native API, Net Protocol, JDBC, API
Connection	전달받은 DB 연결 정보를 이용하여 실제 연결을 수행하는 객체이다.
Statement	String으로 입력받은 SQL 문장을 구문분석 후 DBMS에 전달하는 객체이다.
Data Source	2PC(two phase commit), Naming Service, Pooling 등의 지원을 도와주는 Resource 관리 객체이다.
Result Set	Select 사용 시 여러 Record 정보를 한꺼번에 받아 처리할 수 있게 하는 객체이다.

02 데이터 프로시저

① 데이터 조작 프로시저의 개념

- SQL을 이용하여 조작 대상 데이터 집합에서 검색, 입력, 수정, 삭제와 같은 조작을 효과적으로 할 수 있도록 고안된 언어이다.
- SQL을 이용해 생성된 데이터를 조작하는 프로그램으로 데이터베이스 내부에 저장되고 외부입력, 특정 시간 등의 일정한 조건이 되면 자동으로 수행된다.

② 데이터 조작 프로시저 작성

- 생성된 데이터 저장소에 데이터를 입력한다.
- 입력된 데이터를 수정한다.
- 저장된 데이터를 삭제한다.
- 도구 : CRUD Matrix★

③ 데이터 조작 프로시저 작성 순서

- 물리 데이터 모델을 바탕으로 설계된 내용대로 데이터베이스를 구축하고, 다음 순서대로 데이터 조작 프로시저를 작성한다.
  - 구축한 데이터 저장소에 연결 수행하며 데이터 저장소 오브젝트를 생성한다.
  - 데이터의 입력 및 변경(수정, 삭제) 수행한다.
  - 저장된 데이터를 검색하는 프로시저를 작성한다.

④ 데이터 검색 프로시저 작성

- 검색 조건에 맞는 데이터를 조회한다.
- 다양한 함수를 활용하여 데이터를 조회한다.
- 도구 : Dynamic SQL, Static SQL

⑤ 절차형 데이터 조작 프로시저 작성

- PL/SQL★을 활용하여 프로시저를 작성한다.
- PL/SQL로 작성할 수 있는 저장형 프로시저 객체 유형을 정의한다.
- 정의한 객체를 생성한다.
- 생성하여 저장된 프로시저 객체를 활용한다.
- 절차형 데이터 조작 프로시저의 구분 : Stored Function, Stored Procedure, Stored Package, Trigger

★ CRUD Matrix
Create, Read, Update, Delete 등 객체에 발생하는 상태를 표 형태로 표현한 것이다.

★ PL/SQL
- 표준 SQL을 기본으로 Oracle에서 개발한 데이터 조작 언어이다. 자료 내부에 SQL 명령문만으로 처리하기에는 복잡한 자료의 저장이나 프로시저와 트리거 등을 작성하는 데 쓰인다.
- PL/SQL은 프로그램을 논리적인 블록으로 나누어서 블록 구조로 구성한다.

03 PL/SQL

- SQL을 확장한 절차적 언어(Procedural Language)로 최근의 프로그래밍 언어의 특성을 수용한 SQL의 확장 기능이다.
- 관계형 데이터베이스에서 사용되는 Oracle의 표준 데이터 액세스 언어로, 프로시저 생성자를 SQL과 완벽하게 통합한다.
- 사용자 프로세스가 PL/SQL 블록을 보내면 서버 프로세서는 PL/SQL Engine에서 해당 블록을 받고 SQL과 Procedural을 나눈 후 SQL은 SQL Statement Executer로 보낸다.
- 블록 단위의 실행을 제공한다. 이를 위해 BEGIN과 END;를 사용한다. 그리고 마지막 라인에 /를 입력하면 해당 블록이 실행된다.
- 변수, 상수 등을 선언하여 SQL과 절차형 언어에서 사용하며 변수의 선언은 DECLARE절에서만 가능하다. BEGIN 섹션에서 새 값이 할당될 수 있다.
- IF문을 사용하여 조건에 따라 문장들을 분기하는 것이 가능하며 LOOP문을 사용하여 일련의 문장을 반복할 수 있다.
- 커서를 사용하여 여러 행을 검색 및 처리를 할 수 있다.

① PL/SQL의 장점

컴파일 불필요	컴파일(Compile) 없이 스크립트(Script) 생성 및 변경 후 실행 가능
모듈화 가능	• 블록 내에서 논리적으로 관련된 문장 그룹화 가능 • 복잡한 문제에 대해 나눠진 모듈 집합으로 구성
절차적 언어 사용	• 테이블과 레코드(Record)를 기반으로 하는 동적 변수 선언 가능 • 단일형 데이터 타입과 복합형 데이터 타입 선언 가능
에러 처리	예외처리(Exception) 처리 루틴(Routine)을 이용한 에러 처리 가능

② PL/SQL의 구성

선언부(Declare)	실행 부에서 참조하게 되는 변수, 상수, CURSOR, EXCEPTION을 선언한다.
실행부(Begin/End)	BEGIN과 END 사이에 표현되며, 데이터를 처리할 SQL문과 PL/SQL 블록으로 구성된다.
예외부(Exception)	실행부에서 에러가 발생했을 때 예외 사항을 작성한다.
종료부(End)	실행 종료를 처리한다.

③ PL/SQL Block의 종류

익명 블록		이름이 없는 PL/SQL Block을 말한다.
이름이 있는 블록		DB의 객체로 저장되는 저장형 블록이다.
	Procedure	반환값을 하나 이상 가질 수 있는 프로그램을 말한다.
	Function	반환값을 반드시 반환해야 하는 프로그램을 말한다.
	Package	하나 이상의 프로시저, 함수, 변수, 예외 등의 묶음을 말한다.
	Trigger	지정된 이벤트가 발생하면 자동으로 실행되는 PL/SQL 블록이다.

04 스토어드 프로시저(Stored Procedure)

① 스토어드 프로시저의 개념

- 클라이언트/서버형 데이터베이스 시스템 처리 속도의 고속화 기법이다.
- 클라이언트가 서버의 데이터베이스에 요구하는 SQL문 중에서 자주 사용하는 일련의 처리 절차를 미리 컴파일하여 바로 실행 가능한 모듈을 서버 측의 DBMS에 저장해 사용하는 것을 말한다.
- 지정된 작업을 수행할 수 있는 이름을 가지고 있는 PL/SQL 블록이다.
- 매개 변수를 받을 수 있고, 반복적으로 사용할 수 있는 객체(Object)이다.
- 일반적으로 연속 실행과 구현이 복잡한 트랜잭션을 수행하는 PL/SQL 블록을 데이터베이스에 저장하기 위해 생성한다.
- 작성한 PL/SQL을 저장하고 필요한 경우 호출한다.
- 배치 작업, 복잡한 트랜잭션을 수행하는 PL/SQL문을 DB에 저장할 수 있도록 기능 제공하며, CREATE OR REPLACE 구문을 사용한다.

★ Parameter의 타입
- IN : Program으로 값을 전달
- OUT : Program에서 실행 환경으로 값을 전달
- INOUT : 실행 환경에서 프로그램으로 값을 전달하고, 다시 프로그램에서 실행 환경으로 변경된 값을 전달

- Parameter★
  - 실행 환경과 프로그램 사이에 값을 주고받는 역할을 한다.
  - 블록 안에서의 변수와 똑같이 일시적으로 값을 저장하는 역할을 한다.
- 장점
  - 스토어드 프로시저가 수행 속도 면에서 일반 SQL문보다 월등히 빠르다. 같은 작업을 여러 번 반복할 경우 다시 컴파일할 필요가 없어 수행속도가 빨라진다.
  - 네트워크상에 오가는 SQL문의 트래픽을 줄일 수 있다.
  - 보안 관리가 쉬우며 매개 변수를 사용할 수 있다.

② 스토어드 프로시저의 종류

- System Stored Procedure
- User Defined Stored Procedure
- Extended Stored Procedure
- Remote Stored Procedure

05 트리거(Trigger)

- 특정 테이블에 삽입, 수정, 삭제 등의 데이터 변경 이벤트가 발생했을 때 DBMS에서 묵시적으로 수행되는 프로시저이다.
- 테이블과는 별도로 데이터베이스에 저장된다.
- 뷰(View)가 아닌 테이블에 관해서만 정의될 수 있다.
- DBMS_OUTPUT.PUT_LINE을 출력하기 위해 'set server output on'을 사용한다.
- trigger_event는 INSERT, UPDATE, DELETE 중에서 한 개 이상 올 수 있다.
- FOR EACH ROW 옵션이 있으면 Row Trigger가 된다.
- 트리거의 종류
  - 문장 트리거 : 전체 트랜잭션 작업에 대해 1번 발생하는 트리거(default)
  - 행 트리거 : 각 행에 대해서 트리거가 발생(for each row)

문법

트리거 생성
create[or replace] trigger 트리거명 before insert
after delete
update [of 컬럼⋯.] on 테이블명
[for each row] 행 트리거
[when] 조건
begin
트리거의 내용
end;

BEFORE : INSERT, UPDATE, DELETE 문이 실행되기 전 트리거가 실행된다.
AFTER : INSERT, UPDATE, DELETE 문이 실행된 후 트리거가 실행된다.
trigger_event : INSERT, UPDATE, DELETE 중에서 한 개 이상 올 수 있다.
FOR EACH ROW : 이 옵션이 있으면 행 트리거가 된다.

---

01 다음은 데이터 조작 프로시저 개발 단계 중 데이터 저장소 연결 순서이다. 빈칸에 알맞은 단계를 쓰시오.

> 드라이버 로딩 → 연결 → (   ) → 결과 수신

• 답 :

02 JDBC의 구성요소 중 String으로 입력받은 SQL 문장을 구문분석 후 DBMS에 전달하는 객체를 쓰시오.

• 답 :

03 절차형 데이터 조작 프로시저의 4가지 종류를 쓰시오.

• 답 :

04 다음이 설명하는 것의 알맞은 답을 쓰시오.

- SQL을 확장한 절차적 언어(Procedural Language)로 최근의 프로그래밍 언어의 특성을 수용한, SQL의 확장 기능이다.
- 관계형 데이터베이스에서 사용되는 Oracle의 표준 데이터 액세스 언어로, 프로시저 생성자를 SQL과 완벽하게 통합한다.

• 답 :

05 다음이 설명하는 것이 무엇인지 쓰시오.

- 특정 테이블에 삽입, 수정, 삭제 등의 데이터 변경 이벤트가 발생 시 DBMS에서 묵시적으로 수행되는 프로시저이다.
- 테이블과는 별도로 데이터베이스에 저장된다.
- 뷰(View)가 아닌 테이블에 관해서만 정의될 수 있다.

• 답 :

출제빈도 상 ⑧ 하
반복학습 ① ② ③

빈출 태그 DDL · DML · DCL · TCL

★ TCL(Transaction Control Language)
• 트랜잭션의 DML 작업 단위를 제어하는 명령어이다.
• TCL에서는 기존 DCL의 Commit, Rollback과 함께 기록 지점을 설정하는 Savepoint로 구성된다.

01 SQL(Structured Query Language)의 개념

• 관계형 데이터베이스의 표준 질의어이다.
• SQL의 종류에는 DDL, DML, DCL이 있다.
• ORACLE에서는 DDL DML, DCL, TCL★로 구분한다.

02 DDL(Data Definition Language, 데이터 정의어)

• 데이터베이스의 정의/변경/삭제에 사용되는 언어이다.
• 논리적 데이터 구조와 물리적 데이터 구조를 정의한다.
• 논리적 데이터 구조와 물리적 데이터 구조 간의 사상을 정의한다.
• 번역한 결과가 데이터 사전에 저장된다.

▶ DDL의 종류

CREATE	스키마, 도메인, 테이블, 뷰 정의
ALTER	테이블 정의 변경
DROP	스키마, 도메인, 테이블, 뷰 삭제

CREATE 문법
CREATE TABLE 기본테이블 　　　　　({열_이름 데이터_타입 [NOT NULL], [DEFAULT 값]} 　　　　　[PRIMARY KEY(열 이름_리스트)] 　　　　　[UNIQUE(열 이름_리스트,…)] 　　　　　[FOREIGN KEY(열 이름_리스트)] 　　　　　REFERENCES 참조테이블[(기본키_열 이름)] 　　　　　[ON DELETE 옵션] 　　　　　[ON UPDATE 옵션] 　　　　　[CHECK(조건식)]); – { }는 중복 가능한 부분 – NOT NULL은 특정 열에 대해 널(Null) 값을 허용하지 않을 때 기술 – PRIMARY KEY는 기본 키를 구성하는 속성을 지정할 때 – FOREIGN KEY는 외래 키로 어떤 릴레이션의 기본 키를 참조하는지를 기술

03 DML(Data Manipulation Language, 데이터 조작어)

- 데이터의 검색/삽입/삭제/변경에 사용되는 언어이다.
- 사용자와 DBMS 간의 인터페이스를 제공한다.

▶ DML의 종류

SELECT(검색)	SELECT … FROM …
INSERT(삽입)	INSERT INTO … VALUES
DELETE(삭제)	DELETE FROM …
UPDATE(갱신)	UPDATE … SET …

예 직원 테이블에서 '영업'부의 모든 튜플을 구하시오.

성명	부서	월급	거주지
홍수아	영업	900,000	지산동
김정은	영업	600,000	반포동

〈결과〉

```
SELECT *
    FROM 직원
    WHERE 부서 = '영업';
```

04 DCL(Data Control Language, 데이터 제어어)

- 데이터 제어 정의 및 기술에 사용되는 언어이다.
- 불법적인 사용자로부터 데이터를 보호한다.
- 무결성을 유지한다.
- 데이터 복구 및 병행 제어를 한다.

▶ DCL의 종류

GRANT	데이터베이스 사용자에게 사용 권한 부여
REVOKE	데이터베이스 사용자로부터 사용 권한 취소
ROLL	데이터베이스 사용자의 역할에 관한 권한 부여

05 TCL(Transaction Control Language, 트랜잭션 제어어)

- 트랜잭션 제어어는 트랜잭션의 DML 작업단위를 제어하는 명령어이다.

▶ TCL의 종류

COMMIT★	명령어로 수행된 결과를 실제 물리적 디스크로 저장하고, 명령어로 수행을 성공적으로 완료하였음을 선언
ROLLBACK★	명령어로 수행에 실패하였음을 알리고, 수행된 결과를 원상복귀시킴
SAVEPOINT	트랜잭션 작업 중간에 책갈피와 같이 SAVEPOINT를 저장

06 내장 SQL(Embedded SQL, 삽입 SQL)

- 응용 프로그램에 삽입되어 사용되는 SQL이다.
- 내장 SQL 실행문은 호스트 실행문이 나타나는 곳이면 어디든 사용할 수 있다.
- SQL 문장의 식별자로서 'EXEC SQL'을 앞에 붙여 다른 호스트 명령문과 구별한다.
- SQL문에 사용되는 호스트 변수는 콜론(:)을 앞에 붙인다.
- 내장 SQL문의 호스트 변수의 데이터 타입은 이에 대응하는 데이터베이스 필드의 SQL 데이터 타입과 일치해야 한다.

07 SQL*Plus 활용

★ SQL, PL/SQL, SQL*PLUS
- SQL : 관계형 데이터베이스에 저장된 데이터에 접근하기 위한 표준언어
- PL/SQL : SQL문을 사용하여 프로그램을 작성할 수 있도록 확장해 놓은 오라클의 Proce-dural Language
- SQL*Plus : SQL 및 PL/SQL 문장을 실행할 수 있는 환경을 제공하는 오라클의 Tool

① SQL*Plus★

- 오라클(Oracle)에서 지원되는 SQL로서 SQL문을 실행시킬 수 있는 ORACLE의 툴이다.
- SQL문을 실행시키고 그 결과를 볼 수 있도록 제공하는 툴이다.
- SQL은 데이터베이스에서 자료를 검색하고 수정하고 삭제하는 데이터베이스 언어라면, SQL*Plus는 출력 형식을 지정하거나 편의상 환경 설정을 하는 명령어이다.

② 데이터 조작 프로시저 테스트

- Oracle DBMS는 모든 데이터 조작 프로시저에 대한 테스트 환경으로 SQL*Plus 라는 도구를 제공하므로, 개발자는 데이터 조작 프로시저 테스트를 위해 해당 도구 활용을 위한 SQL*Plus 명령어에 대한 사전 지식이 필요하다.

③ SQL과 SQL*Plus

- SQL은 데이터를 조작하는 표준 언어이고, SQL*Plus는 이러한 SQL을 DBMS 서버에 전송하여 처리할 수 있도록 하는 Oracle에서 제공하는 도구다.

구분	SQL	SQL*Plus
기능	데이터베이스와 통신	SQL 명령어를 서버에 전달
표준	ANSI	Oracle사 개별
데이터 정의	가능	불가능
Buffer	SQL 버퍼 사용	SQL 버퍼 미사용
행 입력	여러 행 입력 가능	여러 행 입력 불가
종료 문자	';' 사용	';' 미사용
키워드 축약	불가능	가능

01 관계형 데이터베이스의 표준 질의어 SQL 4가지를 쓰시오.

• 답 :

02 다음과 같은 종류의 명령어 집합을 쓰시오.

CREATE	스키마, 도메인, 테이블, 뷰 정의
ALTER	테이블 정의 변경
DROP	스키마, 도메인, 테이블, 뷰 삭제

• 답 :

03 다음 SQL과 SQL*Plus에 관한 내용 중 틀린 것의 기호를 모두 쓰시오.

> (가) SQL은 데이터베이스와 통신한다.
> (나) SQL*Plus는 키워드 축약이 불가능하다.
> (다) SQL은 데이터 정의가 불가하다.
> (라) SQL의 표준은 Oracle사 개별 표준을 사용한다.
> (마) SQL*Plus는 종료 문자인 ';'를 사용하지 않는다.

• 답 :

01 스토어드 프로시저의 종류 4가지를 쓰시오.

• 답 :

02 다음이 설명하는 것은 무엇인지 쓰시오.

> • 시스템 자신이 필요로 하는 스키마 및 여러 객체에 관한 정보를 포함하고 있는 시스템 데이터베이스이다.
> • 데이터 사전(Data Dictionary)이라고도 한다.
> • 기본 테이블, 뷰, 인덱스, 데이터베이스, 응용 계획, 패키지, 접근 권한 등의 정보를 저장한다.

• 답 :

03 정규화된 데이터 모델에 대해 시스템의 성능 향상, 개발 과정의 편이성, 운영의 단순화를 목적으로 중복, 통합, 분리 등을 상황에 맞게 수행하는 의도적인 정규화 원칙에 위배되는 행위를 무엇이라고 하는지 쓰시오.

• 답 :

04 다음의 반정규화의 적용 순서를 순서대로 기호를 나열하시오.

> (가) 반정규화를 적용한다.
> (나) 반정규화의 대상을 조사한다.
> (다) 반정규화의 대상에 대해 다른 방법으로 처리할 수 있는지 검토한다.

• 답 :

05 데이터베이스 언어인 SQL, PL/SQL, SQL*PLUS의 정의를 간략히 서술하시오.

• SQL :
• PL/SQL :
• SQL*Plus :

06 SQL 명령어 중에서 데이터베이스 사용자로부터 사용 권한을 취소하는 명령어를 쓰시오.

• 답 :

07 SQL 명령어 중에서 DDL 명령어 3가지를 쓰고 각 기능을 간략히 설명하시오.

• CREATE :
• ALTER :
• DROP :

08 트리거에는 크게 두 가지 종류가 있다. 전체 트랜잭션 작업에 대해 한 번 발생하는 트리거의 명칭을 쓰시오.

• 답 :

09 다음의 트리거에 대한 설명이 맞으면 O, 틀리면 X를 쓰시오.

① 테이블과 같은 데이터베이스에 저장된다.
② 뷰(View)가 아닌 테이블에 관해서만 정의될 수 있다.
③ trigger_event는 INSERT, UPDATE, DELETE 중에서 한 개 이상 올 수 없다.

• ① :
• ② :
• ③ :

10 스토어드 프로시저(Stored Procedure)에는 실행 환경과 프로그램 사이에 값을 주고받는 역할을 하는 파라미터 (Parameter)가 있다. 이 파라미터의 타입 중 실행 환경에서 프로그램으로 값을 전달하고, 다시 프로그램에서 실행 환경으로 변경된 값을 전달하는 파라미터를 쓰시오.

• 답 :

11 PL/SQL은 4가지로 구성된다. 4가지 구성을 모두 쓰시오.

• 답 :

12 절차형 데이터 조작 프로시저 4가지를 모두 쓰시오.

• 답 :

13 데이터 검색 프로시저를 작성하는 도구 2가지를 쓰시오.

• 답 :

CHAPTER 03

데이터 조작 프로시저 최적화하기

학습 방향

1. 프로그래밍 언어와 도구에 대한 이해를 바탕으로 응용 소프트웨어 설계, 물리 데이터 저장소 설계와 운영 환경을 고려하여 데이터 조작 프로시저의 성능을 예측할 수 있다.
2. 업무 분석가에 의해 정의된 요구사항을 기준으로, 성능 측정 도구를 활용하여 데이터 조작 프로시저의 성능을 측정할 수 있다.
3. 실 데이터를 기반으로 테스트를 수행하여 데이터 조작 프로시저의 성능에 영향을 주는 병목을 파악할 수 있다.
4. 테스트 결과와 정의된 요구사항을 기준으로 데이터 조작 프로시저의 성능에 따른 이슈 발생 시 이에 대해 해결할 수 있다.

출제빈도

SECTION 01	중	20%
SECTION 02	상	40%
SECTION 03	상	40%

데이터 조작 프로시저 성능 개선

빈출 태그 마이그레이션 • TKPROF • 튜닝 • SQL의 처리 흐름 순서 • 옵티마이저

01 데이터 조작 프로시저 성능 개선의 정의

- 데이터베이스 시스템 운영 중에 다양한 응용 프로그램의 도입과 데이터의 대용량화로 인해 데이터베이스 시스템의 성능이 저하될 수 있으므로 데이터베이스 응용 프로그램, 데이터베이스 자체, 운영체제 등의 조정을 통하여 데이터베이스 시스템의 성능을 향상하는 작업을 말한다.
- DBMS, 애플리케이션, OS, N/W 등의 성능 관련 대상을 분석, 조정을 통하여 DB 성능을 향상하는 일련의 과정과 기법을 통칭한다.

02 데이터베이스 성능 관리의 주요 지표

수행시간 측면	I/O Time + CPU Time
시스템 자원 사용 측면	CPU, Memory 등의 사용량 관점의 관리
처리량 측면	TPS★ 관점의 관리

★ TPS
Transaction Per Second

03 성능 관련 주요 요소

요소	설명	사례
설계 관점 (모델링 관점)	• 데이터 모델링, 인덱스 설계 • 데이터 파일, 테이블 스페이스 설계 • 데이터베이스 용량 산정	반정규화, 분산 파일 배치
DBMS 관점	CPU, 메모리 I/O에 대한 관점	Buffer, Cache
SQL 관점	Join, Indexing, SQL Execution Plan	Hash, Join
H/W 관점	CPU, Memory, Network, Disk	System Resource 개선

04 로우 마이그레이션과 로우 체이닝

- 로우 마이그레이션(Row Migration) : 데이터 블록에서 수정이 발생할 때 수정된 데이터를 해당 데이터 블록에서 저장하지 못하고 다른 블록의 빈 곳을 찾아 데이터를 저장하는 방식으로 입출력 속도가 감소한다.
- 로우 체이닝(Row Chaining) : 로우 길이가 너무 길어서 데이터 블록 하나에 데이터가 모두 저장되지 않고 두 개 이상의 블록에 걸쳐 하나의 데이터를 저장하는 방식으로 데이터베이스 성능이 저하된다.

05 튜닝(Tuning)*

- 데이터베이스 시스템에서는 '최적화'라는 개념이다.
- 튜닝이 진행되면 업무의 최적화, 하드웨어적인 병목 현상 해결, SQL의 최적화 등 여러 가지 개선을 도모할 수 있다.
- 튜닝을 통해서 처리 속도의 향상 등 성능을 제고시키고 사용자가 필요한 때에 원하는 정보를 보다 원활하게 제공받을 수 있도록 할 수 있다.

★ 튜닝의 사전적 의미
'조율' 또는 '조정'

06 쿼리(Query) 성능 측정

- SQL 실행 계획 분석, 수정을 통해 최소의 시간으로 원하는 결과를 얻도록 프로시저를 수정하는 사전 작업이다.
- Oracle에서 쿼리 성능을 측정하는 방법으로는 EXPLAIN PLAN이 주로 사용된다.

07 옵티마이저(Optimizer)

- 사용자가 질의한 SQL문에 대해 최적의 실행 방법을 결정하는 임무를 수행한다.
- 최적의 실행 방법을 실행 계획(Execution Plan)이라고 한다.
- 옵티마이저의 역할은 다양한 실행 방법 중에서 최적의 실행 방법을 결정하는 것*이다.
  - 규칙 기반 옵티마이저(RBO, Rule Based Optimizer)
  - 비용 기반 옵티마이저(CBO, Cost Based Optimizer)
- 관계형 데이터베이스는 옵티마이저가 결정한 실행 방법대로 실행 엔진이 데이터를 처리하여 결과 데이터를 사용자에게 전달한다.

★ 최적의 실행 방법 결정
어떤 방법으로 처리하는 것이 최소 일량으로 같은 일을 처리할 수 있을지 결정하는 것이다.

08 SQL 성능 최적화를 위한 유틸리티 활용

- Oracle DBMS의 경우 SQL 성능을 최적화하기 위해 TKPROF 및 EXPLAIN PLAN 등의 도구를 제공하고 있다.
- 만약 SQL문이 적절히 작성되지 않았다면 전반적인 처리 효율성이 떨어질 수 있고, 이때 처리 성능의 통계치 정보를 파악하기 위해 TKPROF 도구를 활용한다.
- EXPLAIN PLAN은 SQL이 사용하는 액세스 경로를 파악하기 위해 활용할 수 있는 도구이다.

09 실행계획(EXPLAIN PLAN) 기반 쿼리 성능 측정

Oracle에서 SQL문의 성능 개선을 할 수 있도록 SQL문을 분석 및 해석하여 실행계획을 수립하고, 연관 테이블(plan-table)에 저장하도록 지원하는 도구이다.

10 SQL Trace

- 실행되는 SQL문의 실행통계를 세션별로 모아서 Trace 파일을 만든다.
- 세션과 인스턴스 레벨에서 SQL 문장들을 분석할 수 있다.
- 생성된 파일의 확장자는 .TRC★이다.
- 인스턴스 레벨로 Trace를 수행시키면 전체적인 수행능력이 20~30% 정도 감소하므로, 될 수 있으면 세션 레벨로 Trace 파일을 생성해야 한다.
- SQL Trace에서 제공하는 정보
  - parse, execute, fetch count : 오라클의 SQL 처리 작업에서 parse, execute, fetch 작업이 처리된 횟수
  - 수행된 CPU 프로세스 시간과 경과된(Elapsed) 질의 시간들 : SQL문을 실행하는 데 소비된 CPU 시간과 실질적인 경과 시간
  - 물리적(Disk)/논리적(Memory) 읽기를 수행한 횟수 : 질의어 parse, execute, fetch 부분들에 대해 디스크에 있는 데이터 파일들로부터 읽은 데이터 블록들의 전체 개수
  - 처리된 행(Row) 수 : 결과 set을 생성하기 위해 오라클에 의해 처리된 행의 전체 개수
  - 라이브러리 Cache miss : 분석된 문장이 사용되기 위해 라이브러리 캐시 안으로 로드되어야 하는 횟수

★ .TRC 파일
직접 읽기 불편하고, TKPROF 유틸리티를 이용하면 쉽게 분석할 수 있다.

⑪ TKPROF

- SQL Trace를 통해 생성된 Trace 파일을 분석하여 사용자가 읽을 수 있는 형태로 변환시켜 주는 Oracle 제공 도구이다.
- SQL Trace에 의해 생성된 파일의 확장자인 .TRC 파일은 직접 읽기 불편하고, TKPROF 유틸리티를 이용하면 쉽게 분석할 수 있다.
- 실행되는 SQL 문장에 대해 분석 정보를 제공하여 사용자(프로그래머)가 특정 SQL 문장을 어떻게 사용해야 할 것인지에 대한 지침을 제공해 주는 도구로서, EXPLAIN PLAN과 함께 사용하는 것이 좋다.
- Trace 결과로 파악할 수 있는 분석 정보
  - Parse, Execute, Fetch 수
  - CPU 시간/지난 시간
  - 물리적/논리적 Reads
  - 처리된 로우 수
  - 라이브러리 캐시 Misses
  - 구문 분석이 발생할 때의 사용자
  - 커밋(Commit)/롤백(Rollback)

⑫ SQL 성능 개선 절차

① 문제 있는 SQL 식별

문제 있는 SQL을 식별하기 위해 애플리케이션의 성능을 관리, 관찰하기 위한 APM (Application Performance Management) 등을 활용한다.

➕ 더 알기 TIP

APM(Application Performance Management)

- APM의 정의
  - 부하량과 접속자 파악 및 장애진단 등을 목적으로 하는 성능 모니터링 도구를 이용하여 운영 중인 시스템의 가용성을 높여 안정적인 시스템 운영을 지원하는 도구이다.
  - Resource, End to End 두 가지 유형으로 분류할 수 있다.
  - 애플리케이션 수행 시 CPU, 메모리, 네트워크, 디스크 등의 리소스 모니터링을 지원한다.

- APM의 종류
  - 오픈소스 : Nagios, Zabbix, Cacti, VisualVM
  - 상용 제품 : 제니퍼, 파로스, 시스 마스터

② 옵티마이저(Optimizer) 통계 확인

- SQL을 가장 빠르고 효율적으로 수행할 최적의 처리 경로를 생성해 주는 데이터베이스 핵심 모음이다.
- 사용자가 질의한 SQL문을 처리할 수 있는 실행계획을 탐색하고 각 실행계획에 대한 비용을 추정하여 최적의 실행계획을 수립하는 DBMS의 핵심 엔진이다.

③ SQL문 재구성
- 범위가 아닌 특정 값 지정으로 범위를 줄여 처리속도를 빠르게 한다.
- 옵티마이저가 비정상적인 실행계획을 수립할 경우, 힌트로서 옵티마이저의 접근 경로 및 조인(Join) 순서를 제어한다.
- 인덱스 설정 컬럼은 Having 사용 시 인덱스를 사용하지 않는다.
- 인덱스 컬럼만 질의 대상으로 설정하여 옵티마이저가 최적의 경로를 찾도록 한다.

④ 인덱스(Index) 재구성
- 성능에 중요한 액세스 경로를 고려하여 인덱스(Index)를 생성한다.
- 실행계획을 검토하여 기존 인덱스의 열 순서를 변경/추가한다.
- 인덱스 추가 시 정상적으로 처리되고 있던 다른 SQL에 심각한 영향을 줄 수 있으므로 주요 SQL 질의 결과를 함께 검토한다.

⑤ 실행계획 유지관리
데이터베이스 버전 업그레이드, 데이터 전환 등 시스템 환경의 변경 사항 발생 시에도 실행계획이 유지되고 있는지 관리한다.

⑬ SQL 처리 흐름

① 구문분석 단계
- 이미 사용된 문장이라면 구문분석(Parsing) 작업을 하지 않고, 처음 사용되었다면 구문분석 작업이 필요하므로 사용자가 요청한 SQL문의 공유 풀 영역을 검색하여 확인한다.
- 작성된 SQL문이 문법에 따라 정상적으로 작성되었는지를 분석하고, SQL 내에 포함된 테이블, 뷰 등이 데이터베이스에 존재하는 오브젝트인지를 확인한다.
- 옵티마이저는 SQL문을 가장 빠르게 데이터를 검색해 줄 수 있는 실행계획을 찾는다.

② 실행 단계
- 메모리 영역의 데이터베이스 버퍼 캐시 영역을 검색하여 해당 테이블의 데이터가 다른 사용자의 다른 SQL문에 의해 이미 데이터 버퍼 캐시 영역에 존재하는지를 검색한다.
- 데이터 버퍼 캐시 영역에 대상 데이터가 존재하면 캐시 영역의 데이터를 그대로 추출하고, 그렇지 않은 경우 정의된 테이블의 해당 데이터 파일로부터 테이블을 읽어서 데이터 버퍼 캐시 영역에 저장한다.
- DML 문장의 경우 데이터 버퍼 캐시 영역에서 새로운 데이터로 변경, 삭제, 입력 처리가 진행된다.

③ 추출 단계
- 서버 프로세스는 데이터 버퍼 캐시 영역에서 관련 테이블 데이터를 읽어서 사용자가 요청한 클라이언트로 추출한 자료를 전송한다.
- SELECT문을 실행하는 경우에만 추출 단계가 실행되고, UPDATE, INSERT, DELETE문 실행 시에는 추출 단계가 실행되지 않는다.

01 SQL의 처리 흐름 순서를 쓰시오.

• 답 : _____ → _____ → _____

02 다음 설명에 해당하는 Oracle 도구를 쓰시오.

> • SQL Trace를 통해 생성된 Trace 파일을 분석하여 사용자가 읽을 수 있는 형태로 변환시켜 주는 Oracle 제공 도구이다.
> • SQL Trace에 의해 생성된 파일의 확장자인 .TRC 파일은 직접 읽기 불편하고, TKPROF 유틸리티를 이용하면 쉽게 분석할 수 있다.

• 답 :

03 다음 데이터베이스의 옵티마이저(Optimizer)와 관련된 설명이다. 빈칸 ①~②에 가장 부합하는 용어를 쓰시오.

> • 옵티마이저는 SQL을 가장 빠르고 효율적으로 수행할 최적의 처리경로를 생성해 주는 DBMS 내부의 핵심엔진이다.
> • 옵티마이저의 유형으로는 (①)(와)과 (②)(이)가 있다. (①)(은)는 통계 정보가 없는 상태에서 사전 등록된 규칙에 따라 질의 실행 계획을 선택하는 옵티마이저로 규칙 기반 옵티마이저라고 하며 사용자가 원하는 처리경로로 유도하기가 쉽다. (②)(은)는 통계 정보로부터 모든 접근 경로를 고려한 질의실행 계획을 선택하는 옵티마이저로 비용 기반 옵티마이저라고 한다. (②)(은)는 옵티마이저의 이해도가 낮아도 성능보장이 가능하다.

• ① :
• ② :

04 다음 설명에 해당하는 용어를 쓰시오.

> • 부하량과 접속자 파악 및 장애진단 등을 목적으로 하는 성능 모니터링 도구를 이용하여 운영 중인 시스템의 가용성을 높여 안정적인 시스템 운영을 지원하는 도구이다.
> • Resource, End to End 두 가지 유형으로 분류할 수 있다.
> • 애플리케이션 수행 시 CPU, 메모리, 네트워크, 디스크 등의 리소스 모니터링을 지원한다.

• 답 :

ANSWER 01 구분분석 단계 → 실행 단계 → 추출 단계 **02** TKPROF
03 ① RBO 또는 Rule Based Optimizer ② CBO 또는 Cost Based Optimizer **04** APM(Application Performance Management)

인덱스(Index)의 개념

빈출 태그 인덱스 • 클러스터링 • 로킹

① 인덱스(Index) 2021년 3회

- 물리 데이터베이스 설계에서 성능 향상을 위해 테이블의 컬럼과 레코드를 빠르게 식별할 수 있도록 컬럼값과 그 값을 포함하는 레코드의 논리적인 주소를 별도의 저장 구조를 만들어 저장하는 것이다.
- 인덱스를 이용하면 테이블에 존재하는 데이터 검색 속도를 빠르게 할 수 있다.
- 검색 키(Search Key) : 한 파일에서 레코드를 찾는 데 사용되는 속성이나 속성들의 집합이다.

search-key	pointer

★ 인덱스 엔트리(Index entry)
= 인덱스 레코드(Index record)

- 인덱스 파일은 인덱스 엔트리(index entry)★라고 하는 레코드로 구성된다.
- **예** 학번 테이블의 주소는 실제 저장되어 있는 물리적 위치 주소를 의미한다. 물리적 주소에 저장된 자료를 쉽고 빠르게 검색하기 위해 인덱스 테이블을 생성한다.

⟨인덱스 테이블⟩

학번(key)	주소(포인터)
20081414	103
20081415	101
20081416	102

⟨학번 테이블⟩

주소	학번(key)	학년	반	과정
101	20081414	1	2	문과
102	20081415	1	3	이과
103	20081416	1	4	이과

② 인덱스의 두 가지 기본 종류

- 순서 인덱스(Ordered Index) : 검색키가 값에 대해 정렬된 순서로 되어 있다.
- 해시 인덱스(Hash Index) : 검색키가 버킷의 범위 안에서 값이 일정하게 분배되어 있다. 값이 할당되는 버킷은 '해시 함수'에 의해 결정된다.

03 클러스터링의 개념

- 비슷한 종류의 무엇인가를 묶는다는 개념이다.
- 특정 컬럼값이 동일한 레코드에서 값에 의한 데이터 조회 시 빠른 속도로 접근하도록 동일한 장소에 저장하는 방법을 말한다.
- 클러스터 인덱스가 생성되어 여러 레코드에 대해 데이터를 가져올 때 랜덤 접근 방법을 최소화하여 접근 효율성을 높여준다.

구분	클러스터드 인덱스	넌 클러스터드 인덱스
정렬 방식	인덱스 키 값의 순서에 따라 정렬되어 있으며 데이터 삽입, 삭제 시 데이터 재정렬해야 함	키 값만 정렬되어 있으며 실제 데이터는 정렬되지 않음
검색 속도	실제 데이터가 순서대로 저장되어 있어 원하는 데이터를 빠르게 찾을 수 있음	인덱스 검색 후 실제 데이터 위치를 확인하여 클러스터드 인덱스에 비해 속도가 느림
인덱스 생성	한 개의 릴레이션에 하나의 인덱스만 생성할 수 있음	한 개의 릴레이션에 최대 249개까지 생성 가능
리프 페이지	실제 데이터	실제 데이터 주소
조회성	적은 양이든 많은 양이든 유리	비교적 적은 양의 데이터가 유리
사용 용도	조회가 많을 때 유리	삽입, 삭제, 갱신이 많을 때 유리

04 밀집 인덱스와 희소 인덱스

① 밀집 인덱스(Dense index)
- 파일에 있는 모든 검색키 값에 대해 인덱스 레코드가 나타난다.
- 각 레코드의 키 값에 대해서 인덱스에 엔트리를 유지하는 인덱스이다.
- 데이터 파일의 각 레코드의 탐색키 값이 인덱스 엔트리에 포함된다.

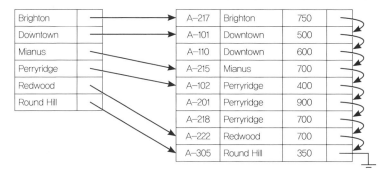

② 희소 인덱스(Sparse index)

- 인덱스 레코드는 검색키 값에 대해 단지 몇 개만 나타난다.
- 레코드가 검색키에 의해 연속적으로 순서되어 있을 때 적절하다.
- 일부 키 값에 대해서만 인덱스에 엔트리를 유지하는 인덱스이다.
- 일반적으로 각 블록마다 한 개의 탐색 키 값이 인덱스 엔트리에 포함된다.

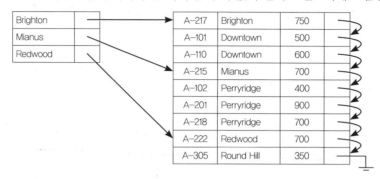

③ 비교

구분	밀집 인덱스	희소 인덱스
엔트리	각 레코드마다 엔트리를 갖는다.	각 데이터 블록마다 엔트리를 갖는다.
엔트리 수	밀집 인덱스 내의 엔트리 수는 희소 인덱스 내의 엔트리 수에 블록당 평균 레코드 수를 곱한 것이다.	레코드의 길이가 블록 크기보다 훨씬 작은 일반적인 경우에는 희소 인덱스의 엔트리 수가 밀집 인덱스의 엔트리 수보다 훨씬 적다.
디스크 접근 수	질의에서 인덱스가 정의된 애트리뷰트만 검색(예를 들어 COUNT 질의)하는 경우에는 데이터 파일을 접근할 필요 없이 인덱스만 접근해서 질의를 수행할 수 있으므로 밀집 인덱스가 희소 인덱스보다 유리하다.	희소 인덱스는 일반적으로 밀집 인덱스에 비해 인덱스 단계 수가 1 정도 적으므로 인덱스 탐색 시 디스크 접근 수가 1만큼 적을 수 있다.
선택성	좋다.	나쁘다.

➕ 더 알기 TIP

선택성(Selectivity)

- 클러스터드 인덱스에서 선택성은 중요한 이슈이다.
- 클러스터드 인덱스의 경우 관계가 있거나 자주 사용되는 튜플들을 묶어서(CLUS-TERED) 검색하게 되는데, 이때 하나의 클러스터드 인덱스에 대상이 되는 튜플들이 많아진다면(예를 들어 10,000명의 튜플을 성별로 CLUSTERED했다고 가정하면) 이 인덱스는 선택성이 매우 낮아지게 된다. 클러스터링을 지정할 때는 이처럼 선택성이 낮은 속성을 기준으로 하지 않는 것이(예를 들면 학번 같은) 데이터베이스 검색 성능 향상에 도움이 된다.

④ 다단계 인덱스

- 인덱스 자체가 크다면 인덱스를 탐색하는 시간도 오래 걸릴 수 있다. 이를 줄이기 위해 단일 단계 인덱스를 디스크상의 하나의 순서 파일로 간주하고, 단일 단계 인덱스에 대해서 다시 인덱스를 정의할 수 있다.
- 다단계 인덱스는 가장 상위 단계의 모든 인덱스 엔트리들이 한 블록에 들어갈 수 있을 때까지 이 과정을 반복한다.
- 가장 상위 인덱스는 '마스터 인덱스'이다(하나의 블록으로 이루어져 있어서 주 메모리에 상주할 수 있음).
- B+트리를 사용한다.

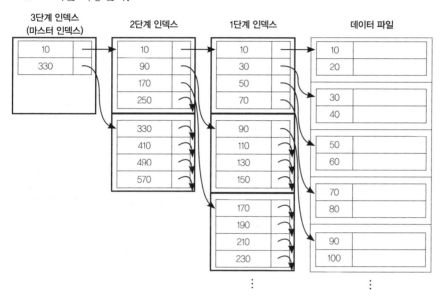

05 동시성 제어

① 정의

- 여러 명의 사용자가 동시에 데이터베이스 하나에 접근할 때 발생하는 여러 가지 문제점을 해결하기 위한 제어 방법이다.
- 다중 사용자 환경에서는 여러 개의 트랜잭션이 섞여서 동시에 실행된다.
- 여러 트랜잭션이 동시에 실행되더라도 트랜잭션이 하나씩 순차적으로 실행된 결과와 동일한 경우를 직렬 가능(Serializable)한 상태라고 한다.
- 데이터의 무결성 및 일관성 보장을 목표로 한다.

② 목적

- 공유도를 최대한으로 한다.
- 응답 시간을 빠르게 한다.
- 시스템 활용도를 높게 한다.

③ 필요성

- 트랜잭션의 순차 실행의 결과와 동시 처리된 트랜잭션의 결과가 동일해야 한다.
- 직렬화의 가능성을 보장해야 한다.
- 여러 사용자가 공유된 데이터베이스에 동시 접근 시 여러 문제가 발생한다(갱신 분실, 불일치, 연쇄 복귀).
- 여러 개의 트랜잭션이 동시에 수행되면 CPU와 디스크의 활용률이 높아져 트랜잭션 처리량이 높아진다.
- 짧은 트랜잭션은 긴 트랜잭션이 모두 완료될 때까지 기다릴 필요가 없으므로 반응 시간이 향상된다.
- 트랜잭션의 직렬성이 보장된다.
- 공유도 최대, 응답 시간 최소, 시스템 활용이 최대 보장된다.

④ 동시성 제어를 하지 않았을 때의 문제점

갱신 분실(Lost update)	• 2개 이상의 트랜잭션이 같은 데이터를 공유하여 갱신할 때 생기는 문제이다. • 일련의 갱신 작업 시 일부 갱신 사실이 반영되지 않는다.
오손 판독(Dirtyread)	애플리케이션이 아직 영구적인 저장소에 커밋(COMMIT)되기 전에 데이터베이스로부터 데이터를 읽을 때 발생한다.
반복 불능 읽기 (Unrepeatable Read)	데이터를 읽고 있는 중에 동시 실행하고 있는 다른 트랜잭션이 데이터를 수정할 경우 반복할 수 없는 읽기 문제가 발생한다.
팬텀(Phantom)	• 기존에 존재하지 않았던 새로운 데이터가 추가된 경우에 발생한다. • 직렬 가능성(Serializable)★으로 해결할 수 있다.

★ 직렬 가능성
- 트랜잭션이 연속적으로 실행됨을 보증한다.
- 각각의 트랜잭션이 독립적으로 작동함을 의미한다(ACID).
- 엄청난 성능 저하를 초래한다.

➕ 더 알기 TIP

트랜잭션의 특성 : ACID

- **원자성(Atomicity)**
  - 완전하게 수행이 완료되지 않으면 전혀 수행되지 않아야 한다.
  - 연산은 Commit, Rollback을 이용하여 적용 또는 취소로 한꺼번에 완료되어야 한다.
  - 중간에 하나의 오류가 발생되더라도 취소가 되어야 한다.
  - 📵 은행 ATM 이용 시 출금액 입력 후 트랜잭션 발생에 오류가 생기면 작업은 취소되고 다시 시도를 요구한다.

- **일관성(Consistency)**
  - 시스템의 고정 요소는 트랜잭션 수행 전후가 같아야 한다.
  - 트랜잭션 결과는 일관성을 유지해야 한다.
  - 트랜잭션 처리 전과 후의 데이터베이스 상태는 같아야 한다. 처리 후라고 해서 구조나 형식이 변경되어서는 안 된다.

- **격리성(Isolation)**
  - 트랜잭션 실행 시 다른 트랜잭션의 간섭을 받지 않아야 한다.
  - 📵 은행 계좌에 100원이 있을 경우 A, B 사람이 동시에 한 계좌에서 100원을 인출하려고 시도하면 먼저 요구한 트랜잭션을 판별하여 순위를 결정하고 우선권을 가진 트랜잭션을 먼저 처리할 때 우선권이 없는 트랜잭션이 끼어들 수 없도록 한다. 즉, 100원이 있는 계좌에서 200원이 출금되는 현상이 발생하는 것을 방지한다.

- **영속성(Durability)**
  - 트랜잭션의 완료 결과가 데이터베이스에 영구히 기억되어야 한다.
  - 📵 은행 계좌에서 100원 중 10원을 인출했을 때 계좌에는 90원이 남아 있어야 한다.

⑤ 동시성 제어 기법

2PL(2 Phase Locking) 기법 (2단계 Locking 기법)	• 요청 단계 및 반납 단계로 구성 • 직렬성 보장, 교착 상태(Dead Lock) 발생 가능
타임스탬프 순서 기법	• 트랜잭션의 타임스탬프에 따라 순서를 부여하는 기법 • 시간표가 적은 트랜잭션이 철회, 연쇄복귀(Cascading Rollback)의 부작용이 발생할 수 있음
추후 검증 기법	• 트랜잭션은 판독, 검증, 기록의 3단계 • 임시 지역변수 실행, 검증이 성공하면 실재 DB에 반영하고 검증이 실패하면 복귀(연쇄 복귀 방지)

➕ 더 알기 TIP

기아 현상(Starvation)
- 로킹을 사용할 때 발생하는 교착 상태 외에 또 다른 문제점이다.
- 어떤 트랜잭션이 무한정 수행되지 않는 반면 시스템에 있는 다른 트랜잭션들은 정상적으로 수행될 때 발생한다.
- 기아 현상을 해결하기 위해 선착 처리(First-come first-served)★ 큐를 사용한다.

★ 선착 처리
트랜잭션들이 어떤 항목에 락을 요청한 순서에 따라 그 항목에 로크(Lock)를 걸 수 있는 방법이다.

06 로킹(Locking)

① 로킹의 개념

로킹이란 트랜잭션이 사용하는 모든 데이터 항목에 대해 Lock을 지정해 두고, 해당 로크(Lock)를 획득한 경우에만 사용 가능하도록 하는 방법이다.

② 로킹의 종류
- 이진 로크 : 로크가 걸린 상태(Locked:1) 또는 로크가 해제된 상태(Unlocked:0)의 두 가지 상태만 존재한다.
- 배타적 로크 : 객체를 로크한 트랜잭션에 대해서만 액세스가 예약된다.
- 공유적 로크 : 트랜잭션들이 같은 데이터 항목을 공통적으로 읽어들일 때 존재한다.
- DML 로크 : Select, Insert, Update, Delete 등을 사용하여 특정 행에 대한 잠금을 의미한다. 특정 테이블 내의 모든 행에 대해 설정되는 테이블 수준의 잠금이다.
- DDL 로크 : Create, Alter 등을 사용하여 객체 구조의 정의를 보호한다.
- 내부 잠금 : 공유 데이터 구조, 객체, 파일들에 대해 다중 사용자 접근을 관할하기 위해 사용된다. 종류에는 래치(Latch)★와 인큐★가 있다.
- 분산 잠금 : 오퍼레이션에서 다양한 노드들에 있는 자원들이 서로 일관성을 보장하기 위해 사용한다.
- PCM(Parallel Cache Management) 잠금 : 버퍼 캐시 내부의 하나 이상의 캐시 데이터 블록을 여러 데이터베이스 인스턴스들에서 사용할 수 있도록 보호하는 방식이다.
- 사용자 잠금과 사용자 정의 잠금

★ 래치
짧은 시간 동안 유지되는 로크

★ 인큐
테이블의 행을 갱신하는 일들에 사용되며 요구가 큐에 줄을 서서 자원을 기다리는 방식

③ Locking의 문제

- 분실 갱신 : 애플리케이션 개발자가 모든 항목을 동시에 갱신하는 것이 쉽다고 판단하여 특정 항목이 갱신되어도 전체 항목을 갱신하도록 개발하였기 때문에 발생한다. 도구들은 질의한 레코드들에 대해 잠금을 설정하여 갱신될 때까지 이를 유지하여 분실 갱신이 발생하지 않도록 막아준다.
- 블로킹 : 한 세션이 자원에 대하여 잠금을 가지는 상태에서 다른 세션이 그 자원을 요청하는 경우에 발생한다. 새로 자원을 요청한 세션은 블로킹되어 잠금을 소유한 세션이 잠금을 해제할 때까지 차단된다.
- 교착 상태(Dead lock)가 발생할 수 있다.

07 2단계 로킹(Two-Phase locking)

- 완벽한 직렬성을 보장하기 위해 로킹(locking)기법을 보다 강화한 방법★이다.
- 2가지 단계로 이루어져 있으며, 확장 단계 후 수축 단계를 실행하게 되고 서로 중복되거나 겹칠 수 없다.
  - 확장 단계(Growing Phase) : 항목들에 대한 새로운 로크를 획득할 수 있지만 해제할 수 없다.
  - 수축 단계(Shrinking Phase) : 이미 보유하고 있는 로크들을 해제할 수 있지만 어떤 새로운 로크를 획득할 수 없다.
- 교착 상태가 발생할 수 있다.

01 데이터베이스 병행 제어(동시성 제어)의 2단계 로킹에서 로킹 방법 2가지를 쓰시오.

• 답 :

02 데이터베이스 병행 제어(동시성 제어) 기법인 Locking의 종류 중 로크가 걸린 상태(Locked:1) 또는 로크가 해제된 상태(Unlocked:0)의 두 가지 상태만 존재하는 로크는 무엇인지 쓰시오.

• 답 :

03 데이터베이스 병행 제어(동시성 제어) 기법의 3가지 종류를 쓰시오.

• 답 :

04 다음에서 설명하는 것이 무엇인지 쓰시오.

> 비슷한 종류의 무엇인가를 묶는다는 개념으로, 특정 컬럼값이 동일한 레코드에서 값에 의한 데이터 조회 시 빠른 속도로 접근하도록 동일한 장소에 저장하는 방법을 말한다.

• 답 :

05 로킹을 사용할 때 발생하는 교착 상태 외에 또 다른 문제점으로 어떤 트랜잭션이 무한정 수행되지 않는 반면 다른 트랜잭션들은 정상적으로 수행되는 현상을 무엇이라고 하는지 쓰시오.

• 답 :

06 2단계 로킹 기법은 구현되는 2가지 단계를 쓰시오.

• 답 :

ANSWER **01** 확장 단계(Growing Phase), 수축 단계(Shrinking Phase)
02 이진 로크
03 2PL 기법, 타임스탬프 순서 기법, 추후 검증 기법
04 데이터베이스 클러스터링
05 기아 현상
06 확장 단계, 수축 단계

데이터베이스 파티셔닝

빈출 태그 파티셔닝

01 DB 파티셔닝(Partitioning)

- 서비스의 규모가 확대되면 DB에 저장하는 데이터의 규모 또한 대용량화되어, DB 시스템의 용량(storage)의 한계와 성능(performance)의 저하가 유발된다.
- 이와 같이 VLDB(Very Large DBMS)같은 단일 DBMS에 너무 큰 테이블이 존재하면 용량과 성능 측면에서 문제점이 발생한다.
- 큰 table이나 index를 관리하기 쉽도록 Partition이라는 작은 단위로 물리적 분할하는 것★을 의미한다.
- 이를 해결하기 위해서 테이블을 '파티션(Partition)'★하는 '파티셔닝(Partitioning)' 기법이 나타나게 되었다.
- 소프트웨어적으로 데이터베이스를 분산 처리하여 성능이 저하되는 것을 방지하고 관리를 보다 수월하게 할 수 있다.

★ 물리적인 데이터 분할
물리적인 데이터 분할이 있더라도, DB에 접근하는 애플리케이션은 이를 인식하지 못한다.

★ 파티션(Partition)
작은 단위로 나누어 관리하는 것을 의미한다.

02 DB 파티셔닝의 목적

성능 (Performance)	• DML과 Query의 성능을 향상시킨다. • 주로 대용량 Data 기록 환경에서 성능 향상을 가져온다. • 레코드 Full Scan 시 데이터 검색 범위를 줄여 성능 향상을 가져온다. • 잦은 입력(Insert) 쿼리가 발생하는 OLTP 시스템에서 삽입 작업을 작은 Partition들로 분산시켜 병행성을 높일 수 있다.
가용성 (Availability)	• 물리적인 파티셔닝으로 인해 전체 데이터의 훼손 가능성이 줄어들고 데이터 가용성이 향상된다. • 각 분할 영역(partition별)을 독립적으로 백업하고 복구할 수 있다. • 테이블의 partition 단위로 Disk I/O를 분산하여 경합을 줄이기 때문에 UPDATE 성능을 향상시킨다.
관리 용이성 (Manageability)	큰 테이블을 제거하여 관리의 용이성을 증대시킨다.

03 DB 파티셔닝의 장단점

장점	관리적 측면	• partition 단위 백업, 추가, 삭제, 변경이 용이해진다. • 전체 데이터를 손실할 가능성이 줄어들어 데이터 가용성이 향상된다. • partition별로 백업 및 복구가 가능하다. • partition 단위로 I/O 분산이 가능하여 UPDATE 성능을 향상시킨다.
	성능적 측면	• partition 단위로 조회 및 DML을 수행함으로써 레코드 Full Scan에서 데이터 Access의 범위를 줄여 성능 향상을 가져온다. • 필요한 데이터만 빠르게 조회할 수 있기 때문에 쿼리 자체가 가볍다.
단점		• table 간 JOIN에 대한 비용이 증가한다. • table과 index를 별도로 파티셔닝할 수 없으므로 함께 파티셔닝해야 한다.

04 DB 파티셔닝의 종류

① 수평(Horizontal) 파티셔닝

- 하나의 테이블의 각 행을 다른 테이블에 분산시키는 것이다.
- 샤딩(Sharding)★과 동일한 개념이다.
- 스키마가 같은 데이터를 두 개 이상의 테이블에 나누어 저장하는 것을 말한다.
- 퍼포먼스, 가용성을 위해 KEY 기반으로 여러 곳에 분산 저장한다.
- 일반적으로 분산 저장 기술에서 파티셔닝은 수평 분할을 의미한다.
- 보통 수평 분할을 한다고 했을 때는 하나의 데이터베이스 안에서 이루어지는 경우를 지칭한다.

★ 샤딩(Sharding)
- 관계형 데이터베이스에서 대량의 데이터를 처리하기 위해서 데이터를 파티셔닝하는 기술이다.
- 데이터베이스를 샤딩하게 되면 기존에 하나로 구성될 스키마를 다수의 복제본으로 구성하고 각각의 샤드에 어떤 데이터가 저장될지를 샤드키를 기준으로 분리한다.

ID	Name
1	Shaun
2	Tao
3	Ray
4	Jesse
5	Robin

ID	Name
1	Shaun
2	Tao
3	Ray

ID	Name
4	Jesse
5	Robin

➕ 더 알기 TIP

수평 파티셔닝의 장단점

장점	• 데이터 레코드 개수를 기준으로 분할하여 파티셔닝한다. • 데이터 레코드 개수가 줄어들어 index의 수도 줄어들어 자연스럽게 성능이 향상된다.
단점	• 서버 간의 연결과정이 많아진다. • 데이터를 찾는 과정이 기존보다 복잡하기 때문에 latency가 증가하게 된다. • 하나의 서버가 고장나게 되면 데이터의 무결성이 깨질 수 있다.

② 수직(Vertical) 파티셔닝★

- 테이블의 일부 컬럼을 분할하는 형태로 분할한다.
- 모든 컬럼들 중 특정 컬럼들을 분할하여 별도로 저장하는 형태를 의미한다.
- 스키마(Schema)를 나누고 데이터가 따라 옮겨가는 것을 말한다.
- 하나의 엔티티를 2개 이상으로 분리하는 작업이다.

➕ 더 알기 TIP

수직 파티셔닝의 장점
- 자주 사용하는 컬럼 등을 분리하여 성능을 향상시킬 수 있다.
- 임의 테이블의 전체 레코드를 조회하면 모든 컬럼이 메모리에 적재되는데, 수직 파티셔닝을 하게 되면 메모리에 적재되는 컬럼 수가 줄어들어 I/O 측면에서 많은 수의 ROW를 메모리에 적재할 수 있다.
- 같은 타입의 데이터가 저장되기 때문에 저장 시 데이터 압축률을 높일 수 있다.

05 DB 파티셔닝의 분할 기준

- 데이터베이스 관리 시스템은 분할에 대해 각종 기준(분할 기법)을 제공하고 있다.
- 분할은 '분할 키(Partitioning Key)'를 사용한다.

① 범위 분할(Range Partitioning)

- 연속적인 숫자나 날짜 기준으로 Partitioning한다.
- 손쉬운 관리 기법을 제공하여 관리 시간을 단축할 수 있다.
- 📵 우편번호, 일별, 월별, 분기별 등의 데이터에 적합하다.

② 목록 분할(List Partitioning)

- 특정 Partition에 저장될 Data에 대한 명시적 제어가 가능하다.
- 분포도가 비슷하고 많은 SQL에서 해당 컬럼의 조건이 많이 들어오는 경우에 유용하다.
- Multi-Column Partition Key를 제공하기 힘들다.
- 📵 [한국, 일본, 중국 → 아시아] [노르웨이, 스웨덴, 핀란드 → 북유럽]

③ 해시 분할(Hash Partitioning)

- Partition Key의 Hash값에 의한 Partitioning한다(균등한 데이터 분할 가능).
- Select 시 조건과 무관하게 병렬 Degree를 제공한다(질의 성능 향상).
- 특정 Data가 어느 Hash Partition에 있는지 판단이 불가능하다.
- Hash Partition은 파티션을 위한 범위가 없는 데이터에 적합하다.

④ 합성 분할(Composite Partitioning)

- Composite Partition은 Partition의 Sub-Partitioning을 말한다.
- 큰 파티션에 대한 I/O 요청을 여러 Partition으로 분산할 수 있다.
- Range Partitioning할 수 있는 Column이 있지만, Partitioning 결과 생성된 Partition이 너무 커서 효과적으로 관리할 수 없을 때 유용하다.
- Range-List, Range-Hash

01 DB 파티셔닝(Partitioning)의 분할 기준 중에서 연속적인 숫자나 날짜 기준으로 Partitioning하는 방식으로 손쉬운 관리 기법을 제공하여 관리 시간을 단축할 수 있는 분할 기법을 쓰시오.

• 답 :

02 DB 파티셔닝 기법 중에서 다음에 해당하는 기법은 무엇인지 쓰시오.

> • 하나의 테이블의 각 행을 다른 테이블에 분산시키는 것이다.
> • 샤딩(Sharding)과 동일한 개념이다.
> • 스키마가 같은 데이터를 두 개 이상의 테이블에 나누어 저장하는 것을 말한다.
> • 퍼포먼스, 가용성을 위해 KEY 기반으로 여러 곳에 분산 저장한다.
> • 일반적으로 분산 저장 기술에서 파티셔닝은 수평 분할을 의미한다.

• 답 :

03 DB 파티셔닝의 목적 3가지를 쓰시오.

• 답 :

04 DB 파티셔닝의 단점 2가지를 쓰시오.

• 답 :

05 다음이 설명하는 파티셔닝 분할 기준은 무엇인지 쓰시오.

> • 큰 파티션에 대한 I/O 요청을 여러 Partition으로 분산할 수 있다.
> • Range Partitioning할 수 있는 Column이 있지만, Partitioning 결과 생성된 Partition이 너무 커서 효과적으로 관리할 수 없을 때 유용하다.

• 답 :

ANSWER **01** 범위 분할(range partitioning)
02 수평(horizontal) 파티셔닝
03 성능(Performance), 가용성(Availability), 관리용이성(Manageability)
04 비용 증가, table과 index를 별도로 파티셔닝할 수 없다(함께 파티셔닝해야 한다).
05 합성 분할(Composite Partitioning)

01 다음은 DB 마이그레이션에 관한 보기이다. 빈칸에 알맞은 답을 쓰시오.

(①)	데이터 블록에서 수정이 발생할 때 수정된 데이터를 해당 데이터 블록에서 저장하지 못하고 다른 블록의 빈 곳을 찾아 데이터를 저장하는 방식으로 입출력 속도가 감소한다.
(②)	로우 길이가 너무 길어서 데이터 블록 하나에 데이터가 모두 저장되지 않고, 두 개 이상의 블록에 걸쳐 하나의 로우가 저장되어 데이터베이스 성능이 저하된다.

• ① :
• ② :

02 데이터베이스 튜닝에 대하여 약술하시오.

• 답 :

03 SQL 성능을 최적화하기 위한 유틸리티 중에서 SQL이 사용하는 액세스 경로를 파악하기 위해 활용하는 도구를 쓰시오.

• 답 :

04 SQL 성능 개선 절차 중 다음 보기에 해당하는 작업 단계는 무엇인지 쓰시오.

- 범위가 아닌 특정 값 지정으로 범위를 줄여 처리속도가 빠르게 한다.
- 옵티마이저가 비정상적인 실행계획을 수립할 경우, 힌트로서 옵티마이저의 접근 경로 및 조인(Join) 순서를 제어한다.
- 인덱스 설정 컬럼은 Having 사용 시 인덱스를 사용하지 않는다.
- 인덱스 컬럼만 질의 대상으로 설정하여 옵티마이저가 최적의 경로를 찾도록 한다.

• 답 :

05 물리 데이터베이스 설계에서 성능 향상을 위해 테이블의 컬럼과 레코드를 빠르게 식별할 수 있도록 컬럼값과 그 값을 포함하는 레코드의 논리적인 주소를 별도의 저장 구조를 만들어 저장하는 것을 무엇이라고 하는지 쓰시오.

• 답 :

06 인덱스의 두 가지 기본 종류 중에서 검색키가 버킷의 범위 안에서 값이 일정하게 분배되어 있고, 값이 할당되는 버킷은 해시 함수에 의해 결정되는 인덱스는 무엇인지 쓰시오.

• 답 :

07 특정 컬럼값이 동일한 레코드에서 값에 의한 데이터 조회 시 빠른 속도로 접근하도록 동일한 장소에 저장하는 방법으로 다음과 같은 특징을 갖는 것은 무엇인지 쓰시오.

> • 정렬 방식 : 키 값만 정렬되어 있으며 실제 데이터는 정렬되지 않는다.
> • 검색 속도 : 인덱스 검색 후 실제 데이터 위치를 확인하여 클러스터드 인덱스에 비해 속도가 느리다.
> • 사용 용도 : 삽입, 삭제, 갱신이 많을 때 유리하다.

• 답 :

08 다음이 설명하는 인덱스의 형태를 쓰시오.

> • 인덱스 레코드는 검색키 값에 대해 단지 몇 개만 나타난다.
> • 레코드가 검색키에 의해 연속적으로 순서되어 있을 때 적절하다.
> • 일부 키 값에 대해서만 인덱스에 엔트리를 유지하는 인덱스이다.
> • 일반적으로 각 블록마다 한 개의 탐색 키 값이 인덱스 엔트리에 포함된다.

• 답 :

09 다음이 설명문에서 빈칸에 알맞는 클러스터드 인덱스의 특성을 쓰시오.

> 클러스터드 인덱스의 경우 관계가 있거나 자주 사용되는 튜플들을 묶어서(CLUSTERED) 검색하게 되는데 이때 하나의 클러스터드 인덱스에 대상이 되는 튜플들이 많아진다면(예를 들어 10,000명의 튜플을 성별로 CLUSTERED했다고 가정하면) 이 인덱스는 (   )(이)가 매우 낮아지게 된다. 클러스터링을 지정할 때는 이처럼 (   )(이)가 낮은 속성을 기준으로 하지 않는 것이(예를 들면 학번 같은) 데이터베이스 검색 성능 향상에 도움이 된다.

• 답 :

10 데이터베이스의 동시성 제어 목적 3가지를 쓰시오.

• 답 :

11 동시성 제어를 하지 않을 때의 문제점으로 다음과 같은 문제점을 유발하는 것은 무엇인지 쓰시오.

> 기존에 존재하지 않았던 새로운 데이터가 추가된 경우, 직렬 가능성(Serializable)으로 해결할 수 있다. 직렬 가능성은 트랜잭션이 연속적으로 실행됨을 보증하고 각각의 트랜잭션이 독립적으로 작동함을 의미하며(ACID) 엄청난 성능 저하를 초래한다.

• 답 :

12 데이터베이스에서 자료 교환의 단위인 트랜잭션은 4가지 특성을 가지고 있다. 이 4가지 특성을 쓰시오.

• 답 :

13 데이터베이스의 병행 제어를 목적으로 사용하는 로킹(Locking)의 종류 중에서 트랜잭션들이 같은 데이터 항목을 공통적으로 읽어들일 때 존재하는 로킹을 쓰시오.

• 답 :

14 다음이 설명하는 데이터베이스 최적화 기법을 쓰시오.

> - 서비스의 규모가 확대되면 DB에 저장하는 데이터의 규모 또한 대용량화되어, DB 시스템의 용량(storage)의 한계와 성능(performance)의 저하가 유발된다.
> - 이와 같이 VLDB(Very Large DBMS)같은 단일 DBMS에 너무 큰 테이블이 존재하면 용량과 성능 측면에서 문제점이 발생한다.
> - 큰 table이나 index를 관리하기 쉽도록 Partition이라는 작은 단위로 물리적 분할하는 것을 의미한다.

- 답 :

15 DB 파티셔닝 분할 기준 중 균등한 데이터 분할이 가능하며, 질의 성능 향상 등의 장점이 있지만 특정 Data가 어느 Hash Partition에 있는지 판단이 불가능한 분할 방식은 무엇인지 쓰시오.

- 답 :

16 데이터베이스 클러스터링에 대하여 간략히 서술하시오.

- 답 :

17 수직 파티셔닝의 장점을 약술하시오.

- 답 :

18 다음이 설명하는 기술은 무엇인지 쓰시오.

> - 관계형 데이터베이스에서 대량의 데이터를 처리하기 위해서 데이터를 파티셔닝하는 기술이다.
> - 기존에 하나로 구성될 스키마를 다수의 복제본으로 구성하고 각각의 샤드에 어떤 데이터가 저장될지를 샤드키를 기준으로 분리한다.

- 답 :

19 완벽한 직렬성을 보장하기 위해 로킹(locking) 기법을 보다 강화한 방법으로, 확장 단계와 수축 단계로 구분하는 방법은 무엇인지 쓰시오.

- 답 :

통합 구현

파트 소개

모듈 간의 분산이 이루어진 경우를 포함하여 단위 모듈 간의 데이터 관계를 분석하고, 이를 기반으로 한 메커니즘 모듈 간의 효율적인 연계를 구현하여 검증할 수 있다.

CHAPTER 01

연계 데이터 구성하기

통합 구현

빈출 태그 연계 시스템의 구성 • 연계 요구사항 분석 시 참고 문서

> **기적의 TIP**
>
> 통합 구현은 단위 모듈을 연계하여 통합하는 단계입니다. 전체적인 흐름을 파악하고 연계 시스템의 구성을 이해하도록 하세요.

★ **단위 모듈**
소프트웨어 구현에 필요한 다양한 동작 중 한 가지 동작을 수행하는 기능을 모듈로 구현한 것을 의미한다.

01 통합 구현의 정의

- 단위 모듈★ 간 연계와 통합을 통하여 사용자의 요구사항을 수용하고, 새로운 서비스 추가를 위한 절차이다.
- 시스템 아키텍처 구성, 송수신 방식과 송수신 모듈 구현 방법 등에 따라 다양하다.
- 구축하고자 하는 실제 환경과 사용자 요구사항에 따라 알맞은 통합 구현 방법을 설계하도록 한다.

02 연계 시스템 구성

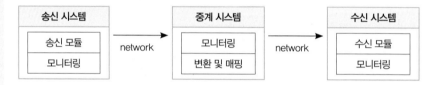

① 송신 시스템

- 전송하고자 하는 데이터를 생성하여 필요에 따라 변환 후 송신하는 송신 모듈과 데이터 생성 및 송신 상태를 모니터링하는 기능으로 구성된다.
  - 송신 모듈 : 내부 연계 시에도 필수 요소에 해당하며 일반적으로 연계 솔루션이 적용될 때는 데이터 생성 처리만 구현한다.
  - 모니터링 : 송신 시스템 내의 처리 과정 및 송신 상태 등을 확인할 수 있도록 구현한다.

★ **중계 시스템**
인터넷 망(Internet)과 인트라넷 망(Intranet)처럼 서로 다른 특성의 네트워크를 연결할 수도 있다.

② 중계 시스템 ★

- 송/수신 시스템 간의 연계 시에 적용되는 아키텍처이다.
- 송/수신 구간을 분리하여 보안성이 강화된다.
- 중계 모듈 : 송신된 데이터의 오류 처리 및 수신 시스템의 데이터 형식으로 변환 또는 매핑 등을 수행한다.

③ 수신 시스템

- 수신 모듈과 모니터링으로 구성된다.
  - 수신 모듈 : 수신받은 데이터를 정제(Cleansing)하고, 응용 애플리케이션이나 데이터베이스의 테이블에 적합하도록 변환하여 반영하는 기능을 수행한다.
  - 모니터링 : 연계 데이터의 수신 현황 및 오류 처리, 데이터 반영을 모니터링하는 기능을 수행한다.

④ 연계 데이터

- 의미를 내포한 속성, 길이, 타입 등 실제 송수신되는 데이터이다.
- 송수신되는 연계 데이터 형식 : 데이터베이스(DB, Database)의 테이블, 컬럼, 파일
- 파일 형식 : TXT, XML, CSV★ 등

⑤ 네트워크

- 각 시스템을 연결해 주는 통신망이다.
- 유선/무선, ISP(Internet Service Provider) 사업자의 공중망, 사설망 등의 물리적인 망과 송수신 규약을 위한 프로토콜(Protocol)을 의미한다.

★ CSV(Comma Separated Value)
쉼표를 기준으로 항목을 구분하여 저장한 데이터로 데이터베이스나 스프레드시트 데이터를 보존하거나 다른 소프트웨어에 데이터를 주고받을 때 사용하는 파일 형식이다.

03 연계 요구사항 분석

① 정의

- 통합 구현을 위하여 연계 시스템과 관련된 요구사항을 분석하는 과정을 의미한다.
- 연계에 관한 요구사항은 연계 데이터 및 환경 구성을 위해서 성능과 데이터 발생빈도 및 유형과 보안 등의 다양한 관점으로 분석하도록 한다.

② 절차

HW/SW/네트워크 확인 → 코드/테이블 정의서 확인 → 점검표 작성 → 인터뷰/설문조사 시행 → 요구사항 분석서 작성

③ 기법

- 사용자 인터뷰
- 핵심 그룹 면담
- 점검표, 설문지 및 설문 조사
- 체크리스트
- 델파이 기법★
- 연계 솔루션 비교★

④ 분석 시 참고 문서

- 시스템 구성도 : 송/수신 시스템의 네트워크, 하드웨어 및 시스템 소프트웨어의 구성
- 응용 애플리케이션 구성 : 애플리케이션의 메뉴 구성, 화면 설계서, 사용자 인터페이스 정의서, 데이터 발생 시점, 발생 주기, 발생 패턴
- 엔티티 관계도, 공통코드 정의서 : 데이터 모델링 기술서, 테이블 간의 연관도, 정의된 테이블 정의서, 공통 코드와 공통 코드에 관한 설명서

★ 델파이 기법
전문가의 경험적 지식을 통한 분석 기법으로 업무 전문가 등 각 분야 전문가로 구성되어 있다.

★ 연계 솔루션 비교
다양한 연계 방식과 연계 솔루션별(EAI, ESB, Open API 등) 연계 시의 성능, 보안, 데이터 처리, 모니터링 등의 장단점을 비교한다.

04 연계 모듈 구현 시 환경 구축 절차

- 연계 메커니즘 정의서 또는 연계 아키텍처 설계서를 확인 및 점검한다.
- 송신 시스템의 연계 모듈 구현 환경을 구축한다.
- 수신 시스템의 연계 모듈 구현 환경을 구축한다.
- 송/수신 시스템의 연계 응용 프로그램을 구현한다.

01 애플리케이션 개발 단계 중 다음에 해당하는 것은 무엇인지 쓰시오.

단위 모듈 간 연계와 통합을 통하여 사용자의 요구사항을 수용하고, 새로운 서비스 추가를 위한 절차이다.

• 답 :

02 통합 구현을 위해서는 연계 시스템의 구성을 선행 분석하여야 한다. 연계(인터페이스) 구성 3단계를 쓰시오.
• 답 :

03 통합 구현 시 연계되는 데이터의 형식 3가지(①)와 연계 파일 형식 3가지(②)를 쓰시오.
• ① :
• ② :

04 다음은 연계 요구사항 분석 절차이다. 빈칸에 알맞은 절차를 쓰시오.

HW/SW/네트워크 확인 → (   ) → 점검표 작성 → 인터뷰/설문 조사 시행 → 요구사항 분석서 작성

• 답 :

연계 데이터 식별 및 표준화

출제빈도 상 ㉡ 하
반복학습 ①②③

빈출 태그 연계 데이터 식별 및 표준화 절차·연계 데이터 코드 변환 및 매핑(Mapping)

01 연계 데이터 식별

- 연계 데이터 구성을 위하여 연계 데이터를 구분하여 식별하고 이렇게 식별된 연계 데이터를 표준화하여 연계(인터페이스) 정의서를 작성한다.
- 대내외 시스템 연계를 위해 송신 시스템과 수신 시스템 데이터에 대한 상세 식별 정보를 확인한다.

02 연계 데이터 표준화

① 정의

- 연계 데이터 중 코드화된 정보는 송신 시스템과 수신 시스템에서 상호 교환 가능하도록 코드 매핑 정보를 제공하거나 송/수신 시스템 간 다른 코드 정보를 표준화한다.
- 인터페이스 설계 단계에서 송/수신 시스템 사이에 전송되는 표준 항목과 업무 처리 데이터, 공통 코드 정보 등을 누락 없이 식별하고 인터페이스 명세서★를 작성한다.

② 절차

- 범위 및 항목 정의★ → 연계 코드 변환 및 매핑 → 변경된 데이터 구분 방식 정의 → 데이터 표현 방법 정의 → 정의서 및 명세서 작성
- 데이터 형식은 크게 데이터베이스 테이블과 데이터베이스 파일로 구분되며 데이터베이스 파일은 다시 태그, 콤마 등 구분자에 의해 구분한다.

★ 인터페이스 명세서
공통부, 개별부, 종료부로 구성된다.

★ 범위 및 항목 정의
송/수신 시스템 연계 항목이 서로 다를 경우 일반적으로 수신 시스템 기준으로 정의한다.

03 연계 데이터 식별 및 표준화 절차

① 정의

- 연계 데이터 구성을 위하여 연계 데이터를 분류 식별하고, 식별된 연계 데이터를 표준화하는 과정이다. 이 수행 결과로 연계(인터페이스) 정의서를 작성한다.
- 연계 범위 및 항목 정의 → 연계 데이터 코드 변환 및 매핑(Mapping) → 연계 데이터 식별자와 변경 구분 추가 → 연계 데이터 표현 방법 정의 → 연계(인터페이스) 정의서 및 명세서

② 절차

• 연계 범위 및 항목 정의
  - 시스템 간에 연계하려는 정보를 상세화하며 범위와 항목을 정의한다. 상세화하는 방법은 연계 필요 정보를 정보 그룹에서 그룹을 구성하는 단위 항목으로 확인한다.
  - 송신/수신 시스템에서 연계대상 항목의 데이터 타입 및 길이, 코드화 여부 등을 확인*한다.
  - 송신/수신 시스템의 연계 항목이 다를 경우, 수신 시스템 기준으로 적용 및 변환한다.

• 연계 데이터 코드 변환 및 매핑(Mapping)
  - 연계대상 정보에서 코드로 관리되는 항목을 변환한다.
  - 송신 시스템 코드를 수신 시스템 코드로 매핑해주는 방법과 송수신 시스템에서 사용되는 코드를 통합하여 표준화한 후 전환하는 방법이 있다.

• 연계 데이터 식별자(PK, Primary Key)와 변경 구분 추가
  - 송신 시스템의 식별키 항목을 추가하여 송신된 정보가 수신 시스템의 어떤 데이터에 해당하는지 구분한다.
  - 송신 정보를 수신 시스템의 테이블에 추가, 수정, 삭제할 데이터인지 식별해주는 구분 정보를 추가*한다.
  - 인터페이스 테이블 또는 파일에 관리 정보를 추가하여 연계되는 정보의 송수신 여부, 송수신 일시, 오류 코드 등을 확인하고 감시한다.

• 연계 데이터 표현 방법 정의
  - 연계하고자 하는 연계대상 범위와 항목, 연계 데이터 코드 매핑 방식 등을 정의하여 연계 데이터를 테이블이나 파일 등의 형식으로 구성한다.
  - 구성된 연계 데이터는 연계 데이터를 생성하는 시점, 연계 주기, 적용되는 연계 솔루션의 지원 기능 등에 다르게 표현될 수 있다.
  - 연계 데이터 표현 방법을 상세화한다.

• DB : 테이블, 파일 형식

• 파일 : 파일 형식에 따라 태그(Tag), 항목 분리자(델리 미터, Delimiter) 사용

• 연계(인터페이스) 정의서 및 명세서
  - 연계 항목, 연계 데이터 타입, 길이 등을 구성하고 형식을 정의하여 결과물인 연계(인터페이스) 정의서*를 작성한다.
  - 연계(인터페이스) 정의서에는 송/수신 시스템 간의 인터페이스 현황을 작성한다.
  - 연계(인터페이스) 정의서에 작성한 인터페이스 ID별로 송수신하는 데이터 타입, 길이 등 인터페이스 항목을 상세하게 작성한다.

I/F번호	송신		수신		인터페이스 방식	인터페이스 주기
	시스템명	인터페이스ID/명	시스템명	인터페이스ID/명		
001	네아로 로그인	NEARO	NAVER	NEARO00	API	요구 시
-	-	-	-	-	-	-

▲ 인터페이스 정의서 양식

★ 연계대상 확인
송신 시스템의 '테이블 정의서', 수신 시스템의 '테이블 정의서'를 참고한다.

★ 구분 정보 추가
변경 구분 송신 데이터를 수신 시스템에 반영하기 위해서 구분 정보를 추가한다.

★ 연계(인터페이스) 정의서
송신 시스템과 수신 시스템 간의 인터페이스 현황을 작성한다.

송신	I/F번호						송신	I/F번호					
	I/F ID							I/F ID					
	I/F명							I/F명					
주기 및 방식							DB 및 파일 형식						

송신						수신					
한글명	영문명	Type	길이	PK	Code 여부	한글명	영문명	Type	길이	PK	Code 여부
처리내용											

▲ 인터페이스 명세서 양식

이론을 확인하는 핵심문제

연계 데이터 식별 및 표준화 절차 중 빈칸에 알맞은 단계를 쓰시오.

연계 범위 및 항목 정의 → (　　　　) → 연계 데이터 식별자와 변경 구분 추가 → 연계 데이터 표현 방법
정의 → 연계(인터페이스) 정의서 및 명세서

• 답 :

ANSWER 연계 데이터 코드 변환 및 매핑(Mapping)

01 통합 구현 부분 중 전송하고자 하는 데이터를 생성하여 필요에 따라 변환 후 송신하는 송신 모듈과 데이터 생성 및 송신 상태를 모니터링하는 기능으로 구성된 것을 무엇이라고 하는지 쓰시오.

• 답 :

02 통합 구현 시 연계 데이터 표현 방법을 정의하는 단계에서 연계 데이터 표현 방법을 상세화해야 한다. 파일의 경우 연계 데이터 표현 방법을 어떻게 정의해야 하는지 약술하시오.

• 답 :

03 통합 구현 시 연계 데이터의 표준화에 대하여 약술하시오.

• 답 :

04 연계 데이터 코드 변환 및 매핑 단계의 2가지 방식을 쓰시오.

• 답 :

05 연계 시스템 구성 중 중계 시스템 내의 중계 모듈의 역할을 쓰시오.

• 답 :

06 다음은 연계모듈 구현 환경 구축 절차이다. 순서에 맞게 기호를 나열하시오.

> 가. 연계 메커니즘 정의서 또는 연계 아키텍처 설계서를 확인 및 점검한다.
> 나. 송신 시스템의 연계 모듈 구현 환경을 구축한다.
> 다. 수신 시스템의 연계 모듈 구현 환경을 구축한다.
> 라. 송/수신 시스템의 연계 응용 프로그램을 구현한다.

• 답 :

CHAPTER 02

연계 메커니즘 구성하기

학습 방향

1. 개발하고자 하는 응용 소프트웨어와 연계 대상 모듈 간의 특성을 고려하여 효율적인 데이터 송수신 방법을 정의할 수 있다.
2. 개발하고자 하는 응용 소프트웨어와 연계 대상 모듈 간의 데이터 연계 요구 사항을 고려하여 연계 주기를 정의할 수 있다.

출제빈도

SECTION 01	하		30%
SECTION 02	상		70%

연계 메커니즘

빈출 태그 직접 연계 · 간접 연계 · SOAP · SOA · 연계 방식별 장단점

> **기적의 TIP**
>
> 통합 구현은 단위 모듈을 연계하여 통합하는 단계입니다. 전체적인 흐름을 파악하고 연계 시스템의 구성을 이해하도록 하세요.

01 연계 시스템의 구분

송신 시스템	데이터베이스, 애플리케이션으로부터 연계 데이터를 인터페이스 테이블이나 파일로 변환하여 송신하는 역할을 한다.
중계 서버	• 데이터 송수신 현황을 감시하는 연계 서버를 배치한다. • 성능보다 보안이 더 중요하거나 송신/수신 시스템이 위치한 네트워크가 다른 경우 설계하는 아키텍처 방식이다.
수신 시스템	수신한 인터페이스 테이블 또는 파일의 데이터를 변환하여 운영 중인 데이터베이스에 적용한다.

02 연계 방식의 종류

① 직접 연계

> ★ **DB Link 문법**
> • PUBLIC : 공용 데이터베이스 링크를 생성할 수 있다.
> • link_name : 데이터베이스 링크의 이름을 지정한다.
> • service_name : 네트워크 접속에 사용할 오라클 데이터베이스 네트워크 서비스명을 지정한다.
> • username, password : 오라클 사용자명과 비밀번호를 지정한다.
>
> ★ **JDBC(Java Database Con-nectivity)**
> 자바에서 데이터베이스에 접속할 수 있도록 도와주는 자바 API이다.

DB Link★	• 한 데이터베이스에서 네트워크상의 다른 데이터베이스에 접속하기 위한 설정을 해주는 오라클 객체이다. • 데이터베이스에서 제공하는 객체 이용하여 수신 시스템 DB에 송신 시스템에서 접근 가능한 DB Link 객체를 생성한 후 송신 시스템에서 DB Link명으로 직접 참조하여 연계한다. • **예** 테이블명 @DBLink명 　　송수신 서버 사용 여부 : X
DB Connection Pool (WAS, Web Application Server)	• 수신 시스템 WAS에서 송신 시스템 DB로 연결되는 Connection Pool을 생성하고 프로그램 소스에서 WAS에 설정된 Connection Pool명을 참고하여 구현한다. • **예** 송신 시스템 데이터 소스 　　송수신 서버 사용 여부 : X
JDBC★	• 수신 시스템의 Batch, Online 프로그램에서 JDBC 드라이버를 이용하여 송신 시스템의 DB와 연결을 생성한다. • **예** JDBC:DBMS 제품명:DBMS 설치 서버 IP:Port:DB Instance명 　　송수신 서버 사용 여부 : X
화면 링크	• 웹 애플리케이션 화면에서 하이퍼링크(Hyper Link)를 사용한다. • **예** 〈a href="url"〉 LINK 이름〈/a〉 　　송수신 서버 사용 여부 : X
API/Open API	• 송신 시스템의 DB와 연결하여 데이터를 제공하는 인터페이스 프로그램이다. • **예** 제공하는 컴포넌트 이름, 데이터 처리 메소드 이름(파라미터 1~N) 　　송수신 서버 사용 여부 : △

② 간접 연계

EAI★ 2021년 1회	• 실제 송수신 처리와 진행 현황을 모니터링 및 통제하는 EAI 서버, 송수신 시스템에 설치되는 어댑터(Client)를 이용한다. • **예** 메타빌드, 비즈 마스터(Biz Master) 등 　송수신 서버 사용 여부 : ○
Web Service/ESB	• 웹 서비스가 설명된 WSDL과 SOAP 프로토콜을 이용한 시스템을 연계한다. • 미들웨어인 ESB에서 서비스(컴포넌트) 간 연동을 위한 변환 처리로 다중 플랫폼(Platform)을 지원한다. • **예** WSDL, UDDI, SOAP★, Service, ESB(Enterprise Service Bus) 　송수신 서버 사용 여부 : ○
Socket	• 소켓(Socket)을 생성하여 포트를 할당하고, 클라이언트(Client)의 요청을 연결하여 통신하는 네트워크 프로그램의 기반 기술이다. • **예** TcpServer.listen(); 　송수신 서버 사용 여부 : ○

★ EAI(Enterprise Application Integration, 기업 애플리케이션 통합)
기업 내 필요한 각종 애플리케이션 간에 상호 연동이 가능하도록 통합하는 솔루션으로, 송수신 데이터의 처리 및 현황을 감시하고 통제하는 도구이다.

★ SOAP(Simple Object Access Protocol)
HTTP, HTTPS, SMTP 등을 통해 XML 기반의 메시지를 컴퓨터 네트워크상에서 교환하는 프로토콜이다.

➕ 더 알기 TIP

REST(Representational State Transfer)

• HTTP 프로토콜로 데이터를 전달하는 프레임워크이다.
• WWW와 같은 분산 하이퍼미디어 시스템을 위한 소프트웨어 아키텍처의 한 형식이다.
• REST 6가지 제약 조건★의 시스템을 RESTful이라고 한다.
• 웹에 최적화되어 있고, 데이터 포맷이 JSON이기 때문에 브라우저들 간에 호환성이 좋다.

SOAP(Simple Object Access Protocol) 2020년 2회

• 웹에서 HTTP, HTTPS, SMTP 등을 통해 XML 기반의 메시지를 컴퓨터 네트워크상에서 교환하는 프로토콜이다.
• XML을 이용해서 분산 처리 환경에서 정보 교환을 쉽게 할 수 있도록 도와준다.
• HTTP를 이용하기 때문에 다른 RPC에 비해 Proxy와 방화벽에 제약을 받지 않고 쉽게 통신이 가능하다.
• HTTP뿐만 아니라 다른 전송 프로토콜도 이용할 수 있다.
• 플랫폼과 프로그래밍 언어에 독립적이다.

★ REST 6가지 제약 조건
• Uniform Interface(유니폼 인터페이스)
• Stateless(상태정보 유지 안 함)
• Cacheable(캐시 가능)
• Self-descriptiveness(자체 표현 구조)
• Client-Server Architecture
• Layered System(계층화)

SOA(서비스 지향 아키텍처, Service Oriented Architecture)

대규모 컴퓨터 시스템을 구축할 때의 개념으로 업무상의 일 처리에 해당하는 소프트웨어 기능을 서비스로 판단하여 그 서비스를 네트워크상에 연동하여 시스템 전체를 구축해 나가는 방법론이다.

ROA(자원 지향 아키텍처, Resource Oriented Architecture)

• 소프트웨어 공학에서 리소스 지향 아키텍처(ROA)는 "RESTful" 인터페이스 자원의 형태로 소프트웨어를 설계 및 개발을 위한 소프트웨어 아키텍처와 프로그래밍 패러다임의 스타일이다.
• 이러한 리소스는 다른 용도로 재사용 될 수 있는 소프트웨어 구성요소(부호의 개별 조각 및 / 또는 데이터 구조)이다.
• 설계 원칙과 지침은 소프트웨어 개발 및 시스템 통합의 단계에서 사용된다.

03 연계 방식별 비교

방식	매개체	장점	단점
직접 연계	X	• 연계 및 통합 구현이 단순하고 쉽다. • 소요 비용 및 기간이 짧고 중간 매개체가 없어 데이터 연계 처리 성능이 좋다.	• 시스템 간 결합도가 높아 시스템 변경에 민감하다. • 보안을 위한 암/복호화 처리, 비즈니스 로직 적용 등이 불가능하다. • 연계 및 통합 가능한 환경이 제한적이다.
간접 연계	O	• 서로 다른 네트워크나 프로토콜(Protocol) 등 다양한 환경에서 연계 및 통합을 할 수 있다. • 시스템 간 인터페이스 변경 시에도 장애나 오류 없이 서비스할 수 있다. • 보안이나 업무 처리를 위한 로직을 자유롭게 반영할 수 있다.	• 연계 아키텍처 및 메커니즘이 복잡하고, 중간 매개체로 인해 성능 저하 가능성이 있다. • 개발 및 적용을 위한 테스트 기간이 상대적으로 길다.

04 연계 메커니즘별 구현 주체, 산출물

① 송신

연계 메커니즘	관리 및 구현 주체	산출물
연계 데이터 생성 및 추출	응용 시스템 별도 구현	연계 프로그램, Log 테이블(파일)
코드 매핑 및 데이터 변환		연계 프로그램, Log 테이블(파일), 코드 매핑 테이블
인터페이스 테이블 또는 파일 생성		연계 프로그램, Log 테이블(파일), 인터페이스테이블(파일)
전송	연계 솔루션	연계 프로그램, Log 테이블(파일), 연계 서버 및 Adapter
연계 서버 또는 송신 Adapter		
로그 기록	응용 시스템 별도 구현, 연계 솔루션	

② 수신

연계 메커니즘	관리 및 구현 주체	산출물
연계 서버 및 수신 Adapter	연계 솔루션	연계 프로그램, Log 테이블(파일), 연계 서버 및 Adapter
인터페이스 테이블 또는 파일 생성		
코드 매핑 및 데이터 변환	응용 시스템 별도 구현	연계 프로그램, Log 테이블(파일), 코드 매핑 테이블
운영 DB에 연계 데이터 반영		연계 프로그램, Log 테이블(파일)
로그 기록	응용 시스템 별도 구현, 연계 솔루션	연계 프로그램, Log 테이블(파일), 연계 서버 및 Adapter

01 연계 메커니즘별 구현 주체 중 송신 시스템에서 연계 데이터 생성 및 추출의 산출물을 두 가지 쓰시오.

• 답 :

02 연계 메커니즘별 구현 주체 중 수신 시스템에서 연계 서버 및 수신 어댑터, 인터페이스 테이블 또는 파일 생성의 관리 및 주체는 무엇인지 쓰시오.

• 답 :

03 보기의 장점을 가지는 연계 방식은 무엇인지 쓰시오.

> • 연계 및 통합 구현이 단순하고 쉽다.
> • 소요 비용 및 기간이 짧다.
> • 중간 매개체가 없어 데이터 연계 처리 성능이 좋다.

• 답 :

연계 장애 및 오류 처리 구현

출제빈도 (상)중 하
반복학습 1 2 3

빈출 태그 연계 장애 오류 처리 방안·암호화키 형태 분류·블록 암호화·스트림 암호화·암호화 기술 분류

01 연계 장애 및 오류 유형

연계 시스템 오류	연계 서버의 실행 여부를 비롯하여 송수신, 전송 형식 변환 등 서버의 기능과 관련된 장애 및 오류
송신 시스템의 연계 프로그램 또는 수신 시스템의 연계 프로그램 오류	데이터 추출을 위한 DB 접근 시 권한 불충분, 데이터 변환 시 예외처리(Exception) 미처리 등 연계 프로그램 구현상의 오류
연계 데이터 자체 오류	송신 시스템에서 추출된 연계 데이터가 유효하지 않은 값으로 인한 오류

02 연계 장애 오류 처리 방안

★ 서버의 기능과 관련된 장애 및 오류
연계 서버의 실행 여부를 비롯하여 송수신, 전송 형식 변환 등

★ 송신 시스템 연계 프로그램 구현상의 오류
데이터 추출을 위한 DB 접근 시 권한 불충분, 데이터 변환 시 예외(Exception) 미처리 등

★ 수신 시스템 연계 프로그램 구현상의 오류
운영 DB에 반영하기 위한 DB 접근 권한 불충분, 데이터 변환 및 반영 시 예외(Exception) 미처리 등

오류 유형	내용	처리 방안	예시
연계 서버	서버의 기능과 관련된 장애 및 오류★	연계 서버(엔진)의 로그를 확인하여 원인 분석 후 처리	미가동, 송수신 시스템의 아이피 및 포트 접속이 불가한 경우
연계 데이터	연계 데이터가 유효하지 않은 값으로 인한 오류	송신 시스템 연계 프로그램에서 기록하는 Log를 확인하여 데이터 보정 후 재전송	유효하지 않은 일자의 경우
송신 시스템 연계 프로그램	송신 시스템 연계 프로그램 구현상의 오류★	송수신 시스템 연계 프로그램에서 기록하는 로그(Log)를 확인하여 원인 분석 후 결과에 따른 처리, 처리 이후 데이터 전송이나 반영 재작업	등록되지 않은 코드로 매핑이 불가한 경우
수신 시스템 연계 프로그램	수신 시스템 연계 프로그램 구현상의 오류★		등록된 데이터가 존재하지 않는 경우

03 연계 구간별 오류 발생 시점과 오류 기록

구간	오류 발생 시점	오류 기록 테이블	오류 로그 기록 주체
송신 시스템	• 데이터 생성 및 추출 • 코드 매핑 및 데이터 전환 • 연계 테이블 등록	• 연계 프로그램에서 정의한 로그 및 오류 로그 테이블 • 연계 테이블의 일부 관리 용도 항목	별도 구현한 송신용 연계 프로그램
연계 서버	• 송신 시스템 연계 테이블의 연계 데이터 Load 및 전송 형식으로 변환 시 • 송수신 시 • 수신한 전송 형식을 수신 시스템 연계 테이블 형식으로 변환 및 Load 시	연계 서버에서 설정된 로그 및 오류 로그 테이블	연계 서버 또는 중계 서버
수신 시스템	• 연계 테이블의 연계 데이터 Load • 코드 매핑 및 데이터 변환 • 운영 DB에 반영	• 연계 프로그램에서 정의한 로그 및 오류 로그 테이블 • 연계 테이블의 일부 관리 용도 항목	별도 구현한 수신용 연계 프로그램

04 연계 장애 및 오류의 확인과 처리 절차

장애 및 오류 현황 모니터링 화면을 이용한 확인 → 장애 및 오류 구간별 로그(Log) 확인 및 원인 분석 → 로그 장애(오류) 조치 → 필요한 시 재작업(전송 또는 반영 재처리)

05 연계 데이터 보안

- 송/수신 시스템 간 데이터 전송 시에 연계 데이터는 보안에 취약해지게 되며, 이런 보안 취약점에 대하여 보안을 적용하도록 한다.
- 연계 데이터 보안은 전송 구간에 암호화를 적용하여 구현한다.

06 암호화키 형태 분류

구분	비대칭키(공개키) 암호화	대칭키(비밀키) 암호화
개념	암/복호화 키가 다르다.	암/복호화 키가 같다.
암호화키	공개	비밀
복호화키	비밀	비밀
비밀키 전송	불필요	필요
목적	대칭키 교환	데이터 암호화
키 개수	2N	N(N-1)/2
암호화 속도	상대적으로 저속이다.	상대적으로 고속이다.
알고리즘	RSA, ECC, Rabin, Schnorr, Diffie-Hellman, El Gamal, DSA, KCDSA, Knapsack	DES, 3DES, SEED, AES, IDEA, blowfish, RC4, RC5, RC6, ARIA
장점	• 대칭키 암호 시스템보다 확장 가능성이 좋다. • 인증과 부인 방지 기능을 제공한다. • 범용적으로 사용이 가능하다.	• 키 크기가 상대적으로 작다. • 암호 알고리즘 내부 구조가 단순하여 시스템 개발환경에 적용이 쉽다. • 비대칭키에 비해 암/복호화 속도가 빠르다.
단점	• 대칭키 시스템보다 더 큰 길이의 키를 사용해야 한다. • 고도의 수학적 연산으로 인하여 암호화 처리 시간 길고, 공개키 배포에 대한 신뢰성 문제가 존재하여 PKI와 같은 공개키 관리 구조가 필요하다.	• 교환 당사자 간에 동일한 키를 공유해야 하므로 키 관리가 어렵다. • 키 변경이 자주 있을 경우 불편하며, 중재자가 필요하다.

> **기적의 TIP**
>
> 암호화 분류의 좀 더 상세한 내용은 소프트웨어 개발 보안 구축의 소프트웨어 개발 보안 구현하기에서 공부하세요.

07 암호화 정보 단위별 분류

구분	설명	알고리즘
블록 암호화	• 평문을 블록 단위로 분리하고, 블록마다 암호화 과정을 통하여 고정된 크기의 블록 단위의 암호문을 생성하는 방식이다. • 대칭키(비밀키), 비대칭키(공개키) 암호화 방식 모두 적용할 수 있어 복합 암호화 방식이라고도 한다.	DES, SEED, ARIA, AES
스트림 암호화	• 대칭키 암호의 구조 중 하나로, 유사난수를 연속적(스트림)으로 생성하여 암호화하려는 자료와 결합하는 구조를 가진다. • 하드웨어 구현이 간편하며 속도가 빠르므로 무선 통신 등의 환경에 주로 사용된다.	LFSR, SEAL, RC4

08 암호화 기술 분류

구분	설명	알고리즘
해시★	• 해시 함수의 일종으로, 해시값으로부터 원래의 입력값과의 관계를 찾기 어려운 성질을 이용한 암호화 방식이다. • 임의 길이 메시지를 고정 길이 출력값으로 변환하여 암호화하는 방식이다.	MD5, SHA-1, 2
SPN	• 샤논의 "여러 개 함수를 중첩하면 개별 함수로 구성된 암호화보다 안전하다"는 이론에 근거한 암호화 방식이다. • 전치와 치환을 이용하여 관용 암호 방식으로 문제를 해결하는 방식이다.	AES, ARIA
파이스텔 (Feistel)	• 블록 암호 방식의 일종이며, 특정 계산 함수의 반복으로 이루어진다. • N비트 블록을 둘로 나누고 R번 라운드만큼 반복 연산하는 암호화 방식이다.	DES, SEED
인수분해	두 큰 소수 p와 q의 곱으로부터 p, q를 추출하기가 어렵다는 점을 이용한 암호화 방식이다.	RSA
타원 곡선	타원 기반 안정성과 효율성을 이용한 암호화 방식이다.	ECC
이산대수	이산대수 계산은 어렵지만 그 역/지수함수 계산은 빠르게 수행할 수 있다는 특징을 이용한 암호화 방식이다.	Diffie-Hellman, DSA

★ 해시 함수가 가져야 하는 성질
• 역상 저항성(preimage resistance)
• 제2 역상 저항성(second preimage resistance)
• 충돌 저항성(collision resistance)

➕ 더 알기 TIP

해시함수 비교

알고리즘	출력 비트 수	내부 상태 크기	블록 크기	Length size	Word size	라운드 수
MD4	128	128	512	64	32	48
MD5	128	128	512	64	32	64
SHA-0	160	160	512	64	32	80
SHA-1	160	160	512	64	32	80
SHA-256/224	256/224	256	512	64	32	64
SHA-512/384	512/384	512	1,024	128	64	80
Tiger(2)-192/160/128	192/160/128	192	512	64	64	24

01 이산대수 계산은 어렵지만 그 역/지수함수 계산은 빠르게 수행할 수 있다는 특징을 이용한 암호화 방식 알고리즘 2가지를 쓰시오.

• 답 :

02 다음 보기 중 스트림 암호화 방식 알고리즘만 찾아 쓰시오.

DES, LFSR, SEED, ARIA, AES, SEAL, RC4

• 답 :

03 평문을 블록 단위로 분리하고, 블록마다 암호화 과정을 통하여 고정된 크기의 블록 단위의 암호문을 생성하는 방식이다. 대칭키(비밀키), 비대칭키(공개키) 암호화 방식을 모두 적용할 수 있어서 복합 암호화 방식이라고도 하는 암호화 방식을 쓰시오.

• 답 :

04 다음은 암호화키 형태별 분류표이다. 빈칸에 알맞은 답을 쓰시오.

구분	비대칭키(공개키) 암호화	대칭키(비밀키) 암호화
개념	암/복호화 키가 다르다.	암/복호화 키가 같다.
암호화키	(①)	(②)
복호화키	비밀	비밀
비밀키 전송	불필요	필요
목적	대칭키 교환	데이터 암호화
키 개수	2N	N(N−1)/2
암호화 속도	상대적으로 저속이다.	상대적으로 고속이다.
알고리즘	RSA, ECC	DES, 3DES, SEED, AES, IDEA

• ① :
• ② :

ANSWER **01** Diffie−Hellman, DSA
02 LFSR, SEAL, RC4
03 블록 암호화
04 ① 공개 ② 비밀

01 다음은 연계 방식의 분류 표이다. 빈칸에 알맞은 연계 방식을 쓰시오.

(①)	• 실제 송수신 처리와 진행 현황을 모니터링 및 통제하는 EAI 서버, 송수신 시스템에 설치되는 Adapter(Client)를 이용한다. • 예 메타빌드, 비즈 마스터(Biz Master) 등 　송수신 서버 사용 여부 : ○
(②)	• 웹 서비스가 설명된 WSDL과 SOAP 프로토콜을 이용한 시스템을 연계한다. • 미들웨어인 ESB에서 서비스(컴포넌트) 간 연동을 위한 변환 처리로 다중 플랫폼(Platform)을 지원한다. • 예 WSDL, UDDI, SOAP, ESB(Enterprise Service Bus) 　송수신 서버 사용 여부 : ○
(③)	• 소켓(Socket)을 생성하여 포트를 할당하고, 클라이언트(Client)의 요청을 연결하여 통신하는 네트워크 프로그램의 기반 기술이다. • 예 TcpServer.listen( ); 　송수신 서버 사용 여부 : ○

• ① :
• ② :
• ③ :

02 모듈 연계 방식 중 직접 연결 방식의 종류를 3가지 쓰시오.

• 답 :

03 모듈 직접 연계 방식에서 JDBC에 대하여 간략히 서술하시오.

• 답 :

04 다음은 연계 장애 및 오류의 확인과 처리 절차이다. 빈칸에 알맞은 절차를 쓰시오.

> 장애 및 오류 현황 모니터링 화면을 이용한 확인 → (　　　　　) → 로그 장애(오류) 조치 → 필요한 시 재작업(전송 또는 반영 재처리)

- 답 :

05 암호화의 정보 단위별 분류에서 블록 암호화 방식에 해당하는 알고리즘 3가지를 쓰시오.

- 답 :

06 연계 구간별 오류 발생 지점과 오류 기록에서 연계 서버 구간에서의 오류 로그 기록 주체를 쓰시오.

- 답 :

07 직접 연계 방식 중 DB Link에 대하여 약술하시오.

- 답 :

08 DB Link에서 공영 데이터베이스 링크를 생성할 수 있는 명령어를 쓰시오.

- 답 :

09 기업 내 필요한 각종 애플리케이션 간에 상호 연동이 가능하도록 통합하는 솔루션을 쓰시오.

• 답 :

10 다음이 설명하는 프로토콜명을 쓰시오.

- 웹에서 HTTP, HTTPS, SMTP 등을 통해 XML 기반의 메시지를 컴퓨터 네트워크상에서 교환하는 프로토콜이다.
- XML을 이용해서 분산 처리 환경에서 정보 교환을 쉽게 할 수 있도록 도와준다.

• 답 :

11 다음이 설명하는 방법론을 쓰시오.

대규모 컴퓨터 시스템을 구축할 때의 개념으로 업무상의 일 처리에 해당하는 소프트웨어 기능을 서비스로 판단하여 그 서비스를 네트워크상에 연동하여 시스템 전체를 구축해 나가는 방법론이다.

• 답 :

12 해시 암호화 기술 중 MD5의 출력 비트수와 내부 상태 크기는 동일하다. MD5의 출력 비트 수와 내부 상태 크기를 쓰시오.

• 답 :

13 연계 메커니즘에는 송신 시스템, 수신 시스템, 중계 서버가 존재한다. 각각의 역할에 대하여 간략히 서술하시오.

• 송신 시스템 :

• 수신 시스템 :

• 중계 서버 :

14 다음이 설명하는 언어를 쓰시오.

> • 비즈니스 서비스를 기술하여 비즈니스들끼리 전자적으로 서로 접근하는 방법을 제공하기 위해 사용된다.
> • 확장성 생성 언어(XML) 기반의 언어이다.
> • UDDI의 기초가 된다.
> • 인터넷 웹 서비스를 제공하기 위해 SOAP, XML 스키마와 결합해 사용한다.

• 답 :

CHAPTER 03

내/외부 연계 모듈
구현하기

학습 방향

1. 구성된 연계 메커니즘에 대한 명세서를 참조하여 연계 모듈 구현을 위한 논리적, 물리적 환경을 준비할 수 있다.
2. 구성된 연계 메커니즘에 대한 명세서를 참조하여 외부 시스템과 연계 모듈을 구현할 수 있다.

출제빈도

| SECTION 01 | 중 | 50% |
| SECTION 02 | 중 | 50% |

내/외부 연계 모듈 구현

01 모듈 연계

- 송/수신 시스템과 중계 시스템 사이의 연계 방식인 연계 메커니즘을 바탕으로 구현된 연계 시스템 환경과 모듈 구현 환경을 의미한다.
- 시스템 인터페이스를 목적으로 '내부 모듈−외부 모듈' 또는 '내부 모듈−내부 모듈' 간 인터페이스를 위한 관계를 설정하는 방식으로 EAI와 ESB 방식이 있다.

2021년 1회

02 EAI(Enterprise Application Integration, 기업 애플리케이션 통합)

① 정의

- 기업 내부에서 운영되는 각종 플랫폼 및 애플리케이션 간의 정보 전달, 연계, 통합을 가능하게 해주는 솔루션이다.
- 각 비즈니스 간 통합 및 연계성을 증대시켜 효율성을 높일 수 있다.
- 각 시스템 간의 확정성을 높여 줄 수 있다.
- 타 시스템에서 필요한 정보를 취득하여 다양한 서비스를 사용자에게 제공할 수 있다.

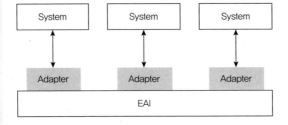

② 유형 　2020년 3회

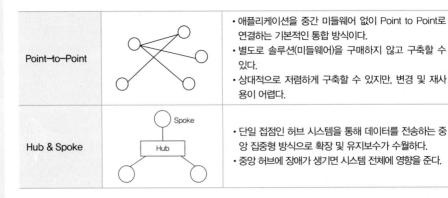

Point-to-Point		• 애플리케이션을 중간 미들웨어 없이 Point to Point로 연결하는 기본적인 통합 방식이다. • 별도로 솔루션(미들웨어)을 구매하지 않고 구축할 수 있다. • 상대적으로 저렴하게 구축할 수 있지만, 변경 및 재사용이 어렵다.
Hub & Spoke		• 단일 접점인 허브 시스템을 통해 데이터를 전송하는 중앙 집중형 방식으로 확장 및 유지보수가 수월하다. • 중앙 허브에 장애가 생기면 시스템 전체에 영향을 준다.

Message Bus (ESB 방식)	(다이어그램)	• 애플리케이션 사이에 미들웨어를 배치하여 처리하는 방식으로 확장성이 뛰어나다. • 대용량 데이터 처리에 유리하다.
Hybrid	(다이어그램)	• Hub & Spoke와 Message Bus의 혼합 방식이다. • 데이터 병목 현상을 최소화할 수 있으며 한 가지 방식으로 EAI를 구현할 수 있다. • 그룹 내 : Hub & Spoke, 그룹 간 : Message Bus

③ 구성요소

Platform	데이터의 안전한 전달 기능, 미들웨어 기능, 실행 환경 제공
Application Adapter	• 다양한 패키지 및 In-House 애플리케이션을 위한 재사용성 높은 인터페이스 지원(DB, CRM, ERP, DW 등 연결) • 각기 다른 애플리케이션과 메시지 통로 사이에서 데이터를 입출력하는 도구
Data Broker	애플리케이션 간 통합을 위해 데이터 포맷과 데이터 코드를 변환을 담당
Business Work flow	미리 정의한 업무 프로세스에 따라 애플리케이션 간 데이터 전달 및 연동을 처리하는 소프트웨어 모듈

03 ESB(Enterprise Service Bus)

① 정의

• Web Service, Intelligent Routing, Transformation 기술을 기반으로 SOA★를 지원하는 미들웨어 플랫폼이다.
• 애플리케이션 간의 데이터 변환 및 연계 지원 등을 제공하는 인터페이스 제공 솔루션이다.
• 애플리케이션 간의 통합 관점으로 EAI와 유사하다고 볼 수 있으나 애플리케이션 보다는 서비스 중심으로 통합을 지향하는 아키텍처 또는 기술을 의미한다.
• 범용적으로 사용하기 위해서는 애플리케이션과의 결합도를 약하게 유지해야 한다.
• 웹 서비스 중심으로 표준화된 데이터, 버스를 통해 이 기종 애플리케이션을 유연(Loosely-Coupled)하게 통합하는 핵심 플랫폼(기술)이다.
• 관리 및 보안이 쉽고 높은 수준의 품질 지원이 가능하다.

★ SOA(Service Oriented Architecture)
일 처리에 해당하는 소프트웨어 기능을 서비스로 판단하고 그 서비스를 네트워크상에 연동하여 시스템 전체를 구축해 나가는 방법론이다.

② 도입 효과

• 애플리케이션 통합 및 협업 지원
• 실시간 기업(RTE★, Real-Time Enterprise) 기반 제공

▶ 공통 서비스 환경 제공

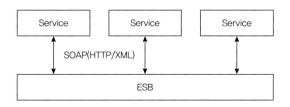

★ RTE(Real-Time Enterprise)
• 회사의 주요 경영정보를 통합관리하는 실시간 기업의 기업경영 시스템이다.
• 전사적 자원관리(ERP), 판매망 관리(SCM), 고객관리(CRM) 등 부문별 전산화를 넘어 회사 전 부문의 정보를 하나로 통합하여 경영자의 빠른 의사결정을 위한 시스템이다.

③ ESB의 기술 요소

- 서비스 통합 : XML, SOAP, WSDL
- 웹 서비스 보안 프로토콜 : XKMS, XACML, XML 전자서명
- SOA 지원 : ebXML, BPEL, BPM, BPMN

➕ 더 알기 TIP

웹 서비스 보안 프로토콜

- SAML(인증/권한 관리) : 이기종 시스템 간 권한 확인 가능, 인증 및 권한정보를 명세, 보안 토큰
- XKMS(키 관리) : 부인 방지, 개방형 표준화, 기존 PKI 연동 용이, 구현 단순성 및 응용 개발 용이성
- XACML(접근 제어) : 정보 접근을 위한 XML 명세, UDDI 및 WSDL 항목 접근 제어

04 EAI/ESB 비교

구분	EAI	ESB
목적	애플리케이션 통합	애플리케이션 및 프로세스 통합
개념	미들웨어(Hub)를 이용하여 비즈니스 관련 로직을 중심으로 기업 내 애플리케이션을 통합 연계	미들웨어(Bus)를 이용하여 서비스 중심으로 서비스를 지원하기 위한 관련 시스템의 유기적 연계
방식	Native Adapter	웹 서비스, JMS, IIOP 등
표준	벤더 종속적 기술 사용	표준 기술 사용(웹 서비스, XML 등)
통합 범위	기업 내 이기종 애플리케이션	기업 내외 애플리케이션
경제성(TCO)	대상 시스템별로 Adapter 구매 또는 지속적인 개발 비용 투입이 요구됨	비즈니스 로직(서비스) 단위의 재사용으로 통합 비용 절감
확장성	지원 adapter 내 확장 가능하여 확장성이 높음	매우 높음(서비스 오케스트레이션)
활용	E-Biz 인프라	SOA 인프라 구현 핵심 플랫폼
Architecture	중앙집중식(1:1)	버스 형태의 느슨한 연결 구조(1:N)

05 XML(Extensible Markup Language) 2020년 1회

- 레바논 출신의 유리 루빈스키가 기존 HTML이 장애인을 위한 점자 출력이 불가능하다는 단점을 지적하면서 대두되어 W3C에서 개발된 기술이다.
- XML은 SGML*의 단순화된 집합으로, 다른 많은 종류의 데이터를 기술하는 데 사용할 수 있다.
- 구조적인 데이터를 위한 것이며 모듈식이다.
- 인터넷에 연결된 시스템끼리 데이터를 쉽게 주고받을 수 있게 하여 HTML의 한계를 극복할 목적으로 만들어졌다.
- 트리 형태의 구조로 구성되어 있으며 사용자가 직접 Tag를 정의할 수 있다.
- 시작, 종료 태그의 요소 이름은 같아야 하며 모든 태그는 종료 태그를 가져야 한다.
- 속성값은 반드시 " "로 묶어 주어야 하며 대소문자를 구분한다.
- XML 기반의 언어 : RDF, RSS*, Atom, MathML, XHTML, SVG

> ★ SGML(Standard General-ized Markup Language)
> 문서용 마크업 언어를 정의하기 위한 메타언어이다. 다양한 응용이 가능하도록 다양한 마크업 구문을 제공한다.

> ★ RSS(Rich Site Summary)
> 뉴스나 블로그 사이트에서 주로 사용하는 콘텐츠 표현 방식이다.

06 웹 서비스(Web Service)

① 정의

- 네트워크에 분산된 정보를 표준화된 서비스 형태로 공유하는 기술로서, 서비스 지향 아키텍처(SOA) 개념을 실현하는 대표적인 기술이다.
- SOAP, WSDL*, UDDI* 등 표준 기술을 이용하여 네트워크에 연결된 다른 컴퓨터 간 상호작용을 위한 서비스 또는 플랫폼을 의미한다.
- 기존 웹 환경과 호환 가능한 상호운용성, 시스템 구조의 유연성, XML을 기반으로 한 단순성, 사용의 편리성, 시스템 간 통합 환경 제공, 분산 시스템 간 SW 통합 자동화를 통하여 IT 개발/운영비용 절감 등의 특징을 갖는다.

> ★ WSDL(Web Services Description Language)
> • XML로 기술된 웹 서비스 기술 언어 또는 기술된 정의 파일의 총칭이다.
> • 서비스 제공 장소, 서비스 메시지 포맷, 프로토콜 등 웹 서비스의 구체적 내용이 기술된다.

> ★ UDDI(Universal Description, Discovery, and Integration)
> 인터넷상에서 전 세계의 비즈니스 업체 목록에 자신의 목록을 등록하기 위한 XML 기반의 레지스트리이다.

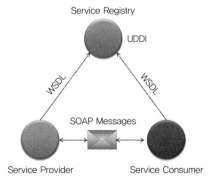

② 필요성

- SOAP, UDDI, XML 등의 연계 기술의 발달 및 표준화가 정착되었다.
- 복잡한 기업 환경으로 인하여 혼재된 시스템★ 간 연계, 데이터 공유가 필요해졌다.
- e-Commerce의 유행으로 데이터 공유 및 변환 작업 지원이 필요해졌다.

★ 혼재된 시스템
C/S, ERP, CRM 등 다양한 시스템이 혼재되어 운용되고 있다.

③ 구성

SOAP	- Simple Object Access Protocol - 서비스를 실제로 이용하기 위한 객체 간의 통신 규약이다. - HTTP, HTTP, SMTP 등의 프로토콜을 이용하여 XML을 교환한다. - 프락시와 방화벽의 영향 없이 통신할 수 있다. - 주요 요소 : Envelope, Header, Body
WSDL 2021년 1회	- Web Service Description Language - 웹 서비스명, 제공 위치, 메시지 포맷, 프로토콜 정보 등 웹 서비스에 대한 상세 정보를 기술한 파일이다. - 독립적이며 단순한 XML 형식으로 구현한다. - UDDI의 기초가 된다. - 인터넷 웹 서비스를 제공하기 위해 SOAP, XML 스키마와 결합하여 사용한다.
UDDI	- Universal Description Discovery and Integration - WSDL을 등록하여 인터넷에서 전 세계 비즈니스 목록에 자신을 등재하기 위한 확장성 생성 언어(XML) 기반의 규격화된 레지스트리이다.

④ 웹 서비스 방식의 환경 구축 절차

- 송/수신 파일 경로 및 파일명을 정의한다.
- 송신 연계 응용 프로그램을 구현한다.
- 파일을 전송한다(SOAP 대신 REST★ 프로토콜로 대체할 수 있음).
- 수신 DB에 반영 서비스를 호출한다.
- 수신 연계 응용 프로그램을 구현한다.

★ REST(Representational State Transfer)
- 월드 와이드 웹과 같은 분산 하이퍼미디어 시스템을 위한 소프트웨어 아키텍처의 한 형식이다.
- 데이터를 HTTP에서 부가적인 전송 레이어 없이 전송하기 위한 간단한 인터페이스이다.

01 WSDL을 등록하여 인터넷에서 전 세계 비즈니스 목록에 자신을 등재하기 위한 확장성 생성 언어(XML) 기반의 규격화된 레지스트리 이름을 쓰시오.

· 답 :

02 다음 설명에 해당하는 웹 서비스의 명칭을 쓰시오.

> · 서비스를 실제로 이용하기 위한 객체 간의 통신 규약이다.
> · HTTP, HTTP, SMTP 등의 프로토콜을 이용하여 XML을 교환한다.
> · 프락시와 방화벽의 영향 없이 통신할 수 있다.
> · 주요 요소 : Envelope, Header, Body

· 답 :

03 XML 기반의 언어 3가지를 쓰시오.

· 답 :

04 다음의 설명에 알맞은 용어를 쓰시오.

> · Web Service, Intelligent Routing, Transformation 기술을 기반으로 SOA를 지원하는 미들웨어 플랫폼이다.
> · 애플리케이션 간의 데이터 변환 및 연계 지원을 등을 제공하는 인터페이스 제공 솔루션이다.

· 답 :

05 EAI 유형 중 단일 접점인 허브 시스템을 통해 데이터를 전송하는 중앙-집중형 방식으로 확장 및 유지보수가 수월하며 중앙 허브에 장애가 생기면 시스템 전체에 영향을 줄 수 있는 유형을 쓰시오.

· 답 :

ANSWER **01** UDDI
02 SOAP
03 RDF, RSS, Atom, MathML, XHTML, SVG
04 ESB(Enterprise Service Bus)
05 Hub & Spoke

연계(인터페이스) 테스트

빈출 태그 연계 테스트 • 테스트 구간

★ 연계 시스템의 구성요소
송신 모듈, 수신 모듈, 연계 서버와
엔진, 모니터링 현황

01 연계 테스트

- 구축된 연계 시스템과 연계 시스템의 구성요소★가 정상적으로 동작하는지 확인하는 활동이다.
- 연계 테스트, 데이터가 발생하고 활용되는 응용 애플리케이션 기능과의 통합, 흐름을 테스트하는 통합 테스트로 단계적으로 수행한다.

02 연계 테스트 구간

- 구간을 상세화하여 송수신 시스템 간, 연계 테이블 간의 테스트를 수행하고 정상적으로 데이터가 송수신되면 송신 시스템의 운영 DB에서 연계 데이터를 추출 및 생성하여 수신 시스템의 운영 DB에 반영하는 테스트이며, 순차적으로 진행한다.
- 연계 테스트는 송신 시스템의 운영 DB에서 연계 데이터를 추출 및 생성하여 수신 시스템의 운영 DB에 반영하는 구간의 테스트를 의미한다.

구분	테스트 확인사항	위치	테스트 구간		
			단위	연계	통합
송신 시스템	데이터 발행과 DB 저장	운영 응용 애플리케이션			
	연계 데이터 추출 생성	연계 응용 프로그램			
	연계 테이블 생성				
중계 서버	연계 테이블 간 송수신	연계 서버 또는 중계 서버			
	연계 테이블 생성				
수신 시스템	연계 테이블에서 연계 데이터 로드	연계 응용 프로그램			
	운영 DB 반영				
	반영된 데이터 검색, 활용	운영 응용 애플리케이션			

03 연계 테스트 케이스 작성 및 명세화

- 연계 테스트 구간에서의 데이터 및 프로세스 흐름에 따라 테스트 케이스(Test case)를 작성한다.
- 연계 테스트 케이스는 연계 테이블 단위로 작성한다.
- 테스트 케이스(Test case) 작성 시 가장 핵심적인 사항은 테스트 항목의 도출이다.
- 테스트할 대상 및 기능 등이 충분히(완전하게), 누락 없이, 일관성 있게, 구체적으로 식별되어야 한다.
- 연계 테스트 환경은 실제 운영 환경과 같거나 유사하게 구축한다.
- 송신/수신용 연계 응용 프로그램의 기능 위주 결함을 확인하는 단위 테스트 케이스(Test case)로 작성한다.

단위 시험 ID	TT-IF-DD-001	단위 시험명				
테스트 일시	2024.05.30	시험자명				
		확인자명				
설명	테스트 케이스에 관한 상세 내용 기술					
관련 프로그램 ID	테스트에 관련된 연계 응용 프로그램 및 수신용 연계 응용 프로그램 ID 기술					
케이스 ID	시험 항목 및 처리 절차	입력 데이터	예상 결과	검증법	결과

▲ 연계 테스트 케이스 양식

04 연계 테스트 환경 구축

- 연계 테스트 환경은 실제 운영 환경과 같게 또는 유사하게 구축한다.
- 연계 서버(엔진), 송/수신용 어댑터(Adapter) 또는 에이전트(Agent) 설치를 비롯하여 송수신 운영 DB, 송수신 운영 DB에서 연계 데이터 추출 및 반영에 필요한 테이블, 데이터와 송수신용 연계 응용 프로그램들을 설치 및 준비한다.
- 테스트 수행 전 연계 테스트 일정, 절차, 방법, 소요시간, 테스트 환경, 환경 구축 기간 등을 협의하여 계획을 수립하고 테스트 환경을 구축한다.

05 연계 테스트 수행

- 연계 테스트 수행은 연계 응용 프로그램을 실행하여 연계 테스트 케이스의 시험 항목 및 처리 절차 등을 실제로 진행하는 것이다.
- 송수신용 연계 응용 프로그램의 단위 테스트를 먼저 수행하고 단위 테스트의 수행을 완료한 후 연계 테스트 케이스에 따라 데이터 추출, 데이터 송수신, 데이터 반영 과정 등의 연계 테스트를 수행한다.

06 연계 테스트 수행 결과 검증

- 연계 테스트 케이스의 시험 항목 및 처리 절차를 수행한 결과가 예상 결과와 같은지 검증을 수행한다.
- 테스트 결과를 검증하는 방법
  - 운영 DB 테이블의 건수를 카운트(Count)하는 방법
  - 실제 테이블이나 파일을 열어서 데이터를 확인하는 방법
  - 파일 생성 위치의 파일 생성 여부와 파일 크기를 확인하는 방법
  - 연계 서버(또는 연계 엔진)에서 제공하는 모니터링 화면의 내용을 확인하는 방법
  - 시스템에서 기록하는 로그를 확인하는 방법

01 연계 테스트 구간은 송신/중계/수신 시스템으로 구분하여 테스트를 진행하게 된다. 중계 서버 단계에서는 어떤 테스트를 수행하는지 쓰시오.

• 답 :

02 연계 테스트 케이스를 작성할 때 연계 테스트 케이스 작성 단위를 쓰시오.

• 답 :

03 연계 서버(엔진), 송/수신용 어댑터(Adapter) 또는 에이전트(Agent) 설치를 비롯하여 송수신 운영 DB, 송수신 운영 DB에서 연계 데이터 추출 및 반영에 필요한 테이블, 데이터와 송수신용 연계 응용 프로그램들을 설치 및 준비해야 하는 연계 테스트 단계는 무엇인지 쓰시오.

• 답 :

04 연계 테스트 수행 결과 검증 단계에서 테스트 결과를 검증하는 방법으로 알맞은 것을 모두 골라 쓰시오.

> 가. 운영 DB 테이블의 건수를 카운트(Count)하는 방법
> 나. 실제 테이블이나 파일을 열어서 데이터를 확인하는 방법
> 다. 파일 생성 위치의 파일 생성 여부와 파일 크기를 확인하는 방법
> 라. 연계 서버(또는 연계 엔진)에서 제공하는 모니터링 화면의 내용을 확인하는 방법
> 마. 시스템에서 기록하는 로그를 확인하는 방법

• 답 :

ANSWER **01** 단위 테스트
02 연계 테이블
03 연계 테스트 환경 구축 단계
04 가, 나, 다, 라, 마

01 다음이 설명하는 연계 솔루션은 무엇인지 쓰시오.

- 기업 내부에서 운영되는 각종 플랫폼 및 애플리케이션 간의 정보 전달, 연계, 통합을 가능하게 해주는 솔루션이다.
- 각 비즈니스 간 통합 및 연계성을 증대시켜 효율성을 높일 수 있다.
- 각 시스템 간의 확정성을 높여 줄 수 있다.
- 타 시스템에서 필요한 정보를 취득하여 다양한 서비스를 사용자에게 제공할 수 있다.

• 답 :

02 EAI 유형 중 애플리케이션을 중간 미들웨어 없이 연결하며 별도로 솔루션(미들웨어)을 구매하지 않고 구축할 수 있으며, 상대적으로 저렴하게 구축할 수 있지만 변경 및 재사용이 어려운 유형은 무엇인지 쓰시오.

• 답 :

03 EAI 구성요소 중 애플리케이션 간 통합을 위해 데이터 포맷과 데이터 코드를 변환을 담당하는 것은 무엇인지 쓰시오.

• 답 :

04 이것은 문서용 마크업 언어를 정의하기 위한 메타언어이다. 다양한 응용이 가능하도록 다양한 마크업 구문을 제공하는 언어를 쓰시오.

• 답 :

05 다음이 설명하는 연계 구현 기술을 쓰시오.

> • 네트워크에 분산된 정보를 표준화된 서비스 형태로 공유하는 기술로서, 서비스 지향 아키텍처(SOA) 개념을 실현하는 대표적인 기술이다.
> • SOAP, WSDL, UDDI 등 표준기술을 이용하여 네트워크에 연결된 다른 컴퓨터 간 상호작용을 위한 서비스 또는 플랫폼을 의미한다.

• 답 :

06 EAI 연계 유형 중 ESB 방식의 특징에 대하여 약술하시오.

• 답 :

07 EAI의 구성요소 4가지를 쓰시오.

• 답 :

08 ESB의 기술 요소 중 웹 서비스 보안 요소 3가지를 쓰시오.

• 답 :

서버 프로그램 구현

파트 소개

애플리케이션 설계를 기반으로 개발에 필요한 환경을 구성하고, 프로그래밍 언어와 도구를 활용하여 공통 모듈, 업무 프로그램과 배치 프로그램을 구현할 수 있다.

CHAPTER 01

개발 환경 구축하기

학습 방향

1. 응용 소프트웨어 개발에 필요한 하드웨어 및 소프트웨어의 필요 사항을 검토하고, 이에 따라 개발 환경에 필요한 준비를 수행할 수 있다.
2. 응용 소프트웨어 개발에 필요한 하드웨어 및 소프트웨어를 설치하고 설정하여 개발 환경을 구축할 수 있다.
3. 사전에 수립된 형상관리 방침에 따라 운영 정책에 부합하는 형상관리 환경을 구축할 수 있다.

출제빈도

SECTION 01	하	20%
SECTION 02	중	80%

개발 환경 도구

출제빈도 상 중 (하)
반복학습 1 2 3

빈출 태그 통합 개발 환경(IDE) • 빌드 도구 • 형상관리 도구 • 테스트 도구

01 개발 환경 구축

- 개발 환경 구축은 고객이 요청한 시스템의 구현을 진행하기 위한 준비 단계로 구현 시스템이 운영될 환경과 같은 환경을 구축해야 한다. 이때 구현될 목표 시스템의 요구사항에 대한 명확한 이해가 필요하다.
- 목표 시스템의 요구사항에 대한 분석을 통해 목표 시스템의 환경을 명확히 한 후 개발 도구를 선정하는 작업을 진행하게 된다.
- 목표 시스템의 요구사항은 프로젝트의 분석 및 설계 시의 산출물★을 분석하여 파악할 수 있으며, 이에 맞는 개발 환경을 준비한다.

★ 프로젝트 분석 및 설계 산출물
제안 요청서, 제안서, 사업 수행 계획서, 요구사항 정의서, 시스템 아키텍처, 애플리케이션 아키텍처 등

02 개발 도구 선정 과정

- 서버 프로그램의 개발 환경을 준비할 때 시스템의 하드웨어 사양을 고려하여 적합한 개발 도구(소프트웨어)를 선정하여야 한다.
- 다음과 같은 과정을 통해 개발 도구를 선정하여 서버 프로그램의 개발 환경을 준비한다.

목표 시스템의 환경 분석	⇨	구현 도구 선정	⇨	빌드 도구 선정	⇨	형상관리 도구 선정	⇨	테스트 도구 선정
요구사항 분석 설계 및 모델링		개발언어 및 H/W사양을 고려하여 선정		프로그램의 배포 및 라이브러리 관리를 위해 선정		개발 인원을 고려하여 선정		프로젝트 검증을 위해 선정

03 구현 도구의 선정

- 구현 및 개발 도구(Implementation and Development Tool)는 프로젝트 진행 시 개발자가 가장 많이 사용하게 되는 도구로 코드 작성 및 디버깅을 지원하는 도구이자 환경이다.
- 목표 시스템 구축에 적합한 개발언어를 선정 후 풍부한 지능과 플러그인(Plug-in)을 보유하고 있는 통합 개발 환경(IDE★, Integrated Development Environment)을 선정한다.

★ IDE(Integrated Development Environment, 통합 개발 환경)
- 구현 도구
- 개발 과정에서 사용되는 도구들의 집합
- 코딩, 디버깅, 컴파일, 빌드 등 프로그램 개발과 관련된 일련의 모든 작업들을 통합하여 제공해주는 소프트웨어

- 대표적인 통합 개발 도구로는 Eclipse, Visual Studio, X code, IntelliJ IDEA, NetBeans 등이 있다.

▶ **개발언어의 주요 선정 기준**

적정성	개발하고자 하는 목표 시스템이나 응용 프로그램의 목적에 부합해야 한다.
효율성	프로그래밍의 효율성이 고려되어야 한다.
이식성	일반적인 PC 및 OS에 개발 환경이 설치 가능해야 한다.
친밀성	프로그래머가 그 언어를 이해하고 사용할 수 있어야 한다.
범용성	광범위한 분야에 사용되고 있으며 다양한 과거 개발 실적이나 사례가 존재해야 한다.

04 빌드 도구와 형상관리 도구의 선정

- 팀 단위 프로젝트의 진행 시 팀 내의 개발자들의 원활한 협업을 하기 위해 개발한 결과물들은 빌드 도구와 형상관리 도구를 통해 관리된다.
- 빌드★ 도구(Build Tool)는 개발자가 작성한 소스코드 파일을 컴파일, 테스팅, 정적 분석 등을 진행하여 실행 가능한 소프트웨어로 자동 생성하는 도구이다. 프로젝트 진행 시 사용되는 라이브러리들에 대한 버전을 자동으로 동기화하여 추가 관리한다.
  - 빌드 도구는 프로젝트 팀원의 빌드 도구의 친밀도와 숙련도, 형상관리 도구와 통합 개발 도구와의 호환성을 고려하여 선정한다.
  - 대표적인 빌드 도구로는 Gradle, Maven, Ant 등이 있다.

★ **빌드(Build)**
소스코드 파일을 실행 가능한 소프트웨어 산출물로 만드는 일련의 과정

★ **빌드(Build) 과정**
- 전처리(preprocessing)
- 컴파일(Compile)
- 패키징(packaging)
- 테스팅(testing)
- 배포(distribution)

★ **Goal**
플러그인에서 실행할 수 있는 각각의 기능

★ **Target**
최소한의 실행 단위로, 특정 작업

Gradle	Maven	Ant
이미 구현된 Goal★ 수행		프로젝트 특화된 Target★ 수행
프로젝트 전체 정보를 정의		빌드 프로세스만 정의
Multi 프로젝트 빌드 지원	빌드 생명 주기, 표준화된 디렉터리 레이아웃	매우 복잡한 빌드 스크립트
스크립트 규모가 작고 읽기 쉬움	재사용 가능한 플러그인 및 저장소	스크립트의 재사용 불가

- 형상관리 도구(Configuration Management Tool)는 프로젝트와 관련된 모든 변경사항을 관리하는 도구이다.
  - 형상관리 도구를 선정할 때는 목표 시스템 환경과 통합 개발 도구와의 호환성을 고려하여 선정한다.
  - 대표적인 형상관리 도구로는 CVS(Concurrent Version System), SVN (Subversion), Git, Perforce(P4D) 등이 있다.

05 테스트 도구의 선정

- 테스트 도구(Test Tool)는 단순하고 반복적인 테스트 작업을 위해 코드의 분석, 테스트 케이스 작성, 테스트에 대한 리포팅 및 분석 등을 통해 테스트 효율성을 향상시키는 도구이다. 대표적인 테스트 도구에는 xUnit, Spring Test 등이 있다.

- 프로젝트 검증에 적합한 테스트 활동은 계획, 분석/설계, 수행의 단계로 진행되며 각 활동에 적합한 테스트 도구가 존재한다. 테스트 도구를 선정할 때에는 통합 개발 도구와 호환이 가능한 테스트 자동화 도구를 선정하도록 한다.

▶ **테스트 활용에 따른 도구 분류** 2020년 2회

테스트 활동	테스트 도구	설명
테스트 계획	요구사항 관리	고객 요구사항 정의 및 변경사항 관리
테스트 분석 및 설계	테스트 케이스 생성	테스트 기법에 따른 테스트 데이터 및 테스트 케이스 작성
	커버리지 분석	대상 시스템에 대한 테스트 완료 범위 척도
테스트 수행	테스트 자동화	기능 테스트 등 테스트 도구를 활용하여 자동화를 통한 테스트의 효율성을 높일 수 있음(xUnit, STAF, NTAF 등)
	정적 분석★	원시 코드를 분석하여 잠재적인 오류를 분석하며, 코딩 표준, 런타임 오류 등을 검증
	동적 분석★	프로그램 수행 중 발행하는 오류의 검출을 통한 오류 검출(Avalanche, Valgrind 등)
	성능 테스트	가상 사용자를 인위적으로 생성하여 시스템 처리 능력 측정(JMeter, AB, OpenSTA 등)
	모니터링	시스템 자원(CPU, Memory 등) 상태 확인 및 분석 지원 도구(Nagios, Zenoss 등)
테스트 통제	형상관리	테스트 수행에 필요한 다양한 도구 및 데이터 관리
	테스트 관리	전반적인 테스트 계획 및 활동에 대한 관리
	결함 추적/관리	테스트에서 발생한 결함 관리 및 협업 지원

★ 정적 분석 도구
- 결함 예방/발견
- 코딩 표준
- 코드 복잡도

★ 동적 분석 도구
- 메모리 릭(Leak)
- 동기화 오류

이론을 확인하는 / 핵심문제

다음은 테스트 수행 중 사용되는 테스트 도구에 대한 설명이다. 빈칸 ①~②에 알맞은 용어를 쓰시오.

테스트 수행 활동 시 사용되는 오류 검출 도구에는 두 가지의 테스트 도구가 있다. (①)(은)는 원시 코드를 분석하여 잠재적인 오류를 분석하며 코딩 표준, 런타임 오류 등을 검증할 수 있고, (②)(은)는 프로그램 수행 중 발생하는 오류를 검출하는 테스트 도구이다.

- ① :
- ② :

ANSWER ① 정적 분석 ② 동적 분석

02 개발 환경 구축

빈출 태그 서버 · 클라이언트 · WAS · 형상관리

01 개발 하드웨어 환경

- 일반적으로 사용되는 시스템 환경은 프로그램 개발을 위한 개발 환경, 테스트를 위한 테스트 환경, 실제 시스템이 운영되는 운영 환경과 백업 환경 등으로 분류할 수 있다.
- 개발 하드웨어 환경은 운영 환경과 유사한 구조로 구성하는 것이 원칙이며, 개발용 하드웨어 환경을 구축하기 위해서는 다음과 같은 하드웨어 구성을 고려하여야 한다.

① 클라이언트(Client) 환경 구성

- 서버 시스템에서 제공하는 서비스를 활용하기 위해 사용자와의 인터페이스(Interface)를 제공하는 하드웨어이다.
- 일반적으로 PC(Client/Server 화면), 웹 브라우저★ 화면, 핸드폰(모바일 앱)이 클라이언트로 활용된다.
- 웹 서비스상에서는 서버에서 전송한 데이터가 웹을 통해서 클라이언트에 도착 후 최종적으로 웹 브라우저로 전달된다. 웹 브라우저에는 데이터를 해석해 주는 파서와 데이터를 화면에 표현해 주는 렌더링 엔진이 포함되어 있다.

★ 웹 브라우저
월드 와이드 웹(WWW)에서 정보를 검색, 표현하고 탐색하기 위한 소프트웨어이다.

② 서버(Server) 환경 구성

- 서버 활용 목적에 따라 애플리케이션 서버, 데이터베이스 서버, 파일 서버 등으로 나눌 수 있다.
- 웹 서비스를 제공하기 위해서 애플리케이션 서버를 웹 서버와 웹 애플리케이션 서버로 분리하여 구성하기도 한다.

웹(Web) 서버	클라이언트(웹 브라우저 화면)에서 요청하는 서비스의 속도를 향상시키기 위해 정적 파일(HTML, CSS, 이미지 등)들을 제공하는 웹 서버 애플리케이션이 설치되는 하드웨어
웹 애플리케이션 (Application) 서버	동적 웹 서비스를 제공하기 위해 Tomcat, Undertow, IIS 등 미들웨어인 WAS(Web Application Server)와 서비스에 관련된 애플리케이션이 설치되는 하드웨어
데이터베이스 (Database) 서버	MySql, Oracle, MS-SQL 등 데이터베이스가 설치되는 하드웨어
파일(File) 서버	서비스 제공을 위해 파일을 저장하고, 공유하기 위한 파일 저장 하드웨어

③ 서버와 운영체제(플랫폼)

- 클라이언트 서버 모델(Client-Server Model)
  - 클라이언트 서버 모델은 네트워크상에서 서비스 요청자인 클라이언트와 서비스 자원의 제공자인 서버 간에 작업을 분리해 주는 분산 애플리케이션 구조이자 네트워크 아키텍처이다.
  - 대부분 Server에서 데이터를 처리하고 클라이언트는 UI를 담당한다.
  - 구조가 간단하여 속도가 좋은 특징이 있으나 배포가 어렵다는 단점이 있다.

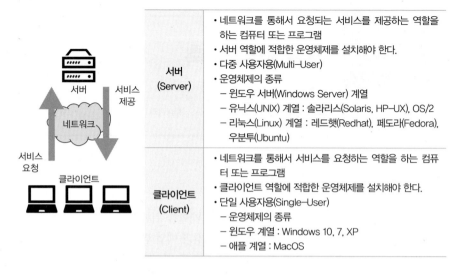

	서버
	(Server)
		• 네트워크를 통해서 요청되는 서비스를 제공하는 역할을
		하는 컴퓨터 또는 프로그램
		• 서버 역할에 적합한 운영체제를 설치해야 한다.
		• 다중 사용자용(Multi-User)
		• 운영체제의 종류
		  – 윈도우 서버(Windows Server) 계열
		  – 유닉스(UNIX) 계열 : 솔라리스(Solaris, HP-UX), OS/2
		  – 리눅스(Linux) 계열 : 레드햇(Redhat), 페도라(Fedora),
		    우분투(Ubuntu)

	클라이언트
	(Client)
		• 네트워크를 통해서 서비스를 요청하는 역할을 하는 컴퓨
		터 또는 프로그램
		• 클라이언트 역할에 적합한 운영체제를 설치해야 한다.
		• 단일 사용자용(Single-User)
		  – 운영체제의 종류
		  – 윈도우 계열 : Windows 10, 7, XP
		  – 애플 계열 : MacOS

▶ 웹 서버

	웹 문서	• Markup Language
		  – HTML, XML, SGML, WML, VML
		  – CSS
		• Script Language
		  – JavaScript, VBscript
		• Embedded Control
		  – ActiveX, Applet

	웹 서버 (Web Server)	• 웹 문서를 사용자에게 제공하는 프로그램 • 웹 서버에서 웹 문서를 제공하기 위해서는 웹 서버 프로 그램을 설치해야 한다. • Apache, IIS(Internet Information Services)

▶ 웹 프로그래밍

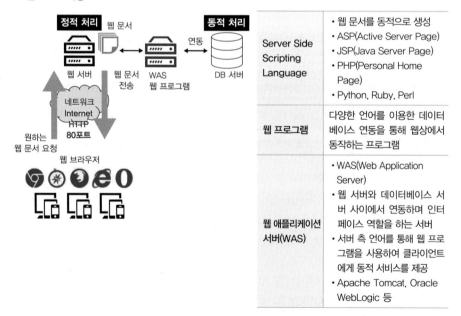

	Server Side Scripting Language	• 웹 문서를 동적으로 생성 • ASP(Active Server Page) • JSP(Java Server Page) • PHP(Personal Home Page) • Python, Ruby, Perl
	웹 프로그램	다양한 언어를 이용한 데이터 베이스 연동을 통해 웹상에서 동작하는 프로그램

	웹 애플리케이션
	서버(WAS)
		• WAS(Web Application
		  Server)
		• 웹 서버와 데이터베이스 서
		  버 사이에서 연동하며 인터
		  페이스 역할을 하는 서버
		• 서버 측 언어를 통해 웹 프로
		  그램을 사용하여 클라이언트
		  에게 동적 서비스를 제공
		• Apache Tomcat, Oracle
		  WebLogic 등

- WAS는 일종의 미들웨어로 웹 클라이언트(보통 웹 브라우저)의 요청 중 웹 애플리케이션이 동작하도록 지원한다.
- WAS도 보통 자체적으로 웹 서버 기능을 내장하고 있다.
- 현재는 WAS가 가지고 있는 웹 서버도 정적인 콘텐츠를 처리하는 데 있어서 성능상 큰 차이가 없으나 규모가 커질수록 웹 서버와 WAS를 분리한다.

④ 응용 서버 플랫폼

- LAMP : 리눅스 운영체제에서 웹 프로그램 개발을 위해 구축해야 하는 소프트웨어를 묶어 놓은 것을 의미한다.
  - 운영체제 → Linux
  - 웹 서버 → Apache
  - 데이터베이스 → MySQL
  - 언어 → PHP
- WAMP : 윈도우 운영체제에서 웹 프로그램 개발을 위해 구축해야 하는 소프트웨어를 묶어 놓은 것을 의미한다.
  - 운영체제 → Windows
  - 웹 서버 → Apache
  - 데이터베이스 → MySQL
  - 언어 → PHP

⑤ 미들웨어(MiddleWare)

- 클라이언트와 데이터베이스 사이에서 매개체 역할을 하는 소프트웨어로 데이터 관리, 애플리케이션 서비스, 메시징, 인증 및 API 관리를 주로 처리한다.
- 클라이언트 쪽에 비즈니스 로직이 많을 경우, 클라이언트 관리(배포 등)로 인해 비용이 많이 발생하는 문제가 있다.
- 비즈니스 로직을 동작하는 미들웨어 서버를 통해 클라이언트는 입력과 출력만 담당하도록 지원할 수 있다.

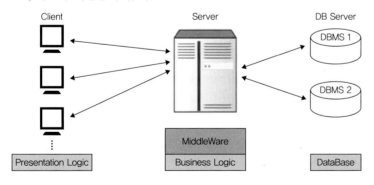

★ 클라우드 컴퓨팅(Cloud Computing)
클라우드 컴퓨팅은 인터넷을 통해 가상화된 컴퓨터 시스템 자원을 요구하는 즉시 처리하여 제공하는 기술이다.

➕ 더 알기 TIP

클라우드 컴퓨팅 ★ 서비스 모델 2023년 3회

IaaS	• Infrastructure as a Service(인프라 기본 서비스) • 서비스를 개발할 수 있는 안정적인 환경과 그 환경을 이용하는 응용 프로그램을 개발할 수 있는 API까지 제공하는 서비스
PaaS	• Platform as a Service(플랫폼 기반 서비스) • 서버, 스토리지 자원을 쉽고 편하게 이용하게 쉽게 서비스 형태로 제공하여 다른 유형의 기반이 되는 기술
SaaS	• SaaS(Software as a Service(소프트웨어 기반 서비스) • 주문형 소프트웨어라고도 하며 사용자는 시스템이 무엇으로 이루어져 있고 어떻게 동작하는지 알 필요가 없이 단말기 등에서 필요하면 언제든지 제공받을 수 있음

02 개발 소프트웨어 환경

개발 소프트웨어 환경도 개발 하드웨어 환경과 마찬가지로 운영 환경과 동일한 구조로 구성한다.

① 시스템 소프트웨어

운영체제 (OS, Operation System)	• 하드웨어 운영을 위한 시스템 소프트웨어로, Windows/Linux/UNIX 등의 환경으로 구성 • 일반적으로 상세 소프트웨어 명세는 하드웨어를 제공하는 벤더(Vender)에서 제공 • ⓔ Windows, Linux, UNIX(HPUX, Solaris, AIX) 등
JVM (Java Virtual Machine)	• 스택 기반의 자바 가상머신으로 Java와 운영체제 사이에서 중개자 역할을 수행하여 Java가 운영체제에 상관없이 재사용 가능하게 지원 • Java 관련 응용 프로그램을 실행하기 위한 인터프리터 환경 • 적용 버전을 개발 표준에서 명시하여 프로젝트에 참여하는 모든 개발자가 동일한 버전을 적용
Web Server	• 정적 웹 서비스를 수행하는 미들웨어로서, 웹 브라우저 화면에서 요청하는 정적 파일 제공 • 클라이언트(Client)가 요청하는 HTML 문서나 각종 리소스(Resource) 전달 • ⓔ Apache ★, Nginx ★, Microsoft IIS(Internet Information Server), GWS (Google Web Server) 등
WAS (Web Application Server)	• 클라이언트의 요청 중 웹 애플리케이션을 동작하도록 지원하는 미들웨어 • 웹 서버와 JSP/Servlet 애플리케이션 수행을 위한 엔진으로 구성 • ⓔ Tomcat, Undertow, JEUS, Weblogic, Websphere 등
DBMS (Database Management System)	• 다수의 사용자가 데이터베이스에 접근 가능하게 하며 데이터의 저장과 관리를 위한 데이터베이스 소프트웨어 • ⓔ Oracle, SQL Server, MySQL, MariaDB, DB2, Sybase 등

★ Apache 웹 서버
Apache Software Foundation에서 개발한 웹 서버로 오픈소스 소프트웨어이며 대부분 운영체제에서 설치 및 사용 가능하다.

★ Nginx 웹 서버
오픈소스 소프트웨어로 차세대 웹 서버로 불리며 소량 자원을 빠르게 서비스하는 것을 목적으로 만들어진 서버이다.

② 개발 소프트웨어

요구사항 관리 도구	• 목표 시스템의 기능과 제약 조건 등 고객의 요구사항을 수집, 분석, 추적을 쉽게 할 수 있게 지원하는 도구 • ⓔ JFeature, JRequisite, OSRMT, Trello 등
설계/모델링 도구	• 기능을 논리적으로 결정하기 위해 통합 모델링 언어(UML, Unified Modeling Language) 지원, Database 설계 지원 등 설계 및 모델링을 지원하는 도구 • ⓔ ArgoUML, DB Designer, StarUML 등

구현 도구	• 문제 해결 방법을 소프트웨어 언어를 통해 구현 및 개발을 지원하는 도구 • ❻ Eclipse, IntelliJ, Visual Studio 등
테스트 도구	• 구현 및 개발된 모듈들에 대하여 요구사항에 적합하게 구현되어 있는지 테스트를 지원하는 도구 • ❻ JUnit, CppUnit, JMeter SpringTest 등
형상관리 도구	• 산출물의 변경사항을 버전별로 관리하여 목표 시스템의 품질 향상을 지원하는 도구 • ❻ CVS(Concurrent Versions System), SVN(Apache Subversion), Git 등

03 형상관리 2020년 3회/2회

① 형상관리(SCM, Software Configuration Management)의 정의

• 형상관리란 소프트웨어의 개발 과정에서 발생하는 산출물의 변경 사항을 버전 관리하기 위한 일련의 활동이다.
• 형상관리는 다음과 같은 특성을 갖는다.
  - 소프트웨어 변경사항을 파악하고 제어하며, 적절히 변경되고 있는지 확인한 후 해당 담당자에게 통보하는 작업이다.
  - 형상관리는 프로젝트 생명주기의 모든 단계에서 수행하는 활동이며, 유지보수 단계에서도 수행되는 활동이다.
  - 형상관리의 수행으로 소프트웨어 개발의 전체 비용을 줄이고, 개발 과정에서 나타나는 여러 가지 문제점 발생 요인이 최소화되도록 보증하는 것을 목적으로 하는 품질보증을 위한 중요한 활동이다.

② 형상관리의 주요 활동

일반적으로 형상★ 식별, 버전 관리, 형상 통제(변경 통제), 형상 감사, 상태 보고 등의 활동으로 이루어져 있다.

형상 식별	• 형상관리 대상을 구분하고 고유한 관리 목록 번호 부여 • 계층(Tree) 구조로 구분하여 수정 및 추적이 쉽도록 베이스라인★의 기준을 정하는 활동
버전 관리	진화 그래프 등을 통해 SCI의 버전 부여 및 갱신(버전 제어)
형상 통제 (변경 통제)	• 변경 제어 또는 변경 관리 • SCI에 대한 접근 및 동기화 제어 • 식별된 형상항목의 변경 요구를 검토, 승인하여 적절히 통제함으로써 현재의 베이스라인에 잘 반영될 수 있도록 조정하는 작업 • 형상통제위원회(CCB) 승인을 통한 적절한 형상 통제가 가능
형상 감사	• SCI 무결성을 평가하여 공식적으로 승인 • 베이스라인의 무결성을 평가하기 위해 확인, 검증 과정을 통해 공식적으로 승인하는 작업
상태 보고	• 개발자와 유지보수 담당자에게 변경사항 공지(형상 기록) • 베이스라인의 현재 상태 및 변경 항목들이 제대로 반영되는지 여부를 보고하는 절차 • 형상의 식별, 통제, 감사 작업의 결과를 기록 및 관리하고 보고서를 작성하는 작업

★ 형상(Configuration)
형상은 소프트웨어가 동작하게 되는 그 자체를 말하며 구현되는 소스코드, 설계서, 요구사항 정의서, 제품 설명서, 유지보수 문서 등의 문서 등을 형상이라고 한다. 이러한 형상을 구성하는 단위를 형상 항목(SCI, Software Configuration Item)이라고 한다.

★ 베이스라인(기준선, Base-line)
변경을 통제하게 도와주는 기준선은 정식으로 검토 및 합의된 명세서나 제품 개발의 바탕으로서, 정식의 변경 통제 절차를 통해서만 변경 가능하다.

③ 형상 항목
- 소프트웨어 공학 기반 표준과 절차 : 방법론, WBS, 개발 표준
- 소프트웨어 프로젝트 계획서
- 소프트웨어 요구사항 명세서
- 소프트웨어 아키텍처, 실행 가능한 프로토타입
- 소프트웨어 화면, 프로그램 설계서
- 데이터베이스 기술서 : 스키마, 파일 구조, 초기 내용
- 소스코드 목록 및 소스코드
- 실행 프로그램
- 테스트 계획, 절차, 결과
- 시스템 사용 및 운영과 설치에 필요한 매뉴얼
- 유지 보수 문서 : 변경 요청서, 변경 처리 보고서 등

이론을 확인하는 핵심문제

01 다음 〈보기〉에서 미들웨어 솔루션의 유형에 해당하는 것을 모두 골라 쓰시오.

WAS, Web Server, RPC, ORB

- 답 :

02 웹 서버와 데이터베이스 서버 사이에서 연동하며 인터페이스 역할을 하는 서버로 서버측 언어를 통해 웹 프로그램을 사용하여 클라이언트에게 동적 서비스를 제공하는 미들웨어를 무엇이라 하는지 쓰시오.

- 답 :

03 변경 요청, 변경 심사, 변경 실시, 변경 확인 등으로 세분화할 수 있으며, 형상 목록의 변경 요구를 검토 및 승인하여 현재의 소프트웨어 기준선에 반영될 수 있도록 통제하는 일련의 과정을 무엇이라 하는지 쓰시오.

- 답 :

ANSWER **01** WAS, RPC, ORB
02 WAS
03 형상 통제

합격을 다지는 / 예상문제 ▶ : 정답 & 해설 1-373p

01 다음에서 공통으로 설명하는 용어를 쓰시오.

> • 분산 환경에서 멀티벤더(multi vender)의 자원을 연결하여 이용하게 하는 소프트웨어로서 각종 애플리케이션에 대한 표준 인터페이스를 제공하는 개념이다.
> • 복잡한 여러 기종의 컴퓨팅 환경에서 응용 프로그램과 운영체제의 차이를 보완해 주고, 서버와 클라이언트들을 중간에서 연결해 주는 소프트웨어이다.

• 답 :

02 다음의 빈칸에 알맞는 용어를 쓰시오.

> 소프트웨어 개발 과정에서 변경에 대비하기 위한 (   )(은)는 반드시 필요하다. 소프트웨어 (   )(이)란 소프트웨어의 개발 과정에서 발생하는 산출물의 변경 사항을 버전 관리하기 위한 일련의 활동을 말한다. 소프트웨어 리사이클 기간 동안 개발되는 제품의 무결성을 유지하고 소프트웨어의 식별, 편성 및 수정을 통제하는 프로세스를 제공한다. 실수의 최소화와 생산성의 최대화가 (   )의 궁극적인 목표라고 할 수 있다.

• 답 :

03 다음은 형상관리 활동 과정을 나타낸 내용이다. 빈칸에 알맞은 용어를 쓰시오.

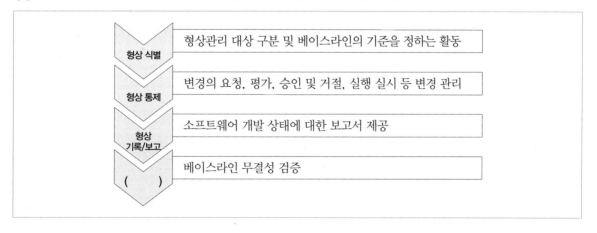

• 답 :

04 다음 〈보기〉에서 형상관리 도구에 해당하는 것을 모두 골라 쓰시오.

〈보기〉

CVS, jUnit, Maven, Subversion, Git

• 답 :

05 다음에서 설명하는 개발을 위해 사용되는 소프트웨어 도구의 명칭을 쓰시오.

( )(은)는 프로그램을 개발할 때 가장 많이 사용되는 도구로서 코드의 작성 및 편집, 디버깅 등과 같은 다양한 작업이 가능하며 Eclipse, Visual Studio Code, IntelliJ, NetBeans 등 다양한 소프트웨어 도구들이 사용되고 있다. 구현해야 할 소프트웨어가 어떤 프로그래밍 언어로 개발되는지에 따라 선택하여 사용한다.

• 답 :

06 다음은 프로젝트 검증에 적합한 테스트 도구 중 테스트 수행 활동에 해당하는 도구와 관련 설명이다. 빈칸 ①~②에 알맞은 테스트 도구를 쓰시오.

테스트 도구	설명
테스트 자동화	기능 테스트 등 테스트 도구를 활용하여 자동화를 통한 테스트의 효율성을 높일 수 있음(xUnit, STAF, NTAF 등)
(①)	코딩 표준, 런타임 오류 등을 검증
(②)	대상 시스템 시뮬레이션을 통한 오류 검출(Avalanche, Valgrind 등)
성능 테스트	가상 사용자를 인위적으로 생성하여 시스템 처리 능력 측정(JMeter, AB, OpenSTA 등)
모니터링	시스템 자원(CPU, Memory 등) 상태 확인 및 분석 지원 도구(Nagios, Zenoss 등)
형상관리	테스트 수행에 필요한 다양한 도구 및 데이터 관리
테스트 관리	전반적인 테스트 계획 및 활동에 대한 관리
결함 추적/관리	테스트에서 발생한 결함 관리 및 협업 지원

• ① :
• ② :

CHAPTER 02

공통 모듈 구현하기

학습 방향

1. 공통 모듈의 상세 설계를 기반으로 프로그래밍 언어와 도구를 활용하여 업무 프로세스 및 서비스의 구현에 필요한 공통 모듈을 작성할 수 있다.
2. 소프트웨어 측정 지표 중 모듈 간의 결합도는 줄이고 개별 모듈들의 내부 응집도를 높인 공통 모듈을 구현할 수 있다.
3. 개발된 공통 모듈의 내부 기능과 제공하는 인터페이스에 대해 테스트할 수 있는 테스트 케이스를 작성하고 단위 테스트를 수행하기 위한 테스트 조건을 명세화할 수 있다.

출제빈도

SECTION 01	중	50%
SECTION 02	중	50%

모듈화

빈출 태그 모듈 • 모듈화 • Fan-in • Fan-out • 응집도 • 결합도

01 모듈과 모듈화

① 모듈과 모듈화

• 모듈(Module)은 하나의 프로그램을 몇 개의 작은 부분으로 분할한 단위이다. 즉,
독립적으로 재활용될 수 있는 소프트웨어의 부분을 말한다. 모듈의 독립성은 응집
도와 결합도에 의해 측정된다.

• 모듈화(Modularity)는 시스템을 분해하고 추상화하여 소프트웨어 성능을 향상시
키고 시스템의 디버깅, 테스트, 유지보수 등을 편리하게 하는 설계 과정이다.

• 모듈화의 특징은 다음과 같다.

  – 모듈의 이름으로 호출하여 다수가 이용할 수 있다.

  – 변수의 선언을 효율적으로 하여 기억장치를 유용하게 사용할 수 있다.

  – 모듈마다 사용할 변수를 정의하지 않고 상속하여 사용할 수 있다.

  – 시스템 개발 시 재사용으로 인해 개발 기간과 노동력을 절감할 수 있다.

  – 시스템 개발 비용을 절감할 수 있다.

  – 프로그램의 신뢰도를 향상시킬 수 있다.

  – 유지보수가 용이하며 오류로 인한 파급효과를 최소화시킬 수 있다.

• 효과적인 모듈화는 소프트웨어 구조를 평가하여 응집도는 강하게 하고, 결합도는
약하게 개선하며 복잡도와 중복을 피하도록 설계한다.

• 시스템 복잡도를 줄이기 위해서는 높은 Fan-out를 가진 구조를 최소화하고 구조
의 깊이가 증가할수록 Fan-in을 최대화하도록 한다.

② 소프트웨어 구조

• 소프트웨어 구조는 소프트웨어의 구성요소인 모듈 간의 관계를 계층적 구성을 나
타낸 것이다.

▶ **소프트웨어 구조에서 사용되는 용어** 2022년 2회, 2020년 1회

Fan-In(팬인)	주어진 한 모듈을 제어하는 상위 모듈 수
Fan-Out(팬아웃)	주어진 한 모듈이 제어하는 하위 모듈 수
Depth	최상위 모듈에서 주어진 모듈까지의 깊이
Width	같은 등급(Level)의 모듈 수
Superordinate	다른 모듈을 제어하는 모듈
Subordinate	어떤 모듈에 의해 제어되는 모듈

➕ 더 알기 TIP

Fan-In과 Fan-Out

- Fan-In은 들어오는 개수, Fan-Out은 나가는 개수로 이해하면 된다.
- 아래의 소프트웨어 구조도에서 모듈 F의 Fan-In과 Fan-Out을 계산해보자.

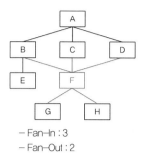

- Fan-In : 3
- Fan-Out : 2

---

02 소프트웨어 모듈 응집도 2020년 1회

① 응집도

- 응집도(Cohesion)는 모듈 안의 요소들이 서로 기능적으로 관련되어 있는 정도를 말한다.
- 모듈 내부 요소는 명령어, 명령어의 모임, 호출문, 특정 작업수행 코드 등이다.

② 응집도의 유형 2021년 2회

응집도는 모듈 요소의 응집 정도에 따라 7가지 유형으로 구분되며 응집도가 강할수록 높은 품질의 모듈이다. 즉, 기능적 응집도의 경우 가장 강한 응집도에 해당하며 품질 또한 높다.

기능적 응집도 (Functional Cohesion)	모듈 내부의 모든 기능 요소들이 한 문제와 연관되어 수행되는 경우	응집도 강함
순차적 응집도 2024년 2회 (Sequential Cohesion)	한 모듈 내부의 한 기능 요소에 의한 출력 자료가 다음 기능 요소의 입력 자료로 제공되는 경우	
통신적 응집도 (Communication Cohesion)	동일한 입력과 출력을 사용하는 소작업들이 모인 경우	
절차적 응집도 (Procedural Cohesion)	모듈이 다수의 관련 기능을 가질 때 모듈 내부의 기능 요소들이 그 기능을 순차적으로 수행할 경우	
시간적 응집도 (Temporal Cohesion)	특정 시간에 처리되는 여러 기능을 모아 한 개의 모듈로 작성할 경우	
논리적 응집도 (Logical Cohesion)	유사한 성격을 갖거나 특정 형태로 분류되는 처리 요소들로 하나의 모듈이 형성되는 경우	
우연적 응집도 (Coincidental Cohesion)	모듈 내부의 각 기능 요소들이 서로 관련이 없는 요소로만 구성된 경우	응집도 약함

🅱 기적의 TIP

순환 의존성(Cyclic Dependency) 2024년 2회
- 모듈이나 클래스 간에 서로 참조하는 관계가 순환적으로 형성되어 있는 상태이다.
- A 모듈이 B 모듈을 사용하고, B 모듈이 다시 A 모듈을 사용하는 것처럼 서로 의존하는 관계가 원형으로 연결되어 있는 것을 의미한다.
- 높은 커플링으로 인해 모듈 간의 결합도가 강하고, 상호 의존적인 제어로 인해 복잡한 제어 흐름을 가진다.
- 모듈 내 구성 요소 간의 관련성이 적고, 유지보수가 어려워지는 결과를 초래한다.

03 소프트웨어 모듈 결합도 _{2020년 1회}

① 결합도

- 결합도(Coupling)는 두 모듈 간의 상호 의존도를 말한다.
- 구조적 설계에서 기능 수행 시 모듈 간 최소한의 상호작용을 하여 하나의 기능만을 수행하는 정도를 표현한다.
- 모듈 간의 결합도를 약하게 하면 모듈 독립성이 향상되어 시스템을 구현하고 유지보수 작업이 쉽다.
- 자료 결합도가 설계 품질이 가장 좋다.

② 결합도의 유형 _{2021년 3회/1회}

- 결합도는 모듈 간 결합 정도에 따라 6가지 유형으로 구분되며 결집도가 낮을수록 높은 품질의 모듈이다. 즉, 자료 결합도의 경우 가장 약한 결합도에 해당하며 품질 또한 높다.

자료 결합도 (Data Coupling)	모듈 간의 인터페이스가 자료 요소로만 구성된 경우	결합도 약함
스탬프 결합도 (Stamp Coupling)	• 두 모듈이 동일한 자료구조를 조회하는 경우 • 자료구조의 어떠한 변화 즉 포맷이나 구조의 변화는 그것을 조회하는 모든 모듈 및 변화되는 필드를 실제로 조회하지 않는 모듈에까지도 영향을 미치게 됨	
제어 결합도 (Control Coupling)	• 어떤 모듈이 다른 모듈의 내부 논리 조작을 제어하기 위한 목적으로 제어신호를 이용하여 통신하는 경우 • 하위 모듈에서 상위 모듈로 제어신호가 이동하여 상위 모듈에게 처리 명령을 부여하는 권리 전도현상이 발생함	
외부 결합도 (External Coupling)	어떤 모듈에서 외부로 선언한 변수(데이터)를 다른 모듈에서 참조할 경우	
공통 결합도 (Common Coupling)	여러 모듈이 공통 자료 영역을 사용하는 경우	
내용 결합도 (Content Coupling)	가장 강한 결합도를 가지고 있으며, 한 모듈이 다른 모듈의 내부 기능 및 그 내부 자료를 조회하도록 설계되었을 경우 • 한 모듈에서 다른 모듈의 내부로 제어 이동 • 한 모듈이 다른 모듈 내부 자료의 조회 또는 변경 • 두 모듈이 동일한 문자(Literals)의 공유	결합도 강함

재사용과 공통 모듈

출제빈도 상 ⓒ 하
반복학습 ① ② ③

빈출 태그 소프트웨어 재사용 · 공통 모듈

01 소프트웨어 재사용(Software Reusability)의 개념

- 소프트웨어 재사용(Software Reusability)★은 이미 개발되어 그 기능, 성능 및 품질을 인정받았던 소프트웨어의 전체 또는 일부분을 다시 사용하여 새로운 시스템을 개발하는 기법이다.
- 재사용을 통해 유사한 정보 시스템 개발 시간 및 비용을 절감하여 생산성을 증가시킬 수 있다.
- 재사용될 공통 모듈에 대해서는 관련 프로젝트 문서가 사전에 공유되어야 한다.
- 모듈의 크기가 작고 일반적으로 설계된 모듈일수록 재사용률이 높다.

▶ 재사용 범위에 따른 분류

함수와 객체	클래스(Class)나 함수(Function) 단위로 구현된 소스코드를 재사용
컴포넌트★	컴포넌트의 인터페이스를 통해 통신하여 컴포넌트 단위로 재사용
애플리케이션	공통된 기능을 제공하도록 구현된 애플리케이션과의 통신으로 기능을 공유하여 재사용

- 재사용 방식의 발전 방향
  - 시스템 개발의 생산성과 성능, 효과적인 유지보수 지원을 위한 재사용성 극대화를 위해 발전해 왔으며 궁극적으로 프레임워크가 등장하게 되었다.
  - 소스 재사용 → 재사용 메소드 → 재사용 객체 → 디자인 패턴 → 프레임워크★

02 공통 모듈(Common Module)

① 공통 모듈의 개념

- 공통 모듈은 시스템 구축 시 여러 하위 시스템에서 재사용되는 독립된 모듈이다.
- 시스템 구축 시 각 서브 시스템에서 공통으로 자주 사용하는 기능들을 하나의 패키지로 묶어 공통 모듈로 개발을 진행하면 개발 생산성을 높일 수 있다.
- 공통 모듈을 재사용하면 서브 시스템의 기능에 대한 정합성이 보장되고 중복 개발을 줄일 수 있으며 유지보수가 편리하다는 장점이 있다. 또한 공통 모듈을 재사용을 통해 모듈 간 표준화가 보장되며 소프트웨어의 품질도 상향시킬 수 있다.

★ 재사용의 장점
- 개발 시간 및 비용 감소
- 품질 향상
- 생산성 향상
- 신뢰성 향상
- 구축 방법에 대한 지식의 공유
- 프로젝트 실패 위험 감소

★ 컴포넌트의 4가지 특징
- 독립적인 동작
- 구현, 명세화, 패키지화, 배포 가능
- 하나 이상의 클래스들로 구성
- 인터페이스를 통해서만 접근 가능

★ 프레임워크(Framework)
소프트웨어 개발에 도움을 주는 재사용 가능한 디자인 패턴 및 소스코드의 집합

② 공통 모듈 명세 작성 원칙

정확성	실제 시스템 구현 시 필요한지 여부를 알 수 있도록 정확하게 작성
명확성	해당 기능에 대한 일관된 이해와 하나로 해석될 수 있도록 작성
완전성	시스템의 구현 시 요구사항과 필요한 모든 것을 기술
일관성	공통 기능 사이에 충돌이 발생하지 않도록 작성
추적성	해당 기능에 대한 유의사항의 출처와 관련 시스템 등 유기적 관계에 대한 식별이 가능하도록 작성

③ 공통 모듈의 구현 형태

클래스	공통 모듈이 존재할 수 있는 가장 기본적인 형태
라이브러리	클래스의 묶음으로 클라이언트 소프트웨어가 일방적으로 호출함
컴포넌트	라이브러리가 체계화된 형태의 소프트웨어
프레임워크	여러 기능을 하는 클래스/컴포넌트들이 서로 유기적인 관계를 맺은 형태로, 클라이언트 소프트웨어가 호출하기도 하고 호출을 당하기도 함

④ 공통 모듈 구현 순서

• 공통 모듈의 상세 설계를 기반으로 작성해야 할 공통 모듈을 확인 후, 공통 모듈의 상세 설계 산출물을 기반으로 공통 모듈을 구현한다.

▶ **공통 모듈 상세 설계를 기반으로 한 공통 모듈 구현 순서**

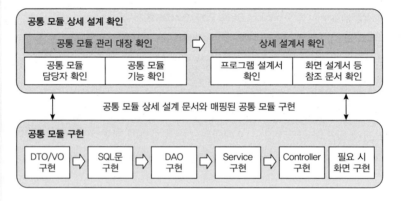

01 다음 〈보기〉의 소프트웨어 모듈의 응집도(Cohesion)의 유형들을 높은 응집도에서 낮은 응집도 순으로 쓰시오.

〈보기〉

우연적, 논리적, 기능적, 절차적, 시간적

• 답 :   →   →   →   →

02 다음 〈보기〉의 소프트웨어 모듈의 결합도(Cohesion)의 유형들을 낮은 결합도에서 높은 결합도 순으로 나열한 것이다. 빈칸 ①, ②에 알맞은 결합도를 쓰시오.

〈보기〉

(낮음) (①) → 스탬프 → 제어 → 외부 → (②) → 내용 (높음)

• ① :
• ② :

03 공통 모듈은 여러 서브 프로그램에서 공통적으로 사용할 수 있는 모듈을 의미한다. 공통 모듈을 구현할 때에는 공통 모듈 명세 기법을 준수해야 한다. 다음 〈보기〉에서 명세 기법에 해당하는 것을 모두 골라 쓰시오.

〈보기〉

정확성, 공통성, 독립성, 명확성, 완전성, 일관성, 추적성

• 답 :

04 다음 소프트웨어 구조도에서 Fan-out이 2 이상인 모듈을 쓰시오.

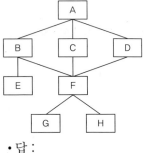

• 답 :

05 다음은 두 정수를 입력받아 작은 값을 출력하는 C프로그램이다. main 함수와 min 함수 간의 결합도와 min 함수의 응집도를 쓰시오.

```c
#include <stdio.h>
int min(int num1, int num2) {
    return (num1 < num2) ? num1 : num2;
}
void main( ) {
    int x, y;
    scanf("%d %d", &x, &b);
    int mixVal = min(x, y);
    printf("%d", mixVal);
}
```

• main 함수와 min 함수 간의 결합도 :
• min 함수의 응집도 :

06 다음은 모듈 작성 시 주의사항이다. 옳은 내용을 모두 골라 쓰시오.

> ㉠ 결합도는 최대화하고 응집도는 최소화한다.
> ㉡ 적절한 크기로 작성한다.
> ㉢ 모듈의 내용이 다른 곳에도 적용이 가능하도록 표준화한다.
> ㉣ 보기 좋고 이해하기 쉽게 작성한다.

• 답 :

CHAPTER 03

서버 프로그램
구현하기

학습 방향

1. 업무 프로세스 맵과 세부 업무 프로세스를 확인할 수 있다.
2. 세부 업무 프로세스를 기반으로 프로그래밍 언어와 도구를 활용하여 서비스의 구현에 필요한 업무 프로그램을 구현할 수 있다.
3. 개발하고자 하는 목표 시스템의 잠재적 보안 취약성이 제거될 수 있도록 서버 프로그램을 구현할 수 있다.
4. 개발된 업무 프로그램의 내부 기능과 제공하는 인터페이스에 대해 테스트를 수행할 수 있다.
5. 애플리케이션 설계를 기반으로 프로그래밍 언어와 도구를 활용하여 배치 프로그램 구현 기술에 부합하는 배치 프로그램을 구현할 수 있다.

출제빈도

SECTION 01	하	10%
SECTION 02	상	60%
SECTION 03	중	30%

소프트웨어 프로세스

출제빈도 상 중 (하)
반복학습 1 2 3

빈출 태그 소프트웨어 프로세스 • 소프트웨어 프로세스 모델

01 프로세스의 이해

★ **프로세스의 3요소**
• 절차와 방법
• 도구와 장비
• 인원

- 프로세스(Process)★는 주어진 목적을 위해 수행되는 일련의 절차이다.
- 프로세스는 개인이나 조직에서 정보 자원의 입력을 통해 가치 있는 산출물을 제공하는 모든 관련 활동들을 모아놓은 것이다.
- 프로세스는 절차, 인력, 기술을 통합하는 역할을 하며 각 순서와 활동이 명확하게 정의되어 있다.
- 소프트웨어 프로세스(Software process)는 소프트웨어 개발 프로세스라고도 하며, 소프트웨어 개발에 필요한 과정만이 아니라 그와 관련된 인원, 방법, 도구들이 통합되는 수단이다. 이를 통해 원하는 산출물을 개발 및 유지할 수 있다.
- 소프트웨어 프로세스를 통해 프로젝트의 높은 품질을 보장받을 수 있으며 비용 절감과 일정 단축을 달성하는 중요한 수단이다.
- 소프트웨어 프로세스에는 개발 프로세스와 관리 프로세스가 있다.
  - 개발 프로세스는 수행해야 할 개발과 품질 보증 작업들이 해당하며 이를 위해 소프트웨어 형상 관리 프로세스를 사용한다.
  - 관리 프로세스는 비용, 품질, 기타 목표를 맞추기 위한 계획 및 제어 작업을 말한다.

02 프로세스 모델

- 소프트웨어 프로세스 모델이란 소프트웨어 개발 생명 주기로 프로젝트 수행에 필요한 각 작업을 서로 연결하여 순차적인 단계로 소프트웨어 개발 프로세스를 정의한 것이다.

★ **소프트웨어 방법론**
• 프로세스의 구체적인 구현으로 정의된 작업들을 어떤 순서로 어떻게 하는지에 중점을 두어 다루는 것을 말한다.
• **종류** : 구조적 분석, 설계 방법론, 객체지향 방법론, 컴포넌트, 애자일 방법론

- 소프트웨어 프로세스 모델★은 단계적인 작업을 정의한 것으로 무엇을 하는가에 중점을 둔다.
- 소프트웨어 프로세스 모델은 목적 프로젝트를 위해 적합한 프로세스를 개발하기 위한 일반적인 가이드라인을 제시한다.
- 소프트웨어 프로세스 모델은 소프트웨어 개발에 대한 전체적인 흐름을 체계화한 개념으로 고품질의 소프트웨어 생산을 목적으로 한다.

- 소프트웨어 프로세스 모델의 종류는 폭포수 모델(Waterfall Model), 프로토타이핑 모델(Rapid Prototyping Model), 점증적 모델(Incremental Model), 나선형 모델(Spiral Model), 혼합형 모델(Hybrid Model) 등이 있다.
- 프로세스 모델의 구성 항목은 다음과 같다.

고객	제품/서비스 또는 출력의 대상이 되는 개인이나 조직
프로세스	입력을 가치 있는 산출물로 변환시켜 출력하는 활동들
공급자	입력을 제공하는 개인이나 조직
입력	공급자에 의해 제공되는 정보 자원
출력	프로세스를 통해 고객에게 제공되는 가치 있는 제품/서비스

03 프로세스의 구성요소

프로세스 책임자 (Owner)	프로세스의 성과와 운영을 책임지는 구성원으로, 프로세스를 설계하고 지속적으로 유지하는 사람이다. ⓓ 레벨(Level) 0의 자료 흐름도, 다이어그램
프로세스 맵(Map)	상위 프로세스와 하위 프로세스의 체계를 도식화하여 전체 업무의 청사진을 표현한다.
프로세스 Task 정의서	기대하는 결과물을 산출하기 위해 Task들이 어떻게 운영되어야 하는지에 대한 문서이다.
프로세스 성과 지표	프로세스의 과정과 결과를 고객 입장에서 정량적으로 표현한 성과 측정 지표이다.
프로세스 조직	프로세스를 성공적으로 수행하기 위해 개인들의 업무를 유기적으로 수행하는 구성원이다.
경영자의 리더십 (Leadership)	경영자는 프로세스의 중요성을 인식하고 기업의 경영 방침을 확고하게 해야 한다.

이론을 확인하는 핵심문제

다음은 업무 프로세스 확인과 관련된 설명이다. 빈칸에 알맞은 프로세스 구성요소의 종류를 쓰시오.

> 업무 프로세스를 확인하기 위해서는 애플리케이션 설계 단계에서 작성한 프로그램 관리 대장을 통해 작성해야 할 업무 프로그램들을 확인하고 프로그램 설계서와 (   )(을)를 확인한다. 가장 먼저 프로그램 관리 대장을 확인한다. 다음으로 프로그램 관리 대장에서 확인한 프로세스에 대한 업무 프로세스 체계를 (   )(을)를 통해 확인한다. (   )(은)는 상위 프로세스와 하위 프로세스의 체계를 도식화하여 전체 업무의 청사진을 표현한다.

- 답 :

ANSWER 업무 프로세스 맵 또는 프로세스 맵

01 프레임워크(Framework)에 대한 개념

- 프레임워크(Framework)란 틀, 규칙, 법칙을 의미하는 '프레임(Frame)'과 작업을 의미하는 '워크(Work)'의 합성어로 작업에 대한 규칙을 정하는 일이다.
- 랄프 존슨(Ralph Johnson)은 프레임워크를 '소프트웨어의 구체적인 부분에 해당하는 설계와 구현을 재사용이 가능하게끔 일련의 협업화된 형태로 클래스들을 제공하는 것'이라고 정의하였다.
- 소프트웨어 프레임워크(애플리케이션 프레임워크, Application Framework)는 프로그래밍에서 특정 운영체제를 위한 응용 프로그램 표준 구조를 구현하는 클래스와 라이브러리의 모임이다.
- 효율적인 정보 시스템 개발을 위한 코드 라이브러리, 애플리케이션 인터페이스 (Application Interface), 설정 정보 등의 집합으로서 재사용이 가능하도록 공통적인 개발 환경인 기본 뼈대를 제공해 주는 것이다.
- 광의적으로 정보 시스템의 개발 및 운영을 지원하는 도구 및 가이드 등을 포함한다.
- 프레임워크는 목적에 따라 효율적으로 구조를 마련해 놓은 개발 방식이다.

02 프레임워크의 특징

모듈화 (modularity)	프레임워크는 인터페이스에 의한 캡슐화를 통해서 모듈화를 강화하고 설계와 구현의 변경에 따르는 영향을 극소화하여 소프트웨어의 품질을 향상시킨다.
재사용성 (reusability)	• 프레임워크가 제공하는 인터페이스는 반복적으로 사용할 수 있는 컴포넌트를 정의할 수 있게 하여 재사용성을 높여 준다. • 프레임워크 컴포넌트를 재사용하는 것은 소프트웨어의 품질을 향상시킬 뿐만 아니라 개발자의 생산성도 높여 준다.
확장성 (extensibility)	• 프레임워크는 다형성(polymorphism)을 통해 애플리케이션이 프레임워크의 인터페이스를 확장할 수 있게 한다. • 프레임워크 확장성은 애플리케이션 서비스와 특성을 변경하고 프레임워크를 애플리케이션의 가변성으로부터 분리함으로써 재사용성의 이점을 얻게 한다.
제어의 역흐름 (inversion of control)	프레임워크 코드가 전체 애플리케이션의 처리 흐름을 제어하여 특정한 이벤트가 발생할 때 다형성(Polymorphism)을 통해 애플리케이션이 확장한 메소드를 호출함으로써 제어가 프레임워크로부터 애플리케이션으로 거꾸로 흐르게 한다.

- 웹 서버 프레임워크의 주요 종류
  - 웹 서버 프레임워크는 동적인 웹 페이지나 웹 서비스를 개발하는 과정에서 DB 연동, 템플릿 지원, 코드 재사용 등을 지원하는 것을 목적으로 하는 프레임워크이다.

– 웹 애플리케이션 구축 아키텍처는 대부분 MVC(모델-뷰-컨트롤러) 모델을 이용하여 사용자 인터페이스를 백 엔드로 분리하여 개발한다.

기반	프레임워크	설명
CLI	ASP.NET	MS가 개발한 동적인 웹 사이트, 웹 애플리케이션, 웹 서비스 개발을 지원하는 웹 애플리케이션 프레임워크
PHP	CodeIgniter (코드이그나이터)	간편한 인터페이스와 논리적인 구조로 서버 지원을 최소화한 프레임워크
	Laravel(라라벨)	오픈소스 웹 프레임워크이며 MVC 아키텍처와 모듈 방식의 패키징 시스템으로 가장 대중적인 PHP 프레임워크
Java	Spring(스프링)	자바 플랫폼을 위한 오픈소스 애플리케이션 프레임워크로 공공기관의 웹 서비스 개발 시 사용을 권장하는 전자정부 표준 프레임워크
	struts(스트럿츠)	자바 기반의 JSP만을 위한 오픈소스 프레임워크
JavaScript	Vue.js	반응형 및 구성 가능한 뷰 구성요소를 제공하여 단순한 사용자 인터페이스를 구축하는 데 사용되는 프레임워크
	React.js	페이스북에서 개발하는 대화형 사용자 인터페이스를 구축하는 선언적이고 동적이며 유연한 프레임워크
	Angualr.js	데이터 중심적, 테스트 주도적, 선언적 HTML의 특징을 가지고 사용자 환경에서 쉽고 빠르게 HTML 어휘를 확장 가능한 프레임워크
Python	Django(장고)	고도의 데이터베이스 기반 웹 사이트를 작성하는 데 용이하며 강력한 라이브러리를 제공하지만 모바일 환경 구현이 어려운 프레임워크
Ruby	Ruby on Rails (루비 온 레일즈)	데이터베이스를 이용한 웹 애플리케이션을 개발할 때 반복되는 코드를 대폭 줄여 개발 시간이 단축 가능한 오픈소스 프레임워크

03 데이터 저장 계층 또는 영속 계층(Persistence Layer)

• DAO/DTO/VO는 영속 계층(Persistence Layer)에서 사용되는 특정 패턴을 통해 구현되는 Java Bean★이다.

▶ 영속 계층의 객체 종류

DAO (Data Access Object)	• DAO는 데이터베이스의 데이터를 접근(Access)하는 트랜잭션 객체로 데이터를 조회하거나 조작하는 기능을 전담 • 데이터베이스에 연결하여 입력, 수정, 삭제, 조회 등의 작업을 하는 클래스 • 애플리케이션 호출을 데이터 저장 부분(Persistence Layer★)에 매핑함으로써 DAO는 데이터베이스의 세부 내용을 노출하지 않고 특정 데이터 조작 기능을 제공
DTO (Data Transfer Object)	• DTO는 프로세스 사이에서 데이터를 전송하는 객체를 의미하는 계층 간 데이터 교환을 위한 자바 빈즈 • 많은 프로세스 간의 커뮤니케이션이 원격 인터페이스(⑩ 웹 서비스)에 의해 이루어지기 때문에 전송될 데이터를 모으는 DTO를 이용해서 한 번만 호출하게 함 • DTO는 스스로의 데이터를 저장 및 회수하는 기능을 제외하고 아무 기능도 가지고 있지 않다는 것이 DAO와의 차이임 • 순수한 데이터 객체이며 속성과 그 속성에 접근하기 위한 Getter와 Setter 메소드만 가진 클래스(필수사항 : 속성은 private 접근, public Getter/Setter 메소드)
VO (Value Object)	• VO는 간단한 독립체(Entity)를 의미하는 작은 객체를 의미 • 가변 클래스인 DTO와 다르게 Getter 기능(Read Only 속성)만 제공하는 불변 클래스를 만들어서 사용

★ Java Bean(자바 빈)
데이터를 표현하는 것을 목적으로 하는 Java의 재사용 가능한 클래스로 반복적인 작업을 효율적으로 하기 위해 생성하여 사용한다.
• 디폴트 생성자가 반드시 존재
• 직렬화 기능
• Getter와 Setter 메소드 제공

★ Persistence Layer(퍼시스턴스 계층)
데이터 저장 계층 또는 영속 계층으로 영구 저장소인 데이터베이스에 데이터를 영구 처리하는 계층

04 소프트웨어(SW) 개발 보안

- 소프트웨어 개발 보안이란 SW 개발 과정에서 개발자의 실수, 논리적 오류 등으로 인해 SW에 내포될 수 있는 보안 취약점(vulnerability)의 원인, 즉 보안 취약점 (weakness)을 최소화하고, 사이버 보안 위협에 대응할 수 있는 안전한 SW를 개발하기 위한 일련의 보안 활동이다.

▶ 소프트웨어 개발 보안 가이드의 구성(Java 시큐어 코딩 가이드의 점검 항목)

입력 데이터 검증 및 표현	• 프로그램 입력값에 대한 검증 누락 또는 부적절한 검증, 데이터의 잘못된 형식 지정으로 인해 발생할 수 있는 보안 약점 • SQL 삽입, 자원 삽입, 크로스 사이트 스크립트 등 26개
보안 기능	• 보안 기능(인증, 접근 제어, 기밀성, 암호화, 권한 관리 등)을 적절하지 않게 구현 시 발생할 수 있는 보안 약점 • 부적절한 인가, 중요 정보 평문 저장(또는 전송) 등 24개
시간 및 상태	• 동시 또는 거의 동시 수행을 지원하는 병렬 시스템, 하나 이상의 프로세스가 동작하는 환경에서 시간 및 상태를 부적절하게 관리하여 발생할 수 있는 보안 약점 • 경쟁 조건, 제어문을 사용하지 않는 재귀 함수 등 7개
에러 처리	• 에러를 처리하지 않거나, 불충분하게 처리하여 에러 정보에 중요 정보(시스템 등)가 포함될 때 발생할 수 있는 보안 약점 • 취약한 패스워드 요구 조건, 오류 메시지를 통한 정보 노출 등 4개
코드 오류	• 타입 변환 오류, 자원(메모리 등)의 부적절한 반환 등과 같이 개발자가 범할 수 있는 코딩 오류로 인해 유발되는 보안 약점 • 널 포인터 역참조, 부적절한 자원 해제 등 7개
캡슐화	• 중요한 데이터 또는 기능성을 불충분하게 캡슐화하였을 때 인가되지 않는 사용자에게 데이터 누출이 가능해지는 보안 약점 • 제거되지 않고 남은 디버그 코드, 시스템 데이터 정보 노출 등 8개
API 오용	• 의도된 사용에 반하는 방법으로 API를 사용하거나, 보안에 취약한 API를 사용하여 발생할 수 있는 보안 약점 • DNS Lookup에 의존한 보안 결정, 널 매개 변수 미조사 등 7개

※ 출처 : 행정자치부(2012.09.), 전자정부 SW 개발 · 운영자를 위한 Java 시큐어 코딩 가이드

05 서버 프로그램 구현 절차

세부 업무 프로세스를 기반으로 업무 프로그램을 서버 영역(Back End)과 화면 영역 (Front End)으로 구분하여 구현한다. 단, 순서에 상관없이 구현해도 된다.
① 업무 프로그램을 구현하기 위한 I/O 오브젝트(DTO/VO)를 정의한다.
② 업무 프로그램을 구현하기 위한 Data를 준비한다.
③ 업무 프로그램을 구현하기 위한 SQL을 작성한다.
④ 데이터 접근 객체(DAO, Data Access Object)를 구현한다.
⑤ Java 시큐어 코딩 가이드에 의한 보안 취약성을 제거하는 코드를 구현한다.
⑥ 컨트롤러(Controller) 클래스를 구현한다.

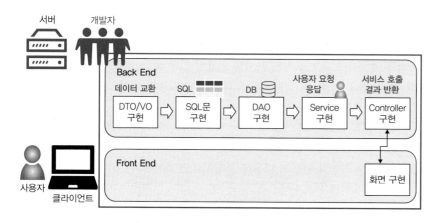

06 서버 프로그램 테스트

① 소프트웨어 테스트

소프트웨어 테스트란 구현된 애플리케이션이나 시스템이 사용자의 요구사항을 만족시키는지 확인하기 위하여 기능 및 비기능 요소의 결함을 찾아내는 활동이다.

② 소프트웨어 테스트의 원칙 2020년 1회

- 개발자가 자신이 개발한 프로그램 및 소스코드를 테스팅하지 않는다.
  - 일반적으로 개발자가 자신이 개발한 소스코드를 자신이 테스팅을 할 경우 결함을 발견하는 것이 쉬운 일이 아니다.
- 효율적인 결함 제거 법칙 사용(낚시의 법칙, 파레토의 법칙)
  - 효율적으로 결함을 발견, 가시화, 제거, 예방의 순서로 하여 정량적으로 관리할 수 있어야 한다.
  - 낚시의 법칙 : 낚시를 즐겨하는 사람들은 특정 자리에서 물고기가 잘 잡힌다는 사실을 경험적으로 알고 있다. 소프트웨어 제품의 결함도 특정 기능, 모듈, 라이브러리에서 결함이 많이 발견된다는 것이 소프트웨어 테스트에서의 낚시의 법칙이다.
  - 파레토의 법칙 : 소프트웨어 제품에서 발견되는 전체 결함의 80%는 소프트웨어 제품의 전체 기능 중 20%에 집중되어 있다.
- 완벽한 소프트웨어 테스팅은 불가능하다.
  - 단순한 애플리케이션이라도 테스트 케이스의 수는 무한대로 발생되기 때문에 완벽한 테스트는 불가능하다.
- 테스트는 계획 단계부터 해야 한다.
  - 소프트웨어 테스트는 결함의 발견이 목적이긴 하지만 개발 초기 이전인 계획 단계에서부터 할 수 있다면 결함을 예방할 수 있다.
- 살충제 패러독스(Pesticide Paradox)
  - 동일한 테스트 케이스로만 반복 실행하면 더 이상 새로운 결함을 발견할 수 없으므로 주기적으로 테스트 케이스를 점검하고 개선해야 한다.
- 오류-부재의 궤변(Absence of Errors Fallacy)
  - 사용자의 요구사항을 만족하지 못한다면 오류를 발견하고 제거해도 품질이 높다고 말할 수 없다.

③ 소프트웨어 테스트의 명세

- 테스트가 완료되면 테스트 계획과 테스트 케이스 설계부터 단계별 테스트 시나리오, 테스트 결과까지 모두 포함된 문서를 일관성 있게 작성한다.
- 테스트 계획, 소요 비용, 테스트 결과에 의해 판단 가능한 대상 소프트웨어의 품질 상태를 포함한 요약 문서를 작성한다.
- 품질 상태는 품질 지표인 테스트 성공률, 발생한 결함의 수와 결함의 중요도, 테스트 커버리지 등이 포함된다.
- 테스트 결과서는 결함에 관련된 내용을 중점적으로 기록하며, 결함의 내용, 결함의 재현 순서를 상세하게 기록한다.
- 단계별 테스트 종료 시 테스트 실행 절차를 리뷰하고 결과에 대한 평가를 수행하며, 그 결과에 따라 실행 절차를 최적화하여 다음 테스트에 적용한다.

이론을 확인하는 핵심문제

다음은 SAO(서비스 지향 아키텍처)의 영속 계층의 객체의 종류에 대한 설명이다. 빈칸 ①~②에 알맞은 용어를 쓰시오.

(①)	데이터베이스의 데이터를 접근하는 트랜잭션 객체로 데이터를 조회하거나 조작하는 기능을 전담하는 클래스
(②)	프로세스 사이에서 데이터를 전송하는 객체를 의미하는 계층 간 데이터 교환을 위한 클래스
(③)	간단한 독립체를 의미하는 작은 불변의 클래스

- ① :
- ② :
- ③ :

ANSWER ① DAO ② DTO ③ VO

03 배치 프로그램

출제빈도 상 ⑨ 하
반복학습 ① ② ③

빈출 태그 배치 • 배치 스케줄러 • 크론 표현식

01 개념

- 배치(Batch)란 ETL★ 과정을 일정한 시간과 순서, 조건에 따라 수행하는 작업을 의미하며, 배치 프로그램(Batch Program)은 특정 시간에 일련의 대량 작업을 일괄 처리하는 프로그램을 말한다.
- 배치 프로그램은 대량의 데이터를 대상으로 특정 시간에 실행되는 일괄적 처리 방식이 특징이다.
- 배치 프로그램을 통해 업무의 효율성을 높이고 비효율적인 시스템의 과부하를 줄일 수 있다.
- 배치 프로그램은 사람의 개입 없이 주기적으로 특정 동작을 수행하도록 하는 프로그램으로 회원의 휴면계정 관리, 업데이트 알림, 요금 청구, 급여 정산 등의 기능을 구현할 수 있다.
- 배치 프로그램은 자동으로 수행되는 주기에 따라 정해진 시점에 실행되는 일반적인 '정기 배치', 사용자의 수행 요청 시 바로 실행되는 '주문형(On-Demand) 배치', 설정 조건이 충족되면 자동 실행되는 '이벤트성 배치'로 구분할 수 있다.

★ ETL
데이터를 추출(Extract)하거나 변환(Transformation), 적재(Load)하는 작업을 의미한다.

02 필수 요소

대용량 데이터	대용량의 데이터를 처리할 수 있어야 함
자동화	심각한 오류 상황 외에는 사용자의 개입 없이 동작해야 함
견고함	유효하지 않은 데이터의 경우에도 처리하여 비정상적인 동작 중단이 발생하지 않아야 함
안정성	어떤 문제가 생겼는지, 언제 발생했는지 등을 추적할 수 있어야 함
성능	주어진 시간 내에 처리를 완료할 수 있어야 하고, 동시에 실행하고 있는 다른 애플리케이션을 방해하지 말아야 함

★ **스케줄러(Scheduler)**
일반적으로 특정 작업(Job)을 특정 시간마다 실행되도록 도와주는 프로그램을 의미한다.

03 배치 스케줄러★

① 개념
- 배치 스케줄러(Batch Scheduler)는 배치 프로그램이 특정 시간에 실행될 수 있도록 지원해주는 도구이다.
- 배치 프로그램을 주기적으로 동작하게 해주는 스케줄러는 대표적으로 스프링 배치(Spring Batch)와 쿼트 스케줄러(Quartz Scheduler)가 있다.

② 종류
- 스프링 배치(Spring Batch)★

★ **스프링 배치의 핵심 기능**
- 스프링 프레임워크 기반
- 자체 제공 컴포넌트
- 견고함과 안전성

  - 스프링 배치는 2007년에 Accenture와 Spring Source사가 공동 개발한 오픈 소스 프레임워크이다. 배치 처리를 위해 만들어진 프레임워크로 가볍고, 빠르고, 실행 도중 문제가 발생하면 그 지점부터 재시작(Restartability)할 수 있다.

★ **스프링 프레임워크(Spring Framework)**
자바 플랫폼을 위한 오픈소스 애플리케이션 프레임워크로 동적인 웹 사이트를 개발하기 위한 프레임워크이다.

  - 스프링 프레임워크★ 기반으로 DI(Dependency Injection, 의존성 개입), AOP(Aspect Oriented Programming, 관점 지향 프로그래밍), 서비스 추상화의 스프링 프레임워크의 3대 요소를 모두 사용할 수 있는 대용량 처리를 제공하는 스케줄러이다.
  - 스프링 배치를 통해 Job과 Step을 기준으로 배치를 쉽게 수행하고, 대용량 데이터는 Chunk 지향 처리를 통해 편리하게 ETL 작업을 수행할 수 있다.
  - 스프링 배치는 배치 실행에 관련한 모든 정보를 DB에 저장하고 참조하며 Job을 순차적으로 처리한다.

★ **컴포넌트(Component)**
프로그래밍의 한 부분을 의미하며 재사용이 가능한 최소 단위이다. 모듈(Module)이 특정 기능을 온전히 수행할 수 있도록 만들어졌다면 그 모듈 내에서도 재사용이 가능한 단위가 컴포넌트이다.

▶ **스프링 배치의 주요 컴포넌트★**

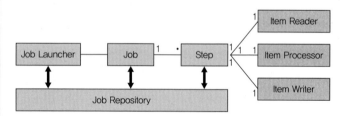

Job Repository	Job Execution 관련 메타 데이터를 저장하는 기반 컴포넌트
Job Launcher	Job Execution을 실행하는 기반 컴포넌트
Job	배치 실행 단위를 의미하는 애플리케이션 컴포넌트
JPA(Java Persistence API)	페이징 기능을 제공
Step	Job의 각 단계를 의미하며 Job은 일련의 연속된 Step으로 구성
Item	Data Source로부터 읽거나 Data Source로 저장하는 각 레코드를 의미
Chunk	특정 크기를 갖는 아이템 목록을 의미
Item Reader	데이터 소스로부터 아이템을 읽어 들이는 컴포넌트
Item Processor	Item Reader로 읽어 들인 아이템을 Item Writer를 사용해 저장하기 전에 처리하는 컴포넌트
Item Writer	Item Chunk를 데이터 소스에 저장하는 컴포넌트

- 쿼트 스케줄러(Quartz Scheduler)
  - 쿼트 스케줄러는 스프링 프레임워크를 기반으로 하는 응용 애플리케이션의 배치 처리를 위한 스케줄러로 실행 작업(JobDetail)과 실행 스케줄을 정의하는 트리거(Trigger)를 분리하여 유연성을 제공하는 오픈 소스 기반 라이브러리이다.
  - 원하는 시간에 원하는 기능을 실행해 주는 쿼트 스케줄러는 기능을 안정적으로 실행할 수 있고 실행할 시간을 매우 유연하게 지정할 수 있다는 것이 큰 장점이다.

▶ **쿼트 스케줄러의 구성요소**

Scheduler	Quartz 실행 환경을 관리하는 핵심 개체
Job	사용자가 수행할 작업을 정의하는 인터페이스로서 Trigger 개체를 이용하여 스케줄 가능
JobDetail	작업명과 작업 그룹과 같은 수행할 Job에 대한 상세 정보를 정의하는 개체
Trigger	정의한 Job 개체의 실행 스케줄을 정의하는 개체로서 Scheduler 개체에게 Job 수행 주기를 알려주는 개체

  - 스프링 스케줄러 구현은 쿼트 스케줄링 객체를 사용하는 방법과 xml 설정을 통해 구현하는 방법과 어노테이션(@)을 사용하는 방법이 있다. 어노테이션(Annotation)을 사용하는 방법에서는 주기적으로 실행할 메소드에 @Scheduled 어노테이션을 통해 배치 간격을 설정한다. cron 속성을 설정하거나, fixedDelay★ 속성 또는 fixedRate★ 속성을 밀리세컨드(밀리초, ms)로 설정한다.

③ 크론 표현식(UNIX Cron Expression)

- 크론은 유닉스 계열의 운영체제에서 작업 스케줄링 프로세스로, 유닉스와 리눅스의 스케줄링 작업뿐만 아니라 서버 프로그램의 배치 스케줄러를 개발할 때도 크론 표현식을 사용한다. Spring Scheduler 구현 시 리눅스의 스케줄러 도구인 크론탭(crontab)과 유사한 cron의 표현식을 사용한다.
- 크론 표현식(Cron Expression)은 7개의 단위로 구분된 문자열로 스케줄러의 정규 표현식이다. 각 단위는 공백(" ")으로 구분되며 초, 분, 시 등으로 세분화되어 스케줄러를 실행시키기 위해 작업이 실행되는 시간 및 주기 등을 설정하는 데 사용한다.
- 형식은 전체 7개의 필드로 구성되어 있고 년도를 의미하는 마지막 필드는 옵션 필드로 생략할 수 있다.

형식	초 분 시 일 월 요일 년도

★ **fixedDelay**
이전에 실행된 Job의 종료시간을 기준으로 지정된 시간(ms)만큼 지난 후 Job을 실행

★ **fixedRate**
이전에 실행된 Job의 시작시간을 기준으로 지정된 시간(ms)만큼 지난 후 Job을 실행

🅕 기적의 TIP

배치 프로그램과 관련된 학습에서 중점을 두어 학습해야 할 부분은 크론 표현식을 통해 배치 프로그램의 실행 빈도를 파악하는 부분입니다. 필답형 정보처리 실기시험의 문항의 경우 주어진 스케줄러의 정규 표현식의 의미를 약술하는 문제가 출제될 가능성이 있습니다. 교재의 주어진 표현식의 예를 정확히 파악하세요.

★ 크론 표현식 특수문자
* : 모든 값
? : 특정한 값이 없음
- : 범위
, : 특별한 값일 때만 동작
/ : 값의 증가 간격(시작시간/단위)
L : 마지막 일 또는 마지막 요일
W : 가장 가까운 평일
: 몇 번째 주의 무슨 요일을 표현
(주#요일)

- 크론 각 필드의 허용값은 다음과 같다.

필드명	허용값의 범위	허용된 특수문자★
초(Seconds)	0~59	, - * /
분(Minutes)	0~59	, - * /
시(Hours)	0~23	, - * /
일(Day-of-Month)	1~31	, - * ? / L W
월(Months)	1~12 또는 JAN~DEC	, - * /
요일(Day-of-Week)	0~6 또는 SUN~SAT	, - * ? / L #
년도(Year)(생략 가능)	1970~2099	, - * /

- 크론 표현식의 예
  - "0 0/5 * ?" : 매 5분 간격으로 실행
  - "10 0/5 * ?" : 10초 후, 5분 간격으로 실행
  - "0 0 2 * * ?" : 매일 오전 2시에 실행
  - "0 0 2 ? * WED" : 매주 수요일 오전 2시에 실행
  - "0 5 10 ? * MON-FRI" : 주중 오전 10:5에 실행
  - "0 30 10-12 ? * WED,SAT" : 매주 수요일과 토요일 10:30, 11:30, 12:30에 실행
  - "0 0/30 7-9 15,25 * ?" : 매월 15일, 25일 오전 7시부터 오전 10시 사이에 30분 간격으로 실행

이론을 확인하는 핵심문제

다음은 배치 프로그램의 필수 요소에 대한 설명이다. 올바른 설명의 항목을 모두 골라 쓰시오.

> ㉠ 자동화는 심각한 오류 상황 외에는 사용자의 개입 없이 동작해야 한다.
> ㉡ 안정성은 어떤 문제가 생겼는지, 언제 발생했는지 등을 추적할 수 있어야 한다.
> ㉢ 대용량 데이터는 대용량의 데이터를 처리할 수 있어야 한다.
> ㉣ 무결성은 주어진 시간 내에 처리를 완료할 수 있어야 하고, 동시에 동작하고 있는 다른 애플리케이션을 방해하지 말아야 한다.

- 답 :

ANSWER ㉠, ㉡, ㉢

01 다음은 애플리케이션 개발 모델에 대한 설명이다. 빈칸 ①~③에 알맞은 용어를 쓰시오.

> 대표적인 소프트웨어 아키텍처(애플리케이션 개발 모델) 유형으로는 MVC 구조, C/S 구조 다층 구조, 저장소 구조 등이 있다. 이 중 MVC 구조는 구현하려는 전체 애플리케이션을 (①), (②), (③)(으)로 구분하여 사용자 인터페이스와 비즈니스 로직을 상호 분리하여 개발하는 구조이다.
> - (①)(은)는 자신의 상태가 바뀔 때마다 컨트롤러와 뷰에게 알려준다. 모델의 상태 변화 통보에 따라 뷰는 최신 결과를 보여주며 컨트롤러는 적절한 명령을 추가하거나 변경한다.
> - (②)(은)는 모델로부터 정보를 얻어와서 사용자에게 출력물을 보여준다.
> - (③)(은)는 모델과 뷰에게 명령을 보낼 수 있다. 모델에 명령을 보내면 모델의 상태가 바뀐다. 뷰에 명령을 보내면 모델에 의한 뷰 표시 방법을 변경할 수 있다.
> MVC 구조는 GUI(그래픽 사용자 인터페이스)를 사용하는 애플리케이션 개발 모델에서 많이 사용하며, 사용자 인터페이스와 비즈니스 논리를 상호 독립적으로 구성요소를 변경할 수 있는 장점을 제공한다.

- ① :
- ② :
- ③ :

02 MVC 구조는 구현하려는 전체 애플리케이션을 Model(모델), View(뷰), Controller(컨트롤러)로 구분하여 사용자 인터페이스와 비즈니스 로직을 상호 분리하여 개발하는 구조이다. MVC 구조의 구성요소 중 Model(모델)의 역할을 간략하게 쓰시오.

- 답 :

03 서버 프로그램 구현에서 특정 타입의 데이터베이스에 추상 인터페이스를 제공하는 객체로 세부 내용 노출 없이 데이터 조작을 하는 데이터 접근 객체를 무엇이라 하는지 영문 약어로 쓰시오.

- 답 :

04 소프트웨어 테스트의 원칙 중 살충제 패러독스(Pesticide Paradox)에 대해 간단히 서술하시오.

- 답 :

05 다음에서 공통으로 설명하는 프레임워크 기술이 무엇인지 쓰시오.

- 자바 엔터프라이즈 애플리케이션(Java Enterprise Application) 개발에 사용되는 프레임워크이다.
- 자바 객체가 생성되고 동작하는 방식에 대한 틀을 제공하고 애플리케이션 코드를 어떻게 작성하는지에 대한 설계 원칙과 기준도 제시한다.
- IoC(Inversion of Control)/DI(Dependency Injection)로 불리는 객체의 생명주기와 의존 관계에 대한 프로그래밍 모델을 지원한다.
- 대한민국 전자정부 표준 프레임워크로 선정되어 활용되고 있다.

- 답 :

06 '골조', '뼈대'를 의미하는 용어로 비슷한 유형의 응용 프로그램들을 위해 재사용이 가능한 아키텍저와 협력하는 소프트웨어 산출물의 통합된 집합으로, 특정 클래스의 재사용뿐만 아니라 응용 프로그램을 위한 핵심 아키텍처를 제공하여 설계의 재사용을 지원하는 것을 의미하는 용어를 쓰시오.

- 답 :

07 일괄 처리 작업이 설정된 주기에 맞추어 자동으로 수행되도록 지원해 주는 도구가 무엇인지 쓰시오.

- 답 :

08 다음은 배치 프로그램의 필수 요소와 해당 설명이다. 빈칸 ①, ②에 알맞은 요소명을 쓰시오.

요소	설명
(①)	대용량의 데이터를 처리할 수 있어야 함
(②)	심각한 오류 상황 외에는 사용자의 개입 없이 동작해야 함
견고함	유효하지 않은 데이터의 경우에도 처리하여 비정상적인 동작 중단이 발생하지 않아야 함
안정성	어떤 문제가 생겼는지, 언제 발생했는지 등을 추적할 수 있어야 함
성능	주어진 시간 내에 처리를 완료할 수 있어야 하고, 동시에 실행하고 있는 다른 애플리케이션을 방해하지 말아야 함

- ① :
- ② :

09 다음은 주기적으로 본사의 ERP에 매출실적을 추가하는 작업에 대하여 Spring Scheduler의 어노테이션(Annotation)을 사용하여 구현한 배치 프로그램의 일부이다. 배치 프로그램이 수행되는 주기를 쓰시오.

```
@Scheduled(cron="0 30 0 1 * *")
public void autoInsertScheduler( ) {
    try {
        bsalesdao.insertSales( );
    } catch(Exception e) {
        e.printStackTrace( );
    }
}
```

• 답 :

10 다음은 배치 프로그램 테스트에 대한 설명이다. 빈칸 ①, ②에 알맞은 실행 주기를 쓰시오.

귀하는 배치 설계서를 확인하여 업무종료된 데이터를 입력하면 삭제된 목록 리스트를 작업 로그로 출력하는 배치 프로그램을 구현하였다. 업무종료가 된 사용자 정보를 대상으로 삭제 작업을 진행하는 배치 프로그램을 구현하기 위한 스케줄러 클래스 내의 실행 메소드에 @Scheduled(cron="0 0 1 * * ?")와 같이 @Scheduled 어노테이션(Annotation) 구문을 지정하여 (①)에 배치 스케줄이 실행되게 구현하였다.
개발된 배치 프로그램의 테스트를 위해서 먼저, 배치 프로그램의 배치 스케줄(Schedule) 주기를 @Scheduled(cron="0/10 * * * * *")와 같이 수정하였고, 실행 스케줄을 (②) 주기로 간격으로 변경하여 결과 로그를 분석할 수 있었다. 로그 분석 시 로그에 실패가 출력되어 디버깅을 통해 오류를 확인하고 수정 후 최종적으로 결과 로그를 검증한 후 데이터가 목적에 맞게 처리되었는지 확인하기 위해 참조 테이블의 데이터를 배치 프로그램 실행의 이전 데이터와 이후 결과 데이터를 확인하여 테스트를 무사히 종료하였다.

• ① :
• ② :

인터페이스 구현

파트 소개

모듈 간의 분산이 이루어진 경우를 포함하여 단위 모듈 간의 데이터 관계를 분석
하고 이를 기반으로 한 메커니즘을 통해 모듈 간의 효율적인 연계를 구현하고 검
증할 수 있다.

CHAPTER 01

인터페이스 설계와
기능 구현하기

학습 방향

1. 인터페이스 설계서를 기반으로 외부 및 내부 모듈 간 공통으로 제공되는 기능과 각
   데이터의 인터페이스를 확인할 수 있다.
2. 개발하고자 하는 응용 소프트웨어와 연계대상 모듈 간의 세부 설계서를 확인하여
   일관되고 정형화된 인터페이스 기능 구현을 정의할 수 있다.

출제빈도

SECTION 01	하	10%
SECTION 02	상	25%
SECTION 03	상	40%
SECTION 04	상	25%

인터페이스 설계서 확인

🅑 기적의 TIP

인터페이스 설계 내용은 매
회 1문제씩 문제가 출제되고
있습니다. 구체적인 수행 방
법론보다는 본문의 주요 기
술 용어를 중심으로 학습하
세요

01 인터페이스의 개념

• 애플리케이션 개발 단계에 정의된 내/외부 모듈 및 컴포넌트 간의 데이터 교환과
데이터 처리를 위한 기능을 의미한다.
• 인터페이스 설계서를 통하여 내/외부 모듈 간의 상세 인터페이스 기능을 확인한다.

02 인터페이스 설계서(정의서)

• 다른 기종 시스템이나 컴포넌트 간 데이터 교환 및 처리를 위한 목적으로 각 시스
템의 교환 데이터 및 업무, 송수신 주체 등이 정의된 문서이다.
• 시스템이 갖는 인터페이스 목록과 세부 인터페이스를 명세하는 설계문서이다.
• 시스템의 인터페이스 현황을 한눈에 확인하기 위하여, 이 기종의 시스템 간의 데이
터 교환과 처리를 위하여 사용되는 데이터뿐 아니라 업무, 그리고 송수신 시스템
등에 관한 상세 내용을 기술한 문서이다.
• 정적, 동적 모형을 통한 설계서, 일반적 형태의 설계서로 구분된다.

정적, 동적 모형을 통한 설계서	• 시각적인 다이어그램을 이용하여 정적, 동적 모형으로 각 시스템의 구성요소를 표현한 문서이다. • 각 인터페이스가 어느 부분에 속하는지 분석할 수 있다. • 교환 트랜잭션의 종류를 분석할 수 있다.
데이터 정의를 통한 설계서	• 개별 인터페이스의 상세 데이터 명세, 시스템 인터페이스 목록, 각 기능의 세부 인터페 이스 정보를 정의한 문서이다. • 시스템 인터페이스 설계서 : 시스템 인터페이스 목록을 만들고 각 인터페이스 목록에 대 한 상세 데이터 명세를 정의하는 것 • 상세 기능별 인터페이스 명세서 : 각 기능의 세부 인터페이스 정보를 정의한 문서

① 인터페이스 목록

- 시스템의 인터페이스 목록을 나열한 문서이다.
- 인터페이스 번호, 인터페이스가 되는 시스템의 정보, 관련 요구사항 ID 등으로 구성된다.

② 인터페이스 명세서

인터페이스 목록에 있는 각 인터페이스의 상세 정보를 표현하며, 각 인터페이스 번호당 인터페이스되는 데이터, 데이터 형식, 송수신 시스템의 정보 등으로 구성된다.

③ 인터페이스 설계서 양식

▶ 재개정 이력

날짜	버전	작성자	승인자	내용

▶ 인터페이스 정의서

시스템명		서브 시스템명		
단계명		작성 일자		버전

▶ 인터페이스 목록

송신				전달			수신				관련 요구 사항 ID	비고
인터 페이스 번호	일련 번호	송신 시스 템명	프로 그램 ID	처리 형태	인터 페이스 방식	발생 빈도	상대 담 당자 확인	프로 그램 ID	수신 시스 템명	수신 번호		

▶ 인터페이스 명세서

인터 페이스 번호	데이터 송신 시스템					송신 프로 그램 ID	데이터 수신 시스템					수신 프로 그램 ID
	시스 템명	데이터 저장소명	속성 명	데이터 타입	길이		데이터 저장소명	속성 명	데이터 타입	길이	시스 템명	

03 상세 기능 인터페이스 정의서

- 인터페이스의 각 세부 기능의 개요, 세부 기능이 동작하기 전에 필요한 사전 조건, 사후 조건 및 인터페이스 파라미터(데이터), 호출 이후 결과를 확인하기 위한 반환 값 등을 정의한 문서이다.

▶ 상세 기능 인터페이스 정의서 양식

인터페이스 ID	TT_I_9901		인터페이스명	카드결제 인터페이스
오퍼레이션명	Request_G_CARD			
오퍼레이션 개요	카드결제 시 PG사를 통하여 결제를 진행한다.			
사전 조건	PG사 모듈이 설치되어 있어야 한다.			
사후 조건	카드결제 후 DB에 결제 정보를 입력한다.			
파라미터	결제일시, 결제자명, 상품명			
반환값	정상 승인, 비정상 처리			

04 모듈 연계

시스템 인터페이스를 목적으로 내부 모듈-외부 모듈 또는 내부 모듈-내부 모듈 간 인터페이스를 위한 관계를 설정하는 것으로 EAI와 ESB 방식이 있다.

➕ 더 알기 TIP

ESB의 특징과 구성요소

- 소프트웨어 구성요소를 그래픽으로 모형화하였다.

특징	• 다양한 시스템과 연동하기 위한 멀티 프로토콜 지원 • 느슨한 결합(loosely coupled) • 소프트웨어 컴포넌트를 조합하여 서비스를 조립하는 BPM 지원 • 이벤트/표준 지향적
구성요소	• 어댑터 형태의 레거시 연동 컴포넌트 • 메시지의 변환, 가공 • BPM ★ • 통합 개발환경 • 컨트롤과 모니터링

🅑 기적의 TIP

- 모듈 연계에 대한 내용은 통합 구현 파트에서 자세하게 공부했습니다.
- 모듈 연계 방식인 EAI와 ESB는 통합 구현 파트의 연계 메커니즘 섹션에서 자세히 살펴보았습니다.

★ BPM(business process management)
기업의 업무 흐름을 한눈에 볼 수 있도록 만들어 인력과 시스템을 적절하게 투입하고 통제하는 기업의 업무 프로세스를 관리하는 경영 방법이다.

05 내/외부 모듈 간 인터페이스 데이터 표준 확인 2020년 1회

① 인터페이스 데이터 표준 확인

- 내/외부 모듈 간 데이터를 교환 시 데이터 표준을 정의하고 이를 관리하여야 한다.
- 인터페이스 데이터 표준이란 내/외부 모듈 간 교환되는 데이터 사이의 형식과 표준을 정의하는 것이다.
- 기존 데이터 중 공통 영역을 추출하여 정의하는 경우와 인터페이스를 위해 다른 한쪽의 데이터 형식을 변환하는 경우가 있다.
- JSON★, DB, XML★ 등 다양한 표준으로 인터페이스 모듈을 표현할 수 있다.

★ JSON(Java Script Object Notation)
- 데이터 통신을 이용한 인터페이스 구현 방법이다.
- 속성-값의 쌍(Attribute-Value Pairs)인 데이터 객체 전달을 위해 사람이 읽을 수 있는 텍스트를 사용하는 개방형 표준 포맷으로 비동기 처리에 쓰이는 AJAX(Asynchronous JavaScript and XML)에서 XML을 대체하는 주요 데이터 포맷이다.

➕ 더 알기 TIP

XML

- 다른 목적의 마크업 언어를 만드는 데 사용되는 다목적 마크업 언어이다.
- 다른 시스템끼리 다양한 종류의 데이터를 손쉽게 교환할 수 있다.
- 새로운 태그를 만들어 추가해도 계속해서 동작하므로 확장성이 좋다.
- 데이터를 보여주지 않고, 데이터를 전달하고 저장하는 것만을 목적으로 한다.
- 텍스트 데이터 형식의 언어로 모든 XML 문서는 유니코드 문자로만 이루어진다.
- XML 기반의 언어 : XHTML, SVG, RDF, RSS, Atom, MathML
- 표준성, 분리성, 단순성, 호환성, 수용성, 확장성, 정보검색의 정확성 등의 특징을 가진다.
- XML의 주요 특징

★ XML(eXtensible Markup Language)
- 데이터 통신을 이용해 인터페이스 구현에 사용되는 다목적 마크업 언어이다.
- HTML(웹 페이지 기본 형식) 문법과 웹 브라우저와 호환 문제와 SGML(Stand Generalized Markup Language)의 복잡성을 해결하기 위해 개발되었다.

XML 선언	• XML 문서는 자신에 대한 정보 일부를 선언하는 것으로 시작한다. • 예 〈?xml version="1.0" encoding="UTF-8" ?〉
유니코드 문자	XML 문서는 문자로 이루어져 있으며, 거의 모든 올바른 유니코드 문자는 XML 문서에 나타날 수 있다.
엘리먼트 (Element)	• 문서의 논리 요소로서 시작 태그로 시작하여 짝이 되는 끝 태그로 끝나거나 빈 엘리먼트 태그만으로 이루어진다. • 자식 엘리먼트를 포함할 수 있다. • 예 〈Greeting〉〈child〉Hello world〈/child〉〈/Greeting〉
어트리뷰트 (Attribute)	• 엘리먼트 태그 속에 위치하는 속성 정보이다. • 예 〈step number="3"〉Connect A to B〈/step〉 number는 step 엘리먼트의 속성
마크업 (Mark up)과 내용(Content)	• XML 문서를 구성하는 문자들은 마크업과 내용으로 구분되며, 간단한 문법 규칙으로 이루어진다. • 마크업으로 구성된 문자열은 '〈'로 시작하여 '〉'로 끝나거나 '&'로 시작하여 문자 ';'로 끝나며, 마크업이 아닌 문자열은 내용이다. • 태그(Tag) : '〈'로 시작하여 '〉'로 끝나는 마크업 구조
XML 파서 (Parser)	파서는 마크업을 분석하고 필요한 정보를 추출하여 애플리케이션에 넘긴다.

② 인터페이스 데이터 표준 작성

상호 인터페이스해야 할 모듈의 데이터 표준과 함께 인터페이스 데이터 표준을 같이 정의하고 산출물에 표현한다.

06 송, 수신측 모듈의 데이터 표준

일반적으로 업무적인 테이블 정의서 내용과 같으나 인터페이스가 필요한 부분은 별도로 표기하여 인터페이스에 사용될 것임을 알려 준다.

07 모듈 간 인터페이스 데이터 표준 확인 순서

- 식별된 데이터 인터페이스를 통해 인터페이스 데이터 표준을 확인한다.
- 인터페이스 데이터 항목을 식별한다.
- 인터페이스 표준을 검토하여 최종적인 인터페이스 데이터 표준을 확인한다.

➕ 더 알기 TIP

웹에서 사용되는 Script 언어의 종류

- HTML(HyperText Markup Language) : 현재도 사용되지만 기능의 제약이 많아 최근엔 부분적으로 쓰인다. 개발이 빠르고 관리도 쉽다.
- ASP(Active Server Page) : MS사에서 개발한 언어로서 Windows Server 플랫폼만 지원한다.
- PHP(Personal Hypertext Preprocessor) : 1994년 Rasmus Lerdorf라는 사람에 의해 처음으로 고안이 되었으며 현재 세계에서 가장 많이 사용하는 웹 서버인 아파치 웹 서버에 모듈 형태로 장착되어 쓰이고 있다. 유닉스뿐만 아니라 윈도우에서도 사용할 수 있고, ASP와 마찬가지로 서버측 스크립트이다.
- JSP(Java Server Page) : Java를 기반으로 하는 SUN사에서 개발한 언어로, 주로 은행이나 중요 회사에 많이 쓰이며 보완성이 뛰어나다. 코딩이 어렵고 ASP보다 코드량이 1.5배가량 많다. 리눅스와 윈도우 모두 가능하며 DBMS도 다양하게 지원한다.

01 애플리케이션 개발 과정 중 다음의 기능을 수행하는 것은 무엇인지 쓰시오.

애플리케이션 개발 단계에 정의된 내/외부 모듈 및 컴포넌트 간의 데이터 교환과 데이터 처리를 위한 기능을 의미한다.

• 답 :

02 인터페이스 설계서(정의서)는 일반적으로 두 가지 형태의 설계서로 구분된다. 다음이 설명하는 설계서는 무엇인지 쓰시오.

• 시스템 인터페이스 목록, 각 기능의 세부 인터페이스 정보를 정의한 문서
• 시스템 인터페이스 설계서 : 시스템 인터페이스 목록을 만들고 각 인터페이스 목록에 대한 상세 데이터 명세를 정의하는 것
• 상세 기능별 인터페이스 명세서 : 각 기능의 세부 인터페이스 정보를 정의한 문서

• 답 :

03 내/외부 모듈 간 인터페이스 데이터 표준의 종류 3가지를 쓰시오.

• 답 :

04 다음 보기에 해당하는 인터페이스 표준을 쓰시오.

• 이종의 시스템 간 다양한 종류의 데이터를 손쉽게 교환할 수 있다.
• 데이터를 보여주지 않고, 데이터를 전달하고 저장하는 것만을 목적으로 한다.
• 텍스트 데이터 형식의 언어로 유니코드 문자로만 이루어진다.
• 표준성, 분리성, 단순성, 호환성, 수용성, 확장성, 정보검색의 정확성 등의 특징을 가진다.
• 사용자가 직접 태그를 정의할 수 있기 때문에 다양한 종류의 데이터를 표현할 수 있다.
• 데이터를 계층구조로 구성할 수 있어 유연한 데이터 처리가 가능하다.
• 대부분의 프로그래밍 언어에서 지원되며, 다양한 운영체제에서도 동작한다.
• 암호화 기능을 지원하여 보안성이 높고 텍스트 기반의 파일 형식이기 때문에 이식성이 높다.

• 답 :

ANSWER **01** 인터페이스
02 데이터 정의를 통한 인터페이스 설계서
03 JSON, DB, XML
04 XML

인터페이스 구현

빈출 태그 JSON • 컴포넌트 명세서 • AJAX • DOM

🅑 기적의 TIP

본문의 내용 중 인터페이스에 사용되는 기술과 표준에 중점을 두고 학습하세요.

01 인터페이스 구현

- 송수신 시스템 간의 데이터 교환 및 처리를 실현해 주는 작업이다.
- 대표적으로 데이터 통신을 이용한 방법과 인터페이스 엔티티를 이용한 방법이 있다.

① 데이터 통신을 이용한 인터페이스 구현

- 애플리케이션 영역에서 인터페이스 형식에 맞춘 데이터 포맷을 인터페이스 대상으로 전송하고 이를 수신측에서 구문분석하여 해석하는 방법이다.
- 주로 JSON이나 XML 형식의 데이터 포맷을 사용해 인터페이스를 구현한다.

➕ 더 알기 TIP

JSON 자료형

구분	예시	설명
Number	정수 : 1, 2, 3, −100	기본자료형, 8진수, 16진수는 지원하지 않는다.
	실수(고정 소수점) : 4.5, 0.56	
	실수(부동 소수점) : 3e4, 3.5e12	
String	"6664", "dumok", "문자", "\", "extudy\"	• 큰따옴표로 묶어야 한다. • \는 특수 기호 문자를 표현하기 위해 사용한다(\, 탭 등).
Object	{"house−4": 60, "name1": "값 5", "name1": true}	객체의 이름은 값 쌍의 집합으로 중괄호({ })를 사용하고, 이름은 문자열이기 때문에 반드시 큰따옴표(" ")로 표현하며, 값은 기본자료형으로 표현한다.
Array	[100, {"v": 30}, [50, "고기"]]	• 배열은 대괄호([ ])로 표현한다. • 각 요소는 기본자료형이거나 배열, 객체이다. • 각 요소는 쉼표(,)로 구분한다.

➕ 더 알기 TIP

JSON 사용 예시

```
{
    "이름": "신회장",
    "나이": 65,
    "성별": "남성",
```

```
    "주소": "서울시 부산구 대구동",

    "특기": ["삽질", "호미질"],

    "가족관계": {"#": 3, "아내": "제니", "아들": "김지훈"},

    "회사": "서울시 화성구 인천동"

}
```

② 인터페이스 엔티티를 이용한 인터페이스 구현

인터페이스가 필요한 시스템 사이에 별도의 인터페이스 엔티티를 두어 상호 연계하는 방식이다.

02 모듈 간 세부 설계서

- 모듈의 구성요소와 세부적인 동작 등을 정의한 설계서이다.
- 하나의 독립적인 기능을 수행하는 모듈의 구성요소와 세부적인 동작을 정의한 설계서이다.
- 컴포넌트★의 구성요소와 동작을 표현하는 컴포넌트 명세서와 컴포넌트 간의 상호 작용을 정의한 인터페이스 명세서가 있다.
- 대표적으로 컴포넌트 설계서, 인터페이스 명세서가 있다.

★ 컴포넌트
기능을 수행하기 위해 독립적으로 개발되어 보급되는, 다른 컴포넌트와 조립되어 응용시스템을 구축하기 위해 사용되는 소프트웨어이다.

① 컴포넌트 명세서

- 컴포넌트의 개요 및 내부 클래스의 동작, 인터페이스를 통해 외부와 통신하는 명세 등을 정의한 명세서이다.
- 실제 코드 수준의 클래스 명칭, 설계 수준의 논리적 클래스 명칭을 사용할 수 있다.

컴포넌트 ID	DD-COM-001		컴포넌트명	인사
컴포넌트 개요★	사내 직원의 인사 관련 정보			

내부 클래스

ID	클래스명★	설명★
DD-CLASS-002	기본 인사 정보	직원의 기본 인사 정보
DD-CLASS-003	발령 이력	직원의 발령 이력 정보

인터페이스 클래스★

ID	인터페이스명	오퍼레이션명	구분
IF-DD-001	인사 관련 정보 인터페이스	조회	조회 대상
		전송	전송 행위
		확인	결과 확인

★ 컴포넌트 개요
컴포넌트의 목적을 작성한다.

★ 클래스명과 설명
컴포넌트의 주요 기능을 작성한다.

★ 인터페이스 클래스
인터페이스의 주요 기능을 작성한다.

② 인터페이스 명세서

- 컴포넌트 명세서에 명시된 인터페이스 클래스의 세부적인 조건과 기능을 정의한 명세서이다.
- 인터페이스의 명칭, 설명, 사전/사후 조건, 인터페이스 데이터와 인터페이스 후 성공 여부를 반환받는 값이 정의된다.

인터페이스 ID	IF-DD-001	인터페이스명	인사 관련 정보 인터페이스
오퍼레이션명	인터페이스 대상 조회		
오퍼레이션 개요	관련 인터페이스 정보를 선택한다.		
사전조건	인사 변경 정보가 있는 경우에만 선택한다.		
사후조건	전송 후 상대 시스템에 결과를 전달한다.		
파라미터	인사 정보(인사. 이동, 승진), 발령 정보(발령일, 직급, 지사명)		
반환값	성공/실패		

03 인터페이스 구현

- 인터페이스 구현 방법에는 인터페이스 개체를 사용하여 인터페이스를 구현하는 방법과 데이터 통신을 사용하는 방법이 있다.

▶ 인터페이스 개체를 사용하는 인터페이스 구현

송신 시스템의 인터페이스 테이블	• 이벤트 발생 시 인터페이스 테이블에 인터페이스 내용이 기록되도록 구현한다. • 송신 관련 정보를 관리하기 위한 항목과 송신 시스템에서 필요한 항목을 구현한다. • DB 관계(DB Connection)가 수신측 인터페이스 테이블과 연계되도록 구현한다. • 트리거(Trigger), 프로시저(Procedure), 배치 작업(Batch Job) 등을 통해서 수신 테이블로 데이터를 전송하도록 구현한다.
수신 시스템의 인터페이스 테이블	• 수신 관련 정보를 관리하기 위한 항목과 수신 시스템에서 필요한 항목을 구현한다. • 수신측 시스템에서는 인터페이스 데이터를 읽은 후 사전에 정의된 데이터 트랜잭션을 진행할 수 있도록 구현한다. • 데이터를 읽을 때나 해당 트랜잭션이 진행될 때 오류가 발생하면 오류 코드 컬럼에 정의된 오류 코드와 오류 내용을 입력하도록 구현한다.

▶ 데이터 통신을 사용하는 인터페이스 구현

인터페이스 객체 생성 구현	인터페이스 객체를 생성하기 위해서 데이터베이스에 있는 정보를 SQL을 통하여 선택한 한 뒤 이를 JSON으로 생성한다.
전송 결과를 수신측에서 반환받도록 구현	• 송신측에서 JSON으로 작성된 인터페이스 객체를 AJAX★ 기술을 이용하여 수신측에 송신한다. • 수신측에서는 JSON 인터페이스 객체를 수신받고 이를 구문분석 후 처리한다. • 수신측의 처리 결과값은 송신측에 True/False값을 전달하여 인터페이스 성공 여부를 확인하고 전달한다.

★ AJAX(Asynchronous Javascript And Xml)
- Java Script를 사용한 비동기 통신 기술로 클라이언트와 서버 간에 XML 데이터를 주고받는 기술이다.
- 브라우저가 가지고 있는 XML Http Request 객체를 이용해서 전체 페이지를 새로 고치지 않고도 페이지 일부만을 위한 데이터를 로드하는 기법이다.

AJAX의 장단점 2023년 1회, 2020년 2회

장점	• 웹 페이지의 속도가 향상된다. • 서버의 처리가 완료될 때까지 기다리지 않고 처리할 수 있다. • 서버에서 Data만 전송하면 되므로 전체적인 코딩의 양이 줄어든다. • 기존 웹에서는 불가능했던 다양한 UI를 가능하게 해준다.
단점	• 히스토리 관리가 되지 않는다. • 페이지 이동이 없는 통신으로 인해 보안상의 문제가 있다. • 연속으로 데이터를 요청하면 서버 부하가 증가할 수 있다. • XML Http Request를 통해 통신하는 경우, 사용자에게 아무런 진행 정보가 제공되지 않아 요청이 완료되지 않았음에도 사용자가 페이지를 떠나거나 오작동할 우려가 발생하게 된다. • AJAX를 쓸 수 없는 브라우저에 대한 문제 이슈가 있다. • HTTP 클라이언트의 기능이 한정되어 있다. • 지원하는 Charset이 한정되어 있다. • Script로 작성되므로 디버깅이 쉽지 않다. • Cross-Domain 문제로 동일 출처 정책으로 인하여 다른 도메인과는 통신할 수 없다.

04 인터페이스 예외처리 방안

인터페이스를 구현하고 동작하다 보면 환경, 입력값 등 다양한 이유로 예외처리가 되는 경우가 발생하며, 인터페이스 구현 방법에 따라 예외처리 방법이 다르다.

① 데이터 통신을 사용한 인터페이스에서 예외처리 방법

• AJAX 방식을 사용하여 JSON 객체를 전달하므로 AJAX 방식의 예외처리 방식에 따라 JSON 객체 인터페이스 송수신 시 구현하도록 한다.

• 송신측에서 인터페이스 객체를 예외처리하는 방법
  - AJAX 호출 후 반환값을 받아 어떻게 처리할지를 호출하는 부분에서 정의한다.
  - 반환 사례는 크게 성공과 실패 두 가지로 구분한다.
  - 실패 시 예외처리가 일어나며, 예외처리 반환 메시지에 따라 세부적으로 예외처리 기능이 분류된다.

• 수신측에서 인터페이스 객체를 예외처리하는 방법
  - 수신측에서 전달받은 JSON 객체를 처리할 때 try~catch 구문을 이용하여 예외를 처리한 뒤 이를 송신측에 전달한다.
  - 예외 결과를 별도로 Response에 Set하지 않아도 에러 발생 시 에러 결과가 반환된다.

jQuery

정의	• HTML 내에서 클라이언트 사이드 스크립트 언어를 단순화하도록 설계된 브라우저 호환성이 있는 Java Script 라이브러리이다. • 2006년 뉴욕시 바 캠프(Barcamp NYC)에서 존 레식에 의해 공식적으로 소개되었다. • 현재 가장 인기 있는 Java Script 라이브러리이며 표준에 가까운 점유율을 자랑한다. • 'write less, do more.' 모토로 초보자도 어렵지 않게 이해할 수 있을 만큼 쉽다.
기능	• DOM★ 요소 선택기의 파생 프로젝트이다. • DOM을 탐색 및 수정한다. • CSS 셀렉터에 기반한 DOM 조작, 노드 요소 및 노드 속성(아이디 및 클래스)을 셀렉터 생성을 위한 기준으로 사용한다. • 이벤트, 특수효과 및 애니메이션, AJAX, JSON 파싱, 플러그인을 통한 확장성을 제공한다. • inArray( ), each( ) 함수 등 유틸리티, 호환성 메소드 • 멀티브라우저를 지원(크로스 브라우저와는 다른 개념)한다(지원 브라우저 : 파이어폭스, 구글 크롬, 사파리, 오페라).

★ DOM(Document Object Model, 문서 객체 모델)
• 객체 지향 모델로서 구조화된 문서를 표현하는 형식이다.
• 플랫폼/언어 중립적으로 구조화된 문서를 표현하는 W3C의 공식 표준 모델이다.

② 인터페이스 엔티티를 사용한 인터페이스에서 예외처리 방법

• 인터페이스 테이블을 통하여 인터페이스 기능상 문제에서 예외상황이 발생하였을 경우 예외처리 메시지와 함께 예외처리가 발생한 원인을 인터페이스 이력에 같이 기록한다.

• 송신 인터페이스 테이블에서 예외처리 방법
　- 예외 유형에 따른 예외 코드를 입력하고 세부 예외 원인을 송신 인터페이스 테이블에 같이 입력한다. 해당 행위는 송신 인터페이스 테이블을 동작하는 객체에 정의한다.
　- 예외 발생 시 프로시저, 트리거 등 데이터를 이동하는 주체에 예외 유형을 정의하고 예외 원인을 송신 인터페이스 테이블에 업데이트한다.

• 수신 인터페이스 테이블에서 예외처리 방법
　- 전송 완료된 데이터를 읽을 때 데이터가 없거나 잘못된 값을 읽어 들일 때 예외가 발생할 수 있다.
　- 예외 발생 시 사전에 정의된 예외 코드를 입력하고 예외 발생 사유를 함께 기록한다.
　- 수신 정보를 활용할 때 예외 발생 시, 수신 인터페이스 테이블에 별도의 예외사항을 기록하도록 한다.

01 인터페이스 구현 단계에서 모듈 간 세부 설계서 중 다음의 설명에 해당하는 것은 무엇인지 쓰시오.

> • 컴포넌트 명세서에 명시된 인터페이스 클래스의 세부적인 조건과 기능을 정의한 명세서이다.
> • 인터페이스의 명칭, 설명, 사전/사후 조건, 인터페이스 데이터와 인터페이스 후 성공 여부를 반환받는 값이 정의된다.

• 답 :

02 자바스크립트 언어를 간편하게 사용할 수 있도록 단순화시킨 오픈 소스 기반의 자바스크립트 라이브러리로, 2006년 뉴욕시 바 캠프에서 존 레식에 의해 정식 공개된 것은 무엇인지 쓰시오.

• 답 :

03 객체지향 모델로서 구조화된 문서를 표현하는 형식으로 플랫폼/언어 중립적으로 구조화된 문서를 표현하는 W3C의 공식 표준 모델은 무엇인지 쓰시오.

• 답 :

04 다음은 인터페이스 예외처리 방안 중 수신측에서 인터페이스 객체를 예외처리하는 방법에 관한 설명이다. 빈칸에 알맞은 답을 채우시오.

> • 수신측에서 전달받은 JSON 객체를 처리할 때 (   ) 구문을 이용하여 예외 처리한 뒤 이를 송신측에 전송한다.
> • 별도 예외 결과를 Response에 Set하지 않아도 에러 발생 시 에러 결과가 반환된다.

• 답 :

05 다음 AJAX의 장점에 관한 내용 중 잘못된 보기의 기호를 쓰시오.

> a. 웹 페이지의 속도가 향상된다.
> b. 서버의 처리가 완료될 때까지 기다리려야 한다.
> c. 서버에서 Data만 전송하면 되므로 전체적인 코딩의 양이 줄어든다.
> d. 기존 웹에서는 불가능했던 다양한 UI를 가능하게 해준다.
> e. 히스토리 관리가 쉽다.
> f. 페이지 이동 없는 통신으로 보안상 이점이 있다.
> g. 연속으로 데이터를 요청하면 서버 부하가 증가할 수 있다.

• 답 :

인터페이스 보안 구현

빈출 태그 애자일 • XP • SCRUM

01 인터페이스 보안과 정보 보안

① 인터페이스 보안의 개념

인터페이스는 시스템 모듈 간 통신, 정보 교환의 통로로 쓰이므로 데이터 변조 및 탈취 등의 위협에 노출되기 쉬워 충분한 보안 기능을 갖춰야 한다.

② 정보 보안의 3요소(CIA)

- 기밀성(Confidentiality)
  - 인가된 사용자만 정보 자산에 접근할 수 있다.
  - 일반적인 보안의 의미와 가장 가깝다.
  - 방화벽, 암호 등이 대표적인 예이다.
  - 신분 위장(Masquerading) 등과 같은 공격 때문에 위협받을 수 있다.
- 무결성(Integrity, 완전성)
  - 시스템 내의 정보는 오직 인가된 사용자가 인가된 방법으로만 수정할 수 있다.
  - 변경, 가장, 재전송 등과 같은 공격 때문에 위협받을 수 있다.
- 가용성(Availability) ^{2020년 4회}
  - 사용자가 필요할 때 데이터에 접근할 수 있는 능력을 말한다.
  - 인가된 사용자가 조직의 정보 자산에 적시에 접근하여 업무를 수행할 수 있도록 유지하는 것을 목표로 한다.
  - 가용성을 유지하기 위해 데이터 백업, 위협요소 제거 등의 기술을 사용할 수 있다.
  - 서비스 거부(Denial of Service) 등과 같은 공격 때문에 위협받을 수 있다.

③ 정보 보안의 목표

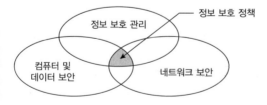

④ 인터페이스 보안 취약점

인터페이스 통신 시 데이터 탈취 위협의 종류

스니핑(Sniffing) 2020년 4회	• 송수신 중 인터페이스 데이터 내용을 중간에 감청(도청)하여 기밀성을 훼손하는 기법이다. • 공격 대상에게 직접 공격을 하지 않고 데이터만 몰래 들여다보는 수동적 공격 기법이다. • 수동적인 해킹 기법으로 패킷 분석기와 같은 스니퍼를 통하여 진행한다.
스푸핑(Spoofing)	• 공격 대상을 직접 속이는 것이 아니라 수동적 해킹 기법이다. • Spoof(눈속임)에서 파생된 용어로 직접 시스템에 침입을 시도하는 것이 아니라 피해자가 공격자의 악의적인 눈속임을 통하여 잘못된 정보나 연결을 신뢰하게 만들어 공격 대상을 직접 속이는 해킹 기법이다.

02 시큐어 코딩 가이드

• 보안에 안전할 수 있는 프로그램 코드를 적용하여 프로그램을 코딩하는 것을 의미한다.
• 대표적인 웹 애플리케이션의 보안 취약점★ 발표 사례인 OWASP(Open Web Application Security Project) TOP 10을 참고하여 KISA(한국인터넷진흥원)에서 발표한 보안 약점 가이드이다.
• 애플리케이션의 보안 취약점과 대응 방안이 구체적으로 서술된 문서이다.
• 입력 데이터 검증 및 표현, 보안 기능, 시간 및 상태, 에러 처리, 코드 오류, 캡슐화, API 오용 등의 유형으로 분류한다.

① 입력 데이터 검증 및 표현

• 프로그램에 입력되는 데이터로 인해 여러 가지 보안 약점이 발생할 수 있다.

▶ 종류

<table>
<tr>
<td rowspan="2">SQL 삽입
(SQL Injection)</td>
<td>• DB와 연동된 웹 애플리케이션에서 입력된 데이터에 대한 유효성 검증을 하지 않을 경우, 공격자가 입력 폼 및 URL 입력란에 SQL문을 삽입하여 DB로부터 정보를 열람하거나 조작할 수 있는 보안 취약점이다.
• DB에 컴파일된 SQL 쿼리문을 전달함으로써 방지할 수 있다.</td>
</tr>
<tr>
<td>

안전하지 않은 코드 예 Java

```
1: try
2: {
3:    String tableName = props.getProperty("jdbc.table-
      Name");
4:    String name = props.getProperty("jdbc.name");
5:    String query = "SELECT * FROM " + tableName + " WHERE
      Name =" + name;
6:    stmt = con.prepareStatement(query);
7:    rs = stmt.executeQuery( );
8:    ......
9: }
10: catch (SQLException sqle) { }
11: finally { }
```

</td>
</tr>
</table>

★ CWE(Common Weakness Enumeration)
SW 보안 약점은 7개의 큰 항목과 47개의 세부 항목으로 구분한다.

★ 보안 약점(Weakness)
SW 결함의 한 종류로 보안 취약점을 유발하는 원인이다.

★ 보안 취약점(Vulnerability)
해커가 시스템 접근 권한 획득 등 직접 이용할 수 있는 SW상의 결함을 의미한다.

🇧 **기적의 TIP**

시큐어 코딩 가이드 7가지는 시험에 출제될 가능성이 큰 부분입니다. 예시 코드의 경우 어렵겠지만 보완 전/후 코드를 비교하여 각 코드가 어떠한 보안에 해당하는지 분류할 수 있도록 학습하세요.

★ 외부로부터 인자를 수신하는 preparedStatement 객체를 상수 스트링으로 생성하고 인자 부분을 setXXX 메모들로 설정하여 외부의 입력이 쿼리문의 구조를 변경하는 것을 방지하도록 한다.

안전한 코드 예★

```
1: try
2: {
3:   String tableName = props.getProperty("jdbc.table-
     Name");
4:   String name = props.getProperty("jdbc.name");
5:   String query = "SELECT * FROM ? WHERE Name = ? ";
6:   stmt = con.prepareStatement(query);
7:   stmt.setString(1, tableName);
8:   stmt.setString(2, name);
9:   rs = stmt.executeQuery( );
10:  ......
11: }
12: catch (SQLExcep)
```

경로 조작 및 자원 삽입	• 검증되지 않은 외부 입력값이 시스템 자원 접근 경로를 조작하거나 시스템 자원에 삽입되어 공격할 수 있는 보안 약점이다. • 외부 입력값이 자원의 식별자로 사용될 경우 검증을 거치거나 사전에 정의된 리스트에서 선택함으로써 방지할 수 있다.

<table>
<tr><td rowspan="2">크로스 사이트 스크립트(XSS)</td><td>• 검증되지 않은 외부 입력값에 의해 사용자 브라우저에서 악의적인 스크립트가 실행될 수 있는 보안 약점이다.
• 외부 입력값에 스크립트가 삽입되지 못하도록 문자열 치환 함수를 사용하거나 JSTL이나 크로스 사이트 스크립트 방지 라이브러리를 사용함으로써 방지할 수 있다.
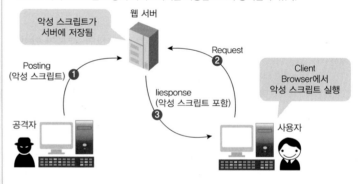</td></tr>
</table>

★ 외부 입력을 name 값으로, 별도 처리 없이 결과 페이지에서 사용하고 있어 만약 공격자가 name 값에 다른 스크립트를 넣으면, 피해자의 권한으로 attack · jsp가 실행되고 피해자의 쿠키 정보가 노출되게 된다.

안전하지 않은 코드 예 HTML★

```
1: <%@page contentType="text/html" pageEncoding="UTF-8"%>
2: <html>
3: <head>
4: <meta http-equiv="Content-Type" content="text/html;
   charset=UTF-8">
5: </head>
6: <body>
7: <h1>XSS Sample</h1>
8: <%
9: <!- 외부로부터 이름을 받는다 -->
10: String name = request.getParameter("name");
11: %>
12: <!-- 외부로부터 받은 이름이 그대로 출력됨->
13: <p>NAME:<%=name%></p>
14: </body>
15: </html>
```

<table>
<tr>
<td></td>
<td>
안전한 코드 예★

```
1: <%@page contentType="text/html" pageEncoding="UTF-8"%>
2: <html>
3: <head>
4: <meta http-equiv="Content-Type" content="text/html; charset=UTF-8">
5: </head>
6: <body>
7: <h1>XSS Sample</h1>
8: <%
9: <!-- 외부로부터 이름을 받는다-->
10: String name = request.getParameter("name");
11:
12: <!--외부의 입력값에 대한 검증을 수행한다. -->
13: if ( name != null )
14: {
15:     name = name.replaceAll("<","&lt;");
16:     name = name.replaceAll(">","&gt;");
17:     name = name.replaceAll("&","&amp;");
18:     name = name.replaceAll("₩","&quot;);
19: }
20: else
21: {
22: return;
```
</td>
<td>

★ 미리 정의된 인자값의 배열을 만들고, 외부의 입력에 따라 적절하게 인자값을 선택하도록 하면 외부의 부적절한 입력이 명령어로 사용될 가능성이 배제된다.
</td>
</tr>
<tr>
<td rowspan="2">운영체제
명령어 삽입</td>
<td>

• 검증되지 않은 외부 입력값이 운영체제 명령어에 삽입되어 공격할 수 있는 보안 약점이다.
• 외부에서 서버 내부로 시스템 명령어를 전달시키지 않도록 하거나 외부 입력값은 검증 후 시스템 명령어로 사용함으로써 방지할 수 있다.

안전하지 않은 코드 예 Java★

```
1: .....
2: props.load(in);
3: String version = props.getProperty("dir_type");
4: String cmd = new String("cmd.exe /K ₩"rmanDB.bat ₩"");
5: Runtime.getRuntime( ).exec(cmd + " c:₩₩prog_cmd₩₩" + version);
6: .....
```
</td>
<td>

★ 외부 문자열에서 replaceAll( ) 메소드를 사용해서 '〈', '〉' 등의 HTML 스크립트 문자열을 < > & " 형태로 변경하여 악의적 스크립트 실행 위험을 줄이도록 한다.
</td>
</tr>
<tr>
<td>
안전한 코드 예★

```
1: .....
2: props.load(in);
3: String version[] = {"1.0", "1.1"};
4: int versionSelection = Integer.parseInt(props.getProperty("version"));
5: String cmd = new String("cmd.exe /K ₩"rmanDB.bat ₩"");
6: String vs = " ";
7: if (versionSelection == 0)
8: vs = version[0];
9: else if (versionSelection == 1)
10: vs = version[1];
11: else
12: vs = version[1];
13: Runtime.getRuntime( ).exec(cmd + " c:₩₩prog_cmd₩₩" + vs);
14: .....
```
</td>
<td>

★ cmd.exe 명령어를 사용하여 rmanDB.bat 배치 명령어를 수행하고 외부에 전달되는 dir_type 값이 manDB.bat의 인자값으로서 명령어 스트링의 생성에 사용된다. 만약 외부 공격자가 의도치 않은 문자열을 전달하면 dir_type이 의도한 값이 아닌 경우 비정상적인 처리가 수행될 수 있다.
</td>
</tr>
</table>

- 서버측에서 실행될 수 있는 검증되지 않은 형식의 파일(asp, jsp, php 등)이 업로드되어 발생할 수 있는 보안 약점이다.
- 공격자가 스크립트 파일을 업로드하고, 이 파일을 이용하여 내부 명령어를 실행하거나 외부와 연결하여 시스템을 제어할 수 있는 약점이다.

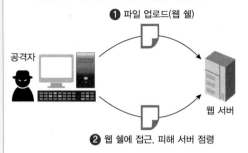

- 업로드 파일의 형식, 크기를 제한하고 업로드 디렉터리를 웹 서버의 다큐멘트 외부에 설정한다.
- 화이트 리스트 방식으로 허용된 확장자만 업로드를 승인하고, 확장자 또한 대소문자 구분 없이 처리하도록 코딩한다.
- 공격자의 웹을 통한 직접 접근을 차단하며, 파일 실행 여부를 설정할 수 있다면 실행 속성을 제거하도록 한다.

위험한 형식 파일 업로드

안전하지 않은 코드 예 Java

```
1: ....
2: public void upload(HttpServletRequest request) throws
   ServletException
3: {
4: MultipartHttpServletRequest mRequest = (MultipartH-
   ttpServletRequest) request;
5: String next = (String) mRequest.getFileNames( ).next( );
6: MultipartFile file = mRequest.getFile(next);
7:
8: // MultipartFile로부터 파일을 얻는다.
9: String fileName = file.getOriginalFilename( );
10:
11: // upload 파일에 대한 확장자나 크기의 유효성을 체크하지 않았다.
12: File uploadDir = new File("/app/webapp/data/upload/
    notice");
13: String uploadFilePath = uploadDir.getAbsolutePath(
    )+"/" + fileName;
14:
15: /* 이하 file upload 루틴*/
16: ....
17: }
```

안전한 코드 예

```
1: -----
2: public void upload(HttpServletRequest request) throws
   ServletException
3: {
4: MultipartHttpServletRequest mRequest = (MultipartH-
   ttpServletRequest) request;
5: String next = (String) mRequest.getFileNames( ).next( );
6: MultipartFile file = mRequest.getFile(next);
7: if ( file == null )
8: return ;
9:
```

```
10: // 업로드 파일의 크기를 제한한다.
11: int size = file.getSize( );
12: if ( size > MAX_FILE_SIZE ) throw new Servlet
    Exception("Error");
13:
14: // MultipartFile로부터 파일을 얻는다.
15: String fileName = file.getOriginalFilename(  ).toLow-
    erCase( );
16:
17: // 화이트리스트 방식으로 업로드 파일의 확장자를 체크하도록 한다.
18: if ( fileName != null )
19: {
20: i f ( f i l e N a m e . e n d s W i t h ( " .
    d o c " ) | | f i l e N a m e . e n d s W i t h ( " . h w p " )
    || fileName.endsWith(".pdf") || fileName.endsWith
    (".xls") )
```

- 검증되지 않은 외부 입력값이 URL 주소로 사용되어 악의적인 사이트에 자동으로 접속될 수 있는 보안 약점이다.
- 자동 연결이 허용되는 URL 리스트에 있는 사이트 주소만 사용함으로써 방지할 수 있다.

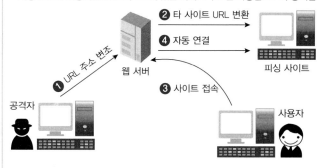

**신뢰되지 않는
URL 주소로
자동 접속 연결**

안전하지 않은 코드 예 Java ★

```
1: .....
2: protected void doGet(HttpServletRequest request,
   HttpServletResponse response)
3: throws ServletException, IOException
4: {
5: String query = request.getQueryString( );
6: if (query.contains("url"))
7: {
8: String url = request.getParameter("url");
9: response.sendRedirect(url);
10: }
11: .....
```

안전한 코드 예

```
1: protected void doGet(HttpServletRequest request,
   HttpServletResponse response) throws
   ServletException, IOException
2: {
3: // 다른 페이지 이동하는 URL 리스트를 생성한다.
4: String allowURL[] = { "http://url1.com", "http://
   url2.com", "http://url3.com" };
5: // 입력받는 url은 미리 정해진 URL의 order로 받는다.
6: String nurl = request.getParameter("nurl");
```

```
7: try
8: {
9: Integer n = Integer.parseInt(nurl);
10: if ( n >= 0 && n < 3)
11: response.sendRedirect(allowURL[n]);
12: }
13: catch (NumberFormatException nfe)
14: {
15: // 사용자 입력값이 숫자가 아닐 경우 적절히 에러를 처리하도록 한다.
16: }
17: }
```

- XQuery를 사용하여 XML 데이터에 대한 동적 쿼리 생성 시 검증되지 않은 외부 입력값이 쿼리문 구조 변경에 사용될 수 있는 보안 약점이다.
- XQuery에 사용되는 외부 입력값에 대하여 특수문자 및 쿼리 예약어 필터링을 통해 방지할 수 있다.

안전하지 않은 코드 예 Java

```
1: .....
2: // 외부로부터 입력을 받는다.
3: String name = props.getProperty("name");
4: Hashtable env = new Hashtable( );
5: env.put(Context.INITIAL_CONTEXT_FACTORY, "com.sun.jndi.
   ldap.LdapCtxFactory");
6: env.put(Context.PROVIDER_URL, "ldap://localhost:389/
   o=rootDir");
7: javax.naming.directory.DirContext ctx = new Initial
   DirContext(env);
8: javax.xml.xquery.XQDataSource xqds = (javax.xml.xquery.
   XQDataSource) ctx.lookup("xqj/personnel");
9: javax.xml.xquery.XQConnection conn = xqds.getConnec-
   tion( );
10:
11: String es = "doc('users.xml')/userlist/user[uname='" +
    name + "']";
12: // 입력값을 Xquery의 인자로 사용하였다.
13: XQPreparedExpression expr = conn.
prepareExpression(es);
14: XQResultSequence result = expr.executeQuery( );
15: while (result.next( ))
16: {
17: String str = result.getAtomicValue( );
18: if (str.indexOf('>') < 0)
19: {
20: System.out.println(str);
21: }
22: .....
```

안전한 코드 예

```
1: .....
2: // 외부로부터 입력을 받는다.
3: String name = props.getProperty("name");
4: Hashtable env = new Hashtable( );
5: env.put(Context.INITIAL_CONTEXT_FACTORY, "com.sun.jndi.
   ldap.LdapCtxFactory");
6: env.put(Context.PROVIDER_URL, "ldap://localhost:389/
   o=rootDir");
```

XQuery 삽입

```
7: javax.naming.directory.DirContext ctx = new Initial
   DirContext(env);
8: javax.xml.xquery.XQDataSource xqds = (javax.xml.xquery.
   XQDataSource) ctx.lookup("xqj/personnel");
9: javax.xml.xquery.XQConnection conn = xqds.getConnec-
   tion( );
10:
11: String es = "doc('users.xml')/userlist/user[uname=
   '$xpathname']";
12: // 입력값이 Xquery의 인자로 사용
13: XQPreparedExpression expr = conn.
prepareExpression(es);
14: expr.bindString(new QName("xpathname"), name, null);
15: XQResultSequence result = expr.executeQuery( );
16: while (result.next( ))
17: {
18: String str = result.getAtomicValue( );
19: if (str.indexOf('>') < 0)
20: {
21: System.out.println(str);
22: }
23: }
```

XPath 삽입	• 검증되지 않은 외부 입력값으로 XPath 쿼리문을 생성하여 쿼리문의 의미나 구조가 변경될 수 있는 보안 약점이다. • XPath 쿼리에 사용되는 외부 입력값에 대하여 특수문자 및 쿼리 예약어 필터링을 통해 방지할 수 있다.
LDAP 삽입	• 외부 입력값이 올바르게 처리되지 못하여 LDAP(Lightweight Directory Access Pro-tocol) 쿼리문의 구성 변경에 사용될 수 있는 보안 약점이다. • DN(Distinguished Name)과 필터에 사용되는 외부 입력값에 특수문자를 제거함으로써 방지할 수 있다.

② 보안 기능

• 인증, 접근제어, 기밀성, 암호화, 권한 관리 등의 보안 기능을 부적절하게 구현하여 여러 가지 보안 약점이 발생할 수 있다.

▶ 종류

적절한 인증 없는 중요 기능 허용	• 적절한 인증 없이 중요 정보를 읽거나 변경할 때 발생하는 보안 약점이다. • 인증 과정 없이 서버에 접근하지 못하도록 하고 중요 정보는 재인증을 거치도록 함으로써 방지할 수 있다.
부적절한 인가	• 접근 가능한 실행 경로에 대한 접근제어 검사를 완전하게 하지 않아 정보가 유출되는 보안 약점이다. • 노출되는 실행 경로를 최소화하고 사용자의 권한에 따라 접근제어 리스트(Access Control List)를 관리함으로써 방지할 수 있다.
중요한 자원에 대한 잘못된 권한 설정	• 보안 또는 설정 파일과 같이 중요한 자원에 대해 읽기나 쓰기 권한을 잘못 설정하여 발생하는 보안 약점이다. • 중요한 자원은 관리자만 읽고 쓰기가 가능하게 하고 사용자의 권한을 검사함으로써 방지할 수 있다.
취약한 암호화 알고리즘 사용	• 취약하거나 위험한 암호화 알고리즘을 사용하여 패스워드가 유출되는 보안 약점이다. • 잘 알려진 안전한 암호화 알고리즘을 사용함으로써 방지할 수 있다.
중요 정보 평문 저장	• 개인정보, 금융정보, 패스워드 등의 중요 정보를 암호화하지 않고 평문으로 저장하여 중요 정보가 노출되는 보안 약점이다. • 중요 정보를 암호화하여 저장하고 중요 정보 접근 시 사용자의 권한을 검사함으로써 방지할 수 있다.

중요 정보 평문 전송	• 중요 정보를 암호화하지 않고 평문으로 전송하여 중요 정보가 노출되는 보안 약점이다. • 중요 정보를 암호화하여 전송하거나 보안 채널을 사용함으로써 방지할 수 있다.
하드 코드된 비밀번호	• 프로그램 코드 내에 데이터를 직접 입력하는 하드 코드된 패스워드를 포함시켜 사용 하여 관리자의 정보가 노출되는 보안 약점이다. • 패스워드는 암호화하여 별도의 파일에 저장하여 사용하고 디폴트 패스워드 대신 사용 자 입력 패스워드를 사용함으로써 방지할 수 있다.
충분하지 않은 키 길이 사용	• 길이가 짧은 키로 암호화 및 복호화를 함으로써 짧은 시간 안에 키를 찾아낼 수 있는 보안 약점이다. • RSA 알고리즘은 2,048bit 이상, 대칭 암호화 알고리즘은 128bit 이상의 키를 사용함 으로써 방지할 수 있다.
적절하지 않은 난수값 사용	• 적절하지 않은 난수값을 사용하여 난수가 예측 가능해질 수 있는 보안 약점이다. • 난수값을 결정하는 현재 시각 기반 등으로 시드값을 매번 변경함으로써 방지할 수 있다.

③ 시간 및 상태

- 동시 수행을 지원하는 병렬 시스템이나 여러 개의 프로세스가 동작하는 멀티 프로
세스 환경에서 시간 및 상태를 부적절하게 사용하여 여러 가지 보안 약점이 발생할
수 있다.

▶ 종류

경쟁 조건 : 검사 시점과 사용 시점(TOCTOU)	• 자원을 검사하는 시점(TOC, Time Of Check)과 사용하는 시점(TOU, Time Of Use)이 달라서 발생하는 보안 약점이다. • 여러 프로세스가 공유자원 접근 시 동기화 구문으로 한 번에 하나의 프로세스만 접근하게 함으로써 방지할 수 있다.
종료되지 않는 반복문 또는 재귀함수	• 종료 조건이 없는 반복문이나 재귀함수를 사용하여 무한 반복하며 자원 고갈이 발생하는 보안 약점이다. • 재귀 호출 횟수를 제한함으로써 방지할 수 있다.

④ 에러 처리

- 발생한 에러를 처리하지 않거나 완전하게 처리하지 않아 에러 정보에 중요 정보가
포함되어 여러 가지 보안 약점이 발생할 수 있다.

▶ 종류

에러 메시지를 통한 정보 노출	• 에러 메시지에 실행 환경이나 사용자 관련 등 민감한 정보가 포함되어 외부에 노출되 는 보안 약점이다. • 에러 메시지는 최소의 정보만 포함되게 하고 정해진 사용자에게만 보여주게 함으로 써 방지할 수 있다.
에러 상황 대응 부재	• 에러가 발생할 수 있는 에러 상황에 대해 예외처리를 하지 않아 프로그램이 동작하지 않거나 제대로 동작하지 않는 보안 약점이다. • 에러가 발생할 수 있는 부분에 적절한 예외처리를 함으로써 방지할 수 있다.
부적절한 예외처리	• 프로그램 수행 중에 함수의 결과값에 대해 적절하게 처리하지 않거나 예외상황에 대 해 조건을 적절하게 검사하지 않아 발생하는 보안 약점이다. • 값을 반환하는 함수의 결과값을 검사하고 광범위한 예외처리가 아니라 구체적인 예 외처리를 함으로써 방지할 수 있다.

⑤ 코드 오류

- 개발자가 흔히 실수하는 프로그램 오류들로 인해 여러 가지 보안 약점이 발생할 수 있다.

▶ 종류

Null Pointer (널 포인터) 역참조	• 일반적으로 객체가 Null이 될 수 없다는 가정을 위반하여 공격자가 의도적으로 Null Pointer 역참조를 발생시켜 공격에 사용하는 보안 약점이다. • Null이 될 수 있는 레퍼런스는 참조하기 전에 Null 값 여부를 검사한 후 사용함으로써 방지할 수 있다.
부적절한 자원 해제	• 오픈 파일 디스크립터, 힙 메모리, 소켓 등의 유한한 자원을 할당받아 사용한 후 프로그램 에러로 반환하지 않아 발생하는 보안 약점이다. • 자원을 할당받아 사용한 후에는 반드시 자원을 해제하고 반환함으로써 방지할 수 있다.
해제된 자원 사용	• 해제된 자원을 참조하여 의도하지 않은 값이나 코드를 실행하게 되어 의도하지 않은 결과가 발생하는 보안 약점이다. • 동적으로 할당된 메모리를 해제한 후 그 메모리를 참조하던 포인터를 참조 추적, 형(Type) 변환, 수식의 피연산자 등으로 사용하여 해제된 메모리의 접근을 막음으로써 방지할 수 있다.
초기화되지 않은 변수 사용	• 초기화되지 않은 변수를 사용하면 임의의 값이 사용되어 의도하지 않은 결과가 발생하는 보안 약점이다. • 모든 변수는 사용하기 전에 반드시 적절한 초기화 값을 할당함으로써 방지할 수 있다.

⑥ 캡슐화

- 중요한 데이터나 기능성을 잘못 캡슐화하거나 잘못 사용하면 여러 가지 보안 약점이 발생할 수 있다.

▶ 종류

잘못된 세션에 의한 데이터 정보 노출	• 다중 스레드 환경에서 정보를 저장하는 멤버변수가 포함되어 서로 다른 세션에서 데이터를 공유하여 발생하는 보안 약점이다. • 싱글톤(Singleton) 패턴 사용 시 변수 범위를 제한함으로써 방지할 수 있다.
제거되지 않고 남은 디버그 코드	• 개발 완료 후에 디버그 코드가 제거되지 않은 채로 배포되어 발생하는 보안 약점이다. • 소프트웨어가 배포되기 전에 디버그 코드를 삭제함으로써 방지할 수 있다.
시스템 데이터 정보 노출	• 시스템, 관리자, DB 정보 등의 시스템 데이터 정보가 공개되어 발생하는 보안 약점이다. • 예외상황 발생 시 시스템 메시지 등의 시스템 데이터 정보가 화면에 출력되지 않게 함으로써 방지할 수 있다.
public 메소드로부터 반환된 private 배열	• private 선언된 배열을 public 선언된 메소드를 통해 반환하여 그 배열의 사례가 외부에 공개되어 발생하는 보안 약점이다. • private 선언된 배열을 public 선언된 메소드를 통해 반환하지 않게 함으로써 방지할 수 있다.
private 배열에 public 데이터 할당	• public 선언된 메소드의 인자가 private 선언된 배열에 저장되어 그 배열을 외부에서 접근할 수 있게 되는 보안 약점이다. • public 선언된 메소드의 인자를 private 선언된 배열에 저장되지 않도록 함으로써 방지할 수 있다.

⑦ API 오용
- 서비스에서 제공되는 사용법에 반하는 방법으로 API를 사용하거나 보안에 취약한 API를 사용하여 여러 가지 보안 약점이 발생할 수 있다.

▶ 종류

DNS lookup에 의존한 보안 결정	• 도메인명에 의존하여 인증이나 접근 통제 등의 보안 결정을 하면 공격자가 DNS 엔트리를 속여 동일 도메인에 속한 서버인 것처럼 위장하는 보안 약점이다. • 보안 결정 시 도메인명을 이용한 DNS lookup에 의존하지 않도록 함으로써 방지할 수 있다.
취약한 API 사용	• 보안 문제로 금지된 함수 또는 오용될 가능성이 있는 API 등의 취약한 API를 사용하여 발생하는 보안 약점이다. • 보안 문제로 금지된 함수는 안전한 대체 함수를 사용함으로써 방지할 수 있다.

이론을 확인하는 핵심문제

01 인터페이스 구현 단계에서 고려해야 할 정보 보안의 3요소를 쓰시오.
- 답 :

02 시큐어 코딩 가이드 7가지를 쓰시오.
- 답 :

03 시큐어 코딩 가이드 중에서 자원을 검사하는 시점(TOC)과 사용하는 시점(TOU)이 달라서 발생하는 보안 약점과 종료 조건이 없는 반복문이나 재귀함수를 사용하여 무한 반복하며 자원 고갈이 발생하는 보안 약점을 무엇이라고 하는지 쓰시오.
- 답 :

04 보안 취약점(Vulnerability)에 관해서 서술하시오.
- 답 :

ANSWER 01 기밀성, 무결성, 가용성
02 입력 데이터 검증 및 표현, 보안 기능, 시간 및 상태, 에러 처리, 코드 오류, 캡슐화, API 오용
03 시간 및 상태
04 해커가 시스템 접근 권한 획득 등 직접 이용할 수 있는 SW상의 결함을 의미한다.

인터페이스 보안 기능 적용

빈출 태그 보안 기능 적용 영역 • DB 암호화 알고리즘 • IPSec • SHA

01 인터페이스 각 구간 구현 현황 분석

- 인터페이스 각 구간의 보안 취약점을 분석한다.
- 분석된 보안 취약점을 근거로 아래와 같이 단계별 인터페이스 보안 기능을 적용한다.
  - 데이터베이스 보안 기능 적용
  - 애플리케이션 보안 기능 적용
  - 네트워크 구간에 대한 보안 기능 적용

구분	데이터베이스 영역	애플리케이션 영역	네트워크 영역
송신 데이터 선택	데이터베이스에서 송신 데이터를 선택한다.	APP 데이터를 애플리케이션 영역에서 선택한다.	애플리케이션과 데이티베이스 간 DB Connection을 진행한다.
송신 객체 생성	–	JSON, XML 등 객체를 생성한다.	–
인터페이스 송신	–	생성된 객체를 수신측으로 송신한다.	–
인터페이스 수신	–	생성된 객체를 수신하고 구문분석한다.	송신측과 수신측의 네트워크를 연결한다.
데이터 처리 결과 전송	선택된 데이터를 처리하고 최종결과를 반환한다.	구문분석한 데이터를 처리하고 최종결과를 반환한다.	애플리케이션과 데이터베이스 간 DB Connection을 진행한다.

02 인터페이스 각 구간 보안 취약점 분석

단계	영역	보안 취약점
송신 데이터 선택	애플리케이션	• 송신 데이터 선택, 객체 접근, 권한 탈취가 가능하다. • 객체 선택 시 SQL 검증이 필요하다.
	데이터베이스	불완전한 입력값으로 인한 SQL Injection 취약점이 발생할 수 있다.
	네트워크	DB 정보 전달 시 탈취 가능성, 악의적 서버 변조가 가능하다.
송신 객체 생성	애플리케이션	• 생성 객체 접근 권한 탈취가 가능하다. • 객체 생성 시 악의적인 코드 삽입이 가능하다.
인터페이스 송신	애플리케이션	송신 시점에서 악의적인 사이트로 전달(수신 변조)할 수 있다.
	네트워크	송수신 네트워크 통신 명세 탈취 및 위변조를 할 수 있다.
인터페이스 수신	애플리케이션	• 구문분석 시 악의적 파서를 만들어 공격할 수 있다. • 수신 객체 접근 권한 탈취가 가능하다.

> **기적의 TIP**
>
> **오류 제어 방식** 2023년 2회
> - **FEC(전진 오류 수정)** : 데이터 전송 과정에서 오류가 발생하면 수신측에서 오류를 검출하여 스스로 수정하는 전송 오류 제어 방식으로, 역채널이 필요 없으며 연속적인 데이터의 흐름이 가능하다.
> - **BEC(후진 오류 수정)** : 데이터 전송 과정에서 오류가 발생하면 송신측에 재전송을 요구하는 전송 오류 제어 방식으로, 역채널이 필요하다.
> - **CRC(순환 중복 검사)** : 집단 오류에 대한 신뢰성 있는 오류 검출을 위해 다항식 코드를 사용하여 오류 검출 방식이다.
> - **Parity Check(패리티 검사)** : 데이터 블록에 1비트의 오류 검출 비트를 추가하여 오류를 검출하는 오류 검출 방식이다.
> - **Hamming Code(해밍 코드 검사)** : 자기 정정 부호로서 오류를 검출하여 1비트의 오류를 수정하는 오류 검출 방식이다.

	애플리케이션	데이터 처리 객체 접근 권한 탈취가 가능하다.
데이터 처리 결과 전송		악의적 데이터 삽입 및 위변조를 할 수 있다.
	데이터베이스	• 프로시저에 악의적 입력값 삽입이 가능하다(SQL Injection). • 에러 처리 미흡으로 강제적 내부 오류 발생 시 인지가 어려울 수 있다.
	네트워크	DB 정보 전달 시 탈취 가능성, 악의적으로 반환값 변조가 가능하다.

기적의 TIP

L2TP(Layer 2 Tunneling Protocol) 2023년 1회
• PPTP(Point-to-Point Tunneling Protocol)와 L2F(Layer2 Forwarding Protocol)의 기능을 결합한 VPN에 이용되는 데이터 링크 계층의 암호화 프로토콜이다.
• 주요 특징 : 헤드 압축을 지원, 터널 인증을 지원, IPsec을 이용하여 암호화 한다.
• 장점 : 속도가 빠르며 PPTP보다 안전하며 설치가 간단하다.
• 단점 : 암호화가 없기에 보안에 취약하며 특정 UDP 포트를 사용하므로 방화벽 설정에 따라 통신이 불가능할 수 있다.

★ **IPSec(Internet Protocol Security)** 2024년 2회
• IP 패킷에 암호화와 인증 기능을 추가하여 데이터 무결성과 기밀성을 확보한다.
• AH(Authentication Header)와 ESP(Encapsulating Security Payload)라는 두 가지 보안 프로토콜을 사용한다.
• AH는 데이터의 무결성과 인증을 담당하며, ESP는 데이터를 암호화하여 기밀성을 보장한다.
• VPN을 구축하거나 클라우드 서비스와의 안전한 연결을 설정하여 민감한 정보를 보호하고, 원격 근무자의 안전한 접속을 지원할 수 있다.

03 보안 적용

① 분석 정보를 통한 인터페이스 보안 기능 적용

• 분석한 인터페이스 구현 현황과 각 구간의 인터페이스 기능 및 보안 취약점의 분석 내용을 근거로 하여 보안 기능을 적용한다.
• 네트워크 영역, 애플리케이션 영역, 데이터베이스 영역으로 구분하여 적용한다.

② 네트워크 보안 적용

• 인터페이스 송/수신 간 중간자에 의한 데이터 탈취 또는 위변조를 방지하기 위해서 네트워크 트래픽에 대한 암호화 적용이 요구된다.
• 네트워크 구간의 암호화를 위해서는 인터페이스 아키텍처에 따라서 다양한 방식으로 보안 기능을 적용한다.

▶ **네트워크 구간 보안 기능 적용 시 고려사항**

단계	고려사항	보안 기능 적용
Transport Layer Network 보안	상대방 인증을 적용한다.	IPSec AH(Authentication Header)★ 적용, IKE(Internet Key Exchange) 프로토콜을 적용한다.
	데이터 기밀성 보장이 필요하다.	IPSec ESP(Encapsulation Security Payload)를 적용한다.
	End-to-End 보안을 적용한다.	IPSec Transport Mode를 적용한다.
Application Layer Network 보안	서버만 공개키 인증서를 가지고 통신(위험 분산)한다.	SSL(Secure Socket Layer)의 서버 인증 상태를 운영한다.
	연결 단위 외 메시지 단위로도 인증 및 암호화가 필요하다.	S-HTTP를 적용하여 메시지를 암호화한다(상호 인증 필요, 성능 일부 저하됨).

③ 애플리케이션 보안 적용

• 애플리케이션 구현 코드상의 보안 취약점을 발견하고 보완하는 방향으로 애플리케이션 보안 기능을 적용한다.
• 시큐어 코딩 가이드를 참조하여 보안 기능을 적용한다.

보안 요구사항	보안 기능 적용
비인가자 접근 권한 관리	• public, private, protected 권한 관리 등의 객체 접근 권한을 고려하여 구현한다. • 변수를 직접 접근할 수 없게 하고 접근 권한을 가진 함수(메소드)만 접근할 수 있게 한다.
악의적 코드 삽입 금지	특수문자를 통한 SQL 변조 시도 등 악의적인 공격 패턴을 입력하지 못하도록 사전에 방지한다.
악의적 시도 시 에러 처리	악의적 공격 시도 시 사용자 정의 예외처리를 적용하고 에러 처리내용이 외부에서 조회되지 않도록 권한을 관리한다.

④ 데이터베이스 보안 적용

- 데이터베이스의 기밀성 유지를 위하여 중요하고 민감한 데이터는 암호화 기법을 활용하여 암호화하도록 한다.
- 데이터베이스의 접근 권한 및 SQL, 프로시저, 트리거 등 데이터베이스 동작 객체의 보안 취약점을 보완하도록 한다.
- 민감하고 중요한 데이터는 암호화와 익명화 등을 통하여 데이터 자체 보안 방법도 고려해야 한다.
- 중요도가 높거나 민감한 정보를 통신 채널을 통하여 전송 시에는 반드시 암·복호화 과정을 거치도록 한다.
- IPSec★, SSL/TLS★ 등의 보안 채널을 활용하여 전송한다.

비인가자 접근 관리	데이터베이스, 스키마, 엔티티의 접근 권한을 관리(접근 권한 객체 관리 수준은 성능과 보안성을 고려하여 관리)하도록 한다.
악의적 코드 삽입 금지	프러시저(Procedure), 트리거(Trigger), 배치(Batch) 등 데이터베이스 객체의 동작상에 악의적인 코드가 삽입되지 않도록 동작 간 보안 처리를 한다.
민감 데이터 관리	개인정보나 업무상 민감 데이터는 암/복호화나 익명화 처리를 통해 데이터베이스에서 관리한다.
악의적 시도 시 에러 처리	공격 패턴에 대한 사용자 정의 예외처리를 적용하고 처리 내용이 외부에서 조회되지 않도록 권한을 관리한다.

▶ 데이터베이스 암호화 알고리즘

대칭키 알고리즘	ARIA 128/129/256, SEED
해시 알고리즘	SHA★-256/384/512, HAS-160
비대칭키 알고리즘	RSA★, ECDSA, ECC

▶ 데이터베이스 암호화 기법

구분	API 방식	Filter(Plug-in) 방식	Hybrid 방식
개념	애플리케이션 레벨에서 암호 모듈(API)을 적용하는 방식이다.	데이터베이스 레벨의 확장성 프로시저 기능을 이용하여 DBMS에 Plugin 또는 Snap-in 모듈 형식으로 작성하는 방식이다.	API/Filter 방식을 결합하거나, Filter 방식에 추가로 SQL 문에 대한 최적화를 대행해주는 어플라이언스★를 제공하는 방식이다.
암호화/보안 방식	별도의 API 개발/통합	DB 내 설치/연동	어플라이언스/DB 내 설치
서버 성능 부하	애플리케이션 서버에서 암호화/복호화. 정책 관리, 키 관리를 하므로 부하가 발생한다.	DB 서버에 암호화, 복호화, 정책 관리 키 관리를 하므로 부하가 발생한다.	DB와 어플라이언스에서 부하가 분산된다.
시스템 통합 용이성	애플리케이션 개발 및 통합 기간이 필요하다.	애플리케이션 변경이 필요치 않아 용이성이 높다.	
관리 편의성	애플리케이션 변경 및 암호화 필드를 변경하는 유지보수가 필요해진다.	관리자용 GUI를 이용하여 DB 통합 관리가 가능하여 편의성이 높다.	

★ IPsec
(Internet Protocol Security)
통신 세션의 각 IP 패킷을 암호화하고 인증하는 안전한 인터넷 프로토콜(IP) 통신을 위한 프로토콜이다.

★ TLS
(Transport Layer Security)
- 공개키 기반의 국제 인터넷 표준화 기구에서 표준으로 지정한 인터넷에서 정보를 암호화해서 수신하는 프로토콜이다. 넷스케이프 커뮤니케이션사가 개발한 SSL(Secure Socket Later)에 기반한 기술이다.
- 정식 명칭은 TLS이지만 SSL이라는 용어가 많이 사용되고 있다.

★ SHA
(Secure Hash Algorithm)
- 1993년에 미국 NIST에 의해 개발되었고 가장 많이 사용되고 있는 방식이다.
- SHA-1은 DSA에서 사용하게 되어 있으며 많은 인터넷 응용에서 default 해시 알고리즘으로 사용된다.
- SHA-256, SHA-384, SHA-512는 AES의 키 길이인 128, 192, 256bit에 대응하도록 출력 길이를 늘인 해시 알고리즘이다.

★ RSA
(Rivest Shamir Adleman)
- 소인수 분해의 어려움에 기초를 둔 알고리즘이다.
- 1978년 MIT에 의해 제안되었다.
- 전자문서에 대한 인증 및 부인 방지에 활용된다.

★ 어플라이언스(appliance)
각종 기업용 SW를 서버와 스토리지 등을 HW에 최적화하여 통합한 장비이다. 별도의 OS나 SW를 설치하지 않아도 전원을 켜면 곧바로 사용할 수 있다.

04 소프트웨어 연계 테스트

① 연계 테스트 개념

- 내/외부 연계 모듈 구현 중 송/수신 시스템 간 구성요소가 정상적으로 동작하는지 확인하는 활동이다.
- 연계 테스트 케이스 작성, 연계 테스트 환경 구축, 연계 테스트 수행, 연계 테스트 수행 결과 검증 순으로 진행된다.

② 연계 테스트 케이스(Testcase)

- 송/수신 시스템에서 데이터와 프로세스의 흐름을 분석하여 확인사항을 도출하는 과정이다.
- 송/수신 시스템 각각에서 연계 응용 프로그램의 단위 테스트 케이스와 연계 테스트 케이스를 작성한다.
- 송/수신용 연계 응용 프로그램의 단위 테스트 케이스 작성 : 송신 시스템에서 연계 테스트 추출이 제대로 되었는지, 연계 데이터가 수신 시스템에 맞게 코드 변환이 제대로 되었는지 확인하여 작성한다.
- 연계 통합 테스트 케이스 작성 : 송/수신용 연계 응용 프로그램의 기능 위주 결함을 확인하는 통합 테스트 케이스로 작성한다.

③ 연계 테스트 분류

- 소프트웨어 연계 테스트 구간 : 송신 시스템에서 연계 서버 또는 중계 서버를 거치고 수신 시스템까지 데이터가 정상 전달되는지 테스트한다.
- 소프트웨어 연계 단위 테스트
  - 송신 시스템에서 연계 데이터를 추출 및 생성하고 이를 연계 테이블로 생성한다.
  - 연계 서버 또는 중계 서버가 있는 경우 연계 테이블 간 송/수신을 한다.
  - 연계 자체만을 테스트한다.
- 소프트웨어 연계 통합 테스트 : 연계 테스트보다 큰 통합 기능 테스트의 일부로서 연계 통합 테스트를 수행한다.

▶ **연계 테스트 수행 순서**

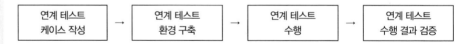

연계 테스트 케이스 작성	→	연계 테스트 환경 구축	→	연계 테스트 수행	→	연계 테스트 수행 결과 검증

01 인터페이스 보안 기능을 적용해야 하는 3영역을 쓰시오.

• 답 :

02 인터페이스 보안 중 네트워크 보안 적용 단계에서 상대방 인증을 적용하거나, 데이터 기밀성 보장이 필요하며, 보안 기능으로 IPSec AH, IKE(Internet Key Exchange) 프로토콜을 적용해야 하는 단계를 쓰시오.

• 답 :

03 데이터베이스 암호화 알고리즘 중 비대칭키 암호화 알고리즘 2가지를 쓰시오.

• 답 :

04 데이터베이스 암호화 기법 3가지를 쓰시오.

• 답 :

05 IP 데이터그램에 대한 메시지 체크섬(Checksum)을 활용한 데이터 인증과 비연결형 무결성을 보장해 주는 프로토콜은 무엇인지 쓰시오.

• 답 :

06 송/수신 시스템에서 데이터와 프로세스의 흐름을 분석하여 확인 사항을 도출하는 과정은 무엇인지 쓰시오.

• 답 :

07 각종 기업용 SW를 서버와 스토리지 등을 HW에 최적화하여 통합한 장비로 별도의 OS나 HW를 설치하지 않아도 전원을 켜면 바로 사용할 수 있는 것을 무엇이라고 하는지 쓰시오.

• 답 :

ANSWER **01** 데이터베이스 영역, 애플리케이션 영역, 네트워크 영역
02 Transport Layer Network 보안
03 RSA, ECDSA, ECC
04 API 방식, Filter(Plug-in) 방식, Hybrid 방식
05 IPSec AH(Authentication Header)
06 연계 테스트 케이스(Testcase)
07 어플라이언스

01 내/외부 모듈 간 인터페이스 데이터 표준 확인 단계에서 우선 인터페이스 표준을 확인해야 한다. 다음이 설명하는 표준 인터페이스를 쓰시오.

- 데이터 통신을 이용해 인터페이스 구현에 사용되는 다목적 마크업 언어이다.
- HTML(웹 페이지 기본 형식) 문법과 웹 브라우저와의 호환 문제와 SGML(Stand Generalized Markup Language)의 복잡성을 해결하기 위해 개발되었다.
- 태그(Tag)와 속성을 사용자가 정의할 수 있으며 문서의 내용과 이를 표현하는 방식이 독립적이다.
- HTML과는 달리 DTD(Document Type Definition)가 고정되어 있지 않으므로 논리적 구조를 표현할 수 있는 유연성을 가진다.
- 기존 HTML 단점을 보완하여 문서의 구조적인 특성들을 고려하여 문서들을 상호 교환할 수 있도록 설계된 프로그래밍 언어이다.

• 답 :

02 이 문서는 다른 기종 시스템이나 컴포넌트 간 데이터 교환 및 처리를 위한 목적으로 각 시스템의 교환 데이터 및 업무, 송수신 주체 등이 정의된 문서이다. 정적/동적 모형을 통한 설계서, 일반적 형태의 설계서로 구분되는 문서의 이름을 쓰시오.

• 답 :

03 XML(eXtensible Markup Language)의 파서(Parser)에 대하여 서술하시오.

• 답 :

04 Java를 기반으로 하는 SUN사에서 개발한 언어로, 주로 은행이나 중요 회사에 많이 쓰이며 보완성이 뛰어나다. 코딩이 어렵고 ASP보다 코드량이 1.5배 가량 많다. 동작 가능한 곳은 리눅스와 윈도즈 모두 가능하며 DBMS도 다양하게 지원하는 웹 Script 언어는 무엇인지 쓰시오.

• 답 :

05 기업의 업무 흐름을 한눈에 볼 수 있도록 만들어 인력과 시스템을 적절하게 투입하고 통제하는 기업의 업무 프로세스를 관리하는 경영 방법은 무엇인지 쓰시오.

• 답 :

06 인터페이스 설계서(정의서)는 시스템의 인터페이스 현황을 한눈에 확인하기 위하여 한 시스템이 갖는 인터페이스 목록 및 각 인터페이스의 상세 데이터 명세와 각 기능의 세부 인터페이스 정보를 정의한 문서이다. 다음 빈칸에 알맞은 인터페이스 설계서 구성을 쓰시오.

> • (①) : 시스템에서 가지고 있는 인터페이스 목록을 보여 준다. 인터페이스 번호 및 인터페이스되는 시스템의 정보 및 관련 요구사항 ID(요구사항 정의서의 요구 ID)를 리스트(목록) 형태로 보여 준다.
> • (②) : 인터페이스 목록에 있는 각 인터페이스의 상세 정보를 보여 준다. 각 인터페이스 번호당 인터페이스 되는 데이터, 데이터 형식, 송수신 시스템의 정보 등을 구체화한다.

• ① :
• ② :

07 하나의 독립적인 기능을 수행하는 모듈의 구성요소와 세부적인 동작을 정의한 설계서를 말하며 그 중 대표적인 설계서로서 컴포넌트의 구성요소와 동작을 정의한 컴포넌트 명세서와 컴포넌트와 컴포넌트 간 상호작용을 정의한 인터페이스 명세서가 있는 설계서를 무엇이라고 하는지 쓰시오.

• 답 :

08 다음은 연계 테스트 수행 절차이다. 빈칸에 알맞은 절차를 쓰시오.

| 연계 테스트 케이스 작성 | → | ( ) | → | 연계 테스트 수행 | → | 연계 테스트 수행 결과 검증 |

• 답 :

09 다음은 데이터베이스 인터페이스 시 사용되는 암호화 기법이다. 빈칸에 알맞은 방식을 쓰시오.

구분	( )	Filter(Plug-in) 방식	Hybrid 방식
개념	APP 레벨에서 암호 모듈을 적용하는 APP 수정 방식	DB 레벨의 확장성 프로시저 기능을 이용, DBMS에 plug-in 또는 snap-in 모듈로 동작하는 방식	( )과 Filter 방식을 결합하거나, Filter 방식에 추가적으로 SQL 문에 대한 최적화를 대행해 주는 어플라이언스를 제공하는 방식
암호화/보안 방식	별도의 개발, 통합	DB 내 설치, 연동	어플라이언스, DB 내 설치
서버 성능 부하	APP 서버에 암/복호화, 정책 관리, 키 관리 부하 발생	DB 서버에 암/복호화, 정책 관리, 키 관리 부하 발생	DB와 어플라이언스에서 부하 발생
시스템 통합 용이성	APP 개발 통합 기간 필요	APP 변경 불필요	APP 변경 불필요
관리 편의성	APP 변경 및 암호화 필드 변경에 따른 유지 보수 필요	관리자용 GUI 이용, 다수 DB 통합 관리 가능, 편의성 높음	관리자용 GUI 이용, 다수 DB 통합 관리 가능, 편의성 높음

• 답 :

10 다음 데이터베이스 암호화 알고리즘 분류표에서 잘못 분류된 암호화 알고리즘을 찾아 쓰시오.

대칭키 알고리즘	ECC, ARIA 128/129/256
해시 알고리즘	SHA-256/384/512, HAS-160
비대칭키 알고리즘	RSA, ECDSA, SEED

• 답 :

11 다음 중 시큐어코딩 가이드의 '캡슐화' 항목의 보안 약점이 아닌 것을 모두 찾아 기호를 쓰시오.

(가) 잘못된 세션에 의한 데이터 정보 노출
(나) Null Pointer(널 포인터) 역참조
(다) 부적절한 자원 해제
(라) 해제된 자원 사용
(마) 제거되지 않고 남은 디버그 코드
(바) 시스템 데이터 정보 노출

• 답 :

12 다음은 시큐어코딩 가이드의 '코드 오류' 항목 중 보안 약점의 한 종류이다. 다음이 설명하는 보안 약점의 종류를 쓰시오.

• 오픈 파일 디스크립터, 힙 메모리, 소켓 등의 유한한 자원을 할당받아 사용한 후 프로그램 에러로 반환하지 않아 발생하는 보안 약점이다.
• 자원을 할당받아 사용한 후에는 반드시 자원을 해제하고 반환함으로써 방지할 수 있다.

• 답 :

13 다음은 시큐어코딩 가이드 중 어떤 보안 약점에 관한 내용인지 쓰시오.

> • 인증, 접근제어, 기밀성, 암호화, 권한 관리 등의 보안 기능을 부적절하게 구현하여 여러 가지 보안 약점이 발생할 수 있다.
> • 이러한 보안 약점을 방지하기 위한 보안 점검 항목들이다.
> • 적절한 인증 없는 중요 기능 허용, 부적절한 인가, 중요한 자원에 대한 잘못된 권한 설정, 취약한 암호화 알고리즘 사용, 중요 정보 평문 저장, 중요 정보 평문 전송, 하드 코드된 비밀번호, 충분하지 않은 키 길이 사용, 적절하지 않은 난수값 사용 등의 내용을 포함한다.

• 답 :

14 다음 코드는 시큐어 코딩 가이드 중 입력 데이터 검증 및 표현의 보안 약점 예시 코드이다. 다음 코드는 어떠한 보안 약점에 관한 코드인지 쓰시오.

안전하지 않은 코드 예 Java

```
1: try
2: {
3:    String tableName = props.getProperty("jdbc.tableName");
4:    String name = props.getProperty("jdbc.name");
5:    String query = "SELECT * FROM " + tableName + " WHERE Name =" + name;
6:    stmt = con.prepareStatement(query);
7:    rs = stmt.executeQuery( );
8:    ......
9: }
10: catch (SQLException sqle) { }
11: finally { }
```

안전한 코드 예

```
1: try
2: {
3:    String tableName = props.getProperty("jdbc.tableName");
4:    String name = props.getProperty("jdbc.name");
5:    String query = "SELECT * FROM ? WHERE Name = ? ";
6:    stmt = con.prepareStatement(query);
7:    stmt.setString(1, tableName);
8:    stmt.setString(2, name);
9:    rs = stmt.executeQuery( );
10:    ......
11: }
12: catch (SQLExcep)
```

• 답 :

15 눈속임에서 파생된 용어로 직접 시스템에 침입을 시도하는 것이 아니라 피해자가 공격자의 악의적인 눈속임을 통하여 잘못된 정보나 연결을 신뢰하게 만들어 공격 대상을 직접 속이는 해킹 기법은 무엇인지 쓰시오.

• 답 :

16 정보 보안의 3요소 중 다음 설명에 해당하는 요소를 쓰시오.

- 사용자가 필요할 때 데이터에 접근할 수 있는 능력을 말한다.
- 인가된 사용자가 조직의 정보 자산에 적시에 접근하여 업무를 수행할 수 있도록 유지하는 것을 목표로 한다.
- 가용성을 유지하기 위해 데이터 백업, 위협 요소 제거 등의 기술을 사용할 수 있다.
- 서비스 거부(Denial of Service) 등과 같은 공격에 의해 위협받을 수 있다.

• 답 :

17 객체지향 모델로서 구조화된 문서를 표현하는 형식으로 플랫폼/언어 중립적으로 구조화된 문서를 표현하는 W3C의 공식 표준 모델은 무엇인지 쓰시오.

• 답 :

18 다음은 데이터 통신을 사용한 인터페이스에서 예외처리 방법 중 송신측과 수신측 객체를 예외처리하는 방법이다. 잘못 분류된 내용을 모두 찾아 해당 기호를 쓰시오.

- 송신측에서 인터페이스 객체를 예외처리하는 방법
  (가) AJAX 호출 후 반환 값을 받아 어떻게 처리할지를 호출하는 부분에서 정의한다.
  (나) 반환 사례는 크게 성공과 실패 두 가지로 구분한다.
  (다) 별도 예외 결과를 Response에 Set하지 않아도 에러 발생 시 에러 결과가 반환된다.
- 수신측에서 인터페이스 객체를 예외처리하는 방법
  (라) 수신측에서 전달받은 JSON 객체를 처리할 때 try~catch 구문을 이용하여 예외를 처리한 뒤 이를 송신측에 전달한다.
  (마) 실패 시 예외처리가 일어나며, 예외처리 반환 메시지에 따라 세부적으로 예외처리 기능이 분류된다.

- 답 :

19 다음은 AJAX의 단점을 나열한 것이다. 빈칸에 알맞은 답을 쓰시오.

- XML Http Request를 통해 통신하는 경우, 사용자에게 아무런 진행 정보가 제공되지 않아 요청이 완료되지 않았음에도 사용자가 페이지를 떠나거나 오작동할 우려가 발생하게 된다.
- AJAX를 쓸 수 없는 브라우저에 대한 문제 이슈가 있다.
- HTTP 클라이언트의 기능이 한정되어 있다.
- 지원하는 (①)(이)가 한정되어 있다.
- Script로 작성되므로 디버깅이 용이하지 않다.
- (②) 문제로 동일 출처 정책으로 인하여 다른 도메인과는 통신이 불가능하다.

- ① :
- ② :

20 모듈 간 세부 설계서인 컴포넌트 명세서와 인터페이스 명세서에 대하여 각각 약술하시오.

• 컴포넌트 명세서 :
• 인터페이스 명세서 :

21 다음은 JSON 자료형 중 Object에 대한 성명이다. 빈칸에 알맞은 답을 쓰시오.

> 객체의 이름은 값 쌍의 집합으로 (　　　　)(을)를 사용하고, 이름은 문자열이기 때문에 반드시 따옴표(" ")로 표현
> 하며, 값은 기본자료형으로 표현한다.

• 답 :

22 다음이 설명하는 인터페이스 연계 포맷은 무엇인지 쓰시오.

> • 속성-값 쌍(Attribute-Value Pairs)으로 이루어진 데이터 오브젝트를 전달하기 위해 사용하는 개방형 표준
>   포맷이다.
> • AJAX(Asynchronous Javascript and XML)에서 많이 사용되고 XML을 대체하는 주요 데이터 포맷이다.
> • 언어 독립형 데이터 포맷으로 다양한 프로그래밍 언어에서 사용되고 있다.

• 답 :

23 하이퍼텍스트 표기 언어(HTML)만으로 어려운 다양한 작업을 웹 페이지에서 구현하여 이용자가 웹 페이지와 자유
롭게 상호작용할 수 있도록 하는 기술명을 쓰시오.

• 답 :

CHAPTER 02

인터페이스 구현 검증하기

학습 방향

1. 구현된 인터페이스 명세서를 참조하여 구현 검증에 필요한 감시 및 도구를 준비할 수 있다.
2. 인터페이스 구현 검증을 위하여 외부 시스템과의 연계 모듈 상태를 확인할 수 있다.

출제빈도

SECTION 01	하	10%
SECTION 02	중	45%
SECTION 03	중	45%

인터페이스 구현 검증 도구

빈출태그 인터페이스 구현 검증 도구 • APM

01 인터페이스 구현 검증 도구의 정의

- 구현된 인터페이스의 동작을 검증하기 위해 인터페이스 구현 및 감시 도구를 통해서 인터페이스 동작 상태를 검증하고 모니터링할 수 있다.
- 인터페이스 구현을 검증하기 위해서는 인터페이스 단위 기능 및 시나리오에 기반한 통합 테스트가 필요하다.
- 테스트 자동화 도구를 통하여 단위 및 통합 테스트의 효율성을 높일 수 있다.

02 인터페이스 구현 검증 도구의 종류

인터페이스 구현 검증을 위해서 단위 기능 및 시나리오에 기반한 통합 테스트가 필요하며, 테스트 자동화 도구를 이용하여 단위 및 통합 테스트의 효율성을 높일 수 있다.

Watir	Ruby 기반 웹 애플리케이션 테스트 프레임워크이며 모든 언어 기반의 웹 애플리케이션 테스트와 브라우저 호환성을 테스트할 수 있다.
xUnit 2022년 1회	• java(Junit), C++(Cppunit), .Net(Nunit) 등 다양한 언어를 지원하는 단위 테스트 프레임워크이다. • 함수, 클래스 등 다른 구성단위의 테스트를 도와준다.
FitNesse	• 웹 기반 테스트 케이스 설계/실행/결과 확인 등을 지원하는 테스트 프레임워크이다. • 테스트 케이스 테이블을 작성하면 자동으로 빠르고 쉽게 작성한 테스트를 수행할 수 있다.
STAF	• 서비스 호출, 컴포넌트 재사용 등 다양한 환경을 지원하는 테스트 프레임워크이다. • 데몬을 사용하여 테스트 대상 분산 환경에서 대상 프로그램을 통해서 테스트를 수행하고 통합하는 자동화 검증 도구이다.
NTAF Naver	테스트 자동화 프레임워크이며, STAF와 FitNesse를 통합한다.
Selenium	• 다양한 브라우저/개발 언어를 지원하는 웹 애플리케이션 테스트 프레임워크이다. • 테스트를 위한 스크립트 언어 습득 없이 기능 테스트 작성을 위한 플레이백 도구를 제공한다.

★ APM
(Application Performance Management)
애플리케이션 모니터링 툴

★ 스카우터(SCOUTER)
대표적인 인터페이스 감시 도구이며, 애플리케이션에 대한 모니터링 및 DB Agent를 통해 오픈소스 DB 모니터링 기능, 인터페이스 감시 기능을 제공한다.

03 인터페이스 구현 감시 도구

- APM★을 사용하여 동작 상태를 감시할 수 있다.
- 데이터베이스, 웹 애플리케이션의 트랜잭션과 변수값, 호출 함수, 로그 및 시스템 부하 등 종합적인 정보를 조회하고 분석할 수 있다.
- 스카우터(SCOUTER)★, 제니퍼 등이 있다.

04 인터페이스 구현 검증 시 필요한 설계 산출물

- 모듈 세부 설계서(컴포넌트 명세서, 인터페이스 명세서), 인터페이스 정의서, 동 적/정적 모형 설계도, 식별된 인터페이스 기능 목록, 인터페이스 데이터 표준 정의 서 등이 있다.
- 데이터 전송 주기, 전송 포맷 등을 확인하여 송/수신 시스템에 데이터가 정확하게 전송되었는지 인터페이스 명세서를 중심으로 확인한다.
- 인터페이스 구현 검증을 위해 인터페이스 단위 테스트 케이스나 통합 테스트 케이 스를 활용한다.

05 인터페이스 명세서를 통한 구현 검증 절차

① 인터페이스 명세서를 참조하여 구현 검증 감시 및 도구를 준비한다.

- 인터페이스 명세서를 통한 구현 검증에 필요한 요건을 분석한다.
- 작성된 인터페이스 명세서의 세부 기능을 참조하여 구현 검증 및 감시에 필요한 기 능을 분석한다.
- 각 기능의 특징에 맞게 구현 검증의 요건을 도출한다.

② 송신측에서 인터페이스 대상을 선택하고 전송한다.

검증 요건	입력한 대상과 생성된 인터페이스 객체의 정보가 일치하는지 확인
감시 요건	• 데이터베이스 SQL 모니터링 • 조회 트랜잭션 모니터링 • JSON 생성 객체 모니터링

③ 인터페이스 객체를 전송한다.

검증 요건	• 암호화된 통신으로 올바르게 수신측에 전달되었는지 확인 • 전달된 정보가 수신된 정보와 일치하는지 확인 • 파싱된 정보가 송신된 정보와 일치하는지 확인
감시 요건	• 통신 암호화 모니터링 • 패킷 정보 모니터링 • 연결된 트랜잭션 변수 모니터링

④ 수신 후 수신측 트랜잭션과 결과를 반환한다.

- 구현 검증 및 감시에 필요한 도구의 요건을 확인하고 시장조사와 솔루션 검토를 통 하여 적합한 감시 및 검증에 필요한 도구를 선택하여 구매한다.
- 시장에 오픈소스 감시 도구도 다수 있으므로 기능을 분석하여 도입을 검토한다.

검증 요건	수신된 데이터와 연관된 이후 트랜잭션의 결과값 일치 확인
감시 요건	• 객체 입력, 출력값 모니터링 • 객체 동작 성공, 실패 여부 모니터링

01 인터페이스 검증 도구 중에서 Ruby 기반 웹 애플리케이션 테스트 프레임워크이며 모든 언어 기반의 웹 애플리케이션 테스트와 브라우저 호환성을 테스트할 수 있는 도구를 쓰시오.

· 답 :

02 대표적인 인터페이스 감시 도구이며, 애플리케이션에 대한 모니터링 및 DB Agent를 통해 오픈소스 DB 모니터링 기능, 인터페이스 감시 기능을 제공하는 도구를 쓰시오.

· 답 :

03 다양한 브라우저/개발 언어를 지원하는 웹 애플리케이션 테스트 프레임워크 중 테스트를 위한 스크립트 언어 습득 없이, 기능 데스트 작성을 위한 플레이백 도구를 제공하는 인터페이스 검증 도구는 무엇인지 쓰시오.

· 답 :

04 다음 보기 중 인터페이스 구현 검증 도구가 아닌 것을 모두 골라 쓰시오.

Watir, xUnit, APM, FitNesse, STAPH, AJAX

· 답 :

05 인터페이스 구현 검증 시 활용하는 설계 산출물 2가지를 쓰시오.

· 답 :

06 모듈 세부 설계서의 2가지 구성을 쓰시오.

· 답 :

ANSWER 01 Watir
02 스카우터(SCOUTER)
03 Selenium
04 APM, AJAX
05 단위 테스트 케이스, 통합 테스트 케이스
06 컴포넌트 명세서, 인터페이스 명세서

출제빈도 상 ⑬ 하
반복학습 ① ② ③

빈출 태그 검증·확인·모니터링 도구

01 검증과 확인

- 연계 모듈 상태 확인
  - 외부 시스템과 연계 모듈의 동작 상태를 확인하다.
  - 외부 시스템과 연계 모듈의 동작 상태를 감시(Monitoring)한다.

▶ **검증과 확인의 내용**

검증 (Verification)	요구사항 명세서의 내용이 분석 및 설계에 반영되었는지, 분석 및 설계의 내용이 프로그램에 구현되었는지 단계별로 확인하는 작업을 의미한다.
확인 (Validation)	• "올바른 제품을 생성하고 있는가?" • 개발된 애플리케이션을 실행하여 사용자의 요구사항대로 구현되었는지 확인하는 과정을 의미한다. • 최종 단계에서 사용자의 시각으로 검토한다.

- 검증과 확인의 목표
  - 품질 향상을 위해서 소프트웨어 시스템의 목적에 대한 적합성과 신뢰성 확보하고 소프트웨어가 의도대로 사용되는지 확인하는 것이다.
  - 증명과 검증이 완료되었다고 하여도 소프트웨어에 결점이 전혀 없는 것은 아니다.
  - 구현 과정을 끝낸 구현 대상 애플리케이션에 대한 증명과 검증을 통하여 품질을 향상시킨다.
  - 개발 생명주기 전 단계에 걸쳐서 산출물의 정합성 검토를 통하여 품질을 향상시킨다.

02 모니터링 도구

- 외부 시스템과 연계 모듈의 동작 상태를 감시하는 도구이다.
- 외부 모듈이 서비스를 제공하는 동안 정상적으로 동작하는지 감시 도구를 통하여 확인한다.
- 인터페이스 구현 기술에 따라서 인터페이스 검증 및 감시 도구의 요건이 달라진다.
- 인터페이스 동작 여부나 에러 발생 여부 등은 감시 도구에서 제공해 주는 리포트를 활용한다.
- 모니터링을 위한 관리 작업 시행 순서 : 성능 및 상태 측정 → 성능, 상태에 대한 분석 작업 시행 → 시스템 구성요소 조정 및 검증 시행

- 모니터링 활동
  - 정보 시스템을 구성하는 자원에 대한 데이터 수집 및 분석 후 그 결과를 검증하는 활동을 포함한다.
  - 시스템 및 조직의 목표, 투자비용 대비 효과를 고려하여 성능관리 활동을 수행한다.
  - 인터페이스 관련 모니터링의 주요 활동 : 장비 성능 관리, 세션 성능 관리, 회선 성능 관리, 응답시간 관리
- 성능지표 관리
  - 정보 시스템의 서비스 품질을 결정하는 속성 중 하나이다.
  - 성능을 나타내는 지표로는 응답시간, 시간당 처리량, 자원 사용량, 효율성 등이 있다.
  - 응답시간을 낮추고 시간당 처리량, 자원 사용량 효율성을 높인다.
- 네트워크 측 모니터링 주요 활동 : 구성관리, 장애 관리, 성능관리, 보안 관리, 계정관리
- 네트워크 측 모니터링 대상 범위 : 이용률, 에러율 등 성능 자료를 계산하고 일정 수준의 서비스를 지속해서 제공하기 위한 기능을 제공해야 한다.

이론을 확인하는 핵심문제

01 인터페이스 검증과 테스트 단계에서 다음의 내용에 해당하는 단계는 무엇인지 쓰시오.

- "올바른 제품을 생성하고 있는가?"
- 개발된 애플리케이션을 실행하여 사용자의 요구사항대로 구현되었는지 확인하는 과정을 의미한다.
- 최종 단계에서 사용자의 시각으로 검토한다.

- 답 :

02 다음은 인터페이스 검증 및 테스트 단계에서 모니터링을 위한 관리 작업 시행 순서이다. 빈칸에 알맞은 단계를 쓰시오.

(   ) → 성능, 상태에 대한 분석 작업 시행 → 시스템 구성요소 조정 및 검증 시행

- 답 :

인터페이스 오류 처리 및 보고서 작성

출제빈도 상 (중) 하
반복학습 ① ② ③

빈출 태그 인터페이스 오류 처리

01 장애 및 오류 확인

- 시스템 운영자가 장애 및 오류 모니터링 도구를 활용하여 오류 발생 원인과 발생 현황을 1차로 확인한다.
- 시스템에서 제공되는 장애 및 오류 현황 모니터링 도구를 통해 확인이 힘든 경우 엔진이나 응용 프로그램에 기록하는 장애 및 오류 Log 테이블 내용을 2차 확인하여 원인을 파악한다.
- 중요한 오류인 경우가 많으므로 오류 처리 보고서를 작성하여 관리 조직에 보고하도록 한다.

02 장애 및 오류 처리 절차

- 분석된 결과에 따른 대응 조치를 수행한다.
- 장애 및 오류로 인하여 인터페이스 데이터의 전송이 완전하지 않거나 운영 DB에 반영되지 않았을 경우 데이터의 전송 재작업 여부를 결정한다.
- 인터페이스 오류 처리 순서 : 사용자 화면에서 오류 발생 → 인터페이스 오류 로그 생성 → 인터페이스 관련 테이블에 오류 사항 기록

➕ 더 알기 TIP

인터페이스 오류 사항 기록 예

송신일	변경구분	발령번호	사번	발령내용	----	처리일	처리상태	오류코드	오류내용
24.04.04	입력	D1234	DA001	전보발령	----	24.04.30	실패	E-001	수신 DB 장애

03 오류 처리 보고서

- 인터페이스에서 오류가 발생하면 관련 사항을 조직에서 정의된 보고체계를 통하여 인터페이스 오류 처리 보고서를 작성하고 즉각 보고한다.
- 정해진 형식은 없으므로 조직 상황에 맞는 보고서를 작성하도록 한다.
- 인터페이스 오류 발생 시 상황 인지 및 조치사항을 시간경과에 따라 작성한다.

- 인터페이스에 대한 오류 보고는 조치가 완료된 후에 보고하면 이미 시기가 늦은 경우가 많으므로 시기에 따라 조직에서 정의한 프로세스에 의하여 보고한다.

➕ 더 알기 TIP

오류 처리 보고서 양식

장애(발생/진행/완료)보고서

2024.04.03. 담당 : ○○○ 부장

장애(발생/진행/완료)보고서		보고서 번호	
장애 발생 일시		장애환경	
장애 조치 일시		종료여부	
장애 종료 일시		장애등급	
장애 내용 및 증상			
장애 원인			
조치사항			
재발방지 계획 및 의견			

04 인터페이스 오류 처리 보고 시기에 따른 보고서 특징

구분	특징	보고 내용
최초 발생 보고	상황을 인지하고 조직상에 신속하게 보고하여 대응 조직을 구성한다.	SMS, E-mail, 간이 보고서를 활용하여 오류 발생 상황과 영향도를 보고한다.
오류 처리 경과 보고	최초 확인 후 진행되는 상황을 수시로 보고한다.	오류 처리 조치사항 위주로 대안 서비스, 고객사 공지사항, 완료 예상 시점 등을 보고한다.
완료 보고	최종 조치가 끝나면 내부 조직 및 고객사에 완료 보고를 하도록 한다.	최초 발생 시점, 조치경과, 오류 원인, 재발 방지책 등을 종합적으로 보고한다.

05 오류 처리 기록의 필요성

- 인터페이스는 이 기종 시스템이므로 오류 처리 시 사용자, 관리자에게 오류 처리 상태를 전달하는 방법이 복잡하며 관리하기 불편하다.
- 인터페이스 오류는 중요한 장애일 경우가 많으므로 오류 발생 시 오류 처리 보고서를 작성하고 보고체계로 즉각 보고해야 한다.

06 인터페이스 오류 처리 기록 방법

사용자 화면에서 오류를 인지하도록 구현하는 방법	• 가장 직관적으로 오류를 인지할 수 있어 많이 쓰이는 방법이다. • 인터페이스 오류가 발생하였을 경우 알람 형태로 화면에 표시되며, 주로 실시간으로 데이터가 인터페이스될 때 사용된다.
인터페이스 오류 로그를 별도로 작성하는 방법	• 오류 시 관련 오류 Log가 생성되도록 할 수 있다. • 인터페이스 오류의 자세한 명세를 분석할 때 사용되며, 시스템 관리자나 운영자가 오류 로그를 확인할 수 있다.
인터페이스 관련 테이블에 오류 사항을 기록하는 방법	• 테이블을 통한 인터페이스 기능을 구현할 경우나 인터페이스 트랜잭션 기록을 별도로 보관하는 경우에는 테이블에 오류 사항을 기록할 수 있다. • 이력을 직관적으로 보기 쉬워 운영자가 관리하기 쉽다는 장점이 있다.

🅱 **기적의 TIP**

로그 분석에 관한 자세한 내용은 소프트웨어 개발 보안 구축의 소프트웨어 보안 구현하기에서 자세하게 공부할 수 있습니다.

07 일반적인 장애 발생 시 처리 방안

구분	장애 유형	처리 방안
하드웨어	• 데이터베이스 장애 DBMS 장애 • 로그 파일 이상 • 테이블 등 객체의 손상	• 정기적으로 로그 파일의 용량 초과 여부 점검 • 감시 기능을 이용하여 위험 수준 체크 • 데이터베이스 유지보수 담당자와 상시 연락체계 확립 • 온라인을 통한 완벽한 자동복구 및 백업 시나리오
소프트웨어	프로그램 이상 종료	• 소프트웨어 재설치 • 장애 기록 관리 • 버전 상향 지원
응용 시스템	프로그램 손상 및 바이러스	• 응용 시스템 장애 대책 시나리오 작성 • 정확한 프로그램 변경 관리 및 버전 관리 • 주기적인 예방점검을 통한 장애 사전 예방

01 인터페이스 오류 처리 기록 방법 중에서 가장 직관적으로 오류를 인지할 수 있어 많이 쓰이는 방법으로, 인터페이스 오류가 발생하였을 경우 알람 형태로 화면에 표시되며, 주로 실시간으로 데이터가 인터페이스될 때 사용되는 기록 방법을 쓰시오.

• 답 :

02 일반적인 장애 발생 처리 방안 중 "프로그램 이상 종료"로 인한 소프트웨어적 장애 처리 방안을 간략히 서술하시오.

• 답 :

03 일반적인 장애 발생 시 처리 방안 중 소프트웨어 장애의 처리 방안을 2가지 쓰시오.

• 답 :

ANSWER **01** 사용자 화면에서 오류를 인지하도록 구현하는 방법
02 소프트웨어 재설치 또는 상위 버전 설치, 모든 장애 발생 내역 기록 관리
03 소프트웨어 재설치, 장애 기록 관리, 버전 상향 지원

01 인터페이스 구현 검증 시 필요한 설계 산출물에는 모듈 세부 설계서, 인터페이스 정의서, 동적/정적 모형 설계도, 식별된 인터페이스 기능 목록, 인터페이스 데이터 표준 정의서 등이 있다. 반면, 인터페이스 세부 설계서는 2가지로 구분이 되는데 이 2가지 산출물의 명칭을 쓰시오.

• 답 :

02 인터페이스 오류 처리 기록 방법 3가지를 쓰시오.

•
•
•

03 인터페이스 오류 처리 보고 시기에 따른 보고서 특징에서 완료 보고 단계에 수행해야 할 내용을 쓰시오.

• 답 :

화면설계

요구사항 분석 단계에서 파악된 화면에 대한 요구사항들을 확인하고, 소프트웨어 아키텍처 단계에서 정의된 구현 지침 및 UI/UX 엔지니어가 제시한 UI 표준과 지침에 따라 화면을 설계할 수 있다.

## CHAPTER 01

요구사항 확인하기

1. 응용 소프트웨어 개발을 위한 UI 표준 및 지침에 의거하여, 개발하고자 하는 응용 소프트웨어에 적용될 UI 요구사항을 확인할 수 있다.
2. 응용 소프트웨어 개발을 위한 UI 표준 및 지침에 의거하여, UI 요구사항을 반영한 프로토타입을 제작할 수 있다.
3. 작성한 프로토타입을 활용하여 UI/UX 엔지니어와 향후 적용할 UI의 적정성에 대해 검토할 수 있다.

출제빈도

SECTION 01	중	30%
SECTION 02	하	10%
SECTION 03	상	60%

UI 요구사항 확인하기

빈출 태그 UI의 정의 • 기능적 요구사항과 비기능적 요구사항 • UI의 분야 • UX • 한국형 웹 콘텐츠 접근성 지침 2.1

01 UI(User Interface) 정의와 특징

① UI의 정의 2021년 2회

- 인간과 디지털 기기 소프트웨어 사이에서 의사소통할 수 있도록 만들어진 매개체를 의미한다.
- 인간과 컴퓨터의 상호작용(HCI)에 필요한 화상, 문자, 소리, 수단(장치)을 의미한다.
- UI 요구사항을 분석하기 전 목적과 그에 맞는 용도, 개발 배경 등 가장 기본이 되는 사항을 확인하여야 하며, 서로 다른 부서 또는 조직 간의 관계와 역할에 대해 명확하게 이해하고 있어야 한다.

② UI의 특징

- 실사용자의 만족도에 직접적인 영향을 준다.
- 적절한 UI 구성으로 편리성, 가독성, 동선의 축약 등으로 작업시간을 줄일 수 있고 업무 효율을 높일 수 있다.
- 실사용자가 수행해야 할 기능을 구체적으로 제시한다.
- UI 설계 전 소프트웨어 아키텍처를 우선 숙지하고 있어야 한다.

③ UI의 세 가지 분야

- 물리적 제어 분야 : 정보 제공과 기능 전달
- 기능적 분야 : 사용자의 편의성에 맞춰 쉽고 간편하게 사용 가능
- 전체적 구성에 관한 분야 : 콘텐츠의 상세적 표현

02 UI 요구사항 확인

- UI 요구사항은 크게 시스템이 무엇을 하여야 하는지를 설명하는 기능적 요구사항(Functional Requirements)과 개발 과정에서 지켜져야 할 제약조건들을 설명하는 비기능적 요구사항(Nonfunctional Requirements)으로 분류된다.
- 기능적 요구사항
  - 시스템의 입/출력으로 포함되어야 할 사항
  - 시스템이 어떤 데이터를 저장하고 연산을 수행해야 하는지에 대한 사항
  - 동기화 등의 기타 요구사항

- 비기능적 요구사항
  - 품질에 관한 요구사항★
  - 플랫폼, 사용 기술 등 시스템 환경에 관한 요구사항
  - 비용, 일정 등 프로젝트 계획에 관한 요구사항

★ 품질에 관한 요구사항
사용성, 효율성, 신뢰성, 유지 보수성, 재사용성 등이 있다.

▲ 비기능적 요구사항의 분류

03 UI 분야와 종류

① UI 분야

표현에 관한 분야	전체적인 구성과 콘텐츠의 상세 표현을 위한 분야
정보 제공과 전달	물리적 제어를 통한 정보 제공과 전달을 위한 분야
기능 분야	기능적으로 사용자가 쉽고 간편하게 사용하도록 하는 분야

② UI의 종류 2022년 1회, 2021년 3회

- GUI(Graphical) : 그래픽(아이콘, 버튼, 문자)을 통하여 작업할 수 있는 환경
- CLI(Command Line) : 명령 줄(키보드 등)을 통하여 작업할 수 있는 환경
- NUI(Natural) : 터치, 증강현실, 상황인식 등 사람의 감각 행동 인지를 통하여 작업할 수 있는 환경
- MUI(Menu) : 메뉴를 기반으로 작업할 수 있는 환경
- 음성 사용자 인터페이스

04 UI 구현 표준과 지침

① UI 구현 표준

- 전체 시스템 개발 중에 개발자 간 협업을 통하여 각기 개발한 화면 간에 갖추어야 할 최소한의 UI 요소 및 배치 규칙 등을 의미한다.
- UI에 공통으로 적용되어야 할 화면 구성, 화면 이동 등이 있다.

② UI 구현 지침
- 소프트웨어 개발 시 효율적인 정보 전달이 가능하도록 UI 설계에서 지켜야 할 세부 사항을 규정하는 것이다.
- UI 요구사항, 구현 제약 사항 등 UI 개발 과정에서 꼭 지켜야 할 공통 조건을 의미한다.

05 한국형 웹 콘텐츠 접근성 지침 2.1

① 정의
- 장애인이 비장애인과 동등하게 웹 콘텐츠에 접근할 수 있도록 웹 콘텐츠를 제작하는 방법에 관하여 기술하고 있다. (2015.3.31. 개정)
- 웹 콘텐츠 저작자와 개발자, 웹 사이트 설계자 등이 웹 콘텐츠를 접근성을 준수하여 콘텐츠를 쉽게 제작할 수 있는 지침들을 제공하는 데 목적이 있다.
- 2008년 12월에 제정된 웹 접근성 관련 국제 표준인 월드 와이드 웹 컨소시엄 (W3C, World Wide Web Consortium)의 '웹 콘텐츠 접근성 가이드라인 2.0(WCAG 2.0)'을 국내 실정에 맞게 반영하였다.
- 논리적 요소, 시각적 요소, 구조적 요소를 모두 고려해야 한다.

② 한국형 웹 콘텐츠 접근성 지침 2.1의 4가지 원칙
- 인식의 용이성 : 대체 텍스트, 멀티미디어 대체 수단, 명료성
- 운용의 용이성 : 입력장치 접근성, 충분한 시간 제공, 광(光)과민성 발작 예방, 쉬운 내비게이션
- 이해의 용이성 : 가독성, 예측 가능성, 콘텐츠의 논리성, 입력 도움
- 견고성 : 문법 준수, 웹 애플리케이션 접근성

06 UX(User Experience) 사용자 경험 2021년 2회

- 사용자가 제품을 대상으로 직/간접적으로 사용하면서 느끼고 생각하게 되는 지각과 반응, 행동 등 모든 경험을 의미한다.
- UI는 사람과 시스템 간의 상호작용을 의미하지만, UX는 제품과 서비스, 회사와 상호작용을 통한 전체적인 느낌이나 경험을 말한다.
- 긍정적인 사용자 경험을 개발·창출하기 위해 학술적, 실무적으로 이를 구현해내기 위한 활동이다.

긍정적인 사용자 경험	부정적인 사용자 경험
소프트웨어 공학, 마케팅, 산업디자인, 경영학의 중요 과제로 긍정적 사용자 경험을 통하여 사용자의 만족도를 높이며 브랜드 충성도 향상, 시장 경쟁력을 제공한다.	사용자가 원하는 목적 행위를 하는 데 있어, 상대적으로 많은 노력이 필요하다면 감정적, 이성적, 경제적으로 불편함을 느끼게 되어 시장 경쟁력에서 밀리게 된다.

- 사용자가 특정 인터랙션 시스템으로 받는 전체적인 경험, 그것의 제공자, 경험을 통해 사용자가 느끼는 긍정적 감정 이상의 것을 포함한다.

- 사용자 개인, 사용자의 요구나 목표를 지원하거나 충족하기 위해서 기획된 시스템, 요구사항과 조직의 목표를 만족하기 위한 시스템 간의 인터랙션 순서를 정립하는 활동이다.
- UX에 영향을 주는 요소 : 성능, 시간
- 사용자 경험 디자인 활용 기법 : 포함된 요소들의 사용성 연구를 위한 현장 심사, 플로우, 내비게이션 맵, 사용자 스토리나 시나리오, 퍼소나★, UX 컨셉 기획 문서, 사이트 맵, 콘텐츠 목록, IA, 와이어 프레임, 인터랙션이나 시뮬레이션을 위한 프로토타입, 행동이나 디자인을 묘사한 설명서, 기대되는 결과에 대한 정밀한 시각화를 위한 그래픽 시안

★ 퍼소나
시나리오를 수행하기 위한 가상의 사용자를 의미한다.

07 모바일 사용자 UX 설계 시 고려사항(행정안전부 고시)

- 시스템을 사용하는 대상, 환경, 목적, 빈도 등을 고려한다.
- 사용자가 직관적으로 서비스 이용 방법을 파악할 수 있도록 한다.
- 입력의 최소화, 자동완성 기능을 제공한다.
- 사용자의 입력 실수를 해결할 수 있도록 되돌림 기능을 제공한다.
- 모바일 서비스의 특성에 적합한 디자인을 제공한다.

➕ 더 알기 TIP

웹/모바일 접근성★ 지침

장애인이나 노인 등 다양한 사용자 환경에서 사용자가 전문적인 능력 없이 웹/모바일 기기 등에서 제공하는 모든 정보에 접근할 수 있도록 보장하는 것을 의미한다.

★ 접근성
장애인뿐 아니라 모든 사용자가 정보통신 기기 및 웹 서비스를 손쉽게 사용할 수 있도록 구축하는 것을 의미한다.

08 감성 공학

- 인간의 소망으로 이미지나 감성을 구체적 제품설계를 통하여 실현해내는 공학적 접근 방법이다.
- 인간 감성의 정성, 정량적 측정과 평가를 통하여 제품 환경 설계에 반영하는 기술이다.
- 설계단계에서 인간의 정신적인 특성과 신체적 특성을 넘어 감성까지 고려한 것이다.
- 인간과 컴퓨터 간의 상호작용, 즉 HCI(Human Computer Interaction or Interface)★ 설계에 인간의 특성, 감성 등을 반영한다.
- 인간이 가지고 있는 소망으로서의 이미지나 감성을 구체적인 제품 설계로 실현해내는 인문사회과학, 공학, 의학 등 여러 분야의 학문이 융합된 기술이다.
- 감각 및 생체 계측, 센서, 인공지능 등의 생체 제어 기술 등을 통해 과학적으로 접근한다.
- 최종 목표는 감성 공학을 통하여 인간이 쉽고 편리하고 쾌적하게 시스템과 어우러지는 것이다.
- 1988년 시드니 국제 학회에서 '감성 공학'으로 명명되었다.

★ HCI(Human Computer Interaction or Interface)
인간과 컴퓨터의 상호작용(Interaction)을 연구하는 학문이며, 이를 통하여 어떻게 하면 좋은 제품을 만들 수 있는지를 연구한다.

★ HCI의 목적
• 컴퓨터를 좀 더 인간이 쉽고 쓸모있게 하여 상호작용(UX)을 개선하는 것이다.
• 컴퓨터의 도구로서 잠재력을 극대화해 인간의 의지를 더 자유롭게 한다.
• 인간의 창의력, 인간 사이의 의사소통과 협력을 증진하는 데 있다.

① 감성 공학 기술

기초 기술	인간공학, 생리학, 심리학을 기반으로 한 생체 계측 기술, 인간 감각 계측 기술, 생체 제어 기술 등을 통하여 인간의 특성을 파악하는 기술
구현 기술	센서 및 감지 기술, Actuator(작동) 기술, 센서 퓨전 기술, Micro-machining, 퍼지, Neural network 기술, 산업기술을 통해 파악한 인간 특성을 통하여 인터페이스 구현
응용 기술	사용성 평가 기술, 인공 현실감 기술 등

② 감성 공학 관련 기술

생체 측정 기술	인간 특성을 파악하는 인간공학, 인지공학 등을 통하여 측정
인간 감성 특성 파악 기술	센서 공학, 퍼지 뉴트럴 네트워크, 신경망 기술을 통하여 인간에 적합하도록 UI를 구현하기 위한 기술
감성 디자인 기술과 오감 센서 및 감성 처리 기술	산업디자인(무드 스웨터, Bios Beats, 애니메이션 섬유 등)과 오감(시각, 촉각, 미각, 후각, 청각)
마이크로 기구 설계	마이크로가공 기술을 통하여 극소 기계 설계
사용성 평가 기술 및 가상현실 기술	인간에 대한 적합성을 판단하고 새로운 감성을 창출하기 위한 기술

01 UI의 3가지 분야를 쓰시오.

· 답 :

02 다음 나열한 UI 요구사항을 기능적 요구사항과 비기능적 요구사항으로 분류하시오.

> (가) 시스템의 입/출력으로 포함되어야 할 사항
> (나) 품질에 관한 요구사항
> (다) 플랫폼, 사용 기술 등 시스템 환경에 관한 요구사항
> (라) 비용, 일정 등 프로젝트 계획에 관한 요구사항
> (마) 시스템이 어떤 데이터를 저장하고 연산을 수행해야 하는지에 대한 사항
> (바) 동기화 등의 기타 요구사항

· 기능적 요구사항 :
· 비기능적 요구사항 :

03 한국형 웹 콘텐츠 접근성 지침 2.1의 4가지 원칙 중 '입력장치 접근성, 충분한 시간 제공, 광(光)과민성 발작 예방, 쉬운 내비게이션'과 관련된 용이성을 쓰시오.

· 답 :

UI 표준을 위한 환경 분석

빈출 태그 UI 요구사항 확인 절차 • UI 요구사항 요소

01 사용자 경향 분석

• 기존~현존 UI 경향을 숙지하고 현재 UI의 단점을 작성한다.
• 사용자의 요구사항을 파악하고, 쉽게 이해 가능한 기능 위주로 기술 영역을 정의한다.

02 기능 및 설계 분석

• 기능 조작성 분석
  – 사용자 편의를 위한 조작에 대해 분석한다.
  – 예 스크롤 바 지원 가능 여부, 마우스 조작 시 동선 확인
• 오류 방지 분석
  – 조작 시 오류에 대해 예상 가능한지 확인한다.
  – 예 의도치 않은 페이지 이동 여부, 기능 버튼의 명확한 구분이 가능한지 확인, 기능 버튼의 이름이 사용자 조작과 일치하는지 확인
• 최소한의 조작으로 업무 처리가 가능한지 형태 분석
  – 작업 흐름에 가장 적합한 레이아웃인지 확인한다.
  – 예 기능 특성에 맞는 UI 확인 및 조작 단계 최소화와 동선 단순 여부 확인
• UI의 정보 전달력 확인
  – 중요 정보의 인지가 쉽게 전달 가능한지, 정보 제공의 간결성과 명확성을 확인하고 정보 제공 방식의 일관성과 사용자 이해성 확인, 상호연관성이 높은 정보인지 확인한다.
  – 예 오류 발생 시 해결 방법 접근 용이성 확인

03 UI 요구사항 확인 절차

① 목표 정의

- 실사용자 대상 심층 인터뷰를 통하여 의견 수렴하고, 비즈니스 요구사항을 정의한다.
- 인터뷰를 통하여 사업적, 기술적 요소를 깊게 이해하여 목표를 명확히 한 뒤 사업적, 기술적 목표가 확정되면 UI/UX 디자인 프로세스를 정의한다.

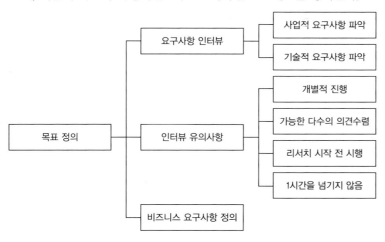

② 활동 사항 정의

- 목표 정의에서 조사한 요구사항을 바탕으로 진행해야 할 활동을 정의한다.
- 사용자, 고객, 회사의 비전을 일치시키는 작업을 통하여 초기 비전과 기대를 정의한다.
- UX 조사와 UI/GUI 디자인에 필요한 예산과 일정을 결정하여 비용과 일정을 확인한다.
- 기술 발전 가능성을 파악하고 UI/UX 디자인의 나아갈 방향을 제시한다.
- 사업 전략/사업 목표, 프로세스 책임자 선정, 회의 일정 및 계획 작성, 우선순위 선정, 개별 단위 업무를 구분한다.

③ 인터뷰 진행★

- 가능하다면 단체보다는 개별로 진행하는 것이 좋다.
- 다수의 의견에 집중하면 개인의 중요한 의견을 놓칠 수 있으므로 주의한다.
- 될 수 있는 한 많은 인원을 인터뷰한다.
- 인터뷰 시간은 한 시간이 넘지 않도록 한다.

④ 요구사항 요소 확인

- 실사용자를 대상으로 다양한 방법으로 수집하고 작성된 요구사항을 검토한다.
- 목적을 기준으로 요구사항을 작성하고, 이를 바탕으로 UI 전체 구조를 파악해야 한다.
- 요구사항 작성 순서 : 요구사항 요소 확인 → 정황 시나리오 작성 → 요구사항 작성
- 요구사항 요소 : 데이터 요구, 기능 요구, 제품 · 서비스 품질, 제약 사항

데이터 요구	• 사용자 요구 모델과 객체들의 핵심 특성에 기반하여 데이터 객체를 정리한다. • 인터페이스에 영향을 줄 수 있으니 초기에 확인한다. • **예** Email 메시지 속성 : 제목, 송신자, 송신일, 참조인, 답변 등
기능 요구	• 동사형으로 사용자의 목적 달성을 위해 실행해야 할 기능을 설명한다. • 기능 요구 목록으로 정리한다. • 최대한 철저하게 작성해야 한다. • **예** 사용자는 메일을 작성하거나, 수신하고, 참조하여 발송할 수 있다.
제품 · 서비스 품질	• 감성 품질과 데이터/기능 요구 외 제품 품질, 서비스 품질을 고려한다. • 시스템 처리 능력 등 정량화 가능한 요구사항을 확인한다.
제약 사항	• 비용, 데드라인, 시스템 준수에 필요한 규제 등을 확인한다. • 사전에 제약 사항의 변경 여부를 확인한다.

⑤ 정황 시나리오 작성

- 개발하는 서비스의 초기 모양을 상상하는 단계이다.
- 사용자 관점에서 작성하며 요구사항 정의에서 가장 기초적인 시나리오를 의미한다.
- 높은 수준과 낙관적인 상황에서 이상적 시스템 동작에 초점을 둔다.
- 육하원칙을 따르고 사용자가 주로 사용하는 기능을 기반으로 작성한다.
- 간단명료하게 작성하여 정확하게 전달한다.
- 같이 동작하는 기능은 하나의 시나리오에 통합한다.
- 외부 전문가, 경험이 많은 사람에게 검토를 의뢰하도록 한다.

▶ 정황 시나리오 작성의 예

정황 시나리오	요구사항
• 사원은 출근하여 시스템에 로그인하고 오늘 업무를 확인한다. • 어제 요청한 결재가 승인되었는지 확인한다.	• 로그인하면 맨 위 화면에 오늘 업무가 표시되어야 한다. • 결재 요청 내역에 결재 승인 여부가 확인될 수 있도록 승인 내역은 다른 색을 이용한다.

04 UI 시나리오 문서의 기대 효과

- 요구사항이나 의사소통에 대한 오류를 감소시킨다.
- 개발 과정 중의 혼선을 최소화하여 개발 속도를 향상시킨다.
- 불필요한 기능을 최소화하여 시나리오 작성과 소프트웨어 개발 비용을 줄일 수 있다.
- 유관 부서 만족도를 높인다.

이론을 확인하는 핵심문제

01 다음 나열된 UI 확인 절차를 비즈니스 요구사항 확인 단계와 요구사항 작성 단계로 분류하시오.

(가) 목표 정의
(나) 요구사항 요소 확인
(다) 정황 시나리오 작성
(라) 활동 사항 정의
(마) 인터뷰 진행

• 비즈니스 요구사항 확인 :
• 요구사항 작성 :

02 UI 요구사항 확인 절차 중 목표 정의 단계에서 다음의 유의사항을 지켜야 하는 방법은 무엇인지 쓰시오.

• 개별적으로 진행한다.
• 가능한 다수의 의견을 수렴한다.
• 1시간을 넘기지 않도록 한다.

• 답 :

UI 프로토타입 작성

빈출 태그 와이어 프레임 · 목업 · UI 프로토타입

★ 와이어 프레임 툴
핸드라이팅, 파워포인트, 키노트, Sketch, Balsamiq, Moqups, Adobe Experience Design, 카카오 오븐

01 와이어 프레임(Wireframe)★

- 제품을 구성하는 서로 다른 레이아웃을 정적이면서 간단한 표현 상태로 재현한 것을 의미한다.
- 이름과 같이 와이어로 설계된 모양으로, 간단한 와이어를 사용하여 인터페이스를 시각적으로 묘사한다.
- 기획 단계 초기에 작성하며, 구성할 화면의 대략적인 레이아웃이나 UI 요소 등의 틀(Frame)을 설계하는 단계이다.
- 개발 관계자(디자이너, 개발자, 기획자) 사이의 레이아웃 협의, 현재 진행 상황 등을 공유할 때 사용한다.

★ 목업 툴
카카오 오븐, Balsamiq Mockup, Power Mockup

02 목업(Mockup)★

와이어 프레임보다 좀 더 실제 제품과 유사하게 만들어지는 실물 크기의 정적 모형으로 시각적으로만 구현된다.

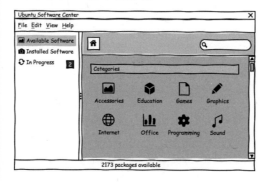

03 UI Prototype

① UI Prototype의 개념

- 새로운 시스템 개발 시 설계, 성능, 구현 가능성, 운용 가능성을 평가하거나 요구사항을 좀 더 구체화하는 도구이다.
- 요구사항을 분석하여 전체적인 기능을 간략화하여 동적인 형태로 구현한 모형이다.
- 도출된 요구사항을 토대로 프로토타입(시제품)을 제작하여 대상 시스템과 비교하면서 개발 중에 도출되는 추가 요구사항을 지속해서 재작성하는 과정이다.
- 수정 보완의 반복 작업을 통하여 시스템 설계 및 개발에 소요되는 비용과 노력을 줄일 수 있다.
- 와이어 프레임, 스토리보드에 Interaction을 적용한 것이다.

② 프로토타입의 장단점

장점	• 사용자 설득과 이해가 쉽다. • 개발시간이 감소한다. • 오류를 사전에 발견할 수 있다.
단점	• 수정이 많아지면 작업시간이 늘어날 수 있다. • 필요 이상으로 지원을 많이 소모한다. • 정확한 문서 작업이 생략되는 문제가 발생할 수 있다.

③ 프로토타입 작성 도구 및 방법

Analog	• 포스트잇, 칠판, 종이, 펜 등을 이용한다. • 소규모 개발, 제작비용과 기간이 짧을 경우 빠른 업무협의가 필요한 경우에 사용한다. • 비용이 저렴하면서 즉시 변경이 가능하다. • 회의 중 바로 작성할 수 있으나 공유가 어렵다. • 상호 연관 관계가 복잡한 경우 표현이 어렵다.
Digital	• PowerPoint, Acrobat, Invision, Marvel, Adobe Xd, Flinto, Priciple, Keynote, UX pin, HTML 등의 SW 툴을 이용한다. • 재사용성이 높지만 도구를 다룰 줄 아는 전문가가 필요하다. • 목표 제품과 비슷하게 테스트할 수 있으며 수정이 수월하다.

④ UI Prototype 작성 시 고려사항

프로토타입 계획 작성	프로토타입 작성의 전체적인 계획을 확립한다.
프로토타입 범위 확인	• 프로젝트 범위, 위험 상황, 목적을 명확히 하며 환경적 바탕이 준비되었는지 확인한다. • 별도의 프로토타입 팀을 구성할 수 있는지 확인한다.
프로토타입 목표 확인	목표가 기능과 관련된 것인지, 성능과 관련된 것인지, 개발 환경에 관련된 것인지 고객과 협의하여 목표를 명확화한다.
프로토타입 기간 및 비용 확인	• 가능한 투입 기간 및 비용이 경제적으로 목적에 달성할 수 있도록 계획한다. • 검증 범위와 기간 등이 과도하면 고객 목표가 비대화되어 문제가 될 수 있다.
프로토타입 산출물 확인	실제 개발에 참조될 수 있어야 하나 아키텍처 요소 검증을 위한 것이므로 실제 개발에서는 참고 수준으로 활용한다.
프로토타입 유의사항 확인	작은 범위와 소수 인원으로 최소기간 내 위험요소 식별 및 해결을 위한 것이므로 범위나 시간을 과도하게 설정하지 않도록 주의한다(목표 비대 가능성).

★ UI Prototype 툴
HTML/CSS, Axure, Invision Studio, 카카오 오븐, Flinto, 네이버 Proto Now

★ 프로토타입(prototype)의 사전적 의미
대량 생산에 앞서 미리 제작해보는 원형 또는 시제품으로, 제작물의 모형이라고 할 수 있다.

⑤ UI Prototype 계획 시 고려사항

프로토타입 목표 확인	아키텍처 검증(성능, 안정성, 개발 생산성), 가이드 확정, 환경 세팅 완료, 공통 모듈 확보, 인력 양성 등을 확인한다.
프로토타입 환경 확인	개발에 필요한 개발 도구, 테스트 도구, 빌드 및 배포 도구, 형상관리 등을 마련하고 개발용 서버를 도입한다.
프로토타입 일정 확인	• 대형 프로젝트 기준 1개월 정도로 하고, 목적이 분석이나 설계 가이드 검증일 경우 2개월 추가할 수 있다. • 프로토타입 범위 확인 및 아키텍처의 핵심요소를 범위로 설정한다. • 프로토타입 인원을 확인한다.
프로토타입 범위 확인	• 아키텍처의 핵심 요소에 해당하는 UI를 프로토타입의 범위로 설정한다. • 아키텍처 요소 중에 검증되지 않은 요소와의 연동 등 위험이 많은 요소를 범위 설정한다. • 다수의 개발자들이 참여하여 개발하는 부분인지 확인하여 기준으로 삼는다.
프로토타입 인원 확인	리더 1인, 솔루션 담당자 파트타임 2인 이상, 인프라 담당자 파트타임 1인, 개발환경 리더 겸 공통 모듈 개발자 1인, 프로토타입 개발자 3~4인으로 한다.
프로토타입 아키텍처 검증 확인	기존 아키텍처가 요구사항을 만족하는지 성능을 측정한다.
프로토타입 이슈 및 해결	아키텍처 요소 검증 중 대다수 발생하는 이슈를 취합하여 보고하고 프로토타입 리더가 매일 이슈 취합 및 해결 방안을 제시한다.
프로토타입 가이드 확정	가능한 모든 가이드를 적용하여 표준 가이드를 최종적으로 확정한다.
프로토타입 개발 생산성 확인	진행 시 시간이 많이 소요되는 부분(분석, 설계, 개발, 테스트 등)의 원인을 찾아 바로잡는다.
프로토타입 결과 시연	화면 위주가 아닌 분석, 설계 개발 테스트 과정을 모두 고객, PM, PL, 개발자에 시연한다.

⑥ UI Prototype 제작 단계

사용자 요구분석	• 요구사항이 확정될 때까지 사용자 관점에서 기본적인 요구사항을 확인하는 단계이다. • 실 사용자 입장에서 분석한다.
프로토타입 작성	시스템의 핵심 기능을 중심으로 종이나 디지털 도구를 이용하여 작성한다.
프로토타입 사용자 테스트	요구사항을 추가 보완한다.
수정과 합의 단계	• 프로토타입 결과를 토대로 사용자가 요청한 제안사항을 포함하고 보완하는 단계이다. • 결과물 완성 후 3단계로 되돌아간다(사용자 승인 시까지 반복).

01 다음에 설명하는 UI 프로토타입 도구를 쓰시오.

> • 제품을 구성하는 서로 다른 레이아웃을 정적이면서 간단한 표현 상태로 재현한 것을 의미한다.
> • 이름과 같이 와이어로 설계된 모양으로, 간단한 와이어를 사용하여 인터페이스를 시각적으로 묘사한다.
> • 기획 단계 초기에 작성하며, 구성할 화면의 대략적인 레이아웃이나 UI 요소 등의 틀(Frame)을 설계하는 단계이다.
> • 개발 관계자(디자이너, 개발자, 기획자) 사이의 레이아웃 협의, 현재 진행 상황 등을 공유할 때 사용한다.

• 답 :

02 UI 설계 시 프로토타입을 사용함으로써 얻을 수 있는 장점을 쓰시오.

• 답 :

03 다음 UI 프로토타입 계획 시 고려사항 중 프로토타입 일정 확인에 관한 내용이다. 빈칸에 알맞은 답을 쓰시오.

> 프로토타입 일정 확인 단계에서는 대형 프로젝트 기준 (①) 정도로 하고, 목적이 분석이나 설계 가이드 검증일 경우 (②) 추가할 수 있다. 프로토타입 범위 확인 및 아키텍처의 핵심 요소를 범위로 설정하며 프로토 타입 인원도 확인한다.

• ① :
• ② :

04 UI 프로토타입 계획 시 고려사항 중 프로토타입 개발자는 몇 명으로 하는 것이 좋을지 쓰시오.

• 답 :

ANSWER **01** 와이어 프레임
02 사용자 설득과 이해가 쉽다. 개발 시간이 감소한다. 오류를 사전에 발견할 수 있다.
03 ① 1개월, ② 2개월
04 3~4인

01 UI 요구사항 확인 과정 중 UI는 크게 기능적 요구사항과 비기능적 요구사항으로 구분된다. 기능적 요구사항과 비기능적 요구사항을 간략히 약술하시오.

• 기능적 요구사항 :

• 비기능적 요구사항 :

02 UI(User Interface)의 종류 중 터치, 증강현실, 상황 인식 등 사람의 감각 행동 인지를 통하여 작업할 수 있는 환경을 무엇이라고 하는지 쓰시오.

• 답 :

03 다음이 설명하는 지침을 쓰시오.

> • 장애인이 비장애인과 동등하게 웹 콘텐츠에 접근할 수 있도록 웹 콘텐츠를 제작하는 방법에 관하여 기술하고 있다. (2015.3.31. 개정)
> • 웹 콘텐츠 저작자와 개발자, 웹 사이트 설계자 등이 웹 콘텐츠의 접근성을 준수하여 콘텐츠를 쉽게 제작할 수 있는 지침들을 제공하는 것이 목적이다.

• 답 :

04 한국형 웹 콘텐츠 접근성 지침 2.1의 4가지 원칙을 쓰시오.

• 답 :

05 UX에 영향을 주는 요소 2가지를 쓰시오.

• 답 :

06 감성 공학 기술의 3가지를 쓰시오.

• 답 :

07 다음이 설명하는 UI 설계 단계에 사용되는 용어를 쓰시오.

> • 사용자가 제품을 대상으로 직/간접적으로 사용하면서 느끼고 생각하게 되는 지각과 반응, 행동 등 모든 경험을 의미한다.
> • UI는 사람과 시스템 간의 상호작용을 의미하지만, 이것은 제품과 서비스, 회사와 상호작용을 통한 전체적인 느낌이나 경험을 말한다.
> • 긍정적인 사용자 경험을 개발·창출하기 위해 학술적, 실무적으로 이를 구현해내기 위한 활동이다.

• 답 :

08 다음은 비기능적 요구사항을 정리한 계층도이다. 다음 빈칸에 알맞은 요구사항을 쓰시오.

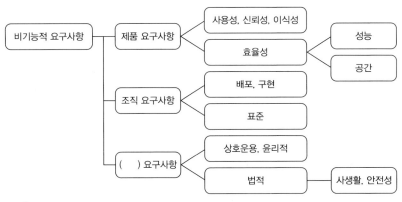

• 답 :

09 UI 표준을 위한 환경 분석 단계에서 다음은 어떤 단계에 관한 설명인지 쓰시오.

> • 실사용자 대상 심층 인터뷰를 통하여 의견 수렴하고, 비즈니스 요구사항을 정의한다.
> • 인터뷰를 통하여 사업적, 기술적 요소를 깊게 이해하여 목표를 명확히 한 뒤 사업적, 기술적 목표가 확정되면 UI/UX 디자인 프로세스를 정의한다.

• 답 :

10 다음은 UI 설계 시 사용하는 도구를 설명한 것이다. 아래 내용에 알맞은 도구를 쓰시오.

> • 시제품 전의 제품 원형으로 개발 검증과 양산 검증의 과정을 거쳐 시제품이 완성된다.
> • 새로운 컴퓨터 시스템이나 소프트웨어의 설계 또는 성능, 구현 가능성, 운용 가능성을 평가하거나 요구사항을 좀 더 잘 이해하고 결정하기 위하여 전체적인 기능을 간략한 형태로 구현한 시제품이다.
> • 확정된 요구사항을 기반으로 UI전략을 실체화하는 과정이며, UI 디자인 작성 이전에 미리 화면을 설계하는 단계이다.
> • 추후 구현될 시스템의 골격으로서, 사전에 시스템의 일부분 또는 시스템의 기초 모형이 될 것을 수행하는 과정이다.

• 답 :

11 소프트웨어 개발 과정 중 UI 설계 과정에서 사용되는 UI 프로토타입의 단점을 간단히 서술하시오.

• 답 :

12 UI 프로토타입 작성 도구 및 방법에서 디지털 방식의 UI 프로토타입 도구를 3가지 쓰시오.

• 답 :

13 UI 프로토타입 계획 시 고려사항 중 프로토타입 인원 확인 단계에서 프로토타입 개발자는 몇 명으로 구성하는지 쓰시오.

• 답 :

14 UI 프로토타입 계획 시 고려사항 중 프로토타입 일정 확인에서 목적이 분석, 설계 가이드 검증일 경우 기준 1개월에 얼마의 기간을 더 추가할 수 있는지 쓰시오.

• 답 :

15 UI 프로토타입 작성 도구 및 방법에서 아날로그 방식의 특징을 2가지 쓰시오.

• 답 :

16 UI 프로토타입 작성 도구 중 와이어 프레임보다 좀 더 실제 제품과 유사하게 만들어지는 실물 크기의 정적 모형으로 시각적으로만 구현되는 목업 툴의 종류 2가지를 쓰시오.

• 답 :

CHAPTER 02

UI 설계하기

학습 방향

1. UI 요구사항을 분석하기 위해서 소프트웨어 아키텍처의 품질 특성을 이해할 수 있다.
2. UI 요구사항과 UI 표준 및 지침에 따라 화면과 폼의 흐름을 설계하고 제약사항을 화면과 폼 흐름 설계에 반영할 수 있다.

출제빈도

SECTION 01	중		50%
SECTION 02	중		50%

소프트웨어 아키텍처 품질 특성

빈출 태그 소프트웨어 아키텍처 • 아키텍처 품질 특성 • ISO/IEC 9126 모델

★ Architecture
소프트웨어를 구성하는 컴포넌트
들의 상호작용 및 관계, 각각의 특
성을 기반으로 컴포넌트들이 상호
유기적으로 결합하는 소프트웨어
의 여러 가지 원칙들의 집합 – 권
형도(2004)

01 소프트웨어 아키텍처(Software Architecture★)

① 개념

• 다수의 이해관계자가 참여하는 복잡한 개발에서 상호 이해, 타협, 의사소통을 체계적으로 접근하기 위하여 개발 대상 소프트웨어의 기본 틀(뼈대)을 만드는 것이다.
• 전체 시스템의 전반적인 구조를 체계적으로 설계하는 것이다.

② 소프트웨어 아키텍처의 품질 특성

• 소프트웨어의 기능, 성능, 만족도 등의 요구사항을 얼마나 충족하는가를 나타내는 소프트웨어 특성의 핵심 집합이다.
• 사용자의 요구사항을 얼마나 충족시키느냐에 따라 확립된다.
• ISO/IEC 9126 모델에 정의되어 있다.

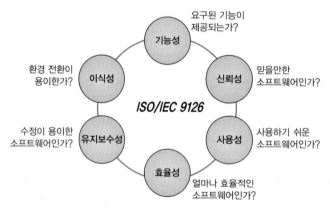

▲ 소프트웨어 아키텍처 품질 요구사항

02 ISO/IEC 9126 모델

① ISO/IEC 9126 모델의 개념

• 소프트웨어 품질 특성과 평가를 위한 국제 표준이다.
• 2011년 9126 모델에 호환성과 보안성을 추가하여 발표하였다.
• 내/외부 품질은 기능성★, 신뢰성, 사용성, 효율성★, 유지보수성, 이식성으로 구분된다.
• 사용 품질은 효과성, 생산성, 안전성, 만족도로 구분된다.

★ 기능성
= 기능 적합성

★ 효율성
= 실행 효율성

② ISO/IEC 9126 모델의 분류

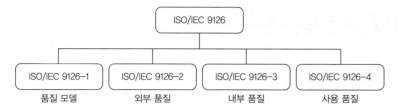

- ISO/IEC 9126-1(품질 모델)
  - 6가지 품질 특성과 소프트웨어 제품의 품질 평가를 위한 프레임워크를 정의한다.
- ISO/IEC 9126-2(외부 품질)
  - 개발자를 위한 표준으로 개발자, 평가자, 구매자가 품질 특성에 대해 사용할 수 있는 외부 메트릭스(external metrics)를 제공한다.
  - 완성된 소프트웨어의 성능, 오류 발생, 사용 용이성 등이 여기에 해당된다.
- ISO/IEC 9126-3(내부 품질)
  - 구매자를 위한 표준으로 개발자, 평가자, 구매자가 소프트웨어 제품 품질을 평가할 수 있도록 도와주며, 해당 소프트웨어 제품을 완성하기 전에 미리 품질의 문제점들을 지적해준나.
  - 품질 특성에 대하여 사용할 수 있는 내부 메트릭스(internal metrics)★를 사용하여 중간 제품이나 인도된 소프트웨어 제품의 정적인 성질을 분석함으로써 내부 속성을 측정하거나 외부 속성을 보여준다.
- ISO/IEC 9126-4(사용 품질)
  - 사용자를 위한 표준으로 사용 품질(quality in use)을 정의한다.
  - 제품이 특정 환경에서 사용될 때 사용자의 작업 효율성, 생산성, 안정성, 만족도 등 사용자의 요구를 충족시키는 정도를 말한다.
  - 소프트웨어 자체의 특성보다 사용자의 경험을 측정한다.

★ 내부 메트릭스의 목적
요구된 외부 품질이 성취되었는지를 확인하는 것이며, 소프트웨어 개발이 진행 중인 설계와 구현 단계에 적용된다.

③ ISO/IEC 9126 모델의 품질 특성 및 하위 특성 분류도

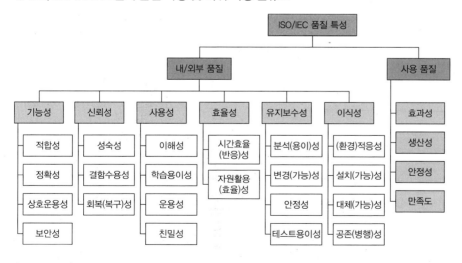

④ 사용자, 개발자 관점별 고객의 체감 불만 정도 그래프

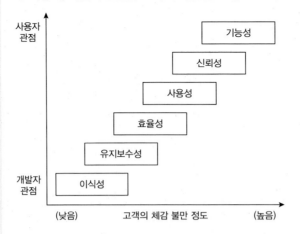

• 기능성(Functionality) : 사용자의 요구사항을 정확하게 만족하는 기능을 제공하는지 시스템의 동작을 관찰하기 위한 품질 기준이다.

적절성(Suitability)	사용자의 목적 달성을 위해 위한 적절한 기능을 제공할 수 있는 능력
정밀성(Accuracy)	올바른 혹은 동의된 효능 결과를 제공할 수 있는 능력
상호 운용성(Interoperability)	하나 이상의 명세된 시스템과 상호작용할 수 있는 능력
보안성(Security)	권한이 없는 사람 혹은 시스템은 정보를 읽거나 변경하지 못하도록 정보를 보호하는 능력
호환성(Compliance)	응용과 관련된 표준, 관례 또는 법적 규제 및 유사한 규정을 고수하는 능력

• 신뢰성(Reliability) : 명세된 조건에서 사용될 때, 성능 수준을 유지할 수 있는 소프트웨어 제품의 능력을 평가하기 위한 단위이다.

성숙성(Maturity)	소프트웨어 내의 결함으로 인한 고장을 피해가는 능력
고장 허용성(Fault tolerance)	소프트웨어 결합이 발생했을 때 명세된 성능 수준을 유지할 수 있는 능력
회복성(Recoverability)	고장 발생 시 명세된 성능 수준을 재유지하고 직접적으로 영향받은 데이터를 복구하는 능력

• 사용성(Usability) : 명세된 조건에서 사용될 경우, 사용자에 의해 이해, 학습, 사용 등 사용의 수월성 관점에서 제품의 능력을 평가하기 위한 단위이다.

이해성(Understandability)	특정 작업과 사용 조건에서 어떻게 사용될 수 있는지를 사용자가 이해할 수 있도록 하는 능력
학습성(Learningability)	사용자가 그 응용을 학습할 수 있도록 하는 능력
운용성(Operability)	사용자가 소프트웨어 제품을 운영하고 제어할 수 있도록 하는 능력
친밀성(Intimacy)	사용자에 의해 선호되는 소프트웨어 제품의 능력

- 효율성(Efficiency) : 명시된 조건에서 사용되는 자원의 양에 따라 요구된 성능을 제공하는 소프트웨어 제품의 능력을 평가하기 위한 단위이다.

시간 반응성(Time behaviour)	명시된 조건에서 그 기능을 수행할 때 적절한 반응 및 처리 시간과 처리율을 제공하는 능력
자원 활용성(Resource utilization)	명시된 조건에서 그 기능을 수행할 때 적절한 양과 종류의 자원을 사용하는 능력

- 유지보수성(Maintainability) : 요구사항을 개선하고 확장하는 데 있어 얼마나 용이한가를 평가하기 위한 단위이다.

분석성(Analysability)	소프트웨어의 결함이나 고장의 원인 혹은 변경될 부분들의 식별에 대한 진단을 가능하게 하는 소프트웨어 제품의 능력
변경성(Changeability)	변경 명세가 구현될 수 있도록 하는 능력
안정성(Stability)	소프트웨어가 변경으로 인한 예상치 않은 결과를 최소화하는 능력
시험성(Testability)	변경된 소프트웨어가 확인될 수 있는 능력

- 이식성(Portability) : 현재 환경에서 다른 환경으로 변경될 수 있는 능력을 평가하기 위한 단위이다.

적응성(Adaptability)	대상 소프트웨어에서 이 목적으로 제공되는 것 이외의 활동 혹은 수단을 적용하지 않고 다른 명세된 환경으로 변경될 수 있는 능력
설치성(Installability)	명세된 환경에 설치될 수 있는 소프트웨어 제품의 능력
공존성(Co-existance)	공통 자원을 공유하는 공동 환경에서 다른 독립적인 소프트웨어와 공존할 수 있는 능력
대체성(Replaceability)	동일한 환경에서 동일한 목적으로 다른 지정된 소프트웨어 제품을 대신하여 사용될 수 있는 능력

01 UI 설계에서 다음이 설명하는 것이 무엇을 말하는지 쓰시오.

> • 다수의 이해관계자가 참여하는 복잡한 개발에서 상호 이해, 타협, 의사소통을 체계적으로 접근하기 위하여 개발 대상 소프트웨어의 기본 틀(뼈대)을 만드는 것이다.
> • 전체 시스템의 전반적인 구조를 체계적으로 설계하는 것이다.

• 답 :

02 소프트웨어 아키텍처 품질 특성 중 고객의 체감 불만 정도가 가장 높은 요구사항은 무엇인지 쓰시오.

• 답 :

03 다음 ISO/IEC 9126 품질 특성 중 내/외부 품질 특성이 아닌 것을 모두 골라 쓰시오.

> 기능성, 효과성, 신뢰성, 사용성, 효율성, 안정성, 유지보수용이성, 이식성, 만족도

• 답 :

04 ISO/IEC 9126 품질 특성인 신뢰성의 상세 요구사항 3가지를 쓰시오.

• 답 :

ANSWER **01** 소프트웨어 아키텍처(Software Architecture)
02 기능성
03 효과성, 안정성, 만족도
04 성숙성, 고장허용성, 회복성

02 UI 설계

빈출 태그 UI 설계 원칙별 정의 · UI 설계 지침 · UI 시나리오 문서의 작성 요건

01 UI 설계

① UI 설계 원칙 2020년 2회/1회

직관성	화면의 버튼, 항목, 입력란 등 누구나 쉽게 이해하고 사용할 수 있도록 한다.
유효성	사용자의 목적을 정확히 달성할 수 있도록 유용하고 효과적이어야 한다.
학습성	사용자가 쉽게 배우고 익힐 수 있어야 한다.
유연성	사용자의 요구를 최대한 수용하면서 오류를 최소화해야 한다.

② UI 설계의 필요성

- 구현 대상 결과의 오류 최소화와 적은 노력으로 구현하는 결과를 얻을 수 있다.
- 막연한 작업 기능에 대하여 구체적인 방법을 제시한다.
- 사용자 편의성을 높여 작업시간을 단축시키고 업무 이해도를 높인다.
- 정보 제공자와 공급자 사이의 원활하고 쉬운 매개 임무를 수행한다.

③ UI 설계 지침

사용자 중심	실사용자의 이해를 바탕으로 쉽게 이해하고 사용할 수 있는 환경을 제공한다.
일관성	사용자가 기억하기 쉽고 빠른 습득이 가능하도록 일관된 버튼이나 조작법을 제공한다.
단순성	인지적 부담을 줄이도록 조작 방법을 가장 간단히 작동하도록 한다.
가시성	주요 기능은 메인 화면에 배치하여 조작이 쉽게 한다.
표준화	기능 구조의 선행 학습 이후 쉽게 이용할 수 있도록 디자인을 표준화한다.
접근성	사용자의 직무, 성별, 나이 등 다양한 계층을 수용해야 한다.
결과 예측 가능	작동 대상 기능만 보고도 결과 예측이 가능해야 한다.
명확성	사용자 관점에서 개념적으로 쉽게 인지할 수 있어야 한다.
오류 발생 해결	오류가 발생하면 사용자가 상황을 정확히 인지할 수 있어야 한다.

02 UI 설계 원리

① 실행 차를 줄이기 위한 UI 설계 원리
- 사용 의도를 파악한다.
- 행위의 순서를 규정한다.
- 행위의 순서대로 실행한다.

② 평가 차를 줄이기 위한 UI 설계 원리
- 수행한 키 조작의 결과를 사용자가 빠르게 지각하도록 유도한다.
- 키 조작으로 변화된 시스템의 상태를 사용자가 쉽게 인지하도록 유도한다.
- 사용자가 가진 원래 의도와 시스템 결과 간의 유사 정도를 사용자가 쉽게 파악하도록 유도한다.

03 UI 설계 단계

① UI 설계 단계
- 문제 정의 : 시스템의 목적과 해결해야 할 문제를 정의한다.
- 사용자 모델 정의 : 사용자 특성을 결정하고, 소프트웨어 작업 지식 정도에 따라 초보자, 중급자, 숙련자로 구분한다.
- 작업 분석 : 사용자의 특징을 세분화하고 수행되어야 할 작업을 정의한다.
- 컴퓨터 오브젝트 및 기능 정의 : 작업 분석을 통하여 어떤 사용자 인터페이스에 표현할지를 정의한다.
- 사용자 인터페이스 정의 : 모니터, 마우스, 키보드, 터치스크린 등 물리적 입출력 장치의 상호작용 오브젝트를 통하여 시스템 상태를 명확히 한다.
- 디자인 평가 : 사용자 능력과 지식에 적합한가? 사용자가 사용하기 편리한가? 등을 평가하는 것을 의미하며, 사용성 공학을 통하여 평가할 수 있는데 평가 방법론으로는 Usability Engineering★, GOMS★, Heuristics★ 등이 있다.

② UI 상세 설계 단계

UI 메뉴 구조 설계	• 요구사항과 UI 표준 및 지침에 따라 사용자의 편의성을 고려한다. • 요구사항 최종 확인, UI 설계서 표지 및 개정 이력을 작성한다. • UI 구조 설계, 사용자 기반 메뉴 구조 설계 및 화면을 설계한다.
내/외부 화면과 폼 설계	• UI 요구사항과 UI 표준 지침에 따라 하위 시스템 단위를 설계한다. • 실행 차를 최소화하기 위하여 UI 설계원리 검토, 행위 순서 검토, 행위 순서대로 실행 검토한다. • 평가 차를 줄이기 위한 UI 설계원리를 검토한다.
UI 검토 수행	• UI 검토 보완을 위한 시뮬레이션 시연 구성원에는 컴퓨터 역할을 하기 위해 서류를 조작하는 사람, 전체적인 평가를 위한 평가 진행자, 관찰자가 있고 이 구성원의 평가 결과를 토대로 설계를 보완한다. • UI 시연을 통한 사용성에 대한 검토 및 검증을 수행한다.

★ Usability Engineering
인지적, 경험적, 사회적 관점에서 사용성을 공학적 방법으로 평가

★ GOMS
인간이 어떤 행위를 할지 예측하여 그 문제를 해결하는 데 필요한 소요시간, 학습시간 등을 평가하기 위한 기법

★ Heuristics
논리적 근거가 아닌 어림짐작을 통하여 답을 도출해내는 방법

04 시나리오(Scenario)

① UI 시나리오 작성 원칙

- UI 전체적 기능과 작동 방식을 개발자가 쉽게 이해할 수 있도록 구체적으로 작성한다.
- Tree 구조나 Flowchart★ 표기법을 이용한다.
- 공통 적용이 가능한 UI 요소와 Interaction(상호작용)을 일반적인 규칙으로 정의한다.
- 대표적인 화면의 레이아웃 및 그에 속하는 기능을 정의한다.
- Interaction의 흐름 및 순서, 분기, 조건, 루프를 명시한다.
- 예외상황에 대한 사례를 정의한다.
- 기능별 상세 기능 시나리오를 정의하되 UI 일반 규칙을 지킨다.
- UI 시나리오 규칙을 지정한다.

★ Flowchart
약속된 기호와 도형을 이용하여
일의 흐름을 표시해 놓은 차트
= 순서도

② UI 시나리오 문서의 작성요건

완전성 (Complete)	• (누락 없이) 완전해야 한다. • 최대한 빠짐 없이 가능한 한 상세하게 기술한다. • 시스템 기능보다 사용자의 테스크에 초점을 맞춰 기술한다.
일관성 (Consistent)	• 일관성이 있어야 한다(서비스에 대한 목표, 시스템과 사용자의 요구사항). • 모든 문서의 UI 스타일(Flow 또는 Layout)을 일관적으로 구성한다.
이해성 (Understandable)	• 처음 접하는 사람도 이해하기 쉽도록 구성하고 설명한다. • 이해하지 못하는 추상적인 표현이나 이해하기 어려운 용어는 사용하지 않는다.
가독성 (Readable)	• 문서를 쉽게 읽을 수 있어야 한다(문서 템플릿과 타이포그래피). • 표준화된 템플릿을 작성하여 적용한다(회사의 고유한 문서 양식). • 버전의 넘버링은 v1.0, v2.0 등과 같이 일관성 있게 한다. • 문서의 인덱스에 대한 규칙 적용, 목차 제공이 중요하다. • 줄의 간격은 충분하게 유지하며, 단락에 대한 구분과 들여쓰기의 기준을 마련하여 읽기에 쉽고 편해야 한다. • 여백과 빈 페이지는 적절하게 활용하여 여백의 미를 살리도록 한다. • 시각적인 효과를 위한 강조는 일관성 있게 활용하도록 한다. • 편집기의 상호 참조(Cross-referencing) 기능을 활용한다(하이퍼링크 등).
수정 용이성 (Modifiable)	• 쉽게 변경할 수 있어야 한다. • 수정 또는 개선 사항을 시나리오에 반영하면서 쉽게 적용할 수 있어야 한다. • 같은 수정 사항을 위해 여러 문서를 편집하지 않도록 한다.
추적 용이성 (Traceable)	• 시나리오 변경 사항은 쉽게 추적이 가능해야 한다. • 변경 사항들이 언제, 어디서, 어떤 부분들이, 왜 발생하였는지 추적이 쉬워야 한다.

③ UI 시나리오 문서의 기대 효과

- 요구사항이나 의사소통에 대한 오류를 감소시킨다.
- 개발 과정 중 혼선을 최소화하여 개발 속도를 향상시킨다.
- 불필요한 기능을 최소화하여 시나리오 작성과 소프트웨어 개발 비용을 줄일 수 있다.
- 유관 부서의 만족도를 높인다.

05 UI 흐름 설계서 구성

- UI 설계서 표지 : 프로젝트 이름과 시스템 이름을 포함하여 작성한다.
- UI 설계서 개정 이력 : 처음 작성 시 '초안작성'을 포함한다. 초기 버전은 1.0으로 설정하고 완성 시 버전은 x.0으로 바꾸어 설정한다.
- UI 요구사항 정의
- 시스템 구조 : UI 프로토타입 재확인 후 UI 시스템 구조를 설계한다.
- 사이트 맵 : UI 시스템 구조를 사이트 맵 구조로 설계한다.
- 프로세스 정의 : 사용자 관점에서의 요구 프로세스의 순서를 정리한다.
- 화면 설계 : UI 프로세스/프로토타입을 고려하여 페이지별로 화면을 구성 및 설계한다.

06 스토리보드(Storyboard)

- 스토리보드란 UI/UX 구현에 수반되는 사용자와 작업, 인터페이스 간 상호작용을 시각화한 것으로, 개발자와 디자이너 간의 의사소통을 돕는 도구이다.
- 완성해야 할 서비스와 예상되는 사용자 경험을 미리 보기 위한 방법론이다.
- 작성 목적 : 설계에 필요한 조각을 모아 순서대로 놓고 배치해보고 쌓아서 조립하는 과정으로 설계 단계에서 발생할 수 있는 문제를 미리 발견하고 대처하기 위한 과정이다.
- 작성 단계 : 메뉴 구성도 만들기 → 스타일 확정하기 → 설계하기
- 작성 방법 : 우측 상단에 '제목, 작성자' 기재, 좌측에 'UI 화면', 우측에 'Description' 작성

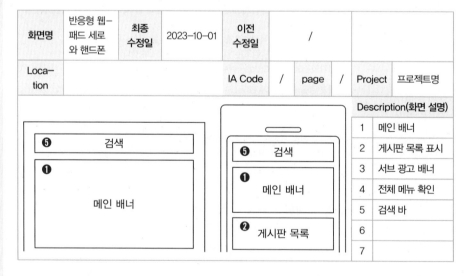

01 UI 설계 원칙 4가지를 모두 쓰시오.

• 답 :

02 UI 설계 지침 중 '주요 기능은 메인 화면에 배치하여 조작이 쉽게 한다.'는 지침은 무엇인지 쓰시오.

• 답 :

03 UI 시나리오 문서의 작성 요건 중 다음 내용이 의미하는 요건은 무엇인지 쓰시오.

> • 시나리오 변경사항은 쉽게 추적이 가능해야 한다.
> • 변경사항들이 언제, 어디서, 어떤 부분들이, 왜 발생하였는지 추적이 쉬워야 한다.

• 답 :

04 스토리보드 작성 방법 중 우측 상단에 작성해야 하는 것은 무엇인지 쓰시오.

• 답 :

05 UI 설계 단계에서 디자인 평가 방법론 3가지를 쓰시오.

• 답 :

06 UI 설계 원리 중 실행 차를 줄이기 위한 UI 설계 원리 3가지를 쓰시오.

• 답 :

01 소프트웨어 개발 과정 중에 UI 표준 및 지침에 의거하여 개발하고자 하는 소프트웨어에 적용된 UI 요구사항을 확인하려고 한다. 다음이 설명하는 것이 무엇을 말하는지 쓰시오.

> • 이것은 개발하고자 하는 소프트웨어의 사전 작업을 통하여 소프트웨어 개발을 쉽게 하도록 기본 틀을 만드는 것으로, 복잡한 개발을 체계적으로 접근하기 위한 밑그림이라 할 수 있다.
> • 소프트웨어를 구성하는 컴포넌트들의 상호작용 및 관계, 각각의 특성을 기반으로 컴포넌트들이 상호 유기적으로 결합하는 소프트웨어의 진화를 위한 여러 가지 원칙들의 집합이다.

• 답 :

02 소프트웨어 품질 요구사항을 정의하고 있는 ISO/IEC 9126의 품질 요구사항 중 3가지를 쓰시오.

• 답 :

03 다음은 ISO/IEC 9126의 품질 요구사항의 기능성(Functionality)의 상세 품질 요구사항 항목이다. 빈칸에 알맞은 상세 품질 요구사항을 쓰시오.

적절성(Suitability)	사용자의 목적 달성을 위해 위한 적절한 기능을 제공할 수 있는 능력
( )	올바른 혹은 동의된 효능 결과를 제공할 수 있는 능력
상호 운용성(Interoperability)	하나 이상의 명세된 시스템과 상호작용할 수 있는 능력
보안성(Security)	권한이 없는 사람 혹은 시스템은 정보를 읽거나 변경하지 못하게 하도록 정보를 보호하는 능력
호환성(Compliance)	응용과 관련된 표준, 관례 또는 법적 규제 및 유사한 규정을 고수하는 능력

• 답 :

04 다음은 ISO/IEC 9126의 품질 요구사항의 이식성(Portability)의 상세 품질 요구사항 항목이다. 빈칸에 알맞은 상세 품질 요구사항을 쓰시오.

( )	대상 소프트웨어에서 이 목적으로 제공되는 것 이외의 활동 혹은 수단을 적용하지 않고 다른 명세된 환경으로 변경될 수 있는 능력
설치성(Installability)	명세된 환경에 설치될 수 있는 소프트웨어 제품의 능력
공존성(Co-existance)	공통 자원을 공유하는 공동 환경에서 다른 독립적인 소프트웨어와 공존할 수 있는 능력
대체성(Replaceability)	동일한 환경에서 동일한 목적으로 다른 지정된 소프트웨어 제품을 대산하여 사용될 수 있는 능력

• 답 :

05 ISO/IEC 9126의 품질 요구사항 중 명세된 조건에서 사용될 경우, 사용자에 의해 이해, 학습, 사용 등 사용의 수월성 관점에서 제품의 능력을 평가하기 위한 단위를 쓰시오.

• 답 :

06 ISO/IEC 9126의 품질 요구사항 중 효율성(Efficiency)의 상세 품질 요구사항 2가지를 모두 쓰시오.

• 답 :

07 ISO/IEC 9126 모델은 4개의 분류로 나눌 수 있다. 다음이 설명하는 분류명을 쓰시오.

> • 개발자를 위한 표준으로 개발자, 평가자, 구매자가 품질 특성에 대해 사용할 수 있는 외부 메트릭스(external metrics)를 제공한다.
> • 완성된 소프트웨어의 성능, 오류 발생, 사용 용이성 등이 여기에 해당된다.

• 답 :

08 다음 UI 설계 지침의 설명 중에 빈칸에 알맞은 내용을 쓰시오.

- 사용자 중심 : 사용자가 이해하기 편하고 쉽게 사용할 수 있는 환경을 제공하며 실사용자에 대한 이해가 바탕이 되어야 한다.
- 일관성 : 버튼이나 조작 방법을 사용자가 기억하기 쉽고 빠른 습득이 가능하게 설계하여야 한다.
- (①) : 조작 방법은 가장 간단하게 작동할 수 있도록 하여 인지적 부담을 감소시켜야 한다.
- 결과 예측 가능 : 작동시킬 기능만 보고도 결과 예측이 가능하여야 한다.
- (②) : 주요 기능을 메인 화면에 노출하여 조작이 쉽게 하여야 한다.
- 표준화 : 디자인을 표준화하여 기능 구조의 선행 학습 이후 쉽게 사용할 수 있어야 한다.
- 접근성 : 사용자의 직무, 연령, 성별 등 다양한 계층을 수용하여야 한다.
- 명확성 : 사용자가 개념적으로 쉽게 인지할 수 있어야 한다.
- 오류 발생 해결 : 사용자가 오류에 대한 상황을 정확히 인지할 수 있어야 한다.

- ① :
- ② :

09 UI 스토리보드 작성 3단계를 쓰시오.

- 답 :

10 UI 시나리오 문서의 작성 요건 중 가독성(Readable) 작성 요건의 내용을 3가지만 서술하시오.

-
-
-

11 UI 상세 설계 3단계를 순서대로 쓰시오.

- 답 :

12 실행 차를 줄이기 위한 UI 설계 원리 3가지를 쓰시오.

- 답 :

13 UI 설계 원칙 중 '사용자의 요구를 최대한 수용하면서 오류를 최소화'해야 하는 원칙은 무엇인지 쓰시오.

- 답 :

애플리케이션
테스트 관리

파트 소개

요구사항대로 응용 소프트웨어가 구현되었는지를 검증하기 위해서 테스트 케이스를 작성하고 개발자 통합 테스트를 수행하여 애플리케이션의 성능을 개선할 수 있다.

CHAPTER 01

애플리케이션
테스트 케이스 설계하기

학습 방향

1. 개발하고자 하는 응용 소프트웨어의 특성을 반영한 테스트 방식, 대상과 범위를 결정하여 테스트 케이스를 작성할 수 있다.

출제빈도

SECTION 01	중	40%
SECTION 02	하	10%
SECTION 03	상	50%

01 응용 소프트웨어의 유형

시스템 소프트웨어	• 응용 소프트웨어를 실행하기 위한 기반인 플랫폼을 제공하고 컴퓨터 하드웨어의 동작, 사용자가 시스템을 조작하도록 설계된 소프트웨어이다. • 예 운영체제, DBMS, 데이터 통합, 프로그래밍 언어, 스토리지 소프트웨어, 소프트웨어 공학 도구, 가상화 소프트웨어, 시스템 보안 소프트웨어 등
미들웨어★	• 분산 환경에서 타 기종 간 통신 환경을 연결하여 원만한 통신이 이루어질 수 있도록 연계를 도와주는 소프트웨어이다. • 예 WAS, 실시간 데이터 처리, 연계 통합 솔루션, 분산 병렬 처리, 네트워크 관리, 시스템 관리, 클라우드 서비스, 접근제어 소프트웨어 등
응용 소프트웨어	• 운영체제 기반에서 작동하는 다양한 기능을 제공하는 소프트웨어를 의미한다. • 예 영상 인식/분석, 영상 코덱/스트리밍, 영상 저작/편집/합성, 3D 스캐닝/프린팅, 가상 시뮬레이션, 콘텐츠 보호/관리/유통, 정보검색, 음성 처리, 오피스웨어 소프트웨어 등

★ 미들웨어
서로 다른 프로토콜 환경에서 이를 원만하게 연결할 수 있도록 도와주는 도구이다.

02 소프트웨어 테스트

① 개념

• 소프트웨어 개발 단계에서 사용자 요구사항에 서술된 동작과 성능, 사용성, 안정성 등을 만족하는지 확인하기 위하여 소프트웨어의 결함을 찾아내는 활동이다.
• 품질 향상, 오류 발견, 오류 예방 관점에서 수행하는 행동이다.
  – 품질 향상 관점 : 반복적인 테스트를 거쳐 제품의 신뢰도를 향상하는 품질 보증 활동
  – 오류 발견 관점 : 잠재된 오류를 발견하고 이를 수정하여 올바른 프로그램을 개발하는 활동
  – 오류 예방 관점 : 코드 검토, 동료 검토, 인스펙션 등을 통해 오류를 사전에 발견하는 활동

② 소프트웨어 테스트의 원리 2020년 1회

테스팅은 결함이 존재함을 밝히는 활동이다.	소프트웨어의 잠재적인 결함을 줄일 수 있지만, 결함이 발견되지 않았다고 해서 결함이 없다고 증명할 수는 없음을 의미한다.
완벽한 테스팅은 불가능하다.	무한 경로, 무한 입력값, 무한 시간이 소요되어 완벽하게 테스트할 수 없으므로 위험 분석과 우선순위를 토대로 테스트에 집중할 것을 의미한다.
테스팅은 개발 초기에 시작해야 한다.	애플리케이션의 개발 단계에 테스트를 계획하고 SDLC(Software Development Life Cycle)의 각 단계에 맞춰 전략적으로 접근하는 것을 고려하라는 뜻이다.

결함 집중★ (Defect Clustering)	애플리케이션 결함의 대부분은 소수의 특정한 모듈에 집중되어 존재한다.
살충제 패러독스 (Pesticide Paradox)	같은 테스트 케이스로 반복 실행하면 결함을 발견할 수 없으므로 주기적으로 테스트 케이스를 검토하고 개선해야 한다.
테스팅은 정황(Context)에 의존한다.	정황과 비즈니스 도메인에 따라 테스트를 다르게 수행하여야 한다.
오류-부재의 궤변 (Absence of Errors Fallacy)	사용자의 요구사항을 만족하지 못하는 오류를 발견하고 그 오류를 제거하였다고 해도, 해당 애플리케이션의 품질이 높다고 말할 수 없다.

★ 결함 집중(파레토 법칙)
'80대20 법칙' 또는 '2대8 법칙'이라고도 한다. 전체 결과의 80%가 전체 원인의 20%에서 일어나는 현상을 가리킨다. 예를 들어, 20%의 VIP 고객이 백화점 전체 매출의 80%에 해당하는 만큼 쇼핑하는 현상을 설명한다.

▶ 살충제 패러독스와 오류-부재의 궤변 테스트 원리

구분	테스트 원리	내용
살충제 패러독스	테스트 케이스 개선	많은 결함을 발견하기 위해 테스트 기법을 다른 모듈, 시각에서 재적용하고 정기적 리뷰, 개선
	경험 기반 접근	탐색적 테스팅, JIT(Just-in-Time) 테스팅 등의 경험 기반 접근법을 통해 테스트 케이스 추가
오류-부재의 궤변	검증 및 확인	Validation & Verification을 통해 요구사항에 따라 개발되었는지 확인
	제품 및 품질 개선	고객의 적극적 참여를 통해 품질을 확인하며 CMMI, SPICE 등과 같은 개발 프로세스 진단, 측정

▶ 살충제 패러독스와 오류-부재의 궤변을 통한 관점 비교

구분	살충제 패러독스	오류-부재의 궤변
전제	오래된 테스트 케이스는 잠재 결함에 노출	결함이 없다고 SW 품질이 높은 것은 아님
관점	잠재 시스템 결함 제거	시스템 사용성, 고품질 개발
관련 표준	ISO29119	ISO9126, ISO14598, ISO25000 등
테스트 기법	구조 기반/명세 기반 테스트	V&V, Inspection
테스트 유형	기능적 테스팅	비기능적 테스팅
적용 시점	구현 및 시험 단계	SDLC 전 과정

③ 소프트웨어 테스트 프로세스

테스트 계획	1. 테스트 목적과 범위 정의 2. 대상 시스템 구조 파악 3. 테스트 일정 정의 4. 종료 조건 정의 5. 조직 및 비용 산정
테스트 분석 및 디자인	1. 목적과 원칙 검토 2. 요구사항 분석 3. 리스크 분석 및 우선순위 결정 4. 테스트 데이터 준비 5. 테스트 환경 및 도구 준비
테스트 케이스 및 시나리오 작성	1. 테스트 케이스 작성 2. 테스트용 스크립트 작성 3. 테스트 케이스 검토 및 확인 4. 테스트 시나리오 작성

테스트 수행	1. 초기 데이터 로딩 2. 테스트 수행 3. 결함 리포팅
테스트 결과 평가 및 리포팅	1. 테스트 결과 정의 2. 테스트 프로세스 검토 3. 테스트 결과 평가 4. 테스트 리포팅

④ 소프트웨어 테스트 산출물

테스트 계획서	• 테스트 목적과 범위를 정의한 문서이다. • 대상 시스템 구조 파악, 테스트 수행 절차, 테스트 일정, 조직의 역할 및 책임 정의, 종료 조건 정의 등 테스트 수행을 계획한 문서이다.
테스트 케이스	• 테스트를 위한 설계 산출물이다. • 응용 소프트웨어가 사용자의 요구사항을 준수하는지 확인하기 위해 설계된 입력값, 실행 조건, 기대 결과로 구성된 테스트 항목을 기술한 명세서이다.
테스트 시나리오	• 테스트 수행을 위한 여러 개의 테스트 케이스의 집합이다. • 테스트 케이스의 동작 순서를 기술한 문서이며, 테스트를 위한 절차를 상세히 명세한 문서이다.
테스트 결과서	• 테스트 결과를 정리한 문서이다. • 테스트 프로세스를 검토하고, 테스트 결과를 평가하고 기록하는 문서이다.

이론을 확인하는 / 핵심문제

01 소프트웨어의 결함을 찾아내는 활동인 소프트웨어 테스트는 3가지 관점의 활동이 있다. 소프트웨어 테스트의 3가지 관점을 쓰시오.

• 답 :

02 소프트웨어 테스트의 원리 중 '사용자의 요구사항을 만족하지 못하는 오류를 발견하고 그 오류를 제거하였다고 해도, 해당 애플리케이션의 품질이 높다고 말할 수 없다.'는 원리는 무엇인지 쓰시오.

• 답 :

03 소프트웨어 테스트의 산출물 4가지를 쓰시오.

• 답 :

ANSWER **01** 품질 향상, 오류 발견, 오류 예방
02 오류-부재의 궤변(Absence of Errors Fallacy)
03 테스트 계획서, 테스트 케이스, 테스트 시나리오, 테스트 결과서

테스트 케이스, 오라클, 시나리오

출제빈도 상 중 (하)
반복학습 1 2 3

빈출 태그 테스트 케이스 • 테스트 오라클 • 테스트 시나리오

01 테스트 케이스

- 구현된 애플리케이션이 초기 요구사항을 준수하는지 확인하기 위해 설계된 입력 값, 실행 조건, 기대 결과로 구성된 테스트 항목의 명세서를 이용하는 명세 기반 테스트★의 설계 산출물이다.
- 테스트 케이스를 설계 단계에 작성하면 테스트 시 오류를 방지하고, 테스트 수행에 있어 낭비를 줄일 수 있다.
- 테스트 케이스 작성 절차 : 테스트 계획 검토 및 자료 확보 → 위험 평가 및 우선순위 결정 → 테스트 요구사항 정의 → 테스트 구조 설계 및 테스트 방법 결정 → 테스트 케이스 정의 → 테스트 케이스 타당성 확인 및 유지보수
- 테스트 케이스의 구성요소(ISO/IEC/IEEE 29119-3) : 식별자(Identifier), 테스트 항목(Test Item), 입력 명세(Input Specification), 출력 명세(Output Specification), 환경 설정(Environmental Needs), 특수 절차 요구(Special Procedure Requirement), 의존성 기술(Inter-case Dependencies)

★ 명세 기반 테스트
테스트 수행의 증거로도 활용되며, 사용자의 요구사항에 대한 명세를 빠짐없이 테스트 케이스로 구현하고 있는지 확인한다.

02 테스트 오라클

테스트의 결과가 참인지 거짓인지를 판단하기 위해서 사전에 정의된 참(True) 값을 입력하여 비교하는 기법 및 활동을 말한다.

참(True) 오라클	• 모든 입력값에 적합한 결과를 생성하여, 발생한 오류를 모두 검출할 수 있는 오라클이다. • 주로 항공기, 임베디드, 발전소 소프트웨어 등의 업무에 적용한다.
일관성 검사(Consistent) 오라클	애플리케이션 변경이 있을 때, 수행 전과 후의 결과값이 같은지 확인하는 오라클이다.
샘플링(Sampling) 오라클 2020년 4회	• 임의로 선정한 몇 개의 입력값에 대해서만 기대하는 결과를 제공해주는 오라클이다. • 일반, 업무용, 게임, 오락 등의 일반적인 업무에 적용한다.
휴리스틱(Heuristic) 오라클	• 샘플링 오라클을 개선한 오라클이다. • 임의의 입력값에 대해 올바른 결과를 제공하고, 나머지 값들에 대해서는 휴리스틱(추정)으로 처리하는 오라클이다.

03 테스트 시나리오

- 여러 테스트 케이스의 집합으로서, 테스트 케이스의 동작 순서를 기술한 문서이며 테스트를 위한 절차를 정리한 문서이다.
- 테스트 순서에 대한 구체적인 절차, 사전 조건, 입력 데이터 등을 정리하여 테스트 항목을 빠짐없이 수행할 수 있도록 한다.
- 테스트 시나리오 작성 시 유의점
  - 시스템별, 모듈별, 항목별로 분리하여 테스트 시나리오를 작성한다.
  - 고객의 요구사항과 설계문서 등을 토대로 테스트 시나리오를 작성한다.
  - 테스트 항목은 식별자 번호, 순서 번호, 테스트 데이터, 테스트 케이스, 예상 결과, 확인 등의 항목을 포함하여 작성한다.

04 테스트 환경 구축

- 개발된 응용 소프트웨어가 실제 운영 시스템에서 정상적으로 작동하는지 테스트할 수 있도록 실제 운영 시스템과 동일 또는 유사한 사양의 하드웨어, 소프트웨어, 네트워크 등의 시설을 구축하는 활동이다.

▶ **테스트 환경 구축의 유형**

하드웨어 기반	서버 장비(WAS, DBMS), 클라이언트 장비, 네트워크 장비 등의 장비를 설치하는 작업이다.
소프트웨어 기반	구축된 하드웨어 환경에 테스트할 응용 소프트웨어를 설치하고 필요한 데이터를 구축하는 작업이다.
가상 시스템 기반	물리적으로 개발 환경 및 운영 환경과 별개로 독립된 테스트 환경을 구축하기 힘든 경우에는 가상 머신(Virtual Machine) 기반의 서버 또는 클라우드 환경을 이용하여 테스트 환경을 구축하고, 네트워크는 VLAN과 같은 기법을 이용하여 논리적 분할 환경을 구축할 수 있다.

01 특정한 요구사항을 준수하는지 확인하기 위해 설계된 입력값, 실행 조건, 기대 결과로 구성된 테스트 항목의 명세서를 이용하는 명세 기반 테스트의 설계 산출물을 무엇이라고 하는지 쓰시오.

• 답 :

02 다음이 설명하는 것이 무엇인지 쓰시오.

> 테스트의 결과가 참인지 거짓인지를 판단하기 위해서 사전에 정의된 참(True) 값을 입력하여 비교하는 기법 및 활동이다.

• 답 :

03 테스트 시나리오 작성 시 유의점으로 알맞은 것을 모두 쓰시오.

> 가. 시스템별, 모듈별, 항목별로 분리하지 않고 테스트 시나리오를 작성한다.
> 나. 고객의 요구사항과 설계문서 등을 토대로 테스트 시나리오를 작성한다.
> 다. 테스트 항목은 식별자 번호, 순서 번호, 테스트 데이터, 테스트 케이스, 예상 결과, 확인 등의 항목을 포함하여 작성한다.

• 답 :

04 여러 테스트 케이스의 집합으로 테스트 케이스의 동작 순서를 정의한 기술 문서를 무엇이라고 하는지 쓰시오.

• 답 :

05 테스트 시나리오 작성 시에는 (   ), (   ), (   )(으)로 분리하여 테스트 시나리오를 작성한다. 빈칸에 알맞은 답을 순서대로 쓰시오.

• 답 :

ANSWER **01** 테스트 케이스
02 테스트 오라클
03 나, 다
04 테스트 시나리오
05 시스템별, 모듈별, 항목별

03 애플리케이션 테스트 유형

출제빈도 ⓢ 중 하
반복학습 ①②③

빈출 태그 ▸ V-모델 • 테스트 레벨의 종류 • 테스트 유형 분류 • 블랙박스 테스트 • 화이트박스 테스트

01 V-모델과 테스트 레벨

- 애플리케이션 개발 단계에 따라 단위 테스트, 통합 테스트, 시스템 테스트, 인수 테스트, 설치 테스트로 분류한다.
- 애플리케이션을 총체적으로 관리하기 위한 테스트 활동의 묶음이다.
- 각각의 테스트 레벨은 서로 독립적이며, 각각 다른 테스트 계획과 전략을 필요로 한다.

▸ V-모델과 테스트 단계

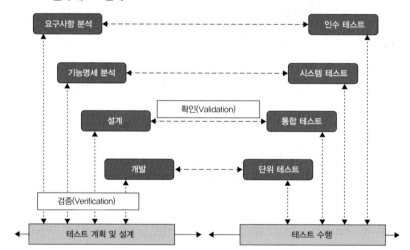

★ 검증과 확인
- **검증(Verification) 테스트** : 제품이 명세서대로 완성되었는지 검증하는 단계이다. 개발자의 시각에서 제품의 생산 과정을 테스트하는 것을 의미한다.
- **확인(Validation) 테스트** : 사용자의 요구사항을 잘 수행하고 있는지 사용자의 시각에서 생산된 제품의 결과를 테스트하는 것을 의미한다.

02 테스트 레벨의 종류 2022년 1회

단위 테스트	개발자가 원시 코드를 대상으로 다른 부분과 연계되는 부분은 고려하지 않고 각각의 단위 자체에만 집중하여 테스트한다.
통합 테스트	단위 테스트를 통과한 개발 소프트웨어/하드웨어 컴포넌트 간 인터페이스 및 연동 기능 등을 구조적으로 접근하여 테스트한다.
시스템 테스트	• 단위/통합 테스트가 가능한 완벽히 완료되어 기능상에 문제가 없는 상태에서 가능한 한 실제 환경과 유사한 환경에서 진행한다. • 시스템 성능과 관련된 요구사항이 완벽하게 수행되는지를 테스트하기 때문에 사전 요구사항이 명확해야 한다. • 개발 조직과는 독립된 테스트 조직에서 수행한다.
인수 테스트	• 일반적인 테스트 레벨의 가장 마지막 상위 레벨로, SW 제품에 대한 요구사항이 제대로 이행되었는지 확인하는 단계이다. • 실사용자 환경에서 테스팅을 하며 수행하는 주체가 사용자이다. • 알파, 베타 테스트와 가장 밀접한 연관이 있다.

➕ 더 알기 TIP

알파 테스트와 베타 테스트 ^{2022년 2회}

- 알파 테스트
  - 개발자 관점에서 수행되며, 사용상의 문제가 반영되도록 하는 테스트한다.
  - 개발자의 장소에서 사용자가 개발자 앞에서 테스트하며, 오류와 사용상의 문제점을 사용자와 개발자가 함께 확인하면서 검사하는 기법이다.
- 베타 테스트
  - 선정된 다수의 사용자가 자신들의 사용 환경에서 일정 기간 사용하면서 테스트한다.
  - 문제점이나 개선 사항 등을 기록하고 개발 조직에 통보하여 반영되도록 하는 기법이다.

03 애플리케이션 테스트 유형 분류

프로그램 실행 여부	정적 테스트
	동적 테스트
테스트 기법	화이트박스 테스트
	블랙박스 테스트
테스트에 대한 시각	검증 테스트
	확인 테스트
테스트 목적	회복 테스트
	안전 테스트
	강도 테스트
	성능 테스트
	구조 테스트
	회귀 테스트
	병행 테스트
테스트 기반	명세 기반 테스트
	구조 기반 테스트
	경험 기반 테스트

04 프로그램 실행 여부에 따른 테스트

▶ **동적 테스트와 정적 테스트** 2022년 1회, 2020년 2회

동적 테스트 (Dynamic Test)	• 애플리케이션을 직접 실행하여 오류를 찾는 테스트를 의미한다. • 소프트웨어 개발의 모든 단계에서 테스트를 수행한다. • 종류 : 블랙박스 테스트, 화이트박스 테스트
정적 테스트 (Static Test)	• 애플리케이션을 직접 실행하지 않고 명세서나 소스코드를 대상으로 분석하는 테스트를 의미한다. • 소프트웨어 개발 초기에 결함 발견이 가능하여, 개발비용을 낮출 수 있다. • 종류 : 워크스루★, 인스펙션★, 코드검사 등이 있다.

★ 코드 워크스루(Walkthrough)
- 코드를 작성한 프로그래머가 4~5명 정도의 프로그래머 또는 테스터에게 어떠한 형식을 갖추어 발표하는 것으로, 검토자들은 검토를 하기 전 코드를 보고 분석하여 질문사항과 답변을 미리 작성해 두고 실제 회의에서 해당 내용에 대하여 발표한다.
- 검토 회의 전 명세서 배포 → 짧은 검토 회의 → 결함 발견

★ 인스펙션(Inspection)
- 개발팀에서 작성한 소스코드를 분석하여 개발 표준 위배를 확인하거나, 잘못 작성된 부분을 수정하는 작업을 말한다.
- 잘못된 부분이란, 코드가 중복되거나 작성 규칙에 맞지 않거나 잘못 구현된 부분들을 말한다.

▶ 동적/정적 테스트별 테스팅 기법

동적 테스팅		정적 테스팅
블랙박스 테스팅(명세 기반)	화이트박스 테스팅(구조 기반)	
• Boundary Value Analysis Testing • Cause-Effect Graphing • Control Flow Testing • CRUD Testing • Decision Tables Testing • Equivalence Class Partitioning • Exception Testing • Finite State Testing • Free Form Testing • Positive and negative Testing • Prototyping • Random Testing • Range Testing • Regression Testing • State Transition Testing • Thread Testing	• Basis Path Testing • Branch Coverage Testing • Condition Coverage Testing • Data Flow Testing • Loop Testing • Mutation Testing • Sandwich Testing • Statement Coverage Testing	• Inspection • walk-through • Code Test • Orthogonal Array Testing • Prior Defect History Testing • Risk-Based Testing • Run Chart • Statistical Profile Testing

05 테스트 기반(Test Bases)에 따른 테스트

구조 기반 테스트	• 소프트웨어 내부의 구조(논리 흐름)에 따라 테스트 케이스를 작성하고 확인하는 테스트 방식이다. • 종류 : 구문 기반, 결정 기반, 조건 기반 등
명세 기반 테스트	• 사용자의 요구사항에 대한 명세를 기반으로 테스트 케이스를 작성하고 확인하는 테스트 방식 이다. • 종류 : 동등 분할, 경계값 분석 등
경험 기반 테스트	• 테스터의 경험을 기반으로 수행하는 테스트 방식이다. • 요구사항에 대한 명세가 미흡하거나 테스트 시간에 제약이 있는 경우에 수행하면 효과적이다. • 종류 : 에러 추정, 체크리스트, 탐색적 테스팅

06 목적에 따른 테스트

성능(Performance)	소프트웨어의 응답 시간, 처리량 등을 테스트한다.
회복(Recovery)	소프트웨어에 고의로 부하를 가하여 실패하도록 유도하고 올바르게 복구되는지 테스트한다.
구조(Structure)	소프트웨어 내부의 논리적인 경로, 소스코드의 복잡도 등을 평가한다.
회귀(Regression)	소프트웨어의 변경 또는 수정된 코드에 새로운 결함이 없음을 확인한다.
안전(Security)	소프트웨어가 불법적인 침입으로부터 시스템을 보호할 수 있는지 확인한다.
강도(Stress)	소프트웨어에 과도하게 부하를 가하여도 소프트웨어가 정상적으로 실행되는지 확인한다.
병행(Parallel)	변경된 소프트웨어와 기존 소프트웨어에 같은 데이터를 입력하여 두 결과를 비교 확인한다.

07 화이트박스 테스트(White Box Test)

- 모듈의 원시 코드를 오픈시킨 상태에서 코드의 논리적 모든 경로를 테스트하는 방법이다.

▶ 화이트박스 테스트 종류

기초 경로 검사	• Tom McCabe가 제안한 대표적 화이트박스 테스트 기법이다. • 테스트 케이스 설계자가 절차적 설계의 논리적 복잡성을 측정할 수 있게 한다. • 측정 결과는 실행 경로의 기초를 정의하는 데 지침으로 사용된다.
제어 구조 검사	• 조건 검사는 프로그램 모듈 내에 있는 논리적 조건을 테스트하는 테스트 케이스 설계 기법이다. • 루프 검사는 프로그램의 반복구조에 초점을 맞춰 실시하는 테스트 케이스 설계 기법이다. • 데이터 흐름 검사는 프로그램에서 변수의 정의와 변수 사용의 위치에 초점을 맞춰 실시하는 테스트 케이스 설계 기법이다.

▶ 화이트박스 테스트 검증 기준

문장 검증 기준	소스코드의 모든 구문이 한 번 이상 수행
분기 검증 기준	소스코드의 모든 조건문이 한 번 이상 수행
조건 검증 기준	소스코드의 모든 조건문에 대해 조건이 True인 경우와 False인 경우가 한 번 이상 수행
분기/조건 기준	소스코드의 모든 조건문과 각 조건문에 포함된 개별 조건식의 결과가 True인 경우와 False인 경우가 한 번 이상 수행

08 블랙박스 테스트(Black Box Test) 2022년 1회, 2020년 3회

- 소프트웨어가 수행할 특정 기능을 알기 위해 각 기능이 완전히 작동되는 것을 입증하는 테스트로, 기능 테스트라고도 한다.
- 요구사항 명세를 보면서 테스트하며, 주로 구현된 기능을 테스트한다.
- 소프트웨어 인터페이스에서 실시되는 테스트이다.

▶ 블랙박스 테스트의 종류 2021년 3회/1회, 2020년 4회

동치 분할 검사 2023년 3회	• 입력 자료에 초점을 맞춰 테스트 케이스를 만들고 검사하는 방법이다. • 입력 조건에 타당한 입력 자료와 그렇지 않은 자료의 개수를 균등하게 나눠 테스트 케이스를 설정한다.
경계값 분석 2022년 3회	• 입력 자료에만 치중한 동치 분할 기법을 보완한 기법이다. • 입력 조건 경계값에서 오류 발생 확률이 크다는 것을 활용하여 경계값을 테스트 케이스로 선정해 검사한다.
원인-효과 그래프 검사	• 입력 데이터 간의 관계와 출력에 영향을 미치는 상황을 체계적으로 분석한다. • 효용성이 높은 테스트 케이스를 선정해 검사한다.
오류 예측 검사	• 과거의 경험이나 감각으로 테스트하는 기법이다. • 다른 테스트 기법으로는 찾기 어려운 오류를 찾아내는 보충적 검사 기법이다.
비교 검사	같은 테스트 자료를 여러 버전의 프로그램에 입력하고 같은 결과가 출력되는지 테스트하는 기법이다.

01 다음이 설명하는 테스트 관련 용어를 쓰시오.

> • 애플리케이션 개발 단계에 따라 단위 테스트, 통합 테스트, 시스템 테스트, 인수 테스트, 설치 테스트로 분류한다.
> • 애플리케이션을 총체적으로 관리하기 위한 테스트 활동의 묶음이다.
> • 각각의 테스트 레벨은 서로 독립적이며, 각각 다른 테스트 계획과 전략을 필요로 한다.

• 답 :

02 애플리케이션 테스트에서 다음이 설명하는 것이 무엇인지 쓰시오.

> • 제품이 명세서대로 완성되었는지 검증하는 단계이다.
> • 개발자의 시각에서 제품의 생산 과정을 테스트하는 것을 의미한다.

• 답 :

03 화이트박스 테스트 제어구조 검사 기법 중 "프로그램의 반복 구조에 초점을 맞춰 실시하는 테스트 케이스 설계 기법"은 무엇인지 쓰시오.

• 답 :

04 테스트 기반에 따른 테스트 기법 3가지를 쓰시오.

• 답 :

05 구조 기반 테스트 기법은 소프트웨어의 내부 논리적 흐름에 따라 테스트 케이스를 작성하고 확인하는 기법이다. 구조 기반 테스트 기법의 종류 3가지를 쓰시오.

• 답 :

ANSWER **01** V-모델
02 검증(Verification)
03 루프 검사
04 구조 기반, 명세 기반, 경험 기반
05 구문, 결정, 조건

01 블랙박스 테스트의 종류 중에서 입력 자료에 초점을 맞춰 테스트 케이스를 만들고 검사하는 방법이며, 입력 조건에 타당한 입력 자료와 그렇지 않은 자료의 개수를 균등하게 나눠 테스트 케이스를 설정하는 검사 방식을 쓰시오.

• 답 :

02 화이트박스 테스트의 검증 기준 4가지를 쓰시오.

• 답 :

03 다음이 설명하는 테스트 검사 기법은 무엇인지 쓰시오.

• Tom McCabe가 제안한 대표적 화이트박스 테스트 기법이다.
• 테스트 케이스 설계자가 절차적 설계의 논리적 복잡성을 측정할 수 있게 한다.
• 측정 결과는 실행 경로의 기초를 정의하는 데 지침으로 사용된다.

• 답 :

04 다음 보기 중 동적 테스팅 기법이 아닌 것을 모두 골라 쓰시오.

> - Boundary Value Analysis Testing
> - Inspection
> - Cause-Effect Graphing
> - Control Flow Testing
> - CRUD Testing
> - walk-through
> - Basis Path Testing
> - Branch Coverage Testing
> - Condition Coverage Testing
> - Code Test
> - Data Flow Testing

- 답 :

05 애플리케이션 테스트는 개발된 소프트웨어가 고객의 요구사항을 충분하고 완벽히 만족하게 하는지 확인(Validation)하고 제작한 애플리케이션이 요구조건을 정확히 수행하는지 검증(Verification)하는 단계이다. 확인(Validation)과 검증(Verification)의 목표 대상 관점에서 차이점을 서술하시오.

- 확인(Validation) :

- 검증(Verification) :

06 애플리케이션 테스트 중 같은 테스트 케이스를 지속해서 반복하면 추가 결함을 발견할 수 없게 된다. 이러한 현상을 무엇이라 하는지 쓰시오.

- 답 :

07 다음이 설명하는 현상을 쓰시오.

> - '80대 20법칙' 또는 '2대 8법칙'이라고도 한다.
> - 전체 결과의 80%가 전체 원인의 20%에서 일어나는 현상을 가리킨다.
> - 예를 들어, 20%의 VIP 고객이 백화점 전체 매출의 80%에 해당하는 만큼 쇼핑하는 현상을 설명한다.

- 답 :

08 애플리케이션 테스트의 분류 중 테스트 기반에 따른 테스트 3가지를 쓰시오.

- 답 :

09 애플리케이션의 테스트 분류에는 정적 테스트와 동적 테스트 방식이 존재한다. 정적 테스트와 동적 테스트 방식의 차이점을 서술하시오.

- 성석 테스트 :

- 동적 테스트 :

10 다음이 설명하는 애플리케이션 테스트 기법을 쓰시오.

> - 제품의 내부 요소들이 명세서에 따라 수행되고 충분히 실행되는가를 보장하기 위한 검사이다.
> - 모듈 안의 작동을 직접 관찰한다.
> - 프로그램 원시 코드의 논리적인 구조를 커버하도록 테스트 케이스를 설계한다.
> - 검사를 통하여 논리 흐름도, 루프 구조, 순환복잡도 등을 테스트할 수 있다.

- 답 :

11 아래의 경우에 사용하는 애플리케이션 테스트 기법을 쓰시오.

> • 비정상적인 자료를 입력해도 오류 처리를 수행하지 않는 경우
> • 정상적인 자료를 입력해도 요구된 기능이 제대로 수행되지 않는 경우
> • 경계값을 입력할 경우 요구된 출력 결과가 나오지 않는 경우

• 답 :

12 블랙박스 테스트 기법 3가지를 쓰시오.

• 답 :

13 다음이 설명하는 것을 쓰시오.

> • 구현된 애플리케이션이 초기 요구사항을 준수하는지 확인하기 위해 설계된 입력값, 실행 조건, 기대 결과로 구성된 테스트 항목의 명세서를 이용하는 명세 기반 테스트의 설계 산출물이다.
> • 미리 설계하면 테스트의 효율성을 높이고, 테스트 수행에 필요한 리소스를 줄일 수 있다.
> • 시스템 설계 시 작성하는 것이 가장 이상적이다.

• 답 :

14 다음이 설명하는 명세서 이름을 쓰시오.

> • 여러 개의 테스트 케이스의 집합이다.
> • 테스트 케이스를 적용하는 구체적인 방법과 순서를 명세한다.
> • 테스트 순서의 구체적 절차, 입력 데이터, 사전 조건 등이 명세되어 있다.
> • 명세 기반 테스트 설계 산출물에 해당한다.

• 답 :

15 다음 테스트 오라클의 특징 중 빈칸에 알맞은 특징을 쓰시오.

- (①) : 테스트 오라클을 모든 테스트 케이스에 적용 불가능
- (②) : 테스트 오라클의 값을 수학적 기법으로 계산 가능
- (③) : 테스트 대상 프로그램의 실행, 결과 비교, 커버리지 측정 등 자동화 가능

- ① :
- ② :
- ③ :

16 다음은 개발 단계에 따른 애플리케이션 테스트 분류 V-Model이다. 빈칸에 알맞은 단계를 쓰시오.

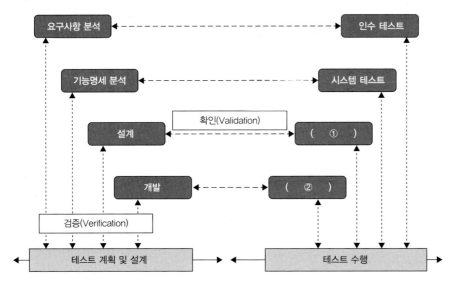

- ① :
- ② :

17 다음이 설명하는 애플리케이션 테스트 관련 용어를 쓰시오.

- 정적 테스트의 한 종류이다.
- 계획된 개발자 검토 회의(프리젠테이션), 비공식 기술적 검토 회의이다.
- 형식적인 면에서는 동료 검토의 한 단계 위로 볼 수 있다.
- 코드를 작성한 프로그래머가 5명 내외의 프로그래머 또는 테스터 그룹에 격식을 갖춰 발표한다. 검토자들은 검토를 하기 전 코드를 보고 분석하여 질문사항과 답변을 미리 작성해 두고 실제 회의에서 해당 내용에 대하여 발표한다.
- 검토자 그룹에 적어도 한 명의 선임 프로그래머를 포함시키는 것이 중요하다.
- 발표자는 코드를 한 줄씩 또는 함수 단위로 읽어나가고 해당 부분이 무엇을 의미하는지 설명한다.
- 검토자들은 의문 사항은 무엇이든 질의하며 동료 검토보다 다수의 인원이 참여하는 형태이기 때문에 검토 준비와 규칙 준수가 매우 중요하다. 발표자는 검토 결과를 작성하고 발견된 버그에 대한 처리 계획을 명기하는 것이 중요하다.
- 실행시간은 짧으며, 참여자의 수도 소규모이다.

- 답 :

18 애플리케이션 성능이란 사용자의 요구기능을 해당 애플리케이션이 최소의 자원을 사용하면서 얼마나 빨리, 많은 기능을 수행하는가를 육안 또는 도구를 통하여 점검하는 것을 말한다. 다음 애플리케이션 성능 측정 지표에 대한 설명의 빈칸에 알맞은 용어를 쓰시오.

- (①) : 애플리케이션이 주어진 시간에 처리할 수 있는 트랜잭션의 수로, 웹 애플리케이션의 경우 시간당 페이지 수로 표현하기도 한다.
- (②) : 사용자 입력이 끝난 후 애플리케이션의 응답 출력이 개시될 때까지의 시간으로, 웹 애플리케이션의 경우 메뉴 클릭 시 해당 메뉴가 나타나기까지 걸리는 시간을 말한다.
- 경과 시간(Turnaround Time) : 애플리케이션에 사용자가 요구를 입력한 시점부터 트랜잭션 처리 후 그 결과의 출력이 완료할 때까지 걸리는 시간을 말한다.
- (③) : 애플리케이션이 트랜잭션 처리하는 동안 사용하는 CPU 사용량, 메모리 사용량, 네트워크 사용량을 말한다.

- ① :
- ② :
- ③ :

애플리케이션 통합 테스트하기

1. 개발자 통합 테스트 계획에 따라 통합 모듈 및 인터페이스가 요구사항을 충족하는지
   에 대한 테스트를 수행할 수 있다.

출제빈도

SECTION 01	중	20%
SECTION 02	상	60%
SECTION 03	중	20%

단위 모듈 테스트

출제빈도 상 (중) 하
반복학습 1 2 3

빈출 태그 단위 모듈 • 테스트 케이스 • 테스트 커버리지 • 코드 커버리지 • 테스트 스텁 • 테스트 하네스 • 테스트 드라이버

> **기적의 TIP**
>
> 단위 모듈 테스트에 대한 내용은 실기시험에서 출제 빈도가 아주 높습니다. 때문에 해당 내용을 정확하게 공부해 두세요.

01 단위 모듈

- 소프트웨어 구현에 필요한 다양한 동작 중 한 가지 동작을 수행하는 기능을 모듈로 구현한 것을 의미한다.
- 사용자 또는 다른 모듈로부터 값을 전달받아 시작되는 작은 프로그램이다.
- 독립적인 컴파일이 가능하며, 다른 모듈에 호출되거나 삽입될 수 있다.
- 두 개의 단위 모듈이 합쳐지면 두 개의 기능을 구현할 수 있다.
- 종류 : 화면, DB 접근, 인터페이스, 비즈니스 트랜잭션, 데이터 암호화 등

▶ **모듈화의 원리**

분할과 지배(Divide conquer)	복잡한 문제를 분해하여 모듈 단위로 문제를 해결한다.
정보 은폐(information hiding)	어렵거나 변경 가능성이 있는 모듈을 타 모듈로부터 은폐시킨다.
자료 추상화(data abstraction)★	함수 내에 자료 구조의 표현 명세를 은폐, 자료와 자료에 적용 가능한 오퍼레이션을 함께 정의한다.
모듈의 독립성(module independence)	낮은 결합도, 높은 응집도를 갖도록 한다.

★ **단위 기능 명세서**
큰 규모의 시스템을 분해하여 단위 기능별로 계층적으로 구조화하고, 단순하게 추상화한 문서이다.

★ **추상화 종류**
기능 추상화, 자료 추상화, 제어 추상화

02 단위 모듈 테스트(Unit Test)

- 프로그램의 단위 기능을 구현하는 모듈이 정해진 기능을 정확히 수행하는지 검증하는 것이다.
- 화이트박스 테스트★와 블랙박스 테스트★ 기법을 사용한다.

★ **화이트박스 테스트**
모듈의 소스코드의 논리적 경로를 테스트하는 방법

★ **블랙박스 테스트**
특정 기능이 완전히 작동되는지 테스트하는 방법

03 테스트 프로세스(Test Process)

계획 및 제어	테스트 목표 달성을 위한 계획을 수립하고, 계획대로 진행되도록 제어
분석 및 설계	목표를 구체화하여 테스트 시나리오와 테스트 케이스 작성
구현 및 실현	• 테스트 케이스들을 조합하여 테스트 프로시저에 명세 • 모듈 환경에 적합한 단위 테스트 도구를 이용하여 테스트를 수행하는 단계
평가	테스트가 계획과 목표에 맞게 수행되었는지 평가하고 기록하는 단계
완료	• 이후 테스트를 위한 자료 및 산출물을 기록하고 저장하는 단계 • 참고 자료 및 테스트 수행에 대한 증거 자료 활용과 수행 과정과 산출물을 기록

04 테스트 커버리지(Test Coverage)

- 주어진 테스트 케이스에 의해 수행되는 소프트웨어의 테스트 범위를 측정하는 테스트 품질 측정 기준이며, 테스트의 정확성과 신뢰성을 향상시키는 역할을 한다.
- 테스트 커버리지 유형 : 기능 기반 커버리지, 라인 커버리지, 코드 커버리지(구문, 결정, 조건, 변경조건/결정)

기능 기반 커버리지	• 테스트 대상 애플리케이션의 전체 기능을 모수로 설정하고, 실제 테스트가 수행된 기능의 수를 측정하는 방법이다. • 기능 기반 테스트 커버리지는 100% 달성을 목표로 하며, UI가 많은 시스템의 경우 화면 수를 모수로 사용할 수도 있다.
라인 커버리지	• 애플리케이션 전체 소스코드의 Line 수를 모수로 테스트 시나리오가 수행한 소스코드의 Line 수를 측정하는 방법이다. • 단위 테스트에서는 이 라인 커버리지를 척도로 삼기도 한다.
코드 커버리지	• 프로그램의 소스코드의 테스트 수행 정도를 표시한다. • 소프트웨어 테스트 충분성 지표 중 하나로서 소스코드의 구문, 조건, 결정 등의 구조 코드 자체가 얼마나 테스트되었는지를 측정하는 방법이다.

05 코드 커버리지(Code Coverage) 2024년 3회, 2023년 1회, 2021년 2회, 2020년 3회

- 프로그램의 소스코드의 테스트 수행 정도를 표시한다.
- 구문 커버리지, 결정 커버리지, 조건 커버리지, 조건 결정 커버리지, 변경 조건 결정 커버리지. 다중 조건 커버리지, 경로 커버리지로 구분한다.

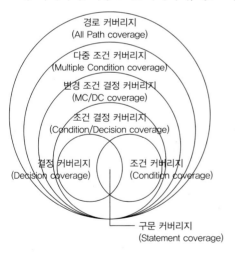

구문 커버리지 (Statement Coverage)	• 코드 구조 내의 모든 구문에 대해 한 번 이상 수행하는 테스트 커버리지를 말한다. • 예를 들어 반복문에서 10회 반복 테스트를 수행해야 100% 테스트가 완료된다고 가정할 때 5회만 반복한 경우 구문 커버리지는 50%이다.
조건 커버리지 2023년 2회 (Condition Coverage)	결정 포인트 내의 모든 개별 조건식에 대해 수행하는 테스트 커버리지를 말한다.
결정 커버리지 (Decision Coverage)★	• 결정 포인트 내의 모든 분기문에 대해 수행하는 테스트 커버리지를 말한다. • 예를 들어 10개의 분기문 중에서 4개의 분기만 테스트가 완료되었다고 가정하면 결정 커버리지는 40%이다.

★ 결정(Decision Coverage)
= 분기(Branch Coverage)

변경/조건 커버리지 (Modified Condition/ Decision Coverage)	• 조건과 결정을 복합적으로 고려한 측정 방법이다. • 결정 포인트 내의 다른 개별적인 조건식 결과에 상관없이 독립적으로 전체 조건식의 결과에 영향을 주는 테스트 커버리지를 말한다.
다중 조건 커버리지 (Multiple Condition Coverage)	• 모든 개별 조건식의 true, false 조합 중 테스트에 의해 실행된 조합을 측정한다. • 100%를 달성하기 위해서는 모든 개별 조건식 조합을 실행해야 하므로 다른 커버리지에 비해 상대적으로 많은 테스트 케이스가 필요하다.

06 테스트 자동화 도구

① 테스트 자동화 도구의 개념

- 애플리케이션 개발 중 반복되는 다양한 테스트 과정을 HW/SW적으로 자동화 도구를 사용하고 일관성 및 생산성을 향상하는 도구이다.
- 테스트 관리, 소스코드 리뷰 및 인스펙션, 테스트 설계 및 개발, 테스트 수행 등 테스트에 포함되는 다양한 과정을 자동으로 지원하는 도구이다.

② 테스트 자동화 수행 시 고려사항

- 모든 과정이 아닌 그때그때 맞는 적절한 도구를 선택한다.
- 자동화 도구를 고려하여 프로젝트 일정을 계획한다.
- 프로젝트 초기에 테스트 엔지니어의 투입 시기를 계획한다.

③ 테스트 자동화 도구의 유형

정적 분석 도구		• 프로그램을 실행하지 않고 소스코드 분석을 통해 결함을 발견하는 도구이다. • 코딩 표준, 코딩 스타일, 코딩 복잡도, 남은 결함 등을 발견하기 위해 사용한다.
테스트 실행 도구		• 스크립트 언어를 사용하여 테스트를 실행하는 방법이다. • 테스트 데이터와 수행 방법 등이 포함된 스크립트를 작성한 후 실행한다.
	데이터 주도 접근 방식	• 테스트 데이터를 스프레드시트 문서에 저장하고 실행하는 방식으로 다양한 테스트 데이터를 같은 테스트 케이스로 반복하여 실행할 수 있다. • 새로운 데이터의 경우 미리 작성된 스크립트에 테스트 추가하여 테스트를 진행할 수 있다.
	키워드 주도 접근 방식	• 테스트를 수행할 동작을 나타내는 키워드와 테스트 데이터를 스프레드시트 문서에 저장하여 실행하는 방식이다. • 키워드를 이용하여 테스트를 정의할 수 있다.
성능 테스트 도구		가상의 사용자를 만들어 테스트를 수행한다.
테스트 통제 도구		테스트 계획 및 관리, 수행, 결함 관리 등을 수행한다.
테스트 하네스 도구		소프트웨어 컴포넌트를 테스트할 수 있게 하거나 프로그램의 입력을 받아들이거나 빠진 컴포넌트의 기능을 대신하거나 실행 결과와 예상 결과를 비교하기 위하여 동원된 소프트웨어 도구이다.

07 테스트 하네스 도구 구성요소

테스트 드라이버 (Test Driver) 2023년 2회, 2021년 3회	• 상향식 테스트 시 상위 모듈 없이 하위 모듈이 존재할 때 하위 모듈 구동 시 자료 입출력을 제어하기 위한 제어 모듈(소프트웨어)이다. • 컴포넌트나 시스템을 제어하거나 호출하는 컴포넌트를 대체하는 모듈이다.
테스트 스텁 (Test Stub) 2023년 2회, 2021년 2회	• 하향식 테스트 시 상위 모듈은 존재하나 하위 모듈이 없는 경우의 테스트를 위해 임시 제공되는 모듈이다. • 골격만 있는 또는 특별한 목적의 소프트웨어 컴포넌트를 구현한 것을 의미한다. • 스텁을 호출하거나 스텁에 의존적인 컴포넌트를 개발하거나 테스트할 때 사용한다.
테스트 슈트 (Test Suites)	• 일정한 순서에 의하여 수행될 개별 테스트들의 집합 또는 패키지이다. • 슈트는 응용 분야나 우선순위, 내용에 연관된다.
테스트 케이스 (Test Case)	• 요구에 맞게 개발되었는지 확인하기 위하여 테스트할 입력과 예상 결과를 정의한 것이다. • 테스트 자동화를 도입하면 테스트 케이스는 데이터 레코드로 저장될 수 있고 테스트 스크립트로 정의할 수 있다.
테스트 스크립트 (Test Script)	• 테스트 케이스를 수행하여 그 결과를 보고할 목적으로 명령어 또는 이벤트 중심의 스크립트 언어로 작성한 파일이다. • 수행경로에 영향을 미칠 논리 조건들을 포함하고 있다. • 채택된 자동화 방법에 따라 다르겠지만 상수와 실행 과정에 변경될 변수값을 포함한다. 자동화 접근 방법은 테스트 스크립트를 개발하는 데 필요한 기술적 역량의 정도를 나타낸다.
목 오브젝트 (Mock Object)	테스트를 위해 사용자 행위를 미리 조건부로 입력해두고 그 상황에 맞는 행위를 수행하는 객체이다.

08 테스트 수행 단계별 테스트 자동화 도구

• 테스트 계획 단계 : 요구사항 관리 도구
• 테스트 분석 및 설계 단계 : 테스트 케이스 생성 도구
• 테스트 수행 단계 : 테스트 자동화, 정적 분석, 동적 분석, 성능 테스트, 모니터링 도구
• 테스트 관리 단계 : 커버리지 분석, 형상관리, 결함 추적 및 관리 도구

01 다음이 설명하는 용어를 쓰시오.

> • 소프트웨어 구현에 필요한 다양한 동작 중 한 가지 동작을 수행하는 기능을 모듈로 구현한 것을 의미한다.
> • 사용자 또는 다른 모듈로부터 값을 전달받아 시작되는 작은 프로그램이다.
> • 독립적인 컴파일이 가능하며, 다른 모듈에 호출되거나 삽입될 수 있다.

• 답 :

02 다음이 설명하는 용어를 쓰시오.

> 큰 규모의 시스템을 분해하여 단위 기능별로 계층적으로 구조화하고, 단순하게 추상화한 문서이다.

• 답 :

03 모듈화의 원리 중에서 '복잡한 문제를 분해하고 모듈 단위로 문제를 해결한다.'라는 원리는 무엇인지 쓰시오.

• 답 :

04 테스트 커버리지는 크게 3가지로 구분되는데, 무엇인지 쓰시오.

• 답 :

05 테스트 커버리지에서 소프트웨어 테스트 충분성 지표 중 하나로 소스코드의 구문, 조건, 결정 등의 구조 코드 자체가 얼마나 테스트되었는지 측정하는 기법은 무엇인지 쓰시오.

• 답 :

ANSWER **01** 단위 모듈
02 단위 기능 명세서
03 분할과 지배
04 기능 기반 커버리지, 라인 커버리지, 코드 커버리지
05 코드 커버리지

통합 테스트

01 단위 테스트(Unit Test) 2021년 1회

- 소프트웨어 최소 기능 단위인 모듈, 컴포넌트를 테스트하는 것으로 사용자의 요구 사항을 기반으로 한 기능 테스트를 제일 먼저 수행한다.
- 인터페이스, 자료 구조, 독립적 기초 경로, 오류 처리 경로, 결제 조건 등을 테스트한다.
- 구조 기반 테스트와 명세 기반 테스트로 분류할 수 있으나 주로 구조 기반 테스트를 시행한다.

02 통합 테스트(Integration Test) 2021년 1회

각 모듈을 결합하여 시스템을 완성하는 과정에서 모듈 간 인터페이스 혹은 통합된 컴포넌트 간 상호작용 오류 및 결함을 찾아 해결하기 위한 테스트 기법이다.

비점진적 통합 방식 (빅뱅)	• 모든 모듈이 결합된 프로그램 전체가 대상이다. • 규모가 작은 소프트웨어에 적합하다. • 오류를 발견하거나 장애 위치를 파악하고 수정하는 것이 어렵다.
점진적 통합 방식 (상향식/하향식)	• 단계적으로 통합하며 테스트한다. • 오류 수정이 쉽다. • 인터페이스 관련 오류를 테스트할 수 있다.

03 빅뱅(BigBang)

- 시스템을 구성하는 모듈을 각각 따로 구현하고 전체 시스템의 시험을 한 번에 진행한다.
- 테스트를 위한 Driver와 Stub 없이 실제 모듈들로 테스트를 진행한다.
- 단시간 테스트를 수행하나 결함의 격리가 어려운 방식이다.

04 상향식 통합 검사(Bottom Up Integration Test)

① 상향식 통합의 개념
- 프로그램 구조에서 최하위 레벨인 모듈을 구성하고 상위 모듈 방향으로 통합하며 검사한다.
- 가장 하위 단계의 모듈부터 수행되므로 스텁(Stub)이 필요 없으나 하나의 주요 제어 모듈과 관련된 종속 모듈의 그룹인 클러스터가 필요하다.

② 상향식 통합의 프로세스 4단계
- 하위 레벨 모듈들은 특정한 소프트웨어 부가 기능을 수행하는 클러스터들에 결합한다.
- 시험 사례 입력과 출력을 조정하기 위해 드라이버(Driver)가 작성된다.
- 클러스터를 시험한다.
- 드라이버(Driver)가 제거되고 클러스터가 프로그램 구조의 위로 이동하면서 결합한다.

05 하향식 통합 검사(Top Down Integration Test)

① 하향식 통합의 개념
- 상위 컴포넌트를 테스트하고 점증적으로 하위 컴포넌트를 테스트한다.
- 주요 제어 모듈 기준으로 아래로 통합하며 진행한다.
- 하위 컴포넌트 개발이 완료되지 않으면 스텁(Stub)을 사용하기도 한다.
- 우선 통합법, 깊이 우선 통합법, 넓이 우선 통합법 등이 있다.

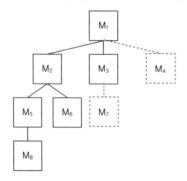

② 하향식 통합의 프로세스 5단계
- 주 프로그램 모듈은 시험 드라이버(Driver)로 사용하고, 주 모듈에 직접 종속되는 모든 모듈을 스텁(Stub)으로 교체시킨 후 시작한다.
- 선택한 통합 접근법(깊이-우선 또는 넓이-우선 방식)에 따라 종속된 스텁들을 한 번에 하나씩 실제 모듈들로 대체한다.
- 각 모듈이 통합된 후 시험을 시행하여 통합 시 발생하는 인터페이스 오류를 찾아 제거한다.

- 주 모듈에 직접 종속적인 모듈의 시험이 끝난 경우, 하위 모듈의 종속 모듈들을 스텁 형태로 삽입한다.
- 회귀 시험은 새로운 오류가 반입되지 않은 것을 확인하기 위해서 실시한다.

➕ 더 알기 TIP

상향식 통합과 하향식 통합의 비교

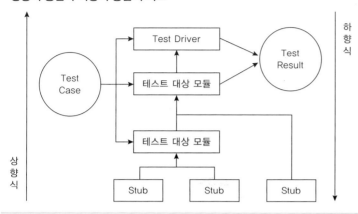

06 통합 테스트 수행 방법 비교

구분	상향식	하향식	빅뱅	백본(Backbone)
드라이버/스텁	드라이버	스텁	실제 모듈로 테스트	드라이버/스텁을 필요에 따라 만들어 사용
수행 방법	가장 하부의 모듈부터 통합해 가면서 진행	가장 상부의 모듈부터 통합해 가면서 진행	모든 테스트 모듈을 동시에 통합	가장 중요하고 위험이 큰 모듈을 초기 통합
수행	하위 → 상위	상위 → 하위	동시	위험도(중요도) 순
장점	• 장애 위치 확인 용이 • 모든 모듈이 개발 준비되어 있지 않아도 가능	• 장애 위치 확인 용이 • 초기 프로토타입 가능	소규모 시스템에 단기간 테스트 가능	• 결함 격리가 쉬움 • 위험이 높은 결함을 초기에 발견 가능
단점	• 초기 프로토타입 불가 • 중요한 모듈들이 마지막에 테스트될 가능성	• 많은 스텁 필요 • 낮은 수준 모듈은 부적절한 테스트 가능성	• 장애 위치 확인 어려움 • 모든 모듈이 개발 준비가 되어 있어야 함	테스트 시간이 과다 소요

07 샌드위치 테스트(Sandwich Test)★

- 상향식과 하향식의 장점을 이용하는 방식(상향식+하향식)이다.
- 하위 프로젝트가 있는 대규모 프로젝트에 사용하는 방식이다.
- 병렬 테스트가 가능하고 시간 절약이 가능하다.
- 스텁(Stub)과 드라이버(Driver)의 필요성이 매우 높은 방식이며, 비용이 많이 들어간다.

08 회귀 시험(Regression Test) 2022년 2회

- 새로운 코드 변경사항이 기존 기능에 부작용이 없어야 함을 확인하기 위해 수행된다.
- 수정한 부분이 소프트웨어의 다른 부분에 영향을 미치는지 테스트하여 소프트웨어 수정★이 새로운 오류를 발생시키지 않았는지 확인하기 위한 것이다.

★ 소프트웨어 수정
소프트웨어 수정은 새로운 오류를 발생시키거나, 이전에 수정됐던 오류를 다시 발생시키는 경우가 흔하다.

① 회귀 테스트 유형

구분	Retest All 기법	Selective 기법	Priority 기법
방법	기존에 축적된 테스트 케이스 및 데이터 전부를 재사용하는 방법	변경 대상 위주로 영향 범위를 결정하여 테스트하는 방법	시스템의 핵심 기능을 위주로 우선순위를 정하여 테스트하는 방법
장점	테스트 Coverage 향상 및 완전성 향상 가능	• 테스트 수행 범위 최소화 가능 • 투자 대비 효과적	중요도/위험도에 의한 테스트 수행으로 테스트 비용 최소화
단점	• 고가의 테스트 비용 • 사전 테스트 데이터 준비 필요	• 테스트 완전성 부족 • 선정 대상 부정확 시 결함 발견 어려움	우선순위 부정확 시 결함 발견 어려움(변경 대상 포함)
활용	금융, 고객업무 등 고위험 시스템	일반 전사 시스템	위험도가 낮은 시스템

② 회귀 테스트 케이스 선정 방법

- 애플리케이션 기능 변경에 의한 영향도를 분석하고, 영향도가 높은 부분이 포함된 테스트 케이스를 선정한다.
- 애플리케이션 전체 기능을 테스트할 수 있는 대표적인 테스트 케이스를 선정한다.
- 실제 수정이 발생한 부분에서 시행하는 테스트 케이스를 선정한다.

01 통합 테스트는 각 모듈을 결합하여 시스템을 완성하는 과정에서 모듈 간 인터페이스 혹은 통합된 컴포넌트 간 상호작용 오류 및 결함을 찾아 해결하기 위한 테스트 기법이다. 다음의 특징을 갖는 통합 방식을 쓰시오.

> • 모든 모듈이 결합된 프로그램 전체가 대상이다.
> • 규모가 작은 소프트웨어에 적합하다.
> • 오류를 발견하거나 장애 위치를 파악하고 수정하는 것이 어렵다.

• 답 :

02 다음의 테스트 방법은 무엇인지 쓰시오.

> • 상향식과 하향식의 장점을 이용하는 방식(상향식+하향식)이다.
> • 하위 프로젝트가 있는 대규모 프로젝트에 사용하는 방식이다.
> • 병렬 테스트가 가능하고 시간 절약이 가능하다.
> • 스텁(Stub)과 드라이버(Driver)의 필요성이 매우 높은 방식이며, 비용이 많이 들어간다.

• 답 :

03 회귀 테스트의 유형 3가지를 쓰시오.

• 답 :

04 다음이 설명하는 통합 검사 기법은 무엇인지 쓰시오.

> • 상위 컴포넌트를 테스트하고 점증적으로 하위 컴포넌트를 테스트한다.
> • 주요 제어 모듈 기준으로 아래로 통합하며 진행한다.
> • 하위 컴포넌트 개발이 완료되지 않으면 스텁(Stub)을 사용하기도 한다.

• 답 :

ANSWER **01** 비점진적 통합(빅뱅 통합)
02 샌드위치 테스트(혼합식 테스트)
03 Retest All 기법, Selective 기법, Priority 기법
04 하향식 통합 검사

결함 관리

01 결함

① 결함의 개념

소프트웨어의 에러(Error), 결점(Fault), 결함(Defect), 버그(Bug), 실패(Failure)와 같은 용어가 사용되며, 이러한 결함으로 인하여 설계와 다르게 동작하거나 다른 결과가 발생하는 것을 의미한다.

에러	• 사용자의 요구사항을 잘못 파악하거나 잘못 이해할 때 발생하는 실수(Mistake) 등을 의미하며 보통 버그(Bug)를 에러라고 한다. • 소프트웨어 개발 또는 유지보수 수행 중에 사람에 의해 발생하는 부정확한 결과로 개발자의 실수로 발생한 오타, 개발 명세서의 잘못된 이해, 서브루틴의 기능 오해 등이 있다.
결점, 결함, 버그	• 프로그램 코드상에 존재하는 것으로 비정상적인 프로그램과 정상적인 프로그램 버전 간의 차이로 인하여 발생한다. • 잘못된 연산자가 사용된 경우에 프로그램이 서브루틴으로부터의 에러를 점검하는 코드가 빠진 것을 말한다.
실패 (장애)	• 정상적인 프로그램과 비정상적인 프로그램의 실행 결과의 차이를 의미하며, 프로그램 실행 중에 프로그램의 실제 실행 결과를 개발 명세서에 정의된 예상 결과와 비교함으로써 발견한다. • 결함 또는 환경적 조건에 의한 시스템의 부적절한 처리가 발생할 때나 장애 발생 시 시스템이 의도된 대로 동작하지 않거나 동작하지 말아야 함에도 동작하는 경우를 의미한다. • 장애 발생의 기타 원인으로는 환경적인 조건(방사, 자기, 전자기장, 물리적 오염 등)이 하드웨어 조건을 변경시켜 소프트웨어의 실행에 영향을 미칠 수 있다.

② 결함 우선순위

• 발견된 결함 처리에 대한 신속성을 나타내는 척도이며 결함의 중요도와 심각도에 따라 설정한다.
• 결정적, 높음, 보통, 낮거나 즉시 해결, 주의 요망, 대기, 개선 권고 순으로 표시하며 결함의 심각도가 높다고 해서 반드시 우선순위가 높은 것은 아니다.

③ 결함의 분류

• 심각도별 분류 : 치명적(Critical) 결함, 주요(Major) 결함, 보통(Normal) 결함, 가벼운(Minor) 결함, 단순(Simple) 결함 등
• 유입별 분류 : 계획 시 유입되는 결함, 설계 시 유입되는 결함, 코딩 시 유입되는 결함, 테스트 부족으로 유입되는 결함 등
• 기타 분류
  – 시스템 결함 : 주로 애플리케이션이나 데이터베이스 처리에서 발생된 결함
  – 기능 결함 : 애플리케이션의 기획, 설계, 업무 시나리오 등의 단계에서 유입된 결함
  – GUI 결함 : 화면설계에서 발생된 결함
  – 문서 결함 : 기획자, 사용자, 개발자 간 의사소통 및 기록이 원활하지 않아 발생된 결함

02 결함 관리

① 결함 관리 도구

- Mantis : 소프트웨어 설계 시 단위별 작업 내용을 기록할 수 있어 결함 및 이슈 관리, 추적을 지원하는 오픈 소스 도구
- Trac : 결함 추적 및 통합 관리를 지원하는 오픈 소스 도구
- Bugzilla : 결함을 지속해서 관리하고 심각도와 우선순위를 지정할 수 있는 오픈 소스 도구
- Redmine : 프로젝트 관리 및 결함 추적 도구
- JIRA : 아틀라시안에서 제작한 PHP로 개발된 결함 상태 관리 도구
- Test Collab : 테스트 케이스를 관리하기 위한 간단하고 쉬운 인터페이스를 제공하며 Jira, Redmine, Asana, Mantis 등과 같은 버그 추적 도구와의 완벽한 통합을 지원

② 결함 관리 프로세스

애플리케이션 테스트에서 발견된 결함을 처리하는 과정이다.

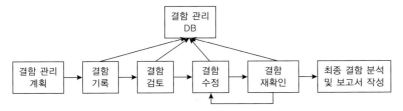

결함 관리 계획	결함 관리에 대한 일정, 인력, 업무 프로세스를 확보하여 계획 수립
결함 기록	테스터는 발견된 결함에 대한 정보를 결함 관리 DB에 기록
결함 검토	등록된 결함에 있어서 주요 내용을 검토하고, 결함을 수정할 개발자에게 전달
결함 수정	개발자는 할당된 결함 프로그램 수정
결함 재확인	테스터는 개발자가 수정한 내용을 확인하고 다시 테스트 수행
결함 상태 추적 및 모니터링	결함 관리 팀장은 결함 관리 DB를 이용하여 대시보드 또는 게시판 형태의 서비스 제공
최종 결함 분석 및 보고서 작성	발견된 결함과 관련된 내용과 이해관계자들의 의견이 반영된 보고서를 작성하고 결함 관리 종료

③ 결함 추적 순서

결함이 발견되고 해결될 때까지의 과정이다.

01 애플리케이션 테스트 관리 단계 중 결함 관리에서 다음이 의미하는 것이 무엇인지 쓰시오.

> • 사용자의 요구사항을 잘못 파악하거나 잘못 이해할 때 발생하는 실수(Mistake) 등을 의미하며 보통 버그(Bug)를 의미한다.
> • 소프트웨어 개발 또는 유지보수 수행 중에 사람에 의해 발생하는 부정확한 결과로 개발자의 실수로 발생한 오타, 개발 명세서의 잘못된 이해, 서브루틴의 기능 오해 등이 있다.

• 답 :

02 결함의 심각도별 분류 중 가장 중대한 결함 단계를 쓰시오.

• 답 :

03 결함 관리 도구 중 '소프트웨어 설계 시 단위별 작업 내용을 기록할 수 있어 결함 및 이슈 관리, 추적을 지원하는 오픈 소스 도구'는 무엇인지 쓰시오.

• 답 :

04 결함의 3가지 구분을 쓰시오.

• 답 :

05 주로 애플리케이션이나 데이터베이스 처리에서 발생하는 결함은 무엇인지 쓰시오.

• 답 :

01 결함의 심각도별 5가지 분류를 순서대로 나열하시오.

• 답 :

02 결함 관리도구 중에서 테스트 케이스를 관리하기 위한 간단하고 쉬운 인터페이스를 제공하며 Jira, Redmine, Asana, Mantis 등과 같은 버그 추적 도구와의 완벽한 통합을 지원하는 것은 무엇인지 쓰시오.

• 답 :

03 결함 추적 절차 중 가장 먼저 해야 할 활동은 무엇인지 쓰시오.

• 답 :

04 다음과 같은 특징을 갖는 회귀 테스트 유형은 무엇인지 쓰시오.

• 테스트 Coverage 향상 및 완전성 향상이 가능하다.
• 테스트 비용이 고가이며, 사전 테스트 데이터 준비가 필요하다.
• 금융/대 고객업무 등 고위험 시스템에 사용한다.

• 답 :

05 다음 통합 테스트 수행 방법 비교표에서 빈칸에 알맞은 용어를 각각 쓰시오.

구분	상향식	하향식	빅뱅
도구	(①)	(②)	실제 모듈로 테스트
수행 방법	가장 하부의 모듈부터 통합해 가면서 진행	가장 상부의 모듈부터 통합해 가면서 진행	모든 테스트 모듈을 동시에 통합
수행 순서	하위 → 상위	상위 → 하위	동시
장점	• 장애 위치 확인 용이 • 모든 모듈이 개발 준비되어 있지 않아도 된다.	• 장애 위치 확인 용이 • 초기 프로토타입 가능	소규모 시스템에 단기간 테스트 가능
단점	• 초기 프로토타입 불가 • 중요한 모듈들이 마지막에 테스트 될 가능성이 있다.	• 많은 스텁 필요 • 낮은 수준 모듈은 부적절한 테스트 가능성	• 장애 위치 확인 어려움 • 모든 모듈이 개발 준비되어 있어야 한다.

• ① :
• ② :

06 테스트 실행 도구 중 다음과 같은 특징을 갖는 방식은 무엇인지 쓰시오.

> • 테스트 데이터를 스프레드시트 문서에 저장하고 실행하는 방식으로 다양한 테스트 데이터를 같은 테스트 케이스로 반복하여 실행할 수 있다.
> • 새로운 데이터의 경우 미리 작성된 스크립트에 테스트 추가하여 테스트를 진행할 수 있다.

• 답 :

07 다음과 같은 특징을 갖는 코드 커버리지는 무엇인지 쓰시오.

> 모든 개별 조건식의 true, false 조합 중 테스트에 의해 실행된 조합을 측정하고, 100%를 달성하기 위해서는 모든 개별 조건식 조합을 실행해야 하므로 다른 커버리지에 비해 상대적으로 많은 테스트 케이스가 필요하다.

• 답 :

08 큰 규모의 시스템을 분해하여 기능을 계층적으로 구조화하고, 단순하게 추상화한 문서는 무엇인지 쓰시오.

• 답 :

09 다음 설명에 해당하는 테스트 커버리지는 무엇인지 쓰시오.

> • 테스트 대상 애플리케이션의 전체 기능을 모수로 설정하고, 실제 테스트가 수행된 기능의 수를 측정하는 방법이다.
> • 100% 달성을 목표로 하며, UI가 많은 시스템의 경우 화면 수를 모수로 사용할 수도 있다.

• 답 :

CHAPTER **03**

애플리케이션 성능 개선하기

 학습 방향

1. 애플리케이션 테스트를 통하여 애플리케이션의 성능을 분석하고 성능 저하 요인을 발견할 수 있다.

출제빈도

SECTION 01	하		10%
SECTION 02	상		90%

애플리케이션 성능 분석

빈출 태그 성능 측정 지표 • 모니터링 도구 • 애플리케이션 성능 저하 원인 • 공개 소스 성능 테스트 도구

01 애플리케이션의 성능을 측정하기 위한 지표

처리량 (Throughput)	• 애플리케이션이 제한된 시간에 처리할 수 있는 처리량, 트랜잭션 수 • 웹 애플리케이션의 처리량은 시간당 처리 가능한 페이지 수를 의미
자원 사용률 (Resource Usage)	처리하는 동안 사용하는 CPU 사용량, 메모리 사용량, 네트워크 사용량
응답 시간 (Response Time)	• 요구자의 작업 요청 후 애플리케이션의 응답 출력이 개시될 때까지의 시간 • 웹 애플리케이션의 응답 시간은 메뉴 클릭 시 해당 메뉴가 나타나기까지 걸리는 시간을 의미
경과 시간 (Turnaround Time)	요구를 입력한 시점부터 트랜잭션 처리 후 그 결과의 출력이 완료될 때까지 걸리는 시간

02 유형별 성능 분석 도구

성능/부하/스트레스 (Performance/Load/Stress) 점검 도구	애플리케이션의 성능 분석을 위한 가상의 사용자를 인위적으로 생성하여 시스템의 부하, 스트레스를 가한 후 처리량, 응답 시간, 경과 시간 등을 점검하기 위한 도구
모니터링(Monitoring) 도구	• 애플리케이션 실행 시 자원 사용량을 확인하고 분석 가능한 도구 • 모니터링 도구는 시스템의 안정적 운영을 지원하는 도구 • 성능 모니터링, 성능 저하 원인 분석, 시스템 부하량 분석, 장애 진단, 사용자 분석, 용량 산정 등의 기능 제공

03 애플리케이션 성능 저하 원인 분석

★ 성능 저하 원인
일반적으로 DB에 연결하기 위해 Connection 객체를 생성하거나 쿼리를 실행하는 애플리케이션 로직에서 성능 저하 또는 장애가 많이 발견된다.

① DB 연결 및 쿼리 실행 시 발생되는 성능 저하 원인★
• DB Lock
  – 대량의 데이터 조회, 과도한 업데이트, 인덱스 생성 시 발생하는 현상이다.
  – 요청한 작업이 Lock의 해제 시까지 대기하거나 타임아웃될 때 성능 저하 현상이 발생할 수 있다.
• 불필요한 DB Fetch
  – 실제 필요한 데이터보다 많은 대량의 데이터 요청이 들어올 때 발생한다.
  – 결과 세트에서 마지막 위치로 커서를 옮기는 작업이 빈번한 경우 응답 시간 저하 현상이 발생할 수 있다.

- 연결 누수와 부적절한 커넥션 풀 크기
  - 연결 누수(Connection Leak) : DB 연결과 관련한 JDBC 객체를 사용 후 종료하지 않을 때 발생한다.
  - 부적절한 커넥션 풀 크기(Connection Pool Size) : 커넥션 풀을 너무 작거나 크게 설정할 경우 성능 저하 현상이 발생할 가능성이 있다.
- 기타
  - 트랜잭션이 확정(Commit)되지 않고 커넥션 풀에 반환되는 경우 성능 저하 현상이 발생할 수 있다.
  - 잘못 작성된 코드로 인해 불필요한 Commit가 자주 발생하는 경우 성능 저하 현상이 발생할 수 있다.

② 내부 로직으로 인한 성능 저하 원인
- 웹 애플리케이션의 인터넷 접속 불량으로 인해 성능이 저하될 수 있다.
- 특정 파일의 업로드, 다운로드로 인해 성능이 저하될 수 있다.
- 정상적으로 처리되지 않은 오류 처리로 인해 성능이 저하될 수 있다.

③ 외부 호출(HTTP, 소켓 통신)로 인한 성능 저하 원인
임의 트랜잭션이 수행되는 도중 외부 다른 외부 호출 트랜잭션이 장시간 요청되거나, 타임아웃이 발생하는 경우 성능이 저하될 수 있다.

④ 잘못된 환경 설정이나 네트워크 문제로 인한 성능 저하 원인
- 환경 설정으로 인한 성능 저하 : 스레드 풀(Thread Pool), 힙 메모리(Heap Memory)의 크기를 너무 작게 설정하면 Heap Memory Full 현상 발생으로 성능이 저하될 가능성이 있다.
- 네트워크 장비로 인한 성능 저하 : 라우터, L4 스위치 등 네트워크 관련 장비 간 데이터 전송 실패 또는 전송 지연에 따른 데이터 손실 발생 시 애플리케이션의 성능 저하 또는 장애가 발생할 수 있다.

04 오픈소스 성능 테스트 도구

도구명	설명	지원 환경
JMeter	HTTP, FTP, LDAP 등 다양한 프로토콜 지원으로 안전성, 확장성, 부사, 기능 테스트 도구	Cross Platform
LoadUI	HTTP, JDBC 등의 웹 서비스를 대상으로 부하 테스트를 수행하는 서버 모니터링에 UI를 강화한 도구	Cross Platform
OpenSTA	HTTP, HTTPS 지원하는 부하 테스트 및 생산품 모니터링	MS Windows

05 오픈소스 시스템 모니터링 도구

도구명	설명	지원 환경
Scouter★	통합/실시간 모니터링 및 튜닝에 최적화된 통합 모니터링 툴	Cross Platform
Zabbix	웹 기반 서버, 서비스, 애플리케이션 모니터링 툴	Cross Platform

★ Scouter
단일 뷰 형태를 제공한다.

01 오픈 소스 성능 테스트 도구 중에서 Cross Platform에서 동작하며, HTTP, JDBC 등의 웹 서비스를 대상으로 부하 테스트를 수행하는 서버 모니터링에 UI를 강화한 도구는 무엇인지 쓰시오.

• 답 :

02 애플리케이션 성능 저하 원인 분석 과정 중 다음이 설명하는 DB 연결 및 쿼리 실행 시 발생하는 성능 저하 원인은 무엇인지 쓰시오.

> • 실제 필요한 데이터보다 많은 대량의 데이터 요청이 들어올 때 발생한다.
> • 결과 세트에서 마지막 위치로 커서를 옮기는 작업이 빈번한 경우 응답 시간 저하 현상이 발생할 수 있다.

• 답 :

03 애플리케이션의 성능을 측정하기 위한 지표 중 "요구를 입력한 시점부터 트랜잭션 처리 후 그 결과의 출력이 완료될 때까지 걸리는 시간"을 무엇이라고 하는지 쓰시오.

• 답 :

01 소스코드 최적화

① 소스코드 최적화의 개념

• 읽기 쉽고 변경 및 추가가 쉬운 클린 코드를 작성하는 것을 의미한다.
• 소스코드 품질을 위해 기본적으로 지킬 원칙과 기준을 정의하고 있다.

나쁜 코드 (Bad Code)	• 잦은 오류가 발생할 가능성이 있다. • 소스코드 이해의 부족으로 인하여 코드를 계속 덧붙이기 하면 코드 복잡도가 증가한다. • 종류 : 다른 개발자가 로직(Logic)을 이해하기 어렵게 작성된 코드, 변수/메소드에 대한 명칭을 알 수 없는 코드, 같은 처리 로직이 중복되게 작성된 코드, 스파게티 코드★ • 유형 : 오염, 문서 부족, 의미 없는 이름, 높은 결합도, 아키텍치 침식
클린 코드 (Clean Code)	• 깔끔하게 잘 정리된 코드이다. • 중복 코드 제거로 애플리케이션의 설계가 개선된다. • 가독성이 높아 애플리케이션의 기능에 대해 쉽게 이해할 수 있다. • 버그를 찾기 쉬워지며, 프로그래밍 속도가 빨라진다. • 클린 코드 최적화 원칙 : 가독성, 단순성, 의존성 배제, 중복성 최소화, 추상화 • 유형 : 보기 좋은 배치, 작은 함수, 분석 가능한 제어 흐름, 오류 처리, 간결한 주석, 의미 있는 이름

★ 스파게티 코드
처리 로직의 제어가 체계화되어 있지 않고 스파게티 면처럼 서로 얽혀 있는 코드

② 소스코드 최적화의 유형

클래스 분할 배치	• 하나의 클래스는 하나의 역할만 수행하도록 응집도를 높이도록 한다. • 모듈 크기를 작게 작성한다.
좋은 이름 사용	변수나 함수 이름은 Naming Rule을 정의하여 기억하기 좋고, 발음이 쉬운 것을 사용한다.
코딩 형식 준수	• 논리적으로 코드를 라인별로 구분하여 가독성을 높인다. • 개념적 유사성이 높은 종속 함수를 사용한다. • 호출하는 함수를 앞에, 호출되는 함수를 뒤에 배치하고 지역 변수는 각 함수의 맨 처음에 선언한다.
느슨한 결함 (Loosely Coupled)	클래스 간 의존성을 느슨하게 하기 위해 인터페이스 클래스★를 이용하여 추상화된 자료 구조와 메소드를 구현한다.
주석 사용	코드의 간단한 기능 안내 및 중요 코드를 표시할 때 적절히 사용한다.

★ 인터페이스 클래스
코드와 클래스의 통신 역할을 수행한다.

02 소스코드 품질 분석

① 소스코드 품질 분석 도구

- 소스코드의 코딩 스타일, 코드에 설정된 코딩 표준, 코드의 복잡도, 코드에 존재하는 메모리 누수 현상, 스레드 결함 등을 발견하기 위해 사용하는 분석 도구이다.

<table>
<tr>
<td rowspan="4">정적
분석 도구</td>
<td colspan="2">
• 소스코드상의 잠재적인 실행 오류와 코딩 표준 위배 사항 등 보안 약점을 검출한다.
• 검출된 약점을 수정 · 보완하여 소프트웨어의 안전성을 강화하고 향후 발생하는 오류 수정 비용을 줄일 수 있다.
• 개발 초기의 결함을 찾을 때 사용하며, 개발 완료 시점에서는 개발된 소스코드의 품질 검증을 위해 사용한다.
• 소스코드에서 코딩의 복잡도, 모델 의존성, 불일치성 등을 분석하는 것이 가능하다.
</td>
</tr>
<tr>
<td>기법</td>
<td>
• 소스코드 검증 : 검증 가이드라인을 통해 보안 조치
• 코드 리뷰 : 개발자가 작성하고 다른 개발자가 정해진 방법을 통해 검토하는 방법(동료 검토, 제3자 검토라고도 함)
• 리버스 엔지니어링 : 시스템의 기술적인 원리를 구조 분석을 통해 발견하는 방법
</td>
</tr>
<tr>
<td>종류</td>
<td>
• pmd : 미사용 변수, 최적화되지 않은 코드 등 결함 유발 가능 코드를 검사
• cppcheck : C/C++ 코드에 대한 메모리 누수, 오버플로 등을 분석
• SonarQube : 중복 코드, 복잡도, 코딩 설계 등을 분석하는 소스 분석 통합 플랫폼
• checkstyle : Java 코드에 대해 소스코드 표준을 따르고 있는가를 분석할 수 있으며 다양한 개발 도구에 통합하여 사용 가능
</td>
</tr>
<tr>
<td>분석 도구별
지원 환경</td>
<td>
• pmd : Linux Windows
• cppcheck : Windows
• SonarQube : Cross Platform
• checkstyle : Cross Platform
</td>
</tr>
<tr>
<td rowspan="4">동적
분석 도구</td>
<td colspan="2">
소프트웨어가 실행 중인 환경에서 소프트웨어 소스코드보다 실행 과정에서의 다양한 입/출력 데이터의 변화 및 사용자 상호작용에 따른 변화를 점검하는 분석 기법이다.
</td>
</tr>
<tr>
<td>기법</td>
<td>
• 디버깅 : 논리적인 오류(버그)를 찾아내는 테스트 과정
• 스트레스 테스트 : 결과 관찰을 목적으로 한계점에 이르는 테스트를 수반
• 모의 해킹 : 내부 또는 외부에서 실제 해커가 사용하는 해킹 도구와 기법 등을 이용하여 정보 시스템으로의 침투 가능성을 진단하는 선의의 해킹 기법
• 리버스 엔지니어링 : 동적 역공학 분석 툴을 이용하여 구조 분석
</td>
</tr>
<tr>
<td>종류</td>
<td>
• Avalanche : 프로그램 내 존재하는 메모리 및 스레드 결함을 분석 (Valgrind 프레임워크 및 STP 기반으로 구현)
• Valgrind : 프로그램 내에 존재하는 메모리 및 스레드 결함 분석 도구
</td>
</tr>
<tr>
<td>분석 도구별
지원 환경</td>
<td>
• Avalanche : Linux, Android
• Valgrind : Cross Platform
</td>
</tr>
<tr>
<td rowspan="2">코드 복잡도</td>
<td>기법</td>
<td>
• 다양한 언어의 코드 복잡도 분석 도구
• ccm, cobertura 등의 도구가 있으며 이 두 도구는 Cross Platform에서 동작
</td>
</tr>
<tr>
<td>종류</td>
<td>
• ccm : 다양한 언어의 코드 복잡도 검사 가능
• cobertura : java의 소스코드 복잡도 분석 및 테스트 커버리지를 측정
</td>
</tr>
</table>

② 정적 분석과 동적 분석 기술의 비교

분류	정적 분석	동적 분석
대상	소스코드	실제 애플리케이션
평가 기술	오염 분석, 패턴 비교	애플리케이션 실제 실행
단계	애플리케이션 개발 단계	애플리케이션 개발 완료 단계

이론을 확인하는 핵심문제

01 애플리케이션 성능 개선 과정 중 소스코드 품질 분석 도구는 정적 분석 도구와 동적 분석 도구로 나눌 수 있다. 다음 보기에서 동적 분석 도구를 골라 기호를 쓰시오.

가. pmd	나. cppcheck	다. ccm	라. cobertura
마. Avalanche	바. Valgrind	사. SonarQube	아. CheckStyle

• 답 :

02 나쁜 코드의 한 종류로 '처리 로직의 제어가 체계화되어 있지 않고 서로 얽혀 있는 코드'를 무엇이라고 하는지 쓰시오.

• 답 :

03 정적 소스코드 품질 분석 도구의 종류 중에서 미사용 변수, 최적화되지 않은 코드 등 결함 유발이 가능한 코드를 검사하는 도구의 이름을 쓰시오.

• 답 :

04 동적 소스코드 품질 분석 도구 기법 중에서 동적 역공학 분석 도구를 이용하여 구조분석을 하는 기법을 쓰시오.

• 답 :

ANSWER 01 마, 바
02 스파게티 코드
03 pmd
04 리버스 엔지니어링

01 다음은 결함 추적 순서를 나타낸 그림이다. 빈칸에 알맞은 결함 추적 단계를 쓰시오.

결함 등록 → 결함 검토 → ( ) → 결함 수정 → 결함 조치 보류 → 결함 해제

• 답 :

02 다음 결함 관리 프로세스 단계와 수행 내용에 대한 표에서 빈칸에 알맞은 결함 관리 프로세스를 쓰시오.

결함 관리 계획	결함 관리에 대한 일정, 인력, 업무 프로세스를 확보하여 계획 수립
결함 기록	테스터는 발견된 결함에 대한 정보를 결함 관리 DB에 기록
결함 검토	등록된 결함에 있어서 주요 내용을 검토하고, 결함을 수정할 개발자에게 전달
결함 수정	개발자는 할당된 결함 프로그램 수정
( )	테스터는 개발자가 수정한 내용을 확인하고 다시 테스트 수행
결함 상태 추적 및 모니터링	결함 관리 팀장은 결함 관리 DB를 이용하여 대시보드 또는 게시판 형태의 서비스 제공
최종 결함 분석 및 보고서 작성	발견된 결함과 관련된 내용과 이해관계자들의 의견이 반영된 보고서를 작성하고 결함 관리 종료

• 답 :

03 다음이 설명하는 것은 무엇인지 쓰시오.

- 정상적인 프로그램과 비정상적인 프로그램의 실행 결과의 차이를 의미하며, 프로그램 실행 중에 프로그램의 실제 실행 결과를 개발 명세서에 정의된 예상 결과와 비교함으로써 발견한다.
- 결함 또는 환경적 조건에 의한 시스템의 부적절한 처리가 발생할 때나 장애 발생 시 시스템이 의도된 대로 동작하지 않거나 동작하지 말아야 함에도 동작하는 경우를 의미한다.
- 장애 발생의 기타 원인으로는 환경적인 조건(방사, 자기, 전자기장, 물리적 오염 등)이 하드웨어 조건을 변경시켜 소프트웨어의 실행에 영향을 미칠 수 있다.

• 답 :

04 소프트웨어 테스트 중 새로운 코드 변경사항이 기존 기능에 부작용이 없어야 함을 확인하기 위해 사용하는 회귀 테스트의 유형 중 다음이 설명하는 기법을 쓰시오.

방법	기존에 축적된 테스트 케이스 및 데이터 전부를 재사용하는 방법
장점	테스트 Coverage 향상 및 완전성 향상 가능
단점	• 고가의 테스트 비용 • 사전 테스트 데이터 준비 필요
활용	금융, 고객업무 등 고위험 시스템

• 답 :

05 통합 테스트 수행 방법 중 다음 설명에 해당하는 방법을 쓰시오.

드라이버/스텁	드라이버/스텁을 필요에 따라 만들어 사용
수행 방법	가장 중요하고 위험이 큰 모듈을 초기 통합
수행 순서	위험도(중요도) 순
장점	• 결함 격리가 쉬움 • 위험이 높은 결함을 초기에 발견 가능
단점	테스트 시간이 과다 소요

• 답 :

06 소프트웨어 통합 검사 방식 중 상향식/하향식 테스트 방식을 테스트 드라이버와 테스트 스텁을 기준으로 하여 비교 서술하시오.

• 상향식 테스트 기법 :

• 하향식 테스트 기법 :

07 소프트웨어 컴포넌트를 테스트할 수 있게 하거나 프로그램의 입력을 받아들이거나 빠진 컴포넌트의 기능을 대신하거나 실행 결과와 예상 결과를 비교하기 위하여 동원된 소프트웨어 도구를 무엇이라고 하는지 쓰시오.

• 답 :

08 소프트웨어 테스트 커버리지 종류 중에서 테스트 대상 애플리케이션의 전체 기능을 모수로 설정하고 실제 테스트가 수행된 기능의 수를 측정하는 방법이며, 테스트 커버리지는 100% 달성을 목표로 한다. UI가 많은 시스템의 경우 화면 수를 모수로 사용할 수도 있는 커버리지를 쓰시오.

• 답 :

09 소스코드 최적화 유형 중 느슨한 결합(Loosely Coupled)에 대하여 약술하시오.

• 답 :

10 다음은 애플리케이션 테스트 단계별 테스트 자동화 도구에 관한 설명이다. 빈칸에 알맞은 도구를 쓰시오.

테스트 단계	자동화 도구	도구 설명
테스트 계획	요구사항 관리	고객 요구사항 정의 및 요구사항 관리 지원
테스트 분석/설계	테스트 케이스 생성	테스트 기법에 따른 테스트 케이스 작성과 테스트 데이터 생성 지원
테스트 수행	테스트 자동화	기능 테스트와 UI 테스트 등 단위 테스트 및 통합 테스트 지원
	(①)	코딩 표준, 런타임 오류 등 검증
	(②)	대상 시스템 시뮬레이션을 통한 오류 검출
	성능 테스트	부하 생성기 등을 이용하여 가상 사용자를 생성하고, 시스템의 처리 능력을 측정하는 도구
	모니터링	시스템 자원(CPU, Memory 등)의 상태 확인 및 분석 지원
테스트 관리	커버리지 측정	테스트 완료 후 테스트 충분성 여부 검증 지원
	형상관리	테스트 수행에 필요한 도구, 데이터 및 문서 관리
	결함 추적/관리	테스트에서 발생한 결함 추적 및 관리 활동 지원

• ① :
• ② :

11 다음이 설명하는 애플리케이션 테스트 관련 용어를 쓰시오.

- 소프트웨어 요구, 설계, 원시 코드 등의 저작자 외의 다른 전문가 또는 팀이 검사하여 오류를 찾아내는 공식적 검토 방법이다.
- 소프트웨어의 품질을 높이는 한 가지 방법이다.
- 결과물 자체의 품질 측면과 아울러 결과물을 만들어내는 과정도 여기에 포함된다.
- 결함들을 가능한 한 빠르고 적은 비용으로 제거할 수 있다.
- 소프트웨어에 대한 신뢰성, 품질 표준을 만족시킨다.
- 예상되는 결함을 찾아내고, 이를 회의에서 확인할 수 있다.
- 이미 출하된 제품에 발생하는 예상 밖의 오류를 감소시킨다.
- 발견된 아이템이 실제 결함이라는 사실을 확인할 수 있다.

- 답 :

12 애플리케이션 성능 개선 과정 중 소스코드 최적화 단계 중 클린 코드(Clean Code)에 대하여 간략히 서술하시오.
- 답 :

13 소스코드 최적화 유형 중 다음과 같은 특징을 갖는 것은 무엇인지 쓰시오.

- 논리적으로 코드를 라인별로 구분하여 가독성을 높인다.
- 개념적 유사성 높은 종속 함수를 사용한다.
- 호출하는 함수 앞 쪽에, 호출되는 함수 뒤 쪽에 배치하고 지역 변수는 각 함수에 맨 처음에 선언한다.

- 답 :

14 다음은 애플리케이션 결함 관리 프로세스이다. 빈칸에 알맞은 단계를 작성하시오.

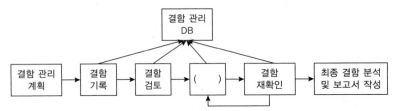

• 답 :

15 애플리케이션의 테스트 분류에는 정적 테스트와 동적 테스트 방식이 존재한다. 정적 테스트와 동적 테스트 방식의 차이점을 서술하시오.

• 정적 테스트 :

• 동적 테스트 :

1권

합격을 다지는
예상문제 정답
(PART 01~PART 07)

01 변경통제위원회(CCB, Change Control Board)

02 요구사항 베이스라인(Base Line, 기준선)

03 요구사항 협상

04 CMMi(Capability Maturity Model Integration)

05 요구사항 정의서 작성

06 구조 다이어그램(Structure Diagram)

07 프로토타이핑(Prototyping)

08 폐쇄형, 자유 대답형, 유도형

09 브레인스토밍

10 요구사항 명세(Specification)

CHAPTER 03 분석 모델 확인하기

01 소단위 명세서

02 { }

03 처리 공정(Process)

04 사전 및 사후 조건, 주요 흐름, 서브 흐름, 예외 흐름

05 상위, 하위, 통합

06 비용, 업체 지명도, 시장점유율, 호환성, 통합성, 사용 용이성, 숙달 기간, 유지 보수성

07 객체 모델링, 동적 모델링, 기능 모델링

08 비주얼화

09 다이어그램

10 길러멧(guillemet) 《 》

11 private

12 1..*

13 상태 머신 다이어그램

14 UML 연관 관계(Association Relation)

15 USE CASE 구조화

02 데이터 입출력 구현

01
- System Stored Procedure
- User defined Stored Procedure
- extended stored procedure
- Remote Stored Procedure

02 시스템 카탈로그

03 반정규화 또는 De-Normalization

04 나 – 다 – 가

05
- SQL : 관계형 데이터베이스에 저장된 데이터에 접근하기 위한 표준 언어이다.
- PL/SQL : SQL문을 사용하여 프로그램을 작성할 수 있도록 확장해 놓은 오라클의 Procedural Language이다.
- SQL*Plus : SQL 및 PL/SQL 문장을 실행할 수 있는 환경을 제공하는 오라클의 Tool이다.

06 REVOKE

07
- CREATE : 스키마, 도메인, 테이블, 뷰 정의
- ALTER : 테이블 정의 변경
- DROP : 스키마, 도메인, 테이블, 뷰 삭제

08 문장 트리거

09
❶ X
❷ O
❸ X

10 INOUT

11 선언부(Declare), 실행부(Begin/End), 예외부(Exception), 종료부(End)

12 Stored Function, Stored Procedure, Stored Package, Trigger

13 Dynamic SQL, Static SQL

01 ❶ 로우 마이그레이션(Row Migration)

　　❷ 로우 체이닝(Row Chaining)

02 • 데이터베이스 시스템에서는 '최적화'라는 개념이다.

　　• 튜닝이 진행되면 업무의 최적화, 하드웨어적인 병목 현상 해결, SQL의 최적화 등 여러 가지 개선을 도모할 수 있다.

　　• 튜닝을 통해서 처리 속도의 향상 등 성능을 제고시키고 사용자가 필요한 때에 원하는 정보를 보다 원활하게 제공받을 수 있도록 할 수 있다.

03 EXPLAIN PLAN

04 SQL문 재구성

05 인덱스(index)

06 해시 인덱스(hash index)

07 넌 클러스터드 인덱스

08 희소 인덱스(Sparse index)

09 선택성(Selectivity)

10 • 공유도를 최대한으로 한다.

　　• 응답 시간은 빠르게 한다.

　　• 시스템 활용도를 높게 한다.

11 팬텀(Phantom)

12 원자성(Atomicity), 일관성(Consistency), 격리성(Isolation), 영속성(Durability)

13 공유적 로크

14 DB 파티셔닝(Partitioning), 파티셔닝(Partitioning)

15 해시 분할(hash partitioning)

16 특정 컬럼 값이 동일한 레코드에서 값에 의한 데이터 조회 시 빠른 속도로 접근하도록 동일한 장소에 저장하는 방법을 말한다.

17 자주 사용하는 컬럼 등을 분리하여 성능을 향상시킬 수 있다.

18 샤딩(sharding)

19 2단계 로킹(Two-Phase locking)

03 통합 구현

CHAPTER 01 연계 데이터 구성하기

01 송신 시스템

02 파일 형식에 따라 태그(Tag), 항목 분리자(델리미터, Delimiter)를 사용한다.

03 연계 데이터 중 코드화된 정보는 송신 시스템과 수신 시스템에서 상호 교환 가능하도록 코드 매핑 정보를 제공하거나 송수신 시스템 간 다른 코드 정보의 표준화를 진행해야 한다.

04 송신 시스템 코드를 수신 시스템 코드로 매핑해 주는 방법, 송수신 시스템에서 사용되는 코드를 통합하여 표준화한 후 전환하는 방법

05 송신된 데이터의 오류 처리 및 수신 시스템의 데이터 형식으로 변환 또는 매핑 등을 수행한다.

06 가 → 나 → 다 → 라

CHAPTER 02 연계 메커니즘 구성하기

01 ❶ 연계 솔루션(EAI)
　　　❷ Web Service/ESB
　　　❸ Socket

02 DB Link, JDBC, 화면 링크, API/Open API, DB Connection Pool

03 수신 시스템의 Batch, Online 프로그램에서 JDBC 드라이버를 이용하여 송신 시스템의 DB와 연결을 생성한다. 송수신 서버는 사용하지 않는다.

04 장애 및 오류 구간별 로그(Log) 확인 및 원인 분석

05 DES, SEED, ARIA, AES

06 연계 서버 또는 중계 서버

07 한 데이터베이스에서 네트워크상의 다른 데이터베이스에 접속하기 위한 설정을 해주는 오라클 객체이다.

08 PUBLIC

09 EAI, Enterprise Architecture Integration, 기업 애플리케이션 통합

10 SOAP(Simple Object Access Protocol)

11 SOA(서비스 지향 아키텍처(Service Oriented Architecture)

12 128

13 • 송신 시스템 : 연계할 데이터를 데이터베이스와 애플리케이션으로부터 추출하여 연계 테이블 또는 파일 형태로 생성하여 송신하는 시스템이다.

• 수신 시스템 : 수신한 연계 테이블 또는 파일의 데이터를 수신 시스템에서 관리하는 데이터 형식에 맞게 변환하여 데이터베이스에 저장하거나 애플리케이션에서 활용할 수 있도록 제공하는 시스템이다.

• 중계 서버 : 송/수신 시스템 사이에서 데이터를 송/수신하고 송/수신 현황을 모니터링하는 시스템이다. 보안 강화, 다중 플랫폼도 지원한다.

14 WSDL(Web Services Description Language)

CHAPTER 03 내/외부 연계 모듈 구현하기

01 EAI 또는 Enterprise Application Integration 또는 기업 애플리케이션 통합

02 Point-to-Point

03 Data Broker 또는 Broker 또는 브로커

04 SGML(Standard Generalized Markup Language)

05 웹 서비스 또는 Web Service

06 • 애플리케이션 사이에 미들웨어를 배치하여 처리하는 방식으로 확장성이 뛰어나다.
• 대용량 데이터 처리에 유리하다.

07 Platform, Application Adapter, Data Broker, Business Work flow

08 XKMS, XACML, XML 전자서명

04 서버 프로그램 구현

01 ❶ 모델(Model)

❷ 뷰(View)

❸ 컨트롤러(Controller)

02 • Model(모델)은 어플리케이션이 무엇을 할 것인지를 정의한다.

• Model(모델)은 내부 비즈니스 로직을 처리하기 위한 역할을 한다.

• 모델(Model)은 어플리케이션의 데이터이며, 모든 데이터 정보를 가공하여 가지고 있는 컴포넌트이다. 자신의 상태가 바뀔 때마다 컨트롤러와 뷰에게 알려준다. 모델의 상태 변화 통보에 따라 뷰는 최신 결과를 보여주며 컨트롤러는 적절한 명령을 추가하거나 변경한다.

03 DAO

04 동일한 테스트 케이스로만 반복 실행하면 더 이상 새로운 결함을 발견할 수 없으므로 주기적으로 테스트 케이스를 점검하고 개선해야 한다.

05 스프링 또는 스프링 프레임워크 또는 Spring Framework

06 프레임워크 또는 Framework

07 배치 스케줄러 또는 Batch Schedualer 또는 잡 스케줄러

08 ❶ 대용량 데이터

❷ 자동화

09 매월 1일 0시 30분마다 수행된다.

10 ❶ 매일 1시

❷ 10초

01	컴포넌트 명세서, 인터페이스 명세서
02	• 사용자 화면에서 오류를 인지하도록 구현하는 방법
	• 인터페이스 오류 로그를 별도로 작성하는 방법
	• 인터페이스 관련 테이블에 오류 사항을 기록하는 방법
03	최초 발생 시점, 조치 경과, 오류 원인, 재발 방지책 등 종합적으로 보고한다.

06 화면설계

01 • 기능적 요구사항 : Functional Requirements, 시스템이 무엇을 하여야 하는지를 설명하는 것
   • 비기능적 요구사항 : Nonfunctional Requirements, 개발 과정에서 지켜져야 할 제약조건을 설명하는 것

02 NUI(Natural User Interface)

03 한국형 웹 콘텐츠 접근성 지침 2.1

04 인식의 용이성, 운용의 용이성, 이해의 용이성, 견고성

05 성능, 시간

06 기초기술, 구현기술, 응용기술

07 감성공학

08 외부

09 목표 정의

10 UI 프로토타입(UI Prototype)

11 • 수정이 많아지면 작업시간이 늘어날 수 있다.
   • 필요 이상으로 자원을 많이 소모한다.
   • 정확한 문서 작업이 생략되는 문제가 발생할 수 있다.

12 파워포인트, 아크로뱃, 비지오, Invision, Marvel, Adobe XD, Flinto, Principle, Keynote, UX pin, HTML

13 3~4인

14 2개월

15 • 비용이 저렴하면서 즉시 변경이 가능하다.
   • 회의 중 바로 작성할 수 있으나, 공유가 어렵다.
   • 상호 연관 관계가 복잡한 경우 표현이 어렵다.

16 카카오 오븐, Balsamiq Mockup, Power Mockup

01 소프트웨어 아키텍처(Software Architecture)

02 기능성(Functionality), 신뢰성(Reliability), 사용성(Usability), 효율성(Efficiency), 유지 보수성(Maintainability), 이식성(Portability)

03 정밀성(Accuracy)

04 적응성(Adaptability)

05 사용성(Usability)

06 시간 반응성(Time behaviour), 자원 활용성(Resource utilization)

07 ISO/IEC 9126-2, 외부 품질

08 ❶ 단순성
    ❷ 가시성

09 메뉴 구성도 만들기 → 스타일 확정하기 → 설계하기

10 • 문서를 쉽게 읽을 수 있어야 한다(문서 템플릿과 타이포그래피).
    • 표준화된 템플릿을 작성하여 적용한다(회사의 고유한 문서 양식).
    • 버전의 넘버링은 v1.0, v2.0 등과 같이 일관성 있게 한다.
    • 문서의 인덱스에 대한 규칙 적용, 목차 제공이 중요하다.
    • 줄의 간격은 충분하게 유지하며, 단락에 대한 구분과 들여쓰기의 기준을 마련하여 읽기에 쉽고 편해야 한다.
    • 여백과 빈 페이지는 적절하게 활용하여 여백의 미를 살리도록 한다.
    • 시각적인 효과를 위한 강조는 일관성 있게 활용하도록 한다.
    • 편집기의 상호 참조(Cross-referencing) 기능을 활용한다(하이퍼링크 등).

11 UI 메뉴 구조 설계 → 내/외부 화면과 폼 설계 → UI 검토 수행

12 사용 의도 파악, 행위 순서 규정, 행위의 순서대로 실행

13 유연성

CHAPTER 01 애플리케이션 테스트 케이스 설계하기

01 동치 분할 검사

02 문장, 분기, 조건, 분기/조건

03 기초 경로 검사

04 Inspection, walk-through, Code Test

05 • 확인(Validation) : "올바른 제품을 만들었는지?" 즉 고객의 요구에 맞는지 아닌지를 판단하는 과정이다.
   • 검증(Verification) : "제품을 올바르게 만들고 있는가?" 즉 제품이 요구사항이나 설계 명세서에 따라 만들어졌는지 판단하는 과정이다.

06 살충제 패러독스(Pesticide Paradox)

07 파레토의 법칙(Law of Pareto)

08 명세 기반 테스트, 구조 기반 테스트, 경험 기반 테스트

09 • 정적 테스트 : 프로그램 실행 없이 명세나 소스코드를 대상으로 개발 초기 결함을 발견하기 위한 테스트이다.
   • 동적 테스트 : 프로그램을 직접 실행하여 오류를 찾는다. 개발 전 단계에서 테스트 수행이 가능하다.

10 화이트박스 테스트

11 블랙박스 테스트

12 동치 분할 검사, 경계값 분석, 원인 효과 그래픽 기법, 비교 검사, 오류 예측 검사

13 테스트 케이스

14 테스트 시나리오

15 ❶ 제한된 검증
   ❷ 수학적 기법
   ❸ 자동화 기능

16 ❶ 통합 테스트
   ❷ 단위 테스트

17 워크스루(walkthroughs)

18 ❶ 처리량(Throughput)
   ❷ 응답시간(Response Time)
   ❸ 자원 사용률(Resource Usage)

CHAPTER 02 | 애플리케이션 통합 테스트하기

01 결함 할당

02 결함 재확인

03 실패 또는 장애 또는 Failure

04 Retest All 기법

05 백본(Backbone)

06 • 상향식 테스트 기법 : 프로그램 구조에서 최하위 레벨인 모듈을 구성하고 상위 모듈 방향으로 통합하며 검사한다. 만약 상위 모듈이 아직 구현 전이라면 테스트 드라이버를 이용한다.

　　• 하향식 테스트 기법 : 상위 컴포넌트를 테스트하고 점증적으로 하위 컴포넌트를 테스트한다. 하위 컴포넌트 개발이 완료되지 않으면 스텁(Stub)을 사용하기도 한다.

07 테스트 하네스

08 기능 기반 커버리지

09 클래스 간 의존성 느슨하게 하려고 인터페이스 클래스를 이용하여 추상화된 자료 구조와 메소드를 구현한다.

10 ❶ 정적 도구
　　❷ 동적 도구

11 인스펙션(검사. Inspection)

12 클린 코드는 누구나 쉽게 이해할 수 있고, 기능의 수정 및 추가가 단순, 명료하게 잘 짜인 코드를 의미한다.

13 코딩 형식 준수

14 결함 수정

15 • 정적 테스트 : 프로그램 실행 없이 명세나 소스코드를 대상으로 개발 초기 결함을 발견할 후 있는 테스트이다.

　　• 동적 테스트 : 프로그램을 직접 실행하여 오류를 찾는다. 개발 전 단계에서 테스트 수행이 가능하다.

MEMO

MEMO

MEMO

이렇게
기막힌
적중률

정보처리기사
실기 기본서

2권 · 이론서

"이" 한 권으로 합격의 "기적"을 경험하세요!

YoungJin.com Y.
영진닷컴

차례

출제빈도에 따라 분류하였습니다.
- **상** : 반드시 보고 가야 하는 이론
- **중** : 보편적으로 다루어지는 이론
- **하** : 알고 가면 좋은 이론

▶️ 표시된 부분은 동영상 강의가 제공됩니다.
이기적 홈페이지(license.youngjin.com)에 접속하여 시청하세요.

▶ 제공하는 동영상과 PDF 자료는 1판 1쇄 기준 2년간 유효합니다.
　단, 출제기준안에 따라 동영상 내용은 변경될 수 있습니다.

SQL 응용

파트 소개

관계형 데이터베이스에서 SQL을 사용하여 응용 시스템의 요구 기능에 적합한
데이터를 정의하고 조작하며 제어할 수 있다.

CHAPTER 01

기본 SQL 작성하기

1. DDL문을 활용하여 기본 SQL을 작성할 수 있다.
2. DML문을 활용하여 기본 SQL을 작성할 수 있다.
3. DCL문을 활용하여 기본 SQL을 작성할 수 있다.

출제빈도

SECTION 01	하	15%
SECTION 02	상	70%
SECTION 03	하	15%

SQL 정의어(DDL)

빈출 태그 CREATE · ALTER · DROP · FOREIGN KEY~REFERENCES · CASCADE/RESTRICT

B 기적의 TIP

SQL은 전반적으로 **중요합니**
다. 각 명령어의 개념과 구문
을 이해하고 암기해 두세요.
SQL도 일종의 언어이므로
영어 공부할 때 단어, 숙어 외
우듯이 구문을 외워두세요.

- SQL(Structured Query Language)은 관계 데이터베이스에서 사용되는 대표적인 언어로, 관계 대수와 관계 해석을 기초로 데이터베이스의 작업을 보다 효율적이고 다양하게 표현하고 처리하기 위한 고급 데이터베이스 언어이다. 대화식이며, 기타 다른 언어로 작성된 프로그램에 내장되어 처리할 수 있다.
- SQL의 종류는 크게 정의어(DDL, Data Definition Language), 조작어(DML, Data Manipulation Language), 제어어(DCL, Data Control Language)로 나누어진다.

01 SQL 정의어(DDL, Data Definition Language)

B 기적의 TIP

관계 대수와 관계 해석을 이
용해 데이터베이스에서 원하
는 자료를 이용하고 검출하
기도 하지만 SQL을 이용하
면 보다 효율적이고 다양한
기능을 수행할 수 있습니다.

- 정의어(DDL)는 관계 데이터베이스에서 사용될 테이블, 스키마, 도메인, 인덱스, 뷰 등을 정의(생성)하거나 수정·제거하기 위해 사용되는 언어이다.
- 정의어의 종류에는 CREATE문, ALTER문, DROP문이 있다.

02 CREATE

B 기적의 TIP

'CREATE'의 의미는 '창조하
다, 만들다'입니다. 단어의 의
미를 생각하면 쉽게 명령어의
용도를 이해할 수 있습니다.

CREATE 명령어는 테이블, 스키마, 도메인, 인덱스, 뷰 등을 정의(생성)하기 위해 사용하는 명령문이다.

① 테이블 정의

- 테이블은 CREATE TABLE문에 의해 생성되며, 다음과 같은 구문에 따라 만들어진다.

▶ 구문

```
CREATE TABLE 테이블_이름
  ({속성_이름 데이터_타입 [NOT NULL],}
   [PRIMARY KEY(속성_이름),]
   [UNIQUE(속성_이름),]
   [FOREIGN KEY(속성_이름) REFERENCES 참조테이블_이름(속성_이름)
     [ON DELETE CASCADE | SET NULL | SET DEFAULT | NO ACTION]
      [ON UPDATE CASCADE | SET NULL | SET DEFAULT | NO AC-
TION],]
   [CONSTRAINT 제약조건_이름 CHECK(속성_이름=범위 값)]
  );
```

- 구문에서 표현된 '{ }'는 반복, '[ ]'는 생략 가능, ' | '는 선택을 의미한다.
- CREATE TABLE 테이블_이름 : 테이블을 만들겠다는 의미이며 '테이블_이름'에는 테이블의 이름을 기입한다.
- {속성_이름 데이터_타입 [NOT NULL]} : 테이블을 구성할 속성 이름과 데이터 타입 등을 기입한다. { }가 반복의 의미이므로 테이블을 구성할 속성 수만큼 반복한다.
  - [NOT NULL] : 테이블 생성 시 특정 속성값에 'NULL'이 없도록 지정할 때 사용되며, [ ]가 생략의 의미이므로 필요 없을 때는 생략한다.
- PRIMARY KEY(속성_이름) : 테이블에서 기본키 속성을 지정할 때 사용한다.
- UNIQUE(속성_이름) : 테이블 생성 시 특정 속성의 값에 중복된 값이 없도록 하며, 즉 모든 속성값이 고유한 값을 가지도록 지정할 때 사용한다.
- FOREIGN KEY(속성_이름) REFERENCES 참조테이블_이름(속성_이름) : 외래키를 지정할 때 사용된다.
  - FOREIGN KEY(속성_이름) : 현재 생성되는 테이블에서 외래키로 사용될 속성 이름을 기입한다.
  - 참조테이블_이름(속성_이름) : 외래키를 이용해서 참조할 테이블과 기본키로 지정된 속성 이름을 기입한다.
- CONSTRAINT 제약조건_이름 CHECK(속성_이름=범위 값) : 테이블을 생성할 때 특정 속성에 대해 속성값의 범위를 지정할 때 사용된다.
- SQL 정의어, 조작어, 제어어는 시작부터 ~ ';'까지가 하나의 문장이다.

기적의 TIP

REFERENCES는 '참조'라는 의미입니다. 외래키 지정 시 'FOREIGN KEY~REFERENCES'는 하나의 숙어처럼 외워두세요.

기적의 TIP

속성값의 범위를 지정할 때 'CONSTRAINT 제약조건_이름'은 생략할 수 있으며, 실제 속성의 범위 값은 'CHECK' 옵션을 통해 설정한다는 것을 꼭 알아두세요.

➕ 더 알기 TIP

데이터 타입

데이터 타입은 데이터의 유형(형식)을 말한다. 컴퓨터에 자료를 저장할 때는 저장될 자료가 어떤 형태인지 지정해야 한다. 예를 들어 전화번호 02-1234-5678인 경우 전화번호는 사실은 문자이다. 그러나 문자형으로 지정해 주지 않으면 숫자로 인식되어 계산될 수 있다. 따라서 데이터가 문자인지, 숫자인지 등과 같이 데이터의 유형(형식)을 지정해 줘야 한다.

▶ 데이터 타입의 종류

데이터 타입	표현 형식	데이터 타입	표현 형식
정수(integer)	INT	가변길이 문자	VARCHAR(문자수)★
실수(float)	FLOAT 또는 REL	시간	TIME
고정길이 문자	CHAR(문자수)	날짜	DATE

★ 오라클의 경우, 가변길이 문자의 표현 형식은 VARCHAR2(문자수)이다.

- 고정길이 문자는 지정된 문자 수만큼의 기억공간을 항상 차지하는 방식이다.
- 가변길이 문자는 지정된 문자 수 안에서 실제 자료에 따라 유동적으로 기억공간을 차지하는 방식이다. 예를 들어 데이터 타입을 CHAR(10)인 경우와 VARCHAR(10)으로 지정했을 때 실제 자료의 문자수가 5라면 CHAR(10)인 경우는 실제 문자 수와 상관 없이 문자 10개를 저장할 공간을 차지하고 VARCHAR(10)인 경우는 문자 5개를 저장할 공간만 차지한다.

예 다음 주어진 지시사항에 따라 테이블을 만드는 SQL문을 완성하시오.

〈테이블 생성 지시사항〉

- 학번, 성명, 학과, 학년, 학점으로 구성된 [학생] 테이블을 만들어라.
- 학번과 학년은 숫자형 자료이며, 나머지는 문자형이다.
- 성명은 가변길이 문자로 최대 25자리로, 학과는 고정길이 문자로 10자리로, 학점은 고정길이 문자로 1자리 문자형이다.
- 학번을 기본키로 지정한다.
- 성명 속성은 공백이 있을 수 없다.
- 학과 속성을 이용하여 [수강] 테이블의 학과를 참조하도록 외래키를 지정하며, 참조 테이블에서 삭제가 발생하면 NULL 값으로 하고, 수정이 발생하면 연쇄적으로 수정하도록 한다.
- 학년의 속성값은 4 이하의 값을 갖도록 'hak' 이름으로 제약한다.

〈풀이〉

```
CREATE TABLE 학생
  ( 학번 INT,
    성명 VARCHAR(25) NOT NULL,
    학과 CHAR(10),
    학년 INT,
    학점 CHAR(1),
    PRIMARY KEY(학번),
    FOREIGN KEY(학과) REFERENCES 수강(학과)
      ON DELETE SET NULL
      ON UPDATE CASCADE,
    CONSTRAINT hak CHECK(학년 <= 4));
```

〈결과〉

학생

학번	성명	학과	학년	학점
...	...	...	...	...

② 스키마 정의

- 시스템 관리자가 일반 사용자에게 스키마에 대한 권한을 주기 위한 스키마를 만들기 위해 사용된다.
- 스키마는 CREATE SCHEMA문에 의해 생성되며, 다음과 같은 구문에 따라 만들어진다.

▶ **구문**

```
CREATE SCHEMA 스키마_이름 AUTHORIZATION 사용자;
```

예 스키마 이름이 'JUNGBO'이고, 허가권자가 '이영진'인 스키마를 정의하시오.

```
CREATE SCHEMA JUNGBO AUTHORIZATION 이영진;
```

〈풀이〉

사용자 '이영진'에게 데이터베이스 구축에 필요한 스키마를 정의하고 사용할 수 있도록 'JUNGBO'라는 이름으로 스키마를 만든 것이다.

③ 도메인 정의

- 한 속성값의 범위를 지정하기 위한 도메인은 CREATE DOMAIN문에 의해 생성되며, 다음과 같은 구문에 따라 만들어진다.

▶ 구문

```
CREATE DOMAIN 도메인_이름 데이터_타입
    [DEFAULT 기본값]
    [CONSTRAINT 제약조건_이름 CHECK(VALUE IN(범위 값))];
```

예 속성의 값으로 'T'와 'F'로만 구성되는 'success'라는 이름의 도메인을 정의하시오(단, 속성값이 입력되지 않을 경우 기본값은 'T'로 한다).

```
CREATE DOMAIN success CHAR(1)
    DEFAULT 'T'
    CONSTRAINT success CHECK(VALUE IN('T', 'F'));
```

④ 인덱스 정의 2020년 2회

- 데이터베이스 내의 자료를 보다 효율적으로 검색하기 위해 인덱스를 만들며, 시스템에 의해 자동 관리된다.
- 인덱스는 CREATE INDEX문에 의해 생성되며, 다음과 같은 구문에 따라 만들어진다.

▶ 구문

```
CREATE [UNIQUE] INDEX 인덱스_이름
    ON 테이블_이름(속성_이름 [ASC|DESC])
    [CLUSTER];
```

- UNIQUE : 중복을 허용하지 않도록 인덱스를 생성할 때 사용되며, 생략 시 중복이 허용된다.
- ON 테이블_이름(속성_이름) : 지정된 테이블의 속성으로 인덱스를 만든다.
  - [ASC|DESC] : 인덱스로 사용될 속성값의 정렬 방법을 나타내며 ASC는 오름차순, DESC는 내림차순을 의미한다.
- CLUSTER : 인접된 튜플들을 물리적인 그룹으로 묶어 저장하도록 할 때 사용된다.

🅑 기적의 TIP

- 'CONSTRAINT 제약조건_이름' 구절에 의해 제약조건 이름을 지정하는 이유는 한 번 만든 제약조건을 반복해서 사용할 경우 다음에는 제약조건 이름만 불러와 편리하게 사용하기 위해서입니다. 필요 없는 경우에는 'CONSTRAINT 제약조건_이름' 부분은 생략해도 됩니다.
- 테이블을 정의할 때도 마찬가지로 속성값의 범위를 지정할 때 'CHECK' 옵션을 이용합니다.

예 [학생] 테이블의 학과 속성값을 오름차순 정렬하여, 중복을 허용하지 않도록 'stud_idx'라는 이름의 인덱스를 정의하시오.

```
CREATE UNIQUE INDEX stud_idx
  ON 학생(학과 ASC);
```

03 ALTER 2020년 3회

- ALTER 명령문은 기존에 만들어진 테이블에 새로운 속성을 추가하거나 기존 속성을 변경·삭제할 때 사용하는 명령어이다.

▶ **구문**

```
ALTER TABLE 테이블 이름 ADD 속성_이름 데이터_타입 [DEFAULT];
ALTER TABLE 테이블 이름 ALTER 속성_이름 [SET DEFAULT];
ALTER TABLE 테이블 이름 DROP 속성_이름 [CASCADE | RESTRICT];
```

- ALTER TABLE ~ ADD : 기존 테이블에 새로운 속성을 추가할 때 사용되는 구문이다.
- ALTER TABLE ~ ALTER : 기존 테이블의 속성에 대한 사항을 변경할 때 사용되는 구문이다. (단, 오라클의 경우 ALTER TABLE ~ MODIFY)
- ALTER TABLE ~ DROP : 기존 테이블에서 속성(항목)을 제거할 때 사용되는 구문이다.

예 1 아래 [학생] 테이블에 '주소' 속성을 추가하시오(단, 주소 항목은 가변길이 문자형으로 30자까지 입력될 수 있다).

학생

학번	성명	학과	학년	학점
2071025	이영진	전기통신	3	A
2081517	홍길동	산업공학	2	B
2081520	강희영	컴퓨터공학	4	A

```
ALTER TABLE 학생 ADD 주소 VARCHAR(30);
```

〈결과〉 새로운 '주소' 속성이 추가된다.

학생

학번	성명	학과	학년	학점	주소
2071025	이영진	전기통신	3	A	
2081517	홍길동	산업공학	2	B	
2081520	강희영	컴퓨터공학	4	A	

예2 아래 [학적] 테이블에서 '학년' 속성을 제거하시오.

학적

학번	성명	연락처	전공	학년
2072233	박봉달	010-1234-5678	컴퓨터	3
2084466	김태수	010-2345-6789	국문	3
2090522	최우수	010-4321-1357	영문	2
2053322	이영진	010-2468-3579	법학	4

```
ALTER TABLE 학적 DROP 학년 CASCADE;
```

〈결과〉 [학적] 테이블에서 '학년' 속성이 제거된다.

학적

학번	성명	연락처	전공
2072233	박봉달	010-1234-5678	컴퓨터
2084466	김태수	010-2345-6789	국문
2090522	최우수	010-4321-1357	영문
2053322	이영진	010-2468-3579	법학

04 DROP 2023년 2회

• DROP 명령문은 기존에 사용되던 테이블, 스키마, 도메인, 인덱스, 뷰, 제약조건 등을 제거할 때 사용하는 명령으로 삭제 시 테이블 전체가 제거된다.

▶ **구문**

```
DROP TABLE 테이블_이름 [CASCADE | RESTRICT];
DROP SCHEMA 스키마_이름 [CASCADE | RESTRICT];
DROP DOMAIN 도메인_이름 [CASCADE | RESTRICT];
DROP VIEW 뷰_이름 [CASCADE | RESTRICT];
DROP INDEX 인덱스_이름;
DROP CONSTRAINT 제약조건_이름;
```

> **기적의 TIP**
>
> ALTER TABLE~DROP은 테이블에서 하나의 속성만 삭제되는 것이고, DROP TABLE~은 테이블 전체가 삭제되는 것입니다. 비교해서 정리해 두세요.

예 아래 [학적] 테이블을 제거하시오.

학적

학번	성명	주민등록번호	전공	학년
2083577	강희영	850502-1234567	컴퓨터	3
2093505	김정미	840127-2345678	컴퓨터	2
2072719	홍길동	811022-1345678	토목	4
2100325	이영진	890628-1456789	법학	1

```
DROP TABLE 학적 CASCADE;
```

➕ 더 알기 TIP

제거 시 사용되는 옵션 RESTRICT와 CASCADE의 차이점

- RESTRICT : 삭제할 요소가 사용(참조) 중이면 삭제가 이루어지지 않는다.
- CASCADE : 삭제할 요소가 사용(참조) 중이더라도 삭제가 이루어지며, 삭제할 테이블을 참조 중인 다른 테이블도 연쇄적으로 같이 삭제된다. 예를 들어 A 테이블을 B 테이블에서 외래키를 이용해 참조하는 경우 A 테이블을 삭제하면 B 테이블도 같이 모두 삭제된다.

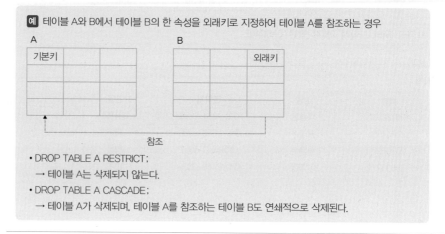

예 테이블 A와 B에서 테이블 B의 한 속성을 외래키로 지정하여 테이블 A를 참조하는 경우

참조

- DROP TABLE A RESTRICT;
  → 테이블 A는 삭제되지 않는다.
- DROP TABLE A CASCADE;
  → 테이블 A가 삭제되며, 테이블 A를 참조하는 테이블 B도 연쇄적으로 삭제된다.

01 다음 괄호에 들어갈 알맞은 내용을 채우시오.

(①)	관계 데이터베이스에서 데이터베이스에 필요한 내용을 정의·관리하거나 원하는 결과를 얻기 위해 관계 대수와 관계 해석을 기초로 데이터베이스의 작업을 보다 효율적이고, 다양하게 표현하고 처리하기 위해 사용되는 대표적인 관계 데이터베이스 언어를 말하며 대화식 언어이다.
(②)	관계 데이터베이스에서 사용되는 테이블, 스키마, 도메인, 인덱스, 뷰 등을 정의하거나 수정·제거하기 위해 사용되는 언어를 말하며, 종류로는 CREATE문, ALTER문, DROP문이 있다.
(③)	(③) 명령어는 관계 데이터베이스에 필요한 테이블, 스키마, 도메인, 인덱스, 뷰 등을 정의하기 위해 사용하는 명령문을 말한다. 테이블을 정의는 '(③) TABLE 테이블_이름'의 명령어 구문을 이용한다.
(④)	관계 데이터베이스에서 이미 만들어진 기존의 테이블에 새로운 항목을 추가하거나 변경 또는 항목의 삭제 등에 사용하는 명령어를 말한다. (④) 명령의 기본 사용방법은 다음과 같다. • 항목 추가 : (④) TABLE ~ ADD • 항목 사항 변경 : (④) TABLE ~ ALTER • 항목 삭제 : (④) TABLE ~ DROP
(⑤)	DROP 명령문은 관계 데이터베이스에서 사용되던 테이블, 스키마, 도메인, 인덱스, 뷰, 제약조건 등을 제거할 때 사용하는 명령을 말한다. DROP 명령에 사용되는 옵션 (⑤)(와)과 RESTRICT가 있으며 RESTRICT는 삭제할 요소가 참조 중이면 삭제되지 않도록 하는 옵션을 말하고, (⑤)(은)는 삭제할 요소가 참조 중이더라도 삭제가 이루어지며, 삭제할 테이블을 참조 중인 다른 테이블도 연쇄적으로 같이 삭제가 되도록 하는 옵션을 말한다.

• ① :
• ② :
• ③ :
• ④ :
• ⑤ :

02 이미 존재하는 [학생정보] 테이블의 '학번', '성명', '학과' 속성과 속성값을 모두 복제하여 새로운 [학생] 테이블을 생성하는 다음 〈SQL문〉의 밑줄에 알맞은 용어를 쓰시오.

〈SQL문〉

```
CREATE  TABLE  학생
_____  SELECT  학번,  성명,  학과  FROM  학생정보 ;
```

• 답 :

SQL 조작어(DML)

빈출 태그 SELECT · INSERT · UPDATE · DELETE

- SQL 조작어는 데이터베이스 내의 자료를 실제 사용자가 이용(조작)하기 위한 언어이며, 데이터의 검색, 삽입, 수정, 삭제 등을 위해 사용된다.
- SQL 조작어는 SELECT문(검색), INSERT문(삽입), UPDATE문(갱신), DE-LETE문(삭제) 4가지 명령어가 있다.

01 SELECT(검색문) 2023년 2회

- SELECT문은 테이블에서 원하는 자료를 검색하고자 하는 경우에 사용되는 명령문이며, 산술식에 의한 계산도 수행한다.

▶ 구문

```
SELECT [DISTINCT] 속성_이름
FROM 테이블_이름
[WHERE 조건]
[GROUP BY 속성_이름 [HAVING 그룹조건]]
[ORDER BY 속성_이름 [ASC | DESC]];
```

- SELECT 속성_이름 : 검색하고자 하는 속성 이름을 나열하여 기술한다. 필요에 따라 구하고자 하는 값에 대한 계산식을 기술한다.
  - DISTINCT : 검색 결과에 중복되는 값이 있는 경우 한 번만 표현하도록 하는 옵션이며, 생략 시 중복된 값이 모두 표시된다.
- FROM 테이블_이름 : 검색하고자 하는 속성이 있는 테이블 이름을 기술한다.
- WHERE 조건 : 검색에 필요한 조건을 기입하는 부분으로 관계 연산자(=, 〈 〉, 〈, 〈=, 〉, 〉=)와 논리 연산자(NOT, AND, OR) 등의 다양한 연산자를 이용할 수 있다.
- GROUP BY 속성_이름 : 작업의 효율을 위해 필요시 한 속성의 값을 그룹으로 분류하고자 할 때 사용된다.
  - HAVING 그룹조건 : GROUP BY에 의해 그룹으로 분류를 한 후 조건을 제시할 때 사용된다.
- ORDER BY 속성_이름 : 검색하고자 하는 속성의 값을 정렬하여 검색하고자 하는 경우 사용된다. 정렬 방법은 오름차순, 내림차순 등이 있다.
  - ASC : 오름차순(작은 값에서 큰 값)으로 정렬할 때 사용되는 옵션이다.
  - DESC : 내림차순(큰 값에서 작은 값)으로 정렬할 때 사용되는 옵션이다.
  - 기본적으로는 오름차순 정렬이 되며, 정렬 기준은 2가지 이상 주어질 수 있다.

① 단순 질의문 2021년 1회

기본적인 형태의 검색문을 말한다.

학생

학번	성명	학년	수강과목	점수	연락처
2090111	김철수	1	정보통신	85	234-4567
2081010	이철준	2	컴퓨터	80	432-1234
2090223	박태인	1	데이터베이스	88	245-2151
2072020	김길동	3	운영체제	92	
2081533	이영진	2	산업공학	90	242-4461
2061017	최길동	4	컴퓨터	75	625-7588

예 1 [학생] 테이블에서 모든 학생의 성명을 검색하시오.

```
SELECT 성명
FROM 학생;
```

〈결과〉

성명
김철수
이철준
박태인
김길동
이영진
최길동

〈풀이〉

문제에서 검색하고자 하는 것은 성명이다. 검색하고자 하는 자료의 속성 이름은 SELECT절에 기입하고, 사용될 테이블 이름은 FROM절에 기입한다. 문제에서 별다른 조건 없이 모든 학생의 성명을 검색해야 하므로 WHERE절 이하는 생략한다.

예 2 [학생] 테이블에서 데이터베이스를 수강하는 학생의 학번과 성명을 검색하시오.

```
SELECT 학번, 성명
FROM 학생
WHERE 수강과목='데이터베이스';
```

〈결과〉

학번	성명
2090223	박태인

〈풀이〉

문제에서 검색해야 하는 것은 '학번'과 '성명'이다. 검색해야 할 자료의 속성 이름은 SELECT절에 기입하고, 사용할 테이블 이름은 FROM절에 기입한다. 그리고 문제에서 학생 중 데이터베이스를 수강하는 학생이라고 조건을 제시했다. 이런 조건은 WHERE절에 기입한다. 학생이 어느 과목을 수강하는지는 '수강과목' 속성과 비교한다.

예 3 [학생] 테이블에서 3학년 학생의 모든 속성을 검색하시오.

```
SELECT *
FROM 학생
WHERE 학년=3;
```

〈풀이〉

문제에서 검색해야 하는 것은 모든 속성이다. SQL에서 모든 속성을 의미하는 특수문자로 '*'를 사용한다. 조건은 3학년이 된다.

예 4 [학생] 테이블에서 학년이 2학년이고, 수강과목이 '산업공학'인 학생의 성명과 연락처를 검색하시오.

```
SELECT 성명, 연락처
FROM 학생
WHERE 학년=2 AND 수강과목='산업공학';
```

〈결과〉

성명	연락처
이영진	242-4461

〈풀이〉

문제에서는 학년이 2학년이라는 것과 수강과목이 '산업공학'이라는 두 가지 조건이 있다. 문제의 의미상 이 두 조건을 모두 만족해야 한다. 이런 경우 논리 연산자 중 'AND' 연산자를 이용한다.

예 5 [학생] 테이블에서 학년이 '1학년'이거나 수강과목이 '운영체제'인 학생의 성명을 검색하시오.

```
SELECT 성명
FROM 학생
WHERE 학년=1 OR 수강과목='운영체제';
```

〈결과〉

성명
김철수
박태인
김길동

〈풀이〉

문제에서는 학년이 '1학년'이라는 것과 수강과목이 '운영체제'라는 두 가지 조건 중 문제의 의미상 둘 중 하나만 만족되어도 검색대상이 된다. 이런 경우 논리 연산자 중 'OR' 연산자를 사용한다.

② 'DISTINCT' 옵션을 이용하여 중복된 값을 제거한 검색의 경우 <small>2022년 3회, 2020년 1회</small>

> **예** [학생] 테이블에서 2학년 이상인 학생의 수강과목을 검색하되, 같은 수강과목값은 한 번만 검색되도록 하시오.

```
SELECT DISTINCT 수강과목
FROM 학생
WHERE 학년>=2;
```

〈결과〉

수강과목
컴퓨터
운영체제
산업공학

'DISTINCT' 옵션을 사용하지 않은 경우는 다음과 같다.

〈결과〉

수강과목
컴퓨터
운영체제
산업공학
컴퓨터

〈풀이〉

검색 결과 중 중복된 값을 한 번만 검색되도록 할 때 'DISTINCT' 옵션을 사용한다.

③ 함수를 이용한 검색문 <small>2024년 3회, 2021년 1회, 2020년 4회</small>

집계 함수의 종류는 다음과 같다.

SUM(속성_이름)	지정된 속성의 합계를 구하는 함수
AVG(속성_이름)	지정된 속성의 평균을 구하는 함수
MAX(속성_이름)	지정된 속성의 값 중 최댓값을 구하는 함수
MIN(속성_이름)	지정된 속성의 값 중 최솟값을 구하는 함수
COUNT(속성_이름)	지정된 속성의 행 수를 세어주는 함수

> **예 1** [학생] 테이블에서 1학년 학생의 점수 합계를 구하시오.

```
SELECT SUM(점수)
FROM 학생
WHERE 학년=1;
```

〈결과〉

173

〈풀이〉

합계를 구할 때는 SUM 함수를 이용하며, '점수' 속성에 대한 합계를 구하는 것이므로 'SUM(점수)'와 같이 표기하고, 함수는 SELECT절에 기입한다.

SELECT절의 AS 사용

SELECT 명령문에서 검색된 결과나 계산된 결과를 원하는 속성 이름으로 생성해서 결과를 표현할 수 있으며, 이때 SELECT절에 'AS'를 이용한다. 위 [예1]에서는 계산된 결과가 속성 이름은 없이 결과만 얻어지는데, 만약 결과가 '1학년합계'라는 속성 이름을 가지도록 할 경우 다음과 같다.

```
SELECT SUM(점수) AS 1학년합계
FROM 학생
WHERE 학년=1;
```

〈결과〉

1학년합계
173

예 2 [학생] 테이블에서 3학년 이상 학생의 수를 '학생수'라는 속성 이름으로 구하시오.

```
SELECT COUNT(*) AS 학생수
FROM 학생
WHERE 학년>=3;
```

〈결과〉

학생수
2

〈풀이〉
원하는 자료의 개수를 구할 때는 COUNT 함수를 사용한다. 주어진 문제에서는 학생수를 세는데 [학생] 테이블에서 3학년 이상의 학생에 대해 어떤 속성값으로 세어도 동일한 결과가 나온다. 즉, 학번 속성으로 세든, 성명 속성으로 세든, 학년 속성으로 세든 3학년 이상의 학생수는 동일하다. 이와 같이 정해진 한 속성이 아닌 어떤 속성으로 세어도 무방할 때 'COUNT(*)'와 같이 표현한다.

④ 검색된 결과를 정렬해서 표현하고자 하는 경우 2022년 1회, 2021년 2회

검색된 결과를 원하는 기준에 따라 정렬시키고자 할 때, 'ORDER BY'절을 이용한다.

예 [학생] 테이블에서 점수가 85점 이상인 학생을 학번의 오름차순으로 성명을 검색하시오.

```
SELECT 성명
FROM 학생
WHERE 점수>=85
ORDER BY 학번 ASC;
```

〈결과〉

성명
김길동
이영진
김철수
박태인

〈풀이〉
정렬을 수행할 때 ORDER BY절을 사용하며, 오름차순은 ASC, 내림차순은 DESC로 나타낸다.

정렬의 기준

정렬의 기준은 2가지 이상 주어질 수 있다. 'ORDER BY 학번 ASC, 학년 DESC'는 1차적으로 학번을 기준으로 오름차순으로 정렬하고, 학번이 같은 경우 2차적으로 학년의 내림차순으로 정렬하라는 의미이다.

⑤ 그룹 분류 질의문 2023년 1회, 2020년 3회

• 속성의 값을 그룹으로 분류하고자 할 때 사용하며, 'GROUP BY'절을 사용한다.
• GROUP BY에 의해 그룹으로 분류한 후 조건은 'HAVING'절을 이용한다.

예 [학생] 테이블에서 2명 이상인 학년을 검색하시오.

```
SELECT 학년
FROM 학생
GROUP BY 학년
HAVING COUNT(*)>=2;
```

〈결과〉

학년
1
2

〈풀이〉

[학생] 테이블에서 학년은 순서대로 되어 있지 않아 수를 세기가 효율적이지 못하다. 이런 경우 학년별로 그룹지어 분류하면 보다 효율적으로 처리할 수 있다. 아래 [학생] 테이블은 학년별로 그룹지어 분류한 결과이다.

학생

학번	성명	학년	수강과목	점수	연락처
2090111	김철수	1	정보통신	85	234-4567
2090223	박태인	1	데이터베이스	88	245-2151
2081010	이철준	2	컴퓨터	80	432-1234
2081533	이영진	2	산업공학	90	242-4461
2072020	김길동	3	운영체제	92	
2061017	최길동	4	컴퓨터	75	625-7588

⑥ 부속(하위) 질의문 2024년 1회, 2020년 2회

• 부속 질의문은 질의문 안에 또 하나의 질의문을 가지고 있는 형태로, 일반적으로 두 개 이상 여러 테이블을 이용해야 하는 경우 사용된다.
• 처음에 나오는 질의문을 메인 질의문이라고 하고, 두 번째 나오는 질의문을 부속(하위) 질의문이라고 한다.
• 메인 질의문과 부속 질의문의 연결은 =, IN 등으로 연결된다.

학생정보

학번	이름	학과	학년	연락처
2090111	김감찬	컴퓨터	1	234-4567
2081010	이철수	기계	2	432-1234
2090223	김정애	컴퓨터	1	245-2151
2072020	이길동	수학	3	246-1177
2081533	이영진	법학	2	242-4461
2061017	이순신	체육	4	625-7588

학과인원

학과	학생수
컴퓨터	35
기계	25
수학	30
법학	20
체육	32
전기	33

예1 [학생정보] 테이블과 [학과인원] 테이블을 이용하여 '이영진' 학생이 속한 학과의 학생수를 검색하시오.

```
SELECT 학생수
FROM 학과인원
WHERE 학과 =
      (SELECT 학과
       FROM 학생정보
       WHERE 이름='이영진');
```

〈결과〉

학생수
20

〈풀이〉

문제에서 학생의 이름은 [학생정보] 테이블에, 학생수는 [학과인원] 테이블에 있으므로 이런 경우 두 테이블을 이용하는데 [학생정보] 테이블과 [학과인원] 테이블의 공통 속성으로 '학과' 속성을 이용한다. 우선 [학생정보] 테이블에서 '이영진' 학생의 학과를 검색해서 '이영진' 학생의 학과인 '법학' 학과를 [학과인원] 테이블에서 검색해 그에 해당하는 학생수를 검색하면 된다.

기적의 TIP

메인 질의문과 부속 질의문을 연결할 때 '='를 사용하는 경우와 'IN'을 사용하는 경우가 있습니다. [예1]과 같이 부속 질의문에서 얻어진 결과가 한 가지인 경우 '='을 사용하고, [예2]와 같이 부속 질의문에서 얻어진 결과가 하나 이상 여러 가지인 경우는 'IN'을 사용해야 합니다.

예2 [학생정보] 테이블과 [학과인원] 테이블을 이용하여 학과 학생수가 30명 이하인 학과 학생의 이름을 검색하시오.

```
SELECT 이름
FROM 학생정보
WHERE 학과 IN
     (SELECT 학과
      FROM 학과인원
      WHERE 학생수<=30);
```

〈결과〉

성명
이철수
이길동
이영진

〈풀이〉

[학과인원] 테이블에서 학생수가 30명 이하인 학과를 검색해서 [학생정보] 테이블에서 검색된 학과에 해당하는 학생의 이름을 검색한다.

⑦ 부분 매치 질의문 2021년 2회

- 부분 매치 질의문은 조건문 작성 시 문자형 자료의 일부를 가지고 비교하여 검색하는 질의문을 말한다.
- 부분 매치 질의문에서 '%'는 여러 문자를 대신하고, '_'는 한 자리를 대신한다.
- '%'나 '_'를 이용하여 조건문을 작성할 때는 '=' 대신 'LIKE'를 이용한다.

> **예** [학생] 테이블에서 연락처의 번호가 '7588'로 끝나는 학생의 성명을 검색하시오.

```
SELECT 성명
FROM 학생
WHERE 연락처 LIKE '%7588';
```

〈결과〉

성명
최길동

〈풀이〉

문제에서 연락처의 번호가 '7588'인 경우를 검색하는데, 이것은 전화번호 중 국번에 해당하는 부분은 어떤 경우든 상관 없고, 전화번호 중 번호 부분(오른쪽 네 자리)만 7588이면 된다는 의미이다. 이런 경우처럼 전화번호 중 국번과 같이 여러 자리를 대신하는 경우 '%'를 사용하며, '%'를 사용하는 경우는 '=' 대신 'LIKE'를 사용한다.

⑧ 'NULL' 값과 비교하는 질의문

- 조건문 작성 시 'NULL' 값과 비교하는 경우를 말한다.
- 'NULL'과 비교하는 경우 WHERE절에 '=' 대신 'IS'를 사용하며, '〈 〉' 대신 'IS NOT'을 사용한다.

> **예 1** [학생] 테이블에서 연락처가 NULL인 학생의 학번을 검색하시오.

```
SELECT 학번
FROM 학생
WHERE 연락처 IS NULL;
```

〈결과〉

학번
2072020

〈풀이〉

[학생] 테이블에서 연락처의 속성값이 비어 있는(NULL) 학생의 학번을 검색한다. 이와 같이 'NULL'과 비교하는 경우 'IS'를 사용한다.

> **예 2** [학생] 테이블에서 연락처가 NULL이 아닌 학생의 성명을 검색하시오.

```
SELECT 성명
FROM 학생
WHERE 연락처 IS NOT NULL;
```

🔁 기적의 TIP

앞의 [학생] 테이블을 참고하세요.

🔁 기적의 TIP

- WHERE절에서 '='대신 LIKE를 사용하는 경우나 IS(IS NOT)을 사용하는 경우는 예외적인 경우이므로 잘 알아 두세요.
- 여기서 잠깐 혼동할 수 있는 것을 정리하면, 'NOT NULL'은 SQL 정의문에서 CREATE 명령을 이용해 테이블을 생성할 때 임의의 속성값에 NULL이 올 수 없도록 하기 위해 사용하는 것이고, 'IS NOT NULL'은 SELECT 명령에서 NULL과 비교 시 NULL이 아닌 값을 나타낼 때 사용하는 것입니다.
- NOT NULL을 사용한 경우와 IS NOT NULL을 사용한 경우를 혼동하지 마세요.

〈결과〉

성명
김철수
이철준
박태인
이영진
최길동

〈풀이〉

연락처의 속성값이 있는 학생의 성명을 검색한다. 여기서 NULL과 비교할 때는 'IS'를 사용하지만 문제에서 'NULL이 아닌', 즉 'NULL과 같지 않은'의 의미를 나타낼 때는 IS에 NOT을 붙여 'IS NOT'을 사용한다.

02 INSERT(삽입문) 2024년 2회, 2023년 2회, 2020년 3회

- INSERT문은 기존 테이블에 새로운 자료(튜플)를 삽입하는 경우 사용하는 명령문이다.

▶ 구문

```
INSERT INTO 테이블_이름[(속성_이름...)]
VALUES (속성값...);
```

- INSERT INTO 테이블_이름[(속성_이름...)] : 자료가 삽입될 테이블 이름과 테이블에서 자료가 삽입될 속성 이름들을 기입한다. 삽입될 자료가 테이블의 모든 속성값을 가지고 있는 경우는 속성 이름을 생략해도 되지만 그렇지 않은 경우 속성 이름을 반드시 기입한다.
- VALUES (속성값...) : 각 속성에 삽입될 실제 속성값들을 기입한다.

학생

학번	성명	학년	수강과목	점수	연락처
2090111	김철수	1	정보통신	85	234-4567
2081010	이철준	2	컴퓨터	80	432-1234
2090223	박태인	1	데이터베이스	88	245-2151
2072020	김길동	3	운영체제	92	
2081533	이영진	2	산업공학	90	242-4461
2061017	최길동	4	컴퓨터	75	625-7588

예 [학생] 테이블에 학번 2051115, 성명 '김정미', 학년 4, 수강과목 '데이터베이스', 연락처 '243-0707'인 학생을 삽입하시오.

```
INSERT INTO 학생(학번, 성명, 학년, 수강과목, 연락처)
VALUES (2051115, '김정미', 4, '데이터베이스', '243-0707');
```

〈결과〉

학생

학번	성명	학년	수강과목	점수	연락처
2090111	김철수	1	정보통신	85	234-4567
2081010	이철준	2	컴퓨터	80	432-1234
2090223	박태인	1	데이터베이스	88	245-2151
2072020	긴길동	3	운영체제	92	
2081533	이영진	2	산업공학	90	242-4461
2061017	최길동	4	컴퓨터	75	625-7588
2051115	김정미	4	데이터베이스		243-0707

〈풀이〉

새롭게 추가될 학생의 자료는 [학생] 테이블의 속성 중 '점수' 속성값이 없다. 이런 경우는 자료가 삽입될 속성 이름을 정확히 기재해야 한다.

➕ 더 알기 TIP

속성 이름의 생략

- 앞선 [예]의 내용에서 모든 속성의 값을 가진 자료를 삽입할 때는 속성 이름을 생략해도 된다.
- [학생] 테이블에 학번 2051115, 성명 '김정미', 학년 4, 수강과목 '데이터베이스', 점수 90, 연락처 '243-0707'인 학생을 삽입하시오.

```
INSERT INTO 학생
VALUES (2051115, '김정미', 4, '데이터베이스', 90, '243-0707');
```

03 UPDATE(갱신문) 2021년 2회

- UPDATE문은 테이블의 자료(튜플) 중에서 값을 변경하고자 하는 경우 사용되는 명령문이다.

▶ 구문

```
UPDATE  테이블_이름
SET  속성_이름=변경 내용
[WHERE  조건];
```

- UPDATE 테이블_이름 : 변경할 테이블 이름을 기재한다.
- SET 속성_이름=변경내용 : 변경할 자료의 값을 기재한다.

예 [학생] 테이블에서 '이영진' 학생의 점수를 92점으로 수정하시오.

```
UPDATE  학생
SET  점수=92
WHERE  성명='이영진';
```

〈결과〉

학생

학번	성명	학년	수강과목	점수	연락처
2090111	김철수	1	정보통신	85	234–4567
2081010	이철준	2	컴퓨터	80	432–1234
2090223	박태인	1	데이터베이스	88	245–2151
2072020	김길동	3	운영체제	92	
2081533	이영진	2	산업공학	92	242–4461
2061017	최길동	4	컴퓨터	75	625–7588

04 DELETE(삭제문) 2023년 1회

- DELETE문은 테이블의 자료(행)를 삭제할 경우 사용하는 명령문이다.
- WHERE절의 조건에 맞는 행만 삭제되며, WHERE절이 생략된 경우 모든 행이 삭제되어 빈 테이블이 된다.

▶ 구문

```
DELETE FROM 테이블_이름
[WHERE 조건];
```

예1 [학생] 테이블에서 2학년 학생의 자료를 삭제하시오.

```
DELETE FROM 학생
WHERE 학년=2;
```

예2 [학생] 테이블의 모든 학생을 삭제하시오.

```
DELETE FROM 학생;
```

〈결과〉

학생

학번	성명	학년	수강과목	점수	연락처

〈풀이〉

WHERE절이 없는 경우 모든 튜플이 삭제되며, 빈 테이블이 된다.

기적의 TIP

예2와 같이 DELETE 명령문에서 WHERE절이 생략되면 테이블은 있지만 자료가 없는 빈 테이블이 되므로, 테이블 자체를 삭제할 때는 SQL 정의어 중 DROP 명령문을 사용합니다.

01 다음 괄호에 들어갈 알맞은 내용을 채우시오.

(①)	'사번', '성명', '담당부서', '연락처'로 구성된 [사원] 테이블에 신입사원의 정보를 삽입하려고 한다. 이와 같이 기존의 테이블에 새로운 자료를 삽입할 때, INSERT 명령을 이용한다. 사번 'A1234', 이름 '이영진', 담당부서 '총무부', 연락처 '010-1234-5678'인 자료를 삽입하는 과정은 다음과 같다.
	
	 `INSERT ( ① ) 사원(사번, 성명, 담당부서, 연락처)`
	 `VALUES ('A1234', '이영진', '총무부', '010-1234-5678');`

(②)	위 [사원] 테이블에 삽입하는 과정에서 사번이 'A0101'인 사원의 담당부서가 잘못 삽입되어 '영업부'로 변경하고자 한다. 테이블의 자료 중에서 값을 변경하고자 하는 경우 UPDATE 명령을 사용한다.
	
	 `UPDATE 사원`
	 `( ② ) 담당부서 ='영업부'`
	 `WHERE 사번 ='A0101';`

(③)	DELETE 명령을 이용해 퇴사한 사원에 대한 정보를 삭제하고자 한다. DELETE 명령 기본 구분은 다음과 같다.
	
	 `DELETE ( ③ ) 테이블_이름`
	 `[WHERE 조건] ;`

(④)	DELETE 명령을 이용해 자료를 삭제하는 경우 WHERE절을 이용해 조건을 만족하는 자료만 삭제할 수 있으며, WHERE절이 생략되는 경우 테이블의 모든 자료가 삭제되게 된다. 이러한 경우 테이블은 삭제되지 않으며 자료가 모두 삭제된 빈 테이블이 된다. 테이블을 삭제하는 경우 (④) 명령을 사용해야 한다.

• ① :
• ② :
• ③ :
• ④ :

02 다음 괄호에 들어갈 알맞은 내용을 채우시오.

(①)	사용자가 실제 관계 데이터베이스의 내용을 검색, 삽입, 수정, 삭제 등을 수행할 수 있도록 사용되는 언어를 말한다. (①)의 종류로는 SELECT문, INSERT문, UPDATE문, DELETE문 등 4가지 명령어가 있다.
(②)	릴레이션(테이블)에서 사용자가 원하는 자료를 검색하고자 하는 경우에 사용되는 명령문을 말하며 기본 구문은 다음과 같다. (②) 검색 속성 이름 FROM 테이블_이름 [WHERE 조건];
(③)	관계 데이터베이스에서 원하는 자료를 검색하는 경우 (②) 명령이 사용되며, 검색 결과에 중복되는 값이 있는 경우 한 번만 표현되도록 하기 위해 (③) 옵션을 이용하고 생략 시 중복된 값이 모두 표시된다.
(④)	관계 데이터베이스에서 검색하고자 하는 속성의 결과를 정렬하여 검색하고자 하는 경우 'ORDER BY' 구문을 사용하여 오름차순 혹은 내림차순으로 정렬할 수 있다. 또한 검색 시 필요에 따라 속성의 값을 그룹으로 분류하고자 할 때 'GROUP BY' 구문을 사용하며 'GROUP BY' 구문을 사용하여 그룹에 대한 조건을 제시하는 경우 (④)을 이용한다.
(⑤)	SELECT 명령에서 자료의 일부를 이용하여 검색하는 질의문을 부분 매치 질의문이라고 하는데 부분 매치 질의문에서 '%'는 여러 문자를 대신하고, '_'는 한 자리를 대신한다. '%'나 '_'를 이용하여 WHERE절을 구성할 때는 '=' 대신 (⑤)을)를 이용한다.
(⑥)	관계 데이터베이스에서 SELECT 명령을 이용하여 검색할 때 경우에 따라 조건문에서 'NULL'값과 비교하는 경우가 있다. 이러한 경우 일반 조건문과 차이점이 있는데 'NULL'과 비교하는 경우 WHERE절에 '='을 사용하지 않고 (⑥)을)를 사용해야 한다.

- ① :
- ② :
- ③ :
- ④ :
- ⑤ :
- ⑥ :

SQL 제어어(DCL)

빈출 태그 COMMIT · ROLLBACK · GRANT · REVOKE

- SQL 제어어는 관리자가 데이터의 보안, 무결성 유지, 병행제어, 회복 등을 하기 위해 사용하는 언어를 말한다.
- SQL 제어어의 종류는 COMMIT, ROLLBACK, GRANT, REVOKE 등이 있다.

🅑 기적의 TIP

SQL 제어어는 언제든지 출제될 가능성이 있습니다. 각 명령어의 의미를 잘 정리해 두세요.

❶ COMMIT 명령어와 ROLLBACK 명령어

① COMMIT

COMMIT 명령어는 데이터베이스 내의 연산이 성공적으로 종료되어 연산에 의한 수정 내용을 지속적으로 유지하기 위한 명령어를 말한다.

② ROLLBACK 2020년 2회

ROLLBACK 명령어는 데이터베이스 내의 연산이 비정상적으로 종료되거나 정상적으로 수행이 되었다 하더라도 수행되기 이전 상태로 되돌리기 위해 연산 내용을 취소할 때 사용하는 명령어를 말한다.

학생

학번	성명	학년	수강과목	점수	연락처
2090111	김철수	1	정보통신	85	234-4567
2090223	박태인	1	데이터베이스	88	245-2151
2072020	김길동	3	운영체제	92	
2081010	이철준	2	컴퓨터	80	432-1234
2081533	이영진	2	산업공학	90	242-4461
2061017	최길동	4	컴퓨터	75	625-7588

예1 [학생] 테이블에서 김길동 학생의 연락처를 '232-0077'로 갱신하시오.

```
UPDATE 학생 SET 연락처='232-0077' WHERE 성명='김길동';
COMMIT;
```

〈풀이〉
UPDATE 명령에 의해 수행한 연산 결과를 정상적으로 종료하고, 그대로 유지하겠다는 의미가 된다.

예2 ROLLBACK 명령에 의해 연산 결과를 취소하시오.

```
DELETE FROM 학생 WHERE 성명='최길동';
ROLLBACK;
```

〈풀이〉
[학생] 테이블에서 최길동 학생의 자료를 삭제했지만 ROLLBACK 명령에 의한 연산이 취소되어 삭제된 자료가 다시 되살아난다.

02 GRANT 명령어와 REVOKE 명령어

① GRANT 2021년 3회

- GRANT 명령어는 관리자(DBA)가 사용자에게 데이터베이스에 대한 권한을 부여하기 위한 명령어이다.

▶ 구문

```
GRANT 권한 내용 ON 테이블_이름 TO 사용자 [WITH GRANT OPTION];
```

- GRANT 권한 내용 ON 테이블_이름 TO 사용자 : 관리자가 사용자에게 테이블에 대한 권한을 부여한다.
- WITH GRANT OPTION : 사용자가 관리자로부터 부여받은 권한을 다른 사용자에게 부여할 수 있는 권한 부여권까지 부여하고자 할 때 사용하는 옵션이다.

예 관리자가 사용자 OTH에게 [학생] 테이블에 대해 UPDATE 할 수 있는 권한과 그 권한을 필요시 다른 사용자에게 부여할 수 있는 권한을 부여하시오.

```
GRANT UPDATE ON 학생 TO OTH WITH GRANT OPTION;
```

〈풀이〉
사용자 OTH은 [학생] 테이블에 대해 UPDATE 할 수 있으며, 자신이 가지고 있는 권한을 다른 사용자에게 부여할 수 있다.

② REVOKE

- REVOKE 명령어는 관리자(DBA)가 사용자에게 부여했던 권한을 취소하기 위해 사용되는 명령어이다.

▶ 구문

```
REVOKE 권한 내용 ON 테이블_이름 FROM 사용자 [CASCADE];
```

- REVOKE 권한 내용 ON 테이블_이름 FROM 사용자 : 관리자가 사용자에게 부여했던 테이블에 대한 권한을 취소한다.
- CASCADE : 사용자가 다른 사용자에게 권한을 부여했을 경우 CASCADE 옵션을 이용해 사용자의 권한을 취소하면 사용자가 부여했던 다른 사용자들의 권한도 연쇄적으로 취소된다.

예 사용자 OTH에게 부여했던 [학생] 테이블에 대한 UPDATE 권한을 취소하시오.

```
REVOKE UPDATE ON 학생 FROM OTH CASCADE;
```

〈풀이〉
사용자 OTH에게 부여되었던 [학생] 테이블에 대한 UPDATE 권한과 권한 부여권이 취소된다. 만약 사용자 OTH가 다른 사용자에게 권한을 부여했다면, 부여했던 모든 권한이 연쇄적으로 취소된다.

01 다음 괄호에 들어갈 알맞은 내용을 채우시오.

(①)	관계 데이터베이스에서 데이터의 정확성과 안정성 및 운영을 하기 위해 관리자가 데이터의 보안, 무결성 유지, 병행제어, 회복 등을 하기 위해 사용되는 언어를 말한다. (①)의 종류는 COMMIT, ROLLBACK, GRANT, REVOKE 등이 있다.
(②)	(②) 명령어는 데이터베이스 내의 연산(트랜잭션)이 성공적으로 종료되어 연산의 결과를 지속적으로 반영하기 위해 사용되는 명령을 말한다. 원하는 연산을 수행한 후 (②) 명령을 수행하면 데이터베이스에 수행한 연산 결과가 저장되게 된다.
(③)	데이터베이스에서 수행한 연산이 잘못 수행되었거나 비정상적으로 종료되어 정확한 연산 결과를 알 수 없는 경우 연산이 수행되기 이전의 상태로 되돌리기 위해 (③) 명령어를 사용한다. (③) 명령은 수행된 연산을 취소시켜 이전 상태로 되돌릴 때 사용된다.
(④)	관계 데이터베이스에서 관리자가 관리와 작업의 효율을 위해 다른 사용자에게 테이블에 대한 권한을 부여할 수 있으며, 관리자가 사용자에게 데이터베이스에 대한 권한을 부여할 때는 GRANT 명령을 사용하며, 관리자가 사용자에게 부여했던 권한을 취소하고자 할 때 (④) 명령을 사용하여 권한을 취소할 수 있다.

- ① :
- ② :
- ③ :
- ④ :

02 DBA가 사용자 PARK에게 테이블 [STUDENT]의 데이터를 갱신할 수 있는 시스템 권한을 부여하고자 하는 SQL문을 작성하고자 한다. 다음 주어진 SQL문의 빈칸 ①, ②에 알맞은 용어를 쓰시오.

```
SQL> GRANT ____①____ ____②____ STUDENT TO PARK;
```

- ① :
- ② :

03 사용자 X1에게 department 테이블에 대한 검색 연산을 회수하는 SQL문을 쓰시오.

- 답 :

ANSWER **01** ① 데이터 제어어(DCL) ② COMMIT ③ ROLLBACK ④ REVOKE
02 ① UPDATE ② ON
03 revoke select on department from X1;

01 다음 괄호 안 내용으로 가장 적합한 항목을 작성하시오.

(①)	• 고급 데이터베이스 언어로 데이터베이스 정의, 조작, 제어 등을 포함하는 명령어들을 가진다. • 관계 데이터베이스로부터 정보를 요청하기 위하여 사용하는 표준화된 질의어이다. • 비절차형 프로그래밍 언어로서 각 명령은 데이터를 독립적으로 처리할 수 있다.
(②)	• (①)의 언어에는 크게 세 가지가 있다. 이 중 테이블, 스키마, 도메인, 인덱스, 뷰 등을 정의하거나 수정, 제거하기 위해 사용되는 것은 (②)(이)다. • 종류로는 CREATE, ALTER, DROP 명령 등이 있다.
(③)	• ALTER 명령은 기존에 만들어진 테이블에 새로운 속성을 추가하거나 변경, 삭제 등을 위해 사용되는 명령이다. • 다음은 새로운 속성을 추가하기 위한 구문이다. ALTER TABLE 테이블_이름 (③) 속성_이름 데이터_타입;
(④)	DROP 명령을 이용해 테이블, 스키마, 도메인, 인덱스, 뷰 등을 삭제하는 경우 사용하는 옵션으로, 참조 무결성 제약조건이 설정된 기본 테이블의 특정 데이터를 삭제할 때 그 데이터와 관계를 맺고 연관되어 있는 다른 테이블의 데이터들도 연쇄적으로 삭제되는 옵션을 말한다.
(⑤)	• 데이터베이스 내의 자료를 실제 사용자가 이용하기 위한 언어이다. • 자료에 대한 검색, 삽입, 수정, 삭제 등을 위해 사용된다. • 종류에는 SELECT, INSERT, UPDATE, DELETE 등의 명령이 있다.

• ① :
• ② :
• ③ :
• ④ :
• ⑤ :

02 다음 괄호 안 내용으로 가장 적합한 항목을 작성하시오.

(①)	• SQL 정의어는 테이블, 도메인, 스키마, 인덱스, 뷰 등을 정의하거나 수정 또는 삭제 등을 위해 사용되는 언어이다. • 이 중 데이터베이스에 필요한 객체들을 생성하기 위해 사용되는 명령문은 (①)(이)다.
(②)	• (①) 명령을 이용하여 새로운 테이블을 생성하는 과정에서 임의의 속성을 필요에 의해 반드시 입력해야 하는 경우 그 속성값은 NULL이 올 수 없도록 하기 위한 옵션으로 (②)(을)를 사용한다. • 새로운 테이블을 생성 시 특정 속성값이 고유한 값을 가지도록 하기 위해서는 'UNIQUE'를 사용한다.
(③)	다음은 다른 테이블을 참조하기 위한 외래키를 지정하기 위한 구문이다. 빈 곳에 알맞은 것은 무엇인가? FOREIGN KEY(속성_이름) (③) 참조테이블(속성_이름);
(④)	• 데이터베이스에서 필요한 요소들을 생성하기 위해서는 데이터에 대해서 문자인지, 숫자인지 혹은 그 외의 유형인지 등의 데이터 타입을 지정해야 한다. • 데이터의 유형을 지정된 문자수 내에서 유동적으로 기억공간을 차지하도록 하기 위해서는 (④) 자료형으로 지정해야 한다.
(⑤)	다음은 DROP 명령을 이용해 [학생] 테이블을 삭제하기 위한 구문이다. 이때 삭제하고자 하는 [학생] 테이블이 참조 중인 경우 삭제가 되지 않도록 하는 옵션은 무엇인가? DROP TABLE 학생 (⑤);

• ① :
• ② :
• ③ :
• ④ :
• ⑤ :

03 다음 괄호 안 내용으로 가장 적합한 항목을 작성하시오.

(①)	다음은 SQL 조작어 중 SELECT 명령을 이용해 데이터를 검색하기 위한 구문이다. 빈 곳에 알맞은 것은 무엇인가? SELECT 속성_이름 (①) 테이블_이름 WHERE 조건;
(②)	• SELECT 명령을 이용해 검색하는 경우 작업의 효율을 위해 그룹으로 분류해서 처리하고자 하는 경우 'GROUP BY'를 이용한다. • 'GROUP BY'에 의해 그룹으로 분류한 상태에서 조건을 제시하는 경우 (②)(을)를 이용하여 조건을 제시한다.
(③)	다음은 [학생] 테이블에서 전공이 '컴퓨터공학'이면서 성적이 80점 이상인 학생의 이름을 검색하기 위한 구문이다. SELECT 이름 (①) 학생 WHERE 전공='컴퓨터공학' (③) 성적>=80;
(④)	• SELECT 명령에서 조건문을 작성하는 경우 필요에 따라 NULL과 비교하도록 작성해야 하는 경우가 있다. • 일반적으로는 WHERE절에 '='을 이용하지만 NULL과 비교하는 경우는 '='을 사용하지 않고 (④)(을)를 사용한다.
(⑤)	다음 SELECT 명령을 이용해 검색하는 경우 조건에 맞도록 검색하기 위한 구문의 빈 곳에 알맞은 것은 무엇인가? • [도서] 테이블에서 대여한 도서에 대해 반납일을 초과한 값을 나타내는 '초과' 속성이 3일 이상인 사람의 이름을 검색하되, 중복되는 값은 한 번만 표현하도록 한다. SELECT (⑤) 이름 (①) 도서 WHERE 초과>=3;

• ① :
• ② :
• ③ :
• ④ :
• ⑤ :

04 다음 괄호 안 내용으로 가장 적합한 항목을 작성하시오.

(①)	기존에 존재하는 테이블에 새로운 행을 삽입하기 위해서는 INSERT 명령을 이용한다. 다음은 [사원] 테이블에 사원번호가 'A2010'이고, 이름은 '이영진', 부서는 '총무부'인 사원의 자료를 삽입하기 위한 구문이다. 빈 곳에 알맞은 것은 무엇인가? INSERT INTO 사원(사원번호, 이름, 부서) (①) ('A2010', '이영진', '총무부');
(②)	• INSERT 명령을 이용하여 튜플을 삽입하는 과정에서 데이터의 입력을 잘못하여 올바른 값이 되도록 수정을 해야 한다. • 삽입된 튜플의 값을 수정하기 위해서는 다음과 같은 (②) 명령을 이용한다. (②) 테이블_이름 SET 변경사항 WHERE 조건;
(③)	테이블에서 원하는 일부의 자료만 삭제하는 경우 DELETE 명령을 이용한다. 다음은 DELETE 명령의 구문이다. 빈 곳에 알맞은 것은 무엇인가? DELETE (③) 테이블_이름 WHERE 조건;
(④)	다음은 주어진 조건에 따라 자료를 검색하는 경우 정렬하여 검색 결과를 얻기 위한 구문이다. [학생] 테이블에서 2학년 이상 학생의 이름을 내림차순으로 검색하시오. SELECT 이름 FROM 학생 WHERE 학년>=2 (④) 이름 DESC;
(⑤)	• SELECT 명령을 이용하여 원하는 자료를 검색하는 경우, 2개의 테이블을 이용해야 원하는 자료를 검색할 수 있는 경우가 있다. • 이와 같은 경우, 두개의 SELECT 명령을 이용하는 부속 질의문 형태로 구성하게 된다. • 부속 질의문은 메인 질의문과 하위 질의문으로 구성되는데 하위 질의문에서 얻어진 결과가 하나 이상 여러 개인 경우 (⑤)(을)를 이용해 메인 질의문과 연결하게 된다.

• ① :
• ② :
• ③ :
• ④ :
• ⑤ :

05 다음 괄호 안 내용으로 가장 적합한 항목을 작성하시오.

(①)	• 데이터베이스의 데이터 보안과 무결성, 병행수행 제어 및 사용권한 등을 제어하기 위해 사용되는 언어를 (①)(이)라 한다. • GRANT, REVOKE, COMMIT, (②) 등으로 구성된다.
(②)	• [학생] 테이블에서 3학년 학생의 자료를 삭제해야 하는데 실수로 2학년 학생의 자료를 삭제한 경우 (②) 명령을 이용해 삭제하기 이전의 상태로 되돌릴 수 있다. • (②)(은)는 데이터베이스 연산이 비정상적으로 종료되었거나 잘못 수행한 경우 수행되기 이전의 상태로 되돌리기 위한 취소 명령이다.

(③)	INDEX는 데이터베이스의 성능을 향상시키기 위해 사용된다. 다음 'STUDENT' 테이블에서 s 속성으로 중복을 허용하지 않도록 'stud_idx'라는 이름의 INDEX를 정의하기 위한 구문은 다음과 같다. 빈 곳에 알맞은 것은 무엇인가?
	
	`CREATE UNIQUE INDEX stud_idx`
	`( ③ ) STUDENT(s);`

(④)	다음은 [학생] 테이블에서 '컴퓨터공학'과 학생의 점수에 대한 평균을 구하기 위한 구문이다. 빈 곳에 알맞은 것은 무엇인가?
	
	`SELECT ( ④ )(점수)`
	`FROM 학생`
	`WHERE 학과='컴퓨터공학';`

(⑤)	[상품] 테이블에서 상품명이 'u'로 시작하는 상품의 수량을 SELECT 명령을 이용해 검색하기 위한 구문이다. 빈 곳에 알맞은 것은 무엇인가?
	
	`SELECT 수량`
	`FROM 상품`
	`WHERE 상품명 ( ⑤ ) 'u%';`

• ① :
• ② :
• ③ :
• ④ :
• ⑤ :

CHAPTER

고급 SQL 작성하기

1. 인덱스를 활용한 쿼리를 작성할 수 있다.
2. 뷰를 활용하여 쿼리를 처리할 수 있다.
3. 다중 테이블 검색을 할 수 있다.

출제빈도

SECTION 01	하		20%
SECTION 02	중		40%
SECTION 03	중		40%

인덱스(INDEX)

★ 키 값과 주소
• 키 값 : 인덱스를 만들 때 사용된 속성의 값
• 주소 : 실제로 자료가 저장된 위치

01 인덱스(Index) 개념 2020년 2회

- 인덱스는 수많은 데이터 중에서 원하는 자료를 빠르고 효율적으로 검색하기 위해서 사용하는 방법을 말한다.
- 인덱스는 기본적으로 데이터의 위치(주소)를 관리 · 기억하는 인덱스 파일(Index File)과 실제 데이터를 기억하는 데이터 파일(Data File)로 구성된다.
- 데이터를 검색할 때는 먼저 인덱스 파일에서 데이터의 주소를 찾는다. 이어서 데이터 파일에서 인덱스 파일에서 찾은 주소의 데이터를 검색하게 된다.
- 인덱스 파일(Index File)은 [키 값, 주소]★의 두 가지 정보로 구성된다.
- '학번', '성명', '학년', '수강과목', '점수' 속성으로 구성된 [학생] 테이블이 있다.

학생

학번	성명	학년	수강과목	점수
2090111	김철수	1	정보통신	85
2081010	이철준	2	컴퓨터	80
2090223	박태인	1	데이터베이스	88
2072020	김길동	3	운영체제	92
2081533	이영진	2	산업공학	90
2061017	최길동	4	컴퓨터	75

- [학생] 테이블에서 검색을 빠르고 효율적으로 하기 위해 CREATE 명령을 이용해 INDEX를 만든다.

```
CREATE UNIQUE INDEX Stud_idx
ON 학생(학번 ASC);
```

- [학생] 테이블의 '학번' 속성값을 오름차순 정렬하여, 'Stud_idx'라는 이름의 인덱스를 만든 것이다.

Stud_idx

학번	주소
2061017	600
2072020	400
2081010	200
2081533	500
2090111	100
2090223	300

▲ 인덱스 파일

학생

주소	학번	성명	학년	수강과목	점수
100	2090111	김철수	1	정보통신	85
200	2081010	이철준	2	컴퓨터	80
300	2090223	박태인	1	데이터베이스	88
400	2072020	김길동	3	운영체제	92
500	2081533	이영진	2	산업공학	90
600	2061017	최길동	4	컴퓨터	75

▲ 데이터 파일

– 예를 들어 학번 '2081533' 학생의 데이터를 찾고자 하는 경우, 먼저 인덱스 파일에서 '2081533' 학번의 주소 값 '500'을 찾는다. 이어서 데이터 파일에서 주소 '500'에 해당하는 자료가 찾고자 하는 데이터가 되는 것이다.

▶ 인덱스의 장단점

장점	• 데이터 검색 속도의 향상 • 시스템 부하 감소 • 시스템 전체의 성능 향상
단점	• 추가 DB 공간의 필요 • 인덱스 생성 시간 소요 • 잦은 변경 작업(Insert, Update, Delete)으로 인한 성능 저하

02 인덱스 구조

• 인덱스 구조가 어떻게 형성되느냐에 따라 검색의 효율이 좌우된다.
• 대표적인 인덱스 구조에는 B-트리, B$^+$-트리가 있다.

① B-트리(Balanced Tree)

• B-트리는 검색의 효율을 높이기 위해 자료의 구조를 균형 있는 트리 구조로 나타내는 방법이다.
• B-트리에서 하나의 노드에는 여러 개의 자료를 기억할 수 있으며 다음과 같이 구성된다.

▲ B-트리의 노드

• 한 노드의 데이터들은 오름차순 정렬되어 있다.
  – P1 : data1보다 작은 값을 갖는 하위 노드의 주소
  – P2 : data1과 data2의 중간 값을 갖는 하위 노드의 주소
  – P3 : data2보다 큰 값을 갖는 하위 노드 주소
• B-트리의 특징
  – 차수★가 m일 때, 루트(Root) 노드★와 리프(Leaf) 노드★를 제외한 모든 노드는 최소 m/2개, 최대 m개의 서브트리를 갖는다. 즉, 한 노드에는 반절 이상의 자료가 채워져야 한다.
  – 모든 리프(단말) 노드는 같은 레벨에 있다.
  – 루트 노드는 리프 노드가 아닌 이상 적어도 두 개의 서브트리를 갖는다.
  – 한 노드 안에 있는 키 값들은 오름차순으로 구성된다.
  – 검색은 루트 노드에서부터 시작한다.
  – 다음은 노드의 차수가 3인, 3원 B-트리이다.

🅱 기적의 TIP

테이블에서 기본키 속성으로 만든 인덱스를 '기본 인덱스(Primary Index)'라 하고, 일반 속성으로 만든 인덱스를 '보조 인덱스(Secondary Index)'라고 합니다.

★ 차수
노드의 가짓수

★ 루트 노드
트리에서 최상위 노드

★ 리프 노드
단말 노드라고도 하며, 하위 노드가 없는 노드

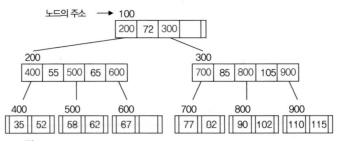

▲ 그림 1

- 한 노드의 키 값은 반 이상 채워져 있으며, 오름차순으로 정렬되어 있다.

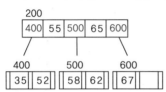

▲ 그림 2

- 〈그림2〉는 〈그림1〉의 일부로 200번지 노드의 값은 '55'와 '65'가 저장된 것이다.
  - 400번지 노드는 '35'와 '52'가 저장된 것이며, 200번지의 '55'보다 작은 값으로 구성된다.
  - 500번지 노드는 '58'과 '62'가 저장된 것이며, 200번지의 '55'와 '65' 사이의 값으로 구성된다.
  - 600번지 노드는 '67'이 저장된 것이며, 200번지의 '65'보다 큰 값으로 구성된다.
- 이와 같은 원리에 따라 트리 구조로 나타낸 것이 B-트리이다.
- 〈그림1〉에서 '77'을 찾을 경우 탐색 트리★의 검색법에 따라 루트 노드의 '72'와 비교하여 크므로 우측 서브 트리를 검색한다. 즉, 300번지 노드로 이동한다. 찾고자 하는 '77'은 300번지 노드에 없으며 '85'보다 작으므로 700번지로 이동한다. 700번지 노드에 찾고자 하는 '77'이 있다.

★ 탐색 트리
루트 값과 비교하여 루트보다 작은 값은 좌측 서브트리로 이동하고, 루트보다 큰 값은 우측 서브트리로 이동하면서 검색하도록 만든 트리

② B⁺-트리

- B 트리의 변형으로 인덱스 세트와 순차 세트로 구성된다.
- 인덱스 세트는 단말 노드를 찾기 위한 인덱스를 제공하고, 순차 세트는 단말 노드로만 구성되어 있다.
- 순차 세트의 단말 노드에는 모든 키 값이 다시 나타나도록 하여 단말 노드만으로도 순차 검색이 가능하다.

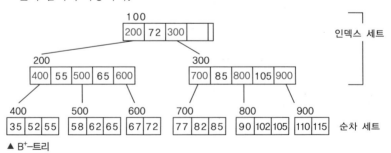

▲ B⁺-트리

03 인덱스 기타 유형

인덱스는 기본적으로 B-트리 구조를 많이 사용하지만 기타 유형으로 클러스터드 인덱스(Clustered Index)와 넌 클러스터드 인덱스(Non Clustered Index)가 있다.

① 클러스터드 인덱스(Clustered Index)
• 테이블에서 하나의 속성을 기준으로 정렬시킨 후, 테이블을 재구성하여 인덱스를 만드는 방법을 말한다.
• 테이블의 물리적 순서(실제 순서)와 인덱스 순서가 동일하다.
• 하나의 테이블에는 하나의 인덱스만 만들 수 있다.
• 아래는 '학번', '이름', '점수' 속성으로 구성된 [학생] 테이블로 클러스터드 인덱스를 만든 것이다.
  – [학생] 테이블의 '학번'을 기준으로 오름차순 하여 테이블을 재구성한다.

학생

학번	이름	점수
500	김길동	80
300	이철수	85
700	박태인	90
400	최태희	65
200	김정미	92
100	이영진	87
600	이찬성	80
900	강희영	92
800	김정애	85

➡

학번	이름	점수
100	이영진	87
200	김정미	92
300	이철수	85
400	최태희	65
500	김길동	80
600	이찬성	80
700	박태인	90
800	김정애	85
900	강희영	92

  – 재구성한 테이블을 일정한 크기로 나눠 page 단위로 구성하고, 각 data page★의 첫 번째 키 값(대표값)과 page 번호로 인덱스를 만든다.

★ data page
페이지 단위로 나누어진 데이터가 저장·관리되는 곳

INDEX

page 대표값	page 번호
100	1
400	2
700	3

data page 1

학번	이름	점수
100	이영진	87
200	김정미	92
300	이철수	85

data page 2

학번	이름	점수
400	최태희	65
500	김길동	80
600	이찬성	80

data page 3

학번	이름	점수
700	박태인	90
800	김정애	85
900	강희영	92

  – page 대표값은 각 data page의 첫 번째 키 값으로 인덱스에서 하나의 대표값은 다음 대표값 이전까지의 범위를 나타낸다.

– 예를 들어 학번이 600번인 학생의 정보를 검색한다면, 먼저 인덱스 테이블에서 600번에 해당하는 page 번호를 찾는다. 600번은 대표값이 400인 경우에 해당된다. 대표값이 400인 경우 page 번호는 2이므로 data page 2에서 600번 학생을 찾으면 된다.

② 넌 클러스터드 인덱스(Non Clustered Index)

• 넌 클러스터드 인덱스는 테이블을 재구성하지 않고, 데이터 주소로 인덱스를 만들어 주소값을 이용하여 검색하는 방법이다.
• 넌 클러스터드 인덱스는 하나의 테이블에 여러 개의 인덱스를 만들 수 있다.
• 인덱스 구조보다 다소 복잡해질 수 있다.
• 아래는 '학번', '이름', '점수' 속성으로 구성된 [학생] 테이블로 넌 클러스터드 인덱스를 만든 것이다.
  – [학생] 테이블을 일정한 크기의 페이지로 나눈다.

data page 1

학번	이름	점수
500	김길동	80
300	이철수	85
700	박태인	90

data page 2

학번	이름	점수
400	최태희	65
200	김정미	92
100	이영진	87

data page 3

학번	이름	점수
600	이찬성	80
900	강희영	92
800	김정애	85

  – 키 값과 데이터의 위치를 나타내는 ROW id로 구성된 인덱스 페이지를 만든다.
  – ROW id는 (page 그룹, data page 번호, 행 위치)로 구성된다(page 그룹은 파일이 여러 종류인 경우 사용되며 여기에서는 생략한다).

index page 01

키값(학번)	Row id
100	2–3
200	2–2
300	1–2
400	2–1
500	1–1

index page 02

키값(학번)	Row id
600	3–1
700	1–3
800	3–3
900	3–2

  – 인덱스 대표값과 인덱스 page 번호로 구성된 ROOT 인덱스를 만든다.

ROOT 인덱스

index 대표값	index page 번호
100	01
600	02

  – 예를 들어 학번이 900인 학생의 정보를 검색한다면, ROOT 인덱스에서 학번 900에 해당하는 인덱스를 찾는다. 900은 인덱스 대표값 600에 해당하므로 인덱스 page 번호 02번으로 이동한다.

– 인덱스 page 번호 02에서 900을 찾는다. ROW id가 '3-2'이므로 data page 3
번의 두 번째 행을 검색하면 된다.

🅑 기적의 TIP

• 클러스터드 인덱스는 실제 데이터의 순서와 인덱스의 순서가 일치하기 때문에 일정한 범위를 가지고 찾는 경우 속도 향상에 도움이 됩니다.
• 클러스터드 인덱스는 삽입, 수정의 경우 변경된 내용을 인덱스에 반영하고 재정렬해야 하므로 넌 클러스터드 인덱스보다 불리합니다.
• 넌 클러스터드 인덱스는 한 개의 특정 값을 찾거나, 많은 양의 데이터 중에서 작은 범위를 찾을 때 유용합니다.

ROOT 인덱스

index 대표값	index page 번호
100	01
600	02

index page 01

키값(학번)	Row id
100	2-3
200	2-2
300	1-2
400	2-1
500	1-1

index page 02

키값(학번)	Row id
600	3-1
700	1-3
800	3-3
900	3-2

data page 1

학번	이름	점수
500	김길동	80
300	이철수	85
700	박태인	90

data page 2

학번	이름	점수
400	최태희	65
200	김정미	92
100	이영진	87

data page 3

학번	이름	점수
600	이찬성	80
900	강희영	92
800	김정애	85

04 인덱스 정의어

• 데이터베이스 내의 자료를 보다 효율적으로 검색하기 위해 인덱스를 만들며, 시스템에 의해 자동 관리된다.
• 인덱스는 DB 사용자에 의해 DDL문을 통해 '생성·제거·수정'이 가능하다.
• 인덱스의 정의어는 표준 SQL에 포함되지 않아 DBMS 제품마다 구문이 약간씩 다르다.

① 인덱스 생성

• 인덱스는 CREATE INDEX문에 의해 생성되며, 테이블에 있는 하나 이상의 속성(컬럼)으로 만들 수 있다.
• 다음과 같은 구문에 따라 만들어진다.

▶ **구문**

```
CREATE [UNIQUE] INDEX 인덱스_이름
ON 테이블_이름(속성_이름 [ASC|DESC])
[CLUSTER];
```

– UNIQUE : 중복을 허용하지 않도록 인덱스를 생성할 때 사용되며, 생략 시 중복이 허용된다.
– ON 테이블_이름(속성_이름) : 지정된 테이블의 속성으로 인덱스를 만든다.
– [ASC|DESC] : 인덱스로 사용될 속성값의 정렬 방법을 나타내며 ASC는 오름차순, DESC는 내림차순을 의미한다.

– CLUSTER : 인접된 튜플들을 물리적인 그룹으로 묶어 저장하도록 할 때 사용된다.

> **예1** [학생] 테이블의 학과 속성값을 오름차순 정렬하여, 중복을 허용하지 않도록 'stud_idx'라는 이름의 인덱스를 생성하시오.

```
CREATE UNIQUE INDEX stud_idx ON 학생(학과 ASC);
```

> **예2** [회원] 테이블의 회원명 속성값과 주소 속성값을 이용하여, 중복을 허용하지 않도록 'member_idx'라는 이름의 인덱스를 생성하시오.

```
CREATE UNIQUE INDEX member_idx ON 회원(회원명, 주소);
```

② 인덱스 제거

- 인덱스는 보통 DROP INDEX문에 의해 제거된다.
- DROP INDEX문뿐만 아니라 ALTER TABLE 명령 뒤에 DROP INDEX 명령이 추가되는 형태로도 사용된다.
- 일반적으로 인덱스가 테이블에 종속되어 존재하기 때문에 인덱스를 제거하기 위해서는 테이블의 변경 후, 인덱스를 제거하게 된다.
- 인덱스 생성 후 DB에서 많은 조작 작업을 수행하다 보면 성능이 저하되므로 사용하지 않는 인덱스는 삭제하는 것이 바람직하다.
- 다음과 같은 구문에 따라 인덱스가 제거된다.

▶ **구문**

```
DROP INDEX 인덱스_이름;
```

– 인덱스_이름 : 제거할 인덱스 이름을 의미한다.

> **예** 'stud_idx'라는 이름의 인덱스를 제거하시오.

```
DROP INDEX stud_idx;
```

③ 인덱스 수정

- 인덱스는 ALTER INDEX문에 의해 재생성된다. 즉, 기존 인덱스를 삭제하고 다시 생성하게 된다.
- 최초에 생성된 인덱스를 수정하는 경우는 매우 드물다. 따라서 일부 DBMS에서는 수정하는 SQL문을 지원하지 않는다.
- 다음과 같은 구문에 따라 인덱스가 수정된다.

▶ **구문**

```
ALTER [UNIQUE] INDEX 인덱스_이름
  ON 테이블_이름(속성_이름 [ASC|DESC]);
```

예 [학생] 테이블의 학과 속성값을 내림차순 정렬하여, 중복을 허용하지 않도록 'stud_idx'라는 이름의 인덱스를 수정하시오.

```
ALTER UNIQUE INDEX stud_idx ON 학생(학과 DESC);
```

05 인덱스 스캔(Index Scan) 방식

- 인덱스는 다양한 기준으로 구분할 수 있다. 속성값의 유일성에 따라 Unique와 Nonunique로 구분하고, 인덱스를 구성하는 속성의 수에 따라 단일 인덱스와 결합 인덱스 그리고 인덱스의 물리적 구성 방식에 따라 B*Tree, 비트맵(Bitmap) 그리고 클러스터(Cluster)로 구분한다.
- 가장 일반적으로 사용되는 것은 밸런스드 트리 인덱스(Balanced Tree Index)이며, B*Tree 인덱스라고도 한다.

01 아래 〈제품〉 테이블에서 제품 검색을 효율적으로 하기 위해 '제품코드'를 이용해 오름차순하여 기본 인덱스를 생성하는 SQL문을 작성하시오.

제품

제품코드	제품명	단가
P-001	프린터	100,000
M-002	모니터	120,000
H-003	하드디스크	70,000
D-004	DVD	40,000
I-005	무선공유기	35,000
K-001	키보드	5,000
M-001	마우스	6,000
C-006	화상카메라	15,000

• 답 :

02 다음의 설명과 부합하는 인덱스의 종류를 쓰시오.

> 가. 테이블의 하나의 속성을 기준으로 정렬시킨 후, 테이블을 재구성하여 인덱스를 만드는 방법이다.
> 나. 테이블의 물리적 순서와 인덱스 순서가 동일하고, 하나의 테이블에는 하나의 인덱스만 만들 수 있다.
> 다. 실제 데이터의 순서와 인덱스의 순서가 일치하기 때문에 일정한 범위를 가지고 찾는 경우 속도 향상에 도움이 된다.

• 답 :

03 데이터베이스에서 군집화에 대하여 간략히 설명하시오.

• 답 :

ANSWER **01** CREATE UNIQUE INDEX code_idx ON 제품(제품코드 ASC);
02 클러스터드 인덱스
03 군집화(Clustering)는 데이터들을 유사한 특성을 지닌 몇 개의 소그룹으로 분할하는 작업을 뜻하며, 다른 데이터마이닝 작업을 위한 선행 작업으로서의 역할을 수행하는 경우가 많다.

뷰(VIEW)와 시스템 카탈로그

빈출 태그 DDL · CREATE VIEW

01 뷰(VIEW)

> **기적의 TIP**
>
> VIEW의 개념 및 생성과 삭제 방법들을 알아두세요.

- 뷰는 하나 이상의 테이블로부터 유도되어 만들어진 가상 테이블로 처리 과정 중의 중간 내용이나 기본 테이블 중 일부 내용을 검색해 보여 주거나 별도로 관리하고자 하는 경우 사용하는 임시 테이블이다.
- 뷰는 실제 물리적으로 기억공간을 차지하지 않으며, 논리적 독립성을 제공하고, 데이터 접근제어로 보안성을 향상한다.

학생

학번	성명	학년	수강과목	점수	연락처
2090111	김철수	1	정보통신	85	234-4567
2081010	이철준	2	컴퓨터	80	432-1234
2090223	박태인	1	데이터베이스	88	245-2151
2072020	김길동	3	운영체제	92	
2081533	이영진	3	산업공학	90	242-4461
2061017	최길동	4	컴퓨터	75	625-7588

> **예** [학생] 테이블에서 3학년 이상 학생의 학번과 성명을 검색하시오.

```
SELECT 학번, 성명
FROM 학생
WHERE 학년>=3;
```

〈결과〉

학번	성명
2081010	이철준
2081533	이영진
2061017	최길동

〈풀이〉

검색된 결과를 보여주는 이 테이블은 전체 테이블(기본 테이블) 중에서 사용자가 검색한 일부를 보여 주기 위한 테이블이다. 이 테이블은 기억공간을 차지하지 않으며 화면상에 보여지는 임시 테이블이다. 이러한 테이블을 '뷰(VIEW)'라고 한다.

① 뷰의 생성

• 뷰를 생성하기 위해서는 CREATE 명령문을 이용한다.

▶ 구문

```
CREATE VIEW 뷰_이름[(뷰_속성이름)]
AS SELECT 기본테이블의 속성_이름
FROM 기본테이블_이름
[WHERE 조건]
[WITH CHECK OPTION];
```

- CREATE VIEW 뷰_이름[(뷰_속성이름)] : 뷰도 테이블이므로 뷰의 이름과 뷰를 구성할 속성의 이름을 기재한다.
- AS SELECT 기본테이블의 속성_이름 FROM 기본테이블_이름 : 기본 테이블은 뷰를 만들기 위해 사용되는 대상 테이블로 기본 테이블의 이름과 기본 테이블의 속성 이름을 기재한다.
  • 기본 테이블의 속성 이름과 뷰에서 사용될 속성 이름은 다르게 부여할 수 있으며, 뷰의 속성 이름을 생략하는 경우 기본 테이블의 속성 이름과 동일한 속성 이름을 갖는다.
- WITH CHECK OPTION : 뷰에 대한 갱신, 삽입, 수정 등의 연산 시 WHERE 절의 조건에 맞지 않으면 실행이 되지 않도록 할 때 사용하는 옵션이다.

예 [학생] 테이블에서 3학년 학생의 학번과 성명, 연락처 속성을 이용하여 학번, 이름, 전화번호 속성으로 구성된 '3학년연락처' 뷰를 생성하시오.

```
CREATE VIEW 3학년연락처(학번, 이름, 전화번호)
AS SELECT 학번, 성명, 연락처
FROM 학생
WHERE 학년=3;
```

〈결과〉

3학년연락처

학번	이름	전화번호
2081010	이철준	432-1234
2081533	이영진	242-4461

〈풀이〉

[학생] 테이블이 기본 테이블이 되며 [학생] 테이블의 '학번', '성명', '연락처' 속성을 이용하여 '학번', '이름', '전화번호' 속성을 가진 '3학년연락처' 뷰가 생성된다. 참고로 뷰에서 사용될 속성 이름을 생략하면 [학생] 테이블의 속성인 '학번', '성명', '연락처'가 뷰에 동일하게 적용된다.

② 뷰의 삭제

- 뷰를 삭제할 때는 DROP 명령어를 이용해 삭제한다.

▶ 구문

```
DROP VIEW 뷰_이름 [RESTRICT | CASCADE];
```

- DROP VIEW 뷰_이름 : 삭제할 뷰의 이름을 기재한다.
- RESTRICT | CASCADE : 삭제 시 옵션으로 둘 중 하나를 선택한다.
  - RESTRICT : 삭제할 요소가 사용(참조) 중이면 삭제가 이루어지지 않는다.
  - CASCADE : 삭제할 요소가 사용(참조) 중이더라도 삭제가 이루어지며, 연관된 모든 요소들도 일괄적으로 삭제된다.

예 위에서 생성한 '3학년연락처' 뷰를 제거하고, 연관된 뷰들도 연쇄적으로 제거하시오.

```
DROP VIEW 3학년연락처 CASCADE;
```

➕ 더 알기 TIP

뷰의 특징

- 뷰가 정의된 기본 테이블이 제거되면, 뷰도 자동적으로 제거된다.
- 뷰에 대한 검색(SELECT)은 일반 테이블과 거의 동일하다.
- 뷰에 대한 삽입, 삭제, 갱신은 제약이 따른다. 뷰의 속성 중 기본 테이블의 기본키가 포함되어 있지 않으면 삽입, 삭제, 갱신이 되지 않는다.
- 보안 측면에서 뷰를 활용할 수 있다.
- 뷰는 ALTER문을 이용하여 변경할 수 없다.
- 한 번 정의된 뷰는 변경할 수 없으며, 삭제한 후 다시 생성해야 한다.

02 시스템 카탈로그(System Catalog)

- 시스템 카탈로그는 데이터베이스에 저장되어 있는 테이블, 인덱스, 뷰, 제약조건, 사용자 등 개체들에 대한 정보와 정보들 간의 관계를 저장한 것으로 그 자체가 하나의 작은 데이터베이스이다.
- 시스템 카탈로그는 데이터 사전(Data Dictionary)이라고도 한다.
- 시스템 카탈로그에 저장된 데이터를 메타 데이터(Meta Data)★라고 한다.
- 시스템 카탈로그는 일반 테이블과 같이 시스템 테이블로 구성된다.
- 일반 사용자도 시스템 카탈로그의 내용을 검색할 수 있지만, 시스템 카탈로그의 내용을 삽입, 삭제, 갱신 등은 불가능하다.
- 시스템 카탈로그 갱신은 사용자가 SQL문을 실행하면 시스템에 의해 자동적으로 이루어진다.

🏆 기적의 TIP

일상 생활에서도 '카탈로그'라는 용어를 많이 사용합니다. 예를 들어 전자제품 카탈로그는 전자 제품에 대한 종류, 기능, 크기, 가격 등 여러 가지 정보를 담고 있습니다. 이와 같이 시스템 카탈로그는 데이터베이스에 저장된 각 개체들에 대한 정보를 담고 있습니다.

★ 메타 데이터(Meta Data)
저장된 데이터에 관한 데이터를 말한다.

01 다음 괄호에 들어갈 알맞은 내용을 채우시오.

(①)	관계 데이터베이스의 처리 과정 중 중간 내용이나 기본 테이블의 일부 내용을 검색 또는 별도로 관리하고자 하는 등에 사용하기 위해 하나 이상의 테이블로부터 유도되어 만들어진 가상 테이블을 말하며, 실제로 기억공간을 차지하지는 않으며, 논리적 독립성을 제공하고, 데이터 접근제어로 보안성을 향상시킬 수 있다.
(②)	'사원번호', '사원명', '부서', '연락처' 속성으로 구성된 [사원] 테이블에서 부서가 '총무부'인 사원들에 대한 사번, 이름, 연락처 속성을 가진 '총무부사원명단'(①)(을)를 만들기 위한 명령문은 다음과 같다. CREATE VIEW 총무부사원명단(사번, 이름, 연락처) (②) 사원번호, 사원명, 연락처 FROM 사원 WHERE 부서='총무부';
(③)	데이터베이스에 사용되는 테이블, 인덱스, 뷰, 제약조건, 사용자 등에 대한 정보와 정보들 간의 관계를 저장한 것으로 그 자체가 하나의 작은 데이터베이스이며, 데이터 사전(Data Dictionary)이라고도 한다.

• ① :

• ② :

• ③ :

02 뷰(VIEW)는 데이터베이스 시스템에 논리적인 독립성을 제공하고 보안성을 향상하는 장점을 가진 것으로, 하나 이상의 테이블로부터 유도되어 만들어진 가상 테이블을 말한다. 뷰(VIEW)는 CREATE 명령문에 의해 생성되며 DROP 명령문에 의해 삭제된다. 다음은 D 회사의 사원들에 대한 정보를 저장하기 위한 릴레이션 스키마이다.

사원

사원번호	사원명	부서	직위	연락처

[사원] 테이블에서 직위가 대리인 사원들에 대한 사번, 이름, 연락처를 가진 '대리사원명단' 뷰(VIEW)를 만들기 위한 SQL 명령문을 작성하시오(단, 생성 이후 조건에 맞지 않는 경우는 수행되지 않도록 한다).

• 답 :

ANSWER **01** ① 뷰(VIEW) ② AS SELECT ③ 시스템 카탈로그
02 CREATE VIEW 대리사원명단(사번, 이름, 연락처) AS SELECT 사원번호, 사원명, 연락처 FROM 사원 WHERE 직위='대리' WITH CHECK OPTION;

01 부속(하위) 질의

- 부속 질의는 구조적으로 상위 질의어에 포함되는 하위 질의어로 일반적으로 '서브 쿼리(Subquery)'라고 한다.
- 서브 쿼리는 하나의 SELECT 문장의 절 안에 포함된 또 하나의 SELECT문을 말한다.
- 서브 쿼리를 포함하고 있는 쿼리문을 메인 쿼리(Main query), 포함된 또 하나의 쿼리를 서브 쿼리(Sub query)라 한다.
- 서브 쿼리의 결과값은 메인 쿼리로 반환되어 사용된다.
- 서브 쿼리는 메인 쿼리가 실행되기 이전에 한 번만 실행된다.
- 서브 쿼리가 반환하는 행의 수에 따라 단일 행 서브 쿼리와 다중 행 서브 쿼리가 있다.

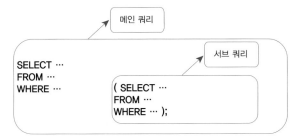

① 서브 쿼리 활용 시 유의사항

- 서브 쿼리는 비교 연산자의 오른쪽에 기술해야 하고 반드시 소괄호 ( ) 안에서 사용한다.
- 서브 쿼리가 반환하는 행의 수 또는 컬럼 수는 메인 쿼리가 기대하는 행의 수 또는 컬럼 수와 일치하여야 한다.
- 서브 쿼리는 ORDER BY절을 사용하지 않는다.
- 메인 쿼리의 FROM절에 있는 컬럼명은 서브 쿼리 내에서 사용될 수 있으나, 서브 쿼리의 FROM절에 있는 컬럼명은 메인 쿼리에서 사용할 수 없다.

성적

학번	성명	학년	학과	점수
201231	강희영	1	컴퓨터	80
201701	홍길동	1	수학	90
191211	김영진	2	컴퓨터	100
182011	이철수	3	통계학	70
171711	김선희	4	수학	80

② 단일 행(Single Row) 서브 쿼리

★ 단일 행 서브 쿼리의 WHERE 절에 사용되는 비교 연산자

=	같다
〈 〉	같지 않다
〉	크다(초과)
〉=	크거나 같다(이상)
〈	작다(미만)
〈=	작거나 같다(이하)

- 단일 행(Single Row) 서브 쿼리는 서브 쿼리 수행 결과가 오직 하나의 행(로우, row)만 반환된다.
- 단일 행 서브 쿼리문에서는 오직 하나의 행(로우, row)으로 반환되는 서브 쿼리의 결과는 메인 쿼리에 반환되는데 메인 쿼리의 WHERE절에서는 단일 행 비교 연산자★인 =, 〈 〉, 〉, 〉=, 〈, 〈=를 사용해야 한다.

예 1 [성적] 테이블에서 '김영진'과 동일한 학과인 학생을 검색하시오.

```
SELECT *
FROM 성적
WHERE 학과 = ( SELECT 학과
              FROM 성적
              WHERE 성명 = '김영진' );
```

〈결과〉

학번	성명	학년	학과	점수
201231	강희영	1	컴퓨터	80
191211	김영진	2	컴퓨터	100

예 2 [성적] 테이블에서 '강희영'의 점수보다 더 높은 점수를 받은 학생을 검색하시오.

```
SELECT *
FROM 성적
WHERE 점수 > ( SELECT 점수
              FROM 성적
              WHERE 성명 = '강희영' );
```

〈결과〉

학번	성명	학년	학과	점수
201701	홍길동	1	수학	90
191211	김영진	2	컴퓨터	100

③ 다중 행(Multiple Row) 서브 쿼리

- 다중 행(Multiple Row) 서브 쿼리는 서브 쿼리에서 반환되는 결과가 여러 행이 반환된다.
- 다중 행 서브 쿼리는 반드시 다중 행 연산자(Multiple Row Operator)와 함께 사용해야 한다.
- 다중 행 연산자(Multiple Row Operator)는 다음과 같다.

★ 다중 행 서브 쿼리 ALL 연산자의 의미

WHERE 속성_이름 〈 ALL	비교 대상 중 서브 쿼리 최솟값보다 작다.
WHERE 속성_이름 〉 ALL	비교 대상 중 서브 쿼리 최댓값보다 크다.

IN	메인 쿼리의 비교 조건 ('=' 연산자로 비교할 경우)이 서브 쿼리의 결과 중에서 하나라도 일치하면 참이다.
ANY, SOME	메인 쿼리의 비교 조건이 서브 쿼리의 검색 결과와 하나 이상이 일치하면 참이다.
ALL★ 2022년 2회	메인 쿼리의 비교 조건이 서브 쿼리의 검색 결과와 모든 값이 일치하면 참이다.
EXISTS	메인 쿼리의 비교 조건이 서브 쿼리의 결과 중에서 만족하는 값이 하나라도 존재하면 참이다.

예1 [성적] 테이블에서 점수가 80점 이상인 학생의 학과와 같은 학과의 학생을 검색하시오.

```
SELECT *
FROM 성적
WHERE 학과 IN ( SELECT 학과
               FROM 성적
               WHERE 점수 >= 80 );
```

〈결과〉

학번	성명	학년	학과	점수
201231	강희영	1	컴퓨터	80
201701	홍길동	1	수학	90
191211	김영진	2	컴퓨터	100
171711	김선희	4	수학	80

예2 [성적] 테이블에서 학과가 '수학'인 전체 학생의 점수보다 더 큰 점수를 받은 학생의 학번, 성명, 학년, 점수를 검색하시오.

```
SELECT 학번, 성명, 학년, 점수
FROM 성적
WHERE 점수 > ALL (SELECT 점수 FROM 성적 WHERE 학과 = '수학');
```

〈결과〉

학번	성명	학년	점수
191211	김영진	2	100

02 조인(JOIN) 2021년 2회

- 조인(JOIN)★이란 둘 이상의 테이블로부터 특정 공통된 값을 갖는 행을 연결하거나 조합하여 검색하는 것으로 관계형 DBMS에서 매우 중요한 연산이다.
- SQL의 SELECT문의 FROM 절에 두 개 이상의 테이블을 대상으로 조인 조건에 부합하는 조인 연산(⋈)을 수행한다.
- SQL 표준에서는 다양한 조인의 문법이 존재하지만, 각 DBMS마다 조인 문법에 차이가 있으므로 실무에서는 사용하는 DBMS에 적합한 조인 쿼리를 수행해야 한다.
- 조인의 필요성 : 여러 테이블에 흩어져 있는 정보 중에서 사용자가 필요한 정보를 가져와서 하나의 가상 테이블로 결과를 보여준다.

기적의 TIP

조인은 관계형 데이터베이스 시스템에서 자주 사용되는 대표적인 문법이지만 시험에서는 특정 DBMS에 국한하여 문제가 출제되지 않습니다. 관계형 데이터 연산에서의 조인 연산(⋈)의 개념을 꼼꼼히 정리해 두세요.

★ 정규화와 조인
정규화는 데이터의 중복을 최소화하기 위해 릴레이션을 분해하는 기법이고, 조인은 다중 테이블에 대한 검색의 효율성을 위해 릴레이션을 결합하는 기법이다.
- **정규화** : 릴레이션 분해
- **조인** : 릴레이션 결합

① 조인의 종류 2024년 1회

- 조인에는 논리적 조인과 물리적 조인★이 있다. 논리적 조인의 종류는 다음과 같이 구분한다.

내부 조인(Inner Join)	• 동등 조인(Equi Join) : 동일 컬럼을 기준으로 조합하여 나타냄 • 비동등 조인(Non-Equi Join) : 동일 컬럼이 없이 다른 조건을 사용하여 나타냄
외부 조인(Outer Join)	• Left Outer Join, Right Outer Join, Full Outer Join • 조인 조건에 만족하지 않는 행도 나타냄
셀프 조인(Self Join)	한 테이블 내에서 조인하여 나타냄
교차 조인(Cross Join)	• 카티션 곱(Cartesian Product) • 조인 조건이 생략 또는 누락되어 모든 조합 행을 나타냄
세타 조인(Theta Join)★	조인에 참여하는 두 릴레이션의 속성 값을 비교하여 조건을 만족하는 튜플만 반환

학생

학번	성명	학년	학과번호
201231	강희영	1	D14
201701	홍길동	1	D13
191211	김영진	2	D14
182011	이철수	3	D15
171711	김선희	4	D13

학과

학과번호	학과명	학과사무실
D11	경영학	101호
D12	사회복지	201호
D13	수학	301호
D14	컴퓨터	401호
D15	통계학	501호

② 컬럼명의 모호성 해결 방법

- 조인 수행 시 두 테이블에 동일한 컬럼이름을 사용하면 어느 테이블 소속인지 불분명한 상태라는 오류 메시지가 출력되고 조인을 수행하지 않는다.
- 컬럼명의 모호성을 해결하기 위해 컬럼이름을 구분할 때, SELECT절이나 WHERE절에 '테이블명.컬럼명'으로 표현한다.
- 또한 테이블에 별칭을 부여하면 테이블이름을 단순화할 수 있으며 FROM절에 "테이블명 별명" 형태로 테이블명과 별명★ 사이에 한 칸 이상의 공백을 띄운다.

★ 별명(Alias)
데이터, 컬럼, 테이블 등에 별칭을 주어 명확한 식별 및 간결성을 위해 사용된다.
• Oracle 테이블 별명 예
SELECT S.학번 FROM 학생 S;
• MySQL 테이블 별명 예
SELECT S.학번 FROM 학생 AS S;

> **예** [학생] 테이블에서 성명과 학과번호를 검색하시오.

```
SELECT 성명, 학과번호
FROM 학생;
```

```
SELECT 학생.성명, 학생.학과번호
FROM 학생;
```

```
SELECT S.성명, S.학과번호
FROM 학생 S;
```

〈결과〉

성명	학과번호
강희영	D14
홍길동	D13
김영진	D14
이철수	D15
김선희	D13

③ 교차 조인(Cross Join) _{2021년 3회}

- 교차 조인(Cross Join)은 카티션 곱(Cartesian Product)이라고도 하며, WHERE절에 JOIN 조건이 존재하지 않을 경우로 JOIN에 참조되는 두 테이블의 각 행의 행수를 모두 곱한 결과의 행수로 테이블이 반환된다.
- 반환되는 결과 테이블은 두 테이블의 디그리★의 합과 카디널리티★의 곱의 크기이다.
- 교차 조인은 단순 결합된 형태이기 때문에 조인 결과가 무의미한 결과이므로 조인을 할 때는 조건을 명확히 지정한 다른 조인 방법을 활용하는 것이 바람직하다.

> **예** [학생] 테이블과 [학과] 테이블을 교차 조인★하는 SQL문을 작성하시오.

```
SELECT *
FROM 학생, 학과;
```

〈결과〉

학번	성명	학년	학생.학과번호	학과.학과번호	학과명	학과사무실
201231	강희영	1	D14	D11	경영학	101호
201231	강희영	1	D14	D12	사회복지	201호
201231	강희영	1	D14	D13	수학	301호
201231	강희영	1	D14	D14	컴퓨터	401호
201231	강희영	1	D14	D15	통계학	501호
201701	홍길동	1	D13	D11	경영학	101호
201701	홍길동	1	D13	D12	사회복지	201호
201701	홍길동	1	D13	D13	수학	301호
201701	홍길동	1	D13	D14	컴퓨터	401호
201701	홍길동	1	D13	D15	통계학	501호
191211	김영진	2	D14	D11	경영학	101호
191211	김영진	2	D14	D12	사회복지	201호
191211	김영진	2	D14	D13	수학	301호
191211	김영진	2	D14	D14	컴퓨터	401호
191211	김영진	2	D14	D15	통계학	501호
182011	이철수	3	D15	D11	경영학	101호
182011	이철수	3	D15	D12	사회복지	201호
182011	이철수	3	D15	D13	수학	301호
182011	이철수	3	D15	D14	컴퓨터	401호
182011	이철수	3	D15	D15	통계학	501호
171711	김선희	4	D13	D11	경영학	101호
171711	김선희	4	D13	D12	사회복지	201호
171711	김선희	4	D13	D13	수학	301호
171711	김선희	4	D13	D14	컴퓨터	401호
171711	김선희	4	D13	D15	통계학	501호

〈풀이〉
- 학번 테이블의 로우의 개수×학과 테이블의 로우의 개수 = 5×5 = 25 (로우)
- 학번 테이블의 컬럼의 개수+학과 테이블의 컬럼의 개수 = 4+3 = 7 (컬럼)

★ 디그리(Degree)
컬럼(속성)의 개수

★ 카디널리티(Cardinality)
로우(튜플)의 개수

★ 교차 조인
- Oracle
```
SELECT *
FROM 학생, 학과;
```

- ANSI SQL표준
```
SELECT *
FROM 학생 CROSS JOIN 학과;
```

④ 동등 조인(Equi Join)

- 동등 조인(Equi Join)은 가장 많이 사용하는 조인 방법으로, 조인 대상이 되는 두 테이블에서 공통적으로 존재하는 컬럼의 값이 일치되는 공통 행을 연결하여 결과를 생성하는 조인 방법이다. 등가 조인이라고도 한다.
- WHERE절에 1개 이상의 조인 조건을 반드시 작성한다.
- 동등 조인은 WHERE절에 조인 조건으로 '=' 비교 연산자를 사용한다.

예 [학생] 테이블과 [학과] 테이블을 동등 조인하는 SQL문을 작성하시오.

```
SELECT *
FROM 학생 S, 학과 D
WHERE S.학과번호 = D.학과번호;
```

〈결과〉

학번	성명	학년	학과번호	학과번호	학과명	학과사무실
201231	강희영	1	D14	D14	컴퓨터	401호
201701	홍길동	1	D13	D13	수학	301호
191211	김영진	2	D14	D14	컴퓨터	401호
182011	이철수	3	D15	D15	통계학	501호
171711	김선희	4	D13	D13	수학	301호

⑤ 자연 조인(Natural Join)

- 자연 조인(Natural Join)은 ANSI SQL 표준으로 대부분의 DBMS에서 사용되는 조인 문법이다.
- 자연 조인은 테이블 간의 모든 컬럼을 대상으로 공통 컬럼을 자동으로 조사하여 같은 컬럼명을 가진 값이 일치할 경우 조인 조건을 수행한다.
- 동등 조인은 FROM절의 테이블 수에 따라 WHERE절에 조인 조건식을 작성하지만, 자연 조인은 FROM절에 NATURAL INNER JOIN을 명시하여 간결하게 조인을 진행한다. INNER는 생략 가능하다.

예 [학생] 테이블과 [학과] 테이블을 자연 조인하는 SQL문을 작성하시오.

```
SELECT *
FROM 학생 NATURAL INNER JOIN 학과;
```

또는

```
SELECT *
FROM 학생 NATURAL JOIN 학과;
```

〈결과〉

학번	성명	학년	학과번호	학과명	학과사무실
201231	강희영	1	D14	컴퓨터	401호
201701	홍길동	1	D13	수학	301호
191211	김영진	2	D14	컴퓨터	401호
182011	이철수	3	D15	통계학	501호
171711	김선희	4	D13	수학	301호

⑥ JOIN~ON _{2021년 2회}

- 두 테이블을 JOIN 연산한 뒤 자료를 검색하는 형태의 질의문을 말한다.
- [테이블1] JOIN [테이블2] ON [조인조건] 형태로 구성된다.

학생정보

학번	이름	학과	학년	연락처
190111	김감찬	컴퓨터	1	234-4567
181010	이철수	기계	3	432-1234
190223	김정애	컴퓨터	1	245-2151
172020	이길동	수학	2	246-1177
181533	이영진	법학	3	242-4461
161017	이순신	체육	4	625-7588

학과인원

학과	학생수
컴퓨터	35
기계	25
수학	30
법학	20
체육	32
전기	33

예 [학생정보] 테이블과 [학과인원] 테이블에서 학과명이 같은 튜플을 JOIN하여 이름, 학과, 학생수를 검색하시오.

```
SELECT 이름, 학과, 학생수
FROM 학생정보 JOIN 학과인원 ON (학생정보.학과=학과인원.학과);
```

〈풀이〉
[학생정보] 테이블과 [학과인원] 테이블을 일반적으로 자연조인을 수행한 뒤 이름, 학과, 학생수를 검색한다.

〈조인결과〉

학번	이름	학과	학년	연락처	학생수
190111	김감찬	컴퓨터	1	234-4567	35
181010	이철수	기계	3	432-1234	25
190223	김정애	컴퓨터	1	245-2151	35
172020	이길동	수학	2	246-1177	30
181533	이영진	법학	3	242-4461	20
161017	이순신	체육	4	625-7588	32

〈검색결과〉

이름	학과	학생수
김감찬	컴퓨터	35
이철수	기계	25
김정애	컴퓨터	35
이길동	수학	30
이영진	법학	20
이순신	체육	32

03 집합(SET) 연산자

- DML의 SELECT문의 질의 결과 행으로 얻은 두 테이블을 집합(SET) 연산자로 집합 단위의 연산을 할 수 있다.
- 집합 연산자에는 UNION, UNION ALL, INTERSECT, MINUS가 있다.
- 집합 연산의 질의 결과는 하나의 테이블로 반환된다.

① 집합 연산자의 종류

UNION	두 질의 결과 행을 합치고 중복을 제거함	
UNION ALL	두 질의 결과 행을 합치고 중복을 포함함	
INTERSECT	두 질의 결과 행의 공통되는 행	
MINUS	첫 번째 질의 결과에서 두 번째 질의 결과에 있는 행을 제거한 값	

② 집합 연산자 활용 시 유의사항 2023년 3회

- 각 집합 SELECT문의 질의 결과는 컬럼 수가 반드시 같아야 집합 연산을 수행할 수 있다.
- 각 집합 SELECT문의 질의 결과는 컬럼의 자료형이 반드시 같아야 집합 연산을 수행할 수 있다.
- MINUS 연산자는 각 집합의 SELECT문의 질의 결과의 순서에 따라 결과가 상이하다.
- 각 집합의 SELECT문은 ORDER BY절을 포함하지 못하지만, 전체 결과 행에 대한 ORDER BY절은 포함할 수 있다.
- 전체 결과 행에 관한 ORDER BY절은 컬럼명보다 순서번호를 사용한다.

데이터베이스

학번	성명	학년	학과
201231	강희영	1	컴퓨터
201701	홍길동	1	수학
191211	김영진	2	컴퓨터
182011	이철수	3	통계학
171711	김선희	4	수학

인공지능

학번	성명	학년	학과
201231	강희영	1	컴퓨터
181533	박서준	3	전자
191211	김영진	2	컴퓨터
202011	이철수	1	통계학
171730	신민준	4	수학

③ UNION 연산자

- UNION 연산자는 각 SELECT문의 질의 결과에 대한 각 집합의 합을 반환하는 합집합 연산자이다.
- UNION 연산자의 경우는 각 집합의 합의 결과에 대해 중복 행을 제거하고 반환된다.

> 예 [데이터베이스] 테이블과 [인공지능] 테이블을 활용하여 데이터베이스 과목과 인공지능 과목을 수강하는 학생을 검색하시오.

```
SELECT * FROM 데이터베이스
UNION
SELECT * FROM 인공지능;
```

〈결과〉

학번	성명	학년	학과
201231	강희영	1	컴퓨터
201701	홍길동	1	수학
191211	김영진	2	컴퓨터
182011	이철수	3	통계학
171711	김선희	4	수학
181533	박서준	3	전자
202011	이철수	1	통계학
171730	신민준	4	수학

④ UNION ALL 연산자

- UNION ALL 연산자는 각 SELECT문의 질의 결과에 대한 각 집합의 합을 반환하는 합집합 연산자이다. 이때 UNION ALL은 중복된 결과 행을 포함하여 최종 반환된다.

> 예 [데이터베이스] 테이블과 [인공지능] 테이블을 활용하여 데이터베이스 과목과 인공지능 과목을 수강하는 학생을 검색하시오(단, 중복된 결과 행을 모두 포함한다).

```
SELECT * FROM 데이터베이스
UNION ALL
SELECT * FROM 인공지능;
```

〈결과〉

학번	성명	학년	학과
201231	강희영	1	컴퓨터
201701	홍길동	1	수학
191211	김영진	2	컴퓨터
182011	이철수	3	통계학
171711	김선희	4	수학
201231	강희영	1	컴퓨터
181533	박서준	3	전자
191211	김영진	2	컴퓨터
202011	이철수	1	통계학
171730	신민준	4	수학

⑤ INTERSECT 연산자

• INTERSECT 연산자는 각 SELECT문의 질의 결과에 대한 각 집합의 공통된 행을 반환하는 교집합 연산자이다.

• MySQL에서는 교집합 연산자가 없다.

예 [데이터베이스] 테이블과 [인공지능] 테이블을 활용하여 데이터베이스 과목과 인공지능 과목을 동시에 수강하는 학생을 검색하시오. (Oracle의 경우)

```
SELECT * FROM 데이터베이스
INTERSECT
SELECT * FROM 인공지능;
```

〈결과〉

학번	성명	학년	학과
201231	강희영	1	컴퓨터
191211	김영진	2	컴퓨터

⑥ MINUS 연산자

• MINUS 연산자는 기준이 되는 SELECT문의 질의 결과에 대한 집합의 행에서 공통 행을 제외한 행을 반환하는 차집합 연산자이다.

• Oracle에서는 MINUS, SQL Server에서는 EXCEPT 연산자를 각각 사용한다.

• MySQL에서는 차집합 연산자가 없다.

예 [데이터베이스] 테이블과 [인공지능] 테이블을 활용하여 인공지능 과목은 수강하지 않고 데이터베이스 과목만 수강하는 학생을 검색하시오. (Oracle의 경우)

```
SELECT * FROM 데이터베이스
MINUS
SELECT * FORM 인공지능;
```

〈결과〉

학번	성명	학년	학과
201701	홍길동	1	수학
182011	이철수	3	통계학
171711	김선희	4	수학

01 아래 보기의 두 개의 테이블을 조인하여 이름(NAME), 부서코드(DEPT_ID), 부서명(DEPT_NAME)을 직원 테이블 (S_EMP)의 나이(AGE) 순으로 출력하는 SQL문의 빈칸을 완성하시오.

S_EMP   S_DEPT

NAME	AGE	LEVEL	DEPT_ID	DEPT_ID	DEPT_NAME	NUMBER
홍길동	25	4	20	10	기획팀	4
강감찬	40	7	30	20	영업팀	6
이순신	42	7	40	30	경영지원팀	5
계백	38	6	40	40	개발팀	22
이성계	45	8	50	50	서비스팀	12

〈SQL문〉

```
SELECT S_EMP.NAME, S_EMP.DEPT_ID, S_DEPT.DEPT_NAME
FROM S_EMP, S_DEPT
WHERE S_EMP.DEPT_ID _____ S_DEPT.DEPT_ID
ORDER BY S_EMP.AGE;
```

• 답 :

02 다음의 뷰(View) 대한 설명과 부합하는 항목을 모두 쓰시오.

ⓐ 뷰는 저장 장치 내에 물리적으로 존재한다.
ⓑ 뷰가 정의된 기본 테이블이 삭제되더라도 뷰는 자동으로 삭제되지 않는다.
ⓒ DBA는 보안 측면에서 뷰를 활용할 수 있다.
ⓓ 뷰로 구성된 내용에 대한 삽입, 삭제, 갱신 연산에는 제약이 따른다.

• 답 :

03 다음의 설명과 부합하는 빈칸 ①~②에 들어갈 인덱스 용어를 쓰시오.

인덱스를 설정할 때는 (①) 인덱스와 (②) 인덱스를 고려할 수 있다. (①) 인덱스는 인덱스가 가리키는 데이터가 이미 정렬되어 있어 최종 인덱싱 단계 없이 바로 데이터를 찾을 수 있으므로 조회 시 (②) 인덱스보다 빠른 성능을 보인다. 하지만 삽입, 수정이 발생할 때마다 변경된 내용을 인덱스에 반한 후 다시 정렬하는 과정을 거쳐야 하므로 (②) 인덱스보다 불리하며, 한 테이블에 한 개만 만들 수 있다. (②) 인덱스는 조회 시 (①) 인덱스보다 성능은 떨어지지만 한 테이블에 여러 개의 인덱스를 설정할 수 있다. 자주 정렬하는 컬럼에 대해서 (①) 인덱스를 만들어 주면 결과를 정렬해야 하는 오버헤드가 제거되어 성능 향상에 도움이 된다.

- ① :
- ② :

04 다음 주어진 [학생] 테이블과 [성적] 테이블을 대상으로 〈SQL문〉의 〈결과〉를 얻을 수 있도록 빈칸에 알맞은 명령어를 쓰시오.

[학생] 테이블

학번	이름	학년	학과	주소
1000	김철수	1	전산	서울
2000	고영준	1	전기	경기
3000	유진호	2	전자	경기
4000	김영진	2	전산	경기
5000	강희영	3	전자	서울

[성적] 테이블

학번	과목번호	과목이름	학점	점수
1000	A100	자료구조	A	91
2000	A200	DB	A+	99
3000	A100	자료구조	B+	88
3000	A200	DB	B	85
4000	A200	DB	A	94
4000	A300	운영체제	B+	89
5000	A300	운영체제	B	88

〈SQL문〉

```
SELECT  과목이름
FROM  성적
WHERE  _____  ( SELECT 학번 FROM 학생
               WHERE 학생.학번 = 성적.학번 AND 학생.학과 IN ('전산', '전기') AND
               학생.주소 = '경기');
```

〈결과〉

과목이름
DB
DB
운영체제

- 답 :

CHAPTER **03**

응용 SQL 작성하기

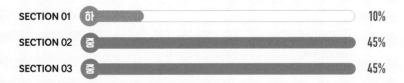

학습 방향

1. 그룹 함수와 윈도우 함수를 사용하여 순위와 소계, 중계, 총합계를 산출하는 DML (Data Manipulation Language) 명령문을 작성할 수 있다.

출제빈도

SECTION 01	하		10%
SECTION 02	중		45%
SECTION 03	중		45%

01 다중 행 함수

- SQL에서는 데이터 조작을 위한 다양한 함수를 '단일 행 함수'와 '다중 행 함수'로 구분하여 제공한다.
- 단일 행 함수의 경우 행의 수만큼 처리 결과값을 반환하며 SELECT절, WHERE절, GROUP BY절에서 사용된다.
- 다중 행 함수는 전체 또는 그룹별로 데이터 튜플(행) 간의 상호 연관 및 계산 분석을 한 단일 결과값을 반환한다. GROUP BY절에는 그룹의 기준이 되는 컬럼명을 기술하며, 집계 함수는 SELECT절과 HAVING절에 사용되며, 분석을 위한 윈도우 함수는 GROUP BY절을 사용하지 않고 SELECT절에서 사용된다.

02 집계 함수

- 집계 함수(Aggregate Function)는 다중 행 함수로 여러 튜플(행)을 처리한 후 한 행의 결과값을 반환한다. 이때 널(NULL) 값은 제외하고 처리 후 결과를 반환한다.
- 집계 함수 중 일부인 그룹 함수(Group Function)는 다음과 같다.

SUM(컬럼명)	컬럼의 합계 반환	MIN(컬럼명)	컬럼의 최솟값 반환
AVG(컬럼명)	컬럼의 평균 반환	STDDEV(컬럼명)	컬럼의 표준편차 반환
COUNT(컬럼명)★	컬럼의 행의 개수 반환	VARIANCE(컬럼명)	컬럼의 분산 반환
MAX(컬럼명)	컬럼의 최댓값 반환		

★ COUNT(*)
전체 행의 개수를 반환

★ COUNT(컬럼명)
컬럼의 널 값을 제외한 행의 개수를 반환

학생

NO	NAME	KOR	ENG	MATH
203355	강희영	100	100	100
211135	김영진	100	NULL	100
222233	홍길동	NULL	0	100

예 1 [학생] 테이블을 대상으로 하는 〈SQL문〉의 결과를 쓰시오.

```
SELECT COUNT(*) AS 전체학생수, COUNT(KOR) 국어응시생수
FROM 학생;
```

〈결과〉

전체학생수	국어응시생수
3	2

예2 [학생] 테이블을 대상으로 하는 〈SQL문〉의 결과를 쓰시오.

(1) SELECT COUNT(KOR) FROM 학생;
(2) SELECT COUNT(ENG) FROM 학생;
(3) SELECT AVG(KOR) FROM 학생;
(4) SELECT AVG(ENG) FROM 학생;

〈결과〉
(1) 2
(2) 2
(3) 100
(4) 50

예3 [학생] 테이블을 대상으로 하는 〈SQL문〉의 결과를 쓰시오.

SELECT SUM(MATH) FROM 학생 WHERE NAME <> '홍길동';

〈결과〉

SUM(MATH)
200

이론을 확인하는 핵심문제

다음 〈지시사항〉을 표현한 〈SQL문〉의 밑줄에 알맞은 용어를 쓰시오.

〈지시사항〉

[사원] 테이블에서 각 부서별 평균 급여를 검색하시오. (단, [사원] 테이블은 '사원번호', '사원명', '부서명', '급여' 컬럼으로 생성되어 있다.)

〈SQL문〉

SELECT _____
FROM 사원
GROUP BY 부서명;

• 답 :

ANSWER 부서명, AVG(급여)

GROUP BY절을 사용한 그룹 처리 함수

01 SELECT문 문법

• ROLLUP 함수와 CUBE 함수는 SELECT문의 GROUP BY절에 사용되며, 이를 통해 그룹별 집계와 총계를 쉽게 구할 수 있다.

▶ SELECT문의 문법

```
SELECT [ALL | DISTINCT] [테이블명.]컬럼명 [AS 별칭] [, [테이블명.]컬럼명 [AS 별칭]… ]
                        [, 그룹함수(컬럼명) [AS 별칭]]
                        [, 윈도우함수명 OVER (PARTITION BY 컬럼명, 컬럼명2, …
                                             ORDER BY 컬럼명3, 컬럼명4, …) [AS 별칭]]
FROM 테이블명[, 테이블명…]
[WHERE 조건식]
[GROUP BY [ROLLUP | CUBE](컬럼명, 컬럼명, …)]
[HAVING 조건식]
[ORDER BY 컬럼명 [ASC | DESC]];
```

– SELECT문의 필수절은 FROM이며, 쿼리에 따라 추가되는 절로 확장되어 작성된다.
– SELECT문의 모든 절이 작성되었을 때, 실행 순서는 FROM → WHERE → GROUP BY → HAVING → ORDER BY → SELECT이다.
• GROUP BY절을 사용한 그룹 처리 함수
– GROUP BY절을 사용한 그룹 처리 함수에는 ROLLUP 함수, CUBE 함수, GROUPING SETS 함수가 있다.
– ROLLUP 함수와 CUBE 함수는 주어진 컬럼의 순서에 따라 다른 집계 결과가 반환되지만, GROUPING SETS 함수는 컬럼의 순서에 상관없이 같은 결과를 반환한다.

ROLLUP	주어진 컬럼을 기준으로 그룹별 집계를 구하는 함수
CUBE	주어진 컬럼을 기준으로 모든 컬럼 조합의 그룹별 집계를 구하는 함수
GROUPING SETS	주어진 컬럼들에 대한 다양한 집계 집합을 구하는 함수

02 ROLLUP 함수

- ROLLUP 함수는 주어진 컬럼별 소그룹 간의 집계와 총계를 계산 후 원래 테이블에 추가하여 생성된 결과 테이블을 반환한다.
- 주어진 컬럼의 수에 따라 결과 테이블의 레벨이 결정되며, ROLLUP 함수의 경우 주어진 컬럼의 수보다 하나 더 큰 레벨로 결과 테이블이 반환된다. 즉, 컬럼의 수가 N이라고 하면, (N+1) 레벨로 반환된다.
- 쿼리 작성 시, 일반적으로 ROLLUP 함수의 컬럼들은 모두 SELECT절에 추가되어야 유의미한 결과를 분석할 수 있다.

[STUDENT] 테이블

SID	SNAME	DEPT	GRADE	TEST
20210101	김철수	컴퓨터과	3	80
20210203	홍철수	수학과	3	90
20210307	정철수	전기과	3	70
20210109	이철수	컴퓨터과	3	82
20220102	박철수	컴퓨터과	2	60
20220204	강철수	수학과	2	100
20220206	신철수	수학과	2	40
20220308	김영진	전기과	2	95
20230310	이영진	전기과	1	65
20230311	강영진	전기과	1	88
20230411	정영진	전기과	1	92
20230412	신영진	전기과	1	100

예 1 [STUDENT] 테이블을 대상으로 하는 지시사항을 반영한 〈SQL문〉을 쓰시오.

〈지시사항〉

- 학생(STUDENT) 테이블의 학과별/학년별, 학과별, 전체 점수의 평균을 계산하여 출력하여라.
- 단, 평균값은 정수 자리까지만 표현한다. (ROUND 함수 사용)

〈SQL문〉

```
SELECT DEPT 학과, GRADE 학년, ROUND(AVG(TEST)) 평균
FROM STUDENT
GROUP BY ROLLUP(DEPT, GRADE);
```

🇫 기적의 TIP

SELECT절의 별칭
컬럼에 자주 사용하는 별칭 예약어인 AS는 생략 가능합니다. 별칭에 빈칸이 있을 경우는 반드시 큰따옴표("")로 감싸주어야 합니다.

〈결과〉

학과	학년	평균
수학과	2	70
수학과	3	90
수학과	NULL	77
전기과	1	86
전기과	2	95
전기과	3	70
전기과	NULL	85
컴퓨터과	2	60
컴퓨터과	3	81
컴퓨터과	NULL	74
NULL	NULL	80

〈풀이〉
• ROLLUP 함수에 주어진 컬럼의 개수는 2개이므로 결과 테이블의 레벨값은 (2+1)=3이다.
• ROLLUP 함수의 경우 결과 테이블은 하위 레벨(3레벨)이 가장 먼저 출력된다. 즉, 그룹 사이에 소계 튜플 (행)이 추가되고 마지막 튜플(행)에 전체를 대상으로 한 총계의 결과 튜플(행)이 추가된다.

예 2 [STUDENT] 테이블을 대상으로 하는 지시사항을 반영한 〈SQL문〉을 쓰시오.

〈지시사항〉

학생(STUDENT) 테이블의 학과별/학년별, 학과별, 전체 인원수를 계산하여 출력하여라.

〈SQL문〉

```
SELECT DEPT, GRADE, COUNT(*) AS 인원수
FROM STUDENT
GROUP BY ROLLUP(DEPT, GRADE);
```

〈결과〉

DEPT	GRADE	인원수
수학과	2	2
수학과	3	1
수학과	NULL	3
전기과	1	4
전기과	2	1
전기과	3	1
전기과	NULL	6
컴퓨터과	2	1
컴퓨터과	3	2
컴퓨터과	NULL	3
NULL	NULL	12

03 CUBE 함수

- CUBE 함수는 주어진 컬럼들 간의 결합 가능한 다차원적인 모든 조합의 그룹의 집계와 컬럼별 집계 및 총계를 계산 후 원래 테이블에 추가하여 생성된 결과 테이블을 반환한다.
- 주어진 컬럼의 수에 따라 결과 테이블의 레벨이 결정되며, CUBE 함수의 경우 주어진 컬럼의 수가 N개라고 하면, 2의 N승(2^N) 레벨로 결과 테이블이 반환된다.
- CUBE 함수는 UNION 연산을 반복 수행하지 않고도 컬럼의 조합에 대한 집계가 가능하고 쿼리의 가독성과 수행 속도가 빠른 장점을 가진 함수이다.
- 쿼리 작성 시, 일반적으로 ROLLUP 함수와 CUBE 함수의 컬럼들은 모두 SE-LECT절에 추가되어야 유의미한 결과를 분석할 수 있다.

🅑 기적의 TIP

ROLLUP 함수와 CUBE 함수의 결과 레벨
(컬럼의 개수 : N)
- ROLLUP 함수 : N+1
- CUBE 함수 : 2^N

예 [STUDENT] 테이블을 대상으로 하는 지시사항을 반영한 〈SQL문〉을 쓰시오.

〈지시사항〉

- 학생(STUDENT) 테이블의 학과별/학년별, 학과별, 학년별, 전체 점수의 평균을 계산하여 출력하여라.
- 단, 평균값은 정수 자리까지만 표현한다. (ROUND 함수 사용)

〈SQL문〉

```
SELECT DEPT 학과, GRADE 학년, ROUND(AVG(TEST)) 평균
FROM STUDENT
GROUP BY CUBE(DEPT, GRADE);
```

〈결과〉

학과	학년	평균
NULL	NULL	80
NULL	1	86
NULL	2	74
NULL	3	81
수학과	NULL	77
수학과	2	70
수학과	3	90
전기과	NULL	85
전기과	1	86
전기과	2	95
전기과	3	70
컴퓨터과	NULL	74
컴퓨터과	2	60
컴퓨터과	3	81

〈풀이〉

- CUBE 함수에 주어진 컬럼의 개수는 2개이므로 결과 테이블의 레벨값은 (2^2)=4이다.
- CUBE 함수의 경우 ROLLUP 함수와는 반대로 결과 테이블은 상위 레벨(1레벨)이 가장 먼저 추가되어 출력된다. 즉, 튜플(행)에 전체를 대상으로 한 총계의 결과 튜플(행)이 가장 먼저 추가되고 그룹 사이에 모든 조합의 소계 튜플(행)이 각 하위 레벨 사이에 추가된다.

04 GROUPING SETS 함수

- GROUPING SETS 함수는 주어진 컬럼별 집계를 계산한 후 집계의 결과 튜플 (행)만 출력한다.
- GROUPING SETS 함수는 인수로 주어지는 컬럼의 순서와 상관없이 결과가 같다.

> **예** [STUDENT] 테이블을 대상으로 하는 지시사항을 반영한 〈SQL문〉을 쓰시오.
>
> 〈지시사항〉
>
> 학생(STUDENT) 테이블의 학과별 인원수와 학년별 인원수를 계산하여 출력하여라.
>
> 〈SQL문〉
>
> ```
> SELECT DEPT, GRADE, COUNT(*) 인원수
> FROM STUDENT
> GROUP BY GROUPING SETS(DEPT, GRADE);
> ```
>
> 〈결과〉
>
> | DEPT | GRADE | 인원수 |
> |------|-------|--------|
> | 컴퓨터과 | NULL | 3 |
> | 전기과 | NULL | 6 |
> | 수학과 | NULL | 3 |
> | NULL | 1 | 4 |
> | NULL | 2 | 4 |
> | NULL | 3 | 4 |

이론을 확인하는 핵심문제

다음은 SELECT 명령문의 모든 추가 절이 작성되었을 때, 실행의 순서를 나열한 것이다. 빈칸에 알맞은 용어를 순서대로 쓰시오.

```
FROM → (   ①   ) → GROUP BY → HAVING → ORDER BY → (   ②   )
```

- ① :
- ② :

GROUP BY절을
사용하지 않는 윈도우 함수

빈출 태그 윈도우 절 • RANK • DENSE_RANK

01 윈도우 함수

- 윈도우 함수(Window Function)는 분석 함수(Analytic Function)라고도 하며, 집계 함수와는 다르게 윈도우(WINDOW)라는 분석 함수용 그룹을 정의하여 계산을 수행한다.
- 윈도우 함수는 행(튜플)과 행 간의 관계를 간단히 정의하기 위해 만들어졌으며 GROUP BY절을 사용하지 않고 윈도우라는 그룹을 정의하여 쿼리를 쉽게 작성할 수 있다.
- WINDOW 함수에는 SELECT절에서만 사용 가능하며, OVER( )절은 필수 사항이며, OVER( )절에 분석할 데이터를 기술하지 않으면 전체 행을 대상으로 분석한다.
- 윈도우 함수는 서브 쿼리에서는 사용할 수 있지만 중첩은 불가능하다.

▶ 윈도우 함수

집계 분석	SUM(), AVG(), MAX(), MIN(), COUNT()
순위 분석	RANK(), DENSE_RANK(), ROW_NUMBER()
순서 분석	FIRST_VALUE(), LAST_VALUE, LAG, LEAD()
그룹 비율	CUME_DIST(), PERCENT_RANK(), NTILE(), RATIO_TO_REPORT()
통계 분석	STD_DEV(), VARIANCE()

▶ 윈도우 함수의 문법

```
SELECT 윈도우함수명(컬럼명, 컬럼명…)
       OVER ( [PARTITION BY 컬럼명] [ORDER BY 절] [WINDOWING 절] )
FROM 테이블명[, 테이블명…];
```

예 [STUDENT] 테이블을 대상으로 하는 지시사항을 반영한 〈SQL문〉을 쓰시오.

〈지시사항〉

- 윈도우 함수를 이용하여, 학생(STUDENT) 테이블의 학과별, 학년별 인원수를 계산하여 출력하여라.
- 단, GROUP BY절의 사용을 금지하며, 최종 결과를 학과와 학년별로 오름차순하여 출력하여라.

🅑 기적의 TIP

데이터 분석을 위한 다양한 분석 함수들이 있지만, 정보처리기사 실기시험을 대비하는 수험생 입장에서는 대부분의 DBMS에서 지원하는 순위 관련 분석 함수인 RANK(), DENSE_RANK(), ROW_NUMBER() 함수만 학습하는 것이 효율적입니다.

〈SQL문〉

```
SELECT UNIQUE DEPT, GRADE,
       COUNT(*) OVER(PARTITION BY DEPT, GRADE) 인원수
FROM STUDENT
ORDER BY DEPT, GRADE;
```

〈결과〉

DEPT	GRADE	인원수
수학과	2	2
수학과	3	1
전기과	1	4
전기과	2	1
전기과	3	1
컴퓨터과	2	1
컴퓨터과	3	2

02 순위 계산용 윈도우 함수

- RANK는 전체 또는 윈도우별 행의 순위를 구할 수 있다.
- 동일한 값은 동일한 순위를 부여하며 다음 순위는 공동 순위에 따라 증가된 순위값을 반환한다.

기적의 TIP

순위 계산용 윈도우 함수
RANK() : 석차
DENSE_RANK() : 순위
ROW_NUMBER() : 순서

[EMP] 테이블

EID	ENAME	DEPT	SALARY
2021101	김철수	교육부	200
2021202	홍철수	교육부	250
2021303	정철수	교육부	300
2022101	이철수	영업부	400
2022102	박철수	영업부	300
2022203	강철수	영업부	300
2022204	신철수	영업부	350
2022301	김영진	관리부	250
2023312	이영진	관리부	330
2023313	강영진	관리부	280
2023414	정영진	관리부	350
2023415	신영진	관리부	280
2024111	김민수	마케팅부	400
2024112	박민수	마케팅부	400
2024113	강민수	마케팅부	290

예 1 [EMP] 테이블을 대상으로 하는 다음 지시사항을 반영한 〈SQL문〉을 쓰시오.

〈지시사항〉

- 윈도우 함수를 RANK()를 이용하여, 사원(EMP) 테이블의 전체 사원에 대한 급여(SALARY)의 순위를 출력하여라.
- 단, 전체 순위는 급여를 기준으로 내림차순으로 RANK 함수를 사용하여라.

〈SQL문〉

```
SELECT DEPT, ENAME, SALARY,
       RANK() OVER(ORDER BY SALARY DESC) 전체순위
FROM EMP;
```

〈결과〉

DEPT	ENAME	SALARY	전체순위
마케팅부	박민수	400	1
마케팅부	김민수	400	1
영업부	이철수	400	1
영업부	신철수	350	4
관리부	정영진	350	4
관리부	이영진	330	6
영업부	박철수	300	7
교육부	정철수	300	7
영업부	강철수	300	7
마케팅부	강민수	290	10
관리부	강영진	280	11
관리부	신영진	280	11
관리부	김영진	250	13
교육부	홍철수	250	13
교육부	김철수	200	15

예 2 [EMP] 테이블을 대상으로 하는 다음 지시사항을 반영한 〈SQL문〉을 쓰시오.

〈지시사항〉

- 윈도우 함수를 RANK()를 이용하여, 사원(EMP) 테이블의 부서(DEPT)별 사원에 대한 급여(SALARY)의 순위를 출력하여라.
- 단, 순위는 급여를 기준으로 내림차순으로 RANK 함수를 사용하여라.

〈SQL문〉

```
SELECT DEPT, ENAME, SALARY,
       RANK() OVER(PARTITION BY DEPT ORDER BY SALARY DESC) 부서별순위
FROM EMP;
```

〈결과〉

DEPT	ENAME	SALARY	부서별순위
관리부	정영진	350	1
관리부	이영진	330	2
관리부	신영진	280	3
관리부	강영진	280	3
관리부	김영진	250	5
교육부	정철수	300	1
교육부	홍철수	250	2
교육부	김철수	200	3
마케팅부	김민수	400	1
마케팅부	박민수	400	1
마케팅부	강민수	290	3
영업부	이철수	400	1
영업부	신철수	350	2
영업부	강철수	300	3
영업부	박철수	300	3

- DENSE_RANK 함수는 그룹 내 비율 함수로 동일한 값의 순위와 상관없이 1 증가한 순위인 다음 순위값을 반환한다.

예 [EMP] 테이블을 대상으로 하는 다음 지시사항을 반영한 〈SQL문〉을 쓰시오.

〈지시사항〉

- 윈도우 함수를 DENSE_RANK()를 이용하여, 사원(EMP) 테이블의 부서(DEPT)별 사원에 대한 급여 (SALARY)의 순위를 출력하여라.
- 단. 순위는 급여를 기준으로 내림차순으로 DENSE_RANK 함수를 사용하여라.

〈SQL문〉

```
SELECT DEPT, ENAME, SALARY,
       DENSE_RANK() OVER(PARTITION BY DEPT ORDER BY SALARY DESC) 부서별순위
FROM EMP;
```

〈결과〉

DEPT	ENAME	SALARY	부서별순위
관리부	정영진	350	1
관리부	이영진	330	2
관리부	신영진	280	3
관리부	강영진	280	3
관리부	김영진	250	4
교육부	정철수	300	1
교육부	홍철수	250	2
교육부	김철수	200	3
마케팅부	김민수	400	1
마케팅부	박민수	400	1

마케팅부	강민수	290	2
영업부	이철수	400	1
영업부	신철수	350	2
영업부	강철수	300	3
영업부	박철수	300	3

- ROW_NUMBER 함수는 행 순서 함수로 정렬된 결과에 대하여 각 행에 1부터 유일한 순위값을 반환한다.

예 [EMP] 테이블을 대상으로 하는 다음 지시사항을 반영한 〈SQL문〉을 쓰시오.

〈지시사항〉

- 윈도우 함수를 ROW_NUMBER()를 이용하여, 사원(EMP) 테이블의 급여(SALARY)에 따른 순서를 출력하여라.
- 단, 순위는 급여를 기준으로 내림차순으로 ROW_NUMBER 함수를 사용하여라.

〈SQL문〉

```
SELECT DEPT, ENAME, SALARY,
       ROW_NUMBER() OVER(ORDER BY SALARY DESC) 전체순서
FROM EMP;
```

〈결과〉

DEPT	ENAME	SALARY	전체순서
마케팅부	박민수	400	1
마케팅부	김민수	400	2
영업부	이철수	400	3
영업부	신철수	350	4
관리부	정영진	350	5
관리부	이영진	330	6
영업부	박철수	300	7
교육부	정철수	300	8
영업부	강철수	300	9
마케팅부	강민수	290	10
관리부	강영진	280	11
관리부	신영진	280	12
관리부	김영진	250	13
교육부	홍철수	250	14
교육부	김철수	200	15

01 아래 보기의 [학생] 테이블을 대상으로 작성한 SQL문의 실행 결과를 쓰시오.

[학생]

학번	이름	학년
181101	이영진	1
171201	홍순신	2
171302	김감찬	2
161107	강희영	3
161403	이철수	3
151511	이영희	4

〈SQL문〉

```
SELECT COUNT(*) FROM 학생 WHERE 학년 = 4;
```

• 답 :

02 다음 데이터베이스 언어와 관련된 설명 중 빈칸 (   )에 가장 부합하는 용어를 영문 약어 또는 풀네임(Full name)으로 쓰시오.

- (   )(은)는 데이터베이스의 무결성 유지, 보안과 권한 검사, 회복 절차 이행, 병행 수행 제어 등을 제어하기 위한 언어인 DCL의 일부로 분류한다. (   )(은)는 트랜잭션을 조작 대상으로 한다. 트랜잭션은 동시에 다수의 작업을 독립적으로 안전하게 처리하기 위한 상호작용 단위이다.
- (   )의 명령어 종류는 아래와 같다.
  a. COMMIT : 트랜잭션의 결과를 물리적으로 디스크에 저장하며 확정하는 명령
  b. ROLLBACK : 트랜잭션이 비정상일 경우 원상태로 복구하도록 취소하는 명령
  c. CHECKPOINT : 트랜잭션의 복귀 지점을 설정하는 명령

• 답 :

03 다음 〈보기〉에서 TCL 명령어에 해당하는 것을 골라 쓰시오.

〈보기〉

COMMIT, ROLLBACK, GRANT, CHECKPOINT, REVOKE

• 답 :

04 아래 보기의 [학생] 테이블을 대상으로 하는 〈SQL문〉의 결과를 쓰시오.

[학생]

NO	NAME	KOR	ENG	MATH
193355	강희영	100	100	100
201135	김영진	100	NULL	100
202233	홍길동	NULL	0	100

〈SQL문〉

(1) SELECT COUNT(KOR) FROM 학생;
(2) SELECT COUNT(ENG) FROM 학생;
(3) SELECT SUM(KOR) FROM 학생;
(4) SELECT AVG(KOR) FROM 학생;
(5) SELECT AVG(ENG) FROM 학생;

• ① :
• ② :
• ③ :
• ④ :
• ⑤ :

05 아래 보기의 부서별 연봉 테이블 〈DEPT_SALARY〉에서 부서명-직위에 해당되는 연봉 정보, 부서별 연봉 합계, 전체 연봉 합계를 나타내도록 SQL문의 밑줄에 해당하는 용어를 쓰시오.

〈DEPT_SALARY〉

부서명(DEPT)	직위(JOB)	연봉(SALARY)
관리부	부장	6000
관리부	차장	5000
관리부	과장	3000
영업부	부장	8000
영업부	차장	6000
마케팅부	대리	4000

〈SQL문〉

```
SELECT DEPT, JOB, SUM(SALARY)
FROM DEPT_SALARY
_____(DEPT, JOB);
```

• 답 :

06 아래 보기의 〈STUDENT〉 테이블에서 점수(SCORE) 컬럼을 기준으로 순위를 구하여 〈결과〉와 같이 검색하는 SQL문을 작성하시오(단, 순위는 점수에 대한 내림차순이고, 순위 결과의 속성명은 'R'로 하고 RANK() 함수를 이용하시오).

〈STUDENT〉

S_NO	NAME	SCORE
201101	이영진	50
201102	홍순신	50
201103	김감찬	40
201104	강희영	70
201105	이철수	100
201106	이영희	80

〈결과〉

NAME	SCORE	R
이철수	100	1
이영희	80	2
강희영	70	3
이영진	50	4
홍순신	50	4
김감찬	40	6

• 답 :

07 아래 보기의 〈성적〉 테이블에서 과목이름별 점수의 평균이 90점 이상인 과목이름의 과목이름, 최소값, 최대값을 〈결과〉와 같이 검색하는 SQL문을 작성하시오(단, SQL문 마지막 세미콜론(;)은 생략 가능하다).

〈성적〉

학번	이름	과목이름	점수
202201	이영진	데이터베이스	80
202202	홍순신	운영체제	60
202203	김감찬	데이터베이스	90
202204	강희영	데이터베이스	100
202205	이철수	운영체제	80
202206	이영희	네트워크	100
202207	김민수	네트워크	60

〈결과〉

과목이름	최소점수	최대점수
데이터베이스	80	100

• 답 :

절차형 SQL 작성하기

1. 반복적으로 사용하는 특정 기능을 수행하기 위해 여러 개의 SQL 명령문을 포함하는 프로시저를 작성하고 프로시저 호출문을 작성할 수 있다.
2. 일련의 연산처리 결과가 단일값으로 반환되는 사용자 정의 함수를 작성하고 사용자 정의 함수를 호출하는 쿼리를 작성할 수 있다.
3. 하나의 이벤트가 발생하면 데이터베이스의 테이블을 대상으로 데이터 삽입, 삭제, 수정을 할 수 있는 트리거를 작성할 수 있다.

출제빈도

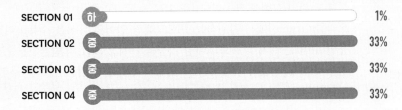

SECTION 01	하	1%
SECTION 02	중	33%
SECTION 03	중	33%
SECTION 04	중	33%

절차형 SQL

빈출 태그 SQL · 프로시저 · 사용자 정의 함수 · 트리거

01 절차형 SQL★

• SQL문의 연속적인 실행이나 조건에 따른 반복, 분기 등의 제어를 하며 저장 모듈을 생성하고 이를 활용할 수 있다.

• 종류에는 프로시저, 사용자 정의 함수, 트리거가 있다.

• 필수적 구성요소로는 DECLARE(대상이 되는 프로시저, 사용자 정의 함수 등을 정의), BEGIN(프로시저, 사용자 정의 함수가 실행되는 시작점), END(프로시저, 사용자 정의 함수의 실행 종료점)가 있다.

• 블록의 DECLARE에 선언되는 절차형 SQL과 CREATE[OR REPLACE]와 DROP에 의해 DB에 저장(내장) 및 제거되는 절차형 SQL이 있다.

02 PL/SQL(Procedural Language extension to SQL)★

• SQL을 확장한 절차적 언어(Procedural Language)이다.

• 관계형 데이터베이스에서 사용되는 오라클(Oracle)의 표준 데이터 액세스 언어로, 프로시저 생성자를 SQL과 완벽하게 통합한다.

• 사용자 프로세스가 PL/SQL 블록을 보내면, 서버 프로세서는 PL/SQL Engine에서 해당 블록을 받고 SQL과 Procedural을 나눠서 SQL은 SQL Statement Executer로 보낸다.

• PL/SQL 프로그램의 종류는 크게 프로시저(Procedure), 함수(Function), 트리거(Trigger)이다.

• 블록 단위의 실행을 제공한다(BEGIN ~ END; /).

• 오라클(Oracle)에서 지원하는 프로그래밍 언어의 특성을 수용하여 SQL에서는 사용할 수 없는 절차적 프로그래밍 기능을 가지고 SQL의 단점★을 보완하였다.

• 변수와 상수 선언이 가능하며, 조건문과 반복문과 같은 제어문 구현과 예외처리가 가능하다.

03 PL/SQL의 기본 블록* 구조와 변수

★ 블록(BLOCK)
블록은 PL/SQL의 프로그램 단위이다.

• PL/SQL은 선언부, 실행부, 예외처리부, 실행문 종료의 영역으로 기본 구조를 갖는다.

DECLARE	선언부로 선택절이다. 블록에서 다용하는 모든 변수와 상수를 선언한다.
BEGIN	실행부로 필수절이다. 블록에서 실행할 명령문들을 절차적으로 작성한다. 실행 시 오류가 발생하면 정상 종료를 하며 오류가 발생하면 예외처리부로 이동한다.
EXCEPTION	예외처리부로 선택절이다. 예외처리 명령문을 기술하며 정상적으로 종료된다.
END;	실행문 종료 예약어로 필수이며, 블록의 마지막 라인에 /를 입력하여 실행한다.

★ PL/SQL의 데이터 타입
SQL의 기본 데이터 타입과 BOOLEAN, BINARY_INTEGER, NATURAL, POSITIVE, %TYPE, %ROWTYPE

• 블록 내에서 사용하는 지역변수를 사용하기 위해서는 DECLARE(선언부)에서 변수를 선언해야만 한다*.
  - 방법 1 : DECLARE 변수명 데이터타입;
    예 DECLARE AGE NUMBER(3);
  - 방법 2 : DECLARE 변수명 데이터타입 := 값;
    예 DECLARE AGE NUMBER(3) := 20;
  - 방법 3 : DECLARE 변수명 데이터타입 DEFAULT 기본값;
    예 DECLARE AGE NUMBER(3) DEFAULT := 1;

04 PL/SQL의 선택문

• PL/SQL의 선택문에는 조건 판단을 처리하는 IF문과 CASE문이 있다.

▶ IF문의 문법*

★ ELSE절의 수행
IF의 조건식의 결과가 NULL인 경우는 ELSE절을 수행한다.

```
IF  조건식1
    THEN 명령문1; …
[ ELSIF 조건식2
        THEN 명령문2; … ]
[ ELSIF 조건식3
        THEN 명령문3; … ]
…
[ ELSE 명령문; … ]
END IF;
```

예 PL/SQL의 IF문을 이용하여 점수(SCORE)에 따른 등급(GRADE)을 판단하여 출력하시오.

```
SQL> SET SERVEROUTPUT ON;★
SQL>
DECLARE
    SCORE NUMBER := 77;
    GRADE CHAR(1);
BEGIN
    IF SCORE >= 90 THEN
        GRADE := 'A';
        ELSIF SCORE >= 80 THEN
            GRADE := 'B';
            ELSIF SCORE >= 70 THEN
                GRADE := 'C';
                ELSIF SCORE >= 60 THEN
                    GRADE := 'D';
        ELSE GRADE := 'F';
    END IF;
    DBMS_OUTPUT.PUT_LINE('점수 : ' || :SCORE || ', 등급 : '|| :GRADE);
END;
/
```

〈결과〉
점수 : 77, 등급 : C

▶ CASE문의 문법

```
CASE 변수명
[ WHEN 레이블1 THEN 명령문1; ]
[ WHEN 레이블2 THEN 명령문2; ]
[ WHEN 레이블3 THEN 명령문3; ]
…
[ ELSE 명령문; ]
END CASE;
```

예 PL/SQL의 CASE문을 이용하여 지역코드에 지역명을 대입하여 출력하시오.

```
SQL> SET SERVEROUTPUT ON;
SQL>
DECLARE
    LOC_CODE CHAR(1) := 'B';
    LOC_NAME VARCHAR2(20);
BEGIN
  CASE LOC_CODE
  WHEN 'A' THEN
```

```
        LOC_NAME := '서울';
    WHEN 'B' THEN
        LOC_NAME := '대전';
    WHEN 'C' THEN
        LOC_NAME := '대구';
    WHEN 'D' THEN
        LOC_NAME := '부산';
    ELSE
        LOC_NAME := '제주';
    END CASE;
    DBMS_OUTPUT.PUT_LINE ('지역코드 : '|| LOC_CODE) ;
    DBMS_OUTPUT.PUT_LINE ('지 역 명 : '|| LOC_NAME);
END;
/
```

〈결과〉
지역코드 : B
지 역 명 : 대전

⑤ PL/SQL의 반복문

• PL/SQL의 반복문에는 LOOP문, WHILE문, FOR문이 있다.

▶ LOOP문의 문법

```
LOOP
    명령문1;
    명령문2;
    …
    EXIT [WHEN   조건식]
END LOOP;
```

 – EXIT문은 무한 LOOP를 무조건 탈출한다.
 – EXIT WHEN 조건식이 사용될 경우 조건식의 결과가 참이면 LOOP를 탈출한다.

예 PL/SQL의 LOOP문을 이용하여 1부터 10까지의 짝수의 합을 출력하시오.

```
SQL> SET SERVEROUTPUT ON;
SQL>
DECLARE
    NUM NUMBER := 1;            -- 시작 값 1로 설정★
    EVEN_TOTAL NUMBER := 0;     -- 누적 결과값은 0으로 초깃값 설정
BEGIN
    LOOP
```

★ PL/SQL의 주석문(설명문, 비실행문)
 • -- 문자열 : 단일 줄 주석
 • /* 문자열 */ : 여러 줄 주석

★ MOD(A, B) 함수
정수 A에서 정수 B를 나누는 연산
을 수행한 후 나머지 값을 구하는
함수이다. 오라클에서는 % 연산자
가 존재하지 않는다.

```
      IF MOD(NUM, 2) = 0 THEN★
         EVEN_TOTAL := EVEN_TOTAL + NUM;
      END IF;
      NUM := NUM + 1;
      EXIT WHEN NUM > 10;
   END LOOP;
   DBMS_OUTPUT.PUT_LINE('1~10까지의 짝수의 합 : ' || EVEN_TOTAL);
END;
/
```

〈결과〉
1~10까지의 짝수의 합 : 30

▶ WHILE문의 문법

```
WHILE 조건식 LOOP
   명령문1;
   명령문2;
   ...
END LOOP;
```

– 조건식의 결과가 참(True)일 경우에만 LOOP ~ END LOOP; 사이의 명령문
들을 반복 실행한다.

예 PL/SQL의 WHILE문을 이용하여 1부터 10까지의 짝수의 합을 출력하시오.

```
SQL> SET SERVEROUTPUT ON;
SQL>
DECLARE
   NUM NUMBER := 1;
   EVEN_TOTAL NUMBER := 0;
BEGIN
   WHILE NUM <= 10 LOOP
      IF MOD(NUM, 2) = 0 THEN
         EVEN_TOTAL := EVEN_TOTAL + NUM;
      END IF;
      NUM := NUM + 1;
   END LOOP;
   DBMS_OUTPUT.PUT_LINE('1~10까지의 짝수의 합 : ' || EVEN_TOTAL);
END;
/
```

〈결과〉
1~10까지의 짝수의 합 : 30

▶ FOR문의 문법

```
FOR 첨자변수 IN [REVERSE] 시작값..끝값 LOOP
    명령문1;
    명령문2;
    …
END LOOP;
```

– 첨자변수가 시작값부터 1씩 증가하여 끝값이 될 때까지 LOOP ~ END LOOP; 사이의 명령문들을 반복 실행한다.

예 PL/SQL의 FOR문을 이용하여 1부터 5까지의 홀수와 짝수를 판단하여 출력하시오.

```
SQL> SET SERVEROUTPUT ON;
SQL>
BEGIN
    FOR NUM IN 1..5 LOOP
      IF MOD(NUM, 2) = 0 THEN
        DBMS_OUTPUT.PUT_LINE(NUM || ': 짝수');
      ELSE
        DBMS_OUTPUT.PUT_LINE(NUM || ': 홀수');
      END IF;
    END LOOP;
END;
/
```

〈결과〉

1: 홀수
2: 짝수
3: 홀수
4: 짝수
5: 홀수

이론을 확인하는 핵심문제

절차형 SQL의 필수 구성요소 3가지를 쓰시오.

• 답 :

ANSWER DECLARE, BEGIN, END

저장 프로시저

빈출 태그 저장 프로시저 · IN · OUT · INOUT

01 저장 프로시저(Stored Procedure)

- 저장 프로시저는 데이터베이스에 저장된 사용자가 만든 PL/SQL 명령문들을 말한다.

★ PL/SQL
- PL/SQL : Oracle의 저장 프로시저
- Transact-SQL : MS-SQL 서버의 저장 프로시저

	프로시저	함수	트리거
호출로 실행	O	O	X
RETURN 문	X	O	X
블록 내 DCL	가능	가능	불가능

- 프로시저는 오라클의 PL/SQL★로 자주 사용하는 복잡한 SQL DML 명령문들을 서브 프로그램으로 만들고 필요할 때마다 호출하여 사용한다. 호출된 함수는 서브 프로그램을 수행한 후, 결과 값을 반환하지만 프로시저는 결과 값을 반환하지 않는다.
- CREATE PROCEDURE로 생성된 저장 프로시저는 DECLARE로 선언된 프로시저와는 다르게 여러 번 반복해서 호출해서 사용할 수 있다는 장점이 있다.
- 저장 프로시저를 사용하면 성능도 향상되고, 호환성 문제도 해결된다.
- 다음과 같은 구문에 따라 저장 프로시저를 생성하다. 저장 프로시저를 생성하는 명령어 처리가 정상적으로 완료되었다는 의미는 성공적으로 컴파일이 완료되었다는 의미이다.

▶ 저장 프로시저 생성 구문

```
CREATE [OR REPLACE] PROCEDURE 프로시저_이름
(
    매개변수_이름1 [모드] 자료형,
    매개변수_이름2 [모드] 자료형, ......
)
IS
    지역변수 선언문;
BEGIN
    명령문1;
    명령문2;
    ......
END;
/
```

- OR REPLACE 옵션은 기존에 같은 이름으로 저장 프로시저를 생성할 경우 기존 프로시저는 제거하고 지금 새롭게 기술한 내용으로 재생성하도록 하는 옵션이다.

- 매개변수(Argument)는 프로시저가 전달받은 값을 저장하는 변수이다. 프로시저는 매개변수의 값에 따라 서로 다른 결과물을 구하게 된다. 프로시저에 전달할 값이 없는 경우 매개변수는 선언하지 않아도 된다.
- 모드(MODE)는 IN과 OUT, INOUT 중 하나를 기술한다. IN은 데이터를 전달받을 때 사용하고, OUT은 수행된 결과를 받아갈 때 사용하며, INOUT은 두 가지 목적에 모두 사용한다.
- IN 모드로 데이터를 전달받는 경우, 생략이 가능하다.
- IS로 PL/SQL의 블록을 시작하며, 지역변수는 IS와 BEGIN 사이에 선언한다.

학생

학번	이름	학년	학과	주소
1000	김철수	1	전산	서울
2000	고영준	1	전기	경기
3000	유진호	2	전자	경기
4000	김영진	2	전산	경기
5000	강희영	3	전자	서울

예 1 [학생] 테이블에 전달한 학생명과 일치하는 학생이 존재하면, 해당 학생 행을 삭제하는 'DEL_SNAME' 저장 프로시저를 생성하시오. ([학생] 테이블의 학생명의 컬럼명은 'SNAME'이다.)

```
SQL>
CREATE OR REPLACE PROCEDURE DEL_SNAME
( VSNAME 학생.SNAME%TYPE )★
IS
BEGIN
  DELETE FROM 학생 WHERE SNAME = VSNAME;
END;
/
```

★ **%TYPE**
이미 존재하는 다른 변수나 대상 테이블의 컬럼 속성과 동일한 자료형으로 지정한다. 데이터베이스의 테이블의 컬럼 자료형을 정확히 알지 못할 경우 유용하게 사용 가능하다.

예 2 [학생] 테이블에 전달한 학번과 일치하는 학생의 정보를 검색하여 학생명과 전공을 얻어오는 'SEL_SNO' 저장 프로시저를 생성하시오. ([학생] 테이블의 컬럼명은 다음과 같다. 학번은 'SNO', 학생명은 'SNAME', 전공은 'SUBJECT'이다.)

```
SQL>
CREATE OR REPLACE PROCEDURE SEL_SNO
( VSNO IN 학생.SNO%TYPE,
  VSNAME OUT 학생.SNAME%TYPE,
  VSUB OUT 학생.SUBJECT%TYPE
)
IS
BEGIN
  SELECT SNAME, SUBJECT INTO VSNAME, VSUB
  FROM 학생 WHERE SNO = VSNO;
END;
/
```

02 저장 프로시저 실행★

• 생성된 저장 프로시저는 EXECUTE 명령어로 실행시킨다.
• 프로시저 호출 명령문에 사용된 프로시저명 다음의 소괄호 속의 값은 프로시저의 매개변수로 전달된다.

> **예1** DEL_SNAME 프로시저를 실행하여, [학생] 테이블에서 학생명이 '홍길동'인 학생이 존재하면 삭제하여라.
>
> ```
> SQL> EXECUTE DEL_SNAME('홍길동');
> ```
>
> 〈결과〉
> [학생] 테이블에는 '홍길동' 학생이 존재하지 않으므로 테이블 내에 삭제되는 행은 없다.

> **예2** SEL_SNO 프로시저를 실행하여, [학생] 테이블에서 '5000'번 학번 학생의 학생명과 전공을 검색하여 각각 출력하여라.
>
> ```
> SQL> VARIABLE VAR_SNAME VARCHAR2(20);
> SQL> VARIABLE VAR_SUBJECT VARCHAR2(20);
> SQL> EXECUTE SEL_SNO('5000', :VAR_SNAME,:VAR_SUBJECT);★
> SQL> PRINT VAR_SNAME;★
> SQL> PRINT VAR_SUBJECT;
> ```
>
> 〈결과〉
>
> | PRINT VAR_SNAME; | PRINT VAR_SUBJECT; |
> |---|---|
> | VAR_SNAME | VAR_SNAME |
> | 강희영 | 전자 |

03 저장 프로시저 제거

• 생성된 저장 프로시저는 DROP 명령어로 데이터베이스 내에서 제거된다.

▶ 구문

```
DROP PROCEDURE 프로시저_이름;
```

> **예** DEL_SNAME 프로시저를 제거하여라.
>
> ```
> SQL> DROP PROCEDURE DEL_SNAME;
> ```

사용자 정의 함수

빈출 태그 사용자 정의 함수 • RETURN문

01 사용자 정의 함수 생성 구문

- 사용자 정의 함수는 결과를 되돌려 받기 위해서 함수가 되돌려 받게 되는 반환 자료형과 되돌려 받을 값을 기술해야 한다.
- 사용자 정의 함수 호출 후 호출 결과가 반환되므로 프로시저 호출과는 차이가 있다.
- RETURN 명령문에 의해 사용자 정의 함수 처리 결과를 단일값을 가지고 호출한 지점으로 반환된다.

▶ **사용자 정의 함수 생성 구문**

```
CREATE [OR REPLACE] FUNCTION 사용자_정의함수_이름
(
    매개변수_이름1 [모드] 자료형,
    매개변수_이름2 [모드] 자료형, ……
)
RETURN 반환형
IS [AS]
    지역변수 선언문;
BEGIN
    명령문1;
    명령문2;
    ……
    RETURN [반환값];
END;
/
```

- OR REPLACE 옵션은 기존에 같은 이름으로 사용자 정의 함수를 생성할 경우 기존 사용자 정의 함수는 제거하고 지금 새롭게 기술한 내용으로 재생성하도록 하는 옵션이다.
- 모드는 IN 매개변수만 사용 가능하며 RETURN 반환형을 반드시 선언해야만 한다.
- BEGIN과 END 사이의 PL/SQL 블록 내에 RETURN 명령문은 생략 불가능하다.

[사원] 테이블

ENO	ENAME	DEPT	SALARY
1100	김사원	교육부	500
2200	강사원	관리부	300
3300	박사원	관리부	350
4400	신사원	마케팅부	700
5500	정사원	교육부	400

예 [사원] 테이블의 급여(SALARY)의 200%를 보너스로 지급하기 위한 'BONUS' 함수를 정의하시오. (단, 사원번호를 전달하면 보너스 금액을 계산하여 반환하도록 하며, 급여(SALARY) 컬럼의 자료형은 NUMBER 형이다.)

```
SQL>
CREATE OR REPLACE FUNCTION BONUS
( VENO IN 사원.ENO%TYPE ) RETURN NUMBER
IS
  VSAL NUMBER(7, 2);
BEGIN
  SELECT SALARY INTO VSAL
  FROM 사원
  WHERE ENO = VENO;
  RETURN (VSAL * 2);
END;
/
```

02 호출 및 출력

- 생성된 사용자 정의 함수는 함수명을 통해 호출하여 정의된 기능을 수행한 후 반환 값을 가지고 반환된다.
- DML 명령문에서 주로 호출쿼리를 작성하여 사용자 정의 함수를 호출하고 반환값을 쿼리에 반영한다.
  - SELECT 사용자정의_함수명 FROM 테이블명;
  - INSERT INTO(속성명) 테이블명 VALUES (사용자정의_함수명);
  - DELETE FROM 테이블명 WHERE 속성명 = 사용자정의_함수명 ;
  - UPDATE 테이블명 SET 속성명 = 사용자정의_함수명;

예1 사번이 1100인 사원의 보너스 금액을 계산하는 BONUS 함수를 호출하여라. PRINT문을 통해 보너스 금액을 출력하여라.

```
SQL> VARIABLE VAR_RST NUMBER;
SQL> EXECUTE :VAR_RST := BONUS(1100);
SQL> PRINT VAR_RST;
```

〈결과〉

```
PRINT VAR_RST;

   VAR_RST
   1000
```

예 2 사번이 1100인 사원의 보너스 금액을 계산하는 BONUS 함수를 호출쿼리를 작성하여라.

```
SQL> SELECT BONUS(1100) FROM DUAL;★
```

〈결과〉

BONUS(1100)
1000

★ DUAL 테이블
오라클 자체에서 제공되는 테이블로 간단한 계산 결과값을 확인할 때 사용하는 오직 한 행, 한 컬럼을 담고 있는 dummy 테이블이다.

03 사용자 정의 함수 제거

생성된 사용자 정의 함수는 DROP 명령어로 데이터베이스 내에서 제거된다.

예 BONUS 사용자 정의 함수를 제거하여라.

```
SQL> DROP FUNCTION BONUS;
```

이론을 확인하는 핵심문제

다음 절차형 SQL의 사용자 정의 함수에 대한 맞는 설명 보기의 기호를 쓰시오.

⊙ 사용자 정의 함수는 호출 후 호출 결과가 RETURN 명령문에 의해 반환된다.
ⓒ RETURN 명령문은 처리 결과를 여러 개의 값을 가지고 호출한 지점으로 반환된다.
ⓒ DML 명령문에서 주로 호출쿼리를 작성하여 호출하고 반환 값을 쿼리에 반영한다.
ⓔ 매개변수의 모드는 IN과 OUT이 가능하다.

• 답 :

ANSWER ⊙, ⓒ

01 트리거

★ **트리거의 발생 시점 : 12가지 트리거**
{BEFORE|AFTER}
{INSERT|UPDATE|DELETE}
[FOR EACH ROW] 유무에 따라
2×3×2=12가지 유형이 가능하다.

- 트리거(Trigger)는 데이터베이스에 특정한 사건(이벤트, EVENT)★이 발생될 때마다 자동으로 수행되는 저장 프로시저이다.
- 트리거는 DML 명령문에 의해 수행되는 '데이터 조작어 기반 트리거'와 DDL 명령문에 의해 수행되는 '데이터 정의어 기반 트리거'가 있다.
- PL/SQL의 트리거는 DML 명령문 중 INSERT, UPDATE, DELETE가 데이터베이스의 테이블을 대상으로 실행될 때 자동으로 수행되는 프로시저이다.
- 트리거는 테이블과는 별도로 데이터베이스에 저장된다.
- 트리거는 BEGIN ~ END 블록에서 COMMIT과 ROLLBACK 등의 DCL 명령문을 사용할 수 없다.
- 이벤트가 발생해야 생성된 트리거가 실행된다.
- 트리거는 제어의 대상에 따라 '행 트리거'와 '문장 트리거'가 있다.

행 트리거 (Row-Level Trigger)	컬럼의 각 행의 값에 변환가 생길 때마다 트리거 수행, FOR EACH ROW 옵션
문장 트리거 (Statement-Level Trigger)	이벤트에 의해 단 한 번만 트리거 수행

▶ 트리거 생성 구문

```
CREATE [OR REPLACE] TRIGGER 트리거_이름
{BEFORE | AFTER}
트리거_이벤트[OR 트리거_이벤트] ON 테이블명
[FOR EACH ROW]
[WHEN (조건식)]
[DECLARE
    지역변수명 자료형;]
BEGIN
  명령문1;
  명령문2;
  ……
END;
/
```

- BEFORE : 트리거_이벤트(트랜잭션)가 실행되기 전 트리거가 수행된다.
- AFTER : 트리거_이벤트(트랜잭션)가 실행된 후 트리거가 수행된다.
- 트리거_이벤트 : 하나의 테이블을 대상으로 하는 INSERT, UPDATE, DE-LETE 중 하나 이상의 이벤트를 적어준다. 여러 개의 이벤트를 적어 줄 경우 'OR'로 연결한다.
- FOR EACH ROW : 해당 옵션이 존재하면 행 트리거로 수행된다.

[사원] 테이블

ENO	ENAME	DEPT	SALARY
1100	김사원	교육부	500
2200	강사원	관리부	300
3300	박사원	관리부	350
4400	신사원	마케팅부	700
5500	정사원	교육부	400

예 [사원] 테이블의 급여(SALARY)를 10% 인상하는 UPDATE문을 실행시키면, 갱신된 급여가 적용되기 전 변경 전 급여와 후 급여의 값을 출력하는 'RAISE' 트리거를 작성하여라. 각 행이 갱신될 때마다 트리거가 적용되도록 한다.

```
SQL>
CREATE OR REPLACE TRIGGER RAISE
BEFORE
UPDATE ON 사원
FOR EACH ROW
BEGIN
  DBMS_OUTPUT.PUT_LINE('인상 전 급여 : ' || :OLD.SALARY); ★
  DBMS_OUTPUT.PUT_LINE('인상 후 급여 : ' || :NEW.SALARY);
END;
/
```

★ DBMS_OUTPUT.PUT_LINE() 프로시저
DBMS_OUTPUT 패키지에 있는 PUT_LINE 프로시저는 화면에 특정 컬럼값이나 변수값을 행 단위로 문자열로 변환하여 출력한다.

02 자동 트리거 수행

- 작성된 트리거_이벤트에 해당하는 INSERT, UPDATE, DELETE 명령문이 수행되면 트리거가 자동 수행된다.

예 [사원] 테이블에서 부서(DEPT)가 '교육부'인 사원의 급여(SALARY)를 10% 인상하여 갱신하는 UPDATE 문을 실행하여라. (UPDATE문에는 RAISE 트리거가 생성되어 있다.)

```
SQL> SET SERVEROUTPUT ON; ★
SQL> UPDATE 사원 SET SALARY=SALARY*1.1 WHERE DEPT='교육부';
```

★ SET SERVEROUTPUT ON;
DBMS_OUTPUT 패키지에 의해 표준 출력을 화면에 볼 수 있도록 설정한다. 기본은 OFF로 되어 있어 출력을 확인하기 위해서는 ON으로 설정을 변경해야만 한다.

〈결과〉
인상 전 급여 : 500
인상 후 급여 : 550
인상 전 급여 : 400
인상 후 급여 : 440

2개 행 이(가) 업데이트되었습니다.

03 트리거 제거

생성된 트리거는 DROP 명령어로 데이터베이스 내에서 영구히 제거된다.

> **예** RISE 트리거를 제거하여라.

```
SQL> DROP TRIGGER RISE;
```

이론을 확인하는 / 핵심문제

다음 빈칸의 공통으로 설명하는 용어를 쓰시오.

- (   )(은)는 트랜잭션을 취소하는 이외의 조치를 명세할 필요가 있는 경우 메시지를 보내 어떤 값을 자동적으로 갱신하도록 프로시저를 기동시키는 방법이다.
- (   )(은)는 사건(event), 조건(condition), 그리고 동작(action) 부분으로 구성된다.

• 답 :

ANSWER 트리거(trigger)

01 SQL문의 연속적인 실행이나 조건에 따른 반복, 분기 등의 제어를 하며, 저장 모듈을 생성하고 이를 활용할 수 있는 절차형 SQL이 필수 구성요소와 관련된 설명 중 빈칸 ①~③에 가장 부합하는 구성요소를 각각 쓰시오.

구성요소	설명
(①)	대상이 되는 프로시저, 사용자 정의 함수 등을 정의
(②)	프로시저, 사용자 정의 함수가 실행되는 시작점
(③)	프로시저, 사용자 정의 함수의 실행 종료점

- ① :
- ② :
- ③ :

02 다음에서 공통적으로 설명하는 용어를 쓰시오.

- 특정 테이블에 삽입, 수정, 삭제 등의 데이터 변경 이벤트가 발생하면 DBMS에서 자동적으로 실행되도록 구현된 프로그램이다.
- 데이터베이스에 저장되며, 데이터 무결성 유지 및 로그 메시지 출력 등의 별도 처리를 위해 사용한다.
- 반환값이 없으며 DML을 주된 목적으로 한다는 점에서 프로시저와 유사하다.
- COMMIT, ROLLBACK 등의 트랜잭션(TCL) 사용 시 컴파일 에러가 발행한다.

- 답 :

03 응용 프로그램 컴파일 시에 SQL 문장이 확정되지 않는 경우나 PL/SQL 블록상에서 DDL문을 실행해야 할 경우 ALTER SYSTEM/SESSION 명령어를 실행해야 하는 경우 조건에 따라 SQL 구문 자체를 변경할 수 있는 것이 무엇인지 쓰시오.

- 답 :

04 MyBatis는 SQL 친화적인 국내 실무 개발 환경에 맞아 많이 사용되는 SQL Mapping 기반 오픈 소스 Access Framework이다. 다음 〈보기〉에서 MyBatis의 장점에 해당하는 것을 모두 골라 쓰시오.

〈보기〉

> ㉠ 간단한 JDBC 코드를 조합하여 사용한다.
> ㉡ SQL을 거의 그대로 사용 가능하다.
> ㉢ Spring 기반 프레임워크와 통합 기능을 제공한다.
> ㉣ 우수한 성능을 보여준다.

• 답 :

05 아래의 〈트리거 작성〉 예제는 직원 정보 변경 시 변경된 데이터를 이력 테이블에 적재하는 간단한 행 트리거 생성문의 일부분이다. 〈지시사항〉에 해당하는 트리거 작성문이 되도록 밑줄에 알맞은 용어를 쓰시오.

〈지시사항〉

> • 트리거명 : PUT_EMP_HIST
> • 직원 정보 테이블명 : EMPLOYEE
> • 직원 정보 테이블의 수정 및 삭제의 변경 작업 후, 매번 해당 트리거를 실행하도록 한다.

〈트리거 작성〉

```
CREATE OR REPLACE TRIGGER PUT_EMP_HIST
_____ UPDATE OR DELETE
ON EMPLOYEE
FOR EACH ROW

BEGIN
... (중략) ...
END;
```

• 답 :

06 다음 〈보기〉에서 트리거의 이벤트 유형에 해당하는 것을 골라 쓰시오.

〈보기〉

INSERT, SELECT, UPDATE, DELETE, COMMIT

• 답 :

07 아래 보기의 〈성적〉 테이블에 입력 받은 학번(NO)에 해당하는 학생의 국어(KOR) 점수를 0점으로 갱신하는 〈DQ_KOR〉 프로시저를 생성 후 실행하도록 밑줄에 알맞은 용어를 쓰시오.

〈성적〉

NO	NAME	KOR	ENG	MATH
193355	강희영	100	100	100
201135	김영진	100	70	100
202233	홍길동	50	0	100

〈프로시저 선언문〉

```
CREATE OR REPLACE PROCEDURE DQ_KOR
(V_NO _____ CHAR(6))
IS
BEGIN
    UPDATE 성적
    SET KOR = 0
    WHERE NO = V_NO
    COMMIT;
END;

SQL> EXECUTE DQ_KOR('202233');
```

• 답 :

소프트웨어 개발 보안 구축

파트 소개

SW 개발 보안 구축을 위해 정의된 보안 요구사항에 따라 SW의 보안 요구사항을 명세하고 이에 따라 SW에 대한 보안을 설계, 구현, 테스트할 수 있다.

소프트웨어 개발 보안 설계하기

학습 방향

1. 정의된 보안 요구사항에 따라 응용 프로그램에 대한 보안 요구사항을 명세할 수 있다.

2. 명세된 보안 요구사항을 만족하는 응용 프로그램을 설계할 수 있다.

3. 수립된 구현 계획에 따라 보안성이 강화된 응용 프로그램을 구현할 수 있다.

4. 암호화 알고리즘을 구분하고 활용할 수 있다.

출제빈도

SECTION 01	하	10%
SECTION 02	중	40%
SECTION 03	상	50%

소프트웨어 개발 보안 설계

01 소프트웨어 개발 보안

• SW 개발에 생명 주기 단계별로 보안 취약점 등을 분석하여 외부의 해킹 등을 SW 개발 단계에서 미리 제거하여 보안 요소를 만족하는 소프트웨어를 개발 운영하기 위한 목적으로 수행되는 개발 방법이다.

• 소프트웨어 개발 보안 요구공학 프로세스

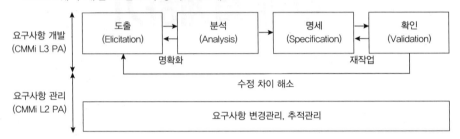

– 요구사항 도출 : 제안서나 계약서, 과업지시서, 회의록, 사업 수행 계획서가 주로 참조하여 조직 이해관계자의 상호의견을 조율하고, 협의를 통해 수집된 요구사항을 정제하고 내용별로 분류한다.

– 요구사항 분석 : 비용 효율적인 면을 고려하고 보안 요구사항의 제약 조건을 판별하여 기술/비용적으로 당장 구현이 힘들더라도 비슷한 대안을 제시할 수 있다면 의견 제시로 보안 요구사항 분석서에 기술한다.

– 요구사항 명세 : 보안 요구사항을 알아보기 쉽도록 명세화하는 과정이다. 보안 요구사항의 분석서를 통하여 요구사항 정의서가 도출되는데, 개발 시스템의 목표 기술과 기능과 비기능적 요구사항을 명세한다.

– 요구사항 확인과 검증 : 이해관계자들에게 요구사항이 맞는지 확인하고 검증하는 과정으로 이해관계자들의 지식과 조직의 성숙도, 소프트웨어 개발 보안 요구사항 문서, 조직의 표준을 참고하여 보안 요구사항 문제 보고서를 작성하게 된다. 작성된 보고서를 경영진 또는 중간관리자에게 승인을 받아 내용을 확정하는 것을 검증이라고 하며, 이 단계에서는 보고서의 문서화의 정도, 내용의 명확성, 간결성, 구현 가능성, 문제가 없는지, 테스트 가능 여부, 추적 가능성 등의 요소를 만족하는 코드 체계인지 검토한 후 검증한다.

02 소프트웨어 개발 보안의 요구사항 관리

- 서버 보안 요구사항은 비즈니스 환경 변화 또는 시간의 흐름에 따라 변경될 수 있으므로 지속적으로 갱신해야 한다.
- 다음과 같은 보안 요구사항 추적 매트릭스를 통하여 요구사항을 관리하도록 한다.

프로젝트 이름									
담당자									
프로젝트 설명									
ID	하부 ID	요구사항 설명	비즈니스 요구, 기획, 목적, 목표	프로젝트 목표	WBS 인도물	보안 설계	보안 개발	시험 사례
1.0	1.0							
	1.1							
2.0	2.0							
	2.1							

▲ 보안 요구사항 추적 매트릭스

03 소프트웨어 개발 보안 방법론의 개념

- 기존의 소프트웨어 개발 방법론이 적용된 프로젝트에서 안전한 소프트웨어 개발에 요구되는 보안 활동들을 적용하는 개발 방법이다.
- SDLC(Software Development Life Cycle, 소프트웨어 개발 생명 주기)에 걸쳐 추가되는 보안 활동은 다음과 같다.

요구사항 분석	• 요구사항 중 보안 항목 식별 • 요구사항 명세서
설계	• 위협원 도출을 위한 위협 모델링 • 보안 설계 검토 및 보안 설계서 작성 • 보안 통제 수립
구현	• 표준 코딩 정의서 및 소프트웨어 개발 보안 가이드를 준수하여 개발 • 소스코드 보안 약점 진단 및 개선
테스트	모의 침투 테스트 또는 동적 분석을 통한 보안 취약점 진단 및 개선
유지보수	지속적인 개선 및 보안 패치

04 SDLC 보안 적용 사례

① MS-SDL(Microsoft-Secure Development Lifecycle)

마이크로소프트사에서 보안 수준이 높은 안전한 소프트웨어를 개발하기 위해 수행한 프로세스 개선 작업으로, 자체 수립한 SDL 방법론을 적용하였다.

교육	• 소프트웨어 개발 보안 교육 • 안전 설계, 위협 모델링, 시큐어 코딩, 보안 테스팅, 프라이버시 관련 보안 교육
계획/분석	• 소프트웨어의 질과 버그 경계 정의 • 보안과 프라이버시 위험 분석
설계	• 공격 영역 분석 • 위협 모델링
구현	• 도구 명세 • 금지된 함수 사용 제한 • 정적 분석
시험/검증	• 동적/퍼징 테스팅 • 공격 영역/위협 모델 검증
배포/운영	• 사고 대응 계획 • 최종 보안 검토 • 기록 보관
대응	사고 대응 수행

② Seven Touch points

- 소프트웨어 보안의 모범 사례를 SDLC에 통합한 개발 보안 방법론이다.
- 공통 위험 요소를 파악하고 이해하며, 보안을 설계하고 모든 소프트웨어 산출물에 대해 철저하고 객관적인 위험 분석 및 테스트를 거쳐 안전한 소프트웨어를 만들어내는 방법을 정의하고 있다.
- SDLC의 각 단계에 7개의 보안 강화 활동을 집중적으로 관리하도록 개발자에게 요구한다.

보안 강화 활동 ＼ SDLC 단계	요구사항 및 Use Cases	구조 설계	테스트 계획	코드	테스트 및 테스트 결과	현장과의 피드백
악용 사례	●					
보안 요구사항	●					
위험 분석	●	●			●	
위험 기반 보안 테스트			●			
코드 검토				●		
침투 테스트					●	●
보안 운영						●

③ CLASP(Comprehensive Lightweight Application Security Process)

- SDLC 초기 단계에 보안 강화를 목적으로 하는 정형화된 개발 보안 프로세스이다.
- 활동 중심의 프로세스와 역할 기반의 프로세스로 구성된 집합체이다.
- 안전한 소프트웨어를 개발하기 위해 개념 관점, 역할 기반 관점, 활동 평가 관점, 활동 구현 관점, 취약성 관점 등 5가지 관점에 따라 개발 보안 프로세스를 수행한다.

개념 관점	• CLASP 구조와 CLASP 프로세스 컴포넌트 간의 종속성을 제공한다. • CLASP 프로세스 컴포넌트들의 상호작용 방법과 취약성 관점을 통해서 역할 기반 관점에 적용하는 방법을 기술한다.
역할 기반 관점	24개의 보안 관련 CLASP 활동들에 요구되는 각 역할을 창출하여 활동 평가 관점, 활동 구현 관점, 취약성 관점에서 사용한다.
활동 평가 관점	활동 평가 관점, 활동 구현 관점, 취약성 관점에서의 적합성과 관련하여 보안 관련 CLASP 활동들에 대한 타당성을 평가한다.
활동 구현 관점	활동 평가 관점에서 선택한 24개의 보안 관련 CLASP 활동들을 수행한다.
취약성 관점	문제 타입에 대한 솔루션을 활동 평가 관점, 활동 구현 관점으로 통합한다.

05 정보 보안의 3대 요소(CIA)

① 기밀성(Confidentiality)

- 인가된 사용자만 정보 자산에 접근할 수 있다.
- 일반적인 보안의 의미와 가장 가깝다.
- 방화벽, 암호, 패스워드 등이 대표적인 예이다.
- 신분 위장(Masquerading) 등과 같은 공격 때문에 위협받을 수 있다.

② 무결성(Integrity, 완전성)

- 시스템 내의 정보는 오직 인가된 사용자가 인가된 방법으로만 수정할 수 있다.
- 변경, 가장, 재전송 등과 같은 공격 때문에 위협받을 수 있다.

③ 가용성(Availability) 2020년 4회

- 사용자가 필요할 때 데이터에 접근할 수 있는 능력을 말한다.
- 인가된 사용자가 조직의 정보 자산에 적시에 접근하여 업무를 수행할 수 있도록 유지하는 것을 목표로 한다.
- 가용성을 유지하기 위해 데이터 백업, 위협 요소 제거 등의 기술을 사용할 수 있다.
- 서비스 거부(Denial of Service) 등과 같은 공격 때문에 위협받을 수 있다.

06 소프트웨어 개발 보안의 위협, 자산, 취약점 개념도

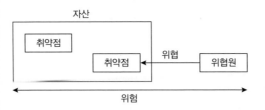

- 자산 : 서버의 하드웨어나 소프트웨어와 같이 기업 내부의 데이터 또는 시스템 소유자가 가치를 부여하는 대상을 의미한다.
- 위협원(Threat agents) : 해커와 내외부에 비인가 임직원, 단체, 자연재해 등 조직 자산을 파괴하여 손해를 유발할 수 있는 대상을 의미한다.
- 위협(Threat) : 위협원의 실제적 공격 행동을 의미한다.
- 취약점(Vulnerability) : 평문 전송, 입력값 미검증, 비밀번호 공유 등 위협을 유발할 수 있는 시스템 내부의 상황을 의미한다.
- 위험(Risk) : 위협원이 공격 대상 시스템의 취약점을 분석하여 위협 행동을 통하여 시스템 내부에 나쁜 영향의 결과를 가져올 확률과 영향도를 의미한다.

07 법률적 검토

- 내/외부 환경을 분석하여 보안 항목을 분류하고 분석하여 규제와 컴플라이언스 이슈 제거를 위한 항목을 식별해야 한다.
- 정보보호 관련 법규를 확인하여 관련 보안 위협요소를 검토하고 법규 및 규정에 맞는 보안을 적용하도록 한다.
- 소프트웨어 개발 보안 관련 기관
  - 행정안전부 : 보안 정책 총괄
  - 한국인터넷진흥원(KISA)★ : 개발 보안 정책 및 가이드 개발
  - 발주기관 : 개발 보안의 계획을 수립
  - 사업자 : 개발 보안 관련 기술 수준 및 적용 계획 명시
  - 감리법인 : 감리 계획을 수립하고 협의

★ 한국인터넷진흥원(KISA)
- 소프트웨어 개발 보안에 관련된 기관이다.
- 소프트웨어 개발 보안 정책 가이드를 개발하고 소프트웨어 개발 보안에 관한 기술을 지원, 교육, 자격제도 운영 등을 수행하는 기관이다.

08 개발 보안 활동 관련 법령

★ 정보통신망 이용 촉진 및 정보보호 등에 관한 법률에서 검토할 사항
- 개인정보의 보호조치 시행령 제15조를 분석한다.
- 개인정보의 보호조치 법률 제28조를 분석한다.

개인정보 보호법	개인정보 처리 과정상의 정보 주체와 개인정보 처리자의 권리, 의무 등을 검토하여 소프트웨어 개발 요구사항에 반영한다.
정보통신망 이용 촉진 및 정보보호 등에 관한 법률★	정보통신망을 통한 개인정보 자료의 수집, 처리, 보관, 이용에 관한 규정을 검토하여 소프트웨어 개발 요구사항에 충분히 반영한다.
신용정보의 이용 및 보호에 관한 법률	개인 신용정보의 취급 단계별 보호조치 및 의무사항에 관한 규정을 검토하여 소프트웨어 개발 요구사항에 충분히 반영한다.

위치정보의 보호 및 이용 등에 관한 법률	개인 위치정보 수집, 이용, 제공 파기 및 정보 주체의 권리 등의 규정을 검토하여 소프트웨어 개발 요구사항에 충분히 반영한다.
표준 개인정보 보호 지침	조직의 표준 개인정보 지침은 개인정보 취급자와 개인정보 처리자가 준수해야 하는 개인정보의 처리에 관한 기준을 준수하고, 개인정보 침해의 유형 및 예방조치 등에 관한 세부사항 규정을 검토하여 소프트웨어 개발 요구사항에 충분히 반영한다.
개인정보의 안전성 확보 조치 기준	개인정보가 분실, 도난, 유출, 변조, 훼손되지 않도록 안전성을 확보하기 위해 취해야 하는 세부적인 기준 규정과 개인정보 위험도 분석 기준과 개인정보 처리 시스템의 보호 수준을 진단하여 암호화에 상응하는 조치 필요 여부를 판단할 수 있는 기준을 규정을 검토하여 소프트웨어 개발 요구사항에 충분히 반영한다.
개인정보 영향평가에 관한 고시	공신력 있는 평가기관의 지정 및 영향평가의 절차 등에 관한 세부 기준 규정을 검토하여 개인정보의 영향평가 수행을 위하여 소프트웨어 개발 요구사항에 충분히 반영한다.

09 소프트웨어 개발 요구사항 관련 특정 정보통신기술 관련 규정/법률

- RFID 프라이버시 보호 가이드라인
- 위치정보의 보호 및 이용 등에 관한 법률
- 위치정보의 관리적, 기술적 보호조치 권고 해설서
- 바이오 정보 보호 가이드라인
- 뉴미디어 서비스 개인정보보호 가이드라인

10 취약점 점검 계획서, 명세서 검토

취약점 점검 계획서	취약점 점검 활동의 범위, 접근 방법, 자원, 일정 등에 대해 정의되어 있다.
취약점 점검 설계 명세서	취약점 점검 접근 방법을 상세화하고, 설계 시 포함된 특성과 해당 특성에 대한 취약점 점검 활동, 취약점 점검 케이스 및 취약점 점검 절차 등을 확인할 수 있다.
취약점 점검 케이스 명세서	실제 입력값과 예상 출력 결과를 문서화한 것이며, 취약점 점검 절차상의 제약사항을 확인할 수 있다.
취약점 점검 절차 명세서	관련 취약점 점검 설계 시, 정의된 취약점 점검 케이스를 수행하고 계획별로 따라야 하는 내용과 외부 환경의 상세 내용을 식별하고 시스템을 운영하기 위한 모든 단계를 확인할 수 있다.
취약점 점검 목록 분석	과거 취약점 점검 활동에서 사용하였던 체크리스트나 점검 목록을 분석하여 식별할 수 있는 장점이 있다.
가정 분석	취약점 점검은 결과에 대한 가정을 바탕으로 계획을 세우기 때문에 가정이 부정확하거나 불일치, 불완전할 경우 취약점 점검 실패가 발생할 수 있다.
도식화 기법	조직 업무 프로세스, 인과 관계도, 시스템 또는 프로세스 흐름도, 영향 관계도를 통해 취약점 점검 환경 분석을 수행한다.

01 소프트웨어 개발 보안 요구공학 프로세스를 순서대로 쓰시오.

· 답 :   →   →   →

02 위협원의 실제적 공격 행동을 의미하는 것은 무엇인지 쓰시오.

· 답 :

03 정보보안의 3대 요소 중 다음에 해당하는 요소를 쓰시오.

> · 사용자가 필요할 때 데이터에 접근할 수 있는 능력을 말한다.
> · 인가된 사용자가 조직의 정보 자산에 적시에 접근하여 업무를 수행할 수 있도록 유지하는 것을 목표로 한다.

· 답 :

04 다음이 설명하는 보안 프로세스는 무엇인지 영문 약어로 쓰시오.

> · SDLC 초기 단계에 보안 강화를 목적으로 하는 정형화된 개발 보안 프로세스이다.
> · 활동 중심의 프로세스와 역할 기반의 프로세스로 구성된 집합체이다.
> · 안전한 소프트웨어를 개발하기 위해 개념 관점, 역할 기반 관점, 활동 평가 관점, 활동 구현 관점, 취약성 관점이다.

· 답 :

05 소프트웨어 보안의 모범 사례를 SDLC에 통합한 개발 보안 방법론이며, 공통 위험 요소를 파악하고 이해하며 보안을 설계하고 모든 소프트웨어 산출물에 대해 철저하고 객관적인 위험 분석 및 테스트를 거쳐 안전한 소프트웨어를 만들어내는 방법을 정의하고 있는 것은 무엇인지 쓰시오.

· 답 :

ANSWER   **01** 도출 → 분석 → 명세 → 확인
02 위협 또는 Threat
03 가용성(Availability)
04 CLASP
05 Seven Touch points

암호화 알고리즘

빈출 태그 시큐어 코딩 가이드 · 암호화 알고리즘

01 시큐어 코딩 가이드의 개념

- 보안에 안전할 수 있는 프로그램 코드를 적용하여 프로그램을 코딩하는 것을 의미한다.
- 대표적인 웹 애플리케이션의 보안 취약점 발표 사례인 OWASP(Open Web Application Security Project) TOP 10을 참고하여 KISA(한국인터넷진흥원)에서 발표한 보안 약점 가이드이다.
- 애플리케이션의 보안 취약점과 대응 방안이 구체적으로 서술된 문서이다.
- 입력 데이터 검증 및 표현, 보안 기능, 시간 및 상태, 에러 처리, 코드 오류, 캡슐화, API 오용 등의 유형(시큐어 코딩 가이드 7항목)으로 분류한다.

> **🅑 기적의 TIP**
>
> 시큐어 코딩 가이드 유형의 상세 내용은 인터페이스 설계의 인터페이스 기능 구현하기에서 이미 공부했습니다.

02 암호화 알고리즘

- 평문(plaintext)★을 암호문(ciphertext)★으로 바꾸고, 암호문을 다시 평문으로 바꿀 때 사용되는 알고리즘을 의미한다.
- 평문을 암호문으로 바꾸는 과정을 암호화(encryption)★라고 하고, 암호문을 다시 평문으로 바꾸는 과정을 복호화(decryption)★라고 한다.
- 암호화 및 복호화 과정에 암호키(cryptographic key)가 필요하다.

★ **평문(Plaintext)**
해독 가능한 형태의 메시지

★ **암호문(Ciphertext)**
해독 불가능한 형태의 메시지

★ **암호화(Encryption)**
평문을 암호문으로 변환하는 과정

★ **복호화(Decryption)**
암호문을 평문으로 변환하는 과정

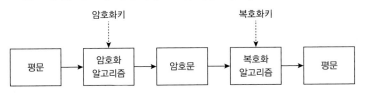

• 암호 방식의 분류 ^{2023년 2회}

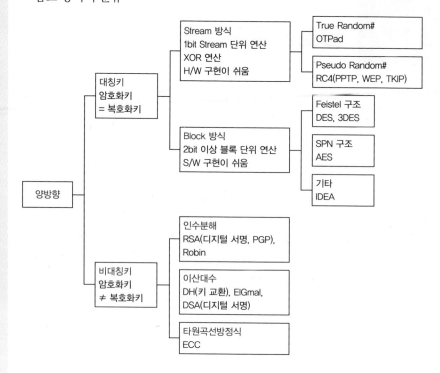

ⓛ 비밀키(Private Key, 대칭키) 암호화 기법

★ 암호화키와 복호화키가 같아서
복호화키를 비밀스럽게 관리해야
한다.
(암호화키 = 복호화키)

• 같은 키로 암호화하고 복호화하는 기법★이다.
• 대칭키 암호화 기법 또는 개인키 암호화 기법이라고도 한다.
• 암호화/복호화 속도가 빠르고 알고리즘이 단순하다.
• 키 분배가 공개키 암호화 기법보다 어렵다.
• 스트림 방식과 블록 방식으로 분류된다.

스트림 방식	• 평문의 길이와 동일한 스트림(Stream)을 생성하여 비트 단위로 암호화한다. • 암호화할 때 XOR 연산을 수행한다. • 종류 : RC4, A5/1, LSFR, SEAL, WEP, OFB	
블록 방식	• 평문을 블록 단위로 암호화하는 대칭키 암호 시스템이다. • 종류	
	DES 2021년 3회	• Data Encryption Standard • 1970년대 초 IBM이 개발한 알고리즘이다. • 16라운드 Feistel 구조를 가진다. • 평문을 64bit로 블록화를 하고, 실제 키의 길이는 56bit를 이용한다. • 전사 공격(Brute-Force Attack)에 취약하다.
	AES 2021년 2회	• Advanced Encryption Standard • DES를 대신하여 새로운 표준이 되었다. • 블록 크기는 128bit이고, 키 길이는 128/192/256bit이다. • SPN(Substitution-Permutation Network) 구조이다.
	ARIA	• 국내 기술로 개발된 암호 알고리즘이다. • 경량 환경 및 하드웨어 구현에서의 효율성 향상을 위해 개발되었다. • 우리나라 국가 표준으로 지정되었다. • 블록 크기와 키 길이가 AES와 같다.
	SEED	• 국내 기술로 개발된 128bit 블록 암호 알고리즘이다. • Feistel 구조이다. • 2005년 국제 표준으로 제정되었다.
	IDEA 2022년 2회	• DES를 대체하기 위해서 스위스에서 개발한 알고리즘이다. • 상이한 대수 그룹으로부터의 세 가지 연산을 혼합하는 방식이다.

04 공개키(Public Key, 비대칭키) 암호화 기법

- 암호키와 해독키가 서로 다른 기법★이다.
- 비대칭키 암호화 기법 또는 공중키 암호화 기법이라고도 한다.
- 키 분배가 비밀키 암호화 기법보다 용이하다.
- 암호화/복호화 속도가 느리고 알고리즘이 복잡하다.
- RSA, ElGama, Rabin, ECC, DSS 기법 등이 있다.

★ 암호화키와 복호화키가 서로 달라서 복호화키를 공개해도 된다. (암호화키 ≠ 복호화키)

RSA(Rivest Shamir Adleman)	• 소인수 분해의 어려움에 기초를 둔 알고리즘이다. • 1978년 MIT에 의해 제안되었다. • 전자문서에 대한 인증 및 부인 방지에 활용된다.
ElGama	• 이산대수 문제의 어려움에 기초를 둔 알고리즘이다. • 같은 메시지라도 암호화가 이루어질 때마다 암호문이 변경되고 암호문의 길이가 2배로 늘어나는 특징이 있다.

05 해시(HASH) 2023년 2회

- 임의의 길이의 메시지를 입력으로 하여 고정된 길이의 출력값으로 변환하는 기법이다.
- 주어진 원문에서 고정된 길이의 의사 난수를 생성하며, 생성된 값을 해시값(해시 함수)이라고 한다.
- 디지털 서명에 이용되어 데이터 무결성을 제공한다.
- 블록체인에서 체인 형태로 사용되어 데이터의 신뢰성을 보장한다.
- SHA, SHA1, SHA256/224, SHA512/384, MD5★, RMD160, HAS-160, RIPEMD 기법 등이 있다.

★ MD4와 MD5의 차이
- MD4는 16단계의 3라운드를 사용하지만, MD5는 16단계의 4라운드를 사용한다.
- MD4는 각 라운드에서 한 번씩 3개의 기약 함수를 사용하지만, MD5는 각 라운드에서 한 번씩 4개의 기약 논리 함수를 사용한다.
- MD4는 마지막 단계의 부가를 포함하지 않지만, MD5의 각 단계는 이전 단계의 결과에 부가된다.

SHA	• Secure Hash Algorithm • 1993년에 미국 NIST에 의해 개발되었고 가장 많이 사용하고 있는 방식이다. • SHA1은 DSA에서 사용하도록 되어 있으며 많은 인터넷 응용에서 default 해시 알고리즘으로 사용된다. • SHA256, SHA384, SHA512는 AES의 키 길이인 128, 192, 256 비트에 대응하도록 출력 길이를 늘린 해시 알고리즘이다.
MD5	• Message-Digestalalgorithm 5 • 1992년 Ron Rivest에 의해 개발되었다. • MD5는 널리 사용된 해시 알고리즘이지만 충돌 회피성에서 문제점이 있다는 분석이 있으므로, 기존 응용과의 호환으로만 사용하고 더 이상 사용하지 않고 있다.
HAS-160	• 국내에서 개발된 대표적인 해시 함수이다. • SHA와 설계 사상이 유사하다. • 기존 MD 계열의 해시 함수와는 차이가 존재한다. • 최근에 제안되는 다양한 해시 함수 분석 기법에 대하여 아직은 안정성을 가지고 있다.

01 소프트웨어 개발 보안 기법인 암호화 방식 중 다음의 설명에 해당하는 방식은 무엇인지 쓰시오.

- 같은 키로 암호화하고 복호화하는 기법이다.
- 대칭키 암호화 기법 또는 개인키 암호화 기법이라고도 한다.
- 암호화/복호화 속도가 빠르고 알고리즘이 단순하다.
- 스트림 방식과 블록 방식으로 분류된다.

• 답 :

02 다음 보기 중 비밀키(대칭키) 암호화 기법이 아닌 것을 모두 골라 쓰시오.

- DES
- AES
- RSA
- ElGama
- ARIA
- ECC

• 답 :

03 공개키 암호화 알고리즘 중에서 이산대수 문제의 어려움에 기초를 둔 알고리즘으로 같은 메시지라도 암호화가 이루어질 때마다 암호문이 변경되고 암호문의 길이가 2배로 늘어나는 특징이 있는 것은 무엇인지 쓰시오.

• 답 :

04 다음이 설명하는 블록 방식 암호화 알고리즘은 무엇인지 쓰시오.

- DES를 대신하여 새로운 표준이 되었다.
- 블록 크기는 128bit이고, 키 길이는 128/192/256bit이다.
- SPN(Substitution-Permutation Network) 구조이다.

• 답 :

ANSWER **01** 비밀키 암호화(대칭키 암호화, 개인키 암호화) 방식
02 ElGama, RSA, ECC
03 ElGama
04 AES

서비스 공격 유형

01 서비스 공격 유형의 종류

① DoS(Denial of Service, 서비스 거부)

- 시스템의 자원을 부족하게 하여 원래 의도된 용도로 사용하지 못하게 하는 공격 방법이다.
- 정보 보안의 3대 요소★ 중 가용성(Availability)을 위협하는 행위이다.
- 공격자가 임의로 자신의 IP 주소를 속여서 다량으로 서버에 보낸다.
- 헤더가 조작된 일련의 IP 패킷 조각들을 전송한다.
- 라우터, 웹, 전자우편, DNS 서버 등 모든 네트워크 장비를 대상으로 이루어질 수 있다.

★ 정보 보안의 3대 요소
- 기밀성
- 무결성
- 가용성

스머프 (Smurf) 2024년 3회	• 공격 대상의 IP 주소를 근원지로 대량의 ICMP 응답 패킷을 전송하여, 서비스 거부를 유발하는 공격 방법이다. • IP 또는 ICMP의 특성을 악용하여 특정 사이트에 집중적으로 데이터를 보내 네트워크 또는 시스템의 상태를 불능으로 만드는 공격 방법이다.
TCP SYN flooding	• TCP Connection은 반드시 3-Way handshaking 과정을 거친 후 Session을 형성하고 통신이 시작된다. 이러한 TCP 연결 설정 과정의 취약점을 악용한 서비스 거부 공격이다. • TCP 3-Way Handshaking 과정에서 Half-Open 연결 시도가 가능하다는 취약성을 이용한 공격 방법이다.
UDP 플러딩 (UDP flooding)	대량의 UDP 패킷을 만들어 보내 정상적인 서비스를 하지 못하도록 하는 공격 방법이다.
Ping 플러딩 (Ping flooding)	네트워크의 정상 작동 여부를 확인하기 위해 사용하는 Ping 테스트를 공격자가 공격 대상의 컴퓨터를 확인하려는 방법으로 사용하는 공격 방법이다.
Ping of Death	비정상적인 ICMP 패킷을 전송하여, 시스템의 성능을 저하하는 공격 방법이다.
티어드랍 (Teardrop)	패킷 재조합의 문제를 악용하여 오프셋이나 순서가 조작된 일련의 패킷 조각들을 보냄으로써 자원을 고갈시키는 공격 방법이다.
LAND Attack 2020년 1회	• Local Area Network Denial Attack • IP 스푸핑을 이용한 SYN 공격이다. • 공격자가 패킷의 출발지 주소(Address)나 포트(port)를 임의로 변경하여 출발지와 목적지 주소(또는 포트)를 동일하게 함으로써, 공격 대상 컴퓨터의 실행 속도가 느려지거나 동작이 마비되어 서비스 거부 상태에 빠지도록 하는 공격 방법이다. • 패킷의 출발지와 목적지의 IP 주소를 희생자 측으로 동일하게 변조한다는 것이 핵심이다.

② DDoS(Distributed Denial of Service, 분산 서비스 거부)

- 여러 대의 공격자를 분산 배치하여 동시에 서비스 거부 공격을 함으로써 공격 대상이 되는 시스템이 정상적인 서비스를 할 수 없도록 방해하는 공격 방법이다.
- DDoS 공격에 사용된 좀비 PC는 악성코드의 흔적을 지우기 위해 스스로 하드디스크를 손상시킬 수도 있으며, 이러한 좀비 PC끼리 형성된 네트워크를 봇넷(Botnet)이라고 한다.
- 공격용 도구에는 Trinoo, TFN(Tribe Flood Network), TFN2K, Stacheldraft 등이 있다.

③ 피싱(Phishing)

- 진짜 웹 사이트와 거의 동일하게 꾸며진 가짜 웹 사이트를 통해 개인정보를 탈취하는 수법이다.
- 금융기관 등의 웹 사이트에서 보내온 메일로 위장하여 개인의 인증번호나 신용카드번호, 계좌정보 등을 빼내 이를 불법적으로 이용한다.

④ 파밍(Pharming)

- 도메인을 탈취하거나 악성코드를 통해 DNS의 이름을 속여 사용자가 진짜 웹 사이트로 오인하게 만들어 개인정보를 탈취하는 수법이다.
- 공격자는 사용자의 합법적 도메인을 탈취하거나 도메인 네임 시스템(DNS) 또는 프락시 서버의 주소를 변조하여, 사용자가 진짜 사이트로 오인하여 접속하도록 유도한 후 개인정보를 훔친다.

⑤ 스니핑(Sniffing) 2020년 4회

- 네트워크상에서 자신이 아닌 다른 상대방들의 패킷 교환을 엿듣는 것을 의미한다.
- 네트워크 트래픽을 도청하는 과정을 말하는 것으로, 네트워크상에서 전달되는 모든 패킷을 분석하여 사용자의 계정과 암호 등을 알아내는 것을 말한다.

⑥ 스미싱(Smishing)

- 수신한 메시지에 있는 인터넷 주소를 클릭하면 악성코드를 설치하여 개인 금융 정보를 빼내는 수법이다.
- 초대장 등의 내용을 담은 문자 메시지 내에 링크된 인터넷 주소를 클릭하면 악성코드가 설치되어 사용자의 정보를 빼가거나 소액결제를 진행한다.

⑦ 큐싱(Qshing)

- 사용자 인증 등이 필요한 것처럼 속여 QR코드(Quick Response Code)를 통해 악성 앱을 내려받도록 유도하는 수법이다.
- 스미싱(Smishing)에서 한 단계 더 진화된 금융 사기 기법이다.

⑧ 랜섬웨어(Ransomware)

- 인터넷 사용자의 컴퓨터에 침입해 내부 문서 파일 등을 암호화해 사용자가 열지 못하게 하는 공격이다.
- 암호 해독용 프로그램의 전달을 조건으로 사용자에게 돈을 요구하기도 한다.

★ 웜(Worm) 2023년 1회
스스로를 복제하는 악성 소프트웨어 컴퓨터 프로그램으로, 바이러스가 다른 실행프로그램에 기생하여 실행되는 데 반해 웜은 독자적으로 실행되며 다른 실행 프로그램이 필요하지 않다.

★ 트로이 목마(Trojan Horse) 2023년 1회
악성 루틴이 숨어 있는 프로그램으로, 겉보기에는 정상적인 프로그램으로 보이지만 실행하면 악성 코드를 실행한다.

★ 바이러스(Virus) 2023년 1회
다른 독립적 프로그램의 코드 내에 스스로를 주입한 다음, 그 프로그램이 악성 행동을 하고 스스로 확산되도록 강제하는 컴퓨터 코드이다.

⑨ 키 로거(Key Logger)

컴퓨터 사용자의 키보드 움직임을 탐지해 ID, 패스워드 등 개인의 중요한 정보를 몰래 빼가는 공격 방법이다.

⑩ SQL 삽입(SQL Injection) 2020년 2회

- 공격자가 악의적으로 만든 SQL 명령을 응용 프로그램이 수행하도록 하는 **공격** 방법이다.
- 공격자가 입력 폼 및 URL 입력란에 SQL문을 삽입하여 정보를 열람하거나 조작한다.

⑪ XSS(Cross Site Scripting)

- 게시판의 글에 원본과 함께 악성코드를 삽입하여 글을 읽으면 악성코드가 실행되도록 하여 클라이언트의 정보를 유출하는 공격 방법이다.
- 웹 페이지가 사용자로부터 입력받은 데이터를 필터링하지 않고 그대로 동적으로 생성된 웹 페이지에 포함하여 사용자에게 재전송할 때 발생한다.

⑫ 무작위 대입 공격(Brute-Force Attack)

패스워드(Password)에 사용될 수 있는 문자열의 범위를 정하고, 그 범위 내에서 생성 가능한 패스워드를 활용하는 공격 방법이다.

⑬ 스피어 피싱(Spear Phishing)

공격 대상이 방문할 가능성이 있는 합법적인 웹 사이트를 미리 감염시킨 뒤, 잠복하고 있다가 공격 대상이 방문하면 대상의 컴퓨터에 악성코드를 설치하는 공격 방법이다.

⑭ APT(Advanced Persistent Threat, 지능적 지속 위협)

- 다양한 보안 위협을 만들어 침해에 성공해 정보를 유출하거나 장기간의 접속 권한을 획득하기 위해 또는 장기간의 접근을 위해 지속해서 수행되는 공격 방법이다.
- 개인 단체, 정치 단체, 국가, 산업체 등의 조직을 타깃으로 한다.

⑮ 제로데이(Zero-day) 공격

조사된 정보를 바탕으로 정보 시스템, 웹 애플리케이션 등의 알려지지 않은 취약점 및 보안 시스템에서 탐지되지 않는 악성코드 등을 감염시키는 것이다.

⑯ 백도어(Back Door)

- 프로그램이나 손상된 시스템에 허가되지 않는 접근을 할 수 있도록 정상적인 보안 절차를 우회하는 악성 소프트웨어이다.
- 트랩 도어(Trap Door)라고도 한다.
- 백도어 공격 도구로는 NetBus, Back Orifice, RootKit★ 등이 있다.
- 백도어 탐지 방법에는 무결성 검사, 열린 포트 확인, 로그 분석, SetUID 파일 검사 등이 있다.
- tripwire : 크래커가 침입하여 백도어를 만들어 놓거나, 설정 파일을 변경했을 때 분석하는 도구이다.

★ 루트킷(Rootkit) 2024년 1회
컴퓨터 시스템에 침투하여 자신의 존재를 숨기고 시스템에 대한 무단 접근을 가능하게 하는 악성 소프트웨어의 일종으로 마치 시스템에 뒷문을 만들어 놓는 것과 같다.

⑰ Rainbow Table Attack

최근 패스워크 크래킹 기법으로 패스워드별로 해시값을 미리 생성해 놓은 테이블을 사용하여 Reduction 함수의 반복 수행을 통하여 일치하는 해시값으로 패스워드를 탈취하는 기법이다.

⑱ CSRF(Cross Site Request Forgery)
• 특정 사용자를 대상으로 하지 않고 불특정 다수를 대상으로 로그인된 사용자가 자신의 의지와 상관없이 공격자의 의도에 따라 행위를 하게 만드는 공격이다.
• XSS 공격과 유사하다.
• 유명 인터넷 쇼핑몰인 옥션에서 발생한 개인정보 유출 사건에 사용된 공격 기법이다.

⑲ TOCTOU(Time Of Check To Time Of Use = TOCTTOU)
• 병렬 시스템을 사용할 때 두 시점 사이의 타이밍을 노리는 공격 또는 그런 공격을 가능하게 하는 버그 유형이다.
• 하나의 자원에 대하여 동시에 검사 시점과 사용 시점이 달라 생기는 보안 약점으로 인하여 동기화 오류뿐 아니라 교착 상태 등과 같은 문제점이 발생할 수 있다.

이론을 확인하는 핵심문제

01 이는 공격 대상의 IP 주소를 근원지로 대량의 ICMP 응답 패킷을 전송하여, 서비스 거부를 유발하는 공격 방법이다. IP 또는 ICMP의 특성을 악용하여 특정 사이트에 집중적으로 데이터를 보내 네트워크 또는 시스템의 상태를 불능으로 만드는 공격 방식은 무엇인지 쓰시오.

• 답 :

02 패킷 재조합의 문제를 악용하여 오프셋이나 순서가 조작된 일련의 패킷 조각들을 보냄으로써 자원을 고갈시키는 공격 방법은 무엇인지 쓰시오.

• 답 :

03 사용자 인증 등이 필요한 것처럼 속여 QR코드(Quick Response Code)를 통해 악성 앱을 내려받도록 유도하는 수법으로 스미싱(Smashing)에서 한 단계 더 진화된 금융 사기 기법은 무엇인지 쓰시오.

• 답 :

ANSWER **01** 스머프(Smurf)
02 티어드랍(Teardrop)
03 큐싱(Qshing)

01 소프트웨어 개발 보안 관련 프로세스인 Secure SDLC에 대하여 간략히 서술하시오.

• 답 :

02 소프트웨어 개발 보안에 관련된 기관 중 소프트웨어 개발 보안 정책 가이드를 개발하고 소프트웨어 개발 보안에 관한 기술 지원, 교육, 자격제도 운영 등을 수행하는 기관명을 쓰시오.

• 답 :

03 개인정보의 수집 · 유출 · 오용 · 남용으로부터 사생활의 비밀 등을 보호함으로써 국민의 권리와 이익을 증진하고, 나아가 개인의 존엄과 가치를 구현하기 위하여 개인정보 처리에 관한 사항을 규정함을 목적으로 하는 법령을 쓰시오.

• 답 :

04 소프트웨어 개발 단계 중에 개발 보안 활동 관련 법령을 검토해야 한다. 정보통신망 이용촉진 및 정보보호 등에 관한 법률 중 다음 빈칸에 알맞은 검토가 필요한 법률 조항을 쓰시오.

> • 개인정보의 보호조치 시행령 (①   )(을)를 분석한다.
> • 개인정보의 보호조치 법률 (②   )(을)를 분석한다.

• ① :
• ② :

05 다음은 소프트웨어 개발 보안의 위협, 자산, 취약점 개념도이다. 다음 요소 중 취약점에 관하여 약술하시오.

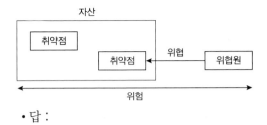

• 답 :

06 소프트웨어 개발 보안(SDLC)의 보안 적용 사례 3가지를 쓰시오.

• 답 :

07 다음은 소프트웨어 보안의 모범 사례를 SDLC에 통합한 개발 보안 방법론인 Seven Touch points 표이다. 빈칸에 알맞은 답을 쓰시오.

보안 강화 활동 〳 SDLC 단계	요구사항 및 Use Cases	구조 설계	(②)	코드	테스트 및 테스트 결과	현장과의 피드백
악용 사례	●					
보안 요구사항	●					
(①)	●	●			●	
위험 기반 보안 테스트			●			
코드 검토				●		
침투 테스트					●	●
보안 운영						●

• ① :

• ② :

08 이 암호화 방식은 RFC 1321로 지정되어 있으며, 주로 프로그램이나 파일이 원본 그대로인지를 확인하는 무결성 검사 등에 사용된다. 1991년에 로널드 라이베스트가 예전에 쓰이던 MD4를 대체하기 위해 고안했으며, 임의의 길이의 메시지(variable-length message)를 입력받아 128비트짜리 고정 길이의 출력값을 낸다. 입력 메시지는 512 비트 블록들로 쪼개지고, 메시지를 우선 패딩하여 512로 나누어떨어질 수 있는 길이가 되게 하며, 128비트 암호화 해시 함수인 암호화 방식을 쓰시오.

• 답 :

09 이것은 특정 사용자를 대상으로 하지 않고 불특정 다수를 대상으로 로그인된 사용자가 자신의 의지와 상관없이 공격자의 의도에 따라 행위하게 만드는 공격으로 XSS 공격과 유사하며, 유명 인터넷 쇼핑몰인 옥션에서 발생한 개인정보 유출 사건에 사용된 공격 기법이다. 이 기법은 무엇인지 쓰시오.

• 답 :

10 다음은 회원 가입 시 보안에 관련된 요구사항이다. 잘못 도출된 항목을 골라 쓰시오.

> 가. 패스워드는 레인보우 테이블 공격 대비를 위하여 솔트를 제공하고 양방향 암호화 처리한다.
> 나. 아이디 패스워드를 SSL을 통하여 암호화한다.
> 다. 패스워드의 해시처리는 클라이언트가 아닌 서버에서 수행하도록 한다.

• 답 :

11 이 공격은 최근 패스워크 크래킹 기법으로 패스워드별로 해시값을 미리 생성해 놓은 테이블을 사용하여 Reduction 함수의 반복 수행을 통하여 일치하는 해시 값으로 패스워드를 탈취 하는 기법이다. 이 기법의 명칭을 쓰시오.

• 답 :

소프트웨어 개발 보안 구현하기

학습 방향

1. 서버 접근 통제 기법의 종류를 이해하고 구분할 수 있다.
2. 보안 아키텍처의 개념과 보안 프레임 워크의 구조를 알 수 있다.
3. 보안 솔루션의 종류를 구분하고 각각의 기능과 적용 위치를 알 수 있다.
4. 인증, 권한 부여, 계정 관리 기법인 AAA를 이해하고 인증 프로토콜을 알 수 있다.

출제빈도

SECTION 01	중	20%
SECTION 02	상	40%
SECTION 03	중	20%
SECTION 04	중	20%

서버 인증

01 사용자 인증 기법

① 지식 기반 인증(Knowledge-based authentication)

- 사용자가 기억하고 있는 지식을 기초로 접근제어를 수행하는 사용자 인증 기법이다.
- 아이디, 패스워드, PIN(Personal Identification Number) 번호 등이 해당된다.
- 자신만이 알고 있는 지식임을 명확히 인증할 수 있다.
- 해당 지식을 잊어버릴 수 있다.
- 하나의 패스워드를 다양한 곳에 공유하면 패스워드 유출 시 피해가 커질 수 있다.

② 소유 기반 인증(Authentication by what the entity has)

- 사용자가 소유하고 있는 인증 토큰을 기반으로 하는 사용자 인증 기법이다.
- 지식 기반 인증 기법보다 보안성이 높다.
- 인증 토큰을 항상 소유하고 있어야 하므로 편리성이 낮다.
- 건물 출입 시 사용되는 스마트 카드, 인터넷 뱅킹 시 사용되는 OTP(One Time Password) 단말, 공인인증서 등이 해당된다.

③ 생체 기반 인증(Biometrics)

- 사람의 정적인 신체적 특성 또는 동적인 행위적 특성을 이용하는 사용자 인증 기법이다.
- 지문 인식, 홍채 인식, 정맥 인식, 음성 인식 등이 해당된다.
- 유일성, 영속성, 정량성, 보편성 등이 요구된다.
- 인증 정보를 망각하거나 분실할 우려가 거의 없다.
- 지식 기반이나 소유 기반의 인증 기법보다 일반적으로 인식 오류 발생 가능성이 크다.
- 인증 시스템 구축 비용이 비교적 많이 든다.

> 🇫 기적의 TIP
>
> **OAuth** 2023년 3회
> - 'Open Authorization'의 약어로 다양한 플랫폼에서 권한 부여를 위한 산업 표준 프로토콜이다.
> - 모바일 플랫폼에서 SAML의 결함을 보완하기 위해 개발되었으며, XML이 아닌 JSON을 기반으로 한다.
> - OAuth API를 사용하여 웹, 앱 서비스에서 제한적으로 권한을 요청해 사용할 수 있는 키를 발급해주면 각 서비스별 ID와 Password를 기억하고 로그인하지 않아도 제한된 설정으로 연결하여 인증이 가능하다.

02 서버 접근 통제(Access Control) 2023년 3회

- 비인가자가 컴퓨터 시스템에 액세스하지 못하도록 하는 것이다.
- 시스템의 자원 이용에 대한 불법적인 접근을 방지하는 과정이다.
- 크래커(Cracker)의 침입으로부터 보호한다.

① 접근 통제 요소

식별	인증 서비스에 스스로를 확인시키기 위하여 정보를 공급하는 주체의 활동이다.
인증	주체의 신원을 검증하기 위한 사용자 증명의 두 번째 부분이다.
인가	인증을 통해 식별된 주체의 실제 접근 가능 여부와 주체가 수행 가능한 일을 결정하는 과정이다.

② 강제적 접근 통제(MAC, Mandatory Access Control)

• 중앙에서 정보를 수집하고 분류하여 보안 레벨을 결정하고 정책적으로 접근제어를 수행하는 방식이다.
• 주체(사용자)의 객체(정보)에 대한 접근이 주체의 비밀 취급 인가 레이블과 각 객체에 부여된 민감도 레이블에 따라 접근 허용 여부를 결정한다.
• 미리 정의된 보안 규칙들에 따라 접근 허가 여부가 판단되므로 임의적 접근 통제 정책보다 객체에 대한 중앙 집중적인 접근 통제가 가능하다.
• 기밀성이 매우 중요한 조직에서 사용된다.
• 다단계 보안 모델이라고도 한다.
• 강제적 접근 통제 정책을 지원하는 대표적 접근 통제 모델로는 BLP(Bell-Lapadula), Biba 등이 있다.

③ 임의적 접근 통제(DAC, Discretionary Access Control) 2021년 1회

• 정보의 소유자가 보안 레벨을 결정하고 이에 대한 정보의 접근제어를 설정하는 방식이다.
• 주체 또는 소속 그룹의 아이디(ID)에 근거하여 객체에 대한 접근 제한을 설정한다.
• 객체별로 세분된 접근제어가 가능하다.
• 유연한 접근제어 서비스를 제공할 수 있다.
• 다양한 환경에서 폭넓게 사용되고 있다.

④ 역할 기반 접근 통제(RBAC, Role Based Access Control)

• 사람이 아닌 직책에 대해 권한을 부여함으로써 효율적인 권한 관리가 가능하다.
• 조직의 사용자가 수행해야 하는 직무와 직무 권한 등급을 기준으로 객체에 대한 접근을 제어한다.
• 접근 권한은 직무에 허용된 연산을 기준으로 허용하므로 조직의 기능 변화에 따른 관리적 업무의 효율성을 높일 수 있다.
• 사용자가 적절한 직무에 할당되고, 직무에 적합한 접근 권한이 할당된 경우에만 접근할 수 있다.

01 사용자 인증 기법 중 다음의 설명에 해당하는 인증 기법은 무엇인지 쓰시오.

> • 사람의 정적인 신체적 특성 또는 동적인 행위적 특성을 이용하는 사용자 인증 기법이다.
> • 지문 인식, 홍채 인식, 정맥 인식, 음성 인식 등이 해당된다.
> • 유일성, 영속성, 정량성, 보편성 등이 요구된다.
> • 인증 정보를 망각하거나 분실할 우려가 거의 없다.
> • 인증 시스템 구축 비용이 비교적 많이 든다.

• 답 :

02 서버 접근 통제 3요소를 쓰시오.

• 답 :

03 중앙에서 정보를 수집하고 분류하여 보안 레벨을 결정하고 정책적으로 접근제어를 수행하는 방식인 강제적 접근통제 방식의 대표적 모델 2가지를 쓰시오.

• 답 :

04 다음에 설명하는 접근 통제 방식은 무엇인지 쓰시오.

> • 정보의 소유자가 보안 레벨을 결정하고 이에 대한 정보의 접근제어를 설정하는 방식이다.
> • 주체 또는 소속 그룹의 아이디(ID)에 근거하여 객체에 대한 접근 제한을 설정한다.
> • 객체별로 세분된 접근제어가 가능하다.
> • 유연한 접근제어 서비스를 제공할 수 있다.

• 답 :

ANSWER 01 생체 기반 인증
02 식별, 인증, 인가
03 BLP(Bell-Lapadula), Biba
04 임의적 접근 통제

보안 아키텍처

빈출 태그 보안 아키텍처 • ISO 27001

01 보안 아키텍처(Security Architecture)

① 개념
- 보안 설계 감독을 위한 원칙과 보안 시스템의 모든 양상에 대한 세부사항을 의미한다.
- 보안 요구사항을 충족시키는 시스템 구성 방법에 대한 세부사항이다.
- 정보 자산의 기밀성, 무결성 및 가용성을 높이기 위한 보안 영역의 구성요소와 관계에 대한 세부사항이다.

② 보안 아키텍처의 원칙
- 변화하는 보안의 필요와 요구사항을 수용할 수 있어야 한다.
- 보호의 레벨이 변화할 때도 기본 보안 아키텍처를 수정하지 않고 지원할 수 있어야 한다.
- 보안의 서비스가 여러 가지 보호 레벨을 수용하고 미래의 확장되는 필요성을 수용할 수 있도록 충분한 확장성이 있어야 한다.
- 보안 아키텍처는 조직이 안전한 업무를 전자적으로 수행할 수 있도록 통합된 보안 서비스를 제공해야 한다.

③ 보안 프레임워크(Security Framework)
- 정보의 기밀성, 무결성 및 가용성을 높이기 위한 정보 보안 시스템의 기본이 되는 뼈대이다.
- 보안 프레임워크는 기술적 보안, 관리적 보안, 물리적 보안 프레임워크로 나누어진다.

▶ **보안 프레임워크의 예**

목표	기밀성		무결성		가용성
서비스	식별	인증	권한 부여	관리	감사
	식별 및 인증	권한 접근통제	기밀 준수	무결성	복제 방지
기술요소	사용자				관리
	데이터(분류 및 보안)				
	응용 소프트웨어				
	시스템				
	네트워크				
	물리적 요소				

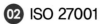 **ISO 27001**

- ISMS(Information Security Management System, 정보보호 관리체계) 요구사항으로 정보보호 관리체계에 대해 국제 인증 시 요구사항을 정의하고 있다.
- 전체적으로는 14분야에 걸쳐 117개의 통제사항으로 구성되어 있다.

▶ ISO 27001 보안 통제 항목

통제 영역	통제 항목	세부 통제 항목
보안 정책	정보 보안 정책	• 정보 보안 정책 문서 • 정보 보안 정책 검토
보안 조직	내부 조직	• 정보 보안 경영자 실행 의지 • 정보 보안 조정 • 정보 보안 책임 배정 • 정보처리 설비 인가 프로세스 • 기밀성 협정 • 관련 기관 접촉 • 전문기관 접촉 • 정보 보안의 독립적 검토
	외부 조직	• 외부 조직과 관련된 위험 식별 • 고객 거래 시 보안 • 제삼자 보안 협정
자산 관리	자산에 대한 책임	• 자산의 목록 • 자산의 소유권 • 자산의 수용 가능한 사용
	정보 분류	• 분류 지침 • 정보 표시 및 취급
인적 자원 보안	고용 이전	• 역할과 책임 • 선발 • 고용 약정 및 조건
	고용 중	• 경영자 책임 • 정보 보안 인식, 교육 및 훈련 • 징계 프로세스
	고용 종료 및 변경	• 책임 종료 • 자산 반환 • 접근 권한의 제거
물리적, 환경적 보안	보안 지역	• 물리적 보안 경계 • 물리적 출입 통제 • 사무실, 방, 설비의 보안 • 외부와 환경적 위협 보호 • 보안 지역에서의 업무 • 공개적 접근, 인도 및 선적 지역
	장비 보안	• 장비 장소와 보호 • 지원 유틸리티 • 케이블링 보안 • 장비 유지보수 • 건물 외부의 장비 보안 • 장비의 안전한 처분 또는 재사용 • 자산의 반출

통제 영역	통제 항목	세부 통제 항목
통신 및 운영 관리	운영 절차와 책임	• 문서로 만들어진 운영 절차 • 변경 관리 • 직무 분리 • 개발, 시험, 운영 설비의 분리
	제3의 서비스 인도 관리	• 서비스 인도 • 제삼자 서비스 감시 및 검토 • 제삼자 서비스 변경 관리
	시스템 계획 및 수용	• 용량 관리 • 시스템 인수
	악성 및 이동 코드로부터의 보호	• 악성코드에 대한 통제 • 이동 코드에 대한 통제
	백업	• 정보 백업
	네트워크 보안 관리	• 네트워크 통제 • 네트워크 서비스의 보안
	매체 취급	• 삭제 가능한 매체의 관리 • 매체 폐기 • 정보 취급 절차 • 시스템 문서의 보안
	정보의 교환	• 정보 교환 정책과 절차 • 교환 협정 • 전송 중 물리적 매체 • 전자 메시지 전달 • 업무 정보 시스템
	전자상거래 서비스	• 전자상거래 • 온라인 거래 • 공개 가용 정보
	감시	• 감시 로깅 • 시스템 사용 감시 • 로그 정보의 보호 • 관리자와 운영자 로그 • 결점 로깅 • 시각 동기화
접근 통제	접근 통제 사업 요구사항	• 접근 통제 정책
	사용자 접근 관리	• 사용자 등록 • 권한 관리 • 사용자 패스워드 관리 • 사용자 접근 권한 검토
	사용자 책임	• 패스워드 사용 • 보호되지 않은 사용자 장비 • 책상 및 화면 정리 정책
	네트워크 접근 통제	• 네트워크 서비스 사용 정책 • 외부 접속에 대한 사용자 인증 • 네트워크에서의 장비 식별 • 원격 진단과 포트 설정 보호 • 네트워크에서의 분리 • 네트워크 접속 통제 • 네트워크 라우팅 통제

통제 영역	통제 항목	세부 통제 항목
	운영 시스템 접근 통제	• 안전한 로그온 절차 • 사용자 식별 및 인증 • 패스워드 관리 시스템 • 시스템 유틸리티의 사용 • 세션 시간 종료 • 접속 시간의 제한
	애플리케이션과 정보 접근 통제	• 정보 접근 제한 • 민감한 시스템 분리
	이동 컴퓨팅 및 원격근무	• 이동 컴퓨팅 및 통신 • 원격근무
정보 시스템 획득, 개발 및 유지	정보 시스템 보안 요구사항	• 보안 요구사항 분석 및 명세화
	애플리케이션의 정확한 처리	• 입력 데이터 유효성 확인 • 내부 처리의 통제 • 메시지 무결성 • 출력 데이터 유효성 확인
	암호 통제	• 암호 통제 사용에 대한 정책 • 키 관리
	시스템 파일의 보안	• 운영 소프트웨어의 통제 • 시스템 시험 데이터의 보호 • 프로그램 소스코드 접근 통제
	개발 및 지원 프로세스에서의 보안	• 변경 통제 절차 • 운영 시스템 변경 후 애플리케이션 기술적 검토 • 소프트웨어 패키지 변경에 대한 제한 • 정보 유출 • 외주 소프트웨어 개발
	기술적 취약성 관리	• 기술적 취약성의 통제
정보 보안 사고 관리	정보 보안 사건과 취약점 보고	• 정보 보안 사건 보고 • 보안 취약점 보고
	정보 보안 사고와 개선의 관리	• 책임과 절차 • 정보 보안 사고로부터의 학습 • 증거 수집
사업 연속성 관리	사업 연속성 관리의 정보 보안 관점	• 사업 연속성 프로세스에 정보 보안을 포함 • 사업 연속성과 위험 평가 • 정보 보안을 포함한 연속성 계획 개발 및 이행 • 사업 연속성 계획 수립 프레임워크 • 사업 연속성 계획 시험, 유지 및 재평가
준거성	법적 요구사항과의 준거성	• 적용 가능한 법률의 식별 • 지적 재산권 • 조직의 기록 보호 • 개인정보의 프라이버시 및 데이터 보호 • 정보처리 설비 오용의 차단 • 암호 통제의 규제
	보안 정책, 기준, 기술적 준수사항에 대한 준수	• 보안 정책 및 표준과의 준거성 • 기술적 준거성 점검
	정보 시스템 감사 고려사항	• 정보 시스템 감사 통제 • 정보 보안 감사 도구 보호

01 다음 빈칸에 알맞은 보안 프레임워크의 목표를 쓰시오. (단, ①~③의 순서는 임의로 작성해도 답으로 인정)

> 보안 프레임워크는 정보의 (①), (②), (③)(을)를 높이기 위한 정보 보안 시스템의 기본이 되는 뼈대이며 기술적 보안, 관리적 보안, 물리적 보안 프레임워크로 나누어진다.

• 답 :

02 소프트웨어 보안 프레임워크 중 다음이 설명하는 국제 표준은 무엇인지 쓰시오.

> • ISMS(Information Security Management System, 정보보호 관리체계) 요구사항으로 정보보호 관리체계에 대해 국제 인증 시 요구사항을 정의하고 있다.
> • 전체적으로는 14분야에 걸쳐 117개의 통제사항으로 구성되어 있다.

• 답 :

03 보안 프레임워크의 3단계 분류를 쓰시오.

• 답 :

04 ISO27001 통제 영역 중 사용자 접근 관리, 사용자 책임, 이동 컴퓨팅 및 원격근무 등에 해당하는 것은 무엇인지 쓰시오.

• 답 :

ANSWER **01** 기밀성, 무결성, 가용성
02 ISO 27001
03 기술적, 관리적, 물리적
04 접근 통제

01 방화벽(Firewall)

- 내부 보안 정책을 만족하는 트래픽만이 방화벽을 통과할 수 있다.
- 내부 네트워크와 외부 네트워크 사이에 위치한다.
- 접근 제어, 인증, 감사 추적, 암호화 등의 기능을 제공한다.
- 불법 사용자의 침입 차단을 위한 정책과 이를 지원하는 하드웨어 및 소프트웨어를 제공한다.
- 방화벽 하드웨어 및 소프트웨어 자체의 결함에 의해 보안상 취약점을 가질 수 있다.
- 내부 네트워크에서 외부 네트워크로 나가는 패킷은 그대로 통과시키므로 내부 사용자에 의한 보안 침해는 방어하지 못한다.

▶ **방화벽의 유형**

패킷 필터링 (Packet Filtering)	• 패킷의 출발지 및 목적지 IP 주소, 서비스의 포트 번호 등을 이용한 접속제어를 수행한다. • 특정 IP, 프로토콜, 포트의 차단 및 허용을 할 수 있다. • 바이러스에 감염된 파일 전송 시 분석이 불가능하다. • OSI 참조 모델의 3, 4계층에서 처리되어 처리 속도가 빠르다.
상태 검사 (Stateful Inspection)	패킷 필터링 기능을 사용하며 현재 연결 세션의 트래픽 상태와 미리 저장된 상태와의 비교를 통하여 접근을 제어한다.
응용 레벨 게이트웨이 (Application Level Gateway)	• OSI 참조 모델의 7계층의 트래픽을 감시하여 안전한 데이터만을 네트워크 중간에서 릴레이한다. • 응용 프로그램 수준의 트래픽을 기록하고 감시하기가 용이하며, 추가로 사용자 인증과 같은 부가 서비스를 지원할 수 있다. • 응용 계층에서 동작하기 때문에 다른 방식의 방화벽에 비해 처리 속도가 가장 느리다.
회선 레벨 게이트웨이 (Circuit Level Gateway)	• 종단-대-종단 TCP 연결을 허용하지 않고, 두 개의 TCP 연결을 설정한다. • 시스템 관리자가 내부 사용자를 신뢰할 경우 일반적으로 사용한다. • 내부 IP 주소를 숨길 수 있다.

02 웹 방화벽(Web Firewall)

- 클라이언트가 보낸 요청을 검사하여 악의적인 요청과 침입을 검사하고 차단하는 기능을 가진다.
- URL 및 서버 정보 위장 기능을 제공하여 사용자에게 실제 서버의 위치와 서버 정보를 숨기는 기능을 가진다.
- URL 단위의 탐지 기능을 가지며 파일 업로드 제어 기능과 파일 검사 기능을 가질 수 있다.

03 IDS(Intrusion Detection System, 침입 탐지 시스템)

- 침입 공격에 대하여 외부 침입을 탐지하는 것을 목표로 하는 보안 솔루션이다.
- 외부 침입에 대한 정보를 수집하고 분석하여 침입 활동을 탐지해 이에 대응하도록 보안 담당자에게 통보하는 기능을 수행하는 네트워크 보안 시스템이다.
- 탐지적이고 사후에 조치를 취하는 기술이다.

① IDS 분류

HIDS	• Host-based IDS, 호스트 기반 IDS • 컴퓨터 시스템의 내부를 감시하고 분석하여 침입을 탐지하는 시스템이다. • 컴퓨터 시스템의 동작이나 상태를 모두 감시하거나 부분적으로 감시한다. • CPU, 메모리, 디스크 등 호스트 자원을 일정 부분 점유한다.
NIDS	• Network-based IDS, 네트워크 기반 IDS • 네트워크상의 모든 패킷을 캡처링한 후 이를 분석하여 침입을 탐지하는 시스템이다. • 네트워크 위치에 따라 설치할 수 있으며, 적절한 배치를 통하여 넓은 네트워크 감시가 가능하다. • HIDS에 탐지하지 못한 침입을 탐지할 수 있다.

② 침임 탐지 기법

오용 탐지 (Misuse Detection)	• 이미 발견되어 알려진 공격 패턴과 일치하는지를 검사하여 침입을 탐지한다. • 속도가 빠르고 구현이 간단하다. • 오탐률(False Positive)★이 낮지만 미탐률(False Negative)★은 높다.
이상 탐지 (Anomaly Detection)	• 장기간 수집된 올바른 사용자 행동 패턴을 활용해 통계적으로 침입을 탐지한다. • 알려지지 않은 공격을 탐지하는 데 적합하다. • 오탐률(False Positive)은 높지만 미탐률(False Negative)이 낮아서 알려지지 않은 공격 패턴에 대응할 수 있다(例 제로데이 공격에 대응). • 호스트 기반과 네트워크 기반 침입 탐지 시스템에 모두 적용될 수 있다.

★ **오탐률(False Positive)**
실제 공격이 아닌데도 공격으로 탐지함

★ **미탐률(False Negative)**
실제 공격인데도 공격을 탐지하지 못함

04 IPS(Intrusion Prevention System, 침입 방지 시스템)

- 침입 공격에 대하여 방지하는 것을 목표로 하는 보안 솔루션이다.
- 침입을 탐지했을 때 이에 대한 대처까지 수행한다.
- IDS와 방화벽의 장점을 결합한 네트워크 보안 시스템이다.
- 호스트의 IP 주소, 포트 번호, 사용자 인증에 기반을 두고 외부 침입을 차단한다.
- 허용되지 않는 사용자나 서비스에 대해 사용을 거부하여 내부 자원을 보호한다.
- 예방적이고 사전에 조치를 취하는 기술이다.

05 DMZ(DeMilitarized Zone, 비무장 지대)

- DMZ는 보안 조치가 취해진 네트워크 영역이다.
- 메모리, 네트워크 연결, 접근 포인트 등과 같은 자원에 대한 접근을 제한하기 위해 구축된다.
- 내부 방화벽과 외부 방화벽 사이에 위치할 수 있다.
- DMZ 내에는 웹 서버, DNS 서버, 메일 서버 등이 위치할 수 있다.

06 NAC(Network Access Control, 네트워크 접근 제어)

- 사용자 컴퓨터 및 네트워크 단말기가 네트워크에 접근하기 전에 보안 정책 준수 여부를 검사하여 네트워크 접근을 통제하는 보안 솔루션이다.
- 엔드포인트(Endpoint)가 처음 내부 네트워크에 접근을 시도할 때 내부 네트워크에 피해가 없도록 엔드포인트에 일련의 보안 정책을 적용한다.
- 내부 네트워크의 자원을 관리할 수 있다.
- 네트워크 내의 장애 및 사고 원인을 예방, 탐지, 제거할 수 있다.
- 네트워크 운영 및 관리를 안정적으로 할 수 있다.

07 DLP(Data Loss Prevention)

- 기업 데이터 유출을 방지하는 것을 목표로 하는 보안 솔루션이다.
- 사용자의 PC에서 기업 내 기밀 데이터가 외부로 반출되는 것을 항시 감시하고 기록하며, 정책에 따라 유출을 차단시킨다.

08 ESM(Enterprise Security Management, 통합 보안 관리)

- 방화벽, 침입 탐지 시스템, 가상 사설망 등의 보안 솔루션을 하나로 모은 통합 보안 관리 시스템이다.
- 서로 다른 보안 장비에서 발생한 각종 로그를 통합적으로 관리하여 통합 보안 관제 서비스를 제공한다.
- 전사적 차원의 보안 정책 통합 관리와 적용을 통해 정보 시스템 보안성을 향상시키고 안전성을 높인다.

09 VPN(Virtual Private Network, 가상 사설망) 2024년 3회, 2022년 2회

- 안전하지 않은 공용 네트워크를 이용하여 사설 네트워크를 구성하는 기술이다.
- 전용선을 이용한 사설 네트워크에 비해 저렴한 비용으로 안전한 망을 구성할 수 있다.
- 공용 네트워크로 전달되는 트래픽은 암호화 및 메시지 인증 코드 등을 사용하여 기밀성과 무결성을 제공한다.
- 인터넷과 같은 공공 네트워크를 통해서 기업의 재택근무자나 이동 중인 직원이 안전하게 회사 시스템에 접근할 수 있도록 해준다.

01 IDS(침입 탐지 시스템)는 침입 공격에 대비하여 침입을 목표로 하는 보안 솔루션이다. IDS의 분류 중 다음이 설명하는 것은 무엇인지 쓰시오.

- 컴퓨터 시스템의 내부를 감시하고 분석하여 침입을 탐지하는 시스템이다.
- 컴퓨터 시스템의 동작이나 상태를 모두 감시하거나 부분적으로 감시한다.
- CPU, 메모리, 디스크 등 호스트 자원을 일정 부분 점유한다.

• 답 :

02 다음이 설명하는 침입 탐지 기법을 쓰시오.

- 장기간 수집된 올바른 사용자 행동 패턴을 활용해 통계적으로 침입을 탐지한다.
- 알려지지 않은 공격을 탐지하는 데 적합하다.
- 오탐률(False Positive)은 높지만, 미탐률(False Negative)이 낮다.
- 호스트 기반과 네트워크 기반 침입 탐지 시스템에 모두 적용될 수 있다.

• 답 :

ANSWER **01** HIDS(Host-based IDS, 호스트 기반 IDS)
02 이상 탐지(Anomaly Detection)

취약점 분석 및 평가

빈출 태그 취약점 분석 및 평가 · 로그 분석

01 취약점 분석 및 평가

① 개념

• 악성코드 유포, 해킹 등의 사이버 위협에 대한 시스템의 취약점을 종합적으로 분석, 평가, 개선하는 일련의 과정이다.

• 시스템의 안정적인 운영을 위협하는 사이버 보안 점검 항목과 각 항목별 세부 점검 항목을 도출하여 취약점 분석을 실시한다.

• 발견된 취약점에 대해 위험 등급을 부여하고, 개선 방향을 수립하는 등 유기적인 취약점 평가를 수행한다.

② 수행 주체 및 주기

• 수행 주체

 − 관리 기관이 직접 수행할 경우 자체 전담반을 구성하여 운영한다.

 − 관리 기관이 외부 기관에게 위탁할 경우 한국인터넷진흥원, 정보공유 · 분석센터, 한국전자통신연구원, 지식정보보안 컨설팅전문업체 등 전문기관에 위탁 수행한다.

• 수행 주기

 − 매년 정기적으로 취약점 분석/평가를 실시한다.

 − 가용 자원과 대상 시설 식별, 자산 중요도 산정 및 해당 시스템 대한 정밀 분석을 실시한다.

 − 대상 시스템에 중대한 변화가 있거나, 관리 기관에서 필요하다고 판단할 경우 수시로 취약점 분석/평가를 실시할 수 있다.

③ 범위 및 항목

• 취약점 분석/평가의 범위

 − 취약점 분석/평가의 범위는 정보 시스템 자산, 제어 시스템 자산, 의료 시스템 자산 등이다.

 − 정보 시스템 자산에 직 · 간접적으로 관여하는 물리적 분야, 관리적 분야, 기술적 분야를 포함한다.

 − 타 시스템과 연계된 경우 연계 시스템이 미치는 영향을 포함한다.

• 취약점 분석/평가의 기본 항목

 − 기본 항목은 관리적 분야, 물리적 분야, 기술적 분야로 구분한다.

 − 기본 항목은 "상 · 중 · 하" 3단계로 중요도를 분리한다.

 − 기본 항목의 중요도 "상"인 점검 항목은 필수적으로 점검한다.

 − 기본 항목의 "중", "하" 항목은 기관의 사정에 따라 선택적으로 점검한다.

④ 수행 절차 및 방법
- 1단계 : 취약점 분석/평가 계획 수립
  - 취약점 분석/평가를 위한 세부 계획을 수립한다.
  - 예 수행 주체, 수행 절차, 소요 예산, 산출물 등
- 2단계 : 취약점 분석/평가 대상 선별
  - 자산(IT 자산, 제어 시스템 자산, 의료 장비 등)을 식별한다.
  - 네트워크 장비, 보안 장비, 시스템 장비 등 자산 유형별로 그룹화한다.
  - 취약점 분석/평가 대상 목록을 작성한다.
  - 식별된 대상 목록의 각 자산에 대하여 중요도를 산정한다.
- 3단계 : 취약점 분석
  - 취약점 분석/평가를 위한 관리적 분야, 물리적 분야, 기술적 분야별 세부 점검 항목표를 수립한다.
  - 취약점 분석 요령은 관리적 분야, 물리적 분야, 기술적 분야로 구분하여 확인한다.
- 4단계 : 취약점 수행
  - 취약점 분석 결과에 대한 세부 내용을 서술한다.
  - 발견된 취약점별로 위험 등급을 표시하고 개선 방향을 수립한다.
  - 위험 등급 "상"은 조기 개선, "중"과 "하"는 중기 또는 장기 개선으로 구분하여 개선 방향을 수립한다.

02 로그 분석

① 로그(Log) 분석의 개념
- 로그는 데이터에 대한 기록이 파일 또는 인쇄물 형태로 저장된 것이다.
- 로그는 시스템 내부에서 영향을 미치거나 네트워크를 통한 외부에서 시스템에 영향을 미칠 때 해당 데이터를 기록하여 문제를 해결하거나 예방하는 데 활용된다.

② 로그 관리
- 사용자가 시스템에 로그인하여 명령하는 과정에 대한 시스템의 동작에 대해 인증(Authentication), 인가(Authorization), 계정(Accounting)에 대한 로그를 기록한다.
- 로그는 중앙 시스템에 기록하거나 또는 분산 기록한다.

③ 로그 관리 구현
- 로그를 정기적으로 분석하고 그 결과를 보고한다.
- 정기적인 로그 분석을 통하여 시스템 침입 흔적과 취약점을 확인할 수 있다.
- 로그의 정기적 검토 및 보고를 위해 로그의 정기적 검토 및 보고 체계를 수립하고, 정책에 따른 시스템 로깅을 설정한다.

④ 로그 관리 구현 여부 테스트
- 로그의 정기적 검토 및 보고 체계를 수립했는지 테스트한다.
- 정기적인 로그 분석을 통하여 시스템 침입 흔적과 취약점을 확인할 수 있도록 로그의 정기적 검토 및 보고 체계를 수립했는지 테스트한다.

03 AAA(인증, 권한 부여, 계정 관리) ^{2021년 3회}

① 개념
- 일관된 방식을 통해 3개의 독립적인 보안 기능의 세트를 구성하기 위한 프레임워크이다.
- 서버/클라이언트 구조를 가진다.

인증(Authentication)	망, 시스템 접근을 허용하기 전에 사용자의 신원 검증을 제공한다.
권한 부여(Authorization)	신원이 검증된 사용자에게 허용할 권한을 제공한다.
계정 관리(Accounting)	권한이 부여된 사용자의 행위를 기록하고 사용자 자원에 대한 정보를 취합하여 과금, 감사, 증설, 리포팅 등을 제공한다.

② AAA 기능 구현을 위한 인증 프로토콜 : RADIUS, DIAMETER Protocol, TACACS+ (Terminal Access Controller Access Control System+), Kerberos

구분	RADIUS	DIAMETER	TACACS+	Kerberos
AAA	Combine	Separated	Separated	Separated
암호화	패트워드만	패킷 레이로드 전제 암호화	패킷 페이로드 전제 암호화	DES 암호화 사용
Protocol	서버 to 클라이언트(단방향)	Peer to Peer (양방향)	서버 to 클라이언트(단방향)	AS(Authentication Server), TGS(Ticket Granting Servece), SS(Sevice Server)
Layer 3 Protocol	UDP	TCP/SCTP	TCP	–
보안 기능	대칭키 암호화 방식	End-To-End (TLS), IPSec/TLS	대칭키 암호화 방식	대칭키 암호화 방식 (LADAP)

이론을 확인하는 핵심문제

01 데이터에 대한 기록이 파일 또는 인쇄물 형태로 저장된 것으로, 시스템 내부에서 영향을 미치거나 네트워크를 통한 외부에서 시스템에 영향을 미칠 때 해당 데이터를 기록하여 문제를 해결하거나 예방하는 데 활용하는 것은 무엇인지 쓰시오.

· 답 :

02 소프트웨어 개발 보안 구축 중 취약점 분석의 수행 주기는 얼마의 기간마다 정기적으로 수행하여야 하는지 쓰시오.

· 답 :

ANSWER **01** 로그 또는 Log
02 매년, 1년, 12개월

01 다음이 설명하는 소프트웨어 보안 관련 용어를 영문으로 쓰시오.

> • 개발하는 소프트웨어가 복잡해짐으로 인해 보안상 취약점이 발생할 수 있는 부분을 보완하여 프로그래밍하는 것이다.
> • 우리나라에서는 2012년 12월부터 '소프트웨어 개발 보안' 제도를 시행하여 이를 의무화하였다.
> • 서버, 네트워크와 같은 물리적 보안부터 개발 프로그램 등 환경에 대한 보안 통제 기준을 수립한 것이다.

• 답 :

02 다음 설명에 알맞은 보안 취약점을 쓰시오.

> • 웹 사이트에 공격자에 의해 작성된 악의적 스크립트를 삽입하는 방식이다.
> • 다른 사용자의 웹 브라우저 내에서 적절한 검증 없이 실행된다.
> • 사용자의 세션을 탈취하거나, 웹 사이트를 변조하거나 혹은 악의적인 사이트로 사용자를 이동시킬 수 있다.

• 답 :

03 다음 설명에 알맞은 보안 취약점을 쓰시오.

> • 웹 응용 프로그램에 강제로 SQL 구문을 삽입하여 내부 데이터베이스 서버의 데이터를 유출 및 변조하고 관리자 인증을 우회할 수 있는 공격 기법이다.
> • 동적 쿼리에 사용되는 입력 데이터에 예약어와 특수문자를 입력하지 못하도록 설정하여 방지할 수 있다.

• 답 :

04 TOCTOU(Time Of Check Time Of Use) 경쟁 조건에 대하여 간략히 서술하시오.

• 답 :

프로그래밍 언어 활용

파트 소개

응용 소프트웨어 개발에 사용되는 프로그래밍 언어의 기초 문법을 적용하고, 언어의 특징과 라이브러리를 활용하여 기본 응용 소프트웨어를 구현할 수 있다.

기본문법 활용하기

학습 방향

1. 응용 소프트웨어 개발에 필요한 프로그래밍 언어의 데이터 타입을 적용하여 변수를 사용할 수 있다.
2. 프로그래밍 언어의 연산자와 명령문을 사용하여 애플리케이션에 필요한 기능을 정의하고 사용할 수 있다.
3. 프로그래밍 언어의 사용자 정의 자료형을 정의하고 애플리케이션에서 사용할 수 있다.

출제빈도

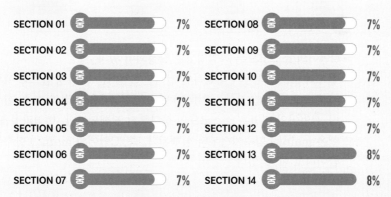

SECTION 01	중	7%	SECTION 08	중	7%
SECTION 02	중	7%	SECTION 09	중	7%
SECTION 03	중	7%	SECTION 10	중	7%
SECTION 04	중	7%	SECTION 11	중	7%
SECTION 05	중	7%	SECTION 12	중	7%
SECTION 06	중	7%	SECTION 13	중	8%
SECTION 07	중	7%	SECTION 14	중	8%

C언어와 Java언어의 기본문법 구조

출제빈도 상 中 하
반복학습 ①②③

빈출 태그 C언어의 기본 구조 • Java언어의 기본 구조 • printf( ) 함수 • println( ) 메소드

🅱 기적의 TIP

정보처리기사 실기시험에서 매회 5문제~7문제 정도로 상당히 많은 문제가 출제가 되고 있는 C언어와 Java언어의 기본 문법과 기본 프로그래밍 코드들을 학습합니다. 처음부터 암기하듯 학습하기보다는 반복적으로 예제 코드를 살피면서 익숙해지는 것이 중요합니다.

---

01 C언어와 Java언어의 개요

① C언어

• 1972년 미국 벨 연구소의 데니스 리치에 의해 개발된 시스템 기술용 언어이다.
• 유닉스(UNIX) 운영체제 개발에 사용할 목적으로 만들어졌다.
• 특징
  – 논리적이며 구조적인 시스템 프로그래밍 언어이다.
  – 하드웨어 제어가 가능하며 프로그램 이식성이 높다.
  – 간략한 문법 표현으로 함축적인 프로그램 작성이 용이하다.
  – 효율성과 유연성을 갖춘 저급 언어 특성을 가진 고급 언어이다.

② Java언어

• 1996년 미국 썬 마이크로시스템즈가 발표한 객체지향 프로그래밍 언어이다.
• Java는 프로그래밍 언어와 함께 실행 환경(플랫폼)을 포함하고 있다.
• 특징
  – 플랫폼 독립적이다.
  – 상속을 지원하는 객체지향 프로그래밍 언어(Object-Oriented PL)이다.
  – 응용 프로그래밍과 웹 프로그래밍(애플릿)이 가능하다.
  – 예외 처리와 멀티 스래싱을 지원한다.

02 C언어의 기본 구조

• C언어의 소스코드는 파일명.c로 작성되어 있다.
• 절차적 프로그래밍의 대표적인 언어인 C언어는 함수 중심으로 이루어져 있다.
• 기본 구조는 도입 부분, main( ) 함수 부분, 사용자 정의(호출) 함수로 구분되어 있다. C언어의 번역은 소스코드의 상단부터 진행되지만, 번역과정을 거친 후 실제 실행은 main( ) 함수에서부터 실행된다. 즉, C언어의 main( ) 함수는 실행의 시작과 끝이라고 할 수 있다.

도입 부분	프로그램설명주석 전처리기(매크로) 사용자 정의 함수 선언문; 사용자 정의 자료형 선언(구조체)
| main( ) 함수<br><br>• 프로그램 실행의 시작과 끝<br>• 반드시 1개가 있어야만 함 | ```c
int main( int argc, char *argv[] )
{
            변수선언문;
            실행문;
                        치환문
                        제어문
                        함수호출
                        ......
            return 0;
}
``` |
| 호출 함수 | ```c
사용자 정의 함수정의( )
{

}
``` |

• C언어의 main( ) 함수는 다음의 여러 가지 방법 중 하나로 선언할 수 있으며 ANSI/IS · Standard C (표준 C)에서는 반환형이 int인 main( ) 함수로 사용할 것을 권장한다.

방법 1	방법 2	방법 3	방법 4
| ```c
int main(int argc, char
*argv[ ])
{
    ......
    return 0;
}
``` | ```c
int main( )
{
    ......
    return 0;
}
``` | ```c
int main(void )
{
    ......
    return 0;
}
``` | ```c
void main( )
{
    ......
}
``` |

🅑 기적의 TIP

정보처리기사 실기시험에서 출제되는 C코드의 경우 방법 4번의 main( ) 함수 표현으로 출제되는 경우가 많습니다. 실무에서는 C컴파일러마다 차이가 있을 수 있으나 필답형 문제를 풀이할 경우는 main 함수의 구조에 민감하지 않으셔도 됩니다.

03 Java언어의 기본 구조

• Java언어의 소스코드는 클래스명.java로 작성되어 있다. 클래스명은 반드시 대문자로 시작하여야 한다.
• 객체지향 프로그래밍 언어의 대표인 Java언어는 클래스 중심으로 되어 있으며 클래스 내의 메소드를 통해 기능을 구현한다.

| 전역 영역 | ```java
package 선언문;
import 선언문;
``` |
| 클래스<br><br>• 클래스명 = 자바파일명<br>• main 메소드를 포함하는<br>  클래스 : public 클래스 | ```java
public class 클래스명{

    public static void main( String args[] ) {
            실행문;
    }

}
``` |

04 C언어와 Java언어의 기본 소스코드 비교

① C언어

줄	C 프로그램 소스 helloEx001.c
1	`#include <stdio.h>`
2	`int main( )`
3	`{`
4	`    printf("Hello, C! \n");`
5	`    return 0;`
6	`}`
결과	Hello, C!

② Java언어

줄	Java 프로그램 소스 HelloEx001.java
1	`public class HelloEx001 {`
2	`    public static void main(String[ ] args) {`
3	`        System.out.println("Hello, Java!");`
4	`    }`
5	`}`
결과	Hello, Java!

05 C언어와 Java언어의 프로그램 구성요소

C언어	Java언어

(1) 예약어(reserved word) : 키워드
 – 자료형관련, 기억관련, 제어관련, 기타
 – int, char, static, if~else, for, while, include 등
(2) 명칭(identifier) : 식별자
 – 변수명, 배열명, 함수명, 매크로명
(3) 상수(constant)
 – 정수상수, 실수상수, 문자상수, 문자열상수
(4) 연산자(operator)
(5) 설명문(comment) : 주석
 – 비실행문
 – 한 줄 주석   // C언어 공부 방법
 – 여러 줄 주석   /* 다양한 코드를 살펴보며,
                            코드에 주석을 적어보기!
                        */
	(1) 예약어(reserved word) : 키워드
	 – 자료형관련, 기억관련, 제어관련, 기타
	 – int, char, static, if~else, for, while, import 등
	(2) 명칭(identifier) : 식별자
	 – 클래스명, 메소드명, 변수명, 배열명, 함수명
	 – (관례) 클래스 이름의 경우, 대문자로 시작
	                  메소드나 필드, 변수의 이름은 소문자로 시작
	(3) 상수(constant)
	 – 논리상수, 정수상수, 실수상수, 문자상수, 문자열상수
	(4) 연산자(operator)
	(5) 설명문(comment) : 주석
	 – 비실행문
	 – 한 줄 주석 // Java언어 공부 방법
	 – 여러 줄 주석 /* 다양한 코드를 살펴보며,
	                            코드에 주석을 적어보기!
	                        */

06 C언어 기본문법 구조와 printf( ) 함수

① printf( ) 함수

- 기능 : 콘솔 화면에 주어진 출력 양식으로 자료(상수)를 출력하는 함수이다.
  "문자열상수" 또는 인수의 값을 화면에 출력한다.
- 형식 : #include ⟨stdio.h⟩★
  printf("출력형식", 출력대상1, 출력대상2, …);

② 출력형식 변환문자

%d	10진 정수로 변환하여 출력
%f	부동소수점을 실수로 변환하여 출력
%c	한 문자로 변환하여 출력
%s	문자열로 변환하여 출력

%o(8진 정수), %x(16진 정수), %u(부호 없는 10진 정수), %e(지수)

③ 예제

줄	C 프로그램 소스 helloEx002.c
1	`#include <stdio.h>`
2	`int main( )`
3	`{`
4	`    printf("Hello, Everybody~\n");`
5	`    printf("정보처리기사 : 60+40점\n");`
6	`    printf("정보처리기사 : %d점\n", 60+40);`
7	`    return 0;`
8	`}`
결과	Hello, Everybody~ 정보처리기사 : 60+40점 정보처리기사 : 100점

- 줄1의 #include는 전처리 기능★으로 라이브러리 파일을 해당 소스코드에 전처리하여 포함시킨다. 줄4의 printf( ) 함수를 사용하기 위해서는 stdio.h 헤더파일을 컴파일(번역) 과정 이전에 해당 소스코드에 포함시켜야 허용할 수 있다. stdio.h는 표준입출력 함수★들을 포함하고 있는 라이브러리 헤더파일이다.
- 줄4는 큰따옴표(" ")로 둘러싸인 문자열 "Hello, Everybody~"를 그대로 콘솔 화면에 출력한다. 이때 "\n"은 newline의 의미로 콘솔 화면으로 출력하는 문자가 아니고 개행(줄 바꿈)하는 처리를 하여 커서를 이동한다.
- 줄6은 큰따옴표(" ")로 둘러싸인 문자열 내부에 % 기호로 시작하는 문자가 있다. %d는 출력변환 형식을 지정하는 문자로 printf( ) 함수 내의 두 번째 인수인 60+40의 결과 100의 상수 값을 10진 정수 형태로 변환하여 출력한다.

★ 전처리기(preprocessor)
시스템이 제공하는 소스코드(라이브러리)를 미리 포함한 후 컴파일을 진행하도록 사전 작업을 처리해 주는 시스템 프로그램

★ stdio.h 헤더파일 표준입출력함수
printf( ), scanf( ), getchar( ), putchar( ), gets( ), puts( ), fgets( ), fputs( ) 등

정보처리기사 필답형 Java 문제의 경우는 빈칸에 코드를 채워 완성하는 문제와 주어신 코드의 결과를 식섭 삭성하는 유형의 문제가 출제됩니다. 직접 결과를 작성을 하는 문제를 풀이할 때는 코드상의 print( ) 메소드와 println( ) 메소드를 주의해서 답안을 작성하세요.

07 Java의 System.out.print( )와 System.out.println( )

- System.out.println( )은 java.lang 패키지에서 제공하는 표준출력문(메소드)이다. 괄호 사이에 출력하고자 하는 변수나 문자열이 올 수 있다. 원하는 내용이 출력된 후 '줄 바꿈'이 자동으로 이루어진다. 반면, System.out.print( )는 출력 직후 자동 줄 바꿈을 하지 않고 같은 줄에 커서가 머물러있게 된다.
- System.out.println( )와 System.out.print( )에서 여러 항목을 이어서 출력하고자 할 경우는 별도의 출력형식 지정 없이 항목들의 접속(concatenation)을 의미하는 기호 '+'를 사용하면 된다.

① C언어의 printf( ) 함수

줄	C 프로그램 소스 helloEx003.c
1	#include <stdio.h>
2	int main( )
3	{
4	printf("%d", 100);
5	printf("%d\n", 100);
6	printf("합격점수 : %d\n", 100);
7	return 0;
8	}
결과	100100 합격점수 : 100

② Java언어의 print( )와 println( ) 메소드

줄	Java 프로그램 소스 HelloEx002.java
1	public class HelloEx002 {
2	public static void main(String[ ] args) {
3	System.out.print(100);
4	System.out.println(100);
5	System.out.println("합격점수 : " + 100);
6	}
7	}
결과	100100 합격점수 : 100

- 줄3번의 결과는 print( ) 메소드에 의해 정수 상수 100을 콘솔에 출력한다.
- 줄4번은 줄3번의 결과 출력 후 커서가 머무른 위치에 정수 상수 100을 출력하고 println( ) 메소드의 기능인 출력하고 줄 변경을 수행하여 다음 줄로 커서를 이동시킨다.
- 줄5번은 이후 큰 따옴표 내의 문자열을 출력하고 문자열 연결 연산자(+)에 의해 100을 출력하고 역시 다음 줄로 커서를 이동시킨다.

③ Java언어의 println( ) 메소드의 예제

줄	Java 프로그램 소스 HelloEx003.java
1	`public class HelloEx003 {`
2	`        public static void main(String[ ] args) {`
3	`                int x = 10;`
4	`                int y = 20;`
5	`                System.out.println( "x+y = " + (x+y) );`
6	`                System.out.println( "x-y = " + (x-y) );`
7	`                System.out.println( "x*y = " + (x*y) );`
8	`                System.out.println( "x/y = " + (x/y) );`
9	`        }`
10	`}`
결과	x+y = 30 x−y = −10 x*y = 200 x/y = 0

이론을 확인하는 핵심문제

다음은 C언어의 printf( ) 함수 내의 출력형식 변환문자와 관련된 설명에서 빈칸 ①~③에 알맞은 변환문자를 쓰시오.

%문자	변환 형식
(①)	10진 정수로 변환하여 출력
(②)	부동소수점을 실수로 변환하여 출력
(③)	한 문자로 변환하여 출력
%s	문자열로 변환하여 출력

%o(8진 정수), %x(16진 정수), %u(부호 없는 10진 정수), %e(지수)

• ① :

• ② :

• ③ :

ANSWER ① %d ② %f ③ %c

01 데이터 타입(Data Type, 자료형)의 정의

- 자료형이란 변수가 가질 수 있는 데이터(값)의 유형이다.
- 프로그램을 작성 시 자료형을 결정하여 변수를 선언한다.
- 프로그래밍 언어에 따라 데이터 타입에 차이가 있다.

02 데이터 타입의 분류

① 기본 데이터 타입
- 정해진 구조 외에 다른 구조를 가질 수 없는 자료형이다.
- 종류 : 논리형, 문자형, 정수형, 실수형

② 구조적 데이터 타입
- 기본 자료형으로부터 파생하여 만든 자료형이다.
- 종류 : 배열(같은 자료형의 자료 모임), 레코드(다른 자료형의 자료 모임), 포인터형, 문자열형

03 기본 데이터 타입

① 논리형(Boolean Type, 부울형, 불린형)
- 참값(true)과 거짓값(false)의 상수(값, 리터럴)를 표현할 때 사용하는 자료형이다.
- 두 상수 값만 존재한다.
- C언어의 기본 데이터 타입은 아니다.

② 문자형(Character Type)
- 단일 문자의 자료형이다.
- 작은따옴표로 표현된 상수들을 표현할 때 사용하는 자료형이다.
  예 'a', 'A', '1', ' ', '!' 등

③ 정수형(Integer Type, Fixed Point Type)
- 고정 소수점 타입이다.
- 부호는 있고, 소수점이 없는 정수 상수들을 표현할 때 사용하는 자료형이다.
  예 +1, −1, +123, −123 등

④ 실수형(Floating Point Type)
- 부동 소수점 타입이다.
- 부호와 소수점이 있는 실수 상수들을 표현할 때 사용하는 자료형이다.
  - 예 +3.14, −3.14, +1.0, −123.0 등

04 구조적 데이터 타입

① 배열(Array)
- 동일한 유형의 값들을 모아 놓은 자료형이다.
- 순차 구조이고, 첨자(index)로 배열 원소를 구별한다.
- 1차원 구조와 2차원 이상의 다차원 구조로 구성할 수 있다.
  - 예 {1, 3, 5}, {1.1, 2.2, 3.3}, {'A', 'B', 'C'} 등

② 레코드(Record)
- 서로 다른 유형의 값들을 모아 놓은 자료형이다.
- 이름으로 원소를 구별한다.
  - 예 {2020, "Kang", 100}, {1, 4.2} 등

③ 포인터형(Pointer)
- 객체를 참조하기 위해 메모리의 주소를 값으로 하는 자료형이다.
- 하나의 자료에 동시에 많은 리스트의 연결이 가능하다.
- 커다란 배열의 원소를 효율적으로 저장하고자 할 때 이용한다.
- 고급 언어에서 주로 사용되는 기법이다.
- 지원 프로그래밍 언어 : C, C++

④ 문자열형(Character String Type)
- 문자열(단일 문자들)의 자료형이다.
- 큰따옴표로 표현된 상수들을 표현할 때 사용하는 자료형이다.
- 기본 데이터 타입이 아니다.
  - 예 "A", "100", "PASS", "Kang" 등

B 기적의 TIP

구조적 데이터 타입은 여러 자료를 하나의 단위로 묶어 취급합니다.

05 프로그래밍 언어의 기본 데이터 타입(Primitive Type) 및 크기

- 자료형의 예약어는 모두 소문자이다.
- 문자열형(String)은 기본 데이터 타입이 아니다.
- C++언어의 논리형의 예약어는 bool이다.
- Python의 long형은 무한크기이다.
- C#언어의 실수형에는 decimal(16byte)이 있다.

• 데이터 타입은 프로그래밍 언어마다 정해져 있는 예약어를 구별하여 암기해야 합니다. 특히 C언어와 Java언어에서의 long형과 char형의 크기가 차이가 있다는 것을 유념해 두세요.
• 데이터 타입은 변수의 선언문에서 좀 더 깊이 있게 학습하는 것이 효율적입니다.

C언어

자료형	예약어(크기, byte)
정수형	int(4), short(2), long(4), unsinged
실수형	float(4), double(8), long double
문자형	char(1), unsinged char
형 없음	void

Java언어

자료형	예약어(크기, byte)
정수형	hyte(1) short(2) int(4) long(8)
실수형	float(4), double(8)
문자형	char(2)
형 없음	void
논리형	boolean(1)

이론을 확인하는 / 핵심문제

01 다음 〈보기〉에서 C언어의 기본 자료형을 골라 쓰시오.

〈보기〉

boolean, int, char, float

• 답 :

02 다음 〈보기〉에서 자료형에 대한 설명으로 옳은 것을 골라 쓰시오.

〈보기〉

㉠ 모든 프로그래밍 언어는 논리형 자료형을 갖는다.
㉡ 문자형 자료형의 크기는 1byte이다.
㉢ 배열형은 이질형 자료들을 하나의 단위로 묶어 저장할 때 사용한다.
㉣ 자료형은 변수가 가질 수 있는 속성값의 길이 및 성질로 프로그래밍 언어에 따라 데이터 타입의 유형을 구분하는 기준은 차이가 있다.

• 답 :

ANSWER **01** int, char, float
02 ㉣

03 변수와 상수

출제빈도 상 **중** 하
반복학습 1 2 3

빈출 태그 상수 • 변수 • 선언문 • 대입문 • 대입연산자(=) • scnaf( ) 함수

01 상수(Constant)의 개념

- 항상 고정된 값을 갖는 자료(값)로, 변경 불가능하다.
- 유형 : 정수형, 실수형, 문자형, 문자열형, 논리형
- 수명 시간 동안 고정된 하나의 값과 이름을 가진 자료로서, 프로그램★이 동작하는 동안 값이 바뀌지 않는 공간이다.

★ **프로그램(Program)**
- 프로그램은 주어진 문제를 해결하기 위한 처리 절차와 방법을 기술한 명령어들의 모임이다.
- 프로그램 : 자료 + 명령어

02 C 프로그램의 상수

정수형 상수	10진수, 8진수, 16진수 표현 가능
실수형 상수	소수 형식, 지수 형식
문자형 상수	• 키보드 문자 + escape 문자 • 작은따옴표(' ')로 묶은 1개의 영문자나 숫자문자나 특수문자 • 내부적으로는 ASCII코드값으로 저장
문자열형 상수	• 큰따옴표(" ")로 묶은 여러 개의 영문자 및 숫자문자나 특수문자 • 문자열 끝에 문자열의 끝을 의미하는 null 문자('₩0') 추가

03 변수(Variable)

- 변수는 프로그램 실행 중 변경할 수 있는 값이 저장되는 기억공간이다(=메모리).
- 프로그램에서 하나의 값을 저장할 수 있는 기억 장소의 이름을 의미한다.
- 변수는 이름, 값, 속성, 참조 등의 요소★로 구성된다.
- 변수명은 프로그래머가 각 언어별로 변수명을 만드는 규칙에 따라 임의로 이름을 붙일 수 있다.
- 변수는 묵시적으로 변수형을 선언할 수도 있고, 선언문을 사용할 수도 있다.
- 변수의 유형은 컴파일 시간에 한 번 정해지면 일반적으로 그대로 유지한다.
- 변수의 수명은 할당된 변수가 값을 저장할 기억장소를 할당받은 때부터 그 기억장소가 더 이상 변수값을 의미하지 않을 때까지의 시간을 의미하며, 바인딩★ 이후 변수를 사용할 수 있다.

★ **변수의 4요소**
- 주소(Address)
- 이름(Name)
- 자료형(Datatype)
- 값(Value)

★ **바인딩(Binding)**
- 어떤 변수의 명칭과 그 메모리 주소, 데이터형 또는 실제 값을 연결하는 것이다.
- 변수들이 갖는 속성이 완전히 결정되는 시간을 바인딩 시간(Binding Time)이라고 한다.
- 바인딩의 종류 : 정적 바인딩(번역시간), 동적 바인딩(실행시간)

⒝ 기적의 TIP

C언어와 Java언어의 모든 명령문은 반드시 세미콜론(;)으로 마무리해야 합니다.

04 변수의 선언문

① 변수의 선언문

- 변수명과 자료형을 결정하여, 기억공간을 할당하는 것이다.
- 프로그램 실행 시 사용할 데이터의 속성 정보를 컴파일러(언어번역기)에게 알려주는 문장이다.
- 효율적인 주기억장치의 관리가 가능하다.
- 정적형 검사가 가능하다.

> - 형식 : 자료형 변수명;
> - 코딩 :
>
> ```
>         {
>                 int  a;
>                 int  A;
>                 int Age;
>                 float b;
>                 char c;
> ```

② C언어의 변수명 정의 규칙(Naming Rule)

- 변수명은 식별자이므로 영문 대소문자, 숫자를 혼합하여 명명한다.
- 대소문자 구별하며, 변수명으로 예약어를 사용하는 것을 금지한다.
- 밑줄(_)을 제외한 모든 특수문자의 사용을 금지한다.
- 숫자로 시작하는 것을 금지한다.
- 데이터의 의미나 역할을 표현할 수 있는 이름으로 명명하는 것이 프로그램의 가독성과 유지보수성 증가를 위해 바람직하다.

05 변수의 대입문 및 초기화

1) 변수의 대입문

- 변수(기억공간)에 자료(값)를 대입(할당, 배정, assign)하는 것이다.
- 변수의 내용(값)을 변경하는 문장이다.
- 프로그램에서 가장 일반적으로 사용되는 연산문이다.

★ 대입연산자(=)
대입연산자는 우측의 R-value의 값을 좌측의 L-value의 위치에 저장시키는 연산을 수행한다.

> - 형식 : L-value = R-value;
> - 코딩 :
>
> ```
>         {
>                 a = 20;
>                 Age = 20;
>                 A = 10 + 20;
>                 A = A + 1;
>                 A = Age;
> ```

2) 변수의 초기화 _{2020년 3회}

- 변수의 선언문과 대입문을 구별하여 코딩할 수도 있지만 초기화를 통해 변수선언이 이루어짐과 동시에 특정 값을 부여할 수도 있다.

> - 형식 : 자료형   변수명 = 초기값;
> - 코딩 :
>
> ```
>         {
>                 int         kor = 90;
>                 double      pi = 3.14;
>                 char        level = 'A';
> ```

기적의 TIP

프로그램 내의 변수는 고유한 역할이 있습니다. 따라서 변수의 역할에 적합한 초기값이 부여되어야 합니다.
- 누적 합 변수의 초기값

`int result=0;`

- 누적 곱 변수의 초기값

`int result=1;`

① 예제 1

줄	C 프로그램 소스 variableEx001.c
1	`#include <stdio.h>`
2	`int main( )`
3	`{`
4	`    int Age;`
5	`    Age = 20;`
6	`    printf("저의 나이는 20살입니다.\n");`
7	`    printf("저의 나이는 %d살입니다.\n",20);`
8	`    Age = Age + 1;`
9	`    printf("저의 나이는 %d살입니다.\n", Age);`
10	`    return 0;`
11	`}`
결과	저의 나이는 20살입니다. 저의 나이는 20살입니다. 저의 나이는 21살입니다.

- 줄4에서는 Age라는 이름의 4byte 크기의 정수형 변수가 메모리에 선언되었다.
- 줄5에서는 줄4에서 선언된 변수 Age에 정수 상수 20이 대입(저장)되었다.
- 줄9에서는 대입 연산자(=) 우측 Age+1의 덧셈 연산을 통해 21의 결과를 먼저 계산하고 결과 상수값을 다시 변수 Age에 대입한다. 최종적으로 변수 Age에는 21이 저장된다.

② 예제 2

줄	C 프로그램 소스 variableEx002.c
1	`#include <stdio.h>`
2	`int main( )`
3	`{`
4	`    int num1, num2;`
5	`    int sum;`
6	`    num1 = 20;`
7	`    num2 = 30;`
8	`    sum = num1 + num2;`
9	`    printf("%d + %d = %d\n", num1, num2, sum);`
10	`    return 0;`
11	`}`
결과	20 + 30 = 50

- 줄4와 줄5에서 정수형 변수 3개가 선언되었다. 위 프로그램은 두 정수의 합을 출력하는 프로그램으로 이를 처리하기 위해 필요한 변수를 3개로 결정했기 때문이다. C언어 프로그램에서 변수의 선언은 함수의 몸체 블록에 진입하여 미리 선언을 해 두어야만 한다.
- 줄6과 줄7을 통해 정수 상수 20과 30을 변수 num1과 num2에 각각 대입하였다.
- 줄8에서는 대입 연산자(=)의 우측 산술 처리를 먼저 수행한 후 해당 결과값을 구해 변수 sum에 대입하였다.

06 변수와 c언어의 scanf( ) 함수

대입 연산자를 통해 변수에 값을 대입할 수도 있지만 콘솔(키보드)을 통해 사용자가 직접 원하는 값을 변수에 대입하고자 할 때 C언어에서는 scanf( ) 함수를 이용하여 처리한다.

① scanf( ) 함수

- 기능 : 콘솔 화면에서 키보드로부터 자료(상수)를 주어진 입력 형식으로 입력시키는 함수이다.
- 형식 : #include <stdio.h>
    scanf("입력 형식", &입력대상1, &입력대상2, …);

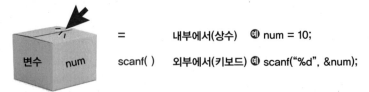

	=	내부에서(상수)	예 num = 10;
변수 num	scanf( )	외부에서(키보드)	예 scanf("%d", &num);

② 입력형식 변환문자

%d	10진 정수로 변환하여 입력
%f	부동소수점을 실수로 변환하여 입력
%c	한 문자로 변환하여 입력
%s	문자열로 변환하여 입력
%ld(long 정수), %lf(double 실수), %o(8진 정수), %x(16진 정수)	

③ 예제 1

줄	C 프로그램 소스 variableEx003.c

1
2
3
4
5
6
7
8
9
10
11
	`#include <stdio.h>`
	`int main( )`
	`{`
	`    int Age;`
	`    Age = 20;`
	`    printf("나이 : %d\n", Age);`
	`    printf("나이를 입력하세요? : ");`
	`    scanf("%d", &Age);`
	`    printf("나이 : %d\n", Age);`
	`    return 0;`
	`}`

결과	나이 : 20 나이를 입력하세요? : 30 `Enter` 나이 : 30

- 줄5에서는 변수 Age에 대입연산자를 통해 정수 상수 20을 대입한 후 줄6에서 출력을 하였다.
- 줄8에서는 표준입력 함수인 scanf( ) 함수를 통해 키보드로 임의의 정수형 상수를 입력받아 변수 Age에 대입하였다. scanf( ) 함수의 두 번째 인자의 경우는 변수명 앞에 주소 연산자(&)를 표기하여 변수의 주소(위치)에 접근할 수 있도록 해야 한다.

④ 예제 2 : 사각형의 가로와 세로의 길이를 입력받아 사각형의 넓이 구하기

줄	C 프로그램 소스 variableEx004.c

1
2
3
4
5
6
7
8
9
10
11
12
13
14
	`#include <stdio.h>`
	`int main( )`
	`{`
	`    int width;`
	`    int height;`
	`    int area;`
	`    printf("사각형의 가로? ");`
	`    scanf("%d", &width);`
	`    printf("사각형의 세로? ");`
	`    scanf("%d", &height);`
	`    area = width * height;`
	`    printf("사각형의 넓이 : %d\n", area);`
	`return 0;`
	`}`

결과	사각형의 가로? 3 `Enter` 사각형의 세로? 5 `Enter` 사각형의 넓이 : 15

이론을 확인하는 핵심문제

01 다음 〈보기〉에서 C언어의 변수의 이름으로 적합한 것을 골라 쓰시오.

〈보기〉

1score, kor_Score, eng Score, while

• 답 :

02 다음 변수(Variable)에 대한 설명에 해당하는 것을 맞으면 ○, 틀리면 ×로 표기하시오.

〈보기〉

• 프로그램 실행 과정에서 하나의 기억 장소를 차지한다.----------------------------------(①)
• 변수의 유형은 컴파일 시간에 한 번 정해지면 일반적으로 그대로 유지한다.----------------------(②)
• 프로그램이 동작하는 동안 절대로 값이 바뀌지 않는 공간을 의미한다.--------------------------(③)
• 변수는 이름, 값, 속성, 참조의 요소로 구성된다.--(④)

• ① :
• ② :
• ③ :
• ④ :

ANSWER **01** kor_Score
02 ① ○ ② ○ ③ × ④ ○

2-152 **PART 10 • CHAPTER 01** 기본문법 활용하기

04 연산자

빈출 태그 연산자 우선순위 • 산술 연산자 • 관계 연산자 • 논리 연산자 • 비트 연산자

01 연산자(Operator)와 우선순위

• 연산자는 자료에 대한 연산동작을 지정한 기호이다.
• 연산자 우선순위란 두 종류 이상의 연산자가 수식 내에 포함될 경우 연산의 순서를 의미한다.
• 연산자 결합 방향(결합성)이란 우선순위가 동일한 연산자들이 수식 내에 포함될 경우 어느 방향으로 결합하는가를 결정하는 것이다.

① C언어 연산자 우선순위와 결합 방향

구분	우선순위	연산자	결합 방향
단항 연산자	1	( ) [ ] → .	→
	2	! ~ ++ -- & * sizeof( ) cast	←
이항 연산자	3	* / %	→
	4	+ -	→
	5	〈〈 〉〉	→
	6	〉 〉= 〈 〈=	→
	7	== !=	→
	8	&	→
	9	^	→
	10	|	→
	11	&&	→
	12	||	→
삼항 연산자	13	? :	←
대입 연산자	14	= += *= &= ⋯	←
나열 연산자	15	,	→

🅑 기적의 TIP

이번 Section에서는 프로그래밍 언어에서 많이 사용되는 연산자의 각 기능들을 학습합니다. 많은 프로그래밍 언어가 있지만 대부분의 언어는 C언어의 연산자를 모두 사용하고 있습니다. 따라서 C언어 연산자 중심으로 연산자 각각의 기능을 학습하고, Java언어와 Python언어의 차이나는 연산자를 꼭 명확하게 구분하세요.

② Java 연산자 우선순위와 결합 방향

구분	우선순위	연산자	결합 방향
단항 연산지	1	( ) [ ]	→
	2	! ~ ++ −− cast new	←
이항 연산자	3	* / %	→
	4	+ −	→
	5	《 》 》》	→
	6	〉 〉= 〈 〈= instanceof	→
	7	== !=	→
	8	&	→
	9	^	→
	10	|	→
	11	&&	→
	12	||	→
삼항 연산자	13	? :	←
대입 연산자	14	= += *= &= …	←
나열 연산자	15	.	→

⓶ 이항 연산자의 우선순위

• 연산자의 대부분은 피연산자(연산의 대상)를 2개 가지는 이항 연산자에 속한다.
• 이항 연산자의 우선순위는 '산술 연산자 → 관계연산자 → 논리연산자' 순으로 우선순위가 높다. 즉, 괄호가 있지 않으면 우선순위가 높은 연산자부터 연산 처리가 된다.

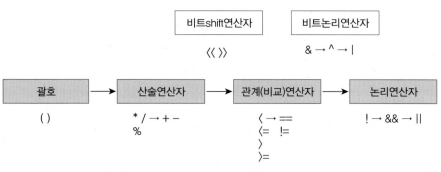

03 산술 연산자 <small>2020년 3회</small>

- 정수 산술 연산은 정수의 결과값을, 실수 산술 연산은 실수의 결과값을 갖는다.
- 부호를 나타내는 단항 연산자 +, −는 이항 산술 연산자보다 우선순위가 높다.
- 이항 연산자 +, −는 *, /, %보다 우선순위가 낮다.
- % 연산자는 정수 나눗셈 후 나머지 값을 구한다.

  예 printf("7을 3으로 나눈 나머지 : %d", 7%3) : → (결과) 7을 3으로 나눈 나머지 : 1

+	A + B	변수 A에 저장된 값과 변수 B에 저장된 값을 더한다.
−	A − B	변수 A에 저장된 값에서 변수 B에 저장된 값을 뺀다.
*	A * B	변수 A에 저장된 값과 변수 B에 저장된 값을 곱한다.
/	A / B	변수 A에 저장된 값을 변수 B에 저장된 값으로 나눈 몫을 구한다.
%	A % B	변수 A에 저장된 값을 변수 B에 저장된 값으로 나눈 나머지를 구한다.

▶ 예제

줄	C 프로그램 소스 operatorEx001.c

1
2
3
4
5
6
7
8
9
10
11
12
13
	`#include <stdio.h>`
	`int main( )`
	`{`
	`    int x, y;`
	`    x = 5;`
	`    y = 2;`
	`    printf("덧 셈 : 5+2=%d \n", x+y);`
	`    printf("뺄 셈 : 5-2=%d \n", x-y);`
	`    printf("곱 셈 : 5*2=%d \n", x*y);`
	`    printf("나눗셈 : 5/2=%d \n", x/y);`
	`    printf("나머지 : 5%2=%d \n", x%y);`
	`    return 0;`
	`}`

결과	덧 셈 : 5+2=7 뺄 셈 : 5−2=3 곱 셈 : 5*2=10 나눗셈 : 5/2=2 나머지 : 5%2=1

04 관계 연산자

- 관계 연산은 두 피연산자(연산의 대상)의 관계를 비교하여 관계가 성립하면 참(true)을, 성립하지 않으면 거짓(false)을 연산의 결과값★으로 생성한다.

★ **관계 연산자의 결과값**
- C언어는 참 또는 거짓
- Java언어는 true 또는 false

〉	A 〉B	A에 저장된 값이 B에 저장된 값보다 큰가?
〉=	A 〉= B	A에 저장된 값이 B에 저장된 값보다 크거나 같은가?
〈	A 〈 B	A에 저장된 값이 B에 저장된 값보다 작은가?
〈=	A 〈= B	A에 저장된 값이 B에 저장된 값보다 작거나 같은가?
==	A == B	A에 저장된 값이 B에 저장된 값과 같은가?
!=	A != B	A에 저장된 값이 B에 저장된 값과 다른가?

▶ 예제

줄	C 프로그램 소스 operatorEx002.c
1	`#include <stdio.h>`
2	`int main( )`
3	`{`
4	`    int x, y;`
5	`    x = 5;`
6	`    y = 2;`
7	`    printf("5>2  : %d \n", x>y);`
8	`    printf("5<2  : %d \n", x<y);`
9	`    printf("5==2 : %d \n", x==y);`
10	`    printf("5!=2 : %d \n", x!=y);`
11	`    return 0;`
12	`}`
결과	5>2 : 1 5<2 : 0 5==2 : 0 5!=2 : 1

- 줄7의 x>y는 각각의 변수 속의 값으로 관계 연산식을 5>2로 연산하여 5가 2보다 크냐는 논리식에 '참'의 결과를 생성한다. 이러한 '참'의 결과를 printf( ) 명령문의 출력형식 문자 %d인 10진 정수로 변환시켜 출력하면 '참'의 값은 정수 1로 출력된다.
- C언어에서 논리식 판별 결과 '참'을 10진 정수로 변환하면 1로, '거짓'을 변환하면 0으로 출력된다.

05 논리 연산자

- 논리 연산자의 우선순위는 'NOT → AND → OR' 순으로 처리되며, NOT 연산자는 단항 연산자이다.
- AND 연산자로 &&, OR 연산자로 ||, NOT 연산자로 !를 사용한다.
- 주어진 값(거짓 또는 참)에 대하여 AND(논리곱) 연산은 모두 참일 경우에만 참, OR(논리합) 연산은 하나라도 참이면 결과는 참, NOT(부정) 연산은 참일 경우는 거짓, 거짓일 경우는 참을 결과값★으로 생성한다.

★ 논리 상수값
Java언어의 경우는 명확하게 논리 상수값이 true, false로 존재하나 C언어의 경우는 논리 상수값이 존재하지 않는다.

변수 A	변수 B	A && B	A || B	!A
거짓	거짓	거짓	거짓	참
거짓	참	거짓	참	참
참	거짓	거짓	참	거짓
참	참	참	참	거짓

▶ 예제

줄	C 프로그램 소스 operatorEx003.c
1	`#include <stdio.h>`
2	`int main( )`
3	`{`
4	`    int month, day, birthday;`
5	`    month = 1;`
6	`    day = 10;`
7	`    birthday = month==8 && day==19;`
8	`    printf("birthday : %d \n", birthday);`
9	`    return 0;`
10	`}`
결과	birthday : 0

- 줄7의 month==8 && day==19는 1==0 && 10==19의 값으로 대입되어 연산을 진행한다. 연산의 우선순위는 관계 연산자가 논리 연산자보다 높으므로 (1==0) && (10==19)와 같이 관계 연산을 먼저 연산하게 된다. 1==0은 1과 0이 같으냐는 조건식에 '거짓'의 결과가 생성되고 10==19의 조건식 역시 '거짓'의 결과가 생성되므로 거짓 && 거짓의 논리식의 판별을 하여 모두 거짓이므로 결과가 '거짓'이다. 거짓인 결과를 정수형 변수에 형 변환하여 대입이 이루어지므로 0이 대입된다.

06 대입 연산자와 증감 연산자

① 대입 연산자

- 대입 연산자는 변수에 어떤 값을 저장할 때 사용한다.
- 연산 대상과 대입 대상이 되는 변수가 같을 경우는 복합 연산자를 이용하여 축약하여 표현할 수 있다.
- 대입 연산자의 결합 방향은 우측에서 좌측으로 연산이 수행된다.

=	A = 10;	변수 A에 10을 대입(저장)한다.
	A = B = 10;	B = 10; A = B; 순으로 처리한다. 즉, 변수 B에 10을 대입한 후, 변수 A에 변수 B의 값을 대입한다. 오른쪽부터 왼쪽으로 대입(=)한다.
+=	A += 10;	A = A + 10;과 동일하다.
-=	A -= 10;	A = A - 10;과 동일하다.
*=	A *= 10;	A = A * 10;과 동일하다.
/=	A /= 10;	A = A / 10;과 동일하다.
%=	A %= 10;	A = A % 10;과 동일하다.

② 증가/감소 연산자

- 변수의 값을 1씩 증가시키거나 1씩 감소시킬 때 사용한다.
- ++는 1씩 증가를 의미한다. **예** a++; → a=a+1;
- ――는 1씩 감소를 의미한다. **예** a――; → a=a-1;

++	++A;	• 전위 증가 연산자 • 변수 A에 저장된 값을 1만큼 증가시킨다. (A = A + 1;)
	A++;	• 후위 증가 연산자 • 변수 A에 저장된 값을 1만큼 증가시킨다. (A = A + 1;)
――	――A;	• 전위 감소 연산자 • 변수 A에 저장된 값을 1만큼 감소시킨다. (A = A – 1;)
	A――;	• 후위 감소 연산자 • 변수 A에 저장된 값을 1만큼 감소시킨다. (A = A – 1;)

③ 예제

줄	C 프로그램 소스 operatorEx004.c
| 1<br>2<br>3<br>4<br>5<br>6<br>7<br>8<br>9<br>10<br>11<br>12<br>13<br>14 | ```c
#include <stdio.h>
int main( )
{
        int a = 10;
        a = a + 1;
        printf("%d\n", a);
        a += 1;
        printf("%d\n", a);
        ++a;
        printf("%d\n", a);
        a++;
        printf("%d\n", a);
        return 0;
}
``` |
| 결과 | 11
12
13
14 |

07 삼항 연산자(조건 연산자)

- C 언어와 Java에서 피연산자가 3개 필요한 연산자는 삼항 연산자가 유일하다.

? :	A ? B : C	A가 참이면 B를, 거짓이면 C를 결과값으로 설정한다.
```

▶ 예제

줄	C 프로그램 소스 operatorEx005.c
1	`#include <stdio.h>`
2	`int main( )`
3	`{`
4	`    int x, y, big;`
5	`    x = 5;`
6	`    y = 2;`
7★	`    big = (x>y) ? x : y;`
8	`    printf("큰 값 : %d\n", big);`
9	`    return 0;`
10	`}`
결과	큰 값 : 5

• 줄7에서 (x>y) ? x : y의 삼항 연산을 먼저 처리한다. 첫 번째 항인 x>y는 5>2의 조건식으로 참을 결과로 생성하고 참의 결과로 인해 두 번째 항 x를 선택하게 된다. big = x;이 수행되어 변수 big에는 x의 값 5가 대입된다.

★ 조건 연산자와 if~else 구문
삼항 조건 연산자를 사용한 명령문은 if~else 구문으로 변환할 수 있다.

• 삼항 연산자

`big = (x>y)?x:y;`

• if~else 구문

```
if(x>y)
  big=x;
else
  big=y;
```

08 비트 연산자★와 기타 연산자

① 비트 시프트 연산자 2024년 1회

• <<는 비트를 왼쪽으로 이동(Shift)시킨다.
• >>는 비트를 오른쪽으로 이동(Shift)시킨다.
  예 b = a << 2;
    → a의 값을 왼쪽으로 2비트 이동시킨 결과를 b에 저장한다.

② 비트 논리 연산자

• & : 논리곱(AND)
  예 a = 5; b = 3; c = a & b;
    → 0101 AND 0011의 결과인 1(=0001)이 c에 저장된다(4비트로 가정).
• ^ : 배타적 논리합(XOR)
  예 a = 5; b = 3; c = a ^ b;
    → 0101 XOR 0011의 결과인 6(=0110)이 c에 저장된다.
• | : 논리합(OR)
  예 a = 5; b = 3; c = a | b;
    → 0101 OR 0011의 결과인 7(=0111)이 c에 저장된다.
• ~ : 논리부정(NOT)
  예 a = -1; c = ~a;
    → 1111 반전(토글)의 결과인 0000이 c에 저장된다.

🅱 기적의 TIP

비트 연산의 결과와 관련된 문제가 출제될 가능성이 높습니다. 시험장에서는 실제로 정수형 32bit에 대한 진법 변환을 하지 마시고 4~8bit의 자릿수에 대해 10진수를 2진수로 변환하는 방법을 꼭! 능숙하게 익혀가세요.

★ 비트 연산자
비트 연산자는 시프트 연산과 논리 연산으로 구분된다. 비트 연산은 정수형 변수만을 연산의 대상으로 한다. 정수형 변수 내의 비트 값 0과 1을 대상으로 시프트와 논리 연산을 수행한다.

비트 A	비트 B	A & B	A ^ B	A | B	~A
0	0	0	0	0	1
0	1	0	1	1	1
1	0	0	1	1	0
1	1	1	0	1	0

③ 기타 연산자

• sizeof 연산자
  - C언어에서 변수, 변수형, 배열의 저장 장소의 크기를 Byte 단위로 구한다.
  - **예** printf("int 자료형의 크기 : %d", sizeof(int)); → (결과) int 자료형의 크기 : 4
• 콤마 연산자
  - 성격이 동일한 자료형을 나열할 때 사용된다.
  - **예** int a, b, c;
• Cast 연산자(형 변환 연산자)
  - 명시적 형 변환 시에 사용하며 어떤 수식을 다른 데이터형으로 변경할 때 사용한다.
  - **예** int num = (int)3.14 + 5;
    → (int)3.14는 실수형 상수 3.14를 정수형 상수 3으로 변환 후 3 + 5를 수행
    한 결과 8을 정수형 변수 num에 대입한다.
• 포인터 연산자
  - C언어의 단항연산자 중, &는 변수의 주소를 의미하고 *는 변수의 내용을 의미한다.
  - **예** int a = 3;
    int *ptr = &a;
    *ptr = *ptr + 5;
    → 정수형 변수 a를 포인터 변수 ptr이 포인팅(참조)하고 있고 *ptr은 포인
    터 변수에 포인터 연산자(*)를 통해 값을 참조하여 변수 a의 내용인 3을 5와
    덧셈하여 8의 결과를 포인터 변수 ptr을 통해 다시 변수 a의 내용으로 대입
    한다.

01 다음 〈보기〉의 연산자를 우선순위가 높은 것에서 낮은 순으로 순서에 맞게 골라 쓰시오.

〈보기〉

!, +, &&, ‖, 〈

• 답 : _____ → _____ → _____ → _____ → _____

02 다음 C 언어는 두 수의 비트별 XOR을 구하는 프로그램이다. 실행 결과를 쓰시오.

```
#include <stdio.h>
void main( )
{
    int a=3, b=6;
    int c = a ^ b;
    printf("%d", c);
}
```

• 답 :

03 다음 C언어의 실행 결과를 쓰시오.

```
#include <stdio.h>
void main()
{
   int a = 7 + 6;
    int b = (int)7.3 + (int)6.7;
    printf("%d %d", a, b);
}
```

• 답 :

ANSWER **01** ! → + → 〈 → && → ‖
02 5
03 13 13

B 기적의 TIP

이번 Section에서는 표준 출력 함수 부분에 관련된 내용만 다루도록 하겠습니다. C언어의 표준 출력 함수는 정말 다양합니다. 정보처리기사 실기시험은 다양한 함수의 종류를 학습하는 것보다 집중하여 printf( ) 함수를 꼼꼼히 학습하는 것이 효율적인 방법입니다.

01 데이터 입 · 출력

- 프로그램을 수행하는 과정에서 메모리로 데이터를 입력하고, 메모리에서 데이터를 출력하도록 하는 기법이다.
- 읽기(Read)와 쓰기(Write) 명령을 이용하여 데이터 전송 요청을 할 수 있다.

02 C언어 대표 표준 데이터 입 · 출력 함수

- C언어에서 표준 입출력 함수를 사용하기 위해서는 #include 전처리를 통해 stdio.h라는 표준 입출력 헤더파일을 코드 상단에 반드시 입력해야만 한다.

▶ #include 〈stdio.h〉

입력 함수	scanf( )	표준 입력 함수
	getchar( )	문자 입력 함수
	gets( )	문자열 입력 함수
출력 함수	printf( )	표준 출력 함수
	putchar( )	문자 출력 함수
	puts( )	문자열 출력 함수

03 C언어 데이터 입 · 출력 변환문자

%d	입출력 대상을 10진 정수로 변환(decimal)
%o	입출력 대상을 8진 정수로 변환(octal)
%x	입출력 대상을 16진 정수로 변환(hexa–decimal)
%c	입출력 대상을 단일 문자로 변환(character)
%s	입출력 대상을 문자열로 변환(string)
%f	입출력 대상을 10진 실수로 변환(float)

04 C언어 확장문자(이스케이프 시퀀스, Escape Sequence)

\n	New Line	커서를 다음 줄 처음으로 이동
\r	Carriage Return	커서를 현재 줄 처음으로 이동
\t	Tab	커서를 일정 간격만큼 띄움
\b	Backspace	커서를 뒤로 한 칸 이동
\0	Null	널 문자 출력
\'	Single Quote	작은따옴표 출력
\"	Double Quote	큰따옴표 출력
\\	Backslash	역슬래시(₩) 출력
\a	Alert	벨소리 발생
\f	Form Feed	한 페이지 넘김

05 C언어 데이터 입 · 출력 예제

① 예제 1

줄	C 프로그램 소스 inoutEx001.c
1	`#include <stdio.h>`
2	`int main( )`
3	`{`
4	`    printf("Hello World");`
5	`    printf("Hello World\n");`
6	`    printf("10진정수출력 : %d\n", 12);`
7	`    printf("8진정수출력 : %o\n", 12);`
8	`    printf("16진정수출력 : %x\n", 12);`
9	`    printf("%d\n", 12);`
10	`    printf("%7d\n", 12);`
11	`    printf("%07d\n", 12);`
12	`    printf("%-7d\n", 12);`
13	`    return 0;`
14	`}`

결과	Hello WorldHello World 10진정수출력 : 12 8진정수출력 : 14 16진정수출력 : c 12

					1	2
0	0	0	0	0	1	2
1	2					

- 줄10의 출력 결과는 %d의 출력형식 변환문자 사이에 숫자가 추가되어 있다. %7d 는 전체 출력 자릿수 7자리를 확보하고 7자리에 12를 출력한 결과이다. 확보한 7 자리의 우측을 기준으로 2자리를 확보해야 12를 출력할 수 있다. 12를 출력한 이 후 5자리가 반대편 좌측에 공백으로 남아 있다.
- 줄11은 줄10의 결과와 같이 출력되고 좌측의 공백의 빈자리만큼 0으로 채워서 출 력되었다.
- 줄12의 %d 사이의 자릿수 숫자에 − 부호를 추가하여 %−7d로 출력을 시킬 경우는 정수 출력을 위해 7자리를 확보하여 출력하되 기준을 좌측으로 하여 출력을 시킨 결과이다. 12를 출력하고 이후 5자리의 공백문자가 출력에 존재한다.

② 예제 2

줄	C 프로그램 소스 inoutEx002.c
1	`#include <stdio.h>`
2	`int main( )`
3	`{`
4	`    printf("%f\n", 3.147123);`
5	`    printf("%7.2f\n", 3.147123);`
6	`    printf("%07.2f\n", 3.147123);`
7	`    printf("%-7.2f\n", 3.147123);`
8	`    return 0;`
9	`}`

결과

3.147123

			3	.	1	5
0	0	0	3	.	1	5
3	.	1	5			

- 줄5의 출력형식 지정문자 %f 사이에 7.2는 전체 확보 자릿수가 7자리이고 그 중 2자리가 소수 이하 자릿수를 의미한다. %7.2f로 출력 자릿수를 지정한 후 3.147123의 실수 상수를 출력하려면 소수 이하 2자리까지만 결과로 출력된다. 소 수 이하 3번째 자릿수의 값이 7로 반올림의 대상이 되어 3.15를 출력하게 된다. 전 체 자리가 7자리이므로 3.15의 출력의 기준을 우측으로 맞추었을 때 좌측에 3칸의 공문자가 존재하게 된다.
- 줄6의 결과 역시 출력할 결과값은 3.15이고 %07.2f의 0을 추가하여 빈 공간에 공 문자가 아닌 0을 채워 출력하게 된다.
- 줄7의 경우는 3.15의 출력의 기준을 좌측에 맞추어 3.15 출력 후 우측으로 3칸의 공문자가 출력된다.

③ 예제 3

줄	C 프로그램 소스 inoutEx003.c
1	#include <stdio.h>
2	int main( )
3	{
4	printf("정수출력 : %d\n", 123);
5	printf("정수출력 : %d %d\n", 10, 20);
6	printf("실수출력 : %f\n", 3.14);
7	printf("문자출력 : %c\n", 'A');
8	printf("문자열출력 : %s\n", "PASS");
9	putchar('A');
10	putchar('\n');
11	puts("PASS");
12	return 0;
13	}
결과	정수출력 : 123 정수출력 : 10 20 실수출력 : 3.140000 문자출력 : A 문자열출력 : PASS A PASS

이론을 확인하는 핵심문제

01 다음 〈보기〉에서 C언어의 함수 중 문자열 입력 함수를 골라 쓰시오.

〈보기〉

getchar( ), gets( ), puts( ), putchar( )

• 답 :

02 C 언어에서 사용되는 이스케이프 시퀀스 중 커서를 다음 줄 처음으로 이동하는 New Line을 의미하는 문자를 쓰시오.

• 답 :

제어문(1) - 선택문

> **기적의 TIP**
>
> 제어문은 프로그래밍 언어 활용 학습의 핵심입니다. C코드와 Java코드의 문법에 맞게 구현할 수 있도록 기본 문법을 반복해서 학습하세요.

01 구조적 프로그램에서의 순서 제어

- 프로그램의 이해가 쉽고 디버깅 작업이 쉽도록 한다.
- 한 개의 입구(입력)와 한 개의 출구(출력) 구조를 갖도록 한다.
- GOTO문은 사용하지 않는다.

① 구조적 프로그래밍의 기본 구조

- 순차(Sequence) 구조
- 선택(Selection) 구조
- 반복(Iteration) 구조

② 구조적 프로그램의 특징

- 프로그램의 가독성이 좋으며 개발 및 유지보수가 용이하다.
- 프로그래밍에 대한 규칙을 제공하여 투자되는 노력과 시간이 감소한다.
- 프로그램의 신뢰성이 향상된다.

02 제어문

- 주어진 조건의 결과값에 따라 프로그램의 수행 순서를 제어하거나 문장들의 수행 횟수를 조정하는 문장이다.
- 프로그램의 흐름을 지시하는 데 사용되는 문장이다.

① C언어의 제어문

순차 구조	int a; // 변수 선언문;
	a = 10 + 20; // 변수 대입문;

선택 구조	① if문 ② switch~case문
반복 구조	① while문 ② do~while문 ③ for문
제어 명령문;	① break; ② continue; ③ goto 레이블명;

② Java언어의 제어문

순차 구조	int a; // 변수 선언문;
	a = 10 + 20; // 변수 대입문;

선택 구조	① if문 ② switch~case문
반복 구조	① while문 ② do~while문 ③ for문 ④ for-each문
제어 명령문;	① break; ② continue;

03 단순 if문

① 형식

```
if(조건식) {
    문장;
}
```

- 조건식이 참일 경우만 블록 영역(중괄호, { })으로 진입하여 문장을 수행한다.
- 블록 영역 내의 수행 문장이 단일 문장일 경우는 블록 기호를 생략할 수 있다.

② 예제

줄	C 프로그램 소스 ifEx001.c
1	`#include <stdio.h>`
2	`int main( )`
3	`{`
4	`    int month, day, age;`
5	`    age = 20;`
6	`    printf("날짜 입력 > 월 (1~12) : ");`
7	`    scanf("%d",&month);`
8	`    printf("날짜 입력 > 일 (1~31) : ");`
9	`    scanf("%d",&day);`
10	`    if( month==1 && day==1 )`
11	`            age = age + 1;`
12	`    printf("나이 : %d\n", age);`
13	`    return 0;`
14	`}`
결과	날짜 입력 〉 월 (1~12) : 1 [Enter] 날짜 입력 〉 일 (1~31) : 1 [Enter] 나이 : 21

- 줄7과 줄9번에서 콘솔 입력을 통해 변수 month와 변수 day에 각각 1을 입력받아 대입하였다.
- 줄10의 if문의 조건식에서 두 변수의 값이 모두 1이 입력되었는지를 판별하여 결과가 참으로 생성되어 줄11의 age = age + 1; 문장을 실행하게 되었다. 줄11은 조건식의 참일 경우 수행되는 유일한 문장으로 블록을 생략하였으며 변수 age에 20이 입력되어 있어 21로 증가하여 대입되었다.

04 if∼else문과 조건 연산자

① 형식

```
if(조건식) {
    문장1;
} else {
    문장2;
}
```

- 조건식이 참인 경우에는 문장1을 수행하고, 거짓인 경우 문장2를 수행한다.
- 블록 영역 내의 수행 문장이 단일 문장일 경우는 블록 기호를 생략할 수 있다.

② 예제 1

줄	C 프로그램 소스 ifEx002.c
1	`#include <stdio.h>`
2	`int main( )`
3	`{`
4	`    int x, y, big;`
5	`    x = 5;      y = 2;`
6	`    // big = (x>y) ? x : y;`
7	`    if (x > y)`
8	`            big = x;`
9	`    else`
10	`            big = y;`
11	`    printf("큰값   : %d \n", big);`
12	`    return 0;`
13	`}`
결과	큰값 : 5

- 줄7에서 x>y의 조건식 처리 시 5>2의 결과는 참이므로 줄8을 수행하게 된다.
- 줄8은 변수 big에 변수 x 값인 5를 대입시킨다. 줄11에 출력으로 큰값 5가 결과로 출력된다.
- 위 if∼else문은 줄6의 주석처럼 삼항 연산자(조건 연산자)로 간결하게 코딩할 수 있으며 동일한 결과를 얻을 수 있다.

③ 예제 2

줄	C 프로그램 소스 ifEx003.c
1	`#include <stdio.h>`
2	`int main( )`
3	`{`
4	`    int number;`
5	`    printf("정수입력 : ");`
6	`    scanf("%d", &number);`
7	`    if (number%2 == 1)`
8	`            printf("홀수입니다.\n");`
9	`    else`
10	`            printf("짝수입니다.\n");`
11	`    return 0;`
12	`}`
결과	정수입력 : 3 Enter 홀수입니다.

- 줄7의 조건식 number%2 == 1은 홀수와 짝수를 판별하는 조건식이다. 변수 number의 값을 2로 나눈 후 나머지 값이 1인지를 묻는다. 즉, 변수 number를 2로 나눈 나머지 값이 홀수인지를 판별하는 조건식이다. 줄6을 통해 변수 number에는 3을 콘솔 입력하여 저장하여 두었으므로 3%2는 3을 2로 나눈 나머지 1을 연산한 후 1==1의 관계 연산을 수행하게 된다. 1과 1은 같으므로 참의 결과를 생성한다.
- 줄7의 결과로 줄8의 출력문이 실행된다.

05 다중 if문

① 형식

```
if(조건식1) {
    문장1;
} else if(조건식2) {
    문장2;
} else {
    문장3;
}
```

- 조건식1이 참인 경우에는 문장1을 수행하고, 조건식1이 거짓이지만 조건식2가 참인 경우는 문장2를 수행한다.
- 조건식1과 조건식2 모두 거짓인 경우 문장3을 수행한다.

② 예제

아래의 프로그램은 변수 number에 콘솔을 통해 정수를 입력받아 양수 또는 0 또는 음수인지를 판별하는 프로그램이다.

줄	C 프로그램 소스 ifEx004.c
1	`#include <stdio.h>`
2	`int main( )`
3	`{`
4	`    int number;`
5	`    printf("정수 입력 : ");`
6	`    scanf("%d", &number);`
7	`    if(number > 0)`
8	`            printf("Positive Number\n");`
9	`    else if(number==0)`
10	`            printf("ZERO\n");`
11	`    else`
12	`            printf("Negative Number\n");`
13	`    return 0;`
14	`}`
결과	정수 입력 : 10 [Enter] Positive Number
결과	정수 입력 : 0 [Enter] ZERO
결과	정수 입력 : −10 [Enter] Negative Number

06 switch~case문 2024년 2회, 2023년 2회, 2020년 1회

① 형식

```
switch(정수형 변수) {
    case 값1: 문장1;
    case 값2: 문장2;
    ........
    case 값n: 문장n;
    default: 문장x;
}
```

- 정수형 변수의 값이 어느 case문의 값과 일치하는지 찾아서 그 지점부터 switch 구문 마지막까지 모든 문장들을 수행한다.
- 만일 더 이상 밑에 있는 문장들을 수행하지 않고 switch 구문을 종료하고자 한다면 break; 문장을 적절한 곳에 명시한다.

② 예제 1

줄	C 프로그램 소스 switchEx001.c
1	#include <stdio.h>
2	int main( )
3	{
4	int season;
5	printf("계절 구분 > 봄(1), 여름(2), 가을(3), 겨울(4) : ");
6	scanf("%d", &season);
7	switch(season)
8	{
9	case 1: printf("봄 소풍 가세요~\n");
10	case 2: printf("바다로 갈까요?\n");
11	case 3: printf("단풍구경 갑시다.\n");
12	case 4: printf("스키장으로 떠나요!\n");
13	}
14	return 0;
15	}
결과	계절 구분 〉 봄(1), 여름(2), 가을(3), 겨울(4) : 2 [Enter] 바다로 갈까요? 단풍구경 갑시다. 스키장으로 떠나요!

- 줄6번에서 변수 season에 2를 콘솔로 입력받아 저장하였다.
- 줄7번에서 switch문은 변수 season의 정수값 2를 파악하여 case 2의 줄10으로 제어(실행 순서)를 이동시킨다.
- 줄10의 case 2: 레이블 위치의 printf( ) 문장을 수행 후 switch문 블록의 닫는 괄호(})까지인 줄13까지 연이어서 실행하게 된다. 따라서 결과는 줄10, 줄11, 줄12가 실행되어 콘솔에 출력된다.

③ 예제 2

줄	C 프로그램 소스 switchEx002.c
1	#include <stdio.h>
2	int main( )
3	{
4	int season;
5	printf("계절 구분 > 봄(1), 여름(2), 가을(3), 겨울(4) : ");
6	scanf("%d", &season);
7	switch(season)
8	{
9	case 1: printf("봄 소풍 가세요~\n"); break;
10	case 2: printf("바다로 갈까요?\n");break;
11	case 3: printf("단풍구경 갑시다.\n"); break;
12	case 4: printf("스키장으로 떠나요!\n"); break;
13	default: printf("계절코드를 잘못 선택하셨네요.\n");
14	}
15	return 0;
16	}
결과	계절 구분 〉 봄(1), 여름(2), 가을(3), 겨울(4) : 2 [Enter] 바다로 갈까요?

- 예제 2의 프로그램은 예제 1의 코드에 break; 제어문을 추가하였다. break문은 switch문 블록의 닫는 괄호(})의 밖으로 제어(실행순서)를 이동시킨다.
- 줄6번에서 변수 season에 2를 입력받아 저장한 상황이라면 줄7번에서의 처리에 의해서 줄10번의 case 2:의 레이블로 이동을 한다. 해당 printf( )문을 출력하고 break;문을 수행하게 되므로 줄14번 밖으로 이동하여 프로그램을 종료하게 된다.
- 줄13번의 default: 레이블은 줄7번에서 알맞은 레이블을 찾지 못할 경우에 이동되는 레이블이다. 위 프로그램의 경우는 변수 season에 1~4 이외의 정수 값이 입력되면 줄13으로 이동하게 된다.

이론을 확인하는 핵심문제

01 다음 〈보기〉에서 선택 제어문을 골라 쓰시오.

〈보기〉

if, for, while, switch

- 답 :

02 if문을 제외한 switch~case문, for문, while문과 같은 반복구문 안에서 반복을 중단하고 싶을 때 사용하는 제어문을 쓰시오.

- 답 :

SECTION 07 제어문(2) – 반복문

출제빈도 상 ⑨ 하
반복학습 ① ② ③

빈출 태그 while문 • do~while문 • for문 • break문 • continue문

01 while문

- 조건식의 결과가 참에 해당하는 동안 명령문을 반복 수행한다.
- 조건식의 결과가 거짓에 해당하면 반복 블록을 수행하지 않는다.
- 조건식이 '항상 참'으로 결과를 생성하거나 1(참)로 명시되어 있으면 무조건 반복에 해당되어 '무한반복'이 이루어진다. 이러한 무한반복을 끝내려면 반복할 명령문들 중에 break;문을 사용한다. break;문은 반복 블록을 벗어날 때 사용하며, 중첩된 반복 블록에서는 자신에게 가장 가까운 반복 블록(중괄호, { })1개를 벗어나게 되다.

① 형식

```
while(조건식) {
  반복할 명령문들;
}
```

- 조건식이 참일 경우만 블록 영역(중괄호, { })으로 진입하여 반복할 명령문을 수행 후 while문의 헤더의 조건식 판별을 반복하게 된다.
- 블록 영역 내의 수행 문장이 단일 문장일 경우는 블록 기호를 생략할 수 있다.
- 처음부터 조건식이 '참'이 아닐 경우, 반복할 명령은 한 번도 수행되지 않는다.

② 예제 1

줄	C 프로그램 소스 whileEx001.c
1	`#include <stdio.h>`
2	`int main( )`
3	`{`
4	`    int i;`
5	`    i = 1;`
6	`    while( i<=5 )`
7	`    {`
8	`        printf("정보처리 합격!\n");`
9	`        i++;                       // i = i + 1;`
10	`    }`
11	`    return 0;`
12	`}`
결과	정보처리 합격! 정보처리 합격! 정보처리 합격! 정보처리 합격! 정보처리 합격!

- 줄6의 반복 조건식의 결과는 변수 i의 변수 값에 따라 참과 거짓의 결과를 생성한다. 줄5에서 변수 i에 1의 값을 대입하여 처음 조건식의 결과는 참이 되므로 블록 영역에 진입하여 줄8의 결과를 출력하게 된다.
- 줄9의 i++;익 의미는 i=i+1;로, 변수 i의 값을 1씩 증가하는 처리를 하여 변수 i가 2로 증가하게 된다.
- 줄10의 블록의 끝(닫는 중괄호, })은 while 반복 구조의 시작인 줄6으로 이동을 시킨다.
- 변수 i에 의해 반복의 진행 여부가 결정이 되는 상황에서 변수 i를 반복 제어변수라고 하며, 위 프로그램의 경우는 변수 i가 1~5의 값일 경우 참을 생성하여 반복 처리 블록에 진입하게 되므로 결과는 "정보처리 합격!"이 5회 콘솔에 출력된다.
- 이때 최종 변수 i의 값은 6이 됨을 주의하여야 한다. 변수 i가 6인 상황에서만 조건식의 결과가 거짓으로 생성되어 반복을 종료할 수 있다.

③ 예제 2

줄	C 프로그램 소스 whileEx002.c
1	```#include <stdio.h>```
2	```int main( )```
3	```{```
4	``` int i;```
5	``` int sum = 0;```
6	``` i = 1;```
7	``` while(i<=10)```
8	``` {```
9	``` sum += i; // sum = sum + i;```
10	``` i++; // i = i + 1;```
11	``` }```
12	``` printf("1부터 10까지의 합 : %d\n", sum);```
13	``` return 0;```
14	```}```
결과	1부터 10까지의 합 : 55

④ 예제 3

줄	C 프로그램 소스 whileEx003.c
1	```#include <stdio.h>```
2	```int main( )```
3	```{```
4	``` int i;```
5	``` i = 1;```
6	``` printf("=== 구구단 : 2단 출력 ===\n");```
7	``` while(i<10) // while(i<=9)```
8	``` {```
9	``` printf("%d * %d = %2d\n", 2, i, 2*i);```
10	``` i++;```
11	``` }```
12	``` return 0;```
13	```}```

결과	=== 구구단 : 2단 출력 ===
	2 * 1 = 2
	2 * 2 = 4
	2 * 3 = 6
	......
	2 * 9 = 18

❷ do～while문

① 형식

```
do {
    반복할 명령문들;
} while(조건식);
```

- 반복할 문장을 무조건 먼저 수행한 후, 조건식이 참인 경우에만 다시 반복한다.
- 맨 끝에 세미콜론(;)을 붙인다.

② 예제

줄	C 프로그램 소스 dowhileEx001.c
1	#include <stdio.h>
2	int main( )
3	{
4	int i;
5	int sum = 0;
6	i = 1;
7	do
8	{
9	sum += i; // sum = sum + i;
10	i++; // i = i + 1;
11	} while(i<=10);
12	printf("1부터 10까지의 합 : %d\n", sum);
13	return 0;
14	}
결과	1부터 10까지의 합 : 55

03 for문

① 형식

```
for(초기식; 조건식; 증감식)
{
    반복할 명령문들;
}
```

- ① 초기식을 최초 for문 진입 시 1회 수행한 후, ② 조건식을 점검하여 결과가 참인 경우에만 ③ 반복할 명령문들을 수행한다. 그 후에 ④ 증감식을 수행한 후 ⑤ 다시 조건식을 점검하여 역시 참인 경우에 반복 수행하고 거짓인 경우 반복을 종료한다.
- 만일 처음부터 조건식이 참이 아니면 반복할 문장은 한 번도 수행되지 않는다.
- for문의 경우 반복 횟수가 명확하게 정해진 반복 상황을 처리할 때 간결하게 코드가 표현되는 장점이 있다.

② 예제 1

줄	C 프로그램 소스 forEx001.c
1	`#include <stdio.h>`
2	`int main( )`
3	`{`
4	`    int i;`
5	`    printf("=== 구구단 : 2단 출력 ===\n");`
6	`    for(i=1; i<10; i++)`
7	`    {`
8	`        printf("%d * %d = %2d\n", 2, i, 2*i);`
9	`    }`
10	`    return 0;`
11	`}`
결과	=== 구구단 : 2단 출력 === 2 * 1 = 2 2 * 2 = 4 2 * 3 = 6 …… 2 * 9 = 18

③ 예제 2

줄	C 프로그램 소스 forEx002.c
1	#include <stdio.h>
2	int main( )
3	{
4	int i;
5	int j;
6	for(i=2; i<10; i++)
7	{
8	for(j=1; j<10; j++)
9	{
10	printf("%d * %d = %2d\n", i, j, i*i);
11	}
12	}
13	return 0;
14	}
결과	2 * 1 = 2 …… 2 * 9 = 18 3 * 1 = 3 …… 9 * 9 = 81

04 break문

- for, while, do~while, switch 문과 같이 반복문이나 선택문 수행 중 블록 범위를 완전히 벗어나고자 할 경우에 사용한다. ★

▶ 예제

줄	C 프로그램 소스 breakEx001.c
1	#include <stdio.h>
2	int main( )
3	{
4	int num, sum=0;
5	while(1)
6	{
7	printf("정수 입력(끝:0) : ");
8	scanf("%d", &num);
9	if(num == 0)
10	break;
11	sum += num;
12	}
13	printf("입력한 정수의 합계 : %d\n", sum);
14	return 0;
15	}
결과	정수 입력(끝:0) : 1 [Enter] 정수 입력(끝:0) : 2 [Enter] 정수 입력(끝:0) : 3 [Enter] 정수 입력(끝:0) : 0 [Enter] 입력한 정수의 합계 : 6

★ 무한반복
- while문
  - C언어
    ```
    while(1)
    {
        반복대상;
    }
    ```
  - Java언어
    ```
    while(true)
    {
        반복대상;
    }
    ```
- for문
    ```
    for( ; ; )
    {
        반복대상;
    }
    ```

05 continue문

- break;문과 상반되는 제어문이다.
- 반복문에서 continue;문을 만나면 continue;문 이후 문장을 실행하지 않고, 반복 조건식으로 제어를 이동한다. 반복 구문 안에서 반복을 중단하지 않고 이 시점부터 다음 반복으로 넘어가고 싶을 때 사용한다.

▶ 예제

줄	C 프로그램 소스 continueEx001.c
1	`#include <stdio.h>`
2	`int main( )`
3	`{`
4	`    int i;`
5	`    for(i=1; i<=10; i++)`
6	`    {`
7	`        if(i % 2 == 0)        // i가 짝수인지를 판별`
8	`        continue;`
9	`        printf("%d\n", i);`
10	`    }`
11	`    return 0;`
12	`}`
결과	1 3 5 7 9

06 goto문

- 레이블이 있는 곳으로 무조건 분기한다.
- 장점 : 루틴의 빠른 실행이 가능하다.
- 단점 : 프로그램이 비구조적이 되고 이해하기 어려워진다.
- 구조적 프로그래밍에서는 goto문을 사용하지 않는다.
- C언어에는 존재하지만, Java언어에는 존재하지 않는 제어문이다.

01 다음 C프로그램의 출력값을 쓰시오.

```c
#include <stdio.h>
void main( )
{
    int a=3, b=10;
    if(b>5)
      printf("%x\n", a+b);
    else
      printf("%x\n", b-a);
}
```

• 답 :

02 다음 C프로그램에서 에러를 발생시킨 부분에 해당하는 기호를 쓰시오.

〈보기〉

```c
#include <stdio.h>
int main( )
{  int i = 1;
   int sum = 0;
   while(true) --------------------------- ㉠
   {
       sum += i;
       if(i==5) break; ------------------- ㉡
       i++; ------------------------------ ㉢
   }
   printf("1~5까지의 합 : %d\n", sum); ----- ㉣
   return 0;
}
```

• 답 :

ANSWER **01** d
02 ㉠

01 배열(array) 변수

- C언어는 배열과 구조체와 같은 사용자 정의 자료형을 제공한다.
- 한 번의 선언으로 여러 개의 메모리 공간을 관리할 수 있다.
- 같은 자료형의 값을 메모리 공간에 순서적으로 하나의 이름(배열명)으로 모아 놓은 것이다.

 # 변수 선언문;

> 기본자료형 변수   **> 배열 변수**
int   num;   int   num[3];

① 배열변수 선언문;

- 형식 : 자료형 변수명;

    자료형 배열명[배열요소의 개수];

- 코딩 :

```
{
    int      a[10];
    double   b[2];
    char     ch[5];
```

② 배열의 초기화

- 배열 요소의 범위 : 배열명[0]~배열명[첨자−1]
- 배열의 첨자(index) : 0부터 시작한다.
- 배열 선언과 동시에 초기화 시, 요소의 개수 생략이 가능하다.
- 배열 초기화의 예

```
{
    int      a[3] = { 1, 2, 3 };
    double   b[2] = { 1.1, 2.2 };

    char     ch[4] = { 'P', 'A', 'S', 'S' };

    int      a[ ] = { 1, 2, 3 };
    double   b[ ] = { 1.1, 2.2 };
    char     ch[ ] = { 'P', 'A', 'S', 'S' };
```

③ 예제 : 배열을 적용하지 않은 예

줄	C 프로그램 소스 arrayEx001.c
1	`#include <stdio.h>`
2	`int main( )`
3	`{`
4	`    int SA, SD, DB, PL, IS;    float  avg;`
5	`    scanf("%d", &SA);`
6	`    scanf("%d", &SD);`
7	`    scanf("%d", &DB);`
8	`    scanf("%d", &PL);`
9	`    scanf("%d", &IS);`
10	`    avg = (SA+SD+DB+PL+IS) / 5;`
11	`    printf("정보처리 필기 평균점수 : %.2f점\n", avg);`
12	`    return 0;`
13	`}`
결과	50 [Enter] 90 [Enter] 50 [Enter] 90 [Enter] 100 [Enter] 정보처리 필기 평균점수 : 76.00점

④ 예제 : 배열을 적용한 예

줄	C 프로그램 소스 arrayEx002.c
1	`#include <stdio.h>`
2	`int main( )`
3	`{`
4	`    int score[5];`
5	`    int total = 0;`
6	`    float  avg;`
7	`    int i;`
8	`    for(i=0; i<5; i++)`
9	`    {`
10	`        scanf("%d", &score[i]);`
11	`        total += score[i];`
12	`    }`
13	`    avg = total / 5;`
14	`    printf("정보처리 필기 평균점수 : %.2f점\n", avg);`
15	`    return 0;`
16	`}`
결과	50 [Enter] 90 [Enter] 50 [Enter] 90 [Enter] 100 [Enter] 정보처리 필기 평균점수 : 76.00점

02 1차원 문자 배열과 문자열 배열   2023년 1회

- C언어에서는 문자열 상수를 1차원의 문자 배열과 문자열 배열을 통해 메모리에 저장하여 참조한다.
- C언어의 문자열 배열은 문자 배열보다 1byte의 널문자('\0')를 포함하고 있다.
- C언어의 문자상수의 경우는 1byte의 char 자료형으로 문자형 변수에 저장된다. 이때 문자상수는 ASCII코드★로 표현된다.

★ ASCII(아스키)코드
ANSI(미국표준협회)의 표준 코드 체계이다. ASCII는 각 문자를 7비트로 표현하므로 총 128개의 문자 표현이 가능하다.

- 대문자 'A'
  - ASCII 코드값 : 65
  - | 1 | 0 | 0 | 0 | 0 | 0 | 1 |
- 소문자 'a'
  - ASCII 코드값 : 97
  - | 1 | 1 | 0 | 0 | 0 | 0 | 1 |

① 예제 1

줄	C 프로그램 소스 arrayEx003.c
1	`#include <stdio.h>`
2	`int main( )`
3	`{`
4	`    int i;`
5	`    char ch[4] = { 'P', 'A', 'S', 'S' };`
6	`    for(i=0; i<4; i++)`
7	`    {`
8	`        printf("%c", ch[i]);`
9	`    }`
10	`    printf("\n");`
11	`    return 0;`
12	`}`
결과	PASS

② 예제 2

줄	C 프로그램 소스 arrayEx004.c
1	`#include <stdio.h>`
2	`int main( )`
3	`{`
4	`    int i;`
5	`    char    ch[4] = { 'P', 'A', 'S', 'S' };`
6	`    char    str[5] = "PASS";`
7	`    printf("문자배열의   크기 : %d바이트\n", sizeof(ch));`
8	`    printf("문자열배열의 크기 : %d바이트\n", sizeof(str));`
9	`    return 0;`
10	`}`
결과	문자배열의 크기 : 4바이트 문자열배열의 크기 : 5바이트

③ 예제 3 ★

★ 1차원 문자 배열과 문자열 배열
・1차원 문자 배열

0	1	2	3
'P'	'A'	'S'	'S'

・1차원 문자열 배열

0	1	2	3	4
'P'	'A'	'S'	'S'	'\0'

줄	C 프로그램 소스 arrayEx005.c
1	`#include <stdio.h>`
2	`int main( )`
3	`{`
4	`    int i;`
5	`    char    ch[4] = { 'P', 'A', 'S', 'S' };`
6	`    char    str[5] = "PASS";`
7	`    for(i=0; i<4; i++)`
8	`            printf("%c",ch[i]);`
9	`    printf("\n");`
10	`    printf("%s\n", str);      //printf("%s\n", &str[0]);`
11	`    return 0;`
12	`}`
결과	PASS PASS

• 줄10에서 배열명을 %s 출력형식으로 출력을 하면 문자열 배열의 시작부터 '\0' 널 문자 이전 문자까지 연속해서 모두 출력된다.

03 2차원 배열

• 2차원 배열의 선언 형식 : 자료형 배열명[행 개수][열 개수];
• 2차원 배열변수의 원소에 초깃값을 배정하려면 행우선(row-major) 원칙을 따라 배정한다. 이것은 행 인덱스를 고정시킨 상태에서 열 인덱스를 먼저 증가시키면서 초깃값을 배정하는 방법으로, C 언어와 Java 언어 모두 동일하다.
• 2차원 배열의 인덱스의 시작 값은 행 인덱스와 열 인덱스 모두 0이다.

① 예제 1

줄	C 프로그램 소스 arrayEx006.c
1	`#include <stdio.h>`
2	`int main( )`
3	`{`
4	`    int i, j, sub_total;`
5	`    int s[3][2] = { {10,20}, {30,40}, {50,60} };`
6	`    for(i=0; i<3; i++) {`
7	`        sub_total = 0;`
8	`        for(j=0; j<2; j++) {`
9	`            sub_total += s[i][j];`
10	`        }`
11	`        printf("%d번 학생 총점 : %d\n", i+1, sub_total);`
12	`    }`
13	`    return 0;`
14	`}`
결과	1번 학생 총점 : 30 2번 학생 총점 : 70 3번 학생 총점 : 110

04 Java언어의 자료형

① 기본형(Primitive Type)

• 정해진 자료형의 값 자체이다.

▶ **기본형 변수의 선언문**

```
int a = 10;
double b = 3.14;
```

② 참조형(Reference Type)

• C언어의 포인터와 같으며 실제 값이 저장된 메모리 주소에 해당한다.

▶ **참조형 변수의 선언문**

```
int anArr[ ];
String rStr;
```

05 Java언어의 배열

① C언어 배열과 Java언어 배열

• C언어에서의 배열은 int, char형과 같은 기본형 상수들을 배열변수의 인덱스를 통해 참조한다.
• Java언어에서의 배열은 참조형 변수를 통해 배열객체를 참조한다.

② Java 배열의 선언 규칙 • 배열은 선언한 뒤 초기화나 배열객체 생성 후, 사용 가능하다.

• 배열의 크기를 지정할 수 없다.
• 다차원 배열을 255차원까지 가능하다.

▶ **형식**

```
{
    int a[ ] = { 1, 2, 3 };
    int[ ]  a = { 1, 2, 3 };
    int[ ]  a = new int[3];
}
```

③ Java 배열의 크기 2021년 1회

'배열이름.length'를 통해 배열의 크기인 요소의 개수를 알 수 있다.

④ 예제 1

줄	Java 프로그램 소스 ArrayEx001.java
1	`public class ArrayEx001 {`
2	`    public static void main(String[ ] args) {`
3	`        // 1차원 배열의 초기화`
4	`        int[ ] intArr = { 1,2,3 };`
5	
6	`        for(int i = 0; i<intArr.length; i++) {`
7	`            System.out.print(intArr[i] +" ");`
8	`        }`
9	`        System.out.println( );`
10	`    }`
11	`}`
결과	1 2 3

⑤ 예제 2 : 1차원 배열과 each-for문을 이용한 순회

줄	Java 프로그램 소스 ArrayEx002.java
1	`public class ArrayEx002 {`
2	`    public static void main(String[ ] args) {`
3	`        // 1차원 배열의 생성`
4	`        int[ ] intArr = new int[3];`
5	
6	`        for(int i = 0; i < intArr.length; i++)`
7	`            intArr[i] = i+1;`
8	`        for(int i : intArr) {`
9	`            System.out.print(i + " ");`
10	`        }`
11	`        System.out.println( );`
12	`    }`
13	`}`
결과	1 2 3

⑥ 예제 3 2020년 1회

• each-for문(향상된 for문) : 객체 내의(여러 개의) 대상을 차례로 접근할 경우 유용하다.

▶ 형식 : for(타입변수 선언 : 배열객체명) { 실행문; }

줄	Java 프로그램 소스 ArrayEx003.java
1	`public class ArrayEx003 {`
2	`    public static void main(String[ ] args) {`
3	`        int[ ] score = { 100, 90, 80, 70, 60 };`
4	`        for(int i : score ) {`
5	`            System.out.print(i + " ");`
6	`        }`
7	`        System.out.println( );`
8	`    }`
9	`}`
결과	100 90 80 70 60

06 Java언어의 문자열

Java언어에서는 문자열상수를 String 클래스를 통해 참조한다.

▶ 형시

```
{
    // 1. 문자열형의 생성 (대입형)
    String    strArr1 = "Java";

    // 2. String 클래스의 생성자를 이용하여 초기화
    String          strArr2 = new String("Java");
}
```

① String 클래스

• java.lang 패키지의 주요 클래스 중의 하나인 String 클래스이다.
• String 클래스는 주로 문자열을 출력하거나 결합하는 데 사용한다.
• Java언어는 String 클래스를 통해 편리하게 문자열을 사용 가능하다.
  ⓔ String   str = new String("정보처리 한방 합격!");
• String 클래스를 이용하면 "문자열" 간 결합이 용이하다.
  ⓔ System.out.println(name + "님 합격을 축하합니다!");

② String 클래스의 주요 메소드

char charAt(int index)	인덱스 위치의 문자 하나 리턴
boolean equals(Oabject obj)	다른 문자열 객체와 비교
String replace(char oldChar, char newChar)	특정 문자를 새로운 문자로 치환
static String valueOf(para)	숫자값을 문자형으로 처리
int length( )	문자열의 길이(널문자 제외)

③ 예제

줄	Java 프로그램 소스 ArrayEx004.java
1	`public class ArrayEx004 {`
2	`    public static void main(String[ ] args) {`
3	`        String str = "SSAP";`
4	`        int length = str.length( );`
5	
6	`        for(int i = length-1; i >= 0; i--)`
7	`            System.out.printf("%c", str.charAt(i));`
8	
9	`        System.out.println( );`
10	`    }`
11	`}`
결과	PASS

07 Java언어의 문자열과 + 연산자

① '+' 연산자

- 문자열형 변수나 리터럴에 대하여 연결(문자열 연결)한다.
- + 연산자를 사용할 경우, 기본형이나 참조형 데이터를 문자열로 자동 형변환시켜 준다.

② 예제 1

줄	Java 프로그램 소스 ArrayEx005.java
1	`public class ArrayEx005 {`
2	`        public static void main(String[ ] args) {`
3	`            String strS1 = "Gisa";`
4	`            String strS2 = "One Pass!";`
5	`            String strS3 = strS1 + strS2;`
6	`            System.out.println(strS3);`
7	`            System.out.println(100 + "점 합격~!");`
8	`        }`
9	`}`
결과	GisaOne Pass! 100점 합격~!

- 줄5에서 strS1과 strS2의 문자열을 문자열 연결하여 "GisaOne Pass"로 새로운 문자열을 생성 후 strS3에 대입한다.
- 줄7에서 정수 100을 문자열 "100"으로 변환 후 문자열 연결 연산 후 출력한다.

③ 예제 2

- System.out : 콘솔 출력 객체
- System.in : 키보드 입력 객체

줄	Java 프로그램 소스 ArrayEx006.java
1	`import java.util.Scanner;`
2	`public class ArrayEx006 {`
3	`        public static void main(String[ ] args) {`
4	`            Scanner input = new Scanner(System.in);`
5	`            System.out.print("=== 덧셈(1) 뺄셈(2) 선택 : ");`
6	`            String sel = input.next( );`
7	`            if(sel.equals("1"))`
8	`                System.out.println("10 + 20 = "+ (10+20));`
9	`            if(sel.equals("2"))`
10	`                System.out.println("10 - 20 = "+ (10-20));`
11	`        }`
12	`}`
결과	=== 덧셈(1) 뺄셈(2) 선택 : 1 [Enter] 10 + 20 = 30

01 다음 Java 코드에서 each-for문을 이용하여 배열 pass의 모든 요소를 출력하고자 한다. 빈칸에 알맞은 코드를 쓰시오.

```
boolean[ ] pass = { true,true,false,false,true };
for( boolean abc : pass )
    System.out.println( _____ );
```

• 답 :

02 다음은 배열의 값의 순위를 Java 코드로 구현한 프로그램이다. 빈칸에 알맞은 코드를 쓰시오.

```
public class Test {
    public static void main(String[ ] args) {
        int[ ] score = { 95, 100, 75, 60, 80 };
        int[ ] rank = { 1, 1, 1, 1, 1 };

        for(int i = 0; i < score.length; i++) {
            for(int j = 0; j < score.length; j++) {
                if ( score[i] < _____ )
                    rank[i]++;
            }
        }
        for (int i = 0; i < score.length; i++) {
            System.out.println(score[i] + "\t"+ rank[i]);
        }
    }
}
```

• 답 :

C언어 포인터

빈출 태그 주소 연산자 • 포인터 연산자

01 C언어 포인터의 개요

① 개념

- 포인터(Pointer)는 객체에 대한 참조(Reference)하는 다른 객체를 가리키는 자료형이다.
- 고급 언어에서 사용되는 기법이다.
- C언어에서는 포인터 연산자를 통해 명시적으로 참조상황을 표현할 수 있다.
- Java언어에는 포인터 연산자가 존재하지 않는다.

② 특징

- 객체를 참조하기 위해 주소를 값으로 하는 자료형이다.
- 커다란 배열에 원소를 효율적으로 저장할 때 이용된다.
- 하나의 자료에 동시에 많은 리스트의 연결이 가능하다.
- C/C++에서 포인터 변수를 선언할 때는 포인터 연산자(*)를 이용하여 선언한다.
- null 값을 갖는 포인터 변수는 아무런 객체도 가리키고 있지 않다는 의미이다.
- 지원 언어의 종류로는 PL/I, ALGOL, PASCAL, C, C++ 등이 있다.

③ 포인터 사용 시 문제점

- 한 객체를 여러 포인터 변수가 가리키는 경우 어느 하나의 변수가 가리키고 있는 객체의 값을 바꾸면 나머지 포인터 변수의 의사와 상관없이 변경되어 혼란을 초래한다.
- 한 객체에 대해 포인터가 하나도 없는 경우 객체에 대해 주소(참조) 값이 없어지기 때문에 객체로의 접근이 불가능해진다(Dangling Pointer).

02 포인터 변수의 선언과 대입

- 포인터 변수는 변수값으로 메모리의 주소값을 갖는다.
- 포인터 변수의 선언문

  예 int* p; 또는 int *p;

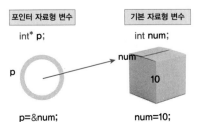

03 포인터 변수와 관련 연산자 2024년 3회/2회/1회, 2021년 3회/2회

- &(주소 연산자) : 모든 변수에 대한 주소값을 구하는 연산자
- *(포인터 연산자, 간접 연산자) : 포인터 변수의 자료(내용)를 구하는 연산자

① 예제 1

줄	C 프로그램 소스 pointerEx001.c
1	`#include <stdio.h>`
2	`int main( )`
3	`{`
4	`    int   num;`
5	`    int*  p1;`
6	`    num = 100;`
7	`    p1 = &num;`
8	`    printf("일반변수    접근 : %d\n", num);`
9	`    printf("포인터 변수 접근 : %d\n", *p1);`
10	`    return 0;`
11	`}`
결과	일반변수 접근 : 100 포인터 변수 접근 : 100

② 예제 2

줄	C 프로그램 소스 pointerEx002.c
1	`#include <stdio.h>`
2	`int main( )`
3	`{`
4	`    int          i;`
5	`    int   A[ ] = {10,20,30,40,50};`
6	`    int*  p;`
7	`    p = A;                    // p = &A[0];`
8	`    for(i=0; i<5; i++)`
9	`    {`
10	`        printf("%5d", *(p+i));  // printf("%5d", A[i]);`
11	`    }`
12	`    return 0;`
13	`}`
결과	10 20 30 40 50

③ 예제 3 ^{2020년 4회}

줄	C 프로그램 소스 pointerEx003.c
1	`#include <stdio.h>`
2	`int main( )`
3	`{`
4	`    int   NUM = 98;`
5	`    int*  ptr;`
6	`    ptr = &NUM;`
7	`    NUM = NUM + 1;`
8	`    printf("%d\n", NUM);`
9	`    *ptr = *ptr + 1;`
10	`    printf("%d\n", *ptr);`
11	`    return 0;`
12	`}`
결과	99 100

이론을 확인하는 핵심문제

01 다음 〈보기〉의 C언어의 포인터 형(Pointer type)에 대한 설명으로 맞는 것을 골라 쓰시오.

〈보기〉

> ㉠ 포인터 변수는 기억장소의 번지를 기억하는 동적변수이다.
> ㉡ 포인터는 가리키는 자료형이 일치할 때 대입하는 규칙이 있다.
> ㉢ 보통 변수의 번지를 참조하려면 번지 연산자 #을 변수 앞에 쓴다.
> ㉣ 실행문에서 간접 연산자 *를 사용하여 포인터 변수가 지시하고 있는 내용을 참조한다.

• 답 :

02 표준 C언어에서 포인터 변수를 사용할 때 기억장소의 관리 문제로 데이터 접근 경로가 없어진 후에도 데이터 객체가 메모리에 지속적으로 남아 있는 경우가 발생하며 이를 쓰레기(garbage)라고 한다. 이 쓰레기를 없애기 위해 사용되는 함수명을 쓰시오.

• 답 :

ANSWER **01** ㉠, ㉡, ㉣
02 free

C언어 사용자 정의 함수

부 프로그램 · 매개 변수 전달 방법 · 재귀 함수

01 부 프로그램

① 개념

- 부 프로그램(Subprogram)은 주 프로그램이나 다른 부 프로그램에서 사용되는 독립된 형태의 단위 프로그램이다.
- C언어에서는 사용자 정의 함수를 통해 필요한 기능을 독립적인 단위로 구현하여 사용할 수 있도록 정의한 후 호출하여 사용한다.

② 특징

- 부 프로그램을 선언할 때 부 프로그램의 이름, 부 프로그램의 존재를 나타내는 키워드, 부 프로그램의 인자, 반환값, 부 프로그램에서 수행하는 기능이 필요하다.
- 부 프로그램을 사용하면 프로그램의 크기가 줄어들고, 프로그램 수정이나 관리가 편리하다.
- 두 모듈이 같이 실행되면서 서로 호출하는 형태를 코루틴(Coroutine)이라고 한다.

③ 프로그램 간의 자료 전달 방법

- 전역 변수를 사용하여 부 프로그램 간 공유 변수를 사용한다.
- 전역 변수 사용 시 프로그램을 이해하기 상대적으로 어렵고 모든 프로그램 모듈에서 공유하므로 부작용으로 발생된 오류를 발견하거나 수정하기 어려워지기 때문에 매개 변수를 사용하는 방법을 주로 사용한다.
- 매개 변수 전달 방법★ : 주 프로그램(Caller)의 매개 변수를 부 프로그램(Callee)으로 전달하는 방법이다.
  - 값 호출(Call by Value) : 실제값이 전달된다. 부 프로그램의 가인수에 값이 복사된다.
  - 참조 호출(Call by Address 또는 Call by Reference) : 매개 변수의 주소가 전달된다.

★ C언어의 매개 변수 전달 방법 값 호출(Call by Value)과 참조 호출(Call by Address) 방법만 가능하다.

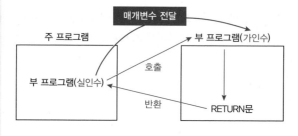

④ 예제 2021년 2회

줄	C 프로그램 소스 functionEx001.c
1	`#include <stdio.h>`
2	`int power(int base, int exp) {`
3	`    int i, result = 1;`
4	`    for (i = 0; i < exp; i++)`
5	`        result = result * base;`
6	`    return(result);`
7	`}`
8	`void main( ) {`
9	`    printf("%d\n", power(2, 10));`
10	`}`
결과	1024

• 줄9의 power(2, 10)에 의해 줄2의 부 프로그램(사용자 정의 함수)으로 호출이 발생하며 이때 2를 power 함수의 지역 변수 base에 10을 지역 변수 exp에 각각 전달하여 대입이 된다.

02 프로그래밍 언어의 유해 요소

① 별명(Alias)
• 자료 객체는 생존 기간 중 여러 별명을 가질 수 있다.
• 일반적으로 별명은 프로그램의 이해를 매우 어렵게 한다.
• 자료 객체가 여러 가지 별명을 갖는 경우 프로그램의 무결점 검증이 어려워진다.
• 같은 참조 환경에서 다른 이름으로 같은 자료 객체를 참조할 수 있는 언어의 경우, 프로그래머에게 심각한 어려움을 줄 수 있다.

② 부작용(Side Effect)
• 연산의 결과로 예상할 수 없을 정도로 다른 변수의 값이 변하는 경우를 의미한다.
• 프로그램을 구성하는 함수에서 전역 변수를 사용하여 함수의 결과를 반환하는 경우, 함수에 전달되는 입력 파라미터의 값이 같아도 전역 변수의 상태에 따라 함수에서 반환되는 값이 달라질 수 있는 현상이다.

❸ C언어의 사용자 정의 함수 2024년 2회/1회, 2023년 3회, 2020년 3회

사용자 정의 함수는 '함수 선언문 → 함수 정의 → 함수 호출' 순으로 구현 및 사용해야 한다.

① 사용자 정의 함수 선언문

반환형	함수명(가인수1, 가인수2...);

② 사용자 정의 함수 정의

```
반환형      함수명(가인수1, 가인수2...)
{
    명령문;
    return 반환값;
}
```

③ 사용자 정의 함수 호출

```
함수명( );
함수명(실인수1, 실인수2...);
변수 = 함수명( );
변수 = 함수명(실인수1, 실인수2...);
함수명(함수명( ));
```

④ 예제

줄	C 프로그램 소스 functionEx002.c
1	`#include <stdio.h>`
2	`int add(int, int);`
3	`int add(int x, int y)`
4	`{`
5	`    int sum;`
6	`    sum = x + y;`
7	`    return sum;`
8	`}`
9	`int main( )`
10	`{`
11	`    printf("10 + 20 = %d\n", add(10, 20));`
12	`    return 0;`
13	`}`
결과	10 + 20 = 30

04 부 프로그램 되부름(재귀 호출) 2024년 2회, 2023년 3회

① 재귀 함수(Recursive Function)

- 부 프로그램은 자기 자신을 호출할 수 있다.
- 부 프로그램의 첫 번째 활성화 레코드가 존재하는 동안 두 번째 활성 레코드가 생성될 수 있다.
- 재귀 호출은 내부적으로 스택 메모리를 통해 수행되며 이를 수행하는 과정에서 문맥 교환(Context Switch)이 일어나기 때문에 반복 호출에 비해 재귀 호출이 더 수행시간이 느려진다.

② 활성 레코드(Activation Record)

- 단위 프로그램이 활성화될 때마다 스택 메모리에 새로 생성되며 실행에 필요한 정보들을 가지고 있다.
- 활성 레코드 안에 들어가는 정보
  - 지역 변수(Local Variable)
  - 매개 변수(Parameter)
  - 복귀 주소(Return Address)

③ 예제

줄	C 프로그램 소스 functionEx003.c
1	`#include <stdio.h>`
2	`void main( )`
3	`{`
4	`    recursive(5);`
5	`}`
6	`int recursive(int n)`
7	`{`
8	`    int i;`
9	`    if(n < 1)`
10	`        return 2;`
11	`    else`
12	`    {`
13	`        i = (2 * recursive(n - 1)) + 1;`
14	`        printf("%d\n", i);`
15	`        return i;`
16	`    }`
17	`}`
결과	5 11 23 47 95

01 다음에서 빈칸에 들어갈 프로그래밍 언어의 유해 요소는 무엇인지 쓰시오.

- 자료 객체는 생존 기간 중 여러 개의 (   )(을)를 가질 수 있다.
- 일반적으로 (   )(은)는 프로그램의 이해를 매우 어렵게 한다.
- 자료 객체가 여러 가지 (   )(을)를 갖는 경우 프로그램의 무결점 검증이 어려워진다.
- 같은 참조 환경에서 다른 이름으로 같은 자료 객체를 참조할 수 있는 언어의 경우, 프로그래머에게 심각한 어려움을 줄 수 있다.

• 답 :

02 다음에서 공통으로 설명하는 프로그래밍 언어의 유해 요소를 쓰시오.

- 연산의 결과로 예상할 수 없을 정도로 다른 변수의 값이 변하는 경우를 의미한다.
- 프로그램을 구성하는 함수에서 전역 변수를 사용하여 함수의 결과를 반환하는 경우, 함수에 전달되는 입력 파라미터의 값이 같아도 전역 변수의 상태에 따라 함수에서 반환되는 값이 달라질 수 있는 현상이다.

• 답 :

Java 클래스와 메소드

빈출 태그 클래스 · 메소드 · 오버로딩

01 클래스와 객체

① 클래스의 개념 2024년 2회

- 클래스(Class)는 객체(Object)를 생성하기 위한 설계 또는 틀로, 클래스의 구성요소로는 필드(멤버 변수)와 메소드(멤버 함수)가 있다.
- 필드는 객체의 상태값을 저장하는 목적의 멤버 변수이며 메소드는 객체의 행위를 구현하는 멤버 함수이다.
- Java언어에서는 필드, 메소드, 생성자로 클래스가 구성된다. 모든 클래스에는 생성자가 반드시 존재하고 하나 이상의 생성자를 가질 수 있다. 생성자를 생략하면 컴파일 시 자동으로 기본 생성자를 바이트 코드 파일에 추가한다.
- 클래스를 선언한 후 new 연산자를 사용하여 객체를 생성하고 객체에 대한 레퍼런스 변수를 선언하여 객체를 활용한다.
- Java의 클래스 선언 시 클래스명은 하나 이상의 문자로 이루어져야 한다. 대문자로 반드시 시작하며 영문 대소문자와 숫자, 특수문자로 클래스명을 작성한다. 클래스명은 예약어(키워드)를 사용할 수 없으며 '$'와 '_' 이외의 특수문자는 사용할 수 없다.
- Java 소스파일(.java)에는 여러 개의 class 작성이 가능하지만 public class는 한 개만 작성 가능하다. public class가 있을 경우에는 반드시 클래스명을 파일명으로 지정한다.
- main method는 실행의 시작을 위해 반드시 필요하며 실행을 시작하는 public class 내에 작성을 하고 main method가 있는 class명으로 파일명을 지정해야만 실행이 가능하다.

▶ **형식**

```
접근지정자★    class  클래스명 {
      필드
      메소드
      생성자
}
```

★ **접근지정자(Access Modifier)**
- Java언어에서는 클래스와 클래스 멤버에 접근 지정자를 두어 다른 클래스에서 접근하여 사용할 수 있는지 여부를 지정한다. 4가지 접근지정자는 공개범위에 따라 private ⟨ 디폴트(생략) ⟨ protected ⟨ public 순으로 공개범위가 넓다.
- class 앞에는 접근지정자 중 public 또는 디폴트(생략) 두 가지 중 한 가지만 사용 가능하다.

② 예제 1

줄	Java 프로그램 소스 ClassEx001.java
1	`class Rectangle {`
2	`    int width,`
3	`    int height;`
4	`    public int getArea( ) {`
5	`        return width * height;`
6	`    }`
7	`    public int getRound( ) {`
8	`        return 2 * (width + height);`
9	`    }`
10	`}`
11	`public class ClassEx001 {`
12	`    public static void main(String[ ] args) {`
13	`        Rectangle aaa = new Rectangle( );`
14	`        aaa.width = 10;`
15	`        aaa.height = 20;`
16	`        System.out.println("사각형의 넓이 : " + aaa.getArea( ));`
17	`        System.out.println("사각형의 둘레 : " + aaa.getRound( ));`
18	`    }`
19	`}`
결과	사각형의 넓이 : 200 사각형의 둘레 : 60

③ 예제 2 2020년 2회

줄	Java 프로그램 소스 ClassEx002.java
1	`class Number {`
2	`    private int x;`
3	`    void setX(int i) {`
4	`        x = i;`
5	`    }`
6	`    int getX( ) {`
7	`        return x;`
8	`    }`
9	`}`
10	`public class ClassEx002 {`
11	`    public static void main(String[ ] args) {`
12	`        Number obj = new Number( );`
13	`        obj.setX(100);`
14	`        System.out.println(obj.getX( ));`
15	`    }`
16	`}`
결과	100

02 메소드 간의 호출 _{2024년 1회}

① 예제

줄	Java 프로그램 소스 ClassEx003.java
1	`public class ClassEx003 {`
2	`    static int fun1(int x) {`
3	`        return fun2(x+2);`
4	`    }`
5	`    static int fun2(int x) {`
6	`        return fun3(x*2);`
7	`    }`
8	`    static int fun3(int x) {`
9	`        return x/2;`
10	`    }`
11	`    public static void main(String[ ] args) {`
12	`        int result = fun1(10);`
13	`        System.out.println(result);`
14	`    }`
15	`}`
결과	12

03 메소드 오버로딩(Overloading)

- 오버로딩(Overloading)은 한 클래스 내에서의 메소드를 중복해서 작성하는 것으로 서로 매개 변수의 타입이나 개수가 다른 여러 개의 메소드가 같은 이름으로 작성되는 것을 말한다.
- 오버로딩의 목적은 메소드명이 같은 여러 개의 메소드를 중복 선언하여 사용의 편리성을 향상시키는 데 있다.

① 예제

줄	Java 프로그램 소스 ClassEx004.java
1	`public class ClassEx004 {`
2	`    static int add(int x, int y) {`
3	`        return x+y;`
4	`    }`
5	`    static double add(double x, double y) {`
6	`        return x+y;`
7	`    }`
8	`    public static void main(String[ ] args) {`
9	`        System.out.println("두 정수의 덧셈 : " + add(10, 20));`
10	`        System.out.println("두 실수의 덧셈 : " + add(1.1, 2.2));`
11	`    }`
12	`}`
결과	두 정수의 덧셈 : 30 두 실수의 덧셈 : 3.3000000000000003

01 객체지향 기법에서 객체가 메시지를 받아 실행해야 할 구체적인 연산을 정의한 것에 해당하는 용어를 쓰시오.

• 답 :

02 객체지향 개념 중 하나 이상의 유사한 객체들을 묶어 공통된 특성을 표현한 데이터 추상화를 의미하는 것에 해당하는 용어를 쓰시오.

• 답 :

03 다음 〈보기〉에서 Java언어의 클래스명으로 부적절한 것을 골라 쓰시오.

〈보기〉

#Animal, Car, House, Person, 7Student, person

• 답 :

04 다음 Java언어의 빈칸 __〈?〉__ 에 알맞은 표현을 쓰시오.

```java
class Circle {
   public int radius;
   Circle(int r) {
     this.radius = r;
   }
}
public class Exam {
    public static void main(String[] args) {
        Circle c1 = __<?>__ Circle(5);
        System.out.println("c1의 반지름은 " + c1.radius + "입니다.");
    }
}
```

• 답 :

Java 상속

빈출 태그 상속 • 오버라이딩

01 상속(Inheritance)의 개념

- 클래스 상속이란 부모(Super) class★의 속성(전역변수, 필드, Field)과 메소드를 상속받는 것이다.
- 자식 class★는 부모 class의 생성자와 private 요소를 제외한 모든 멤버를 상속받는다.
- 부모 class의 메소드와 속성을 별도의 선언 없이 블록 안에 있는 것처럼 접근하여 사용한다.
- Java언어에서는 단일상속만 가능하다. 자식 class는 단 하나의 부모 class를 상속받을 수 있다.
- Java언어의 모든 class는 Object class를 상속받는다.
- extends 키워드를 사용한다.

★ 부모 class
= 상위 class
= 슈퍼 class
= 기본 class

★ 자식 class
= 하위 class
= 서브 class
= 파생 class

① 형식

```
class A {              // 부모 class
    필드
    메소드( )
}
class B extends A {    // 자식 class
}
```

② 예제

줄	Java 프로그램 소스 InheritanceEx001.java
1	class Person {
2	String name = "홍길동";
3	void sleep( ) {
4	System.out.println("SLEEP");
5	}
6	}
7	class Student extends Person {
8	void study( ) {
9	System.out.println("STUDY");
10	}
11	}

```
12   public class InheritanceEx001 {
13        public static void main(String[ ] args) {
14              Student std = new Student( );
15              System.out.println(std.name);
16              std.sloop( );
17              std.study( );
18        }
19   }
```

결과	홍길동 SLEEP STUDY

02 오버라이딩(Overriding) 2024년 3회/1회, 2023년 1회, 2021년 2회

- 메소드 오버라이딩은 클래스 상속 상황에서 부모 class의 멤버를 자식 class에서 상속받았지만 자식 class에서 해당 멤버의 내용을 수정하여 자식 class 객체에서 적용한다.
- 메소드 오버라이딩은 부모 class의 정의에는 영향을 주지 않는다. 부모 class로부터 상속받은 자식 class의 메소드 멤버를 재정의하는 다형성을 오버라이딩(Overriding)이라고 한다.

① 오버로딩(Overloading)과 오버라이딩(Overriding)

구분	설명	조건
오버로딩 (Overloading)	같은 클래스 내에서 같은 메소드명을 중복 정의	메소드명은 같고 메소드의 매개변수의 개수 또는 매개변수의 자료형 또는 반환형이 달라야 함
오버라이딩 (Overriding)	두 클래스 간의 상속 관계에서 부모 클래스로부터 상속받은 자식 클래스의 메소드를 재정의	두 클래스 간 메소드명, 매개변수 개수, 자료형 모두 같아야 함

② 예제

줄	Java 프로그램 소스 InheritanceEx002.java

1
2
3
4
5
6
7
8
9
10
11
12
	```class Person {```
	``` String name = "홍길동";```
	``` void sleep( ) {```
	``` System.out.println("SLEEP");```
	``` }```
	```}```
	```class Student extends Person {```
	``` void sleep( ) {```
	``` System.out.println("Good Night");```
	``` }```
	```}```
	```public class InheritanceEx002 {```

13	`        public static void main(String[ ] args) {`
14	`                Student std = new Student( );`
15	`                System.out.println(std.name);`
16	`                std.sleep( );`
17	`        }`
18	`}`
결과	홍길동 Good Night

이론을 확인하는 / 핵심문제

01 객체지향 언어에서 클래스 A와 클래스 B는 상속 관계에 있다. A는 부모 클래스, B는 자식 클래스라고 할 때 클래스 A에서 정의된 메소드(Method)와 원형이 동일한 메소드를 클래스 B에서 기능을 추가하거나 변경하여 다시 정의하는 것을 무엇이라고 하는지 쓰시오.

• 답 :

02 다음 Java 프로그램에서 사용된 기법을 〈보기〉에서 골라 쓰시오.

〈코드〉

```java
class AAA {
    int addition(int x, int y) {
        return x+y;
    }
    int subtraction(int x, int y) {
        return x-y;
    }
}
class BBB extends AAA {
    int subtraction(int x, int y) {
        return (x>y) ? x-y : y-x;
    }
}
public class Test {
    public static void main(String[ ] args) {
        BBB cal = new BBB( );
        int num1 = cal.addition(30, 50);
        int num2 = cal.subtraction(30, 50);
        System.out.println(num1 + " " + num2);
    }
}
```

〈보기〉

캡슐화, 상속, 오버라이딩, 오버로딩

• 답 :

03 객체지향 개념에서 이미 정의되어 있는 상위 클래스(슈퍼 클래스 혹은 부모 클래스)의 메소드를 비롯한 모든 속성을 하위 클래스가 물려받는 것에 해당하는 용어를 쓰시오.

• 답 :

예외 처리

빈출 태그 예외 • try~catch~finally

01 예외(Exception)의 개념

- 예외(Exception)★는 프로그램 실행 중 발생한 오류로 사용자의 잘못된 조작이나 개발자의 잘못된 구현으로 프로그램의 오동작이나 결과에 악영향을 미치는 오류이다. 예외는 에러★가 아니다.
- 예외가 발생하면 프로그램이 수행을 중단하게 되는 것은 에러와 동일하지만 예외는 예외 처리를 통해 정상적인 종료를 하도록 만들어 준다. 즉 예외란, 프로그램에서 제어할 수 있는 실행시간의 오류이다.
- 예외는 예외 처리(Exception Handling)를 통해 개발자가 프로그램을 정상적으로 동작하게 해결할 수 있다. 즉 에러의 경우는 잘못된 결과를 도출하여 예측이 불가능 경우를 말하지만 예외는 예측이 가능하기 때문에 코드상에서 예외 처리를 할 수 있다.
- 대부분의 객체지향 언어에서는 예외 처리 기능을 제공하고 있으며, Java 프로그래밍 언어에는 예외 처리를 try~catch 구문을 통해 수행할 수 있다.
- 예외 처리 문법을 지원하는 언어 : C++, C#, Java, Python

★ 예외가 주로 발생하는 원인
- 사용자의 잘못된 데이터 입력
- 잘못된 연산
- 프로그래머에 의한 잘못된 로직 작성
- 하드웨어와 네트워크 오작동
- 시스템 과부하

★ 에러(Error)
- 에러는 흔히 컴파일 오류(compile time error)를 말한다.
- 에러는 문법에 맞지 않게 작성된 코드 또는 컴퓨터 하드웨어의 오동작이나 고장으로 인해 발생한다.
- Compile error : 컴파일(번역) 도중 발생하는 오류로, 문법적 오류(Syntax error)가 대부분
- Runtime error : 실행 도중 발생하는 오류
- Logic error : 논리적인 문제로 인해 의도치 않은 결과가 발생하는 오류

02 Java에서의 에러(오류)와 예외

① Java에서의 에러 발생의 경우

줄	Java 프로그램 소스 ExceptionEx001.java
1	public class ExceptionEx001 {
2	public static void main(String[ ] args) {
3	integer num = 100;
4	System.out.println(num);
5	}
6	}

- 위 프로그램을 실행하면 'integer cannot be resolved to a type'이라는 에러 메시지가 콘솔창(결과창)에 표시되며 최종 결과를 확인할 수 없다. 컴파일 오류, 문법적인 오류(Syntax error)가 발생했기 때문이다. 코드 입력 시 키워드의 맞춤법이 틀리거나 문장 부호가 입력되지 않았을 경우 등의 상황에서 발생하는 컴파일 오류는 프로그래밍 코딩 시 발생하는 가장 흔한 오류이다.
- 줄3의 'integer'는 Java언어에 존재하는 데이터 타입이 아니므로 'int'로 수정을 함으로써 컴파일 오류를 해결할 수 있다.

② Java에서의 예외 발생의 경우

줄	Java 프로그램 소스 ExceptionEx002.java
1	`public class ExceptionEx002 {`
2	`        public static void main(String[ ] args) {`
3	`                int[ ] obj = new int[3];`
4	`                obj[10] = 1234;`
5	`        }`
6	`}`

- 위 프로그램을 실행하면 'java.lang.ArrayIndexOutOfBoundsException'이 라는 예외 메시지가 콘솔창(결과창)에 표시되며 에러 발생의 경우와 마찬가지로 실행이 중단된다.
- 줄4번에서 예외가 발생하였다. 배열 첨자의 범위를 벗어나는 영역을 참조했기 때문이다. obj객체 내의 요소는 3개이므로 접근 가능한 첨자는 0에서 2까지의 범위인데 줄4번에서는 10번째 첨자 영역을 참조하려 했기 때문이다. 예외상황이 발생했을 경우 예외 처리 방법은 다양하다. 예외를 적극적으로 해결하거나 예외상황을 무시하거나 예외상황에 대한 메시지 출력을 하는 등 예외 객체를 통해 프로그램 전체의 실행을 정상적으로 진행할 수 있다.

03 Java에서의 예외 처리 구문 2024년 3회

① 예외 처리의 기본 형식

```
try {
        // 예외가 발생할 가능성이 있는 명령문;
} catch (Exception e) {
        // 예외 처리
}
```

② 예외 처리의 기본 확장 형식

```
try {
        // 예외가 발생할 가능성이 있는 명령문;
} catch (Exception e1) {
        // 예외 처리1
} catch (Exception e2) {
        // 예외 처리2
}
```

③ 예외 처리의 전체 형식

```
try {
        // 예외가 발생할 가능성이 있는 명령문;
} catch (Exception e) {
        // 예외 처리
} finally {
        // 예외의 유무와 상관없이 실행하는 명령문;
        // 생략할 수 있다.
}
```

- try 블록에는 예외가 발생할 가능성이 있는 위험한 명령문들이 들어가고, catch 블록에는 예외 발생 시 수행할 예외 처리 로직이 들어간다.
- try 블록 내의 명령어를 실행 중에 예외가 발생하면 예외를 발생시킨 명령어의 다음의 코드들은 실행되지 않으며 발생 예외에 해당하는 catch 블록으로 실행이 된다.
- catch 블록은 여러 개를 둘 수 있다.
- finally 블록은 마지막에 실행하고 싶은 명령문을 입력한다. 예외 발생 유무와 상관없이 실행이 된다.

④ throw문을 사용한 예외 처리 형식(강제로 예외를 발생시켜 제어를 이동할 경우 사용)

```
try {
     if(예외 조건식)
        throw e;    // 예외 객체를 던짐
} catch (Exception e) {
        // 예외 처리
} finally {
        // 예외의 유무와 상관없이 실행하는 명령문;
        // 생략할 수 있다.
}
```

❹ Java에서의 예외 처리

① try~catch 구문 사용 전

기적의 TIP

if~else문의 선택 제어구조를 통해 예외 발생에 대해 프로그래머가 정확히 인지하여 문법적으로 구현해야 합니다.

줄	Java 프로그램 소스 ExceptionEx003.java
1	public class ExceptionEx003 {
2	public static void main(String[ ] args) {
3	int a = 10;
4	int b = 0;
5	int c = 0;
6	if(b == 0)
7	System.out.println ("0으로 나눗셈 불가능!");
8	else {
9	c = a / b;
10	System.out.printf("%d / %d : %d\n", a, b, c);
11	}
12	}
13	}
결과	0으로 나눗셈 불가능!

② try~catch 구문 사용

줄	Java 프로그램 소스 ExceptionEx004.java
1	`public class ExceptionEx004 {`
2	`    public static void main(String[ ] args) {`
3	`        int a = 10;`
4	`        int b = 0;`
5	`        try {`
6	`            int c = a / b;`
7	`            System.out.printf("%d / %d : %d\n", a, b, c);`
8	`        } catch(Exception e ) {`
9	`            System.out.println(e.getMessage( ));`
10	`            System.out.println ("0으로 나눗셈 불가능!");`
11	`        }`
12	`    }`
13	`}`
결과	/ by zero 0으로 나눗셈 불가능!

05 Java의 주요 예외 클래스

예외 클래스	예외 발생 이유
ArithmeticException	정수를 0으로 나눌 경우 발생
ArrayIndexOutOfBoundsExcetion	배열의 범위를 벗어난 index 접근 시 발생
ClassCastExcetion	변환할 수 없는 타입으로 객체를 반환 시 발생
NullPointException	존재하지 않는 레퍼런스를 참조할 때 발생
IllegalArgumentException	잘못된 인자를 전달할 때 발생
IOException	입출력 동작 실패 또는 인터럽트 시 발생
OutOfMemoryException	메모리가 부족한 경우 발생
NumberFormatException	문자열이 나타내는 숫자와 일치하지 않는 타입의 숫자로 변환 시 발생

06 Java의 예외 처리 사례

줄	Java 프로그램 소스 ExceptionEx005.java
| 1<br>2<br>3<br>4<br>5<br>6<br>7<br>8<br>9<br>10<br>11<br>12<br>13<br>14<br>15<br>16 | ```java
public class ExceptionEx005 {
    public static void main(String[ ] args) {
        int a, b, result;
        a = 5;
        b = 0;
        try {
            result = a / b;
            System.out.println("A");
        } catch(ArithmeticException e) {
            System.out.println("B");
        } finally {
            System.out.println("C");
        }
        System.out.println("D");
    }
}
``` |
| 결과 | B
C
D |

- 줄6의 try 블록의 시작으로 줄9번 이전의 코드에서 예외 발생 가능성이 있는 명령 어들이 포함되어 있다.
- 줄7의 실행 시 a / b의 나눗셈 산술 연산이 5 / 0 값으로 수행되어 나눗셈의 제 수가 0이므로 산술 연산 진행에서 예외가 발생한다. Java에서는 'java.lang. ArithmeticException'을 발생시킨다.
- 줄9에서는 산술 연산과 관련된 예외를 처리하는 catch 블록을 인식하여 줄10의 명령문을 실행하게 된다. 결과의 첫 줄에 "B"가 출력된다.
- 예외가 발생한 지점이 줄7이므로 줄8은 수행되지 않는다.
- 예외에 해당하는 catch 블록을 실행한 후 줄11의 finally 블록을 실행하게 된다. 다음 줄 결과로 "C"가 출력된다.
- 위 프로그램의 줄14번은 try~catch~finally 구문의 예외 처리와 관련 없이 실행 되어야 하는 명령문이므로 마지막 줄의 결과로 "D"가 출력된다.
```

01 다음 〈보기〉에서 예외 처리 구문을 지원하는 언어를 골라 쓰시오.

〈보기〉

C, C++, Java, Python

• 답 :

02 프로그램 내의 산술 계산식 수행 과정 중 변수의 값을 0으로 나누는 경우에 발생하는 Java언어의 예외 객체형에 해당하는 클래스 명칭을 쓰시오.

• 답 :

03 다음은 Java언어에서 지원하고 있는 예외 처리 문법 구조를 표현한 예이다. 밑줄 친 빈칸 ① ~③에 알맞은 예약어를 쓰시오.

```
    ①    {
        // 예외가 발생할 가능성이 있는 명령문;
}    ②    (Exception e) {
        // 예외 처리
}    ③    {
        // 예외의 유무와 상관 없이 실행하는 명령문;
}
```

• ① :
• ② :
• ③ :

14 Python에 대한 이해

출제빈도 상 ⑨ 하
반복학습 ① ② ③

빈출 태그 문자열 • 리스트 • 튜플 • 셋 • 딕셔너리

01 파이썬(Python)

- 1989년 네덜란드 출신의 귀도 반 로섬(Guido van Rossum)에 의해 개발된 스크립트형 고급 프로그래밍 언어이다.
- 플랫폼 독립적이며 객체지향적이며 실행시간에 자료형을 검사하는 동적 타이핑 대화형 언어이다.
- 파이썬은 모두 객체 단위이며 함수, 메소드, 객체, 패키지로 구성되어 있다.
- 특징
  - 문법이 간결하여 쉽게 작성할 수 있고 인터프리터에 의해 실행 결과를 빠르게 확인할 수 있다.
  - 확장 가능한 다양한 라이브러리가 존재하여 생산성이 높아 개발 속도가 빠르다.
  - 응용 프로그램과 웹, 서버 사이드 영역까지 다양한 분야에서 활용되고 있는 전 세계에서 가장 인기 있는 프로그래밍 언어 중 하나이다.

02 Python 기본 문법 구조

① Python언어 기본 구조
- 대화형 셀에 Python 명령어를 입력

대화형 셀 ▶

>>> print("Hello, Python!")

- 파이썬 인터프리터 실행 후, 파이썬 인터렉티브 셀(대화형 셀)에서 파이썬 명령어 단위로 입력하면 바로 실행 결과가 출력된다.
- 파이썬 명령 프롬프트(>>>)는 파이썬 명령어를 실행하는 기본 실행 환경이다.
- Python의 프롬프트★

★ **프롬프트(Prompt)**
명령어를 입력하여 수행할 수 있게 해주는 셀

```
Python 3.6 (64-bit)                                                     □   ×
Python 3.6.6 (v3.6.6:4cf1f54eb7, Jun 27 2018, 03:37:03) [MSC v.1900 64 bit (AMD64)] on win32
Type "help", "copyright", "credits" or "license" for more information.
>>>
```

• 모듈 형태로 Python명령어를 저장

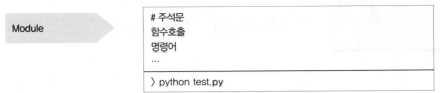

– 텍스트 에디터에서 파이썬 명령어들을 확장자가 py인 하나의 소스파일로 생성 후 실행한다.
– 파이썬 명령어는 세미콜론(;)을 붙이지 않는다.
– 파이썬의 코드 블록 구분은 중괄호 { }가 아니라 들여쓰기(indent)이다.
– 파이썬 스크립트(Script) IDE : Python IDLE, Jupyter Notebook, PyCharm 등

▲ Python IDLE

▲ Jupyter Notebook

▲ PyCharm

➕ 더 알기 TIP

파이썬의 블록

• 같은 블록 영역의 명령어들은 동일한 간격으로 들여쓰기되어야 한다. 일반적으로 [Tab]으로 들여쓰기 간격을 구분하거나 [Space Bar] 4칸으로 구분한다.

• 예

```
n1 = 10
n2 = 20
if n1 > n2:
    big, small = n1, n2
else:
    big, small = n2, n1
print(big, small)
```

② 다른 언어와의 차이 : 콘솔 화면 "문자열" 출력 예제

• 파이썬은 C언어, C++, Java 언어와는 다르게 명령어를 한 라인씩 바로 번역 후 실행하는 인터프리터형 언어이다.

| C언어 | ```c
#include <stdio.h>
void main( )
{
    printf("Hello, C!");
}
``` |
| C++언어 | ```cpp
#include <iostream>
int main( )
{
    std::cout<<"Hello, C++!";
    return 0;
}
``` |
| Java언어 | ```java
public class Test {
    public static void main(String[ ] args) {
        System.out.print("Hello, Java!");
    }
}
``` |
| Python | ```python
>>> print("Hello, Python!")
``` |

C++언어 (추가 예시):
```cpp
#include <iostream>
using namespace std;
int main( )
{
    cout<<"Hello, C++!";
    return 0;
}
```

기적의 TIP

Python언어는 정보처리기사 실기시험에서 출제되는 C, C++, Java언어와는 다르게 문법이 간단하고 바로 실행되는 인터프리터형 언어입니다. 학습 시 4가지 언어를 함께 비교하며 학습하는 것보다는 C와 Java언어를 학습한 후 간결하고 직관적인 Python언어의 예제들을 간단히 살피는 것이 효율적인 학습 방법입니다.

③ Python언어의 키워드★

• 파이썬의 기본 키워드는 35개로 간결한 언어이다.

• 파이썬의 키워드는 파이썬 명령 프롬프트에 help( ) 명령을 실행하여 확인할 수 있다.

• 35개 키워드(예약어)는 반드시 대소문자를 구별한다.

★ 키워드(Keyword)
프로그램 언어마다 정해져 있는 예약어로, 변수명이나 함수명 등의 식별자로 사용 불가능하다.

False	class	from	or	None	continue	global
pass	True	def	if	raise	and	del
import	return	as	elif	in	try	assert
else	is	while	async	except	lambda	with
await	finally	nonlocal	yield	break	for	not

④ Python언어의 기본 문법

• 주석(comments, 비실행문)

– 파이썬에서 한 줄 주석은 해시(#) 기호로 시작한다.

– 여러 줄로 되어 있는 영역 주석은 작은따옴표와 큰따옴표로 설명문을 감싸서 주석 영역으로 구분한다.

```
# 한 줄 주석 : 해시(#) 기호
' ' '
여러 줄
주석 영역
' ' '
" " "
작은따옴표 3개 또는 큰따옴표 3개
" " "
```

- 세미콜론(;) 없음
  - 파이썬은 문장 마무리에 세미콜론(;)을 사용하지 않는다.
  - 단, 여러 문장을 한 줄에 쓸 때에는 세미콜론을 사용하기도 한다.

```
# 문장 마무리에 세미콜론을 사용하지 않음
print("Hello")

# 여러 문장을 한 줄에 이어 쓸 때에는 세미콜론을 사용하기도 함
print("Hello"); print("Python")
```

- 들여쓰기(indentation)
  - 블록 구성, 즉 : 다음 줄은 반드시 들여쓰기한다.
  - 같은 블록 내에서는 들여쓰기 칸의 개수가 같아야 한다.
  - 공백과 탭을 섞어서 사용하면 안 된다.

```
sum = 0
for i in range(10):
    print(i)
    sum += i
print(sum)
```

⑤ 표준 입 · 출력 함수

- 파이썬의 콘솔을 통한 표준 입력과 출력 함수는 각각 input( ) 함수와 output( ) 함수이다.

▶ 예제 : 표준 출력 함수 print( )

줄	Python 프로그램 소스 practice001.py	
1	# 단일 값 출력	
2	print(100)	# 정수 출력
3	print(3.14)	# 실수 출력
4	print("A")	# 문자열 출력
5	print("정보처리")	# 문자열 출력
6	print(True)	# 논리 참값 출력
7	print(False)	# 논리 거짓값 출력
8	print(10, 2)	# 두 정수 출력
9	print("정보처리", "합격")	# 두 문자열 출력
10	# 값 여러 개 묶음 출력	
11	print([1, 3, 5])	# 리스트 객체 출력
12	# 연산 결과 출력	
13	print(10 + 2)	# 정수 덧셈 연산 결과 출력
14	print("정보처리" + "합격")	# 문자열 연결 처리 결과 출력

결과	100 3.14 A 정보처리 True False 10 2 정보처리 합격 [1, 3, 5] 12 정보처리합격

▶ **예제 : 표준 입력 함수 input( )**

줄	Python 프로그램 소스 practice002.py

1
2
3
4
5
6
7
	# 사용자의 입력값을 전달받아 바로 출력
	value = input( )
	print(value)
	
	# 안내 메시지 출력 후 입력
	value = input("값을 입력하세요 : ")
	print(value)

결과	a `Enter` a 값을 입력하세요 : 10 `Enter` 10

③ Python 기본 자료형

① Python의 변수(variable)
- 변수는 데이터를 저장할 수 있도록 할당받은 메모리 공간이다.
- Python의 변수는 숫자값, 문자열값 또는 클래스의 객체를 나타낸다.
- Python의 변수는 변수와 값을 선언하게 되면 값에 의해 메모리 영역이 결정된다. 이와 같이 실행시간에 변수의 자료형이 결정되는 자료형 바인딩을 동적 타이핑(Dynamic Typing)이라 한다.
  cf) C언어, Java언어 : 정적 타이핑(Static Typing)★

② 변수명
- 변수명은 영문자(대소문자), 숫자, 언더스코어(_)를 조합하여 작성한다.
- 변수명은 숫자로 시작할 수 없다. 반드시 영문자나 언더스코어(_)로 시작해야 한다.
- 변수명은 대소문자를 구분한다.
- 변수명에는 예약어(Reserved Words)를 사용할 수 없다.

★ **정적 타이핑(Static Typing)**
- 변수명과 변수의 자료형이 바인딩(Binding, 연결)되는 시점이 번역시간이다.
- 정적 타이핑의 경우 자료형을 결정하는 변수의 선언문이 작성되어야만 한다.

③ Python의 변수명과 리터럴 상수

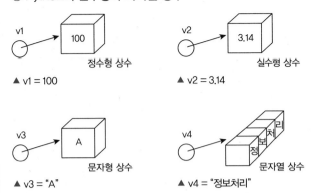

▲ v1 = 100   ▲ v2 = 3.14

▲ v3 = "A"   ▲ v4 = "정보처리"

④ Python의 자료형(Data Types)과 자료구조(Data Structure)

• 파이썬의 기본 자료형(Data Types)에는 정수형(Integer), 부울형(Boolean), 실수형(Floating Point), 복소수형(Complex)의 숫자형과 아무것도 없는 것을 나타내는 자료형인 None★ 자료형이 있다.

• 파이썬의 자료구조(Data Structure)는 정수형, 실수형, 문자열 등의 데이터가 여러 개 있을 때 이를 효과적으로 관리하기 위해 사용된다. 파이썬의 자료구조는 시퀀스(Sequences), 셋(Set), 매핑(Mapping)으로 구분하며 프로그래밍에서 자주 사용된다.

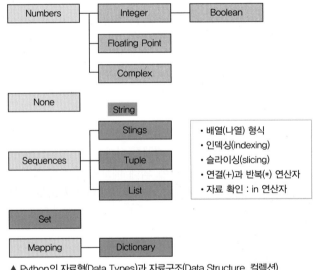

▲ Python의 자료형(Data Types)과 자료구조(Data Structure, 컬렉션)

★ None
• '값 없음'을 나타내는 Scalar 타입의 자료형 값으로 보통 다른 언어에서는 널(null)로 표현한다.
• 함수에서 반환값을 지정하지 않으면 None이 반환된다.

▶ 예제 1 : type( ) 함수를 이용한 값의 자료형 반환(1)

줄	Python 프로그램 소스 practice003.py
1	v1 = 100
2	v2 = 3.14
3	v3 = "A"
4	v4 = "정보처리"
5	v5 = True
6	v6 = False
7	v7 = 3.14e-10
8	
9	print(v1, v2, v3, v4, v5, v6, v7)
10	print(v1 + v2)
11	print(v3 + v4)
12	print(v1 + v5)
13	print(v1 + v6)
14	
15	# type( ) : 값의 자료형 반환
16	print(type(v1))
17	print(type(v2))
18	print(type(v3))
19	print(type(v4))
20	print(type(v5))
21	print(type(v6))
결과	100 3.14 A 정보처리 True False 3.14e−10 103.14 A정보처리 101 100 ⟨class 'int'⟩ ⟨class 'float'⟩ ⟨class 'str'⟩ ⟨class 'str'⟩ ⟨class 'bool'⟩ ⟨class 'bool'⟩

▶ 예제 2 : type( ) 함수를 이용한 값의 자료형 반환(2)

줄	Python 프로그램 소스 practice004.py
1	# 자료구조
2	a = "정보처리 100점 합격"
3	b = [1, 2, 3]
4	c = (1, 2, 3)
5	d = {1:"A", 2:"B", 3:"C"}
6	
7	print(a)
8	print(b)
9	print(c)
10	print(d)
11	
12	print(type(a))
13	print(type(b))
14	print(type(c))
15	print(type(d))

결과	정보처리 100점 합격 [1, 2, 3] (1, 2, 3) {1: 'A', 2: 'B', 3: 'C'} ⟨class 'str'⟩ ⟨class 'list'⟩ ⟨class 'tuple'⟩ ⟨class 'dict'⟩

▶ 예제 3 : str( ) 함수를 이용한 문자열형으로 형 변환

줄	Python 프로그램 소스 practice005.py
1	name = "김학생"
2	kor = 100
3	eng = 50
4	math = 90
5	tot = kor + eng + math
6	avg = tot / 3
7	# 문자열 연결 연산자 +
8	# 자료형 변환(casting) : 문자열형으로 형 변환 str( )
9	print("이름 : " + name)
10	print("총점 : " + str(tot) + "점")
11	print("평균 : " + str(avg) + "점")

결과	이름 : 김학생 총점 : 240점 평균 : 80.0점

▶ 예제 4 : 자료형 변환 함수 int( ), float( ), str( )

줄	Python 프로그램 소스 practice006.py
1	# 자료형 변환 함수
2	print(int(3.14))
3	print(int(3.78))
4	print(int(-3.14))
5	print(int(-3.78))
6	print(int("123"))
7	print(float(3))
8	print(float("3.14"))
9	print(3+1.2)
10	print(float(10+2))
11	
12	print("1" + "2")
13	print(int("1") + int("2"))
14	
15	no = 100
16	print("com" + str(no))

결과	3 3 −3 −3 123 3.0 3.14 4.2 12.0 12 3 com100

▶ 예제 5 : input( ) 함수와 형 변환

줄	Python 프로그램 소스 practice007.py
1	# input( ) 함수와 형 변환
2	
3	print("--- 두 정수의 덧셈 ---")
4	n1 = input("첫 번째 정수 입력 : ")
5	n2 = input("두 번째 정수 입력 : ")
6	result = int(n1) + int(n2)
7	print("결과 : " + str(result))
결과	--- 두 정수의 덧셈 --- 첫 번째 정수 입력 : 10 `Enter` 두 번째 정수 입력 : 2 `Enter` 결과 : 12

⑤ 자료형(Data Type) 관련 주요 내장 함수

type(x)	x의 자료형 확인
int(x, [base])	x를 base 진법의 정수로 변환
hex(x)	x를 16진수로 변환
oct(x)	x를 8진수로 변환
bin(x)	x를 2진수로 변환
float(x)	x를 실수형으로 변환
complex(x)	x를 복소수형으로 변환
bool(x)	x를 논리형으로 변환
str(x)	x를 문자열형으로 변환

04 Python 연산자

① Python의 연산자

- 연산자(operator)는 연산 대상에 대한 연산 동작을 지정하는 기호이다.
- Python의 연산 우선순위는 '산술연산 → 관계(비교)연산 → 논리연산' 순이다.
- C언어나 Java의 증가(++) 연산자, 감소(−−) 연산자, 삼항 연산자(? :)는 없다.
- 논리 연산자는 not, and, or이다.

• 관계와 논리 연산의 결과는 논리 상수(=부울 상수)인 'True'와 'False'뿐[★]이다.
• 기타 연산자 is, is not, in, not in은 시퀀스형 자료구조에서 사용된다.

② Python의 산술 연산자

줄	Python 프로그램 소스 practice008.py
1	# 산술 연산자
2	n1 = 10
3	n2 = 3
4	
5	print(n1 + n2) # 덧셈
6	print(n1 - n2) # 뺄셈
7	print(n1 * n2) # 곱셈
8	print(n1 / n2) # 나눗셈
9	print(n1 % n2) # 나눗셈의 나머지
10	print(n1 // n2) # 나눗셈의 몫
11	print(n1 ** n2) # 거듭제곱
결과	13 7 30 3.3333333333333335 1 3 1000

③ Python의 관계 연산자 2021년 3회

줄	Python 프로그램 소스 practice009.py
1	# 관계(비교) 연산자 : 결과 논리(부울) 상수
2	# C언어, Java와 동일 기호
3	print(2 < 7)
4	print(2 > 7)
5	print(2 <= 7)
6	print(2 >= 7)
7	print(2 == 7)
8	print(2 != 7)
9	
10	# 나이는 20살 이상인지 판별
11	age = 25
12	print(age >= 20)
13	Age = 17
14	Print(age >= 20)
15	
16	# number의 값이 2의 배수 판별
17	number = 13
18	print((number%2) == 0)

결과	True
	False
	True
	False
	False
	True
	True
	False
	False

④ Python의 논리 연산자

줄	Python 프로그램 소스 practice010.py
1	# 논리 연산자 : 반드시 소문자 not, and, or
2	print(not True)
3	print(not False)
4	
5	print(True and True)
6	print(True and False)
7	print(True or False)
8	
9	'''
10	test1 시험의 결과가 "합격"이고
11	test2 시험의 결과가 "합격"인지 판별
12	'''
13	test1 = "합격"
14	test2 = "불합격"
15	print((test1=="합격") and (test2=="합격"))

결과	False
	True
	True
	False
	True
	False

⑤ Python의 비트 연산자 ^{2021년 2회}

줄	Python 프로그램 소스 practice011.py
1	# 비트 연산자 : 비트 연산 후, 10진수로 출력
2	print(~10) # bitwise not
3	print(10 & 6) # bitwise and
4	print(10 | 6) # bitwise or
5	print(10 ^ 6) # bitwise xor
6	
7	print(10 << 1) # bitwise left shift
8	print(10 >> 1) # bitwise right shift

결과	−11
	2
	14
	12
	20
	5

⑥ Python의 대입 연산자와 복합 연산자

▶ 예제 1

줄	Python 프로그램 소스 practice012.py
1	# 대입 연산자와 복합 연산자
2	
3	a = 10
4	a += 1
5	a -= 2
6	a *= 3
7	a //= 4
8	print(a)
결과	6

▶ 예제 2 : 두 변수 교환(SWAP) 방법(1)

줄	Python 프로그램 소스 practice013.py
1	# 대입 연산자 : 두 변수의 교환(swap)
2	# 방법 1
3	v1 = 100
4	v2 = 200
5	print(v1, v2)
6	temp = v1
7	v1 = v2
8	v2 = temp
9	print(v1, v2)
결과	100 200 200 100

▶ 예제 3 : 두 변수 교환(SWAP) 방법(2) 2024년 3회

줄	Python 프로그램 소스 practice014.py
1	# 대입 연산자 : 두 변수의 교환(swap)
2	# 방법 2
3	v1, v2 = 100, 200
4	
5	print(v1, v2)
6	v1, v2 = v2, v1
7	print(v1, v2)
결과	100 200 200 100

⑦ Python의 기타 연산자 : is, is not, in, not in

줄	Python 프로그램 소스 practice015.py
1	# 기타 연산자 : is, is not, in, not in
2	# 시퀀스에서 값을 찾을 때 사용하며 결과는 논리값
3	print("Python" is "Python")
4	print("PYTHON" is not "Python")
5	print("P" in "Python")
6	print("P" not in "Python")
7	
8	nations = ["한국", "미국", "중국"]
9	print("한국" in nations)
10	print("일본" in nations)
결과	True True True False True False

⑧ Python의 연산자 우선순위

우선순위	연산자	
1	**	
2	~ +부호 −부호	
3	* / % //	
4	+덧셈 −뺄셈	산술 연산자
5	⟨⟨ ⟩⟩	
6	&	
7	^ |	
8	⟨ ⟨= ⟩ ⟩=	관계 연산자
9	== !=	
10	= += −= *= /= %= //= **= &= ^= |= ⟩⟩= ⟨⟨=	
11	is is not	
12	in not in	
13	not and or	논리 연산자

★ 시퀀스 자료형의 공통 연산
• 배열(나열) 형식
• 인덱싱(indexing)
• 슬라이싱(slicing)
• 연결(+)과 반복(*) 연산자
• 지료 확인 : in 연산지

05 시퀀스* & 셋 & 딕셔너리

① Python의 문자열(Strings) 2021년 1회

- 문자열(Strings)은 문자들의 모임이다.
- Python의 문자열은 작은따옴표(' ') 또는 큰따옴표(" ")로 문자열 상수를 감싼다. 단, 작은따옴표와 큰따옴표의 혼용은 불가능하다.
- 'Python' 과 "Python"은 동일한 문자열 상수값이다.
- Python의 모든 문자열은 유니코드(Unicode)이다.
- Python의 문자열 표현은 4가지 방법이 가능하다.
  - 방법 1 : 작은따옴표로 감싸는 방법

```
>>> print('축! "합격"')
축! "합격"
```

  - 방법 2 : 큰따옴표로 감싸는 방법

```
>>> print("I'm happy")
I'm happy
```

  - 방법 3 : 작은따옴표 3개씩 감싸는 방법

```
>>> print('''pass
DNA''')
pass
DNA
```

  - 방법 4 : 큰따옴표 3개씩 감싸는 방법

```
>>> print("""
정보처리
합격""")

정보처리
합격
```

- String(문자열)의 인덱싱(Indexing) : 문자변수[인덱스]
  - Python의 문자열의 인덱스*는 0부터 나열형으로 관리되며, 역순은 −음수 인덱스로 표현한다.
  - 인덱싱(Indexing)은 문자변수[인덱스]로 해당 인덱스 위치의 요소 하나를 추출 후 결과를 반환한다.

▶ 예제 1

줄	Python 프로그램 소스 practice016.py
1	# String(문자열)의 인덱싱(indexing)
2	# 인덱스 0부터 나열형으로 관리 / 역순 -음수 인덱스
3	s = "HRD Korea"
4	
5	s_count = len(s)
6	print("문자열 : " + s)
7	print("문자열의 길이 : " + str(s_count))
8	
9	print(s[0])
10	print(s[1])
11	print(s[2])
12	
13	print(s[8])
14	print(s[len(s)-1])
15	print(s[-1])
결과	문자열 : HRD Korea 문자열의 길이 : 9 H R D a a a

- String(문자열)의 슬라이싱(Slicing) : [인덱스 시작 : 인덱스 끝 : 스텝] 2024년 1회, 2023년 2회
  - 슬라이싱(Slicing)은 문자열의 지정한 인덱스의 시작 위치에서 끝 위치까지 연속된 부분 문자열을 추출한 결과를 반환하며, 스텝값을 지정하면 시작 위치에서 일정한 간격에 위치한 문자들을 추출하여 반환한다.

▶ 예제 2

줄	Python 프로그램 소스 practice017.py
1	# String(문자열)의 슬라이싱(slicing)
2	# [인덱스 시작 : 인덱스 끝 : 스텝]
3	s1 = "HRD"
4	s2 = "Korea"
5	s3 = s1 + s2
6	s4 = s2 * 3
7	
8	print(s3)
9	print(s4)
10	# 인덱스 시작 <= index < 인덱스 끝
11	print(s3[0])
12	print(s3[0:3])
13	print(s3[:3])
14	print(s3[0:8])
15	print(s3[0:])
16	print(s3[:])
17	print(s3[::2])

결과	HRDKorea KoreaKoreaKorea H HRD HRD HRDKorea HRDKorea HRDKorea HDoe

▶ 예제 3 : String(문자열)의 함수 ^{2024년 2회}

줄	Python 프로그램 소스 practice018.py

1
2
3
4
5
6
7
8
9
10
11
12
13
14
15
	# String의 함수
	str = "Hello World"
	
	print(str)
	
	print(str.upper( ))
	print(str.lower( ))
	print(str.capitalize( ))
	print(str.title( ))
	print(str.count("l"))
	print(str.find("l"))
	print(str.split(" "))
	print(str.replace("l", "*"))
	
	print(str)

결과	Hello World HELLO WORLD hello world Hello world Hello World 3 2 ['Hello', 'World'] He**o Wor*d Hello World

▶ 예제 4 : String(문자열)의 함수

줄	Python 프로그램 소스 practice019.py

1
2
3
4
5
6
7
8
9
	jumin = "901225-1122345"
	
	print("생년 : " + jumin[0:2] + "년")
	print("생월 : " + jumin[2:4] + "월")
	print("생일 : " + jumin[4:6] + "일")
	
	# 주민번호 뒷자리 감추기
	print(jumin[0:8].ljust(14, "*"))

줄	
10	# 올해 나이
11	age = 2020-1900-int(jumin[:2])+1
12	print("나이 : " + str(age) + "살")
결과	생년 : 90년 생월 : 12월 생일 : 25일 901225−1****** 나이 : 31살

② Python의 튜플(Tuple)

- 튜플(tuple)은 순서가 있는 불변의 객체들의 모임이다.
- 한 번 생성되면 값을 변경할 수 없다.
- 튜플(tuple)이 하나의 원소만 존재하는 경우는 튜플(tuple)이 아니다.
- 소괄호 ( )가 생략되어도 튜플이 가능하다.
- 튜플의 형태 : 기본 튜플, 혼합 튜플, 중첩 튜플

▶ 예제 1

줄	Python 프로그램 소스 practice020.py
1	# Tuple : 순서O, 불변
2	t = ( )
3	print(t)
4	print(type(t))
5	t = (1, 3, 5, 3.14, 'HRD')
6	print(t)
7	print(t[0])
8	print(t[0:2])
9	print(t[::-1])
10	print(len(t))
11	# + 연산으로 추가
12	t = t + (100, 'PASS')
13	print(t)
14	# * 연산으로 반복
15	print(t * 2)
16	# in 연산으로 존재 확인 가능
17	print(3.14 in t)
18	
19	t = 1, 3
20	print(t)
21	#t[0] = 11 # 에러
결과	( ) 〈class 'tuple'〉 (1, 3, 5, 3.14, 'HRD') 1 (1, 3) ('HRD', 3.14, 5, 3, 1) 5 (1, 3, 5, 3.14, 'HRD', 100, 'PASS') (1, 3, 5, 3.14, 'HRD', 100, 'PASS', 1, 3, 5, 3.14, 'HRD', 100, 'PASS') True (1, 3)

▶ 예제 2 : 중첩 튜플(Nested Tuple)

줄	Python 프로그램 소스 practice021.py
1	# 중첩 튜플 : nested tuple
2	t = ("Python", (1, 3, 5))
3	print(t)
4	print(t[0])
5	print(t[1])
6	
7	print(t[1][0])
8	print(t[1][1])
9	print(t[1][2])
10	
11	print(t[0][0])
결과	('Python', (1, 3, 5)) Python (1, 3, 5) 1 3 5 P

★ Python의 자료구조
• 리스트 [ ]
• 튜플 ( )
• 셋 { }
• 딕셔너리 {Key:Value}

③ Python의 리스트(List)★ 2020년 4회

• 리스트(List)는 순서가 있는 가변의 객체들의 모임이다.
• 리스트의 형태 : 기본 리스트, 혼합 리스트, 매트릭스 리스트

▶ 예제 1 : Python의 리스트 인덱싱

줄	Python 프로그램 소스 practice022.py
1	# 리스트의 인덱싱
2	a = []
3	print(type(a))
4	a = [10, 20, 30, 40, 50]
5	print(a)
6	print(len(a))
7	print(a[0:5])
8	print(a[:])
9	print(a[:-1])
10	print(a[::-1])
11	print(a[::2])
12	
13	# 리스트의 연산
14	a = [10, 20, 30]
15	b = [40, 50]
16	print(a + b)
17	print(a * 2)
18	print(10 in a)
19	print(70 in a)

결과	<class 'list'> [10, 20, 30, 40, 50] 5 [10, 20, 30, 40, 50] [10, 20, 30, 40, 50] [10, 20, 30, 40] [50, 40, 30, 20, 10] [10, 30, 50] [10, 20, 30, 40, 50] [10, 20, 30, 10, 20, 30] True False

▶ 예제 2 : Python의 리스트 함수(추가, 병합, 삽입, 삭제)

줄	Python 프로그램 소스 practice023.py
| 1<br>2<br>3<br>4<br>5<br>6<br>7<br>8<br>9<br>10<br>11<br>12<br>13<br>14<br>15<br>16<br>17 | ```
# 리스트의 함수
x = [10, 20, 30]
print(x)
x.append(40) # (뒤로) 요소 추가
print(x)
x.append(50)
print(x)
x.append([1, 2]) # (뒤로) 리스트 추가
print(x)
x.extend([1, 2]) # (뒤로) 요소 리스트 병합
print(x)
x.insert(1, 70) # 원하는 인덱스에 요소 삽입
print(x)
x.remove(10) # 원하는 값 삭제(여러 개면 첫 번째 것만)
print(x)
x.reverse( ) # 역순으로 리턴(반환)
print(x)
``` |
| 결과 | [10, 20, 30]
[10, 20, 30, 40]
[10, 20, 30, 40, 50]
[10, 20, 30, 40, 50, [1, 2]]
[10, 20, 30, 40, 50, [1, 2], 1, 2]
[10, 70, 20, 30, 40, 50, [1, 2], 1, 2]
[70, 20, 30, 40, 50, [1, 2], 1, 2]
[2, 1, [1, 2], 50, 40, 30, 20, 70] |

▶ 예제 3 : Python의 리스트 수정

줄	Python 프로그램 소스 practice024.py
| 1<br>2<br>3<br>4<br>5 | ```
# 리스트의 수정
season = [ ]
season = list( )
season = ['봄', '여름', '가을']
season.append('겨울')
``` |

줄	
6	`season.append('여름')`
7	`print(season)`
8	`season.remove('여름')`
9	`print(season)`
10	`del season[3]`
11	`print(season)`
12	`season.insert(1, "여름")`
13	`print(season)`
14	`season[0] = 'spring'`
15	`print(season)`
결과	['봄', '여름', '가을', '겨울', '여름'] ['봄', '가을', '겨울', '여름'] ['봄', '가을', '겨울'] ['봄', '여름', '가을', '겨울'] ['spring', '여름', '가을', '겨울']

▶ 예제 4 : Python의 리스트 함수

줄	Python 프로그램 소스 practice025.py
1	`# 리스트 함수`
2	`a = [50, 20, 70, 20, 30, 10]`
3	`print(a)`
4	`print(len(a))`
5	`print(max(a))`
6	`print(min(a))`
7	`print(a.count(20))`
8	`a.sort( )`
9	`print(a)`
10	`a.sort(reverse=True)`
11	`print(a)`
12	`a.clear( )`
13	`print(a)`
결과	[50, 20, 70, 20, 30, 10] 6 70 10 2 [10, 20, 20, 30, 50, 70] [70, 50, 30, 20, 20, 10] [ ]

④ Python의 셋(Set) 2023년 1회, 2020년 2회

- 셋(Set)은 임의의 순서를 가진 중복되지 않은 요소들의 가변 모임이다.
- 공집합은 { }★가 아닌 set( ) 함수로 만든다.
- 집합 연산인 합집합, 교집합, 차집합, 대칭 차집합 연산이 가능하다.

★ { }
{ }는 딕셔너리이다. 셋과 비슷하지
만 key가 없이 value만 존재한다.

▶ 예제 1 : 셋의 생성과 집합 연산

줄	Python 프로그램 소스 practice026.py
1	`a = { }`
2	`print(type(a))`
3	`a = set( )`
4	`print(type(a))`
5	`a.add(1)`
6	`a.add(2)`
7	`a.add(3)`
8	`a.add(2)`
9	`print(a)`
10	`b = {3, 4, 5}`
11	`print(b)`
12	`print(a | b)`
13	`print(a & b)`
14	`print(a - b)`
15	`print(a ^ b)`
16	`print(a.union(b))`
17	`print(a.intersection(b))`
18	`print(a.difference(b))`
19	`print(a.symmetric_difference(b))`
결과	〈class 'dict'〉 〈class 'set'〉 {1, 2, 3} {3, 4, 5} {1, 2, 3, 4, 5} {3} {1, 2} {1, 2, 4, 5} {1, 2, 3, 4, 5} {3} {1, 2} {1, 2, 4, 5}

▶ 예제 2 : 셋 함수

줄	Python 프로그램 소스 practice027.py
1	`travel = {'서울', '대전', '부산', '제주'}`
2	`print(travel)`
3	`print(travel)`
4	`print("제주" in travel)`
5	`print("춘천" in travel)`
6	`travel.add('제주')`
7	`travel.add('군산') # 요소 추가`
8	`print(travel)`
9	`travel.update(['강화', '전주']) # 리스트 추가`
10	`print(travel)`
11	`travel.remove('대전')`
12	`print(travel)`
13	`travel.clear( )`
14	`print(travel)`

결과	{'대전', '제주', '부산', '서울'} {'대전', '제주', '부산', '서울'} True False {'대전', '제주', '부산', '군산', '서울'} {'대전', '전주', '제주', '부산', '강화', '군산', '서울'} {'전주', '제주', '부산', '강화', '군산', '서울'} set( )

⑤ Python의 딕셔너리(Dictionary)

- 딕셔너리(Dictionary)는 순서가 없는 불변의 키(key)와 가변의 값(value)의 쌍으로 이루어진 객체들의 모임이다(아이템 → 키:값).
- 키는 고유하며 대소문자를 구별한다.
- 키를 호출하면 값을 리턴하는 구조를 가진다.
- Python Dictionary의 주요 함수

keys( )	key들을 모아놓은 리스트 반환
values( )	values들을 모아놓은 리스트 반환
items( )	쌍의 튜플을 모아놓은 리스트 반환
clear( )	모든 내용 삭제
get(key)	지정된 key의 value를 반환
has_key(key)	해당 key의 존재 여부 판단

▶ 예제 : 딕셔너리 함수

줄	Python 프로그램 소스 practice028.py
1	# 딕셔너리
2	country = {'대한민국' : '서울' , '중국' : '베이징' , '미국' : '워싱턴'}
3	print(country)
4	print(country.keys( ))
5	print(country.values( ))
6	print(country.items( ))
7	print(country.get('대한민국'))
8	country['대한민국'] = 'Seoul'
9	print(country.get('대한민국'))
10	country.clear( )
11	print(country)
12	del country
결과	{'대한민국': '서울', '중국': '베이징', '미국': '워싱턴'} dict_keys(['대한민국', '중국', '미국']) dict_values(['서울', '베이징', '워싱턴']) dict_items([('대한민국', '서울'), ('중국', '베이징'), ('미국', '워싱턴')]) 서울 Seoul { }

⑥ Python의 자료구조(Data Structure)

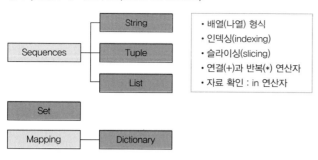

자료구조	중복	순서	변경 여부
리스트 [ ]	허용 O	있음	가변
튜플 ( )	허용 O	있음	불변
딕셔너리 {Key:Value}	KEY 중복 허용 X	없음	가변(키 불변)
집합 { }	허용 X	없음	가변

06 Python 표준 입 · 출력

① Python의 표준 입 · 출력

- 파이썬에서의 표준 입 · 출력은 콘솔(장치)을 이용하는 경우와 파일에 저장된 자료를 입 · 출력하는 경우에 이루어진다.
- 콘솔 입출력 = 파이썬 셀 이용
  - 표준 입력 : input( ) 함수를 통해 키보드의 입력값을 변수에 저장한다.
  - 표준 출력 : print( ) 함수를 통해 기억장치의 변수의 값을 콘솔에 출력한다.

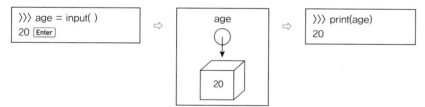

② Python의 표준 출력 : print( ) 함수

▶ 형식

```
print(value1, …, sep=' ', end='\n', file=sys.stdout, fluse=False)
```

  - value1, value2, … : 출력 대상이 되는 항목들(문자열 상수)
  - sep : 출력 대상들 사이의 구분자(기본은 하나의 공백)
  - end : 기본은 개행(줄 바꿈, '\n')
  - file : 출력 대상(기본은 콘솔 sys.stdout)
  - fluse : 출력 버퍼를 비우는 기능

▶ 방법

- 포맷팅(formatting) : 출력 서식 이용, %
- format( ) 함수 이용 1, { }
- format( ) 함수 이용 2, { }
- python3.6 이상 : f{"변수명"}

▶ 예제 1 2024년 2회

줄	Python 프로그램 소스 practice029.py
1	# print( ) 함수
2	print("C", "C++", "Java", "Python")
3	print("C" + "C++" + "Java" + "Python")
4	
5	# 방법 1 : % 포맷팅
6	print("저는 %d살입니다." % 20)
7	print("이름은 %s입니다." % "홍길동")
8	print("저의 이번 학기 학점은 %c입니다." % "A")
9	print("저는 %s와 %s을 잘합니다." % ("Java", "Python"))
10	# 방법 2 : format( ) 함수 1
11	print("저는 { }살입니다.".format(20))
12	print("저는 { }와 { }을 잘합니다.".format("Java", "Python"))
13	print("저는 {0}와 {1}을 잘합니다.".format("Java", "Python"))
14	print("저는 {1}와 {0}을 잘합니다.".format("Java", "Python"))
15	# 방법 3 : format( ) 함수 2
16	print("저는 {age}살이고, {language}을 잘합니다.".format(age=20, language="Python"))
17	print("저는 {age}살이고, {language}을 잘합니다.".format(language="Python", age=20))
18	# 방법 4 (Python3.6 이상) : {변수명}
19	age = 20
20	language = "Python"
21	print(f"저는 {age}살이고, {language}을 잘합니다.")
결과	C C++ Java Python CC++JavaPython 저는 20살입니다. 이름은 홍길동입니다. 저의 이번 학기 학점은 A입니다. 저는 Java와 Python을 잘합니다. 저는 20살입니다. 저는 Java와 Python을 잘합니다. 저는 Java와 Python을 잘합니다. 저는 Python와 Java을 잘합니다. 저는 20살이고, Python을 잘합니다. 저는 20살이고, Python을 잘합니다. 저는 20살이고, Python을 잘합니다.

▶ 예제 2 : 출력형식 지정문자

줄	Python 프로그램 소스 practice030.py
1	# 출력형식 지정문자
2	
3	# \n : 개행(줄 바꿈)
4	print("Java\nPython")
5	
6	# \t : 탭
7	print("Java\tPython")
8	
9	# \\ : 출력 문자열 내 \ 문자 출력
10	print("Java\\Python")
11	
12	# \"\" : 출력 문자열 내 큰따옴표(작은따옴표) 출력
13	print("\'Python\'")
14	print('\"Python\"')
결과	Java Python Java Python Java\Python 'Python' "Python"

③ Python의 표준 입력 : input( ) 함수

▶ 예제

줄	Python 프로그램 소스 practice030.py
1	# 표준 입력 : input( )
2	input( )
3	int(input( ))
4	
5	# 콘솔 입력 시 문자열로 입력됨 → 형 변환 필요
6	n1 = int(input("input n1 : "))
7	n2 = int(input("input n2 : "))
8	n3 = n1 + n2
9	print("{0} + {1} = {2}".format(n1, n2, n3))
결과	input n1 : 10 [Enter] input n2 : 20 [Enter] 10 + 20 = 30

07 Python 제어문

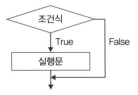

① Python의 조건 제어문(선택 제어)

- 파이썬의 조건 제어문에는 if문, if~else문, if~elif~else문이 있다. 조건식의 판단 결과는 논리 상수값인 True와 False 중 하나이다.

  - if문

```
if 조건식:
    실행문
```

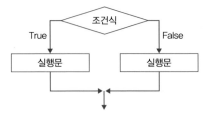

  - if~else문

```
if 조건식:
    True의 실행문
else:
    False의 실행문
```

  - if~elif~else문

```
if 조건식1:
    실행문1
elif 조건식2:
    실행문2
else :
    실행문3
```

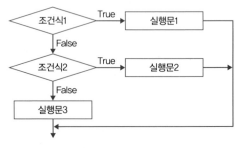

> **[F] 기적의 TIP**
>
> Python의 제어문의 학습은 C언어나 Java언어로 선택 제어와 반복 제어를 학습했던 개념을 가지고 Python의 문법만 확인하세요. 파이썬에서는 조건식에 소괄호를 감싸지 않으며, 조건식 끝에 콜론을 반드시 입력합니다. 블록의 경우는 중괄호 대신 들여쓰기를 통해 구분하니 이에 주의해야 처리결과를 정확히 파악할 수 있습니다.

▶ 예제 : if문, if~else문

줄	Python 프로그램 소스 practice031.py
1	# 조건문(선택 제어)
2	# if문
3	id = input("관리자 아이디 입력 : ")
4	if id == 'SYS':
5	print("관리자 로그인 성공!")
6	
7	# if ~ else문 : 짝홀수 판별
8	num = 13
9	if num%2 == 0:
10	print("짝수")
11	else:
12	print("홀수")
결과	관리자 아이디 입력 : SYS `Enter` 관리자 로그인 성공! 홀수

▶ 예제 : if~elif~else문

줄	Python 프로그램 소스 practice032.py
1	# 다중 if~else : if ~ elif ~ else
2	age = int(input("나이를 입력하시오 : "))
3	if 0 <= age <= 17:
4	result = "미성년"
5	elif 18 <= age <= 65:
6	result = "청년"
7	elif 66 <= age <= 79:
8	result = "중년"
9	elif 80 <= age <= 99:
10	result = "노년"
11	elif age >= 100:
12	result = "장수노인"
13	else:
14	result = "나이 입력 오류"
15	print("당신의 나이는 {0}이며, {1}입니다.".format(age, result))
결과	나이를 입력하시오 : 20 `Enter` 당신의 나이는 20이며, 청년입니다.

② Python의 반복 제어문

• 파이썬의 반복 제어문에는 while문과 for문이 있다.

　　－ while문

```
while 조건식:
    반복대상
    반복대상
else:
    False 명령문
```

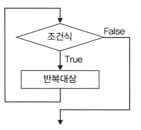

　　－ for문

```
for 변수 in 순서형 객체:
    반복대상
    반복대상
else:
    False 명령문
```

▶ 예제 : while문

줄	Python 프로그램 소스 practice033.py
1	# while문
2	# 정수 5개를 입력받아 합계 출력
3	total = 0
4	i = 1
5	while i <= 5:
6	num = int(input("{0}번째 정수 입력 : ".format(i)))
7	total += num
8	i += 1
9	print("합계 : %d" % total)
결과	1번째 정수 입력 : 1 [Enter] 2번째 정수 입력 : 3 [Enter] 3번째 정수 입력 : 2 [Enter] 4번째 정수 입력 : 4 [Enter] 5번째 정수 입력 : 10 [Enter] 합계 : 20

▶ 예제 : for문

줄	Python 프로그램 소스 practice034.py
1	# for문
2	# 60점 이상 합격생 구하기
3	
4	scores = [60, 50, 55, 65, 75, 100, 80]
5	pass_cnt = 0
6	for score in scores:
7	if score >= 60:
8	pass_cnt += 1
9	print("합격생은 전체 {0}명 중 {1}명입니다.".format(len(scores), pass_cnt))
결과	합격생은 전체 7명 중 5명입니다.

③ range( ) 함수 : 정수 시퀀스(순서형 객체) 생성

▶ 예제

줄	Python 프로그램 소스 practice035.py
1	# range( ) 함수
2	print(range(3))
3	print(list(range(3)))
4	
5	# range(start, stop, step)
6	a = list(range(5))
7	b = list(range(0,5))
8	c = list(range(0,5,1))
9	print(a)
10	print(b)
11	print(c)
결과	range(0, 3) [0, 1, 2] [0, 1, 2, 3, 4] [0, 1, 2, 3, 4] [0, 1, 2, 3, 4]

▶ 예제 : for문과 range( ) 함수

줄	Python 프로그램 소스 practice036.py
1	# 원하는 구구단 출력하기
2	num = int(input("출력을 원하는 단 ? "))
3	for i in range(1, 10, 1):
4	print("{0} * {1} = {2}".format(num, i, num*i))
결과	출력을 원하는 단 ? 7 [Enter] 7 * 1 = 7 7 * 2 = 14 7 * 3 = 21 7 * 4 = 28 7 * 5 = 35 7 * 6 = 42 7 * 7 = 49 7 * 8 = 56 7 * 9 = 63

▶ 예제 : 중첩 for문을 이용한 구구단(2단~9단)

줄	Python 프로그램 소스 practice037.py
1	`# 구구단(2단~9단)`
2	`for i in range(2,10):`
3	`    print("--- {0}단 ---".format(i))`
4	`    for j in range(1,10):`
5	`        print("%d * %d = %d" % (i, j, i*j))`

결과	`--- 2단 ---`
	`2 * 1 = 2`
	`2 * 2 = 4`
	`2 * 3 = 6`
	`2 * 4 = 8`
	`2 * 5 = 10`
	`2 * 6 = 12`
	`2 * 7 = 14`
	`2 * 8 = 16`
	`2 * 9 = 18`
	`--- 3단 ---`
	`3 * 1 = 3`
	`...`
	`9 * 8 = 72`
	`9 * 9 = 81`

④ 무한 Loop와 break

▶ 예제

줄	Python 프로그램 소스 practice038.py
1	`# 무한 LOOP와 break`
2	`# 정수를 계속해서 입력받아 짝수 리스트에 추가하여라.`
3	`# 입력 정수가 -1이면 무한 반복을 탈출한다.`
4	`even_list = list( )`
5	`while True:`
6	`    num = int(input("정수 입력(-1은 종료) : "))`
7	`    if num == -1:`
8	`        break`
9	`    if num%2 == 0:`
10	`        even_list.append(num)`
11	`print(even_list)`
결과	정수 입력(-1은 종료) : 1 [Enter] 정수 입력(-1은 종료) : 3 [Enter] 정수 입력(-1은 종료) : 5 [Enter] 정수 입력(-1은 종료) : 2 [Enter] 정수 입력(-1은 종료) : 4 [Enter] 정수 입력(-1은 종료) : -1 [Enter] [2, 4]

⑤ continue

▶ 예제

줄	Python 프로그램 소스 practice039.py

1
2
3
4
5
	``python
	# continue문 : 1~10까지의 정수 중 홀수만 출력
	for n in range(1, 11):
	    if n%2 == 0:
	        continue
	    print(n)
	``

결과	1 3 5 7 9

⑥ random( ) 함수 : 난수(무작위 수) 생성

▶ 예제

줄	Python 프로그램 소스 practice040.py

1
2
3
4
5
6
7
8
9
10
11
12
13
14
15
	``python
	# 난수 생성
	from * random import
	
	# 0.0~1.0 미만의 임의의 값 생성
	print(random( ))
	# 0.0~10.0 미만의 임의의 값 생성
	print(random( ) * 10)
	# 1~10 이하만의 임의의 값 생성
	print(int(random( ) * 10) + 1)
	# 1~45 이하의 임의의 값을 생성
	print(int(random( ) * 45) + 1)
	# 1~46 미만의 임의의 값 생성
	print(randrange(1, 45+1))
	# 1~45 이하의 임의의 값 생성
	print(randint(1, 45))
	``

결과	0.32187209020964413 6.57121325934826 10 18 22 13

08 Python 함수

① Python의 함수(Function)

- 함수란 여러 개의 실행문을 하나의 블록 단위로 묶은 모듈이다.
- 특정 작업을 수행하는 독립적인 프로그램 단위로 모듈화를 기본으로 한다.
- Python에서의 모듈은 별도의 파일(.py)로 존재하는 함수와 데이터를 의미한다.

② Python의 함수의 종류

기본 함수 (내장 함수, Built-in 함수)	Python 설치 시 기본으로 제공하는 함수 예 print( ), input( ), type( ), str( ), range( ) 등
외장 함수 (라이브러리 함수)	import문을 사용하여 외부의 라이브러리에서 제공하는 함수 예 Random, Time, Sys, Os 등
사용자 정의 함수	사용자가 프로그램 내의 필요한 기능을 직접 만든 함수

③ Python의 사용자 정의 함수

▶ 형식

```
def 함수명(매개변수1, 매개변수2, …):
       실행문
       실행문
       return 반환값
```

- 사용자 정의 함수는 함수 정의 후, 함수명을 통한 호출문을 통해 실행된다.
- 함수 본문에 return문이 생략된 함수는 None을 반환한다.
- 사용자 정의 함수의 4가지 유형

유형	매개변수(전달받은 값)	return문(반환하는 값)
유형1	X	X
유형2	X	O
유형3	O	X
유형4	O	O

▶ 예제

줄	Python 프로그램 소스 practice041.py
1	# 사용자 정의 함수 : 유형1
2	def hello( ):
3	print("안녕하세요!")
4	
5	# 사용자 정의 함수 : 유형2
6	def init_number( ):
7	return 1
8	

9	# 사용자 정의 함수 : 유형3
10	def set_name(name):
11	print("이름은 %s입니다." % name)
12	
13	# 사용자 정의 함수 : 유형4
14	def add(num1, num2):
15	return num1 + num2
16	
17	hello( )
18	print("초기화 : ", init_number( ))
19	set_name("강희영")
20	print("%d + %d = %d" % (3, 5, add(3, 5)))
결과	안녕하세요! 초기화 : 1 이름은 강희영입니다. 3 + 5 = 8

④ 매개변수(인수, 인자, Parameter, Argument) 2022년 1회

▶ 예제 1

줄	Python 프로그램 소스 practice042.py
1	# 매개변수 전달 : 직육면체의 부피
2	# 디폴트 매개변수(매개변수 기본값 설정)
3	
4	def volume(length=1, width=1, height=1):
5	return length*width*height
6	
7	print(volume(3, 4, 5))
8	print(volume(1, 1, 1))
9	print(volume(1, 1))
10	print(volume(1))
11	print(volume( ))
결과	60 1 1 1 1

▶ 예제 2

줄	Python 프로그램 소스 practice043.py
1	# 가변인수
2	# 전달된 정수들 중 최대값 구하기
3	def max_number(*num):
4	return max(num)
5	
6	print(max_number(10))
7	print(max_number(10, 33))
8	print(max_number(10, 33, 55))
결과	10 33 55

▶ 예제 3

줄	Python 프로그램 소스 practice044.py
1	# 가변인수
2	# 학생별 수강과목 출력
3	def complete(name, *courses):
4	print("{0}학생은 {1}를 이수하였습니다.".format(name, courses))
5	
6	complete("홍길동", "Java")
7	complete("김길동", "Java", "C")
8	complete("강길동", "Java", "C", "Python")
결과	홍길동학생은 ('Java')를 이수하였습니다. 김길동학생은 ('Java', 'C')를 이수하였습니다. 강길동학생은 ('Java', 'C', 'Python')를 이수하였습니다.

⑤ 여러 개의 return 값 반환

▶ 예제

줄	Python 프로그램 소스 practice045.py
1	# 여러 개의 결과값 반환
2	def calc(x, y):
3	add = x + y
4	sub = x - y
5	return add, sub
6	
7	i, j = calc(10, 3)
8	
9	print("덧셈 결과 : ", i)
10	print("뺄셈 결과 : ", j)
결과	덧셈 결과: 13 뺄셈 결과: 7

01 다음은 1부터 10까지의 짝수의 합계를 출력하는 C 프로그램이다. 빈칸 ___〈?〉___ 에 들어갈 표현을 쓰시오.

```
#include <stdio.h>
void main( )
{
    int A =0;
    int SUM = 0;
    do {
        A = A + 1;
        if(A%2  <?>  ) {
            SUM += A;
        }
    } while(A<=10);
    printf("%d\n", SUM);
}
```

• 답 :

02 다음은 배열 A의 최솟값과 최댓값을 구하는 C프로그램이다. 빈칸 ①～②에 들어갈 가장 적절한 표현을 쓰시오.

```
#include <stdio.h>
void main( )
{
    int A[5] = { 70, 60, 55, 90, 85 };
    int min = 99;
    int max = 0;
    int i;
    for(i = 0; i < 5; i++) {
        if(min   ①   ) min = A[i];
        if(max   ②   ) max = A[i];
    }
    printf("최솟값 : %d\n", min);
    printf("최댓값 : %d\n", max);
}
```

- ① :
- ② :

03 다음은 배열 A의 요소 중에 2의 배수이면서 3의 배수에 해당하는 요소의 개수를 구하는 C프로그램이다. 빈칸 〈?〉 에 들어갈 표현을 쓰시오.

```
#include <stdio.h>
void main( )
{
    int A[10] = {7, 6, 5, 12, 3, 2, 15, 77, 18, 10};
    int cnt = 0;
    int i;
    for(i = 0; i < 10; i++) {
        if(A[i]%2 == 0  <?>  A[i]%3 == 0)
            cnt++;
    }
    printf("%d\n", cnt);
}
```

- 답 :

04 다음 Java 프로그램은 일요일부터 토요일까지 요일명을 차례대로 나열하도록 구현되어 있다. 다음 빈 칸 〈?〉 에 들어갈 표현을 쓰시오.

```java
public class Test {
    public static void main(String[ ] args) {
        String week[ ] = { "일", "월", "화", "수", "목", "금", "토" };
        <?>   week)
            System.out.print(w +"요일");
        }
    }
}
```

• 답 :

05 다음 Java 언어로 구현된 프로그램을 분석하여 그 실행 결과를 쓰시오.

```java
public class Test {
    public static void main(String[ ] args) {
        int[ ] n = {1, 2, 3, 4, 5};
        int sum=0;

        for(int k : n){
            sum += k;
            if (k != n.length)
                System.out.print(k + "+");
            else
                System.out.print(k + "=");
        }
        System.out.println(sum);
    }
}
```

• 답 :

06 다음 Java 프로그램은 1부터 5까지의 합을 구하도록 구현되어 있다. 다음 빈칸 __〈?〉__ 에 들어갈 표현을 쓰시오.

```java
public class Test {
    public static int sum(int x[ ]) {
        int n, s=0;
        for(n=0 ;  __<?>__  ; n++)
                s += x[n];
        return s;
    }
    public static void main(String[ ] args) {
        int a[ ] = {1, 2, 3, 4, 5};
        System.out.println(sum(a));
    }
}
```

• 답 :

07 다음 Java 프로그램은 1부터 5까지의 합을 구하도록 구현되어 있다. 다음 빈칸 __〈?〉__ 에 들어갈 공통적인 표현을 쓰시오.

```java
public class Test {
    public static void main(String[ ] args) {
        int[ ] n = {1, 2, 3, 4, 5};
        int sum=0;
        for(int i=0 ; i < __<?>__ ; i++){
                    sum += n[i];
                    if ( i != __<?>__ - 1)
                            System.out.print(n[i] + "+");
                    else
                            System.out.print(n[i] + "=");
        }
        System.out.println(sum);
    }
}
```

• 답 :

08 다음 Java 프로그램은 3개 학년의 국어 점수와 영어 점수를 2차원 배열 score에 저장하여 처리하도록 구현되어 있다. 프로그램을 분석하여 그 실행 결과를 쓰시오.

```
public class Test {
      public static void main(String[ ] args) {
            double score[ ][ ] = { {80, 90}, {70, 80}, {60, 100} };
            double sum = 0;
            for (int year=0 ; year < score.length ; year++) {
                  for (int s=0; s < score[year].length ; s++) {
                              sum += score[year][s];
                  }
            }
            int row = score.length;
            int col = score[0].length;
            System.out.println(sum/(row*col));
      }
}
```

• 답 :

09 다음 Java 프로그램은 문자열 String이 보관하는 내용 중에서 문자 'a'가 포함되어 있는 개수를 출력하도록 구현되어 있다. 다음 ①~②에 들어갈 표현을 각각 쓰시오.

```
public class Test {
      public static void main(String[ ] args) {
            String text = "Love is a variety of different feelings, states, and"
            + "attitudes that ranges from interpersonal affection to pleasure.";
             int cnt = 0;
             for(int i=0 ; i <    ①    ; i++)
                      if (    ②    == 'a') cnt++;
              System.out.println("a문자 : "+ cnt);
      }
}
```

• ① :
• ② :

10 다음 Java언어로 구현된 프로그램을 분석하여 그 실행 결과를 쓰시오.

```java
public class Test {

    public static int decrement(int n) {
        n = n - 1;
        return n;
    }
    public static void main(String[ ] args) {
        int num = 10;
        num = decrement(num);
        System.out.println(num);
    }

}
```

• 답 :

11 다음 Java언어로 구현된 프로그램을 분석하여 그 실행 결과를 쓰시오.

```
public class Test {

    public static int fun1(int n) {
      return fun2(n+1);
    }
    public static int fun2(int n) {
      return fun3(n+2);
    }
    public static int fun3(int n) {
      return n+3;
        }
    public static void main(String[ ] args) {
      int num = 10;
      num = fun1(num);
      System.out.println(num);
    }

}
```

• 답 :

12 다음 C언어로 구현된 프로그램을 분석하여 그 실행 결과를 쓰시오.

```c
#include <stdio.h>
void main( )
{
    int a = 7;
    int b = 4;
    int x = a & b;
    int y = a | b;
    int z = a ^ b;
    printf("x : %d\n", x);
    printf("y : %d\n", y);
    printf("z : %d\n", z);
}
```

• 답 :

13 다음 C++언어와 관련된 설명에서 빈칸 ①~②에 적합한 용어를 쓰시오.

C++언어에서 객체는 객체의 현재 상태를 나타내는 값이다. 따라서 객체가 처음 만들어졌을 때 객체의 초기 상태를 적절히 지정해 두는 것이 바람직하다. 이러한 목적으로 사용할 수 있는 것이 (①   )(이)다. (①   )(은)는 객체가 생성될 때 수행할 작업을 정의하는 특수한 멤버 함수로, 객체를 생성하면 자동으로 호출된다. 대부분 (①   )(이)가 하는 주요 작업은 멤버 함수에 적절한 초깃값을 할당하는 것이다. 이와는 반대로 C++언어에는 객체가 소멸될 때 자동으로 실행되는 멤버 함수로 (②   )(이)가 있다. (②   )(은)는 객체의 소멸에 따라 필요한 제반 처리를 하기 위한 용도로 사용되는 멤버 함수이다.

• ① :
• ② :

14 다음 Java코드에서 에러가 발생하는 부분의 기호를 쓰시오.

```java
class Super {
    int x = 10;
    int y = 20;
    public void add( ) {
        System.out.printf("%d + %d = %d\n", x, y, x+y);
    }
}

class Sub extends Super {
    int z = 30;
    public void add( ) {
        System.out.printf("%d + %d + %d = %d\n", x, y, z, x+y+z);
    }
}

public class Exam {
    public static void main(String[ ] args) {
        Super a = new Super( );        // ㉠
        Sub b = new Sub( );            // ㉡
        Super c = new Sub( );          // ㉢
        Sub d = new Super( );          // ㉣
    }
}
```

• 답 :

15 다음 객체지향 프로그래밍과 관련된 개념의 설명에 해당하는 빈칸 ①~②에 알맞은 용어를 쓰시오.

프로그래밍 언어에서 추상화된 그룹과 추상화되지 않은 하위 그룹 간에는 부모–자식의 계층적 관계가 존재하는데, (①)(은)는 상위 레벨 그룹의 모든 특성을 하위 레벨 그룹이 이어받는 것을 의미하며, (②)(이)란 하위 레벨 그룹이 상위 레벨 그룹의 추상적인 부분을 구현시키는 것을 의미한다.

• ① :
• ② :

16 다음은 1부터 10까지의 정수를 출력하는 Python언어로 구현된 프로그램이다. 밑줄 ①~②에 들어갈 적합한 표현을 쓰시오.

〈출력 결과〉

```
1 2 3 4 5 6 7 8 9 10
```

```
for x in range(   ①   ,   ②   ):
    print(x, end = ' ')
```

- ① :
- ② :

17 다음은 원하는 구구단을 출력하는 Python언어로 구현된 프로그램이다. 밑줄 ①~②에 들어갈 적합한 표현을 쓰시오.

〈출력 결과〉

```
출력할 단은 몇 단인가요? 7 [Enter]
7 * 1 = 7
7 * 2 = 14
7 * 3 = 21
7 * 4 = 28
7 * 5 = 35
7 * 6 = 42
7 * 7 = 49
7 * 8 = 56
7 * 9 = 63
```

```
base = int(   ①   ('출력할 단은 몇 단인가요? '))
for i in   ②   (1, 10):
    print(base, ' * ', i, ' = ', base*i)
```

- ① :
- ② :

18 다음의 〈출력 결과〉와 같이 출력하도록 Python언어로 구현된 프로그램의 밑줄에 들어갈 적합한 표현을 쓰시오.

〈출력 결과〉

```
5
8.64
(4+6j)
abcdef
```

```
_____
    return a + b

print(add(2,3))
print(add(3.14, 5.5))
print(add(1+2j, 3+4j))
print(add("abc", "def"))
```

• 답 :

19 다음은 Python언어로 작성된 프로그램이다. 이를 실행한 결과를 쓰시오.

```
a = 12
b = 0o14
c = 0xC
d = 0b1100
print(a, b, c, d)
```

• 답 :

20 다음 Python언어로 구현된 문자열 연산의 실행 결과 중 빈칸 ①~③에 들어갈 결과를 쓰시오.

```python
strings = 'Life is too short'
print(strings)
print(len(strings)) # string length
print(strings[0]) # indexing
print(strings[3]) # indexing
print(strings[16]) # indexing
print(strings[-1]) # indexing

print(strings[0:3]) # slicing
print(strings[1:3]) # slicing
print(strings[:]) # slicing
print(strings[:-1]) # slicing

str1 = 'Life is too short'
str2 = ', You need Python.'
str3 = str1 + str2 # concatenation
print(str3)
str4 = str3 * 2 # repetition
print(str4)
print(',' in str3) # member check
print('!' in str3) # member check
```

〈출력 결과〉

```
Life is too short
17
L
    ①
t
t
Lif
    ②
Life is too short
Life is too shor
Life is too short, You need Python.
Life is too short, You need Python.Life is too short, You need Python.
    ③
False
```

- ① :
- ② :
- ③ :

21 다음의 〈출력 결과〉와 같이 출력하도록 Python언어로 구현된 프로그램의 밑줄에 들어갈 적합한 표현을 쓰시오.

〈출력 결과〉

```
5 4 2
```

```
_____ random
min = 1
max = 6
i = 0
while i < 3:
  num = random.randint(min, max)
  print(num, end = ' ')
  i = i + 1
```

• 답 :

22 다음에 제시된 Python프로그램이 〈출력 결과〉와 같이 결과를 출력해주고 있다. Python프로그램의 밑줄 〈?〉 에 들어갈 Python 표현을 대소문자를 구별하여 쓰시오.

〈출력 결과〉

```
결과 : a
결과 : b
결과 : c
```

```
for a   <?>   ['A', 'B', 'C']:
    b = a.lower( )
    print("결과 : ", b)
```

• 답 :

23 다음은 Python언어로 작성된 프로그램이다. 이를 실행한 결과를 쓰시오.

```
total = 0

for i in range(1, 11):
    total += i

print (total)
```

• 답 :

24 다음은 Python언어로 작성된 프로그램이다. 이를 실행한 결과를 쓰시오.

```
alphabet = ['A', 'B', 'C']
for a in alphabet[::-1]:
    print(a)
```

• 답 :

25 다음에 제시된 Python프로그램이 〈출력 결과〉와 같이 결과를 출력해주고 있다. Python프로그램의 밑줄 〈?〉 에 들어갈 Python 표현을 대소문자를 구별하여 쓰시오.

〈출력 결과〉

```
{'email': 'abc@hrdk.org', 'age': '20', 'name': '홍길동'}
홍길동
20
길이 : 3
```

```
members = { 'name':'홍길동', 'age':'20', 'email':'abc@hrdk.org' }
print(members)
print(members['name'])
print(members['age'])
print('길이 : %d' %  <?>  (members))
```

• 답 :

26 다음은 Python언어로 작성된 프로그램이다. 이를 실행한 결과를 쓰시오.

```
a = list(range(1,10,2))
a.append(a[2])
a.append(a[4])
a.remove(a[1])
a.remove(a[3])
for i in a:
    print(i, end = ' ')
```

• 답 :

27 다음은 Python언어로 작성된 프로그램이다. 이를 실행한 결과를 쓰시오.

```
url = 'http://hrdkorea.or.kr'
url_split = url.split('.')
print(url_split[-1])
```

• 답 :

28 다음은 Python언어로 작성된 프로그램이다. 이를 실행한 결과를 쓰시오.

```
email = 'pAss@hrdkorea.or.kr'
email = email.lower( )
id = email.split('@')[0]
print(id)
```

• 답 :

29 다음은 Python언어로 작성된 프로그램이다. 이를 실행한 결과를 쓰시오.

```
emails = [ ]
emails.append('pAss@hrdkorea.or.kr')
emails.append('Dumok@abcd.com')
emails.append('a135@xyz.net')

id = list( )
for email in emails:
    email = email.lower( )
    id.append(email.split('@')[0])

print(id)
```

• 답 :

30 다음은 Python언어로 작성된 프로그램이다. 이를 실행한 결과를 쓰시오.

```
nums = [11, 12, 13, 14, 15, 16, 17, 18, 19, 20]
print(nums[::2])
print(nums[1::2])
```

• 답 :

31 다음은 Python언어로 작성된 프로그램이다. 이를 실행한 결과를 쓰시오.

```
def print_reverse(string):
     print(string[::-1].upper( ))

print_reverse('python')
```

• 답 :

32 다음에 제시된 Python프로그램이 〈처리결과〉와 같이 결과를 출력해주고 있다. Python프로그램의 밑
줄 _〈?〉_ 에 들어갈 Python 표현을 대소문자를 구별하여 쓰시오.

〈출력 결과〉

```
[2, 4, 6]
```

```
def func(items):
    result = [ ]
    for item in items:
      if __<?>__ == 0:
          result.append(item)
    return result

print(func([9, 2, 5, 4, 1, 6]))
```

• 답 :

33 다음은 Python언어로 작성된 프로그램이다. 이를 실행한 결과를 쓰시오.

```python
def test1(num) :
    return num + 3

def test2(num) :
    num = num + 1
    return test1(num)

result = test2(10)
print(result)
```

• 답 :

34 다음은 Python언어로 작성된 프로그램이다. 이를 실행한 결과를 쓰시오.

```python
fruits = {"banana": [500, 20],
          "apple": [1000, 10],
          "kiwi": [250, 5]}

price_amount = fruits.values( )
payment = 0
for p in price_amount:
    payment += p[0] * p[1]

print('지불금액 : %d원' % payment)
```

• 답 :

35 다음은 Python언어로 작성된 프로그램으로, 이를 실행하면 에러가 발생한다. 에러가 발생하는 위치의 기호를 쓰시오.

```python
student = {'김철수', '강철수', '박철수'}
student.add('강철수')    # ㉠
student.update(['정철수', '이철수']) # ㉡
student.remove('강철수') # ㉢
student.append('최철수') # ㉣
print(student)
```

• 답 :

응용 SW 기초 기술 활용

파트 소개

응용 소프트웨어 개발을 위하여 운영체제, 데이터베이스, 네트워크 기초 기술을 적용하고 응용 개발에 필요한 환경을 구축할 수 있다.

CHAPTER 01

운영체제 기초
활용하기

학습 방향

1. 운영체제의 특징을 파악할 수 있다.
2. 운영체제의 기본 명령어를 활용하여 실무 작업을 처리할 수 있다.
3. 운영체제의 핵심기능을 파악하여 실무 작업을 수행할 수 있다.

출제빈도

SECTION 01	중	20%
SECTION 02	중	20%
SECTION 03	하	5%
SECTION 04	하	5%
SECTION 05	중	25%
SECTION 06	중	25%

운영체제의 개요

빈출 태그 운영체제 • 운영체제의 운영 방식

🅱 기적의 TIP

이번 Section은 여러분이 정보처리기사 필기시험을 대비하기 위해 학습했던 운영체제의 핵심 용어를 정리하는 것만으로도 충분합니다. 차분히 운영체제의 목적과 운영 방식을 정리하세요.

★ **시스템 소프트웨어**
시스템 전체를 작동시키는 프로그램으로 대표적으로 OS가 있으며 그 외에는 언어 번역 프로그램, 매크로 프로세서, 라이브러리, 로더 등이 있다.

★ **Android(안드로이드)**
2007년 휴대전화를 비롯한 휴대용 장치를 위해 구글(Google)이 공개한 리눅스 커널 기반의 개방형 모바일 운영체제이다. 자바와 코틀린 언어로 앱을 작성할 수 있으며 폐쇄적으로 운영 중인 iOS 체제와 달리 운영체제를 공개하고 있어 휴대폰 제조업체와 이동통신사 등을 채택할 수 있다.

01 운영체제의 개념 2020년 1회

- 운영체제(OS, Operating System)는 컴퓨터 사용자와 컴퓨터 하드웨어 간의 인터페이스로서 동작하는 시스템 소프트웨어의 일종이다.
- 컴퓨터를 편리하게 사용하고 컴퓨터 하드웨어를 효율적으로 사용할 수 있게 한다.
- 운영체제는 스스로 어떤 유용한 기능도 수행하지 않고 다른 응용 프로그램이 유용한 작업을 할 수 있도록 환경을 마련해 준다.
- 사용자와 컴퓨터 간의 인터페이스로 동작하는 시스템 소프트웨어★이다.
- 운영체제의 종류로는 MS-DOS, Windows XP/Vista/7/8/10, LINUX, UNIX, MacOS, OS/2, iOS, Android★ 등이 있다.

▲ 운영체제

02 운영체제의 목적(= 운영체제의 성능 평가 항목)

처리 능력(Throughput) 향상	• 주어진 시간 내에 처리되는 작업의 양을 의미한다. • 작업량이 많을수록 운영체제의 성능이 좋은 것이다.
응답 시간(Turnaround Time) 감소	• 컴퓨터에 명령을 지시한 뒤 그 결과가 출력되는 시간을 의미한다. • 응답시간이 짧을수록 운영체제의 성능이 좋은 것이다.
신뢰성(Reliability) 향상	주어진 작업에 대해서 얼마나 오류 없이 처리하는지에 대한 것이다.
사용 가능도(Availability) 향상	시스템 운영 시간 중 얼마나 많은 시간을 사용 가능한지에 대한 것이다.

03 운영체제의 기능

- 사용자와 컴퓨터 시스템 간의 인터페이스를 제공한다.
- 프로세서, 기억장치, 입출력장치, 파일 및 정보 등의 자원을 관리한다.
- 입출력에 대한 보조 기능을 제공한다.
- 시스템의 오류를 검사하고 복구하여 시스템을 보호한다.
- 메모리 상태 관리, 사용자 간의 자원 공유 등의 기능을 한다.

04 운영체제의 운영 방식

 기적의 TIP

운영체제의 발달 과정
일괄 처리 시스템 → 다중 프로그래밍, 시분할 다중 처리, 실시간 시스템 → 다중 모드 시스템 → 분산 처리 시스템

① 일괄 처리 시스템(Batch Processing System)
- 시대적으로 가장 먼저 생겨난 형태로 한정된 시간 제약조건에서 자료를 분석하여 처리하는 시스템이다.
- 유사한 성격의 작업을 한꺼번에 모아서 처리하는 방식으로 오프라인 시스템에서 사용하며 적절한 작업 제어 언어(JCL)를 제공한다.
- 예 수도요금 계산 업무, 월급 계산 업무, 연말 결산 업무 등

② 다중 프로그래밍 시스템(Multi-Programming System)
- 하나의 컴퓨터 시스템에서 여러 프로그램들이 같이 컴퓨터 시스템에 입력되어 주기억장치에 적재되고, 이들이 처리장치를 번갈아 사용하며 실행하도록 하는 시스템이다.
- 처리량을 극대화시킨다.

③ 시분할 시스템(Time Sharing System)
- 하나의 컴퓨터를 여러 개의 단말기가 공동으로 사용하도록 하는 시스템이다.
- 사용자 관점에서 프로세서를 일정한 시간 주기로 번갈아 점유하는 것을 말한다.
- 프로세서가 여러 사용자 프로그램을 처리함에도 불구하고 사용자는 자신의 것만을 처리하는 것으로 느낀다.
- 실시간(Real Time) 응답이 요구되며 CPU가 Multi-Programming하는 것을 가능하게 한다.
- 단말기 사용자를 위한 대화형 처리를 위하여 개발되었다.

④ 다중 처리 시스템(Multi-Processing System)
- 여러 개의 CPU와 한 개의 주기억장치로 여러 프로그램을 동시에 처리하는 시스템이다.

⑤ 실시간 처리 시스템(Real Time Processing System)
- 처리해야 할 작업이 발생한 시점에서 즉각적으로 처리하여 그 결과를 얻어내는 시스템으로 정해진 시간에 반드시 수행되어야 하는 작업들을 처리하기에 가장 적합하다.
- 예 항공기 예약 업무, 은행 창구 업무, 조회 및 질의 업무 등

⑥ 다중 모드 시스템(Multi-Mode System)
- 일괄 처리 시스템, 시분할 시스템, 다중 처리 시스템, 실시간 처리 시스템을 한 시스템에서 모두 제공하는 시스템이다.

⑦ 분산 처리 시스템(Distributed Processing System)
- 여러 대의 컴퓨터들에 의해 작업들을 나누어 처리하여 그 내용이나 결과를 통신망을 이용하여 상호 교환되도록 연결되어 있는 시스템이다.

01 다음 〈보기〉의 운영체제 운영 방식을 발달 순서에 맞게 골라 쓰시오.

〈보기〉

> 일괄 처리, 다중 모드, 분산 처리, 시분할

• 답 :　　　　　　→　　　　　　→　　　　　　→

02 다음 〈보기〉에서 운영체제의 성능 평가 기준을 골라 쓰시오.

〈보기〉

> Throughput, Reliability, Integrity, Turnaround Time

• 답 :

03 다음에서 공통으로 설명하는 운영체제 운영 방식을 쓰시오.

> • 하나의 컴퓨터를 여러 개의 단말기가 공동으로 사용하도록 하는 시스템이다.
> • 사용자 관점에서 프로세서를 일정한 시간 주기로 번갈아 점유하는 것을 말한다.
> • 프로세서가 여러 사용자 프로그램을 처리함에도 불구하고 사용자는 자신의 것만을 처리하는 것으로 느낀다.
> • 실시간(Real Time) 응답이 요구되며 CPU가 Multi-Programming하는 것을 가능하게 한다.
> • 단말기 사용자를 위한 대화형 처리를 위하여 개발되었다.

• 답 :

ANSWER　**01** 일괄 처리 → 시분할 → 다중 모드 → 분산 처리
　　　　　02 Throughput, Reliability, Turnaround Time
　　　　　03 시분할 시스템 또는 Time Sharing System

주 메모리 관리

빈출 태그 메모리 계층도・반입/배치/교체 전략・내부/외부 단편화・통합/압축

01 기억장치의 분류

- 기억장치(Memory)는 중앙처리장치(CPU)가 작업을 수행하기 위해서 프로그램이나 데이터 등을 일시적으로 또는 영구히 저장하는 장치를 통틀어 지칭한다.
- 하드디스크와 같은 보조기억장치는 대용량의 데이터를 저장하고 있다가 주기억장치로 데이터를 전송하며, CPU의 레지스터는 주기억장치 또는 캐시 기억장치로부터 데이터를 읽어 들인다.

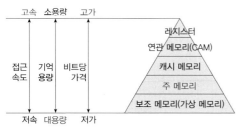

▲ 메모리 계층도

02 기억장치의 특징

① 주 메모리(Main Memory, 주기억장치)
- CPU가 직접 접근하여 처리할 수 있는 기억장치로 현재 수행 중인 프로그램 및 데이터를 저장한다.
- 반도체 메모리로 ROM과 RAM으로 구성되어 있다.

② 캐시 메모리(Cache Memory)
주기억장치와 CPU의 속도 차이를 줄여 처리의 효율을 높이기 위한 목적으로 사용된다.

③ 연관 메모리(Associative Memory)
저장된 내용을 이용해 접근하는 기억장치로, CAM(Content Addressable Memory)이라고도 한다.

④ 보조 메모리(secondary memory)
- 주기억장치의 부족한 용량 문제를 해결하기 위해 외부에 설치된 대용량 기억장치이다.
- 주기억장치에 비해 접근 속도가 느리다.
- 전원이 차단되어도 내용이 그대로 유지된다.

> **기적의 TIP**
>
> 주 메모리 관리를 위해서는 메모리의 분류와 메모리 계층도상 해당 메모리의 위치에 접근하는 속도, 기억 용량, 가격 등의 상대적인 특징을 잘 알고 있는 것이 중요합니다. 더불어 실기시험에서도 메모리와 관련된 문제는 용어 문제로 출제가 될 가능성이 높습니다. 메모리의 특징에 대해 정확하게 기억해 두세요.

⑤ 가상 메모리(Virtual Memory)
- 주기억장치의 부족한 용량을 해결하기 위해 보조기억장치를 주기억장치처럼 사용하는 기법이다.
- 가상 메모리의 구현 기법으로는 페이징(Paging) 기법과 세그먼테이션(Segmentation) 기법이 있다.

03 기억장치의 관리 전략

① 반입(Fetch) 전략 : When
- 프로그램/데이터를 주기억장치로 가져오는 시기를 결정하는 전략이다.
- 종류 : 요구 반입, 예상 반입

② 배치(Placement) 전략 : Where
- 프로그램/데이터의 주기억장치 내의 위치를 정하는 전략이다.
- 종류 : 최초 적합(First Fit), 최적 적합(Best Fit), 최악 적합(Worst Fit)

③ 교체(Replacement) 전략 : Who/What
- 주기억장치 내의 빈 공간 확보를 위해 제거할 프로그램/데이터를 선택하는 전략이다.
- 주기억장치의 모든 페이지 프레임이 사용 중일 때 어떤 페이지 프레임을 교체할 것인가를 결정하는 전략으로 가상기억장치의 페이징 시스템에서 함께 사용되는 전략이다.
- 종류 : FIFO, OPT, LRU, LFU, NUR, SCR 등

04 배치(Placement) 전략

최초 적합(First Fit)	적재 가능한 공간 중에서 첫 번째 공간에 배치하는 방식이다.
최적 적합(Best Fit)	단편화 공간이 가장 작게 발생하는 공간에 배치하는 방식이다.
최악 적합(Worst Fit)	단편화 공간이 가장 크게 발생하는 공간에 배치하는 방식이다.

25K 요구	25K 요구	25K 요구
OS	OS	OS
33K	33K	33K
사용 중	사용 중	사용 중
25K	25K	25K
사용 중	사용 중	사용 중
15K	15K	15K
사용 중	사용 중	사용 중
40K	40K	40K
최초 적합	최적 적합	최악 적합

05 단편화

① 단편화(Fragmentation)

- 주기억장치상에서 빈번히게 기억 장소가 할당되고 반납됨에 따라 기억장소들이 조각들로 나누어지는 현상이다.
- 종류 : 내부 단편화(Internal Fragmentation), 외부 단편화(External Fragmentation)★
  - 내부 단편화 : 분할된 영역이 할당 작업보다 큰 상황에서 할당된 후 남게 되는 빈 조각 공간이 발생하는 현상을 말한다.
  - 외부 단편화 : 분할된 영역이 할당 작업보다 작은 상황에서 할당이 불가능하게 되어 남게 되는 공간이 발생하는 현상을 말한다.

★ 내부 단편화와 외부 단편화
- **내부 단편화** :
  분할 영역 >= 할당 작업
- **외부 단편화** :
  분할 영역 < 할당 작업

예 60K의 사용자 공간이 아래와 같이 분할되어 있다고 가정할 때 24K, 14K, 12K, 6K의 작업을 최적 적합 전략으로 각각 기억 공간에 들어온 순서대로 할당할 경우 생기는 총 내부 단편화와 외부 단편화의 크기를 구하시오.

OS
25K
15K
10K
10K

〈결과〉
- 내부 단편화 : 6K
- 외부 단편화 : 10K

〈풀이〉

- **내부 단편화**

할당	단편화
24K	1K
14K	1K
6K	4K
합계	6K

- **외부 단편화**

할당	단편화
10K	10K
합계	10K

- 내부 단편화는 분할된 공간에 작업이 할당된 후, 발생되는 분할 공간이므로 할당 성공한 작업 3개에 대한 (25−24) + (15−14) + (10−6) = 6K이다.
- 외부 단편화의 경우는 할당되지 못하고 남는 공간이므로 10K이다.

② 단편화 해결 방법

- 분할된 주기억장치의 공간을 재사용할 수 있도록 하나로 모아 사용 가능한 공간으로 만드는 기법이다.
- 종류
  - 통합(Coalescing) : 인접한 낭비 공간들을 모아서 하나의 큰 기억 공간을 만드는 작업이다.
  - 압축(Compaction) : 서로 떨어져 있는 공백을 모아서 하나의 큰 기억 공간을 만드는 작업이다. 가비지 컬렉션(쓰레기 수집, Garbage Collection)이라고도 한다.

예 사용자 공간이 아래와 같이 단편화되어 있다고 가정할 때 통합 방법과 압축 방법을 통해 만든 사용 가능한 공간의 크기를 구하시오.

OS
사용 중
15K
사용 중
15K
45K

〈결과〉
- 통합 : 60K
- 압축 : 75K

〈풀이〉

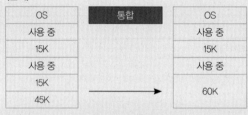

- 통합의 경우, 인접한 단편화 공간을 병합하여 사용 가능한 공간을 만들게 되므로 15K + 45K = 60K이다.

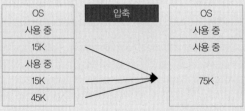

- 압축의 경우, 단편화되어 있는 공간 전체를 합하여 하나의 공간을 만들게 되므로 15K + 15K + 45K = 75K이다.

01 다음 주기억장치 관리 전략에 대한 명칭과 그 설명을 바르게 연결하시오.

가. 반입 전략 •

나. 배치 전략 •

다. 교체 전략 •

• A. 주기억장치 내의 빈 공간 확보를 위해 제거할 프로그램/데이터를 선택하는 전략

• B. 프로그램/데이터의 주기억장치 내의 위치를 정하는 전략

• C. 프로그램/데이터를 주기억장치로 가져오는 시기를 결성하는 선략

02 다음 〈보기〉에서 주기억장치 배치 전략에 해당되는 것을 골라 쓰시오.

〈보기〉

Best-fit, Last fit, Worst-fit, First-fit

• 답 :

03 다음 빈칸에서 설명하는 공통된 용어를 쓰시오.

( )(은)는 주기억장치상에서 빈번하게 기억 장소가 할당되고 반납됨에 따라 기억장소들이 조각들로 나누어지는 현상이다. 종류에는 내부 ( )(와)과 외부 ( )(이)가 있으며, ( )의 해결하기 위해서는 분할된 주기억장치의 공간을 재사용할 수 있도록 하나로 모아 사용 가능한 공간으로 만드는 통합과 압축의 방법을 사용한다.

• 답 :

가상 메모리 관리

빈출 태그 페이징 • 세그먼테이션 • 페이지 교체 알고리즘 • 구역성 • 스래싱

❶ 가상 메모리

- 가상기억장치(Virtual Memory)는 보조기억장치의 일부를 주기억장치처럼 사용하는 것으로, 주기억장치보다 용량이 큰 프로그램을 처리하기 위해 용량이 작은 주기억장치를 마치 큰 용량을 가진 것처럼 사용하는 기법이다.
- 가상기억장치에 저장된 프로그램을 실행하기 위해서 가상기억장치의 주소를 주기억장치의 주소로 변환하는 주소 변환(매핑, Mapping) 작업이 필요하다.
- 가상기억장치를 구현함으로써 주기억장치의 이용률과 다중 프로그래밍 정도를 높일 수 있다.
- 종류에는 페이징 기법과 세그먼테이션 기법이 있다.

① 페이징(Paging) 기법
- 가상기억장치에 보관된 프로그램과 주기억장치의 영역을 동일한 크기로 나눈 후, 나눠진 프로그램(페이지, Page)을 동일하게 나눠진 주기억장치의 영역(Page Frame)에 적재시켜 실행하는 기법★이다.

★ 페이징 기법에서의 분할 단위
- 주기억장치 : 프레임(Frame)
- 가상기억장치 : 페이지(Page)

- 가상기억장치에서 주기억장치로 주소를 조정하는 매핑(Mapping)을 위해 페이지의 위치 정보를 가진 페이지 맵 테이블(Page Map Table)이 필요하다.
- 외부 단편화는 발생하지 않으나 내부 단편화가 발생할 수 있다.
- 페이지의 크기가 클수록 페이지 맵 테이블의 크기가 작아지고, 단편화가 증가하고, 디스크 접근 횟수가 감소하며, 전체 입출력 시간이 감소한다.
- 페이지의 크기가 작을수록 페이지 맵 테이블의 크기가 커지고, 단편화가 감소하고, 디스크 접근 횟수가 증가하며, 전체 입출력 시간이 증가한다.

② 세그먼테이션(Segmentation) 기법
- 가상기억장치에 보관된 프로그램을 다양한 크기의 논리적인 단위(세그먼트, Segment)로 나눈 후 주기억장치에 적재시켜 실행시키는 기법이다.
- 매핑을 위해 세그먼트의 위치 정보를 가진 세그먼트 맵 테이블(Segment Map Table)이 필요하다.
- 외부 단편화가 발생할 수 있다.

02 매핑 테이블

- 매핑(mapping, 사상) 작업은 논리적 주소와 물리적 주소를 연결하는 과정이다.
- 하드웨어 장치인 MMU(Memory Management Unit, 메모리 관리장치)에 의해 실행되며, 이때 논리적 주소와 물리적 주소의 매핑 정보를 매핑 테이블에 저장하여 관리하게 된다.

★ 페이징 기법의 매핑 방법
- **직접 매핑**(direct mapping) : 주소에 의한 매핑
- **연관 사상 매핑**(associative mapping) : 내용에 의한 매핑
- **직접/연관 사상**(set associative mapping) : 직접 매핑+연관 사상 매핑

03 페이지 교체 알고리즘

- 프로세스 실행 시 참조할 페이지가 주기억장치에 없는 페이지 부재(Page Fault) 발생 시 가상기억장치의 페이지를 주기억장치에 적재해야 하는데, 이때 주기억장치의 모든 페이지 프레임이 사용 중이면 어떤 페이지 프레임을 교체할지 결정하는 기법이다.

▶ 교체 알고리즘의 종류

OPT (OPTimal page replacement)	• 이후에 가장 오랫동안 사용되지 않을 페이지를 먼저 교체하는 기법 • 실현 가능성이 희박함
FIFO (First In First Out)	• 가장 먼저 적재된 페이지를 먼저 교체하는 기법 • 벨레이디의 모순(Belady's Anomaly) 현상이 발생함
LRU★ 2024년 3회/1회 (Least Recently Used)	가장 오랫동안 사용되지 않았던 페이지를 먼저 교체하는 기법
LFU (Least Frequently Used)	참조된 횟수가 가장 적은 페이지를 먼저 교체하는 기법
NUR (Not Used Recently)	• 최근에 사용하지 않은 페이지를 먼저 교체하는 기법 • 매 페이지마다 두 개의 하드웨어 비트(참조 비트, 변형 비트)가 필요함
SCR (Second Chance Replacement)	각 페이지에 프레임을 FIFO 순으로 유지하면서 LRU 근사 알고리즘처럼 참조 비트를 갖게 하는 기법

★ LRU
LRU는 최근에 사용된 페이지를 유지하고 오래된 페이지를 교체하여 메모리 효율을 극대화한다.

> **예** 페이지 프레임 크기가 3인 상황에서 다음과 같은 페이지 요청이 있을 경우(LRU)
>   [A, B, C, D, B, A, E]
> 1. A, B, C가 차례로 캐시에 추가
>   (캐시 상태: [A, B, C])
> 2. D가 요청되면 캐시가 가득 찼으므로 가장 오래된 A가 제거되고 D가 추가
>   (캐시 상태: [B, C, D])
> 3. 다시 B가 요청되면 이미 캐시에 있으므로 B는 가장 최근에 사용된 페이지로 갱신
>   (캐시 상태: [C, D, B])
> 4. 이후 A가 요청되면 C가 제거되고 A가 추가
>   (캐시 상태: [D, B, A])

04 가상기억장치 관련 기타 주요 용어

① 구역성(Locality, 지역성)
• 프로세스가 실행되는 동안 일부 페이지만 집중적으로 참조되는 경향을 의미한다.
• 캐시 메모리 시스템의 이론적 근거가 되며 스래싱을 방지하기 위한 워킹 셋 이론의 기반이 된다.
  – 시간 구역성(Temporal Locality) : 최근에 참조된 기억장소가 가까운 장래에도 계속 참조될 가능성이 높음을 의미한다(루프, 서브루틴, 스택, 집계에 사용되는 변수 등).
  – 공간 구역성(Spatial Locality) : 하나의 기억장소가 가까운 장래에도 계속 참조될 가능성이 높음을 의미한다(배열 순례, 프로그램의 순차적 수행 등).

② 워킹 셋(Working Set)
• 프로세스가 일정 시간 동안 자주 참조하는 페이지들의 집합이다.
• 프로세스를 효과적으로 실행하기 위하여 주기억장치에 유지되어야 하는 페이지들의 집합이다.

③ 스래싱(Thrashing)
• 페이지 부재가 계속 발생되어 프로세스가 수행되는 시간보다 페이지 교체에 소비되는 시간이 더 많은 드는 현상이다.
• 스래싱 현상 방지 기법
  – CPU 이용률을 증가시킨다.
  – 페이지 부재율 조절 후 대처한다.
  – 워킹 셋(Working Set) 방법을 사용한다.

④ 페이지 부재(Page Fault)
• 참조할 페이지가 주기억장치에 없는 현상이다.
• 페이지 부재율(Page Fault Rate)에 따라 주기억장치에 있는 페이지 프레임의 수를 늘리거나 줄여 페이지 부재율을 적정 수준으로 유지하는 것이 바람직하다.

01 프로세스가 일정 시간 동안 자주 참조하는 페이지들의 집합이 무엇인지 알맞은 용어를 쓰시오.

• 답 :

02 매 페이지마다 두 개의 하드웨어 비트(참조 비트, 변형 비트)를 두고 최근에 사용하지 않은 페이지를 먼저 교체하는 페이지 교체 알고리즘이 무엇인지 영문 약어로 쓰시오.

• 답 :

03 다음 구역성에 대한 명칭과 그 설명을 바르게 연결하시오.

가. 시간 구역성 •

나. 공간 구역성 •

• A. 최근에 참조된 기억장소가 가까운 장래에도 계속 참조될 가능성이 높음을 의미한다.

• B. 하나의 기억장소가 가까운 장래에도 계속 참조될 가능성이 높음을 의미한다.

04 다음 〈보기〉에서 시간 구역성의 종류를 골라 쓰시오.

〈보기〉

반복, 배열 순회, 스택, 집계, 부 프로그램

• 답 :

프로세스 스케줄링

01 프로세스(Process)의 개념

• 프로세스는 운영체제가 관리하는 실행의 단위로 실행 중인 프로그램이라 한다.
• 프로세서기 할당되는 실체이다.
• 프로시저가 활동 중인 것이다.
• 비동기적 행위를 일으키는 주체이다.
• PCB를 가진 프로그램이다.

02 프로세스 제어 블록(PCB, Process Control Block)

• 운영체제가 프로세스에 대한 중요한 정보를 저장해 놓을 수 있는 저장 장소이다.
• 각 프로세스는 고유의 PCB를 가진다. 즉, 프로세스가 생성될 때 고유의 PCB가 생성되고, 종료되면 PCB는 제거된다.
• PCB에 저장되어 있는 정보
  – 프로세스의 현재 상태
  – 프로세스의 우선순위
  – CPU 레지스터 정보
  – 할당된 자원에 대한 정보
  – 프로세스 고유 식별자(PID)
  – 입/출력 상태 정보
  – 각종 자원의 포인터

★ 프로세스 상태 전이 과정
• Dispatch : 준비 상태 → 실행 상태
• Block : 실행 상태 → 대기 상태
• Wake up : 대기 상태 → 준비 상태

03 프로세스 상태 전이★ 2020년 4회

CPU 스케줄러 = 디스패처 = 단기 스케줄러
프로세스 스케줄러

① 준비(Ready) 상태
- 프로세스가 준비 큐에서 실행을 준비하고 있는 상태로 CPU를 할당받기 위해 기다리고 있는 상태를 말한다.

② 실행(Running) 상태
- 준비 큐에 있는 프로세스가 CPU를 할당받아 실행되는 상태로 CPU 스케줄러에 의해 수행된다.

③ 대기(Block) 상태
- 프로세스가 입/출력 처리가 필요하면 현재 수행 중인 프로세스가 입/출력을 위해 대기 상태로 전이된다.
- 대기 중인 상태의 프로세스는 입/출력 처리가 완료되면 대기 상태에서 준비 상태로 전이된다.

04 스레드(Thread)의 개념

- 제어의 흐름을 의미하며 프로세스에서 실행의 개념만을 분리한 것으로 프로세스의 일부 특성을 갖고 있기 때문에 '경량(Light Weight) 프로세스'라고도 한다.
- 프로세스의 구성을 제어의 흐름 부분과 실행 환경 부분으로 나눌 때, 프로세스의 실행 부분을 담당함으로써 실행의 기본 단위가 되는 것이다.
- 하나의 프로세스 내에서 병행성을 증가시키기 위한 메커니즘이다.
- 스레드는 소속된 프로세스의 자원들과 메모리를 공유한다.
- 다중 스레드는 프로세스의 생성이나 문맥 교환 등의 오버헤드를 줄여 운영체제의 성능을 개선한다.

05 프로세스 스케줄링

① 프로세스 스케줄링(Scheduling)의 개념
- 프로세스의 생성 및 실행에 필요한 시스템의 자원을 해당 프로세스에 할당하는 작업을 말한다.
- 스케줄링의 기법은 비선점 기법과 선점 기법으로 구분할 수 있다.

② 프로세스 스케줄링의 목적
- 모든 작업들에 대한 공정성을 유지하기 위한 방법이다.
- 단위 시간당 처리량을 최대화한다.
- 응답 시간, 반환 시간, 대기 시간 및 오버헤드를 최소화한다.

③ 비선점(Non-preemptive) 스케줄링
- 일단 CPU를 할당받으면 다른 프로세스가 CPU를 강제적으로 빼앗을 수 없는 방식이다.
- 모든 프로세스에 대한 공정한 처리가 가능하다.
- 일괄 처리 시스템에 적합하다.

기적의 TIP
- 프로세스 스케줄링의 방법은 비선점 기법과 선점 기법으로 구분이 됩니다.
- 프로세스 스케줄링 기법은 필기시험에서는 매우 자주 출제되는 부분입니다. 하지만 실기시험에서는 각각의 스케줄링 기법을 상세히 학습하는 방법보다는 선점과 비선점 알고리즘의 종류를 명확히 구분하고 기능을 이해하는 정도로 학습하는 것이 효율적입니다.

④ 선점(Preemptive) 스케줄링

- 한 프로세스가 CPU를 할당받아 실행 중이라도 우선순위가 높은 다른 프로세스가 CPU를 강제적으로 빼앗을 수 있는 방식이다.
- 긴급하고 높은 우선순위의 프로세스들이 빠르게 처리될 수 있다.
- 대화식 시분할 시스템에 적합하다.

06 비선점(Non-Preemptive) 스케줄링 종류

FCFS (First Come First Service)	준비상태 큐에 도착한 순서대로 CPU를 할당하는 기법
SJF 2022년 3회 (Shortest Job First)	• 준비상태 큐에서 대기하는 프로세스들 중에서 실행 시간이 가장 짧은 프로세스에게 먼저 CPU를 할당하는 기법 • 평균 대기 시간을 최소화함
HRN(Highest Response-ratio Next) 2020년 1회	• 어떤 작업이 서비스 받을 시간과 그 작업이 서비스를 기다린 시간으로 결정되는 우선순위에 따라 CPU를 할당하는 기법 • 우선순위 계산식 = (대기 시간+서비스 시간)/서비스 시간
기한부(Deadline)	작업이 주어진 특별한 시간이나 만료시간 안에 완료되도록 하는 기법
우선순위(Priority)	• 준비상태 큐에서 대기하는 프로세스에게 부여된 우선순위가 가장 높은 프로세스에게 먼저 CPU를 할당하는 기법 • 에이징(Aging) 기법(프로세스가 자원을 기다리고 있는 시간에 비례하여 우선순위를 부여함으로써 무기한 문제를 방지하는 기법)

07 선점(Preemptive) 스케줄링 종류

SRT(Shortest Remaining Time) 2024년 2회, 2022년 3회	• 실행 중인 프로세스의 남은 시간과 준비상태 큐에 새로 도착한 프로세스의 실행 시간을 비교하여 실행 시간이 더 짧은 프로세스에게 CPU를 할당하는 기법 • 시분할 시스템에 유용함
RR(Round Robin) 2022년 3회	• 주어진 시간 할당량(Time slice) 안에 작업을 마치지 않으면 준비완료 리스트(ready list)의 가장 뒤로 배치되는 기법 • 시간 할당량이 너무 커지면 FCFS와 비슷하게 되고, 시간 할당량이 너무 작아지면 오버헤드가 커지게 됨
다단계 큐(MQ, Multi-level Queue)	프로세스들을 우선순위에 따라 시스템 프로세스, 대화형 프로세스, 일괄처리 프로세스 등으로 상위, 중위, 하위 단계의 단계별 준비 큐를 배치하는 기법
다단계 피드백 큐(MFQ, Multi-level Feedback Queue)	• 각 준비상태 큐마다 부여된 시간 할당량 안에 완료하지 못한 프로세스는 다음 단계의 준비상태 큐로 이동하는 기법 • 짧은 작업, 입/출력 위주의 작업 권에 우선권을 부여함 • 마지막 단계의 큐에서는 작업이 완료될 때까지 Round Robin 방식을 취함

➕ 더 알기 TIP

문맥교환(Context Switching)

다중 프로그래밍 시스템에서 운영체제에 의하여 CPU가 할당되는 프로세스를 변경하기 위하여 현재 CPU를 사용하여 실행되고 있는 프로세스의 상태 정보를 저장하고, 앞으로 실행될 프로세스의 상태 정보를 설정한 다음에 중앙처리장치를 할당하여 실행이 되도록 하는 작업을 말한다.

08 병행 프로세스

- 병행 프로세스(Concurrent Process)는 두 개 이상의 프로세스들이 동시에 실행 상태에 있는 것을 의미한다.
- 여러 프로세스들이 독립적으로 실행되는 것을 독립적 병행 프로세스라고 하며, 서로 협력하며 동시에 실행되는 것을 병행 프로세스라고 한다.
- 병행 프로세스는 다중 처리 시스템이나 분산 처리 시스템에서 매우 중요한 개념으로 사용된다.
- 임계 구역(Critical Section)은 다중 프로그래밍 운영체제에서 여러 개의 프로세스가 공유하는 자원이나 데이터에 대하여 어느 한 시점에서 하나의 프로세스만 사용할 수 있도록 지정된 공유 자원을 의미한다.
- 동기화 기법(Synchronization)은 두 개 이상의 프로세스를 한 시점에 동시에 처리할 수 없으므로 각 프로세스에 대한 처리의 순서를 결정하는 것으로 상호 배제의 한 형태이다.

세마포어 (Semaphore)	• Dijkstra가 제안한 상호 배제 알고리즘 • 각 프로세스가 임계 구역에 대해 각각의 프로세스들이 접근하기 위하여 사용되는 P와 V 연산을 통해 프로세스 사이의 동기를 유지하고 상호 배제의 원리를 보장함
모니터 (Monitor)	• 특정 공유 자원이나 한 그룹의 공유 자원들을 할당하는 데 필요한 데이터 및 프로시저를 포함하는 병행성 구조 • 한 순간에 한 프로세스만이 모니터에 진입 가능 • 모니터 외부의 프로세스는 모니터 내부의 데이터 접근 불가

09 교착 상태(DeadLock)

① 교착 상태의 개념

- 교착 상태는 상호 배제에 의해 나타나는 문제점으로 두 개 이상의 프로세스들이 자원을 점유한 상태에서 서로 다른 프로세스가 점유하고 있는 자원을 요구하며 무한정 기다리는 현상을 말한다.
- 교착 상태는 상호 배제, 점유 및 대기, 비선점, 환형 대기의 4가지의 발생 조건이 모두 만족해야만 발생한다.
- 교착 상태를 해결하기 위해서는 예방, 회피, 발견, 회복의 방법이 있다.

② 교착 상태의 발생 조건

- 상호 배제(Mutual Exclusion) : 한 번에 한 개의 프로세스만이 공유 자원을 사용할 수 있어야 한다.
- 점유 및 대기(Hold and Wait) : 이미 자원을 가진 프로세스가 다른 자원의 할당을 요구한다.
- 비선점(Non-Preemption) : 프로세스에 할당된 자원은 사용이 끝날 때까지 강제로 빼앗을 수 없다.
- 환형 대기(Circular Wait) : 이미 자원을 가진 프로세스가 앞이나 뒤의 프로세스의 자원을 요구한다.

③ 교착 상태의 해결 방법
- 예방(Prevention) : 교착 상태 발생 조건 중 하나라도 발생하지 않게 하는 방법이다.
- 회피(Avoidance) : 교착 상태의 발생 가능성을 인정하고, 교착 상태 가능성을 피해가는 방법으로 은행원 알고리즘과 관계가 있다.
- 발견(Detection) : 교착 상태가 발생했는지 검사하여 교착 상태에 빠진 프로세스와 자원을 발견하는 방법이다.
- 회복(Recovery) : 교착 상태에 빠진 프로세스를 종료하거나 해당 프로세스가 점유하고 있는 자원을 선점하여 다른 프로세스에게 할당하는 기법이다.

이론을 확인하는 핵심문제

01 다음에서 공통으로 설명하는 용어를 쓰시오.

- 제어의 흐름을 의미하는 것으로 프로세스에서 실행의 개념만을 분리한 것으로 프로세스의 일부 특성을 갖고 있기 때문에 경량(light weight) 프로세스라고도 한다.
- 프로세스의 구성을 제어의 흐름 부분과 실행 환경 부분으로 나눌 때, 프로세스의 실행 부분을 담당함으로써 실행의 기본 단위가 되는 것이다.
- 하나의 프로세스 내에서 병행성을 증가시키기 위한 메커니즘이다.

- 답 :

02 다음 〈보기〉에서 프로세스 제어 블록(PCB, Process Control Block)에 저장되어 있는 정보를 골라 쓰시오.

〈보기〉

프로세스의 현재 상태, 프로세스의 우선순위, CPU 레지스터 정보, 할당된 자원에 대한 정보

- 답 :

03 교착 상태의 발생 조건 4가지를 쓰시오.

- 답 :

ANSWER **01** 스레드 또는 Thread
02 프로세스의 현재 상태, 프로세스의 우선순위, CPU 레지스터 정보, 할당된 자원에 대한 정보
03 상호 배제, 점유 및 대기, 비선점, 환형 대기

SECTION

05 환경변수

출제빈도 상 **(중)** 하
반복학습 ① ② ③

빈출 태그 환경변수 • Windows의 주요 환경변수 • UNIX/LINUX의 주요 환경변수

01 환경변수(Environment Variable)의 개념

- 환경변수는 정확히 운영체제의 프로세스 환경변수를 의미한다.
- 시스템 소프트웨어의 동작에 영향을 미치는 동적인 값들의 모임이다.
- 운영체제가 제공하는 시스템 설정값이다.
- 주요 특징은 다음과 같다.
  - 구성 : 변수명과 값
  - 내용 : 시스템의 기본 속성
  - 상위(부모)프로세스가 하위(자식) 프로세스에 상속한다.
  - 적용 범위에 따라 시스템 환경변수와 사용자 환경변수로 구분된다.

02 환경변수의 확인

- Windows 환경변수 표시 명령어 : set
- UNIX/LINUX 환경변수 표시 명령어 : set 또는 env 또는 printenv

> **🅑 기적의 TIP**
>
> 운영체제에 따라 모든 환경
> 변수 값을 표시하는 명령어
> 에 차이가 있습니다.

03 Windows 환경변수의 확인

① [시작] 단추 클릭 → [검색] 창에 cmd 명령 입력

② [명령 프롬프트] 창에서, set 명령 입력

04 Windows 주요 환경변수

환경변수명 사용 시 변수명 앞뒤에 '%'를 추가한다.

%ALLUSERPROFILE%	모든 사용자의 프로필이 저장된 폴더
%APPDATA%	설치된 프로그램의 필요 데이터가 저장된 폴더
%ComSpec%	기본 명령 프롬프트로 사용할 프로그램 이름
%HOMEDRIVE%	로그인한 계정의 정보가 저장된 드라이브
%HOMEPATH%	로그인한 계정의 기본 폴더
%LOGONSERVER%	로그인한 계정이 접속한 서버 이름
%PATH%	실행 파일을 찾는 경로
%PATHEXT%	cmd에서 실행할 수 있는 파일의 확장자 목록
%PROGRAMFILES%	기본 프로그램의 설치 폴더
%SYSTEMDRIVE%	Windows가 부팅된 드라이브
%SYSTEMROOT%	부팅된 운영체제가 들어 있는 폴더
%TEMP% 또는 %TMP%	임시 파일이 저장되는 폴더
%USERDOMAIN%	로그인한 시스템의 도메인 이름
%USERNAME%	로그인한 계정 이름
%USERPROFILE%	로그인한 유저의 프로필이 저장된 폴더 이름

05 UNIX/LINUX 주요 환경변수

환경변수명 사용 시 변수명 앞에 '$'를 추가한다.

$DISPLAY	현재 X윈도 디스플레이 위치
$HOME	사용자의 홈 디렉터리
$LANG	프로그램 사용 시 기본적으로 지원되는 언어
$MAIL	메일을 보관하는 경로
$PATH	실행 파일을 찾는 경로
$PS1	쉘 프롬프트 정보
$PWD	현재 작업하는 디렉터리
$TERM	로그인터미널 타입
$USER	사용자의 이름

06 Windows에서 Java 실행 관련 PATH 환경변수 확인

① CUI★

- [시작] 단추 클릭 → [검색] 창에 cmd 명령 입력
- [명령 프롬프트] 창에서, set 명령 입력

▶ PATH 확인

```
Path=C: Python27 ;C: Python27 Scripts;
C: app dumok product 11.2.0 dbhome_1 bin;
C: Program Files MySQL MySQL Server 8.0 bin;
C: ProgramData chocolatey bin;
C: Users dumok djangogirls myvenv Scripts;
C: Program Files gettext-iconv bin; C: Program Files nodejs ;
C: Program Files (x86) Brackets command;
C: Program Files MySQL MySQL Shell 8.0 bin ;
C: Program Files Java jdk1.8.0_211 bin;
C: Program Files JetBrains IntelliJ IDEA 2019.2.3 bin;
C: Program Files JetBrains PyCharm Community Edition 2019.2.4 bin;
C: Users dumok AppData Local Programs Microsoft VS Code bin;
C: Users dumok AppData Roaming npm;C: Users dumok Anaconda3
Scripts
```

★ CUI vs GUI
- CUI(Command User Inter-face, Character User Inter-face)는 키보드로 정해진 명령어를 입력하여 작업을 수행하는 사용자 인터페이스이다.
- GUI(Graphic User Interface)는 마우스로 아이콘이나 메뉴를 선택하여 원하는 작업을 수행하는 사용자 인터페이스이다.

② GUI

- Windows의 제어판 시스템 및 보안 시스템 → (좌측) 고급 시스템 설정 클릭

- [시스템 속성] 창에서, [고급] 탭 → (하단) 환경변수 클릭

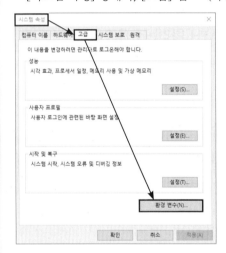

- [환경변수] 창에서 PATH 변수 값 확인

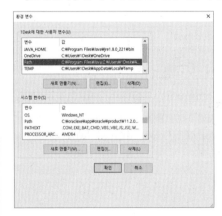

01 운영체제가 제공하는 시스템 설정 값으로 시스템 소프트웨어의 동작에 영향을 미치는 동적인 값들의 모임을 의미하는 용어를 쓰시오.

• 답 :

02 다음은 UNIX/LINUX의 주요 환경변수이다. 빈칸에 해당하는 환경변수명을 쓰시오.

$HOME	사용자의 홈 디렉터리
$LANG	프로그램 사용 시 기본적으로 지원되는 언어
(①)	실행 파일을 찾는 경로
(②)	현재 작업하는 디렉터리
$USER	사용자의 이름

• ① :
• ② :

03 Windows의 환경변수명 사용 시 환경변수명 앞과 뒤에 추가하는 기호가 무엇인지 쓰시오.

• 답 :

운영체제의 종류 및 Shell Script

01 운영체제의 종류

① Windows의 특징

• 마이크로소프트사(Microsoft)에서 발표하고 있는 컴퓨터 운영체제이다.
• GUI(Graphic User Interface)이며, 선점형 멀티태스킹으로 수행된다.
• PnP(Plug and Play)★가 지원된다.
• OLE(Object Linking and Embedding) 지원으로 응용 프로그램 간의 자료를 공유한다.
• Single-User System : 개인용 윈도우의 경우에는 사용자 1인만 사용이 가능하다.

★ PnP
사용자가 사용하기 원하는 하드웨어를 시스템에 부착하면 자동으로 인식하여 동작하게 해주는 기능이다.

② MS-DOS(Microsoft Disk Operating System)

• CUI(Character User Interface)이며, Single-User, Single-Tasking의 특징을 갖는다.
• 트리 구조 파일 시스템이다.
• 시스템 부팅 시 반드시 필요한 파일 : MSDOS.SYS, IO.SYS, COMMAND. COM
• MS-DOS 명령어
  – 내부 명령어 : 명령어 처리 루틴이 메모리에 상주하는 명령어
    예 DIR, COPY, DEL, TYPE, CLS 등
  – 외부 명령어 : 디스크에 파일로 저장된 명령어
    예 FORMAT, DISKCOPY, DISKCOMP 등

③ 유닉스(UNIX) 시스템의 특징 2020년 4회

• AT&T사의 Bell연구소에서 1960년대 후반에 개발한 운영체제이다.
• 이식성이 높으며 대화식 운영체제이다.
• C언어라는 고급 프로그래밍 언어로 커널까지 작성된 운영체제이다.
• 서버 운영에 필수적인 CLI 인터페이스가 강력하다.
• 파일 생성, 삭제, 보호 기능을 가지며, 디렉터리 구조는 트리 구조 형태이다.
• 멀티태스킹(Multi-tasking)과 멀티유저(Multi-user) 운영체제이다.
• 파일 소유자, 그룹 및 그 외 다른 사람들로부터 사용자를 구분하여 파일을 보호한다.
• 주변장치를 파일과 동일하게 취급한다.
• UNIX 계열의 운영체제 : 리눅스(LINUX), MAC OS X 등

④ 리눅스(LINUX)의 특징

- 1990년대 초반에 핀란드의 컴퓨터공학과 학생이던 리누스 토발즈(Linus Tor-valds)가 만든 오픈소스 컴퓨터 운영체제로 UNIX와의 호환이 완벽하다.
- 허가권과 소유권의 권한을 갖는다.
- 멀티태스킹(Multi-tasking)과 멀티유저(Multi-user)를 지원한다.
- 대소문자를 구분한다.
- Windows의 파일 확장자라는 개념이 없다.
- 종류 : RHEL, CentOS, Fedora, Ubuntu, Raspbian, Kali

02 UNIX의 개요

① 유닉스(UNIX)의 특징

- 다중 사용자 시스템으로 대화식 운영체제이다.
- 높은 이식성과 확장성을 갖는다.
- 네트워킹 시스템이다.
- 계층적 파일 시스템이다.

② 유닉스(UNIX)의 구성

③ 커널(Kernel)

- UNIX 시스템의 중심부에 해당하며 주기억장치에 적재된 후 상주하면서 실행된다.
- 프로세스 관리, 기억장치 관리, 입·출력 관리, 파일 관리, 시스템 호출 인터페이스 등의 기능을 담당한다.
- 하드웨어를 캡슐화한다.
- 대부분이 C언어로 개발(C언어 90%+어셈블리어 10%)되어 이식성과 확장성이 뛰어나다.

④ 쉘(Shell)

- 명령어 해석기(Interpreter)이다.
- 사용자의 명령어를 인식하여 필요한 프로그램을 호출하고 그 명령을 수행하는 기능을 담당한다.
- 사용자와 시스템 간의 인터페이스를 제공하며 사용자의 명령어들을 처리하는 스크립트 기능을 지원한다.
- DOS의 COMMAND.COM과 같은 역할을 한다.

⑤ 유틸리티(Utility)

- 사용자의 편의를 위한 프로그램을 제공한다.
- 문서 편집기, 컴파일러, 정렬 기능을 제공한다.

03 UNIX의 파일 시스템

• UNIX 파일 시스템의 디렉터리 구조는 트리 구조이다.

▶ UNIX 파일 시스템의 구조

부트 블록(Boot Block)	부팅에 필요한 코드를 저장하고 있는 블록
슈퍼 블록(Super Block)	전체 파일 시스템에 대한 정보를 저장하고 있는 블록
I-node 블록 (Index Node Block)	• 각 파일에 대한 정보를 저장하고 있는 블록 • 파일 소유자의 식별 번호, 파일 크기, 파일의 생성 시간, 파일의 최종 수정 시간, 파일 링크 수 등이 기록됨
데이터 블록(Data Block)	실제 데이터를 저장하고 있는 블록

04 UNIX의 주요 명령어　2023년 3회, 2020년 2회

UNIX는 쉘(Shell)에 CLI(Command Line Interface) 방법으로 운영체제를 제어한다.

명령어	DOS의 유사 명령어	설명
fork		프로세스 생성, 복제
exec		새로운 프로세스 수행
exit		프로세스 수행 종료
wait		자식 프로세스의 하나가 종료될 때까지 부모 프로세스를 임시 중지시킴
getpid		자신의 프로세스 아이디를 얻음
getppid		부모의 프로세스 아이디를 얻음
mount		기존 파일 시스템에 새로운 파일 시스템을 서브 디렉터리에 연결
umount		마운팅된 파일 시스템에서 해제
chdir	cd	디렉터리의 위치 변경
cp	copy	파일 복사
mv	move	파일 이동
rm	del	파일 삭제
cat	type	파일 내용 화면에 표시
chmod	attrib	파일의 사용 허가 지정
ls	dir	현재 디렉터리 내의 파일 목록 확인
chown		파일 소유자를 변경

05 Shell script

- 쉘(Shell)은 커널과 유저를 이어주는 명령어 해석기이다.
- 쉘의 종류에는 BASH Shell, Bourne Shell, C Shell, Korn shell 등이 있다.
- 쉘 스크립트(Shell Script)는 쉘에서 사용할 수 있는 명령어들로 작성된 쉘 프로그램을 의미한다.
  - 쉘 스크립트를 통해 쉘 명령어들을 순서대로 실행 가능하다.
  - 응용 SW 개발의 첫 단계에서 전체 동작 상태를 점검해 볼 수 있기 때문에 전체 구조상의 중요한 결함을 발견하는 것이 가능하다.
  - 애플리케이션의 프로토타입으로 쉘 스크립트를 유용하게 사용한다.
- 쉘 스크립트는 명령어, 변수, 제어문, 조건식, 메타 문자(meta character) 등으로 구성되어 있다.
- 쉘 스크립트는 C언어와 유사하며 스크립트 언어이기 때문에 컴파일이 필요하지 않다.
- 쉘 스크립트 프로그램은 명령어들을 나열해 놓은 배치(batch) 파일의 형태이다.
- 쉘 스크립트 작성 도구 : vi 편집기, gedit
- 쉘 스크립트 파일 확장자 : *.sh

C언어

```
[root@CentOS test]# cat hello.c
```

```
#include <stdio.h>
main( )
{
    printf( "Hello, C! \n" );
    return 0;
}
```

```
[root@CentOS test]# ./hello
```

컴파일된 실행 파일

Shell Script

```
[root@CentOS test]# cat hello.sh
```

```
#!/bin/bash

echo "Hello, script!"

exit 0
```

```
[root@CentOS test]# ./hello.sh
```

실행 가능한 쉘 스크립트

01 유닉스 시스템에서 파일의 내용을 화면에 출력할 때 사용하는 명령어를 쓰시오.

• 답 :

02 다음 〈보기〉에서 UNIX 운영체제의 특징으로 볼 수 있는 항목을 골라 쓰시오.

〈보기〉

> ㉠ 대화식 운영체제이다.
> ㉡ 다중 사용자 시스템(Multi-user system)이다.
> ㉢ 대부분의 코드가 어셈블리 언어로 기술되어 있다.
> ㉣ 높은 이식성과 확장성이 있다.

• 답 :

03 다음에서 설명하는 공통적인 용어를 쓰시오.

> • 주기억장치에 적재된 후 상주하면서 실행된다.
> • UNIX의 핵심적인 부분이다.
> • 프로세스 관리, 기억장치 관리, 파일 관리, 입·출력 관리 등의 기능을 수행한다.

• 답 :

ANSWER **01** cat
02 ㉠, ㉡, ㉣
03 커널 또는 Kernel

01 다음 윈도우즈 운영체제와 관련된 설명에 가장 부합하는 용어를 쓰시오.

> • (   )(은)는 윈도우즈 운영체제에서 자체적으로 드라이브를 암호화하는 보안 기능을 말한다. 시스템 드라이브는 물론 USB 메모리, 외장하드 등도 암호화할 수 있다. (   )(은)는 기본적으로 AES 128-bit 암호화를 사용하며, 윈도우10 버전 1511에서부터는 XTS-AES라는 더 강력한 새로운 암호화 방식을 지원한다.
> • (   )의 장점은 이미 사용 중인 드라이브도 포맷할 필요 없이 암호화가 가능하다는 점이다. 또한 파일 단위로 암호화하는 것이 아니라 파티션을 통째로 암호화하기 때문에 안전하며 사용법도 간단하다.
> • (   )의 단점은 윈도우즈 운영체제에서만 지원된다. 윈도우즈 8/8.1/10의 Pro/Enterprise 이상 버전에서만 암호화가 가능하다.

• 답 :

02 다음 〈보기〉에서 선점형 프로세스 스케줄링 방법을 모두 골라 쓰시오.

〈보기〉

> RR, FCFS, SRT, HRN, MLQ, MFQ

• 답 :

03 다음의 〈보기〉의 메모리 종류를 접근 속도가 고속인 순서대로 쓰시오.

〈보기〉

> 캐시 메모리, 레지스터, 주기억장치, 가상 메모리

• 답 :   →   →   →

04 다음 빈칸 ①~⑤에서 설명하는 용어를 쓰시오.

(①)(은)는 컴퓨터에서 컴퓨터 자원의 추상화를 의미하는 용어로, 물리적인 자원들을 사용자에게 하나로 보이게 하거나 하나의 물리적인 리소스를 여러 개로 보이게 하는 기술이다. (②)(은)는 인터넷을 통해 (①)된 컴퓨터 시스템 자원을 요구하는 즉시 처리하여 제공하는 기술이다. (②)의 서비스는 세 가지로 구분된다. (③)(은)는 서버, 스토리지 자원을 쉽고 편하게 이용하게 쉽게 서비스 형태로 제공하여 다른 유형의 기반이 되는 기술이다. (④)(은)는 서비스를 개발할 수 있는 안정적인 환경과 그 환경을 이용하는 응용 프로그램을 개발할 수 있는 API까지 제공하는 서비스이다. (⑤)(은)는 주문형 소프트웨어라고도 하며 사용자는 시스템이 무엇으로 이루어져 있고 어떻게 동작하는지 알 필요가 없이 단말기 등에서 필요하면 언제든지 서비스를 받을 수 있다.

- ① :
- ② :
- ③ :
- ④ :
- ⑤ :

05 유닉스 시스템에서 명령어 해석기로 사용자의 명령어를 인식하여 필요한 프로그램을 호출하고 그 명령을 수행하는 기능을 담당하는 것을 의미하는 용어를 쓰시오.

- 답 :

06 다음 〈보기〉에서 UNIX의 파일 시스템의 inode에서 관리하는 정보를 골라 쓰시오.

〈보기〉

파일의 링크 수, 파일이 만들어진 시간, 파일의 크기, 파일이 최초로 수정된 시간

- 답 :

CHAPTER 02

데이터베이스 개념

기적의 TIP

이번 Section에 나오는 데이터베이스의 기본 개념과 용어들을 잘 정리해 두세요. 앞으로 자주 등장하는 용어입니다.

01 데이터베이스의 정의

- 데이터베이스란 어느 한 조직에서 업무 처리를 위해 다수의 응용 시스템 혹은 다수의 사용자들이 공용으로 사용하기 위해 통합 · 저장된 운영 데이터의 집합을 말한다.

▶ 데이터의 종류

통합된 데이터 (Integrated Data)	하나의 주제에 따라 중복을 최소화한 데이터의 집합
저장된 데이터 (Stored Data)	사용자나 응용 시스템이 필요시 언제든지 이용할 수 있도록 저장된 데이터의 집합
공용 데이터 (Shared Data)	여러 사용자와 다수의 응용 시스템이 공유할 수 있도록 만든 데이터의 집합
운영 데이터 (Operational Data)	중복을 최소화하고 여러 사람이 공유함에 있어 문제가 발생하지 않도록 관리를 필요로 하는 데이터로, 이용가치가 있는 데이터의 집합

02 데이터베이스의 특징

계속적인 변화(진화) (Continuous Evolution)	항상 최신 정보를 유지할 수 있도록 삽입, 삭제, 갱신이 이루어짐
동시 공유 (Concurrent Sharing)	여러 사용자가 동시에 접근하여 이용
실시간 접근성 (Real−Time Accessibility)	질의(Query)에 대해 실시간 처리 및 응답
내용에 의한 참조 (Contents Reference)	데이터의 물리적 주소나 위치에 의하지 않고 사용자가 요구하는 데이터 내용으로 검색(이용)

03 데이터베이스의 구성요소

① 개체(Entity)

- 사람이 생각하는 개념이나 정보 단위와 같은 현실 세계의 대상체로, 실세계에 존재하는 유형 혹은 무형 정보의 대상이며 서로 구별이 되는 하나하나의 대상을 말한다.
- 개체는 하나 이상의 속성(정보)으로 구성된다.

② 속성(Attribute)
- 개체의 특성이나 혹은 상태를 기술하는 것을 말한다.
- 속성만으로는 개체를 구분하기 어렵다.

③ 관계(Relationship)
- 두 개 이상의 개체 사이 또는 속성 간의 상호 연관성을 말한다.

▶ 관계의 종류(사상 대응수)

1:1(일대일)	두 개체 간의 구성 원소가 각각 하나씩 대응되는 경우
1:n(일대다)	두 개체 간의 구성 원소 중 하나의 원소와 여러 개의 원소가 대응되는 경우
n:m(다대다)	두 개체 간의 구성 원소들이 상호 여러 개의 원소들과 대응되는 경우

▲ 1:1 관계

▲ 1:n 관계

▲ n:m 관계

이론을 확인하는 핵심문제

다음 괄호에 들어갈 알맞은 내용을 채우시오.

(①)	특정 조직의 응용 시스템들이 공유하여 사용할 목적으로 통합·저장되어 관리되는 운영 데이터의 집합으로, 특정 조직의 업무를 수행하는 데 필요한 상호 관련된 데이터들의 모임으로 통합·저장된 데이터이며 공용, 운영 데이터를 말한다.
(②)	데이터베이스에서 표현하고자 하는 정보의 대상으로 사람이 생각하는 개념이나 정보 단위와 같은 현실 세계의 대상체로, 실세계에 존재하는 유형 혹은 무형 정보의 대상이며 서로 구별이 되는 하나하나의 대상을 말한다.
(③)	데이터베이스에서 개체(Entity)의 성질, 분류, 식별, 수량, 상태, 특성 등을 기술하는 세부 정보의 관리요소로서 관계형 데이터베이스에서 사용되는 데이터의 가장 작은 논리적 단위를 의미한다.
(④)	두 개 이상의 개체(Entity) 혹은 속성 간의 연관성을 의미하는 것으로 데이터베이스에 존재하는 자료들 간의 연관성의 종류는 1:1, 1:n, n:m 등의 형태로 표현할 수 있다.

- ① :
- ② :
- ③ :
- ④ :

ANSWER ① 데이터베이스(Database) ② 개체(Entity) ③ 속성(Attribute) ④ 관계(Relationship)

데이터베이스 관리 시스템

빈출 태그 DBMS · 중복성 · 종속성 · 무결성 · 데이터베이스 언어

01 DBMS(DataBase Management System)의 정의

★ 중복성과 종속성
• **중복성** : 동일한 데이터가 여러 곳에 중복 저장되는 성질을 말하며, 이로 인해 일관성이 결여될 수 있고 저장 공간 측면에서도 비효율적이다.
• **종속성** : 하나의 데이터가 삭제, 변경됨으로 인해 다른 데이터가 원하지 않게 그 영향을 받는 성질을 말한다.

• 종래 파일 시스템의 문제점인 데이터의 중복성과 종속성★ 등의 문제를 최소화하기 위해 등장하였으며, 사용자와 데이터베이스 간의 중계 역할을 한다.
• 데이터베이스의 내용을 정의하고, 조작, 제어(관리)할 수 있도록 함으로써 모든 사용자나 응용 프로그램들이 데이터베이스를 공유할 수 있도록 관리 · 운영해 주는 소프트웨어 시스템을 말한다.

🅑 기적의 TIP

DBMS는 쉽게 말해서 컴퓨터의 윈도와 같은 운영체제의 역할과 비슷합니다. 운영체제가 있어서 우리가 컴퓨터를 이용할 수 있고, 여러 가지 작업을 할 수 있듯이 데이터베이스에서도 DBMS가 그와 같은 역할을 한다고 생각하세요.

02 DBMS의 필수 기능

정의 기능 (Definition Facility)	저장될 데이터의 형태, 구조 등 데이터베이스의 저장에 관한 여러 가지 사항을 정의(생성)하는 기능
조작 기능 (Manipulation Facility)	데이터베이스의 자료를 사용자가 이용할 수 있도록 요구에 따라 검색, 갱신, 삽입, 삭제 등을 지원하는 기능
제어 기능 (Control Facility)	데이터의 정확성과 안전성 유지를 위한 관리 기능으로 데이터의 무결성★ 유지, 보안, 병행 수행 제어★ 등을 제공

★ 무결성
데이터베이스의 자료가 오류 없이 정확성과 안정성을 유지하기 위한 제약 조건이나 성질을 말한다.

★ 병행 수행 제어
동시에 여러 가지 작업을 하는 경우 무결성 유지를 위해 동시에 제어하는 것을 말한다.

03 DBMS의 장 · 단점

장점	• 데이터의 중복성과 종속성을 최소화함 • 데이터의 일관성을 유지함 • 데이터의 무결성을 유지함 • 사용자 간의 데이터 공유가 가능함 • 데이터의 보안 유지가 가능함 • 데이터의 표준화 구현이 가능함
단점	• 많은 운영비가 소요됨 • 자료 처리가 복잡함 • Backup(백업)과 Recovery(회복)의 어려움이 있음

🅑 기적의 TIP

데이터의 중복성과 종속성을 최소화한다는 의미는 데이터의 '독립성'을 유지해야 한다는 것을 나타내기도 합니다.

04 데이터베이스 언어

🅱 **기적의 TIP**

데이터베이스 언어의 종류는 DBMS의 필수 기능과 유사합니다. 데이터베이스 언어는 DBMS의 기능을 수행하기 위해 만들어졌기 때문입니다. 따라서 이 두 가지를 연관지어 정리하세요.

- 데이터베이스 언어란 데이터베이스의 전체 구조와 구성요소 및 제약조건 등을 정의(생성)하고, 데이터베이스를 이용하며, 관리·운영을 위해 사용되는 언어를 말한다.
- 데이터베이스에서 사용되는 언어는 크게 정의어, 조작어, 제어어로 나뉜다.

정의어(DDL : Data Definition Language)	데이터베이스 구조를 정의 및 수정 등을 위해 사용되는 언어 ⑩ CREATE, DROP, ALTER
조작어(DML : Data Manipulation Language)	데이터베이스 내의 자료를 검색, 삽입, 수정, 삭제하기 위해 사용되는 언어 ⑩ SELECT, INSERT, UPDATE, DELETE
제어어(DCL : Data Control Language)	데이터베이스의 데이터에 대해 무결성 유지, 병행 수행 제어, 보호와 관리를 위한 언어 ⑩ COMMIT, ROLLBACK, GRANT, REVOKE

이론을 확인하는 / 핵심문제

다음 괄호에 들어갈 알맞은 내용을 채우시오.

(①)	응용 프로그램과 데이터베이스의 중재자 역할을 하며 모든 응용 프로그램들이 데이터베이스에 접근하여 데이터를 공유할 수 있도록 관리하는 프로그램의 집합체로서 데이터베이스 시스템을 운영 및 관리하며 데이터베이스와 사용자를 연결해 주는 역할을 한다. 또한 데이터의 독립성을 확보하고 중복성과 종속성을 최소화하여 모든 응용 시스템들이 데이터베이스를 공유하여 사용할 수 있도록 데이터베이스를 정의, 조작, 제어하기 위한 기능을 탑재한 소프트웨어 시스템을 말한다.
(②)	데이터베이스 내에 저장되는 데이터 값들이 항상 일관성을 갖고 데이터의 유효성, 정확성, 안정성을 유지할 수 있도록 하는 제약조건을 두는 데이터베이스의 특성을 말한다.
(③)	데이터베이스에서 구조를 정의하거나 수정·삭제 등을 위해 사용되는 언어를 정의어(DDL)라 하며, 데이터베이스의 자료를 조작(검색, 갱신, 추가, 삭제) 및 질의하기 위한 언어를 (③)(이)라 한다. 데이터베이스의 무결성 유지, 보안과 권한 검사, 회복 절차 이행, 병행 수행 제어 등을 위해 사용되는 언어를 제어어(DCL)라 한다.

- ① :
- ② :
- ③ :

ANSWER ① DBMS ② 무결성 ③ 조작어(DML)

데이터베이스 구조(스키마)

빈출 태그 내부 스키마 • 개념 스키마 • 외부 스키마 • DBA

---

01 데이터베이스의 표현

논리적 구조	사용자 관점에서 본 구조를 나타내며 사용자가 이해하고 생각하는 것을 나타내는 형태
물리적 구조	저장 장치(기계) 관점에서 본 구조를 나타내며 기계 처리에 맞는 형태

02 스키마(Schema) 2023년 1회, 2020년 3회

• 스키마는 데이터베이스의 전체적인 구조와 제약조건에 대한 명세를 기술 · 정의한 것을 말하며, 스킴(Scheme)이라고도 한다.

▶ **스키마의 종류**

내부 스키마 (Internal Schema)	물리적 저장 장치 관점(기계 관점)에서 본 데이터베이스의 물리적 구조
개념 스키마 (Conceptual Schema)	논리적 관점(사용자 관점)에서 본 전체적인 데이터 구조
외부 스키마 (External Schema)	전체 데이터 중 사용자가 사용하는 한 부분에서 본 논리적 구조를 말하며, 서브 스키마라고도 함

▶ **스키마의 구조**

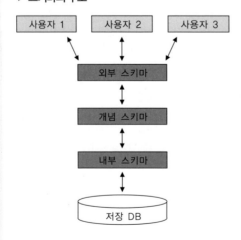

03 데이터베이스 관리자(DBA, DataBase Administrator)

- 데이터베이스 시스템과 관련된 모든 자원에 대해 기획·통제를 하며 데이터베이스 언어를 이용해 DBMS를 거쳐 전체적인 관리 운영에 책임을 지는 사람이나 집단을 말한다.
- DBA의 역할
  - 데이터베이스 구성요소를 결정
  - 저장 구조와 접근 방법을 선정
  - 보안, 권한 부여, 유효성 검사 등을 수행
  - 스키마를 정의
  - 예방, 회복 절차 수립 등을 모색
  - 무결성 유지를 위한 관리

➕ 더 알기 TIP

데이터베이스 사용자

- 데이터 관리자(DA, Data Administrator) : 정보 관리의 책임을 지는 경영 분야의 고위직으로 특정한 데이터베이스의 유지나 보안에 대해서는 책임을 지지 않으나 정보의 가치, 무결성과 질을 관리한다.
- 응용 프로그래머(Application Programmer) : 데이터베이스의 내용을 일반 사용자가 사용할 수 있도록 프로그램(응용 시스템)을 개발하는 사람을 말한다.
- 사용자(User) : 데이터베이스의 내용을 실제 사용하는 사람이나 집단을 말한다.

이론을 확인하는 / 핵심문제

다음 괄호에 들어갈 알맞은 내용을 채우시오.

(①)	데이터베이스 구조와 관련된 전반적인 정의로서 데이터베이스 설계 단계를 의미하는 것으로 데이터베이스를 구성하는 개체, 속성, 이들 간에 존재하는 관계, 데이터 구조와 데이터들이 갖는 제약에 관한 정의를 총칭하는 것을 말한다.
(②)	데이터베이스는 3계층 구조로 구성되며 이 중 데이터베이스의 물리적 저장장치 관점에서 본 구조를 내부 스키마, 데이터베이스의 전체적인 구조를 논리적 관점에서 본 구조를 개념 스키마, 전체 데이터 중 사용자가 사용하는 한 부분에서 본 논리적 구조를 (②)(이)라 하며 서브 스키마라고도 한다.
(③)	데이터베이스 시스템과 관련된 모든 자원들에 대해 DBMS를 거쳐 표현하고 관리 목적으로 데이터베이스에 접근하여 데이터베이스 시스템의 관리 운영에 책임을 지는 사람 또는 집단을 말한다.

- ① :
- ② :
- ③ :

ANSWER ① 스키마(Schema) ② 외부 스키마 ③ DBA

01 다음 괄호 안 내용으로 가장 적합한 항목을 작성하시오.

(①)	• 데이터의 중복성을 최소화하면서 다양한 사용자의 정보 요구를 충족시킬 수 있는 상호 관련된 데이터의 통합된 집합체이다. • 공용(Shared) 데이터, 통합(Integrated) 데이터, 저장(Stored) 데이터, 운영(Operational) 데이터의 의미를 가지고 있다.
(②)	• 응용 프로그램과 데이터의 중재자로서 모든 응용 프로그램들이 데이터베이스에 접근하여 데이터를 공유할 수 있도록 관리하며, 데이터베이스와 사용자를 연결해 주는 역할을 한다. • 데이터베이스 내의 데이터 검색과 저장에 있어 편리하고 효율적인 환경을 제공하며, 데이터의 중복 통제와 데이터 독립성 증진에 기여할 수 있는 기능을 가지고 있다. • 데이터베이스 시스템 운영 비용의 오버헤드 발생과 시스템이 취약하다는 단점이 있다.
(③)	• 데이터베이스 구조와 관련된 전반적인 정의로서 데이터베이스 설계 단계를 의미하는 것이다. • 데이터베이스를 구성하는 개체, 속성, 이들 간에 존재하는 관계, 데이터 구조와 데이터 값들이 갖는 제약조건에 관한 정의를 총칭한다.
(④)	• 데이터베이스에 표현하려는 것으로, 사람이 생각하는 개념이나 정보 단위 같은 현실 세계의 대상체이다. • 유형, 무형의 정보로서 서로 연관된 몇 개의 속성으로 구성된다. • 파일 시스템의 레코드에 해당되며 정보를 표현하는 논리적인 단위이다.
(⑤)	• 관찰이나 측정 등을 통하여 수집되어진 자료를 가공하여 유용한 가치를 가지도록 한 것을 의미한다. • 의사결정을 위한 직접적인 역할을 한다.

• ① :
• ② :
• ③ :
• ④ :
• ⑤ :

02 다음 괄호 안 내용으로 가장 적합한 항목을 작성하시오.

(①)	• 파일 시스템에서 야기되는 데이터의 종속성과 중복성을 해결하기 위해 제안된 시스템으로, 응용 프로그램의 데이터에 대한 접근이 가능하여 모든 사용자나 응용 프로그램들이 데이터를 공유할 수 있도록 하는 소프트웨어 시스템이다. • 응용 프로그램과 데이터의 중재자로서 데이터베이스 시스템을 운영 및 관리하며 데이터베이스와 사용자를 연결해 주는 역할을 한다.
(②)	• 개체(Entity)의 성질, 분류, 식별, 수량, 상태, 특성 등을 기술하는 세부 정보의 관리요소로서, 관계형 데이터베이스에서 사용되는 데이터의 가장 작은 논리적 단위를 의미한다. • (②)만으로는 개체(Entity)를 식별할 수 없다.
(③)	• 사용자 요구사항을 도출하는 데이터 추상화의 최상위 단계이다. 사용자의 관점에서 보고자하는 정보의 집합을 말하며, 3단계 데이터베이스 구조 중 데이터를 이용하는 각 개인의 관점에서 본 구조를 말한다. • 사용자나 응용 프로그래머가 데이터베이스 시스템을 쉽게 이용할 수 있도록 하는 뷰(View) 단계의 정의를 말한다. • 같은 데이터베이스에 대하여 사용자마다 각각 다른 뷰(View)를 정의할 수 있도록 허용하는 단계로 전체 데이터베이스의 한 논리적 부분이 되기 때문에 서브 스키마(Sub Schema)라고도 한다.
(④)	• 내부 스키마를 데이터베이스에 적용하여 물리적인 데이터베이스를 정의하고 관리하는 언어이다. • 시스템에 저장할 데이터베이스를 생성, 변경, 제거하며 보안 및 무결성 규칙 등을 정의하여 사용할 수 있도록 하는 언어이다.
(⑤)	• 데이터베이스 시스템과 관련된 모든 자원들에 대해 기획/통제를 수행하는 사람 또는 집단을 말한다. • 데이터베이스를 DBMS에 표현하고 관리할 목적으로 데이터베이스에 접근하여 데이터베이스 시스템의 관리 운영에 대한 책임지는 사람을 말한다.

• ① :
• ② :
• ③ :
• ④ :
• ⑤ :

03 다음의 빈칸에 알맞은 용어를 쓰시오.

- 설계 및 구축 : 데이터베이스 시스템의 요구 사항을 분석하고, 데이터베이스 스키마를 설계하고, 데이터베이스를 구축한다.
- 운영 및 관리 : 데이터베이스를 안정적으로 운영하고, 데이터베이스의 성능을 최적화하며, 데이터베이스의 보안을 확보한다.
- 백업 및 복구 : 데이터베이스의 백업을 수행하고, 데이터베이스의 손실이나 오류에 대비하여 복구 절차를 마련한다.
- 성능 관리 : 데이터베이스 관리자는 데이터베이스 시스템의 성능을 최적화하기 위해 (①)(을)를 개선하고, 데이터베이스 프로그래밍 최적화와 하드웨어를 최적화하기 위한 작업을 수행한다.
- 보안 관리 : 데이터베이스의 무결성과 보안을 위협하는 요인을 분석하고, 보안 절차를 마련하여 데이터를 보호한다.
- (②)(은)는 데이터베이스 시스템의 전반적인 운영을 담당하는 중요한 역할을 수행한다. 따라서 다음과 같은 특징을 갖추어야 한다.

- ① :
- ② :

04 다음과 빈칸에 알맞은 용어를 쓰시오.

특징	(①)	(②)
정의	동일한 데이터가 여러 개 저장되는 현상	한 속성의 값이 다른 속성의 값에 의해 결정되는 관계
예시	고객 테이블에 고객 이름, 주소, 전화번호가 여러 번 저장되어 있는 경우	고객 테이블의 고객 ID 속성이 고객 이름, 주소, 전화번호 속성에 결정되는 경우
문제점	데이터의 무결성 저해, 저장 공간의 낭비, 데이터베이스 성능 저하	데이터의 무결성 저해, 데이터베이스 조회 및 수정의 어려움
종류	개체 중복, 속성 중복	기능적 종속성, 논리적 종속성, 완전 종속성
해결책	데이터베이스 설계 시 중복을 최소화하기 위한 노력 필요	종속성을 제거하기 위한 테이블 분리, 외래 키 제약 조건 설정

- ① :
- ② :

CHAPTER 03

데이터베이스 설계

학습 방향

1. 개체 관계 모델의 기호를 활용하여 ERD를 작성할 수 있다.
2. 관계 데이터 모델의 개념과 용어를 구분하고 설명할 수 있다.
3. 기본 키가 선정되는 과정을 이해하고 과정 중 생성되는 키의 특징을 설명할 수 있다.
4. 개체 무결성, 참조 무결성의 개념을 이해하고 무결성 문제가 발생할 경우 이를 해결할 수 있다.
5. 관계 대수의 순수, 일반 집합 연산자의 기호와 기능을 설명하고 SQL문으로 전환할 수 있다.

출제빈도

SECTION 01	하	10%
SECTION 02	하	10%
SECTION 03	중	20%
SECTION 04	상	40%
SECTION 05	중	20%

데이터베이스 설계

빈출 태그 개념적 설계 · 논리적 설계 · 물리적 설계

🅕 기적의 TIP

이번 Section의 내용에 대한 직접적인 문제는 출제되지 않았습니다. 그러나 데이터베이스의 기초가 되는 내용이니 개념적 설계, 논리적 설계, 물리적 설계의 개념을 잘 정리해 두세요.

- 데이터베이스 설계는 데이터베이스의 스키마를 정의하고, 이에 따라 데이터베이스를 구현하기 위한 전반적인 과정을 말한다.
- 데이터베이스 설계 과정은 요구 조건 분석, 설계, 구현, 운영 및 유지보수 등의 과정을 통해 이루어진다.

▲ 데이터베이스 설계 과정

01 요구 조건 분석

- 요구 조건 분석은 사용자가 무엇에 대한 정보를 필요로 하는지 문제가 무엇인지 등을 분석하는 과정이다.
- 실제로 만들어야 할 데이터베이스를 정의하고, 사용자의 요구 조건에 따라 명세서(Specification)를 작성하게 된다.

02 설계 2020년 2회

- 설계 단계는 요구 조건 분석을 통해 얻는 정보를 토대로 실제 데이터베이스를 만들기 위한 이전 단계이다.
- '개념적 설계 → 논리적 설계 → 물리적 설계' 과정을 통해 이루어진다.

① 개념적 설계(Conceptual Design)

• 개념적 설계는 구축하고자 하는 데이터베이스를 개념적으로 표현함으로써 구현할 데이터베이스를 정하고, 데이터베이스를 구성할 구성요소를 결정한 후 수행할 작업과 관계를 설계하는 과정을 말한다.

> **예** 회사에서 사원들 간에 비상 연락망을 만들 경우 비상 연락망을 구성할 구성요소, 즉 항목을 결정해야 한다. 가령 사원번호, 사원명, 부서명, 연락처 등의 항목으로 만들어야겠다면 그 항목을 결정하는 단계를 개념적 설계 단계라고 한다.

• 개념적 설계에서는 구성요소를 정하고 수행할 작업을 설계하기 위해 'E-R 모델'을 대표적으로 이용한다.

➕ 더 알기 TIP

E-R 모델(Entity-Relationship Model)

데이터베이스에서 사용되는 개체(Entity), 속성(Attribute), 개체와 개체 간의 관계(Relationship) 등을 약속된 기호를 이용하여 표현함으로써 데이터베이스의 전반적인 구조를 이해하기 쉽도록 표현한 모델을 말한다.

② 논리적 설계(Logical Design)

• 논리적 설계는 개념적 설계에서 만들어진 구조를 논리적으로 구현 가능한 데이터 모델로 변환하는 단계로 사용자가 알아볼 수 있는 형태로 변환하고, 스키마를 정의하는 과정을 말한다.

> **예** 사원번호, 사원명, 부서명, 연락처 등의 항목으로 구성된 비상 연락망을 만들 경우 아래와 같이 우리가 알아 볼 수 있는 테이블(표)과 같은 형태(구조)로 표현하여 사용자가 이해할 수 있도록 하는데, 이와 같은 단계를 논리적 설계 단계라고 한다.

비상연락망

사원번호	사원명	부서명	연락처

• 위와 같이 테이블(표)의 형태로 표현된 모델을 '관계 데이터 모델'이라고 한다.

③ 물리적 설계(Physical Design)

• 물리적 설계에서는 논리적 데이터베이스 구조를 실제 기계가 처리하기에 알맞도록 내부 저장 장치 구조와 접근 경로 등을 설계하는 과정이다.

• 효율적인 기계 처리에 맞도록 설계하는 과정을 말한다.

🅱 기적의 TIP

물리적 설계는 실제 기계 내부에서 데이터가 처리될 때 어떻게 해야 공간에 효율적으로 저장될지, 어떻게 해야 사용자들이 쉽게 사용할 수 있을지, 어떻게 해야 작업이 효율적으로 수행될지 등을 설계하는 과정입니다.

03 구현

- 구현 단계는 설계 과정에서 얻어진 것을 토대로 실제 데이터베이스를 만드는 과정이다.
- 데이터베이스 언어를 이용하여 간결·명료하면서도 분석하고 계획한 내용과 일치하고 유지·보수가 용이하도록 작성한다.

더 알기 TIP

데이터베이스 언어

- 정의어(DDL, Data Definition Language) : 데이터베이스의 정의 및 수정, 제거를 위해 사용되는 언어이다.
- 조작어(DML, Data Manipulation Language) : 데이터베이스 내의 자료를 검색, 삽입, 수정, 삭제하기 위해 사용되는 언어이다.
- 제어어(DCL, Data Control Language) : 데이터베이스의 데이터 보호와 관리를 위해 사용되는 언어이다.

> **기적의 TIP**
>
> 데이터베이스의 전반적인 설계 순서를 정리해 보죠.
> 요구 조건 분석 → 설계(개념적 설계 → 논리적 설계 → 물리적 설계) → 구현 → 운영 및 유지보수

04 운영 및 유지보수

- 운영 및 유지보수 단계는 구현된 데이터베이스를 실제로 운영하는 단계이다.
- 실제 사용해 봄으로써 문제점과 개선점 등을 파악하게 된다.

이론을 확인하는 / 핵심문제

다음 괄호에 들어갈 알맞은 내용을 채우시오.

(①)	데이터 모델링은 데이터베이스 설계 과정에 해당하는 것으로 구축하고자 하는 데이터베이스에 대해 요구 조건 분석 → 설계 → 구현 → 운영/유지보수 과정을 거치게 된다. (①)(은)는 설계 과정 중 데이터베이스를 구성할 구성요소를 결정하고 수행할 작업을 설계하는 과정으로, 구축하고자 하는 데이터베이스를 개념적으로 표현하는 단계를 말한다.
(②)	데이터베이스 설계 과정에서 만들어진 구조를 논리적으로 구현 가능한 데이터 모델로 변환하고 스키마를 정의하는 단계를 논리적 설계라고 하며, 이를 실제 처리하기에 알맞도록 내부 저장 장치 구조와 접근 경로 등을 설계하는 단계를 (②)(이)라고 한다.

- ① :
- ② :

ANSWER ① 개념적 설계 ② 물리적 설계

02 개체-관계 모델(E-R Model)

빈출 태그 E-R Model의 이해

01 개체-관계 모델(E-R Model)

- E-R Model은 개념적 설계 단계에서 사용되는 설계 기법이다.
- 데이터베이스를 구성하는 개체(Entity) 타입과 관계(Relationship) 타입 간의 구조 또는 개체를 구성하는 속성(Attribute) 등을 약속된 기호를 이용하여 표현함으로써 데이터베이스의 전반적인 구조를 이해하기 쉽도록 표현한 모델을 말한다.
- P. Chen 박사에 의해 최초로 제안되었다.

> **기적의 TIP**
>
> E-R Model의 개념과 구조를 이해할 수 있어야 합니다. E-R Model의 기호와 다양하게 표현되는 방법을 숙지해 두세요.

02 E-R Model의 기호

기호	설명
▭	개체(Entity)★
◯	속성(Attribute)★
◇	관계(Relationship)★
◯	키 속성(기본키 속성)★
▭◇▭	개체와 개체 간의 관계 구조
◯◯◯	복합 속성★

> **기적의 TIP**
>
> E-R Model은 다른 말로 E-R Diagram이라고 하며, 약어로 ERD라고도 합니다.

★ **개체**
실세계에 존재하면서 서로 구별이 되는 유형 혹은 무형 정보의 대상

★ **속성**
개체의 특성이나 상태를 기술하는 것

★ **관계**
두 개 이상의 개체 사이 또는 속성 간의 상호 연관성

★ **키 속성**
개체의 속성들 중 모두 다른 값을 가져 개체를 식별할 수 있는 속성

★ **복합 속성**
하나의 속성값이 세부적으로 나누어질 수 있는 속성

03 E-R Model의 표현

① 학번, 성명, 전공 속성으로 구성된 '학생' 개체의 경우

- '학생'이라는 이름의 데이터베이스를 구축하기 위한 개념적 설계 단계에서 E-R Model을 사용한다.
- 학번, 성명, 전공의 세 가지 속성 중 성명과 전공은 같은 학생이 있을 수 있으나 학번은 모두 다른 값을 가지고, 학생들을 유일하게 구분할 수 있으므로 키 속성(기본키 속성)으로 표현된다.

② 개체와 개체 간의 관계 타입을 표현한 경우

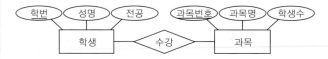

- 학번, 성명, 전공 속성으로 구성된 학생 개체와 과목번호, 과목명, 학생수 속성으로 구성된 과목 개체 간에 '수강' 관계가 있음을 표현하고 있다.

③ 관계의 종류에 따른 표현 방법

• 1:1(일대일) 관계의 경우

- 주민번호, 성명, 주소 속성으로 구성된 고객 개체와 계좌번호, 성명, 거래일, 금액 속성으로 구성된 계좌 개체 간에 '거래' 관계가 있으며, 고객과 계좌는 1:1의 거래 관계가 있음을 나타낸다.
- 즉, 한 명의 고객은 하나의 계좌와 거래가 이루어지고, 하나의 계좌는 한 명의 고객과 거래가 이루어짐을 의미한다.

• 1:n(일대다) 관계의 경우

- 고객 개체와 계좌 개체 간에 '거래' 관계가 있으며, 고객과 계좌는 1:n의 거래 관계가 있음을 나타낸다.
- 즉, 한 명의 고객은 여러 개의 계좌와 거래할 수 있고, 하나의 계좌는 한 명의 고객과 거래가 이루어짐을 의미한다.

• n:m(다대다) 관계의 경우

- 학생 개체와 과목 개체 간에 '수강' 관계가 있으며, 학생과 과목은 n:m의 수강 관계가 있음을 나타낸다.
- 즉, 한 명의 학생은 여러 과목을 수강할 수 있고, 한 과목은 여러 학생이 수강할 수 있음을 의미한다.

04 다양한 관계 표현법(정보 공학적 표현법)

+———+	1:1 관계
+———K	1:n 관계
>———K	n:m 관계
+———○	관계가 있을 수도 있고, 없을 수도 있음

① 1:1 관계의 정보 공학적 표현

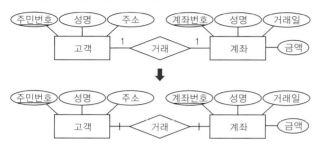

② 1:n 관계의 정보 공학적 표현

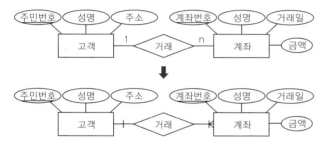

③ n:m 관계의 정보 공학적 표현

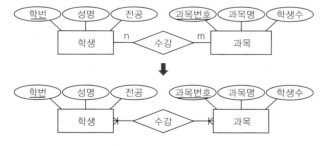

④ '○'의 선택적 관계 표현

'○'는 선택의 의미로 고객 개체와 계좌 개체 간에 관계가 없을 수도 있고, 관계가 있다면 1:n의 거래 관계가 있음을 의미한다.

🅑 기적의 TIP

데이터베이스 모델 중 실제로 관계 데이터 모델이 가장 많이 사용됩니다. 따라서 앞으로 모든 예제는 표(테이블)를 이용해 표현되며, 관계 데이터 모델에 대한 세부 내용은 이후에 자세히 다루도록 하겠습니다.

05 데이터베이스 모델

- 데이터베이스 모델은 개념적 설계 이후 논리적 설계 단계에서 사용되는 모델이다.
- 논리적으로 구현 가능한 데이터 모델로 변환하기 위해 사용되며, 관계 데이터 모델, 네트워크 데이터 모델, 계층 데이터 모델 등이 있다.

➕ 더 알기 TIP

데이터 모델 2021년 1회

- 데이터베이스 구축 시 데이터베이스 구조를 명시하기 위한 개념들의 집합
- 데이터 모델의 구성요소 3가지

구조(Structure)	논리적으로 표현된 개체들 간의 관계를 표시
연산(Operation)	데이터베이스에 저장된 실제 데이터를 처리하는 방법을 표시
제약조건(Constraint)	데이터베이스에 저장될 수 있는 실제 데이터의 논리적인 제약 조건을 표시

① 관계 데이터 모델

- 관계 데이터 모델은 표 데이터 모델이라고도 하며, 2차원 구조의 표(테이블) 형태로 표현하는 방법으로, 구조가 단순하며 사용이 편리하여 가장 많이 사용하고 있는 형태이다.
- n:m 표현이 가능하다.
- '학번', '성명', '전공', '학년'을 속성으로 갖는 '학생' 개체를 관계 데이터 모델로 표현하면 다음과 같다.

학생

학번	성명	전공	학년
083577	강희영	컴퓨터	3
072719	홍길동	토목	4
093505	김정미	컴퓨터	2

② 네트워크 데이터 모델

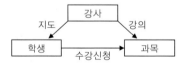

- 그래프 형태로 표현하며 망 데이터 모델이라고도 하며 레코드 타입 간 관계를 도형으로 표현한다.
- 오른쪽 그림은 강사 개체와 학생 개체, 과목 개체 간에 관계를 나타내는 것으로 강사와 학생 사이에는 '지도' 관계가 있고, 강사와 과목 사이에는 '강의' 관계가 있으며, 학생과 과목 사이에는 '수강신청' 관계가 있음을 나타낸다.

③ 계층 데이터 모델

- 트리 구조로 표현하여 트리 데이터 모델이라고도 한다.
- 부모-자식 관계, 즉 일 대 다(1:n) 관계를 나타낸다.

이론을 확인하는 핵심문제

다음 괄호에 들어갈 알맞은 내용을 채우시오.

(①)	데이터베이스를 설계하는 과정은 3단계로 구성되며 개념적 설계 → 논리적 설계 → 물리적 설계 과정을 거치게 된다. 이 중 개념적 설계 단계에서는 Peter Chan이 제안한 (①)(을)를 이용하여 데이터베이스를 구성하는 개체(Entity) 타입과 관계(Relation) 타입 간의 구조 그리고 개체를 구성하는 속성(Attribute) 등을 기호를 이용하여 표현함으로써 데이터베이스의 전반적인 구조를 이해하기 쉽게 표현할 수 있다.
(②)	(①)에서 사용되는 기호는 다음과 같다. • ☐ : 개체(Entity) • ◯ : (②) • ◇ : 관계 • 선 : 속성과 개체 집합을 연결, 개체 집합과 관계 연결
(③)	데이터베이스의 논리적 설계 단계에서 사용되는 데이터베이스 모델 중에서 표 데이터 모델이라고도 하며, 2차원 구조의 표(테이블) 형태로 표현하는 방법으로, 구조가 단순하며 사용이 편리하여 가장 많이 사용하고 있는 형태를 말한다.
(④)	데이터베이스 모델 중 계층 데이터 모델은 트리 구조로 표현하여 트리 데이터 모델이라고도 하며 부모-자식 관계, 즉 1:n 관계로 표현되며 (④)(은)는 CODASYL이 제안한 것으로 망 데이터 모델이라고도 하며, 레코드 타입 간의 관계에 대한 도형적(그래프 형태)으로 표현하는 방법을 말한다.

- ① :
- ② :
- ③ :
- ④ :

관계 데이터 모델

출제빈도 상 ⓒ 하
반복학습 ① ② ③

빈출 태그 릴레이션(Relation) • 속성(Attribute) • 튜플(Tuple) • 도메인(Domain) • 차수(Degree) • 카디널리티(Cardinality)

📙 기적의 TIP

앞으로 모든 데이터베이스에 대한 내용은 관계 데이터 모델로 표현하고 설명됩니다. 따라서 관계 데이터 모델과 관련된 모든 용어는 매우 중요하므로 정확히 개념을 알아 두세요.

📙 기적의 TIP

데이터베이스에서는 동일한 의미를 다양하게 표현합니다.
• 릴레이션(Relation) = 테이블(Table) = 표
• 속성(Attribute) = 열(Column) = 항목(Filed)
• 튜플(Tuple) = 행(Row) = 레코드(Record)

01 관계 데이터 모델의 개념

• 관계 데이터 모델은 자료의 저장 형태를 2차원 구조의 표(테이블)로 표현하는 방법을 말한다.

▶ **관계 데이터 모델의 용어** 2023년 1회, 2021년 1회

릴레이션(Relation)	자료 저장의 형태가 2차원 구조의 테이블(표)로 표현
속성(Attribute)	릴레이션을 구성하는 각 열(Attribute=Column=Filed)
튜플(Tuple)	릴레이션의 한 행을 구성하는 속성들의 집합(Tuple=Row=Record)
도메인(Domain)	하나의 속성이 가질 수 있는 값들의 범위
릴레이션 스키마(Relation Schema)	릴레이션의 이름과 속성 이름의 집합(릴레이션의 구조)
릴레이션 인스턴스(Relation Instance)	릴레이션에서 어느 시점까지 입력된 튜플들의 집합
디그리, 차수(Degree)	릴레이션을 구성하는 속성(항목)의 수
카디널리티(Cardinality)	릴레이션에 입력된 튜플(레코드)의 수

• 다음은 학번, 이름, 주민번호, 학과, 학년 항목으로 구성된 '학생'이라는 이름을 가진 릴레이션이다.

▲ 릴레이션의 구조

– 릴레이션을 구성하는 각각의 항목 '학번', '이름', '주민번호', '학과', '학년'은 속성이 된다.
– 릴레이션에서 한 명 한 명에 대한 '학번', '이름', '주민번호', '학과', '학년' 속성값, 즉 하나의 행이 튜플이 된다.

- 하나의 속성이 가질 수 있는 값의 범위를 도메인이라 하며, 도메인은 릴레이션을 만들 때 속성의 값으로 올 수 있는 범위를 제한함으로써 범위 외의 값은 올 수 없도록 해야 한다. '학년' 속성의 경우 속성값의 범위를 1, 2, 3, 4로 제한해 도메인을 만들면 '학년' 속성에는 그 외의 값은 입력될 수 없다.
- '학생' 릴레이션에서 항목은 '학번', '이름', '주민번호', '학과', '학년' 속성으로 구성되어 속성의 수가 5개이므로 차수(Degree)는 5가 된다.
- '학생' 릴레이션에서 현재까지 강희영, 김정미, 홍길동, 이영진 학생의 자료가 입력되었다면 이 네 명에 대한 '학번', '이름', '주민번호', '학과', '학년' 모든 값 자체, 즉 튜플(자료)의 집합을 릴레이션 인스턴스라고 한다.

083577	강희영	850502-1234567	컴퓨터	3
093505	김정미	840127-2345678	컴퓨터	2
072719	홍길동	811022-1345678	토목	4
100325	이영진	890628-1456789	법학	1

▲ 릴레이션 인스턴스

- '학생' 릴레이션에서 현재까지 강희영, 김정미, 홍길동, 이영진 학생의 자료가 입력되었다면 입력된 튜플의 수는 4이므로 카디널리티(Cardinality)는 4가 된다.
- '학생' 릴레이션에서 릴레이션 이름 '학생'과 속성명 '학번', '이름', '주민번호', '학과', '학년' 즉, 릴레이션의 구조를 릴레이션 스키마라고 한다.

학생

| 학번 | 이름 | 주민번호 | 학과 | 학년 |

▲ 릴레이션 스키마

➕ 더 알기 TIP

릴레이션의 특징

- 릴레이션의 튜플들은 모두 상이하다.
- 릴레이션의 튜플들은 유일하며 순서에는 의미가 없다.
- 릴레이션의 속성들 간의 순서는 의미가 없다.
- 릴레이션의 속성은 원자값*으로 구성되며 분해가 불가능하다.

| 번호 | 이름 | 성적 | | | ⇨ | 번호 | 이름 | 국어 | 영어 | 수학 |
| | | 국어 | 영어 | 수학 | | | | | | |

왼쪽의 성적 속성은 국어, 영어, 수학으로 나누어지므로 원자값으로 구성되어 있지 않다. 따라서 오른쪽과 같이 더 이상 분해되지 않도록 속성을 구성해야 한다.

★ **원자값(Atomic Value)**
- 더 이상 분해되지 않는 최소 구성의 단위를 말한다.
- 널 값(Null value)도 원자값에 속한다.

02 E-R Model과 관계 데이터 모델과의 관계

① E-R Model로 표현된 단순한 개체와 속성을 릴레이션으로 표현한 경우

- 개념적 설계 단계에서 E-R Model로 표현된 '학번', '성명', '학과', '연락처' 속성으로 구성된 '학생' 개체를 논리적 설계 단계에서 '학번', '성명', '학과', '연락처' 속성으로 구성된 '학생' 릴레이션으로 구현하였다.
- E-R Model에서 개체는 릴레이션으로, E-R Model에서 각각의 속성은 릴레이션의 각 속성(항목)으로 변환된다.
- E-R Model에서 키 속성인 '학번'은 릴레이션에서 기본키(Primary Key)★ 속성으로 표현된다.

★ 기본키(Primary Key)
키 속성과 동일한 개념으로 릴레이션에서 개체를 식별하기 위해 선정된 속성 즉, '학생' 릴레이션에서 한 명 한 명의 학생을 구별하기 위해 선정된 속성을 말한다.

② 개체와 개체 간의 관계를 나타낸 E-R Model을 릴레이션으로 표현한 경우

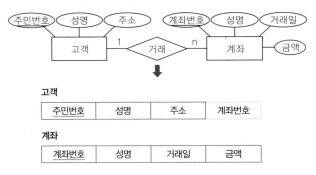

고객

주민번호	성명	주소	계좌번호

계좌

계좌번호	성명	거래일	금액

- E-R Model에서 두 개체 간의 관계를 나타낸 경우 위와 같이 두 릴레이션으로 표현하며, 두 릴레이션의 관계를 연결하기 위해서는 두 릴레이션의 기본키 속성을 필요한 릴레이션에 추가해서 관계가 성립이 되도록 한다.
- 위 릴레이션 중 '고객' 릴레이션에서 홍길동 고객이 있다면, 홍길동 고객의 금액을 알고 싶은 경우 '고객' 릴레이션의 자료만으로는 금액을 알 수 없다. 이런 경우 '계좌' 릴레이션의 기본키인 '계좌번호'를 필요에 의해 '고객' 릴레이션에 추가해줌으로써 '계좌' 릴레이션을 이용해 금액을 알 수 있다. 즉, '고객' 릴레이션에서 홍길동 고객의 계좌번호를 알면 '계좌' 릴레이션에서 홍길동 고객의 계좌번호와 같은 계좌번호의 금액이 홍길동 고객의 금액이 된다.

📙 기적의 TIP

한 릴레이션에서 다른 릴레이션의 자료를 이용하기 위해 선정된 속성을 외래키(Foreign Key)라고 하며, 외래키는 참조(이용)하려는 릴레이션의 기본키 속성이어야 합니다. 외래키는 다음에 자세히 다루겠습니다.

➕ 더 알기 TIP

Mapping Rule

Mapping Rule은 개념적 데이터베이스 모델링 결과를 관계형 데이터베이스 이론에 근거하여 데이터베이스 구조로 변환하는 과정을 말하며, 개체(Entity)는 릴레이션(테이블)으로, 속성은 릴레이션의 항목으로, 키 속성(식별자)은 기본키로, 관계는 외래키로 변환된다.

교차 엔티티(Intersection Entity)

n:m(다대다) 관계의 E-R Model을 릴레이션으로 표현하는 경우 보다 정확한 상호 참조를 위해 하나의 릴레이션을 더 만들게 되는데, 이를 '교차 엔티티(Intersection Entity)'라고 한다.

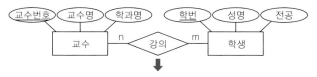

교수

교수번호	교수명	학과명

학생

학번	성명	전공

강의

교수번호	학번	→ 교차 엔티티

이론을 확인하는 핵심문제

다음 괄호에 들어갈 알맞은 내용을 채우시오.

(①)	릴레이션은 데이터베이스의 구성을 2차원 구조인 테이블로 표현한 것을 말하는 것으로, 릴레이션을 구성하는 요소 중 열(Column) 또는 항목을 의미한다.
(②)	릴레이션(테이블)에서 하나의 행을 구성하는 속성들을 말하는 것으로 하나하나의 행(row)을 나타내며, 레코드(Record)라고도 한다.
(③)	릴레이션(테이블)을 구성하는 하나의 속성이 가질 수 있는 값들의 범위를 말하며, 예를 들어 학번, 이름, 학년, 과목, 성적으로 구성된 [학생] 릴레이션(테이블)에서 '학년' 속성값으로 1, 2, 3, 4와 같이 값의 범위가 지정된 경우 이외의 값은 올 수 없다.
(④)	릴레이션(테이블)에서 차수(Degree)는 하나의 릴레이션을 구성하는 속성(항목)의 수를 말하며, 학번, 이름, 학년, 과목, 성적으로 구성된 [학생] 릴레이션(테이블)인 경우 차수(Degree)는 5가 된다. 또한 릴레이션에 입력된 튜플(행)의 수를 (④)(이)라 하며, 릴레이션 인스턴스는 릴레이션에서 어느 시점까지 입력된 튜플들의 집합을 말한다.

- ① :
- ② :
- ③ :
- ④ :

ANSWER ① 속성(Attribute) ② 튜플(Tuple) ③ 도메인 ④ 카디널리티(Cardinality)

키(Key)와 무결성 제약조건

빈출태그 키 · 후보키 · 기본키 · 대체키 · 외래키 · 유일성 · 최소성 · 개체 무결성 · 참조 무결성 · 도메인 무결성

🅑 기적의 TIP

이번 Section에서 다루는 내용은 지금까지 가장 많이 출제되었던 부분입니다. 개념을 정확히 알아두세요.

🅑 기적의 TIP

• 우리는 흔히 "문제를 해결하는 열쇠는 A이다."라는 말을 합니다. 이 말은 A를 이용해 문제를 해결할 수 있다는 말입니다(열쇠 = Key).

• 키(Key)는 하나의 단일 속성이 될 수도 있고, 필요한 경우 2개 이상의 속성이 조합되어 키가 될 수도 있습니다.

★ **유일성과 최소성** 2022년 1회

• 유일성 : 각 튜플을 유일하게 식별하는 성질을 말한다.

• 최소성 : 각 튜플을 유일하게 식별할 수 있는 최소 구성의 성질을 말한다.

01 키(Key)의 개념

• 키(Key)란 관계 데이터베이스에서 튜플을 식별하기 위해 사용하는 속성이나 속성의 집합이다.
• 데이터베이스의 참조 또는 검색 시에 사용된다.

02 키(Key)의 종류 2024년 3회

학생

학번	이름	주민번호	학과	학년
070222	강희영	810503–1234567	컴퓨터	2
090203	김정미	830225–2345678	컴퓨터	1
020525	이나라	761207–2456789	신문방송	4
020723	강희영	741002–1345678	체육	4

인명

이름	주소
강희영	서울 특별시 1가 12번지
이영진	경기 안산시 2가 3번지
강희영	인천 광역시 3가 10번지
김정애	경기 안산시 2가 3번지

① 후보키(Candidate Key)

• 릴레이션(테이블)에서 각 튜플을 유일하게 식별할 수 있는 속성이나 속성의 집합을 말한다.
• 후보키가 될 수 있는 조건은 유일성과 최소성★을 모두 만족해야 한다.

• 위 [학생] 테이블에서 학생 개개인은 학번이나 주민번호를 알면 구분할 수 있다. 따라서 '학번'과 '주민번호'는 후보키가 된다.
• 위 [인명] 테이블에서는 이름에도 중복되는 값이 있을 수 있고, 주소에도 중복되는 값이 있을 수 있다. 따라서 이런 경우 이름과 주소를 모두 알아야 개개인을 구분할 수 있으므로 이름, 주소를 조합한 (이름, 주소)가 후보키가 된다.

• 위 [학생] 테이블에서 학번과 이름 두 가지를 알아도 학생 개개인을 구분할 수 있으나 이름 없이 학번 하나만 가지고도 학생 개개인을 구분할 수 있다. 이와 같이 하나 하나의 자료를 식별하는 데 필요한 최소의 속성으로만 구성되는 성질을 최소성이라고 한다.

② 기본키(Primary Key, PK)

- 기본키는 후보키 중에서 튜플을 식별하기 위해 특별히 선택된 키를 말한다.
- 기본키는 중복될 수 없으며, NULL* 값이 올 수 없다.
- 유일성과 최소성을 만족해야 한다.
- 위 [학생] 테이블에서 후보키인 '학번'과 '주민번호' 중에서 '학번'을 기본키로 설정할 수 있다(주민번호를 기본키로 설정해도 됨).

③ 대체키(Alternate Key)

- 대체키는 후보키 중에서 기본키를 제외한 속성을 말한다.
- 위 [학생] 테이블에서 '학번'을 기본키로 했다면 대체키는 '주민번호'가 된다. '주민번호'를 기본키로 했다면 대체키는 '학번'이 된다.

④ 외래키(Foreign Key, FK)

- 외래키는 하나의 테이블에서 원하는 자료를 얻지 못하는 경우 다른 테이블을 참조(이용)하기 위해 사용되는 속성을 말하며, 외래 식별자라고도 한다.
- 외래키는 참조 릴레이션(테이블)의 기본키와 같아야 한다.
- 외래키는 NULL이 올 수 있다.
- 외래키의 속성명과 참조 릴레이션의 기본키 속성명은 서로 달라도 무방하다.

교수

번호	교수이름	학과번호	직급
1001	이영진	A1	주임
1002	이순신	A2	부주임
1003	홍길동	B1	교수

학과

학과번호	학과이름	교수번호	학생수
A1	컴퓨터	1001	30
A2	정보통신	1002	20
B1	토목	1003	50

- 위 [교수] 테이블에서는 홍길동 교수가 담당하는 학생 수를 알 수 없다. 이때 [교수] 테이블에서 '학과번호'를 가지고 [학과] 테이블의 '학과번호'를 참조해서 홍길동 교수의 학과번호 'B1'에 해당하는 학생 수를 알면 된다. 이와 같이 [교수] 테이블의 '학과번호'를 외래키로 선정해서 [학과] 테이블을 참조하면 된다. 이때 [학과] 테이블과 같이 참조되는 테이블을 '참조 테이블'이라고 한다.

➕ 더 알기 TIP

식별 관계와 비식별 관계

- 위와 같이 [교수] 테이블의 외래키로 '학과번호'를 선정한 경우, 즉 외래키가 일반 속성인 경우는 참조 테이블과 '비식별 관계'라고 한다. 비식별 관계에서는 테이블을 참조하여 원하는 정보만 얻을 수 있는 관계이다.
- 반면 기본키를 외래키로 선정하여 다른 테이블을 참조하는 경우는 참조 테이블의 튜플을 식별할 수 있기 때문에 '식별 관계'라고 한다.

  - 식별 관계 : 외래키가 기본키인 경우
  - 비식별 관계 : 외래키가 일반 속성인 경우

🅕 기적의 TIP

기본키를 다르게 표현하기도 합니다(기본키 = 주키 = 주식별자).

★ NULL
데이터베이스에서 정보의 부재, 자료 없음(비어 있음)을 나타낸다. NULL은 숫자(0)나 공백(Space)과 다르다.

🅕 기적의 TIP

잠깐! 정리해 보죠. 후보키는 튜플을 식별하기 위한 후보들이고, 이 중에서 편의상 튜플을 식별하기 위해 선택한 것이 기본키. 그리고 나머지는 대체키가 되는 것입니다.

⑤ 슈퍼키(Super Key)

- 슈퍼키는 한 릴레이션(테이블) 내의 튜플들을 식별할 수 있는 후보키와 다른 속성들과의 모든 조합을 말한다.
- 슈퍼키는 유일성은 만족하지만, 최소성은 만족하지 않는다.
- 위 [학생] 테이블에서 학생 개개인을 구분하기 위한 모든 경우를 후보키와 조합해서 나열하면 다음과 같다.

> (학번, 이름), (학번, 주민번호), (학번, 학과), (학번, 학년), (학번, 이름, 학과), (학번, 이름, 학과, 학년), (주민번호, 이름), (주민번호, 학과) …

➕ 더 알기 TIP

릴레이션의 또 다른 표현 방법

학생

학번	이름	주민번호	학과	학년
083577	강희영	850502-1234567	컴퓨터	3
093505	김정미	840127-2345678	컴퓨터	2
072719	홍길동	811022-1345678	토목	4
100325	이영진	890628-1456789	법학	1

⇨

학생

학번
이름
주민번호
학과
학년

좌측의 릴레이션을 간단한 형태로 우측과 같이 표현하기도 한다. 기본키는 윗부분에 표현하고 나머지 속성은 아래 부분에 표기한다.

03 무결성(Integrity) 제약조건

기본키와 관련된 무결성 제약조건은 '개체 무결성', 외래키와 관련된 무결성 제약조건은 '참조 무결성'입니다.

무결성은 데이터베이스 자료의 오류 없는 정확성과 안정성을 나타내는 것으로, 무결성 제약조건은 정확성과 안정성을 유지하기 위한 제약조건이다.

① 개체 무결성 2024년 3회

- 기본키는 NULL 값이 올 수 없으며, 중복될 수 없음을 나타내는 제약조건이다.
- 개체 무결성은 개체를 식별하기 위해서 오류가 없도록 하기 위한 제약조건이다.
- 아래 '학생' 릴레이션(테이블)에서 '학번'은 기본키로 학생들을 서로 구분하기 위해 선정된 속성이므로 중복되거나 NULL 값이 올 수 없다.

학생

학번	이름	학년	학과	성적
400	박태인	1	수학과	90
200	홍길동	2	국문과	70
100	이영진	4	컴퓨터과	95
300	이순신	3	토목과	80

② 참조 무결성 2023년 3회

- 외래키는 NULL 값이 올 수 있으며, 참조 릴레이션(테이블)의 기본키와 같아야 하는 제약조건으로 테이블 참조 시 오류가 없도록 하기 위한 제약조건이다.
- 아래 [교수] 테이블의 '학과번호'에서 참조하는 [학과] 테이블의 '학과번호'의 값은 반드시 존재해야 한다.

교수

번호	교수이름	학과번호	직급
1001	이영진	A1	주임
1002	이순신	A2	부주임
1003	홍길동	B1	교수

학과

학과번호	학과이름	교수번호	학생수
A1	컴퓨터	1001	30
A2	정보통신	1002	20
B1	토목	1003	50

③ 도메인 무결성

- 릴레이션(테이블)에서 속성값의 범위가 정의된 경우 그 속성값은 정해진 범위 이내의 값으로 구성해야 하는 제약조건이며, 동일한 속성에 대해 데이터 타입과 데이터 길이가 동일해야 한다.
- 다음 [학생] 릴레이션(테이블)에서 학년 속성의 값으로 1, 2, 3, 4만 올 수 있도록 도메인을 정의했다면 그 외 값이 올 수 없으며, 학년 속성은 누구든지 동일한 숫자형 데이터 타입과 데이터 길이가 적용된다.

학생

학번	이름	학년	학과	성적
400	박태인	1	수학과	90
200	홍길동	2	국문과	70
100	이영진	4	컴퓨터과	95
300	이순신	3	토목과	80

④ 고유(Unique) 무결성

- 특정 속성에 대해 고유한 값을 가지도록 조건이 주어진 경우, 그 속성값은 모두 달라야 하는 제약조건을 말한다.
- [학생] 릴레이션에서 릴레이션 정의 시 '이름' 속성에는 중복된 값이 없도록 제한했다면 '이름' 속성에는 중복된 이름이 있어서는 안 된다.

⑤ NULL 무결성

- 특정 속성값에 NULL이 올 수 없다는 조건이 주어진 경우, 그 속성값은 NULL 값이 올 수 없다는 제약조건을 말한다.
- [학생] 릴레이션에서 릴레이션 정의 시 '학과' 속성에는 NULL 값이 올 수 없도록 제한했다면 '학과' 속성에는 NULL이 있어서는 안 된다.

⑥ 키 무결성

한 릴레이션(테이블)에는 최소한 하나의 키가 존재해야 하는 제약조건을 말한다.

다음 괄호에 들어갈 알맞은 내용을 채우시오.

(①)	릴레이션(테이블)에서 각 튜플들을 유일하게 식별할 수 있는 속성이나 속성의 집합을 말하며, (①)이(가) 될 수 있는 조건은 유일성과 최소성을 모두 만족해야 한다.
(②)	후보키(Candidate Key) 중에서 튜플을 식별하기 위해 특별히 선택된 속성을 말한다. (②)(은)는 중복이 될 수 없고 NULL이 올 수 없으며 유일성과 최소성을 만족해야 한다.
(③)	하나의 테이블에서 필요에 의해 다른 테이블을 참조하기 위해 사용되는 속성을 말한다. (③)(은)는 참조 릴레이션의 기본키(Primary Key)와 동일해야 하며, NULL이 올 수 있다.
(④)	기본키(Primary Key) 값은 중복된 값이 있을 수 없으며, NULL이 될 수 없음을 나타내는 제약조건이다. (④)(은)는 릴레이션(테이블)에서 개체(Entity)를 식별함에 있어 오류가 없도록 하기 위한 제약조건을 말한다.
(⑤)	두 릴레이션(테이블)의 참조 관계에 있어 외래키(Foreign Key) 값은 참조 릴레이션의 기본키(Primary Key)와 같아야 하는 제약조건으로 릴레이션(테이블) 참조 시 오류가 발생하지 않도록 하기 위한 제약조건을 말한다.

- ① :
- ② :
- ③ :
- ④ :
- ⑤ :

ANSWER ① 후보키(Candidate Key) ② 기본키(Primary Key) ③ 외래키(Foreign Key) ④ 개체 무결성 ⑤ 참조 무결성

관계 데이터 연산

관계 데이터 연산은 관계 데이터베이스 구조에서 사용되는 연산으로, 크게 관계 대수
와 관계 해석 두 가지 종류가 있다.

01 관계 대수(Relational Algebra) 2023년 3회, 2022년 3회

- 관계 대수는 릴레이션에서 사용자가 원하는 결과를 얻기 위해 연산자를 표현하는
  방법으로 결과를 얻기 위한 절차를 표현하기 때문에 절차적 언어라고 한다.
- 관계 대수는 크게 순수 관계 연산자와 일반 집합 연산자로 나뉜다.

순수 관계 연산자	SELECT(σ), PROJECT(π), JOIN(⋈), DIVISION(÷)
일반 집합 연산자	합집합(∪), 교집합(∩), 차집합(−), 카티션 프로덕트(×)

기적의 TIP

이번 Section에서는 관계 대
수에 대한 내용을 공부합니
다. 관계 대수에 해당하는 연
산자의 개념과 종류, 이용법
을 정확히 정리해 두세요.

① 셀렉트(SELECT, σ)

- 릴레이션에서 조건을 만족하는 수평적 부분 집합(튜플)을 구하기 위한 연산을 말한
  다.
- 결과는 조건을 만족하는 튜플들로 테이블이 만들어진다.
- 연산 기호는 시그마(σ)를 이용한다.

▶ 표기 형식

$\sigma_{\langle 선택조건\rangle}$(테이블 이름)

- [학생] 테이블을 이용한 SELECT(σ) 연산

학생

학번	이름	학년	전공	점수
001	이영진	4	컴퓨터	90
002	김정미	3	영문	87
003	홍길동	1	수학	72
004	강감찬	1	수학	77

예1 [학생] 테이블에서 점수가 80점 이상에 해당하는 튜플들을 추출하여라.

〈표기〉

$\sigma_{점수\geq 80}$(학생)

〈결과〉

학번	이름	학년	전공	점수
001	이영진	4	컴퓨터	90
002	김정미	3	영문	87

예 2 [학생] 테이블에서 학년이 '1'에 해당하는 튜플들을 추출하여라.

〈표기〉

$\sigma_{\text{학년}=1}(\text{학생})$

〈결과〉

학번	이름	학년	전공	점수
003	홍길동	1	수학	72
004	강감찬	1	수학	77

② 프로젝트(PROJECT, π)

- 프로젝트 연산은 릴레이션에서 수직적 부분 집합(속성의 값)을 구하는 연산으로 원하는 속성만 추출하기 위한 연산이다.
- 연산 기호는 파이(π)를 이용한다.

▶ 표기 형식

$\pi_{\langle \text{추출 속성리스트} \rangle}(\text{테이블 이름})$

- [학생] 테이블을 이용한 PROJECT(π) 연산

학생

학번	이름	학년	전공	점수
001	이영진	4	컴퓨터	90
002	김정미	3	영문	87
003	홍길동	1	수학	72
004	강감찬	1	수학	77

예 1 [학생] 테이블에서 학번과 이름 속성을 추출하여라.

〈표기〉

$\pi_{\text{학번, 이름}}(\text{학생})$

〈결과〉

학번	이름
001	이영진
002	김정미
003	홍길동
004	강감찬

예 2 [학생] 테이블에서 학년과 전공 속성을 추출하여라.

〈표기〉

$\pi_{학년, 전공}(학생)$

〈결과〉

학년	전공
4	컴퓨터
3	영문
1	수학

〈풀이〉

추출된 결과에서 중복되는 값은 한 번만 표현된다.

③ 조인(JOIN, ⋈)

- 두 테이블로부터 조건에 맞는 관련된 튜플들을 하나의 튜플로 결합하여 하나의 테이블로 만드는 연산을 말한다.
- 조인의 종류는 동일 조인(Equi Join), 자연 조인(Natural Join), 외부 조인(Outer Join) 등 여러 가지 종류가 있다.
- 연산 기호는 '⋈'를 사용한다.

▶ **표기 형식**

테이블1⋈〈조인 조건〉테이블2

- 동일 조인(Equi Join)
  - 관계 연산자 =, ≠, 〈, ≤, 〉, ≥ 중 '=' 연산자만을 사용하여 조건을 표현한다.
  - 가장 기본이 되는 조인이며, 두 테이블의 모든 속성을 합한 하나의 테이블 구조로 만들어진다(중복이 되는 속성도 모두 표현한다).

학생

학번	성명	수강코드	학년
9507	이영진	10-A	4
9619	박태인	20-A	3
9610	김정애	30-B	3
9825	강감찬	10-A	1
9532	이태순	40-B	4

성적

학번	수강과목	점수
9507	운영체제	92
9507	데이터베이스	85
9619	전자계산기구조	91
9610	운영체제	88
9610	자료구조	80
9610	데이터베이스	70
9825	정보통신	72

예 [학생] 테이블과 [성적] 테이블에서 학번이 서로 동일한 튜플들을 이용하여 하나의 테이블로 만들어라.

〈표기〉

학생⋈학번=학번 성적

〈결과〉

학번	성명	수강코드	학년	학번	수강과목	점수
9507	이영진	10-A	4	9507	운영체제	92
9507	이영진	10-A	4	9507	데이터베이스	85
9619	박태인	20-A	3	9619	전자계산기구조	91
9610	김정애	30-B	3	9610	운영체제	88
9610	김정애	30-B	3	9610	자료구조	80
9610	김정애	30-B	3	9610	데이터베이스	70
9825	강감찬	10-A	1	9825	정보통신	72

〈풀이〉

① 두 테이블의 속성들을 합한 하나의 테이블 구조를 만든다.

학번	성명	수강코드	학년	학번	수강과목	점수

② 조건과 같이 [학생] 테이블의 학번과 [성적] 테이블의 학번이 서로 동일한 자료를 하나의 튜플로 만들어 위에서 만든 테이블 구조에 삽입한다.

학생

학번	성명	수강코드	학년
9507	이영진	10-A	4
9619	박태인	20-A	3
9610	김정애	30-B	3
9825	강감찬	10-A	1
9532	이태순	40-B	4

성적

학번	수강과목	점수
9507	운영체제	92
9507	데이터베이스	85
9619	전자계산기구조	91
9610	운영체제	88
9610	자료구조	80
9610	데이터베이스	70
9825	정보통신	72

⇩

학번	성명	수강코드	학년	학번	수강과목	점수
9507	이영진	10-A	4	9507	운영체제	92
9507	이영진	10-A	4	9507	데이터베이스	85

③ 다른 모든 학번도 같은 방법으로 하되, 조건에 맞지 않는 튜플은 결과에 포함시키지 않는다(학생 테이블에서 학번 '9532' 학생은 성적 테이블에 동일한 학번이 없어 결과에 포함되지 않는다).

• 자연 조인(Natural Join)

  – 동일 조인한 결과에서 중복되는 속성을 제거하여 표현한다.

학번	성명	수강코드	학년	학번	수강과목	점수
9507	이영진	10-A	4	9507	운영체제	92
9507	이영진	10-A	4	9507	데이터베이스	85
9619	박태인	20-A	3	9619	전자계산기구조	91
9610	김정애	30-B	3	9610	운영체제	88
9610	김정애	30-B	3	9610	자료구조	80
9610	김정애	30-B	3	9610	데이터베이스	70
9825	강감찬	10-A	1	9825	정보통신	72

└─── 중복 속성 ───┘

– 위 동일 조인한 결과에서 '학번'이 중복되므로 하나를 제거하여 표현한다.

학번	성명	수강코드	학년	수강과목	점수
9507	이영진	10–A	4	운영체제	92
9507	이영진	10–A	4	데이터베이스	85
9619	박태인	20–A	3	전자계산기구조	91
9610	김정애	30–B	3	운영체제	88
9610	김정애	30–B	3	자료구조	80
9610	김정애	30–B	3	데이터베이스	70
9825	강감찬	10–A	1	정보통신	72

- 외부 조인(Outer Join)
  – 조인 시 두 테이블 간에 관련 없는, 다시 말해 조건에 맞지 않는 튜플도 결과 테이블에 포함시켜 조인하는 방법으로 해당 자료가 없는 부분은 NULL 값이 된다.

학생

학번	성명	수강코드	학년
9507	이영진	10–A	4
9619	박태인	20–A	3
9610	김정애	30–B	3
9825	강감찬	10–A	1
9532	이태순	40–B	4

성적

학번	수강과목	점수
9507	운영체제	92
9507	데이터베이스	85
9619	전자계산기구조	91
9610	운영체제	88
9610	자료구조	80
9610	데이터베이스	70
9825	정보통신	72

  – 위 [학생] 테이블과 [성적] 테이블에서 [학생] 테이블에 있는 학번 '9532'는 [성적] 테이블에서 동일한 학번이 없으므로 동일 조인과 자연 조인에서는 결과 테이블에 포함되지 않았다. 그러나 외부 조인에서는 조건에 맞지 않는 경우도 결과 테이블에 포함되며, 해당 자료가 없는 경우 NULL 값이 된다.
  – [학생] 테이블과 [성적] 테이블을 외부 조인한 결과는 다음과 같다.

학번	성명	수강코드	학년	수강과목	점수
9507	이영진	10–A	4	운영체제	92
9507	이영진	10–A	4	데이터베이스	85
9619	박태인	20–A	3	전자계산기구조	91
9610	김정애	30–B	3	운영체제	88
9610	김정애	30–B	3	자료구조	80
9610	김정애	30–B	3	데이터베이스	70
9825	강감찬	10–A	1	정보통신	72
9532	이태순	40–B	4	NULL	NULL

④ 디비전(DIVISION, ÷) 2020년 3회

- A, B 두 테이블에 대해 'A DIVISION B'는 B 테이블의 조건을 만족하는 튜플들을 테이블 A에서 추출하는 연산이다.
- 결과는 연산에 사용된 속성은 제외된다.
- 연산 기호는 '÷'를 이용한다.

▶ 표기 형식

테이블1(테이블1속성 ÷ 테이블2속성)테이블 2

B 기적의 TIP

DIVISION 연산은 시험에 자주 출제되지 않습니다. 간단히 의미만 알아두세요.

02 관계 해석(Relational Calculus) 2022년 2회

- 관계 해석은 릴레이션에서 결과를 얻기 위한 과정을 표현하는 것으로 연산자 없이 정의하는 방법을 이용하는 비절차적 언어이다.
- 튜플 관계 해석과 도메인 관계 해석이 있다.

▶ 표기 형식

{결과값 | 조건}

예 [학점] 테이블에서 수강번호가 'B123'이고, 점수가 80 이상인 학생의 이름을 구하여라.

{학점.이름 | 학점 ∧ 학점.수강번호='B123' ∧ 학점.점수≥80}

이론을 확인하는 / 핵심문제

다음 괄호에 들어갈 알맞은 내용을 채우시오.

(①)	• 관계 데이터 연산은 크게 관계 대수와 관계 해석으로 나뉘며 이 중 관계 데이터베이스에서 사용자가 원하는 정보를 검색하기 위해서 어떻게 유도되는가를 기술하는 절차적 언어로 관계 대수가 있다. • 관계 대수의 종류에서 순수 관계 연산자들 중 (①) 연산은 릴레이션의 속성을 연산 대상으로 연산에 명세된 속성 값들만 선택한다. • 릴레이션의 수직적 부분 집합과 동일하므로 수직 연산이라 한다. 연산의 결과 릴레이션은 중복된 튜플을 배제하고 생성되며, 연산 기호로 파이(π)를 사용한다.
(②)	릴레이션에서 주어진 조건을 만족하는 튜플들을 선택하는 연산이다. (②) 연산의 결과 릴레이션은 주어진 릴레이션을 수평적 부분 집합의 결과와 동일하므로 수평 연산이라고도 한다. 연산 기호로 σ(시그마) 기호를 사용한다.
(③)	두 릴레이션(테이블)으로부터 조건에 맞는(관련된) 튜플들을 하나의 튜플로 결합하여 하나의 릴레이션(테이블)으로 만들기 위해 사용되는 연산을 말한다.
(④)	수학의 'Predicate Calculus'에 기반으로 제안되었으며 릴레이션에서 원하는 결과를 얻기 위한 과정을 표현하는 것으로 연산자 없이 정의하는 방법을 이용하는 비절차적 언어의 특징을 가진다.

- ① :
- ② :
- ③ :
- ④ :

ANSWER ① 프로젝트(Project) ② 셀렉트(Select) ③ 조인(Join) ④ 관계 해석

01 다음 괄호 안 내용으로 가장 적합한 항목을 작성하시오.

(①)	• 데이터베이스를 설계하는 과정 중 구축하고자 하는 데이터베이스를 개념적으로 표현하며, 구축하고자 하는 데이터베이스를 결정하는 단계이다. • (①) 단계에서는 E–R 모델을 이용하여 표현한다.
(②)	데이터베이스의 전체적인 논리적 구조는 다음과 같이 P. Chan이 제안한 구성요소들을 사용하여 개체–관계도(E–R Diagram)로서 표현할 수 있다. 괄호 안의 내용으로 가장 적절한 것은? • 사각형 : (②)(을)를 나타낸다. • 타원 : 속성을 나타낸다. • 마름모 : 개체집합 간의 관계를 나타낸다. • 선 : 속성과 개체집합을 연결시키며 개체집합과 관계를 연결시킨다.
(③)	• 데이터 개체(Entity)의 성질, 분류, 식별, 수량, 상태, 특성 등을 기술하는 세부 정보의 관리요소로서, 관계형 데이터베이스에서 사용되는 데이터의 가장 작은 논리적 단위를 의미한다. • 릴레이션(테이블)을 구성하는 하나의 열(Column)로서 애트리뷰트(Attribute)라고도 하며 파일 시스템의 항목(Field)으로 표현할 수 있다. • 데이터베이스의 무결성 확보를 위해서 중복을 최소로 하여 설정하는 것이 바람직하며, 프로그래밍 언어의 변수에 비유할 수 있다.
(④)	• 테이블에서 각각의 튜플을 유일하게 식별할 수 있는 속성이나 속성의 집합을 말한다. • (④)(이)가 될 수 있는 조건은 각 튜플을 유일하게 식별하기 위한 유일성과 각 튜플을 식별하기 위해 최소 구성으로 되어야 하는 최소성을 만족해야 한다.
(⑤)	• 무결성은 데이터베이스의 오류 없는 정확성과 안정성을 나타내는 것을 말한다. • 이러한 무결성을 유지하기 위한 제약조건 중 기본키(Primary Key)는 NULL이 있을 수 없으며, 중복될 수 없다는 제약조건은 (⑤) 제약조건이다. • (⑤) 제약조건은 개체를 식별하기 위해서 오류가 없도록 하기 위한 제약조건이다.

- ① :
- ② :
- ③ :
- ④ :
- ⑤ :

02 다음 괄호 안 내용으로 가장 적합한 항목을 작성하시오.

(①)	• 데이터베이스를 설계하는 과정에서 데이터베이스를 구성하는 개체(Entity)에 대한 설명과 개체와 개체 간의 관계 등을 약속된 기호로 표현하기 위한 기법을 말한다. • P. Chen 박사에 의해 최초로 제안된 기법이다.
(②)	'거래' 관계가 있는 [고객] 개체와 [계좌] 개체가 있다. 다음에서 설명하는 관계는 어떤 거래 관계를 나타내는가? • 한 명의 '고객'은 여러 '계좌'를 개설하여 거래가 이루어지고 있다. • 하나의 '계좌'는 한 명의 '고객'과 거래가 이루어지고 있다.
(③)	• 데이터베이스를 설계하는 논리적 설계 단계에서 사용되는 모델의 종류 중 하나이다. • 2차원 구조의 표(테이블) 형태로 표현하므로 표 데이터 모델이라고도 한다. • 구조가 단순하여 가장 많이 사용되는 모델이다.
(④)	• (③)에서 한 행을 구성하는 속성들의 집합으로 행(Row)을 의미한다. • 파일 시스템의 레코드(Record)에 해당한다.
(⑤)	• 릴레이션에서 원하는 결과를 얻기 위하여 연산자를 이용하여 표현하는 방법이다. • 결과를 얻기 위한 절차를 표현하기 때문에 절차적 언어라고도 한다. • 사용되는 순수 관계 연산자로 셀렉트, 프로젝트, 조인, 디비전이 있다.

• ① :
• ② :
• ③ :
• ④ :
• ⑤ :

03 다음 괄호 안 내용으로 가장 적합한 항목을 작성하시오.

(①)	• 데이터베이스에 정의된 애트리뷰트들이 취할 수 있는 데이터 속성의 제약조건이 정의되어 있다. • 데이터베이스에 저장되는 데이터 속성들의 데이터 유형, 데이터의 길이, 데이터 허용 범위, 데이터의 기본값, 데이터의 생성규칙 등이 정의되어 있다. • 관계형 데이터 모델에서 특정 애트리뷰트가 취할 수 있는 동일한 데이터 유형의 모든 원자값들의 집합이다.
(②)	• 관계형 데이터 모델에서 테이블을 구성하는 속성의 수, 즉 항목의 수를 말한다. • 하나의 릴레이션이 '학번', '이름', '학과', '성적', '학점'의 속성으로 구성된 경우 (②)(은)는 5가 된다.
(③)	데이터베이스를 구축하기 위한 설계과정에서 E-R 모델을 이용해 표현했던 내용을 관계형 데이터 모델로 표현하는 경우 다음과 같이 표현된다. • E-R 모델에서 개체는 릴레이션으로 표현된다. • E-R 모델에서 속성은 릴레이션의 속성으로 표현된다. • E-R 모델에서 관계는 (③)(으)로 표현된다.
(④)	• 릴레이션에서 각각의 튜플을 식별하기 위해 선택된 속성을 말한다. • 중복이 될 수 없으며, NULL이 될 수 없다. • 후보키(Candidate Key) 중에서 선정된 것으로 유일성과 최소성을 만족한다.
(⑤)	• 데이터베이스 내에 저장되는 데이터 값들이 항상 일관성을 갖고 데이터의 유효성, 정확성, 안정성을 유지할 수 있도록 하는 제약조건을 두는 데이터베이스의 특성이다. • (⑤) 규정의 대상으로는 도메인, 키, 종속성, 관계성 등이 있다.

• ① :
• ② :
• ③ :
• ④ :
• ⑤ :

04 다음 괄호 안 내용으로 가장 적합한 항목을 작성하시오.

(①)	관계 대수는 릴레이션에서 원하는 결과를 얻기 위해 연산자를 사용하는 절차적 언어이다. 관계 대수 연산자 중 다음이 설명하는 연산자는 무엇인가? • 릴레이션에서 조건에 맞는 수평적 부분 집합을 구하기 위한 연산자이다. • 연산 기호는 시그마(σ)를 이용한다.
(②)	관계 대수에서 두 릴레이션에 대해 조건에 맞는 튜플들을 하나의 튜플로 결합하기 위한 연산으로 조인(JOIN)이 있다. 조인(JOIN)의 종류는 다음과 같다. • 동일 조인 : 가장 기본이 되는 조인으로 관계 연산자 중 '='를 이용하여 표현한다. • 자연 조인 : 동일 조인 결과에서 중복이 되는 속성을 제거하여 표현한다. • (②) : 조인 조건과 관련이 없는 튜플도 NULL 값으로 결과에 포함시켜 표현한다.
(③)	데이터베이스에서 릴레이션이 가지는 특징은 다음과 같다. • 릴레이션에 있는 튜플들은 모두 상이하다. • 릴레이션의 튜플과 속성에는 순서가 없다. • 릴레이션의 속성은 (③)(으)로 구성되어야 한다.
(④)	• 여러 개의 릴레이션이 존재하는 경우 각각의 릴레이션이 독립적으로 고립되는 경우는 바람직하지 못하다. 이러한 경우 여러 개의 릴레이션이 상호 참조를 통해서 관계가 형성이 되도록 구성해야 한다. • 하나의 릴레이션에서 다른 릴레이션을 참조하기 위해서는 (④)(이)가 필요하다. • (④)(은)는 참조 릴레이션의 기본키와 같아야 하며, NULL이 올 수 있다.
(⑤)	• 물리적 모델링 단계에서 고려해야 할 사항으로 데이터의 정확성과 안정성을 의미하는 무결성을 배제할 수 없다. • 모든 테이블의 튜플들을 유일하게 식별하기 위해서 오류가 없도록 하기 위한 개체 무결성과 테이블과 테이블 간에 (④)(을)를 이용해 상호 자료를 참조 시, 오류가 없도록 하는 (⑤) 등을 고려하여 설계해야 한다.

- ① :
- ② :
- ③ :
- ④ :
- ⑤ :

CHAPTER  04

데이터베이스 활용

학습 방향

1. 데이터베이스에 방생하는 3가지 이상 현상을 이해하고 설명할 수 있다.
2. 함수적 종속성을 이해하고 완전 함수적 종속과 부분 함수적 종속을 해결할 수 있다.
3. 정규화 단계별 과제를 이해하고 해당 과제를 해결하여 효율적인 데이터베이스를 설계할 수 있다.
4. 트랜잭션의 4가지 속성을 구분하고 설명하고 트랜잭션 연산을 수행할 수 있다.
5. 데이터베이스 회복 기법의 종류와 병행 제어 기법인 로킹을 설명할 수 있다.
6. 데이터 마이닝의 의미를 알고 활용할 수 있다.

출제빈도

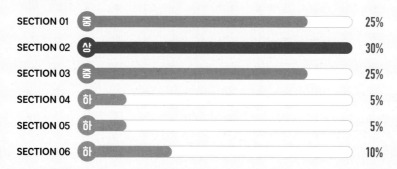

SECTION 01 중	25%
SECTION 02 상	30%
SECTION 03 중	25%
SECTION 04 하	5%
SECTION 05 하	5%
SECTION 06 하	10%

01 이상(Anomaly)과 함수적 종속

출제빈도 상 (중) 하
반복학습 1 2 3

빈출 태그 삭제 이상 · 삽입 이상 · 갱신 이상 · 완전 함수 종속 · 부분 함수 종속 · 이행적 함수 종속

🅑 기적의 TIP

이번 Section에서 배우는 용어는 다음 Section의 기본이되는 용어들입니다. 매우 중요하므로 꼭 알아두세요.

🅑 기적의 TIP

다시 한번 정리하죠.
논리적 설계는 개념적 설계에서 만들어진 구조를 논리적으로 구현 가능한 데이터 모델로 변환하는 단계를 말하고, 물리적 설계는 논리적데이터베이스 구조를 실제기계 처리에 알맞도록 내부저장 장치 구조와 접근 경로등을 설계하는 단계를 말합니다.

• 지금까지 관계 데이터베이스 모델에 대해 여러 가지를 살펴보았다. 하지만 중요한 것은 실제로 사용되는 데이터를 오류 없이 무결성과 독립성 그리고 일관성을 유지하면서 상호 융통성 있는 관계 형성을 통해 어떻게 효율적으로 처리하느냐이다.

• 이에 우리가 다시 한 번 살펴보아야 하는 것은 데이터베이스를 설계하는 과정에 대한 내용이다.

• 데이터베이스는 개념적 설계를 거쳐 논리적 설계, 물리적 설계 단계로 진행하면서 대량의 데이터를 여러 사용자가 사용함에 있어 정확하고 효율적인 처리가 이루어지도록 설계가 이루어져야 한다.

• 논리적 설계 단계에서 무결성 등을 유지하기 위해 이상(Anomaly)과 종속에 대한 문제를 살펴보아야 한다.

01 이상(Anomaly) 2020년 4회

• 이상(Anomaly) 현상은 데이터베이스의 논리적 설계 시 하나의 릴레이션에 많은 속성들이 존재하여, 데이터의 중복과 종속으로 인해 발생되는 문제점을 말한다. 이상(Anomaly) 현상은 릴레이션을 처리하는 데 여러 가지 문제를 초래하게 된다.

• 이상의 종류에는 삭제 이상, 삽입 이상, 갱신 이상이 있다.

① 삭제 이상(Deletion Anomaly) 2022년 1회

• 관계 데이터베이스에서 삭제는 튜플 단위로 이루어진다. 삭제 이상은 테이블에서 하나의 자료를 삭제하고자 하는 경우 그 자료가 포함된 튜플이 삭제됨으로 인해 원하지 않은 자료까지 함께 삭제가 이루어져 발생하는 문제점을 말한다.

– '고객번호', '제품번호', '제품명', '단가', '주문량' 속성으로 구성된 [고객주문] 테이블이 있다.

고객주문

고객번호	제품번호	제품명	단가	주문량
A012	S-321	SD메모리	25,000	2
A012	M-789	메모리	28,000	1
A023	K-002	키보드	5,000	1
A123	K-012	헤드셋	10,000	2
A134	M-123	마우스	6,000	4
A134	S-321	SD메모리	25,000	2
A321	K-012	헤드셋	10,000	1
A567	M-123	마우스	6,000	2
A789	M-123	마우스	6,000	3
A789	S-567	스캐너	100,000	1

- [고객주문] 테이블은 한 명의 고객이 여러 제품을 주문하고, 하나의 제품을 여러 고객이 주문하고 있는 상황을 나타내는 테이블이다.
- 따라서 [고객주문] 테이블에서는 하나의 속성만으로는 튜플들을 식별할 수 없고, '고객번호'와 '제품번호'가 조합된 합성키 (고객번호, 제품번호)가 기본키가 된다.
- 이 중에서 고객번호 'A789'가 주문한 제품 중 스캐너 주문을 취소한다면, [고객주문] 테이블에서 스캐너를 삭제해야 한다.
- 삭제는 튜플 단위로 이루어지기 때문에 스캐너가 포함된 튜플이 삭제가 된다. 이때 스캐너가 포함된 튜플 전체가 삭제되며, 스캐너에 대한 가격 정보도 함께 삭제되어 스캐너에 대한 가격을 알 수 없게 된다. [고객주문] 테이블에서는 스캐너를 주문한 경우가 더 이상 없기 때문이다.
- 이와 같이 하나의 자료만 삭제하고 싶지만 그렇지 못하고 그 자료가 포함된 튜플 전체가 삭제됨으로 인해 원하지 않는 정보가 손실되는 문제점을 삭제 이상이라고 한다.

② 삽입 이상(Insertion Anomaly)

- 관계 데이터베이스에서 삽입 역시 튜플 단위로 이루어진다. 이때 삽입하는 과정에서 원하지 않는 자료가 삽입된다든지 또는 삽입하는 데 자료가 부족해 삽입이 되지 않아 발생하는 문제점을 삽입 이상이라고 한다.
  - 위 [고객주문] 테이블에서 새로운 제품을 판매하기 위해 새로운 제품에 대한 정보로 '제품번호', '제품명', '단가'를 삽입하려고 한다.
  - 그러나 [고객주문] 테이블에서는 (고객번호, 제품번호)로 조합된 합성키가 기본키이기 때문에 '고객번호'가 없다면 삽입할 수 없다. 기본키에는 NULL이 올 수 없기 때문이다.
  - 따라서 [고객주문] 테이블에 새로운 제품 정보를 삽입하기 위해서는 고객이 주문을 해서 '고객번호'를 알기 전까지는 새로운 제품에 대한 정보를 삽입할 수 없는 현상이 발생하게 된다.
  - 이와 같이 삽입 작업을 수행하는 경우 원하지 않게 삽입이 되지 않는 현상을 삽입 이상이라고 한다.

③ 갱신 이상(Update Anomaly)

- 관계 데이터베이스의 자료를 갱신하는 과정에서 정확하지 않거나 일부의 튜플만 갱신됨으로 인해 정보가 모호해지거나 일관성이 없어져 정확한 정보의 파악이 안 되는 현상을 말한다.
  - 위 [고객주문] 테이블에서 마우스의 단가를 5,000으로 변경하려고 한다. [고객주문] 테이블에서 마우스가 포함된 튜플은 세 개이다.
  - 그런데 마우스가 포함된 3개의 튜플을 모두 변경하지 않고 일부만 변경한다면 마우스의 단가를 파악할 때 5,000원인지 6,000원인지 알 수 없게 된다.
  - 이와 같이 자료의 갱신 과정에서 잘못된 작업으로 인해 정보의 일관성이 없어져 정확한 정보를 파악하지 못하는 현상을 갱신 이상이라고 한다.

02 함수적 종속(Functional Dependency)

- 이상(Anomaly)과 함께 관계 데이터베이스에서 고려해야 할 것 중에 하나가 종속 이다.
- 종속이란 어떤 릴레이션에서 속성 A, B가 있을 때 임의 튜플에서 A의 값이 B의 값을 함수적으로 결정한다면, 즉 A의 값을 알면 B의 값을 알 수 있거나 A의 값에 따라 B의 값이 달라진다면 B는 A에 함수적으로 종속되었다고 하고, 기호로는 A → B로 표기한다.
- B가 A에 종속되어 A 값을 알면 B 값을 알 수 있을 때 A를 '결정자'라고 하고, B를 '종속자'라고 한다.
- 종속의 종류로는 완전 함수 종속, 부분 함수 종속, 이행적 함수 종속 등이 있다.
- '학번', '성명', '수강과목', '학년'으로 구성된 [학생] 테이블이 있다.

학생

학번	성명	수강과목	학년
990111	김철수	정보통신	1
981010	이철준	컴퓨터	3
990223	박태인	데이터베이스	1
972020	김길동	운영체제	2
981533	이영진	산업공학	3
961017	최길동	컴퓨터	4
962111	이철준	데이터베이스	4

  - [학생] 테이블에서 기본키인 '학번'을 알면 그 학생의 성명, 수강과목, 학년을 알 수 있다. 이때 '성명', '수강과목', '학년'은 '학번'에 종속되었다고 한다.
  - 표기는 다음과 같다.

> 학번 → 성명
> 학번 → 수강과목
> 학번 → 학년

① 완전 함수 종속과 부분 함수 종속 2022년 2회

- 완전 함수 종속(Full Functional Dependency)은 릴레이션에서 한 속성이 오직 기본키에만 종속이 되는 경우를 말한다.
- 부분 함수 종속(Partial Functional Dependency)은 릴레이션에서 한 속성이 기본키가 아닌 다른 속성에 종속이 되거나 또는 기본키가 2개 이상 합성키(복합키)로 구성된 경우 이 중 일부 속성에 종속이 되는 경우를 말한다.
- 위 [학생] 테이블에서 '성명', '수강과목', '학년'은 기본키인 '학번'을 알아야 알 수 있으므로 '성명', '수강과목', '학년'은 '학번'에 완전 함수 종속되었다고 한다.
- '고객번호', '제품번호', '제품명', '주문량'으로 구성된 [고객주문] 테이블이 있다.

고객주문

고객번호	제품번호	제품명	주문량
A012	S−321	SD메모리	2
A012	M−789	메모리	1
A023	K−002	키보드	1
A123	K−012	헤드셋	2
A134	M−123	마우스	4
A134	S−321	SD메모리	2
A321	K−012	헤드셋	1
A567	M−123	마우스	2
A789	M−123	마우스	3
A789	S−567	스캐너	1

- 위 [고객주문] 테이블에서는 '고객번호'와 '제품번호'가 조합된 (고객번호, 제품번호)가 기본키이다. [고객주문] 테이블에서 '주문량' 속성은 기본키인 '고객번호'와 '제품번호'를 모두 알아야 구분할 수 있다. 이런 경우 '주문량' 속성은 기본키에 완전 함수 종속되었다고 한다.
- 표기는 다음과 같다.

(고객번호, 제품번호) → 주문량

- 반면, '제품명'은 기본키인 '고객번호'와 '제품번호'를 모두 알아도 값을 구분할 수 있지만 기본키의 일부인 '제품번호'만 알아도 '제품명'을 알 수 있다. 이와 같은 경우 '제품명'은 기본키에 부분 함수 종속되었다고 한다.
- 표기는 다음과 같다.

제품번호 → 제품명

– [고객주문] 테이블의 함수 종속 관계를 다이어그램을 이용하여 표현하면 다음과
같다.

– 위 다이어그램에서 '주문량'은 '고객번호'와 '제품번호'의 조합에 종속됨을 나타낸
다. 반면, '제품명'은 '제품번호' 한 가지에만 종속됨을 나타낸다.

② 이행적 함수 종속(Transitive Functional Dependency) 2022년 2회

• 이행적 함수 종속은 릴레이션에서 A, B, C 세 가지 속성 간의 종속이 A → B, B
→ C일 때, A → C 가 성립이 되는 경우 이행적 함수 종속이라고 한다. 즉, A를 알
면 B를 알 수 있고 B를 알면 C를 알 수 있을 때, A를 알면 C를 알 수 있는 경우를
말한다.

$$A \to B, B \to C, A \to C$$

• '제품번호', '제품명', '단가' 속성으로 구성된 [제품] 테이블이 있다.

제품

제품번호	제품명	단가
S–321	SD메모리	25,000
M–789	메모리	28,000
K–002	키보드	5,000
K–012	헤드셋	10,000
M–123	마우스	6,000
S–567	스캐너	100,000

– [제품] 테이블에서는 '제품번호'를 알면 '제품명'을 알 수 있다. 또 '제품명'을 알면
'단가'를 알 수 있다. 결국 '제품번호'를 알면 '단가'를 알 수 있다. 이와 같은 경우
를 이행적 함수 종속이라고 한다.
– [제품] 테이블의 종속 관계는 다음과 같다.

제품번호 → 제품명, 제품명 → 단가, 제품번호 → 단가

– [제품] 테이블의 함수 종속 관계를 다이어그램을 이용하여 표현하면 다음과 같다.

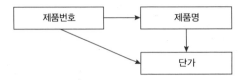

다음 괄호에 들어갈 알맞은 내용을 채우시오.

(①)	관계 데이터베이스의 논리적 설계 과정에서 하나의 릴레이션에 많은 속성들이 존재함으로써 데이터의 종속과 중복으로 인해 여러 가지 문제점이 발생하게 된다. (①) 현상은 릴레이션을 처리하는 데 발생하는 여러 가지 문제점으로 삽입, 삭제, 갱신 등의 종류가 있다.
(②)	관계 데이터베이스에서 (①) 현상과 함께 고려해야 할 문제가 종속이다. 종속이란 임의의 한 릴레이션에서 속성 A, B가 존재하는 경우 A의 값을 알면 B의 값을 알 수 있거나 A의 값에 따라 B의 값이 달라진다면, B는 A에 함수적으로 종속되었다고 하고, 기호로는 A → B로 표기한다. 이러한 종속 관계에서 한 속성이 오직 기본키(primary key)에만 종속이 되는 경우 (②) 관계에 있다고 한다.
(③)	(③)(은)는 종속의 종류 중에서 임의의 한 릴레이션에서 하나 속성이 기본키(primary key)가 아닌 이외의 속성에 종속 되거나 기본키(primary key)가 2개 이상 혼합키로 구성된 경우 이 중 일부 속성에 종속이 되는 경우를 말한다.
(④)	릴레이션에서 A, B, C 세 가지 속성 간의 종속 관계가 A → B, B → C 일 때, A → C 가 성립이 되는 경우, 즉 A를 알면 B를 알 수 있고, B를 알면 C를 알 수 있을 때, A를 알면 C를 알 수 있는 경우 (④)(이)라고 한다.

- ① :
- ② :
- ③ :
- ④ :

ANSWER ① 이상(Anomaly) ② 완전 함수 종속 ③ 부분 함수 종속 ④ 이행적 함수 종속

> **기적의 TIP**
>
> 정규화는 자주 출제되는 부분 중 한 부분입니다. 정규형의 개념을 정확히 정리하고 정규형의 종류를 구분할 수 있어야 합니다.

01 정규화(Normalization)

- 정규화란 논리적 설계 단계에서 발생할 수 있는 종속으로 인한 이상(Anomaly) 현상의 문제점을 해결하기 위해, 속성들 간의 종속 관계를 분석하여 여러 개의 릴레이션으로 분해하는 과정을 말한다.
- 정규화되는 과정을 정규형이라고 하며, 정규형의 종류로는 제1정규형, 제2정규형, 제3정규형, BCNF, 제4정규형, 제5정규형 등이 있다.

02 정규형의 종류

① 제1정규형(1NF : First Normal Form)

- 제1정규형은 한 릴레이션을 구성하는 모든 도메인이 원자값(Atomic Value)만으로 구성되도록 하는 정규형을 말한다.
- '회원번호', '성명', '연락처', '수강과목', '수강료'로 구성된 [회원] 테이블이 있다.

회원

회원번호	성명	연락처	수강과목	수강료
10010	박순신	123–4567	POP글씨	40,000
			지점토공예	40,000
20020	이감찬	234–1122	펜글씨	30,000
20030	김길동	321–4321	지점토공예	40,000
			기타	50,000

- 위 [회원] 테이블에서 '박순신'과 '김길동' 회원은 한 명의 회원이 여러 과목을 수강하고 있다.
- 그런데 '박순신' 회원과 '김길동' 회원에 대한 중복이 되는 속성값 '회원번호', '성명', '연락처'에 해당하는 튜플을 하나로 합쳐서 나타내고 있다.
- 데이터베이스에서는 검색, 삽입, 삭제 등 여러 가지 작업이 튜플 단위로 이루어지기 때문에 '박순신' 회원과 '김길동' 회원과 같이 튜플을 하나로 합쳐서 표현하면 원활하게 수행되지 못한다.

– 따라서 위 [회원] 테이블이 각각의 튜플로 구성되도록 회원 정보를 나타내는 [회원] 테이블과 수강과목에 대한 정보를 나타내는 [강좌] 테이블로 분해하면 다음과 같다.

회원(회원번호, 성명, 연락처)
강좌(수강과목, 수강료)

회원

회원번호	성명	연락처
10010	박순신	123-4567
20020	이감찬	234-1122
20030	김길동	321-4321

강좌

수강과목	수강료
POP글씨	40,000
지점토공예	40,000
펜글씨	30,000
기타	50,000

– 이와 같이 모든 도메인이 각각의 튜플로 구성되도록, 즉 원자값만으로 구성되도록 분해하는 과정을 제1정규형(1NF)이라고 한다.

② 제2정규형(2NF : Second Normal Form) 2024년 1회, 2021년 2회

- 제2정규형은 제1정규형을 만족하면서 릴레이션을 구성하는 모든 속성이 기본키에 완전 함수 종속이 되도록 분해하는 과정을 말한다.
- 즉, 제2정규형에서는 릴레이션에 존재하는 부분 함수 종속을 제거하고 모든 속성이 기본키에 완전 함수 종속이 되도록 한다.
- '고객번호', '제품번호', '제품명', '주문량'의 속성을 가진 [고객주문] 테이블이 있다.

고객주문

고객번호	제품번호	제품명	주문량
A012	S-321	SD메모리	2
A012	M-789	메모리	1
A023	K-002	키보드	1
A123	K-012	헤드셋	2
A134	M-123	마우스	4
A134	S-321	SD메모리	2
A321	K-012	헤드셋	1
A567	M-123	마우스	2
A789	M-123	마우스	3
A789	S-567	스캐너	1

– [고객주문] 테이블에서 '고객번호'와 '제품번호'가 조합된 합성키(복합키)가 기본키가 된다.
– [고객주문] 테이블의 종속 관계를 살펴보면 '주문량' 속성값은 '고객번호'와 '제품번호' 모두 알아야 구분할 수 있으므로 기본키인 (고객번호, 제품번호)에 완전 함수 종속된다.

(고객번호, 제품번호) → 주문량

- 반면, '제품명' 속성값은 기본키 (고객번호, 제품번호)의 일부인 '제품번호'만 알아도 구분할 수 있으므로 부분 함수 종속 관계에 있다.

> 제품번호 → 제품명

- 따라서 이와 같이 부분 함수 종속 관계가 있는 테이블을 기본키에 완전 함수 종속이 되도록 분해하면 다음과 같이 분해할 수 있다.

> 주문량(고객번호, 제품번호, 주문량)
> 제품(제품번호, 제품명)

주문량

고객번호	제품번호	주문량
A012	S-321	2
A012	M-789	1
A023	K-002	1
A123	K-012	2
A134	M-123	4
A134	S-321	2
A321	K-012	1
A567	M-123	2
A789	M-123	3
A789	S-567	1

제품

제품번호	제품명
S-321	SD메모리
M-789	메모리
K-002	키보드
K-012	헤드셋
M-123	마우스
S-567	스캐너

- 이와 같이 [고객주문] 테이블을 [주문량] 테이블과 [제품] 테이블로 분해하면 [주문량] 테이블에서 '주문량'은 기본키인 (고객번호, 제품번호)에 완전 함수 종속이 되고, [제품] 테이블에서 '제품명'은 기본키인 '제품번호'에 완전 함수 종속이 되어 제2정규형(2NF)을 만족하게 된다.

③ 제3정규형(3NF : Third Normal Form)
- 제3정규형은 제2정규형을 만족하면서 릴레이션을 구성하는 속성들 간에 이행적 함수 종속 관계를 분해하여 비이행적 함수 종속이 되도록 하는 과정을 말한다.
- '학번', '전공', '담당교수' 속성으로 구성된 [수강] 테이블이 있다.

수강

학번	전공	담당교수
0001	컴퓨터	김선수
0002	기계	박길동
0003	토목	이찬성
0004	컴퓨터	김선수
0005	기계	박길동

- [수강] 테이블의 종속 관계를 살펴보면 다음과 같다.
- '학번'을 알면 그 학생의 '전공'을 알 수 있다. 즉, '전공'은 '학번'에 종속되어 있다. 또한 '전공'을 알면 '담당교수'를 알 수 있다. 즉, '담당교수'는 '전공'에 종속되어 있다. 결국 '학번'을 알면 '전공' 속성값을 알 수 있고, '담당교수' 속성값도 알 수 있게 된다. 즉, '학번'과 '담당교수' 속성 간에 이행적 함수 종속 관계가 있는 것이다.

> 학번 → 전공
> 전공 → 담당교수
> 학번 → 담당교수

- 따라서 이행적 함수 종속 관계가 있는 [수강] 테이블을 분해하면 다음과 같이 분해할 수 있다.

> 학생(<u>학번</u>, 전공)
> 교수(<u>전공</u>, 담당교수)

학생

학번	전공
0001	컴퓨터
0002	기계
0003	토목
0004	컴퓨터
0005	기계

교수

전공	담당교수
컴퓨터	김선수
기계	박길동
토목	이찬성

- 이와 같이 [수강] 테이블을 [학생] 테이블과 [교수] 테이블로 분해하면 각 테이블이 기본키에 완전 함수 종속 관계로 유지되면서 이행적 함수 종속 관계도 해결되어 제3정규형(3NF)을 만족하게 된다.

④ **보이스-코드 정규형(BCNF : Boyce-Codd Normal Form)**

- 보이스-코드 정규형은 제3정규형을 만족하면서, 릴레이션에서 모든 결정자★가 후보키★가 되도록 하는 과정을 말한다.
- '회원번호', '수강과목', '강사' 속성으로 구성된 [등록] 테이블이 있다.

등록

회원번호	수강과목	강사
10010	POP글씨	최수지
10010	서예	김선수
20020	기타	이영춘
20030	네일아트	이태선
20030	POP글씨	최수지
30010	서예	박길동
30010	POP글씨	김정미

★ **결정자**
속성 A, B 중에서 속성 A가 속성 B의 값을 결정한다면, 즉 A→B의 종속 관계에 있을 때 A를 결정자라 한다. B는 종속자가 된다.

★ **후보키**
릴레이션에서 각 튜플을 유일하게 식별할 수 있는 속성이나 속성의 집합을 말한다.

- [등록] 테이블에서 한 명의 회원이 여러 과목을 수강할 수 있으므로 '회원번호' 하나의 속성으로는 후보키가 될 수 없다.
- [등록] 테이블에서 후보키가 될 수 있는 것은 합성키(복합키)로 (회원번호, 수강과목) 또는 (회원번호, 강사)이다. (수강과목, 강사)는 후보키가 될 수 없다. 수강과목이 'POP글씨'이고, 강사가 '최수지'인 경우는 회원번호가 '10010'과 '20030' 두 가지로 서로 튜플을 식별할 수 없기 때문이다.
- 후보키 (회원번호, 수강과목)과 (회원번호, 강사) 중 기본키를 (회원번호, 수강과목)으로 지정하면 다음과 같은 종속 관계가 성립된다.

(회원번호, 수강과목) → 강사

- 또한 [등록] 테이블에서는 한 과목을 여러 명의 강사가 강의할 수 있음을 알 수 있다. 'POP글씨'를 강사 '최수지'와 '김정미'가 강의하고 있고, '서예'는 '김선수'와 '박길동' 강사가 강의하고 있다. 따라서 수강과목과 강사 간의 종속 관계는 강사를 알면 수강과목을 알 수 있는 형태이다. 수강과목과 강사 간에는 다음과 같은 종속 관계가 성립된다.

강사 → 수강과목

- 이때 '강사' 속성은 후보키가 아니다. 후보키가 아님에도 수강과목을 결정하는 결정자 역할을 하고 있는 것이다. 이와 같이 결정자가 후보키가 아닌 경우 분해하는 과정을 BCNF라고 한다. 위 [등록] 테이블은 다음과 같이 분해할 수 있다.

회원등록(회원번호, 강사)
강사(강사, 수강과목)

- [회원등록] 테이블의 '강사' 속성을 외래키로 지정하여 [강사] 테이블을 참조한다.

회원등록

회원번호	강사
10010	최수지
10010	김선수
20020	이영춘
20030	이태선
20030	최수지
30010	박길동
30010	김정미

강사

강사	수강과목
최수지	POP글씨
김선수	서예
이영춘	기타
이태선	네일아트
박길동	서예
김정미	POP글씨

- 이와 같이 [등록] 테이블을 [회원등록] 테이블과 [강사] 테이블로 분해하면 모든 결정자가 후보키가 되어 BCNF를 만족하게 된다.

⑤ 제4정규형(4NF : Fourth Normal Form)

- 제4정규형은 릴레이션에서 다치 종속(MVD) 관계가 성립되는 경우 분해하는 정규형을 말한다.
- 다치 종속(MVD : Multivalued Dependency)
  - 함수 종속은 'A → B'인 경우 A의 속성값은 B의 속성값 하나를 결정하게 된다.

강사

강사	수강과목
최수지	POP글씨
김선수	서예
이영춘	기타
이태선	네일아트

  - [강사] 테이블에서 '강사 → 수강과목' 종속 관계가 있다. 따라서 '강사' 속성의 값은 '수강과목' 속성 하나의 값과 대응되어 '수강과목' 하나하나를 식별할 수 있는 것이다.
  - 다치 종속(MVD)은 함수 종속과는 달리 하나의 속성값이 대응되는 속성의 집합을 결정하는 종속 관계를 말하며, 릴레이션의 속성이 3개 이상일 때 존재한다.
  - 다치 종속의 표기는 다음과 같이 한다.

A →→ B : A의 속성값은 B의 속성값의 집합을 결정하게 된다.

  - '과목명', '강사', '교재' 속성으로 구성된 [강좌] 테이블이 있다.

강좌

과목명	강사	교재
POP글씨	최수지	POP-1
POP글씨	최수지	POP-2
POP글씨	김정미	POP-1
POP글씨	김정미	POP-2
서예	박길동	서예-1
서예	박길동	서예-2

  - 위 [강좌] 테이블은 함수 종속 관계가 성립되지 않는다. 그런데 [강좌] 테이블에서는 '과목명'을 알면 그 과목과 관련된 강사들이 누구인지 강사의 집합을 알 수 있으며, '과목명'을 알면 그 과목과 관련된 교재의 집합을 알 수 있다. 즉, POP글씨와 관련된 강사는 (최수지, 김정미)이다. 또 POP글씨와 관련된 교재는 (POP-1, POP-2)이다.
  - 이와 같이 하나의 속성값과 여러 개의 속성값이 종속된 관계를 다치 종속(MVD)이라고 한다. [강좌] 테이블은 다음과 같은 다치 종속(MVD)이 성립된다.

과목명 →→ 강사
과목명 →→ 교재

기적의 TIP

제4정규형과 제5정규형은 고급 정규형이라고 합니다. 일반적으로 사용되는 정규형은 아니므로 개념의 특징적인 용어만 기억해 두세요.

– 이와 같은 다치 종속(MVD) 관계의 테이블을 분해하는 것이 제4정규형이다.

– [강좌] 테이블은 다음과 같이 분해할 수 있다.

> 강사(과목명, 강사)
> 교재(과목명, 교재)

강사

과목명	강사
POP글씨	최수지
POP글씨	김정미
서예	박길동

강사

과목명	교재
POP글씨	POP-1
POP글씨	POP-2
서예	서예-1
서예	서예-2

⑥ 제5정규형(5NF : Fifth Normal Form)

- 제5정규형은 릴레이션에 존재하는 조인 종속(Join Dependency)이 후보키를 통해서만 성립이 되도록 하는 정규형을 말한다.
- 조인 종속(Join Dependency)은 원래의 릴레이션을 분해한 뒤 자연 조인한 결과가 원래의 릴레이션과 같은 결과가 나오는 종속성을 말한다.

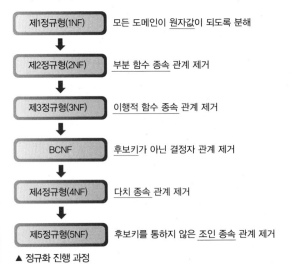

제1정규형(1NF)	모든 도메인이 원자값이 되도록 분해
제2정규형(2NF)	부분 함수 종속 관계 제거
제3정규형(3NF)	이행적 함수 종속 관계 제거
BCNF	후보키가 아닌 결정자 관계 제거
제4정규형(4NF)	다치 종속 관계 제거
제5정규형(5NF)	후보키를 통하지 않은 조인 종속 관계 제거

▲ 정규화 진행 과정

다음 괄호에 들어갈 알맞은 내용을 채우시오.

(①)	데이터베이스의 논리적 설계 시 하나의 릴레이션에 많은 속성들이 존재하게 하고, 데이터의 중복과 종속으로 인해 이상(Anomaly) 현상이 발생할 수 있다. 이러한 이상(Anomaly) 현상을 제거하기 위해 릴레이션의 무결성을 유지하면서 정확한 정보를 제공하기 위해 여러 개의 릴레이션으로 분해하는 것을 (①)(이)라고 한다.
(②)	'주문번호', '부품번호', '부품가격', '주문량'의 속성으로 구성된 [주문현황] 테이블이 있다. **주문현황** [주문현황] 테이블은 '주문번호'와 '부품번호'가 합성키인 (주문번호,부품번호)가 기본키이다. 또한 모든 도메인이 원자값으로 구성되어 있으므로 (②)(을)를 만족하고 있다.
(③)	위 [주문현황] 테이블의 종속 관계를 분석한 결과 '부품가격'은 기본키인 (주문번호,부품번호) 외에 '부품번호'만으로도 구분할 수 있으므로 '부품번호'에 종속되어 있음을 알 수 있다. 이와 같이 기본키가 아닌 속성에 종속이 되는 것을 부분 함수 종속이라 하며 이와 같은 종속을 해결하기 위해서는 (③)(을)를 수행함으로써 해결할 수 있다.
(④)	릴레이션에서 A를 알면 B를 알 수 있고, B를 알면 C를 알 수 있을 때, A를 알면 C를 알 수 있는 경우 이행적 함수 종속 관계가 성립된다고 할 수 있다. 이와 같은 경우 (④)(을)를 수행하여 종속 관계를 해결할 수 있다.

주문현황

주문번호	부품번호	부품가격	주문량
1318	C-1	1,500	20
1318	C-2	700	15
1222	C-3	600	15
1407	C-1	1,500	21
1407	C-4	600	12

- ① :
- ② :
- ③ :
- ④ :

트랜잭션(Transaction)

빈출 태그 트랜잭션 · 원자성 · 일관성 · 격리성 · 지속성 · COMMIT · ROLLBACK

01 트랜잭션(Transaction)

- 트랜잭션은 데이터베이스 내에서 한꺼번에 모두 수행되어야 할 연산들의 집합으로, 하나의 작업 처리를 위한 논리적 작업 단위를 말한다.
- 트랜잭션 내의 연산은 한꺼번에 완료되어야 하며 그렇지 못한 경우 모두 취소되어야 한다.

02 트랜잭션의 성질 2021년 2회, 2020년 1회

① 원자성(Atomicity)

트랜잭션의 가장 기본적인 특성으로 트랜잭션 내의 연산은 반드시 모두 수행되어야 하며 그렇지 않은 경우 모두 수행되지 않아야 한다.

② 일관성(Consistency)

트랜잭션이 정상적으로 완료된 후 언제나 일관성 있는 데이터베이스 상태가 되어야 하며, 결과에 모순이 생겨서는 안 된다.

> 사용자가 물건을 구매한 후 10점의 포인트를 적립카드에 적립하여 100점이 되었다면 그 결과는 어디에서 점수를 조회하더라도 동일한 결과가 나와야 한다. 본사에서 포인트 점수를 조회하면 100점인데 일반 매장에서 조회해서 100점이 아니면 일관성이 결여된 것이다.

③ 격리성(Isolation)

하나의 트랜잭션이 수행 중에는 다른 트랜잭션이 접근할 수 없으며 각각의 트랜잭션은 독립적이어야 한다. 따라서 독립성이라고도 한다.

> 동일한 회사의 적립카드를 이용하는 사용자 A와 사용자 B가 동시에 적립카드에 적립하더라도 사용자 A에게 적립하는 처리과정과 B에게 적립하는 처리과정은 서로 구별되어 각각 정확하게 처리되어야 한다.

B 기적의 TIP

일상생활에서 물건을 구매한 후 적립카드에 해당 포인트만큼 적립하는 경우, '적립카드 인식 → 포인트 입력 → 승인 → 회원 데이터베이스에 포인트 적립 → 종료'의 과정을 거치게 됩니다. 적립카드에 포인트를 적립하는 과정에서 이루어지는 위와 같은 연산들의 집합을 트랜잭션이라고 생각하세요. 이때 위 과정은 한꺼번에 모두 완료되어야 합니다. 이 중 한 과정에서라도 오류가 발생하면 모든 과정이 취소됩니다. 이것은 트랜잭션의 기본 성질입니다.

④ 영속성(Durability)

트랜잭션이 성공적으로 완료된 후 결과는 지속적으로 유지되어야 한다. 따라서 지속성이라고도 한다.

> 사용자가 적립카드에 100점까지 적립했다면 그 결과는 이후 적립이 이루어지기 전까지 계속 유지되어야 한다.

03 트랜잭션 연산

트랜잭션 연산에는 COMMIT와 ROLLBACK이 있으며 하나의 트랜잭션은 COMMIT이나 ROLLBACK이 되어야 한다.

① COMMIT

- 트랜잭션이 성공적으로 종료된 후 수정된 내용을 지속적으로 유지하기 위한 연산이다.
- 적립카드에 10점의 점수를 적립하는 트랜잭션을 수행해서 정상적으로 종료되는 경우는 다음과 같다.

```
read(card)        → 카드 인식
A = A + 10        → 포인트 입력
recognition       → 승인
write(A)          → 포인트 적립
COMMIT            → 정상 종료
```

② ROLLBACK 2020년 2회

- 트랜잭션이 비정상적으로 수행되었거나 오류가 발생했을 때 수행 작업을 취소하고 이전 상태로 되돌리기 위한 연산이다.
- 적립카드에 10점의 점수를 적립하는 트랜잭션을 수행하는 도중 오류가 발생하는 경우는 다음과 같다.

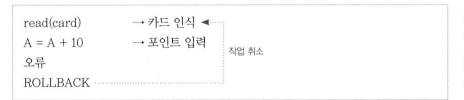

```
read(card)        → 카드 인식  ◄
A = A + 10        → 포인트 입력          작업 취소
오류
ROLLBACK ·······················
```

04 트랜잭션의 상태도

• 트랜잭션이 수행되는 과정은 다음과 같은 상태로 구분할 수 있다.

실행	현재 실행 중인 상태
부분완료	실행을 모두 마치고, 데이터베이스에 결과를 저장하기 직전 상태
완료	트랜잭션의 연산을 정상적으로 마치고, 연산 결과를 데이터베이스에 저장한 상태
실패	트랜잭션 실행 중 오류에 의해 더 이상 진행될 수 없는 상태
철회	트랜잭션 실행이 실패되어 복귀되는 상태

• 부분완료는 실행은 마쳤지만 아직 데이터베이스에 저장이 이루어지지 않은 상태이
다. 따라서 부분완료가 되었다 하더라도 실패로 이어질 수 있다.
• 예를 들어 문서를 다 작성했더라도 저장하지 않으면 작성한 문서가 손실될 수도 있
듯이 트랜잭션이 정상적으로 완료되었다 하더라도 COMMIT 연산을 수행하지 않
으면 수행된 결과가 유지될 수 없다.
• 트랜잭션이 비정상적으로 수행되거나 오류가 발생하면 ROLLBACK 연산에 의해
취소된다. 이와 같이 하나의 트랜잭션은 반드시 COMMIT이나 ROLLBACK 되어
야 한다.

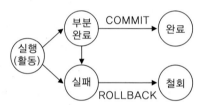

▲ 트랜잭션의 상태도

다음 괄호에 들어갈 알맞은 내용을 채우시오.

(①)	데이터베이스에 보관된 자료를 이용하여 작업을 수행하는 가장 기본적인 작업의 단위가 되며, 여러 개의 연산이 하나의 논리적 기능을 수행하기 위한 연산들의 집합을 말한다. 한 카드회사의 신용카드를 발급 받아 카드를 이용해 물건을 구매하는 과정을 살펴보면, 카드 인식 → 금액 입력 → 카드 회사 송신 → 승인 → 승인 내역 수신 → 완료와 같은 과정을 거치게 된다. 이와 같이 하나의 작업을 수행하는 데 이루어지는 연산들의 집합을 (①)(이)라고 한다.
(②)	(①)(은)는 모든 연산은 반드시 한꺼번에 완료되어야 하며, 그렇지 못한 경우 모두 취소되어야 한다. 이와 같은 성질을 (②)(이)라 한다. 그 외에 실행된 후에도 언제나 일관성 있는 데이터베이스 상태가 되어야 하며, 결과에 모순이 생겨서는 안 되도록 하는 일관성의 성질을 갖는다.
(③)	데이터베이스 내의 하나의 (①)(이)가 수행 중에는 다른 (①)(이)가 접근할 수 없으며 각각의 트랜잭션은 독립적이어야 한다. 이러한 성질을 (③)(이)라 한다. 또한 성공적으로 종료된 결과는 계속 유지되어야 하는 영속성의 성질을 갖는다.
(④)	데이터베이스 내의 (①)(이)가 수행되는 과정의 상태는 다음과 같다. • 실행 : 현재 (①) 실행 중인 상태를 말한다. • 부분완료 : (①)의 실행은 모두 마쳤으나 데이터베이스에 저장하기 이전 상태를 말한다. • (④) : 성공적으로 완료된 (①)의 연산 결과를 데이터베이스에 저장한 상태를 말한다. • 실패 : (①)의 실행이 오류에 의해 더 이상 진행될 수 없는 상태를 말한다. • 철회 : (①)의 실행이 취소되는 상태를 말한다.

- ① :
- ② :
- ③ :
- ④ :

회복 기법과 병행 제어

01 회복(Recovery)

- 회복이란 여러 가지 요인으로 인해 손상된 데이터베이스를 손상되기 이전의 정상적인 상태로 복구시키는 작업을 말한다.
- 회복을 위해 로그(Log)를 이용하게 되는데, 로그(Log)란 트랜잭션이 수행되어 변경되는 데이터베이스의 상황 정보를 기록하는 것으로, 트랜잭션이 수행되기 이전 값과 수행된 이후 값 모두 기록된다. 이와 같은 정보를 담고 있는 파일을 로그 파일(Log File)이라고 한다.

① 회복 기법 2020년 4회

- 즉시 갱신 기법 : 트랜잭션이 실행(활동) 상태에서 변경되는 내용을 그때그때 바로 데이터베이스에 적용하는 기법이다. 변경되는 모든 내용은 로그(Log)에 기록하여 장애 발생 시 로그(Log)의 내용을 토대로 회복시킨다.
- 지연 갱신 기법 : 트랜잭션이 수행되어 부분완료될 때까지 데이터베이스에 적용하지 않고 지연시킨 후 부분완료가 되면 로그(Log)의 내용을 토대로 데이터베이스에 적용하는 기법이다.
- 검사 시점 기법 : 트랜잭션이 실행되는 중간에 검사 시점(Check Point)을 지정하여 검사 시점까지 수행 후 완료된 내용을 데이터베이스에 적용하는 기법이다.
- 그림자 페이징(Shadow Paging) 기법 : 그림자 페이징 기법은 로그(Log)를 사용하지 않고, 데이터베이스를 동일한 크기의 단위인 페이지로 나누어 각 페이지마다 복사하여 그림자 페이지를 보관한다. 데이터베이스의 변경되는 내용은 원본 페이지에만 적용하고, 장애가 발생되는 경우 그림자 페이지를 이용해 회복한다.

② REDO(재수행)와 UNDO(취소) 2022년 1회

- REDO : 트랜잭션이 수행되어 COMMIT이 되면 변경된 내용을 데이터베이스에 반영하게 된다. 이때 로그(Log)의 내용을 토대로 재수행하며 변경된 내용을 데이터베이스에 반영하게 된다. 이와 같이 재수행하는 과정을 말한다.
- UNDO : 트랜잭션이 수행되는 도중 오류가 발생하거나 비정상적으로 종료되는 경우 트랜잭션이 시작된 시점으로 되돌아가는 과정을 말한다.

▲ REDO와 UNDO의 수행

데이터베이스 수행 시 발생되는 장애의 유형

- 트랜잭션 장애 : 하나의 트랜잭션이 수행되는 과정에서 발생하는 오류를 말한다.
- 시스템 장애 : 트랜잭션 장애들로 인해 시스템상의 문제가 발생하여 트랜잭션이 수행되지 못하는 경우를 말한다. 예를 들어 컴퓨터를 사용하는 도중에 컴퓨터가 다운되는 경우가 여기에 속한다.
- 미디어 장애 : 하드웨어적으로 하드디스크 등이 손상되는 경우를 말한다.

02 병행 제어(Concurrency Control)

- 동시에 여러 개의 트랜잭션이 실행되는 경우를 병행 실행이라고 하는데 이와 같은 병행 실행 시 트랜잭션 간의 격리성을 유지하여 트랜잭션 수행에 문제가 발생되지 않도록 제어하는 것을 병행 제어라고 한다.
- 대표적인 병행 제어의 방법으로 로킹(Locking) 기법이 있다.

① 로킹(Locking) 2021년 2회

- 로킹(Locking) 기법은 트랜잭션의 병행 실행 시 하나의 트랜잭션이 사용하는 데이터베이스 내의 데이터를 다른 트랜잭션이 접근하지 못하게 하는 것을 말한다.
- 하나의 트랜잭션이 실행될 때는 'LOCK'을 설정해 다른 트랜잭션이 데이터에 접근하지 못하도록 잠근 후 실행하고, 실행이 완료되면 'UNLOCK'을 통해 해제한다.

LOCK → 트랜잭션 실행 → 트랜잭션 완료 → UNLOCK

- '학번', '이름', '국어', '영어' 속성으로 구성된 [학생] 테이블이 있다.

학생

학번	이름	국어	영어
071113	김길동	75	80
082134	이영진	82	85
072235	김정애	90	72
091156	박태인	85	80

- 위 [학생] 테이블을 사용자 A와 사용자 B가 거의 동시에 접근해서 사용자 A는 학생들의 '국어' 점수를 검색하는 트랜잭션을 수행하려고 하고, 사용자 B는 '김정애' 학생의 정보를 삭제하는 트랜잭션을 수행하려고 한다.
- 만약 사용자 A가 검색하는 도중 일부 값이 사용자 B에 의해 삭제된다면 검색 결과를 신뢰할 수 없을 것이다.
- 따라서 사용자 A는 [학생] 테이블을 사용하기 전 [학생] 테이블에 다른 트랜잭션이 접근하지 못하도록 'LOCK'을 설정한다.

- 그리고 사용자 A가 원하는 트랜잭션을 수행하고, 완료 후 'UNLOCK'을 통해 해제한다. [학생] 테이블에 대해 LOCK이 해제되면 사용자 B가 접근하여 이용할 수 있다. 만약 LOCK이 해제되지 않았다면 다른 트랜잭션이 접근할 수 없게 된다.

사용자 A	사용자 B
LOCK(학생)	
read 학생	
검색	
UNLOCK(학생)	
	LOCK(학생)
	read 학생
	삭제
	UNLOCK(학생)

② 로킹 단위

- LOCK을 설정할 데이터의 크기를 나타낸다.
- 로킹 단위는 테이블, 속성, 튜플 단위로 설정할 수 있다.
- 로킹 단위가 크면 많은 양의 데이터의 LOCK 설정이 가능하고, 로킹 단위가 작으면 적은 양의 데이터의 LOCK 설정이 가능하다.
- 로킹 단위가 크면 LOCK으로 설정한 가짓수가 적어지고, 로킹 단위가 작으면 LOCK으로 설정한 가짓수가 많아진다.
- 로킹 단위가 크면 병행성 수준이 낮아지고, 로킹 단위가 작으면 병행성 수준이 높아진다.

학생

학번	이름	국어	영어
071113	김길동	75	80
082134	이영진	82	85
072235	김정애	90	72
091156	박태인	85	80

LOCK

▲ 로킹 단위가 큰 경우

학생

학번	이름	국어	영어
071113	김길동	75	80
082134	이영진	82	85
072235	김정애	90	72
091156	박태인	85	80
LOCK	**LOCK**	**LOCK**	**LOCK**

▲ 로킹 단위가 작은 경우

- 위 그림에서 좌측은 로킹 단위를 크게 해서 테이블 자체를 LOCK으로 설정한 것이고, 우측은 로킹 단위를 작게 해서 속성 단위로 LOCK을 설정한 경우이다.
- 위 그림과 같이 로킹 단위를 크게 지정한 경우는 LOCK의 가짓수가 적어지고, 로킹 단위를 작게 지정한 경우는 LOCK의 가짓수가 많아진다.
- 로킹 단위를 크게 하여 테이블 자체를 LOCK으로 설정하면 LOCK이 해제되기 전에 다른 트랜잭션은 이 테이블에 접근할 수 없다. 따라서 다른 트랜잭션과 테이블을 이용하는 데 병행성 수준이 낮아지게 된다.
- 반면 로킹 단위를 작게 하면 현재 LOCK으로 설정되지 않은 부분은 다른 트랜잭션도 접근하여 이용할 수 있으므로 병행성 수준이 높아지게 된다.

③ 병행 제어를 하지 않았을 때의 문제점

병행 실행되는 트랜잭션에 대해 병행 제어를 하지 않은 경우 다음과 같은 문제를 초래한다.

갱신 분실 (Lost Update)	두 개 이상의 트랜잭션이 수행되는 과정에서 연산 결과의 일부가 없어지는 현상
모순성 (Inconsistency)	두 개 이상의 트랜잭션이 수행되어 얻어진 결과가 일관성 없이 서로 다른 현상
연쇄 복귀 (Cascading Rollback)	두 개 이상의 트랜잭션이 수행되던 중 하나의 트랜잭션이 취소되어 연쇄적으로 다른 트랜잭션도 취소되는 현상

이론을 확인하는 핵심문제

다음 괄호에 들어갈 알맞은 내용을 채우시오.

(①)	데이터베이스를 구축하여 이용하는 과정에서 여러 가지 문제가 발생할 수 있다. 회복(Recovery)이란 여러 가지 요인으로 인해 손상된 데이터베이스를 손상되기 이전의 정상적인 상태로 되돌리는 과정으로 즉시 갱신 기법, (①), Check Point 기법, 그림자 페이지 기법 등이 있다. 즉시 갱신 기법과 (①), Check Point 기법은 로그(log)를 이용하는 기법으로, 이 중 (①)(은)는 트랜잭션이 수행되어 부분완료될 때까지 지연시킨 후 로그(log)의 내용을 이용해 문제를 해결하는 기법이다.
(②)	동시에 여러 개의 트랜잭션이 수행되는 것을 병행 실행이라고 하며 병행 실행 시 트랜잭션의 병행 제어를 함으로써 트랜잭션의 성질 중 격리성을 만족하도록 해야 한다. 병행 제어를 위한 대표적인 방법으로 (②) 기법이 있다. 하나의 트랜잭션이 실행되는 동안 다른 트랜잭션이 사용 중인 데이터에 접근하지 못하도록 'LOCK'을 설정해 실행하고, 실행이 완료되면 'UNLOCK'을 통해 해제하게 된다.
(③)	병행 제어를 하지 않을 경우 트랜잭션이 수행되는 과정에서 연산 결과의 일부가 없어지는 갱신 분실, 트랜잭션이 수행되어 얻어진 결과가 일관성 없어지는 모호성, 그리고 트랜잭션이 수행되던 중 하나 트랜잭션이 취소되어 연쇄적으로 다른 트랜잭션도 취소되는 현상인 (③)(이)가 발생할 수 있다.

- ① :
- ② :
- ③ :

ANSWER ① 지연 갱신 ② 로킹(Locking) ③ 연쇄복귀

객체지향 데이터베이스

빈출 태그 객체 · 클래스 · 매소드 · 상속 · 캡슐화 · 다형성

> **B 기적의 TIP**
>
> 객체의 개념과 객체지향 기법에 관련된 용어들을 정리해 두세요.

01 객체지향 데이터베이스(OODB)의 등장 배경

• 기존의 관계형 데이터베이스는 문자나 숫자, 날짜, 시간 등과 같은 단순한 형태의 데이터를 저장하는 형태이다. 그러나 현재는 컴퓨터 기술과 통신이 발달하면서 데이터의 양이나 내용이 과거와 달라지고 있다. 현재는 단순한 형태의 데이터를 포함하여 이미지, 영상, 소리 등 다양한 멀티미디어 정보를 이용하고 있다. 따라서 이와 같은 멀티미디어 정보를 저장 · 관리하고 이용할 수 있도록 등장하게 된 개념이 객체지향 데이터베이스(OODB, Object-Oriented DataBase)이다.

• 이와 같은 객체지향 데이터베이스(OODB)를 관리하고 운영하는 데이터베이스 관리 시스템을 객체지향 데이터베이스 관리 시스템(OODBMS, Object-Oriented DataBase Management System)이라고 한다.

• 또한 최근에는 기존의 관계 데이터베이스 모델의 한계를 극복하기 위해 새롭게 등장한 객체지향 데이터베이스(OODB)보다 기존의 관계 데이터베이스와 객체지향 데이터베이스를 접목한 객체-관계 데이터베이스(ORDB, Object-Relation DataBase)가 등장하게 되었으며, 이를 관리하고 운영하기 위한 시스템을 객체-관계 데이터베이스 관리 시스템(ORDBMS, Object-Relation DataBase Management System)이라고 한다.

02 객체(Object)와 객체지향 기법의 특징

① 객체(Object)

> **★ 추상화(Abstraction)**
> 객체(Object)에서 표현하고자 하는 것을 가시화하여 추출하는 과정을 말한다.

• 객체(Object)란 유형이나 무형으로 현실 세계에 존재하는 하나하나를 추상화★한 것으로 서로 구별되는 개념적인 단위를 말한다.

• 객체(Object)는 관계 데이터베이스의 개체(Entity)와 유사하나 개체(Entity)의 개념과 자체적으로 처리 기능을 갖는 연산자까지 포함된 하나의 단위 시스템이다.

② 속성(Attribute)

• 속성(Attribute)은 객체의 특성이나 상태를 나타낸다.

• 관계 데이터베이스의 속성과 유사한 개념이다.

③ 메시지(Message)와 메소드(Method)
- 메시지는 객체에 어떤 처리를 하도록 지시하는 명령을 말한다.
- 메소드는 메시지에 따라 객체가 실행해야 할 검색 · 삽입 · 삭제 · 변경 등과 같은 구체적인 연산을 말한다.

> '학번', '이름', '점수' 속성으로 구성되어 있는 '학생' 객체에서 'A학생의 점수를 변경하여라'라고 한다면 이와 같은 명령은 메시지이며, 이 명령에 따라 점수를 변경하는 실제 연산을 메소드라고 한다.

④ 클래스(Class)
- 클래스는 유사한 성격과 공통적인 특성을 갖는 객체들의 모임을 말한다.
- 한 클래스 내의 객체들은 유사한 구조를 갖는다.

- 데스크탑과 노트북은 각각 하나의 객체이다. 이 두 객체는 하드디스크와 RAM/ROM, 메인보드, 비디오카드, 사운드카드를 가지고 있다. 이와 같이 유사한 성격과 공통적인 특징을 갖는 객체들을 컴퓨터라는 클래스로 만들 수 있다.

⑤ 캡슐화(Encapsulation)
캡슐화는 하나의 객체가 문제 해결을 위해 필요한 데이터, 연산, 상수 등의 정보를 하나로 묶음으로써 다른 객체와 정보은폐(정보은닉)가 이루어지도록 하는 것을 말한다.

> 약의 종류 중에 캡슐에 싸여 있는 약이 있다. 그 약은 어떤 병을 치료하는 데 필요한 성분들로만 구성되어 있다. 이와 같이 캡슐화함으로써 다른 성분들과 섞여 치료 효과를 저해하는 것을 방지할 수 있다.

⑥ 상속(계승 : Inheritance)
- 상속은 객체지향 기법의 대표적인 특징으로 클래스의 계층구조에서 상위 클래스의 특징과 정보 등을 하위 클래스에서 그대로 재사용할 수 있는 개념을 말한다. 따라서 하나의 클래스를 만들 때 상위 클래스의 내용을 재사용함으로써 보다 효율적인 작업이 이루어진다.
- 하나의 클래스로부터 상속받는 것을 단일 상속(Single Inheritance)이라 하며, 여러 개의 클래스로부터 상속받는 것을 다중 상속(Multiple Inheritance)이라고 한다.

 기적의 TIP

상속 관계에서 상속을 하는 클래스를 슈퍼 클래스(Super class)라고 하고 상속을 받는 클래스를 서브 클래스(Sub class)라고 합니다.

- 위 그림은 '컴퓨터' 클래스 하위에 '데스크탑' 클래스가 존재하는 그림이다. 따라서 '데스크탑' 클래스는 '컴퓨터' 클래스의 특징과 정보를 상속받을 수 있다.

⑦ 다형성(Polymorphism)

다형성은 동일한 객체더라도 경우에 따라 다른 의미의 연산으로 사용될 수 있는 개념을 나타내는 것으로 객체지향 기법에서는 이와 같은 다형성의 특징을 가지고 있다.

이론을 확인하는 핵심문제

다음 괄호에 들어갈 알맞은 내용을 채우시오.

(①)	지금까지의 관계형 데이터베이스는 단순한 형태의 문자, 숫자, 날짜 형태의 정보를 저장하고 관리하고 이용하는 데이터베이스이다. 그러나 IT 기술과 통신의 발달로 인터넷이 보급되는 가운데 단순한 형태의 정보뿐만 아니라 다양한 멀티미디어 정보를 이용하게 되었다. 따라서 객체(Object)라는 개념을 이용해 단순한 형태의 정보뿐만 아니라 이미지, 영상, 소리 등과 같은 멀티미디어 정보를 저장하고 관리/이용하기 위한 기술이 등장하게 되었으며, (①)(을)를 관리하고 운영하는 데이터베이스 관리 시스템을 (①) 관리 시스템(OODBMS)이라 한다.
(②)	객체지향 데이터베이스에서 유형이나 무형으로 현실 세계에 존재하는 하나하나를 추상화하여 서로 구별이 되는 개념적인 단위를 (②)(이)라 하며, 자체적으로 처리기능을 갖는 하나의 단위 시스템이다. 속성(Attribute)은 이러한 (②)의 특성이나 상태를 나타낸다.
(③)	객체지향 기법에서 (③)(은)는 각 객체가 실행해야 할 검색/삽입/삭제/변경 등과 같은 구체적인 연산을 말하며, 하나의 메시지에 의해 이루어진다.
(④)	객체지향에서 공통적인 특징을 갖는 객체들을 그룹화하여 나타내는 것을 클래스(class)라 하며 객체지향 기법의 대표적인 특징 중에 하나로 (④)(은)는 이전에 선언되었던 상위 클래스의 정보를 하위 클래스가 그대로 사용할 수 있는 개념으로 작업의 효율을 높일 수 있게 되었다.
(⑤)	객체지향 기법에서는 다른 객체들과의 정보은닉을 위해 하나의 객체가 문제 해결을 위해 필요한 데이터, 연산, 상수 등의 정보를 하나로 묶을 수 있다. 객체지향 기법에서 이러한 특징을 (⑤)(이)라 한다. 이러한 객체지향 기법은 동일한 객체이지만 경우에 따라 다르게 사용될 수 있는 다형성의 특징도 가지고 있다.

- ① :
- ② :
- ③ :
- ④ :
- ⑤ :

ANSWER ① 객체지향 데이터베이스(OODB) ② 객체(Object) ③ 메소드 ④ 상속 ⑤ 캡슐화

기타 데이터베이스 용어

빈출 태그 재귀 관계 • 분산 데이터베이스 • 데이터 마이닝 • OLAP

> **기적의 TIP**
>
> 이번 Section에서는 지금까지 내용 이외의 추가적인 내용을 다룹니다. 용어를 중심으로 정리해 두세요.

01 개체(Entity)의 종류

① 독립 개체(Independent Entity)

데이터베이스 내에서 다른 개체(Entity)에 종속되지 않고, 그 개체(Entity) 내에서 모든 검색과 변경 등이 가능한 개체를 말한다.

② 종속 개체(Dependent Entity)

- 데이터베이스의 그 개체(Entity) 내에서 원하는 검색 등의 연산을 하지 못하고 다른 개체(Entity)를 참조해야 하는 개체를 말하는 것으로, 다른 개체에 종속되는 개체이다.
- '번호', '교수이름', '학과번호'로 구성된 [교수] 테이블과 '학과번호', '학과이름', '학생수', '교수이름'으로 구성된 [학과] 테이블이 있다.

교수

번호	교수이름	학과번호
1001	이영진	A1
1002	이순신	A2
1003	홍길동	B1

학과

학과번호	학과이름	학생수	교수이름
A1	컴퓨터	30	이영진
A2	정보통신	20	이순신
B1	토목	50	홍길동

- 위 [교수] 테이블에서 '이영진' 교수가 담당하는 학과의 이름이나 학생수는 검색할 수 없고, [교수] 테이블의 '학과번호'를 외래키로 지정해서 [학과] 테이블을 참조해야 원하는 내용을 검색할 수 있다.
- 이와 같은 경우 [교수] 테이블은 '종속 개체'에 해당된다. 반면 [학과] 테이블에서는 자체적으로 원하는 내용을 모두 검색할 수 있으므로 '독립 개체'가 된다.

02 속성(Attribute)의 종류

① 단순 속성(Simple Attribute)

- 단순 속성은 속성의 값을 더 이상 작은 단위로 나눌 수 없는 속성을 말한다.
- 위 [학과] 테이블에서 '학과번호', '학과이름', '학생수' 등은 속성의 값을 더 이상 작은 단위로 나눌 수 없다. 따라서 이와 같은 속성을 단순 속성이라고 한다.

② 복합 속성(Composite Attribute)

• 복합 속성은 속성의 값을 여러 개의 작은 단위로 나눌 수 있는 속성을 말한다.

• 위 [교수] 테이블이나 [학과] 테이블에서 '교수이름'은 세부적으로 '성'과 '이름'으로 나눌 수 있다. 이와 같이 필요에 따라 속성값을 작은 단위로 나눌 수 있는 속성을 복합 속성이라 한다.

③ 결합 속성(Concatenate Attribute)

• 결합 속성은 두 개 이상의 속성값을 합쳐 하나의 속성으로 구성된 속성을 말한다.

• '출생년도'와 '출생월일'로 되어 있는 속성을 합쳐서 '생년월일'로 나타냈다면 '생년월일'은 결합 속성이 된다.

| 출생년도 | 출생월일 | → | 생년월일 |

03 관계(Relation)의 종류

① 중복 관계(Redundant Relation)

• 두 테이블 간의 참조가 두 가지 이상의 속성으로 참조할 수 있는 경우를 말한다.

• X 테이블에서 Y 테이블을 참조하는 경우 $x2$ 속성으로도 Y 테이블을 참조할 수 있고, $x3$ 속성으로도 Y 테이블을 참조할 수 있을 때 중복 관계라고 한다.

X

| x1 | x2 | x3 |

Y

| y1 | y2 | y3 |

② 재귀 관계(Recursive Relation)

• 일반적으로 참조는 두 테이블 간에 이루어지지만, 재귀 관계는 하나의 테이블 내에서 자기 자신의 테이블 내용을 참조하는 경우를 말한다.

• '사원번호', '이름', '연락처', '상사사번'으로 구성된 [사원] 테이블이 있다.

사원

사원번호	이름	연락처	상사사번
200	김길동	010-1234-5678	400
300	박영희	010-2345-8756	100
100	이철수	010-4321-1234	
400	최태희	010-5112-4321	300

– [사원] 테이블에서 '김길동' 사원의 상사가 누구인지 알기 위해서는 '김길동' 사원의 '상사사번'을 확인해야 한다. '김길동' 사원의 '상사사번'이 400이므로 '사원번호'가 400인 '최태희' 사원이 상사임을 확인할 수 있다.

– 이와 같이 자기 자신의 테이블을 참조하는 경우를 재귀 관계라고 한다.

04 분산 데이터베이스(Distributed Database)

분산 데이터베이스는 정보의 양이 급증하고 정보를 사용하는 사용자도 증가함에 따라 처리의 효율과 신속한 서비스를 제공하기 위해 통신 네트워크를 통해 여러 대의 컴퓨터에 데이터를 분산시켜 저장하고 관리하여 사용자의 정보 요청 시 각각 컴퓨터에서 직접 처리·제공하도록 구성된 데이터베이스를 말한다.

① 분산 형태

- 수평 분산(Horizontal Distribution) : 다량의 정보를 여러 개의 동등한 기능을 가진 컴퓨터(서버)에 저장시켜 운영하는 방식으로, 각각의 서버는 서로 공유할 수 있으며 어느 하나의 서버에 문제가 발생하더라도 데이터베이스 운영에 지장을 주지 않는 형태이다.
- 수직 분산(Vertical Distribution) : 수직 분산은 전체를 운영하는 주 서버와 처리를 담당하는 여러 대의 부 서버로 구성하여 운영하는 방식으로, 주 서버의 운영에 따라 관리되므로 관리가 용이하나 주 서버에 장애가 발생할 경우 전체 운영에 지장을 주게 된다.

② 분산 데이터베이스의 장단점

장점	• 자체적인 처리 능력으로 신속한 서비스가 제공됨 • 확장성이 용이함 • 신뢰성과 가용성이 증진됨 • 효율성과 융통성이 있음
단점	• 구축하기 복잡함 • 오류가 증가함 • 구축·운영 비용이 증가됨

05 튜닝(Tuning)

- 튜닝(Tuning)은 데이터베이스의 성능 향상과 사용자의 요구에 따라 빠른 검색을 통한 신속한 서비스 제공, 저장 공간의 효율을 향상시키는 등 데이터베이스 시스템을 최적화하기 위해 재조정(조율)하는 것을 말한다.
- 데이터 검색 시 자료가 저장된 블록의 이동과 접근 횟수를 줄일 수 있도록 저장 공간을 조정하여 신속한 검색이 이루어지도록 한다.
- SQL 명령어 작성 시 쉽게 이해할 수 있도록 표준화된 형태로 작성한다.
- 트랜잭션의 무결성을 유지하면서 정보 공유를 위해 적정한 수준의 Locking 기법을 사용한다.

기적의 TIP

데이터를 처리하고 서비스를 제공하는 컴퓨터를 서버(Server)라 하고, 데이터 처리를 요청하고 서비스를 제공받는 컴퓨터를 클라이언트(Client)라고 합니다.

기적의 TIP

분산 데이터베이스는 투명성(Transparency)이 보장되어야 합니다. 투명성(Transparency)이란 실제로 분산 데이터베이스는 여러 개의 컴퓨터로 나누어져 있지만 사용자는 나누어져 있다는 것을 느끼지 못하고 하나의 컴퓨터로 인식하는 것을 말합니다.

기적의 TIP

튜닝의 개념 정도만 간단히 살펴보세요.

06 CRUD 매트릭스

• 수행할 프로세스(업무)와 프로세스 수행에 사용된 개체 간의 상관관계를 분석하기 위해 2차원 구조의 행렬 구조로 표현함으로써 응용 시스템과 데이터베이스 간의 업무 분석을 하기 위한 상관 분석표를 말한다.
• CRUD 매트릭스에 사용된 C는 Create, R은 Read, U는 Update, D는 Delete 를 의미한다.

프로세스＼개체	X	Y	Z
프로세스1	C	R	C
프로세스2	R	D	U
프로세스3	D	C	R

- 위 표와 같은 경우 프로세스 1을 수행하기 위해 X와 Z 개체는 생성하였고, Y 개체는 읽기만 했다는 의미이다.
• 이와 같이 프로세스를 수행함에 있어 어떤 개체를 어떻게 이용했는지를 분석하기 위한 도표를 CRUD 매트릭스라고 한다.

07 트리거(Trigger)

• 트리거는 참조 관계에 있는 두 테이블에서 하나의 테이블에 삽입(Insert), 삭제(Delete), 갱신(Update) 등의 연산으로 테이블의 내용이 바뀌었을 때 데이터의 일관성과 무결성 유지를 위해 이와 연관된 테이블도 연쇄적으로 변경이 이루어질 수 있도록 하는 것을 말한다.

교수

교수번호	교수이름	학과번호
1001	이영진	A1
1002	이순신	A2
1003	홍길동	B1

학과

학과번호	학과이름	학생수	교수이름
A1	컴퓨터	30	이영진
A2	정보통신	20	이순신
B1	토목	50	홍길동

- 위 두 테이블에서 [교수] 테이블의 '학과번호'를 외래키(Foreign Key)로 지정하여 [학과] 테이블을 참조하고 있다.
- 이때, [학과] 테이블에 새로운 학과가 신설되어 학과 정보가 삽입되거나 또는 반대로 삭제되거나 변경되는 경우 이와 연관된 [교수] 테이블의 정보도 연쇄적으로 같이 삽입, 삭제, 변경이 이루어져야 데이터의 일관성과 무결성을 유지할 수 있다.

08 내장 SQL(Embedded-SQL)

① 내장 SQL의 의미

- 내장 SQL이란 삽입 SQL이라고도 하며, 일반 응용 프로그램에 SQL을 삽입하여 데이터베이스 자료를 이용하고 다양한 조작을 할 수 있도록 한 것이다. 즉, 응용 프로그램이 실행될 때 같이 실행되도록 호스트 프로그램 언어*에 삽입된 SQL을 말한다.
- 만약 정보를 제공하는 한 회사의 서버에 수많은 자료를 저장해서 데이터베이스를 구축한 뒤 사용자에게 직접 SQL 조작어(DML)를 이용해 자료를 추가하고, 필요한 정보를 검색해서 사용하도록 한다면 쉽게 이용하기 곤란할 것이다.
- 따라서 회사에서는 다음과 같은 사이트를 구축해서 사용자들이 쉽게 이용할 수 있도록 한다.

▲ 내장 SQL

- 인터넷상의 사이트도 여러 가지 호스트 프로그램 언어를 이용해 만든 일종의 프로그램이다. 여기에 데이터베이스와 연결해서 사용자들이 SQL 언어를 모르더라도 쉽게 정보를 이용할 수 있도록 한다. 이때 사이트(프로그램)에는 SQL 언어가 내장되어 있어서 사용자들이 화면상에서 버튼과 메뉴 등을 이용해 쉽게 사용할 수 있는 것이다.
- 이와 같이 호스트 프로그램 언어를 이용해 만든 프로그램에 내장되어, 데이터베이스를 이용할 수 있도록 하는 것을 내장 SQL이라고 한다.

② 내장 SQL의 특징

- 내장 SQL은 'EXEC SQL'문으로 시작하여 세미콜론(;)으로 종료한다.
- 내장 SQL은 호스트 프로그램 실행 시 같이 실행된다.
- 일반 SQL문은 실행 후 결과값으로 여러 자료(튜플)를 얻을 수 있지만 내장 SQL은 하나의 자료(튜플)만 얻을 수 있다.
- 호스트 언어에 데이터베이스의 자료를 불러와 기억하기 위한 공간(변수)이 필요하다. 불러온 자료를 기억하기 위한 변수를 호스트 변수라고 한다.

★ 호스트 프로그램 언어
응용 프로그램을 작성할 때 사용되는 C, C++, Visual Basic 등의 언어를 말한다.

기적의 TIP

호스트 변수는 변수입니다. 변수는 값을 기억하는데, 한 번에 하나의 값만을 기억할 수 있습니다.

- 호스트 변수를 사용하기 위해서는 BEGIN DECLARE SECTION~END DE-CLARE SECTION을 통해 선언되어 있어야 한다.
- 호스트 변수명과 데이터베이스의 속성명은 같아도 무방하다.
- 호스트 변수는 구분을 위해 콜론(:)을 변수명 앞에 붙인다.
- 데이터베이스 속성의 데이터 타입과 호스트 변수의 데이터 타입은 서로 같아야 한다.

🅱 기적의 TIP

스토어드 프로시저는 일종의 매크로와 유사한 개념입니다.

★ 프로시저(Procedure)
하나의 처리를 위한 작은 프로그램

09 스토어드 프로시저(Stored Procedure)

- 스토어드 프로시저★란 자주 수행해야 할 SQL 처리 과정을 미리 하나의 작은 프로그램으로 작성하여 데이터베이스에 저장해 두었다가 필요한 경우 호출하여 사용하기 위해 만들어 놓은 프로그램이다.
- 반복되는 작업을 매번 작성하지 않아도 되므로 작업이 효율적이며 수행시간을 단축시킬 수 있다.
- 프로시저 생성은 CREATE 명령을 이용해 생성한다.

```
CREATE PROCEDURE 프로시저_이름
BEGIN
  SQL 처리 내용
END;
```

- 프로시저 삭제는 DROP 명령을 이용해 삭제한다.

```
DROP PROCEDURE 프로시저_이름;
```

10 기타 데이터베이스 용어

① 데이터 웨어하우스(Data Warehouse)
- 데이터 웨어하우스(Data Warehouse)란 한 조직이나 사용자의 의사 결정에 도움을 주기 위하여, 기간 내의 저장된 대량의 데이터를 공통의 형식으로 변환하여 관리하는 데이터베이스를 말한다.
- 웨어하우스(Warehouse)는 창고라는 의미로 기업의 여러 가지 의사결정을 위해 기업의 여러 가지 정보를 관리하는 정보 관리 시스템으로 이용된다.

② 데이터 마트(Data Mart)
데이터 마트는 데이터 웨어하우스의 축소판으로 데이터의 한 부분에서 사용자가 관심을 갖는 데이터들을 담은 비교적 작은 규모의 데이터 웨어하우스를 말한다. 즉, 대량의 다양한 정보를 사용자의 요구에 따라 체계적으로 분석하여 기업의 경영 활동을 돕기 위한 시스템을 말한다.

🅱 기적의 TIP

'데이터 마트'는 쉽게 말해서 쇼핑몰 사이트에서 판매되는 무수히 많은 제품 중에서 내가 필요하거나 관심 있는 것을 장바구니에 담아두는 것과 유사합니다.

③ 데이터 마이닝(Data Mining) 2020년 1회

데이터 마이닝은 데이터 웨어하우스와 같은 대량의 데이터에서 실제로 존재하지 않는 정보를 얻어내기 위해 각 데이터의 상관관계를 통계적 분석, 인공지능 기법 등을 통해 통계적 규칙(Rule)이나 패턴(Pattern)을 찾아내는 것을 말한다.

> 한 쇼핑몰에서 판매 인기 품목으로 '어학 학습기 깜박이'가 가장 많이 팔렸고, 주문 지역을 조사해보니 서울, 경기 지역이 가장 많았다. 그 내용을 토대로 '서울, 경기 사람들은 영어 공부를 많이 하는구나'라는 정보를 유추할 수 있다.

④ OLAP(Online Analytical Processing)

- 사용자가 직접 데이터베이스 검색과 분석을 통해 문제점이나 해결책을 찾도록 해주는 분석형 애플리케이션 개념이다.
- 대규모 데이터를 이용한 질의 검색 시 다수의 테이블을 이용하고, 연산에 장시간이 소요되기 때문에 간단히 해결하기는 어렵다.
- OLAP는 온라인 검색을 지원하는 데이터 웨어하우스 지원 도구이며, 이 같은 대규모 연산이 필요한 질의를 다차원 구조 분석 기법을 통해 고속으로 지원한다.

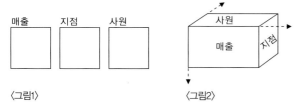

〈그림1〉　　　　　　　　〈그림2〉

> – 한 기업에서 〈그림1〉과 같이 '매출', '지점', '사원'들의 정보가 저장된 테이블이 있다. 이와 같은 여러 개의 테이블을 〈그림2〉와 같이 다차원 구조(큐브) 형태로 분석함으로써 '어느 지점의 어느 사원의 매출이 어떻게 되는지', '각 지점별 사원의 매출액은 어떻게 되는지' 등을 알 수 있다.

⑤ ODBC(Open Database Connectivity)

- 윈도 응용 프로그램에서 다양한 데이터베이스 관리 시스템(DBMS)에 접근하여 사용할 수 있도록 개발한 표준 개방형 응용 프로그램 인터페이스 규격을 말한다.
- ODBC는 서로 다른 데이터베이스에서 구축된 데이터를 상호 간에 공유할 수 있게 하며, 비록 데이터베이스가 교체되더라도 응용 시스템은 그대로 유지할 수 있게 해준다.

⑪ 인덱스(INDEX)

- 인덱스는 수많은 데이터 중에서 원하는 자료를 빠르고 효율적으로 검색하기 위해서 사용하는 방법을 말한다.
- 인덱스는 기본적으로 데이터의 위치(주소)를 관리·기억하는 인덱스 파일(Index File)과 실제 데이터를 기억하는 데이터 파일(Data File)로 구성된다.
- 데이터를 검색할 때는 먼저 인덱스 파일에서 데이터의 주소를 찾는다. 이어서 데이터 파일에서 인덱스 파일에서 찾은 주소의 데이터를 검색하게 된다.

다음 괄호에 들어갈 알맞은 내용을 채우시오.

(①)	데이터베이스에서 서로를 구별할 수 있는 하나하나를 개체(Entity)라 한다. 개체(Entity)의 종류 중 다른 개체(Entity)에 종속되지 않고, 그 개체(Entity) 내에서 모든 검색과 변경 등이 가능한 개체를 (①)(이)라 하고, 다른 개체(Entity)를 참조해야 하는 개체를 말하는 것으로, 다른 개체에 종속되는 개체를 종속 개체라고 한다.
(②)	관계 데이터베이스 간의 관계에는 종속 개체가 두 가지 이상의 속성으로 참조할 수 있는 경우를 중복 관계라고 하며, 보통은 참조 관계가 두 테이블 간에 이루어지지만 하나의 테이블 내에서 자기 자신 테이블의 내용을 참조하는 경우를 (②)(이)라고 한다.
(③)	상호 테이블 간의 참조 관계에 있는 두 테이블에서 하나의 테이블에 삽입(Insert), 삭제(Delete), 갱신(Update) 등의 연산으로 테이블의 내용이 바뀌었을 때, 연관된 테이블도 연쇄적으로 변경이 자동적으로 이루어지도록 (③)(을)를 이용한다. 그렇게 함으로써 데이터의 일관성과 무결성을 유지할 수 있다.
(④)	현대 사회에서 대기업이나 정부 기관에서는 데이터 웨어하우스와 같은 대량의 데이터가 존재한다. 데이터 웨어하우스에서 실제로 존재하지 않는 정보를 얻어내기 위해 각 데이터의 상관 관계를 통계적 분석, 인공지능 기법 등을 통해 통계적 규칙(Rule)이나 패턴(Pattern)을 찾아내는 것을 (④)(이)라고 한다.
(⑤)	현재 사회는 정보의 양이 급증하고 정보를 사용하는 사용자도 증가함에 따라 대량의 정보를 통신 회선을 통해 여러 대의 서버에 분산시켜 저장하고 관리하여 처리의 효율과 신속한 서비스를 제공할 수 있는 (⑤)(을)를 구축하게 되었고, 이는 각각 서버에서 자체적으로 처리할 수 있다.

• ① :
• ② :
• ③ :
• ④ :
• ⑤ :

ANSWER ① 독립 개체 ② 재귀 관계 ③ 트리거 ④ 데이터마이닝 ⑤ 분산 데이터베이스

01 다음 괄호 안 내용으로 가장 적합한 항목을 작성하시오.

(①)	• (①)(은)는 릴레이션에서 데이터의 중복과 종속으로 인해 릴레이션을 조작할 때 곤란한 현상을 유발시킬 수 있는 문제점이다. • 릴레이션에서 튜플을 삭제함으로써 발생하는 문제점, 삽입함으로써 발생하는 문제점, 자료의 갱신으로 인해 정보의 모호성 등의 문제점이 발생할 수 있다.
(②)	• (②)(은)는 두 릴레이션에서 한 릴레이션의 값이 다른 릴레이션의 값을 결정하는 경우를 말한다. • 두 릴레이션 A, B에서 A 릴레이션의 값을 알면 B 릴레이션의 값을 알 수 있을 때 B는 A에 (②)되었다고 하고, 표기는 'A → B'와 같이 표현한다.
(③)	다음에서 설명하는 것은 무엇을 나타내는가? • 릴레이션 A, B, C에서 A의 값은 B의 값을 결정하고, B의 값은 C의 값을 결정하므로 결과적으로 A의 값이 C의 값을 결정하는 경우를 말한다. • A → B, B → C, A → C
(④)	• 데이터베이스의 논리적 설계 단계에서 (①)(와)과 (②)(으)로 인한 문제를 해결하기 위해 속성들 간의 관계를 분석하여 여러 개의 릴레이션으로 분해하는 과정을 말한다. • 종류에는 1NF, 2NF, 3NF, BCNF, 4NF, 5NF 등이 있다.
(⑤)	• (⑤)(은)는 데이터베이스 내에 존재하는 하나 이상의 물리적인 기본 테이블로부터 유도된 가상의 테이블이다. • (⑤)(은)는 저장 장치 내에 물리적으로 실제 존재하지는 않지만 사용자에게는 존재하는 것과 같은 결과를 보이므로 일반 사용자들은 실제적인 테이블과 같이 활용할 수 있다. • SQL을 이용하여 (⑤)(을)를 생성할 때는 CRATE문을 사용하여 정의하고, 삭제는 DROP문을 이용한다.

• ① :
• ② :
• ③ :
• ④ :
• ⑤ :

02 다음 괄호 안 내용으로 가장 적합한 항목을 작성하시오.

(①)	• 하나의 데이터베이스에서 이상과 종속으로 인한 문제를 해결하기 위해 정규화 과정을 통해 여러 개의 릴레이션으로 분해함으로써 문제점을 해결할 수 있다. • 정규화 과정 중 릴레이션을 구성하는 모든 도메인이 더 이상 분해되지 않는 '원자값'만으로 구성되도록 하는 과정을 (①)(이)라고 한다.
(②)	• 이상(Anomaly)이란 데이터의 중복과 종속으로 인해 발생하는 문제점을 말한다. • 이상(Anomaly)의 종류 중 입력하려는 속성값이 반드시 존재해야 입력이 가능한 경우나 입력하는 과정에서 원하지 않는 자료가 함께 입력이 됨으로써 발생하는 문제점을 (②)(이)라 한다.
(③)	• (③)(은)는 릴레이션에서 기본키가 아닌 다른 속성에 종속이 되거나 기본키가 2개 이상의 속성으로 된 합성키로 구성된 경우 이 중 일부 속성에 종속이 되는 경우를 말한다. • (③)의 문제점을 해결하기 위해서는 제2정규화 과정을 거쳐 완전 함수 종속이 되도록 분해하는 것이 바람직하다.
(④)	• 뷰(VIEW)는 데이터베이스 내에 존재하는 하나 이상의 테이블로부터 유도된 가상의 테이블이다. • 데이터의 논리적 독립성을 제공하고, 데이터 접근제어로 보안성을 향상하며, 여러 사용자의 요구를 지원할 수 있는 장점을 제공한다. • 뷰(VIEW)를 정의할 때는 CREATE문을 이용하며 구문은 다음과 같다. ```\nCREATE VIEW 뷰_이름(속성_이름)\n(④) SELECT 속성_이름\nFROM 테이블_이름\nWHERE 조건;\n```
(⑤)	시스템 자신이 필요로 하는 여러 가지 개체에 관한 정보를 포함하고 있는 시스템 데이터베이스로서, 개체들에 대한 정보와 정보들 간의 관계를 저장한 것으로 데이터 사전이라고도 불린다.

• ① :
• ② :
• ③ :
• ④ :
• ⑤ :

03 다음 괄호 안 내용으로 가장 적합한 항목을 작성하시오.

(①)	• 데이터베이스에 보관되어 있는 자료를 조작하여 작업을 수행하는 모든 것으로서, 여러 개의 연산이 하나의 논리적 기능을 처리하기 위해 일괄적으로 수행되어야 하는 작업 단위로 구성된다. • (①)(은)는 (②), 일관성, 격리성, 영속성의 특징을 가진다.
(②)	• (②)(은)는 일괄적으로 수행되어야 하는 연산들이 반드시 모두 수행되어야 하며 그렇지 않은 경우 모두 수행되지 않는 성질을 말한다. • 따라서 모든 연산은 한꺼번에 완료되어야 하며, 이 중 하나의 연산 과정에서 오류가 발생하면 모든 과정이 취소되어야 한다.
(③)	(①)(이)가 수행되는 과정은 다음과 같이 분류할 수 있다. • 실행 : 현재 실행 중인 상태 • (③) : 실행을 모두 마치고, 저장하기 직전 상태 • 완료 : 정상적으로 수행하고 연산 결과를 DB에 저장한 상태 • 실패 : 수행 도중 오류에 의해 더 이상 진행될 수 없는 상태 • 철회 : 실패되어 이전 상태로 복귀되는 상태
(④)	• (④)(은)는 데이터베이스에서 다양한 원인으로 인해 손상된 내용을 손상되기 이전의 상태로 복구시키는 작업을 말한다. • (④)(을)를 위한 방법으로 즉시 갱신 기법, 지연 갱신 기법, 검사 시점 기법, 그림자 페이징 기법 등이 있다.
(⑤)	• 데이터베이스는 동시에 다수의 사용자들이 공유하기 위해서 만들어진 것이다. 동시에 다수의 사용자들이 수행시킨 연산들이 각각 독립적으로 수행함으로써 수행에 문제가 발생되지 않도록 제어하는 것을 (⑤)(이)라고 한다. • (⑤)(을)를 수행하지 않았을 때 갱신 분실, 모순성, 연쇄복귀 등의 문제가 발생할 수 있다. • (⑤)의 대표적인 방법으로 Locking 기법이 있다.

• ① :
• ② :
• ③ :
• ④ :
• ⑤ :

04 다음 괄호 안 내용으로 가장 적합한 항목을 작성하시오.

(①)	• (①)(은)는 데이터베이스의 수많은 데이터 중에서 원하는 자료를 빠르고 효율적으로 검색하기 위해서 사용된다. • 기본적으로 데이터의 위치(주소)를 관리 · 기억하는 인덱스 파일(Index File)과 실제 데이터를 기억하는 데이터 파일(Data File)로 구성된다.
(②)	• 최근에는 자체적으로 처리 기능을 갖는 객체(Object)의 개념을 이용해 개발하는 기법이 등장하게 되었다. • 객체지향 기법에서 상위 클래스가 가지고 있는 정보와 특징 등을 하위 클래스에서 물려받아 재사용할 수 있는 성질을 말한다. 이와 같은 재사용을 이용해 보다 효율적인 작업이 이루어질 수 있다.
(③)	• (③)(은)는 데이터베이스의 자료들에 대해 부적합한 접근이나 침입을 통제함으로써 데이터의 손실이나 정보의 유출 등을 막기 위해 관리하는 것을 말한다. • 가장 대표적으로 정보를 특정 문자나 숫자열로 변환하는 암호화 기법을 이용해 보호한다.
(④)	• 병행 제어를 위한 대표적인 방법으로 하나의 트랜잭션이 수행 중에 사용하는 자료를 다른 트랜잭션이 접근하지 못하도록 제어하는 기법을 말한다. • (④)의 단위가 크면 병행성 수준이 낮아지고, 반대로 단위가 작으면 병행성 수준이 높아지게 된다.
(⑤)	• 데이터베이스에서 개체(Entity)는 상호 구별이 되는 하나하나의 대상을 말한다. 개체(Entity)의 종류 중 한 릴레이션에서 자체적으로 검색을 하지 못하는 경우 다른 릴레이션을 참조해야 하는 개체(Entity)를 (⑤)(이)라고 한다. • 이러한 경우 외래 식별자를 선정해서 참조하게 된다.

• ① :
• ② :
• ③ :
• ④ :
• ⑤ :

05 다음 괄호 안 내용으로 가장 적합한 항목을 작성하시오.

(①)	• (①)(은)는 기존에 존재하는 데이터베이스의 성능 향상을 위해 데이터베이스 시스템이 최적화되도록 재조정하기 위한 기법을 말한다. • (①)(을)를 통해 데이터의 접근 횟수와 시간을 줄여 신속한 검색이 가능하도록 할 수 있으며, 저장 공간을 조정함으로써 공간 확보의 효과도 얻을 수 있다.
(②)	• (②)(은)는 데이터의 한 부분으로서 특정 사용자가 관심을 갖는 데이터들을 담은 비교적 작은 규모의 데이터 웨어하우스, 즉 일반적인 데이터베이스 형태로 갖고 있는 다양한 정보를 사용자의 요구 항목에 따라 체계적으로 분석하여 기업의 경영 활동을 돕기 위한 시스템을 말한다. • (②)(은)는 전체적인 데이터 웨어하우스에 있는 일부 데이터를 가지고 특정 사용자를 대상으로 한다.
(③)	• (③)(은)는 여러 개의 테이블을 이용하여 다차원 구조 분석 기법을 제공한다. • 다수의 테이블을 이용하는 데 효율적으로 검색할 수 있도록 하는 분석형 애플리케이션이다. • 사용자가 직접 검색할 수 있다는 장점을 가지고 있다.
(④)	• 분산 데이터베이스는 네트워크상의 여러 노드에 분산되어 있으나 단일의 데이터베이스 관리 시스템으로 제어되는 데이터베이스를 말한다. 지리적으로 분산되어 있는 데이터가 실제로 어느 위치에 저장되어 있는지를 의식할 필요 없이 사용자는 필요한 데이터를 검색하고 갱신할 수 있다. • 이와 같이 실제로 분산되어 여러 개의 노드로 나누어져 있지만 사용자는 나누어져 있는 사실을 느끼지 못하는 것을 (④)(이)라고 한다.
(⑤)	• (⑤)(은)는 C, C++, Visual Basic 등과 같은 호스트 프로그램 언어에 삽입되어 일반 응용 프로그램이 실행될 때 같이 실행되도록 하는 기법이다. • (⑤)(은)는 다양한 조작을 할 수 있도록 여러 가지 기능을 제공한다. • (⑤) 기법을 이용하기 위해서는 사전에 외부의 데이터를 불러와 저장할 수 있는 호스트 변수 선언문이 필요하다.

- ① :
- ② :
- ③ :
- ④ :
- ⑤ :

06 다음 보기에서 설명하는 데이터베이스 도구는 무엇인지 쓰시오.

- 이것은 검색 및 조회 성능을 향상시키기 위한 자료 구조로, 테이블의 특정 열(컬럼)에 대한 정렬된 복사본을 생성하므로써 데이터베이스 관리 시스템은 특정 값을 효율적으로 찾고 접근할 수 있다.
- 빠른 검색 속도 : 특정 컬럼에 대한 값을 미리 정렬하여 검색 시 선형 검색보다 빠른 액세스를 제공
- 중복 제어 : 유일성을 강제하여 중복된 값을 방지하며, 데이터 무결성 유지
- 범위 검색 최적화 : 범위 검색(특정 값 사이의 범위 검색)에 효과적으로 활용
- 정렬된 출력 : 데이터를 정렬하여 결과를 반환하기 때문에 정렬된 출력이 필요한 경우 성능 향상
- 조인 성능 향상 : 조인 작업 시 두 테이블 간의 연결을 빠르게 수행

- 답 :

07 다음 보기에서 설명하는 데이터베이스 분석 도구는 무엇인지 쓰시오.

- 데이터 웨어하우스에서 추출된 대규모의 다차원 데이터를 분석하고 쿼리하는 데 사용되는 데이터 처리 기술로서, 시스템은 사용자가 데이터를 다양한 각도에서 살펴보고 조작할 수 있게 해주며, 의사결정 지원 및 비즈니스 인텔리전스 활용에 주로 활용된다.
- 사용자가 직접 데이터베이스 검색과 분석을 통해 문제점이나 해결책을 찾도록 해주는 분석형 애플리케이션 개념이다.
- 대규모 데이터를 이용한 질의 검색 시 다수의 테이블을 이용하고, 연산에 장시간이 소요되기 때문에 간단히 해결하기는 어렵다.
- 온라인 검색을 지원하는 데이터 웨어하우스 지원 도구이며, 이같은 대규모 연산이 필요한 질의를 다차원 구조 분석 기법을 통해 고속으로 지원한다.

- 답 :

CHAPTER 05

네트워크 기초
활용하기

학습 방향

1. 네트워크 계층 구조를 파악할 수 있다.
2. 네트워크 프로토콜을 파악할 수 있다.

출제빈도

SECTION 01	중	20%
SECTION 02	중	20%
SECTION 03	중	20%
SECTION 04	중	20%
SECTION 05	중	20%

네트워크의 개요

01 컴퓨터 네트워크(Computer Network)

• 네트워크(통신망, Network)란, 원하는 정보를 원하는 수신자 또는 기기에 정확하게 전송하기 위한 기반 인프라를 말한다.
• 컴퓨터 네트워크는 일반적으로 네트워크라고 불리며, 유 · 무선 매체를 이용하여 통신 설비를 갖춘 장치를 연결하는 통신망이다.

02 네트워크의 장점

• 네트워크를 구축하여 서버를 통해 구성원들 간에 데이터 공유를 편리하게 할 수 있다.
• 주변 장치를 공유하여 공간 및 비용을 절약할 수 있다.
• 저장 서버를 지정하면 중복 백업을 방지하여 백업이 용이하다.
• 거리와 공간의 제약을 극복함으로써 다양한 응용 프로그램과 서비스 지원이 용이하다.
• 사용자에게 편리성과 효율성을 제공할 수 있다.

03 거리(규모)에 따른 네트워크 분류

LAN (Local Area Network)	근거리 네트워크	회사, 학교 등 한정된 지역에서 컴퓨터, 프린터, 스캐너 등의 장치들을 연결하여 구축한 네트워크
MAN (Metropolitan Area Network)	도시권 네트워크	LAN의 확장형으로, 하나의 도시와 같이 LAN보다 더 큰 규모의 네트워크
WAN (Wide Area Network)	광대역 네트워크	MAN보다 더 넓은 범위와 규모의 네트워크이며, 멀리 떨어진 지역을 네트워크로 구성

04 LAN(Local Area Network)의 이해

동일 빌딩 내 또는 수백 m~수 Km 이내의 한정된 지역 내 등 비교적 좁은 지역에 분산 배치된 컴퓨터와 프린터 등의 단말기를 통신 회선으로 연결하여 각종 정보를 교환할 수 있는 통신 네트워크이다.

① LAN의 특징

- 단일 기관의 소유 및 제한된 지역 내의 네트워크이다.
- 어떤 종류의 통신 시스템 기기와도 연결이 가능하다.
- 광대역 선송 매체의 사용으로 고속 통신이 가능하다.
- 오류 발생률이 낮으며, 전송 지연을 최소화할 수 있다.
- 공유 매체 사용으로 경로 선택 없이 매체에 연결된 모든 장치로 데이터 전송이 가능하다.
- 통신 기기의 재배치와 확장성이 좋다.
- LAN의 기본 형태는 스타형, 링형, 버스형, 계층형으로 분류할 수 있다.
- 스마트폰, 태블릿, PC 등을 연결하는 Wi-Fi 기술을 이용한 무선 LAN(Wireless Local Area Network)의 비중이 높아지고 있다.

② LAN의 기본 형태(위상, 토폴로지, Topology★)

★ 토폴로지(Topology)
위상이라고도 하며, 컴퓨터 네트워크의 요소들을 물리적으로 연결한 배치의 형태이다.

형태		설명
성형 (Star, 스타형)		• 중앙에 호스트 컴퓨터(Host Computer)가 있고 이를 중심으로 터미널(Terminal)들이 연결되는 중앙 집중식의 네트워크 구성 형태 • 중앙 컴퓨터와 직접 연결되어 응답이 빠르고 통신 비용이 적게 소요되지만, 중앙 컴퓨터에 장애가 발생하면 전체 시스템이 마비됨
링형 (Ring)		• 데이터는 한쪽 방향으로만 흐르고 병목 현상이 드물지만, 두 노드 사이의 채널이 고장나면 전체 네트워크가 손상될 수 있음 • 한 노드가 절단되어도 우회로를 구성하여 통신이 가능
버스형 (Bus)		• 한 개의 통신 회선에 여러 개의 사이트가 연결된 형태 • 한 사이트의 고장은 나머지 사이트들 간의 통신에 아무런 영향을 주지 않음
계층형 (Tree)		• 트리(Tree) 형태 • 분산 처리 시스템을 구성하는 방식
망형 (Mesh)		• 각 사이트는 시스템 내의 모든 사이트들과 직접 연결된 형태 • 통신 회선의 총 경로가 다른 네트워크 형태에 비해 가장 길게 소요됨 • 많은 단말기로부터 많은 양의 통신을 필요로 하는 경우에 유리함 • n개의 구간을 망형으로 연결하면 n(n−1)/2개의 회선이 필요

③ LAN의 전송 방식에 의한 분류

베이스 밴드(Baseband) 방식	• 신호 변조 없이 고유 주파수 영역을 사용하는 방식 • 시분할 다중화★ 방식(TDM)을 사용하고 통신 방식이 쉽고 경제적임
브로드 밴드(Broadband) 방식	• 디지털 신호를 아날로그 신호로 광대역 변조하는 방식 • 주파수분할 다중화 방식(FDM)을 사용

★ 다중화
- 여러 개의 채널들이 하나의 통신 회선을 통하여 결합된 신호의 형태로 전송되고 수신 측에서 다시 이를 여러 개의 채널 신호로 분리하는 것이다.
- 통신 회선을 다중화하면 선로의 공동 이용이 가능해 전송 효율을 높일 수 있다.
  - 시분할 다중화(TDM : Time Division Multiplexing)
  - 주파수분할 다중화(FDM : Frequency Division Multiplexing)

④ LAN의 표준안(계층 구조)

데이터 링크 계층
물리 계층

〈OSI 7 계층〉

LLC(논리 링크 제어)
MAC(매체 접근 제어)
물리 계층

〈LAN의 계층〉

⑤ IEEE 802의 표준 규격

802.1	상위 계층 인터페이스
802.2	논리 링크 제어(LLC)
802.3	CSMA/CD
802.4	토큰 버스(Token Bus)
802.5	토큰 링(Token Ring)
802.6	MAN
802.8	고속 이더넷(Fast Ethernet)
802.11	무선 LAN
802.15	블루투스

⑥ 전송 매체 접근 제어(MAC, Media Access Control)
- 하나의 통신 회선에 여러 대의 컴퓨터를 연결하여, 통신이 가능하도록 한다.
- 연결된 컴퓨터들이 일정한 규칙 없이 데이터를 전송할 경우 통신 회선을 공유하기 때문에 데이터가 충돌하게 된다.
- MAC의 방식으로는 CSMA(Carrier Sense Multiple Access), CSMA/CD(Carrier Sense Multiple Access/Collision Detection)★, 토큰 버스(Token Bus), 토큰 링(Token Ring), 토큰 패싱(Token Passing)이 있다.

★ CSMA/CD
통신 채널 상태를 파악하여 통신 채널이 데이터 전송을 하지 않을 때 정보를 전송하는 방식으로, 전송 후 충돌이 발생하면 즉시 전송을 멈추고 다른 노드들에게 충돌 신호를 보낸 다음, 기다렸다가 재전송을 하는 기법이다.

⑦ LAN의 표준안 동향
- 이더넷(Ethernet)
  - 이더넷(Ethernet)은 가장 많이 사용하는 LAN 구축 방식으로 제록스사에서 개발한 후 DEC와 인텔사가 연합하여 확장한 LAN의 표준안이다.
  - 1985년 IEEE에 의해 802.3이 표준안으로 채택된 후 대부분 버스형에 많이 사용된다.
  - CSMA/CD를 MAC 프로토콜로 사용하는 LAN의 종류이다.

구분	10 BASE 5 Ethernet	10 BASE 2 CheaperNet	1 BASE 5 StarLAN	10 BROAD 36	10 BASE T
전송 매체	동축 케이블 (50 Ohms)	동축 케이블 (50 Ohms)	이중 나선	동축 케이블 (75 Ohms)	이중 나선
신호 전송	베이스밴드	베이스밴드	베이스밴드	브로드밴드	베이스밴드
전송 속도	10Mbps	10Mbps	1Mbps	10Mbps	10Mbps
세그먼트	500m	185m	500m	3600m	1000m

- 고속 이더넷(Fast Ethernet) : 100 BASE T라고도 불리는 이더넷의 고속 버전으로서, 100Mbps의 전송 속도를 지원하는 CSMA/CD 방식 기반의 LAN의 표준안이다.
- 기가비트 이더넷(Gigabit Ethernet) : 1Gbps의 속도를 제공하며 기존 이더넷 방식을 그대로 채택하고 있으므로 호환성이 높아 효율적이다.

- FDDI(Fiber Distributed Data Interface)
  - LAN 간의 트래픽 폭증 문제를 해결할 수 있는 고속 LAN으로 대표적인 표준이다.
  - 미국 표준협회(ANSI)와 ITU-T에 의해 표준화되었다.
  - 100Mbps의 속도를 갖는 두 개의 링으로 구성되어 있다.

⑧ 네트워크 관련 장비

리피터 (Repeater)	• 리피터는 디지털 신호를 증폭시켜 주는 역할을 하여 신호가 약해지지 않고 컴퓨터로 수신되도록 함 • OSI 7 참조 모델★의 1계층에서 동작
허브 (Hub)	• 네트워크에 연결된 각 회선이 모이는 접선 장치 • 각 회선을 통합적으로 관리하는 장비
브리지(Bridge), 스위치(Switch)	• 두 개의 LAN이 데이터 링크 계층에서 서로 결합되어 있는 경우에 이들을 연결하는 장비 • 스위치는 처리 방식이 하드웨어로 이루어지기 때문에 소프트웨어적으로 프레임을 처리하는 브리지에 비해서 훨씬 빠름 • 브리지는 포트들이 같은 속도를 지원하는 반면, 스위치는 서로 다른 속도를 연결 기능을 제공함 • 스위치는 브리지에 비해 제공하는 포트 수가 훨씬 많음 • OSI 7 참조 모델의 2계층에서 동작
라우터 (Router)	• 서로 다른 형태의 네트워크를 상호 접속하는 3계층 장비 • 적절한 전송 경로를 선택하고 이 경로로 데이터를 전달함 • OSI 7 참조 모델의 3계층에서 동작
게이트웨이 (Gateway)	• 서로 다른 프로토콜을 사용하는 망 연결 • OSI 7 참조 모델의 전(1~7) 계층에서 동작

더 알기 TIP

L2, L3, L4 스위치

네트워크 장비인 스위치는 OSI 중 어떤 계층에서 수행되는지에 따라 다음과 같이 구분된다.

L2 스위치	가장 원초적인 스위치로 상위 레이어에서 동작하는 IP 이해가 불가능하다.
L3 스위치	IP 레이어에서의 스위칭을 수행하여 외부로 전송하며 라우터와의 경계가 모호하다.
L4 스위치	TCP/UDP 등 스위칭을 수행하며 응용 계층에서 파악이 가능한 이메일 내용 등 정교한 로드 밸런싱 수행이 불가능하다.

05 Ad-hoc 네트워크★ 2024년 3회

① 개념
- 사전에 구축된 인프라 없이, 노드들이 자율적으로 구성하는 임시 네트워크이다.
- 동적으로 변화하는 토폴로지를 가지며, 노드의 이동에 따라 유연하게 재구성된다.
- 주로 긴급 상황, 군사 작전, 또는 일시적인 파일 공유 등에 사용된다.

② Ad-hoc 네트워크 사용 예
- 재난 대응 : 자연 재해나 긴급 상황에서 기존 통신 인프라가 파괴된 경우, 구조팀 간의 빠른 통신을 위해 사용된다.
- 차량 네트워크 : 차량 간 통신(VANET)을 통해 교통 관리 및 사고 방지를 위한 실시간 정보 교환에 사용된다.

06 WAN(Wide Area Network)의 이해

- 국가, 대륙과 같이 광범위한 지역을 연결하는 네트워크이다. 거리에 제약이 없으나 다양한 경로를 지나 정보가 전달되므로 LAN보다 속도가 느리고 에러율도 높다.
- 전용 회선 방식은 통신 사업자가 사전에 계약을 체결한 송신자와 수신자끼리만 데이터를 교환하는 방식이다.
- 교환 회선 방식은 공중망을 활용하여 다수의 사용자가 선로를 공유하는 방식이다.

① 전용 회선 및 교환 회선

전용 회선(Leased Line)	• 회선이 단말기 상호 간에 항상 고정되어 있는 방식 • 전송 속도가 빠르며, 전송 오류가 적음
교환 회선(Switched Line)	• 교환기에 의해 단말기 상호 간에 연결되는 방식 • 전용 회선에 비해 속도가 느림

② 회선 구성 방식

점-대-점(Point-to-Point) 방식 (=PEER To PEER)	• 중앙 컴퓨터와 단말기를 일대일로 연결하는 방식 • 통신망을 성형(Star)으로 구성 시 사용함 • 회선제어 : 경쟁 방식 사용
다중 점(Multi-Point) 방식	• 한 개의 통신 회선에 여러 개의 단말기를 연결하는 방식 • 멀티 드롭(Multi-Drop) 방식이라고도 함 • 통신망을 버스형(Bus)으로 구성 시 사용함 • 회선제어 : 폴링과 셀렉션 사용
회선다중(Line Multiplexing) 방식	여러 개의 단말기를 다중화기를 이용하여 중앙 컴퓨터와 연결하는 방식

③ 교환 회선 방식

④ 회선 교환 방식(Circuit Switching)

- 물리적 전용선을 활용하여 데이터 전달 경로가 정해진 후 동일 경로로만 전달이 된다.
- 데이터를 동시에 전송할 수 있는 양을 의미하는 대역폭이 고정되고 안정적인 전송률을 확보할 수 있다.
- 회선 교환 방식의 특징
  - 메시지가 전송되기 전에 발생지에서 목적지까지의 물리적 통신 회선 연결이 선행되어야 한다.
  - 기억 장치를 사용하지 않는다.
  - 데이터 전송 전에 먼저 통신망을 통한 연결이 필요하다.
  - 코드와 속도가 다른 단말기 간에는 통신이 불가능하다.

- 전체 경로가 미리 확보되어야 한다.
- 일정한 데이터 전송률을 제공하므로 동일한 전송 속도가 유지된다.
- 연결만 되면 실시간 통신이 가능하다.
- 연결되면 통신 회선은 공유되지 않고 일 대 일 방식으로 데이터를 송수신하게 된다.
- 통신 회선이 독점되므로 통신 비용이 비싸다.
- 고정 대역폭(Band Width)을 사용한다.
- 종류 : 공간 분할 교환 방식(SDS), 시분할 교환 방식(TDS)

⑤ 축적 교환 방식

• 메시지 교환 방식(Message Switching)
- 하나의 메시지 단위로 저장-전달(Store-and-Forward) 방식에 의해 데이터를 교환하는 방식이다.
- 각 메시지마다 수신 주소를 붙여서 전송하므로 메시지마다 전송 경로가 다르게 전달된다.
- 네트워크에서 속도나 코드 변환이 가능하다.

• 패킷 교환 방식(Packet Switching)★ 2023년 1회, 2021년 2회
- 메시지를 일정한 길이의 전송 단위인 패킷으로 나누어 전송하는 방식이다.
- 다수의 사용자 간에 비대칭적 데이터 전송을 원활하게 하므로 모든 사용자 간에 빠른 응답 시간 제공이 가능하다.
- 전송에 실패한 패킷의 경우 재전송이 가능하다.
- 패킷 단위로 헤더를 추가하므로 패킷별 오버헤드가 발생한다.
- 현재 컴퓨터 네트워크에서 주로 사용하는 방식이다.
- 패킷교환공중데이터통신망(PSDN)이라고도 한다.
- 패킷 교환 방식은 축적 후 전달(Store-and-Forward) 방식이다.
- 메시지를 작은 데이터 조각인 패킷으로 블록화한다.
- 종류 : 가상 회선 방식, 데이터그램 방식

★ 패킷 교환 방식의 주요 기능
• 패킷 다중화
• 논리 채널
• 경로 선택 제어 : 고정 경로 배정 방식, 플러딩 방식, 적응 경로 배정 방식
• 순서 제어
• 트래픽 제어
• 오류 제어

▶ 가상회선 방식과 데이터그램 방식

특징	가상회선 방식 (Virtual Circuit)	데이터그램 방식 (Datagram)
연결 유형	연결 지향형(Connection-oriented)	비연결형(Connectionless)
경로 설정	데이터 전송 전에 경로를 미리 설정	각 패킷마다 경로가 독립적으로 설정
패킷 순서	패킷이 전송된 순서대로 도착	패킷이 순서대로 도착하지 않을 수 있음
오버헤드	상대적으로 낮음	상대적으로 높음
사용 사례	긴 시간 동안 연속적인 데이터 전송	짧고 일시적인 데이터 전송

이론을 확인하는 핵심문제

01 다음 설명에 해당하는 네트워크 장비의 명칭을 쓰시오.

① 두 개 이상의 LAN을 하나로 연결하는 장치
② 여러 대의 컴퓨터를 손쉽게 연결할 수 있도록 여러 개의 입력과 출력 포트를 가지고 있으며, 한 포트에서 수신된 신호를 다른 모든 포트로 재전송하는 장치
③ 이종 통신망 간에도 프로토콜을 변환하여 정보를 주고받을 수 있는 장치
④ 패킷의 수신 주소를 토대로 경로를 정해서 패킷을 전송함으로써 둘 이상의 네트워크를 연결하는 장치

- ① :
- ② :
- ③ :
- ④ :

02 LAN의 기본 토폴로지 중 중앙에 호스트 컴퓨터가 있고 이를 중심으로 터미널(Terminal)들이 연결되는 중앙 집중식의 네트워크 구성 형태로 중앙 컴퓨터와 직접 연결되어 응답이 빠르고 통신 비용이 적게 소요되지만, 중앙 컴퓨터에 장애가 발생되면 전체 시스템이 마비되는 형태는 무엇인지 영문으로 쓰시오.

- 답 :

03 근거리 통신망 LAN의 IEEE 802 표준 규격에 해당하는 빈칸 ①~②에 알맞은 접근제어 방식을 쓰시오.

802.1	상위 계층 인터페이스
802.2	논리 링크 제어(LLC)
802.3	CSMA/CD
802.4	(①)
802.5	(②)
802.6	MAN
802.8	고속 이더넷(Fast Ethernet)
802.11	무선 LAN
802.15	블루투스

- ① :
- ② :

ANSWER **01** ① 브리지 ② 허브 ③ 게이트웨이 ④ 라우터
02 STAR 또는 star
03 ① 토큰 버스 또는 Token Bus ② 토큰 링 또는 Token Ring

인터넷 구성의 개념

출제빈도 상 ㊥ 하
반복학습 1 2 3

빈출 태그 IP주소 • IPv6 • 도메인 네임 • DNS • 서브넷

01 인터네트워킹

- 각각 운영 중인 네트워크를 상호 연결해 데이터 통신이 이루어지도록 하는 것이다.
- 일반적으로 근거리 통신망(LAN)과 광대역 통신망(WAN)을 연결하는 것이다.
- 인터네트워크 관련 장비 : 리피터(Repeater), 브리지(Bridge), 라우터(Router), 게이트웨이(Gateway)

02 인터넷

- TCP/IP 프로토콜을 기반으로 전 세계 수많은 컴퓨터와 네트워크가 연결된 광범위한 통신망이다.
- 네트워크들의 집합체이다.
- 1969년 미국 국방성의 ARPANET(Advanced Research Project Agency Network)을 기원으로 한다.
- 인터넷(Internet)으로 연결된 각 컴퓨터들은 IP 주소라는 고유의 컴퓨터 주소를 가지고 있다.

03 인터넷 주요 서비스(TCP/IP상에서 운용됨)

WWW (World Wide Web)	하이퍼텍스트 기반으로 되어 있는 HTTP 프로토콜을 사용하며 웹페이지는 서버에서 정보를 제공하여 주고 클라이언트에서는 웹 브라우저에 의해 정보를 검색하고 제공받는 서비스
FTP	파일 전송 프로토콜(File Transfer Protocol)의 약자로 인터넷에서 파일을 송수신할 때 사용되는 서비스
텔넷(Telnet)	컴퓨터 통신망상의 다른 컴퓨터에 로그인하기 위해 사용하는 프로토콜 혹은 서비스
유스넷(Usenet)	분야별로 공통된 관심사를 가진 인터넷 사용자들이 서로의 의견을 주고받을 수 있게 하는 서비스
아키(Archie)	익명의 FTP 사이트에 있는 파일 정보를 검색할 수 있도록 하는 서비스
전자우편(E-Mail)	컴퓨터 통신망을 이용하여 사용자 간에 편지나 여러 정보를 주고받을 수 있는 서비스

04 인터넷 주소 체계

① 인터넷 프로토콜(IP, Internet Protocol)
- 패킷 교환 네트워크(Packet Switching Network)에서 정보를 주고받기 위해 사용하는 프로토콜로 OSI 7 계층 중 3 계층인 네트워크 계층 혹은 인터넷 모델의 인터넷 계층에 속한다.
- 패킷 헤더(Packet Header)에 포함된 IP 주소를 기반으로 패킷을 전달하며 호스트의 주소 지정과 패킷 분할 및 조립 기능을 담당한다.
- 패킷 전송과 정확한 순서를 보장하려면 TCP 프로토콜과 같은 IP의 상위 프로토콜을 이용해야 한다.

② IP 주소
- 컴퓨터 네트워크에서 컴퓨터 및 통신장비에 부여하는 고유한 주소이다.
- 인터넷에 연결된 기기들 간의 통신을 위해 사용하며 IP 주소를 이용하여 송신 호스트에서 수신 호스트로 패킷을 전달한다.

③ IPv4
- IP 주소는 컴퓨터 네트워크의 각 장치들에게 할당하는 논리적인 주소로 8비트 크기의 필드 네 개를 모아서 구성한 32비트(4바이트) 논리 주소이다.
- IP 주소는 .(점)으로 구분한 10진수 형태 4개로 구성된다. 📁 192.168.1.21
- IPv4의 IP 주소는 32비트로 네트워크 부분과 호스트 부분으로 구성되며, 효율적인 관리를 위해 클래스의 개념을 도입하며 라우팅 시 네트워크 부분만 참조한다.
- 전송 방식으로는 멀티캐스트, 유니캐스트, 브로트캐스트 방식이 있다.

④ IPv4 주소(Internet Protocol Address) 체계
- IPv4는 클래스 기반 주소 지정 방식으로 5개의 클래스로 구성된다.
- 각 클래스의 네트워크 주소 : 네트워크 자체의 주소이다.
- 호스트 주소 : 각 네트워크에 속한 호스트의 주소이다.

구분	설명	첫 번째 바이트 범위
A class	• 대형 기관 및 기업에서 사용 • 2^{24}(= 16,777,216) 중 16,777,214개의 호스트 사용 가능 | Net id | Host id | Host id | Host id |	0~127
B class	• 중형 기관 및 기업에서 사용 • 2^{16}(= 65,536) 중 65,534개의 호스트 사용 가능 | Net id | Net id | Host id | Host id |	128~191
C class	• 소형 기관 및 기업에서 사용 • 2^{8}(= 256) 중 254개의 호스트 사용 가능 | Net id | Net id | Net id | Host id |	192~223
D class	멀티캐스트용	224~239
E class	실험용	240~254

- A 클래스에 할당할 수 있는 호스트의 수는 $2^{24}-2$인 16,777,214개이다. 호스트 부분이 3바이트(24비트)이므로 2^{24}가 되며, 호스트 bit가 모두 0이거나 모두 1인 경우는 제외해야 하므로 $2^{24}-2$가 된다.
- 주소 127.0.0.1번은 루프백(Loop-back) 인터페이스라고 하며, 로컬 시스템의 내부 테스트를 위하여 예약되어 있다.
- 사설 네트워크 주소 : 10.0.0.0, 172.16.0.0, 192.168.0.0

⑤ 도메인 이름(Domain Name)
- 숫자 IP 주소를 사람들이 이해하기 쉬운 단어로 표현한 것이다.
  - IP 주소 : 62.168.1.21
  - 도메인 네임 : www.daum.net
- DNS(Domain Name System) : 문자로 된 도메인 네임을 숫자로 된 IP 주소로 변환하는 시스템이다.

⑥ 서브넷(Subnet)
- 하나의 네트워크 주소를 이용하여 여러 개의 네트워크로 구성하는 것이다.
- 호스트 주소 비트의 일부를 네트워크 주소로 사용한다.

⑦ 서브넷 마스크 2022년 3회/2회
- 컴퓨터가 속한 네트워크를 나타내는 네트워크 식별자를 추출하는 것으로, IP 주소를 네트워크 주소 부분과 호스트 주소 부분으로 구분하기 위해서 사용한다.
- 네트워크 부분과 호스트 부분을 명시하는 역할을 한다.
  - 네트워크 부분 : 1
  - 호스트 부분 : 0

▶ 기본 서브넷 마스크

구분	10진수 형태	2진수 형태
A class	255.0.0.0	11111111.00000000.00000000.0000000
B class	255.255.0.0	11111111.11111111.00000000.0000000
C class	255.255.255.0	11111111.11111111.11111111.0000000

05 **IPv6** 2021년 1회, 2020년 4회

- IPv6는 IPv4 주소 자원의 부족과 인터넷 보안의 강화를 위해 제시된 인터넷 프로토콜 6번째 버전이다.
- IPv6 주소는 기존의 IPv4 주소 체계를 128비트 크기로 확장한 차세대 인터넷 프로토콜 주소이다.

① IPv4와 IPv6 주소의 차이점

IPv4	• 주소를 나타내기 위해 32비트 사용 • 32비트를 8비트 단위로 구분하여 10진수로 표현 • ⑨ 201.10.34.130
IPv6	• 주소를 나타내기 위해 128비트 사용 • 사용 가능 주소 : 2^{128} • ⑨ 2010:0DAC:0000:0000:0000:0000:14C0:75AB

② IPv6의 주소 유형

유니캐스트(Unicast)	1대1 (특정 단일)
멀티캐스트(Multicast)	1대다 (특정 집단)
애니캐스트(Anycast)	기타 방식 1대1 (근접 누구나)

③ IPv4/IPv6 전환 기술

- IPv6를 이용하여 구축한 네트워크와 기존 네트워크(IPv4) 간의 호환성이 지원되어야 한다.
- IPv6 패킷이 IPv4 망을 통해 전달될 수 있어야 한다.

듀얼 스택(Dual Stack)	• IPv4/IPv6를 동시에 지원 • IPv4/IPv6 패킷을 주고받을 수 있음
터널링(Tunneling)	• 두 IPv6 네트워크 간에 터널을 이용하는 기술 • IPv4/IPv6 호스트와 라우터에서 IPv6 패킷을 IPv4 패킷에 캡슐화하여 전송
주소 변환(Address Translation)	IPv4와 IPv6 간에 주소를 변환하여 두 버전을 연동

01 인터넷을 사용하기 위해 부여하는 192.168.0.1과 같은 IPv4 주소 체계는 총 4부분의 옥텟(octet)으로 구성되어 있으며, 이는 총 몇 비트인지 쓰시오.

• 답 :

02 다음 〈보기〉에서 IETF에서 고안한 IPv4에서 IPv6로 전환(천이)하는 데 사용되는 전략을 골라 쓰시오.

〈보기〉

Dual stack, Tunneling, Source routing, Address translation

• 답 :

03 다음은 IPv6 방식에 대한 설명이다. 빈칸 ①~③에 알맞은 답을 쓰시오.

IPv6는 (①)비트 주소 체계를 사용하여, IPv4의 문제점 중 하나인 규모 조정이 불가능한 라우팅 방법을 획기적으로 개선한 것으로 사용하지 않은 IP에 대해 통제를 할 수 있다. IPv6는 (②)개의 필드로 구성된 헤더와 가변 길이 변수로 이루어진 확장 헤더 필드를 사용한다. 보안과 (③) 확장 헤더를 사용함으로써 인터넷 계층의 보안 기능을 강화한다.

• ① :
• ② :
• ③ :

OSI 7 참조 모델

빈출 태그 OSI 7 Layer • PDU

기적의 TIP

ATM(Asynchronous Transfer Mode) 2023년 3회

- B-ISDN의 핵심 기술로 회선 교환과 패킷 교환의 장점을 결합한 교환 및 다중화 기술이다.
- 비동기식 전달 모드로 멀티미디어 서비스에 적합하다.
- 정보는 셀(Cell) 단위로 나누어 전송된다.
- 셀(Cell)은 헤더(Header) 5옥텟과 페이로드(Payload) 48옥텟으로 구성된다.
- ATM의 프로토콜 구조는 사용자 평면, 제어 평면, 관리 평면으로 구성된다.

01 계층화 구조

- 통신 기능의 확장 및 통신기술의 도입을 쉽게 지원하는 다양한 방법 중 프로토콜을 몇 개의 계층으로 나누는 계층화와 관련된 참조 모델에는 대표적으로 OSI 7 layer가 있다.
- 구성요소
  - 계층화는 개체(Entity), 데이터 단위(Data unit), 접속(Connection), 프로토콜(Protocol), 서비스 접근점(Service Access Point), 서비스(Service), 식별자(Identifier)로 구성된다.
- OSI 모델
  - 1984년, 국제표준화기구인 ISO(International Organization for Standardization)에서 OSI 모델을 발표하였다.
  - 통신 과정을 7계층으로 나누어 각 계층마다 통신 기능을 정의하고 표준화한 모델을 제시하였다.
  - 표준 프로토콜을 사용함으로써 다른 통신 시스템들 간의 상호 호환성을 구현하였으며 두 컴퓨터의 응용 프로그램 간의 데이터 전달 과정을 규정한 모델이다.
- OSI 참조 모델에서 계층을 나누는 목적
  - 시스템 간의 통신을 위한 표준을 제공하는 데 있다.
  - 시스템 간의 정보 교환을 하기 위한 상호 접속점을 정의한다.
  - 관련 규격의 적합성을 조성하기 위한 공통적인 기반 조성을 할 수 있다.
  - 네트워크 표준안을 따르고 있어 상호 호환성 문제가 발생하지 않는다.

02 PDU(Protocol Data Unit)

- 동일 계층 간 데이터를 전송하는 기본 단위이다.
- 계층별 단위
  - 물리 계층 : 비트(Bit)
  - 데이터 링크 계층 : 프레임(Frame)
  - 네트워크 계층 : 패킷(Packet)
  - 전송 계층 : 세그먼트(Segment), 데이터그램(Datagram)
  - 세션/표현/응용 계층 : 메시지(Message)

03 OSI(Open Systems Interconnection) 7 계층의 주요 기능 2021년 3회, 2020년 1회

계층		계층명	설명	주요 장비
하위 계층	1	물리 계층 (Physical Layer)	• 전기적, 기계적, 기능적, 절차적 기능 정의 • 허브, 네트워크 카드, 케이블 등 전송 매체를 이용하여 비트(Bit)를 전송 • 표준 : RS-232C, X.21	리피터
	2	데이터 링크 계층 (Data Link Layer)	• 내부 네트워크상에서의 흐름 제어, 에러 제어 • 현재 노드와 다음에 접근할 노드의 물리적 주소를 포함하여 프레임(Frame)을 구성 • 표준 : HDLC, LLC, LAPB, LAPD, ADCCP	스위치
	3	네트워크 계층 (Network Layer)	• 논리 주소 지정, 패킷(Packet)의 최적의 경로를 설정 및 네트워크 연결 관리 • 표준 : X.25, IP	라우터
	4	전송 계층 (Transport Layer)	• 외부 네트워크 통신 종단 간(End-to-End)의 에러 제어 및 흐름 제어 • 표준 : TCP, UDP	
상위 계층	5	세션 계층 (Session Layer)	회화 구성(반이중, 전이중), 동기 제어, 데이터 교환 관리, 프로세스 간의 연결을 확립, 관리, 단절시키는 수단을 관장	게이트 웨이
	6	표현 계층 (Presentation Layer)	코드 변환, 암호화 및 복호화, 압축, 구문 검색	
	7	응용 계층 (Application Layer)	• 응용 프로그램 간의 네트워크 서비스 • 프로토콜의 종류 : HTTP, SNMP, FTP, TELNET 등	

이론을 확인하는 / 핵심문제

OSI 7 계층에서 단말기 사이에 오류 수정과 흐름제어를 수행하여 신뢰성 있고 명확한 데이터를 전달하는 계층의 명칭을 쓰시오.

• 답 :

ANSWER 전송 계층 또는 Transport Layer

통신 프로토콜

빈출 태그 프로토콜 • TCP/IP • X.25

01 프로토콜(Protocol)의 개념 2020년 3회

- 둘 이상의 컴퓨터 사이에 데이터 전송을 할 수 있도록 미리 정보의 송 · 수신측에서 정해 둔 통신 규칙이다.
- 네트워크 프로토콜은 컴퓨터나 원거리 통신 장비 사이에서 메시지를 주고받는 양식과 규칙의 체계이다. 통신 규약 또는 규칙에는 전달 방식, 통신 방식, 자료의 형식, 오류 검증 방식, 코드 변환 규칙, 전송 속도 등을 정하게 된다. 다른 기종의 장비는 각기 다른 통신 규약을 사용하는데, 프로토콜을 사용하면 다른 기기 간 정보의 전달을 표준화할 수 있다.

02 프로토콜의 기본 요소 2020년 1회

구문(Syntax)	전송 데이터의 형식, 부호화, 신호 레벨 등을 규정함
의미(Semantic)	전송 제어와 오류 관리를 위한 제어 정보를 포함함
타이밍(Timing)	두 개체 간에 통신 속도를 조정하거나 메시지의 전송 및 순서도에 대한 특성을 가리킴

03 통신 프로토콜의 기능

흐름 제어 (Flow Control)	네트워크 내의 원활한 흐름을 위해 송수신측 간에 전송되는 패킷의 흐름 및 속도를 규제하는 것이며, 정지 및 대기(Stop and Wait), 슬라이딩 윈도우(Sliding Windows) 방식을 이용함
연결 제어 (Connection control)	통신을 위해 송신측과 수신측 사이의 연결을 설정하고, 유지하고, 종료하는 등의 작업을 제어하는 것
오류 제어 (Error control)	데이터 전송 중에 발생하는 메시지나 제어 정보의 파손에 대비하여 오류를 검출하고 수정하는 것
순서 제어 (Sequencing control)	데이터 전송 시 송신측이 전송하는 데이터들을 분할한 PDU(Protocol Data Unit)의 순서대로 수신측에 전달하여 순서를 결정하는 것
동기화 (Synchronization)	통신하는 송신측과 수신측 간의 초기화 상태, 검사 전 상태, 종료 상태 등과 같이 명확히 정의된 상태를 서로 맞춰줌으로써 통신의 진행을 원활히 할 수 있는 것
다중화 (Multiplexing)	하나의 회선(혹은 전송로)을 다수의 주파수 대역이나 시간 간격으로 분할하여 각각의 영역에서 독립된 신호를 동시에 송수신 가능하도록 빠르고 정확하게 통신로를 지원하는 것
주소 지정 (Addressing)	송신측과 수신측의 주소를 설정하고 주소에 따른 메시지의 형태를 구분할 수 있는 것

04 X.25

① X.25의 특징

- 패킷 교환망에 대한 ITU-T의 권고안으로 DTE와 DCE의 인터페이스를 규정한다.
- 흐름 및 오류 제어 기능을 제공하며 패킷형 단말기를 패킷 교환망 접속을 위한 인터페이스 프로토콜이다.
- 물리 계층, 프레임 계층, 패킷 계층 3개의 계층으로 구성되어 있다.
- OSI 계층의 하위 계층인 물리, 데이터링크, 네트워크 계층까지를 규정한다.
- 가상회선을 영구 가상회선과 교환 가상회선으로 구분한다.
- 헤더는 GFI(general format identifier) 4bit, LCI(logical channel identifier) 12bit로 구성된다.

② X.25의 계층 구조

패킷 계층
프레임 계층
물리 계층

- 물리 계층(Physical Layer) : OSI 7계층의 물리 계층에 해당한다.
- 프레임 계층(Frame Layer, = 링크 계층) : OSI 7계층의 데이터 링크 계층에 해당한다.
- 패킷 계층(Packet Layer) : OSI 7 계층의 네트워크 계층에 해당한다.

05 TCP/IP

① IP(Internet Protocol)

- OSI 7 계층의 네트워크 계층에 해당하며 비신뢰성 서비스를 제공한다.
- 데이터그램이라는 데이터 전송 형식을 갖는다.
- 신뢰성이 부족한 비연결형 서비스를 제공하기 때문에 상위 프로토콜에서 이러한 단점을 보완해야 한다.
- 비연결성이기 때문에 송신지가 여러 개인 데이터그램을 보내면서 순서가 뒤바뀌어 도달할 수 있다.
- 기능 : 패킷 분해/조립, 호스트 주소 지정, 경로 선택
- 직접 전달(direct delivery) : 송신자는 목적지 IP 주소를 이용하여 목적지 물리 주소를 찾아서(ARP 이용) 데이터 링크 계층으로 보내어 패킷을 전달한다.
- 간접 전달(indirect delivery) : 최종 목적지와 같은 네트워크에 연결된 라우터에 도달할 때 까지 여러 라우터를 경유해서 전달한다.

② TCP/IP의 구조(= 인터넷 모델 계층)

링크 계층 (Link Layer)	• 프레임(실제 데이터) 송 · 수신 • Ethernet, IEEE 802, HDLC, RS-232C
인터넷 계층 (Internet Layer)	• 주소 지정, 경로 배정 • IP, ARP, RARP, ICMP, IGMP, X.25
전송 계층 (Transport Layer)	• 호스트 간 통신 제공 • TCP, UDP
응용 계층 (Application Layer)	• 응용 프로그램 간의 데이터 송 · 수신 • FTP, SMTP, SNMP, Telnet

응용 계층
표현 계층
세션 계층
전송 계층
네트워크 계층
데이터링크 계층
물리 계층

⟨OSI 7 계층⟩

응용 계층
전송 계층
인터넷 계층
링크 계층

⟨TCP/IP⟩

- 링크 계층(Link Layer)
  - 프레임(실제 데이터)을 송 · 수신한다.
  - Ethernet, IEEE 802, HDLC, RS-232C
- 인터넷 계층(Internet Layer) _{2023년 1회, 2021년 3회/1회}
  - 주소 지정, 경로 배정, 폭주 제어 기능을 수행하는 비연결형 패킷 전달 서비스를 제공한다.
  - IP(Internet Protocol) : 신뢰성 없는 비연결형 서비스로 데이터가 순서를 무시하고, 손실 또는 중복될 수 있다. 오류 검사 및 추적을 제공하지 않는다.
  - ARP(Address Resolution Protocol) : IP Address를 물리적 하드웨어 주소(MAC Address)로 변환하는 프로토콜이다.
  - RARP(Reverse Address Resolution Protocol) : 호스트의 물리 주소를 통하여 논리 주소인 IP 주소를 얻어 오기 위해 사용되는 프로토콜이다.
  - ICMP(Internet Control Message Protocol) : IP 프로토콜에서 오류 보고와 오류 수정 기능, 호스트와 관리 질의를 위한 제어 메시지를 관리하는 네트워크 계층 프로토콜이다. 메시지는 하위 계층으로 가기 전에 IP 프로토콜 데이터그램 내에 캡슐화된다. 메시지는 4바이트의 헤더와 가변 길이의 데이터 영역으로 나뉜다.

type(8)	code(8)	checksum(16)	icmp 메시지(가변)

- 전송 계층(Transport Layer)
  - 호스트 간(End to End) 통신을 제공한다.
  - TCP : 정확한 패킷 전송을 위해 패킷 헤더 부분에 일련번호 등의 추가 정보를 포함하며 연결 확인 후 데이디 전송이 이루어지는 신뢰성 서비스이다. UDP보다 속도가 느리다.
  - UDP : 패킷 헤더에 추가적인 정보가 없어 정확한 전송을 못하는 비신뢰성 전송 방식이며 TCP에 비해 속도가 빠르고 대용량 미디어 파일 전송에 주로 사용된다.
- 응용 계층(Application Layer)
  - 응용 프로그램 간의 데이터를 송 · 수신한다.
  - FTP, SMTP, SNMP, Telnet

06 표준안 제정 기관

- ISO(International Organization for Standardization, 국제표준화기구) : 전기 · 전자를 제외한 모든 분야의 국제표준화를 추진하는 기구로서, 적게는 공업용 볼트, 너트의 규격에서부터 통신의 프로토콜에 이르기까지 다양한 표준을 추진하고 있는데, 이는 국제적으로 통일된 표준을 바탕으로 상품과 서비스의 교역을 촉진하고 과학 · 기술 · 경제 전반의 국제 협력 증진을 목적으로 하고 있기 때문이다.
- ITU(International Telecommunication Union, 국제전기통신연합) : 인터넷 자체, 인터넷의 운영 및 관리, 그리고 인터넷 관련 기술의 공학적인 측면과 기술적인 측면의 쟁점 등을 해결하는 것을 목적으로 망 설계자, 관리자, 연구자, 망 사업자 등으로 구성되어 자생적으로 만들어진 그룹으로, 인터넷의 표준 규격을 개발하고 있는 인터넷아키텍처위원회(IAB, Internet Architecture Board)의 산하 조직이다.
- IEC(International Electronical Committee, 국제전기표준협회) : IEC는 비영리, 준-정부기관(Quasi-Governmental Organization)으로 전기 · 전자 기술 분야의 표준 제정 및 적합성 평가를 목적으로 설립되었다. 전기 · 전자 기술 분야의 표준 및 이와 관련된 문제 등에 수반되는 의문에 대한 국제적 협력과 이해를 증진하기 위하여 국제표준을 발간하고 관련된 적합성 평가 서비스를 제공하는 단체이다.
- IEEE(Institute of Electric and Electronic Engineers, 전기전자기술자협회) : 1884년에 설립된 미국전기학회(AIEE, American Institute of Electrical Engineers)와 1912년에 설립된 무선학회(IRE, Institute of Radio Engineers)가 1963년 합병하여 현재의 명칭과 조직으로 설립된 미국 최대의 학회로서 미국뿐만 아니라 전 세계 각국의 학자와 전문기술자 등 수십만 명이 가입하고 있는 세계 최대의 전기, 전자, 전기 통신, 컴퓨터 분야의 전문가 단체이다.

01 두 개체 간에 통신 속도를 조정하거나 메시지의 전송 및 순서에 대한 특성을 가리키는 프로토콜의 3가지 기본 요소를 쓰시오.

• 답 :

02 다음 〈보기〉에서 인터넷 프로토콜 아키텍처를 구성하는 4계층을 골라 쓰시오.

〈보기〉

> 응용 계층. 물리 계층, 표현 계층, 전송 계층, 인터넷 계층, 링크 계층

• 답 :

03 다음 설명하는 프로토콜이 무엇인지 쓰시오.

> 각 컴퓨터에서 IP 관리를 쉽게 하기 위한 프로토콜이며, TCP/IP 통신을 실행하기 위해 필요한 정보를 자동적으로 할당, 관리하기 위한 통신 규약으로서 RFC1541에 규정되어 있다.

• 답 :

ANSWER **01** 구문(Syntax), 의미(Semantics), 타이밍(Timing)
02 응용 계층, 전송 계층, 인터넷 계층, 링크 계층
03 DHCP

출제빈도 상 ㉿ 하
반복학습 ① ② ③

빈출 태그 TCP/UDP • RIP • OSPF

01 TCP/IP의 구조 2020년 4회

- 인터넷 계층은 패킷을 분할하여 목적지로 전송하는 것을 목적으로 한다.
- 패킷의 전달 과정에 문제가 발생하면 패킷의 송신지 IP Address로 ICMP를 이용하여 오류 메시지를 전송한다.
- 전송 계층의 역할은 도달한 패킷의 손실 여부와 패킷의 순서 등을 관장한다.

응용 계층
표현 계층
세션 계층
전송 계층
네트워크 계층
데이터링크 계층
물리 계층

〈OSI 7 계층〉

응용 계층	HTTP, TELNET, SMTP, FTP, DNS
전송 계층	TCP, UDP
인터넷 계층	IP, ICMP, ARP, RARP
링크 계층	
〈TCP/IP〉	

02 TCP의 개요

- TCP(Transmission Control Protocol)는 연결 지향형 프로토콜로 송·수신 호스트 간에 송·수신할 수 있는 통로를 만들고 데이터를 전송한다.
- 신뢰성 있는 연결 서비스를 제공한다.
- 전송 메시지의 정확한 도착을 보장하고, 오류의 경우 재전송하며 흐름 제어 기능이 있다.
- E-Mail, Download 등의 서비스에 적합하다.

03 TCP 세그먼트(Segment)

- TCP 세그먼트는 TCP를 이용하여 두 종단 장치 간 송수신하는 데이터들의 단위이다.
- 구성 : TCP 헤더 + 데이터(Data)
- 캡슐화 : IP 패킷의 데이터 부분에 포함되어 전송된다.

- 포트 번호(Port Number)는 상위 계층의 응용 프로그램으로 데이터를 전달하기 위한 통로를 의미한다. 0번부터 1023번까지는 예약이 되어 있다.
- 대표 포트 번호 : FTP 데이터(20), FTP 제어(21), TELNET(23), SMTP(25), DNS(53), HTTP(80)
- TCP/IP 플래그(제어)비트
  - 연결 관리, 오류 제어, 흐름 제어 등 TCP 동작을 제어하기 위해 사용된다.
  - SYN(Synchronization) : 초기 TCP 연결을 요청한다.
  - ACK(Acknowledgement) : ACK 번호 필드에 값이 타당한지 알려준다.
  - FIN(Finish) : TCP 연결을 정상적으로 종료한다.
  - RST(Reset) : TCP 연결을 즉시 종료한다.
  - PSH(Push) : 세그먼트 내의 긴급 데이터가 아닌 데이터를 가능한 빨리 처리한다.
  - URG(Urgent) : 긴급 데이터로 처리한다.

04 UDP의 개요

- UDP(User Datagram Protocol)는 비연결 지향형 프로토콜로 전송 메시지의 정확한 수신지 도착을 보장하지 않는다. 오류의 경우 재전송이 이루어지며, 흐름 제어 기능을 제공하지 않는다.
- 동영상 스트리밍, 화상 채팅과 같이 약간의 데이터 손실을 감수할 수 있는 서비스에 적합하다.

기적의 TIP

Telnet

인터넷 프로토콜 스위트에서 사용되는 통신 프로토콜 중 하나로, 원격 시스템에 로그인하거나 원격으로 명령을 실행하기 위해 사용되는 프로토콜이다. 텔넷 클라이언트는 텔넷 서버에 연결하여 텍스트 기반의 대화를 통해 원격 시스템에 접속하고 명령을 수행할 수 있게 해준다. 하지만 텔넷은 보안상의 이유로 일반적으로 SSH(Secure Shell)로 대체되어 사용되고 있다.

기적의 TIP

SSH(Secure Shell) Protocol 2023년 1회

- LAN 상의 원격 호스트에 보안적으로 안전하게 접속하기 위해 사용되는 인터넷 프로토콜이다.
- 기본 포트는 22번을 사용하며 CLI에서 작업을 한다.
- 보안이 적용되지 않는 Telnet을 대체하기 위해 사용한다.
- 연결 프로토콜은 한 쌍의 KEY를 통해 서버에게 사용자를 인증한다.

05 UDP 데이터그램

- UDP를 이용하여 주고받는 메시지이다.

▶ 구성 : UDP 헤더 + 데이터(Data)

16비트	16비트	
송신지 포트 번호(Source port)	수신지 포트 번호(Destination port)	UDP 헤더
길이(Length)	검사합(Checksum)	
데이터(Data)		

06 경로 설정(Routing)

- 경로 설정은 각 메시지에서 목적지까지 갈 수 있는 여러 경로 중 한 가지 경로를 설정해 주는 과정이다.
- 경로 설정 요소(Parameter)에는 성능 기준, 경로의 결정 시간과 장소, 네트워크 정보 발생지 등이 있다.

07 라우터의 주요 기능

- 서로 다른 네트워크를 연결하여 원격의 호스트와 통신이 가능하도록 한다.
- 라우팅 테이블(Routing Table)에는 인접 네트워크 주소와 연결 인터페이스 혹은 원격지 네트워크로 가기 위한 정보를 저장한다.

① 경로 설정(Routing)
- 패킷의 목적지 네트워크 정보를 확인한다.
- 목적지까지 갈 수 있는 여러 경로를 확인한다.
- 최적의 경로를 결정한다.

② 스위칭(Switching)
- 결정된 경로에 따라 패킷을 전달하는 것이다.

08 라우팅 프로토콜(Routing Protocol)

- 목적지 네트워크로 가는 경로를 알아내기 위해 사용하는 프로토콜로, 라우터(Router) 간에 네트워크 상태 정보를 교환하기 위해 사용한다.
- 라우팅 프로토콜은 정적 라우팅 프로토콜과 동적 라우팅 프로토콜로 구분된다.
- 경로 설정 방식은 4가지 방식이 있다.
  - Fixed Routing(고정 경로 제어)
  - Adaptive Routing(적응 경로 제어)
  - Flooding(범람 경로 제어)
  - Random Routing(임의 경로 제어)

09 라우팅 프로토콜의 비교

구분	정적 라우팅 프로토콜 (Static Routing Protocol)	동적 라우팅 프로토콜 (Dynamic Routing Protocol)
정의	관리자가 목적지 네트워크의 정보를 라우터(Router)에 직접 수동으로 입력하는 라우팅 프로토콜	관리자가 목적지 네트워크로 가기 위한 경로를 직접 입력하지 않고 라우터 간의 정보 교환을 통해 최적의 경로를 찾아서 라우팅 테이블에 등록하는 프로토콜
특징	• 관리자가 지정한 경로로 무조건 패킷 전송 • 정해진 경로를 따서 패킷을 전송하기 때문에 라우터(Router)에 부담이 없음 • 일반적으로 학교나 기업에서 외부로 나가는 경로가 하나일 때 적용	• 동일한 라우팅 프로토콜로 설정된 라우터끼리 서로의 네트워크 정보를 주기적으로 교환하면서 라우팅 테이블에 등록된 최적의 경로를 수정하는 프로토콜 • 사용하는 알고리즘에 따라 최적의 경로를 설정하며, 사용하는 알고리즘은 라우팅 프로토콜에 따라 다름
장점	• 라우터(Router)의 프로세서(CPU)와 메모리를 적게 사용 • 대역폭 절약, 보안성이 좋음	관리자가 라우팅 테이블을 관리해야 하는 부담이 없음
단점	• 시간과 비용의 증가 • 네트워크의 변화에 대응의 어려움 • 대규모 네트워크에 부적합	• 서로 다른 라우팅 프로토콜(Routing protocol)을 사용하는 라우터(Router) 간에는 네트워크 정보를 교환하지 않음 • 라우터에 부담이 됨

10 동적 라우팅 프로토콜의 종류

거리 벡터(Distance Vector) 라우팅 프로토콜	• 목적지 네트워크로 가는 경로까지 거쳐야 하는 라우터의 순수 물리적인 거리를 이용하여 최적의 경로를 결정 • 예 RIP, IGRP
링크 상태(Link-State) 라우팅 프로토콜	• 대역폭과 지연 값 등의 링크의 상태를 이용하여 최적의 경로를 결정 • 예 OSPF

⑪ 라우팅 프로토콜의 종류 ^{2022년 2회}

① EGP(Exterior Gateway Protocol, 외부 게이트웨이 프로토콜)

- 연구기관이나 국가기관, 대학, 기업 간, 즉 도메인(게이트웨이) 간에 라우팅 정보를 교환한다.
- BGP(Border Gateway Protocol)
  - 외부 라우팅 프로토콜로서 AS(Autonomous System) 간의 라우팅을 한다.
  - 테이블을 전달하는 데 주로 이용한다.

② IGP(Interior Gateway Protocol, 내부 게이트웨이 프로토콜)

- RIP(Routing Information Protocol) ^{2023년 3회}
  - IP 통신망의 경로 지정 통신 규약의 하나로서, 경유하는 라우터의 대수(hop의 수량)에 따라 최단 경로를 동적으로 결정하는 거리 벡터 알고리즘★을 사용한다.
  - 버전 1은 인터넷, 인트라넷에 널리 사용되고 있으며 유닉스의 routed가 유명하며, RFC 1058로 규정된다.
  - 버전 2는 RFC 1723으로 규정되어 있으며, CIDR에 대응될 수 있도록 기능이 확장되어 있다.
  - 두 버전 모두 일반 기업의 구내 정보 통신망(LAN)에 이용되는 경우가 많다.
- OSPF(Open Shortest Path First protocol) ^{2024년 1회, 2020년 3회}
  - 링크 상태 라우팅 프로토콜로 IP 패킷에서 프로토콜 번호 89번을 사용하여 라우팅 정보를 전송하여 안정되고 다양한 기능으로 가장 많이 사용되는 IGP(Interior Gateway Protocol)이다.
  - OSPF 라우터는 자신의 경로 테이블에 대한 정보를 LSA라는 자료구조를 통하여 주기적으로 혹은 라우터의 상태가 변화되었을 때 전송한다.
  - 라우터 간에 변경된 최소한의 부분만을 교환하므로 망의 효율을 저하시키지 않는다.
  - 도메인 내의 라우팅 프로토콜로서 RIP가 가지고 있는 여러 단점을 해결하고 있다.
  - RIP(routing information protocol)의 경우 홉 카운트가 15로 제한되어 있지만 OSPF는 이러한 제한이 없다.

③ RIP 최단 경로 계산

- RIP는 거리 벡터 알고리즘(Distance Vector Algorithm)을 사용하여 목적지까지의 홉 수★를 기반으로 최단 경로를 결정한다.
- 다음과 같은 라우팅 경로에서 RIP 방식을 사용하여 최단 경로 비용을 계산하면 A→D→C→F이다.

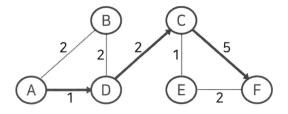

★ 거리 벡터 알고리즘 ^{2024년 2회}
네트워크 라우팅 프로토콜에서 사용되며, 각 라우터가 자신과 연결된 이웃 라우터들로부터 거리 정보를 받아 목적지까지의 최단 경로를 계산한다.

★홉 수(hop count)
네트워크에서 패킷이 출발지에서 목적지까지 도달하기 위해 거쳐야 하는 중간 라우터의 수를 의미한다.

01 외부 라우팅 프로토콜로서 AS(Autonomous System) 간의 라우팅 테이블을 전달하는 데 주로 이용되는 프로토콜을 영문 약자로 쓰시오.

• 답 :

02 다음 〈보기〉에서 TCP 헤더에 포함되는 정보를 골라 쓰시오.

〈보기〉

긴급 포인터, 호스트 주소, 순서 번호, 체크썸

• 답 :

03 다음에서 공통으로 설명하는 프로토콜이 무엇인지 쓰시오.

• 연결 지향형 프로토콜이다. • 송수신 호스트 간에 송·수신할 수 있는 통로를 만들고 데이터를 전송한다. • 신뢰성 있는 연결 서비스를 제공하며 전송 메시지의 정확한 도착을 보장한다. • E-Mail, Download 등의 서비스에 적합하다.

• 답 :

01 다음 〈보기〉의 OSI 7 계층을 하위 계층에서 상위 계층의 순서대로 쓰시오.

〈보기〉

> 물리, 응용, 표현, 전송, 네트워크, 세션, 데이터링크

• 답 :　　　　→　　　　→　　　　→　　　　→　　　　→　　　　→

02 다음의 설명과 부합하는 빈칸 ①~②에 해당하는 포트 번호를 쓰시오.

> 인터넷이나 다른 네트워크 메시지가 서버에 도착하였을 때, 전달되어야 할 특정 프로세스(응용 프로그램)를 인식(구분)하기 위하여 포트번호가 필요하다. 즉, 포트 번호(Port Number)는 상위 계층의 응용 프로그램으로 데이터를 전달하기 위한 통로이다. 0번에서 1023번까지의 1024개의 포트번호는 사전에 예약되어 있다. 대표적인 상위 계층으로의 포트 번호를 살펴보자면, FTP 데이터는 (　①　)번, FTP 제어는 21번, TELNET은 23번, SMTP는 25번, DNS는 53번, HTTP (　②　)번이다.

• ① :
• ② :

03 다음의 다음 중 TCP, IP, UDP에 대한 설명과 부합하는 항목을 모두 쓰시오.

> ⓐ TCP는 순서 제어, 에러 제어 및 흐름 제어, 패킷 다중화 기능을 제공한다.
> ⓑ UDP는 TCP와 함께 전송 계층에 속하나 TCP와 다르게 전송 확인이나 신뢰성에 대한 고려는 없다.
> ⓒ IP는 에러 감지 및 복구 기능이 없으므로 신뢰도가 낮다.
> ⓓ TCP는 데이터그램 단위의 고속 전송을 할 때 사용한다.

• 답 :

제품 소프트웨어 패키징

파트 소개

요구사항대로 응용 소프트웨어가 구현되었는지를 검증하기 위해서 테스트 케이스를 작성하고 개발자 통합 테스트를 수행하여 애플리케이션의 성능을 개선할 수 있다.

CHAPTER 01

제품 소프트웨어 패키징하기

학습 방향

1. 신규 개발, 변경, 개선된 제품 소프트웨어의 소스들로부터 모듈들을 빌드하고 고객의 편의성을 고려하여 패키징할 수 있다.

출제빈도

SECTION 01	하	10%
SECTION 02	중	30%
SECTION 03	중	30%
SECTION 04	중	30%

애플리케이션 패키징

빈출 태그 애플리케이션 패키징의 개념 • 패키징 시 고려사항

01 애플리케이션 패키징(배포)의 개념

고객의 요구사항에 맞추어 개발이 완료된 소프트웨어를 고객에 인도하기 위해 패키징하고, 설치 매뉴얼, 사용 매뉴얼 등을 작성하는 일련의 배포용 설치 파일을 만드는 작업을 의미한다.

02 애플리케이션 패키징의 특성

- 사용자를 중심으로 진행하며, 사용자의 다양한 환경에서 설치할 수 있도록 패키징한다.
- 신규 및 변경 개발 소스를 식별하고, 이를 모듈화하여 상용 제품으로 패키징하고 전체 내용을 포함한다.
- 향후 관리의 편의성을 위해 모듈화하여 패키징한다.
- 버전관리 및 릴리즈 노트 관리를 수행한다.
- 사용자의 불편함을 줄이고 사용자의 편의성을 먼저 고려한다.

03 패키징 시 고려사항

시스템 환경	고객의 설치 대상 HW/SW의 최소 설치 환경을 정의한다.
직관적 UI	• 사용자가 애플리케이션을 쉽게 설치할 수 있도록 UI를 제공한다. • 설치 단계를 매뉴얼에 직관적으로 표현하도록 한다.
관리 서비스	제품 애플리케이션이 하드웨어에 통합 적용될 수 있도록 패키징을 제공한다.
안정적 배포	• 제품 애플리케이션은 고객 편의성을 위해 다양한 채널을 통하여 안정적으로 배포될 수 있도록 한다. • 자동 업데이트 등을 제공하여 요구사항 변경에 빠르게 대처할 수 있도록 한다.

04 패키징 프로세스

기능 식별	• 개발 대상 소스의 목적과 기능을 식별한다. • 기능 수행을 위한 입출력 데이터를 식별한다. • 전체적인 기능 정의 및 데이터 흐름을 파악한다. • Function 단위 및 Output에 대해 상세 정의한다.

모듈화	• 모듈화를 위하여 모듈 간 결합도와 응집도를 분석한다. • 분류할 수 있는 기능 단위 및 서비스 단위를 모듈별로 분류한다. • 공유 가능한 기능과 재활용 기능을 분류한다. • 결합도(Coupling) : 소프트웨어 구조에서 연관 모듈 간의 연관성을 측정하는 척도이다 (낮을수록 좋음). • 응집도(Cohesion) : 단위 모듈 내부 처리 요소 간에 기능적 연관도를 측정하는 척도이다 (높을수록 좋음).
빌드 진행	• 신규 개발 소스 및 컴파일 결과물을 준비한다. • 정상적 기능으로 빌드되는 기능 단위 및 서비스를 분류한다. • 빌드 도구를 선별하여 선택하고, 해당 빌드 도구를 이용하여 빌드를 수행한다. • 컴파일 외의 에디터 등의 관련 도구 기능을 확인한다.
사용자 환경 분석	• 고객의 편의를 위하여 최소 사용자 환경을 사전에 정의한다. • 다양한 사용자 환경 테스트를 수행한다.
패키지 적용 시험	• 실사용자 환경에서의 패키징 적용을 테스트한다. • 사용자 관점에서 UI 및 시스템상의 편의성을 점검한다.
패키징 변경 개선	사용자 관점에서 패키징 적용 시 개선점을 도출하여 서비스 가능한 수준의 개선 후 개선 버전을 다시 패키징한다.

이론을 확인하는 핵심문제

01 고객의 요구사항에 맞추어 개발이 완료된 소프트웨어를 고객에 인도하기 위해 패키징하고, 설치 매뉴얼, 사용 매뉴얼 등을 작성하는 일련의 배포용 설치 파일을 만드는 작업을 무엇이라고 하는지 쓰시오.

• 답 :

02 다음 모듈화에 대한 설명 중 맞는 것을 골라 쓰시오.

> 가. 모듈화를 위하여 모듈 간 결합도와 응집도를 분석한다.
> 나. 분류할 수 있는 기능 단위 및 서비스 단위를 모듈별로 분류한다.
> 다. 공유 가능한 기능과 재활용 기능을 분류한다.
> 라. 결합도(Coupling) : 단위 모듈 내부 처리 요소 간에 기능적 연관도를 측정하는 척도이다(높을수록 좋음).
> 마. 응집도(Cohesion) : 소프트웨어 구조에서 연관 모듈 간의 연관성을 측정하는 척도이다(낮을수록 좋음).

• 답 :

ANSWER 01 애플리케이션 패키징
02 가, 나, 다

제품 소프트웨어 저작권 보호

빈출 태그 DRM · DRM 기술 요소

01 DRM(Digital Rights Management)

① DRM의 개념

- 디지털 콘텐츠의 생성에서부터 실제 사용자까지 유통 모든 과정에 걸쳐 콘텐츠를 안전하게 관리 및 보호하고 허가된 사용자만이 접근할 수 있도록 제한하는 기술이다.
- 컴퓨터 소프트웨어는 무한 복제가 가능하고 원본과 복사본이 같게 배포될 가능성이 크므로 이를 방지하기 위한 기술적인 방법이 필요하다.

② DRM의 기술적 요구사항

- 지속적 보호(Persistent Protection)
- 이용 편리성(Easy to Use)
- 유연성(Flexibility)
- 통합의 용이성(Seamless)

③ DRM의 기술 요소

요소 기술	설명	방식
암호화 (Encryption)	콘텐츠 및 라이선스를 암호화하고, 전자서명을 할 수 있는 기술	PKI, Encryption, Digital Signature
키 관리 (Key Management)	콘텐츠를 암호화한 키에 대한 저장 및 배포 기술	Centralized, Enveloping
암호화 파일 생성 (Packager)	콘텐츠를 암호화된 콘텐츠로 생성하기 위한 기술	Pre-packaging, On-the-fly Packaging
식별 기술 (Identification)	콘텐츠에 대한 식별체계 표현 기술	DOI, URI
저작권★ 표현 (Right Expression)	라이선스의 내용 표현 기술	ODRL, XrML/MPEG-21 REL
정책 관리 (Policy management)	라이선스 발급 및 사용에 대한 정책 표현 및 관리 기술	XML, Contents Management System
크랙 방지 (Tamper Resistance)	크랙에 의한 콘텐츠 사용 방지 기술	Secure DB, Secure Time Management, Encryption
인증 (Authentication)	라이선스 발급 및 사용의 기준이 되는 사용자 인증 기술	SSO,I D/PW, 디지털 인증, 이메일 인증
인터페이스 (Interface)	다른 DRM 플랫폼 간의 상호 호환성 인터페이스 및 인증 기술	IPMP
이벤트 보고 (Event Reporting)	콘텐츠의 사용이 적절하게 이루어지고 있는지 모니터링하는 기술로, 불법유통이 탐지되었을 때 이동 경로 추적에 활용	–
사용 권한 (Permission)	콘텐츠의 사용에 대한 권한을 관리하는 기술 요소	퍼미션(렌더, 트랜스포트, 데리버티브)

★ 템퍼 프루핑(Temper Proofing)

2023년 2회

소프트웨어의 위·변조 방지 역공학 기술의 일종으로 불법적인 사용자에 의해 소프트웨어가 수정이 이루어졌는지를 검증하기 위해 코드 난독화(Code Obfuscation) 기법을 함께 사용하기도 한다.

★ 코드 난독화(Code Obfuscation)
코드를 읽기 어렵게 만들어 역공학을 통한 공격을 막는 기술이다.

★ 저작권
저작자의 권리를 보호하기 위한 제반 규정과 법률을 의미한다.

02 DRM의 유통 과정과 구성

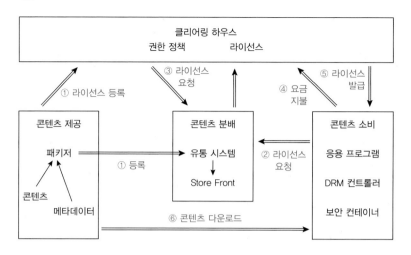

콘텐츠 제공자 (Contents Provider)	콘텐츠를 제공하는 저작권자
콘텐츠 분배자 (Contents Distributor)	쇼핑몰 등으로서 암호화된 콘텐츠 제공
Packager	콘텐츠를 메타 데이터와 함께 배포 가능한 단위로 묶는 기능
보안 컨테이너 (Security Container)	원본을 안전하게 유통하려는 전자적 보안 장치
DRM Controller	배포된 콘텐츠의 이용 권한을 통제
Clearing House★	콘텐츠의 키 관리 및 라이선스 발급 관리

★ Clearing House
디지털 저작권의 이용 생태계를 관리 및 감독하기 위한 제3의 운영 주체로서 디지털 저작물의 이용 명세를 근거로 신뢰할 수 있는 저작권료의 정산 및 분배가 이루어지는 곳이다.

03 디지털 콘텐츠의 사용 권한(Permission) 유형

렌더 퍼미션 (Render Permission)	사용자에게 콘텐츠가 표현되고 이용되는 권리 형태를 정의 예 문서(뷰, 프린트 권한 제어), 동영상(플레이 권한 제어)
트랜스포트 퍼미션 (Transport Permission)	사용자들 간에 권리 교환이 이루어지는 권리 형태를 정의 예 카피(copy), 무브(move), 론(loan)
데리버티브 퍼미션 (Derivative Permission)	콘텐츠의 추출 변형이 가능한 권한 예 익스트랙드(Extract), 임베드(Embed), 에디트(Edit) 등

04 DRM의 문제점과 대응 방안

DRM 기술 및 관리의 미 표준화	상호 운용성 확보를 위한 DRM 기술언어(XRML, XMCL)의 국내외 표준 수립
매회 인증 절차가 필요한 복잡한 구조	사용자 인증 정보의 세션화 혹은 암호화를 통한 사용 규칙 적용
양질의 콘텐츠	콘텐츠 유료화 및 신디케이션 사업 활성화 정책 지원
소액 결제 이용료 불편	m-commerce, m-ebpp★ 등 활용

★ 전자고지 및 결제(EBPP, Electronic Bill Presentment and Payment)
통신요금, 신용카드, 세금, 아파트 관리비, 보험료 등 각종 요금 청구서들을 해당 업체가 인터넷상으로 고객에게 직접 혹은 인터넷 빌링 회사를 통해 고지하고 고객이 이를 인터넷상에서 확인하고 결제하는 서비스이다.

01 디지털 콘텐츠의 사용 권한 유형 3가지를 쓰시오.

· 답 :

02 DRM 유통 과정과 구성에서 클리어링 하우스의 역할을 쓰시오.

· 답 :

03 DRM의 기술적 요구사항 4가지를 쓰시오.

· 답 :

릴리즈 노트 작성

01 릴리즈 노트(Release Note)의 개념

- 소프트웨어의 기능, 서비스, 사용 환경 또는 지속적인 업데이트에 대한 정보를 확인할 수 있도록 사용자에게 제공하는 것을 릴리즈★ 노트라고 한다.
- 개발 과정에서 정리된 릴리즈 정보를 소프트웨어의 최종 사용자인 고객과 공유하기 위한 문서이다.
- 테스트 진행 방법에 관한 결과와 소프트웨어 사양에 대한 개발팀의 준수 여부를 확인할 수 있다.
- 릴리즈 노트에 정리된 정보들은 이미 테스트를 거친 자료이며, 개발팀에서 제공하는 소프트웨어 사양에 대한 최종 승인을 얻은 후 문서화되어 제공된다.
- 소프트웨어에 포함된 전체 기능, 서비스의 내용, 개선 사항 등을 사용자와 공유할 수 있고 소프트웨어의 버전관리나 릴리즈 정보를 체계적으로 관리할 수 있다.
- 소프트웨어의 버전관리, 릴리즈 정보, 출시 후 개선된 항목의 경우 관련 내용을 릴리즈 노트에 담아 제공한다.
- 소프트웨어 초기 배포 시 제공되는 릴리즈 노트를 통하여 포함된 기능이나 사용 환경에 관한 내용을 확인할 수 있다.

★ 릴리즈(Release)
개발이 완성된 소프트웨어를 시장에 출시하는 것을 의미한다.

02 릴리즈 노트의 중요성

- 테스트 결과와 정보가 포함되며, 사용자에게 최종 배포된 릴리즈 노트를 보면 테스트 진행 상황을 확인할 수 있고 개발팀의 제공 사양을 얼마나 준수했는지 확인할 수 있다.
- 실사용자에게 보다 더 확실한 정보를 제공한다.
- 기본적으로 전체적인 제품의 수행 기능 및 서비스의 변화를 공유한다.
- 자동화 개념을 적용하여 전체적인 버전관리 및 릴리즈 정보를 체계적으로 관리할 수 있다.

03 릴리즈 노트 작성 시 고려사항 2020년 1회

- 개발팀이 직접 현재 시제로 정확하고 완전한 정보를 기반으로 하여 작성한다.
- 신규 소스, 빌드 등의 이력을 정리하고, 변경 또는 개선된 항목에 대한 이력 정보들도 작성하여야 한다.

• 작성의 표준 형식은 없고, 일반적으로 다음 항목이 포함된다.

	머릿말 (Header)	릴리즈 노트명, 제품 이름, 작성일, 릴리즈 노트 날짜, 릴리즈 노트 버전 등의 정보를 고지하는 항목
초기 버전 릴리즈 노트의 구조	개요	소프트웨어 및 변경사항에 관한 간략하고 전반적인 개요 작성
	목적	해당 릴리즈 버전에서의 새로운 기능, 수정된 기능의 목록, 릴리즈 노트의 목적에 대한 간략한 개요 작성
	이슈(문제) 요약	발견된 문제(버그)와 수정사항에 대하여 간략한 설명 또는 릴리즈 추가 항목에 대한 요약
	재현 항목	버그 발견에 대한 재현 단계 기술
	수정/개선 내용	발견된 버그의 수정/개선 사항을 간단히 기술
	사용자 영향도	버전 변경에 따른 영향도 작성(최종 사용자 기준의 기능 및 응용 프로그램상의 영향도를 기준으로 작성)
	지원 영향도	해당 버전의 기능 변화가 타 프로세스에 미칠 수 있는 영향에 대한 설명 작성
	노트	SW/HW 설치 항목, 업그레이드, SW 문서화에 대한 참고 항목
	면책 조항	프리웨어, 불법 복제 금지 등 회사 및 표준 소프트웨어와 관련하여 고지할 사항
	연락처 정보	사용자 지원 및 문의 응대를 위한 연락처 정보
추가 작성 및 개선 사항의 예외 케이스		• 긴급한 버그 수정, 업그레이드 등 자체 기능 향상과 사용자 요청에 따라 발생하는 경우와 같은 예외 상황에 따른 추가 및 개선이 필요할 경우 다음과 같은 추가 항목이 작성되어야 한다. 　– 소프트웨어의 테스트 과정에서 베타 버전 출시 　– 자체 기능 업그레이드의 경우 릴리즈 버전 출시 　– 긴급 버그 수정 시 수정사항을 릴리즈 노트에 추가 작성 • 긴급히 버그 수정 시 릴리즈 노트 작성을 빠뜨리지 말고 반드시 버그 번호를 포함한 모든 수정된 버그를 기술하여 릴리즈 노트에 추가한다.

04 버전을 고려한 릴리즈 노트 작성 순서

① 모듈 식별
• 모듈별 빌드 수행 후 릴리즈 노트에 작성될 내용 확인
• 릴리즈 노트 작성을 위한 모듈 및 빌드 정리
• 입출력 데이터, 전체적인 기능 정의, 데이터 흐름 정리
• 기능 단위 및 출력에 대한 상세 정의

② 릴리즈 정보 확인
• 문서 이름(릴리즈 노트 이름), 제품 이름 정보 확인
• 버전 번호, 릴리즈 날짜 확인
• 참고 날짜, 노트 버전 확인

③ 릴리즈 노트 개요 작성
• 제품 및 변경에 대한 간략한 전반적인 개요 작성
• 개발 소스의 빌드에 따른 결과물 기록
• 버전 및 형상관리에 대한 전반적인 노트 기록

④ 영향도 체크
- 버그의 간단한 설명 또는 릴리즈 추가 항목 기술
- 버그 발견을 위한 재현 테스트 및 재현 환경을 기록
- 소프트웨어 및 사용자 입장에서의 영향도 파악

⑤ 정식 릴리즈 노트 작성
- 릴리즈 정보, 헤더 및 개요 등 기본 사항 기술
- 정식 버전을 기준으로 릴리즈 노트 개요 작성
- 이슈, 버그 등 개선 내용 기술

⑥ 추가 개선 항목 식별
- 추가 개선에 대한 베타 버전을 이용한 테스트 수행
- 테스트 중 발생한 긴급 버그 수정
- 추가 기능 향상을 위해 작은 기능 수정
- 사용자 요청에 따른 추가 개선

이론을 확인하는 / 핵심문제

01 다음이 설명하는 문서의 이름을 쓰시오.

> - 소프트웨어의 기능, 서비스, 사용 환경 또는 지속적인 업데이트에 대한 정보를 확인할 수 있도록 사용자에게 제공하는 것이다.
> - 테스트 진행 방법에 관한 결과와 소프트웨어 사양에 대한 개발팀의 준수 여부를 확인할 수 있다.
> - 소프트웨어에 포함된 전체 기능, 서비스의 내용, 개선 사항 등을 사용자와 공유할 수 있고 소프트웨어의 버전관리나 릴리즈 정보를 체계적으로 관리할 수 있다.

- 답 :

02 릴리즈 노트 작성 시 초기 버전에 포함되어야 하는 구조 중 '프리웨어, 불법 복제 금지 등 회사 및 표준 소프트웨어와 관련하여 고지할 사항'을 작성하는 항목을 쓰시오.
- 답 :

ANSWER **01** 릴리즈 노트
02 면책 조항

제품 소프트웨어 패키징 도구

ⓞ① 패키징 도구의 개념

- 소프트웨어 배포를 목적으로 패키징 시에 지적 재산권을 보호하고 관리하는 기능을 제공하는 도구이다.
- 소프트웨어의 안전한 유통과 배포를 도와주는 솔루션이다.
- 패키징 도구는 불법 복제로부터 디지털 콘텐츠의 지적 재산권을 보호해 주는 사용 권한 제어 기술, 패키징 기술, 라이선스 관리, 권한 통제 기술 등을 포함한다.

ⓞ② 패키징 도구의 구성요소

암호화 (Encryption)	콘텐츠 및 라이선스를 암호화하고, 전자서명을 할 수 있는 기술이다. 예 PKI, Symmetric/Asymmetric Encryption, DiGital Signature
키 관리 (Key Management)	콘텐츠를 암호화한 키에 대한 저장 및 배포 기술로서, 관리 방식에는 분산형과 중앙 집중형이 있다.
암호화 파일 생성 (Packager)	콘텐츠를 암호화된 콘텐츠로 생성하기 위한 기술이다. 예 Pre-packaging, On-the-fly Packaging
식별 기술 (Identification)	콘텐츠에 대해 식별하고 체계화하는 기술이다. 예 DOI★, URI
저작권 표현 (Right Expression)	저작권의 라이선스 내용을 표현하는 기술이다. 예 XrML/MPGE-21 REL, ODRL
정책 관리 (Policy Management)	라이선스 발급 및 사용에 대한 정책 표현 및 관리 기술이다. 예 XML, Contents Management System
크랙 방지 (Tamper Resistance)	크랙에 의한 콘텐츠 사용 방지 기술이다(Code Obfuscation, Kernel Debugger Detection Module Certification). 예 Secure DB, Secure Time Management, Encryption
인증 (Authentication)	라이선스 발급 및 사용의 기준이 되는 사용자 인증 기술이다. 예 User/Device Authentication, SSO★, Digital Certificate★
인터페이스 (Interface)	서로 다른 DRM 플랫폼 간의 상호 호환성 인터페이스 및 인증 기술이다. 예 IPMP
이벤트 보고 (Event Reporting)	콘텐츠의 사용이 적절하게 이루어지고 있는지 확인하는 모니터링 기술로서, 불법 유통이 탐지되었을 때 이동 경로를 추적에 활용한다.
사용 권한 (Permission)	콘텐츠의 사용에 대한 권한을 관리하는 기술 요소이다. 예 렌더 퍼미션, 트랜스포트 퍼미션, 데리버티브 퍼미션

★ DOI
(Digital Object Identifier)
책이나 잡지 등에 매겨진 국제표준도서번호(ISBN)와 같이 모든 디지털 콘텐츠에 부여되는 고유 식별 번호

★ SSO(Single Sign-On)
사용자가 여러 시스템이나 애플리케이션에 로그인할 때 발생하는 번거로움을 줄이기 위한 인증 방식으로, 사용자는 하나의 로그인을 통해 여러 시스템에 접근할 수 있다(예 : 네이버 로그인, 구글 로그인 등).

★디지털 인증서
(Digital Certificate)
디지털 콘텐츠나 서비스의 보안을 강화하기 위한 인증 방식이다. Digital Certificate는 공인된 제3자 인증 기관이 발행하는 전자 문서로, 디지털 서명과 함께 사용된다.

03 패키징 도구 활용 시 고려사항

- 사용자에게 배포되는 소프트웨어임을 고려하여 반드시 내부 콘텐츠에 대한 암호화 및 보안을 고려한다.
- 다양한 이기종 콘텐츠 및 단말기 간 DRM 연동을 고려한다.
- 사용자 편의성을 위한 복잡성 및 비효율성 문제를 고려한다.
- 제품 소프트웨어에 적합한 암호화 알고리즘을 적용하여 범용성에 지장이 없도록 고려한다.

04 애플리케이션 모니터링 도구(APM : Application Performance Management)

① 애플리케이션 모니터링 도구의 개념
- 응용 소프트웨어의 성능과 서비스 이용성을 감시하고 관리하는 데 초점을 둔 도구이다.
- 애플리케이션의 안정적인 시스템 운영을 위한 도구로서 부하량, 접속자 파악, 장애 진단, 통계, 분석 등을 목적으로 하는 성능 모니터링 제품으로 정의할 수도 있다.

② APM 제공 기능
- 애플리케이션 모니터링 : 애플리케이션의 성능을 모니터링하고, 장애나 성능 저하를 실시간으로 감지한다. CPU, 메모리, 네트워크, 데이터베이스 등의 다양한 지표를 모니터링하여 성능에 영향을 미치는 원인을 파악할 수 있다.
- 사용자 모니터링 : 사용자가 애플리케이션을 사용하는 동안 발생하는 문제를 실시간으로 감지한다. 사용자 로그를 분석하거나, 사용자가 발생시킨 이벤트를 추적하여 사용자 경험을 개선할 수 있다.

🅑 기적의 TIP

대표적인 APM 도구
- **스카우터(SCOUTER)** : 애플리케이션에 대한 모니터링 및 DB Agent를 통해 오픈소스 DB 모니터링 기능, 인터페이스 감시 기능을 제공한다.
- **제니퍼(Jennifer)** : 애플리케이션의 개발부터 테스트, 오픈, 운영, 안정화까지 전 생애주기 단계 동안 성능을 모니터링하고 분석해 준다.

01 제품 소프트웨어 패키징 도구의 구성요소 중 '서로 다른 DRM 플랫폼 간의 상호 호환성 및 인증 기술'에 해당하는 요소는 무엇인지 쓰시오.

- 답 :

02 저작권 관리 구성요소 중 '원본을 안전하게 유통하기 위한 전자적인 보안 장치'를 무엇이라고 하는지 쓰시오.

- 답 :

03 저작권 관리 구성요소 중 키 관리와 라이선스 발급을 관리하는 것은 무엇인지 쓰시오.

- 답 :

04 디지털 콘텐츠의 사용 권한(Permission) 유형 중 사용자 간에 권리 교환이 이루어지는 권리 형태를 정의하는 권한 유형은 무엇인지 쓰시오.

- 답 :

05 패키징 도구의 구성요소 중 식별 기술에 사용되는 도구 2가지를 쓰시오.

- 답 :

06 디지털 콘텐츠 사용 권한 유형 중 사용자에게 콘텐츠가 표현되고 이용되는 권리 형태를 정의하는 것으로 문서(뷰, 프린트 권한 제어), 동영상(플레이 권한 제어) 등에 해당하는 것은 무엇인지 쓰시오.

- 답 :

ANSWER **01** 인터페이스
02 보안 컨테이너
03 클리어링 하우스
04 트랜스포트 퍼미션(Transport Permission)
05 DOI, URI
06 렌더 퍼미션

예상문제

▶ 정답 & 해설 : 2–447p

01 다음의 소프트웨어 패키징 프로세스 단계를 순서대로 나열하시오.

가. 기능 식별	나. 패키징 변경 개선	다. 패키징 및 적용 시험	
라. 사용자 환경 분석	마. 모듈화	바. 빌드 진행	사. 배포

• 답 :　　　　→　　　　→　　　　→　　　　→　　　　→　　　　→

02 소프트웨어 패키징 단계 중 모듈화에 대하여 50자 내외로 작성하시오.

• 답 :

03 소프트웨어 패키징의 개념을 50자 내외로 작성하시오.

• 답 :

04 다음의 보기 중 DRM 기술 요소와 방식을 알맞게 연결한 것을 모두 쓰시오.

> 가. 암호화 – PKI, Encryption, Digital Signature
> 나. 식별 기술 – DOI, URI
> 다. 사용 권한 – IPMP
> 라. 저작권 표현 – XML, Contents Management System

• 답 :

05 기본적으로 작성된 패키지의 변경 내용을 관리하고, SW의 변화를 시간에 따라 기록하며 특정 시점의 버전을 다시 꺼내올 수 있도록 관리하는 체계를 무엇이라고 하는지 쓰시오.

• 답 :

06 저작권 관리 구성요소 중 패키저의 역할에 관하여 서술하시오.

• 답 :

07 다음 나열된 버전을 고려한 릴리즈 노트 작성 순서를 순서대로 나열하시오.

가. 모듈 식별	나. 릴리즈 정보 확인
다. 릴리즈 노트 개요 작성	라. 추가 개선 항목 식별
마. 정식 릴리즈 노트 작성	바. 영향도 체크

• 답 : ___ → ___ → ___ → ___ → ___

08 다음은 릴리즈 노트 작성 항목과 설명을 나타낸 표이다. 빈칸에 알맞은 항목을 순서대로 쓰시오.

머릿말(Header)	릴리즈 노트명, 제품 이름, 작성일, 릴리즈 노트 날짜, 릴리즈 노트 버전 등의 정보를 고지하는 항목
개요	소프트웨어 및 변경사항에 관한 간략하고 전반적인 개요 작성
(①)	해당 릴리즈 버전에서의 새로운 기능, 수정된 기능의 목록, 릴리즈 노트의 목적에 대한 간략한 개요 작성
이슈(문제) 요약	발견된 문제(버그)와 수정사항에 대하여 간략한 설명 또는 릴리즈 추가 항목에 대한 요약
재현 항목	버그 발견에 대한 재현 단계 기술
수정/개선 내용	발견된 버그의 수정/개선 사항을 간단히 기술
사용자 영향도	버전 변경에 따른 영향도 작성(최종 사용자 기준의 기능 및 응용 프로그램상의 영향도를 기준으로 작성)
지원 영향도	해당 버전의 기능 변화가 타 프로세스에 미칠 수 있는 영향에 대한 설명 작성
노트	SW/HW 설치 항목, 업그레이드, SW 문서화에 대한 참고 항목
(②)	프리웨어, 불법 복제 금지 등 회사 및 표준 소프트웨어와 관련하여 고지할 사항
연락처 정보	사용자 지원 및 문의 응대를 위한 연락처 정보

• ① :

• ② :

CHAPTER

제품 소프트웨어
매뉴얼 작성하기

1. 사용자가 제품 소프트웨어를 설치하는 데 참조할 수 있도록 제품 소프트웨어 설치
   매뉴얼의 기본 구성을 수립하고 작성할 수 있다.

출제빈도

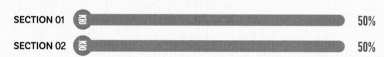

| SECTION 01 | 중 | 50% |
| SECTION 02 | 중 | 50% |

소프트웨어 매뉴얼

빈출 태그 소프트웨어 매뉴얼의 개념 • 설치 매뉴얼 • 사용자 매뉴얼

01 소프트웨어 설치 매뉴얼

① 개념

- 소프트웨어 매뉴얼(설명서) : 제품 소프트웨어 개발 단계부터 적용한 기준이나 패키징 이후 설치와 사용자 측면의 주요 내용 등을 기록한 문서로 설치 매뉴얼과 사용자 매뉴얼로 구분된다.
- 소프트웨어 설치 매뉴얼 : 소프트웨어 실사용자가 제품을 최초 설치 시 참조하는 매뉴얼이며, 제품 소프트웨어 소개, 설치 파일, 설치 절차 등이 포함된다.

② 소프트웨어 설치 매뉴얼 구성

목차 및 개요	• 작성하는 매뉴얼의 전체 내용을 순서대로 요약하여 작성한다. • 설치 매뉴얼의 주요 특징, 구성과 설치 방법, 순서 등에 관해 기술한다.
문서 이력 정보	매뉴얼 변경 이력에 대한 정보를 버전별, 시간순으로 작성한다.
설치 매뉴얼 주석	• 주의사항 : 사용자가 제품 설치 시 반드시 숙지해야 하는 중요한 정보 주석으로 안내를 작성한다. • 참고사항 : 설치와 관련하여 영향을 미치는 특별한 사용자 환경 및 상황에 관한 내용 주석으로 안내를 작성한다.
설치 도구의 구성	• exe, dll, ini, chm 등 해당 설치 관련 파일에 대한 안내를 작성한다. • 폴더 및 설치 프로그램 실행 파일에 대한 안내를 작성한다.

③ 소프트웨어 설치 환경 체크 항목

- 사용자 환경
- 설치 시 실행 중인 다른 프로그램 종료 확인
- 개선판 존재 여부 확인
- 백업 폴더 확인

④ 소프트웨어 설치 매뉴얼 작성 방법 및 구성

설치 화면 및 UI	• 설치 실행과 메인 화면 및 안내창에 관한 내용을 작성한다. • 실행 : exe 등의 설치 파일을 실행하는 방법부터 이미지로 설명한다. • 메인 화면 및 안내창 : 설치 메인 화면과 각 과정의 이미지로 설명한다.
설치 이상 메시지 설명	• 설치 방법이나 설치 환경이 잘못된 경우의 오류 창에 표시되는 메시지를 설명한다. • 설치 과정별로 참고할 사항이나 주의할 사항을 작성한다.
설치 시 점검 사항	• 설치 전 사용자 설치 환경에 따라 점검해야 할 사항을 작성한다. • 설치 시 요구되는 사용자 계정 및 설치 권한을 작성한다. • 설치 과정에서 오류가 발생하면 점검 사항들을 작성한다.
설치 완료 및 결과	설치 완료 화면의 이미지를 첨부하여 정상으로 설치 완료된 상태를 사용자에게 설명한다.
FAQ	설치 시 발생할 수 있는 다양한 상황을 질문 답변 방식으로 작성한다.

Network 환경 및 보안	• 네트워크 오류로 인한 문제가 발생하지 않도록 사전에 네트워크 연결 상태를 확인하도록 안내한다. • 배부 보안/방화벽을 원인으로 한 설치 문제가 발생하지 않도록 관련된 내용을 안내한다.
고객 지원 방법	설치 관련 기술적인 지원이나 소프트웨어에 서비스가 필요할 때 문의할 수 있는 연락처 (국가, 웹 사이트, 전화번호, 이메일 등)를 안내한다.
준수 정보 & 제한 보증	• 제품 Serial 키 보존 및 불법 등록 사용 금지에 대한 준수 사항을 안내한다. • 저작권자의 SW 허가권/소유권 정보, 통신 규격, 개발 언어, 연동 프로그램, 문서 효력, 지적 재산권 정보 등과 관련된 내용을 안내한다.

⑤ 소프트웨어 설치 매뉴얼 작성 프로세스

1. 기능 식별	2. UI 분류	3. 설치 파일/백업 파일 확인	4. Uninstall 절차	5. 이상 Case 확인	6. 최종 매뉴얼 적용
예 Main Function	예 화면 단위 UI	예 실행, 환경, Log, 백업	예 uninstall.exe 원복 절차	예 Case 유형 및 Message	예 Return값, 정상 Message

02 사용자 매뉴얼

① 개념

• 소프트웨어 설치와 사용에 필요한 제반 절차 및 환경 등 전체 내용을 포함하는 매뉴얼을 작성하며, 제품 소프트웨어에 대한 패치 개발과 업그레이드를 위해 버전관리를 수행한다.
• 소프트웨어 사용 방법을 기술하며 패키지의 기능, 패키지의 인터페이스, 포함하고 있는 메소드나 오퍼레이션과 메소드의 파라미터 등의 설명이 포함되어야 한다.

② 사용자 매뉴얼의 구성

사용자 화면 및 UI	• 주의사항 : 사용자가 반드시 숙지해야 하는 중요 정보를 작성한다. • 참고사항 : 특별한 사용자 환경 및 상황에 대한 예외사항을 작성한다.
주요 기능 분류	• 설명할 기능을 포함할 화면을 스크린 캡처하여 작성한다. • 동작하는 기능을 화면의 순서대로 차례로 분류하여 작성한다. • 기능 동작 시 참고사항, 주의사항 등을 메모로 추가한다.
응용 프로그램/설정	• 제품 실행 시 영향을 받거나 주는 소프트웨어에 대하여 설명한다. • 동작 시 사전에 실행해야 할 소프트웨어가 있다면 기술한다. • 동작에 필요한 기본 설정(Settings)과 기본 설정값을 안내한다.
장치 연동	제품 소프트웨어가 embedded(장치 내에 내장)와 관련된 제품일 경우에 해당 장치에 어떤 것이 있는지와 연동되는 장치에는 무엇이 있는지 설명한다.
Network 환경	제품 소프트웨어와 관련한 network 정보를 표시(Status)하고, Network에 정상 연결되었는지, 이를 위한 관련 설정값은 무엇이 있는지 설명한다.
Profile 설명	• 제품 소프트웨어 구동 시 점검하는 환경 파일이므로 환경 파일의 경로 변경, 이동을 금지하는 안내를 설명한다. • 구동 시 필요한 필수 파일의 내용을 간략히 설명한다.
고객 지원 방법	설치 및 사용에 관련된 기술적 지원을 받을 수 있는 전화번호, 이메일, 홈페이지 등의 정보를 기재한다.
준수 정보 및 제한 보증	• 시리얼 코드를 불법 등록하여 사용하지 못하도록 준수사항을 안내한다. • 저작권자의 지적 재산권, 허가권, 통신 규격, 개발 언어, 연동 프로그램, 문서 효력 등의 정보를 안내한다.

③ 사용자 매뉴얼 작성 프로세스

| 1. 작성 지침 정의 | 2. 구성요소 정의 | 3. 구성요소별 내용 작성 | 4. 사용자 매뉴얼 검토 |

이론을 확인하는 / 핵심문제

01 소프트웨어 설치 매뉴얼 구성요소 중 주의사항이나 참고사항 등을 작성하는 항목은 무엇인지 쓰시오.

• 답 :

02 다음은 소프트웨어 매뉴얼 작성 프로세스이다. 빈칸에 알맞은 단계를 쓰시오.

(   ) → UI 분류 → 설치 파일/백업 파일 확인 → Uninstall 절차 → 이상 Case 확인 → 최종 매뉴얼 적용

• 답 :

소프트웨어 국제 표준 품질 특성과 품질 목표

빈출 태그 ISO/IEC 12119

01 소프트웨어 국제 표준 품질 특성

ISO/IEC 9126	• Information Technology–Software Quality Characteristics and Metrics • 소프트웨어 품질 특성과 척도에 관한 지침이다. • 고객 관점에서 소프트웨어에 관한 품질 특성과 품질 부특성을 정의한다. • 내/외부 품질 : 기능성, 신뢰성, 사용성, 효율성, 유지보수 용이성, 이식성 • 사용 품질 : 효과성, 생산성, 안정성, 만족도
ISO/IEC 12119	• ISO/IEC 9126의 품질 모델을 따르며 패키지 소프트웨어의 일반적인 제품 품질 요구사항 및 테스트를 위한 국제 표준이다. • 제품 설명서, 사용자 문서 및 프로그램으로 구분하여 각각 품질 요구사항을 규정하고 있다.
ISO/IEC 15504	• 소프트웨어 프로세스를 평가하고 개선함으로써 품질 및 생산성을 높이고자 하는 표준이다. • 평가 수준별 개발 기관의 능력 레벨을 Incomplete, Performed, Managed, Established, Predictable, Optimizing level의 6단계로 구분한다.
ISO 9001	• Quality systems–Model for quality assurance in design development production installation and servicing • 설계, 개발, 생산, 설치 및 서비스 과정에 대한 품질 보증 모델이다. • 공급자와 구매자 각각의 관리책임을 명시하고 있으며 운영 중인 품질 시스템이 이 표준에 적합할 경우 품질 인증을 부여할 수 있도록 한다.

02 소프트웨어 품질 목표(Software Quality And Goals)

• 정확성(Correctness) : 사용자의 요구기능을 충족시키는 정도를 의미한다.

• 신뢰성(Reliability) : 정확하고 일관된 결과를 얻기 위해 요구된 기능을 오류 없이 수행하는 정도를 의미한다.

• 효율성(Efficiency) : 요구되는 기능을 수행하는 데 필요한 자원의 수요 정도나 자원의 낭비 정도를 의미한다.

• 무결성(Integrity) : 허용되지 않는 사용이나 자료의 변경을 제어하는 정도를 의미한다.

• 이식성(Portability) : 다양한 하드웨어 환경에서도 운용할 수 있도록 다른 하드웨어에도 쉽게 적용될 수 있는 정도를 의미한다.

• 재사용성(Reusability) : 전체나 일부 소프트웨어를 다른 목적으로 사용할 수 있는가 하는 정도를 의미한다.

- 사용 용이성(Usability) : 사용에 필요한 노력을 최소화하고 쉽게 사용할 수 있는 정도, 적절한 사용자 인터페이스와 문서를 가지고 있는 정도를 의미한다.
- 유지보수성(Maintainability) : 사용자의 기능 변경의 필요성을 만족하기 위하여 소프트웨어를 진화하는 것이 가능한 정도를 의미한다.
- 유연성(Flexibility) : 소프트웨어를 얼마만큼 쉽게 수정할 수 있는가 하는 정도를 의미한다.
- 시험역량(Testability) : 의도된 기능을 수행하도록 보장하기 위해 프로그램을 시험할 수 있는 정도를 의미한다.
- 상호운용성(Interoperability) : 다른 소프트웨어와 정보를 교환할 수 있는 정도를 의미한다.

이론을 확인하는 / 핵심문제

01 소프트웨어 국제 표준 품질 특성 중 다음에 해당하는 표준은 무엇인지 쓰시오.

> - 소프트웨어 품질 특성과 척도에 관한 지침이다.
> - 고객 관점에서 소프트웨어에 관한 품질 특성과 품질 부특성을 정의한다.
> - 내/외부 품질 : 기능성, 신뢰성, 사용성, 효율성, 유지보수 용이성, 이식성
> - 사용 품질 : 효과성, 생산성, 안정성, 만족도

- 답 :

02 소프트웨어 품질 목표 중 '정확하고 일관된 결과를 얻기 위해 요구된 기능을 오류 없이 수행하는 정도'를 의미하는 것은 무엇인지 쓰시오.

- 답 :

ANSWER **01** ISO/IEC 9126

02 신뢰성(Reliability)

01 제품 소프트웨어 설치 매뉴얼 구성 중 설치 매뉴얼 주석 항목에 작성해야 할 사항 2가지는 무엇인지 쓰시오.

• 답 :

02 다음은 제품 소프트웨어 설치 매뉴얼의 구성과 작성해야 할 내용을 정리한 표이다. 다음 중 빈칸에 알맞은 답을 쓰시오.

사용자 화면 및 UI	• 주의사항 : 사용자가 반드시 숙지해야 하는 중요 정보를 작성한다. • 참고사항 : 특별한 사용자 환경 및 상황에 대한 예외사항을 작성한다.
( )	• 설명할 기능을 포함할 화면을 스크린 캡처하여 작성한다. • 동작하는 기능을 화면의 순서대로 차례로 분류하여 작성한다. • 기능 동작 시 참고사항, 주의사항 등을 메모로 추가한다.
응용 프로그램/설정	• 제품 실행 시 영향을 받거나 주는 소프트웨어에 대하여 설명한다. • 동작 시 사전에 실행해야 할 소프트웨어가 있다면 기술한다. • 동작에 필요한 기본 설정(Settings)과 기본 설정값을 안내한다.
장치 연동	제품 소프트웨어가 embedded(장치 내에 내장)와 관련된 제품일 경우에 해당 장치에 어떤 것이 있는지와 연동되는 장치에는 무엇이 있는지 설명한다.
Network 환경	제품 소프트웨어와 관련한 network 정보를 표시(Status)하고, Network에 정상 연결되었는지, 이를 위한 관련 설정값은 무엇이 있는지 설명한다.
Profile 설명	• 제품 소프트웨어 구동 시 점검하는 환경 파일이므로 환경 파일의 경로 변경, 이동을 금지하는 안내를 설명한다. • 구동 시 필요한 필수 파일의 내용을 간략히 설명한다.
고객 지원 방법	설치 및 사용에 관련된 기술적 지원을 받을 수 있는 전화번호, 이메일, 홈페이지 등의 정보를 기재한다.
준수 정보 및 제한 보증	• 시리얼 코드를 불법 등록하여 사용하지 못하도록 준수사항을 안내한다. • 저작권자의 지적 재산권, 허가권, 통신 규격, 개발 언어, 연동 프로그램, 문서 효력 등의 정보를 안내한다.

• 답 :

03 소프트웨어 국제 표준 품질 특성 중 ISO/IEC 15504에는 평가 수준별 개발 기관의 능력 레벨을 6단계로 구분하고 있다. 6단계를 순서대로 작성하시오.

• 답 :

04 소프트웨어 품질 목표 중 '다양한 하드웨어 환경에서도 운용할 수 있도록 다른 하드웨어에도 쉽게 적용될 수 있는 정도'를 의미하는 목표를 쓰시오.

• 답 :

05 소프트웨어 품질 목표(SOFTWARE QUALITY AND GOALS) 중 '전체나 일부 소프트웨어를 다른 목적으로 사용할 수 있는가'하는 정도를 의미하는 것은 무엇인지 쓰시오.

• 답 :

06 ISO/IEC 9126의 사용 품질 구분 4가지를 쓰시오.

• 답 :

07 다음이 설명하는 소프트웨어 국제 표준 품질 특성을 쓰시오.

> • ISO/IEC 9126의 품질 모델을 따르며 패키지 소프트웨어의 일반적인 제품 품질 요구사항 및 테스트를 위한 국제 표준이다.
> • 제품 설명서, 사용자 문서 및 프로그램으로 구분하여 각각 품질 요구사항을 규정하고 있다.

• 답 :

소프트웨어 버전관리

1. 형상관리 지침을 활용하여 제품 소프트웨어의 신규 개발, 변경, 개선과 관련된 버전
   을 등록할 수 있다.

SECTION 01	하		20%
SECTION 02	중		40%
SECTION 03	중		40%

제품 소프트웨어 버전관리

빈출 태그 형상관리 · 버전관리 · 변경관리

01 형상관리

① 형상(Configuration)

• 소프트웨어 개발 단계에 생성되는 모든 문서, 코드 등을 통칭한다.
• 요구사항 변경 또는 오류로 지속해서 변화하는 자료이며, 이러한 변화를 이력화하여 유지보수성을 향상할 수 있다.
• 소프트웨어는 눈으로 확인할 수 있는 가시성이 없으므로 개발 과정의 진행 정도를 확인하는 도구로 사용된다.

② 형상관리 종류

• 형상관리는 버전관리, 리비전관리, 변경관리, 빌드관리, 이슈관리 등을 모두 포함한다.

▶ 버전관리와 변경관리

버전관리	• 다양한 형상 항목이 과거부터 현재에 이르기까지 요구사항 등의 변화에 따라 변경된 순서에 따라 버전을 부여함으로써 이력을 관리하는 것이다. • 버전을 통해 시간적인 변경사항과 해당 작업 담당자를 추적할 수 있다.
변경관리	• 변경된 요구사항에 대하여, 비용 및 기간 등을 고려하고 타당성을 평가한다. • 요구사항이 타당한 경우 제품 또는 산출물을 변경하고, 그렇지 않으면 변경을 거부하는 활동이다.

③ 형상관리 도구

• 소프트웨어 개발 생명 주기 전반에 걸쳐 생성되는 소스코드와 문서 등과 같은 산출물의 종합 및 변경 과정을 체계적으로 관리하고 유지하는 일련의 개발 관리 활동이다.
• 소프트웨어에 가시성과 추적 가능성을 부여하여 제품의 품질과 안전성을 높인다.
• 형상 식별, 형상 통제, 형상 상태 보고, 형상 감사를 통하여 변경사항을 관리한다.
• 이전 개정판이나 버전에 대한 정보에 접근 가능하여 배포본 관리에 유용하다.
• 불필요한 사용자의 소스 수정을 제한할 수 있다.
• 같은 프로젝트에 대해 여러 개발자의 동시 개발이 가능하다.

④ 형상관리의 필요성

- 이미 수정된 오류가 갑자기 다시 나타나거나, 사용하던 문서나 코드가 갑자기 사라지거나 찾을 수 없는 경우가 발생할 수 있다.
- 원시 코드와 실행 코드의 버전이 일치하지 않는다.
- 요구사항이 자주 변경되고, 변경이 어떤 결과를 가져올지 예측할 수 없다.
- 무엇을 변경해야 할지 막연하고, 따라서 변경에 대한 노력을 예측할 수 없다.
- 분산된 지역에서 소프트웨어를 병렬적으로 개발하기 어렵다.
- 제품 납품일을 맞추기가 어렵고, 프로젝트가 계획대로 잘 진행되고 있는지 알기가 어렵다.

⑤ 형상관리의 효과

관리적 효과	• 표준 확립으로 전사적 IT 자원 관리가 쉽기 때문에, 기간별/팀별/업무별 산출물 현황 및 변경 이력 통계를 파악할 수 있다. • 제품 개발 관련 산출물이 자동 생성되고 관리된다. • 개발/유지보수 활동을 통합 관리할 수 있다. • 변경 프로세스의 체계를 확립하고, 외주 개발 통제 및 현황 파악을 도와준다.
품질 향상 효과	• 산출물 버전관리를 자동으로 생성하고 관리할 수 있어 결함 및 오류가 감소한다. • 변경 프로그램의 이력 관리를 통하여 문제 파악 및 버그 수정이 쉬워지고, 변경 내용의 영향을 분석하는 것이 쉬워진다.

⑥ 형상관리 절차

형상관리는 최초 계획을 수립하고 형상 식별, 통제, 감사, 기록 및 보고와 같은 활동들을 통해 일련의 과정들을 거치게 된다.

형상 식별 (configuration identification)	• 형상관리의 가장 기본이 되는 활동이다. • 형상관리 계획을 근거로 형상관리의 대상이 무엇인지 식별하는 과정이다. • 변경 추적성 부여와 대상 식별을 위해 ID와 관리번호를 할당한다. • 형상 항목★ 식별 대상 : 품질관리 계획서, 품질관리 매뉴얼, 요구사항 명세서, 설계/인터페이스 명세서, 테스트 설계서, 소스코드
형상 통제 (configuration control)	• 형상통제위원회 운영을 통하여 변경 통제가 이루어져야 한다. • 요구사항 변경 요구를 관리하고, 변경 제어, 형상관리 등의 통제를 지원하고 기준선★에 대한 관리 및 형상 통제를 수행할 수 있다.

형상(상태) 보고
및 감사
	• 설정한 베이스라인의 무결성 평가 단계이다.
	• 개발자, 유지보수 담당자가 아닌 제삼자(소프트웨어 이해도가 높은 품질 보증 조직이나 구성원)의 객관적인 확인 및 검증 과정을 통해 새로운 형상의 무결성을 확보하는 활동이다.
	• 형상 감사 시 고려사항
	  – 명시된 변경이 정확하게 수정되었는가?
	  – 기술 검토를 수행하였는가?
	  – 개발 프로세스를 준수하였는가?
	  – 변경 발생 시, 형상관리 절차를 준수하였는가?
	  – 변경에 대한 정보(변경일, 변경인, 변경사항)를 기록하였는가?

형상 감사 (기록/보고)	• 소프트웨어 개발 상태에 대한 보고서를 제공하는 단계이다. • 기준선에 대한 변경과 처리 과정에서의 변경을 상태 보고에 모두 기록한다. • 기록/보고 항목 : 승인된 형상 리스트, 계획된 변경 상태, 승인된 변경의 구현 상태

★ 형상 항목

개발 단계에 생산되거나 사용되는 작업 산출물 또는 작업 산출물들의 집합체를 의미한다.

★ 기준선(Baseline)

형상 통제 위원에서 프로젝트 관리를 위한 명세서 또는 제품으로서, 소프트웨어 개발 과정 중 변경사항을 통제하기 위한 기준이다.

02 형상관리, 버전관리, 변경관리

형상관리 ⊇ 버전관리 ⊇ 변경관리

형상관리 (Configuration Management)	버전, 변경관리 개념을 포함하고, 프로젝트 진행 상황, 빌드와 릴리즈 퍼블리싱까지 모두 관리할 수 있는 통합 시스템이라고 할 수 있다.
버전관리 (Version Management)	• 변경 이력을 추적 관리하는 가장 좋은 방법이 버전으로 구분하는 것이다. • 사소한 체크인과 체크아웃부터 릴리즈, 퍼블리싱의 과정을 버전으로 관리한다.
변경관리 (Version Management)	• 소스코드의 변경 상황을 관리한다. • 문서의 변경 이력과 복원 등의 기능이 제공된다.

이론을 확인하는 / 핵심문제

01 소프트웨어 버전관리 단계에서 다음은 무엇을 의미하는지 쓰시오.

> • 소프트웨어 개발 단계에 생성되는 모든 문서, 코드 등을 통칭한다.
> • 요구사항 변경 또는 오류로 지속해서 변화하는 자료이며, 이러한 변화를 이력화하여 유지보수성을 향상할 수 있다.
> • 소프트웨어는 눈으로 확인할 수 있는 가시성이 없으므로 개발 과정의 진행 정도를 확인하는 도구로 사용된다.

• 답 :

02 형상관리 절차 중 다음이 설명하는 단계는 무엇인지 쓰시오.

> • 형상관리의 가장 기본이 되는 활동이다.
> • 변경 추적성 부여와 대상 식별을 위해 ID와 관리번호를 할당한다.
> • 대상 : 품질관리 계획서, 품질관리 매뉴얼, 요구사항 명세서, 설계/인터페이스 명세서, 테스트 설계서, 소스코드

• 답 :

ANSWER **01** 형상(Configuration)
02 형상 식별(configuration identification)

버전관리 도구

빈출 태그 버전관리 도구의 구분 • 버전관리 도구의 종류 • git 주요 명령 • svn 주요 명령

01 버전관리 도구

① 버전관리 도구 분류

공유 폴더 방식	• 개발자들은 매일 완료된 파일을 공유 폴더에 복사하여 관리한다. • 담당자 한 명이 공유 폴더 내 자료를 자신의 PC로 복사한 후 컴파일하여 이상 유무를 확인하고, 파일의 오류가 확인되면 해당 파일을 등록한 개발자에게 수정 의뢰한다. • 파일에 이상이 없다면 다음 날 각 개발자가 동작 여부를 다시 확인한다. • 파일의 변경사항을 데이터베이스에 기록하여 관리한다. • 종류 : SCCS, RCS, PVCS, QVCS
클라이언트/서버 방식	• 버전관리 자료가 중앙 시스템(서버)에 저장되어 관리되는 방식이다. • 서버의 자료를 개발자별로 자신의 PC(클라이언트)로 복사하여 작업한 후 변경된 내용을 서버에 반영하고, 모든 버전관리는 서버에서 수행하는 방식이다. • 하나의 파일을 서로 다른 개발자가 작업할 경우 경고 메시지를 출력한다. • 서버에 문제가 생기면 서버가 복구되기 전까지 다른 개발자와의 협업 및 버전관리 작업이 중단된다. • 종류 : CVS, SVN(Subversion), CMVC, Perforce, CVSNT, Clear Case
분산 저장소 방식	• 하나의 원격 저장소와 분산된 개발자 PC의 로컬 저장소에 함께 저장되어 관리되는 방식이다. • 개발자별로 원격 저장소의 자료를 각자의 로컬 저장소로 복사하여 작업 후 변경사항을 로컬 저장소에서 우선 적용하여 로컬 버전관리가 가능하다. • 개발 완료한 파일을 수정한 다음에 로컬 저장소에 먼저 커밋(Commit)한 이후, 다시 원격 저장소에 반영(Push)하는 방식이다. • 로컬 저장소의 자료를 이용하여 작업할 수 있어 원격 저장소에 연결 장애에 있어 자유롭다. • 종류 : Git, Bazaar, Mercurial, TeamWare, Bitkeeper, Plastic SCM, GNU arch

② 주요 버전관리 도구

CVS 2022년 3회	• Concurrent Versions System(동시 버전 시스템) • 소프트웨어 프로젝트를 진행할 때, 파일로 이뤄진 모든 작업과 모든 변화를 추적하고, 여러 개발자가 협력하여 작업할 수 있게 한다. • GNU 일반 공중 사용 허가서하에서 배포되어 오픈 소스 프로젝트에서 널리 사용되었다. • 최근에는 다음과 같은 CVS가 한계가 있어서 이를 대체하는 Subversion이 개발되었다. • 저장소의 파일들은 이름을 변경할 수 없으며 변경할 때에는 제거 후 다시 추가해야 한다. • 프로토콜은 디렉터리의 이동, 이름 변경을 허용하지 않으므로 서브 디렉터리의 파일은 모두 지우고 다시 추가해야 한다. • 아스키코드로 된 파일 이름이 아닌 유니코드 파일을 제한적으로 지원한다.
RCS(Revision Control System)	• CVS와의 차이점은 소스 파일의 수정을 한 사람만으로 제한한다. • 다수의 사용자가 동시에 파일 수정을 할 수 없도록 파일 잠금 방식으로 버전을 관리하는 도구이다.

Subversion(SVN) 2022년 3회	• CVS보다 속도 개선, 저장공간 전략, 변경관리 단위가 작업 모음 단위로 개선되었다. 2000년부터 콜랩넷에서 개발되었다. • CVS와 사용 방법이 유사해 CVS 사용자가 쉽게 도입해 사용할 수 있다. • 현재는 아파치 최상위 프로젝트로서 전 세계 개발자 커뮤니티와 함께 개발되고 있다. • 디렉터리, 파일의 이름을 변경하거나 이동해도 버전관리가 가능하다. • 이진 파일의 경우 한 번 저장한 후 변경될 경우 차이점만 저장하기 때문에 저장소를 효율적으로 사용할 수 있다. • 소스 저장소로의 접근이 최적화되어 있으므로, 소스 저장고에서 필요 없는 네트워크 트래픽을 줄일 수 있다. • repository(저장소) : 프로젝트의 파일 및 변경 정보가 저장되는 장소 • trunk : 메인 개발 소스. 개발 소스를 commit했을 때 개발 소스가 모이는 곳 • branch : Trunk에서 분기된 개발 소스. 실험적인 기능을 추가하거나 출시를 위한 안정화 버전 작업을 할 때 • tag : 특정 시점에서 프로젝트의 스냅숏을 찍어두는 것
Bitkeeper	SVN과 비슷한 중앙 통제 방식으로 대규모 프로젝트에서 빠른 속도를 내도록 개발된 버전관리 도구이다.
Git 2022년 3회	• Linux 초기 커널 개발자인 리누스 토르발스가 리눅스 커널 개발에 이용하려고 개발하였으며, 현재는 다른 곳에도 널리 사용되고 있다. • 초기 리눅스 커널의 버전 컨트롤 도구인 bitkeeper를 대체하기 위해 새롭게 등장하였다. • 프로그램 등의 소스코드 관리를 위한 분산 버전관리 시스템이다. • 지역 저장소와 원격 저장소, 2개의 저장소가 존재한다. 　– 지역 저장소 : 개발자가 실제 작업하는 로컬 저장소 　– 원격 저장소 : 다수 개발자가 협업을 위해 공동 관리하는 저장소 • 지역 저장소에서 버전관리가 진행되어, 버전관리가 빠르다. • Git의 작업 폴더는 모두 전체 기록과 각 기록을 추적할 수 있는 정보를 포함하고 있으며, 완전한 형태의 저장소이다. • 네트워크에 접근하거나 중앙 서버에 의존하지 않는다. • GNU 일반 공중 사용 허가서 v2하에 배포되는 자유 소프트웨어이다.

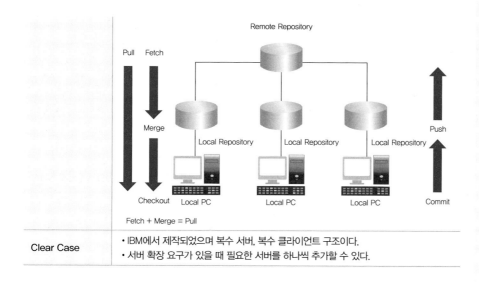

Clear Case	• IBM에서 제작되었으며 복수 서버, 복수 클라이언트 구조이다. • 서버 확장 요구가 있을 때 필요한 서버를 하나씩 추가할 수 있다.

02 컴포넌트 저장소(Repository)

• 인증을 받은 컴포넌트를 등록하는 저장소로 손쉽게 컴포넌트를 이용할 수 있다.
• 저장소는 컴포넌트의 최신 버전을 유지하고 있으며, 컴포넌트의 버전별 상태도 유지하고 관리함으로써 사용자가 컴포넌트 이용을 쉽게 할 수 있도록 한다.

03 Git 주요 명령어

init	Git 생성하기
add	stage area에 파일을 추가하여 commit할 수 있도록 하기
commit	작업 내역 지역 저장소에 저장하기
branch	새로운 브랜치 생성하기
checkout	선택한 브랜치로 이동하기
merge	현재 브랜치와 지정한 브랜치를 병합하기
fetch	Git 서버에서 코드를 받아오기
pull	Git 서버에서 최신 코드를 받아와 병합하기
remote	원격 저장소 추가하기
clone	원격 저장소에 있는 프로젝트를 자신의 Local Machine에 내려받기
fork	타인의 원격 저장소의 내용을 자신의 원격 저장소로 복사하기
git config --global --list★	현재 설정 정보 조회하기
git --version	현재의 Git 버전 확인하기
git remote add	새로운 원격 저장소 추가하기

★ –
명령어 옵션 기호

★ ––
마지막 명령어 옵션에 사용하는 기호

🄴 Subversion(SVN) 주요 명령어

Import	아무것도 없는 서버의 저장소에 맨 처음 소스 파일을 저장한다.
Check-in	체크아웃으로 가져온 파일을 수정한 뒤 저장소(Repository)에 새로운 버전으로 갱신한다.
Check-out	타 개발자가 수정 작업을 위하여 저장소(Repository)에 저장된 파일을 자신의 작업공간으로 인출한다.
Commit	체크인 시 이전 갱신 사항이 있는 경우 충돌(conflict)이 있으면 알림을 표시하고 diff(코드 비교) 도구를 이용하여 수정한 뒤 Commit(예치) 과정을 수행한다.
Diff	새로운 개발자가 추가된 파일의 수정 기록(Change Log)을 보면서 기존 개발자가 처음 추가한 파일과 이후 변경된 파일의 차이를 확인한다(Diff).
Update	저장소(Repository)에 존재하는 최신 버전 자료와 자신 작업공간과 동기화한다.
Branch	주 저장소(Repository)에서 파생된 프로젝트를 의미한다.
Fork	주 저장소(Repository)에서 소프트웨어 소스코드를 통째로 복사하여 독립적인 새로운 소프트웨어 개발 허용되는 라이선스를 따라야 한다.
Update	Commit 후 새로운 개발자가 자신의 작업공간과 Repository를 동기화(Update)한다.
Info	지정된 파일에 대한 정보를 표시한다.
merge	다른 디렉터리에서 작업 된 버전관리 내역을 기본 개발 작업과 병합한다.
trunk	개발 과정에서 메인 개발 소스가 모이는 디렉터리이다.
add	새로운 파일, 디렉터리를 버전관리 대상으로 등록한다.
export	버전관리 파일들을 제외한 순수 파일만 서버에서 받아온다.

01 버전관리 도구의 3가지 분류를 쓰시오.

• 답 :

02 다음에 설명하는 버전관리 툴의 이름을 쓰시오.

> • IBM에서 제작되었으며 복수 서버, 복수 클라이언트 구조이다.
> • 서버 확장 요구가 있을 때 필요한 서버를 하나씩 추가할 수 있다.

• 답 :

03 버전관리 도구 중 다음의 설명에 해당하는 것은 무엇인지 쓰시오.

> • 인증을 받은 컴포넌트를 등록하는 저장소로 손쉽게 컴포넌트를 이용할 수 있다.
> • 저장소는 컴포넌트의 최신 버전을 유지하고 있으며, 컴포넌트의 버전별 상태도 유지하고 관리함으로써 사용자가 컴포넌트 이용을 쉽게 할 수 있도록 한다.

• 답 :

04 Git 명령어 중 선택한 브랜치로 이동하는 명령어는 무엇인지 쓰시오.

• 답 :

05 SVN 명령어 중 새로운 개발자가 추가된 파일의 수정 기록(Change Log)을 보면서 기존 개발자가 처음 추가한 파일과 이후 변경된 파일의 차이를 보는 명령어는 무엇인지 쓰시오.

• 답 :

ANSWER **01** 공유 폴더 방식, 클라이언트/서버 방식, 분산 저장소 방식
02 Clear Case
03 컴포넌트 저장소(Repository)
04 checkout
05 diff

소프트웨어 빌드

01 빌드(Build)

① 개념

- 소스코드를 컴파일한 뒤에 다수의 연관된 모듈을 묶어 실행 파일로 만드는 과정을 빌드라고 한다.
- 소스코드 파일을 컴퓨터에서 실행할 수 있는 상태 단위로 변환하는 과정 또는 결과물을 의미한다.
- 소스코드 파일이 실행 코드로 변환되는 컴파일 과정을 핵심으로 수행한다.
- 빌드에 따른 결과물을 대상으로 하는 상세 확인이 요구된다.
- 소프트웨어 개발자가 반복 작업해야 하는 코딩을 잘 짜인 프로세스를 통해 자동으로 실행하여, 신뢰성 있는 결과물을 생산해 낼 수 있는 작업 방식 및 방법이다.
- 프로세스 : 컴파일 → 패키징 → 단위 테스트 → 정적 분석 → 보고 → 배포 → 최종 빌드

② 제품 소프트웨어를 위한 빌드 기법

- 소프트웨어 빌드 시스템의 기본 개념을 알고, 빌드의 실행 단위 컴파일과 이를 위한 빌드 도구의 특징 및 사례들의 사전 확인이 필요하다.
- 빌드 도구는 이를 도와주는 유용한 유틸리티이며 이를 활용하여 컴파일 이외에도 제품 소프트웨어 완성을 위해 다양한 일을 할 수 있다.

02 빌드 자동화 도구

- 빌드 자동화 도구의 종류 : Gradle, Jenkins, Makefile, Ant, Maven
- 최근에 오픈 소스인 Gradle이 등장했으며, 구글이 안드로이드의 기본 빌드 시스템으로 Gradle을 선택하면서 사용자가 급증하였다.
- 빌드 자동화 도구의 기능 : 코드 컴파일, 컴포넌트 패키징, 파일 조작, 개발 테스트 실행, 버전관리 도구 통합, 문서 생성, 배포 기능, 코드 품질 분석

① Gradle

★ Groovy
자바를 기반으로 파이선, 루비, 스몰토크 등의 특징을 더한 동적 객체지향 프로그래밍 언어

★ DSL
웹 페이지에 사용되는 HTML과 같이 특정한 도메인에 특화된 언어

- Groovy★를 기반으로 제작된 DSL(Domain Specific Language)★을 스크립트 언어로 사용하는 오픈 소스 형태의 자동화 도구이다.
- 안드로이드 앱 개발 환경에서 사용된다.
- if, else, for 등의 로직 구현이 가능하고, XML을 사용하지 않아 간결하고 빠른 성능을 제공한다.

- 유연성과 확장성을 제공하며 하나의 Repository 내에 멀티 프로젝트를 구성할 수 있다.
- 스크립트는 Project와 Tasks 두 가지 개념으로 구성된다.

② Jenkins
- Java 기반의 오픈 소스 형태의 빌드 자동화 도구이다.
- 서버 기반의 도구로 클라이언트의 요청을 처리하기 위해 서버에서 실행되는 서블릿(Servlet)과 실행 및 생명 주기를 관리하는 서블릿 컨테이너에서 실행된다.
- Web UI를 지원하고 SVN, Git 등의 대부분 형상관리 도구와 연동할 수 있다.
- 분산된 다수의 컴퓨터를 이용하여 분산 빌드, 테스트가 가능하다.
- RSS, E-mail을 통하여 빌드 실패 내역을 실시간 통지가 가능하다.

이론을 확인하는 / **핵심문제**

01 소프트웨어 빌드에 대하여 간략히 서술하시오.
- 답 :

02 빌드 자동화 도구의 기능을 3가지 쓰시오.
- 답 :

03 Java 기반의 오픈 소스 형태의 빌드 자동화 도구이며, 서버 기반의 도구로 클라이언트의 요청을 처리하기 위해 서버에서 실행되는 서블릿과 실행 및 생명 주기를 관리하는 서블릿 컨테이너에서 실행된다. 또한, Web UI를 지원하고 SVN, Git 등의 대부분 형상관리 도구와 연동 가능한 빌드 자동화 도구는 무엇인지 쓰시오.
- 답 :

ANSWER **01** 소스코드를 컴파일한 뒤에 다수의 연관된 모듈을 묶어 실행 파일로 만드는 과정
02 코드 컴파일, 컴포넌트 패키징, 파일 조작, 개발 테스트 실행, 버전관리 도구 통합, 문서 생성, 배포 기능, 코드 품질 분석
03 Jenkins

01 다음은 형상관리에 관한 설명이다. 다음이 설명하는 형상관리 단계를 쓰시오.

> • 식별된 형상 항목의 변경요구를 검토, 승인하여 적절히 통제하는 단계이다.
> • 형상통제위원회(CCB, Configuration Control Board)에서 변경요구를 수용할지 결정한다.
> • 현재의 Baseline에 잘 반영될 수 있도록 조정하는 작업 단계이다.

• 답 :

02 형상관리 활동 4가지를 쓰시오.
• 답 :

03 형상관리에서 사용하는 베이스라인(Baseline)에 대하여 50자 내외로 간략하게 서술하시오.
• 답 :

04 다음에서 설명하는 빌드 자동화 도구를 쓰시오.

- Groovy로 제작된 DSL(Domain Specific Language)을 스크립트 언어로 사용하는 빌드 자동화 도구이다.
- Groovy와 유사한 도메인 언어를 채용하였다.
- 안드로이드 스튜디오의 공식 빌드 시스템이다.
- Java, C/C++, 파이선 등의 다양한 언어를 지원한다.
- 실행할 처리 명령들을 수집하여 Task로 만들고 Task 단위로 실행한다.

- 답 :

05 다음은 Subversion 주요 명령어이다. 빈칸에 알맞은 명령어를 순서대로 작성하시오.

- commit : 버전관리 대상으로 등록된 로컬 저장소의 변경 내용을 서버로 전송한다.
- (①) : 개발 과정에서 메인 개발 소스가 모이는 디렉터리이다.
- import : 아무것도 들어 있지 않은 원격 저장소에 최초 파일 업로드 시에 한 번만 사용한다.
- (②) : 로컬 저장소에 있는 파일들을 원격 저장소의 최신 버전으로 갱신한다.
- add : 새로운 파일, 디렉터리를 버전관리 대상으로 등록한다.
- diff : 지정된 소스의 이전 리비전과의 차이점을 비교한다.
- (③) : 버전관리 파일들을 제외한 순수 파일만 서버에서 받아온다.

- ① :
- ② :
- ③ :

06 다음은 Git에서 사용하는 명령어이다. 빈칸에 알맞은 명령어를 순서대로 쓰시오.

> • add : 작업명세를 저장소에 저장하기 위해 Staging Area에 추가
> • (①) : 작업한 내역을 지역 저장소에 저장
> • branch : 새로운 branch 생성
> • merge : 지정한 branch의 변경된 정보를 HEAD 포인터가 지시하는 branch에 반영
> • (②) : 원격 저장소 내용을 자신의 원격 저장소로 복사

• ① :
• ② :

07 다음 보기는 소프트웨어 버전관리 도구이다. 공유 폴더 방식, 클라이언트/서버 방식, 분산 저장소 방식별로 구분하여 기호를 쓰시오.

> 가. SCCS　　　　나. RCS　　　　다. PVCS
> 라. Git　　　　　마. GNU arch　　바. Bazaar　　　사. Team Ware
> 아. Bitkeeper　　자. CVS　　　　차. SVN　　　　카. Clear Case

• 공유 폴더 방식 :
• 클라이언트/서버 방식 :
• 분산 저장소 방식 :

2권

합격을 다지는
예상문제 정답
(PART 08~PART 12)

08 SQL 응용

01 =

02 ⓒ, ⓓ

03 ❶ Clustered
    ❷ Non-clustered

04 EXISTS

01 1

02 TCL 또는 Transaction Control Language

03 COMMIT, ROLLBACK, CHECKPOINT

04 ❶ 2
    ❷ 2
    ❸ 200
    ❹ 100
    ❺ 50

05 GROUP BY ROLLUP

06 SELECT NAME, SCORE, RANK() OVER(ORDER BY SCORE DESC) AS R FROM STUDENT;

07
> SELECT 과목이름, MIN(점수) AS 최소점수, MAX(점수) AS 최대점수 FROM 성적 GROUP BY 과목이름 HAVING AVG(점수)
> >= 90;

또는

> SELECT 과목이름, MIN(점수) 최소점수, MAX(점수) 최대점수 FROM 성적 GROUP BY 과목이름 HAVING AVG(점수) >= 90;

또는

> SELECT 과목이름, MIN(점수) AS "최소점수", MAX(점수) AS "최대점수" FROM 성적 GROUP BY 과목이름 HAVING
> AVG(점수) >= 90;

01	❶ DECLARE
	❷ BEGIN
	❸ END
02	트리거 또는 Trigger
03	동적 SQL 또는 Dynamic SQL
04	ⓛ, ⓒ, ⓔ
05	AFTER 또는 after
06	INSERT, UPDATE, DELETE
07	IN

소프트웨어 개발 보안 구축

CHAPTER 01 소프트웨어 개발 보안 설계하기

01 안전한 소프트웨어 개발을 위하여 소프트웨어 생명 주기(SDLC)에 보안을 강화한 프로세스를 의미하며, 요구사항 분석, 설계, 구현, 테스트, 유지보수 등 SDLC 모든 과정에 걸쳐 적용되어야 할 보안 활동을 제시한다.

02 한국인터넷진흥원(KISA)

03 개인정보 보호법

04 ❶ 제15조
   ❷ 제28조

05 평문 전송, 입력값 미검증, 비밀번호 공유 등 위협을 유발할 수 있는 시스템 내부의 상황을 의미한다.

06 MS-SDL, Seven Touchpoints, CLASP

07 ❶ 위험 분석
   ❷ 테스트 계획

08 MD5

09 CSRF(Cross Site Request Forgery)

10 가

11 Rainbow Table Attack

CHAPTER 02 소프트웨어 개발 보안 구현하기

01 Secure Coding

02 XSS(Cross Site Scripting)

03 SQL injection

04 코딩 과정에서 검사 시점과 사용 시점을 고려하지 않는 경우에 발행하는 보안 취약점이다.

CHAPTER 01 기본문법 활용하기

01 ==0

02 ❶ > A[i]
   ❷ < A[i]

03 &&

04 for (String w :

05 1+2+3+4+5=15

06 n < x.length

07 n.length

08 80.0

09 ❶ text.length()
   ❷ text.charAt(i)

10 9

11 16

12 4
   7
   3

13 ❶ 생성자 또는 Constructor
   ❷ 소멸자 또는 Destructor

14 ㉣

15 ❶ 상속
   ❷ 구체화

16 ❶ 1
   ❷ 11

17 ❶ input
   ❷ range

18 def add(a, b):

19	12 12 12 12
20	❶ e
	❷ if
	❸ True
21	import
22	in
23	55
24	C
	B
	A
25	len
26	1 5 7 5 9
27	kr
28	pass
29	['pass', 'dumok', 'a135']
30	[11, 13, 15, 17, 19]
	[12, 14, 16, 18, 20]
31	NOHTYP
32	item % 2
33	14
34	지불금액 : 21250원
35	㉣

11 응용 SW 기초 기술 활용

CHAPTER 01 제품 소프트웨어 패키징하기

01 가 → 마 → 바 → 라 → 다 → 나 → 사

02 소프트웨어의 개발 효율성과 시스템 유지보수가 쉽도록 시스템을 기능별로 분류하는 것이다.

03 각 기능 모듈별로 작성한 실행 파일들을 모아 실제 사용할 수 있는 설치 파일을 제작하는 것을 말한다.

04 가, 나

05 제품 소프트웨어 버전 관리, 소프트웨어 버전 관리, 버전 관리

06 콘텐츠를 메타 데이터와 함께 배포 가능한 단위로 묶는 기능을 수행한다.

07 가 → 나 → 다 → 바 → 마 → 라

08 ❶ 목적
❷ 면책 조항

CHAPTER 02 제품 소프트웨어 매뉴얼 작성하기

01 주의사항, 참고사항

02 주요 기능 분류

03 Incomplete, Performed, Managed, Established, Predictable, Optimizing level

04 이식성(Portability)

05 재사용성(Reusability)

06 효과성, 생산성, 안정성, 만족도

07 ISO/IEC 12119

01　형상 제어 또는 configuration control 또는 형상 통제

02　형상 식별, 형상 제어, 형상 상태 보고, 형상 감사

03　개발 과정의 단계별 산출물을 검토, 평가, 조정, 처리 등의 변화를 통제하는 시점의 기준이다.

04　Gradle

05　❶ trunk

　　❷ update

　　❸ export

06　❶ commit

　　❷ fork

07　• 공유 폴더 방식 : 가, 나, 다

　　• 클라이언트/서버 방식 : 자, 차, 카

　　• 분산 저장소 방식 : 라, 마, 바, 사, 아

이렇게
기막힌
적중률

정보처리기사
실기 기본서

3권 · 기출공략집

"이" 한 권으로 합격의 "기적"을 경험하세요!

YoungJin.com **Y.**
영진닷컴

최신 기출문제

최신 기출문제 01회 (2024년 제3회)

다음 물음에 답을 해당 답란에 답하시오. 배점 **100** 문제수 **20**

01 다음 빈칸에 해당하는 용어가 무엇인지 쓰시오.

득점	배점
	5

- GoF 디자인 패턴을 목적(Purpose)으로 분류할 때 (   ) 패턴은 클래스나 객체들이 상호작용하는 방법과 책임을 분산하는 방법을 정의한다.
- (   ) 패턴은 메시지 교환과 관련된 것으로, 객체간의 행위나 알고리즘 등과 관련된 패턴을 말한다.
- (   ) 패턴은 Iterator, Mediator, Observer, State, Visitor 패턴 등을 포함하는 패턴이다.

• 답 :

02 다음 클래스 다이어그램의 UML 관계도에 해당하는 UML 관계를 ①~③에 각각 〈보기〉에서 골라 기호를 쓰시오.

득점	배점
	5

UML 관계	UML 관계도
(①)관계	자동차 — 브레이크 · 엔진 · 타이어
(②)관계	자동차 — 버스 · 트럭 · 세단
(③)관계	텔레비전 - - - - → 리모컨

〈보기〉

ㄱ. 의존   ㄴ. 연관   ㄷ. 일반화

• 답 ① :
• 답 ② :
• 답 ③ :

03 다음 설명에 해당하는 테스트 커버리지(Test Coverage)를 ①~③에 각각 〈보기〉에서 골라 기호를 쓰시오.

득점	배점
	5

종류	설명
(①) 커버리지	• 코드 구조 내의 모든 구문에 대해 한 번 이상 수행하는 테스트 커버리지
(②) 커버리지	• 결정 포인트 내의 모든 분기문에 대해 최소 한 번씩 수행하는 테스트 커버리지
(③) 커버리지	• 결정 포인트 내의 모든 개별 조건식에 대해 수행하는 테스트 커버리지

〈보기〉

> ㄱ. 변경 조건/결정   ㄴ. 조건/결정   ㄷ. 조건   ㄹ. 분기   ㅁ. 다중   ㅂ. 문장   ㅅ. 경로

• 답 ① :

• 답 ② :

• 답 ③ :

04 다음 두 테이블을 대상으로 〈SQL문〉을 실행한 출력결과를 쓰시오.

득점	배점
	5

〈EMPLOYEES〉

id	first_name	last_name	dept_id
1	Hong	GilDong	100
2	Kim	GilDong	200
3	Park	GilDong	100

〈PROJECTS〉

dept_id	name
100	Alpha
200	Beta
300	Gamma

〈SQL문〉

```
SELECT COUNT(*)
FROM EMPLOYEES E JOIN PROJECTS P ON E.dept_id = P.dept_id
WHERE P.name IN (
        SELECT name FROM PROJECTS P
        WHERE P.dept_id IN (
                SELECT dept_id FROM EMPLOYEES E
                GROUP BY E.dept_id HAVING COUNT(*) < 2 )
);
```

• 답 :

05 IP 또는 ICMP의 특성을 악용하여 특정 사이트에 집중적으로 데이터를 보내 네트워크 또는 시스템의 상태를 불능으로 만드는 서비스 거부(DoS: Denial of Service) 공격 기법을 의미하는 용어를 쓰시오.

득점	배점
	5

• 답 :

06 다음은 C언어로 작성된 프로그램이다. 이를 실행한 출력 결과를 쓰시오.

득점	배점
	5

```c
#include <stdio.h>

int increase(void)
{
    static int n = 0;
    n += 2;
    return n;
}

int main()
{
    int n = 0;
    int sum = 0;
    int i;
    for(i = 0; i < 4; i++)
    {
        n++;
        sum += increase();
    }
    printf("%d", sum);
    return 0;
}
```

• 답 :

07 다음은 C언어로 작성된 프로그램이다. 이를 실행한 출력 결과를 쓰시오.

득점	배점
	5

```c
#include <stdio.h>

struct node {
    int value;
    struct node *next;
};
void func(struct node* nn)
{
    while(nn != NULL && nn->next != NULL)
    {
        int temp = nn->value;
        nn->value = nn->next->value;
        nn->next->value = temp;
        nn = nn->next->next;
    }
}
int main()
{
    struct node a = {1, NULL}, b = {2, NULL}, c = {3, NULL};
    a.next = &c;
    c.next = &b;
    func(&a);

    struct node* n = &a;
    while(n != NULL)
    {
        printf("%d", n->value);
        n = n->next;
    }
    return 0;
}
```

• 답 :

득점	배점
	5

```c
#include <stdio.h>

void func1(int** aa, int size)
{
    int i;
    for(i = 0; i < size; i++)
    {
        *(*aa + i) = (*(*aa + i) + i) % size;
    }
}
void func2(int* num, int* a)
{
    *num = a[*num % 4];
}

int main()
{
    int a[] = {3, 1, 4, 1, 5};
    int* p1 = a;
    int** p2 = &p1;
    int n = 6;

    func1(p2, sizeof(a)/sizeof(int));
    func2(&n, a);

    printf("%d", n);
    return 0;
}
```

• 답 :

다음은 Java로 작성된 프로그램이다. 이를 실행한 출력 결과를 쓰시오.

```java
public class Exam {
    public static void main(String[] args) {
        int sum = 0;
        try {
            method();
        } catch(NullPointerException e) {
            sum = sum + 1;
        } catch(Exception e) {
            sum = sum + 10;
        } finally {
            sum = sum + 100;
        }
        System.out.print(sum);
    }

    static void method() throws Exception {
        throw new NullPointerException();
    }
}
```

• 답 :

10 다음은 Java로 작성된 프로그램이다. 이를 실행한 출력 결과를 쓰시오.

득점	배점
	5

```java
class AAA {
    int x = 3;
    int getX() {
        return x * 7;
    }
}

class BBB extends AAA {
    int x = 7;
    int getX() {
        return x * 3;
    }
}

public class Exam {
    public static void main(String[] args) {
        AAA obj1 = new BBB();
        BBB obj2 = new BBB();
        System.out.println(obj1.getX() + obj1.x + obj2.getX() + obj2.x);
    }
}
```

• 답 :

다음은 Java로 작성된 프로그램이다. 이를 실행한 출력 결과를 쓰시오.

득점	배점
	5

```java
public class Exam {

    static void method(String[] s, int len) {
        for(int i = 1; i < len; i++) {
            if(s[i-1].equals(s[i]))
                System.out.print("O");
            else
                System.out.print("N");
        }
        for(String i : s) {
            System.out.print(i);
        }
    }

    public static void main(String[] args) {
        String[] str = new String[3];
        str[0] = "A";
        str[1] = "A";
        str[2] = new String("A");
        method(str, str.length);
    }

}
```

• 답 :

12 다음은 Java로 작성된 프로그램이다. 이를 실행한 출력 결과를 쓰시오.

```java
class Printer {
    void print(Integer a) {
        System.out.print("A" + a);
    }
    void print(Object a) {
        System.out.print("B" + a);
    }
    void print(Number a) {
        System.out.print("C" + a);
    }
}

class GenericTest<T> {
    T value;
    public GenericTest(T t) {
        value = t;
    }
    public void print() {
        new Printer().print(value);
    }
}
public class Exam {
    public static void main(String[] args) {
        new GenericTest<>(0).print();
    }
}
```

• 답 :

13 다음은 Python언어로 작성된 프로그램이다. 이를 실행한 출력 결과를 쓰시오.

```python
def function(v):
        if type(v) == type(''):
                return len(v)
        elif type(v) == type(100):
                return 10
        else:
                return 20

x = "100.0"
y = 100.0
z = (100.0, 200.0)

print(function(x) + function(y) + function(z))
```

• 답 :

14 다음은 Python언어로 작성된 프로그램이다. 이를 실행한 출력 결과를 쓰시오.

```python
def function(lst):
        for i in range(len(lst) // 2):
                lst[i], lst[-i-1] = lst[-i-1], lst[i]

ls = [1, 2, 3, 4, 5, 6]
function(ls)

print(sum(ls[::2]) - sum(ls[1::2]))
```

• 답 :

15 3개의 페이지를 수용할 수 있는 주기억장치가 있으며, 초기에는 모두 비어 있다고 가정한다. 다음의 순서로 페이지 참조가 발생할 때, LRU(Least Recently Used) 페이지 교체 알고리즘을 사용할 경우 발생하는 페이지 결함의 수를 각각 쓰시오.

득점	배점
	5

〈페이지 참조 순서〉

> 7 0 1 2 0 3 0 4 2 3 0 3 2 1 2 0 1 7 0 1

• 답 :

16 아래 〈학생〉 릴레이션에 대한 데이터 무결성 제약에 대한 설명 중 빈칸에 알맞은 용어를 쓰시오.

득점	배점
	5

〈학생〉 릴레이션

학번	성명	학년	전화번호
	강희영	1	010-1111-1111
220022	홍길동	2	010-2222-2222
330033	김철수	2	010-3333-3333
440044	신면철	3	010-4444-4444
550055	김영희	4	010-5555-5555

- 〈학생〉 릴레이션은 '학번', '성명', '학년', '전화번호'의 속성을 가지고 있다. '학번' 속성은 릴레이션 내에서 유일성과 최소성을 만족하는 기본키이다. 〈학생〉 릴레이션은 기본키에 속해 있는 속성이 널(NULL)값이나 중복값이 아닌 원자 값을 가질 수 없다는 것을 의미하는 (   ) 무결성 제약조건을 위반하였다.
- 〈학생〉 릴레이션의 속성명에 밑줄은 기본키를 의미한다.
- 〈학생〉 릴레이션의 공백은 널(NULL)값을 의미한다.

• 답 :

17 다음 설명에 해당하는 키(KEY)의 종류를 ①~④에 각각 〈보기〉에서 골라 기호를 쓰시오.

득점	배점
	5

키(KEY)	설명
(①)	• 다른 릴레이션의 기본키를 참조하는 속성이다.
(②)	• 모든 튜플을 유일하게 식별할 수 있는 하나 또는 몇 개의 속성 집합이다. • 모든 튜플에 대해 유일성과 최소성 모두 만족시킨다.
(③)	• (②)가 둘 이상 되는 경우, 그 중에서 어느 하나를 선정하여 기본키로 지정하고 남은 나머지 (②)이다.
(④)	• 두 개 이상의 속성으로 구성된 키 또는 혼합키를 의미한다. • 모든 튜플에 대해 유일성은 만족시키지만 최소성은 만족시키지 못한다.

〈보기〉

ㄱ. 슈퍼키 ㄴ. 외래키 ㄷ. 대체키 ㄹ. 후보키

• 답 ① :
• 답 ② :
• 답 ③ :
• 답 ④ :

18 다음 빈칸에서 설명하는 용어가 무엇인지 영문약어 3글자로 쓰시오.

득점	배점
	5

• (   )(은)는 이용자가 인터넷과 같은 공중망에 사설망을 구축하여 마치 전용망을 사용하는 효과를 가지는 보안 솔루션이다.
• 종류는 대표적으로 두 가지로 나눌 수 있는데 네트워크 계층에서 작동하는 IPsec (   )과 전송 계층에서 작동하는 SSL (   )이 있다.

• 답 :

19 다음은 URL의 구성요소에 대한 설명에 해당하는 것을 빈칸 ①~⑤에 각각 〈보기〉에서 골라 번호를 쓰시오.

득점	배점
	5

(①)	• 웹에서 클라이언트가 서버에게 제공하는 추가적인 파라미터이다.
(②)	• 자원이 서버 내에 위치한 계층적 구조의 경로를 나타낸다.
(③)	• 일반적으로 사용할 프로토콜을 명시하며 자원에 접근하는 통신 방법을 결정한다.
(④)	• 일반적으로 사용자 정보인 도메인 네임이나 IP 주소, 포트 번호를 포함하며, 자원이 위치한 호스트를 특정할 수 있는 정보이다.
(⑤)	• 웹에서 자원의 특정 부분을 가리키기 위한 정보로 웹 페이지에서 html 내부 북마크와 같이 특정 섹션으로 바로 이동 가능하게 한다.

〈보기〉 URL의 예시

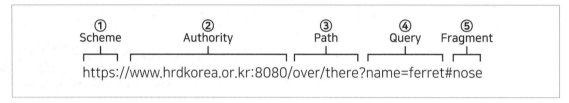

• 답 ① :

• 답 ② :

• 답 ③ :

• 답 ④ :

• 답 ⑤ :

20 다음 설명에 해당하는 용어를 쓰시오.

득점	배점
	5

- 무선 기반의 이동단말기 간의 연결망의 일종으로서, 라우터 장비가 따로 없고 이동단말기 중 일부가 라우터 역할을 담당하는 네트워크이다.
- 노드들이 동적으로 경로를 설정할 수 있어 '기반구조 없는 네트워크'라고도 한다. 험난한 지형 위험한 장소에서의 네트워크구성을 하는 데 유용하다. 이동단말기에 센서 기능을 부가할 경우 USN(Ubiquitous Sensor Network)으로 발전한다.

- 답 :

다음 물음에 답을 해당 답란에 답하시오.　　　배점 **100** 문제수 **20**

01 다음 설명하는 디자인 패턴(Design Pattern)을 〈보기〉에서 골라 쓰시오.

득점	배점
	5

- ( ) 패턴은 GoF 디자인 패턴 중 행위 패턴으로 'Cursor 패턴'이라고도 한다.
- ( ) 패턴은 내부 표현 방법을 노출하지 않고 복합 객체의 원소를 순차적으로 접근할 수 있는 방법을 제공한다.

〈보기〉

Abstract Factory, Adapter, Bridge, Composite, Decorator, Facade, Iterator, Observer, Proxy

- 답 :

02 다음 빈칸에서 공통으로 설명하는 용어가 무엇인지 쓰시오.

득점	배점
	5

- (　　　)(은)는 시스템의 성능 향상과 개발(Development)과 운영(Maintenance)의 단순화를 위해 중복, 통합, 분리 등을 수행하는 데이터 모델링의 기법을 의미한다.
- (　　　)(이)란 DB의 성능 향상을 목적으로 정규화를 통해 분할된 테이블을 다시 합치는 과정을 의미한다.
- (　　　)(은)는 중복성의 원리를 활용하여 데이터 조회 시 성능을 향상시키는 역할을 할 수 있다.

- 답 :

03 Myers가 구분한 응집도(Cohesion)에서 한 모듈 내부의 한 기능 요소에 의한 출력 자료가 다음 기능 요소의 입력 자료로 제공되는 경우의 응집도를 〈보기〉에서 골라 기호를 쓰시오.

득점	배점
	5

〈보기〉

> ㄱ. 기능적 응집도(Functional Cohesion)
> ㄴ. 교환적 응집도(Communication Cohesion)
> ㄷ. 우연적 응집도(Coincidental Cohesion)
> ㄹ. 순차적 응집도(Sequential Cohesion)
> ㅁ. 시간적 응집도(Temporal Cohesion)
> ㅂ. 절차적 응집도(Procedural Cohesion)

• 답 :

04 어떤 모듈이 다른 모듈의 내부 논리 조작을 제어하기 위한 목적으로 제어신호를 이용하여 통신하는 경우이며, 하위 모듈에서 상위 모듈로 제어신호가 이동하여 상위 모듈에게 처리 명령을 부여하는 권리 전도현상이 발생하게 되는 결합도를 쓰시오.

득점	배점
	5

• 답 :

05 아래의 〈사원〉 테이블과 〈신입사원〉 테이블에 대한 요구사항을 정확히 수행하도록 각 〈SQL문〉의 빈칸 ①~④에 알맞은 명령을 정확히 쓰시오.

득점	배점
	5

- 테이블 스키마는 다음과 같다(밑줄은 기본키이다).
  사원(사원번호, 이름, 주소, 나이, 급여, 부서번호)
  신입사원(사원번호, 이름, 주소, 나이)

- 〈요구사항1〉 신입사원 '홍길동'이 입사하여 〈신입사원〉테이블에 사원정보를 입력하고자 한다.
  〈SQL1〉 INSERT INTO 신입사원 (①) (240701, '홍길동', '서울', 25);

- 〈요구사항2〉 〈신입사원〉테이블의 사원들을 〈사원〉테이블에 추가하여라.
  〈SQL2〉 INSERT INTO 사원(사원번호, 이름, 주소)
      (②) 사원번호, 이름, 주소, 나이 FROM 신입사원;

- 〈요구사항3〉 사원번호 240701번의 '홍길동' 사원이 퇴사하였다. 〈사원〉테이블에서 사원정보를 삭제하여라.
  〈SQL3〉 DELETE (③) 사원 WHERE 사원번호 = 240701;

- 〈요구사항4〉 〈사원〉테이블에 'P007' 부서의 급여를 1000만큼 인상하여라.
  〈SQL4〉 UPDATE 사원 (④) 급여 = 급여 + 1000 WHERE 부서 = 'P007';

- 답 ① :
- 답 ② :
- 답 ③ :
- 답 ④ :

06 2001년 NIST에 의해 발표된 평문의 길이와 동일한 스트림(Stream)을 생성하여 비트 단위로 암호화하며 DES를 대신하여 새로운 표준이 된 블록 크기는 128bit이고, 키 길이는 128/192/256bit인 SPN(Substitution Permutation Network) 구조의 비밀키 암호화 기법을 의미하는 용어를 쓰시오.

득점	배점
	5

- 답 :

07 다음은 C언어로 작성된 프로그램이다. 이를 실행한 출력 결과를 쓰시오.

득점	배점
	5

```c
#include <stdio.h>

void swap(int x, int y)
{
    int temp;
    temp = x;
    x = y;
    y = temp;
}

int main()
{
    int a = 11;
    int b = 19;
    swap(a, b);
    switch(a)
    {
        case 1: b += 1;
        case 11: b += 2;
        default: b += 3; break;
    }
    printf("%d", a - b);
    return 0;
}
```

• 답 :

08 다음은 C언어로 작성된 프로그램이다. 이를 실행한 출력 결과를 쓰시오.

득점	배점
	5

```c
#include <stdio.h>

int main()
{
    int arr[3][3] = {1, 2, 3, 4, 5, 6, 7, 8, 9};
    int (*parr)[3] = &arr[1];
    printf("%d", parr[1][1] + *(parr[1]+2) + **parr);
    return 0;
}
```

• 답 :

09 다음은 C언어로 작성된 프로그램이다. 이를 실행한 출력 결과를 쓰시오.

득점	배점
	5

```c
#include <stdio.h>

struct node {
    int n1;
    struct node *n2;
};

int main()
{
    struct node a = {10}, b = {20}, c = {30};
    struct node *head;

    head = &a;
    a.n2 = &b;
    b.n2 = &c;

    printf("%d", head->n2->n1);

    return 0;
}
```

• 답 :

10 다음은 C언어로 작성된 프로그램이다. 이를 실행한 출력 결과를 쓰시오.

```c
#include <stdio.h>

void func(char *a, char *b)
{
        while(*b)
        {
                *a = *b;
                a++;
                b++;
        }
        *a = '\0';
}
int main()
{
        char* str1 = "first";
        char str2[50] = "teststring";
        int result = 0;
        func(str2, str1);
        for(int i = 0; str2[i] != '\0'; i++)
        {
                result += i;
        }
        printf("%d", result);
        return 0;
}
```

• 답 :

11 다음은 Java로 작성된 프로그램이다. 이를 실행한 출력 결과를 쓰시오.

득점	배점
	5

```java
public class Exam {
    public static void check(int[] x, int[] y) {
        if(x == y)
            System.out.print("O");
        else
            System.out.print("N");
    }
    public static void main(String[] args) {
        int a[] = new int[] {1, 2, 3, 4};
        int b[] = new int[] {1, 2, 3, 4};
        int c[] = new int[] {1, 2, 3};
        check(a, b);
        check(b, c);
        check(a, c);
    }
}
```

• 답 :

12 다음은 Java로 작성된 프로그램이다. 이를 실행한 출력 결과를 쓰시오.

득점	배점
	5

```java
interface Number {
    int add(int[] v, boolean odd);
}
class NaturalNumber implements Number {
    public int add(int[] v, boolean odd) {
        int sum = 0;
        for(int i = 0; i < v.length; i++) {
            if((odd && v[i] % 2 != 0) || (!odd && v[i] % 2 == 0))
                sum += v[i];
        }
        return sum;
    }
}
public class Exam {
    public static void main(String[] args) {
        int v[] = {1, 2, 3, 4, 5, 6, 7, 8, 9};
        NaturalNumber num = new NaturalNumber();
        System.out.print(num.add(v, true) + ", " + num.add(v, false));
    }
}
```

• 답 :

13 다음은 Java로 작성된 프로그램이다. 이를 실행한 출력 결과를 쓰시오.

득점	배점
	5

```java
public class Exam {
    public static String reverse(String str, int index, boolean[] seen) {
        if(index < 0) return "";
        char c = str.charAt(index);
        String result = reverse(str, index-1, seen);
        if(!seen[c]) {
            seen[c] = true;
            return c + result;
        }
        return result;
    }
    public static void main(String[] args) {
        String str = "abacabcd";
        int len = str.length();
        boolean[] seen = new boolean[256];
        System.out.print(reverse(str, len-1, seen));
    }
}
```

• 답 :

14 다음은 Python 언어로 작성된 프로그램이다. 이를 실행한 출력 결과를 쓰시오.

득점	배점
	5

```python
def get(str, k):
    str_result = str.split('T')
    return str_result[k]

str = 'ITISTESTSTRING'
i = 3
result = get(str, i)

print(result)
```

• 답 :

15 다음은 Python 언어로 작성된 프로그램이다. 이를 실행한 출력 결과를 쓰시오.

득점	배점
	5

```python
def subcnt(s, p):
    result = 0
    for i in range(len(s)):
        substr = s[i:i+len(p)]
        if substr == p:
            result += 1
    return result

str = 'abdccabcabcacbc'
p1 = 'ca'
p2 = 'ab'
print(f'ab{subcnt(str, p1)}', f'ca{subcnt(str, p2)}')
```

• 답 :

16 SRT(Shortest Remaining Time) 스케줄링에서 작업 도착시간과 CPU 사용시간이 다음의 표와 같을 때, 모든 작업들의 평균 대기시간을 쓰시오.

득점	배점
	5

프로세스	도착시간	CPU 사용시간
P1	0	8
P2	1	4
P3	2	9
P4	3	5

• 답 :

17 아래 보기의 〈학생〉 릴레이션의 카디널리티(Cardinality)와 디그리(Degree)를 쓰시오.

득점	배점
	5

〈학생〉 릴레이션

학번	성명	학년	전화번호
110011	강희영	1	010-1111-1111
220022	홍길동	2	010-2222-2222
330033	김철수	2	010-3333-3333
440044	신면철	3	010-4444-4444
550055	김영희	4	010-5555-5555

• 카디널리티 :

• 디그리 :

18 네트워크 계층(Network Layer, 3계층)인 IP 계층에서 IP 패킷 단위로 '암호화', '인증', '키 관리'를 통해 보안성을 제공해주는 표준화된 기술을 무엇이라 하는지 쓰시오.

득점	배점
	5

• 답 :

19 다음은 패킷 교환 방식(Packet Switching)에 대한 설명이다. 빈칸 ①~②에 알맞은 용어를 각각 쓰시오.

득점	배점
	5

> 패킷 교환 방식(Packet Switching)은 패킷 교환망에서 메시지를 일정한 길이의 전송 단위인 패킷으로 나누어 전송하는 방식이다. 패킷 교환은 저장-전달 방식을 사용한다.
> 패킷 교환의 방식으로는 연결형인 (　①　)(와)과 비연결형인 (　②　)의 두 가지 방식으로 구분된다.
> (　①　)(은)는 패킷이 전송되기 전에 논리적인 연결 설정이 이루어져야 한다.
> (　①　)(은)는 모든 패킷이 동일한 경로로 전달되므로 항상 보내어진 순서대로 도착이 보장된다.
> (　①　)(은)는 연결형 서비스 방식으로 패킷을 전송하기 전에 미리 경로를 설정해야 한다.
> (　②　)(은)는 일정 크기의 데이터 단위(packet)로 나누어 특정 경로의 설정없이 전송되는 방식이며, 각 패킷마다 목적지로 가기 위한 경로배정이 독립적으로 이루어진다.

• 답 ① :
• 답 ② :

20 다음은 라우터들과 통신선의 연결을 그래프(Graph)로 표현한 것이다. RIP 라우팅 방식일 때 출발 정점 라우터 A에서 도착 정점 라우터 F까지의 최단 거리의 경로를 작성하시오.

득점	배점
	5

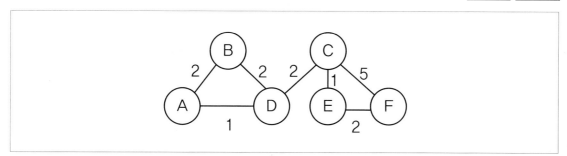

• 답 : A →

다음 물음에 답을 해당 답란에 답하시오.　배점 **100** 문제수 **20**

01 다음 내용이 설명하는 디자인 패턴(Design Pattern)을 〈보기〉에서 골라 쓰시오.

득점	배점
	5

- ( ) 패턴은 GoF 디자인 패턴 중 구체적인 서브 클래스에 의존하지 않고 서로 연관되거나 의존적인 객체들의 조합을 만드는 인터페이스를 제공하는 패턴이다. 서로 연관된 객체들의 집합을 생성하기 위한 추상적인 인터페이스를 일종의 kit로 간주할 수 있다.
- ( ) 패턴은 관련된 서브 클래스를 그룹지어 한 번에 교체할 수 있다.

〈보기〉

Abstract Factory, Adapter, Bridge, Composite, Decorator, Facade, Proxy

- 답 :

02 다음은 문화센터의 회원이 강좌를 신청하기 위한 릴레이션이다. 이 릴레이션이 최대 만족하는 정규형을 쓰시오(단, 밑줄은 기본키이다).

득점	배점
	5

〈강좌신청〉 릴레이션

회원아이디	강좌이름	강사번호
apple	swimming	P001
banana	toeic	P002
orange	swimming	P001
orange	toeic	P004
peach	swimming	P003
peach	toeic	P004

〈함수종속 관계〉

{ 회원아이디, 강좌이름 } → 강사번호
강사번호 → 강좌이름

- 답 :

03 다음 주어진 Myers가 구분한 응집도(Cohesion)의 정도를 강한 응집도에서 약한 응집도를 갖는 단계 순으로 〈보기〉에서 골라 기호를 나열하시오.

득점	배점
	5

〈보기〉

ㄱ. 기능적 응집도(Functional Cohesion)

ㄴ. 교환적 응집도(Communication Cohesion)

ㄷ. 우연적 응집도(Coincidental Cohesion)

ㄹ. 시간적 응집도(Temporal Cohesion)

· 답 :

---

04 다음 설명에 해당하는 테스트 커버리지(Test Coverage)를 〈보기〉에서 골라 기호를 쓰시오.

득점	배점
	5

조건과 결정을 복합적으로 고려한 측정 방법이며, 결정 포인트 내의 다른 개별적인 조건식 결과에 상관없이 독립적으로 전체 조건식의 결과에 영향을 주는 테스트 커버리지이다.

〈보기〉

ㄱ. 구문 커버리지(Statement Coverage)

ㄴ. 결정 커버리지(Decision Coverage)

ㄷ. 조건 커버리지(Condition Coverage)

ㄹ. MC/DC(변경 조건/결정 커버리지)

ㅁ. 조건/결정 커버리지(Condition/Decision Coverage)

· 답 :

05 〈EMP〉 테이블을 대상으로 다음 〈SQL문〉을 적용한 출력 결과를 쓰시오.

득점	배점
	5

〈EMP〉 테이블

EMPNO	ENAME	AGE	SAL	DEPT_ID
100	홍길동	25	1000	20
200	강감찬	40	3000	30
300	이순신	42	2000	40
400	강희영	25	2500	40

〈SQL문〉

```
SELECT COUNT(*) FROM EMP
WHERE EMPNO > 100 AND SAL >= 3000 OR EMPNO = 200;
```

• 답 :

06 다음 두 테이블을 대상으로 〈SQL문〉을 실행한 출력결과를 쓰시오.

득점	배점
	5

〈R1〉

A	B	C
1	a	x
2	b	x
1	c	w
3	d	w

〈R2〉

C	D	E
x	k	10
y	k	30
z	m	20

〈SQL문〉

```
SELECT B FROM R1
WHERE C IN (SELECT C FROM R2 WHERE D = 'k');
```

• 답 :

07 시스템 침입 후 침입 사실을 숨긴 채 차후의 침입을 위해 주로 불법적인 해킹에 사용되는 기능을 제공하는 프로그램들의 모음을 의미하는 것을 〈보기〉에서 골라 기호를 쓰시오.

득점	배점
	5

〈보기〉

ㄱ. Worm	ㄴ. Spyware
ㄷ. Trapdoor	ㄹ. BlueSnarf
ㅁ. Tripwire	ㅂ. Ransomware
ㅅ. Rootkit	ㅇ. Trojan Horse

• 답 :

08 다음 설명에 해당하는 용어를 〈보기〉에서 골라 기호를 쓰시오.

득점	배점
	5

• 공격대상을 지정하여 같은 방법으로 장기적이고 지속적으로 뚫을 때까지 공격하는 네트워크 기반 공격 기법이다.
• 공격 4단계 : 침투(Incursion) → 검색(Discovery) → 수집(Capture) → 유출(Control)

〈보기〉

ㄱ. Qshing	ㄴ. Bug Bounty
ㄷ. Exploit	ㄹ. Social Engineering
ㅁ. Stuxnet	ㅂ. Zero Day Attack
ㅅ. APT	ㅇ. Key Logger Attack

• 답 :

```c
#include <stdio.h>

int main()
{
    int v1 = 0;
    int v2 = 35;
    int v3 = 29;
    if(v1 > v2 ? v2 : v1) {
        v2 = v2 << 2;
    }
    else {
        v3 = v3 << 2;
    }
    printf("%d", v2 + v3);

    return 0;
}
```

• 답 :

10 다음은 C언어로 작성된 프로그램이다. 이를 실행한 출력 결과를 쓰시오.

```c
#include <stdio.h>
#include <string.h>

int main()
{
    char str[] = "ABCDEFGH";
    char* head = &str[0];
    char* tail = &str[strlen(str)-1];
    char ch;
    int i;

    while(head < tail) {
        ch = *head;
        *head = *tail;
        *tail = ch;

        head++;
        tail--;
    }
    for(i = 1; i < strlen(str); i+=2)
        printf("%c", str[i]);

    return 0;
}
```

• 답 :

다음은 C언어로 작성된 프로그램이다. 이를 실행한 출력 결과를 쓰시오.

득점	배점
	5

```c
#include <stdio.h>
struct myACC {
    int accNum;
    double balance;
};
void initAcc(struct myACC* acc, int x, double y) {
    acc->accNum = x;
    acc->balance = y;
}
double sim_pov(double base, int year) {
    double r = 1.0;
    for(int i = 0; i < year; i++) {
        r *= base;
    }
    return r;
}
void xxx(struct myACC* acc, double en) {
    if(en > 0 && en < acc->balance) {
        acc->balance -= en;
    }
    else {
        acc->balance += en;
    }
}
void yyy(struct myACC* acc) {
    acc->balance *= sim_pov(1.1, 3);
}
int main()
{
    struct myACC myAcc;
    initAcc(&myAcc, 9981, 2200.0);
    xxx(&myAcc, 100.0);
    yyy(&myAcc);
    printf("%d and %0.2f\n", myAcc.accNum, myAcc.balance);
    return 0;
}
```

• 답 :

12 다음은 C언어로 작성된 프로그램이다. 이를 실행한 출력 결과를 쓰시오.

득점	배점
	5

```c
#include <stdio.h>
void isUpper(char *str);
void isLower(char *str);
void isDigit(char *str);
int main()
{
    int i;
    char ch;
    char str[] = "It is 8";

    for(i = 0; str[i] != '\0'; i++) {
        ch = str[i];
        if(ch>='A' && ch<='Z') {
        isUpper(&str[i]);
        }
        else if(ch>='a' && ch<='z') {
            isLower(&str[i]);
        }
        else if(ch>='0' && ch<='9') {
            isDigit(&str[i]);
        }
    }
    printf("%s", str);
    return 0;
}

void isUpper(char *str) {
    *str = (*str - 'A' + 5) % 26 + 'A';
}

void isLower(char *str) {
    *str = (*str - 'a' + 10) % 26 + 'a';
}

void isDigit(char *str) {
    *str = (*str - '0' + 3) % 10 + '0';
}
```

• 답 :

13 다음은 Java로 작성된 프로그램이다. 이를 실행한 출력 결과를 쓰시오.

득점	배점
	5

```java
class OneClass {
      int a, b;
      public OneClass(int a, int b) {
              this.a = a;
              this.b = b;
      }
      public int getResult() {
              return a + b;
      }
}
class TwoClass extends OneClass {
      int po = 3;
      public TwoClass(int t) {
              super(t, t + 1);
      }
      public int getResult() {
              return po * po;
      }
}
public class Exam {
      public static void main(String[] args) {
              OneClass one = new TwoClass(10);
              System.out.println(one.getResult());
      }
}
```

• 답 :

14 다음은 Java로 작성된 프로그램이다. 이를 실행 시 호출되는 실행 메서드의 순서에 해당하는 주석의 숫자를 쓰시오(단, 각 숫자는 최대 1번만 사용 가능).

득점	배점
	5

```
class OneClass {
        int a, b;
        public OneClass(int a, int b) {  // 1
                this.a = a;
                this.b = b;
        }
        public int getA() {   // 2
                return a * b;
        }
}
class TwoClass extends OneClass {
        int a;
        public TwoClass(int a) {   // 3
                super(a, a);
        }
        public int getA(int a) {   // 4
                return a;
        }
}
public class Exam {
        public static void main(String[] args) {   // 5
                OneClass one = new TwoClass(10);   // 6
                System.out.println(one.getA());    // 7
        }
}
```

• 답 : 5 –   –   –   –   –

15 다음은 Java로 작성된 프로그램이다. 이를 실행한 출력 결과를 쓰시오.

득점	배점
	5

```java
class Singleton {
        private static Singleton instance = null;
        private int count = 0;
        private Singleton () {};
        public static Singleton getInstance() {
                if(instance == null) {
                        instance = new Singleton();
                        return instance;
                }
                return instance;
        }
        public void count() {
                count++;
        }
        public int getCount() {
                return count;
        }
}
public class Test {
        public static void main(String[] args) {
                Singleton sg1 = Singleton.getInstance();
                sg1.count();
                Singleton sg2 = Singleton.getInstance();
                sg2.count();
                Singleton sg3 = Singleton.getInstance();
                sg3.count();
                sg1.count();
                System.out.print(sg1.getCount());
        }
}
```

• 답 :

16 다음은 Python 언어로 작성된 프로그램이다. 이를 실행한 출력 결과를 쓰시오.

득점	배점
	5

```python
class Arr:
    a = [ "Seoul", "Kyeonggi", "Inchon", "Daejoen", "Daegu", "Pusan"]

str01 = 'S'
for i in Arr.a:
    str01 = str01 + i[1]

print(str01)
```

• 답 :

17 3개의 페이지를 수용할 수 있는 주기억장치가 있으며, 초기에는 모두 비어 있다고 가정한다. 다음의 순서로 페이지 참조가 발생할 때, LRU(Least Recently Used)와 LFU(Least Frequently Used) 페이지 교체 알고리즘을 사용할 경우 발생하는 페이지 결함의 수를 각각 쓰시오.

득점	배점
	5

〈페이지 참조 순서〉

1, 2, 3, 1, 2, 4, 1, 2, 5, 7

• LRU :
• LFU :

18 다음 설명에 해당하는 두 테이블의 조인(Join)의 종류를 ①~③에 각각 〈보기〉에서 골라 쓰시오.

조인	설명
(①)	• 두 테이블의 컬럼 값을 비교 연산자(=, ≠, 〈, 〉, ≤, ≥) 중 하나로 비교하여 조건을 만족하는 행만 반환한다.
(②)	• 비교 연산자(=, ≠, 〈, 〉, ≤, ≥) 중 '=' 연산자만을 사용하여 조건을 표현한다. • 가장 기본이 되는 조인이며, 두 테이블의 모든 컬럼을 합한 하나의 테이블 구조로 만들어진다(중복이 되는 속성도 모두 표현한다).
(③)	• (②) 조인에서 동일 조인한 결과에서 중복되는 속성을 제거하여 표현한다.

〈보기〉

세타 조인, 셀프 조인, 교차 조인, 동등 조인, 자연 조인, 외부 조인

• 답 ① :
• 답 ② :
• 답 ③ :

19 이것은 대규모 네트워크를 안정되게 운영할 수 있는 표준 라우팅 프로토콜로 SPF(Shortest Path First) 또는 다익스트라(dijkstra) 알고리즘을 이용하여 각 목적지까지의 최적 경로를 계산하는 동적 라우팅 프로토콜이다. 이 링크 상태 라우팅 프로토콜을 무엇이라고 하는지 영문 약어로 쓰시오.

• 답 :

20 다음 〈그림〉의 네트워크 구성도에서 라우터의 인터페이스에 부여할 수 있는 IP 주소를 ②, ④, ⑥에 각각 〈보기〉에서 골라 쓰시오.

득점	배점
	5

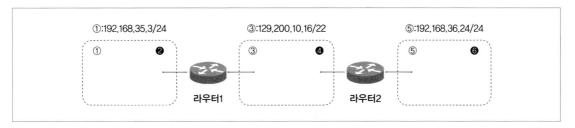

〈보기〉

192.168.35.72, 192.200.36.249, 129.200.8.249,
129.168.8.249, 192.168.36.249, 192.250.35.72

• 답 ② :

• 답 ④ :

• 답 ⑥ :

다음 물음에 답을 해당 답란에 답하시오.   배점 100 문제수 20

01 다음 그림과 같이 탭이 달린 폴더 안에 요소들을 집어넣어 표현하는 다이어그램으로 컴포넌트 구조 사이의 관계를 표현하며 요소들을 그룹으로 조직하기 위한 매커니즘의 UML 다이어그램이 무엇인지 쓰시오.

득점	배점
	5

〈그림〉

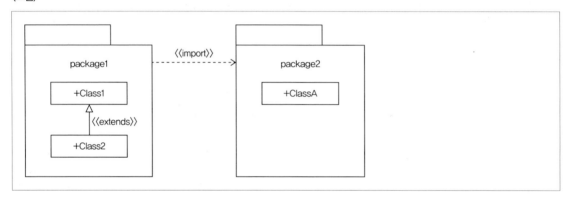

• 답 :

02 다음은 주어진 평가점수별 학점 조건을 토대로 테스트케이스를 작성하여 테스트를 진행한 결과이다. 다음 적용한 테스트 기법은 명세 기반 테스트의 기법 중 프로그램의 입력 조건에 중점을 두고, 어느 하나의 입력 조건에 대하여 타당한 값과 그렇지 못한 값을 설정하여 해당 입력 자료에 맞는 결과가 출력되는지 확인하는 테스트 기법이다. 적용한 테스트 기법을 무엇이라 하는지 〈보기〉에서 골라 기호를 쓰시오.

득점	배점
	5

〈조건〉

평가점수	학점
0~59	F
60~69	D
70~79	C
80~89	B
90~100	A

〈결과〉

테스트케이스	1	2	3	4	5
구간	0~59	60~69	70~79	80~89	90~100
테스트데이터	55	66	77	88	99
예측값	F	D	C	B	A
결과값	F	D	C	B	A

〈보기〉

ㄱ. Boundary Value Analysis	ㄴ. Basic Path Test
ㄷ. Comparison Testing	ㄹ. Loop Test
ㅁ. Equivalence Partitioning Testing	ㅂ. Data Flow Test
ㅅ. Cause Effect Graphing Testing	ㅇ. Condition Test

• 답 :

03 다음 두 테이블을 대상으로 〈SQL문〉을 실행한 출력결과를 쓰시오.

득점	배점
	5

〈T1〉

A
1
3
2

〈T2〉

A
4
5

〈SQL문〉

```
SELECT A FROM T1
UNION
SELECT A FROM T2
ORDER BY A DESC;
```

- 답 (1) :
- 답 (2) :
- 답 (3) :
- 답 (4) :
- 답 (5) :

04 인터넷 사용 시 비밀번호를 사용하지 않고도 간편 로그인과 같이 다른 클라이언트가 사용자의 접근 권한을 위임한 개방형 프로토콜 또는 프레임워크에 해당하는 용어를 〈보기〉에서 골라 기호를 쓰시오.

득점	배점
	5

〈보기〉

ㄱ. OAuth	ㄴ. JWT	ㄷ. Cookie
ㄹ. Session	ㅁ. SAML	ㅂ. SSO

- 답 :

05 다음은 정보의 접근통제 정책에 대한 설명이다. 빈칸 ①~③에 각각 알맞은 용어를 영문 약어로 쓰시오.

정책	(①)	(②)	(③)
권한 부여	시스템	중앙 관리자	데이터 소유자
접근 결정	보안등급(Label)	역할(Role)	신분(Identity)
정책 변경	고정적(변경 어려움)	변경 용이	변경 용이
장점	안정적, 중앙 집중적	관리 용이	구현 용이, 유연함

• 답 ① :

• 답 ② :

• 답 ③ :

06 다음은 C언어로 작성된 프로그램이다. 이를 실행한 출력 결과를 쓰시오.

```c
#include <stdio.h>

int func(int n)
{
    if(n <= 1)
        return 1;
    else
        return n * func(n - 1);
}

int main()
{
    printf("%d", func(7));
    return 0;
}
```

• 답 :

```c
#include <stdio.h>

int complete(int n) {
    int sum = 0;
    for(int j = 1; j <= n/2; j++) {
        if(n%j == 0) {
            sum = sum + j;
        }
    }
    if(sum == n) {
        return 1;
    } else {
        return 0;
    }
}

int main()
{
    int total = 0;
    for(int i = 1; i <= 100; i++) {
        if(complete(i))
            total += i;
    }
    printf("%d", total);

    return 0;
}
```

• 답 :

08 다음은 C언어로 작성된 프로그램이다. 이를 실행한 출력 결과를 쓰시오.

득점	배점
	5

```c
#include <stdio.h>

int main()
{
    char* p = "KOREA";

    printf("1. %s\n", p);
    printf("2. %s\n", p+1);
    printf("3. %c\n", *p);
    printf("4. %c\n", *(p+3));
    printf("5. %c\n", *p+4);

    return 0;
}
```

• 답 :

09 다음은 C언어로 작성된 프로그램이다. 이를 실행한 출력 결과가 다음과 같이 출력되도록 빈칸 ①에 알맞은 연산자를 쓰시오.

득점	배점
	5

〈출력 결과〉

과목 : 정보처리
점수 : 100

```c
#include <stdio.h>

struct gisa
{
    char *name;
    int score;
};

int main() {
        struct gisa std;
        struct gisa *pstd;

        pstd = &std;

        std.name = "정보처리";
        std.score = 100;
        printf("과목 : %s\n", std.name);
        printf("점수 : %d\n", pstd ___①___ score);

        return 0;
}
```

• 답 :

10 다음은 Java로 작성된 프로그램이다. 이를 실행 시 에러가 발생하는 코드의 라인 번호를 쓰시오.

득점	배점
	5

```
1       class Person {
2           private String name;
3           public Person(String val) {
4               name = val;
5           }
6           public static String get() {
7               return name;
8           }
9           public void print() {
10              System.out.println(name);
11          }
12      }
13      public class Exam {
14          public static void main(String[] args) {
15              Person obj = new Person("Kang");
16              obj.print();
17          }
18      }
```

• 답 :

11 다음은 Java로 작성된 프로그램이다. 이를 실행한 출력 결과를 쓰시오.

```java
class Parent {
    int compute(int num) {
        if(num <= 1)
            return num;
        return compute(num - 1) + compute(num - 2);
    }
}

class Child extends Parent {
    @Override
    int compute(int num) {
        if(num <= 1)
            return num;
        return compute(num - 1) + compute(num - 3);
    }
}

public class Exam {
    public static void main(String[] args) {
        Parent obj = new Child();
        System.out.print(obj.compute(7));
    }
}
```

• 답 :

12 다음은 Java로 작성된 프로그램이다. 이를 실행한 출력 결과를 쓰시오.

득점	배점
	5

```java
class Parents {
    public void paint() {
        System.out.print("A");
        draw();
    }
    public void draw() {
        System.out.print("B");
        draw();
    }
}
class Child extends Parents {
    public void paint() {
        super.draw();
        System.out.print("C");
        this.draw();
    }
    public void draw() {
        System.out.print("D");
    }
}
public class Exam {
    public static void main(String[] args) {
        Parents cld = new Child();
        cld.paint();
        cld.draw();
    }
}
```

• 답 :

13 다음은 Python 언어로 작성된 프로그램이다. 프로그램을 실행하여 '12A34'를 입력하였을 경우 실행 결과가 '12 34'를 출력하도록 빈칸에 알맞은 함수명을 쓰시오.

득점	배점
	5

```python
num1, num2 = input()._____('A')
print(num1, num2)
```

〈출력 결과〉

```
12A34 [Enter]
12 34
```

• 답 :

14 리눅스 서버에 a.txt라는 파일이 있다. 다음 〈조건〉에 처리하는 〈명령문〉의 빈칸 ①∼
②에 각각 알맞은 명령을 쓰시오.

득점	배점
	5

〈조건〉

- 사용자에게는 읽기, 쓰기, 실행의 세 개의 권한을 모두 부여하고 그룹에게는 읽기, 실행 두 개의 권한을 부여하고 그룹 외 사용자에게는 실행 권한을 부여한다.
- 단, 한 줄로 명령문이 작성되어야 하며, 아라비안 숫자를 사용하여 8진수로 권한을 부여한다.

〈명령문〉

  ___①___   ②   751 a.txt

• 답 ① :
• 답 ② :

15 다음 설명에 해당하는 관계 대수 연산기호를 빈칸 ①∼④에 각각 〈보기〉에서 골라 쓰시오.

득점	배점
	5

(①)	공통 속성을 기준으로 두 릴레이션을 합하여 새로운 릴레이션을 만드는 연산
(②)	속성 리스트로 주어진 속성만 구하는 수직적 연산
(③)	조건에 맞는 튜플을 구하는 수평적 연산
(④)	두 릴레이션 R1, R2에 대해 릴레이션 R2의 모든 조건을 만족하는 튜플들을 릴레이션 R1에서 분리해 내어 프로젝션하는 연산

〈보기〉

ㄱ. ∪	ㄴ. σ	ㄷ. ∩	ㄹ. π
ㅁ. −	ㅂ. ⋈	ㅅ. ×	ㅇ. ÷

• 답 ① :
• 답 ② :
• 답 ③ :
• 답 ④ :

16 다음 설명하는 빈칸에 알맞은 용어를 영문 약어로 쓰시오.

득점	배점
	5

> 릴레이션 무결성 제약조건은 릴레이션을 조작하는 과정에서의 의미적 관계(Semantic Relationship)를 명세한 것으로 정의 대상으로 도메인, 키, 종속성 등이 있다.
> 그 중 (   ) 무결성 제약조건은 릴레이션 R1에 속성 조합인 외래키를 변경하려면 이를 참조하고 있는 릴레이션 R2의 기본키도 변경해야 한다. 이때 참조할 수 없는 외래키 값을 가질 수 없다는 제약조건이다.

• 답 :

17 다음 공통으로 설명하는 라우팅 프로토콜 명칭을 영문 약어로 쓰시오.

득점	배점
	5

> • 패킷을 목적지까지 전달하기 위해 사용되는 라우팅 프로토콜이다.
> • 거리 벡터 기반 라우팅 프로토콜로 홉 수를 기반으로 경로를 선택한다.
> • 최대 15홉 이하 규모의 네트워크를 주요 대상으로 하는 라우팅 프로토콜이다.
> • 최적의 경로를 산출하기 위한 정보로서 홉(거리 값)만을 고려하므로, 선택한 경로가 최적의 경로가 아닌 경우가 많이 발생할 수 있다.

• 답 :

18 다음 설명하는 용어를 영문 약어로 쓰시오.

득점	배점
	5

우리나라 말로 번역하면 '네트워크 주소 변환'으로 내부에서 사용하는 사설 IP 주소와 외부로 보여 지는 공인 IP 주소 간의 IP Address 변환 방식을 말한다. 한정된 하나의 공인 IP를 여러 개의 내부 사설 IP로 변환하여 사용하기 위한 기술이며, 내부 네트워크 주소의 보안을 위해 사용하는 방법 중 하나이다.

• 답 :

19 다음 공통으로 설명하는 용어를 영문 약어로 쓰시오.

득점	배점
	5

• B-ISDN의 핵심 기술로 회선 교환과 패킷 교환의 장점을 결합한 교환 및 다중화 기술이다.
• 비동기식 전달 모드로 멀티미디어 서비스에 적합하다.
• 정보는 셀(Cell) 단위로 나누어 전송된다.
• 셀(Cell)의 구성 : 헤더(Header) 5옥텟, 페이로드(Payload) 48옥텟
• 프로토콜 구조 : 사용자 평면, 제어 평면, 관리 평면

• 답 :

20 다음은 클라우드 컴퓨팅 서비스 모델에 대한 설명이다. 빈칸 ①~③에 알맞은 용어를 영문 약어로 쓰시오.

득점	배점
	5

(①)	• 인프라스트럭처를 서비스로 제공하는 모델 • 서비스를 개발할 수 있는 안정적인 환경과 그 환경을 이용하는 응용 프로그램을 개발할 수 있는 API까지 제공하는 서비스
(②)	• 플랫폼을 서비스로 제공하는 모델 • 서버, 스토리지 자원을 쉽고 편하게 이용하게 쉽게 서비스 형태로 제공하여 다른 유형의 기반이 되는 기술
(③)	• 소프트웨어를 서비스로 제공하는 모델 • 주문형 소프트웨어라고도 하며 사용자는 시스템이 무엇으로 이루어져 있고 어떻게 동작하는지 알 필요가 없이 단말기 등에서 필요하면 언제든지 제공받을 수 있음

• 답 ① :
• 답 ② :
• 답 ③ :

다음 물음에 답을 해당 답란에 답하시오.   배점 **100** 문제수 **20**

01 다음은 디자인 패턴(Design Pattern)에 대한 설명이다. 빈칸 ①~②에 알맞은 용어를 〈보기〉에서 골라 쓰시오.

득점	배점
	5

(①) Pattern	• 생성된 객체를 어디서든지 참조할 수 있도록 하는 패턴이다. • 전역 변수를 사용하지 않고 객체를 하나만 생성하도록 한다.
(②) Pattern	• 객체 구조의 요소들에 수행할 오퍼레이션을 표현한 패턴이다. • 오퍼레이션이 처리할 요소의 클래스를 변경하지 않고도 새로운 오퍼레이션을 정의할 수 있게 한다.

〈보기〉

> Adapter, Bridge, Composite, Decorator, Facade, Proxy, Singleton, Visitor

• 답 ① :

• 답 ② :

02 데이터베이스 설계 단계를 〈보기〉에서 골라 순서대로 나열하시오.

득점	배점
	5

〈보기〉

> ㄱ. 구현   ㄴ. 요구사항분석   ㄷ. 개념설계   ㄹ. 물리설계   ㅁ. 논리설계

• 답 :   →   →   →   →

03 다음은 점진적 통합 테스트와 관련된 용어에 대한 설명이다. 빈칸 ①~②에 알맞은 용어를 쓰시오.

득점	배점
	5

(①)	• 하향식 테스트에서 상위 모듈은 존재하나 하위 모듈이 없는 경우의 테스트를 위해 임시 제공되는 모듈이다. • 골격만 있는 또는 특별한 목적의 소프트웨어 컴포넌트를 구현한 것이다.
(②)	• 상향식 테스트에서 하위 모듈을 순서에 맞게 호출하고 호출 시 필요한 매개변수를 제공하며 결과를 전달하는 역할을 하는 모듈이다.

• 답 ① :

• 답 ② :

04 결정 포인트 내의 모든 개별 조건식에 대해 수행하는 테스트 커버리지를 〈보기〉에서 골라 쓰시오.

득점	배점
	5

〈보기〉

ㄱ. 구문 커버리지	ㄴ. 결정 커버리지	ㄷ. 조건 커버리지
ㄹ. 변경/조건 커버리지	ㅁ. 다중 조건 커버리지	ㅂ. 경로 커버리지

• 답 :

05 다음 뷰(VIEW)를 연쇄적으로 제거하는 빈칸에 알맞은 명령을 쓰시오.

득점	배점
	5

〈SQL문〉

```
DROP VIEW 뷰_이름 (        );
```

• 답 :

06 아래 보기의 〈학생〉 테이블에 학번 984104, 성명 '한국산', 학년 3, 과목명 '경영학개론', 전화번호 '050-1234-1234' 학생 튜플을 삽입하는 SQL문을 작성하시오(단, 성명, 과목명, 전화번호 속성의 데이터는 문자형이고, 학번, 학년 속성의 데이터는 숫자형이다. 문자형 데이터는 작은 따옴표(' ')로 표시하시오).

득점	배점
	5

〈학생〉

학번	성명	학년	과목명	전화번호
233355	강희영	2	자료구조	010-1111-1111
244188	홍길동	1	디지털논리회로	010-2222-2222

• 답 :

07 대칭키와 비대칭 키 암호화 기법의 대표적인 암호화 알고리즘을 각각 〈보기〉에서 골라 쓰시오.

득점	배점
	5

〈보기〉

AES, ARIA, DES, ECC, RSA, SEED

• 대칭키 :
• 비대칭키 :

08 데이터를 고정된 길이의 암호화된 문자열(키)로 변경하는 복호화가 불가능한 방식의 단방향 암호화에 사용되는 함수를 무엇이라 하는지 쓰시오.

득점	배점
	5

• 답 :

09 다음은 C언어로 작성된 프로그램이다. 이를 실행한 출력 결과를 쓰시오.

득점	배점
	5

```c
#include <stdio.h>

int main()
{
    int n[3] = {71, 99, 87};
    int sum = 0;
    for(int i = 0; i < 3; i++)
    {
        sum += n[i];
    }
    switch(sum/30)
    {
        case 10:
        case 9: printf("A");
        case 8: printf("B");
        case 7:
        case 6: printf("C");
        default: printf("D");
    }

    return 0;
}
```

• 답 :

10 다음은 C언어로 작성된 프로그램이다. 이를 실행한 출력 결과를 쓰시오.

득점	배점
	5

```c
#include <stdio.h>

int main()
{
    int i;
    int cnt = 0;

    for(i = 1; i <= 2023; i++)
    {
        if(i%4 == 0) cnt++;
    }

    printf("%d", cnt);

    return 0;
}
```

• 답 :

11 다음은 〈출력 결과〉와 같이 출력하는 C언어로 구현된 프로그램이다. 다음 빈칸 ①에 들어갈 가장 적합한 명령을 C언어 코드 형식으로 쓰시오.

득점	배점
	5

〈출력 결과〉

```
43215
```

```c
#include <stdio.h>

int main()
{
    int i;
    int n[5] = {5, 4, 3, 2, 1};

    for(i = 0; i < 5; i++)
    {
        printf("%d", _____①_____);
    }

    return 0;
}
```

• 답 :

12 다음 C언어로 구현된 화폐를 교환하는 프로그램에서 〈처리조건〉을 적용하여 〈출력 결과〉와 같이 출력하도록 빈칸 ①~④에 들어갈 가장 적합한 명령을 C언어 코드 형식으로 쓰시오.

득점	배점
	5

〈처리조건〉

1. 4620원을 1000원, 500원, 100원, 10원으로 교환하였을 때의 각 화폐의 개수를 출력하시오.
2. 단, 큰 화폐 단위의 동전 개수를 제일 많게 교환하며 전체 동전의 개수가 최소가 되도록 교환한다.
3. c1000은 1000원의 개수, c500은 500원의 개수, c100은 100원의 개수, c10은 10원의 개수를 의미한다.
4. 빈칸에는 변수 m, 연산자 %와 /, 숫자 0~9만 사용하여 코드를 작성한다.
5. 실행 결과가 일치하더라도 〈처리조건〉을 적용하지 않은 C언어 코드를 작성하면 오답으로 간주한다.

〈출력 결과〉

```
1000원 : 4개
 500원 : 1개
 100원 : 1개
  10원 : 2개
```

```c
#include <stdio.h>

int main()
{
    int m = 4620;
    int c1000, c500, c100, c10;
    c1000 = _____①_____ ;
    c500  = _____②_____ ;
    c100  = _____③_____ ;
    c10   = _____④_____ ;
    printf("1000원 : %d개\n", c1000);
    printf(" 500원 : %d개\n", c500);
    printf(" 100원 : %d개\n", c100);
    printf("  10원 : %d개\n", c10);

    return 0;
}
```

• 답 ① :
• 답 ② :
• 답 ③ :
• 답 ④ :

13 다음 C언어로 구현된 선택정렬의 오름차순 프로그램에서 빈칸 ①에 들어갈 가장 적합한 명령을 C언어 코드 형식으로 쓰시오.

득점	배점
	5

```c
#include <stdio.h>

int main()
{
    int i, j;
    int E[] = {8, 3, 4, 9, 7};
    int n = sizeof(E) / sizeof(int);
    for(i = 0; i < n-1; i++)
    {
        for(j = i+1; j < n; j++)
        {
            if (E[i]    ①    E[j])
            {
                int tmp = E[i];
                E[i] = E[j];
                E[j] = tmp;
            }
        }
    }
    for(i = 0; i < n; i++)
        printf("%3d", E[i]);

    return 0;
}
```

• 답 :

다음은 C언어로 작성된 프로그램이다. 이를 실행한 출력 결과를 쓰시오.

득점	배점
	5

```c
#include <stdio.h>
#include <stdlib.h>

#define MAX_SIZE 5
int ds[MAX_SIZE];
int top = -1;

int is_full() {
    if(top == MAX_SIZE-1) return 1;
    return 0;
}
int is_empty() {
    if(top == -1) return 1;
    return 0;
}
void into(int num) {
    if(is_full()) {
        printf("Stack is Full");
        exit(0);
    }
    else
        ds[++top] = num;
}
int take() {
    if(is_empty()) {
        printf("Stack is Empty");
        exit(0);
    }
    else
        return ds[top--];
}
int main()
{
    into(5);
    into(2);
    while(!is_empty()) {
        printf("%d", take());
        into(4);
        into(1); printf("%d", take());
        into(3); printf("%d", take()); printf("%d", take());
        into(6); printf("%d", take()); printf("%d", take());
    }
    return 0;
}
```

• 답 :

15 다음은 C언어로 작성된 프로그램이다. 이를 실행하여 "홍영희 → 김영희 → 박영희" 순으로 입력하였을 때의 출력 결과를 쓰시오.

득점	배점
	5

〈입력 화면〉

입력: 홍영희 [Enter]
입력: 김영희 [Enter]
입력: 박영희 [Enter]

```c
#include <stdio.h>

char n[30];

char* getname() {
    printf("입력:");
    gets(n);
    return n;
}

int main()
{
    char* s1 = getname();
    char* s2 = getname();
    char* s3 = getname();

    printf("%s\n", s1);
    printf("%s\n", s2);
    printf("%s\n", s3);

    return 0;
}
```

• 답 :

16 다음은 Java로 작성된 프로그램이다. 이를 실행한 출력 결과를 쓰시오.

득점	배점
	5

```
public class Exam {
    public static void main(String[] args) {

        String s1 = "Programming";
        String s2 = "Programming";
        String s3 = new String("Programming");

        System.out.println(s1 == s2);
        System.out.println(s1 == s3);
        System.out.println(s1.equals(s3));
        System.out.println(s2.equals(s3));

    }
}
```

• 답 :

17 다음은 Python언어로 작성된 프로그램이다. 이를 실행한 출력 결과를 쓰시오.

득점	배점
	5

```
s1 = "engineer information programming"

s2 = s1[:3]
s3 = s1[4:6]
s4 = s1[29:]

s5 = s2 + s3 + s4

print(s5)
```

• 답 :

18 다음은 HDLC(High-level Data Link Control)에 대한 설명이다. 빈칸 ①~⑤에 각각 〈보기〉에서 골라 쓰시오.

득점	배점
	5

- HDLC(High-level Data Link Control)는 점-대-점 링크뿐만 아니라 멀티 포인트 링크를 위하여 ISO에 의해 정해진 비트 방식의 데이터 링크 제어 프로토콜이다.
- 데이터 링크 계층의 프로토콜로 단방향, 반이중, 전이중 방식의 통신방식을 제공하며, 흐름 및 오류제어를 위한 방식으로 ARQ를 사용할 수 있다. 프레임은 「플래그-주소부-제어부-정보부-FCS-플래그」로 구성되어 있다.
- 제어부의 확장이 가능하며 프레임의 정보부 필드는 (①) 프레임, (②) 프레임, (③) 프레임의 세 가지 방식으로 구분된다.
- (①) 프레임은 사용자 데이터를 전달한다. (②) 프레임은 에러 제어와 흐름 제어 데이터를 전달한다. (③) 프레임은 링크의 설정과 해제, 오류 회복을 위해 사용한다.
- HDLC의 데이터 전달모드는 (③) 프레임의 링크 구성 방식에 따라 정규 응답모드, (④)모드, (⑤)모드의 세 가지 동작모드를 가지고 있다.

〈보기〉

양방향 응답, 단방향 응답, 비동기 응답, 동기 응답, 연결 제어,
동기 균형, 비동기 균형, 익명, 정보, 제어, 감독, 전송, 비번호, 릴레이

- 답 ① :
- 답 ② :
- 답 ③ :
- 답 ④ :
- 답 ⑤ :

19 다음 설명에 해당하는 용어를 빈칸 ①~⑤에 각각 〈보기〉에서 골라 쓰시오.

득점	배점
	5

(①)	• 자기 정정 부호로서 오류를 검출하여 1비트의 오류를 수정하는 오류 검출 방식이다.
(②)	• '전진 오류 수정'이라고도 하며, 데이터 전송 과정에서 오류가 발생하면 수신측에서 오류를 검출하여 스스로 수정하는 전송 오류 제어 방식이다. • 역채널이 필요 없으며, 연속적인 데이터의 흐름이 가능하다.
(③)	• '후진 오류 수정'이라고도 하며, 데이터 전송 과정에서 오류가 발생하면 송신측에 재전송을 요구하는 전송 오류 제어 방식이다. • 역채널이 필요하다.
(④)	• 데이터 블록에 1비트의 오류 검출 비트를 추가하여 오류를 검출하는 오류 검출 방식이다.
(⑤)	• 집단 오류에 대한 신뢰성 있는 오류 검출을 위해 다항식 코드를 사용하여 오류 검출 방식이다.

〈보기〉

ㄱ. BCD	ㄴ. BEC	ㄷ. CRC	ㄹ. FEC
ㅁ. MD5	ㅂ. NAK	ㅅ. Hamming Code	ㅇ. Parity Check

• 답 ① :

• 답 ② :

• 답 ③ :

• 답 ④ :

• 답 ⑤ :

20 다음 공통으로 설명하는 용어를 쓰시오.

득점	배점
	5

• 불법적인 사용자에 의해서 프로그램의 불법적인 수정이 이루어지지 않았는지를 검증하는 기업의 디지털 자산 보호 기술에 필요한 요소 기술이다.

• 알고리즘의 구현이나 설계 시에 불법 사용자에 의한 역공학적인 분석 공격이나 프로토콜 공격에 대비할 수 있는 크래킹 방지 기술이다.

• 프로그램 소스 코드를 알아보기 힘든 형태로 바꾸는 기술인 코드 난독화(Code Obfuscation)가 요소 기술로 사용된다. 코드 난독화는 불법적인 사용자가 프로그램 위·변조 시 프로그램의 흐름을 알 수 없도록 하는 기술이다.

• 답 :

다음 물음에 답을 해당 답란에 답하시오.　　　배점 **100** 문제수 **20**

01 다음 설명하는 디자인 패턴(Design Pattern)을 〈보기〉에서 골라 쓰시오.

득점	배점
	5

- ( ) 패턴은 특정 객체에 대한 접근을 제어하거나 기능을 추가할 수 있는 가상의 대리인 역할의 객체를 제공하는 패턴이다.
- ( ) 패턴은 기존 코드를 변경하지 않고 새로운 기능을 추가 가능하나 코드의 복잡도가 증가한다.

〈보기〉

Adapter, Bridge, Composite, Decorator, Facade, Proxy

- 답 :

02 다음 공통으로 설명하는 빈칸에 알맞은 용어를 영문 약어로 쓰시오.

득점	배점
	5

- ( )(은)는 '비동기식 자바스크립트 XML'을 의미하는 용어로 클라이언트와 웹 서버 간에 XML 데이터를 내부적으로 통신하는 대화식 웹 애플리케이션의 제작을 위해 사용된다.
- ( )(은)는 클라이언트의 요청에 의해 웹 서버에서 로딩된 데이터를 웹 브라우저의 페이지에 보여 주기 위해 웹 페이지 전체를 '새로고침'할 필요 없이 즉, 새로운 HTML 페이지로 이동할 필요 없이 현재 페이지에서 필요한 일부분만 로딩되도록 하는 웹 개발 기법이다.

- 답 :

03 다음 제어 흐름 그래프에 대한 분기 커버리지(Branch Coverage)를 수행하는 경우의 테스트케이스 경로를 순서대로 나열하시오.

득점	배점
	5

〈제어 흐름 그래프〉

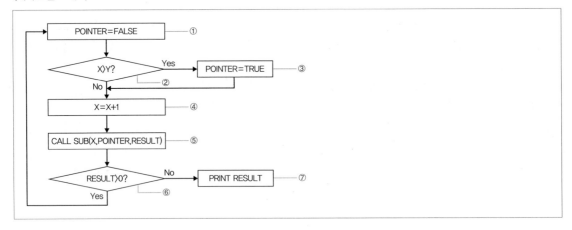

- 답 (1) : ─ ─ ─ ─ ─ ─
- 답 (2) : ─ ─ ─ ─ ─

04 아래 보기의 〈학생〉 테이블에서 이름이 '민수'인 학생 튜플을 삭제하는 SQL문을 작성하시오(단, 다음의 요구사항을 참고하여 작성하시오).

득점	배점
	5

〈요구사항〉

1. 이름 속성의 데이터는 문자형이다. 문자형 데이터는 작은 따옴표(' ')로 표시하시오.
2. SQL명령문은 대/소문자를 구분하지 않는다.
3. SQL명령문의 종결 문자의 세미콜론(;)은 생략 가능하다.
4. 실행 결과가 일치하더라도 〈요구사항〉을 적용하지 않은 SQL문을 작성하면 오답으로 간주한다.

〈학생〉

학번	이름	학과	전화번호
2345001	철수	컴퓨터	010-1111-1111
2347003	민수	수학	010-2222-2222
2345005	영희	컴퓨터	010-3333-3333
2349007	민호	통계	010-4444-4444

- 답 :

05 〈성적〉 테이블을 대상으로 〈요구사항〉을 적용하여 아래 〈결과〉와 같이 출력하는 SQL 문을 작성하시오.

	득점	배점
		5

〈성적〉

학번	과목번호	과목이름	학점	점수
100	2000	데이터베이스	A	95
101	1000	자료구조	B	80
102	2000	데이터베이스	A	99
103	2000	데이터베이스	B	88
104	1000	자료구조	C	79

〈결과〉

과목이름	최소점수	최대점수
데이터베이스	88	99

〈요구사항〉

1. 〈성적〉 테이블에서 과목별 평균 점수가 90점 이상인 과목이름, 최소점수, 최대점수를 출력하시오.
2. 단, WHERE 구문은 사용 불가능하며, GROUP BY, HAVING, AS 구문을 반드시 포함하여 작성하시오.
3. SQL명령문은 대/소문자를 구분하지 않는다.
4. SQL명령문의 종결 문자의 세미콜론(;)은 생략 가능하다.
5. 실행 결과가 일치하더라도 〈요구사항〉을 적용하지 않은 SQL문을 작성하면 오답으로 간주한다.

• 답 :

06 다음 공통으로 설명하는 빈칸에 알맞은 용어를 영문 약어로 쓰시오.

득점	배점
	5

- (   )(은)는 VPN의 터널링 기능을 지원하는 PPTP와 L2F를 통합한 OSI 7의 2계층(데이터 링크 계층) 프로토콜이다.
- (   )(은)는 일반적으로 데이터의 보안 서비스를 제공하기 위하여 IPsec과 결합하여 사용된다.

• 답 :

07 rlogin, telnet, rsh 프로토콜을 대체하기 위해 설계되었으며 22번 포트를 사용하는 두 호스트 사이를 원격 접속하여 안전하게 메시지를 전송할 수 있게 해주는 보안 프로토콜을 무엇이라 하는지 영문 약어로 쓰시오.

득점	배점
	5

• 답 :

08 다음은 C언어로 작성된 프로그램이다. 이를 실행한 출력 결과를 쓰시오.

득점	배점
	5

```c
#include <stdio.h>

int main()
{
    char a[] = "Art";
    char* p = NULL;
    int i;

    p = a;

    printf("%s\n", a);
    printf("%c\n", *p);
    printf("%c\n", *a);
    printf("%s\n", p);
    for(i = 0; a[i] != '\0'; i++)
    {
        printf("%c", a[i]);
    }
    return 0;
}
```

• 답 :

09 다음은 C언어로 작성된 프로그램이다. 이를 실행한 출력 결과를 쓰시오.

득점	배점
	5

```c
#include <stdio.h>

int main()
{
    char* a = "qwer";
    char* b = "qwaexyz";
    int i, j;

    for(i = 0; a[i] != '\0'; i++)
    {
        for(j = 0; b[j] != '\0'; j++)
        {
            if(a[i] == b[j])
                printf("%c", a[i]);
        }
    }

    return 0;
}
```

• 답 :

10 다음 C언어로 구현된 2진수를 10진수로 변환하는 프로그램에서 빈칸 ①~②에 들어갈 가장 적합한 명령을 C언어 코드 형식으로 쓰시오.

득점	배점
	5

```c
#include <stdio.h>

int main()
{
    int input = 1010;
    int digit = 1;
    int sum = 0;
    while(1)
    {
        if(input == 0)
            break;
        else {
            sum += (input   ①    ②   ) * digit;
            digit *= 2;
            input /= 10;
        }
    }
    printf("%d", sum);

    return 0;
}
```

• 답 ① :

• 답 ② :

11 다음 C언어로 구현된 버블 정렬 프로그램에서 빈칸 ①~②에 들어갈 가장 적합한 명령을 C언어 코드 형식으로 쓰시오.

득점	배점
	5

```
#include <stdio.h>

void swap(int a[], int idx1, int idx2)
{
    int temp = a[idx1];
    a[idx1] = a[idx2];
    a[   ①   ] = temp;
}
void sort(int a[], int len)
{
    int i, j;
    for(i = 0; i < 4; i++)
        for(j = 0; j < 4-i; j++)
            if(a[j] > a[j+1])
                swap(a, j, j+1);
}
int main()
{
    int nx = 5;
    int a[] = {6, 5, 8, 9, 4};
    int i;
    sort(a,   ②   );
    for(i = 0; i < 5; i++)
    {
        printf("%d ", a[i]);
    }
    return 0;
}
```

• 답 ① :

• 답 ② :

12 다음은 Java로 작성된 프로그램이다. 이를 실행한 출력 결과를 쓰시오.

득점	배점
	5

```java
class Static {
    public int a = 20;
    static int b = 0;
}

public class Exam {
    public static void main(String[] args) {
        int a = 10;
        Static.b = a;
        Static st = new Static();

        System.out.println(Static.b++);
        System.out.println(st.b);
        System.out.println(a);
        System.out.println(st.a);
    }
}
```

• 답 :

13 다음은 Java로 작성된 프로그램이다. 이를 실행한 출력 결과를 쓰시오.

득점	배점
	5

```java
abstract class Vehicle {
    String name;
    abstract public String getName(String val);

    public Vehicle(String val) {
        this.name = val;
    }
    public String getName() {
        return "Vehicle name : " + name;
    }
}

class Car extends Vehicle {
    public Car(String val) {
        super(val);
    }
    public String getName(String val) {
        return "Car name : " + val;
    }
    public String getName(byte val[]) {
        return "Car name : " + val;
    }
}

public class Exam {
    public static void main(String[] args) {
        Vehicle obj = new Car("Spark");
        System.out.println(obj.getName());
    }
}
```

• 답 :

14 다음은 Java로 작성된 프로그램이다. 이를 실행한 출력 결과를 쓰시오.

득점	배점
	5

```java
class Parent {
    int x = 100;
    Parent() {
        this(500);
    }
    Parent(int x) {
        this.x = x;
    }
    int getX() {
        return this.x;
    }
}
class Child extends Parent {
    int x = 1000;
    Child() {
        this(5000);
    }
    Child(int x) {
        this.x = x;
    }
}
public class Exam {
    public static void main(String[] args) {
        Child obj = new Child();
        System.out.println(obj.getX());
    }
}
```

• 답 :

15 다음은 Python언어로 작성된 프로그램이다. 이를 실행한 출력 결과를 쓰시오.

득점	배점
	5

```python
asia = {'한국', '중국', '일본'}
asia.add('베트남')
asia.add('중국')
asia.remove('일본')
asia.update({'홍콩', '한국', '태국'})
print(asia)
```

• 답 :

16 다음 설명에 해당하는 스키마를 빈칸 ①~③에 각각 〈보기〉에서 골라 쓰시오.

득점	배점
	5

(①) 스키마	사용자나 응용 프로그래머가 접근할 수 있는 정의를 기술한다.
(②) 스키마	범 기관적 입장에서 데이터베이스를 정의한 것으로, 개체 간의 관계와 제약 조건을 나타내고, 데이터베이스 접근 권한, 보안 및 무결성 규칙 명세가 있다.
(③) 스키마	물리적 저장 장치의 입장에서 본 데이터베이스 구조로서 실제로 데이터베이스에 저장될 레코드의 형식을 정의하고 저장 데이터 항목의 표현 방법, 내부 레코드의 물리적 순서 등을 나타낸다.

〈보기〉

ㄱ. 논리	ㄴ. 물리	ㄷ. 외부	ㄹ. 내부
ㅁ. 개념	ㅂ. 일반	ㅅ. 정적	ㅇ. 동적

- 답 ① :
- 답 ② :
- 답 ③ :

17 다음 설명에 해당하는 릴레이션 관련 용어를 빈칸 ①~③에 각각 〈보기〉에서 골라 쓰시오.

득점	배점
	5

(①)	• 테이블의 행(Row)에 해당하며 파일 구조의 레코드(Record)와 같은 의미이다. • 한 릴레이션의 튜플들의 값은 모두 상이하며, 튜플 간 순서가 없다.
(②)	• 어느 한 시점에 릴레이션이 포함하고 있는 튜플의 집합이다. • 릴레이션의 외연(extension)이며 동적인 성질을 갖는다.
(③)	• 튜플의 개수(기수)이다.

〈보기〉

ㄱ. 속성	ㄴ. 튜플	ㄷ. 원자값	ㄹ. 디그리
ㅁ. 도메인	ㅂ. 카디널리티	ㅅ. 릴레이션 스킴	ㅇ. 릴레이션 인스턴스

- 답 ① :
- 답 ② :
- 답 ③ :

18 다음은 패킷 교환 방식(Packet Switching)에 대한 설명이다. 빈칸 ①~②에 알맞은 용어를 각각 쓰시오.

득점	배점
	5

> 패킷 교환 방식(Packet Switching)은 패킷 교환망에서 메시지를 일정한 길이의 전송 단위인 패킷으로 나누어 전송하는 방식이다. 패킷 교환은 저장-전달 방식을 사용한다.
> 패킷 교환의 방식으로는 연결형인 (①)(와)과 비연결형인 (②)의 두 가지 방식으로 구분된다.
> (①)(은)는 패킷이 전송되기 전에 논리적인 연결 설정이 이루어져야 한다.
> (①)(은)는 모든 패킷이 동일한 경로로 전달되므로 항상 보내어진 순서대로 도착이 보장된다.
> (①)(은)는 연결형 서비스 방식으로 패킷을 전송하기 전에 미리 경로를 설정해야 한다.
> (②)(은)는 일정 크기의 데이터 단위(packet)로 나누어 특정 경로의 설정 없이 전송되는 방식이며, 각 패킷마다 목적지로 가기 위한 경로 배정이 독립적으로 이루어진다.

• 답 ① :
• 답 ② :

19 TCP/IP에서 신뢰성 없는 비연결형 프로토콜인 IP를 대신하여 송신측으로 네트워크의 IP 상태 및 에러 메시지를 전달해주는 프로토콜을 무엇이라고 하는지 영문 약어로 쓰시오.

득점	배점
	5

• 답 :

20 다음 설명에 해당하는 용어를 빈칸 ①~③에 각각 〈보기〉에서 골라 쓰시오.

득점	배점
	5

(①)	컴퓨터의 취약점을 이용하여 네트워크를 통해 다른 프로그램의 감염 없이 자신 혹은 변형된 자신을 복제하여 컴퓨터 시스템에 침입하는 독립적인 프로그램이다.
(②)	겉으로 보기에 유용한 정상적인 프로그램인 것 같으나 악성코드를 숨겨두어 시스템을 공격하는 악성 프로그램이다.
(③)	컴퓨터 내부의 정상적인 프로그램에 자신을 복사했다가 그 프로그램이 수행될 때 악성코드로 만들어 프로그램 및 PC의 작동을 방해한다.

〈보기〉

ㄱ. 님다	ㄴ. 웜	ㄷ. 랜섬웨어	ㄹ. 버퍼 오버플로우
ㅁ. 트로이 목마	ㅂ. 악성 스크립트	ㅅ. 웹 방화벽	ㅇ. 바이러스

• 답 ① :
• 답 ② :
• 답 ③ :

다음 물음에 답을 해당 답란에 답하시오. 배점 **100** 문제수 **20**

01 다음 설명하는 디자인 패턴(Design Pattern)을 빈칸 ①~②에 각각 〈보기〉에서 골라 쓰시오.

득점	배점
	5

(①) 패턴	• 추상과 구현을 분리하여 결합도를 낮춘 구조 패턴이다. • 기능 클래스 계층과 구현 클래스 계층을 연결하고, 구현부에서 추상 계층을 분리하여 각자 독립적으로 변형할 수 있도록 해주는 패턴이다.
(②) 패턴	• 상태가 변할 때 의존자들에게 알리고, 자동 업데이트하는 행위 패턴이다. • 객체 사이에 일대다의 종속성을 정의하고 한 객체의 상태가 변하면 종속된 다른 객체에 통보가 가고 자동으로 수정이 일어나게 한다.

〈보기〉

> 브릿지, 싱글톤, 프로토타입, 빌더, 팩토리 메소드, 옵저버, 퍼사드

• 답 ① :

• 답 ② :

02 다음은 UML(Unified Modeling Language)에 대한 설명이다. 빈칸 ①~③에 각각 알맞은 용어를 쓰시오.

득점	배점
	5

> UML은 객체지향 소프트웨어 개발 과정에서 시스템 분석, 설계, 구현 등의 산출물을 명세화, 시각화, 문서화 할 때 사용하는 모델링 기술과 방법론을 통합하여 만든 범용 모델링 언어이다.
> UML의 3가지 구성요소는 사물, (①), 다이어그램이며 구조 다이어그램과 행위 다이어그램으로 구분된다.
> (②) 다이어그램은 시스템을 구성하는 객체간의 관계를 추상화한 모델을 논리적 구조로 표현하는 대표적인 구조 다이어그램이다. 유스케이스 다이어그램은 사용자의 요구를 기능적 측면에서 표현하는 대표적인 행위 다이어그램이다.
> (②) 다이어그램 내의 (③)(은)는 어떤 공통되는 능력이 있는 것들을 대표하는 관점을 의미하며, 확장 요소를 나타내는 스테레오 타입으로 사각형 내에 길러멧 기호(《 》)를 이용하여 표현한다.

• 답 ① :

• 답 ② :

• 답 ③ :

03 다음은 E-R 다이어그램에 대한 설명이다. 빈칸 ①~⑤의 설명에 각각 해당하는 기호를 골라 쓰시오.

득점	배점
	5

〈E-R 다이어그램〉

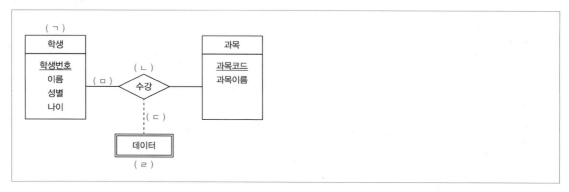

(①)	관계 집합을 표시한다.
(②)	외래키들을 기본키로 사용하지 않고 일반 속성으로 취급하는 비식별 관계를 연결한다.
(③)	개체 집합을 표시한다. 개체 집합의 속성으로 기본키를 명세할 수 있다.
(④)	자신의 개체 속성으로 기본키를 명세 할 수 없는 개체 타입이다.
(⑤)	식별 관계로 개체 집합의 속성과 관계 집합을 연결한다.

• 답 ① :

• 답 ② :

• 답 ③ :

• 답 ④ :

• 답 ⑤ :

04 다음 테스트 데이터 입력에 대한 테스트 결과에 해당하는 블랙박스 테스트를 〈보기〉에서 골라 쓰시오.

득점	배점
	5

평가점수	성적
90 이상~100 이하	A
80 이상~90 미만	B
70 이상~80 미만	C
60 이상~70 미만	D
0 이상~60 미만	F

〈테스트 케이스〉

테스트 케이스	1	2	3	4	5	6	7	8	9	10
테스트 데이터	−1	0	59	60	61	79	80	81	99	100
예상 결과값	오류	F	F	D	D	C	B	B	A	A
실제 결과값	오류	F	F	D	D	C	B	B	A	A

〈보기〉

ㄱ. Comparison Testing	ㄴ. Fault Based Testing
ㄷ. Equivalence Partitioning	ㄹ. Range Testing
ㅁ. Cause Effect Graph	ㅂ. Regression Testing
ㅅ. Boundary Value Analysis	ㅇ. Error Guessin

• 답 :

05 다음과 같이 생성한 부서 테이블과 사원 테이블에 부서와 사원에 대한 정보가 저장되어 있을 때, 다음 ①~② SQL문의 실행 결과를 쓰시오.

득점	배점
	5

〈테이블 생성 SQL문〉

```
create table 부서 (
    부서번호 char(2),
    부서명 varchar(30),
    primary key(부서번호)
);
create table 사원 (
    사원번호 int,
    사원명 varchar(30),
    부서번호 char(2),
    primary key(사원번호),
    foreign key(부서번호)
        references 부서(부서번호) on delete cascade
);
```

〈튜플 삽입 SQL문〉

```
insert into 부서(부서번호, 부서명) values('10', '관리부');
insert into 부서(부서번호, 부서명) values('20', '기획부');
insert into 부서(부서번호, 부서명) values('30', '영업부');
insert into 사원(사원번호, 사원명, 부서번호) values(1000, '김사원', '10');
insert into 사원(사원번호, 사원명, 부서번호) values(2000, '이사원', '20');
insert into 사원(사원번호, 사원명, 부서번호) values(3000, '강사원', '20');
insert into 사원(사원번호, 사원명, 부서번호) values(4000, '신사원', '20');
insert into 사원(사원번호, 사원명, 부서번호) values(5000, '정사원', '30');
insert into 사원(사원번호, 사원명, 부서번호) values(6000, '최사원', '30');
insert into 사원(사원번호, 사원명, 부서번호) values(7000, '안사원', '30');
```

```
① select count(distinct 사원번호) from 사원 where 부서번호 = '20';
② delete from 부서 where 부서번호 = '20';
   select count(distinct 사원번호) from 사원;
```

• 답 ① :

• 답 ② :

06 학생(STUDENT) 테이블에 전자과 학생 50명, 정보통신과 학생 100명, 건축과 학생 50명의 정보가 저장되어 있을 때, 다음 ①~③ SQL문의 실행 결과 튜플 수를 쓰시오. (단, DEPT 컬럼은 학과명이다.)

득점	배점
	5

```
① SELECT DEPT FROM STUDENT;
② SELECT DISTINCT DEPT FROM STUDENT;
③ SELECT COUNT(DISTINCT DEPT) FROM STUDENT WHERE DEPT='정보통신';
```

• 답 ① :

• 답 ② :

• 답 ③ :

07 다음 공통으로 설명하는 알맞은 용어를 영문 약어로 쓰시오.

득점	배점
	5

- (   )(은)는 보안 정보 및 이벤트 관리 통합 솔루션으로 조직 내에 운영되는 다양한 정보보안 장비 및 IT 시스템들에서 생성되는 로그와 이벤트를 통합 관리하여 외부 위험을 사전에 예측하고 내부 정보 유출을 방지할 수 있도록 하는 개념의 보안 솔루션이다.
- (   )(은) '심'이라고 불리며, (   )의 주요 기능은 로그 관리 기능, 이벤트 상관관계 분석 기능, 보안 위협 모니터링 및 대응하는 기능이다.

• 답 :

08 여러 응용 시스템을 접근하는 사용자가 단 한 번의 로그인으로 서비스를 이용할 수 있도록 하는 인증(Authentication) 방법을 의미하는 용어를 영문 약어로 쓰시오.

득점	배점
	5

• 답 :

다음은 C언어로 작성된 프로그램이다. 이를 실행한 출력 결과를 쓰시오.

득점	배점
	5

```c
#include <stdio.h>
int mark(int, int, int, int);
int main()
{
    int mines[4][4] = { {0,0,0,0}, {0,0,0,0}, {0,0,0,0}, {0,0,0,0} };
    int field[4][4] = { {0,1,0,1}, {0,0,0,1}, {1,1,1,0}, {0,1,1,1} };
    int w = 4;
    int h = 4;
    int y, x, i, j;
    for(y = 0; y < h; y++)
    {
        for(x = 0; x < w; x++)
        {
            if(field[y][x] == 0)
                continue;

            for(i = y-1; i <= y+1; i++)
            {
                for(j = x-1; j <= x+1; j++)
                {
                    if(mark(w, h, j, i) == 1)
                        mines[i][j] += 1;
                }
            }
        }
    }
    for(y = 0; y < h; y++)
    {
        for(x = 0; x < w; x++)
            printf("%d ", mines[y][x]);
        printf("\n");
    }
    return 0;
}
int mark(int w, int h, int j, int i)
{
    if(i>=0 && i<h && j>=0 && j<w)
        return 1;
    return 0;
}
```

• 답 :

10 다음은 C언어로 작성된 프로그램이다. 이를 실행한 출력 결과를 쓰시오.

득점	배점
	5

```c
#include <stdio.h>
int main()
{
    int n, k, s, i;
    int cnt = 0;
    for(n = 6; n <= 30; n++)
    {
        s = 0;
        k = n / 2;
        for(i = 1; i <= k; i++)
        {
            if(n%i == 0)
                s += i;
        }
        if(s == n)
            cnt++;
    }
    printf("%d", cnt);

    return 0;
}
```

• 답 :

11 다음은 Java로 작성된 프로그램이다. 이를 실행한 출력 결과를 쓰시오.

```java
public class Exam
{
    static int nSize = 4;

    public static void makeArray(int[] arr) {
        for(int i = 0; i < nSize; i++) {
            arr[i] = i;
        }
    }

    public static void main(String[] args) {
        int[] arr = new int[nSize];
        makeArray(arr);
        for(int i = 0; i < nSize; i++) {
            System.out.print(arr[i] + " ");
        }
    }
}
```

• 답 :

12 다음은 Java로 작성된 프로그램이다. 이를 실행한 출력 결과를 쓰시오.

```java
public class Exam
{
    public static void main(String[] args) {
        int[] rank = new int[5];
        int[] arr = {75, 32, 20, 99, 55};

        for(int i = 0; i < 5; i++) {
            rank[i] = 1;
            for(int j = 0; j < 5; j++) {
                if(arr[i] < arr[j])
                    rank[i]++;
            }
        }
        for(int k = 0; k < 5; k++)
            System.out.print(rank[k]);
    }
}
```

• 답 :

13 다음은 Java로 작성된 프로그램이다. 이를 실행한 출력 결과를 쓰시오.

득점	배점
	5

```java
public class Exam
{
    public static void main(String[] args) {
        int a = 0;
        for(int i = 1; i < 999; i++) {
            if(i%3 == 0 && i%2 != 0)
                a = i;
        }
        System.out.println(a);
    }
}
```

• 답 :

14 다음은 Python언어로 작성된 프로그램이다. 이를 실행한 출력 결과를 쓰시오.

득점	배점
	5

```python
arr = [1, 2, 3, 4, 5]

arr = list( map(lambda num : num + 100, arr) )
print(arr)
```

• 답 :

15 다음은 프로세스 스케줄링에 대한 설명이다. 설명에 해당하는 스케줄링 명칭을 빈칸 ①~③에 각각 영문 약어로 쓰시오.

득점	배점
	5

(①) 스케줄링	• 준비상태 큐에서 대기하는 프로세스들 중에서 실행 시간이 가장 짧은 프로세스에게 먼저 CPU를 할당하는 비선점 기법이다. • 평균 대기 시간을 최소화한다.
(②) 스케줄링	• 주어진 시간 할당량(Time Slice) 안에 작업을 마치지 않으면 준비완료 리스트 (ready list)의 가장 뒤로 배치되는 선점 기법이다. • 시간 할당량이 너무 커지면 FCFS와 비슷하게 되고, 시간 할당량이 너무 작아지면 오버헤드가 커지게 된다.
(③) 스케줄링	• 실행 중인 프로세스의 남은 시간과 준비상태 큐에 새로 도착한 프로세스의 실행 시간을 비교하여 실행 시간이 더 짧은 프로세스에게 CPU를 할당하는 선점 기법이다. • 시분할 시스템에 유용하다.

• 답 ① :
• 답 ② :
• 답 ③ :

16 다음은 관계대수에 대한 설명이다. 설명에 해당하는 관계대수 연산자의 기호를 빈칸 ①~⑤에 각각 쓰시오.

득점	배점
	5

연산자	기호	의미
합집합	(①)	두 릴레이션의 튜플의 합집합을 구하는 연산
차집합	(②)	두 릴레이션의 튜플의 차집합을 구하는 연산
교차곱	(③)	두 릴레이션의 튜플들의 교차곱(순서쌍)을 구하는 연산
프로젝트	(④)	속성 리스트로 주어진 속성만 구하는 수직적 연산
조인	(⑤)	공통 속성을 기준으로 두 릴레이션을 합하여 새로운 릴레이션을 만드는 연산

• 답 ① :
• 답 ② :
• 답 ③ :
• 답 ④ :
• 답 ⑤ :

17 192.168.1.0/24 네트워크를 FLSM 방식을 이용하여 3개의 Subnet으로 나누고 IP Subnet-zero를 적용했다. 이때 서브네팅 된 네트워크 중 2번째 네트워크의 Broadcast IP 주소를 쓰시오.

득점	배점
	5

• 답 :

18 다음 설명에 해당하는 형상 관리 도구를 빈칸 ①∼③에 각각 〈보기〉에서 골라 쓰시오.

득점	배점
	5

(①)	• 오픈 소스 프로젝트에서 널리 사용되는 버전 관리 시스템이다. • 소프트웨어 프로젝트를 진행할 때 파일로 이루어진 모든 작업과 모든 변화를 추적하고, 여러 개발자가 협력하여 작업할 수 있게 지원한다. • 최근에는 (①)(이)가 한계를 맞아 이를 대체하는 (③)(이)가 개발되었다.
(②)	• 프로그램 등의 소스 코드 관리를 위한 분산 버전 관리 시스템이다. • Linux 초기 커널 개발자인 리누스 토르발스가 리눅스 커널 개발에 이용하려고 개발하였으며, 현재는 다른 곳에도 널리 사용되고 있다. • 지역 저장소와 원격 저장소가 존재하며 지역 저장소에서 버전 관리가 진행되어 버전관리가 빠르다.
(③)	• (①)보다 속도 개선, 저장 공간, 변경 관리 단위가 작업 모음 단위로 개선되었다. 2000년 콜랩넷에서 개발되었다. • (①)(와)과 사용 방법이 유사해 (①) 사용자가 쉽게 도입 가능하며 아파치 최상위 프로젝트로서 전 세계 개발자 커뮤니티와 함께 개발되어 있다. • 디렉터리, 파일을 자유롭게 이동해도 버전 관리가 가능하다.

〈보기〉

ㄱ. Ant	ㄴ. CVS	ㄷ. Maven	ㄹ. Clear CASE
ㅁ. Git	ㅂ. Maven	ㅅ. RCS	ㅇ. SVN

• 답 ① :
• 답 ② :
• 답 ③ :

19 다음 설명에 해당하는 용어를 빈칸 ①~②에 각각 〈보기〉에서 골라 쓰시오.

득점	배점
	5

(①)	• 운영체제를 변조하는 공격행위에 대한 차단을 위해 ARM 아키텍처에서 지원하는 보안 확장 영역이다. • Monitor Mode 기술을 통해 스위칭 형태를 제공하는 스마트폰의 AP칩(Application Processor)에 적용된 하드웨어 기반 보안 기술이다.
(②)	• '오타 스쿼팅', '가짜 URL'이라고도 하며 단순하지만 효과적인 공격 수법으로 정상 도메인과 비슷한 이름의 도메인을 등록해두고, 자주 사용하는 사이트의 URL을 교묘하게 바꿔 가짜 사이트로 유도하거나, 파일 이름을 속인 악성 소프트웨어를 내려받도록 유도하는 공격 기법이다. • 웹 URL 주소뿐만 아니라 오픈 소스 패키지 이름까지 속이는 공급망 공격이다.

〈보기〉

ㄱ. Trust Zone	ㄴ. Typosquatting	ㄷ. Pretexting	ㄹ. Tailgating
ㅁ. Phishing	ㅂ. Spoofing	ㅅ. Smishing	ㅇ. Pharming

• 답 ① :

• 답 ② :

20 다음 설명에 해당하는 용어를 빈칸 ①~②에 〈보기〉에서 골라 쓰시오.

득점	배점
	5

(①)	• 케빈 미트닉(Kevin Mitnick)이 수많은 미국 기업들을 대상으로 즐겨 사용하던 해킹 수법으로 기술적인 요소는 거의 사용하지 않고 인간 사이의 기본적인 신뢰를 이용해서 정상적인 보안 절차를 깨뜨리는 공격을 의미한다. • (①)의 4단계 절차는 정보수집 단계, 관계 형성 단계, 공격 단계, 실행 단계이다.
(②)	• '알 수 없는 데이터'라고도 한다. • 다양한 컴퓨터 네트워크를 통해 수집된 자료나 분석이나 결과 도출을 위해 사용되지 않는 데이터를 의미한다.

〈보기〉

ㄱ. 사회 공학	ㄴ. 세션 하이젝킹	ㄷ. 다크 데이터	ㄹ. ARP 스푸핑
ㅁ. 사전 조사	ㅂ. 포맷 스트링	ㅅ. 제로데이 공격	ㅇ. 버퍼오버플로우

• 답 ① :

• 답 ② :

최신 기출문제 08회 (2022년 제2회)

다음 물음에 답을 해당 답란에 답하시오.　배점 **100** 문제수 **20**

01 다음 설명에 해당하는 객체지향 설계의 원칙을 〈보기〉에서 골라 쓰시오.

득점	배점
	5

- 클라이언트는 자신이 사용하지 않는 메소드에 의존 관계를 맺으면 안 된다는 원칙이다.
- 인터페이스를 클라이언트에 특화되도록 분리시켜 설계하는 원칙이다.
- 예를 들어 복합기 클래스의 모든 기능을 클라이언트가 동시에 사용하는 경우는 거의 없으므로 필요시 프린트, 팩스, 복사기 클라이언트 중 하나의 기능만 이용할 수 있도록 설계하는 경우이다.

〈보기〉

ㄱ. OOP	ㄴ. SRP	ㄷ. OCP	ㄹ. LSP
ㅁ. OOD	ㅂ. ISP	ㅅ. DIP	ㅇ. IEP

- 답 :

02 다음은 함수종속(Functional Dependency)과 정규화(Normalization)에 대한 설명이다. 설명에 해당하는 용어를 빈칸 ①∼③에 각각 〈보기〉에서 골라 쓰시오.

득점	배점
	5

이상(Anomaly)과 함께 관계형 데이터베이스에서 고려해야 할 것 중에 하나가 함수종속(Functional Dependency)이다. 함수종속의 종류로는 (①) Functional Dependency, (②) Functional Dependency, (③) Functional Dependency 등이 있다.

'고객번호', '제품번호', '제품명', '주문량'으로 구성된 〈고객주문〉 테이블이 있다. 〈고객주문〉 테이블에서는 '고객번호'와 '제품번호'가 조합된 (고객번호, 제품번호)가 기본키이고 다음과 같은 함수종속 관계가 존재한다.

> (고객번호, 제품번호) → 주문량
> 제품번호 → 제품명

〈고객주문〉 테이블에서 '주문량' 속성은 기본키인 '고객번호'와 '제품번호'를 모두 알아야 구분할 수 있다. 이런 경우, '주문량' 속성은 기본키에 (①) Functional Dependency 되었다고 한다.
반면, 기본키의 일부인 '제품번호'만 알아도 '제품명'을 알 수 있다. 이와 같은 경우 '제품명'은 기본키에 (②) Functional Dependency 되었다고 한다.

(②) Functional Dependency는 릴레이션에서 한 속성이 기본키가 아닌 다른 속성에 종속이 되거나 또는 기본키가 2개 이상의 복합키(합성키)로 구성된 경우, 이 중 일부 속성에 종속이 되는 경우를 말한다. (①) Functional Dependency는 릴레이션에서 한 속성이 오직 기본키에만 종속이 되는 경우를 말한다.
정규화(Normalization) 중 1NF는 한 릴레이션을 구성하는 모든 도메인이 원자값(Atomic Value)만으로 구성되도록 하는 정규형을 말한다. 2NF는 1NF에서 (②) Functional Dependency로 인한 이상의 문제를 해결하기 위해 릴레이션을 분해한 정규형을 말한다. 2NF의 속성들 간에는 (①) Functional Dependency 관계가 성립하게 된다.
3NF는 (③) Functional Dependency 관계가 성립하지 않도록 하는 것이다. (③) Functional Dependency란 간접적인 함수 종속관계를 의미한다. 즉, 예를 들어 속성 A가 속성 B를 결정하고, 속성 B는 속성 C를 결정하는 경우, 『A → C』가 성립한다. 아울러 3NF에서는 결정자이면서 후보키가 아닌 것이 존재함에 따라 이상 현상이 발생할 수도 있다. 결정자이면서 모두 후보키이면, 릴레이션 R은 BCNF에 속한다.

〈보기〉

ㄱ. Determinant	ㄴ. Dependent	ㄷ. Transitive	ㄹ. Full
ㅁ. Boyce-code	ㅂ. Adjoin	ㅅ. Multi-valued	ㅇ. Partial

• 답 ① :

• 답 ② :

• 답 ③ :

03 다음은 어떤 프로그램 구조를 나타낸다. 모듈 F의 Fan-in과 Fan-out을 쓰시오.

득점	배점
	5

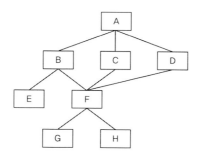

• Fan-in :

• Fan-out :

04 다음은 개발된 소프트웨어를 당장 사용할 수 있도록 준비되어 있는지 확인하기 위한 단계에서 이루어지는 테스트 종류이다. 빈칸 ①~②에 각각 알맞은 테스트 명칭을 쓰시오.

득점	배점
	5

(①) 테스트	• 개발사 내에서 진행하는 테스트이다. • 개발자 관점에서 수행된다. • 개발자는 사용상의 문제를 기록하여 반영되도록 하는 테스트이다.
(②) 테스트	• 선정된 다수의 사용자가 자신들의 사용 환경에서 일정 기간 사용하면서 테스트한다. • 문제점이나 개선 사항 등을 기록하고 개발 조직에 통보하여 반영되도록 하는 테스트이다.

• 답 ① :

• 답 ②

05 다음 설명에 해당하는 테스트를 〈보기〉에서 골라 쓰시오.

득점	배점
	5

- 소프트웨어의 변경 또는 수정된 코드에 새로운 결함이 없음을 확인하는 테스트이다.
- 오류를 제거한 수정 및 변경 모듈에 대한 확정 테스트가 끝나면 새로운 오류가 확인을 위해 이미 테스트했던 부분을 다시 실행해 보는 일종의 반복 테스트이다.
- 한 모듈의 수정이 다른 부분에 미치는 영향을 최소화하기 위해 필요한 테스트이다.

〈보기〉

ㄱ. Performance	ㄴ. Recovery	ㄷ. Structure	ㄹ. Security
ㅁ. Stress	ㅂ. Regression	ㅅ. Parallel	ㅇ. Iterating

- 답 :

06 〈제품〉 테이블에서 제조사가 'H'인 전체 제품의 단가보다 더 큰 단가의 제품의 제품명, 단가, 제조사를 출력하도록 SQL문의 빈칸에 알맞은 명령을 정확히 쓰시오.

득점	배점
	5

〈제품〉

제품번호	제품명	단가	제조사
1000	드라이버	4000	A
2000	나사못	100	B
3000	너트	200	B
4000	드라이버	3000	C
5000	망치	1000	H
6000	면장갑	800	H
7000	렌치	2500	A
8000	절연테이프	500	H

〈SQL문〉

```
SELECT 제품명, 단가, 제조사
FROM 제품
WHERE 단가 > (        ) (SELECT 단가 FROM 제품 WHERE 제조사 = 'H');
```

- 답 :

07 〈TBL〉 테이블에 다음 〈SQL문〉을 실행한 결과를 쓰시오.

〈TBL〉

COL1	COL2	COL3
2	NULL	1
3	7	NULL
4	5	5
5	3	NULL
NULL	3	9

〈SQL문〉

```
SELECT COUNT(COL2)
FROM TBL
WHERE COL1 IN (2, 3) OR COL2 IN (3, 5);
```

• 답 :

08 다음은 블록 암호화 방식에 대한 설명이다. 빈칸 ①~②에 각각 알맞은 암호화 방식을 쓰시오.

(①)	• 1990년에 Lai와 Massey가 제안한 PES가 1991년 IPES로 개선된 이후, 1992년 (①)(으)로 개명된 DES를 대체하기 위해서 스위스에서 개발한 알고리즘이다. • 상이한 대수 그룹으로부터의 세 가지 연산을 혼합하는 방식이다. • PGP(Pretty Good Privacy)의 데이터 암호 알고리즘으로 채택되어 사용자가 많다. • 128비트의 키로 64비트 평문을 8라운드를 거쳐 64비트의 암호문을 생성한다.
(②)	• 미국 NSA(National Security Agency)가 제안한 블록 암호화 알고리즘이다. • 소프트웨어로 구현되는 것을 막고자 Fortezza Card에 칩 형태로 구현하였다. • Clipper 칩에 내장되는 블록 암호화 알고리즘이다. • 64비트의 입출력, 80비트의 키, 32라운드를 가지며, 주로 전화기와 같은 음성을 암호화하는 데 사용된다.

• 답 ① :

• 답 ② :

09 다음 공통으로 설명하는 빈칸에 알맞은 용어를 영문 약어로 쓰시오.

득점	배점
	5

- (   )(은)는 인터넷과 같이 공개된 통신기반 시설을 사용하여 멀리 떨어진 사무실이나 개인 사용자에게 그 들이 속한 조직의 네트워크를 안전하게 접근할 수 있도록 제공해주는 네트워크를 말한다. 한 개의 조직만이 전용할 수 있도록 구입하거나 대여받은 값비싼 시스템과 비견 될 수 있다.
- (   )(은)는 공중망에서 가상의 사설망을 구현하는 기술로 IPsec과 SSL (   )(이)가 대표 기술이다. 보안 소켓 계층기반의 가상 사설망인 SSL (   )(은)는 인터넷으로 내부 시스템 자원을 안전하게 사용할 수 있어 구축이 간편하고 비용이 적게 드는 반면 인터넷 보안 프로토콜을 이용하는 IPsec은 센터와 지점 모두 별도의 하드웨어 장비가 필요하다.

- 답 :

10 다음은 C언어로 작성된 프로그램이다. 이를 실행한 출력 결과를 쓰시오.

득점	배점
	5

```c
#include <stdio.h>

struct data
{
    int x;
    int y;
};

int main()
{
    int i;
    struct data st[2];

    for(i = 0; i < 2; i++)
    {
        st[i].x = i;
        st[i].y = i + 1;
    }
    printf("%d", st[0].x + st[1].y);
    return 0;
}
```

- 답 :

11 다음은 C언어로 작성된 프로그램이다. 이를 실행한 출력 결과를 쓰시오.

득점	배점
	5

```c
#include <stdio.h>

int func(char*);

int main()
{
    char* p1 = "2021";
    char* p2 = "202107";
    int n = func(p1);
    int m = func(p2);

    printf("%d", n + m);
    return 0;
}

int func(char* p)
{
    int cnt = 0;
    while(*p != '\0')
    {
        cnt++;
        p++;
    }
    return cnt;
}
```

• 답 :

12 다음은 C언어로 작성된 프로그램이다. 이를 실행한 출력 결과를 쓰시오.

득점	배점
	5

```c
#include <stdio.h>

int main()
{
    int a[] = {0, 2, 4, 8};
    int b[3];
    int* p;
    int sum = 0;
    int i;

    for(i = 1; i < 4; i++)
    {
        p = a + i;
        b[i-1] = *p - a[i-1];
        sum += a[i] + b[i-1];
    }
    printf("%d", sum);
    return 0;
}
```

• 답 :

13 다음은 Java로 작성된 프로그램이다. 이를 실행한 출력 결과를 쓰시오.

득점	배점
	5

```java
public class Exam
{
    public static void main(String[] args) {
        int i = 3, k = 1;
        switch( i ) {
            case 1: k++;
            case 2: k += 3;
            case 3: k = 0;
            case 4: k += 3;
            case 5: k -= 10;
            default: k--;
        }
        System.out.print(k);
    }
}
```

• 답 :

14 다음은 Java로 작성된 프로그램이다. 이를 실행한 출력 결과를 쓰시오.

득점	배점
	5

```java
class AAA
{
    int a;
    AAA(int a) {
        this.a = a;
    }
    int func() {
        int b = 1;
        for(int i = 1; i < a; i++) {
            b = a * i + b;
        }
        return a + b;
    }
}
public class Exam
{
    public static void main(String[] args) {
        AAA obj = new AAA(3);
        obj.a = 5;
        int b = obj.func();
        System.out.print(obj.a + b);
    }
}
```

• 답 :

15 다음은 Python언어로 작성된 프로그램이다. 이를 실행한 출력 결과를 쓰시오.

득점	배점
	5

```python
x = 'REMEMBER NOVEMBER'
y = x[:3] + x[12:16]
z = 'R AND %s' % 'STR'

print(y + z)
```

• 답 :

16 다음 공통으로 설명하는 빈칸에 알맞은 용어를 쓰시오.

득점	배점
	5

- ( )(은)는 관계 데이터 모델의 제안자인 코드(Codd)가 관계 데이터베이스에 적용할 수 있도록 설계하여 제안하였다.
- 원하는 정보와 그 정보를 어떻게 유도하는가를 기술하는 비절차적인 언어이다.
- 수학의 프레디킷 해석(Predicate Calculus)에 기반을 두고 있다.
- 튜플 ( )(와)과 도메인 ( )(이)가 있다.

• 답 :

17 다음 〈EMPLOYEE〉 릴레이션에 〈관계대수식〉을 실행하였다. 빈칸 ①~⑤에 해당하는 결과를 쓰시오.

득점	배점
	5

〈EMPLOYEE〉

ENO	ENAME	TTL	DEPT
1000	홍길동	부장	관리
1001	이길동	대리	교육
1002	강길동	과장	총무
1003	박길동	차장	영업

〈관계대수식〉

$$\pi_{TTL}(EMPLOYEE)$$

〈결과〉

- 답 ① :
- 답 ② :
- 답 ③ :
- 답 ④ :
- 답 ⑤ :

18 IP Address가 '192.168.32.132'이며, 서브넷 마스크(Subnet Mask)가 '255.255.255.192'인 경우, 빈칸 ①~②에 들어갈 가장 적합한 값을 쓰시오.

	득점	배점
		5

네트워크 주소(Network ID)	192.168.32.(①)
네트워크 주소와 브로드캐스트 주소를 제외한 주소 개수	(②)

• 답 ① :

• 답 ② :

19 다음은 동적 라우팅 프로토콜에 설명이다. 빈칸 ①~④에 해당하는 프로토콜을 각각 〈보기〉에서 골라 쓰시오.

	득점	배점
		5

- 자치 시스템(AS: Autonomous System)은 인터넷상에서 관리적 측면에서 한 단체에 속하여 관리되고 제어됨으로써, 동일한 라우팅 정책을 사용하는 네트워크 또는 네트워크 그룹을 말한다. 라우팅 도메인으로도 불리며, 전 세계적으로 유일한 자치 시스템번호, ASN(Autonomous System Number)을 부여받는다. AS 번호에 따라 (①)(와)과 (②)(으)로 구분한다. 동일한 AS 번호를 사용하는 라우팅 프로토콜을 (①)(이)라 하며, 다른 AS 번호가 사용되는 라우팅 프로토콜을 (②)(이)라 한다.
- 한 자치 시스템 내에서의 IP 네트워크는 라우팅 정보를 교환하기 위해 내부 라우팅 프로토콜인 (①)(을)를 사용한다. (①)의 대표적인 프로토콜로는 RIP와 (③)(이)가 있으며, RIP는 경유하는 라우터의 대수(hop의 수량)에 따라 최단 경로를 동적으로 결정하는 거리 벡터(Distance Vector) 알고리즘을 사용한다. (③)(은)는 링크 상태(Link-State) 라우팅 프로토콜로 IP 패킷에서 프로토콜 번호 89번을 사용하여 라우팅 정보를 전송하여 안정되고 다양한 기능으로 가장 많이 사용되는 (①)(이)다.
- 타 자치 시스템과의 라우팅 정보 교환을 위해서는 외부 라우팅 프로토콜인 (②)(을)를 사용한다. 연구기관이나 국가기관, 대학, 기업 간, 즉 도메인(게이트웨이) 간에 라우팅 정보를 교환한다. (②)의 대표적인 프로토콜인 (④)(은)는 자치 시스템간의 라우팅 테이블을 전달하는데 주로 이용이 되며, 초기에 연결될 때에는 전체 경로 테이블의 내용을 교환하고, 이후에는 변화된 정보만을 교환한다.

〈보기〉

ㄱ. BGP	ㄴ. DHCP	ㄷ. ARP	ㄹ. OSPF
ㅁ. RIP	ㅂ. ICMP	ㅅ. EGP	ㅇ. IGP

• 답 ① :

• 답 ② :

• 답 ③ :

• 답 ④ :

20 빈칸 ①~③에 들어갈 가장 적합한 용어에 해당하는 기호를 〈보기〉에서 골라 쓰시오.

득점	배점
	5

- (①)(은)는 TCP/IP 관련 프로토콜 중 (②)(을)를 전송을 위한 프로토콜로 인터넷상의 서버와 클라이언트 사이의 멀티미디어를 송수신하기 위한 프로토콜이다. (①)(은)는 월드 와이드 웹을 위한 데이터 통신의 기초이다.
- (②)에서 다른 문서 간의 연결을 링크(Link)라고 한다. 링크를 이용하면 하나의 문서를 보다가 내용 중의 특정 부분과 관련된 다른 부분을 쉽게 참조할 수 있다.
- (③)(은)는 웹 브라우저에 표시될 수 있는 웹 페이지와 기타 정보들을 보여주기 위한 주요 마크업 언어이다.

〈보기〉

ㄱ. ISP	ㄴ. Browser	ㄷ. CSS	ㄹ. Hypertext
ㅁ. URL	ㅂ. HTML	ㅅ. URI	ㅇ. HTTP

- 답 ① :
- 답 ② :
- 답 ③ :

다음 물음에 답을 해당 답란에 답하시오.

배점 **100** 문제수 **20**

01 터치, 증강현실, 상황 인식 등 사람의 감각 행동 인지를 통하여 원하는 작업을 수행하는 사용자 인터페이스를 의미하는 용어를 쓰시오.

득점	배점
	5

• 답 :

02 다음은 소스코드 품질 분석 도구에 대한 설명이다. 설명에 해당하는 분석 도구를 빈칸 ①~②에 각각 〈보기〉에서 골라 쓰시오.

득점	배점
	5

(①) Analysis	• 원시 코드를 분석하여 잠재적인 오류를 분석하며, 코딩 표준, 런타임 오류 등을 검증한다. • 결함 예방/발견, 코딩 표준, 코드 복잡도 등을 분석하는 것이 가능하다.
(②) Analysis	• 프로그램 수행 중 발행하는 오류의 검출을 통한 오류 검출(Avalanche, Valgrind 등)한다. • 메모리 릭(Leak), 동기화 오류 등을 분석하는 것이 가능하다.

〈보기〉

ㄱ. Static   ㄴ. Time Complexity   ㄷ. Requirements   ㄹ. Hybrid   ㅁ. Dynamic

• 답 ① :
• 답 ② :

03 다음 공통으로 설명하는 용어를 쓰시오

득점	배점
	5

• 디자인 패턴 책의 저자인 Erich Gamma와 TDD의 창시자인 Kent Beck가 작성한 인터페이스 구현 검증을 위한 오픈 소스 프레임워크이다.
• JAVA 언어를 지원하는 xUnit이라는 이름의 단위 테스트 프레임워크이다.
• Annotation(@)으로 간결하게 사용 가능하며 하나의 jar파일로 되어 있다.

• 답 :

04 다음 〈보기〉에서 블랙박스 테스트 기법에 해당하는 기법을 모두 골라 쓰시오.

득점	배점
	5

ㄱ. Basic Path Testing
ㄴ. Boundary Value Testing
ㄷ. Cause-Effect Graphing Testing
ㄹ. Condition Testing
ㅁ. Data Flow Testing
ㅂ. Equivalence Partitioning Testing
ㅅ. Loop Testing

• 답 :

05 다음은 폭포수 모델에 품질 보증을 위한 테스팅 과정을 보완한 V모델이다. 빈칸 ①~④에 알맞은 순서대로 〈보기〉에서 골라 나열하시오.

득점	배점
	5

〈V모델〉

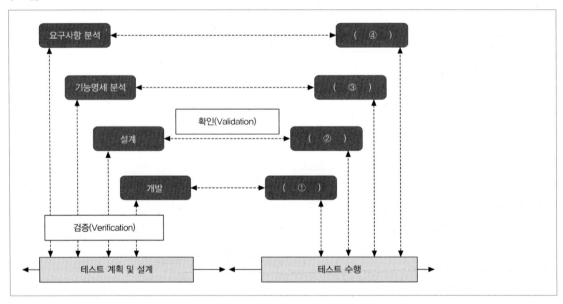

〈보기〉

인수 테스트, 통합 테스트, 단위 테스트, 시스템 테스트, 빅뱅 테스트

• 답 : _____ - _____ - _____ - _____

06 아래 보기의 〈성적〉 테이블에 점수가 높은 순으로(내림차순으로) 학생의 이름과 점수를 출력하도록 SQL문의 빈칸 ①~③에 알맞은 명령을 정확히 쓰시오. (성적 테이블의 이름의 컬럼명은 NAME, 점수의 컬럼명은 SCORE이다.)

득점	배점
	5

〈성적〉

SID	NAME	GRADE	SCORE
1000	이영진	1	80
2000	홍순신	2	90
3000	김감찬	3	100
4000	강희영	3	70
5000	이철수	3	50
6000	이영희	4	85

〈SQL문〉

```
SELECT NAME, SCORE FROM 성적 (   ①   ) BY (   ②   ) (   ③   );
```

• 답 ① :

• 답 ② :

• 답 ③ :

07 무선 라우터에서 WEP 암호화를 대체하기 위해 만들어진 보안 프로토콜로 최적의 보안을 위해서는 AES를 사용하게 되어 있지만, 일부 장치와의 호환성을 위해 사용하는 '임시 키 무결성 프로토콜'을 의미하는 용어를 영문 약어로 쓰시오.

득점	배점
	5

• 답 :

08 다음은 C언어로 작성된 프로그램이다. 키보드로 5를 입력 후, 실행한 출력 결과를 쓰시오.

득점	배점
	5

〈실행〉

```
5 Enter
```

```c
#include <stdio.h>

int func(int a)
{
    if(a <= 1)
        return 1;
    return a * func(a - 1);
}

int main()
{
    int a;
    scanf("%d", &a);
    printf("%d", func(a));
    return 0;
}
```

• 답 :

09 다음은 C언어로 작성된 프로그램이다. 〈결과〉와 같이 실행되도록 빈 줄 ①~③에 C 문법에 알맞은 내용을 쓰시오.

득점	배점
	5

```c
#include <stdio.h>

int main()
{
    int number = 1234;
    int divider = 10;
    int result = 0;

    while(number   ①   0)
    {
        result = result * divider;
        result = result + number   ②   divider;
        number = number   ③   divider;
    }

    printf("%d", result);
    return 0;
}
```

〈결과〉

```
4321
```

• 답 ① :

• 답 ② :

• 답 ③ :

10 다음은 C언어로 작성된 프로그램이다. 이를 실행한 출력 결과를 쓰시오.

득점	배점
	5

```c
#include <stdio.h>

int isPrime(int number)
{
    int i;
    for(i = 2; i < number; i++)
    {
        if(number % i == 0)
            return 0;
    }
    return 1;
}

int main()
{
    int number = 13195, max_div = 0;
    int i;
    for(i = 2; i < number; i++)
        if(isPrime(i) == 1 && number % i == 0)
            max_div = i;

    printf("%d", max_div);
    return 0;
}
```

• 답 :

11 다음은 Java로 작성된 프로그램이다. 이를 실행한 출력 결과를 쓰시오.

```java
class A {
    int a;
    int b;
}

public class Test {
    static void func1(A m) {
            m.a *= 10;
    }
    static void func2(A m) {
            m.a += m.b;
    }
    public static void main(String args[]) {
            A m = new A();
            m.a = 100;
            func1(m);
            m.b = m.a;
            func2(m);
            System.out.printf("%d", m.a);
    }
}
```

• 답 :

12 다음은 Java로 작성된 프로그램이다. 〈결과〉와 같이 실행되도록 빈 줄에 Java 문법에 알맞은 내용을 쓰시오.

득점	배점
	5

```java
class Car implements Runnable {
    int a;
    public void run() {
        System.out.println(""Thread 실행");
    }
}

public class Test {
    public static void main(String args[]) {
        Thread t1 = new Thread(new _____ ());
        t1.start();
    }
}
```

〈결과〉

```
Thread 실행
```

• 답 :

13 다음은 Python언어로 작성된 프로그램이다. 이를 실행한 출력 결과를 쓰시오.

득점	배점
	5

```python
def func(a, b = 2):
    print('a =', a, 'b =', b)

func(20)
```

• 답 :

14 다음은 Python 데이터 타입 중 시퀀스(Sequence) 데이터 타입에 해당하는 리스트 (List) 타입의 객체의 메소드에 대한 설명이다. 메소드 기능 설명에 해당하는 메소드를 빈칸 ①~③에 각각 〈보기〉에서 골라 쓰시오.

득점	배점
	5

(①)	기존 리스트 객체에 새로운 리스트를 확장하는 기능이다.
(②)	기존 리스트의 가장 마지막 순서의 요소를 반환하고 삭제하는 기능이다.
(③)	기존 리스트의 순서를 역순으로 뒤집는 기능이다.

〈보기〉

ㄱ. pop	ㄴ. remove	ㄷ. reverse	ㄹ. sort	ㅁ. append
ㅂ. insert	ㅅ. extend	ㅇ. index	ㅈ. clear	ㅊ. count

• 답 ① :
• 답 ② :
• 답 ③ :

15 다음은 손상된 데이터베이스를 손상되기 이전의 정상적인 상태로 복구(Recovery)시 키는 과정에 대한 설명이다. 트랜잭션에 대해 검사시점(Checkpoint) 회복 기법이 사용될 때, 시스템이 장애가 발생한 후 수행하는 트랜잭션 관리 연산의 기호를 빈칸 ①~②에 각각 〈보기〉에서 골라 쓰시오.

득점	배점
	5

(①)	트랜잭션이 수행되어 COMMIT이 되면 변경된 내용을 데이터베이스에 반영한다. 이때 로그(Log)의 내용을 토대로 재수행하며 변경된 내용으로 데이터베이스에 반영하는 과정
(②)	트랜잭션이 수행되는 도중 오류가 발생하거나 비정상적으로 종료되는 경우 트랜잭션 이 시작된 시점으로 되돌아가 수행 연산을 취소하는 과정

〈보기〉

ㄱ. RENAME	ㄴ. TRUNCATE	ㄷ. GRANT	ㄹ. REVOKE	
ㅁ. SAVEPOINT	ㅂ. COMMIT	ㅅ. ROLLBACK	ㅇ. REDO	ㅈ. UNDO

• 답 ① :
• 답 ② :

16 이상(Anomaly) 현상 중 삭제 이상에 대하여 간략히 설명하시오.

득점	배점
	5

• 답 :

---

17 다음은 키(Key)에 대한 설명이다. 빈칸 ①~②에 들어갈 가장 적합한 용어에 해당하는 기호를 〈보기〉에서 골라 쓰시오.

득점	배점
	5

- 관계형 데이터베이스의 키(Key)는 릴레이션에서 조건에 만족하는 튜플을 찾거나 순서대로 정렬할 때 다른 튜플들과 구별할 수 있는 유일한 기준이 되는 속성 또는 속성들의 집합이다.
- 슈퍼키(Super key)는 한 릴레이션 내의 속성들의 집합으로 릴레이션을 구성하는 모든 튜플에 대한 (①)(은)는 만족시키지만 (②)(은)는 만족시키지 못한다.
- 후보키(Candidate key)는 릴레이션에서 튜플을 유일하게 구별해주는 속성 또는 속성들의 조합으로 (①)(와)과 (②)(을)를 모두 만족하는 속성 또는 속성들의 집합이다.
- 기본키(Primary Key)는 후보키 중에서 튜플을 식별하는 기준으로 선택된 널 값(NULL VALUE)을 갖지 않는 특별한 키이다. 대체키(Alternate Key)는 하나의 릴레이션에 존재하는 후보키들 중 기본키를 제외한 나머지 후보키들이다.

〈보기〉

ㄱ. 원자성	ㄴ. 일관성	ㄷ. 이식성	ㄹ. 최소성
ㅁ. 독립성	ㅂ. 영속성	ㅅ. 중복성	ㅇ. 유일성

• 답 ① :
• 답 ② :

---

18 서버(Server)에서 구성 가능한 디스크 어레이 구축 방식 중 스트라이핑을 지원하지만 장애 복구 능력이 없기 때문에 데이터 손실의 위험을 감수하더라도 빠른 입출력이 가능하도록 여러 드라이브에 분산 저장하여 고성능을 추구하기 위해 디스크를 병렬로 배치하는 방식의 RAID 레벨(Level)을 쓰시오.

득점	배점
	5

• 답 :

19 다음 공통으로 설명하는 용어를 영문 약어로 쓰시오.

득점	배점
	5

- '정보보호 관리체계'를 의미하는 용어로, 기업(조직)이 각종 위협으로부터 주요 정보 자산을 보호하기 위해 수립, 관리, 운영하는 종합적인 체계의 적합성에 대해 인증을 부여하는 제도이다.
- 기업이 정보보호 활동을 지속적, 체계적으로 수행하기 위해 필요한 보호조치를 체계적으로 구축하였는지를 점검하여 일정 수준 이상의 기업에 인증을 부여하는 제도로 한국인터넷진흥원에서 시행중인 제도이다.
- 수행 절차는 「정책 수립 및 범위설정 – 경영조직 – 위험관리 – 구현 – 사후관리」 순으로 진행된다.

- 답 :

20 표적형 공격으로 사용자가 평소와 같이 이용하던 합법적인 웹 사이트를 미리 악성 코드로 감염시킨 후, 해당 사이트를 방문하면 악성코드를 감염시켜 공격하는 방법에 해당하는 기호를 〈보기〉에서 골라 쓰시오.

득점	배점
	5

〈보기〉

ㄱ. Phishing	ㄴ. Pharming	ㄷ. Watering Hole	
ㄹ. Drive-By-Download	ㅁ. Smishing	ㅂ. Sniffing	ㅅ. Zero Day

- 답 :

다음 물음에 답을 해당 답란에 답하시오.

배점 **100** 문제수 **20**

01 다음은 객체지향과 관련된 개념에 대한 설명이다. 빈칸 ①~②에 들어갈 가장 적합한 용어를 〈보기〉에서 골라 쓰시오.

득점	배점
	5

구분	설명
Abstraction	• 객체(Object)에서 표현하고자 하는 것을 가시화하여 추출하는 과정이다. • 주어진 문제나 시스템 중에서 중요하고 관계있는 부분만을 분리하여 간결하고 이해하기 쉽게 만드는 작업이다.
Inheritance	• 서브클래스(Subclass)는 슈퍼클래스(Superclass)의 모든 특성을 물려받는다. • 각 서브클래스는 물려받은 특성 외에 자신만의 속성과 행동을 추가한다.
(①) 관계	• (①)(은)는 컴퓨터 시스템과 같이 하나의 객체가 다른 객체들의 조합에 의해 만들어진 경우이다. • A 객체가 B 객체에 포함된 관계이며 전체 개념의 클래스로부터 구성요소를 찾을 수 있다. • '부분'을 나타내는 객체를 다른 객체와 공유할 수 있다. • UML에서는 '전체' 클래스 방향에 빈 마름모로 표시하고, Or 관계에 놓이면 선 사이를 점선으로 잇고 {or}를 표시한다.
(②) 관계	• 객체지향에서 상속 관계(Is A Kind Of)를 표현한다. • 일반적 개념의 클래스와 구체적 클래스의 관계이다. • 한 클래스가 다른 클래스를 포함하는 상위 개념일 때 사용한다.

〈보기〉

> Association, Dependency, Aggregation, Generalization, Composition, Realization

• 답 ① :

• 답 ② :

02 다음 빈칸 (　　) 안에 공통으로 들어갈 가장 적합한 용어를 쓰시오.

득점	배점
	5

> (　　　) 다이어그램은 시스템을 구성하는 객체 간의 관계를 추상화한 모델을 논리적 구조로 표현한다.
> (　　　) 다이어그램은 클래스, 속성, 오퍼레이션, 연관 관계를 이용하여 시스템을 정적인 관점으로 나타낸
> 것이다. (　　　) 다이어그램을 통해 해당 시스템에서 사용되는 데이터를 발견할 수 있다.

• 답 :

03 객체 생성만을 전문으로 하는 서브 클래스를 정의하고, 해당 객체에서 어떤 객체를 만들지 결정하여 반환하는 메소드를 사용하여 필요한 객체를 생성하는 생성 패턴은 무엇인지 〈보기〉에서 골라 쓰시오.

득점	배점
	5

〈보기〉

> Factory Method, Singleton, Prototype, Builder, Abstract Factory

• 답 :

04 다음 빈칸 (　　) 안에 공통으로 들어갈 가장 적합한 용어를 쓰시오.

득점	배점
	5

> 파일 구조에는 순차, (　　　), 해싱이 있다.
> • 순차 접근 방법은 레코드가 저장되어 있는 물리적 순차를 따른다. 즉, 레코드의 물리적 순서와 논리적 순서가 같게 순차적으로 저장하는 방법이다.
> • (　　　) 접근 방법은 레코드 접근을 위해 해당 (　　　)(을)를 찾아, 그 (　　　)(이)가 가리키는 주소를 따라가서 레코드에 접근할 수 있도록 데이터를 저장하는 데이터 접근 방식이다. (　　　)(은)는 〈값, 주소〉의 자료구조로 구성되어 있다.
> • 해싱 접근 방법을 이용하는 파일 구조는 (　　　) 구조에 의존할 필요 없이 원하는 레코드에 대한 디스크 블록 주소를 레코드의 탐색 값에 대한 함수 계산을 통해 직접 얻을 수 있다.

• 답 :

05 어떤 모듈이 다른 모듈의 내부 논리 조작을 제어하기 위한 목적으로 제어신호를 이용하여 통신하는 경우이며, 하위 모듈에서 상위 모듈로 제어신호가 이동하여 상위 모듈에게 처리 명령을 부여하는 권리 전도현상이 발생하게 되는 결합도를 무엇이라 하는지 영문으로 쓰시오.

득점	배점
	5

• 답 :

06 윈도우즈나 매킨토시 등에서 사용자가 마우스나 키보드로 아이콘이나 메뉴를 선택하여 원하는 작업을 수행하는 사용자 인터페이스를 의미하는 용어를 쓰시오.

득점	배점
	5

• 답 :

07 요구 명세서를 입력 조건과 출력 조건 간의 논리적 관계로 표현하여 여러 입력 데이터 간의 관계와 출력에 미치는 상황을 체계적으로 분석한 테스트 케이스를 도출하고, 입력 환경의 복합성을 고려한 블랙박스 테스트 기법이 무엇인지 〈보기〉에서 골라 쓰시오.

득점	배점
	5

〈보기〉

Syntax, Equivalence Partitioning, Boundary Value Analysis, Cause Effect Graph

• 답 :

08 다음은 테스트 케이스의 사례이다. 빈칸 ①~③에 들어갈 가장 적합한 테스트 케이스의 구성요소에 해당하는 용어를 〈보기〉에서 골라 쓰시오.

득점	배점
	5

테스트ID	케이스	①	②	③	수행결과	Pass/Fail
1	모듈에서 도서명과 저자명이 필수로 입력되어지는가?	등록버튼 클릭	도서명, 저자명	정상입력	정상	Pass

〈보기〉

테스트 우선순위, 모듈이름, 테스트 설계자, 테스트 설계 날짜. 테스트 실행자, 테스트 실행 날짜, 테스트 조건, 수행 절차, 테스트 데이터, 예상 결과

• 답 ① :
• 답 ② :
• 답 ③ :

09 다음은 점진적 통합 테스트에 대한 설명이다. 빈칸 ①~②에 들어갈 용어를 〈보기〉에서 골라 쓰시오.

점진적 통합 테스트는 단계적으로 각 모듈을 통합하며 테스트를 한다. 오류 수정이 쉽고 인터페이스 관련 오류를 테스트할 수 있다.
점진적 통합 테스트 중 (①) 테스트는 가장 아래에 있는 모듈부터 테스트를 시작한다. (①) 테스트에서는 상위 모듈의 역할을 하는 (②)(이)가 필요하다. (②)(은)는 하위 모듈을 순서에 맞게 호출하고 호출 시 필요한 매개변수를 제공하며 결과를 전달하는 역할을 한다.

〈보기〉

상향식 통합, 하향식 통합, 빅뱅, 백본, 드라이버, 스텁

· 답 ① :
· 답 ② :

10 아래 보기의 두 테이블 〈A〉, 〈B〉에 대하여 다음 SQL문의 수행결과를 쓰시오.

〈A〉

SNO	NAME	GRADE
1000	SMITH	1
2000	ALLEN	2
3000	SCOTT	3

〈B〉

RULE
S%
%T%

〈SQL문〉

```
SELECT COUNT(*) CNT
FROM A CROSS JOIN B
WHERE A.NAME LIKE B.RULE;
```

· 답 :

11 1970년대 IBM이 개발한 대칭키 암호화 알고리즘으로 평문을 64bit로 블록화하고 실제 키의 길이는 56bit를 이용한 16라운드 Feistel 구조의 전사 공격(Brute-Force Attack)에 취약한 비밀키 암호화 기법을 의미하는 용어를 쓰시오.

· 답 :

12 다음 빈칸 (   ) 안에 공통으로 들어갈 가장 적합한 용어를 쓰시오.

득점	배점
	5

(   ) 스푸핑(Spoofing) 공격은 동일 네트워크에 존재하는 공격 대상 PC의 IP 주소를 공격자 자신의 랜카드(MAC) 주소와 연결해 다른 PC에 전달되어야 하는 정보를 가로채는 공격을 말한다.
어떤 PC에 (   ) 스푸핑 기능을 가진 악성코드가 설치되면 약간의 조작으로 동일 구역 내의 다른 PC에 쉽게 악성코드를 설치할 수 있다. 즉, 동일 네트워크 하의 PC가 외부 네트워크로 접속을 시도할 경우, 악성코드에 감염된 PC를 경유해서 접속 함으로써 해당 악성코드에 자동으로 감염되게 되는 것이다. 또한 동일 네트워크 하의 모든 PC가 감염된 PC를 게이트웨이로 인식해 외부 네트워크와 통신하기 위해 발생하는 모든 패킷을 해당 PC에 전송하므로 네트워크 속도가 크게 느려진다.

• 답 :

13 다음은 C언어로 작성된 프로그램이다. 이를 실행한 출력 결과를 쓰시오.

득점	배점
	5

```c
#include <stdio.h>
struct score {
    char name[12];
    int os, db, hab, hhab;
};

int main()
{
    struct score st[3] = { {"가", 95, 88},
                           {"나", 84, 91},
                           {"다", 86, 75} };
    struct score *p;
    p = &st[0];

    (p+1)->hab = (p+1)->os + (p+2)->db;
    (p+1)->hhab = (p+1)->hab + p->os + p->db;

    printf("%d", (p+1)->hab + (p+1)->hhab);

    return 0;
}
```

• 답 :

14 다음은 C언어로 작성된 프로그램이다. 이를 실행한 출력 결과를 쓰시오.

득점	배점
	5

```c
#include <stdio.h>

int main()
{
    int *array[3];
    int a = 12;
    int b = 24;
    int c = 36;
    array[0] = &a;
    array[1] = &b;
    array[2] = &c;

    printf("%d", *array[1] + **array + 1);

    return 0;
}
```

• 답 :

```java
class Singleton {
    private static Singleton instance = null;
    private int count = 0;
    private Singleton () { };
    public static Singleton getInstance() {
        if(instance == null) {
            instance = new Singleton();
            return instance;
        }
        return instance;
    }
    public void count() {
        count++;
    }
    public int getCount() {
        return count;
    }
}
public class Test {
    public static void main(String[] args) {
        Singleton sg1 = Singleton.getInstance();
        sg1.count();
        Singleton sg2 = Singleton.getInstance();
        sg2.count();
        Singleton sg3 = Singleton.getInstance();
        sg3.count();
        System.out.print(sg1.getCount());
    }
}
```

• 답 :

16 다음은 Java로 작성된 프로그램이다. 이를 실행한 출력 결과를 쓰시오.

득점	배점
	5

```java
public class Test {
    public static void main(String[] args) {
        int w = 3, x = 4, y = 3, z = 5;
        if((w == 2 | w == y) & !(y > z) & (1 == x ^ y != z)) {
            w = x + y;
            if(7 == x ^ y != w) {
                System.out.println(w);
            } else {
                System.out.println(x);
            }
        } else {
            w = y + z;
            if(7 == y ^ z != w) {
                System.out.println(w);
            } else {
                System.out.println(z);
            }
        }
    }
}
```

• 답 :

17 다음은 Python언어로 작성된 프로그램이다. 이를 실행한 출력 결과를 쓰시오.

득점	배점
	5

```python
a, b = 10, 20

print(a == b)
```

• 답 :

18 데이터 제어어(DCL) 중 GRANT 명령어의 기능에 대하여 간략히 설명하시오.

득점	배점
	5

• 답 :

19 다음은 OSI 7 계층에 대한 설명이다. 빈칸 ①~③에 들어갈 가장 적합한 용어를 쓰시오.

<table>
<tr><td></td><td>득점</td><td>배점</td></tr>
<tr><td></td><td></td><td>5</td></tr>
</table>

계층	설명
(①) 계층	• 내부 네트워크상에서 두 노드 간을 직접 연결하는 링크 상의 흐름 제어, 에러 제어 • 현재 노드와 다음에 접근할 노드의 물리적 주소를 포함하여 프레임(Frame)을 구성 • 표준 프로토콜 : HDLC, LLC, LAPB, LAPD, ADCCP
(②) 계층	• 논리 주소 지정, 패킷(Packet)의 최적의 경로를 설정 및 네트워크 연결 관리 • 표준 프로토콜 : X.25, IP
(③) 계층	코드 변환, 암호화 및 복호화, 압축, 구문 검색

• 답 ① :

• 답 ② :

• 답 ③ :

20 다음은 AAA서버에 대한 설명이다. 빈칸 ①~③에 들어갈 가장 적합한 용어에 해당하는 기호를 〈보기〉에서 골라 쓰시오.

<table>
<tr><td></td><td>득점</td><td>배점</td></tr>
<tr><td></td><td></td><td>5</td></tr>
</table>

AAA	설명
(①)	사용자가 시스템에 접근을 허용하기 전에 가입자 신분을 확인
(②)	사용자가 시스템 자원에 대한 접근 권한 유무를 판별 후 접근 허가를 결정
(③)	사용 시간, 정보, 위치 등 정보 수집 등 시스템 자원 사용의 정보를 수집하고 관리

〈보기〉

ㄱ. Authentication	ㄴ. Analysis	ㄷ. Authorization
ㄹ. Architecture	ㅁ. Accounting	ㅂ. Availability

• 답 ① :

• 답 ② :

• 답 ③ :

실전 모의고사

다음 물음에 답을 해당 답란에 답하시오.　　　　　　배점 **100** 문제수 **20**

01 참조 관계에 있는 두 테이블에서 하나의 테이블에 삽입(Insert), 삭제(Delete), 갱신 (Update) 등의 연산으로 테이블의 내용이 바뀌었을 때 데이터의 일관성과 무결성 유지를 위해 이와 연관된 테이블도 연쇄적으로 변경이 이루어질 수 있도록 하는 것을 무엇이라 하는지 쓰시오.

득점	배점
	5

· 답 :

02 다음 설명하는 요구사항 확인 기법을 쓰시오.

득점	배점
	5

- 도출된 요구사항을 토대로 시제품을 제작하여 대상 시스템과 비교하면서 개발 중에 도출되는 추가 요구 사항을 지속적으로 재작성하는 과정이다.
- 새로운 요구사항을 도출하기 위한 수단이다.
- 요구사항에 대하여 소프트웨어 엔지니어 입장에서 해석한 것을 확인하기 위한 수단으로 많이 사용된다.
- 실제 구현 전에 잘못된 요구사항을 만족시키기 위하여 자원을 낭비하는 것을 방지할 수 있다.

· 답 :

03 Use Case Diagram 작성 단계 중 다음 작업이 진행되는 단계를 쓰시오.

득점	배점
	5

- 액터가 요구하는 서비스를 식별한다.
- 액터가 요구하는 정보를 식별한다.
- 액터가 시스템과 상호작용하는 행위를 식별한다.

· 답 :

04 다음 공통 모듈 테스트와 관련된 설명 중 빈칸 ①∼②에 알맞은 용어를 쓰시오.

득점	배점
	5

> 공통 모듈 테스트를 통해 공통 개발된 공통 모듈의 내부 기능과 제공하는 인터페이스에 대해 테스트할 수 있는 (①)(을)를 작성하고, (②)(을)를 수행하기 위한 테스트 조건을 명세화할 수 있다. (①)(이)란, 요구사항을 준수하는지 검증하기 위하여 테스트 조건, 입력값, 예상 출력값 및 수행한 결과 등 테스트 조건을 명세한 것이다.
> 개발된 공통 모듈을 실행하여 테스트하는 동적 테스트와 수동 또는 자동화 도구를 사용하여 검토하는 정적 테스트 중 적절한 (②) 방식을 결정한다. (②)의 방식과 범위에 따라 (①)(을)를 작성한다.

• 답 ① :

• 답 ② :

05 다음 공통으로 설명하는 용어를 쓰시오.

득점	배점
	5

> • 효율적인 정보 시스템 개발을 위한 코드 라이브러리, 애플리케이션 인터페이스(Application Interface), 설정 정보 등의 집합으로서 재사용이 가능하도록 소프트웨어 구성에 필요한 기본 뼈대를 제공한다.
> • 광의적으로 정보 시스템의 개발 및 운영을 지원하는 도구 및 가이드 등을 포함한다.
> • 특징 : 모듈화, 재사용성, 확장성, 제어의 역흐름

• 답 :

06 다수의 이해관계자가 참여하는 복잡한 개발에서 상호 이해, 타협, 의사소통을 체계적으로 접근하고, 전체 시스템의 전반적인 구조를 체계적으로 설계하는 것으로 "소프트웨어를 구성하는 컴포넌트들의 상호작용 및 관계, 각각의 특성을 기반으로 컴포넌트들이 상호 유기적으로 결합하는 소프트웨어의 여러 가지 원칙들의 집합"이라 정의되는 용어를 쓰시오.

득점	배점
	5

• 답 :

07 컴퓨터 프로그램은 물론 모든 관련 정보를 돈으로 주고 구입하는 것을 반대하는 것이 기본 이념으로 2007.6 발표되었으며, 소프트웨어 특허에 대처하는 것, 다른 라이선스와의 호환성, 배포 후 특허권을 빌미로 로열티를 요구하는 행위를 원천 봉쇄하여, 특허권자가 저작권자와 다를 경우는 특허 소유자가 로열티를 받지 않는 조건으로만 GPL 배포가 가능한 오픈소스 라이선스의 종류를 쓰시오.

득점	배점
	5

• 답 :

08 아래 보기의 〈CUSTOMER〉 테이블을 대상으로 하는 〈지시사항〉에 대한 SQL문을 완성하시오.

득점	배점
	5

〈CUSTOMER〉

ID	NAME	AGE	GRADE
hong	홍길동	34	VIP
kang	강감찬		VIP
shin	이순신	14	GOLD
bak	계백		SILVER
young	강희영	20	VIP

〈지시사항〉

〈CUSTOMER〉 테이블에서 AGE 속성이 NULL인 고객의 NAME을 검색하시오.

〈SQL문〉

```
SELECT NAME FROM CUSTOMER WHERE AGE (       );
```

• 답 :

09 프로젝트 검증에 적합한 테스트 도구 선정 시 테스트 수행 활동에 따른 도구를 분류한 다음의 표에서 빈칸 ①~②에 해당하는 테스트 도구를 쓰시오.

득점	배점
	5

테스트 도구	내용
테스트 자동화	기능 테스트 등 테스트 도구를 활용하여 자동화를 통한 테스트의 효율성을 높일 수 있음(xUnit, STAF, NTAF 등)
정적 분석	코딩 표준, 런타임 오류 등을 검증
(①)	대상 시스템 시뮬레이션을 통한 오류 검출(Avalanche, Valgrind 등)
성능 테스트	가상 사용자를 인위적으로 생성하여 시스템 처리 능력 측정(JMeter, AB, OpenSTA 등)
모니터링	시스템 자원(CPU, Memory 등) 상태 확인 및 분석 지원 도구(Nagios, Zenoss 등)
(②)	테스트 수행에 필요한 다양한 도구 및 데이터 관리
테스트 관리	전반적인 테스트 계획 및 활동에 대한 관리
결함 추적/관리	테스트에서 발생한 결함 관리 및 협업 지원

• 답 ① :
• 답 ② :

10 다음은 C언어로 작성된 선택정렬의 오름차순을 수행하는 프로그램이다. 빈칸 ①~②에 알맞은 표현을 쓰시오.

득점	배점
	5

```c
#include <stdio.h>
int main()
{
    int a[] = { 95, 75, 85, 100, 50 };
    int i, j, temp;
    int n = sizeof(a) / sizeof(int);    // int n = 5;

    for( i = 0; i < n-1; i++ ) {
        for( j = __①__ ; j < n; j++ ) {
            if( a[i] > a[j] ) {
                temp = a[i];
                __②__ = a[j];
                a[j] = temp;
            }
        }
    }
    for( i = 0; i < 5; i++ ) {
        printf("%d ", a[i]);
    }
    return 0;
}
```

• 답 ① :
• 답 ② :

11 다음은 Java로 작성된 프로그램이다. 이를 실행한 결과를 쓰시오.

득점	배점
	5

```java
public class Exam {

        public static int[] makeArray(int n) {
                int[] t = new int[n];
                for(int i = 0; i < n; i++) {
                    t[i] = i*2;
                }
                return t;
        }
        public static void main(String[] args) {
                int[] a = makeArray(5);
                for(int i = 0; i < a.length; i++) {
                    if(i%2 == 0) continue;
                    System.out.print(a[i] + " ");
                }
        }

}
```

• 답 :

12 다음은 Java로 작성된 프로그램이다. 이를 실행한 결과를 쓰시오.

득점	배점
	5

```java
public class Exam {

    public static void main(String[] args) {
        int a=1, b=43, c=3;
        int temp;

        temp = a;
        if(b > temp) temp = b;
        if(c > temp) temp = c;

        System.out.println(temp);
    }

}
```

• 답 :

13 IPv6의 전송 방식에 따른 주소체계 3가지를 쓰시오.

득점	배점
	5

· 답 :

14 운영체제의 비선점 프로세스 스케줄링 기법 중 하나인 HRN(Highest Response-ratio Next)은 어떤 작업이 서비스를 받을 시간과 그 작업이 서비스를 기다린 시간으로 결정되는 우선순위에 따라 CPU를 할당하는 기법이다. HRN 스케줄링 기법을 적용할 경우 우선순위가 가장 높은 작업명을 쓰시오.

득점	배점
	5

작업명	대기시간	서비스시간
A	10	50
B	20	40
C	50	10
D	30	30

· 답 :

15 CRUD는 데이터베이스가 가지는 기본적인 데이터 처리 기능인 Create(생성), Read(읽기), Update(갱신), Delete(삭제)를 말한다. 다음은 CRUD 기본 처리와 SQL 명령어를 설명한 것으로, 빈칸 ①~④에 알맞은 SQL명령문을 쓰시오.

득점	배점
	5

기본 처리	SQL	설명
Create	(①)	테이블 내 컬럼에 데이터를 추가한다.
Read	(②)	테이블 내 컬럼에 저장된 데이터를 불러온다.
Update	(③)	테이블 내 컬럼에 저장된 데이터를 수정한다.
Delete	(④)	테이블 내 컬럼에 저장된 데이터를 삭제한다.

· 답 ① :
· 답 ② :
· 답 ③ :
· 답 ④ :

16 다음 〈보기〉에서 Link State 방식의 라우팅 프로토콜을 골라 쓰시오.

득점	배점
	5

〈보기〉

> RIP, IGRP, OSPF

• 답 :

17 다음은 소프트웨어 개발 방법론 중 SCRUM의 흐름을 도식화한 것이다. 다음 빈칸 ①~②에 알맞은 답을 쓰시오.

득점	배점
	5

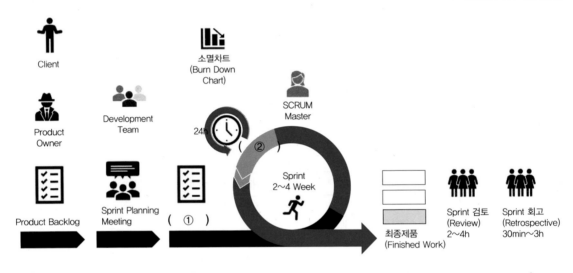

• 답 ① :
• 답 ② :

18 DBMS(Database Management System)의 개념과 종류를 간략히 설명하시오.

득점	배점
	5

• 개념 :
• 종류 :

19 L2, L3, L4 스위치는 OSI 중 어떤 계층에서 수행되는지에 따라 구분된다. 다음 설명에 해당하는 빈칸 ①~③에 알맞은 스위치명을 쓰시오.

득점	배점
	5

스위치명	설명
(①)	TCP/UDP 등 스위칭을 수행하며 응용 계층에서 파악이 가능한 이메일 내용 등 정교한 로드 밸런싱 수행이 불가능하다.
(②)	가장 원초적인 스위치로 상위 레이어에서 동작하는 IP 이해가 불가능하다.
(③)	IP 레이어에서의 스위칭을 수행하여 외부로 전송하며 라우터와의 경계가 모호하다.

• 답 ① :

• 답 ② :

• 답 ③ :

20 운영체제에서 교착 상태(DeadLock)가 발생하기 위한 필요 조건 4가지를 쓰시오.

득점	배점
	5

• 답 :

다음 물음에 답을 해당 답란에 답하시오.   배점 **100** 문제수 **20**

01 다음 설명의 정보보안 침해 공격 관련 용어를 쓰시오.

득점	배점
	5

> 인터넷 사용자의 컴퓨터에 침입해 내부 문서 파일 등을 암호화해 사용자가 열지 못하게 하는 공격으로, 암호 해독용 프로그램의 전달을 조건으로 사용자에게 돈을 요구하기도 한다.

• 답 :

02 LOC 기법에 의하여 예측된 총 라인 수가 50,000라인, 프로그래머의 월 평균 생산성이 200라인, 개발에 참여할 프로그래머가 10인일 때, 개발 소요 기간은 얼마나 걸리는지 계산식과 답을 쓰시오.

득점	배점
	5

• 계산식 :
• 답 :

03 이행적 함수 종속 관계를 약술하시오.

득점	배점
	5

• 답 :

04 운영체제의 병행제어에서 Locking 단위가 작아지는 경우에 공유도와 오버헤드에 관계에 대하여 약술하시오.

득점	배점
	5

• 답 :

05 다음 설명하는 용어를 쓰시오.

득점	배점
	5

- 메모리(Memory) + 레지스터(Resistor)의 합성어이다.
- 전류의 흐름과 시간의 변화에 따라 저항의 강도가 바뀌는 새로운 전기소자로 이전의 상태를 모두 기억하는 메모리이다.

• 답 :

06 폭포수 모형은 Boehm이 제시한 고전적 생명주기 모형으로, 소프트웨어 개발 과정의 각 단계가 순차적으로 진행되는 모형이다. 다음 개발 단계 중 빈칸 ①~②에 알맞은 답을 쓰시오.

득점	배점
	5

개발 단계 : 타당성 검사 → 계획 → (①) → 설계 → 구현 → 시험(검사) → 운용 → (②)

• 답 ① :
• 답 ② :

07 테일러링(Tailoring) 개발 방법론의 내부적 요건 4가지를 쓰고 약술하시오.

득점	배점
	5

• 답 ① :
• 답 ② :
• 답 ③ :
• 답 ④ :

득점	배점
	5

```
SELECT 과목이름 FROM 성적
WHERE EXISTS( SELECT 학번
              FROM 학생
              WHERE 학생·학번＝성적·학번
              AND 학과 IN ('전산', '전기') AND 주소＝'경기');
```

〈학생〉

학번	이름	학년	학과	주소
1000	김철수	1	전산	서울
2000	고영준	1	전기	경기
3000	유진호	2	전자	경기
4000	김영진	2	전산	경기
5000	정현영	3	전자	서울

〈성적〉

학번	과목번호	과목이름	학점	점수
1000	A100	자료구조	A	91
2000	A200	DB	A⁺	99
3000	A100	자료구조	B⁺	88
3000	A200	DB	B	85
4000	A200	DB	A	94
4000	A300	운영체제	B⁺	89
5000	A300	운영체제	B	88

• 답 :

09 순수 관계 연산자에서 릴레이션의 일부 속성만 추출하여 중복되는 튜플은 제거한 후 새로운 릴레이션을 생성하는 연산자와 기호를 쓰시오.

득점	배점
	5

• 답 :

10 트랜잭션을 정의하고, 4가지 특성을 쓰시오.

득점	배점
	5

· 정의 :

· 특성 :

11 통신 채널의 주파수 대역폭 B, 신호전력 S, 잡음 전력이 N인 경우, 채널의 통신 용량 공식을 쓰시오.

득점	배점
	5

· 답 :

12 아래 보기의 〈학생〉 테이블에 학번 984104, 성명 '한국산', 과목명 '정보학개론', 학년 3, 전화번호 '010-1234-1234' 학생 튜플을 삽입하는 SQL문을 작성하시오. (단, 성명, 과목 명, 전화번호 속성의 데이터는 문자형이고, 학번, 학년 속성의 데이터는 숫자형이다. 문자형 데이터는 작은 따옴표(' ')로 표시하시오.)

득점	배점
	5

〈학생〉

학번	성명	과목명	학년	전화번호
993355	강희영	자료구조	2	010-1111-1111
974188	홍길동	디지털논리회로	1	010-2222-2222

· 답 :

13 다음 C언어로 구현된 프로그램을 실행했을 때, 〈실행 결과〉와 같이 출력되도록 빈 줄 ①~③에 들어갈 가정 적합한 C 표현을 쓰시오.

득점	배점
	5

〈실행 결과〉

```
1 2 4 7
```

```c
#include <stdio.h>
#define SIZE 4
void bubble_sort(int* list)
{
    int i, j, temp;
    for(i = 0; i < SIZE-1; i++)  {
        for(j = 0; j < (SIZE-1)-i; j++)  {
            if(    ①     > list[j+1])  {
                temp = list[j];
                list[j] = list[j+1];
                list[j+1] = temp;
            }
        }
    }
    for(i = 0; i < SIZE; i++)
        printf("%d  ",    ②    );
}
void main()
{
    int list[SIZE] = {7, 2, 4, 1};
        ③    (list);
}
```

• 답 ① :

• 답 ② :

• 답 ③ :

14 다음은 피보나치 수열의 합을 구하도록 Java로 작성된 프로그램이다. 이를 실행한 결과를 쓰시오.

득점	배점
	5

```java
public class Exam {
    public static void main(String[] args) {
        int a, b, c, sum;
        a = b = 1;
        sum = a + b;
        for(int i = 3; i <= 5; i++)
        {
                c = a + b;
                sum += c;
                a = b;
                b = c;
        }
        System.out.println(sum);
    }
}
```

• 답 :

15 다음 트리를 전위 순회(Preorder Traversal)한 결과를 쓰시오.

득점	배점
	5

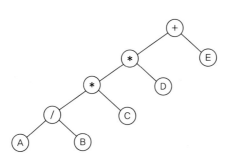

• 답 :

16 시스템이나 네트워크의 취약점이 발표되어 이에 대한 대책이 수립되어 적용되기도 전에 먼저 이루어진 취약점 기반 공격을 의미하는 공격에 해당하는 용어를 쓰시오.

득점	배점
	5

• 답 :

17 모듈 통합에서 사용되는 Stub과 Driver에 대하여 간략히 서술하시오.

득점	배점
	5

• Stub :

• Driver :

18 스키마는 데이터베이스의 전체적인 구조와 제약조건에 대한 명세를 기술·정의한 것을 말하며, 스킴(Scheme)이라고도 한다. 스키마의 3계층에 대한 설명과 부합하는 빈칸 ①~③에 알맞은 용어를 쓰시오.

득점	배점
	5

> • (①) 스키마 : 물리적 저장 장치 관점(기계 관점)에서 본 데이터베이스의 물리적 구조를 말한다.
> • (②) 스키마 : 논리적 관점(사용자 관점)에서 본 전체적인 데이터 구조이다.
> • (③) 스키마 : 전체 데이터 중 사용자가 사용하는 한 부분에서 본 논리적 구조를 말하며, 서브 스키마라고도 한다.

• 답 ① :
• 답 ② :
• 답 ③ :

19 스마트폰과 같은 개인 정보기기를 분실하였을 때 이를 습득한 타인이 불법으로 사용하거나 저장된 개인 정보를 유출하지 못하도록 원격으로 기기 사용을 정지시키는 기능이다. 펌웨어나 운영체제 수준에서 제공되는 이 기능을 무엇이라고 하는지 쓰시오.

득점	배점
	5

• 답 :

20 기존의 여러 가지 IT기술과 해킹 방법들을 종합적으로 활용하여 다양한 종류의 보안 위협들을 지속적으로 만듦으로써 특정한 대상을 계속하여 공격하는 행위이다. 이 공격 행위를 영문 3자로 쓰시오.

득점	배점
	5

• 답 :

다음 물음에 답을 해당 답란에 답하시오. 배점 **100** 문제수 **20**

01 다음 데이터베이스와 관련된 설명과 부합하는 빈칸 ①~⑤에 알맞은 용어를 쓰시오.

득점	배점
	5

SQL 제어어(DCL : Data Control Language)는 관리자가 데이터의 보안, 무결성 유지, 병행 제어, 회복 등을 하기 위해 사용하는 언어를 말한다. SQL 제어어의 종류는 (①), (②), (③), (④) 등이 있다.

(①)(은)는 데이터베이스 내의 연산이 성공적으로 종료되어 연산에 의한 수정 내용을 지속적으로 유지하기 위한 명령어를 말한다.

(②)(은)는 데이터베이스 내의 연산이 비정상적으로 종료되거나 정상적으로 수행되었다 하더라도 수행되기 이전 상태로 되돌리기 위해 연산 내용을 취소할 때 사용하는 명령어를 말한다.

(③)(은)는 관리자가 사용자에게 데이터베이스에 대한 권한을 부여하기 위한 명령어이다.

(④)(은)는 관리자가 사용자에게 부여했던 권한을 취소하기 위해 사용되는 명령어이다. 권한을 부여받은 사용자가 다른 사용자에게 권한을 부여했을 경우 (⑤) 옵션을 이용해 사용자의 권한을 취소하면 사용자가 부여했던 다른 사용자들의 권한도 연쇄적으로 취소된다.

예를 들어 "강희영"에게 부여된 〈학생〉 테이블에 대한 모든 권한과 "강희영"이 다른 사용자에게 부여한 권한을 취소하기 위한 SQL문은 아래와 같다.

〈SQL문〉

```
( ④ ) ALL ON 학생 FROM 강희영 ( ⑤ );
```

• 답 ① :
• 답 ② :
• 답 ③ :
• 답 ④ :
• 답 ⑤ :

02 아래 보기의 〈학생〉 테이블에 이름 속성이 '이'로 시작하는 학생들의 학번을 검색하되 학년이 높은 학생 순으로(내림차순) 출력하는 SQL문을 작성하시오.

득점	배점
	5

〈학생〉

학번	이름	학년
1000	이영진	1
2000	홍순신	2
3000	김감찬	3
4000	강희영	3
5000	이철수	3
6000	이영희	4

• 답 :

03 제품 생산과 서비스 부분을 혁신하기 위하여 개방과 자원 공유 방식을 기반으로 더 많은 사람들을 참여시키려는 새로운 경제 모델이다. 위키피디아(Wikipedia)와 경제학(Economics)의 합성어로 개방과 공유의 원리에 의하여, 대규모 협업을 도모하는 것을 무엇이라고 하는지 쓰시오.

득점	배점
	5

• 답 :

04 메모리상에서 프로그램의 복귀 주소와 변수 사이에 특정 값을 저장해 두었다가 그 값이 변경되었을 경우 오버플로우 상태로 가정하여 프로그램 실행을 중단하는 기술은 무엇인지 쓰시오.

득점	배점
	5

• 답 :

05 정보보안의 3요소를 쓰고 각 요소의 특징을 약술하시오.

득점	배점
	5

• 답 ① :
• 답 ② :
• 답 ③ :

06 다음 설명에 해당하는 용어를 쓰시오.

- 오픈 소스를 기반으로 한 분산 컴퓨팅 플랫폼이다.
- 일반 PC급 컴퓨터들로 가상화된 대형 스토리지를 형성한다.
- 다양한 소스를 통해 생성된 빅데이터를 효율적으로 저장하고 처리한다.

- 답 :

07 Boehm이 제시하였으며, 반복적인 작업을 수행하는 점증적 생명 주기 모형, 점증적 모형, 집중적 모형이라고도 하며, 프로토타입을 지속적으로 발전시켜 최종 소프트웨어 개발까지 이르는 개발 방법으로 위험관리가 중심인 소프트웨어 생명주기 모형은 무엇인지 쓰시오.

- 답 :

08 다음은 Java로 작성된 프로그램이다. 이를 실행한 결과를 쓰시오.

```java
public class Exam {
    public static void main(String [ ] args) {
        int [ ] a = {3, 4, 10, 5, 2 };
        for(int i=0; i<=3; i++) {
            for(int j=i+1; j<=4; j++) {
                if(a[i]< a[j]) {
                    int temp = a[i];
                    a[i] = a[j];
                    a[j] = temp;
                }
            }
        }
        for(int i=0; i<5; i++)
            System.out.println(a[i]);
    }
}
```

- 답 :

09 IP와 인터넷 제어 메시지 프로토콜(ICMP)의 특성을 이용하여 고성능 컴퓨터를 통하여 대량의 접속신호를 집중적으로 보냄으로써 상대 컴퓨터의 서버를 접속 불능 상태로 만들어 버리는 해킹 수법은 무엇인지 쓰시오.

득점	배점
	5

• 답 :

---

10 아래 보기의 〈성적〉 테이블을 대상으로 하는 〈SQL문〉의 결과를 쓰시오.

득점	배점
	5

〈성적〉

NO	NAME	KOR	ENG	MATH
1000	강희영	100	100	100
2000	김아름	100	NULL	100
3000	홍길동	NULL	0	100

〈SQL문〉

```
① SELECT SUM(KOR) FROM 성적;
② SELECT SUM(ENG) FROM 성적;
③ SELECT SUM(MATH) FROM 성적;
```

• 답 ① :
• 답 ② :
• 답 ③ :

---

11 CMM(Capability Maturity Model) 모델의 레벨을 설명한 표이다. 빈칸 ①~②에 알맞은 답을 쓰시오.

득점	배점
	5

단계	내용
1. (①)	예측/통제 불가능
2. 관리(managed)	기본적인 프로젝트 관리 체계 수립
3. 정의(defined)	조직 차원의 표준 프로세스를 통한 프로젝트 지원
4. 정량적 관리(quantitativelymanaged)	정량적으로 프로세스가 측정/통제됨
5. (②)	프로세스 개선 활동

• 답 ① :
• 답 ② :

12 COCOMO model을 통한 프로젝트 모드 3가지를 쓰고 3가지 모드를 구분하는 코드 라인 수를 쓰시오.

득점	배점
	5

• 답 ① :

• 답 ② :

• 답 ③ :

13 다음 빈칸에 알맞은 답을 쓰시오.

득점	배점
	5

〈성적〉

학번	이름	학년	수강과목	점수
1607	이영진	4	운영체제	92
1609	박태인	4	데이터베이스	85
1719	김정애	3	데이터베이스	91
1710	강순신	3	운영체제	88
1717	이태순	3	빅데이터개론	80
1819	김인성	2	데이터베이스	70
1925	강희영	1	빅데이터개론	72

위와 같이 생성된 〈성적〉 테이블을 대상으로 〈지시사항〉을 실행하는 SQL문은 다음과 같다.

〈지시사항 및 SQL문〉

• 〈성적〉 테이블에서 데이터베이스 과목을 수강하는 학생 중 점수가 80점 이상인 학생의 이름을 출력하시오.
  ▶ SELECT 이름 FROM 성적
     WHERE 수강과목 = '데이터베이스' (①   ) 점수 >= 80;
• 〈성적〉 테이블에서 수강과목별 점수의 평균이 85점 이상인 수강과목을 출력하시오.
  ▶ SELECT 수강과목 FROM 성적
     GROUP BY 수강과목 (②   ) AVG(수강과목) >= 85;

• 〈성적〉 테이블에서 '빅데이터개론'을 수강한 학생의 점수를 모두 0점으로 갱신하시오.
  ▶ UPDATE 성적 (③   ) 점수 = 0 WHERE 수강과목 = '빅데이터개론';

• 답 ① :

• 답 ② :

• 답 ③ :

14 다음 설명하는 공개키 암호화 알고리즘을 쓰시오.

득점	배점
	5

- 암호화할 때는 하나의 키를 사용하고, 해독 과정에서 또 다른 키를 사용한다.
- 소인수 분해 문제를 이용한 대표적인 공개키 암호화 기법이다.
- 망 내의 각 단말 시스템은 수신될 메시지의 암호화와 해독에 사용될 키의 쌍을 생성한다.
- 암호화는 공개키를 사용하고 복호화는 개인키를 사용한다.

- 답 :

15 다음 자바 언어로 구현된 프로그램을 분석하여 그 실행 결과를 쓰시오.

득점	배점
	5

```java
public class Exam  {
    public static void main(String [ ] args)  {
            int [ ] a = { 1, 2, 3, 4, 5 };
            int i = a.length - 1;
            int result = 0;
            while (i >= 0)  {
                    result += a[i];
                    i--;
            }
            System.out.print(result);
    }
}
```

- 답 :

16 정보통신을 통한 연계 시스템에서 패킷 교환망에 관하여 2가지 이상 약술하시오.

득점	배점
	5

- 답 ① :
- 답 ② :

17 다음 〈그림〉에 주어진 T1~T5 트랜잭션의 병행수행 과정에서 REDO와 UNDO를 수행하는 트랜잭션을 각각 골라 쓰시오.

득점	배점
	5

〈그림〉

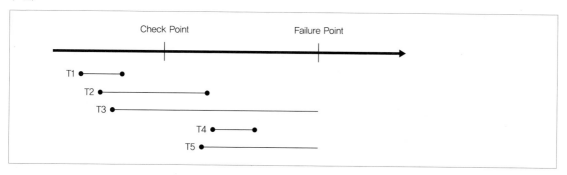

• REDO :

• UNDO :

18 ITU-T(International Telecommunication Union-Telecommunication)에서 제정한 국제 표준으로, DTE와 디지털 교환망 간에 접속할 때의 규정을 정의한 것은 무엇인지 쓰시오.

득점	배점
	5

• 답 :

19 소프트웨어 품질 목표 중 요구되는 기능을 수행하기 위해 필요한 자원의 소요 정도를 의미하는 용어를 쓰시오.

득점	배점
	5

• 답 :

20 화이트 박스 테스트(White Box Test)의 정의에 대하여 약술하고, 테스트 기법 3가지를 쓰시오.

득점	배점
	5

• 정의 :

• 테스트 기법 :

다음 물음에 답을 해당 답란에 답하시오.

배점 **100** 문제수 **20**

01 다음은 시스템 보안과 관련된 용어에 대한 설명이다. 각각에 대하여 가장 적합한 용어를 쓰시오.

득점	배점
	5

①	(①)(은)는 온라인상에서 불법 활동을 조장하기 위해 만들어진 컴퓨터 프로그램들을 말하며, Anti-Phishing Working Group의 Peter Cassidy가 처음 언급한 용어이다. (①)(은)는 사이버 공격에 사용되는 악성코드 및 소프트웨어를 지칭하는 스텔스 기술, Stuxnet, Zeus, 봇넷, SpyEye 기술을 말한다. 스파이웨어, 브라우저 하이제커, 키로거 등을 말하며, 이들은 모두 피싱킷이라는 공통점에 대부분 웹 사이트 개발 소프트웨어와 스패밍 소프트웨어를 포함하고 있고, 인터넷에서 곧바로 사용할 수 있으며, 키로거를 은밀히 설치시켜 불법적으로 정보를 수집해간다.
②	(②)(은)는 보안 소켓 계층이라고도 하며, 전송 계층 보안(TLS)과 그보다 앞선 (②)(은)는 인터넷과 같은 네트워크를 통해서 통신할 때 보안을 지원해주는 암호화된 통신규약이다. TLS와 (②)(은)는 전송 계층 종단 간 네트워크 연결의 세그먼트들을 암호화한다. 다양한 버전의 통신 규약들이 웹 브라우징, 전자우편, 인터넷 팩스, 인스턴트 메시징, 인터넷 전화(VoIP)와 같은 애플리케이션들에서 광범위하게 사용된다. 이를 영문 3자로 제시하라.
③	(③)(은)는 자기 자신이나 다른 프로그램들을 보이지 않도록 숨김으로써 사용자나 백신 프로그램이 발견하지 못하도록 하는 악성코드이다. 먼저 시스템을 해킹한 후 자신이 해킹한 흔적을 지우고 이후에 원격 접근이 항상 가능하도록 백도어를 설치하며 자신이 사용할 명령들을 발견하지 못하도록 은폐시켜 놓는다.

• 답 ① :

• 답 ② :

• 답 ③ :

02 다음은 Java로 작성된 프로그램이다. 이를 실행한 결과를 쓰시오.

득점	배점
	5

```java
public class Exam
{
    public static void main(String[] args) {
        int [] a = new int[5];
        int sum = 0;
        for(int i = 0; i < 5; i++) {
            a[i] = i+1;
        }
        for(int i : a) {
            sum += i;
        }
        System.out.print(sum);
    }
}
```

• 답 :

03 아래 괄호에 가장 적합한 단어를 쓰시오.

득점	배점
	5

(1)	(①)(은)는 허가된 사용자만이 디지털 콘텐츠에 접근할 수 있도록 만드는 제한 기술을 뜻한다. 또는 디지털 콘텐츠가 무분별하게 복제될 수 없도록 하는 보안 기술을 뜻하기도 한다. 넓게 보면 콘텐츠 불법 복제 방지 기술, 사용료 부과를 통한 유통 및 관리를 지원하는 서비스, 기업 내 문서 보안과 저작권 관리 기술이 포함되는 방대한 개념이다.
(2)	(②)(은)는 인터넷망과 같은 공중망을 사설망처럼 이용해 회선비용을 크게 절감할 수 있는 기업통신 서비스를 말한다. 방화벽, 침입 탐지 시스템과 함께 현재 사용되는 가장 일반적인 보안 솔루션 중 하나이다. 이것을 이해하려면 먼저 인터널 네트워크(Internal Network)를 이해해야 한다. 인터널 네트워크는 기업 내부 간 데이터 통신을 위한 네트워크이다.
(3)	(③)(은)는 휴대폰 기지국과 위성 서비스를 이용하여 사람이나 차량, 선박 등의 위치를 찾아내는 서비스를 말한다.
(4)	(④)(은)는 해킹 방식의 하나로서 여러 대의 공격자를 분산 배치하여 동시에 공격함으로써 시스템이 더 이상 정상적인 서비스를 제공할 수 없도록 만드는 것을 말한다. 여러 대의 공격자를 분산 배치하여 동시에 동작하게 함으로써 특정 사이트를 공격하는 해킹 방식의 하나이다. 서비스 공격을 위한 도구들을 여러 대의 컴퓨터에 심어놓고 공격 목표인 사이트의 컴퓨터 시스템이 처리할 수 없을 정도로 엄청난 분량의 패킷을 동시에 범람시킴으로써 네트워크의 성능을 저하시키거나 시스템을 마비시키는 방식이다.
(5)	(⑤)(은)는 인터넷 텔레포니의 핵심 기술로서 지금까지 일반 전화 교환망(PSTN) 네트워크를 통해 이루어졌던 음성 서비스를 인터넷 프로토콜(IP) 기술을 사용하여 제공하는 것이다. 음성이 디지털화되고, 전달 체계로 IP를 이용함으로써 전화는 물론 인터넷 팩스, 웹콜, 통합 메시지 처리 등의 향상된 인터넷 텔레포니 서비스가 가능하게 된다.

• 답 ① :
• 답 ② :
• 답 ③ :
• 답 ④ :
• 답 ⑤ :

04 객체지향 기법의 기본 5원칙을 쓰고 각 원칙을 간단히 정의하시오.

득점	배점
	5

· 답 (1) :

· 답 (2) :

· 답 (3) :

· 답 (4) :

· 답 (5) :

05 다음 Java코드에서 밑줄로 표시된 부분에는 어떤 보안 약점이 존재하는가? (단, key 는 암호화 키를 저장하는 변수이다.)

득점	배점
	5

```
import javax.crypto.KeyGenerator;
import javax.crypto.sepc.SecretKeySpec;
import javax.crypto.Cipher;
……생략
public String encriptString(String usr) {
String key = "22df3023sf~2;asn!@#/>as";
if (key != null) {
byte[] bToEncrypt = usr.getBytes("UTF-8");
……생략
```

· 답 :

06 알고리즘 설계 기법을 3가지만 쓰시오.

득점	배점
	5

· 답 :

07 다음 설명하는 소프트웨어 제품 품질 관련 국제 표준을 쓰시오.

득점	배점
	5

- ISO/IEC 9126의 품질 모델을 따르며 패키지 소프트웨어의 일반적인 제품 품질 요구사항 및 테스트를 위한 국제 표준이다.
- 제품 설명서, 사용자 문서 및 프로그램으로 구분하여 각각 품질 요구사항을 규정하고 있다.

- 답 :

08 UML 다이어그램에서 구조적 다이어그램 6가지 중 4가지를 쓰시오.

득점	배점
	5

- 답 :

09 다음 설명하는 UML 관계를 쓰시오.

득점	배점
	5

- 한 사물의 객체가 다른 사물의 객체와 연결된 것을 표현한다.
- 두 클래스가 서로 연관이 있다면 A, B 객체를 서로 참조할 수 있음을 표현한다.
- 이름 : 관계의 의미를 표현하기 위해 이름을 가질 수 있다.
- 역할 : 수행하는 역할을 명시적으로 이름을 가질 수 있다.

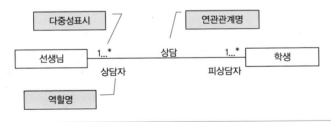

- 답 :

10 소프트웨어 설계 과정 중 UI 설계원칙 4가지를 쓰시오.

득점	배점
	5

• 답 :

11 한국형 웹 콘텐츠 접근성 지침 2.1의 4가지 원칙을 쓰시오.

득점	배점
	5

• 답 :

12 다음 공통으로 설명하는 용어를 쓰시오.

득점	배점
	5

- 인간의 소망으로 이미지나 감성을 구체적 제품 설계를 통하여 실현해내는 공학적 접근 방법이다.
- 인간이 가지고 있는 소망으로서의 이미지나 감성을 구체적인 제품 설계로 실현해내는 인문사회과학, 공학, 의학 등 여러 분야의 학문이 융합된 기술이다.
- 인간 감성의 정성, 정량적 측정과 평가를 통하여 제품 환경 설계에 반영하는 기술이다.
- 인간과 컴퓨터 간의 상호작용, 즉 HCI(human Computer Interaction or Interface) 설계에 인간의 특성 등을 반영한다.

• 답 :

13 소프트웨어 설계 과정 중 생성되는 코드의 3대 기능을 쓰시오.

득점	배점
	5

• 답 :

14 모듈 설계 과정 중에서 서로 다른 두 모듈 간의 상호 의존도로서 두 모듈 간의 기능적인 연관 정도를 나타내는 결합도의 결합 강도 순서를 나열하시오. (단, 결합도가 약한 것부터 강한 것 순으로 하시오.)

득점	배점
	5

• 답 :

15 분석모델 검증의 절차를 〈보기〉에서 골라 순서대로 쓰시오.

<table><tr><td>득점</td><td>배점</td></tr><tr><td></td><td>5</td></tr></table>

〈보기〉

개념수준 분석 클래스 검증, 유스케이스 모델 검증, 분석 클래스 검증

• 답 :   →   →

16 다음은 C언어로 작성된 삽입 정렬 프로그램이다. 이를 실행한 결과를 쓰시오.

<table><tr><td>득점</td><td>배점</td></tr><tr><td></td><td>5</td></tr></table>

```c
#include <stdio.h>
#define MAX_SIZE 5

void insertion_sort(int list[], int n) {
        int i, j, key;
        for (i = 1; i < n; i++) {
                key = list[i];
                for (j = i - 1; j >= 0 && list[j] < key; j--) {
                        list[j + 1] = list[j];
                }
                list[j + 1] = key;
        }
}

void main() {
        int i;
        int n = MAX_SIZE;
        int list[MAX_SIZE] = { 8, 5, 6, 2, 4 };
        insertion_sort(list, n);
        for (i = 0; i < n; i++) {
                printf("%d   ", list[i]);
        }
}
```

• 답 :

득점	배점
	5

```java
import java.util.regex.Matcher;
import java.util.regex.Pattern;

/* 특수문자 공백 처리 */
final Pattern SpecialChars = Pattern.compile("['\'\\-#()@;=*/+]");
UserInput = SpecialChars.matcher(UserInput).replaceAll("");

final String regex = "(union|select|from|where)";

final Pattern pattern = Pattern.compile(regex, Pattern.CASE_INSENSITIVE);
final Matcher matcher = pattern.matcher(UserInput);

if(matcher.find()) {
    out.println("<script>alert('Block');</script>");
}
```

• 답 :

18 다음이 설명하는 테이블 파티셔닝의 종류를 쓰시오.

득점	배점
	5

- Partitioning Column의 Partitioning Key 값에 함수를 적용하여 Data를 분할하는 방식이다.
- 데이터 이력관리의 목적보다 성능 향상의 목적으로 나온 개념이다.
- Range Partition에서 범위를 기반으로 나누었을 경우 특정 범위의 분포도가 몰려서 각기 Size가 다르게 되는 것을 보완하여, 일정한 분포를 가진 파티션으로 나누고 균등한 데이터 분포도를 이용한 병렬처리로 퍼포먼스를 보다 향상시킬 수 있다.
- 이 파티셔닝에서 Table은 단지 논리적인 구조이며 실제 데이터가 물리적으로 저장되는 곳은 Partition으로 나누어진 Tablespace에 저장이 된다.

- 구문 Sample

```
CREATE TABLE SALES_DATA_2008
(
        COLUMN_1 NUMBER NOT NULL,
        COLUMN_2 VARCHAR2(4),
        COLUMN_3 VARCHAR2(4),
        COLUMN_4 VARCHAR2(2),
        COLUMN_5 VARCHAR2(2),
        COLUMN_6 NUMBER
)
TABLESPACE TABLE_SPACE_DATA_1
PCTFREE 5
PCTUSED 40
INITRANS 11
MAXTRANS 255
STORAGE
(
        INITIAL 2048K
        NEXT 1024K
        PCTINCREASE 0
        MINEXTENTS 1
        MAXEXTENTS 121
)
PARTITION BY HASH (COLUMN_3, COLUMN_4, COLUMN_5)
(
        PARTITION P_200801,
        PARTITION P_200802,
        PARTITION P_200803,
        PARTITION P_200804,
        PARTITION P_5 VALUES LESS THAN (MAXVALUE)
)
```

- 답 :

19 다음은 Python 언어로 작성된 프로그램이다. 이를 실행한 결과를 쓰시오.

```
def selection_sort(arr):
    for i in range(len(arr) - 1):
        min_idx = i
        for j in range(i + 1, len(arr)):
            if arr[j] < arr[min_idx]:
                min_idx = j
        arr[i], arr[min_idx] = arr[min_idx], arr[i]

a = [ 14, 25, 7, 80 ]
selection_sort(a)
print(a)
```

• 답 :

20 아래 보기의 〈성적〉 테이블을 대상으로 하는 〈SQL문〉의 결과를 쓰시오.

〈성적〉

NO	NAME	KOR	ENG	MATH
203355	강희영	100	100	100
211135	김아름	100	NULL	100
212233	홍길동	NULL	0	100

〈SQL문〉

```
① SELECT SUM(KOR) FROM 성적;
② SELECT SUM(ENG) FROM 성적;
③ SELECT SUM(MATH) FROM 성적;
```

• 답 ① :
• 답 ② :
• 답 ③ :

다음 물음에 답을 해당 답란에 답하시오.

배점 **100** 문제수 **20**

01 실무적으로 검증된 개발보안 방법론 중 하나로서 SW 보안의 모범 사례를 SDLC (Software Development Life Cycle)에 통합한 소프트웨어 개발 보안 생명주기 방법론은 무엇인지 쓰시오.

득점	배점
	5

• 답 :

02 물리적인 사물과 컴퓨터에 동일하게 표현되는 가상 모델로 실제 물리적인 자산 대신 소프트웨어로 가상화함으로써 실제 자산의 특성에 대한 정확한 정보를 얻을 수 있고, 자산 최적화, 돌발사고 최소화, 생산성 증가 등 설계부터 제조, 서비스에 이르는 모든 과정의 효율성을 향상시킬 수 있는 모델을 무엇이라고 하는지 쓰시오.

득점	배점
	5

• 답 :

03 양자 컴퓨터 또는 양자 정보의 기본 단위로서 두 개의 상태(동전의 양면과 같은)를 가진 양자의 시스템이다. 고전 정보의 기본 단위인 비트를 양자역학적으로 확장한 것은 무엇인지 쓰시오.

득점	배점
	5

• 답 :

04 다음 의미하는 데이터 형태를 쓰시오.

득점	배점
	5

> 동영상 파일, 오디오 파일, 사진, 보고서(문서), 메일 본문 등과 같이 정의된 구조가 없는 형태의 데이터이다. 이 데이터는 데이터의 구조가 없어 자체적으로 내용에 대한 질의 처리가 불가능하여 데이터의 특징을 추출하여 반정형, 또는 정형 데이터로 변환하는 전처리가 필요하다. 데이터 분석, 인공지능 모델의 개발 목적과 입력 데이터의 종류에 따라 다양한 방법의 전처리를 사용한다.

• 답 :

05 소프트웨어 아키텍처를 설계하는 데 발생하는 문제점을 해결하기 위하여 일반화되고 재사용 가능한 솔루션인 아키텍처 패턴의 계층 구조의 4계층을 쓰시오.

득점	배점
	5

- 답 ① :
- 답 ② :
- 답 ③ :
- 답 ④ :

06 다음은 디자인 패턴 분류에서 구조 패턴 중 한 패턴을 설명한 것이다. 알맞은 패턴 이름을 쓰시오.

득점	배점
	5

- "건물의 정면"이라는 사전적 의미를 가지고 있다.
- 여러 객체들을 한 번에 관리하고 싶을 때 표면 클래스를 새로 만들어 한꺼번에 관리하는 방법이다.
- 클래스 간의 의존관계가 줄고, 복잡성이 낮아진다.

- 답 :

07 요구사항 검증 방법 중 요구사항을 검토하는 다음 방식에 대하여 간략히 설명하시오.

득점	배점
	5

- 동료 검토 :

- 워크스루 :

- 인스펙션 :

08 아래 보기의 〈학생〉 테이블에 이름 속성이 '영'을 포함하는 학생들의 학번을 검색하되 학년이 높은 학생 순으로(내림차순) 출력하는 SQL문을 작성하시오.

득점	배점
	5

〈학생〉

학번	이름	학년
201101	이영진	1
191201	홍순신	2
181302	김감찬	3
181107	강희영	3
181403	이철수	3
171511	이영희	4

• 답 :

09 SQL 제어어는 관리자가 데이터의 보안, 무결성 유지, 병행제어, 회복 등을 하기 위해 사용하는 언어를 말한다. SQL 제어어의 종류에는 COMMIT, ROLLBACK, GRANT, RE-VOKE 등이 있다. 이 중 COMMIT 명령문에 대해 간략히 설명하시오.

득점	배점
	5

• 답 :

다음에 제시된 Java 프로그램이 〈처리결과〉와 같이 결과를 출력해주고 있다. Java 프로그램의 ___〈?〉___ 에 들어갈 Java 표현을 대소문자를 구별하여 쓰시오.

〈처리결과〉

이름은 HRDKorea 입니다.
이름은 강희영 입니다.

```java
package practiceTest05;
class Person {
        private String name;
        Person() {
                name = "HRDKorea";
        }
        Person(String name) {
                ____<?>____ = name;
        }
        public void printPerson() {
                System.out.println("이름은 " + name + " 입니다.");
        }
}
public class Exam {

        public static void main(String[] args) {
                Person p1 = new Person();
                Person p2 = new Person("강희영");
                p1.printPerson();
                p2.printPerson();
        }

}
```

• 답 :

11 다음은 Java로 작성된 프로그램이다. 이를 실행한 결과를 쓰시오.

득점	배점
	5

```java
class Point {
        private int x;
        private int y;
        Point(int x, int y) {
                this.x = x;
                this.y = y;
        }
        public int getX() {
                return x;
        }
        public void setX(int x) {
                this.x = x;
        }
        public int getY() {
                return y;
        }
        public void setY(int y) {
                this.y = y;
        }
        public void printPoint() {
                System.out.println("x : " + x +" y : " + y);
        }
}
public class Exam {
        public static void main(String[] args) {
                Point p1 = new Point(10, 20);
                p1.printPoint();
                p1.setX(11);
                p1.setY(22);
                system.out.println("x : " + p1.getX() +" y : " + p1.getY());
        }
}
```

• 답 :

12 다음에 제시된 Python 프로그램이 〈처리결과〉와 같이 결과를 출력해주고 있다. Python 프로그램의 <?> 에 들어갈 Python 표현을 대소문자를 구별하여 쓰시오.

〈처리결과〉

```
결과 : a
결과 : b
결과 : c
```

```
for a ___<?>___ ['A', 'B', 'C']:
    b = a.lower()
    print("결과 : ", b)
```

• 답 :

13 다음은 Python 언어로 작성된 프로그램이다. 이를 실행한 결과를 쓰시오.

```
total = 0

for i in range(1, 11):
    total += i

print (total)
```

• 답 :

14 다음은 리눅스의 CLI에 관한 설명이다. 빈칸 ①~②에 알맞은 것을 쓰시오.

득점	배점
	5

- #mkdir는 디렉터리를 생성하는 명령어이며, −p 옵션을 사용하면 하위 디렉터리까지 한 번에 생성할 수 있다.
- 리눅스는 최상위 유저를 CLI 환경에서 ___①___ (으)로 표시하며 일반 유저를 ___②___ (으)로 표시한다.
- 명령어에 대한 도움말은 −help, −h, #man을 명령어 뒤에 붙임으로써 확인할 수 있다.
- #cp는 파일 복사 명령어인데, −i는 덮어쓰기, −r는 하위 디렉터리 및 파일 모두 복사, −v는 명령어 실행 과정을 보여주는 옵션값이다.

- 답 ① :
- 답 ② :

15 다음은 제약 조건과 관련 설명이다. 빈칸 ①~②에 알맞은 제약 조건을 쓰시오.

득점	배점
	5

제약 조건	설명
(①)	참조 대상을 테이블 이름으로 명시해야 한다.
PRIMARY KEY	테이블의 기본키를 정의한다.
(②)	테이블 내에서 열은 유일한 값을 가져야 한다.

- 답 ① :
- 답 ② :

16 다음 〈보기〉에서 웹 애플리케이션 서버(WAS)의 종류를 모두 골라 쓰시오.

득점	배점
	5

〈보기〉

WebLogic, WebSphere, Jeus, JBoss, Tomcat, JUnit

- 답 :

17 다음 R과 S 두 릴레이션에 대한 Division 연산(R÷S)의 수행 결과를 쓰시오.

득점	배점
	5

R

D1	D2	D3
a	1	A
b	1	A
a	2	A
c	2	B

S

D2	D3
1	A

• 답 :

18 다음과 같이 왼쪽 릴레이션을 오른쪽 릴레이션으로 정규화를 하였을 때 어떤 정규화 작업을 한 것인지 쓰시오.

득점	배점
	5

국가	도시
대한민국	서울, 부산
미국	워싱턴, 뉴욕
중국	베이징

⇨

국가	도시
대한민국	서울
대한민국	부산
미국	워싱턴
미국	뉴욕
중국	베이징

• 답 :

19 사용자가 요청한 디스크 입·출력 내용이 아래와 같은 순서로 큐에 들어있다. 현재 헤드 위치는 70이고, 가장 안쪽이 1번, 가장 바깥쪽이 200번 트랙이라고 할 때, SSTF 스케줄링을 사용하면 가장 먼저 처리되는 트랙 번호를 쓰시오.

득점	배점
	5

요구 트랙 : 98, 193, 45, 36, 125, 156 123

• 답 :

20 둘 이상의 프로세스가 서로 남이 가진 자원을 요구하면서 양쪽 모두 작업 수행을 할 수 없이 대기 상태로 놓아 동작이 되지 않는 상태를 무엇이라 하는지 쓰시오.

득점	배점
	5

• 답 :

실전 모의고사 06회

다음 물음에 답을 해당 답란에 답하시오.　　배점 **100** 문제수 **20**

01 XP의 12가지 실천 사항(Practice) 중 하나의 컴퓨터에 2명의 프로그래머가 모든 코드를 코딩과 리뷰 역할을 바꿔가며 공동 작업을 진행하는 실천 사항을 쓰시오.

득점	배점
	5

• 답 :

02 SCRUM 개발 방법론에서 다음이 설명하는 단계를 쓰시오.

득점	배점
	5

> • 그동안 스프린트에서 수행한 활동과 결과물을 살펴본다.
> • 개선점이 없는지 살펴보고 문제점을 기록하는 정도로 진행한다.
> • 정해진 규칙이나 표준을 잘 수행했는지 확인한다.
> • 팀의 단점을 찾기보다는 강점을 찾아 팀 능력을 극대화한다.
> • 개발 추정속도와 실제 작업속도를 비교하고 차이가 있다면 이유를 분석해본다.

• 답 :

03 현행 DBMS 분석 시 5대 고려사항을 쓰시오.

득점	배점
	5

• 답 :

04 디자인 패턴의 생성 패턴에서 전역 변수를 사용하지 않고 객체를 하나만 생성하도록 하며, 생성된 객체를 어디에서든지 참조할 수 있도록 하는 디자인 패턴을 쓰시오.

득점	배점
	5

• 답 :

05 소프트웨어 개발 모델 중 나선형 모델의 4가지 주요 활동을 순서대로 나열하시오.

득점	배점
	5

• 답 :   →   →   →

06 다음 설명하는 신기술 용어를 쓰시오.

득점	배점
	5

웹에서 누구나 사용할 수 있도록 무료로 공개되는 연계 데이터이다. 웹에 게시되는 데이터에 식별자(URI)를 부여하고 관련 정보를 구조적으로 제공하는 연계 데이터를 저작권 없이 무료로 제공하여 사용자가 정보를 다양하고 효율적으로 활용할 수 있도록 한다.
하이퍼텍스트 전송 규약(HTTP), 자원 기술 프레임워크(RDF : Resource Description Framework)와 인터넷 식별자(URI : Uniform Resource Identifier) 등의 웹 표준 기술을 이용하여 시맨틱 웹을 구축하고, 출처가 서로 다르지만 인터넷 식별자(URI)를 통해 데이터를 서로 연결한다. 데이터를 재사용할 수 있고, 데이터 중복을 줄일 수 있다는 장점이 있다. 국립중앙도서관, 서울시, 한국관광공사, 특허청 등에서 이 것을 활용한 서비스를 하고 있다.

• 답 :

07 블랙박스 테스트와 화이트박스 테스트의 종류를 구분하여 3가지씩 쓰시오.

득점	배점
	5

• 블랙박스 테스트 종류 :
• 화이트박스 테스트 종류 :

08 아래 〈성적〉 테이블을 대상으로 〈지시사항〉을 실행하는 SQL문은 다음과 같다. 빈칸 ①~③에 알맞은 용어를 쓰시오.

득점	배점
	5

〈성적〉

학번	이름	학년	수강과목	점수
1607	이영진	4	운영체제	92
1609	박태인	4	데이터베이스	85
1719	김정애	3	데이터베이스	91
1710	강순신	3	운영체제	88
1717	이태순	3	빅데이터개론	80
1819	김인성	2	데이터베이스	70
1925	강희영	1	빅데이터개론	72

〈지시사항 및 SQL문〉

- 〈성적〉 테이블에서 데이터베이스과목을 수강하는 학생이거나 점수가 80점 이상인 학생의 이름을 출력하시오.
  ▶ SELECT 이름 FROM 성적
     WHERE 수강과목 = '데이터베이스' (　　①　　) 점수〉= 80;

- 〈성적〉 테이블에서 수강과목별 점수의 평균이 85점 이상인 수강과목을 출력하시오.
  ▶ SELECT 수강과목 FROM 성적
     GROUP BY 수강과목 (　　②　　) AVG(수강과목) 〉= 85;

- 〈성적〉 테이블에서 '빅데이터개론'을 수강한 학생의 점수를 모두 0점으로 갱신하시오.
  ▶ UPDATE 성적 (　　③　　) 점수 = 0 WHERE 수강과목 = '빅데이터개론';

- 답 ① :
- 답 ② :
- 답 ③ :

09 다음은 입력받은 자연수(N)의 각 자릿수의 합을 C언어로 작성한 프로그램이다(아래 출력 결과 참조). C 프로그램상의 빈 줄 ①~②에 들어갈 적당한 C 표현을 쓰시오. (예 : 123 입력 후, 결과 1+2+3=6)

득점	배점
	5

〈출력 결과〉

```
자연수 입력 : 1234567
자릿수 합계 : 28
```

```c
#include <stdio.h>
void main()
{
    int input;
    int output = 0;
    printf("자연수 입력 : ");
    scanf("%d", &input);
    while(input)
    {
        output +=    ①    % 10;
        input /=    ②    ;
    }
    printf("자릿수 합계 : %d\n", output);
}
```

• 답 ① :
• 답 ② :

10 다음에 제시된 Java 프로그램은 두 정수를 입력받아 정수의 합을 출력하는 프로그램이다. Java 프로그램의 〈?〉 에 들어갈 Java 표현을 대소문자를 구별하여 쓰시오.

득점	배점
	5

```java
____<?>____ java.util.Scanner;
public class Exam {
        public static void main(String [ ] args) {
                int x, y;
                System.out.print("두 정수를 입력하시오 : ");
                Scanner stdInput = new Scanner(System.in);
                x = stdInput.nextInt();
                y = stdInput.nextInt();
                System.out.println(x + "와 " + y + "의 덧셈 결과 : " + (x + y));
        }
}
```

• 답 :

11 다음은 Java로 작성된 프로그램이다. 이를 실행한 결과를 쓰시오.

득점	배점
	5

```java
class User {
        private String id;
        private String name;
        User(String id, String name) {
                this.id = id;
                this.name = name;
        }
}
public class Exam {

        public static void main(String[] args) {
                User a = new User("pass1", "김길동");
                User b = new User("pass1", "김길동");
                User c = a;

                System.out.println(a == b);
                System.out.println(a == c);
                System.out.println(a.equals(c));
                System.out.println(a.equals(b));
        }

}
```

• 답 :

12 다음은 Python 언어로 작성된 프로그램이다. 이를 실행한 결과를 쓰시오.

득점	배점
	5

```python
alphabet = ['A', 'B', 'C']
for a in alphabet[ : :-1]:
    print(a)
```

• 답 :

13 다음에 제시된 Python 프로그램이 〈처리결과〉와 같이 결과를 출력해주고 있다. Python 프로그램의 __〈?〉__ 에 들어갈 Python 표현을 대소문자를 구별하여 쓰시오.

득점	배점
	5

〈처리결과〉

```
{'email': 'abc@hrdk.org', 'age': '20', 'name': '홍길동'}
홍길동
20
길이 : 3
```

```
members = { 'name':'홍길동', 'age':'20', 'email':'abc@hrdk.org' }
print(members)
print(members['name'])
print(members['age'])
print('길이 : %d' %      <?>      (members))
```

• 답 :

14 주기억장치 관리 기법 중 "Best Fit" 기법 사용 시 20K의 프로그램은 주기억장치 영역 번호 중 어느 곳에 할당되는지 영역 번호를 쓰시오.

득점	배점
	5

영역 번호	영역 크기	상태
1	21K	사용 중
2	30K	공백
3	18K	공백
4	25K	공백

• 답 :

15 다음은 자바 언어에서 3개의 변수와 변수의 생명주기에 대한 설명이다. 빈칸 ①~②에 알맞은 변수를 쓰시오.

득점	배점
	5

변수	생명주기 설명
(①)	프로그램 전체에서 유효하다.
지역변수	함수를 선언한 { } 내에서만 유효하다.
(②)	일반적으로 메소드가 호출될 때 생명이 시작되고, 메소드가 끝나면 소멸된다.

• 답 ① :

• 답 ② :

16 형상관리 도구인 Git 명령어 중 타 개발자가 수정 작업을 위하여 저장소(Repository)에 저장된 파일을 자신의 작업공간으로 인출하는 명령어를 쓰시오.

득점	배점
	5

• 답 :

17 다음 〈보기〉에서 DBMS의 특징에 해당하는 것을 모두 골라 쓰시오.

득점	배점
	5

〈보기〉

데이터 무결성, 데이터 정확성, 데이터 일관성, 데이터 회복성, 데이터 보안성, 데이터 효율성

• 답 :

18 아래 〈수강〉 테이블에 다음의 작업을 수행하려고 할 때 발생하는 이상 현상을 쓰시오.

득점	배점
	5

〈수강〉

학번	수강과목	학년	학점
151010	전자계산기	4	A
151010	운영체제	4	B
193311	운영체제	1	A
193311	데이터베이스	1	C
193311	전자계산기	1	C
171101	데이터베이스	2	B
182122	자료구조	3	B

위 〈수강〉 테이블은 학생들의 수강과목에 대한 정보를 나타내고 있다. 〈수강〉 테이블은 '학번'과 '수강과목' 이 조합된 (학번, 수강과목)이 기본키이다. 〈수강〉 테이블에서 학번이 '182122'인 학생이 '자료구조' 과목 을 취소하게 되어 '자료구조' 값을 삭제하려고 한다. 하지만 관계 데이터 모델에서 삭제는 튜플 단위로 이루 어지기 때문에 '자료구조'가 포함된 튜플 전체가 삭제된다. 이와 같이 삭제하는 데 있어 원하지 않는 자료도 더불어 삭제되었다.

• 답 :

19 DNS 서버가 사용하는 TCP 포트 번호는 무엇인지 쓰시오.

득점	배점
	5

• 답 :

20 다음 공통으로 설명하는 용어를 쓰시오.

득점	배점
	5

• Not Only SQL의 약자로 기존 RDBMS 형태의 관계형 데이터베이스가 아닌 다른 형태의 데이터 저장 기술을 의미한다.
• 기존의 관계형 데이터베이스 시스템의 주요 특성을 보장하는 ACID(Atomic, Consistency, Integrity, Durability) 특성을 제공하지 않는, 그렇지만 뛰어난 확장성이나 성능 등의 특성을 갖는 수많은 비관계 형, 분산 데이터베이스들이 등장하면서 보편적으로 사용되었다.
• RDBMS와는 달리 데이터 간의 관계를 정의하지 않으며, RDBMS에 비해 훨씬 더 대용량의 데이터를 저 장할 수 있고, RDBMS와는 다르게 테이블의 스키마가 유동적이다. 기존의 관계형 데이터베이스보다 더 융통성 있는 데이터 모델을 사용하고, 데이터의 저장 및 검색을 위한 특화된 메커니즘을 제공한다.

• 답 :

다음 물음에 답을 해당 답란에 답하시오. 　　배점 **100** 문제수 **20**

01 형상관리 도구에서 인증을 받은 컴포넌트를 등록하는 저장소로 손쉽게 컴포넌트를 이용할 수 있도록 하는 저장소로서, 컴포넌트의 최신 버전 유지 관리, 컴포넌트의 버전별 상태 유지 관리를 함으로써 사용자가 컴포넌트를 쉽게 이용하도록 하는 것은 무엇인지 쓰시오.

득점	배점
	5

• 답 :

02 애플리케이션 테스트 관리에서 테스트 커버리지에 대하여 약술하시오.

득점	배점
	5

• 답 :

03 알고리즘 설계 기법 중 다음이 설명하는 설계 기법을 쓰시오.

득점	배점
	5

• 주어진 문제를 해결하기 위해 부분문제에 대한 답을 계속적으로 활용해 나가는 Bottom-Up 방식을 가지고 있으며, 요구문제는 부분문제로 나눈 후, 가장 낮은 단계의 부분문제 해답을 구하고, 이 부분문제의 해답을 이용해 상위 부분문제를 해결해 나간다.
• 이 알고리즘 설계 기법은 이전 단계의 해답을 활용하기 위해 반드시 기억할 수 있는 저장소가 필요하기 때문에 속도는 빠르지만, 공간복잡도가 커지는 단점이 있다.
• 예로는 플로이드 알고리즘, 피보나치 수열 알고리즘이 있다.

• 답 :

04 소스코드 품질 분석 도구는 정적 분석 도구와 동적 분석 도구로 구분할 수 있다. 다음 보기 중 정적 분석 도구를 모두 찾아 쓰시오.

득점	배점
	5

> pmd, cppcheck, SonarQube, ccm, cobertura, Avalanche, Valgrind

• 답 :

05 인터페이스 구현 검증 도구의 종류 중 다음 빈칸에 알맞는 도구 이름을 쓰시오.

득점	배점
	5

인터페이스 구현 검증 도구	설명
Watir	Ruby 기반 웹 애플리케이션 테스트 프레임워크이며 모든 언어 기반의 웹 애플리케이션 테스트와 브라우저 호환성을 테스트할 수 있다.
(①)	• java(JUnit), C++(Cppunit), .Net(Nunit) 등 다양한 언어를 지원하는 단위 테스트 프레임워크이다. • 함수, 클래스 등 다른 구성 단위를 테스트를 도와준다.
FitNesse	• 웹 기반 테스트 케이스 설계/실행/결과 확인 등을 지원하는 테스트 프레임워크이다. • 테스트 케이스 테이블을 작성하면 자동으로 빠르고 쉽게 작성한 테스트를 수행할 수 있다.
STAF	• 서비스 호출, 컴포넌트 재사용 등 다양한 환경을 지원하는 테스트 프레임워크이다. • 데몬을 사용하여 테스트 대상 분산 환경에서 대상 프로그램을 통해서 테스트를 수행하고 통합하는 자동화 검증 도구이다.
NTAF Naver	테스트 자동화 프레임워크이며, STAF와 FitNesse를 통합하였다.
(②)	• 다양한 브라우저 지원 및 개발 언어를 지원하는 웹 애플리케이션 테스트 프레임워크이다. • 테스트를 위한 스크립트 언어 습득 없이, 기능 테스트 작성을 위한 플레이백 도구를 제공한다.

• 답 ① :
• 답 ② :

06 다음 설명하는 통신 프로토콜을 쓰시오.

득점	배점
	5

패킷 교환망에서 DCE(회선 종단 장치)와 DTE(데이터 단말 장치) 사이에 이루어지는 상호작용을 규정한 프로토콜이다. 가장 일반적으로 사용되고 있으며, 세계적인 표준이 되었다. 회선 교환 방식에서는 상호 접속된 장치들 간에 직접 물리적으로 연결되어 있는 것처럼 통신 경로가 매우 투명하다고 할 수 있다.

• 답 :

07 아래 〈학생〉 테이블에 〈보기〉 SQL명령문을 수행한 결과 에러가 발생하였다. 수행 불가능한 상황의 이상 현상의 종류와 에러의 원인이 되는 무결성 제약조건은 무엇인지 쓰시오. (〈학생〉 테이블의 기본키는 학번 속성이다.)

득점	배점
	5

〈학생〉

학번	이름	학과
S1	김학생	컴퓨터과
S2	홍학생	경영학과
S3	강학생	무역학과
S4	정학생	기계과
S5	박학생	전기과

〈보기〉 SQL명령문

```
INSERT INTO 학생 VALUES ('S3', '신학생', '심리학과');
```

• 이상 현상 :
• 위반 무결성 :

08 아래 〈사원〉 테이블에서 평균 급여보다 많이 받는 사원의 사원번호, 사원명, 급여를 출력하는 SQL문을 작성하시오. (단, where절에 하위 쿼리를 사용하여 작성하시오.)

득점	배점
	5

〈사원〉

사원번호	사원명	급여	부서
emp001	김사원	2,500,000	마케팅부
emp002	이사원	3,300,000	마케팅부
emp003	박사원	2,800,000	교육부
emp004	정사원	3,100,000	교육부
emp005	최사원	2,700,000	관리부
emp006	강사원	3,200,000	관리부
emp007	신사원	4,500,000	영업부

• 답 :

09 아래의 〈출력 결과〉가 출력되는 Java 프로그램의 __〈?〉__ 에 들어갈 공통 Java의 기본 어노테이션(Annotation) 표현을 쓰시오.

득점	배점
	5

〈출력 결과〉

원의 넓이 : 3.141592653589793
직사각형의 넓이 : 15

```java
abstract class Shapes {
    abstract public void area();
}
class Circle extends Shapes {
    int r;
    public Circle(int r) {
            this.r = r;
    }
            <?>
    public void area() {
            System.out.println("원의 넓이 : " + Math.PI * r * r);
    }
}
class Rectangle extends Shapes {
    int w;
    int h;
    public Rectangle(int w, int h) {
            this.w = w;
            this.h = h;

    }
            <?>
    public void area() {
            System.out.println("직사각형의 넓이 : " + w * h);
    }
}
public class Exam {
    public static void main(String[] args) {
            Circle  s1 = new Circle(1);
            s1.area();
            Rectangle s2 = new Rectangle(3, 5);
            s2.area();
    }
}
```

• 답 :

10 아래의 〈출력 결과〉가 출력되도록 Java 프로그램의 _〈?〉_ 에 들어갈 Java 표현을 대소문자를 구별하여 쓰시오.

득점	배점
	5

〈출력 결과〉

```
num1 : 2
num2 : 0
num1 : 2
num2 : 2
```

```java
class Number {
        _____<?>_____  public int num1 = 0;
        public int num2 = 0;
        public void increment() {
                num1++;
                num2++;
        }
        public void decrement() {
                num1--;
                num2--;
        }
        public void printNumber() {
                System.out.println("num1 : " + num1);
                System.out.println("num2 : " + num2);

        }
}

public class Exam {

        public static void main(String[] args) {
                Number n1 = new Number();
                Number n2 = new Number();

                n1.increment();
                n2.increment();
                n2.increment();
                n1.decrement();
                n1.printNumber();
                n2.printNumber();
        }

}
```

• 답 :

11 다음 〈보기〉와 같은 단계로 오름차순으로 수행되는 정렬 알고리즘은 무엇인지 쓰시오.

득점	배점
	5

〈보기〉

```
PASS 0 : 5 8 6 4 2
PASS 1 : 2 8 6 5 4
PASS 2 : 2 4 8 6 5
PASS 3 : 2 4 5 8 6
PASS 4 : 2 4 5 6 8
```

• 답 :

12 다음은 Python 언어로 작성된 프로그램이다. 이를 실행한 결과를 쓰시오.

득점	배점
	5

```python
a = list(range(1,10,2))
a.append(a[2])
a.append(a[4])
a.remove(a[1])
a.remove(a[3])
for i in a:
    print(i, end = ' ')
```

• 답 :

13 다음은 C언어로 작성된 프로그램이다. 이를 실행한 결과를 쓰시오.

```c
#include <stdio.h>

int refunc(int i)
{
    printf("%d ", i);
    if (i < 1)
    {
        return 2;
    }
    else
    {
        return (3 * refunc(i - 1) + 1);
    }
}

void main()
{
    int n;
    n = refunc(7);

    printf("\n");
    printf("%d\n", n);
}
```

• 답 :

14 다음은 TCP/IP의 플래그 비트와 관련된 설명이다. 빈칸 ①~③에 알맞은 용어를 영문 약어로 쓰시오.

플래그	설명
(①)	초기 TCP 연결을 요청한다.
ACK	ACK 번호 필드에 값이 타당한지 알려준다.
(②)	TCP 연결을 정상적으로 종료한다.
(③)	TCP 연결을 즉시 종료한다.
PSH	세그먼트 내의 긴급데이터가 아닌 데이터를 가능한 빨리 처리한다.
URG	긴급 데이터를 처리한다.

• 답 ① :

• 답 ② :

• 답 ③ :

15 다음은 영속 계층(Persistence Layer)의 객체 종류와 관련 설명이다. 빈칸 ①~③에 알맞은 객체명을 영문 약어로 쓰시오.

종류	설명
(①)	특정 타입의 데이터베이스나 다른 지속적인 메커니즘(Persistence Mechanism)에 추상 인터페이스를 제공하는 객체
(②)	프로세스 사이에서 데이터를 전송하는 객체
(③)	getter 기능만 제공하는 불변 클래스를 만들어서 사용하며, 간단한 독립체(Entity)를 의미하는 작은 객체

• 답 ① :

• 답 ② :

• 답 ③ :

16 다음 〈보기〉에서 교착 상태 발생의 필요조건에 해당하는 항목의 기호를 모두 골라 쓰시오.

〈보기〉

> ㉠ 상호배제(mutual exclusion) 조건
> ㉡ 환형대기(circular wait) 조건
> ㉢ 선점(preemption) 조건
> ㉣ 비선점(non-preemption) 조건
> ㉤ 재진입 가능(reentrant) 조건
> ㉥ 점유와 대기(hold and wait) 조건

• 답 :

17 한 프로세스가 다른 프로세스보다 우선순위 등이 낮아 기다리게 되는 경우, 한 번 양보하거나 일정 시간이 지나면 우선순위를 한 단계씩 높여줌으로써 오래 기다린 프로세스를 고려하여 무기한 지연을 해결하는 방법을 무엇이라 하는지 쓰시오.

• 답 :

18 다음 〈보기〉는 test.text 파일의 소유 그룹을 hrdk로 변경하고자 할 때 실행하는 리눅스 명령어이다. 빈칸 (   )에 들어갈 명령으로 알맞은 것을 쓰시오.

득점	배점
	5

〈보기〉

```
[root@localhost]# (      ) :hrdk test.txt
```

• 답 :

19 소프트웨어 컴포넌트의 테스트를 가능하게 하거나 프로그램의 입력을 받아들이거나 빠진 컴포넌트의 기능의 대신하거나 실행 결과와 예상 결과를 비교하기 위하여 동원된 소프트웨어 도구를 테스트 하네스라고 한다. 테스트 하네스 도구의 구성요소 중 테스트 슈트에 대하여 약술하시오.

득점	배점
	5

• 답 :

20 다음 설명하는 프로그래밍 언어는 무엇인지 쓰시오.

득점	배점
	5

• 통계 계산과 그래픽을 위한 프로그래밍 언어이자 소프트웨어 환경으로 뉴질랜드 오클랜드 대학의 로스 이하카(Ross Ihaka)와 로버트 젠틀맨(Robert Gentleman)에 의해 시작되었다. S 프로그래밍 언어의 구현으로 GNU S라고도 한다. MS 윈도우, 맥 OS 및 리눅스를 포함한 UNIX 플랫폼에서 이용 가능하다.
• 통계 계산 및 시각화를 위한 언어 및 개발 환경을 제공하며 기본 통계 기법부터 모델링, 최신 데이터마이닝 기법까지 구현 및 개선이 가능하며 다양한 형태로 시각화할 수 있다. 현재 빅데이터 분석이 필요한 기업에서 활용되고 있다.

• 답 :

다음 물음에 답을 해당 답란에 답하시오.

배점 **100** 문제수 **20**

01 비정규화(De-normalization, 반정규화, 역정규화)의 개념을 간략히 설명하시오.

득점	배점
	5

• 답 :

02 다음 설명에 부합하는 마크업 언어는 무엇인지 영문 약어로 쓰시오.

득점	배점
	5

• HTML의 단점을 보완한 인터넷 언어로, SGML의 복잡한 단점을 개선한 다목적 마크업 언어이다.
• 웹상에서 구조화된 문서를 상호 교환 가능하도록 설계된 웹 표준 문서 포맷으로, 메타데이터에 대한 정의가 명확하다.
• 사용자가 새로운 태그와 속성을 정의할 수 있는 확장성을 가진다.
• 유니코드를 사용하여 전 세계의 모든 문자를 처리 가능하며 장치와 시스템에 독립적이다.

• 답 :

03 소프트웨어 테스트 방법의 일반적인 원리 중 하나인 살충제 패러독스(Pesticide Paradox)의 개념을 간략히 설명하시오.

득점	배점
	5

• 답 :

04 하나의 프로그램을 몇 개의 작은 부분으로 분할하는 경우, 그 분할 단위를 일반적으로 모듈(Module)이라고 한다. 다음 중 바람직한 모듈에 대한 설명으로 빈칸 ①~②에 알맞은 용어를 쓰시오.

득점	배점
	5

모듈화를 중심으로 하는 소프트웨어 설계 방법에서는 모듈의 독립성을 높게 해주는 것이 좋은 설계 방향이다. 모듈의 독립성을 높여주기 위해서는 각 모듈 간의 관련성을 나타내는 (①)(은)는 낮추고, 모듈 안의 요소들이 서로 관련되어 있는 정도를 나타내는 (②)(은)는 높이는 것이 가장 바람직하다.

• 답 ① :
• 답 ② :

05 다음은 어떤 프로그램의 구조를 나타낸다. Fan-in의 수가 2 이상인 모듈의 이름을 쓰시오.

득점	배점
	5

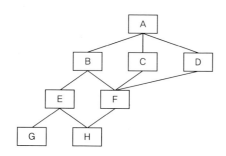

• 답 :

06 다음 설명 중 빈칸 (　　)에 가장 부합하는 프로그래밍 언어를 영문 약어로 쓰시오.

득점	배점
	5

- (　　　)(은)는 데이터를 저장하거나 전송할 때 많이 사용되는 경량의 DATA 교환 형식이다. (　　　) 표현식은 사람과 기계 모두 이해하기 쉬우며 소용량으로 최근에는 XML을 대체해서 데이터 전송 등에 많이 사용한다. Ajax에서 서버와 통신하며 데이터 교환을 쉽게 하기 위해 (　　　)(을)를 데이터 전송 형식으로 많이 사용한다.
- (　　　)의 문법은 key와 value가 쌍으로 존재하며 태그로 표현하기보다는 중괄호({ }) 같은 형식으로 표현하고, 값을 ','로 나열하기 때문에 그 표현이 간단하다.
- 형식 : { String key : String value }
- 예

```
{
    "firstName" : "Hong",
    "lastName" : "GilDong",
    "age" : 25,
    "email" : "abc@pass.com"
}
```

- 답 :

07 다음 설명 중 빈칸 ①～③에 가장 부합하는 애플리케이션 성능 측정을 위한 지표를 쓰시오.

득점	배점
	5

애플리케이션 성능이란 사용자의 요구 기능을 해당 애플리케이션이 최소의 자원을 사용하면서 얼마나 빨리, 많은 기능을 수행하는가를 육안 또는 도구를 통하여 점검하는 것을 말한다. 이를 측정하기 위한 지표는 (①), (②), (③), 자원 사용률이 있다. (①)(은)는 애플리케이션이 주어진 시간에 처리할 수 있는 트랜잭션의 수로, 웹 애플리케이션의 경우 시간당 페이지 수로 표현하기도 한다. (②)(은)는 사용자 입력이 끝난 후, 애플리케이션의 응답 출력이 개시될 때까지의 시간으로, 웹 애플리케이션의 경우 메뉴 클릭 시 해당 메뉴가 나타나기까지 걸리는 시간을 말한다. (③)(은)는 애플리케이션에 사용자가 요구를 입력한 시점부터 트랜잭션 처리 후 그 결과의 출력을 완료할 때까지 걸리는 시간을 말한다. 자원 사용율은 애플리케이션이 트랜잭션을 처리하는 동안 사용하는 CPU 사용량, 메모리 사용량, 네트워크 사용량을 말한다.

- 답 ① :
- 답 ② :
- 답 ③ :

08 학생(STUDENT) 테이블에 전자과 학생 50명, 정보통신과 학생 100명, 건축과 학생 50명의 정보가 저장되어 있을 때, 다음 ①~③ SQL문의 실행 결과 튜플 수를 쓰시오. (단, DEPT 길림은 학과명이다.)

득점	배점
	5

```
① SELECT DEPT FROM STUDENT;
② SELECT DISTINCT DEPT FROM STUDENT;
③ SELECT COUNT(DISTINCT DEPT) FROM STUDENT WHERE DEPT= '정보통신';
```

• 답 ① :

• 답 ② :

• 답 ③ :

09 다음 설명 중 빈칸 (   )에 가장 부합하는 네트워크 공격 유형에 해당하는 용어를 쓰시오.

득점	배점
	5

• (   )(은)는 네트워크 패킷의 출발지 IP를 변조하여 공격 대상의 자원을 소모시키는 공격으로 기밀성과 가용성을 침해하는 공격 유형이다.
• 주로 3 Way Handshaking의 연결 지향적 특징을 가지는 서비스에서 발생된다.
• (   )(은)는 출발지 IP 주소와 도착지 IP 주소가 동일한 특징이 있어 네트워크 모니터링 도구인 와이어샤크의 컨버세션(Conversations) 기능을 통해 동일 IP 주소 간에 통신 여부를 체크하는 방법으로 공격 여부를 확인할 수 있다. 해당 패킷의 출발지와 도착지의 IP 주소가 동일한 패킷을 기본적으로 차단하여 (   )(을)를 막을 수 있다.
• 패킷 분석의 예

NO	Source IP	Destination IP	Protocol	Length
11	1.1.1.130	1.1.1.130	ICMP	42
12	1.1.1.130	1.1.1.130	ICMP	60
13	1.1.1.130	1.1.1.130	ICMP	78
14	1.1.1.130	1.1.1.130	ICMP	96
15	1.1.1.130	1.1.1.130	ICMP	114
16	1.1.1.130	1.1.1.130	ICMP	132

• 답 :

10 다음은 C언어로 작성된 프로그램이다. 이를 실행한 결과를 쓰시오.

득점	배점
	5

```c
#include <stdio.h>
int main()
{
    int a[] = { 95, 75, 85, 100, 50 };
    int i, j, temp;
    int n = sizeof(a) / sizeof(int);    // int n = 5;

    for( i = 0; i < n-1; i++ ) {
        for( j = 0; j < 4-i; j++ ) {
            if( a[j] > a[j+1] ) {
                temp = a[j];
                a[j] = a[j+1];
                a[j+1] = temp;
            }
        }
    }
    for( i = 0; i < 5; i++ ) {
        printf("%d ", a[i]);
    }
    return 0;
}
```

• 답 :

11 다음은 Java로 작성된 프로그램이다. 이를 실행한 결과를 쓰시오.

득점 | 배점
5

```java
public class Exam {

        public static int[] makeArray(int n) {
                int[] t = new int[n];
                for(int i = 0; i < n; i++) {
                    t[i] = i;
                }
                return t;
        }
        public static void main(String[] args) {
                int[] a = makeArray(4);
                for(int i = 0; i < a.length; i++)
                        System.out.print(a[i] + " ");
        }

}
```

• 답 :

12 다음은 Java로 작성된 프로그램이다. 이를 실행한 결과를 쓰시오.

득점 | 배점
5

```java
public class Exam {

    public static void main(String[] args) {
        int i = 3, k = 1;
        switch( i ) {
            case 1: k++;
            case 2: k += 3;
            case 3: k = 0;
            case 4: k += 3;
            case 5: k -= 10;
            default: k--;
        }
        System.out.print(k);
    }

}
```

• 답 :

13 통신 프로토콜(Communication Protocol)은 컴퓨터나 원거리 통신 장비 사이에서 메시지를 주고받는 양식과 규칙의 체계이다. 통신 프로토콜을 구성하는 기본 요소 3가지를 쓰시오.

득점	배점
	5

• 답 :

14 운영체제의 비선점 프로세스 스케줄링 기법 중 하나인 HRN(Highest Response-ratio Next)은 어떤 작업이 서비스를 받을 시간과 그 작업이 서비스를 기다린 시간으로 결정되는 우선순위에 따라 CPU를 할당하는 기법이다. HRN의 우선순위를 결정하는 계산식을 쓰시오.

득점	배점
	5

• 답 :

15 트랜잭션(Transaction)은 데이터베이스 내에서 한꺼번에 모두 수행되어야 할 연산들의 집합으로 하나의 작업 처리를 위한 논리적 작업 단위를 말한다. 다음은 트랜잭션의 주요 특성 4가지이다. 빈칸 ①∼②에 알맞은 용어를 쓰시오.

득점	배점
	5

주요 특성	설명
(①)	트랜잭션의 가장 기본적인 특성으로 트랜잭션 내의 연산은 반드시 모두 수행되어야 하며 그렇지 못한 경우 모두 수행되지 않아야 함
일관성	트랜잭션이 정상적으로 완료된 후 언제나 일관성 있는 데이터베이스 상태가 되어야 하며, 결과에 모순이 생겨서는 안 됨
(②)	하나의 트랜잭션이 수행 중에는 다른 트랜잭션이 접근할 수 없고 각각의 트랜잭션은 독립적이어야 함
영속성	지속성이라고도 하며, 트랜잭션이 성공적으로 완료된 후 결과는 지속적으로 유지되어야 함

• 답 ① :
• 답 ② :

16 OSI 7 참조 모델 중 두 장비 간의 전송을 위한 연결이나 전달 등의 인터페이스의 기계적, 전기적, 절차적 특성을 정의하며 비트를 물리적인 매체를 통해 전송하는 계층을 쓰시오.

득점	배점
	5

• 답 :

17 릴리즈 노트(Release Note)는 고객 편의성을 고려하여 조직의 최종 사용자인 고객과 잘 정리된 릴리즈 정보를 공유하는 문서이다. 릴리즈 노트의 내용에는 보통 특정 소프트웨어 릴리즈의 최근 변경 사항, 개선 사항 및 버그 수정이 간결히 요약되어 있다. 릴리즈 노트 작성 항목 중 문서 이름(릴리즈 노트 이름), 제품 이름, 버전 번호, 릴리즈 날짜, 참고 날짜, 노트 버전 등을 기술하는 작성 항목은 무엇인지 쓰시오.

득점	배점
	5

• 답 :

18 데이터 마이닝(Data mining)의 개념을 간략히 설명하시오.

득점	배점
	5

• 답 :

19 입력 데이터로부터 128비트의 축약 메시지인 해시값을 생성하는 해시 함수로 주로 프로그램이나 파일이 원본 그대로인지를 확인하는 무결성 검사 용도로 많이 쓰이고 있다. 1990년 R. Rivert가 MD4를 일방향 해시 함수로 개선한 알고리즘이 무엇인지 쓰시오.

득점	배점
	5

• 답 :

20 LOC 기법에 의하여 예측된 총 라인 수가 30,000라인일 경우 개발에 투입될 프로그래머의 수가 5명이고, 프로그래머들의 평균 생산성이 월당 300라인일 때, 개발에 소요되는 기간을 구하는 계산식과 기간(개월)을 구하여 쓰시오. (단, 프로젝트에 참여하는 개발자들의 평균 생산성은 모두 동일하다고 가정한다.)

득점	배점
	5

• 계산식 :

• 답 :

실전 모의고사 09회

다음 물음에 답을 해당 답란에 답하시오. 배점 **100** 문제수 **20**

01 다음 (   ) 안에 공통으로 들어갈 소프트웨어 개발 프로젝트 방법론을 의미하는 용어를 쓰시오.

득점	배점
	5

- (   )(은)는 작업 계획을 짧은 단위로 세우고 시제품을 만들어 나가는 사이클을 반복함으로써 고객의 요구 변화에 유연하고도 신속하게 대응하는 개발 방법론이다. 이와 반대되는 개념이 전통적 개발 방법론이라 할 '워터폴(Waterfall) 방식'이다. (   )(은)는 소프트웨어 개발에 국한되지 않고 조직과 사업 등 기업경영 전반으로 사용 범위가 확산되고 있다.
- (   )(은)는 짧은 개발 주기를 가지고 프로젝트 계획 수립과 진행에 있어서 최초의 프로젝트 일정 계획에 매이지 않고 고객 중심으로 계획을 융통성 있게 변경한다. 단계별 문서 산출물 확인보다는 해당 소프트웨어 코딩이 제대로 동작하는지(code-oriented) 고객에게 확인하는 과정을 꾸준히 진행한다.
- (   )(은)는 프로젝트 진행 도중에 일부 결과물인 시제품을 고객에게 지속적이며 반복적으로 제공한다. 고객의 요구사항이 정확하게 반영되고 있는지 수시로 점검하게 된다.

- 답 :

02 다음은 데이터베이스 설계의 순서이다. 빈칸 (   )에 부합하는 용어를 보기에서 골라 순서대로 쓰시오.

득점	배점
	5

요구사항 분석 → (   ) → (   ) → (   ) → 구현

〈보기〉

논리적 설계, 개념적 설계, 물리적 설계

- 답 :   →   →

03 HTTP, HTTPS, SMTP 등을 사용하여 XML 기반의 메시지를 컴퓨터 네트워크상에서 교환하는 형태의 프로토콜로서 Envelope, Header, Body의 주요 3요소로 구성된 간접 연계 방식 웹 서비스의 기본적인 메시지 전송 수단을 의미하는 용어를 쓰시오.

득점	배점
	5

• 답 :

04 다음 빈칸 (　　) 안에 공통으로 들어갈 가장 적합한 용어를 쓰시오.

득점	배점
	5

> • 소프트웨어 개발 과정에서 변경에 대비하기 위한 소프트웨어 (　　　　)(은)는 반드시 필요하다.
> • (　　　　)(은)는 소프트웨어 품질 보증을 위한 주요한 요소이며, 주 임무는 변경의 통제이다.
> • 소프트웨어 (　　　)(이)란 소프트웨어의 개발 과정에서 발생하는 산출물의 변경 사항을 관리하기 위한 일련의 활동을 말한다. 소프트웨어 리사이클 기간 동안 개발되는 제품의 무결성을 유지하고 소프트웨어의 식별, 편성 및 수정을 통제하는 프로세스를 제공한다. 실수의 최소화와 생산성의 최대화가 (　　　)의 궁극적인 목표라고 할 수 있다.
> • 대표적인 (　　　) 도구로는 CVS, Subversion, Clear Case 등이 있다.

• 답 :

05 '비동기식 자바스크립트 XML'를 의미하는 용어로 클라이언트와 웹 서버 간에 XML 데이터를 내부적으로 통신하는 대화식 웹 애플리케이션의 제작을 위해 사용된다. 클라이언트의 요청에 의해 웹 서버에서 로딩된 데이터를 웹 브라우저의 페이지에 보여주기 위해 웹 페이지 전체를 '새로고침'할 필요 없이 즉, 새로운 HTML 페이지로 이동할 필요 없이 현재 페이지에서 필요한 일부분만 로딩되도록 하는 웹 개발 기법을 의미하는 용어를 영문 약자(약어)로 쓰시오.

득점	배점
	5

• 답 :

06 UI(User Interface)는 사용자와 컴퓨터 상호 간의 소통을 원활히 할 수 있도록 도와주는 연계 작업을 뜻한다. 다음은 UI의 설계 원칙 4가지이다. 빈칸 (   )에 알맞은 용어를 쓰시오.

득점	배점
	5

설계 원칙	설명
직관성	누구나 쉽게 이해하고 사용할 수 있어야 한다.
( )	사용자의 목적을 정확하게 달성하여야 한다.
학습성	누구나 쉽게 배우고 익힐 수 있어야 한다.
유연성	사용자의 요구사항을 최대한 수용하며, 오류를 최소화하여야 한다.

• 답 :

07 다음은 테스트 자동화 도구 유형에 대한 설명이다. 빈칸 (   ) 안에 공통으로 들어갈 가장 적합한 용어를 쓰시오.

득점	배점
	5

테스트 자동화 도구는 휴먼 에러(Human Error)를 줄이고, 테스트에 소요되는 비용과 시간을 절감하며, 테스트 품질을 향상할 수 있는 도구이다. 테스트 계획, 테스트 분석/설계, 테스트 수행, 테스트 통제 등의 테스트 활동 단계에 따라 다양한 테스트 도구들이 있다.
(   )(은)는 테스트 수행 단계의 자동화 도구로 만들어진 애플리케이션을 실행하지 않고 분석하는 방법이다. (   )(은)는 대부분의 경우 소스코드에 대한 코딩 표준, 런타임 오류, 코딩 스타일, 코드 복잡도 및 남은 결함을 발견하기 위하여 사용한다. (   )(은)는 테스트를 수행하는 사람이 작성된 소스코드에 대한 이해를 바탕으로 도구를 이용해서 분석하는 것을 말한다.

• 답 :

08 아래 보기의 〈학생〉 테이블을 대상으로 〈요구사항〉을 적용하여 출력하는 SQL문을 작성하시오. (단, 이름 속성의 데이터는 문자형이고, 학번과 학년 속성의 데이터는 숫자형(int)이다.)

득점	배점
	5

〈학생〉

학번	이름	학년
181101	KKK	1
171201	HHH	2
171302	XXX	3
161107	YYY	3
151403	QQQ	4

〈요구사항〉

1. 〈학생〉 테이블에서 학년이 3학년이거나 4학년 학생의 학번과 이름을 검색하시오.
2. 단, 조건절 작성 시 in(value1, value2) 문법을 사용하여 작성하시오.
3. 실행 결과가 일치하더라도 〈요구사항〉을 적용하지 않은 SQL문을 작성하면 오답으로 간주합니다.

• 답 :

09 다음 주어진 〈student〉 테이블의 name 속성을 오름차순하여 idx_name를 인덱스명으로 하는 인덱스를 생성하는 SQL 명령문을 작성하시오.

득점	배점
	5

〈student〉

stid	name	grade	major	address
1000	홍길동	1	컴퓨터공학	서울
2000	김철수	1	전기공학	경기
3000	이순신	2	전자공학	경기
4000	강희영	2	컴퓨터공학	경기
5000	임꺽정	3	전자공학	서울

• 답 :

10 소프트웨어 보안의 취약점 중 하나인 SQL Injection(SQL 인젝션)에 대해 간략히 설명하시오.

득점	배점
	5

· 답 :

11 다음은 Python언어로 작성된 프로그램이다. 이를 실행한 출력 결과를 쓰시오.

득점	배점
	5

```
>>> asia = {'한국', '중국', '일본'}
>>> asia.add('베트남')
>>> asia.add('중국')
>>> asia.remove('일본')
>>> asia.update(['홍콩', '한국', '태국'])
>>> print(asia)
```

· 답 :

12 다음은 Java로 작성된 프로그램이다. 이를 실행한 출력 결과를 쓰시오.

득점	배점
	5

```java
class A {
        int a;
        public A(int n) {
                a = n;
        }
        public void print() {
                System.out.println("a="+a);
        }
}

class B extends A {
        public B(int n) {
                super(n);
                super.print();
        }
}

public class Exam {
        public static void main(String[] args) {
                B obj = new B(10);
        }
}
```

· 답 :

13 다음에 제시된 Java 프로그램은 〈처리결과〉와 같이 결과가 출력된다. Java 프로그램의 _〈?〉_ 에 들어갈 Java 표현을 대소문자를 구별하여 쓰시오.

득점	배점
	5

〈처리결과〉

```
Child
```

```java
class Parent {
        void show() {
                System.out.println("Parent");
        }
}

class Child extends Parent {
        void show() {
                System.out.println("Child");
        }
}

public class Exam {
        public static void main(String[] args) {

                Parent pa = ___<?>___ Child();
                pa.show();
        }
}
```

• 답 :

14 SQL 제어어(DCL)는 관리자가 데이터의 보안, 무결성 유지, 병행제어, 회복 등을 하기 위해 사용하는 언어를 말한다. SQL 제어어의 종류에는 COMMIT, ROLLBACK, GRANT, REVOKE 등이 있다. 이 중 ROLLBACK 명령에 대해 간략히 설명하시오.

득점	배점
	5

• 답 :

15 네트워크 계층(Network Layer, 3계층)인 IP 계층에서 IP 패킷 단위로 '암호화', '인증', '키 관리'를 통해 보안성을 제공해주는 표준화된 기술을 무엇이라고 하는지 쓰시오.

득점	배점
	5

• 답 :

16 리눅스 커널을 기반으로 동작하며 자바와 코틀린 언어로 개발된 핸드폰이나 소형기기에 사용되는 오픈소스 플랫폼인 모바일 운영체제는 무엇인지 쓰시오.

득점	배점
	5

• 답 :

17 리눅스 서버에 a.txt라는 파일이 있다. 다음 〈조건〉에 알맞은 명령문을 쓰시오.

득점	배점
	5

〈조건〉

- 사용자에게는 읽기, 쓰기, 실행의 세 개의 권한을 모두 부여한다.
- 그룹에게는 읽기, 실행 두 개의 권한을 부여한다.
- 그룹 외 사용자에게는 실행 권한을 부여한다.
- 한 줄로 명령문이 작성되어야 하며, 아라비안 숫자를 사용하여 8진수로 권한을 부여한다.

• 답 :

18 다음은 IP 인프라 서비스 관리 실무와 관련된 〈실무 사례〉에 대한 설명이다. 빈칸 ( ) 안에 가장 적합한 용어를 한글 또는 영문으로 쓰시오.

득점	배점
	5

〈실무 사례〉

귀하는 ㈜한국아이티 보안관제실에서 정보시스템의 정보관리를 위해 모니터링을 담당하며 근무하고 있다. 정보시스템 운영 중 자연재해나 시스템 장애 등의 이유로 대고객 서비스가 불가능한 경우가 종종 발생한다. 이러한 위기 상황을 대비하기 위하여 이번에 최신의 데이터 백업 솔루션을 선정하여 데이터 보호 고도화 작업을 진행하려고 한다. 최신의 데이터 백업 솔루션을 도입하여 백업 시간을 대폭 단축하고 정보시스템 운영의 신뢰성을 도모하기 위해 데이터 백업 솔루션을 선정하는 일은 매우 중요하다.

데이터 백업(보호) 솔루션은 만일의 사태에 대비하여 시스템 내의 데이터 유실을 방지하고, 서비스의 연속성을 보장하는 목적을 가지고 어떤 상황에서도 계획된 ( )(와)과 목표 복구 시점(RPO : Recovery Point Objective)을 보장해야 할 수 있는 제품이어야 한다. ( )(은)는 시스템 장애와 같은 상황에서의 "비상사태 또는 업무중단 시점부터 업무가 복구되어 다시 정상가동 될 때까지의 시간"을 의미하는 용어이다. ROP는 조직에서 발생한 여러 가지 재난 상황으로 IT 시스템이 마비되었을 때 각 업무에 필요한 데이터를 여러 백업 수단을 활용하여 복구할 수 있는 기준점을 의미한다.

귀하가 선정한 데이터 백업 솔루션 DUMOK은 IP망을 통해 재해복구(DR)센터로 데이터를 복제하는 방식을 이용, 목표복구시점(RPO)으로 원상태에 근접한 복구가 가능하며, 최장 3시간 이내의 최단 ( )(을)를 보장한다. 이번 데이터 백업 솔루션을 도입하여 간편한 재해복구 지원이 이루어질 수 있게 되었고 정보시스템의 신뢰성도 크게 향상하게 되었으며 화재, 지진 등의 대형 장애에도 서비스 연속성을 구현할 수 있게 되었다.

• 답 :

19 다음 디자인 패턴과 관련된 설명에 가장 부합하는 용어를 영문으로 쓰시오.

득점	배점
	5

- 디자인 패턴은 유사한 문제를 해결하기 위해 설계들을 분류하고 각 문제 유형별로 가장 적합한 설계를 일반화하여 체계적으로 정리해 놓은 것으로 소프트웨어 개발에서 효율성과 재사용성을 높일 수 있다. GoF(Gang of Four)의 25개의 디자인 패턴은 사용 목적에 따라서 생성 패턴, 구조 패턴, 행위 패턴으로 분류할 수 있다.
- 먼저, 생성 패턴은 객체를 생성하는 것과 관련된 패턴으로 객체의 생성과 변경이 전체 시스템에 미치는 영향을 최소화하도록 하여 시스템 개발을 개발할 때 유연성을 높일 수 있다. 다음으로 구조 패턴은 클래스나 객체를 조합하여 더 큰 구조를 만드는 패턴으로 복잡한 형태의 구조를 갖는 시스템 개발을 쉽게 만들어 주는 패턴이다. 마지막으로 행위 패턴은 반복적으로 사용되는 객체들의 상호작용을 패턴화한 것으로 클래스나 객체들이 상호작용하는 방법과 책임을 분산하는 방법을 정의해 주는 패턴이다.
- 디자인 패턴 중 (   )(은)는 행위 패턴에 해당하며 1대다(one-to-many)의 객체 의존관계를 정의한 것으로, 한 객체가 상태를 변화시켰을 때 의존관계에 있는 다른 객체들에게 자동으로 통지 알림이 전달되고 변경시킨다.
- (   )의 객체 간의 데이터 전달 방식은 푸시 방식과 풀 방식이 있으며, 기본적인 디자인의 원칙은 상호작용하는 객체 사이에서는 가능하면 결합도를 느슨하게 디자인하여 사용해야 한다. 이는 느슨하게 결합(Loose Coupling)하는 디자인을 사용하면 변경 사항이 생겨도 무난히 처리할 수 있는 유연한 객체지향 시스템을 구축할 수 있다.

- 답 :

20 다음 신기술 동향과 관련된 설명에 가장 부합하는 용어를 영문 완전이름(Full-name)으로 쓰시오.

득점	배점
	5

- (   )(은)는 개방형 정부, 개방형 공공 데이터의 시대적 요구와 맞물려 있으며, 기존의 거대한 정보 생태계인 웹을 활용하고 웹 기술과 핵심 개념을 그대로 활용한다는 점에서 주목받고 있다.
- (   )의 주요 특징은 URI(Uniform Resource Identifier)를 사용한다는 점이다. 흔히 알고 있는 'URL(Uniform Resource Locator)'과 비슷한 개념으로 URL이 특정 정보 자원의 종류와 위치를 가리킨다면, URI는 HTTP 프로토콜을 통해 웹에 저장된 객체(식별자)를 가리킨다는 점에서 다르다.
- 웹상에 존재하는 전세계 오픈된 정보를 하나로 묶는 RESTful한 방식이며, 링크 기능이 강조된 시맨틱 웹(Semantic Web)의 모형에 속한다고 볼 수 있다. 즉, (   )(은)는 '시맨틱 웹을 실현시키기 위한 방법이자 기술적 접근점'으로 볼 수 있다.
- (   )(은)는 Linked Data와 Open Data의 합성어이다. Linked Data가 정보 기술적인 면이 강한 반면 Open Data는 정보 문화적인 면이 강한 용어이다.

- 답 :

다음 물음에 답을 해당 답란에 답하시오.

배점 **100** 문제수 **20**

01 형상 통제에 대해 간략히 설명하시오.

득점	배점
	5

• 답 :

02 EAI 구축 유형 중 Message Bus와 Hybrid를 제외한 빈칸 ①~②에 해당하는 나머지 두 가지 유형을 쓰시오.

득점	배점
	5

유형	개념도	설명
(①)		• 중간에 미들웨어를 두지 않고 각 애플리케이션 간 직접 연결 • 솔루션 구매 없이 통합, 상대적 저렴하게 통합 가능 • 변경, 재사용 어려움
(②)	Spoke Hub	• 단일 접점이 허브 시스템을 통해 데이터를 전송하는 중앙 집중적 방식 • 모든 데이터 전송 보장, 확장 및 유지 보수 용이 • 허브 장애 시 전체 영향
Message Bus (ESB 방식)	서비스 Bus	• 애플리케이션 사이 미들웨어(버스)를 두어 처리 • 미들웨어 통한 통합 • 어댑터가 각 시스템과 버스를 두어 연결하므로 뛰어난 확정성, 대용량 처리 가능
Hybrid	Bus	• 유연한 통합 작업이 가능 • 표준 통합 기술, 데이터 병목 현상 최소화

• 답 ① :

• 답 ② :

03 UI(User Interface)는 사용자와 컴퓨터 상호 간의 소통을 원활히 할 수 있도록 도와주는 연계 작업을 뜻한다. UI의 설계 원칙 중 직관성에 대해 간략히 설명하시오.

득점	배점
	5

• 답 :

04 다음 제어 흐름 그래프에 대한 분기 커버리지(Branch Coverage)를 수행하는 경우의 테스트 케이스 경로를 7단계와 6단계로 나눠서 순서대로 나열하시오.

득점	배점
	5

〈제어 흐름 그래프〉

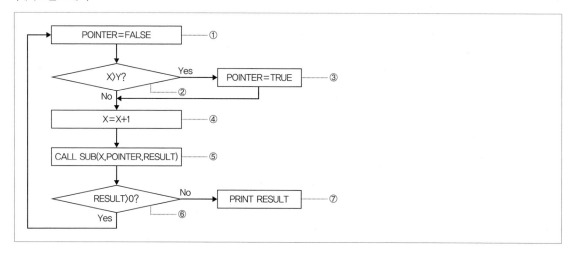

• 답 (1) :　　　 　－　　　 －　　　 －　　　 －　　　 －　　　 －

• 답 (2) :　　　 　－　　　 －　　　 －　　　 －　　　 －

05 소프트웨어 테스트 기법 중 프로그램의 외부 사용자 요구사항 명세를 보면서 테스트를 수행하며 주로 구현된 기능을 테스트한다. '명세 기반 테스트'라고도 하며, 동치 분할 테스트, 경계 값 테스트 등과 같이 내부 구조가 보이지 않는 테스트 기법에 해당하는 용어를 쓰시오.

득점	배점
	5

• 답 :

06 〈성적〉 테이블을 대상으로 〈요구사항〉을 적용하여 아래 〈결과〉와 같이 출력하는 SQL 문을 작성하시오.

득점	배점
	5

〈성적〉

학번	과목번호	과목이름	학점	점수
100	2000	데이터베이스	A	95
101	1000	자료구조	B	80
102	2000	데이터베이스	A	99
103	2000	데이터베이스	B	88
104	1000	자료구조	C	79

〈결과〉

과목이름	최소점수	최대점수
데이터베이스	88	99

〈요구사항〉

1. 〈성적〉 테이블에서 과목별 평균 점수가 90점 이상인 과목이름, 최소점수, 최대점수를 출력하시오.
2. 단, WHERE 구문은 사용 불가능하며, GROUP BY, HAVING, AS 구문을 반드시 포함하여 작성하시오.
3. SQL명령문은 대/소문자를 구분하지 않는다.
4. SQL명령문의 종결 문자인 세미콜론(;)은 생략 가능합니다.
5. 실행 결과가 일치하더라도 〈요구사항〉을 모두 적용하지 않은 SQL문을 작성하면 오답으로 간주합니다.

• 답 :

07 아래 보기의 〈학생〉 테이블에 '주소' 컬럼을 추가하는 SQL문을 완성하는 빈칸 ①~②에 알맞은 용어를 기입하시오. (단, 추가 컬럼의 이름은 '주소'이고, 데이터 타입은 가변 문자형 20자리로 VARCHAR(20)이다.)

득점	배점
	5

〈학생〉

학번	이름	학과	전화번호
2020021	철수	컴퓨터	010-1111-1111
2020001	민수	수학	010-2222-2222
2021022	영희	컴퓨터	010-3333-3333
2022013	민호	통계	010-4444-4444

〈SQL문〉

```
(  ①  ) TABLE 학생 (  ②  ) 주소 VARCHAR(20);
```

· 답 ① :
· 답 ② :

08 아래 보기의 〈학생〉 테이블에서 이름이 '민수'인 학생 튜플을 삭제하는 SQL문을 작성하시오. (단, 다음의 요구사항을 참고하여 작성하시오.)

득점	배점
	5

〈요구사항〉

1. 이름 속성의 데이터는 문자형이다. 문자형 데이터는 작은따옴표(' ')로 표시하시오.
2. SQL명령문은 대/소문자를 구분하지 않는다.
3. SQL명령문의 종결 문자인 세미콜론(;)은 생략 가능합니다.
4. 실행 결과가 일치하더라도 〈요구사항〉을 모두 적용하지 않은 SQL문을 작성하면 오답으로 간주합니다.

〈학생〉

학번	이름	학과	전화번호
2020021	철수	컴퓨터	010-1111-1111
2020001	민수	수학	010-2222-2222
2021022	영희	컴퓨터	010-3333-3333
2022013	민호	통계	010-4444-4444

· 답 :

09 다음은 C언어로 작성된 프로그램이다. 이를 실행한 출력 결과를 쓰시오.

득점	배점
	5

```c
#include <stdio.h>

void main( )
{
    int i = 0, c = 0;
    while(i < 10) {
        i++;
        c *= i;
    }
    printf("%d", c);
}
```

• 답 :

10 다음은 C언어로 작성된 프로그램이다. 이를 실행한 출력 결과를 쓰시오.

득점	배점
	5

```c
#include <stdio.h>
int r1( ) {
    return 4;
}

int r10( ) {
    return (30 + r1( ));
}

int r100( ) {
    return (200 + r10( ));
}

void main( ) {
    printf("%d", r100( ));
}
```

• 답 :

다음은 Java로 작성된 프로그램이다. 이를 실행한 출력 결과를 쓰시오.

득점	배점
	5

```java
abstract class Vehicle {
      String name;
      abstract public String getName(String val);

      public Vehicle(String val) {
            this.name = val;
      }
      public String getName( ) {
            return "Vehicle name : " + name;
      }
}

class Car extends Vehicle {
      public Car(String val) {
            super(val);      // name = super.name = val;

      }
      public String getName(String val) {
            return "Car name : " + val;

      }
      public String getName(byte val[ ]) {
            return "Car name : " + val;
      }
}

public class Exam {
      public static void main(String[ ] args) {
            Vehicle obj = new Car("Spark");
            System.out.println(obj.getName( ));
      }
}
```

• 답 :

12 다음은 Java로 작성된 프로그램이다. 이를 실행한 출력 결과를 쓰시오.

득점 | 배점
5

```
public class Main
{
        public static void main(String[ ] args) {
                int i = 0;
                int sum = 0;
                while( i < 10 ) {
                        i++;
                        if( i%2 == 1 )
                                continue;
                        sum += i;
                }
                System.out.print(sum);
        }
}
```

• 답 :

13 C++언어의 생성자(Constructor)에 대해 간략히 설명하시오.

득점 | 배점
5

• 답 :

14 스키마(Schema)에 대해 간략히 설명하시오.

득점 | 배점
5

• 답 :

15 다음에서 설명하는 관계 대수 연산의 기호를 쓰시오.

득점 | 배점
5

> 릴레이션 A에서 릴레이션 B의 모든 조건을 만족하는 튜플을 제외한 후 프로젝션하는 연산자

• 답 :

16 대규모 네트워크를 안정되게 운영할 수 있는 표준 라우팅 프로토콜로 최적의 경로를 계산할 때 SPF(Shortest path First) 또는 다익스트라(dijkstra) 알고리즘을 이용하여 각 목적지까지의 최적 경로를 계산하는 동적 라우팅 프로토콜로 링크 상태 라우팅 프로토콜을 무엇이라고 하는지 영문 약어로 쓰시오.

득점	배점
	5

• 답 :

17 TCP/IP에서 신뢰성 없는 비연결형 프로토콜인 IP를 대신하여 송신측으로 네트워크의 IP 상태 및 에러 메시지를 전달해주는 프로토콜을 무엇이라고 하는지 영문 약어로 쓰시오.

득점	배점
	5

• 답 :

18 헝가리안 표기법에 대해 간략히 설명하시오.

득점	배점
	5

• 답 :

19 리팩토링(Refactoring)의 목적에 대해 간략히 설명하시오.

득점	배점
	5

• 답 :

20 빈칸 (   ) 안에 공통으로 들어갈 가장 적합한 용어를 쓰시오.

득점	배점
	5

> (   )의 본래 의미는 외교 분야에서의 의례 또는 의정서를 의미하는 용어였다. 심리학자 톰 마릴은 컴퓨터가 메시지를 전달하고, 메시지가 제대로 도착했는지 확인하며, 도착하지 않았을 경우 메시지를 재전송하는 일련의 방법을 가리켜 '기술적 은어'라는 뜻으로 (   )(이)라 불렀다.

• 답 :

최신 기출문제 정답 & 해설

01	행위
02	① ㄴ. 연관 ② ㄷ. 일반화 ③ ㄱ. 의존
03	① ㅂ. 문장 ② ㄹ. 분기 ③ ㄷ. 조건
04	1
05	스머프(Smurf) 또는 스머핑(Smurfing)
06	20
07	312
08	1
09	101
10	52
11	OOAAA
12	B0
13	45
14	3
15	12
16	개체
17	① ㄴ. 외래키 ② ㄹ. 후보키 ③ ㄷ. 대체키 ④ ㄱ. 슈퍼키
18	VPN
19	① 4 ② 3 ③ 1 ④ 2 ⑤ 5
20	애드혹 네트워크(Ad-hoc Network)

01번 해설

- 디자인 패턴
  - 객체지향 프로그래밍 설계 시 유사한 상황에서 구조적인 문제를 해결할 수 있도록 방안을 제공한다.
  - GoF 디자인 패턴을 목적(Purpose)으로 분류할 때 생성, 구조, 행위로 분류할 수 있다.

행위 패턴	Iterator	내부 표현 방법을 노출하지 않고 복합 객체의 원소를 순차적으로 접근할 수 있는 방법을 제공한다.
	Mediator	• 객체 간의 상호작용을 객체로 캡슐화한다. • 객체 간의 참조 관계를 객체에서 분리함으로써 상호작용만을 독립적으로 다양하게 확대할 수 있다.
	Observer	객체 사이에 일대다의 종속성을 정의하고 한 객체의 상태가 변하면 종속된 다른 객체에 통보가 가고 자동으로 수정이 일어나게 한다.
	State	객체의 내부 상태에 따라 행위를 변경할 수 있게 한다. 이렇게 하면 객체는 마치 클래스를 바꾸는 것처럼 보인다.
	Visitor	• 객체 구조의 요소들에 수행할 오퍼레이션을 표현한 패턴이다. • 오퍼레이션이 처리할 요소의 클래스를 변경하지 않고도 새로운 오퍼레이션을 정의할 수 있게 한다.

02번 해설

- 클래스 다이어그램의 UML 관계(Unified Modeling Language Relationship)

연관(Association) 관계	• 클래스 연결 상태 표시(개념상 서로 연결) • 한 클래스가 다른 클래스에서 제공하는 기능을 사용할 때
일반화(Generalization) 관계	• 객체지향에서 클래스 간의 상속 관계(Is A Kind Of)를 표현 • 한 클래스가 다른 클래스를 포함하는 상위 개념일 때 사용
의존(Dependency) 관계	• 연관 관계와 동일하지만 메소드를 사용할 때와 같이 각각의 상태 변화에 영향을 매우 짧은 시간 동안만 연관을 유지 • 영향을 주는 객체(User)에서 영향을 받는 객체(Provider) 방향으로 점선 화살표로 연결

03번 해설

- 테스트 커버리지(Test Coverage)는 코드의 테스트가 충분한지 테스트 수행 정도를 나타내는 지표로 구문(Statement), 조건(Condition), 결정(Decision)의 기준을 갖는다.

종류	설명
구문(문장) 커버리지 (Statement Coverage)	• 코드 구조 내의 모든 구문에 대해 한 번 이상 수행하는 테스트 커버리지
결정(분기) 커버리지 (Decision Coverage)	• 결정 포인트 내의 모든 분기문에 대해 최소 한 번씩 수행하는 테스트 커버리지
조건 커버리지 (Condition Coverage)	• 결정 포인트 내의 모든 개별 조건식에 대해 수행하는 테스트 커버리지
조건/결정 커버리지 (Condition/Decision Coverage)	• 전체 조건식의 결과가 참 한번, 거짓 한번을 갖도록 개별 조건식을 조합하는 데 이때 개별 조건식도 참 한번, 거짓 한번을 모두 갖도록 개별 조건식을 조합하는 테스트 커버리지
변경 조건/결정 커버리지 (Modified Condition/Decision Coverage)	• 조건과 결정을 복합적으로 고려한 측정 방법이며, 결정 포인트 내의 다른 개별적인 조건식 결과에 상관없이 독립적으로 전체 조건식의 결과에 영향을 주는 테스트 커버리지

- SQL문의 서브 쿼리를 단계적으로 실행한다.
- 첫 번째 서브 쿼리문은 〈EMPLOYEES〉 테이블에서 dept_id 칼럼으로 그룹을 형성하여 해당 그룹의 튜플의 개수가 2 미만인 그룹인 dept_id 칼럼의 값 200을 결과로 선택한 후 상위 쿼리에 반환된다.

```
SELECT dept_id FROM EMPLOYEES E GROUP BY E.dept_id HAVING COUNT(*) < 2
```

- 두 번째 서브 쿼리문은 〈PROJECTS〉 테이블에서 dept_id 칼럼의 값이 200에 해당하는 name 칼럼의 값인 'Beta'를 선택한 후 메인 쿼리에 반환된다.

```
SELECT name FROM PROJECTS P WHERE P.dept_id IN (200)
```

- 결과적으로 실행되는 메인 쿼리는 〈EMPLOYEES〉 테이블과 〈PROJECTS〉 테이블을 조인했을 때, name 칼럼의 값이 'Beta'에 해당하는 튜플의 개수를 최종 출력한다.

```
SELECT COUNT(*)
FROM EMPLOYEES E JOIN PROJECTS P ON E.dept_id = P.dept_id
WHERE P.name IN ('Beta');
```

- 다중 행(Multiple Row) 서브 쿼리는 서브 쿼리에서 반환되는 결과가 여러 행이 반환된다.
- 다중 행 연산자(Multiple Row Operator)

IN	메인 쿼리의 비교 조건이 서브 쿼리의 결과 집합에 포함되면 참
ANY, SOME	메인 쿼리의 비교 조건이 서브 쿼리의 결과와 하나 이상이 일치하면 참
ALL	메인 쿼리의 비교 조건이 서브 쿼리의 모든 결과와 일치하거나 조건을 만족해야 참
EXISTS	서브 쿼리가 하나 이상의 결과를 반환하면 참

- 스머프 공격(Smurf Attack)
  - 공격 대상의 IP 주소를 근원지로 대량의 ICMP 응답 패킷을 전송하여, 서비스 거부를 유발하는 공격 방법이다.
  - IP 또는 ICMP의 특성을 악용하여 특정 사이트에 집중적으로 데이터를 보내 네트워크 또는 시스템의 상태를 불능으로 만든다.

- C언어에서 함수 블록 내에서 static 변수를 선언하고 여러 번 호출 시 static 변수의 수명을 살펴보기 위해 구현한 프로그램이다.
- main() 함수 내의 변수 n, 변수 sum, 변수 i의 경우 스택영역에 생성되는 자동 지역 변수에 해당하며 increase() 함수 내의 static 변수 n은 메모리의 데이터영역에 생성되며 increase() 함수를 최초 호출 시 단 1회 초기화가 이뤄지고 프로그래밍 종료 시 소멸된다.

i	main() 함수 : n	increase() 함수 : n	sum
0	1	0+2	0+2
1	2	2+2	0+2+4
2	3	4+2	0+2+4+6
3	4	6+2	0+2+4+6+8

[실행] https://onlinegdb.com/nZ76X3k7Y

- C언어의 자기참조 구조체를 통해 값과 링크 정보를 포함하는 노드(node)를 구현하여 링크드 리스트를 구현한 프로그램이다.
- 자기참조 구조체는 구조체의 멤버에 자신을 참조(포인팅)할 수 있는 포인터 멤버를 둔 구조체로 구조체 변수를 통해서 접근할 경우 -> 연산자를 통해 참조한다.
- a.next = &c; 명령을 통해 구조체 변수 a가 구조체 변수 c를 참조하며, c.next = &b; 명령을 통해 구조체 변수 c가 구조체 변수 b를 참조한다.

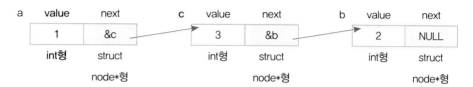

- func( ) 함수로 구조체 변수 a를 전달한 후 해당 노드와 이후 노드가 NULL이 아닌 유효한 상황에서만 while 반복문을 1회 수행한다.

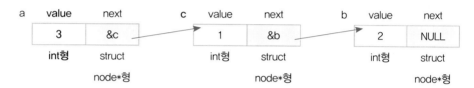

- printf("%d", n->value); 명령에 의해 노드 a부터 차례대로 value 멤버변수의 값을 312 순으로 최종 출력된다.

[실행] https://onlinegdb.com/3E9W3zBH5

- C언어의 더블 포인터 변수로 매개변수의 전달기법 중 Call By Reference를 활용하여 1차원 배열의 요소 값의 변경을 구현한 프로그램이다.
- 다음과 같이 main( ) 함수의 시작에서 1차원 배열 a는 포인터 변수 p1이 참조하고 포인터 변수 p1은 더블 포인터 변수 p2가 참조하고 있다.

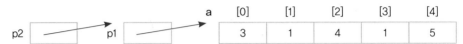

- func1(p2, sizeof(a)/sizeof(int)) 명령은 func1(p2, 5) 명령으로 더블포인터 변수 p2와 배열의 크기 5를 매개변수로 전달한다. func1( ) 함수에서의 반복문 for의 처리는 다음과 같이 처리되어 배열 a의 값이 변경된다.

i	*(*aa + i)		(*(*aa + i) + i) % 5		
0	*(*aa + 0)	a[0]	(a[0] + 0) % 5	(3 + 0) % 5	3
1	*(*aa + 1)	a[1]	(a[1] + 1) % 5	(1 + 1) % 5	2
2	*(*aa + 2)	a[2]	(a[2] + 2) % 5	(4 + 2) % 5	1
3	*(*aa + 3)	a[3]	(a[3] + 3) % 5	(1 + 3) % 5	4
4	*(*aa + 4)	a[4]	(a[4] + 4) % 5	(5 + 4) % 5	4

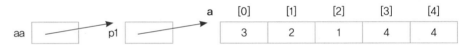

- func2(int* num, int* a) 명령은 포인터 변수 매개변수 2개를 각각 Call By Reference로 전달한다.

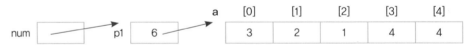

- *num = a[*num % 4] 명령은 *num = a[6 % 4] 으로 a[2]의 값인 1이 변수 nummain( ) 함수의 변수 n의 값이 변경된다.

- main( ) 함수에서 변수 n의 값인 1이 최종 출력된다.

[실행] https://onlinegdb.com/aGX32FKzD

• Java의 throws를 사용하여 호출된 메소드에서 발생한 예외 객체를 호출한 메소드로 넘기는 프로그램이다.

• 호출된 method( ) 메소드에서 발생한 예외를 메소드를 호출한 main( ) 메소드에서 처리할 수 있다.

• 기본적으로 Java의 예외처리 블록인 try-catch-finally 구조에서의 순서는 try 블록의 실행문을 실행한다. 이 때 예외가 발생하는 상황에서는 실행을 멈추고 해당 예외 객체에 해당하는 catch 블록을 실행한다. 이후 finally 블록이 존재하면 예외의 발생 유무와 상관없이 수행을 진행한다.

• method( ) 메소드 호출에 의해 NullPointerException( ) 객체가 생성되어 main( ) 메소드의 catch 블록 중 catch(NullPointerException e)의 sum = sum + 1 명령을 수행하여 변수 sum은 1이 된다. 이후, finally 블록을 수행하여 sum은 101이 되어 101이 최종 출력된다.

[실행] https://onlinegdb.com/vIDRRsZlz

• Java의 상속에서의 메소드 오버라이딩(재정의)과 다형성 구현 프로그램이다.

• AAA obj1 = new BBB( ) 명령으로 자식 객체를 부모 참조형 변수 obj1이 참조한다.

• BBB obj2 = new BBB( ) 명령으로 자식 객체를 자식 참조형 변수 obj2가 참조한다.

• main( ) 메소드에서 obj1.getX( ) 메소드를 호출하면 오버라이딩된 자식 클래스의 getX( ) 메소드가 호출되어 21이 반환된다. obj1.x 필드는 부모의 참조형으로 접근한 필드의 값 3을 반환한다. obj2.getX( ) 메소드 호출도 동일하게 21이 반환된다. obj2.x 필드는 자식 클래스에서 선언된 필드의 값 7을 반환한다.

• main( ) 메소드에서는 4개의 값 21+3+21+7의 덧셈을 수행한 결과를 52를 최종 출력한다.

[실행] https://onlinegdb.com/qeZh2Y4ZU

11번 해설

- Java의 String 클래스의 equal( ) 메소드를 통해 1차원 배열 객체의 요소들의 일치여부를 판별하는 프로그램이다.
- String 클래스의 equal( ) 메소드는 객체의 내용(값, Value)을 비교하여 같으면 논리값 true를 반환하고 다르면 논리값 false를 반환한다.
- main( ) 메소드에 String형의 1차원 배열 객체를 참조변수 str이 참조하며 다음과 같이 배열 요소를 초기화한다.

- method( ) 메소드가 호출된 후 배열 str을 순회하며 조건문을 다음과 같이 수행한다.

i	s[i−1].equals(s[i])		if 판별	
1	s[1−1].equals(s[1])	"A".equals("A")	true	"O"출력
2	s[2−1].equals(s[2])	"A".equals(문자열주소)	false	"O"출력

- 이후 for(String i : s) 반복문에 의해 1차원 배열 객체의 모든 요소를 순회하며 출력한다. 단, System.out.print( ) 메소드로 행 변경 없이 결과가 출력된다.

i	System.out.print(i)
"A"	"A"
"A"	"A"
문자열주소	"A"

[실행] https://onlinegdb.com/E1xIEO53pN

12번 해설

- Java의 제네릭(Generic)은 클래스나 메소드에서 사용할 내부 데이터 타입을 컴파일 시에 미리 지정하는 방법으로 임의의 참조형 타입 변수를 이용하여 데이터의 타입을 일반화한다.
- Java에서 객체생성 시 문법에서 타입 변수 자리에 사용할 실제 타입을 명시할 때 기본형 타입은 사용 불가능하고 Integer, Number 등과 같이 래퍼(wrapper) 클래스를 사용해야만 한다.
- Java의 래퍼 클래스(Wrapper class)는 기본형 타입에 해당하는 값을 객체로 포장해 주는 클래스이다. 기본적으로 래퍼 클래스는 모두 java.lang 패키지에 포함되어 있다.
- main( ) 메소드에서 생성한 GenericTest◇(0) 객체는 객체생성 후 생성자를 자동 호출하며, GenericTest 클래스형의 객체를 반환한다. 이후 해당 객체의 print( ) 메소드를 호출하여 new Printer( ).print(value) 명령을 실행한다.
- 이때 제네릭 클래스 GenericTest⟨T⟩에서의 자료형 T는 GenericTest 클래스형이므로 GenericTest 클래스형 value를 매개변수로 Printer 클래스형의 객체가 생성된 후 print( ) 메소드를 호출한다.
- 매개변수의 자료형이 GenericTest 클래스형이므로 오버로딩(중복 정의)된 메소드 void print(Object a) 메소드가 호출된다. 모든 클래스의 최상위 조상 클래스는 java.lang 패키지 중 Object 클래스이다.
- System.out.print("B" + a) 명령을 실행하여 "B0"가 최종 출력된다.

[실행] https://onlinegdb.com/A1o6_9p-i

Python의 type( ) 함수를 통해 해당 객체의 자료형을 판별한 결과를 반환하여 덧셈의 결과를 출력하는 프로그램이다.

type("100.0") 함수를 수행하면 〈class 'str'〉의 문자열(String)이므로 5가 반환된다.

type(100.0) 함수를 수행하면 〈class 'float'〉의 실수형(Floating point)이므로 20이 반환된다.

type((100.0, 200.0)) 함수를 수행하면 〈class 'tuple'〉의 튜플(Tuple)이므로 20이 반환된다.

최종 5 + 20 + 20의 수행 결과 45가 출력된다.

[실행] https://onlinegdb.com/2XOjK7jO6

Python의 다중 대입연산자를 이용한 리스트 객체의 요소들을 SWAP(교환)하는 함수를 수행 후 리스트 객체의 요소 일부를 합계를 구한 후 차를 출력하는 프로그램이다. Python의 내장 함수 sum( )은 리스트의 요소의 합계를 구한다.

- lst[i], lst[-i-1] = lst[-i-1], lst[i] 다중 대입 명령문은 lst[i] = lst[-i-1] 과 lst[-i-1] = lst[i] 순서대로 실행된다.

리스트 ls를 function( ) 함수로 호출하면 다음과 같이 요소의 값이 대입된다.

	[-6] [0]	[-5] [1]	[-4] [2]	[-3] [3]	[-2] [4]	[-1] [5]
lst	1	2	3	4	5	6

i	lst[i]	lst[-i-1]	다중 대입 명령문	lst[i], lst[-i-1] = lst[-i-1], lst[i] 실행 후
0	lst[0]	lst[-1]	① lst[0] = 6 ② lst[-1] = 1	lst: [0]=6 [1]=2 [2]=3 [3]=4 [4]=5 [5]=1
1	lst[1]	lst[-2]	① lst[1] = 5 ② lst[-2] = 2	lst: [0]=6 [1]=5 [2]=3 [3]=4 [4]=2 [5]=1
2	lst[2]	lst[-3]	① lst[2] = 4 ② lst[-3] = 3	lst: [0]=6 [1]=5 [2]=4 [3]=3 [4]=2 [5]=1

sum(ls[::2]) 함수를 통해 sum([6, 4, 2])의 결과 12를 반환하고, sum(ls[1::2]) 함수를 통해 sum([5, 3, 1])의 결과 9를 반환해서 12 – 9를 수행하여 최종 3을 출력한다.

[실행] https://onlinegdb.com/G5ivj8nYoL

- 페이지 교체(Page Replacement) 알고리즘
  - 프로세스 실행 시 참조할 페이지가 주기억장치에 없는 페이지 부재(Page Fault) 발생 시 가상기억장치의 페이지를 주기억장치에 적재해야 하는데, 이때 주기억장치의 모든 페이지 프레임이 사용 중이면 어떤 페이지 프레임을 교체할지 결정하는 기법이다.
  - 교체 알고리즘의 종류 : OPT, FIFO, LRU, LFU, NUR, SCR
- LRU(Least Recently Used) : 가장 오랫동안 사용되지 않았던 페이지를 먼저 교체하는 기법

페이지 참조	7	0	1	2	0	3	0	4	2	3	0	3	2	1	2	0	1	7	0	1
프레임 1	7	7	7	2	2	2	2	4	4	4	0	0	0	1	1	1	1	1	1	1
프레임 2		0	0	0	0	0	0	0	0	3	3	3	3	3	3	0	0	0	0	0
프레임 3			1	1	1	3	3	3	2	2	2	2	2	2	2	2	2	7	7	7
페이지 부재	PF	PF	PF	PF		PF		PF	PF	PF	PF			PF		PF		PF		

무결성(Integrity)

- 릴레이션 무결성 제약조건(Relation Integrity Rules)은 릴레이션을 조작하는 과정에서의 의미적 관계를 명세한 것이다.
- 개체 무결성 : 기본키의 값은 널(Null)값이나 중복값을 가질 수 없다는 제약조건이다.
- 참조 무결성 : 릴레이션R1에 속성 조합인 외래키를 변경하려면 이를 참조하고 있는 릴레이션 R2의 기본키도 변경해야 한다. 이때 참조할 수 없는 외래키값을 가질 수 없다는 제약조건이다.
- 도메인 무결성 : 각 속성값은 해당 속성도 메인에 지정된 값이어야 한다는 제약조건이다.

- 키(Key)의 종류

키(KEY)	설명
외래키	• 다른 릴레이션의 기본키를 참조하는 속성이다.
후보키	• 모든 튜플을 유일하게 식별할 수 있는 하나 또는 몇 개의 속성 집합이다. • 모든 튜플에 대해 유일성과 최소성 모두 만족시킨다.
대체키	• 후보키가 둘 이상 되는 경우, 그 중에서 어느 하나를 선정하여 기본키로 지정하고 남은 나머지 후보키이다.
슈퍼키	• 두 개 이상의 속성으로 구성된 키 또는 혼합키를 의미한다. • 모든 튜플에 대해 유일성은 만족시키지만 최소성은 만족시키지 못한다.

- VPN(Virtual Private Network, 가상사설망)
  - 공중망을 경유하여 데이터가 전송되더라도 외부인으로부터 안전하게 보호되도록 주소 및 라우터 체계의 비공개, 데이터 암호화, 사용자 인증 및 사용자 엑세스 권한 제한 기능을 제공하는 보안 솔루션이다.
  - VPN의 종류는 대표적으로 IPsec VPN, SSL VPN 두 가지로 나눌 수 있다.
  - 웹 브라우저에서 SSL VPN에 연결할 수 있지만, IPSec VPN을 사용하려면 별도의 소프트웨어를 설치해야 한다.
  - 정보의 기밀성을 제공하기 위해 데이터를 암호화를 하는데, 이때 사용되는 암호화 프로토콜에는 PPTP, L2TP, IPSec, SSL 등이 있다.

- URL(Uniform Resource Locator)
  - 웹 페이지의 주소와 같이 웹에서 자원의 위치를 통해 식별하는 방식입니다.
- URL의 구성요소

① Scheme ② Authority ③ Path ④ Query ⑤ Fragment

https://www.hrdkorea.or.kr:8080/over/there?name=ferret#nose

구성요소	설명
Scheme	• 일반적으로 사용할 프로토콜을 명시하며 자원에 접근하는 통신 방법을 결정한다.
Authority	• 일반적으로 사용자 정보인 도메인 네임이나 IP 주소, 포트 번호를 포함하며, 자원이 위치한 호스트를 특정할 수 있는 정보이다.
Path	• 자원이 서버 내에 위치한 계층적 구조의 경로를 나타낸다.
Query	• 웹에서 클라이언트가 서버에게 제공하는 추가적인 파라미터이다.
Fragment	• 웹에서 자원의 특정 부분을 가리키기 위한 정보로 웹 페이지에서 html 내부 북마크와 같이 특정 섹션으로 바로 이동 가능하게 한다.

- 애드혹 네트워크(Ad-hoc Network)
  - '기반구조 없는 네트워크'라고도 하며, 무선 기반의 이동단말기 간의 연결망의 일종으로서, 라우터 장비가 따로 없고 이동단말기 중 일부가 라우터 역할을 담당하는 네트워크이다.

01	Iterator
02	비정규화 또는 반정규화 또는 역정규화 또는 De-normalization
03	ㅂ. 순차적 응집도
04	제어 결합도(Control Coupling)
05	① VALUES ② SELECT ③ FROM ④ SET
06	AES(Advanced Encryption Standard) 또는 고급 암호 표준
07	−13
08	21
09	20
10	10
11	NNN
12	25, 20
13	dcba
14	S
15	ab3 ca3
16	6.5
17	카디널리티: 5 , 디그리: 4
18	IPSec 또는 IP Security 또는 IP Security Protocol
19	① 가상회선 방식 또는 Virtual Circuit ② 데이터그램 방식 또는 Datagram
20	A → D → C → F

• 디자인 패턴 : 객체지향 프로그래밍 설계 시 유사한 상황에서 구조적인 문제를 해결할 수 있도록 방안을 제공한다.

행위 패턴	Iterator	내부 표현 방법을 노출하지 않고 복합 객체의 원소를 순차적으로 접근할 수 있는 방법을 제공한다.
	Mediator	• 객체 간의 상호작용을 객체로 캡슐화한다. • 객체 간의 참조 관계를 객체에서 분리함으로써 상호작용만을 독립적으로 다양하게 확대할 수 있다.
	Observer	객체 사이에 일대다의 종속성을 정의하고 한 객체의 상태가 변하면 종속된 다른 객체에 통보가 가고 자동으로 수정이 일어나게 한다.
	State	객체의 내부 상태에 따라 행위를 변경할 수 있게 한다. 이렇게 하면 객체는 마치 클래스를 바꾸는 것처럼 보인다.
	Visitor	• 객체 구조의 요소들에 수행할 오퍼레이션을 표현한 패턴이다. • 오퍼레이션이 처리할 요소의 클래스를 변경하지 않고도 새로운 오퍼레이션을 정의할 수 있게 한다.

비정규화(De-normalization)

• 비정규화는 정규화된 엔티티, 속성, 관계에 대해 시스템의 성능 향상과 개발(Development)과 운영(Maintenance)의 단순화를 위해 중복, 통합, 분리 등을 수행하는 데이터 모델링의 기법을 의미한다.

• 둘 이상의 릴레이션들에 대하여 조인한 결과를 빈번하게 이용하는 경우, 비정규화함으로써 질의응답 시간이 단축될 수 있다.

• 응집도(Cohesion) : 단위 모듈 내부 처리 요소 간에 기능적 연관도를 측정하는 척도이다(높을수록 좋음).

응집도 강함	기능적 응집도 (Functional Cohesion)	모듈 내부의 모든 기능 요소들이 한 문제와 연관되어 수행되는 경우
	순차적 응집도 (Sequential Cohesion)	한 모듈 내부의 한 기능 요소에 의한 출력 자료가 다음 기능 요소의 입력 자료로 제공되는 경우
	교환적 응집도 (Communication Cohesion)	동일한 입력과 출력을 사용하는 소작업들이 모인 경우(=통신적 응집도)
	절차적 응집도 (Procedural Cohesion)	모듈이 다수의 관련 기능을 가질 때 모듈 내부의 기능 요소들이 그 기능을 순차적으로 수행할 경우
	시간적 응집도 (Temporal Cohesion)	특정 시간에 처리되는 여러 기능을 모아 한 개의 모듈로 작성할 경우
	논리적 응집도 (Logical Cohesion)	유사한 성격을 갖거나 특정 형태로 분류되는 처리 요소들로 하나의 모듈이 형성되는 경우
응집도 약함	우연적 응집도 (Coincidental Cohesion)	서로 간에 어떠한 의미 있는 연관관계도 지니지 않는 기능 요소로 구성되는 경우이며, 서로 다른 상위 모듈에 의해 호출되어 처리상의 연관성이 없는 서로 다른 기능을 수행

• 결합도(Coupling) : 두 모듈 간의 상호 의존도로 한 모듈 내에 있는 처리 요소들 사이의 기능적인 연관 정도이다.

결합도 약함 ↑	**자료 결합도** (Data Coupling)	모듈 간의 인터페이스가 자료 요소로만 구성된 경우
	스탬프 결합도 (Stamp Coupling)	두 모듈이 동일한 자료구조를 조회하는 경우의 결합도이며, 자료구조의 어떠한 변화 즉 포맷이나 구조의 변화는 그것을 조회하는 모든 모듈 및 변화되는 필드를 실제로 조회하지 않는 모듈에까지도 영향을 미치게 된다.
	제어 결합도 (Control Coupling)	어떤 모듈이 다른 모듈의 내부 논리 조작을 제어하기 위한 목적으로 제어신호를 이용하여 통신하는 경우이며, 하위 모듈에서 상위 모듈로 제어신호가 이동하여 상위 모듈에게 처리 명령을 부여하는 권리 전도현상이 발생하게 된다.
	외부 결합도 (External Coupling)	어떤 모듈에서 외부로 선언한 변수(데이터)를 다른 모듈에서 참조할 경우
	공통 결합도 (Common Coupling)	여러 모듈이 공통 자료 영역을 사용하는 경우
결합도 강함 ↓	**내용 결합도** (Content Coupling)	가장 강한 결합도를 가지고 있으며, 한 모듈이 다른 모듈의 내부 기능 및 그 내부 자료를 조회하도록 설계 되었을 경우와 관계된다. – 한 모듈에서 다른 모듈의 내부로 제어 이동 – 한 모듈이 다른 모듈 내부 자료의 조회 또는 변경 – 두 모듈이 동일한 문자(Literals)의 공유

INSERT 명령문

• SQL의 DML 명령어 중의 테이블의 자료(레코드)를 삽입하고자 하는 경우 사용되는 명령문이다.
• 형식 : (한 레코드 삽입) INSERT INTO 테이블명 VALUES (값1, 값2, 값3, …);
  (여러 레코드 삽입) INSERT INTO 테이블명 SELECT 속성명1, 속성명2 FROM 테이블명 WHERE 조건식;

DELETE 명령문

• SQL의 DML 명령어 중의 테이블의 자료(레코드)를 삭제하는 경우 사용되는 명령문이다.
• 형식 : DELETE FROM 테이블명 WHERE 조건식;

UPDATE 명령문

• SQL의 DML 명령어 중의 테이블의 자료(레코드) 중에서 값을 변경하고자 하는 경우 사용되는 명령문이다.
• 형식 : UPDATE 테이블명 SET 변경속성명 = 변경값 WHERE 조건식;

• 스트림 방식의 비밀키 암호화 기법

DES (Data Encryption Standard)	• 1970년대 초 IBM이 개발한 알고리즘이다. • 16라운드 Feistel 구조를 가진다. • 평문을 64bit로 블록화를 하고, 실제 키의 길이는 56bit를 이용한다. • 전사 공격(Brute-Force Attack)에 취약하다.
AES (Advanced Encryption Standard)	• DES를 대신하여 새로운 표준이 되었다. • 블록 크기는 128bit이고, 키 길이는 128/192/256bit이다. • SPN(Substitution-Permutation Network) 구조이다.

• C언어에서 함수 호출 시 매개변수 전달 기법 중 Call By Value(값에 의한 호출)가 적용되는 상황에서 호출 이후 매개변수의 변화를 살펴보기 위해 구현한 프로그램이다.
  • main( ) 함수 내의 swap(a, b); 명령문을 통해 swap(11, 19);의 실인수가 swap( ) 함수로 전달이 된다. 이때, 실인수의 값만이 전달되어 swap( ) 함수 내에서는 가인수 x와 y가 교환 처리되며, main( ) 함수의 실인수 a와 b의 값에는 반영이 되지 않기 때문에 main( ) 함수 내 switch~case문에서의 변수 a의 값은 여전히 11이다. 변수 b는 2를 누적되어 21로 break;가 없어 3이 누적되어 24가 된다. 변수 a의 11에서 변수 b의 24가 뺄셈 처리되어 −13이 출력된다.
  [실행] https://onlinegdb.com/nZ76X3k7Y

• C언어의 2차원 배열과 배열 포인터를 구현한 프로그램이다.
  • 배열 포인터 parr은 int형 요소가 3개인 열을 가리키는 포인터 변수로 2차원 배열 arr의 1행을 포인팅한다.

arr	[0]	[1]	[2]	열
[0]	1	2	3	
parr → [1]	4	5	6	
[2]	7	8	9	
행				

parr	[0]	[1]	[2]	열
[0]	4	5	6	
[1]	7	8	9	
행				

  • parr[1][1]의 값은 8, *(parr[1]+2)은 parr[1][2]와 같은 표현으로 9, **parr은 parr[0][0]과 같은 표현으로 4이므로 8 + 9 + 4의 결과 21이 최종 출력된다.
  [실행] https://onlinegdb.com/ni-82Rr1o

- C언어의 자기참조 구조체를 통해 값과 링크 정보를 포함하는 노드(node)를 구현하여 링크드 리스트를 구현한 프로그램이다.
- 자기참조 구조체는 구조체의 멤버에 자신을 참조(포인팅)할 수 있는 포인터 멤버를 눈 구조체로 구조체 변수를 통해서 접근할 경우 -〉 연산자를 통해 참조한다.

head		a	n1	n2		b	n1	n2		c	n1	n2
NULL			10	NULL			20	NULL			30	NULL
struct			int형	struct			int형	struct			int형	struct
node*형				node*형				node*형				node*형

- head = &a; 명령을 통해 구조체 포인터 변수 head가 구조체 변수 a를 참조한다. a.n2 = &b; 명령은 구조체 변수 a가 구조체 변수 b를 참조하며, b.n2 = &c; 명령을 통해 구조체 변수 b가 구조체 변수 c를 참조한다.

head		a	n1	n2		b	n1	n2		c	n1	n2
&a			10	&b			20	&c			30	NULL
struct			int형	struct			int형	struct			int형	struct
node*형				node*형				node*형				node*형

- head-〉n2-〉n1는 a-〉n1인 b.n1의 값을 의미하므로 20이 최종 출력된다.
  [실행] https://onlinegdb.com/3E9W3zBH5

- C언어의 문자열 매개변수의 전달기법을 Call By Reference로 수행하여 문자열의 길이를 구하는 함수를 구현한 프로그램이다.
- char*형 포인터 변수 str1은 문자열 상수 "first"를 가리키며, char형 1차원 분자열 배열에는 각각의 요소에 "teststring" 문자열이 문자 요소로 저장되어 있다.

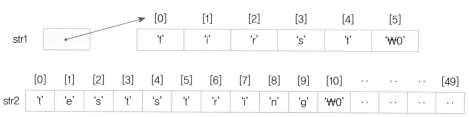

- func(str2, str1); 명령의 첫번째 인자가 1차원 배열의 이름인 str2이므로 Call by Reference 매개변수 전달 기법에 의해 배열의 시작 주소가 전달된다. 두 번째 인자 str1은 포인터 변수의 값이 주소이므로 마찬가지로 Call by Reference 매개변수 전달 기법에 의해 문자열의 시작 주소가 전달된다.
- func( ) 함수는 1차원 배열 str2의 첫 요소부터 str1의 모든 문자 상수를 복사하기를 반복하며, 마지막에 널 문자('₩0')를 저장한다. main( ) 함수로 반환된 후의 배열 str2의 요소는 다음과 같다.

	[0]	[1]	[2]	[3]	[4]	[5]	[6]	[7]	[8]	[9]	[10]	··	··	··	[49]
str2	'f'	'i'	'r'	's'	't'	'₩0'	'r'	'i'	'n'	'g'	'\0'	··	··	··	··

- main( ) 함수에서 변수 result에 변수 i의 값을 다음과 같이 누적하여 합계를 구한다.

i	str2[i]	판별	result	
0	'f'	참	0 + 0	0
1	'r'	참	0 + 0 + 1	1
2	'r'	참	0 + 0 + 1 + 2	3
3	's'	참	0 + 0 + 1 + 2 + 3	6
4	't'	참	0 + 0 + 1 + 2 + 3 + 4	10
5	'\0'	거짓	for문 종료	

- 0 + 1 + 2 + 3 + 4가 누적 계산되어 10이 최종 출력된다.

[실행] https://onlinegdb.com/sdewQDp0X

11번 해설

- Java의 1차원 배열 객체를 참조하는 배열 참조 변수를 비교하여 같은 객체인지 판별하는 프로그램이다.
- main( ) 메서드에서 생성된 3개의 1차원 배열 객체는 배열 내의 요소 값이 같더라도 힙(head) 메모리에 서로 다르게 생성된 객체이다. 배열 참조 변수를 비교하면 모두 다른 곳의 시작 주소이므로 check( ) 메서드의 결과는 모두 N이 출력된다.

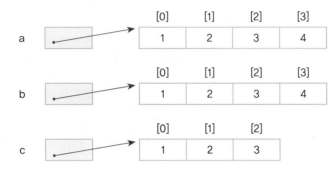

[실행] https://onlinegdb.com/K24lSe5h4

- Java의 인터페이스(interface)는 클래스들이 반드시 구현해야 하는 동작을 지정하기 위해 사용하는 추상 자료형이다.
- 인터페이스 내부에는 상수와 추상 메서드만 존재하며 자식 클래스는 부모 인터페이스의 모든 추상 메서드를 오버라이딩해야만 한다.
- 인터페이스로 객체를 구현할 때는 implements를 사용하고 인터페이스끼리 상속을 할 때는 클래스와 마찬가지로 extends를 사용한다.
- 여기서는 Number 인터페이스를 NaturalNumber 클래스가 implements 받아 add( ) 메서드를 오버라이딩 하였다.
- main( ) 메서드에서 생성된 1차원 배열 객체 v는 9개의 정수 상수를 각 요소로 갖는다. 참조변수 num은 add( ) 메서드를 각각의 인자로 2회 호출하여 결과를 각각 출력한다. 그 결과 배열 요소의 홀수와 짝수를 판별하여 각각 누적합한 결과를 출력한다.
- num.add(v, true) 메서드 호출 후 반복 처리(홀수 누적합)는 다음과 같다.

i	v[i]	(true && v[i]%2 != 0) || (!true && v[i]%2 == 0)	판별	sum = sum + v[i]	
0	1	(true && 1%2 != 0) || (!true && 1%2 == 0)	참	0 + 1	1
1	2	(true && 2%2 != 0) || (!true && 2%2 == 0)	거짓		
2	3	(true && 3%2 != 0) || (!true && 3%2 == 0)	참	0 + 1 + 3	4
3	4	(true && 4%2 != 0) || (!true && 4%2 == 0)	거짓		
4	5	(true && 5%2 != 0) || (!true && 5%2 == 0)	참	0 + 1 + 3 + 5	9
5	6	(true && 6%2 != 0) || (!true && 6%2 == 0)	거짓		
6	7	(true && 7%2 != 0) || (!true && 7%2 == 0)	참	0 + 1 + 3 + 5 + 7	16
7	8	(true && 8%2 != 0) || (!true && 8%2 == 0)	거짓		
8	9	(true && 9%2 != 0) || (!true && 9%2 == 0)	참	0 + 1 + 3 + 5 + 7 + 9	25

- num.add(v, false) 메소드 호출 후 반복 처리(짝수 누적합)는 다음과 같다.

i	v[i]	(false && v[i]%2 != 0) || (!false && v[i]%2 == 0)	판별	sum = sum + v[i]	
0	1	(false && 1%2 != 0) || (!false && 1%2 == 0)	거짓		
1	2	(false && 2%2 != 0) || (!false && 2%2 == 0)	참	0 + 2	2
2	3	(false && 3%2 != 0) || (!false && 3%2 == 0)	거짓		
3	4	(false && 4%2 != 0) || (!false && 4%2 == 0)	참	0 + 2 + 4	6
4	5	(false && 5%2 != 0) || (!false && 5%2 == 0)	거짓		
5	6	(false && 6%2 != 0) || (!false && 6%2 == 0)	참	0 + 2 + 4 + 6	12
6	7	(false && 7%2 != 0) || (!false && 7%2 == 0)	거짓		
7	8	(false && 8%2 != 0) || (!false && 8%2 == 0)	참	0 + 2 + 4 + 6 + 8	20
8	9	(false && 9%2 != 0) || (!false && 9%2 == 0)	거짓		

[실행] https://onlinegdb.com/1lUX43sOl

- 주어진 문자열 상수 "abacabcd"를 뒤에서부터 출력하되 중복된 ASCII 코드 값의 문자는 제외하고 역순 문자를 누적 연결하여 출력하는 기능을 재귀호출을 통해 구현한 프로그램이다.
- 1차원 배열 객체를 참조하는 seen은 256개의 ASCII 코드의 유무를 구분한다. 문자열 내에 각각의 문자를 ASCII 코드 값으로 변환하여 해당 인덱스 위치의 요소로 존재하면 true, 존재하지 않으면 false이다.

	[0]	[1]	[2]	··	[97]	[98]	[99]	[100]	[101]	[102]	[103]	··	··	··	··	[255]
seen	false	false	false	false	false	false	false	false	false	false	false	false	false	false	false	false

- main()의 reverse("abacabcd", 7, seen) 메서드 호출을 시작으로 하는 재귀호출과 반환 과정은 다음과 같다.

메소드 호출 과정	c	seen[c]	result	return c + result;
reverse("abacabcd", 7, seen) 호출	'd'			
reverse("abacabcd", 6, seen) 재귀호출	'c'			
reverse("abacabcd", 5, seen) 재귀호출	'b'			
reverse("abacabcd", 4, seen) 재귀호출	'a'			
reverse("abacabcd", 3, seen) 재귀호출	'c'			
reverse("abacabcd", 2, seen) 재귀호출	'a'			
reverse("abacabcd", 1, seen) 재귀호출	'b'			
reverse("abacabcd", 0, seen) 재귀호출	'a'			
reverse("abacabcd", −1, seen) 재귀호출				return ""; (반환)
reverse("abacabcd", 0, seen)으로 반환	'a'	seen[97] = true;	""	return "a"; (반환)
reverse("abacabcd", 1, seen)으로 반환	'b'	seen[98] = true;	"a"	return "ba"; (반환)
reverse("abacabcd", 2, seen)으로 반환	'a'		"ba"	(반환)
reverse("abacabcd", 3, seen)으로 반환	'c'	seen[99] = true;	"ba"	return "cba"; (반환)
reverse("abacabcd", 4, seen)으로 반환	'a'		"cba"	(반환)
reverse("abacabcd", 5, seen)으로 반환	'c'		"cba"	(반환)
reverse("abacabcd", 6, seen)으로 반환	'd'	seen[100] = true;	"cba"	return "dcba"; (반환)
main()으로 반환			"dcba"	(반환)
System.out.print() 메서드로 출력				최종 dcba 출력

- 재귀호출 완료 후는 다음과 같다.

	[0]	[1]	[2]	··	[97]	[98]	[99]	[100]	[101]	[102]	[103]	··	··	··	··	[255]
seen	false	false	false	false	true	true	true	true	false	false	false	false	false	false	false	false

[실행] https://onlinegdb.com/t78u7wVcQ

14번 해설
- Python의 문자열 객체 str을 여러 개의 문자열로 나누고 지정한 부분 문자를 반환하는 함수를 통해 결과를 출력하는 프로그램이다. 문자열 메서드 split( )는 지정한 한 문자를 기준으로 주어진 문자열을 여러 개의 부분 문자로 나누어 리스트 객체로 반환하는 기능을 한다.
- 문자열.split('분해기준문자')
- get(str, I) 명령은 정의된 get( ) 함수로 문자열 객체 str과 i를 전달한다.

	[0]	[1]	[2]	[3]	[4]
str_result	'I'	'IS'	'ES'	'S'	'RING'

- get( ) 함수에서는 문자 'I'를 기준으로 문자열을 나눈 후 5개의 리스트 요소로 str_resert 리스트 객체를 만든다. 이 후 3번째 요소인 'S'값을 반환한 후 result에 대입하여 출력한다.
[실행] https://onlinegdb.com/XsYSN6GVw

15번 해설
- Python의 문자열 객체 str 내의 부분 문자열의 횟수를 세어 출력하는 프로그램이다.
- 주어진 문자열 'abdccabcabcacbc'내의 'ca'는 3회, 'ab'는 3회 포함되어 있다.
- f-string을 이용한 문자열 포맷팅 출력은 f'문자열' 형식으로 문자열을 직관적으로 빠르게 출력할 수 있는 방법이다. '문자열'내의 문자들과 함께 중괄호 { }내의 값에 포맷을 적용하여 함께 출력한다.
- Python에서의 == 연산자는 두 객체(숫자, 문자열, 리스트, 튜플 등)의 값이 같은지 비교하고, 같으면 True, 다르면 False를 반환한다. 문자열 'abdccabcabcacbc'내에 'ca'는 3회, 'ab'는 3회 포함되어 있다.
[실행] https://onlinegdb.com/L7j7sVi06

16번 해설
- SRT(Shortest Remaining Time) CPU 스케줄링 : SJF의 스케줄링 기법의 변형으로 새로 도착한 프로세스를 비롯하여 대기큐에 남아있는 프로세스의 작업이 완료되기까지 수행시간 추정치가 가장 적은 프로세스에게 CPU를 할당한다.
- SRT 스케줄링 간트 차트

P1	P2	P4	P1	P3

0　　　　　1　　　　　5　　　　　10　　　　　17　　　　　26

- 프로세스별 대기시간
  P1 : 0 + (10 - 1) = 9
  P2 : 0
  P3 : 17 - 2 = 15
  P4 : 5 - 3 = 2
- 평균 대기시간
  (9 + 0 + 15 + 2) / 4 = 26 / 4 = 6.5

17번 해설
- 카디널리티(Cardinality) : 릴레이션의 튜플의 개수
- 디그리(Degree) : 릴레이션의 속성의 개수

IPSec(Internet Protocol Security)

- IPSec은 통신 세션의 각 IP 패킷을 암호화하여 인증하는 안전한 인터넷 프로토콜(IP) 통신을 위한 3계층(네트워크 계층) 보안 프로토콜이다.
- IPv4에서는 선택적이고, IPv6에서는 필수적으로 제공하도록 되어 있다.

• 패킷 교환 방식(Packet Switching) : 패킷 교환망에서 메시지를 일정한 길이의 전송 단위인 패킷으로 나누어 전송하는 방식

가상회선 (Virtual Circuit)	• 패킷이 전송되기 전에 논리적인 연결 설정이 이루어져야 한다. • 모든 패킷이 동일한 경로로 전달되므로 항상 보내어진 순서대로 도착이 보장된다. • 연결형 서비스 방식으로 패킷을 전송하기 전에 미리 경로를 설정해야 한다.
데이터그램 (Datagram)	• 일정 크기의 데이터 단위(packet)로 나누어 특정 경로의 설정 없이 전송되는 방식이다. • 각 패킷마다 목적지로 가기 위한 경로 배정이 독립적으로 이루어진다.

RIP(Routing Information Protocol)

- 패킷을 목적지까지 전달하기 위해 사용되는 라우팅 프로토콜이다.
- '거리 벡터 라우팅 프로토콜'이라고도 하며, 최대 홉 카운트를 15홉 이하로 한정하고 있다.
- 거리 벡터 라우팅(Distance Vector Routing) 알고리즘은 자신의 기준에서 다른 라우터까지 가는데 걸리는 시간이 명시된 라우팅 테이블을 주변 라우터와 공유하는 방식이다.
- 최단 경로 탐색에는 Bellman-Ford 알고리즘을 사용하며 소규모 네트워크 환경에 적합하다.
- 최적의 경로를 산출하기 위한 정보로서 홉(거리 값)만을 고려하므로, 선택한 경로가 최적의 경로가 아닌 경우가 많이 발생할 수 있다.

01   Abstract Factory

02   제3정규형 또는 3NF

03   ㄱ – ㄴ – ㄹ – ㄷ

04   ㄹ. MC/DC(변경 조건/결정 커버리지)

05

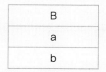

COUNT(*)
1

1 또는

06

B
a
b

07   ㅅ. Rootkit

08   ㅅ. APT

09   151

10   GECA

11   9981 and 2795.10

12   Nd sc 1

13   9

14   5 – 6 – 3 – 1 – 7 – 2

15   4

16   Seynaau

17   LRU : 6   LFU : 6

18   ① 세타 조인   ② 동등 조인   ③ 자연 조인

19   OSPF

20   ② 192.168.35.72
      ④ 129.200.8.249
      ⑥ 192.168.36.249

• 디자인 패턴 : 객체지향 프로그래밍 설계 시 유사한 상황에서 구조적인 문제를 해결할 수 있도록 방안을 제공한다.

생성 패턴	**Abstract factory**	• 구체적인 클래스에 의존하지 않고 서로 연관되거나 의존적인 객체들의 조합을 만드는 인터페이스를 제공하는 패턴이다. • 관련된 객체들의 "kit"을 생성하기 위한 인터페이스를 제공하는 디자인 패턴이다. • 관련된 서브 클래스를 그룹지어 한 번에 교체할 수 있다.
	Builder	작게 분리된 인스턴스를 조립하듯 조합하여 객체를 생성한다.
	Factory method	• 객체를 생성하기 위한 인터페이스를 정의하여 어떤 클래스가 인스턴스화 될 것인지는 서브 클래스가 결정하도록 한다. • Virtual-Constructor 패턴이라고도 한다.
	Prototype	• 원본 객체를 복제하여 객체를 생성하는 패턴이다. • 일반적인 방법으로 객체를 생성하고 비용이 많이 소요되는 경우에 주로 사용한다.
	Singleton	• 전역 변수를 사용하지 않고 객체를 하나만 생성하도록 한다. • 생성된 객체를 어디서든지 참조할 수 있도록 하는 패턴이다.

제3정규형(3NF)

– 릴레이션 R에 속한 모든 도메인이 원자값만으로 구성되어 있다.

– 릴레이션 R에서 키가 아닌 모든 필드가 키에 대해 함수적으로 종속되며, 키의 부분 집합이 결정자가 되는 부분 종속이 존재하지 않는다.

– 릴레이션 R에 존재하는 일부 함수적 종속에서 결정자가 후보키가 아니다.

03번 해설 · 응집도(Cohesion) : 단위 모듈 내부 처리 요소 간에 기능적 연관도를 측정하는 척도이다(강할 수록 품질이 좋음).

응집도 강함	기능적 응집도 (Functional Cohesion)	모듈 내부의 모든 기능 요소들이 한 문제와 연관되어 수행되는 경우
	순차적 응집도 (Sequential Cohesion)	한 모듈 내부의 한 기능 요소에 의한 출력 자료가 다음 기능 요소의 입력 자료로 제공되는 경우
	교환적 응집도 (Communication Cohesion)	동일한 입력과 출력을 사용하는 소작업들이 모인 경우(=통신적 응집도)
	절차적 응집도 (Procedural Cohesion)	모듈이 다수의 관련 기능을 가질 때 모듈 내부의 기능 요소들이 그 기능을 순차적으로 수행할 경우
	시간적 응집도 (Temporal Cohesion)	특정 시간에 처리되는 여러 기능을 모아 한 개의 모듈로 작성할 경우
	논리적 응집도 (Logical Cohesion)	유사한 성격을 갖거나 특정 형태로 분류되는 처리 요소들로 하나의 모듈이 형성되는 경우
응집도 약함	우연적 응집도 (Coincidental Cohesion)	서로 간에 어떠한 의미 있는 연관관계도 지니지 않는 기능 요소로 구성되는 경우이며, 서로 다른 상위 모듈에 의해 호출되어 처리상의 연관성이 없는 서로 다른 기능을 수행

04번 해설 · 테스트 커버리지(Test Coverage)는 코드의 테스트가 충분한지 테스트 수행 정도를 나타내는 지표로 구문(Statement), 조건(Condition), 결정(Decision)의 기준을 갖는다.

종류	설명
구문 커버리지 (Statement Coverage)	코드 구조 내의 모든 구문에 대해 한 번 이상 수행하는 테스트 커버리지
결정 커버리지 (Decision Coverage)	결정 포인트 내의 모든 분기문에 대해 최소 한 번씩 수행하는 테스트 커버리지
조건 커버리지 (Condition Coverage)	결정 포인트 내의 모든 개별 조건식에 대해 수행하는 테스트 커버리지
조건/결정 커버리지 (Condition/ Decision Coverage)	전체 조건식의 결과가 참 한번, 거짓 한번을 갖도록 개별 조건식을 조합하는 데 이 때 개별 조건식도 참 한번, 거짓 한번을 모두 갖도록 개별 조건식을 조합하는 테스트 커버리지
변경 조건/결정 커버리지 (Modified Condition/ Decision Coverage)	조건과 결정을 복합적으로 고려한 측정 방법이며, 결정 포인트 내의 다른 개별적인 조건식 결과에 상관없이 독립적으로 전체 조건식의 결과에 영향을 주는 테스트 커버리지

05번 해설
- EMP 테이블에서 조건식에 해당하는 튜플 수(레코드 수)를 출력한다. 튜플의 개수만 작성하여도 되고 표를 그려 작성하여도 모두 정답으로 인정된다.
- WHERE절의 경우 조건식이 3가지이며 이들 조건식 사이를 AND와 OR를 통해 판단하는 것이 문제의 핵심이다.
- 논리 연산의 우선순위 : NOT(논리부정) → AND(논리곱) → OR(논리합)
- 논리 연산의 경우 AND가 OR보다 우선순위가 높으므로, 'EMPNO 〉 100 AND SAL 〉= 3000' 조건에 해당하는 EMPNO가 100 초과하면서 SAL이 3000 이상인 튜플을 추출하고 'EMPNO = 200' 조건인 EMPNO가 200에 해당하는 튜플을 OR을 수행하면 다음과 같은 튜플이 결과로 추출된다. 그런데, SELECT절에서는 COUNT(*) 집계함수를 통해 튜플의 개수를 최종 출력하고자 하였으므로, 결과는 1이 된다.

EMPNO	ENAME	AGE	SAL	DEPT_ID		COUNT(*)
200	강감찬	45	3000	30	⇒	1

[WHERE절 조건 수행 결과]   [최종 집계함수 적용 결과]

06번 해설
- SQL문의 서브 쿼리 실행 후, 실행되는 메인 쿼리는 다음과 같다.
  SELECT B FROM R1 WHERE C IN ('x', 'y');
- 다중 행(Multiple Row) 서브 쿼리 연산자
  – 다중 행(Multiple Row) 서브 쿼리는 서브 쿼리에서 반환되는 결과가 여러 행이 반환된다.
- 다중 행 연산자(Multiple Row Operator)

IN	메인 쿼리의 비교 조건이 서브 쿼리의 결과 집합에 포함되면 참
ANY, SOME	메인 쿼리의 비교 조건이 서브 쿼리의 결과와 하나 이상이 일치하면 참
ALL	메인 쿼리의 비교 조건이 서브 쿼리의 모든 결과와 일치하거나 조건을 만족해야 참
EXISTS	서브 쿼리가 하나 이상의 결과를 반환하면 참

07번 해설 · 루트킷(Rootkit)은 컴퓨터의 관리자 계정(Root, 루트)과 권한을 획득할 수 있도록 하는 도구 모음(kit)의 합성어로 공격자가 자신의 공격 시도나 침투 흔적을 숨기기 위해 사용하는 악의적인 프로그램의 집합 혹은 악성 프로그램이다.

08번 해설 · 지능형 지속 위협(APT, Advanced Persistent Threat)
 – 분명한 목적과 동기를 가진 공격자가 특정 대상을 상대로 지속적이고 지능적인 공격이다.
 – 제로데이 공격과 같이 기존에 알려지지 않았던 취약점을 다양하게 활용하여 공격한다.
 – 공격 4단계 : 침투(Incursion) → 검색(Discovery) → 수집(Capture) → 유출(Control)

09번 해설 · 삼항(조건) 연산자를 통해 얻은 결과로 선택문 if의 논리 조건식을 판별하여 비트 연산을 구현한 프로그램이다.
 · 삼항 연산식(0 〉 35 ? 35 : 0)의 판별 결과가 '거짓'이므로 3번째 항의 0이 선택된다. if문은 정수 0을 '거짓'으로 판별하여 v3 = v3 〈〈 2; 명령문을 실행하여 변수 v3는 29 x 22의 결과 116을 할당받는다.
 · 출력 정수는 35와 116의 합으로 151이 출력된다.
 · 출력결과를 작성하는 문제는 부분 점수가 부여되지 않는다.
[실행] https://onlinegdb.com/skuYAaGZN

10번 해설 · 주어진 문자열 상수 "ABCDEFGH"를 포인터를 이용하여 뒤집어 1차원 문자 배열에 저장한 후 홀수 번째 문자들의 출력을 구현한 프로그램이다.
 · 최초의 문자열 상수를 1차원 문자 배열에 대입한 후, 맨 앞의 문자 'A'를 head 포인터 변수로 가리키고, 맨 뒤의 문자 'H'를 tail 포인터 변수로 가리킨 후 while을 통해 반복을 수행하여 문자들의 위치를 변경한다.

	head							tail	
	↓							↓	
	[0]	[1]	[2]	[3]	[4]	[5]	[6]	[7]	[8]
str	A	B	C	D	E	F	G	H	'\0'

· while 문의 각 단계에서 문자의 위치를 교환하는 반복을 다음과 같이 수행한다.

head	tail	str 배열								
&str[0]	&str[7]	str	H	B	C	D	E	F	G	A	'\0'
&str[1]	&str[6]	str	H	G	C	D	E	F	B	A	'\0'
&str[2]	&str[5]	str	H	G	F	D	E	C	B	A	'\0'
&str[3]	&str[4]	str	H	G	F	E	D	C	B	A	'\0'

· 반복을 통한 문자의 위치를 변경 후, 홀수(1, 3, 5, 7) 번째 문자들을 출력하였다.
[실행] https://onlinegdb.com/i57iaPUli

- 계정명(addNum)과 잔액(balace) 멤버로 구성된 C언어의 구조체를 통하여 3년간 1.1%의 복리 이율이 적용된 결과 출력을 구현한 프로그램이다.
- main( ) 함수에서 struct myACC형의 구조체 변수 myAcc를 생성하여 initAcc( ) 함수를 통하여 초기화를 수행하였다.

	accNum	balance
myAcc	9981	2200.0

- xxx( ) 함수를 호출하여 myAcc 구조체 변수 내의 balance 멤버를 수정하였다.

	accNum	balance
myAcc	9981	2100.0

- yyy( ) 함수를 호출한 후 balance 멤버의 값 2100.0에 누적 곱할 복리 이율의 값을 sim_pov( ) 함수를 통해 반환 받았다. sim_pro( ) 함수에서는 1.1% 이율을 3년간 적용했을 경우의 복리 이율을 계산하여 1.331을 반환하였다. 최종 balance 멤버의 값은 2795.1로 계산되었다.

i	r	
0	1.1	=1.0 * 1.1
1	1.21	=1.0 * 1.1 * 1.1
2	1.331	=1.0 * 1.1 * 1.1 * 1.1

	accNum	balance
myAcc	9981	2795.1

- main( ) 함수의 마지막 출력문에서는 계정명(addNum)을 정수형 출력인 %d에 의해 9981로, 잔액(balance) 멤버를 실수형 출력인 %0.2f에 의해 소수이하 둘째자리까지 2795.10로 출력하였다.

[실행] https://onlinegdb.com/0zmCUzc3A

12번 해설

- 주어진 문자열 상수 "It is 8"를 일정한 규칙에 따라 다른 문자열로 치환하는 암호화 방식을 구현한 프로그램이다. 해당 프로그램은 시저 암호(Caesar cipher, 카이사르 암호) 방식으로 글자의 순서를 일정 간격으로 밀어서 치환하였다.
- 대문자는 5칸 뒤로 밀기하였고 소문자는 뒤로 10칸, 숫자는 뒤로 3칸 옆으로 밀어 대응되는 값을 매핑하였다.
- 알파벳은 26개, 인덱스는 0~25까지인데, n 칸을 더하였을 때 25를 넘어갈 경우가 있을 수 있어 26으로 나눈 나머지를 사용하였다.

i	str[i]	판별	호출 함수	str[i]	
0	'I'	대문자	isUpper( )	5칸 밀기	'N'
1	't'	소문자	isLower( )	10칸 밀기	'd'
2	' '	그외	없음	유지	' '
3	'i'	소문자	isLower( )	10칸 밀기	's'
4	's'	소문자	isLower( )	10칸 밀기	'c'
5	' '	그외	없음	유지	' '
6	'8'	숫자	isDigit( )	3칸 밀기	'1'
7	'₩0'	널문자	반복 종료	유지	'₩0'

```
void isUpper(char *str) {              // 대문자일 경우
    *str = (*str − 'A' + 5) % 26 + 'A';   // 5칸 밀기('A'−>'F')
}
void isLower(char *str) {              // 소문자일 경우
    *str = (*str − 'a' + 10) % 26 + 'a';  // 10칸 밀기('a'−>'k')
}
void isDigit(char *str) {              // 숫자문자일 경우
    *str = (*str − '0' + 3) % 10 + '0';   // 3칸 밀기('0'−>'3')
}
```

[실행] https://onlinegdb.com/afM7LLWyD

13번 해설

- Java의 다형성(polymorphism)은 부모 클래스와 자식 클래스의 상속 관계에서 부모 클래스가 동일한 메시지(메서드 호출)로 자식 클래스들을 서로 다르게 동작시키는 객체지향 원리이다.
- 다형성을 활용하면 부모 클래스가 자식 클래스의 동작 방식을 알 수 없어도 오버라이딩(Overriding)을 통해 자식 클래스를 접근 가능하다. 실행 시점에 동적 바인딩으로 부모 클래스가 자식 클래스의 메서드를 접근하여 실행이 가능하다.
- 위의 main( ) 메서드에서 생성된 자식 객체를 참조하는 부모 참조 변수 one은 one.getResult( )을 통해서 자식 클래스(TwoClass)에서 오버라이딩(재정의)한 getResult( ) 메서드를 호출하여 3 * 3을 연산하여 반환 후 출력한다.

• Java 언어에서의 생성자(Constructor)는 객체를 생성하는 역할을 하는 클래스의 구성요소로 인스턴스가 호출되는 초기화 메서드의 역할을 한다. 생성자는 직접 정의하지 않더라도 기본(Default) 생성자가 존재한다.

• 자식 클래스의 객체 생성 시 기본적으로 부모 클래스의 '기본 생성자'가 호출되며 기본 생성자가 없을 경우 기본 생성자를 추가하거나 특정 생성자 호출을 위해 super( )메서드를 사용할 수 있다.

• 실행 순서

[5] : Java는 main( ) 메서드가 존재하는 실행 클래스가 제일 먼저 호출된다.

[6] : 'new TwoClass(10)'명령에 의해 자식 객체가 생성된다.

[3] : 자식 객체 생성 직후, 자동으로 자식 클래스의 생성자가 호출된다.

[1] : 매개변수를 갖는 자식 클래스의 생성자 내의 super(a, a); 명령문에 의해 부모 클래스의 매개변수를 갖는 생성자가 호출된다.

[7] : 생성자를 자동 호출 후 반환된 후, System.out.println(one.getA( )); 명령문을 실행하게 된다. one.getA( ) 메서드를 호출을 실행한다.

[2] : one.getA( ) 명령에 의해 매개변수가 없는 부모 클래스의 getA( ) 메서드가 호출된다.

결과로 100이 최종 출력된다.

[실행] https://onlinegdb.com/q3Z_jGAYa

• 해당 프로그램은 싱글톤 패턴(Singleton pattern)이 적용된 프로그램으로 프로그램이 실행되는 동안 클래스를 생성하는 객체(인스턴스)가 오직 하나이다.

• 싱글톤 패턴을 자바로 구현하는 3단계 :

① 생성자 메서드를 private로 접근 제한

② private static 인스턴스 변수 선언(오직 하나의 같은 오브젝트를 참조)

③ public static Singleton getInstance( ) 메서드 구현

• 참조 변수 sg1, sg2, sg3는 같은 객체를 참조하며, 객체 내의 필드 count가 0으로 초기화 된 후, sg1.count( ); 메서드 호출로 count가 1, sg2.count( ); 메서드 호출로 count가 2, sg3.count( ); 메서드 호출로 count가 3이 되며, sg1.count( ); 메서드 호출를 한 번 더 수행하여 최종 출력 결과는 4이다.

[실행] https://onlinegdb.com/qNLR34Hxl

16번 해설

- Python의 클래스 Arr의 클래스 변수인 a 리스트 객체는 6개의 문자열 상수를 요소로 갖도록 선언되어 있다.
- Arr.a의 모든 문자열 요소에 대해 인덱스 1번째 위치의 문자를 인덱싱을 통해 추출한 후, 문자열 객체 str01에 누적한 결과를 출력하는 프로그램이다.

[실행] https://onlinegdb.com/AU7PFJGlN

17번 해설 · 페이지 교체(Page Replacement) 알고리즘

- 프로세스 실행 시 참조할 페이지가 주기억장치에 없는 페이지 부재(Page Fault) 발생 시 가상 기억장치의 페이지를 주기억장치에 적재해야 하는데, 이때 주기억장치의 모든 페이지 프레임이 사용 중이면 어떤 페이지 프레임을 교체할지 결정하는 기법이다.
- 교체 알고리즘의 종류 : OPT, FIFO, LRU, LFU, NUR, SCR
- LRU(Least Recently Used) : 가장 오랫동안 사용되지 않았던 페이지를 먼저 교체하는 기법

페이지 참조	1	2	3	1	2	4	1	2	5	7
프레임1	1	1	1	1	1	1	1	1	1	7
프레임2		2	2	2	2	2	2	2	2	2
프레임3			3	3	3	4	4	4	5	5
페이지부재	PF	PF	PF			PF			PF	PF

- LFU(Least Frequently Used) : 참조된 횟수가 가장 적은 페이지를 먼저 교체하는 기법

페이지 참조	1	2	3	1	2	4	1	2	5	7
프레임1	1	1	1	1	1(2번)	1	1	1(3번)	1(3번)	1
프레임2		2	2	2	2(2번)	2	2	2(3번)	2(3번)	2
프레임3			3	3	3(1번)	4	4	4(1번)	5(1번)	7
페이지부재	PF	PF	PF			PF			PF	PF

최신 기출문제 03회 정답 & 해설 3-239

18번 해설

- 조인(Join) : 둘 이상의 테이블로부터 특정 공통된 값을 갖는 행(튜플)을 연결하거나 조합하여 검색하는 연산으로 관계형 DBMS에서 매우 중요한 연산이다.
- 세타 조인(Theta Join) : 두 테이블의 길림 값을 비교연산자(=, ≠, 〈, 〉, ≤, ≥) 중 하나로 비교하여 조건을 만족하는 행만 반환한다.
- 동등 조인(Equi Join) : 가장 많이 사용하는 조인 방법으로, 조인 대상이 되는 두 테이블에서 공통적으로 존재하는 컬럼의 값이 일치되는 공통 행을 연결하여 결과를 생성하는 조인방법이다. '등가 조인'이라고도 하며 조인조건으로 ' = ' 비교 연산자를 사용한다.
- 자연 조인(Natural Join) : 두 테이블 간의 모든 컬럼을 대상으로 공통 컬럼을 자동으로 조사하여 같은 컬럼명을 가진 값이 일치할 경우 조인조건을 수행한다.

19번 해설

OSPF(Open Shortest Path First Protocol)

- 링크 상태 라우팅 프로토콜로 IP 패킷에서 프로토콜 번호 89번을 사용해 라우팅 정보를 전송하여 안정되고 다양한 기능으로 가장 많이 사용되는 IGP(Interior Gateway Protocol, 내부 라우팅 프로토콜)이다.
- OSPF 라우터는 자신의 경로 테이블에 대한 정보를 LSA라는 자료구조를 통하여 주기적으로 혹은 라우터의 상태가 변화되었을 때 전송한다.
- 라우터 간에 변경된 최소한의 부분만을 교환하므로 망의 효율을 저하시키지 않는다.
- 도메인 내의 라우팅 프로토콜로서 RIP가 가지고 있는 여러 단점을 해결하고 있다. RIP(routing information protocol)의 경우 홉 카운트가 15로 제한되어 있지만 OSPF는 이런 제한이 없다.

- 서브넷팅(Subnetting) : IP 주소의 낭비를 막기 위해 네트워크를 여러 개의 서브넷으로 분리하는 과정이다.
- 서브넷 마스크(Subnet Mask) : IP 주소에서 Network ID와 Host ID를 분리하는 역할을 한다.
- CIDR(Classless Inter-Domain Routing) : 클래스가 없는 도메인 간 라우팅 기법으로 IP 주소를 할당하고 패킷을 라우팅하는 방식이다. 주어진 IP 주소 대역에서 앞에서부터 고정된 비트 수를 표시한다.
- FLSM(Fixed Length Subnet Mask, 고정길이 서브넷 마스크) 방식에서의 ip subnet-zero는 subneting 후 첫 번째 네트워크에 포함되는 IP Address를 사용할 수 있게 하여 주소 손실을 막는다.
- 라우터의 물리적 인터페이스는 LAN 구간을 연결하는 Ethernet Interface와 MAN 구간을 연결하는 Serial Interface가 있다.
- 본 문제는 이론적으로 내부 네트워크를 연결하는 라우터의 Ethernet Interface의 개념상의 서브넷팅을 평가하는 문제로 실무적인 네트워크 구성 상황과는 차이가 있다.
- 주어진 3개의 CIDR 표기의 서브넷 마스크별 부여할 수 있는 서브넷의 IP 주소의 범위는 다음과 같다.

	Subnet Mask	Subnet IP 주소 범위	Subnet IP 주소 범위
1번째	192.168.35.3/24	192.168.35.00000000 ~ 192.168.35.11111111	192.168.35.0 ~ 192.168.35.255
2번째	129.200.10.16/22	129.200.00001000.00000000 ~ 129.200.00001011.11111111	129.200.8.0 ~ 129.200.11.255
3번째	192.168.36.24/24	192.168.36.00000000 ~ 192.168.36.11111111	192.168.36.0 ~ 192.168.36.255

따라서 〈보기〉 IP 주소는 ②에 192.168.35.72가 ④에 129.200.8.249가 ⑥에 192.168.36.249가 라우터의 인터페이스에 부여할 수 있는 IP 주소에 해당한다.

01. 패키지 또는 패키지 다이어그램(Package Diagram)

02. ㅁ. Equivalence Partitioning Testing

03.

• 답 (1)	5
• 답 (2)	4
• 답 (3)	3
• 답 (4)	2
• 답 (5)	1

04. ㄱ. OAuth

05. • 답 (1) : MAC
　• 답 (2) : RBAC
　• 답 (3) : DAC

06. 5040

07. 34

08. 1. KOREA
2. OREA
3. K
4. E
5. O

09. —)

10. 7 또는 7번 라인

11. 2

12. BDCDD

13. split

14. • 답 (1) : chmod
　• 답 (2) : 751

15. • 답 (1) : ㅂ 또는 ㅂ. ⋈
　• 답 (2) : ㄹ 또는 ㄹ. π
　• 답 (3) : ㄴ 또는 ㄴ. σ
　• 답 (4) : ㅇ 또는 ㅇ. ÷

16. 참조

17. RIP

18. NAT

19. ATM

20. • 답 (1) : IaaS
   • 답 (2) : PaaS
   • 답 (3) : SaaS

01번 해설

패키지 다이어그램(Package Diagram)

클래스나 유스 케이스 등을 포함한 여러 모델 요소들을 그룹화하여 패키지를 구성하고 패키지들 사이의 관계를 표현한다.

02번 해설

블랙박스 검사 기법

경계값 분석(Boundary Value Analysis)	• 입력의 경계값에서 발생하는 오류를 제거하기 위한 검사 기법으로, 등가 분할의 경계 부분의 입력값에서 결함이 발견될 확률이 높다는 가정으로 테스트하는 기법이다. • (예) 입력 값(x)의 유효 범위로 0<=x<=10을 갖는 프로그램에서 −1, 0, 10, 11을 테스트 케이스의 입력값으로 테스트를 진행한다.
동치 분할 검사(동등 분할 검사, Equivalence Partitioning Testing)	• 검사 사례 설계를 프로그램의 입력 명세 조건에 따라 설정한다. • 검사 사례는 일반적으로 입력 데이터에 해당하므로 프로그램의 입력 조건에 중점을 두고, 어느 하나의 입력 조건에 대하여 타당한 값과 그렇지 못한 값을 설정하여 해당 입력 자료에 맞는 결과가 출력되는지 확인하는 테스트 기법이다.
비교 검사(Comparison Testing)	• 여러 버전의 프로그램에 동일한 자료를 제공하여 동일한 결과가 출력되는지 검사하는 기법이다.
원인 효과 그래픽 기법(Cause and Effect Graphing)	• 입력 데이터 간의 관계와 출력에 영향을 미치는 상황을 체계적으로 분석한다. • 효용성이 높은 테스트케이스를 선정해 검사하는 기법이다.

03번 해설

• DML의 SELECT문의 질의 결과 행으로 얻은 두 테이블을 집합(SET) 연산자로 집합 단위의 연산을 할 수 있다. 두 SELECT문으로 선택된 컬럼 A에 대해 UNION 연산을 수행하여 중복을 제거한 후, 행을 합친 후 내림차순 정렬을 수행하여 최종 결과를 출력한다.

• 각 집합의 SELECT문은 ORDER BY절을 포함하지 못하지만, 전체 결과 행에 대한 ORDER BY절은 포함할 수 있다.

• UNION 연산과 UNION ALL 연산

UNION	두 질의 결과 행을 합치고 중복을 제거함
UNION ALL	두 질의 결과 행을 합치고 중복을 포함함

04번 해설

오쓰(OAuth)

• 'Open Authorization'의 약어로 다양한 플랫폼에서 권한 부여를 위한 산업 표준 프로토콜이다.

• 모바일 플랫폼에서 SAML의 결함을 보완하기 위해 개발되었으며, XML이 아닌 JSON을 기반으로 한다.

• OAuth API를 사용하여 웹, 앱 서비스에서 제한적으로 권한을 요청해 사용 할 수 있는 키를 발급해주면 각 서비스별 ID와 Password를 기억하고 로그인하지 않아도 제한된 설정으로 연결하여 인증이 가능하다.

• 정보의 접근통제 정책은 시스템의 자원 이용에 대한 불법적인 접근을 방지하는 과정으로 비인
가자가 컴퓨터 시스템에 액세스하지 못하도록 하는 것이다. 접근통제 모델로는 강제적 접근 통
제(MAC, Mandatory Access Control), 역할 기반 접근 통제(RBAC, Role Based Access
Control), 임의적 접근 통제(DAC, Discretionary Access Control)가 있다.
• 접근 제어 모델(정보의 접근통제 정책)

정책	MAC	RBAC	DAC
권한 부여	시스템	중앙 관리자	데이터 소유자
접근 결정	보안등급(Label)	역할(Role)	신분(Identity)
정책 변경	고정적(변경 어려움)	변경 용이	변경 용이
장점	안정적, 중앙 집중적	관리 용이	구현 용이, 유연함

• 7!을 재귀호출을 통해 구현한 프로그램이다.
• N!은 계승(팩토리얼, Factorial)의 표현으로 1부터 N까지의 자연수들을 차례로 곱한 것을 N
의 계승이라 한다.
• 재귀호출과 반환 과정은 다음과 같다.

func(7) 호출	7 * func(6)	
func(6) 재귀호출	6 * func(5)	
func(5) 재귀호출	5 * func(4)	
func(4) 재귀호출	4 * func(3)	
func(3) 재귀호출	3 * func(2)	
func(2) 재귀호출	2 * func(1)	
func(1) 재귀호출	return 1;	(반환)
func(2)으로 반환	return 2 * 1;	(반환)
func(3)으로 반환	return 3 * 2;	(반환)
func(4)으로 반환	return 4 * 6;	(반환)
func(5)으로 반환	return 5 * 24;	(반환)
func(6)으로 반환	return 6 * 120;	(반환)
main( )으로 반환	return 7 * 720;	(반환)
printf("%d", 5040);	최종 출력	

※ 해당 문제는 출력 결과를 작성하는 문제이므로 부분 점수가 부여되지 않는다.
[실행] https://onlinegdb.com/BaGqTVlt3

07번 해설

- 1부터 100 사이의 자연수 중에 완전수를 구한 후 변수 total에 누적하여 결과를 출력하는 프로그램이다.
- 완전수(Perfect Number)는 그 수의 약수들 중, 자기 자신을 제외한 약수를 모두 더한 합이 자기 자신이 되는 자연수이다.
- 1부터 100 사이의 자연수 중, 완전수는 6과 28이다. 6의 약수 {1, 2, 3, 6} 중 1+2+3을 하면 6이고, 28의 약수 {1, 2, 4, 7, 14, 28} 중 1+2+4+7+14를 하면 28이다.

※ 해당 문제는 출력 결과를 작성하는 문제이므로 부분 점수가 부여되지 않는다.

[실행] https://onlinegdb.com/vRM_b1P0A

08번 해설

- 문자열 상수 "KOREA"를 포인터 변수 p가 참조하도록 정의한 이후 포인터 변수를 참조하여 연산한 결과를 출력하는 프로그램이다. 해당 문제는 출력 결과를 작성할 때 printf( ) 함수의 출력 형식 문자 %s와 %c를 명확히 구분하여 결과를 작성해야 한다. %s는 문자열 상수를 출력하고 %c는 단일 문자 상수 한 글자만 출력한다.
- 포인터 변수 p는 문자열 상수 "KOREA"의 시작 위치(주소)를 값으로 가지고 있으며, *p는 포인터 연산자(*)가 포인터 변수가 가지고 있는 위치(주소)의 내용을 참조하는 연산 처리를 의미한다.

```
printf("1. %s\n", p);          // 포인터 변수  p의 값의 위치의 문자부터 널('\0')  문자 전
                               //    까지 연속하여 출력
printf("2. %s\n", p+1);        // 포인터 변수  p의 값의 위치에서  1간격 떨어진 위치부터 연
                               //    속하여 출력
printf("3. %c\n", *p);         // 포인터 변수  p의 값의 위치에 있는 문자 한  문자 출력
printf("4. %c\n", *(p+3));     // 포인터 변수  p의 값의 위치에서  3간격 떨어진 위치에 있는
                               //    문자 한  문자 출력
printf("5. %c\n", *p+4);       // 포인터 변수  p의 값의 위치에 있는 문자 한  문자('K')에
                               //    4를 더한 문자 출력
```

※ 해당 문제는 출력 결과를 작성하는 문제이지만 답안이 세부 항목으로 구분되어 있어 부분 점수를 부여한다.

[실행] https://onlinegdb.com/5YzIccCUF

09번 해설

- 해당 프로그램은 구조체 변수와 구조체 포인터 변수를 통해 멤버에 값을 대입하고 멤버의 값을 출력하는 프로그램이다.
- 구조체 멤버 접근 방법

구조체 변수를 이용하여 접근	.	구조체 변수명.멤버명
구조체 포인터 변수를 이용하여 접근	—>	구조체 포인터 변수명–>멤버명

[실행] https://onlinegdb.com/ftIDn9Ank

- static 메서드에 클래스의 필드 중 static 필드가 아닌 경우 사용할 수 없기 때문에 7번 라인의 name에서 에러가 발생하였다.
- 해당 에러를 해결하기 위해서는 2번 라인의 필드를 다음과 같이 static 필드로 지정해 주어야 한다.

```
2        private static String name;
```

[실행] https://onlinegdb.com/XRTqK-MUU

- 위 프로그램은 3개의 클래스로 구성되어 있으며, Parent 클래스와 Chile 클래스는 상속 관계에 있고 Exam 클래스는 실행 클래스이다. Exam 클래스의 main( ) 메소드 안에서 Parent obj = new Child( );를 통해 Chile 클래스의 객체(인스턴스)를 생성하며 부모의 참조 변수 obj로 compute(7) 메소드를 호출하여 결과를 출력하는 프로그램이다.
- 자식 클래스인 Child에서는 부모 클래스 Parent의 compute(int num) 메소드가 재정의(오버라이드, Override)되어 있으므로 obj.compute(4)를 실행하였을 경우, 자식 클래스에 재정의된 메소드가 호출된다.
- obj.compute(4)를 호출하여 진입한 후, 해당 프로그램은 재귀 호출(자신 메소드 호출)을 통한 실행 과정을 거쳐 결과 1을 최종적으로 반환하게 된다. 따라서 출력 결과는 2가 된다.

※ 해당 문제는 출력 결과를 작성하는 문제이므로 부분 점수가 부여되지 않는다.
[실행] https://onlinegdb.com/30hdGuOI-

- Java의 다형성(polymorphism)은 부모 클래스와 자식 클래스의 상속 관계에서 부모 클래스가 동일한 메시지(메소드 호출)로 자식 클래스들을 서로 다르게 동작시키는 객체 지향 원리이다.
- 다형성을 활용하면 부모 클래스가 자식 클래스의 동작 방식을 알 수 없어도 오버라이딩(Overriding)을 통해 자식 클래스에 접근 가능하다. 실행 시점에 동적 바인딩으로 부모 클래스가 자식 클래스의 메소드에 접근하여 실행이 가능하다.
- 프로그램의 Parents cld = new Child( ); 명령문을 통해 자식 객체가 생성되고 이를 부모 참조 변수 cld를 통해 참조가 다형성이 구현되고 있다. cld.paint( ); 명령문을 통해 Chile 클래스의 오버라이드 된 paint( ) 메소드 내부가 실행된다.
- super.draw( ); 명령문은 Parents 클래스의 draw( ) 메소드를 호출하여 "B"를 출력한다. 출력 후 Child의 오버라이드된 draw( ) 메소드를 하여 "D"를 출력하고 반환한다.
- 반환된 이후 paint( ) 메소드의 다음 명령문을 통해 "C"를 출력한다. 다음으로 this.draw( ); 명령문을 통해 자신의 draw( ) 메소드를 호출하여 "D"를 출력 후 반환한다. 이후 main( ) 메소드로 반환한다.
- main( ) 메소드로 반환이 이루어진 후, cld.draw( ); 명령문을 통해 Child 클래스의 draw( ) 메소드를 호출하여 "D"를 출력하고 main( ) 메소드로 반환 후 프로그램을 종료한다.

※ 해당 문제는 출력 결과를 작성하는 문제이므로 부분 점수가 부여되지 않는다.
[실행] https://onlinegdb.com/G91z8JHUz

13번 해설

- Python의 split 함수와 다중 대입에 관한 문제이다.
- split 함수 : string을 구분자(delimiter)를 기준으로 분리한 후 분리된 각 부분을 원소로 가지는 리스트를 반환함
- 형식 : string.split(delimiter, maxsplit)
- 입력받은 문자열 "12a34"를 'A'를 기준으로 분할하고 정수형으로 num1, num2에 각각 할당한다.

[실행] https://onlinegdb.com/e5fPIvlsU2

14번 해설

- chmod 명령어 : 유닉스 또는 리눅스에서 파일이나 디렉터리에 대한 엑세스(읽기, 쓰기, 실행) 권한을 설정하는 명령어
- 형식 : chmod [옵션][모드] 파일
- a.txt에 대한 권한

구분	사용자 권한			그룹 권한			그룹 외 권한		
기호 모드	r	w	r	r	−	x	−	−	x
(8진수) 숫자 모드	4	2	1	4	0	1	0	0	1
	7			5			1		

- a.txt의 권한 부여 명령문 : chmod 751 a.txt
- a.txt의 권한 확인 명령문 : ls −l a.txt

15번 해설

관계 대수(Relational Algebra)

원하는 정보와 그 정보를 어떻게 유도하는가를 기술하는 절차적인 방법이다.

구분	연산자	기호	의미
순수 관계 연산자	Select	σ	조건에 맞는 튜플을 구하는 수평적 연산
	Project	π	속성 리스트로 주어진 속성만 구하는 수직적 연산
	Join	⋈	공통 속성을 기준으로 두 릴레이션을 합하여 새로운 릴레이션을 만드는 연산
	Division	÷	두 릴레이션 A, B에 대해 B 릴레이션의 모든 조건을 만족하는 튜플들을 릴레이션 A에서 분리해 내어 프로젝션하는 연산
일반 집합 연산자	합집합	∪	두 릴레이션의 튜플의 합집합을 구하는 연산
	교집합	∩	두 릴레이션의 튜플의 교집합을 구하는 연산
	차집합	−	두 릴레이션의 튜플의 차집합을 구하는 연산
	교차곱	×	두 릴레이션의 튜플들의 교차곱(순서쌍)을 구하는 연산

16번 해설 **데이터베이스의 무결성 규정(Integrity Rule)**

- 개체 무결성 제약조건 : 기본키는 NULL 값을 가져서는 안되며, 릴레이션 내에 오직 하나의 값만 존재해야 한다는 제약조건
- 참조 무결성 제약조건 : 릴레이션은 참조할 수 없는 외래키 값을 가질 수 없음을 의미하는 제약조건
- 도메인 무결성 제약조건 : 릴레이션 내의 튜플들이 각 속성의 도메인에 정해진 값만을 가져야 한다는 제약조건

17번 해설 **RIP(Routing Information Protocol)**

- '거리 벡터 라우팅 프로토콜'이라고도 하며, 최대 홉 카운트를 15홉 이하로 한정하고 있다.
- 최단 경로 탐색에는 Bellman-Ford 알고리즘을 사용하며 소규모 네트워크 환경에 적합하다.

18번 해설 **NAT(Network Address Translation)**

- '네트워크 주소 변환'으로 내부에서 사용하는 사설 IP 주소와 외부로 보여지는 공인 IP 주소 간의 IP Address 변환 방식을 말한다.
- 한정된 하나의 공인 IP를 여러 개의 내부 사설 IP로 변환하여 사용하기 위한 기술이며, 내부 네트워크 주소의 보안을 위해 사용하는 방법 중 하나이다.

19번 해설 **ATM(Asynchronous Transfer Mode)**

- B-ISDN의 핵심 기술로 회선 교환과 패킷 교환의 장점을 결합한 교환 및 다중화 기술이다.
- 비동기식 전달 모드로 멀티미디어 서비스에 적합하다.
- 정보는 셀(Cell) 단위로 나누어 전송된다.
- 셀(Cell)의 구성 : 헤더(Header) 5옥텟, 페이로드(Payload) 48옥텟
- ATM의 프로토콜 구조 : 사용자 평면, 제어 평면, 관리 평면

20번 해설 **클라우드 컴퓨팅(Cloud Computing)**

- 클라우드 컴퓨팅은 인터넷을 통해 가상화된 컴퓨터 시스템 자원을 요구하는 즉시 처리하여 제공하는 기술이다.
- 클라우드 컴퓨팅 서비스 모델

IaaS	• 인프라스트럭처를 서비스로 제공하는 모델 • 서비스를 개발할 수 있는 안정적인 환경과 그 환경을 이용하는 응용 프로그램을 개발할 수 있는 API까지 제공하는 서비스
PaaS	• 플랫폼을 서비스로 제공하는 모델 • 서버, 스토리지 자원을 쉽고 편하게 이용하게 쉽게 서비스 형태로 제공하여 다른 유형의 기반이 되는 기술
SaaS	• 소프트웨어를 서비스로 제공하는 모델 • 주문형 소프트웨어라고도 하며 사용자는 시스템이 무엇으로 이루어져 있고 어떻게 동작하는지 알 필요가 없이 단말기 등에서 필요하면 언제든지 제공받을 수 있음

01. • 답 (1) : Singleton

　　• 답 (2) : Visitor

02. ㄴ → ㄷ → ㅁ → ㄹ → ㄱ

03. • 답 (1) : 스텁(Stub) 또는 테스트 스텁(Test Stub)

　　• 답 (2) : 드라이버 또는 테스트 드라이버(Test Driver)

04. ㄷ. 조건 커버리지

05. CASCADE 또는 cascade

06. INSERT INTO 학생 VALUES(984104, '한국산', 3, '경영학개론', '050−1234−1234');
　　또는
　　insert into 학생 values(984104, '한국산', 3, '경영학개론', '050−1234−1234');
　　또는
　　INSERT INTO 학생(학번, 성명, 학년, 과목명, 전화번호)
　　　　　VALUES(984104, '한국산', 3, '경영학개론', '050−1234−1234');

07. • 대칭키 : AES, ARIA, DES, SEED

　　• 비대칭키 : ECC, RSA

08. 해시 또는 해시 함수(Hash Function)

09. BCD

10. 505

11. n[(i+1)%5] 또는 n[(i+6)%5]

12. • 답 (1) : m / 1000

　　• 답 (2) : (m % 1000) / 500

　　• 답 (3) : (m % 500) / 100 또는 ((m % 1000) % 500) / 100

　　• 답 (4) : (m % 100) / 10 또는 (((m % 1000) % 500) % 100) / 10

13. 〉

14. 213465

15. 박영희
　　박영희
　　박영희

16. true
　　false
　　true
　　true

17. engneing

18. ·답 (1) : 정보

　·답 (2) : 감독

　·답 (3) : 비번호

　·답 (4) : 비동기 균형

　·답 (5) : 비동기 응답

19. ·답 (1) : ㅅ. Hamming Code

　·답 (2) : ㄹ. FEC

　·답 (3) : ㄴ. BEC

　·답 (4) : ㅇ. Parity Check

　·답 (5) : ㄷ. CRC

20. 템퍼 프루핑 또는 Temper Proofing

디자인 패턴(Design Pattern)

객체지향 프로그래밍 설계 시 유사한 상황에서 구조적인 문제를 해결할 수 있도록 방안을 제공

생성 패턴	Abstraction factory	• 구체적인 클래스에 의존하지 않고 서로 연관되거나 의존적인 객체들의 조합을 만드는 인터페이스를 제공하는 패턴이다. • 관련된 서브 클래스를 그룹지어 한 번에 교체할 수 있다.
	Builder	작게 분리된 인스턴스를 조립하듯 조합하여 객체를 생성한다.
	Factory method	• 객체를 생성하기 위한 인터페이스를 정의하여 어떤 클래스가 인스턴스화될 것인지는 서브 클래스가 결정하도록 한다. • Virtual-Constructor 패턴이라고도 한다.
	Prototype	• 원본 객체를 복제하여 객체를 생성하는 패턴이다. • 일반적인 방법으로 객체를 생성하고 비용이 많이 소요되는 경우에 주로 사용한다.
	Singleton	• 전역 변수를 사용하지 않고 객체를 하나만 생성하도록 한다. • 생성된 객체를 어디에서든지 참조할 수 있도록 하는 패턴이다.
구조 패턴	Adapter	호환성이 없는 인터페이스 때문에 함께 사용할 수 없는 클래스를 개조하여 함께 작동할 수 있도록 해주는 패턴이다.
	Bridge	기능 클래스 계층과 구현의 클래스 계층을 연결하고, 구현부에서 추상 계층을 분리하여 각자 독립적으로 변형할 수 있도록 해주는 패턴이다.
	Composite	여러 개의 객체로 구성된 복합 객체와 단일 객체를 클라이언트에서 구별 없이 다루게 해주는 패턴이다.
	Decorator	객체의 결합을 통해 기능을 동적으로 유연하게 확장할 수 있게 해주는 패턴이다.
	Facade	• '건물의 정면'이라는 의미이다. • Facade 인터페이스를 제공하여 facade 객체를 통해서만 모든 관계가 이루어질 수 있도록 인터페이스를 단순화한다. • 클래스 간의 의존관계가 줄고, 복잡성이 낮아진다.
행위 패턴	Iterator	내부 표현 방법을 노출하지 않고 복합 객체의 원소를 순차적으로 접근할 수 있는 방법을 제공한다.
	Mediator	• 객체 간의 상호작용을 객체로 캡슐화한다. • 객체 간의 참조 관계를 객체에서 분리함으로써 상호작용만을 독립적으로 다양하게 확대할 수 있다.
	Observer	객체 사이에 일대다의 종속성을 정의하고 한 객체의 상태가 변하면 종속된 다른 객체에 통보가 가고 자동으로 수정이 일어나게 한다.
	State	객체의 내부 상태에 따라 행위를 변경할 수 있게 한다. 이렇게 하면 객체는 마치 클래스를 바꾸는 것처럼 보인다.
	Visitor	• 객체 구조의 요소들에 수행할 오퍼레이션을 표현한 패턴이다. • 오퍼레이션이 처리할 요소의 클래스를 변경하지 않고도 새로운 오퍼레이션을 정의할 수 있게 한다.

데이터베이스 설계 단계 : 요구사항분석 → 개념설계 → 논리설계 → 물리설계 → 구현

테스트 스텁 (Test Stub)	• 하향식 테스트 시 상위 모듈은 존재하나 하위 모듈이 없는 경우의 테스트를 위해 임시 제공되는 모듈이다. • 골격만 있는 또는 특별한 목적의 소프트웨어 컴포넌트를 구현한 것을 의미한다. • 스텁을 호출하거나 스텁에 의존적인 컴포넌트를 개발하거나 테스트할 때 사용한다.
테스트 드라이버 (Test Driver)	• 상향식 테스트 시 상위 모듈 없이 하위 모듈이 존재할 때 하위 모듈 구동 시 자료 입출력을 제어하기 위한 제어 모듈(소프트웨어)이다. • 컴포넌트나 시스템을 제어하거나 호출하는 컴포넌트를 대체하는 모듈이다.

코드 커버리지(Code Coverage)

프로그램의 소스 코드의 테스트 수행 정도를 표시한다.

구문 커버리지 (Statement Coverage)	코드 구조 내의 모든 구문에 대해 한 번 이상 수행하는 테스트 커버리지
조건 커버리지 (Condition Coverage)	결정 포인트 내의 모든 개별 조건식에 대해 수행하는 테스트 커버리지
결정 커버리지 (Decision Coverage)	분기 커버리지(Branch Coverage)라고도 하며, 결정 포인트 내의 모든 분기문에 대해 수행하는 테스트 커버리지
변경/조건 커버리지 (MC/DC)	결정 포인트 내의 다른 개별적인 조건식 결과에 상관없이 독립적으로 전체 조건식의 결과에 영향을 주는 테스트 커버리지
다중 조건 커버리지 (Multiple Condition Coverage)	모든 개별 조건식의 true, false 조합 중 테스트에 의해 실행된 조합을 측정하는 테스트 커버리지
경로 커버리지 (All Path Coverage)	코드 내의 모든 경로를 한 번 이상 수행시키는 테스트 커버리지

• DDL 명령문 중 뷰를 제거하는 명령문인 DROP문의 문법은 『DROP VIEW 뷰_이름 [CAS-CADE | RESTRICT];』이다.

• 객체 제거 시 사용되는 옵션

CASCADE	삭제할 객체가 사용(참조) 중이더라도 삭제가 이루어지며, 삭제할 객체를 참조 중인 다른 객체도 연쇄적으로 같이 삭제됨
RESTRICT	삭제할 객체가 사용(참조) 중이면 삭제가 이루어지지 않음

SQL문 작성은 대소문자를 구별하지 않으며, 해당 문제는 부분 점수가 없다. 영문 필체가 좋지 않은 수험생은 대문자로 작성하는 것이 논란의 소지가 없다. AS절의 경우 SQL 문법적으로는 생략 가능하나, 〈요구사항〉에 반드시 사용하라는 표현이 있으므로 생략하여 작성할 경우 0점이다.

암호화 기법

대칭키 (비밀키) 기법	• 암호화 · 복호화 할 때 사용하는 키가 동일한 경우 • 알고리슴 방식 : DES, 3-DES, AES, SEED, ARIA, MASK 능
비대칭키 (공개키) 기법	• 암호화 할 때 사용하는 키와 복호화 할 때 사용하는 키가 다른 경우 • 알고리즘 방식 : RSA, DSA 등

08번 해설 **해시 함수(Hash Function)**

• 데이터를 고정된 길이의 암호화된 문자열(키)로 변경하는 복호화가 불가능한 방식의 단방향 암호화에 사용되는 함수
• 역할 : 데이터 무결함 인증. 서명 내용 변조 방지, 빠른 데이터 비교
• 해시 함수 종류 : MD4, MD5, MD6, SHA, SHA-1, SHA-2, SHA-3, RIPEMD, Whirl-Pool

09번 해설 • 해당 프로그램은 break; 명령문이 없는 switch~case의 분기에 대해 출력하는 프로그램이다.
• 1차원 배열 n의 3개의 요소 257값의 합계 257(71+99+87)을 변수 sum에 저장하고 257/30의 결과 8을 구하여 case 8:로 분기한 후 break; 명령문이 없으므로 switch~case문 블록의 마지막 문장까지 실행하여 BCD를 출력한다.
※ 해당 문제는 출력 결과를 작성하는 문제이므로 부분 점수가 부여되지 않는다.
[실행] https://onlinegdb.com/PGvYkOEQ6

10번 해설 • 해당 프로그램은 1부터 2023 사이의 정수 중 4의 배수의 개수를 출력하는 프로그램이다.
• 2023/4의 결과 정수 몫인 505개가 4의 배수임을 간단하게 구할 수 있다.
※ 해당 문제는 출력 결과를 작성하는 문제이므로 부분 점수가 부여되지 않는다.
[실행] https://onlinegdb.com/rNojUhNgV

11번 해설 해당 프로그램은 1차원 배열의 첨자를 조작하여 출력하는 프로그램이다.

출력결과(%d)	배열n의 요소값	i	n[(i+1)%5]
4	n[1]	0	n[(0+1)%5]
3	n[2]	1	n[(1+1)%5]
2	n[3]	2	n[(2+1)%5]
1	n[4]	3	n[(3+1)%5]

[실행] https://onlinegdb.com/2uD1oelEv

12번 해설 해당 프로그램은 화폐를 교환하는 프로그램하는 프로그램이다. 큰 단위의 화폐 순서대로 정해진 화폐의 교환 개수를 출력하도록 화폐별 개수를 구하는 방식을 정수의 나머지(%)와 나눗셈(/) 연산자를 통해 작성하기 위해 다음과 같은 이미로 간결하게 연산식을 작성한다.

변수 c1000	4620원의	1000의 개수	4	m / 1000
변수 c500	620원의	500의 개수	1	(m%1000) / 500
변수 c100	120원의	100의 개수	1	(m%500) / 100
변수 c10	20원의	10의 개수	2	(m%100) / 10

[실행] https://onlinegdb.com/1P0zpJfYO

13번 해설
- 해당 프로그램은 선택정렬의 오름차순을 구하는 프로그램이다.
- 오름차순은 작은 수를 앞에 큰 수가 뒤에 위치하도록 배열의 요소값을 정렬한다. 따라서 교환 처리(Swap)를 하는 경우는 앞의 값이 뒤의 값보다 큰 경우이므로 빈칸에 알맞은 조건식의 관계 연산자는 >이다.

[실행] https://onlinegdb.com/dM1qWpK9G

14번 해설
- 해당 프로그램은 스택의 정수를 추가하고 제거하는 과정에서의 실행 결과를 출력하는 프로그램이다.
- 스택은 LIFO(후입선출) 방식으로 삽입 연산과 삭제 연산을 하는 선형 자료구조이다. 해당 프로그램에서의 함수는 삽입 연산을 into( ) 함수를 통해, 삭제 연산은 take( ) 함수를 통해 구현하여 main( ) 함수 내에서 차례대로 호출한 후 실행 결과를 출력한다.

	into(5)	into(2)	take()	into(4)	into(1)	take()	into(3)	take()	take()	into(6)	take()	take()
ds[4]												
ds[3]												
ds[2]					1		3					
ds[1]		2		4	4	4	4	4		6		
ds[0]	5	5	5	5	5	5	5	5	5	5	5	
출력		2				1		3	4		6	5

※ 해당 문제는 출력 결과를 작성하는 문제이므로 부분 점수가 부여되지 않는다.

[실행] https://onlinegdb.com/Cmsi8g_BP

15번 해설
- 해당 프로그램은 전역 변수로 선언된 1차원 문자열 배열에 함수호출을 통해 입력받은 문자열을 저장하고 출력하는 프로그램이다.
- getname( ) 함수를 호출을 3회 실행하며 각각 s1과 s2와 s3에 문자열 배열의 시작 주소를 전달하지만 모두 같은 배열을 가리키기 때문에 결과는 최종 입력한 문자열 "박영희"가 3회 출력된다.

※ 해당 문제는 출력 결과를 작성하는 문제이므로 부분 점수가 부여되지 않는다.

[실행] https://onlinegdb.com/-2zu_sjKY

16번 해설

- 자바에서는 모든 문자열 리터럴은 컴파일 시 클래스 파일에 저장된다. 같은 내용의 문자열 리터럴은 한 번만 등록되고 해당 문자열 리터럴의 주소값을 가르키는 구조로 재사용된다. str1과 str2는 "Programming"이라는 하나의 문자열 리터럴을 참조한다. 따라서 처음 출력되는 str1 == str2는 true이다.
- new String("Programming") 명령은 실행 시 힙 메모리에 인스턴스(객체)로 저장된다. 따라서 s1 == s3의 결과는 false이다.
- String 클래스는 객체의 내용을 비교하는 기능의 equals 메소드의 제공한다. s1과 s3와 s3의 내용은 "Programming"으로 같으므로 s1.equals(s3)와 s2.equals(s3) 결과는 모두 true이다.
※ 해당 문제는 출력 결과를 작성하는 문제이므로 부분 점수가 부여되지 않는다.
[실행] https://onlinegdb.com/L3Ce1NyGb

17번 해설

- Python의 문자열 추출(Slicing) 연산자 문제이다. 문자열[시작인덱스:끝인덱스] 결과는 시작 인덱스를 포함한 위치부터 끝 인덱스 이전 위치까지의 문자열을 추출한다. 문자열의 시작 인덱스는 0부터이다.
- s2에는 s1[:3]의 결과 0번째부터 2(3−1)번째 문자열인 "eng"이 대입된다.
- s3에는 s1[4:6]의 결과 4번째부터 5(6−1)번째 문자열인 "ne"이 대입된다.
- s4에는 s1[29:]의 결과 29번째부터 마지막 번째 문자열인 "ing"이 대입된다.
- s5에는 s2와 s3와 s4가 연결된 문자열인 "engneing"가 대입되면 최종 출력된다.
※ 해당 문제는 출력 결과를 작성하는 문제이므로 부분 점수가 부여되지 않는다.
[실행] https://onlinegdb.com/5mtMBGJYD

18번 해설

HDLC(High-level Data Link Control)

- 비트(Bit) 위주의 프로토콜이다.
- 전송 효율이 좋고 단방향, 반이중, 전이중 방식을 모두 지원한다.
- 신뢰성이 높고 포인트 투 포인트, 멀티 포인트, 루프 방식을 모두 지원한다.
- 전송 제어 제한 없이 비트 정보를 전송할 수 있다.
- 프레임 구성
  - 플래그(Flag) : 프레임의 시작과 끝을 나타내며, 항상 '01111110'을 취한다.
  - 주소부(Address Field) : 송 · 수신국을 식별한다.
  - 제어부(Control Field) : 프레임 종류를 식별한다.
  - 정보부(Information Field) : 실제 정보를 포함한다.
  - FCS(Frame Check Sequence Field) : 오류를 검출한다.
- 정보부 필드의 구성

정보 프레임	• I-프레임(Information Frame) • 사용자 데이터 전달
감독 프레임	• S-프레임(Supervisor Frame) • 에러 제어, 흐름 제어

비번호 프레임	• U-프레임(Unnumbered Frame)
	• 링크의 동작 모드 설정 및 관리
	  - 정규 응답 모드(NRM, Normal Response Mode)
	  - 비동기 응답 모드(ARM, Asynchronous Response Mode)
	  - 비동기 평형 모드(ABM, Asynchronous Balanced Mode)

- BCD : 비수치적 데이터 표시법 중 하나로, 6bit의 컴퓨터의 기본 코드이며 대소문자를 구별하지 못한다.
- BEC(후진 오류 수정) : 데이터 전송 과정에서 오류가 발생하면 송신측에 재전송을 요구하는 전송 오류 제어 방식으로, 역채널이 필요하다.
- CRC(순환 중복 검사) : 집단 오류에 대한 신뢰성 있는 오류 검출을 위해 다항식 코드를 사용하여 오류 검출 방식이다.
- FEC(전진 오류 수정) : 데이터 전송 과정에서 오류가 발생하면 수신측에서 오류를 검출하여 스스로 수정하는 전송 오류 제어 방식으로, 역채널이 필요 없으며 연속적인 데이터의 흐름이 가능하다.
- MD5(Message Digest Algorithm 5) : 해시 알고리즘의 단방향 방식 중 하나로, 프로그램과 파일의 무결성 검사에 이용된다.
- NAK(Negative AcKnowledge) : 수신된 메시지에 대한 부정 응답이다.
- Hamming Code(해밍 코드 검사) : 자기 정정 부호로서 오류를 검출하여 1비트의 오류를 수정하는 오류 검출 방식이다.
- Parity Check(패리티 검사) : 데이터 블록에 1비트의 오류 검출 비트를 추가하여 오류를 검출하는 오류 검출 방식이다.

템퍼 프루핑(Temper Proofing)

소프트웨어의 위·변조 방지 역공학 기술의 일종으로 불법적인 사용자에 의해 소프트웨어가 수정이 이루어졌는지를 검증하기 위해 코드 난독화(Code Obfuscation) 기법을 함께 사용하기도 한다. 코드 난독화(Code Obfuscation)란 코드를 읽기 어렵게 만들어 역공학을 통한 공격을 막는 기술이다.

01. Proxy

02. AJAX

03. • 답 (1) : ① – ② – ③ – ④ – ⑤ – ⑥ – ①
  • 답 (2) : ① – ② – ④ – ⑤ – ⑥ – ⑦
  또는
  • 답 (1) : ① – ② – ③ – ④ – ⑤ – ⑥ – ⑦
  • 답 (2) : ① – ② – ④ – ⑤ – ⑥ – ①

04. DELETE FROM 학생 WHERE 이름 = '민수';

05. SELECT 과목이름, MIN(점수) AS 최소점수, MAX(점수) AS 최대점수
  FROM 성적
  GROUP BY 과목이름 HAVING AVG(점수) >= 90;

06. L2TP

07. SSH

08. Art
  A
  A
  Art
  Art

09. qwe

10. • 답 (1) : %
  • 답 (2) : 10 또는 2 또는 5

11. • 답 (1) : idx2
  • 답 (2) : nx 또는 5

12. 10
  11
  10
  20

13. Vehicle name : Spark

14. 500

15. {'한국', '홍콩', '베트남', '태국', '중국'}

16. • 답 (1) : ㄷ. 외부
  • 답 (2) : ㅁ. 개념
  • 답 (3) : ㄹ. 내부

17. • 답 (1) : ㄴ. 튜플
  • 답 (2) : ㅇ. 릴레이션 인스턴스
  • 답 (3) : ㅂ. 카디널리티

18. ・답 (1) : 가상회선(Virtual Circuit)
　　　・답 (2) : 데이터그램(Datagram)

19. ICMP

20. ・답 (1) : ㄴ. 웜
　　　・답 (2) : ㅁ. 트로이목마
　　　・답 (3) : ㅇ. 바이러스

01번 해설 **디자인 패턴(Design Pattern)**

객체지향 프로그래밍 설계 시 유사한 상황에서 구조적인 문제를 해결할 수 있도록 방안을 제공

생성 패턴	Abstraction factory	・구체적인 클래스에 의존하지 않고 서로 연관되거나 의존적인 객체들의 조합을 만드는 인터페이스를 제공하는 패턴이다. ・관련된 서브 클래스를 그룹지어 한 번에 교체할 수 있다.
	Builder	작게 분리된 인스턴스를 조립하듯 조합하여 객체를 생성한다.
	Factory method	・객체를 생성하기 위한 인터페이스를 정의하여 어떤 클래스가 인스턴스화될 것인지는 서브 클래스가 결정하도록 한다. ・Virtual-Constructor 패턴이라고도 한다.
	Prototype	・원본 객체를 복제하여 객체를 생성하는 패턴이다. ・일반적인 방법으로 객체를 생성하고 비용이 많이 소요되는 경우에 주로 사용한다.
	Singleton	・전역 변수를 사용하지 않고 객체를 하나만 생성하도록 한다. ・생성된 객체를 어디에서든지 참조할 수 있도록 하는 패턴이다.
구조 패턴	Adapter	호환성이 없는 인터페이스 때문에 함께 사용할 수 없는 클래스를 개조하여 함께 작동할 수 있도록 해주는 패턴이다.
	Bridge	기능 클래스 계층과 구현의 클래스 계층을 연결하고, 구현부에서 추상 계층을 분리하여 각자 독립적으로 변형할 수 있도록 해주는 패턴이다.
	Composite	여러 개의 객체로 구성된 복합 객체와 단일 객체를 클라이언트에서 구별 없이 다루게 해주는 패턴이다.
	Decorator	객체의 결합을 통해 기능을 동적으로 유연하게 확장할 수 있게 해주는 패턴이다.
	Facade	・'건물의 정면'이라는 의미이다. ・Facade 인터페이스를 제공하여 facade 객체를 통해서만 모든 관계가 이루어질 수 있도록 인터페이스를 단순화한다. ・클래스 간의 의존관계가 줄고, 복잡성이 낮아진다.
행위 패턴	Iterator	내부 표현 방법을 노출하지 않고 복합 객체의 원소를 순차적으로 접근할 수 있는 방법을 제공한다.
	Mediator	・객체 간의 상호작용을 객체로 캡슐화한다. ・객체 간의 참조 관계를 객체에서 분리함으로써 상호작용만을 독립적으로 다양하게 확대할 수 있다.
	Observer	객체 사이에 일대다의 종속성을 정의하고 한 객체의 상태가 변하면 종속된 다른 객체에 통보가 가고 자동으로 수정이 일어나게 한다.
	State	객체의 내부 상태에 따라 행위를 변경할 수 있게 한다. 이렇게 하면 객체는 마치 클래스를 바꾸는 것처럼 보인다.
	Visitor	・객체 구조의 요소들에 수행할 오퍼레이션을 표현한 패턴이다. ・오퍼레이션이 처리할 요소의 클래스를 변경하지 않고도 새로운 오퍼레이션을 정의할 수 있게 한다.

- AJAX는 'Asynchronous JavaScript And XML'의 약어로 자바스크립트와 XML을 이용하여 비동기식으로 서버와 통신하는 방식의 웹 애플리케이션 제작 기술을 의미한다. 비동기식이란 여러 가지 일이 동시적으로 발생한다는 뜻으로, 서버와 통신하는 동안 클라이언트는 다른 작업을 할 수 있음을 의미한다. 최근에는 XML보다 JSON을 더 많이 사용한다.
- AJAX의 동작 방식
  - 요청 : 브라우저는 서버에 정보를 요청한다(브라우저는 AJAX 요청을 담당하는 XML HttpRequest라는 객체를 구현).
  - 응답 : 서버는 응답으로 데이터(XML, JSON)를 전달한다. 브라우저는 콘텐츠를 처리하여 페이지의 해당 부분에 추가한다.

03번 해설
- 제어 흐름 그래프 : 노드(node)와 간선(edge)으로 제어(실행) 흐름을 표시한 흐름도
- 결정 커버리지(Decision Coverage) = 분기 커버리지(Branch Coverage)
  - IEEE 표준 단위 테스팅의 표준으로 지정된 최소 커버리지로 분기 커버리지는 문장 커버리지를 충분히 포함
  - 화이트박스 테스트 수행 시 시험 대상의 전체 분기 중 각 분기는 테스트에 의해 실행된 것을 측정
  - 프로그램 내의 모든 결정 포인트(분기에 대해 모든 가능한 결과(참, 거짓))를 최소 한 번씩은 실행하는 테스트

결정 커버리지	답(1) 7단계		답(2) 6단계	
결정 포인트	X 〉 Y	RESULT 〉 0	X 〉 Y	RESULT 〉 0
방법1	YES	YES	NO	NO
	① - ② - ③ - ④ - ⑤ - ⑥ - ①		① - ② - ④ - ⑤ - ⑥ - ⑦	
방법2	YES	NO	NO	YES
	① - ② - ③ - ④ - ⑤ - ⑥ - ⑦		① - ② - ④ - ⑤ - ⑥ - ①	

04번 해설
DML 명령문 중 튜플 삭제 명령문인 DELETE문을 작성하는 문제로 조건에 해당하는 튜플만 삭제하도록 『DELETE FROM 테이블명 WHERE 조건식;』의 문법에 맞게 작성하여야 하며 문자열 상수 '민호' 앞뒤로 작은 따옴표를 반드시 작성해야만 한다.

오답 피하기
대문자 또는 소문자로 작성하여도 SQL명령문은 동일하게 실행된다. 해당 SQL명령문 작성 문제는 부분 점수가 부여되지 않는다. 문제의 조건사항에 명령문 마지막 마무리에 세미콜론(;) 생략이 가능하다는 지시사항이 있으므로 세미콜론(;)을 생략해도 정답으로 인정된다.
[참고] 실제 시험에서는 테이블이 주어지지 않았다.

05번 해설
SQL문 작성은 대소문자를 구별하지 않으며, 해당 문제는 부분 점수가 없다. 영문 필체가 좋지 않은 수험생은 대문자로 작성하는 것이 논란의 소지가 없다. AS절의 경우 SQL 문법적으로는 생략 가능하나, 〈요구사항〉에 반드시 사용하라는 표현이 있으므로 생략하여 작성할 경우 0점이다.

L2TP(Layer 2 Tunneling Protocol)

- PPTP(Point-to-Point Tunneling Protocol)와 L2F(Layer2 Forwarding Protocol)의 기능을 결합한 VPN에 이용되는 데이터 링크 계층의 암호화 프로토콜이다.
- 주요 특징 : 헤드 압축을 지원, 터널 인증을 지원, IPsec을 이용하여 암호화
- 장점 : 속도가 빠르며 PPTP보다 안전하며 설치가 간단함
- 단점 : 암호화가 없기에 보안에 취약하며 특정 UDP 포트를 사용하므로 방화벽 설정에 따라 통신이 불가능할 수 있음

SSH(Secure Shell) Protocol

- LAN 상의 원격 호스트에 보안적으로 안전하게 접속하기 위해 사용되는 인터넷 프로토콜이다.
- 기본 포트는 22번을 사용하며 CLI에서 작업을 한다.
- 연결 프로토콜은 한 쌍의 KEY를 통해 서버에게 사용자를 인증한다.

- 해당 프로그램은 문자열 상수를 1차원 배열과 문자 포인터 변수를 통해 참조하여 출력하는 프로그램이다.
- 문자열 상수의 마지막에는 문자열의 끝을 의미하는 '\0'(널문자)이 존재한다.
- C언어의 printf( ) 함수의 출력형식 지정문자 "%c"는 한 문자를 출력하고 "%s"는 전달 받은 주소를 참조하여 '\0'(널문자) 이전까지의 문자열을 연속하여 출력한다.

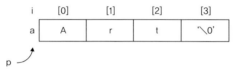

※ 해당 문제는 출력 결과를 작성하는 문제이므로 부분 점수가 부여되지 않는다.

[실행] https://onlinegdb.com/Rsq0fyNfz

- 해당 프로그램은 문자형 포인터 변수가 포인팅하는 "qwer"의 각 요소의 문자들이 문자열 포인터 변수가 포인팅하는 "qwaexyz"의 문자열 내의 문자로 존재하면 출력하는 프로그램이다.
- 즉, a의 'a'가 b의 "qwaexyz" 내에 포함된 문자이면 출력하고 a의 'w'가 "qwaexyz" 내에 포함된 문자이면 출력하고 a의 'e'와 a의 'r'이 "qwaexyz" 내에 포함된 문자이면 출력하는 중첩 for 명령이다. a의 'q'와 'w', 'e'만 b의 "qwaexyz" 내에 포함되어 있으므로 출력되고 a의 'r'은 포함되어 있지 않으므로 출력되지 않는다.

※ 해당 문제는 출력 결과를 작성하는 문제이므로 부분 점수가 부여되지 않는다.

[실행] https://onlinegdb.com/wCgDeQMpt

- 해당 프로그램은 2진수 1010을 10진수로 변환하여 출력하는 프로그램이다.
- 2진수 1010을 10진 정수형 int형의 변수 input에 대입한 후 각 자리를 추출하여 각 자리의 가중치 변수 digit를 곱한 항을 10진수 변수 sum에 누적하는 처리 단계를 반복하게 된다.

[실행] https://onlinegdb.com/-sMeqZ42JH

11번 해설

- 해당 프로그램은 버블정렬의 오름차순을 구하는 프로그램이다.
- main( ) 함수를 시작으로 sort( ) 함수 → (교환 필요시) swap( ) 함수가 호출되는 과정을 거쳐 3개의 함수로 구성된 프로그램이다.
- 문제의 빈칸 ①은 main( ) 함수에서 정렬을 수행하기 위해 main( ) 함수에서 선언한 정렬의 대상인 1차원 배열 a와 배열의 요소의 개수인 변수 nx(5)를 sort( ) 함수의 인수로 전달하며 호출한다.
- 문제의 빈칸 ②는 sort( ) 함수에서 배열의 요소 값을 오름차순으로 정렬하는 과정에서 앞과 뒤의 요소를 교환해야 하는 경우에 호출된 swap( ) 함수에서 진행되는 두 배열의 요소의 교환 3단계 과정의 마지막 명령문으로 idx 번째 인덱스의 배열 a의 값을 임시 변수 temp로 대입 처리한다.

[실행] https://onlinegdb.com/Nmugzqh92

12번 해설

- Static 클래스 내의 static 필드 b는 Static 클래스 형으로 생성된 객체들이 공유할 수 있는 필드이므로 객체 st와 같은 인스턴스에 각각 생성되는 필드가 아니다. static 변수 b는 참조할 때 Static.b 또는 st.b로 표현하여 사용한다.
- main( ) 메소드의 a는 지역변수이며 st.a는 객체의 필드로 다른 변수를 의미한다.

※ 해당 문제는 출력 결과를 작성하는 문제이므로 부분 점수가 부여되지 않는다.

[실행] https://onlinegdb.com/9wtx6TynN0

13번 해설

- Vehicle 클래스는 추상 메소드를 포함하는 추상 클래스로 상속 상황에서의 부모 클래스로 정의되어 있으며, Car 클래스는 Vehicle 클래스를 상속받는 자식 클래스이며 부모의 추상 메소드를 오버라이딩하여 정의되었다.
- main( ) 메소드에서는 new Car("Spark");를 통해 자식 객체를 생성한 후, 매개변수 "Spark"를 갖는 자식 생성자를 자동호출하였다. public Car(String val) 생성자에서는 super(val);를 통해 부모의 매개변수 생성자를 통해 name 멤버의 값을 "Spark"로 초기화하였다.
- 생성된 자식 객체는 부모 클래스의 형으로 형 변환되는 업 캐스팅(Up-casting)을 묵시적으로 수행하였다. obj.getName( )을 통해 메소드를 호출하면 상속받은 public String getName( )을 호출하게 되어 메소드 내부의 "Vehicle name : " + name의 반환문을 수행하게 된다. 문자열 결합에 의해 "Vehicle name : Spark" 문자열 상수가 반환된 후 main( ) 메소드 내에서 출력되며 프로그램이 종료된다.

[실행] https://onlinegdb.com/OhZJmdZ3E

오답 피하기

해당 문제의 경우, 정보처리기사 실기 시험에서 처음 JAVA의 추상 클래스(abstract class)를 출제한 문제이나, 문제가 완성도가 낮아 상속 상황에서의 오버라이딩과 동적 바인딩을 구현하지 못한 코드이다.

14번 해설 · 해당 프로그램은 상속 관계의 자식 클래스에서 부모의 필드명(x)와 동일한 필드를 선언한 이후, 부모 클래스에서 this.x를 식별하여 출력하는 프로그램이다.
· new Chile( ) 명령에 의해 자식 객체 obj가 생성되면 부모의 생성자가 먼저 호출되고 자식의 생성자가 자동호출된다. 이때, 부모의 생성자를 호출하여 부모의 필드 x는 100에서 500으로 변경된다. 이후, 자식의 생성자를 호출하여 자식의 필드 x가 1000에서 5000으로 변경된다.
· obj.getX( ) 메소드는 부모의 this.x를 반환하게 되는데 이때의 this.x는 부모의 필드 x를 식별하여 500을 반환하며 최종 500이 출력된다.
[실행] https://onlinegdb.com/aaUO4kUSY

15번 해설 · Python의 자료형 SET은 집합 요소의 중복은 허용하지 않고, 순서는 상관없다.
· 채점기준은 중괄호 { } 속 집합 요소가 문자열이므로 반드시 작은 따옴표 쌍('')으로 표시되어야 하며, 부분 점수는 부여되지 않는다.
[실행] https://onlinegdb.com/CwX4en0Ev

16번 해설 **스키마(Schema)**

데이터베이스의 전체적인 구조와 제약조건에 대한 명세를 기술·정의한 것을 말하며, 스킴(Scheme)이라고도 한다.

외부 스키마	사용자나 응용 프로그래머가 접근할 수 있는 정의를 기술한다.
개념 스키마	범 기관적 입장에서 데이터베이스를 정의한 것으로, 개체 간의 관계와 제약 조건을 나타내고, 데이터베이스 접근 권한, 보안 및 무결성 규칙 명세가 있다.
내부 스키마	물리적 저장 장치의 입장에서 본 데이터베이스 구조로서 실제로 데이터베이스에 저장될 레코드의 형식을 정의하고 저장 데이터 항목의 표현 방법, 내부 레코드의 물리적 순서 등을 나타낸다.

17번 해설 · 릴레이션(Relation) : 릴레이션 스킴과 릴레이션 인스턴스로 구성된다.
· 릴레이션 스킴(Scheme) : 릴레이션의 구조이다.
· 릴레이션 인스턴스(Instance) : 어느 한 시점에 릴레이션이 포함하고 있는 튜플의 집합이다.
· 속성(Attribute) : 데이터의 가장 작은 논리적 단위로서 파일 구조상의 데이터 항목 또는 데이터 필드에 해당한다.
· 튜플(Tuple) : 테이블의 행(Row)에 해당하며 파일 구조의 레코드(Record)와 같은 의미이다.
· 디그리(Degree) : 속성의 개수이다.
· 카디널리티(Cardinality) : 튜플의 개수(기수)이다.
· 도메인(Domain) : 애트리뷰트가 취할 수 있는 값들의 집합이다.

패킷 교환 방식(Packet Switching)

가상회선 (Virtual Circuit)	• 연결형 서비스 • 데이터를 패킷 단위로 나누어 전송 • 가상 연결 설정을 통해 전송되는 모든 패킷의 경로가 동일 • 패킷의 도착 순서가 일정(출발/도착 순서 동일)
데이터그램 (Datagram)	• 비연결형 서비스 • 패킷을 독립적으로 전송(서로 다른 경로, 경로를 미리 할당하지 않음) • 정보의 양이 적거나 상대적으로 신뢰성이 중요하지 않은 환경에서 사용 • 송신 호스트가 전송한 패킷은 보낸 순서와 무관한 순서로 수신(서로 다른 경로, 네트워크 혼잡도에 따라 가변적)

ICMP(Internet Control Message Protocol)

• ICMP는 송신측의 상황과 목적지 노드의 상황을 진단하는 프로토콜이다.
• ICMP는 IP 프로토콜에서 오류 보고와 오류 수정 기능, 호스트와 관리 질의를 위한 제어 메시지를 관리하는 인터넷 계층(네트워크 계층) 프로토콜이다. 메시지는 하위 계층으로 가기 전에 IP 프로토콜 데이터그램 내에 캡슐화된다.
• ICMP(Internet Control Message Protocol)은 호스트 서버와 인터넷 게이트웨이 사이에서 메시지를 제어하고 오류를 알려주는 프로토콜이다. ICMP를 사용하는 명령어는 Ping, Tracert, Echo 등이 있다.

• 님다(Nimda) : 윈도우 계열의 서버를 사용하는 PC를 공격 대상으로 하고 파일을 통해 서버를 감염시킨다. 님다(Nimda)라는 명칭은 관리자를 의미하는 'admin'을 거꾸로 한 것으로 보인다.
• 웜(Worm) : 스스로를 복제하는 악성 소프트웨어 컴퓨터 프로그램으로, 바이러스가 다른 실행 프로그램에 기생하여 실행되는 데 반해 웜은 독자적으로 실행되며 다른 실행 프로그램이 필요하지 않다.
• 랜섬웨어(Ransomware) : 컴퓨터 시스템을 감염시켜 접근을 제한하고 일종의 몸값을 요구하는 악성 소프트웨어의 한 종류이다.
• 버퍼 오버플로우(Buffer Overflow) : 버퍼에 데이터를 쓰는 소프트웨어가 버퍼의 용량을 초과하여 인접한 메모리 위치를 덮어쓸 때 발생하는 비정상적인 현상이다.
• 트로이 목마(Trojan Horse) : 악성 루틴이 숨어 있는 프로그램으로, 겉보기에는 정상적인 프로그램으로 보이지만 실행하면 악성 코드를 실행한다.
• 악성 스크립트 : 보안이 취약한 합법적인 웹 사이트에 악성 스크립트를 숨겨 작동하며, 대부분의 사용자들이 이러한 사이트를 신뢰할 수 있는 사이트로 생각하고 사이트 접속 시 별다른 의심을 하지 않기 때문에 악성코드에 감염된다.
• 웹 방화벽(WAF, Web Application Firewall) : 일반적인 네트워크 방화벽 과는 달리 웹 애플리케이션 보안에 특화되어 개발된 솔루션이다.
• 바이러스(Virus) : 다른 독립적 프로그램의 코드 내에 스스로를 주입한 다음, 그 프로그램이 악성 행동을 하고 스스로 확산되도록 강제하는 컴퓨터 코드이다.

01. • 답 (1) : 브릿지

• 답 (2) : 옵저버

02. • 답 (1) : 관계 또는 Relationship

• 답 (2) : 클래스 또는 Class

• 답 (3) : 인터페이스 또는 Interface

03. • 답 (1) : ㄴ

• 답 (2) : ㄷ

• 답 (3) : ㄱ

• 답 (4) : ㄹ

• 답 (5) : ㅁ

04. ㅅ. Boundary Value Analysis

05. • 답 (1) : 3

• 답 (2) : 4

06. • 답 (1) : 200

• 답 (2) : 3

• 답 (3) : 1

07. SIEM

08. SSO

09. 1 1 3 2

3 4 5 3

3 5 6 4

3 5 5 3

10. 2

11. 0 1 2 3

12. 24513

13. 993

14. [101, 102, 103, 104, 105]

15. • 답 (1) : SJF

• 답 (2) : RR

• 답 (3) : SRT

16. • 답 (1) : U

• 답 (2) : −

• 답 (3) : ×

• 답 (4) : π

• 답 (5) : ⋈

17. 192.168.1.127

18.
- 답 (1) : ㄴ. CVS
- 답 (2) : ㅁ. Git
- 답 (3) : ㅇ. SVN

19.
- 답 (1) : ㄱ. Trust Zone
- 답 (2) : ㄴ. Typosquatting

20.
- 답 (1) : ㄱ. 사회 공학
- 답 (2) : ㄷ. 다크 데이터

01번 해설 디자인 패턴(Design Pattern)

생성 패턴	Abstraction factory	• 구체적인 클래스에 의존하지 않고 서로 연관되거나 의존적인 객체들의 조합을 만드는 인터페이스를 제공하는 패턴이다. • 관련된 서브 클래스를 그룹지어 한 번에 교체할 수 있다.
	Builder	작게 분리된 인스턴스를 조립하듯 조합하여 객체를 생성한다.
	Factory method	• 객체를 생성하기 위한 인터페이스를 정의하여 어떤 클래스가 인스턴스화될 것인지는 서브 클래스가 결정하도록 한다. • Virtual-Constructor 패턴이라고도 한다.
	Prototype	• 원본 객체를 복제하여 객체를 생성하는 패턴이다. • 일반적인 방법으로 객체를 생성하고 비용이 많이 소요되는 경우에 주로 사용한다.
	Singleton	• 전역 변수를 사용하지 않고 객체를 하나만 생성하도록 한다. • 생성된 객체를 어디에서든지 참조할 수 있도록 하는 패턴이다.
구조 패턴	Adapter	호환성이 없는 인터페이스 때문에 함께 사용할 수 없는 클래스를 개조하여 함께 작동할 수 있도록 해주는 패턴이다.
	Bridge	기능 클래스 계층과 구현의 클래스 계층을 연결하고, 구현부에서 추상 계층을 분리하여 각자 독립적으로 변형할 수 있도록 해주는 패턴이다.
	Composite	여러 개의 객체로 구성된 복합 객체와 단일 객체를 클라이언트에서 구별 없이 다루게 해주는 패턴이다.
	Decorator	객체의 결합을 통해 기능을 동적으로 유연하게 확장할 수 있게 해주는 패턴이다.
	Facade	• '건물의 정면'이라는 의미이다. • Facade 인터페이스를 제공하여 facade 객체를 통해서만 모든 관계가 이루어질 수 있도록 인터페이스를 단순화한다. • 클래스 간의 의존관계가 줄고, 복잡성이 낮아진다.
행위 패턴	Iterator	내부 표현 방법을 노출하지 않고 복합 객체의 원소를 순차적으로 접근할 수 있는 방법을 제공한다.
	Mediator	• 객체 간의 상호작용을 객체로 캡슐화한다. • 객체 간의 참조 관계를 객체에서 분리함으로써 상호작용만을 독립적으로 다양하게 확대할 수 있다.
	Observer	객체 사이에 일대다의 종속성을 정의하고 한 객체의 상태가 변하면 종속된 다른 객체에 통보가 가고 자동으로 수정이 일어나게 한다.
	State	객체의 내부 상태에 따라 행위를 변경할 수 있게 한다. 이렇게 하면 객체는 마치 클래스를 바꾸는 것처럼 보인다.
	Visitor	• 객체 구조의 요소들에 수행할 오퍼레이션을 표현한 패턴이다. • 오퍼레이션이 처리할 요소의 클래스를 변경하지 않고도 새로운 오퍼레이션을 정의할 수 있게 한다.

UML(UnifiedmodelingLanguage)

- 시나리오를 표현할 때 사례 다이어그램을 주로 사용한다.
- 구조 다이어그램(Structure Diagram) : 시스템의 정적 구조(Static Structure)와 다양한 추상화 및 구현 수준에서 시스템의 구성요소, 구성요소 간의 관계를 보여 준다.
- 행위 다이어그램(Behavior Diagram) : 시스템 내의 객체들의 동적인 행위(Dynamic Behavior)를 보여 주며, 시간의 변화에 따른 시스템의 연속된 변경을 설명해 준다.

ERD(Entity Relationship Diagram)

	관계 타입	관계 집합을 표시한다.
⋯⋯⋯⋯⋯	비식별 관계	외래키들을 기본키로 사용하지 않고 일반 속성으로 취급하는 비식별 관계를 연결한다.
▭	개체 타입	개체 집합을 표시한다. 개체 집합의 속성으로 기본키를 명세할 수 있다.
▭	약 개체 타입	자신의 개체 속성으로 기본키를 명세할 수 없는 개체 타입이다.
─────	연결	식별 관계로 개체 집합의 속성과 관계 집합을 연결한다.

블랙박스 테스트(Black Box Test)

소프트웨어가 수행할 특정 기능을 알기 위해 각 기능이 완전히 작동되는 것을 입증하는 테스트로, 기능 테스트라고도 한다.

동치 분할 검사	• 입력 자료에 초점을 맞춰 테스트 케이스를 만들고 검사하는 방법이다. • 입력 조건에 타당한 입력 자료와 그렇지 않은 자료의 개수를 균등하게 나눠 테스트 케이스를 설정한다.
경계값 분석	• 입력 자료에만 치중한 동치 분할 기법을 보완한 것이다. • 입력 조건 경계값에서 오류 발생 확률이 크다는 것을 활용하여 경계값을 테스트 케이스로 선정해 검사한다.
원인 – 효과 그래프 검사	• 입력 데이터 간의 관계와 출력에 영향을 미치는 상황을 체계적으로 분석한다. • 효용성이 높은 테스트 케이스를 선정해 검사한다.
오류 예측 검사	• 과거의 경험이나 감각으로 테스트하는 기법이다. • 다른 테스트 기법으로는 찾기 어려운 오류를 찾아내는 보충적 검사 기법이다.
비교 검사	같은 테스트 자료를 여러 버전의 프로그램에 입력하고 같은 결과가 출력되는지 테스트하는 기법이다.

create문으로 생성한 두 테이블은 다음과 같으며, 〈부서〉 테이블의 정보가 삭제 시 〈사원〉 테이블의 참조 자료도 연쇄 삭제된다.

〈부서〉 테이블

부서번호	부서명
10	관리부
20	기획부
30	영업부

〈사원〉 테이블

사원번호	사원명	부서번호
1000	김사원	10
2000	이사원	20
3000	강사원	20
4000	신사원	20
5000	정사원	30
6000	최사원	30
7000	안사원	30

① select count(distinct 사원번호) from 사원 where 부서번호 = '20';

→ 〈사원〉 테이블에서 부서번호가 '20'인 사원의 수를 출력하시오.

〈결과_사원〉 테이블

사원번호	사원명	부서번호
2000	이사원	20
3000	강사원	20
4000	신사원	20

② delete from 부서 where 부서번호 = '20';

select count(distinct 사원번호) from 사원;

→ 〈부서〉 테이블에서 부서번호가 '20'인 부서 정보를 삭제한 후, 〈사원〉 테이블에 있는 사원의 수를 출력하시오.

〈결과_부서〉 테이블

부서번호	부서명
10	관리부
30	영업부

〈결과_사원〉 테이블

사원번호	사원명	부서번호
1000	김사원	10
5000	정사원	30
6000	최사원	30
7000	안사원	30

- 2020년 1회 기사 실기 기출
- SELECT문의 DISTICT 옵션은 테이블 내의 튜플(행) 중 동일한 튜플(행)이 존재할 경우 한 튜플(행)민 남기고 나머지 튜플(행)들은 세서한나.

〈STUDENT〉 테이블

SID	SNAME	DEPT
S001	홍길동	전자
...	...	...
S050	박길동	전자
S051	김철수	정보통신
...	...	...
S080	정철수	정보통신
S081	강영희	건축
...	...	...
S130	신영희	건축

튜플 수 : 50 (S001~S050)
튜플 수 : 100 (S051~S080)
튜플 수 : 50 (S081~S130)

① SELECT DEPT FROM STUDENT;

DEPT
전자
...
전자
정보통신
...
정보통신
건축
...
건축

튜플 수 : 200

② SELECT DISTINCT DEPT FROM STUDENT;

DEPT
전자
정보통신
건축

튜플 수 : 3

③ SELECT COUNT(DISTINCT DEPT) FROM STUDENT WHERE DEPT= '정보통신';

DEPT
정보통신

튜플 수 : 1

SIEM(Security Information Event Management)

- SIM(Security Information Management) + SEM(Security Event Management)
- 최근 빅데이터 분석 및 인공지능 기술의 발전으로 정보보안 분야에 적극적으로 활용되는 시스템이다.

SIM	분석을 위해 이벤트 및 활동 로그 데이터를 수집, 저장 및 모니터링하는 프로세스
SEM	64위협을 처리하고 패턴을 식별하여 위협에 대응하기 위해 보안 이벤트 및 경고를 실시간으로 모니터링 및 분석하는 프로세스

SSO(Single Sign On)

- '모든 인증을 하나의 시스템에서'라는 목적으로 개발된 인증 시스템이다.
- 한 번의 로그인으로 재인증 절차 없이 여러 개의 서비스들을 이용할 수 있게 해주는 시스템이다.
- 인증을 받은 사용자가 여러 정보 시스템에 재인증 절차 없이 반복해서 접근할 수 있도록 해주는 것이다.

- 해당 프로그램은 2차원 배열의 각 요소를 중심으로 본인 요소를 둘러싼 사각형 영역의 값들을 누적하여 출력하는 프로그램이다.
- 2차원 배열 field는 4행 4열 요소로 다음과 같이 초기화가 되어 있다.
- mark( )함수를 통해 2차원 배열 field의 각 요소를 둘러싼 요소의 값을 누적하여 2차원 배열 minus의 동일 위치의 요소의 값으로 저장한다.

x ↓

field	0	1	2	3
y → 0	0	1	0	1
1	0	0	0	1
2	1	1	1	0
3	0	1	1	1

j ↓

mines	0	1	2	3
i → 0	0	0	0	0
1	0	0	0	0
2	0	0	0	0
3	0	0	0	0

y	x	mines				
0	0, 1	mines	0	1	2	3
		0	1	1	1	0
		1	1	1	1	0
		2	0	0	0	0
		3	0	0	0	0
0	2, 3	mines	0	1	2	3
		0	1	1	2	1
		1	1	1	2	1
		2	0	0	0	0
		3	0	0	0	0
1	0, 1, 2, 3	mines	0	1	2	3
		0	1	1	3	2
		1	1	1	3	2
		2	0	0	1	1
		3	0	0	0	0
2	0	mines	0	1	2	3
		0	1	1	3	2
		1	2	2	3	2
		2	1	1	1	1
		3	1	1	0	0
2	1	mines	0	1	2	3
		0	1	1	3	2
		1	3	3	4	2
		2	2	2	2	1
		3	2	2	1	0
2	2	mines	0	1	2	3
		0	1	1	3	2
		1	3	4	5	3
		2	2	3	3	2
		3	2	3	2	1

3	3, 0, 1	mines	0	1	2	3
		0	1	1	3	2
		1	3	4	5	3
		2	3	4	4	2
		3	3	4	3	1

3	2	mines	0	1	2	3
		0	1	1	3	2
		1	3	4	5	3
		2	3	5	5	3
		3	3	5	4	2

3	3	mines	0	1	2	3
		0	1	1	3	2
		1	3	4	5	3
		2	3	5	6	4
		3	3	5	5	3

※ 해당 문제는 출력 결과를 작성하는 문제이므로 부분 점수가 부여되지 않는다.
[실행] https://onlinegdb.com/hR48X1J9A

10번 해설

- 해당 프로그램은 6~30 사이의 정수 중 약수들의 합과 일치하는 정수의 개수(6과 28)를 출력하는 프로그램이다.
- 완전수란, 자기 자신을 제외한 양의 약수(진약수)를 더했을 때 자기 자신이 되는 양의 정수(6, 28, 496, 8128, 33550336)이다.

> **예** 6의 약수는 1, 2, 3, 6이고 6을 제외한 1 + 2 + 3을 수행하면 6이므로 6은 완전수이다.
>
> - k = n / 2; 명령문의 경우는 자기 자신을 제외한 정수 중 가장 큰 약수는 자기 자신을 2로 나눈 수보다 클 수 없으므로 2로 나눈 값 이후는 약수 판별을 하는 것이 의미가 없으므로 반복전 n의 값을 2로 나누어 준다.
> - 예를 들어 n이 6인 경우, 2로 나눈 3 이후의 6의 약수는 존재하지 않으므로 1부터 3까지 사이에서 6의 약수를 판별하고 박수 1, 2, 3의 합계를 구한 후, 6과 비교하는 것이 효율적이다.

- 6 이상 30 이하의 완전수는 6과 28이므로 완전수의 개수 cnt는 2이다.
※ 해당 문제는 출력 결과를 작성하는 문제이므로 부분 점수가 부여되지 않는다.
[실행] https://onlinegdb.com/Bob0Xc67iX

• 2020년 1회 기출문제 유사

• 해당 프로그램은 Java의 1차원 배열 객체를 생성(new)하고 각 요소에 값을 할당한 후 배열의 요소(값)을 출력하는 프로그램이다.

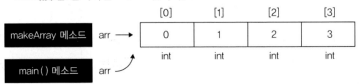

• main( ) 메소드 내에서 new int[4];를 가장 먼저 실행하여 클래스 필드 값 정수 4개의 요소를 값는 1차원 배열 객체를 생성한다. 이후 이 객체는 참조 변수 arr을 통해 접근한다.

• makeArray(arr); 명령문을 통해 호출한 makeArray( ) 메소드 내에서는 0~3까지의 4회 반복을 통해 arr[0] = 0. arr[1] = 1, arr[2] = 2, arr[3] = 3을 실행하여 배열 객체의 요소에 값을 각각 할당한다.

• main( ) 메소드 내로 반환한 후, 반복문 for문 통해 1차원 배열 arr 객체의 0번째 요소부터 3번째 요소까지 요소의 값을 각각 출력한다.

※ 해당 문제는 출력 결과를 작성하는 문제이므로 부분 점수가 부여되지 않는다.

[실행] https://onlinegdb.com/DGeArdOyW

12번 해설 • 해당 프로그램은 1차원 배열의 각 요소의 배열 내의 등수를 출력하는 프로그램이다(가장 큰 값이 1등).

• 5개의 요소에 대해 각각 5번 비교를 통해(총 25회) 해당 요소가 배열 내의 등수(순위)를 구하는 방법은 모든 요소는 1등으로 초기화를 한 후, 본 보다 큰 값이 등장하면 등수를 1씩 증가시키는 알고리즘이 적용되어 있다.

• 배열의 첫 요소 75의 순위를 구하는 반복 단계(i가 0일 경우)는 다음과 같으며 다른 요소의 값도 동일한 반복을 통해 해당 요소의 등수를 구하게 된다.

rank	0	1	2	3	4
	0	0	0	0	0

arr	0	1	2	3	4
	75	32	20	99	55

j	arr[i] 〈 arr[i]		rank[i]++;	rank 배열						
0	arr[0] 〈 arr[0] 75 〈 75	false		rank	0	1	2	3	4	
					1	0	0	0	0	
1	arr[0] 〈 arr[1] 75 〈 32	false		rank	0	1	2	3	4	
					1	0	0	0	0	
2	arr[0] 〈 arr[2] 75 〈 20	false		rank	0	1	2	3	4	
					1	0	0	0	0	
3	arr[0] 〈 arr[3] 75 〈 99	true	rank[0] = 2	rank	0	1	2	3	4	
					2	0	0	0	0	
4	arr[0] 〈 arr[4] 75 〈 55	false		rank	0	1	2	3	4	
					2	0	0	0	0	

• for문에서 i가 0부터 4까지의 각 단계를 수행 후의 rank 배열의 결과는 다음과 같다.

i	arr[i]		rank 배열						
0	arr[0]	75	rank	0	1	2	3	4	
				2	0	0	0	0	
1	arr[1]	35	rank	0	1	2	3	4	
				2	4	0	0	0	
2	arr[2]	20	rank	0	1	2	3	4	
				2	4	5	0	0	
3	arr[3]	99	rank	0	1	2	3	4	
				2	4	5	1	0	
4	arr[4]	55	rank	0	1	2	3	4	
				2	4	0	1	3	

※ 해당 문제는 출력 결과를 작성하는 문제이므로 부분 점수가 부여되지 않는다.

[실행] https://onlinegdb.com/3XWpZwSspj

- 해당 프로그램은 1~998 사이 3의 배수이면서 홀수인 정수의 최대값을 출력한다.
- 변수 a는 출력될 최대값을 저장하는 변수로 초기값은 0으로 설정하며, 반복문 내에서 if의 조건식이 만족하면 최대값을 갱신하여 저장하는 역할을 한다.
- if(i%3 == 0 && i%2 != 0) 조건문은 i%3 == 0 조건식으로 i가 3으로 나누어 떨어지면서(3의 배수), i%2 != 0 조건식으로 i가 2로 나누어 떨어지지 않는(2의 배수가 아닌, 홀수) 경우의 i값에 참(true)으로 판별한다.
- 즉, 998부터 역순으로 1씩 감소하며 3의 배수이면서 홀수인 정수를 찾아내면 가장 큰 정수(최대값)를 쉽게 찾을 수 있다.

초기값 : a는 5, b는 10이다.	i	i%3 == 0	i%2 != 0	&& 결과	a
for(int i = 1; i < 999; i++) {					0
if(i%3 == 0 && i%2 != 0)	1	false	미실행	false	
	2	false	미실행	false	
	3	true	true	true	3
	4	false	미실행	false	
	...	...	...	...	
	993	true	true	true	993
	994	false	미실행	false	
	995	false	미실행	false	
	996	true	false	false	
	997	false	미실행	false	
	998	false	미실행	false	
}					
System.out.println(a);	a의 최대값인 993을 출력한다.				

※ 해당 문제는 출력 결과를 작성하는 문제이므로 부분 점수가 부여되지 않는다.
[실행] https://onlinegdb.com/dupTHxqR8

14번 해설

- arr = [1, 2, 3, 4, 5] # 리스트 객체 arr을 생성한다.

arr	0	1	2	3	4
	1	2	3	4	5

- map(함수, 리스트객체) 함수 : 입력 개수만큼 함수를 여러 번 호출한다. → (결과) map 객체로 반환한다.
- 람다(lambda) 함수 : 필요할 때 바로 정의해서 사용하는 일시적인 함수이다.
- list( ) 함수 : 리스트 객체를 생성하는 함수이다.
- arr = list(map(lambda num : num + 100, arr))

	실행 순서	설명
①	lambda num : num + 100	매개변수 num에 100을 더해주는 람다 함수
②	map(lambda num : num + 100, arr)	map() 함수의 두 번째 객체의 요소를 차례대로 람다 함수에 대입하여 반복호출
	map(람다 함수, [1, 2, 3, 4, 5])	
③	list(map(lambda num : num + 100, arr))	map 객체 반환된 결과를 list 객체로 변환
④	arr = [101, 102, 103, 104, 105]	arr 객체에 결과 list 객체를 할당

arr	0	1	2	3	4
	101	102	103	104	105

- print(arr) # 리스트 객체 arr 전체 요소를 출력한다.
  - 출력 결과 : [101, 102, 103, 104, 105]
※ 채점기준은 출력 결과를 작성하는 문제로 부분 점수는 부여되지 않습니다.
[실행] https://onlinegdb.com/FDvwfqKI-

15번 해설

프로세스 스케줄링(=CPU 스케줄링)

프로세스의 생성 및 실행에 필요한 시스템의 자원을 해당 프로세스에 할당하는 작업을 말한다.

비선점 (Non-preemptive) 스케줄링	• 일단 CPU를 할당받으면 다른 프로세스가 CPU를 강제적으로 빼앗을 수 없는 방식이다. • 모든 프로세스에 대한 공정한 처리가 가능하다. • 일괄 처리 시스템에 적합하다. • 비선점 프로세스 : FCFS, SJF, HRN, 기한부, 우선순위
선점 (Preemptive) 스케줄링	• 한 프로세스가 CPU를 할당받아 실행 중이라도 우선순위가 높은 다른 프로세스가 CPU를 강제적으로 빼앗을 수 있는 방식이다. • 긴급하고 높은 우선순위의 프로세스들이 빠르게 처리될 수 있다. • 대화식 시분할 시스템에 적합하다. • 선점 프로세스 : SRT, RR, MQ, MFQ

16번 해설 **관계 대수(Relational Algebra)**

원하는 정보와 그 정보를 어떻게 유도하는가를 기술하는 절차적인 방법이다.

구분	연산자	기호	의미
순수 관계 연산자	Select	σ	조건에 맞는 튜플을 구하는 수평적 연산
	Project	π	속성 리스트로 주어진 속성만 구하는 수직적 연산
	Join	⋈	공통 속성을 기준으로 두 릴레이션을 합하여 새로운 릴레이션을 만드는 연산
	Division	÷	두 릴레이션 A, B에 대해 B 릴레이션의 모든 조건을 만족하는 튜플들을 릴레이션 A에서 분리해 내어 프로젝션하는 연산
일반 집합 연산자	합집합	∪	두 릴레이션의 튜플의 합집합을 구하는 연산
	교집합	∩	두 릴레이션의 튜플의 교집합을 구하는 연산
	차집합	−	두 릴레이션의 튜플의 차집합을 구하는 연산
	교차곱	×	두 릴레이션의 튜플들의 교차곱(순서쌍)을 구하는 연산

17번 해설 [2022년 2회 기출 변형][2018년 1회 정보처리기사 필기 기출]
- 서브넷팅(Subnetting) : IP 주소의 낭비를 막기 위해 네트워크를 여러 개의 서브넷으로 분리하는 과정이다.
- 서브넷(Subnet) : IP 주소에서 네트워크 영역을 부분으로 나눈 부분 네트워크이다.
- 서브넷 마스크(Subnet Mask) : IP 주소에서 Network ID와 Host ID를 분리하는 역할을 한다.
- FLSM(Fixed Length Subnet Mask, 고정길이 서브넷 마스크) 방식에서의 ip subnet-zero는 subneting 후, 첫 번째 네트워크에 포함되는 IP Address를 사용할 수 있게 하여 주소 손실을 막는다.
- 3개의 Subnet으로 나누기 위해서는 2bit의 서브넷 마스크가 추가로 필요하다.
- 서브넷 마스크 : 255.255.255.192 /26
- 각 서브넷당 호스트 수 : $2^{(8-2)}$ = 64개
- 2번째 서브넷 네트워크 IP 주소 : 192.168.1.64
- 2번째 서브넷 브로드캐스트 IP 주소 : 192.168.1.127
- 2번째 서브넷 IP 주소 범위 : 192.168.1.64~192.168.1.127

	$2^1 \le 3 \ge 2^2$(4)개의 Subnet	Subnet IP 주소 범위
1번째	192.168.1.00000000~192.168.1.00111111	192.168.1.0~192.168.1.63
2번째	192.168.1.01000000~192.168.1.01111111	192.168.1.64~192.168.1.127
3번째	192.168.1.10000000~192.168.1.10111111	192.168.1.128~192.168.1.191
4번째	192.168.1.11000000~192.168.1.11111111	192.168.1.192~192.168.1.255

형상관리 도구(버전관리 도구)

CVS (Concurrent Versions System)	• 오픈 소스 프로젝트에서 널리 사용되는 버전관리 시스템이다. • 소프트웨어 프로젝트를 진행할 때 파일로 이루어진 모든 작업과 모든 변화를 추적하고, 여러 개발자가 협력하여 작업할 수 있게 지원한다. • 최근에는 CVS가 한계를 맞아 이를 대체하는 SVN이 개발되었다.
Git	• 프로그램 등의 소스 코드 관리를 위한 분산 버전관리 시스템이다. • Linux 초기 커널 개발자인 리누스 토르발스가 리눅스 커널 개발에 이용하기 위해 개발하였으며, 현재는 다른 곳에도 널리 사용되고 있다. • 지역 저장소와 원격 저장소가 존재하며 지역 저장소에서 버전관리가 진행되어 버전관리가 빠르다.
SVN (Subversion)	• CVS보다 속도 개선, 저장 공간, 변경 관리 단위가 작업 모음 단위로 개선되었다. 2000년 콜랩넷에서 개발되었다. • CVS와 사용 방법이 유사해 CVS 사용자가 쉽게 도입 가능하며 아파치 최상위 프로젝트로서 전 세계 개발자 커뮤니티와 함께 개발되어 있다. • 디렉터리, 파일을 자유롭게 이동해도 버전관리가 가능하다.

Trust Zone (트러스트 존)	• 스마트폰의 AP칩(Application Processor, CPU칩)에 적용된 보안 영역이다. • AP칩 안에 안드로이드 OS와는 분리된 안전영역에 별도의 보안 OS(Secure OS)를 구동시키는 기술이다.
Typosquatting (타이포스쿼팅)	• '가짜 URL', 'URL 하이재킹(URL 가로채기)', '스팅 사이트'라고도 한다. • 웹 사용자의 주소 오타 입력을 기대하며 유사 사이트를 만들어 놓는 공격 기법으로, 사용자의 계정정보를 탈취하기 위한 피싱 사이트 운영, 악성코드 배포, 오픈소스 패키지를 사칭한 공급망 공격의 한 형태이다.

사회 공학 (Social Engineering)	• 정보보안에서 사람의 심리적인 취약점을 악용하여 비밀 정보를 취득하거나 컴퓨터 접근 권한 등을 얻으려고 하는 공격 방법이다. • 인간 기반 사회 공학 기법 : 휴지통 뒤지기, 출입문에서 앞사람 따라 들어가기, 어깨너머 훔쳐보기 등 • 컴퓨터 기반 사회 공학 기법 : 피싱(Pishing), 파밍(Pharming), 스미싱(Smishing) 등
다크 데이터 (Dark Data)	'알 수 없는 데이터'라고도 하며, 다양한 컴퓨터 네트워크를 통해 수집된 자료이나 분석이나 결과 도출을 위해 사용되지 않는 데이터를 의미한다.

01. ㅂ. ISP

02. • 답 (1) : ㄹ
- 답 (2) : ㅇ
- 답 (3) : ㄷ

03. • Fan-in : 3
- Fan-out : 2

04. • 답 (1) : 알파 또는 Alpha
- 답 (2) : 베타 또는 Beta

05. ㅂ 또는 ㅂ. Regression

06. ALL

07. 4

08. • 답 (1) : IDEA
- 답 (2) : Skipjack 또는 스킵잭

09. VPN

10. 2

11. 10

12. 22

13. -8

14. 61

15. REMEMBER AND STR

16. 관계해석

17. • 답 (1) : TTL
- 답 (2) : 부장
- 답 (3) : 대리
- 답 (4) : 과장
- 답 (5) : 차장

18. • 답 (1) : 128
- 답 (2) : 62

19. • 답 (1) : ㅇ. IGP
- 답 (2) : ㅅ. EGP
- 답 (3) : ㄹ. OSPF
- 답 (4) : ㄱ. BGP

20. • 답 (1) : ㅇ. HTTP
- 답 (2) : ㄹ. Hypertext
- 답 (3) : ㅂ. HTML

01번 해설 객체지향 설계의 5원칙 : SOLID

- 로버트 마틴이 2000년대 초반에 명명한 객체지향 프로그래밍 및 설계의 다섯 가지 기본 원칙이다.
- 유지보수와 확장이 용이한 시스템을 위한, 객체지향 설계 5원칙

SRP (Single Responsibility Principle)	• 단일책임 원칙 • 모든 클래스는 단일 목적으로 생성되고, 하나의 책임만 가져야 한다.
OCP(Open Closed Principle)	• 개방폐쇄 원칙 • 소프트웨어 구성요소는 확장에 대해서는 개방되어야 하나 수정에 대해서는 폐쇄적이어야 한다.
LSP(Liskov Substitution Principle)	• 리스코프 치환 원칙 • 부모 클래스가 들어갈 자리에 자식 클래스를 대체하여도 계획대로 작동해야 한다.
ISP(Interface Segregation Principle)	• 인터페이스 분리 원칙 • 클라이언트는 자신이 사용하지 않는 메소드와 의존 관계를 맺으면 안 된다. • 클라이언트가 사용하지 않는 인터페이스 때문에 영향을 받아서는 안 된다.
DIP(Dependency Inversion Principle)	• 의존 관계 역전 원칙 • 의존 관계는 변하기 쉽고 변화 빈도가 높은 것보다 변하기 어렵고 변화 빈도가 낮은 것(추상 클래스)에 의존해야 한다.

02번 해설 함수 종속성(Functional Dependency)

- 개체 내에 존재하는 속성 간의 관계를 종속적인 관계로 정리하는 방법이다.
- 데이터 속성들의 의미와 속성 간의 상호관계로부터 도출되는 제약조건이다.
- 속성Y는 속성X에 함수적 종속이라 하고 표현은 X → Y로 표현한다. 이때 X를 결정자(Determinant), Y를 종속자(Dependent)라고 부른다.

부분 함수 종속 (Partial Functional Dependency)	릴레이션에서 한 속성이 기본키가 아닌 다른 속성에 종속이 되거나 또는 기본키가 2개 이상 합성키(복합키)로 구성된 경우 이 중 일부 속성에 종속이 되는 경우
완전 함수 종속 (Full Functional Dependency)	릴레이션에서 한 속성이 오직 기본키에만 종속이 되는 경우
이행적 함수 종속 (Transitive Functional Dependency)	릴레이션에서 A, B, C 세 속성 간의 종속이 A → B, B → C일 때, A → C가 성립이 되는 경우

03번 해설 Fan-in과 Fan-out

- 2020년 1회 기출문제 변형
- 모듈 F의 상위 모듈은 B, C, D이므로 Fan-in은 3이며, 하위 모듈은 G, H이므로 Fan-out은 2이다.

Fan-in(팬-인)	주어진 한 모듈을 제어하는 상위 모듈의 수
Fan-out(팬-아웃)	주어진 한 모듈이 제어하는 하위 모듈의 수

인수 테스트(Acceptance Test)

- 인수 테스트의 목적은 사용자에게 소프트웨어가 개발되어 사용될 준비가 되었다는 확신을 주기 위한 것이다.
- 검증 검사(Validation Test)는 블랙박스 검사를 이용하며, 알파 검사, 베타 검사 등의 기법을 말한다.

알파 테스트(Alpha Test)	개발자의 통제 하에 사용자가 개발 환경에서 수행하는 테스트
베타 테스트(Beta Test)	개발된 소프트웨어를 사용자가 실제 운영 환경에서 수행하는 테스트

목적에 따른 테스트

성능(Performance)	소프트웨어의 응답 시간, 처리량 등을 테스트한다.
회복(Recovery)	소프트웨어에 고의로 부하를 가하여 실패하도록 유도하고 올바르게 복구되는지 테스트한다.
구조(Structure)	소프트웨어 내부의 논리적인 경로, 소스코드의 복잡도 등을 평가한다.
회귀(Regression)	소프트웨어의 변경 또는 수정된 코드에 새로운 결함이 없음을 확인한다.
안전(Security)	소프트웨어가 불법적인 침입으로부터 시스템을 보호할 수 있는지 확인한다.
강도(Stress)	소프트웨어에 과도하게 부하를 가하여도 소프트웨어가 정상적으로 실행되는지 확인한다.
병행(Parallel)	변경된 소프트웨어와 기존 소프트웨어에 같은 데이터를 입력하여 두 결과를 비교 확인한다.

다중 행(Multiple Row) 서브 쿼리 연산자

- 다중 행(Multiple Row) 서브 쿼리는 서브 쿼리에서 반환되는 결과가 여러 행이 반환된다.
- ALL 연산자는 ANY와 SOME과는 달리 서브 쿼리의 모든 결과가 메인 쿼리의 조건식에 참(TRUE)이어야 출력된다.

〈 ALL	비교 대상 중 최솟값보다 작다.
〉ALL	비교 대상 중 최댓값보다 크다.

- 다중 행 연산자(Multiple Row Operator)

IN	메인 쿼리의 비교 조건('=' 연산자로 비교할 경우)이 서브 쿼리의 결과 중에서 하나라도 일치하면 참이다.
ANY, SOME	메인 쿼리의 비교 조건이 서브 쿼리의 검색 결과와 하나 이상이 일치하면 참이다.
ALL	메인 쿼리의 비교 조건이 서브 쿼리의 검색 결과와 모든 값이 일치하면 참이다.
EXISTS	메인 쿼리의 비교 조건이 서브 쿼리의 결과 중에서 만족하는 값이 하나라도 존재하면 참이다.

07번 해설 COUNT 함수와 NULL

COUNT 함수는 COUNT(*)인 경우에 NULL값도 카운트하지만 COUNT(컬럼명)인 경우 NULL값은 카운트하지 않는다.

08번 해설 블록 암호화 방식

- 블록 암호는 메시지의 기밀성 이외에도 메시지 인증이나 데이터 무결성, 심지어는 전자서명에 까지도 사용할 수 있는 암호화 방식이다. 블록 암호는 의사 난수 발생기나 스트림 암호, 해쉬 함수, MAC 등을 개발할 수 있다.
- 블록 암호 비교

알고리즘	블록의 크기(bit)	키의 길이(bit)	회전수
DES	64	56	16
IDEA	64	128	8
SEED	128	128	16
CRYPTON	128	0 – 256	12
Skipjack	64	80	32

09번 해설 VPN(Virtual Private Network, 가상 사설망)

- 개정 전 기사 18년 3회 기출문제
- 개별의 망을 하나의 망처럼 사용하며, 안전하지 않은 공용 네트워크를 이용하여 사설 네트워크를 구성하는 기술이다.
- 전용선을 이용한 사설 네트워크에 비해 저렴한 비용으로 안전한 망을 구성할 수 있다.
- 공용 네트워크로 전달되는 트래픽은 암호화 및 메시지 인증 코드 등을 사용하여 기밀성과 무결성을 제공한다.
- 인터넷과 같은 공공 네트워크를 통해서 기업의 재택 근무자나 이동 중인 직원이 안전하게 회사 시스템에 접근할 수 있도록 해준다.

- 해당 프로그램은 구조체 배열을 선언하고 요소의 값을 저장한 후, 구조체 배열의 요소의 값들을 덧셈하여 출력하는 프로그램이다.
- struct data st[2]; 닝닝문에 의해 x와 y의 멤버를 갖는 data형을 2개의 요소로 갖는 구조체 배열이 선언된다.

	st[0]		st[1]	
st	x	y	x	y

i	st[i].x = i;					
0	st[0].x = 0;	st	st[0]		st[1]	
			x	y	x	y
			0			
1	st[1].x = 1;	st	st[0]		st[1]	
			x	y	x	y
			0	1	1	

최종 출력 printf("%d", st[0].x + st[1].y);

i	st[i].y = i + 1;					
0	st[0].y = 0 + 1;	st	st[0]		st[1]	
			x	y	x	y
			0	1		
1	st[1].y = 1 + 1;	st	st[0]		st[1]	
			x	y	x	y
			0	1	1	2

결과 : 2

※ 해당 문제는 출력 결과를 작성하는 문제이므로 부분 점수가 부여되지 않는다.

[실행] https://onlinegdb.com/VYuGxCNYu

11번 해설

- 해당 프로그램은 두 문자열 상수를 각각 char* 포인터로 참조하여 문자열의 길이를 구하여 덧셈 후, 출력하는 프로그램이다.
- 문자열 상수는 문자열의 마지막에 널문자('\0')를 포함하고 있는 불변의 값이다.
- int func(char* p)함수는 main( )함수에서 func(p1)를 실행하여 문자열 상수 "2021"을 전달받은 후, 문자열을 구성하는 문자가 널문자('\0')가 아닌 경우 cnt++; 명령문을 통해 문자열 내의 문자의 개수(4)를 구한 후 반환한다. 같은 방법으로 func(p2)를 실행하여 문자열 상수 "202107" 내의 문자의 개수(6)를 구한 후 반환한다.

※ 해당 문제는 출력 결과를 작성하는 문제이므로 부분 점수가 부여되지 않는다.

[실행] https://onlinegdb.com/1tgZeod0w

12번 해설

- 해당 프로그램은 1차원 배열 a의 요소를 포인터 연산자를 통해 접근하여 1차원 배열 b의 요소의 값을 저장하는 반복문을 다음과 같이 수행하며 배열 요소 값을 누적한 변수 sum의 값을 최종 출력한다.

a	0	1	2	3
	0	2	4	8

- 반복문 내의 p = a + i; 명령문의 배열명 a는 배열의 첫 요소의 주소이므로 변수 i가 1에서 3까지 1씩 증가하며 배열 요소의 주소를 이동시킨 곳을 포인터 변수 p가 가르치게 된다. 다음 문장에서 포인터 연산자 *를 통해 *p의 결과 배열 a의 요소의 값을 참조하게 된다.

i	b[i−1] = a[i] − a[i−1];					sum : 0	sum += a[i] + b[i−1];
1	b[0] = 2 − 0;	b	0	1	2	4	sum = sum + a[1] + b[1−1];
			2				sum = 0 + 2 + 2;
2	b[1] = 4 − 2;	b	0	1	2	10	sum = sum + a[2] + b[2−1];
			2	2			sum = 4 + 4 + 2;
3	b[2] = 8 − 4;	b	0	1	2	22	sum = sum + a[3] + b[3−1];
			2	2	4		sum = 10 + 8 + 4;
최종 출력 printf("%d", sum);						**결과 : 22**	

※ 해당 문제는 출력 결과를 작성하는 문제이므로 부분 점수가 부여되지 않는다.

[실행] https://onlinegdb.com/0cJzQbd63

- 해당 프로그램은 switch~case문을 실행한 결과를 출력하는 프로그램으로 [2020년 1회] 기출문제와 동일하다.
- 선택 제어구조의 명령문인 switch~case문에서는 switch(정수값) 명령문의 정수값에 해당하는 블록 내의 case문으로 분기된다. 문제의 프로그램의 정수형 변수 i의 값이 3이므로 레이블 case 3: 위치로 실행 분기가 이루어진다.
- switch~case 블록 내에 break; 명령문이 존재하면, switch~case 블록을 벗어난다. 위 프로그램에서는 break; 명령문이 존재하지 않으므로 레이블 case 3: 이후의 명령어를 차례대로 다음과 같이 실행한다.

i : 3		k : 1
switch(i) {		
case 1: k++ ;		
case 2: k += 3 ;		
case 3: k = 0 ;	0	0
case 4: k += 3 ;	0+3	3
case 5: k -= 10 ;	0+3-10	-7
default: k-- ;	0+3-10-1	-8
}		
최종 출력 System.out.print(k);		결과 : -8

※ 해당 문제는 출력 결과를 작성하는 문제이므로 부분 점수가 부여되지 않는다.
[실행] https://onlinegdb.com/cyKh_u6WR

- 해당 프로그램은 매개변수를 갖는 생성자를 호출하는 객체를 생성 후, 객체의 메소드를 호출한 결과를 반영하여 객체의 필드 값과 덧셈을 수행 후, 출력한다.
- 프로그램이 실행되면, main( ) 메소드의 AAA obj = new AAA(3); 명령문에 의해 new AAA(3)에 의해 객체가 생성되고 매개변수 3이 생성자를 자동으로 호출한다. 매개변수를 갖는 생성자 AAA(int a)가 호출되어 전달 받은 3이 객체의 필드 a에 저장된다. 생된 객체는 main( ) 메소드의 AAA obj에 의해 참조변수 obj로 참조된다.
- obj.a = 5; 명령문으로 3이었던 필드 a의 값이 5로 다시 저장된다. int b = obj.func(); 명령문으로 메소드 obj.func( )가 호출되어 다음과 같이 반복문을 수행한다.

초기값 : a는 5, b는 1이다.	i	b = a * i + b;	
for(int i = 1; i 〈 a; i++) {		1	a * i + b
b = a * i + b;	1	6	5 * 1 + 1
	2	16	5 * 2 + 6
	3	31	5 * 3 + 16
	4	51	5 * 4 + 31
}			
return a + b;		return 5 + 51; 명령문은 56을 반환한다.	

- main( ) 메소드의 int b = obj.func(); 명령문으로 56이 반환되어 변수 b는 56이며, 최종 출력 결과는 obj.a + b를 수행하여 5 + 56의 61이 출력된다.
[실행] https://onlinegdb.com/FyhUqaCuB

- 문자열 슬라이싱(String Slicing)과 문자열 포맷팅(String Formatting)

x	0	1	2	3	4	5	6	7	8	9	10	11	12	13	14	15	16
	R	E	M	E	M	B	E	R		N	O	V	E	M	B	E	R

- Python의 문자열 객체 y는 문자열 객체 x의 슬라이싱을 실행 후 + 연산자로 연결한 결과이다. 즉, x[:3]은 인덱스 0에서부터 인덱스 (3−1)까지의 문자열을 추출하여 'REM'을, x[12:16]은 인덱스 12에서 (16−1)까지의 문자열을 추출하여 'EMBE'을 연결한 결과가 객체 y의 'REMEMBE' 이다.

y	0	1	2	3	4	5	6
	R	E	M	E	M	B	E

- 객체 z의 경우 문자열 내에 % 기호 다음에 출력 포맷의 서식문자 의미하는 's'를 붙이며 문자열을 의미하는 서식(%s)으로 해당 위치에 'STR' 문자열이 포맷팅된다.

z	0	1	2	3	4	5	6	7	8
	R		A	N	D		S	T	R

- 최종 출력 결과는 문자열 객체 y와 문자열 객체 z가 연결되어 'REMEMBER AND STR'이 출력된다.

※ 채점 기준은 출력 결과를 작성하는 문제로 부분 점수는 부여되지 않습니다.

[실행] https://onlinegdb.com/eJXPf1xf8

관계 대수	• 관계 대수는 릴레이션에서 사용자가 원하는 결과를 얻기 위해 연산자를 표현하는 방법으로 결과를 얻기 위한 절차를 표현하기 때문에 절차적 언어라고 한다. • 관계 대수는 크게 순수 관계 연산자와 일반 집합 연산자로 나뉜다.	
	순수 관계 연산자	SELECT(σ), PROJECT(π), JOIN(⋈), DIVISION(÷)
	일반 집합 연산자	합집합(∪), 교집합(∩), 차집합(−), 카티션 프로덕트(×)
관계 해석	• 관계 해석은 릴레이션에서 결과를 얻기 위한 과정을 표현하는 것으로 연산자 없이 정의하는 방법을 이용하는 비절차적 언어이다. • 튜플 관계 해석과 도메인 관계 해석이 있다.	

관계 대수의 PROJECT(π)

- 속성 리스트로 주어진 속성만 구하는 수직적 연산
- 문법 : $\pi_{속성리스트}$(릴레이션명)

18번 해설
- 서브넷팅(Subnetting) : IP 주소의 낭비를 막기 위해 네트워크를 여러 개의 서브넷으로 분리하는 과정이다.
- 서브넷(Subnet) : IP 주소에서 네트워크 영역을 부분으로 나눈 부분 네트워크이다.
- 서브넷 마스크(Subnet Mask) : IP 주소에서 Network ID와 Host ID를 분리하는 역할을 한다.

서브넷팅		Network ID	Host ID
IP Address 〉192.168.32.132	AND	11000000.10101000.00100000.10000100	
Subnet Mask 〉255.255.255.192		11111111.11111111.11111111.11000000	
네트워크 주소(Network ID)		11000000.10101000.00100000.10000000	
		192.168.32.128	
네트워크 주소와 브로드캐스트 주소를 제외한 주소 개수		62	

- 네트워크 주소(Network ID) : 192.168.32.128
- 브로드캐스트 주소 : 192.168.32.191
- 할당 가능한 서브 네트워크의 수 : 2^2개(4개)
- 할당 가능한 호스트의 수 : 2^6-2개(62개)

19번 해설

EGP		• 외부 게이트웨이 프로토콜(Exterior Gateway Protocol) • 연구기관이나 국가기관, 대학, 기업 간, 즉 도메인(게이트웨이) 간에 라우팅 정보를 교환한다.
	BGP	• Border Gateway Protocol • 외부 라우팅 프로토콜로서 AS(Autonomous System) 간의 라우팅을 한다. • 테이블을 전달하는 데 주로 이용한다.
IGP		• 내부 게이트웨이 프로토콜(Interior Gateway Protocol) • 동일 그룹 내에서 라우팅 정보를 교환한다.
	RIP	• Routing Information Protocol • 최단 경로 탐색에 Bellman-Ford 알고리즘을 사용하는 거리 벡터 라우팅 프로토콜이다. • 최적의 경로를 산출하기 위한 정보로서 홉(거릿 값)만을 고려하므로, RIP를 선택한 경로가 최적의 경로가 아닌 경우가 많이 발생할 수 있다. • 최대 홉 카운트를 15홉 이하로 한정한다. • 소규모 네트워크 환경에 적합하다.
	OSPF	• Open Shortest Path First Protocol • 대표적인 링크 상태(Link State) 라우팅 프로토콜로 IP 패킷에서 89번 프로토콜을 사용하여 라우팅 정보를 전송한다.

20번 해설
- HTTP(HyperText Transfer Protocol) : 인터넷 상의 모든 데이터의 교환을 위해 사용되는 통신 규약으로 HTTP 서버는 80번 포트를 사용한다.
- Hypertext(하이퍼텍스트) : 인터넷 상의 문서나 멀티미디어 등을 노드(Node)와 링크(Link)를 통해 이동할 수 있도록 구조화되어 있는 텍스트이다.
- HTML(Hypertext Markup Language) : 웹 콘텐츠의 의미와 구조를 정의하는 가장 단순한 형태의 마크업 언어이다.

01. NUI 또는 Natural User Interface

02. • 답 (1) : ㄱ
  • 답 (2) : ㅁ

03. JUnit

04. ㄴ, ㄷ, ㅂ

05. 단위 테스트 – 통합 테스트 – 시스템 테스트 – 인수 테스트

06. • 답 (1) : ORDER
  • 답 (2) : SCORE
  • 답 (3) : DESC

07. TKIP

08. 120

09. • 답 (1) : 〉또는 !=
  • 답 (2) : %
  • 답 (3) : /

10. 29

11. 2000

12. Car

13. a = 20 b = 2

14. • 답 (1) : ㅅ
  • 답 (2) : ㄱ
  • 답 (3) : ㄷ

15. • 답 (1) : ㅇ
  • 답 (2) : ㅈ

16. 튜플 삭제 시 의도와는 상관없이 관련 없는 데이터가 같이 연쇄 삭제(Triggered Deletion)되어 정보의 손실이 발생하는 현상을 의미한다.

17. • 답 (1) : ㅇ
  • 답 (2) : ㄹ

18. RAID-0 또는 0

19. ISMS

20. ㄷ

사용자 인터페이스

GUI (Graphical User Interface)	• 윈도우즈나 매킨토시 등의 환경 • 그래픽 화면에서 사용자가 마우스나 키보드로 아이콘이나 메뉴를 선택하여 원하는 작업을 수행
CLI (Command Line Interface)	• 유닉스와 리눅스 등의 환경 • 사용자가 키보드로 명령어(Command)를 입력해 원하는 작업을 수행
NUI (Natural User Interface)	터치, 증강현실, 상황 인식 등 사람의 감각 행동 인지를 통하여 작업할 수 있는 환경
MUI (Menu User Interface)	메뉴를 기반으로 작업할 수 있는 환경

소스코드 품질 분석 도구

소스코드의 코딩 스타일, 코드에 설정된 코딩 표준, 코드의 복잡도, 코드에 존재하는 메모리 누수 현상, 스레드 결함 등을 발견하기 위해 사용하는 분석 도구이다.

Static Analysis	• 원시 코드를 분석하여 잠재적인 오류를 분석하며, 코딩 표준, 런타임 오류 등을 검증한다. • 결함 예방/발견, 코딩 표준, 코드 복잡도 등을 분석하는 것이 가능하다.
Dynamic Analysis	• 프로그램 수행 중 발행하는 오류의 검출을 통한 오류 검출(Avalanche, Valgrind 등)한다. • 메모리 릭(Leak), 동기화 오류 등을 분석하는 것이 가능하다.

인터페이스 구현 검증 도구

- 인터페이스 구현 검증을 위해서 단위 기능 및 시나리오에 기반한 통합 테스트가 필요하며, 테스트 자동화 도구를 이용하여 단위 및 통합 테스트의 효율성을 높일 수 있다.
- 종류 : Watir, xUnit(JUnit, NUnit, CppUnit 등), FitNesse, STAF, Selenium

블랙박스 테스팅 (명세 기반)	• 사용자의 요구사항에 대한 명세를 기반으로 테스트 케이스를 작성하고 확인하는 테스트 방식이다. • Boundary Value Testing, Cause−Effect Graphing Testing, Equivalence Partitioning Testing
화이트박스 테스팅 (구조 기반)	• 소프트웨어 내부의 구조(논리 흐름)에 따라 테스트 케이스를 작성하고 확인하는 테스트 방식이다. • Basic Path Testing, Condition Testing, Data Flow Testing, Loop Testing

V모델

- 폭포수(Waterfall) 모델의 변형으로 산출물보다는 각 개발 단계의 테스트에 중점을 두며, 테스트 활동이 분석 및 설계와 어떻게 관련되어 있는지 보여 주는 검증을 강조조한 소프트웨어 개발 모델이다.
- 테스트 수행 순서 : 단위 테스트 → 통합 테스트 → 시스템 테스트 → 인수 테스트

※ 해당 문제는 나열형 문제이므로 부분 점수가 부여되지 않는다.

SELECT문의 정렬(오름차순, 내림차순)

- SELECT문의 검색 결과를 특정 컬럼을 기준으로 정렬할 때는 ORDER BY절을 사용하며, 정렬의 기본은 오름차순으로 ASC 옵션을 허용하고, 내림차순은 DESC 옵션을 추가한다. ASC는 생략이 가능하다.

TKIP(Temporal Key Integrity Protocol) 인증 방식

- 임시 키 무결성 프로토콜로 WEP 암호화를 대체하기 위해 만들어진 보안 프로토콜이다.
- 무선 라우터에서 WPA2 보안을 선택 후 일반적으로 인증 방식을 AES로 설정하여 안전한 암호화 방식을 사용하지만, 일부 장치와의 호환성을 위해 TKIP로 설정하기도 한다.
- TKIP는 스트림 암호화 방식인 RC4 암호화 알고리즘을 사용한다.

- 해당 프로그램은 변수 a의 계승(팩토리얼)을 재귀호출 함수 호출를 통해 계산한 후 출력하는 프로그램이다.
- 변수 a가 5를 입력하였을 경우, 5의 팩토리열(5!)의 결과 5 * 4 * 3 * 2 * 1을 계산한 120이 출력된다.
- main( ) 함수에서 func(5)를 호출하여 재귀호출이 진행되는 동안의 디버깅은 다음과 같다.

a	재귀호출 return a * func(a − 1);	
5	int func(int a)	호출
	if(5 <= 1)	거짓
	return 5 * func(5 − 1);	
4	int func(int a)	호출
	if(4 <= 1)	거짓
	return 4 * func(4 − 1);	
3	int func(int a)	호출
	if(3 <= 1)	거짓
	return 3 * func(3 − 1);	
2	int func(int a)	호출
	if(2 <= 1)	거짓
	return 2 * func(2 − 1);	
1	int func(int a)	호출
	if(1 <= 1)	참
	return 1;	
2	return 2 * 1;	반환
3	return 3 * 2;	반환
4	return 4 * 6;	반환
5	return 5 * 24;	반환

- printf("%d", func(a)); 명령문은 func(5)가 반환한 값 120이 최종 출력된다.

※ 해당 문제는 출력 결과를 작성하는 문제이므로 부분 점수가 부여되지 않는다.

[실행] https://onlinegdb.com/x1JaHxJ9h

- 해당 프로그램은 10진 정수의 자릿수를 역순으로 출력하는 프로그램이다.
- 변수 number는 10진 정수로 정수의 자릿수만큼 while문을 통해 반복이 이루어진다. 즉, number는 천의 자리까지 존재하므로 4회 반복이 이루어진다. 10진 정수를 10으로 나눈 나머지 값을 구한 후, 다시 10을 곱한 수를 누적하는 반복을 통해 역순으로 나열한 크기의 정수를 생성할 수 있다.
- while 반복문 내부에서 각 명령문을 수행했을 경우, 변수 number와 변수 result의 변화는 다음과 같다.

while(number > 0) // 참으로 반복	number	result
result = result * 10;	1234	0
result = result + (number % 10);	1234	4
number = number / 10	123	4
result = result * 10;	123	40
result = result + (number % 10);	123	43
number = number / 10	12	43
result = result * 10;	12	430
result = result + (number % 10);	12	432
number = number / 10	1	432
result = result * 10;	1	4320
result = result + (number % 10);	1	4321
number = number / 10	0	4321

- printf("%d", result); 문에 의해 결과 4321이 최종 출력된다.
- ※ 해당 문제는 출력 결과를 작성하는 문제이므로 부분 점수가 부여되지 않는다.
- [실행] https://onlinegdb.com/_FYlM9bHn

- 해당 프로그램은 정수 13195의 소인수 중 가장 큰 값을 출력하는 프로그램이다.
- isPrime( ) 함수는 2부터 13194 사이의 정수가 소수인지를 판별하는 함수이다. 해당 정수가 소수이면 1을 반환하고 소수가 아니면 0을 반환한다.
- 소수(Prime Number)는 1과 자기 자신만을 약수로 갖는 수이고, 소인수 분해는 소수들의 곱셈을 통해 해당 정수를 생성하는 과정이다. 해당 프로그램은 소인수 분해가 가능한 약수를 찾아 내는 반복을 통해 가장 큰 소수를 찾아 출력하는 프로그램이다.
- main( ) 함수의 for문은 1과 13195(자기 자신)을 제외한 정수 범위를 반복하며 소수를 찾아내고 소인수 분해 여부를 판별한다. 즉, if문의 조건식 isPrime(i) == 1는 i가 소수인지를 판별하여 소수인 경우에 해당하고 조건식 number % i == 0을 통해 13195의 약수(나누어 떨어지는 수)인지를 판별하여 두 조건이 모두 만족하면 i는 소인수 분해가 가능한 약수이므로 최대값을 갱신하게 된다.
- 변수는 max_div 초기값 0에서 5 → 7 → 13 → 29 순으로 최대값을 변경한다. 그 결과 29가 최종 출력된다.
- ※ 해당 문제는 출력 결과를 작성하는 문제이므로 부분 점수가 부여되지 않는다.
- [실행] https://onlinegdb.com/9V7SL4-yf

동일한 패키지 내에서 다른 클래스에 있는 데이터(멤버변수, 필드)를 사용할 경우에는 new를 통해 객체를 생성하고 사용하면 된다. 해당 프로그램의 class A의 데이터(멤버변수, 필드)의 접근자는 defualt이므로 class Test에서 생성한 객체 m이 class Test 내의 func1( ) 메소드와 func2( ) 메소드의 호출과정에 매개변수로 참조가 되더라도 점(.)연산자로 직접 접근하여 값을 계산하고 할당 및 출력할 수 있다.

main( )	m.a	m.b
A m = new A();	0	0
m.a = 100;	100	0
func1(m);	1000	0
m.b = m.a;	1000	1000
func2(m);	2000	1000

※ 해당 문제는 출력 결과를 작성하는 문제이므로 부분 점수가 부여되지 않는다.

[실행] https://onlinegdb.com/OVa7Bpjyq

- 해당 프로그램은 Runnable 인터페이스를 구현하여 스레드를 생성하고 있다.
- Java의 Thread는 하나의 프로세스 내에서 실행되는 병행 메서드의 단위이다. Java에서 Thread를 생성하는 방법은 Thread 상속 방법과 Runnable 구현 방법 2가지가 있다.
- class Car는 Runnable 인터페이스를 구현한다. Runnable 인터페이스는 구현할 메서드가 run( ) 하나뿐인 함수형 인터페이스이다. 메서드 run( )은 반드시 재정의(오버라이드)되어야 한다.
- class Car는 Thread 클래스의 메서드 start( )를 통해서 실행 가능하다. Runnable을 구현한 클래스 Car는 Runnable형 인자를 받는 생성자를 통해 별도의 Thread 객체를 생성 후 start( ) 메서드를 호출해야 한다.
- main( ) 메서드 내에서 Thread 객체 안에 쓰레드를 사용하려는 객체(new Car( ))를 넣어 객체화한 뒤 사용한다.

[실행] https://onlinegdb.com/xWxj88GIp

Python의 디폴트 매개변수

Python의 함수 호출 시 매개변수 전달과정에서 이미 선언된 함수의 인수가 디폴트 값(기본값)이 설정되어 있으면 전달되는 매개변수의 개수가 부족할 경우 해당 인수는 디폴트 값이 할당된다. func(20)으로 함수 호출이 이루어지면 선언된 인수 a에 20이 전달되고 인수 b는 디폴트 값인 2가 할당이 되어 함수 본문의 명령문을 수행한다.

※ 채점기준은 출력 결과를 작성하는 문제로 부분 점수가 부여되지 않는다. 출력 결과 내의 공백(띄어쓰기)는 채점에 반영되지 않는다.

[실행] https://onlinegdb.com/7inwb_cqH

Python 리스트 메소드

메소드	설명
x.append(y)	리스트x의 끝에 요소y 추가
x.clear()	리스트x의 모든 요소 제거
x.copy()	리스트x를 복사
x.count(y)	리스트x 내의 요소y의 갯수
x.extend(y)	리스트x에 리스트y를 추가
x.index(y)	리스트x 내의 요소y의 위치 반환
x.insert(n, y)	리스트x의 n번째에 요소y 삽입
x.pop()	리스트x의 마지막 요소 반환 삭제
x.remove(y)	리스트x에서 요소y 제거
x.reverse()	리스트x의 요소 역순 뒤집기
x.sort()	리스트x의 요소 정렬

트랜잭션 회복 연산

REDO (재실행)	트랜잭션이 수행되어 COMMIT이 되면 변경된 내용을 데이터베이스에 반영한다. 이때 로그 (Log)의 내용을 토대로 재수행하며 변경된 내용으로 데이터베이스에 반영하는 과정
UNDO (실행 취소)	트랜잭션이 수행되는 도중 오류가 발생하거나 비정상적으로 종료되는 경우 트랜잭션 이 시작된 시점으로 되돌아가 수행 연산을 취소하는 과정

이상(Anomaly) 현상

삽입 이상 (Insertion Anomaly)	어떤 데이터를 삽입하려고 할 때 불필요하고 원하지 않는 데이터도 함께 삽입해야 만 되고 그렇지 않으면 삽입되지 않는 현상
삭제 이상 (Deletion Anomaly)	한 튜플을 삭제함으로 인해서 유지해야 하는 정보까지 삭제되는 연쇄 삭제 현상이 일어나게 되어 정보 손실이 발생하는 현상
수정(갱신) 이상 (Update Anomaly)	중복된 튜플 중에 일부 튜플의 속성값만을 갱신시킴으로써 정보의 모순성(Inconsistency)이 생기는 현상

키의 유일성과 최소성

유일성	하나의 키 값(속성 값)으로 하나의 튜플만을 유일하게 식별할 수 있어야 한다.
최소성	모든 튜플을 유일하게 식별하기 위해서는 꼭 필요한 최소의 속성만으로 구성되어 있어야만 한다.

RAID(Redundant Array of Inexpensive Disks)

- 디스크 시스템의 성능과 신뢰성을 향상시키기 위해 디스크 드라이브의 배열을 구성하여 하나의 유니트로 패키지 함으로써 액세스 속도를 크게 향상시키고 신뢰도를 높이는 기술이다.
- 스트라이핑(Striping) : 연속된 데이터를 여러 개의 디스크에 라운드 로빈 방식으로 기록하는 기술로 프로세서가 데이터를 읽어 들일 때 여러 디스크를 활용함으로써 읽기 및 쓰기 속도를 높일 수 있다.

RAID-0	디스크 스트라이핑(Disk Striping) 방식으로 중복 저장과 오류 검출 및 교정이 없는 방식
RAID-1	디스크 오류가 발생하였을 때, 디스크를 재구성하지 않고 복사된 것을 대체함으로써 데이터를 복구할 수 있는 디스크 미러링(disk mirroring) 방식
RAID-2	데이터를 각 디스크에 비트 단위로 분산 저장하고 여러 개의 해밍코드 검사 디스크를 사용하는 방식
RAID-3	멀티미디어용 디스크 어레이(Disk array) 구현 방법 중 별도의 패리티 디스크를 사용하는 방식
RAID-4	각 디스크에 데이터를 블록 단위로 분산 저장하고 오류의 검출 및 정정을 위해 하나의 패리티 검사 디스크를 사용하는 방식
RAID-5	모든 디스크에 패리티 정보를 나누어 저장하며 하나의 멤버 디스크가 고장이 발생하여도 무정지 복구가 가능한 방식

정보보호 관리 체계(ISMS, Information Security Management System)

- 정보 자산의 기밀성, 무결성, 가용성을 실현하기 위하여 관리적 · 기술적 수단과 절차 및 과정을 관리, 운용하는 체계이다.
- 정보통신망의 안전성 확보를 위해 수립하는 기술적, 물리적, 관리적 보호 조치 등 종합적인 정보보호 관리 체계 인증 제도이다.
- 정보시스템 전체의 정보자산과 보호 대책을 전반적으로 취급하며 인증 심사 기준은 정보보호 관리과정과 정보보호 대책의 두 가지로 구성되어 있다.
- 정보자산과 보호대책을 전반적으로 취급한다.
- 수행 절차 : 정책 수립 및 범위 설정 → 경영 조직 구성 → 위험 관리 → 정보보호 대책 구현 → 사후관리

워터링 홀(Watering Hole) 공격

- 2018년 1회 정보보안기사 필기 기출
- 공격 대상이 방문할 가능성이 있는 합법적인 웹 사이트를 미리 감염시킨 뒤, 잠복하고 있다가 공격 대상이 방문하면 대상의 컴퓨터에 악성코드를 설치하는 공격 방법이다.
- APT 공격(Advanced Persistent Threat, 지능형 지속 공격)에서 주로 쓰이는 Web Exploit(웹 취약점)을 이용한 공격이다.

01. • 답 (1) : Aggregation

    • 답 (2) : Generalization

02. 클래스 또는 Class

03. Factory Method

04. 인덱스 또는 Index

05. Control

06. GUI 또는 Graphical User Interface

07. Cause Effect Graph

08. • 답 (1) : 테스트 조건

    • 답 (2) : 테스트 데이터

    • 답 (3) : 예상 결과

09. • 답 (1) : 상향식 통합

    • 답 (2) : 드라이버

10.

CNT
4

4 또는

11. DES 또는 Data Encryption Standard

12. ARP 또는 Address Resolution Protocol

13. 501

14. 37

15. 3

16. 7

17. False

18. GRANT 명령어는 관리자가 사용자에게 데이터베이스에 대한 권한을 부여하기 위한 명령어이다.

19. • 답 (1) : 데이터링크 또는 Data Link

    • 답 (2) : 네트워크 또는 Network

    • 답 (3) : 프레젠테이션 또는 표현 또는 Presentation

20. • 답 (1) : ㄱ

    • 답 (2) : ㄷ

    • 답 (3) : ㅁ

02번 해설 클래스 다이어그램(Class Diagram)

- 객체지향 시스템의 가장 근간이 되는 다이어그램으로 시스템의 정적인 구조를 나타낸다.
- 시스템을 구성하는 객체 간의 관계를 추상화한 모델을 논리적 구조로 표현한다.
- 객체지향 개발에서 공통으로 사용된다.
- 분석, 설계, 구현 단계 전반에 지속해서 사용된다.

03번 해설
- 생성 패턴 : 객체를 생성하는 것과 관련된 디자인 패턴

Abstraction factory	• 구체적인 클래스에 의존하지 않고 서로 연관되거나 의존적인 객체들의 조합을 만드는 인터페이스를 제공하는 패턴이다. • 관련된 서브 클래스를 그룹지어 한 번에 교체할 수 있다.
Builder	작게 분리된 인스턴스를 조립하듯 조합하여 객체를 생성한다.
Factory method	• 객체를 생성하기 위한 인터페이스를 정의하여 어떤 클래스가 인스턴스화될 것인지는 서브 클래스가 결정하도록 한다. • Virtual-Constructor 패턴이라고도 한다.
Prototype	• 원본 객체를 복제하여 객체를 생성하는 패턴이다. • 일반적인 방법으로 객체를 생성하고 비용이 많이 소요되는 경우에 주로 사용한다.
Singleton	• 전역 변수를 사용하지 않고 객체를 하나만 생성하도록 한다. • 생성된 객체를 어디에서든지 참조할 수 있도록 하는 패턴이다.

05번 해설
- 결합도(Coupling) : 두 모듈 간의 상호 의존도로 한 모듈 내에 있는 처리 요소들 사이의 기능적인 연관 정도이다(약할수록 품질이 좋음).

결합도 약함 ↑	자료 결합도 (Data Coupling)	모듈 간의 인터페이스가 자료 요소로만 구성된 경우
	스탬프 결합도 (Stamp Coupling)	• 두 모듈이 동일한 자료구조를 조회하는 경우 • 자료구조의 어떠한 변화 즉 포맷이나 구조의 변화는 그것을 조회하는 모든 모듈 및 변화되는 필드를 실제로 조회하지 않는 모듈에까지도 영향을 미침
	제어 결합도 (Control Coupling)	• 어떤 모듈이 다른 모듈의 내부 논리 조작을 제어하기 위한 목적으로 제어신호를 이용하여 통신하는 경우 • 하위 모듈에서 상위 모듈로 제어신호가 이동하여 상위 모듈에게 처리 명령을 부여하는 권리 전도현상이 발생
	외부 결합도 (External Coupling)	어떤 모듈에서 외부로 선언한 변수(데이터)를 다른 모듈에서 참조할 경우
	공통 결합도 (Common Coupling)	여러 모듈이 공통 자료 영역을 사용하는 경우
결합도 강함 ↓	내용 결합도 (Content Coupling)	• 가장 강한 결합도 • 한 모듈이 다른 모듈의 내부 기능 및 그 내부 자료를 조회하도록 설계되었을 경우 　- 한 모듈에서 다른 모듈의 내부로 제어 이동 　- 한 모듈이 다른 모듈 내부 자료의 조회 또는 변경 　- 두 모듈이 동일한 문자(Literals)의 공유

사용자 인터페이스

GUI (Graphical User Interface)	• 윈도우즈나 매킨토시 등의 환경 • 그래픽 화면에서 사용자가 마우스나 키보드로 아이콘이나 메뉴를 선택하 여 원하는 작업을 수행
CLI (Command Line Interface)	• 유닉스와 리눅스 등의 환경 • 사용자가 키보드로 명령어(Command)를 입력해 원하는 작업을 수행

원인-효과 그래프 검사(Cause Effect Graph)

• 입력 데이터 간의 관계와 출력에 영향을 미치는 모든 상황을 그래픽적으로 표현하여 체계적으로 분석한다.
• 효용성이 높은 테스트 케이스를 선정해 검사한다.

테스트 케이스(Test Case)

• 요구에 맞게 개발되었는지 확인하기 위하여 테스트할 입력과 예상 결과를 정의한 것이다.
• 테스트 자동화를 도입하면 테스트 케이스는 데이터 레코드로 저장될 수 있고 테스트 스크립트로 정의할 수 있다.
• 테스트 항목(Test Items)은 식별자 번호, 순서 번호, 테스트 데이터, 테스트 케이스, 예상 결과, 확인 등을 포함해서 작성해야 한다.

테스트 드라이버 (Test Driver)	• 상향식 테스트 시 상위 모듈 없이 하위 모듈이 존재할 때 하위 모듈 구동 시 자료 입출 력을 제어하기 위한 제어 모듈(소프트웨어)이다. • 컴포넌트나 시스템을 제어하거나 호출하는 컴포넌트를 대체하는 모듈이다.
테스트 스텁 (Test Stub)	• 하향식 테스트 시 상위 모듈은 존재하나 하위 모듈이 없는 경우의 테스트를 위해 임시 제공되는 모듈이다. • 골격만 있는 또는 특별한 목적의 소프트웨어 컴포넌트를 구현한 것을 의미한다. • 스텁을 호출하거나 스텁에 의존적인 컴포넌트를 개발하거나 테스트할 때 사용한다.

10번 해설 ⟨A⟩, ⟨B⟩ 두 테이블을 교차 조인한 후 ⟨A⟩ 테이블의 NAME 속성 값에 'S'로 시작하면서 'T'를 포함하는 문자열이 존재하는 튜플(행)의 수를 출력한다.

① ⟨교차 조인 후⟩

SNO	NAME	GRADE	RULE
1000	SMITH	1	S%
1000	SMITH	1	%T%
2000	ALLEN	2	S%
2000	ALLEN	2	%T%
3000	SCOTT	3	S%
3000	SCOTT	3	%T%

② ⟨조건절 적용 후⟩

SNO	NAME	GRADE	RULE
1000	SMITH	1	S%
1000	SMITH	1	%T%
3000	SCOTT	3	S%
3000	SCOTT	3	%T%

③ ⟨결과⟩

CNT
4

- 교차 조인(CROSS JOIN)
  - 교차조인(CrossJoin)은 '카티션 곱(Cartesian Product)'이라고도 하며, 참조되는 두 테이블의 각 행의 행수를 모두 곱한 결과의 행수로 테이블이 반환된다. 대개 테스트로 사용할 대용량의 테이블을 생성할 경우에 사용된다.
  - 반환되는 결과 테이블은 두 테이블의 디그리의 합과 카디널리티의 곱의 크기이다.
  - 형식 : SELECT 속성리스트 FROM 테이블1 CROSS JOIN 테이블2 WHERE 조건식;

11번 해설 **스트림 방식의 비밀키 암호화 기법**

DES (Data Encryption Standard)	• 1970년대 IBM이 개발한 대칭키 암호화 알고리즘이다. • 16라운드 파이스텔(Feistel) 구조를 가진다. • 평문을 64bit로 블록화를 하고, 실제 키의 길이는 56bit를 이용한다. • 전사 공격(Brute-Force Attack)에 취약하다.
AES (Advanced Encryption Standard)	• DES를 대신하여 새로운 표준이 되었다. • 블록 크기는 128bit이고, 키 길이는 128/192/256bit이다. • SPN(Substitution-Permutation Network) 구조이다.

ARP 스푸핑 공격(ARP Spoofing Attack)

- ARP 스푸핑 공격 공격은 LAN에서 사용하는 ARP 프로토콜의 허점을 이용하여 자신의 MAC(Media Access Control)주소를 다른 컴퓨터의 MAC인 것처럼 속이는 공격이다. ARP Spoofing 공격은 ARP Cache 정보를 임의로 바꾼다고 하여 'ARP Cache Poisoning 공격'이라고도 한다.
- ARP 스푸핑 공격은 LAN에서 네이터링크 세층 수소인 MAC수소를 속여서 트래픽을 스니핑(감청)하는 공격이다.
- 데이터링크 계층 주소는 서로 다른 네트워크로 라우팅되지 않으므로 공격 대상도 동일 네트워크 대역에 있어야만 한다.
- ARP 스푸핑 공격은 각 시스템에 기록된 MAC 주소가 동적으로 유지되는 점을 이용한 공격이므로 MAC 주소가 정적으로 사용된다면 이러한 공격이 불가능해진다.

13번 해설 구조체 포인터 연산자(−>)를 통해 구조체 멤버에 접근한 후 결과를 출력하는 프로그램이다.
구조체의 멤버를 접근하는 방법은 두 가지가 있다.
1) 구조체 변수를 이용한 접근 : 구조체변수명.멤버명
2) 구조체 포인터 변수를 이용한 접근 : 구조체포인터변수명−>멤버명
p = &st[0]; 명령문에 의해 구조체 배열 st에 구조체 포인터 변수 p로 참조가 가능해진다.

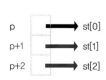

		name	os	db	hab	hhab
p	→ st[0]	"가"	95	88		
p+1	→ st[1]	"나"	84	91		
p+2	→ st[2]	"다"	86	75		

구조체 포인터 변수를 이용한 접근 방법으로 주어진 연산을 처리하면,
(p+1)−>hab = (p+1)−>os + (p+2)−>db;에서
(p+1)−>os의 값은 84이고, (p+2)−>db은 75이고 84+75의 결과 159가 (p+1)−>hab에 할당된다.

		name	os	db	hab	hhab
p	→ st[0]	"가"	95	88		
p+1	→ st[1]	"나"	84	91	159	
p+2	→ st[2]	"다"	86	75		

(p+1)−>hhab = (p+1)−>hab + p−>os + p−>db;에서
(p+1)−>hab은 159이고 p−>os는 95, p−>db는 88로 159+95+88의 결과 342이 (p+1)−>hhab 에 할당된다.

		name	os	db	hab	hhab
p	→ st[0]	"가"	95	88		
p+1	→ st[1]	"나"	84	91	159	342
p+2	→ st[2]	"다"	86	75		

printf("%d", (p+1)−>hab + (p+1)−>hhab);는 159+342의 결과 501이 최종 출력된다.
※ 해당 문제는 출력 결과를 작성하는 문제이므로 부분 점수가 부여되지 않는다.
[실행] https://onlinegdb.com/A1WsemOcS

14번 해설 1차원 포인터 배열에 정수를 대입 후 더블포인터 연산을 통해 덧셈을 수행 후, 출력하는 프로그램이다.

- int *array[3]; 선언문으로 int* 자료형의 1차원 배열 array가 생성된다. 해당 배열의 요소값으로는 int형 변수의 주소만 할당될 수 있다.
- int형 변수 a, b, c의 주소가 array[0] = &a; array[1] = &b; array[2] = &c;에 의해 다음과 같이 각각 배열 array의 요소값으로 할당되었다.

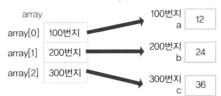

- 출력을 위해 *array[1] + **array + 1의 각 항의 값은 다음과 같다.

항	연산	값
*array[1]	*(200번지)	24
	array[1]의 요소값 200번지를 포인터연산(*)을 수행하여 참조한다.	
**array	*(*array) ▶ *(100번지)	12
	배열의 이름은 첫 요소의 주소이므로 array는 array[0]의 주소이고 이를 포인터연산(*)하면 100번지이고 이를 다시 포인터연산(*)을 수행하여 참조한다.	

- 24+12+1의 결과 37이 최종 출력된다.

※ 해당 문제는 출력 결과를 작성하는 문제이므로 부분 점수가 부여되지 않는다.

[실행] https://onlinegdb.com/i8fwWxbPW

15번 해설 해당 프로그램은 싱글톤 패턴(Singleton pattern)이 적용된 프로그램으로 프로그램이 실행되는 동안 클래스를 생성하는 객체(인스턴스)가 오직 하나이다.

- 싱글톤 패턴을 자바로 구현하는 3단계 : ① 생성자 메서드를 private로 접근 제한 ② private static 인스턴스 변수 선언(오직 하나의 같은 오브젝트를 참조) ③ public static Singleton getInstance( ) 메소드 구현
- 참조 변수 sg1, sg2, sg3는 같은 객체를 참조하며, 객체 내의 필드 count가 0으로 초기화 된 후, sg1.count( ); 메소드 호출로 count가 1, sg2.count( ); 메소드 호출로 count가 2, sg3.count( ); 메소드 호출로 count가 3이 되어 최종 출력 결과는 3이다.

※ 해당 문제는 출력 결과를 작성하는 문제이므로 부분 점수가 부여되지 않는다.

[실행] https://onlinegdb.com/sWRtUlBqu

16번 해설 해당 프로그램에는 비트 논리 연산자인 비트 AND 연산자(&), 비트 XOR 연산자(^), 비트 OR 연산자(|)가 사용되어 if문의 조건식을 구성하고 있다.

- 비트 논리 연산자의 결과는 연산의 대상에 따라 달라진다. 예를 들어 다음과 같이 정수를 대상으로 하는 경우는 결과가 정수 0 또는 1이 결과 값을 얻을 수 있고, 논리상수를 대상으로 비트 논리 연산을 수행하면 true와 false의 결과를 얻는다.

```
(예1) System.out.println( 0 | 1 );             // (결과) 1
(예2) System.out.println( false | true );      // (결과) true
```

- 비트 논리 연산자의 우선순위 : 비트 AND 연산자(&) → 비트 XOR 연산자(^) → 비트 OR
  연산자(|)
- 관계 연산자(==, !=, 〈, 〈=, 〉, 〉=)는 비트 논리 연산자보다 연산의 우선순위가 높음
• 주어진 조건식 if((w == 2 | w == y) & !(y 〉 z) & (1 == x ^ y != z))은 if(조건식① & 조건식
  ② & 조건식③)의 순서로 세부 조건식이 판별된 후 전체 if문의 분기가 결정된다.
• 조건식①, 조건식②, 조건식③을 if문에서 수행하는 과정은 다음과 같다.

조건식①	단계1	w==2 | w==y
	단계2	3==2 | 3==3
	단계3	false | true
	결과	true
조건식②	단계1	!(y 〉 z)
	단계2	!(3 〉 5)
	단계3	!(false)
	결과	true
조건식③	단계1	1==4 ^ 3!=z
	단계2	1==4 ^ 3!=5
	단계3	false ^ true
	결과	true

- 조건식①, 조건식②, 조건식③의 결과는 모두 true이다.
- if(조건식① & 조건식② & 조건식③)은 if(true & true & true)를 수행하여 true의 결과로
  참인 블록을 수행하게 된다.
• w = x + y;를 수행하여 변수 w의 값을 7로 변경 후, if(7 == x ^ y != w) 조건식을 다음과 같
  이 수행한다.

if 조건식	단계1	7==x ^ y!=w
	단계2	7==4 ^ 3!=7
	단계3	false ^ true
	결과	true

• 조건식의 결과 true이므로 참인 블록 내의 System.out.println(w); 명령문을 수행하여 결과
  최종 출력 결과는 7이다.

※ 해당 문제는 출력 결과를 작성하는 문제이므로 부분 점수가 부여되지 않는다.

[실행] https://onlinegdb.com/iHwFZl93s

17번 해설 다중 대입문(multiple assingment)과 관계연산자

- a, b = 10, 20은 다중 대입문으로 각 변수 a, b에 다른 값 10, 20을 각각 대입한다. 변수 a는 10이, 변수 b는 20이 저장된다. a == b 조건문의 결과는 두 변수의 값이 다르므로 거짓에 해당하는 논리 상수 False가 출력된다.
- 채점기준은 출력 결과를 작성하는 문제이므로 부분 점수가 부여되지 않는다.

[실행] https://onlinegdb.com/9TujwwUMdE

18번 해설 DCL(Data Control Language, 데이터 제어어)

COMMIT	명령어로 수행된 결과를 실제 물리적 디스크로 저장하고, 명령어로 수행을 성공적으로 완료하였음을 선언
ROLLBACK	명령어로 수행을 실패하였음을 알리고, 수행된 결과를 원상복귀시킴
GRANT	데이터베이스 사용자에게 사용 권한 부여
REVOKE	데이터베이스 사용자로부터 사용 권한 취소

19번 해설 OSI 7계층의 주요 기능

계층		계층명	설명	주요 장비
하위 계층	1	물리 계층 (Physical Layer)	• 전기적, 기계적, 기능적, 절차적 기능 정의 • 허브, 네트워크 카드, 케이블 등 전송 매체를 이용하여 비트(Bit)를 전송 • 표준 : RS-232C, X.21	리피터
	2	데이터 링크 계층 (Data Link Layer)	• 내부 네트워크상에서의 흐름 제어, 에러 제어 • 현재 노드와 다음에 접근할 노드의 물리적 주소를 포함하여 프레임(Frame)을 구성 • 표준 : HDLC, LLC, LAPB, LAPD, ADCCP	스위치
	3	네트워크 계층 (Network Layer)	• 논리 주소 지정, 패킷(Packet)의 최적의 경로를 설정 및 네트워크 연결 관리 • 표준 : X.25, IP	라우터
	4	전송 계층 (Transport Layer)	• 외부 네트워크 통신 종단 간(End-to-End)의 에러 제어 및 흐름 제어 • 표준 : TCP, UDP	게이트웨이
상위 계층	5	세션 계층 (Session Layer)	회화 구성(반이중, 전이중), 동기 제어, 데이터 교환 관리, 프로세스 간의 연결을 확립, 관리, 단절시키는 수단을 관장	
	6	표현 계층 (Presentation Layer)	코드 변환, 암호화 및 복호화, 압축, 구문 검색	
	7	응용 계층 (Application Layer)	• 응용 프로그램 간의 네트워크 서비스 • 프로토콜의 종류 : HTTP, SNMP, FTP, TELNET 등	

AAA서버

- AAA는 각각 인증(Authentication), 인가(Authorization), 과금(Accounting)을 의미한다.
- AAA서버는 사용자의 시스템의 접근 처리와 서비스를 제공하는 과정에 있어 인증, 인가, 과금 기능을 제공하는 서버이다.
  - 인증은 시스템에 접근하기 위한 사용자 인증을 검증하거나 자원에 대한 접근을 제어할 때 사용된다.
  - 인가는 사용자에게 어떠한 권한과 서비스를 제공할 것인가를 결정한다.
  - 과금은 사용자의 자원에 대한 사용 정보를 모아 과금, 보고서, 용량 증설 등에 사용되는 계정을 관리한다.

실전 모의고사 정답 & 해설

01. 트리거 또는 Trigger

02. 프로토타이핑 또는 Prototyping

03. USE CASE 식별 단계

04. • 답 (1) : 테스트 케이스 또는 Test Case
 • 답 (2) : 단위 테스트

05. 프레임워크(Framework) 또는 소프트웨어 프레임워크

06. Software Architecture

07. GNU GPLv3

08. IS NULL

09. • 답 (1) : 동적 분석
 • 답 (2) : 형상 관리

10. • 답 (1) : i+1
 • 답 (2) : a[i]

11. 2 6

12. 43

13. 유니캐스트, 멀티캐스트, 애니캐스트 또는 Unicast, Multicast, Anycast

14. C

15. • 답 (1) : Insert
 • 답 (2) : Select
 • 답 (3) : Update
 • 답 (4) : Delete

16. OSPF

17. • 답 (1) : Sprint Backlog
 • 답 (2) : Daily SCRUM Meeting

18. • 개념 : DBMS는 데이터 저장과 관리를 위한 데이터베이스 소프트웨어이다.
 • 종류 : Oracle, DB2, Sybase, SQL Server, MySQL 등

19. • 답 (1) : L4 스위치
 • 답 (2) : L2 스위치
 • 답 (3) : L3 스위치

20. 상호배제, 점유와 대기, 비선점, 환형대기 또는 mutual exclusion, hold and wait, non-preemption, circular wait

01. 랜섬웨어 또는 Ransomware

02. • 계산식 : 개발 기간=예측된 LOC/(투입 인원×1인당 월 평균 생산 LOC)=50000/(10×200)=25
　　• 답 : 25개월

03. A → B이고 B → C일 때, A → C를 만족하는 관계

04. 로킹 단위가 작아지면 공유도가 증가하고, 오버헤드도 같이 증가한다.

05. 멤리스터 또는 memristor

06. • 답 (1) : 요구분석
　　• 답 (2) : 유지보수

07. • 목표환경 : 시스템의 개발 환경 및 유형이 서로 다른 경우 테일러링이 필요
　　• 요구사항 : 프로젝트의 생명주기 활동 측면에서 개발, 운영, 유지보수 등 프로젝트에서 우선적으로 고려할 요구사항이 서로 다른 경우 테일러링이 필요
　　• 프로젝트 규모 : 사업비, 참여 인력, 개발 기간 등 프로젝트의 규모가 서로 다른 경우 테일러링이 필요
　　• 보유 기술 : 프로세스, 방법론, 산출물, 인력의 숙련도 등이 다른 경우 테일러링이 필요

08.

과목이름
DB
DB
운영체제

09. PROJECT, π

10. • 정의 : 데이터베이스에서 자료를 교환하는 하나의 논리적 기능을 수행하기 위한 작업 단위를 말한다.
　　• 특성
　　　－ 원자성(Atomicity)
　　　－ 일관성(Consistency)
　　　－ 격리성(Isolation, 고립성)
　　　－ 영속성(Durability, 지속성)

11. $B\log_2(1+S/N)$

12. INSERT INTO 학생 VALUES(984104, '한국산', '정보학개론', 3, '010-1234-1234');
　　또는
　　insert into 학생 values(984104, '한국산', '정보학개론', 3, '010-1234-1234');
　　또는
　　INSERT INTO 학생(학번, 성명, 과목명, 학년, 전화번호)
　　　　　VALUES(984104, '한국산', '정보학개론', 3, '010-1234-1234');

13. ・답 (1) : list[j]

  ・답 (2) : list[i]

  ・답 (3) : bubble_sort

14. 12

15. + * * / A B C D E

16. 제로데이 공격 또는 Zero Day Attack

17. ・Stub : 하향식 통합에 있어서 모듈 간의 통합 시험을 위해 일시적으로 필요한 조건만을 가지고 임시로 제공되는 시험용 모듈

  ・Driver : 하위 모듈에서 상위 모듈로 통합하면서 테스트하는 상향식 테스트에서 사용하며, 테스트할 소프트웨어 또는 시스템을 제어하고 동작시키는 데 사용되는 도구

18. ・답 (1) : 내부 또는 Internal

  ・답 (2) : 개념 또는 Conceptual

  ・답 (3) : 외부 또는 External

19. 킬스위치 또는 Kill-Switch

20. APT

13번 해설 SQL 명령문의 답은 대소문자 구별하지 않고 모두 정답이다.

20번 해설 APT : Advanced Persistent Threat

01. • 답 (1) : COMMIT

    • 답 (2) : ROLLBACK

    • 답 (3) : GRANT

    • 답 (4) : REVOKE

    • 답 (5) : CASCADE

02. SELECT 학번 FROM 학생 WHERE 이름 LIKE '이%' ORDER BY 학년 DESC;

03. 위키노믹스 또는 Wikinomics

04. Stack Guard

05. • 기밀성(Confidentiality) : 인가되지 않는 사용자가 객체 정보의 내용을 알 수 없도록 하는 보안 요소

    • 무결성(Integrity) : 시스템 내의 정보는 오직 인가된 사용자만 수정할 수 있도록 하는 보안 요소

    • 가용성(Availability) : 정보 시스템 또는 정보에 대한 접근과 사용이 요구시점에 완전하게 제공될 수 있는 상태를 의미하는 보안 요소

06. 하둡 또는 Hadoop

07. 나선형 모형 또는 Spiral Model

08. 10

    5

    4

    3

    2

09. 스머핑 또는 Smurfing

10. • 답 (1) : 200

    • 답 (2) : 100

    • 답 (3) : 300

11. • 답 (1) : 초기(initial)

    • 답 (2) : 최적화(optimizing)

12. • Organic Mode(유기적 모드) : 5만 라인 이하

    • Semi-Detached Mode(반결합 모드) : 30만 라인 이하

    • Embedded Mode(내장 모드) : 30만 라인 이상

13. • 답 (1) : AND 또는 and

    • 답 (2) : HAVING 또는 having

    • 답 (3) : SET 또는 set

14. RSA

15. 15

16. • 전송 데이터를 패킷이라 부르는 일정한 길이의 전송 단위로 나누어 교환 및 전송한다.
　　　• 패킷교환은 축적교환 방식을 사용한다.
　　　• 데이터그램 방식과 가상회선 방식이 있다.
　　　• 메시지 교환이 갖는 장점을 그대로 취하면서 대화형 데이터 통신에 적합하도록 개발된 교환 방식이다.

17. • REDO : T2, T4
　　　• UNDO : T3, T5

18. X.25

19. 효율성 또는 Efficiency

20. • 정의 : 모듈 안의 작동을 자세히 관찰할 수 있으며, 프로그램 원시 코드의 논리적인 구조를 커버(cover)하도록 검사 사례(Test Case)를 설계하는 프로그램 검사 기법으로, 원시 코드의 모든 문장을 한 번 이상 수행함으로써 수행된다.
　　　• 테스트 기법 : 기초 경로 검사(Basic Path Test), 조건 검사(Condition Coverage), 데이터 흐름 검사(Data Flow Test), 루프 검사(Loop Test)

01. • 답 (1) : 크라임웨어 또는 CrimeWare

　　• 답 (2) : SSL

　　• 답 (3) : 루트킷 또는 Rootkit

02. 15

03. • 답 (1) : DRM(Digital Rights Management, 디지털 저작권 관리)

　　• 답 (2) : VPN(Virtual Private Network, 가상사설망)

　　• 답 (3) : LBS(Location Based Service, 위치 기반 서비스)

　　• 답 (4) : DDos(Distributed Denial of Service)

　　• 답 (5) : VoIP(Voice over Internet Protocol)

04. • 답 (1) : 캡슐화(Encapsulation)

　　– 데이터와 데이터를 조작하는 연산을 하나로 묶는 것을 의미함

　　– 연관된 데이터와 함수를 함께 묶어 외부와 경계를 만들고 필요한 인터페이스만을 밖으로 드러내는 과정

　　– 캡슐화의 장점 : 응집도 강해짐, 결합도 약해짐, 인터페이스의 단순화, 재사용 용이

　　• 답 (2) : 정보 은닉(Information Hiding)

　　– 객체가 다른 객체로부터 자신의 자료를 숨기고 자신의 연산만을 통하여 접근을 허용하는 것을 의미함

　　– 캡슐화와 밀접한 관계가 있음

　　– 정보 은닉의 근본적인 목적은 인터페이스를 최소화하기 위한 것임

　　• 답 (3) : 추상화(Abstraction)

　　– 주어진 문제나 시스템 중에서 중요하고 관계있는 부분만을 분리하여 간결하고 이해하기 쉽게 만드는 작업을 의미함

　　• 답 (4) : 상속성(Inheritance)

　　– 상위 클래스의 속성과 메소드를 하위 클래스가 물려받는 것을 의미함

　　– 클래스와 객체를 재사용할 수 있음

　　• 답 (5) : 다형성(Polymorphism)

　　– 많은 상이한 클래스들이 동일한 메소드명을 이용하는 능력을 의미함

　　– 한 메시지가 객체에 따라 다른 방법으로 응답할 수 있는 것

05. 하드코드된 암호화 키를 사용하였다.

06. • 분할 정복법(Divide & Conquer)

　　• 동적 계획법(Dynamic Programming)

　　• 탐욕법(Greedy Method)

　　• 퇴각 검색법(Backtracking)

　　• 분기 한정법(Branch & Bound)

　　• 근사해법(Approximation Algorithm)　※ 4가지만 골라 쓰면 득점

07. ISO/IEC 12119

08.
- 클래스 다이어그램(Class Diagram)
- 객체 다이어그램(Object Diagram)
- 복합체 구조 다이어그램(Composite Structure Diagram)
- 배치 다이어그램(Deployment Diagram)
- 컴포넌트 다이어그램(Component Diagram)
- 패키지 다이어그램(Package Diagram)

09. 연관 관계 또는 Association Relation

10. 직관성, 유효성, 학습성, 유연성

11. 인식의 용이성, 운용의 용이성, 이해의 용이성, 견고성

12. 감성 공학

13. 분류 기능, 식별 기능, 배열 기능

14. 자료 결합도(Data Coupling) – 스탬프 결합도(Stamp Coupling) – 제어 결합도(Control Coupling) – 외부 결합도(External Coupling) – 공통 결합도(Common Coupling) – 내용 결합도(Content Coupling)

15. 유스케이스 모델 검증 → 개념수준 분석 클래스 검증 → 분석 클래스 검증

16. 8 6 5 4 2

17. SQL Injection

18. Hash Partition

19. [7, 14, 25, 80]

20.
- 답 (1) : 200
- 답 (2) : 100
- 답 (3) : 300

01. Seven Touchpoints

02. 디지털 트윈

03. 큐비트 또는 qubit 또는 퀀텀비트

04. 비정형 데이터 또는 비구조적 데이터 또는 unstructured data

05.
- Presentation layer = UI 계층(UI layer)
- Application layer = 서비스 계층(Service layer)
- Business logic layer = 도메인 계층(Domain layer)
- Data access layer = 영속 계층(Persistence layer)

06. 파사드 패턴 또는 퍼사드 패턴 또는 Facade Pattern

07.
- 동료 검토 : 명제 작성자가 동료들에게 설명하고 동료들이 결함을 찾는 방법
- 워크스루 : 검토회의 전 명세서 배포 → 짧은 검토회의 → 결함 발견
- 인스펙션 : 명세서 작성자 외 전문가가 명세서의 결함을 발견하는 방법

08. SELECT 학번 FROM 학생 WHERE 이름 LIKE '%영%' ORDER BY 학년 DESC;

09. 트랜잭션이 성공적으로 종료된 후 수정된 내용을 지속적으로 유지하기 위한 연산이다.

10. this.name

11.
x : 10   y : 20
x : 11   y : 22

12. in

13. 55

14.
- 답 (1) : $
- 답 (2) : #

15.
- 답 (1) : FOREIGN KEY
- 답 (2) : UNIQUE

16. WebLogic, WebSphere, Jeus, JBoss, Tomcat

17.

D1
a
b

18. 제1정규화 또는 1NF

19. 45

20. 교착 상태 또는 deadlock

01. Pair Programming 또는 짝 프로그래밍 또는 페어 프로그래밍

02. 스프린트 회고 또는 Sprint Retrospective

03. 가용성, 성능, 기술지원, 상호 호환성(호환성), 구축 비용(비용)

04. Singleton Pattern 또는 싱글톤 패턴

05. 계획 수립 – 위험 분석 – 개발 및 검증 – 고객 평가

06. LOD 또는 Linked Open Data

07. • 블랙박스 테스트 종류 : 동치 분할 검사, 경계값 분석, 원인–효과 그래프 검사, 오류 예측 검사, 비교 검사
　　• 화이트박스 테스트 종류 : 기초 경로 검사, 조건 검사, 루프 검사, 데이터 흐름 검사

08. • 답 (1) : OR
　　• 답 (2) : HAVING
　　• 답 (3) : SET

09. • 답 (1) : input
　　• 답 (2) : 10

10. import

11. false
true
true
false

12. C
B
A

13. len

14. 영역 번호 4

15. • 답 (1) : 전역변수
　　• 답 (2) : 매개변수

16. check out

17. 데이터 무결성, 데이터 일관성, 데이터 회복성, 데이터 보안성, 데이터 효율성

18. 삭제 이상

19. 53

20. NoSQL

- 자바의 문자열 비교를 위해 equals 메소드와 비교 연산자(==)의 차이점을 구분하는 문제이다.
- 첫 번째 비교 연산(==)은 a와 b가 서로 다른 클래스 인스턴스이므로 다른 객체로 판단되어 false를 출력한다.
- 두 번째 비교 연산(==)은 a와 c가 동일한 클래스 인스턴스를 참조하므로 true를 출력한다.
- 마지막으로 세 번째 비교 연산은 a 인스턴스의 메소드 equals( )를 통해 c 인스턴스의 멤버 들의 내용 자체를 모두 비교하여 동일한 내용을 가지고 있으므로 true를 출력한다.

01. 컴포넌트 저장소 또는 Repository

02. 주어진 테스트 케이스에 의해 수행되는 소프트웨어의 테스트 범위를 측정하는 테스트 품질 측정 기준이며, 테스트의 정확성과 신뢰성을 향상시키는 역할을 한다.

03. 동적 계획법 또는 Dynamic Programming

04. pmd, cppcheck, SonarQube, ccm, cobertura

05. • 답 (1) : xUnit
　　 • 답 (2) : Selenium

06. X.25

07. • 이상 현상 : 삽입 이상
　　 • 위반 무결성 : 개체 무결성 제약조건 위반

08. SELECT 사원번호, 사원명, 급여 FROM 사원 WHERE 급여 〉(SELECT AVG(급여) FROM 사원);

09. @Override

10. static

11. 선택 정렬 또는 SELECTION SORT

12. 1 5 7 5 9

13. 7 6 5 4 3 2 1 0
　　 5467

14. • 답 (1) : SYN
　　 • 답 (2) : FIN
　　 • 답 (3) : RST

15. • 답 (1) : DAO
　　 • 답 (2) : DTO
　　 • 답 (3) : VO

16. ㉠, ㉡, ㉢, ㉣

17. aging 또는 에이징

18. chown

19. 일정한 순서에 의하여 수행될 개별 테스트들의 집합 또는 패키지이다.

20. R 또는 R 프로그래밍 언어 또는 R언어

01. 비정규화는 정규화된 엔티티, 속성, 관계에 대해 시스템의 성능 향상과 개발(Development)과 운영(Maintenance)의 단순화를 위해 중복, 통합, 분리 등을 수행하는 데이터 모델링의 기법을 의미한다. 둘 이상의 릴레이션들에 대하여 조인한 결과를 빈번하게 이용하는 경우, 비정규화함으로써 질의응답 시간이 단축될 수 있다.

02. XML

03. 살충제 패러독스란, 동일한 테스트 케이스로 동일한 절차를 반복 수행하면 새로운 결함을 찾을 수 없다는 것을 의미한다. 잠재된 수많은 결함을 발견하기 위해서는 테스트 케이스를 정기적으로 개선하는 것이 필요하다는 원리이다. 같은 테스트 케이스를 가지고 테스트를 계속해서 반복하면 내성으로 인해 결국은 버그가 발견되지 않는다. 이러한 현상을 방지하기 위해서는 테스터가 적극적인 자세를 가지고 지속적으로 테스트 케이스를 검토하고 개선해야 한다.

04. • 답 (1) : 결합도 또는 Coupling
  • 답 (2) : 응집도 또는 Cohesion

05. F, H

06. JSON

07. • 답 (1) : 처리량 또는 Throughput
  • 답 (2) : 응답 시간 또는 Response Time
  • 답 (3) : 경과 시간 또는 반환 시간 또는 Turnaround Time

08. • 답 (1) : 200
  • 답 (2) : 3
  • 답 (3) : 1

09. 랜드 공격 또는 랜드 어택 또는 LAND 공격 또는 LAND Attack

10. 50 75 85 95 100

11. 0 1 2 3

12. −8

13. 구문, 의미, 타이밍 또는 Syntax, Semantic, Timing

14. HRN 우선순위 계산식 $= \dfrac{(대기\ 시간 + 서비스\ 시간)}{서비스\ 시간}$

15. • 답 (1) : 원자성 또는 Atomicity
  • 답 (2) : 독립성 또는 격리성 또는 Isolation

16. 물리 계층 또는 물리 층 또는 Physical layer

17. 헤더 또는 Header

18. 데이터 마이닝은 대량의 데이터에서 실제로 존재하지 않는 정보를 얻어내기 위해 각 데이터의 상관관계를 통계적 분석, 인공지능 기법 등을 통해 통계적 규칙(Rule)이나 패턴(Pattern)을 찾아내는 것이다.

19. MD5 또는 Message-Digest algorithm 5

20. • 계산식 : (30000/300)/5 = 100/5 = 20
  • 답 : 20개월

결합도와 응집도

결합도(Coupling)	• 두 모듈 간의 상호 의존도로 한 모듈 내에 있는 처리 요소들 사이의 기능적인 연관 정도 • (약함) 자료 → 스탬프 → 제어 → 외부 → 공통 → 내용 (강함)
응집도(Cohesion)	• 단위 모듈 내부 처리 요소 간에 기능적 연관도를 측정하는 척도 • (강함) 기능적 → 순환적 → 교환적 → 절차적 → 시간적 → 논리적 → 우연적 (약함)

Fan-in와 Fan-out

Fan-in(팬인)	주어진 한 모듈을 제어하는 상위 모듈의 수
Fan-out(팬아웃)	주어진 한 모듈이 제어하는 하위 모듈의 수

모듈 F의 상위 모듈은 B, C, D이므로 Fan-in은 3이며, 모듈 H의 상위 모듈은 E, F이므로 Fan-in은 2이다.

SELECT문의 DISTICT 옵션은 테이블 내의 튜플(행) 중 동일한 튜플(행)이 존재할 경우 한 튜플(행)만 남기고 나머지 튜플(행)들은 제거한다.

〈STUDENT〉 테이블

SID	SNAME	DEPT	
S001	홍길동	전자	튜플 수 : 50
...	...	...	
S050	박길동	전자	
S051	김철수	정보통신	튜플 수 : 100
...	...	...	
S150	정철수	정보통신	
S151	강영희	건축	튜플 수 : 50
...	...	...	
S200	신영희	건축	

① SELECT DEPT FROM STUDENT;

DEPT	
전자	튜플 수 : 200
...	
전자	
정보통신	
...	
정보통신	
건축	
...	
건축	

② SELECT DISTINCT DEPT FROM STUDENT;

DEPT
전자
정보통신
건축

} 튜플 수 : 3

③ SELECT COUNT(DISTINCT DEPT) FROM STUDENT WHERE DEPT = '정보통신';

DEPT
정보통신

} 튜플 수 : 1

10번 해설

- 해당 프로그램은 C언어로 버블정렬 알고리즘을 구현하여 오름차순으로 정렬된 1차원 배열의 요소(값)를 출력하는 프로그램이다.
- 버블정렬의 오름차순은 가장 큰 데이터가 가장 오른쪽으로 밀려 이동한다. 각 단계마다 이웃한 두 데이터를 교환하는 과정들이 일어나므로 교환 정렬(Exchange Sort)이라고도 한다.
- 중첩 for 명령문 구조의 반복문을 통해 각 단계에서의 교환 과정은 다음과 같다.

i	j	(비교 전) 배열 a	a[j] > a[j+1]	교환	(교환 후) 배열 a
0	0	a [0]95 [1]75 [2]85 [3]100 [4]50	a[0] > a[1]	참	○	a [0]75 [1]95 [2]85 [3]100 [4]50
	1	a [0]75 [1]95 [2]85 [3]100 [4]50	a[1] > a[2]	참	○	a [0]75 [1]85 [2]95 [3]100 [4]50
	2	a [0]75 [1]85 [2]95 [3]100 [4]50	a[2] > a[3]	거짓	×	
	3	a [0]75 [1]85 [2]95 [3]100 [4]50	a[3] > a[4]	참	○	a [0]75 [1]85 [2]95 [3]50 [4]100
1	0	a [0]75 [1]85 [2]95 [3]50 [4]100	a[0] > a[1]	거짓	×	
	1	a [0]75 [1]85 [2]95 [3]50 [4]100	a[1] > a[2]	거짓	×	
	2	a [0]75 [1]85 [2]95 [3]50 [4]100	a[2] > a[3]	참	○	a [0]75 [1]85 [2]50 [3]95 [4]100
2	0	a [0]75 [1]85 [2]50 [3]95 [4]100	a[0] > a[1]	거짓	×	
	1	a [0]75 [1]85 [2]50 [3]95 [4]100	a[1] > a[2]	참	○	a [0]75 [1]50 [2]85 [3]95 [4]100
3	0	a [0]75 [1]50 [2]85 [3]95 [4]100	a[0] > a[1]	참	○	a [0]50 [1]75 [2]85 [3]95 [4]100

- 1차원 배열에 저장된 결과가 오름차순이므로 작은 값에서 큰 값을 순서대로 출력한다.

※ 해당 문제는 출력 결과를 작성하는 문제이므로 부분 점수가 부여되지 않는다.

[실행] https://onlinegdb.com/b7q-e-jSb

- 해당 프로그램은 JAVA의 1차원 배열 객체를 생성(new)하고 각 요소에 값을 할당한 후 배열의 요소(값)을 출력하는 프로그램이다.
- makeArray(int n) 메소드는 매개변수 정수 4를 지역변수 n에 전달받아 new int[4];를 실행하여 4개의 요소로 이루어진 1차원 정수 배열 객체를 생성한다. 이후 이 객체는 참조 변수 t를 통해 접근한다.

	[0]	[1]	[2]	[3]
makeArray 메소드 t →	0	1	2	3
	int	int	int	int
main() 메소드 a ⌐				

- main() 메소드 내에서 makeArray(4) 명령문을 통해 호출한 결과 생성된 객체 t를 반환하면 int[ ] a를 통해 전달 받게 되며 main() 메소드 내에서는 참조 변수 a를 통해 배열 객체에 접근한다.
- JAVA에서는 배열 객체의 length 속성을 사용하여 배열의 길이(크기)를 얻을 수 있다.
- 주어진 1차원 배열 a 객체의 배열의 길이는 요소의 개수이므로 4이다. 따라서 반복문 for를 통해 0번째 요소부터 3번째 요소까지 요소의 값을 각각 출력한다.

※ 해당 문제는 출력 결과를 작성하는 문제이므로 부분 점수가 부여되지 않는다.

[실행] https://onlinegdb.com/JTqjZ36om

- 선택 제어구조의 명령문인 switch~case 문에서는 switch(정수값) 명령문의 정수값에 해당하는 블록 내의 case문으로 분기된다. 위 프로그램의 정수형 변수 i의 값이 3이므로 레이블 case 3: 위치로 실행 분기가 이루어진다.
- switch~case 블록 내에 break; 명령문이 존재하면, switch~case 블록을 벗어난다. 위 프로그램에서는 break; 명령문이 존재하지 않으므로 레이블 case 3: 이후의 명령어를 차례대로 다음과 같이 실행한다.

i : 3	k : 1	
switch(i) {		
case 1: k++;		
case 2: k += 3;		
case 3: k = 0;	0	0
case 4: k += 3;	0+3	3
case 5: k -= 10;	0+3-10	-7
default: k--;	0+3-10-1	-8
최종 출력 System.out.print(k);	**결과 : -8**	

※ 해당 문제는 출력 결과를 작성하는 문제이므로 부분 점수가 부여되지 않는다.

[실행] https://onlinegdb.com/JTqjZ36om

01. 애자일 방법론 또는 Agile 방법론 또는 애자일 또는 Agile

02. 개념적 설계 → 논리적 설계 → 물리적 설계

03. SOAP 또는 Simple Object Access Protocol 또는 솝 프로토콜

04. 형상관리 또는 SCM 또는 Software Configuration Management

05. AJAX

06. 유효성

07. 정적 분석 또는 정적 분석 도구 또는 Static Analysis Tools

08. SELECT 학번, 이름 FROM 학생 WHERE 학년 IN(3, 4); ※ SQL 명령문은 대소문자 구분 없이 채점함

09. CREATE INDEX idx_name ON student(name);
또는 CREATE INDEX idx_name ON student(name asc);

10. • SQL Injection은 클라이언트(사용자)의 입력값 등 외부 입력값이 SQL 쿼리(query)에 삽입되어 공격하는 것을 의미한다.
• SQL Injection은 공격자가 악의적으로 웹 사이트의 보안상 허점을 이용해 특정 SQL 질의문을 전송하여 공격자가 원하는 데이터베이스의 중요한 정보를 가져오는 공격 기법이다.
• 내부적으로 데이터베이스를 활용하는 웹 모듈에서 SQL 쿼리를 처리할 때, 쿼리 내용에 사용자 인증을 우회하는 조건이나, 운영체제 명령을 직접 호출할 수 있는 명령을 삽입하여 데이터베이스 관리자 권한을 획득하는 등의 불법 공격을 행하는 것을 말한다.

11. {'한국', '홍콩', '베트남', '태국', '중국'} ※ 답안 작성 시 요소의 순서는 상관없음

12. a=10

13. new 또는 (Parent)new

14. ROLLBACK 명령어는 데이터베이스 내의 연산이 비정상적으로 종료되거나 정상적으로 수행이 되었다 하더라도 수행되기 이전 상태로 되돌리기 위해 연산 내용을 취소할 때 사용하는 명령어를 말한다. 트랜잭션을 취소시키는 명령어로 메모리의 내용을 하드디스크에 저장하지 않고 버린다.

15. IPSec 또는 IP Security 또는 IP Security Protocol 또는 아이피 섹

16. 안드로이드 또는 Android 또는 안드로이드 운영체제

17. chmod 751 a.txt

18. RTO 또는 Recovery Time Objective 또는 목표 복구 시간 또는 복구 목표 시간

19. Observer 또는 Observer Pattern

20. Linked Open Data

• 애자일 개발 방법론은 프로세스와 도구 중심이 아닌 개발 과정의 소통을 중요하게 생각하는 소프트웨어 개발 방법론으로 반복적인 개발을 통한 잦은 출시를 목표로 한다.

• 어느 특정한 개발 방법론이라기보다는 '애자일'한 개발 방법론 모두를 가리킨다. 이전에는 애자일 개발 프로세스를 '경량(Lightweight)' 개발 프로세스로 불렀다. 스크럼(Scrum)과 익스트림 프로그래밍(XP, eXtreme Programming)이 대표적인 애자일 방법론이다. 문서 중심의 기존 개발 방법론과는 달리 빠른 변화에 대응할 수 있으며, 절차와 도구보다 개인과 소통을 중요하게 생각한다. 소프트웨어가 잘 실행되는 데 가치를 두며 고객과의 피드백을 중요하게 생각한다.

오답 피하기

프로토타이핑 모형(prototyping)은 소프트웨어 수명주기 모형 중 사용자의 요구사항을 정확히 파악하기 위하여 실제 개발될 시스템에 대한 시제품을 만들어 최종 결과물에 대한 예측이 가능한 모형이다. 개발 단계 안에서 유지보수가 이루어지며, 발주자나 개발자 모두에게 공동의 참조모델을 제공하여 사용자의 요구사항을 충실히 반영할 수 있다.

02번 해설

해당 문제는 부분 점수가 없으며, 답란에 기재하여야 채점이 되고 문제의 괄호 속에 답을 게재하면 채점되지 않는다. 또한 '설계'라는 단어를 생략하거나 '모델', '모델링'이라는 표현을 추가하여 답안을 적어도 0점이므로 제시된 〈보기〉 용어 그대로 작성해야 한다.

04번 해설

소프트웨어 유지보수 과정에서 발생하는 결과물에 대한 계획, 개발, 운용 등을 종합하여 시스템의 형상을 만들고, 이에 대한 변경을 체계적으로 관리하기 위한 활동을 '소프트웨어 형상관리'라고 한다. 형상관리는 소프트웨어의 생산물을 확인하고 소프트웨어 통제, 변경 상태를 기록하고 보관하는 일련의 관리 작업으로, 소프트웨어에서 일어나는 수정이나 변경을 알아내고 제어하는 것을 의미한다. 소프트웨어 개발의 전체 비용을 줄이고, 개발 과정의 여러 방해 요인이 최소화되도록 보증하는 것을 목적으로 한다.

오답 피하기

형상관리에서 중요한 기술 중의 하나는 버전 제어 기술이다.

05번 해설

• Ajax는 Asynchronous JavaScript and XML의 약어로 자바스크립트를 이용해서 비동기식으로 XML을 이용하여 서버와 통신하는 방식의 웹 애플리케이션 제작 기술을 의미한다. 비동기식이란 여러 가지 일이 동시적으로 발생한다는 뜻으로, 서버와 통신하는 동안 클라이언트는 다른 작업을 할 수 있다는 의미한다. 최근에는 XML보다 JSON을 더 많이 사용한다.

• Ajax의 동작 방식
  - 요청 : 브라우저는 서버에 정보를 요청한다(브라우저는 Ajax 요청을 담당하는 XML-HttpRequest라는 객체를 구현).
  - 응답 : 서버는 응답으로 데이터(XML, JSON)를 전달한다. 브라우저는 콘텐츠를 처리하여 페이지의 해당 부분에 추가한다.

08번 해설 해당 문제는 개편 전 필답형 정보처리 기출문제와 100% 일치하는 문제가 출제되었다. SQL문 작성은 대소문자를 구별하지 않으며, 정보처리기사 실기 시험에서는 SQL문의 마무리에 세미콜론 (;)을 반드시 기입해야 한다. 해당 문제는 부분 점수가 없으므로 영문 필체가 좋지 못하다면 대문자로 작성하는 것이 좋다.

09번 해설 오답 피하기

문제의 조건으로 '중복을 허용하지 않도록 한다.'라는 조건이 없으므로 UNIQUE를 적으면 0점이다.

10번 해설 약술형 문제의 경우 부분 점수가 부여되므로, 최대한 키워드를 포함하여 간단하게 서술형 문장으로 기재하는 것이 좋다. 가능한 한 필체를 반듯하게 적고, 장황한 문장보다는 명확한 한두 문장 정도의 분량으로 작성한다.

11번 해설 Python의 자료형 SET는 집합 요소의 중복은 허용하지 않고, 순서는 상관이 없다. 중괄호 {} 속 집합 요소가 문자열이므로 반드시 작은따옴표 쌍으로 표시되어야 하며, 부분 점수는 부여되지 않는다.

12번 해설 모든 객체는 힙 영역에 생성됨과 동시에 자동으로 생성자를 호출한다. 자식 클래스 B의 객체 생성 시 매개변수를 갖는 생성자를 자동 호출하여 public B(int n) 생성자를 자동 호출한다. 생성자 내의 super(n); 명령문에 의해 정수 10을 가지고 부모 클래스 A의 매개변수를 갖는 public A(int n) 생성자를 호출하여 필드 a에 10을 대입하고 자식 생성자로 반환한 후, 다시 super.print() 메소드를 호출하여 a=10을 출력한다.

13번 해설 자바의 클래스 인스턴스 생성을 위해서는 new 연산자를 사용하며, new 연산자에 의해 힙 메모리에 Chile 클래스 객체가 생성된다. 자식 객체를 부모형 참조변수로 참조하는 다형성에 의해서 오버라이드(override, 재정의)되어 있는 자식 메소드 show()가 호출되어 Child를 결과로 출력한다.

15번 해설 • IPSec은 통신 세션의 각 IP 패킷을 암호화하여 인증하는 안전한 인터넷 프로토콜(IP) 통신을 위한 3계층 보안 프로토콜이다.
• IPSec은 기밀성, 비연결형 무결성, 데이터 원천 인증, 재전송 공격 방지, 접근 제어, 제한된 트래픽 흐름의 기밀성의 특징을 가지고 있다.
• 본 문제의 출제 의도는 차세대 인터넷 프로토콜인 IPv6에서 IPSec을 기본적으로 포함하고 있기 때문으로 파악되며, 특히 SSL과의 차이점을 명확히 학습해야 한다.

오답 피하기

SSL(Secure Socket Layer)은 HTTP뿐만 아니라 TCP 프로토콜에 접목하여 보안성을 제공해 주는 클라이언트/서버 기반의 프로토콜이다.

Linux의 퍼미션(Permission) 관련 명령어 중, 파일의 접근모드를 변경하기 위한 'chmod' 명령어를 직접 작성하는 약술형 문제이다.

- chmod 명령어 : 유닉스 또는 리눅스에서 파일이나 디렉터리에 대한 액세스(읽기, 쓰기, 실행) 권한을 설정하는 명령어
- 파일 사용자 : 소유자(owner), 그룹 소속자(group), 기타 사용자(public)
- 파일 권한 : 읽기(r), 쓰기(w), 실행(x) → 권한 변경은 '(8진수)숫자 모드'와 '기호 모드'가 있으며, 접근 제한은 하이픈(−)으로 표기
- 형식

chmod [옵션][모드] 파일

- a.txt에 대한 권한

구분	사용자 권한			그룹 권한			그룹 외 권한		
기호 모드	r	w	x	r	−	x	−	−	x
(8진수)숫자 모드	4	2	1	4	0	1	0	0	1
	7			5			1		

- a.txt의 권한 부여 명령문 : chmod 751 a.txt
- a.txt의 권한 확인 명령문 : ls −l a.txt

해당 문제는 실기 시험 범위인 12개 모듈 범위 이외의 문제이지만, 정보시스템 구축 관리와 관련된 문제로 개편 전 큐넷의 공개문제에서 다루었던 문제이고 2017년 2회 기사 'IT 신기술 동향 및 시스템 관리' 영역에서 출제되었던 용어이다. 또한 복원 본문의 RPO(Recovery Point Objective, 목표 복구 시점)는 산업기사 실기 2012년 3회에 출제되었던 용어이다.

해당 문제는 실기 시험 범위인 12개 모듈 범위 이외의 문제이지만, 2020년 이후 개편된 필기와 실기에서 기본이 되는 디자인 패턴과 관련된 문제이다. 매회 필기 1과목 소프트웨어 설계에서는 1문제 출제가 꾸준히 출제되고, 실기에서는 매회는 아니더라도 주된 출제 범위로 디자인 패턴의 명확한 이름을 암기해 두어야 한다. 실기에서의 문제 유형은 GoF의 패턴 중 실무에서 많이 사용하는 패턴 중심으로 설명에 대한 단답형 문제나 클래스 다이어그램과 객체들을 예시를 보여주며 명칭을 묻는 문제 유형으로 출제된다.

- REST(Representational State Transfer) : 자원을 이름(자원의 표현)으로 구분하여 해당 자원의 상태(정보)를 주고 받는 모든 것을 의미한다. HTTP URI(Uniform Resource Identifier)를 통해 자원(Resource)을 명시하고, HTTP Method(POST, GET, PUT, DELETE)를 통해 해당 자원에 대한 CRUD Operation을 적용하는 것을 의미한다.
- 시맨틱 웹(Semantic Web) : 컴퓨터가 이해할 수 있는 형태의 새로운 언어로 표현해 기계들끼리 서로 의사소통을 할 수 있는 지능형 웹을 의미한다.

01. 형상 통제는 형상에 대한 변경 요청이 있을 경우 변경 여부와 변경 활동을 통제하는 것을 말한다. 변경된 요구사항에 대한 타당성을 검토하여 변경을 실행(변경관리)하고, 그에 따라 변경된 산출물에 대한 버전관리를 수행하는 것이 형상 통제의 주요 활동이다. 즉, 형상 통제는 소프트웨어 형상 변경 요청을 검토 승인하여 현재의 베이스라인(Baseline)에 반영될 수 있도록 통제하는 것을 의미한다.

02. • 답 (1) : Point to Point 또는 Peer to Peer
　　 • 답 (2) : Hub&Spoke

03. • 설계 구조를 누구나 쉽게 이해하고 사용할 수 있어야 한다.
　　 • 사용자가 한눈에 기능을 쉽게 파악할 수 있도록 해야 한다.

04. • 답 (1) : ① − ② − ③ − ④ − ⑤ − ⑥ − ①
　　 • 답 (2) : ① − ② − ④ − ⑤ − ⑥ − ⑦
　　 또는
　　 • 답 (1) : ① − ② − ③ − ④ − ⑤ − ⑥ − ⑦
　　 • 답 (2) : ① − ② − ④ − ⑤ − ⑥ − ①

05. 블랙박스 테스트 또는 블랙박스 검사 또는 Black−box test 또는 Black−box testing

06. SELECT 과목이름, MIN(점수) AS 최소점수, MAX(점수) AS 최대점수
　　 FROM 성적
　　 GROUP BY 과목이름 HAVING AVG(점수) >= 90;

07. • 답 (1) : ALTER
　　 • 답 (2) : ADD

08. DELETE FROM 학생 WHERE 이름 = '민수' ;

09. 0

10. 234

11. Vehicle name : Spark

12. 30

13. 생성자는 객체 생성 시 자동으로 호출되는 메소드로 멤버를 초기화하는 목적으로 주로 사용된다.

14. 스키마는 데이터베이스의 전체적인 구조와 제약조건에 대한 명세를 기술·정의한 것을 말하며, 스킴(Scheme)이라고도 한다.

15. ÷

16. OSPF

17. ICMP

18. 헝가리안 표기법은 컴퓨터 프로그래밍의 변수명, 함수명 등의 식별자 이름을 작성할 때 데이터 타입의 정보를 이름 접두어로 지정하는 코딩의 규칙이다. 예를 들어 인덱스 역할을 하는 int형 변수명을 inum으로 문자열 변수명을 strName으로 이름을 지정하는 표기법이다.

19. • 리팩토링의 목적은 가독성을 높이고 유지보수의 편리성을 높이는 것이다.
    • 리팩토링을 통해 소프트웨어를 쉽게 이해할 수 있고 버그를 빨리 찾을 수 있다.
    • 리팩토링은 프로그램을 빨리 작성할 수 있도록 도와준다.
    • 리팩토링의 목적은 겉으로 보이는 소프트웨어의 기능을 변경하지 않고 내구 구조만 변경하여 소프트웨어를 보다 이해하기 쉽고, 수정하기 쉽도록 만드는 것이다.
    • 리팩토링은 Delete(제거), Extract(추출), Move(이동), Merge(병합), Replace(전환) 등의 방법을 통해 프로그램을 보다 최적의 상태로 만들기 위해 수행한다.
    • 리팩토링은 소프트웨어의 디자인을 개선하기 위해 수행한다.

20. 프로토콜 또는 Protocol

02번 해설 EAI(Enterprise Application Integration)이란, 기업에서 운영되는 서로 다른 플랫폼 및 애플리케이션들 간의 정보 전달, 연계, 통합을 가능하게 해주는 솔루션이다.

03번 해설 **UI 설계 원칙**

직관성	누구나 쉽게 이해하고 사용할 수 있어야 한다.
유효성	사용자의 목적을 정확하게 달성하여야 한다.
학습성	누구나 쉽게 배우고 익힐 수 있어야 한다.
유연성	사용자의 요구사항을 최대한 수용하며, 오류를 최소화하여야 한다.

04번 해설
• 제어 흐름 그래프 : 노드(node)와 간선(edge)으로 제어(실행) 흐름을 표시한 흐름도
• 결정 커버리지(Decision Coverage) = 분기 커버리지(Branch Coverage)
  – IEEE 표준 단위 테스팅의 표준으로 지정된 최소 커버리지로 분기 커버리지는 문장 커버리지를 충분히 포함
  – 화이트박스 테스트 수행 시 시험 대상의 전체 분기 중 각 분기는 테스트에 의해 실행된 것을 측정
  – 프로그램 내의 모든 결정 포인트(분기에 대해 모든 가능한 결과(참, 거짓))를 최소 한 번씩은 실행하는 테스트

결정 커버리지	답(1) 7단계		답(2) 6단계	
결정 포인트	X 〉 Y	RESULT 〉 0	X 〉 Y	RESULT 〉 0
방법1	YES	YES	NO	NO
	① - ② - ③ - ④ - ⑤ - ⑥ - ①		① - ② - ④ - ⑤ - ⑥ - ⑦	
방법2	YES	NO	NO	YES
	① - ② - ③ - ④ - ⑤ - ⑥ - ⑦		① - ② - ④ - ⑤ - ⑥ - ①	

06번 해설 SQL문 작성은 대소문자를 구별하지 않으며, 해당 문제는 부분 점수가 없으므로 영문 필체가 좋지 못하다면 대문자로 작성하는 것이 좋다. AS절의 경우 SQL 문법적으로는 생략 가능하나, 〈요구사항〉에 반드시 사용하라는 표현이 있으므로 생략하여 작성할 경우 0점이다.

07번 해설   대문자와 소문자를 구분하지 않고 채점하며, 하위 문항별 부분 점수가 부여된다

08번 해설   DML 명령문 중 튜플 삭제 명령문인 DELETE문을 작성하는 문제로 조건에 해당하는 튜플만 삭제하도록 『DELETE FROM 테이블명 WHERE WHERE 조건식;』의 문법에 맞게 작성하여야 하며 문자열 상수 '민호' 앞뒤로 작은따옴표를 반드시 작성해야만 한다.

> **오답 피하기**
>
> 대문자 또는 소문자로 작성하여도 SQL명령문은 동일하게 실행되며, 해당 SQL명령문 작성 문제는 부분 점수가 부여되지 않는다. 문제의 조건사항에 명령문 마지막 마무리에 세미콜론(;) 생략은 가능하다는 지시사항이 있었으므로 세미콜론(;)을 생략해도 정답으로 인정된다.
> [참고] 실제 시험에서는 테이블이 주어지지 않았다.

09번 해설   변수 i가 변수 c에 누승 계산되는 프로그램으로 변수 i의 값은 1부터 10까지의 정수이며 변수 c에 누적되어 곱해지게 된다. 누승 변수 c의 초깃값은 일반적으로 1로 설정되어야 정확한 누승 처리가 이루어지나, 해당 문제의 경우 c = 0으로 누승 변수에 초깃값이 0이였기 때문에 1부터 10까지를 곱하더라도 결과는 0이 출력된다.
[실행] https://onlinegdb.com/SknD6OsFP

10번 해설   해당 문제는 C언어의 사용자 정의 함수를 정의한 후 호출 후 반환까지의 제어의 순서를 평가하기 위한 문제이다. C언어 프로그램의 실행의 순서는 main( ) 함수부터 시작을 하고, 위 프로그램의 함수의 호출 순서는 main( ) → r100( ) → r10( ) → r1( ) 순으로 연쇄적으로 호출이 이루어지고 반환문인 return문에 의해 반환값과 함께 제어가 최종 main( ) 함수에서 종료된다.
[실행] https://onlinegdb.com/HJHv2djFw

11번 해설
- 답안 작성 시, 대소문자에 주의하여 작성해야 한다.
- Vehicle 클래스는 추상 메소드를 포함하는 추상 클래스로 상속 상황에서의 부모 클래스로 정의되어 있으며, Car 클래스는 Vehicle 클래스를 상속받는 자식 클래스이며 부모의 추상 메소드를 오버라이딩하여 정의되었다.
- main( ) 메소드에서는 new Car("Spark");를 통해 자식 객체를 생성한 후, 매개변수 "Spark"를 갖는 자식 생성자를 자동호출하였다. public Car(String val) 생성자에서는 super(val);를 통해 부모의 매개변수 생성자를 통해 name 멤버의 값을 "Spark"로 초기화하였다.
- 생성된 자식 객체는 부모 클래스의 형으로 형 변환되는 업 캐스팅(Up-casting)을 묵시적으로 수행하였다. obj.getName( )을 통해 메소드를 호출하면 상속받은 public String getName( )를 호출하게 되어 메소드 내부의 "Vehicle name : " + name의 반환문을 수행하게 된다. 문자열 결합에 의해 "Vehicle name : Spark" 문자열 상수가 반환된 후 main( ) 메소드 내에서 출력되며 프로그램이 종료된다.
※ 해당 문제의 경우, 정보처리기사 실기 시험에서 처음 Java의 추상 클래스(abstract class)를 출제한 문제이나, 문제가 완성도가 낮아 상속 상황에서의 오버라이딩과 동적 바인딩을 구현하지 못한 코드이다.
[실행] https://onlinegdb.com/Hk6nqOoKD

해당 프로그램은 1부터 10까지의 정수 중에서 2로 나눈 나머지가 1이 아닌 경우 즉, 2의 배수인 짝수를 변수 sum에 누적하는 프로그램이다.

i	i%2 == 1	실행문	sum
1	true	continue;	
2	false	sum += i;	0+2
3	true	continue;	
4	false	sum += i;	0+2+4
5	true	continue;	
6	false	sum += i;	0+2+4+6
7	true	continue;	
8	false	sum += i;	0+2+4+6+8
9	true	continue;	
10	false	sum += i;	0+2+4+6+8+10

[실행] https://onlinegdb.com/ryTFouiYw

13번 해설

생성자 (Constructor)	• 클래스의 객체가 인스턴스화될 때 자동으로 호출되는 멤버함수이다. • 일반적으로 클래스의 멤버 변수를 초기화하거나 클래스를 사용하는 데 필요한 사전 설정하는 기능을 한다. • 생성자의 특징 – 객체 생성 시 최초 한 번만 자동호출된다. – 생성자의 이름은 클래스 이름과 같다. – 반환형(Return type)은 선언되지 않는다. – 오버로딩(Overloading)이 가능하다. – 매개변수의 디폴트 값을 설정 가능하다. – 정의하지 않으면 기본 생성자를 제공한다.
소멸자 (Destructor)	• 객체가 소멸될 때 자동으로 호출되는 멤버함수이다. • 소멸자는 동적 메모리(Heap Memory)에 생성된 객체를 제거하기 위한 작업 수행 시 활용한다. • 소멸자의 특징 – 객체 소멸 시 최초 한 번만 자동호출된다. – 소멸자의 이름은 ~클래스 이름과 같다. – 반환형(Return type)은 선언되지 않는다. – 오버로딩(Overloading) 불가능하며 클래스에 단 하나 존재한다. – 정의하지 않으면 기본 소멸자를 제공한다.

15번 해설 관계 대수(Relational Algebra) : 원하는 정보와 그 정보를 어떻게 유도하는가를 기술하는 절차저인 방법

구분	연산자	기호	의미
순수 관계 연산자	Select	σ	조건에 맞는 튜플을 구하는 수평적 연산
	Project	π	속성 리스트로 주어진 속성만 구하는 수직적 연산
	Join	⋈	공통 속성을 기준으로 두 릴레이션을 합하여 새로운 릴레이션을 만드는 연산
	Division	÷	두 릴레이션 A, B에 대해 B 릴레이션의 모든 조건을 만족하는 튜플들을 릴레이션 A에서 분리해 내어 프로젝션하는 연산
일반 집합 연산자	합집합	∪	두 릴레이션의 튜플의 합집합을 구하는 연산
	교집합	∩	두 릴레이션의 튜플의 교집합을 구하는 연산
	차집합	-	두 릴레이션의 튜플의 차집합을 구하는 연산
	교차곱	×	두 릴레이션의 튜플들의 교차곱(순서쌍)을 구하는 연산

16번 해설 OSPF(Open Shortest Path First protocol)

- 링크 상태 라우팅 프로토콜로 IP 패킷에서 프로토콜 번호 89번을 사용하여 라우팅 정보를 전송하여 안정되고 다양한 기능으로 가장 많이 사용되는 IGP(Interior Gateway Protocol, 내부 라우팅 프로토콜)이다.
- OSPF 라우터는 자신의 경로 테이블에 대한 정보를 LSA라는 자료구조를 통하여 주기적으로 혹은 라우터의 상태가 변화되었을 때 전송한다.
- 라우터 간에 변경된 최소한의 부분만을 교환하므로 망의 효율을 저하시키지 않는다.
- 도메인 내의 라우팅 프로토콜로서 RIP가 가지고 있는 여러 단점을 해결하고 있다. RIP(routing information protocol)의 경우 홉 카운트가 15로 제한되어 있지만 OSPF는 이런 제한이 없다.

17번 해설 ICMP(Internet Control Message Protocol)

- ICMP는 송신측의 상황과 목적지 노드의 상황을 진단하는 프로토콜이다.
- ICMP는 IP 프로토콜에서 오류 보고와 오류 수정 기능, 호스트와 관리 질의를 위한 제어 메시지를 관리를 하는 인터넷 계층(네트워크 계층) 프로토콜이다. 메시지는 하위 계층으로 가기 전에 IP 프로토콜 데이터그램 내에 캡슐화된다.
- ICMP(Internet Control Message Protocol)은 호스트 서버와 인터넷 게이트웨이 사이에서 메시지를 제어하고 오류를 알려주는 프로토콜이다. ICMP를 사용하는 명령어는 Ping, Tracert, Echo 등이 있다.

19번 해설 • 리팩토링의 정의를 서술하는 문제가 아니고 목적을 서술하는 문제로 단순히 리팩토링의 정의만을 서술했을 경우는 부분 점수만 부여된다.

• 리팩토링(Refactoring)
  – 오류를 제거하고 새로운 기능을 추가하는 것이 아니라 결과의 변경 없이 프로그램 소스의 구조를 재조정하는 것이다.
  – 단순히 코딩 스타일만 개선하는 것이 아니라 성능과 코드의 구조를 개선하는 과정을 의미한다.

20번 해설 • 프로토콜(Protocol)은 둘 이상의 컴퓨터 사이에 데이터 전송을 할 수 있도록 미리 정보의 송·수신 측에서 정해둔 통신 규칙이다. 프로토콜의 기본 요소는 구문, 의미, 타이밍이다. ㅌ

• 프로토콜의 기본 요소

구문(Syntax)	전송 데이터의 형식, 부호화, 신호 레벨 등을 규정함
의미(Semantic)	전송 제어와 오류 관리를 위한 제어 정보를 포함함
타이밍(Timing)	두 개체 간에 통신 속도를 조정하거나 메시지의 전송 및 순서도에 대한 특성을 가리킴